Klein/Müller/Lieber · Änderung der Unternehmensform

Online-Version inklusive!

Stellen Sie dieses Buch jetzt in Ihre „digitale Bibliothek" in der NWB Datenbank und nutzen Sie Ihre Vorteile:

▶ Ob am Arbeitsplatz, zu Hause oder unterwegs: Die Online-Version dieses Buches können Sie jederzeit und überall da nutzen, wo Sie Zugang zu einem mit dem Internet verbundenen PC haben.

▶ Die praktischen Recherchefunktionen der NWB Datenbank erleichtern Ihnen die gezielte Suche nach bestimmten Inhalten und Fragestellungen.

▶ Die Anlage Ihrer persönlichen „digitalen Bibliothek" und deren Nutzung in der NWB Datenbank online ist kostenlos. Sie müssen dazu nicht Abonnent der Datenbank sein.

Ihr Freischaltcode:

BDEIANYOLEOCRGGJHSYIDG

Klein/M./L., Änderung der Unternehmensform

So einfach geht's:

① Rufen Sie im Internet die Seite **www.nwb.de/go/online-buch** auf.
② Geben Sie Ihren Freischaltcode in Großbuchstaben ein und folgen Sie dem Anmeldedialog.
③ Fertig!

Alternativ können Sie auch den Barcode direkt mit der **NWB Mobile** App einscannen und so Ihr Produkt freischalten! Die NWB Mobile App gibt es für iOS, Android und Windows Phone!

Die NWB Datenbank – alle digitalen Inhalte aus unserem Verlagsprogramm in einem System.

Gesellschaftsrechtliche Unternehmenspraxis

Änderung der Unternehmensform

Handbuch zum Umwandlungs- und
Umwandlungssteuerrecht

Von
Rechtsanwalt, Steuerberater Dr. Hartmut Klein,
Vors. Richter am FG, Lehrbeauftragter an der FH Aachen
Thomas Müller und
Rechtsanwältin, Steuerberaterin Dr. Bettina Lieber

10. Auflage

Es haben bearbeitet:
Klein/Müller: Kapitel A – D
Lieber: Kapitel E

ISBN 978-3-482-**42250**-8
10. Auflage 2015
© Verlag Neue Wirtschafts-Briefe GmbH & Co. KG, Herne 1970
  www.nwb.de
Alle Rechte vorbehalten.
Dieses Buch und alle in ihm enthaltenen Beiträge und Abbildungen sind urheberrechtlich geschützt. Mit Ausnahme der gesetzlich zugelassenen Fälle ist eine Verwertung ohne Einwilligung des Verlages unzulässig.
Satz: Griebsch & Rochol Druck GmbH & Co. KG, Hamm
Druck: Beltz Bad Langensalza GmbH, Bad Langensalza

VORWORT

Die Umstrukturierung von Unternehmen gehört zum alltäglichen Geschäft aller im Wirtschaftsleben tätigen Personen. Die Notwendigkeit hierzu kann sich ergeben aus dem Erfordernis,

- ▶ die Nachfolge zu regeln,
- ▶ Haftungsrisiken zu verringern,
- ▶ Unternehmensteile auszulagern oder zu veräußern,
- ▶ durch die Aufnahme von Gesellschaftern neues Kapital zu beschaffen,
- ▶ grenzüberschreitend tätig werden zu wollen und
- ▶ vielem anderen mehr.

Das zivil- und steuerrechtliche Umwandlungsrecht stellt den Beteiligten für die notwendigen Umstrukturierungsmaßnahmen das rechtliche Instrumentarium bereit. Dabei sollte das Steuerrecht wegen des Grundsatzes der „Rechtsformneutralität des Steuerrechts" die betriebswirtschaftlich sinnvollen Maßnahmen steuerneutral ermöglichen. Hiervon sind wir leider aber noch ein gutes Stück entfernt.

Zehn Jahre nach der 7. Auflage des „Buyer" haben wir es mit der 8. Auflage unternommen, das Handbuch zum Umwandlungs- und Umwandlungssteuerrecht neu herauszugeben. Zu diesem Schritt hat Verlag und Autoren insbesondere die nicht abreißende Nachfrage nach dem Werk bewogen.

Mittlerweile haben sich die wirtschaftlichen Rahmenbedingungen und das Umwandlungsrecht massiv verändert. Insbesondere die immer enger werdenden Auslandsbeziehungen unserer Wirtschaft und der immer stärker werdende Einfluss des Europäischen Gemeinschaftsrechts haben dazu geführt, dass der Gesetzgeber 2006 mit dem SEStEG das Umwandlungssteuerrecht in vielen Bereichen auf neue Füße gestellt hat. Davon blieb auch der zivilrechtliche Teil, der im Umwandlungsgesetz geregelt ist, nicht verschont.

Nachdem drei Jahre nach Inkrafttreten des neuen Umwandlungsrechts noch kein umfassendes Anwendungsschreiben der Finanzverwaltung vorlag, unternahmen wir den Versuch, mit der im Januar 2010 erschienenen 8. Auflage dem Rechtsanwender zu helfen, der vor der Notwendigkeit steht, ein Unternehmen umzustrukturieren, sei es durch eine Änderung der Rechtsform, sei es durch die Aufnahme von Gesellschaftern. Dabei haben wir die Form des Handbuchs gewählt, das die einzelnen Umstrukturierungen jeweils insgesamt, und nicht nach Paragraphen aufgeteilt, darstellt.

VORWORT

Mit Datum vom 11.11.2011 wurde mit dem letzten für 2011 erschienen Bundesteuerblatt Teil I S. 1314 der lang ersehnte neue Umwandlungssteuererlass veröffentlicht. Daraufhin war die 9. Auflage fällig. In dieser wurden auch die Erlasse zur Übertragung und Überführung von einzelnen Wirtschaftsgütern v. 8.12.2011, BStBl I 2011 S. 1279 und zur Einbringung aus dem Privatvermögen in das Gesamthandsvermögen einer Personengesellschaft v. 11.7.2011, BStBl I 2011 S. 713 berücksichtigt. Im Umwandlungsrecht bestand aufgrund des 3. Gesetzes zur Änderung des Umwandlungsgesetzes v. 11.7.2011, BGBl I S. 1338 Aktualisierungsbedarf. Wir freuen uns sehr darüber, dass wir die Unterstützung ab dieser Auflage durch Frau Rechtsanwältin Dr. Bettina Lieber erfahren haben. Damit konnten wir ab der 9. Auflage die grunderwerbsteuerliche Problematik bei Änderungen der Unternehmensform in einem neuen Teil E ausführlich darstellen.

Auch nach dem Umwandlunssteuererlass ist das Umwandlungsrecht nicht zur Ruhe gekommen. Gerade im Bereich der Einbringung von Sachgesamtheiten in Personengesellschaften (§ 24 UmwStG), von Einzelwirtschaftsgütern (§ 6 Abs. 5 EStG) bzw. zum Thema Realteilung von Personengesellschaften (§ 16 Abs. 3 Satz 2 EStG) hat sich die Rechtsprechung weiterentwickelt. Im Grunderwerbsteuerrecht kam mit § 1 Abs. 3a GrEStG eine wichtige Neuregelung hinzu.

Das Werk entspricht grundsätzlich dem Stand Oktober 2014. Bis zu diesem Zeitpunkt sind Gesetze, Rechtsprechung, Verwaltungsanweisungen und Literatur berücksichtigt. Im Wesentlichen ist der Rechtsstand nach SEStEG und seiner Weiterentwicklung abgebildet worden. Das UmwStG 1995 wurde nur insoweit herangezogen, als uns dies zur Darstellung erheblicher Abweichungen vom neuen Recht sinnvoll erschien. Wir hoffen, dass das Werk die gleiche wohlwollende Aufnahme findet wie seine Vorgänger. Für kritische Anmerkungen und Vorschläge zur Verbesserung sind wir dankbar.

Bergisch-Gladbach/Düren/Düsseldorf im Oktober 2014   Die Autoren

INHALTSÜBERSICHT

Vorwort	V
Inhaltsverzeichnis	XI
Literaturverzeichnis	XXXI
Abkürzungsverzeichnis	XLI

A. ALLGEMEINES

		Rn	Seite
I.	Phänomen der Unternehmensumstrukturierung	1	1
II.	Ausgangslage und Problemstellung	10	2
III.	Das Umwandlungsrecht in der Gesamtstruktur des Zivilrechts	20	3

B. STRUKTUR DER RECHTSNACHFOLGE IM RECHTSSYSTEM

		Rn	Seite
I.	Die Einzelrechtsnachfolge – Liquidationsmodelle	51	5
II.	Die Anwachsung	81	7
III.	Die Gesamtrechts- und Sonderrechtsnachfolge nach UmwG	101	7
IV.	Gesamtüberblick der Möglichkeiten einer Unternehmensformänderung	391	73
V.	Vor- und Nachteile der Änderungsmöglichkeiten mit Vermögensübertragung	396	73
VI.	Übersicht über Fusionsmöglichkeiten	401	75
VII.	Übersicht über Spaltungsmöglichkeiten	402	76
VIII.	Übersicht über Vermögensübertragung	403	77
IX.	Übersicht über die Möglichkeiten der formwechselnden Umwandlung	405	78

ÜBERSICHT Inhalt

C. DER RÄUMLICHE GELTUNGSBEREICH DES UMWANDLUNGSGESETZES – DIE EU-RECHTLICHEN EINFLÜSSE

		Rn	Seite
I.	Rechtsgrundlagen des Unionsrechts	421	81
II.	Entwicklungsgeschichte	422	81
III.	Problemfelder von grenzüberschreitenden Umstrukturierungsmaßnahmen	451	85
IV.	Das Societas Europaea (SE)-Statut	461	85
V.	Umsetzung der Verschmelzungsrichtlinie	486	94

D. DAS UMWANDLUNGSSTEUERRECHT

I.	Begriff	526	97
II.	Zweck des Umwandlungssteuergesetzes	529	97
III.	Der Aufbau des Umwandlungssteuergesetzes	551	102
IV.	Grenzüberschreitende Umwandlungen	581	111
V.	Die Besteuerungssystematik	601	113
VI.	Anwendungsvorschriften des UmwStG nach SEStEG und Anwendungsbestimmungen des UmwStErl 2011	611	114
VII.	Allgemeiner Teil	626	117
VIII.	Der Weg von einer Körperschaft zu einer Personengesellschaft oder natürlichen Person	821	179
IX.	Vermögensübertragung durch Gesamtrechtsnachfolge von einer Körperschaft auf eine andere Körperschaft im Wege der Verschmelzung	1141	285
X.	Vermögensübertragung durch Gesamtrechtsnachfolge von einer Körperschaft auf eine andere Körperschaft im Wege der Spaltung	1351	341
XI.	Kapitalveränderungen bei Umwandlungen	1521	390
XII.	Einbringung in eine Kapitalgesellschaft	1631	404
XIII.	Einbringung in eine Personengesellschaft	2291	591
XIV.	Weitere mit der Einbringung zusammenhängende Problemfelder	2425	637
XV.	Realteilung einer Personengesellschaft	2506	685

		Rn	Seite
E.	**GRUNDERWERBSTEUER BEI UMWANDLUNGEN**		
I.	Allgemeiner Teil	2533	704
II.	Formwechselnde Umwandlung	2539	707
III.	Verschmelzung und Spaltung einer Körperschaft auf eine Personengesellschaft oder andere Körperschaft	2549	712
IV.	Einbringung von Vermögen in eine Kapitalgesellschaft	2587	733
V.	Einbringung von Vermögen in eine Personengesellschaft	2595	735
VI.	Realteilung einer Personengesellschaft	2613	743
VII.	Anwendbarkeit der Konzernklausel in § 6a GrEStG auf übertragende Umwandlungen und Einbringungen	2623	746
Stichwortverzeichnis			761

INHALTSVERZEICHNIS

Vorwort		V
Inhaltsübersicht		VII
Literaturverzeichnis		XXXI
Abkürzungsverzeichnis		XLI

A. ALLGEMEINES

		Rn	Seite
I.	Phänomen der Unternehmensumstrukturierung	1	1
II.	Ausgangslage und Problemstellung	10	2
	1. Sachverhalt	10	2
	2. Sachverhalt	11	2
III.	Das Umwandlungsrecht in der Gesamtstruktur des Zivilrechts	20	3

B. STRUKTUR DER RECHTSNACHFOLGE IM RECHTSSYSTEM

		Rn	Seite
I.	Die Einzelrechtsnachfolge – Liquidationsmodelle	51	5
II.	Die Anwachsung	81	7
III.	Die Gesamtrechts- und Sonderrechtsnachfolge nach UmwG	101	7
	1. Ziele des UmwG	101	7
	2. Umwandlungsarten	121	10
	3. Aufbau des UmwG	131	12
	4. Verschmelzung (§§ 2 ff. UmwG)	146	15
	a) Rechtsträger einer Verschmelzung	149	16
	b) Rechtswirkung der Verschmelzung	158	19
	c) Verschmelzungsarten	160	20
	5. Ablauf des Verschmelzungsverfahrens	176	23
	a) Der Verschmelzungsvertrag	176	23
	b) Zusatz bei Verschmelzung durch Neugründung	180	25
	c) Besondere rechtsformabhängige Mindestinhalte	181	25
	aa) Verschmelzung auf eine Personenhandelsgesellschaft	182	25

				Rn	Seite
	bb)	Verträge bei Beteiligung von Partnerschaftsgesellschaften		183	25
	cc)	Verschmelzung unter Beteiligung von Körperschaften		184	26
d)	Der Verschmelzungsbericht und die Unterrichtungspflicht			189	27
	aa)	Besonderheiten bei Personenhandelsgesellschaften und Partnerschaftsgesellschaften		194	29
	bb)	Besonderheiten bei Verschmelzungen durch Neugründung auf Kapitalgesellschaft		196	29
e)	Prüfung der Verschmelzung			200	30
	aa)	Personenhandelsgesellschaften		203	30
	bb)	GmbH		204	31
	cc)	AG		205	31
f)	Prüferbestellung			206	31
g)	Prüfungsbericht			209	31
h)	Kapitalerhöhung			214	32
i)	Die Ladung zu den Gesellschafterversammlungen und Vorbereitung der Gesellschafterversammlungen			216	33
	aa)	Ladung von Gesellschaftern einer Personenhandelsgesellschaft/Partnerschaftsgesellschaft und ihre Unterrichtung		217	33
	bb)	Ladung bei einer GmbH		218	34
	cc)	Vorbereitung der Hauptversammlung einer AG		220	34
	dd)	Einberufung der Hauptversammlung		228	37
j)	Der Beschluss			241	38
	aa)	Allgemeine Regelung		241	38
	bb)	Regelung für Personenhandelsgesellschaften		245	39
	cc)	Regelung für eine GmbH		247	39
	dd)	Regelung für eine AG		249	39
	ee)	Besonderheit bei 100 % Beteiligung an einer Kapitalgesellschaft		250a	40
	ff)	Trennung zwischen einer 100 % Beteiligung und Beteiligungen 90 % - < 100 % an Kapitalgesellschaften		250b	40
	gg)	Notarielle Beurkundung		251	41
k)	Abfindungsangebote			255	43

				Rn	Seite
		l)	Klagen gegen den Verschmelzungsbeschluss	256	43
		m)	Das Spruchverfahren	258	43
		n)	Der Vollzug	261	44
		o)	Eintragung und Bekanntmachung	264	45
		p)	Rechtsfolgen der Eintragung	268	45
	6.	Die Bilanzierung einer Verschmelzung nach Handelsrecht		276	46
		a)	Bilanzierung beim übertragenden Rechtsträger	276	46
		b)	Bilanzierung beim übernehmenden Rechtsträger	283	49
			aa) Der übernehmende Rechtsträger hält alle Anteile am übertragenden Rechtsträger	289	50
			bb) Die Anteile an dem übertragenden Rechtsträger werden von anderen Gesellschaftern gehalten	302	53
	7.	Die Spaltung		321	56
		a)	Grundmodelle des UmwG	323	56
			aa) Aufspaltung	324	57
			bb) Abspaltung	325	57
			cc) Ausgliederung	326	58
		b)	Auswirkung auf Beteiligungsverhältnisse	328	59
		c)	Motive der Spaltung	331	60
		d)	Ablauf einer Spaltung	343	62
		e)	Bilanzielle Behandlung der Spaltung nach Handelsrecht	353	65
			aa) Bilanzierung beim übertragenden Rechtsträger	353	65
			bb) Bilanzierung beim übernehmenden Rechtsträger	361	67
	8.	Die Vermögensübertragung		376	69
	9.	Formwechselnde Umwandlung		381	70
		a)	Rechtsträger eines Formwechsels	381	70
		b)	Bekanntmachung des Formwechsels	383	71
		c)	Rechtsfolge eines Formwechsels	384	71
IV.	Gesamtüberblick der Möglichkeiten einer Unternehmensformänderung			391	73
V.	Vor- und Nachteile der Änderungsmöglichkeiten mit Vermögensübertragung			396	73
	1.	Einzelrechtsnachfolge		396	73
	2.	Anwachsung		397	74
	3.	Gesamtrechtsnachfolge		398	75
VI.	Übersicht über Fusionsmöglichkeiten			401	75
VII.	Übersicht über Spaltungsmöglichkeiten			402	76

			Rn	Seite
VIII.	Übersicht über Vermögensübertragung		403	77
IX.	Übersicht über die Möglichkeiten der formwechselnden Umwandlung		405	78

C. DER RÄUMLICHE GELTUNGSBEREICH DES UMWANDLUNGSGESETZES – DIE EU-RECHTLICHEN EINFLÜSSE

			Rn	Seite
I.	Rechtsgrundlagen des Unionsrechts		421	81
II.	Entwicklungsgeschichte		422	81
III.	Problemfelder von grenzüberschreitenden Umstrukturierungsmaßnahmen		451	85
	1. Kapitalgesellschaften		451	85
	2. Personengesellschaften		453	85
IV.	Das Societas Europaea (SE)-Statut		461	85
	1. Auswirkung auf das nationale Recht		461	85
	2. Wege in die SE		462	86
		a) Gemeinsame Voraussetzungen für alle Gründungsvarianten	462	86
		b) Verschmelzung von Aktiengesellschaften	464	87
		c) Gründung einer Holding	466	88
		d) Gründung einer Tochter-SE	468	89
		e) Umwandlung einer bestehenden AG in eine SE	470	90
	3. Wege aus der SE		471	90
		a) Umwandlung einer bestehenden SE ohne Vermögensübertragung	471	90
		aa) Formwechsel in eine AG	471	90
		bb) Formwechsel in andere Gesellschaftsformen des Mitgliedstaats	472	91
		b) Vermögensübertragende Umwandlung einer bestehenden SE	475	92
	4. Sitzverlegung einer SE		477	92
V.	Umsetzung der Verschmelzungsrichtlinie		486	94
	1. Verschmelzung		486	94
	2. Spaltung und Vermögensübertragungen		493	95
	3. Grenzüberschreitender Formwechsel		494	96

Inhalt VERZEICHNIS

		Rn	Seite
D.	**DAS UMWANDLUNGSSTEUERRECHT**		
I.	Begriff	526	97
II.	Zweck des Umwandlungssteuergesetzes	529	97
	1. Ausnahme zum Prinzip der Individualbesteuerung	529	97
	2. Rechtsformneutralität	530	99
	3. Unionsrechtliche Vorgaben	531	99
	4. Ziele des SEStEG	535	101
III.	Der Aufbau des Umwandlungssteuergesetzes	551	102
	1. Trennung nach steuerlicher Differenzierung zwischen Personenunternehmen und Körperschaften	551	102
	2. Die Gliederung des UmwStG nach SEStEG	560	106
	3. Regelungsgrafik	563	109
	a) Vermögensübertragende Umwandlung und Formwechsel aus einer Körperschaft	564	109
	b) Übertragung und Formwechsel in eine Körperschaft	565	110
	c) Übertragung in eine Personengesellschaft	566	110
IV.	Grenzüberschreitende Umwandlungen	581	111
	1. Vergleichbarkeit mit nationalem Umwandlungsrecht	581	111
	2. Erfordernis der doppelten Ansässigkeit	583	111
	3. Gruppenstruktur der Umwandlungsvorgänge mit Auslandsberührung	586	112
	4. Vergleichbarkeitsmaßstäbe der Finanzverwaltung für nicht dem UmwG unterliegenden Umwandlungen	591	113
V.	Die Besteuerungssystematik	601	113
VI.	Anwendungsvorschriften des UmwStG nach SEStEG und Anwendungsbestimmungen des UmwStErl 2011	611	114
	1. Grundsätzlicher Anwendungsbereich	611	114
	2. Verhältnis des UmwStG 2006 zum UmwStG 1995	614	115
VII.	Allgemeiner Teil	626	117
	1. Die Schlüsselfunktion des § 1 UmwStG	626	117
	2. Der sachliche Anwendungsbereich des zweiten bis fünften Teils	628	118
	a) Inländische Umwandlungen = Umwandlungen nach dem UmwG	629	119
	b) Vergleichbare ausländische Vorgänge	631	121
	c) Umwandlungen nach der SE – VO bzw. der SCE VO	632h	129

			Rn	Seite
	d)	Ausgeschlossene Umwandlungen aus dem zweiten bis fünten Teil und Einbezug späterer Gesetzesänderungen	633	129
3.		Der persönliche Anwendungsbereich des zweiten bis fünften Teils	635	130
4.		Der sachliche Anwendungsbereich des sechsten bis achten Teils	646	132
5.		Der persönliche Anwendungsbereich des sechsten bis achten Teils	654	134
	a)	Qualifikation des übernehmenden Rechtsträgers bei einer Einbringung in eine Kapitalgesellschaft oder Genossenschaft	656	135
	b)	Qualifikation des übertragenden (formwechselnden) Rechtsträgers bei einer Einbringung in eine Kapitalgesellschaft oder Genossenschaft	659	135
6.		Definitionsteil	663	136
7.		Zeitraumprobleme	671	137
	a)	Grundlagen des gesellschaftsrechtlichen Rückbezugs und der steuerrechtlichen Rückwirkung	671	137
	b)	Gesellschaftsrecht und Rückwirkungsfiktion	676	139
	c)	Der steuerliche Übertragungsstichtag	680	140
		aa) Fiktionszeitpunkt	680	140
		bb) Rechtsfolgen der Fiktion	687	142
		cc) Betroffene Steuerarten	692	143
		dd) Persönlicher Anwendungsbereich	697	145
		ee) Auswirkungen der steuerlichen Rückbeziehung bei den Gesellschaften und den Gesellschaftern	698	145
		ff) Veräußerung der Anteile an der übertragenden Körperschaft bei Vermögensübergang auf eine Personengesellschaft	711	149
		gg) Kapitalerhöhung und Kapitalherabsetzung während der Interimszeit	713	152
		hh) Vor dem Übertragungsstichtag begründete und abgeflossene Ausschüttungsverbindlichkeiten	716	152
		ii) Vor dem Übertragungsstichtag begründete und in der Interimszeit abgeflossene Ausschüttungsverbindlichkeiten	719	153
		jj) Nach dem steuerlichen Übertragungsstichtag begründete Ausschüttungen	727	155

			Rn	Seite
	kk)	Andere Rechtsgeschäfte im Rückwirkungszeitraum	734	159
	ll)	Aufsichtsratsvergütungen und sonstige Fälle des Steuerabzugs nach § 50a EStG	742	161
	mm)	Die Gewinnarten	744	162
	nn)	Gewinnerhöhung durch Vereinigung von Forderungen und Verbindlichkeiten	749	163
	oo)	Pensionsrückstellungen zugunsten eines Gesellschafters der übertragenden Kapitalgesellschaft	777	171
	pp)	Begrenzung nach Umstrukturierungsarten	782	172
d)		Rückwirkung und Besteuerungskonflikt bei grenzüberschreitenden Umwandlungen	787	173
e)		Rückwirkende Verlustnutzung	791	175

VIII. Der Weg von einer Körperschaft zu einer Personengesellschaft oder natürlichen Person ... 821 ... 179

			Rn	Seite
1.		Regelungsbereiche des zweiten Teils des UmwStG	821	179
2.		Übertragungsergebnis und Wahlrecht in der steuerlichen Schlussbilanz	836	181
	a)	Wahlrecht in der Steuerbilanz der übertragenden Körperschaft vor SEStEG	840	182
	b)	Wahlrecht in der übertragenden Körperschaft nach SEStEG	844	183
	aa)	Ansatz der übergehenden Wirtschaftsgüter dem Grund nach	846a	184
	bb)	Ansatz des gemeinen Werts als Grundsatz	847	185
	cc)	Niedrigere Werte nur auf Antrag	852	190
	dd)	Voraussetzungen für das Antragsrecht auf einen niedrigeren Wert	863	196
	ee)	Fiktive Körperschaftsteueranrechnung nach § 3 Abs. 3 UmwStG	873a	203
	c)	Körperschaftsteuerguthaben und Körperschaftsteuererhöhungsbetrag aus der Zeit des Anrechnungssystems	874	204
	aa)	Bedeutung des § 10 UmwStG in der Zeit des Anrechnungssystems	874	204
	bb)	Bedeutung des § 10 UmwStG von der Einführung des Halbeinkünftesystems bis zum 12.12.2006	875	204

				Rn	Seite
		cc)	Die Änderung des § 10 UmwStG durch das SEStEG	876	204
		dd)	Die Änderung des § 10 UmwStG durch das JStG 2008	886	206
3.	Beispiel zur Entwicklung des Übertragungsgewinns bei der Verschmelzung einer GmbH auf eine OHG			901	208
	a)	Übertragungsgewinn mit Aufdeckung stiller Reserven		902	209
		aa)	Rechtslage vor SEStEG	902	209
		bb)	Rechtslage nach SEStEG und JStG 2008	908	211
	b)	Übertragungsgewinn Variante Buchwertansatz		913	214
		aa)	Variante Buchwertfortführung vor SEStEG	914	214
		bb)	Variante Buchwertfortführung nach SEStEG	915	215
4.	Verlustübertragung und Zins-/EBITDA-Vortrag			921	215
5.	Gewerbesteuer			926	216
6.	Die steuerliche Behandlung der Verschmelzung beim übernehmenden Rechtsträger			931	217
	a)	Wert- und Ergebnisübernahme		931	217
	b)	Bildung des Übernahmeergebnisses		949	226
	c)	Behandlung eines Übernahmeverlusts		970	233
	d)	Rechtsfolge bei einem Übernahmegewinn nach § 4 UmwStG		991	236
	e)	Beispiel Übernahmegewinn Variante Mehrwertansatz unter SEStEG		994	238
	f)	Beispiel Übernahmegewinn Variante Buchwertansatz nach SEStEG		1033	255
	g)	Beispiele mit Beteiligung von ausländischen Anteilseignern an der PersG		1037	258
	h)	Beispiele mit Zuschlag für neutrales Auslandsvermögen		1039	261
	i)	Kosten des Vermögensübergangs		1042	265
	j)	Übernahmeverlust		1043	266
	k)	Gewerbesteuerliche Behandlung des Übernahmeergebnisses		1049	269
	l)	Körperschaftsteuerguthaben in der Folgezeit		1068	272
7.	Gewinnermittlung bei eigenen Anteilen der übertragenden Körperschaft			1101	275
8.	Zusammenfassendes Beispiel zum zweiten Teil des UmwStG			1116	281
	a)	Sachverhalt		1116	281
	b)	Lösung Rechtslage vor SEStEG:		1117	281
	c)	Rechtslage nach SEStEG		1118	282

					Rn	Seite
			aa)	Bis Ende 2008	1118	282
			bb)	Rechtslage nach Teileinkünfteverfahren und Abgeltungsteuersystem	1119	284
IX.	Vermögensübertragung durch Gesamtrechtsnachfolge von einer Körperschaft auf eine andere Körperschaft im Wege der Verschmelzung				1141	285
	1.	Regelungsbereich			1141	285
	2.	Übertragungsgewinn			1144	286
		a)	Wahlrecht für den Wertansatz in der steuerlichen Schlussbilanz		1144	286
			aa)	Fehlende Antragstellung	1147	288
			bb)	Ausschluss oder Beschränkung des Besteuerungsrechts bei der übernehmenden Körperschaft	1148	288
			cc)	Nur Gesellschaftsrechte als Gegenleistung	1161	292
		b)	Nicht „übergehende" Wirtschaftsgüter		1176	297
		c)	Verschmelzungskosten der übertragenden Körperschaft		1181	298
		d)	Ermittlung und steuerliche Behandlung eines Übertragungsgewinns		1182	298
	3.	Übernahmegewinn			1196	300
		a)	Rechtsgrundlage		1196	300
		b)	Wertverknüpfung Übernahmebilanz an Übertragungsbilanz		1197	300
		c)	Ermittlung und Versteuerung des Übernahmeergebnisses		1206	302
			aa)	Ermittlungsformel	1206	302
			bb)	Definition des Übernahmeergebnisses gem. § 12 Abs. 2 UmwStG	1211	306
			cc)	Besteuerung des Übernahmeergebnisses gem. § 12 Abs. 2 UmwStG	1226	312
		d)	Verschmelzungskosten der übernehmenden Körperschaft		1232	315
			aa)	Rechtslage vor und nach SEStEG	1232	315
			bb)	Persönliche Kostenzuordnung	1234	315
			cc)	Sachliche Kostenzuordnung	1235	316
		e)	Behandlung des Übernahmeergebnisses im Jahresabschluss		1240	318

				Rn	Seite
	f)	Fiktive Zuordnung der Anteile an der übertragenden Körperschaft		1241	318
4.	Übernehmende Körperschaft als Rechtsnachfolgerin			1251	318
	a)	Gesetzlich genannte übergehende Rechtspositionen		1251	318
	b)	Gesetzlicher Ausschluss von Rechtspositionen		1253	319
		aa)	Verlustübernahme	1253	319
		bb)	Zinsvortrag; EBITDA-Vortrag	1270	326
		cc)	Sonderproblem Vorsteuerabzug	1275	327
	c)	Sonderfall des Vermögensübergangs in einen nicht steuerpflichtigen oder steuerbefreiten Bereich der übernehmenden Körperschaft		1277	328
5.	Die Ebene der Gesellschafter			1291	329
	a)	Struktur des § 13 UmwStG		1291	329
	b)	Ansatz mit dem gemeinen Wert		1296	330
	c)	Ansatz mit dem Buchwert		1299	332
		aa)	Antrag des Anteilseigners der übertragenden Körperschaft	1299	332
		bb)	Keine Beschränkung des deutschen Besteuerungsrechts	1303	334
		cc)	Anwendung der Fusionsrichtlinie	1310	335
		dd)	Nicht unter das UmwStG fallende Auslandsverschmelzungen	1315	336
		ee)	Rechtsfolgen bei Fortführung der Buchwerte oder der Anschaffungskosten der Anteile der übertragenden Körperschaft	1318	337
	d)	Anwendungsbedarf des § 13 UmwStG		1319	339
X.	Vermögensübertragung durch Gesamtrechtsnachfolge von einer Körperschaft auf eine andere Körperschaft im Wege der Spaltung			1351	341
1.	Regelungsbereich des § 15 UmwStG			1351	341
	a)	Aufspaltung, Abspaltung oder Teilübertragung nach den Vorgaben des Umwandlungsrechts		1351	341
	b)	Rechtsfolgen einer missglückten Auf- oder Abspaltung		1357	343
		aa)	Missglückte Aufspaltung	1358	344
		bb)	Missglückte Abspaltung	1363	345

				Rn	Seite
	2.	Inhalt des § 15 Abs. 1 UmwStG		1368	346
	3.	Entsprechende Anwendung des § 11 UmwStG		1381	347
		a)	Schlussbilanz mit gemeinem Wert	1381	347
		b)	Schlussbilanz mit einem niedrigeren Wert	1386	349
			aa) Teilbetrieb	1395	352
			bb) Teilbetriebsfiktionen	1407	358
			cc) Zuordnung von Wirtschaftsgütern	1416	362
			dd) Weitere Voraussetzungen nach § 15 Abs. 2 UmwStG für die Steuerneutralität bei fiktiven Teilbetrieben	1424	365
			ee) Trennung von Gesellschafterstämmen gem. § 15 Abs. 2 Satz 5 UmwStG	1463	378
	4.	Verhältnismäßiger Untergang eines Verlust-, eines Zins- und eines EBITDA-Vortrags gem. § 15 Abs. 3 UmwStG		1475	383
		a)	Spaltungsartabhängiger Fortbestand	1475	383
		b)	Rechtslage vor Unternehmensteuerreformgesetz 2008	1476	384
		c)	Rechtslage nach Unternehmensteuerreformgesetz 2008	1478	384
		d)	Rechtslage nach Wachstumsbeschleunigungsgesetz v. 22. 12. 2009	1479a	385
			aa) Gegenstand der Minderung bei Abspaltungen	1480	386
			bb) Minderungsmaßstab	1481	386
	5.	Die Gesellschafterebene bei Auf- und Abspaltung		1491	387
		a)	Besteuerung der Gesellschafter der übertragenden Kapitalgesellschaft	1491	387
		b)	Aufteilung der Anteilswerte	1492	388
XI.	Kapitalveränderungen bei Umwandlungen			1521	390
	1.	Technik		1521	390
	2.	Sachlicher Anwendungsbereich		1522	391
	3.	Persönlicher Anwendungsbereich		1526	391
	4.	Behandlung bei der übertragenden Körperschaft		1541	392
		a)	Fiktive Herabsetzung des Nennkapitals und Einstellung in das Einlagekonto	1541	392
		b)	Bestandsverringerung des Einlagekontos	1543	393
		c)	Anpassung des Nennkapitals bei Abspaltung	1547	394
		d)	Beispiel einer Kapitalanpassung bei der übertragenden Körperschaft	1548	394

			Rn	Seite
	5.	Behandlung bei der übernehmenden Körperschaft	1556	394
	a)	Hinzurechnung der Bestände des steuerlichen Einlagekontos	1556	394
	b)	Beteiligung der übernehmenden Kapitalgesellschaft an der übertragenden Körperschaft = upstream-merger	1559	395
	c)	Beteiligung der übertragenden Kapitalgesellschaft an der übernehmenden Körperschaft = downstream-merger	1561	396
	6.	Aufspaltung mit Kapitalanpassung der umwandlungsbeteiligten Gesellschaften	1571	397
	7.	Erhöhung des Nennkapitals ohne Zuführung von außerhalb der Umwandlung stehenden Mitteln	1601	403
XII.	Einbringung in eine Kapitalgesellschaft	1631	404
	1.	Strukturänderung durch das SEStEG	1631	404
	2.	Erforderlicher Regelungsbereich des § 20 UmwStG	1632	404
	3.	Die Einbringungsvorgänge des § 20 UmwStG	1641	405
	4.	Entsprechende Anwendung des § 20 UmwStG	1661	409
	5.	Sachliche Anwendungsvoraussetzungen des § 20 UmwStG	1662	410
	a)	Einbringung eines Betriebs	1664	410
		aa) Einkunftsartbezogenheit	1664	410
		bb) Begriff der wesentlichen Betriebsgrundlage	1667	411
		cc) Aufdeckung aller stillen Reserven und besondere Besteuerung	1677	416
		dd) Eigentumsübertragung	1680	418
	b)	Einbringung eines Teilbetriebs	1685	419
		aa) Definition des Teilbetriebs nach nationalem Recht	1685	419
		bb) Übertragung der wesentlichen Betriebsgrundlagen	1699	420
		cc) Der Teilbetrieb nach Europarecht	1701	421
		dd) Geänderte Auffassung der Verwaltung und sich hieraus ergebende Folgen	1707a	424
		ee) Zeitpunkt des Vorliegens der Teilbetriebsvoraussetzungen	1707b	424
	c)	Mitunternehmeranteil	1708	425
		aa) Umfang des Mitunternehmeranteils	1708	425
		bb) Klassifizierung des Sonderbetriebsvermögens	1714	427
		cc) Passives Sonderbetriebsvermögen	1732	432
		dd) Einbringung der wesentlichen Betriebsgrundlagen des Mitunternehmeranteils	1733	433

				Rn	Seite
		ee)	Teilmitunternehmeranteil	1739	435
		ff)	Mitunternehmerinitiative und Mitunternehmerrisiko	1745	438
		gg)	Atypische stille Beteiligungsverhältnisse	1748	439
		hh)	Mitunternehmeranteile als Vermögen eines Betriebs und bei Doppelstöckigkeit	1749	439
	d)	Gegenleistung		1750	440
		aa)	Neue Gesellschaftsanteile	1750	440
		bb)	Sonstige Leistungen	1764	444
6.	Persönlicher Anwendungsbereich			1781	446
	a)	Aufnehmende Gesellschaft		1781	446
	b)	Einbringender		1792	449
		aa)	Einbringende gem. § 1 Abs. 4 Satz 1 Nr. 2 Buchst. a UmwStG	1794	449
		bb)	Einbringende gem. § 1 Abs. 4 Satz 1 Nr. 2 Buchst. b UmwStG	1800	451
7.	Rechtsfolgen bei Tatbestandserfüllung des § 20 Abs. 1 UmwStG			1821	455
	a)	Wertansatz bei der übernehmenden Kapitalgesellschaft oder Genossenschaft		1822	455
		aa)	Regelmäßiger Wertansatz	1822	455
		bb)	Wahl eines niedrigeren Werts als des gemeinen Werts	1825	457
	b)	Rechtsfolgen der Wahlrechtsausübung nach § 20 UmwStG bei der übernehmenden Körperschaft		1866	474
		aa)	Wertansatz geringer als gemeiner Wert	1867	474
		bb)	Ansatz des gemeinen Werts	1883	479
	c)	Verluste bei Einbringung		1897	482
		aa)	Übernahme durch die aufnehmende Gesellschaft	1897	482
		bb)	Verlustbehandlung beim übertragenden Unternehmen	1900	483
	d)	Zinsvortrag/EBITDA-Vortrag		1902	483
	e)	Einbringungsfolgegewinn		1906	484
	f)	Fiktive Anrechnung ausländischer Steuern		1908	484
		aa)	Regelungstatbestand des § 20 Abs. 7 UmwStG	1908	484
		bb)	Regelungstatbestand des § 20 Abs. 8 UmwStG	1909	485
	g)	Rechtsfolgen der Wahlrechtsausübung nach § 20 UmwStG für den Einbringenden		1911	487

				Rn	Seite
		aa)	Steuerlicher Übertragungsstichtag (Einbringungszeitpunkt)	1911	487
		bb)	Grundsatz der Wertverknüpfung	1929	491
		cc)	Wertverknüpfungsdurchbrechung für Anschaffungskosten der Anteile	1934	493
		dd)	Sonderfall einbringungsgeborene Anteile	1938	495
		ee)	Ermittlungsschema für die Ermittlung der Anschaffungskosten	1944	497
		ff)	Ermittlung und Besteuerung des Veräußerungs-(Einbringungs-)gewinns mit Einkommen- bzw. Körperschaftsteuer	1945	498
		gg)	Besteuerung des Veräußerungs-/Einbringungsgewinns mit GewSt	1962	502
		hh)	Weitere Rechtsfolgen der Einbringung beim Einbringenden	1965	503
	h)		Rechtsfolgen einer Verfügung über die erworbenen Neuanteile nach Einbringung	1968	504
		aa)	Einbringung zum gemeinen Wert	1968	504
		bb)	Einbringung zu einem unter dem gemeinen Wert liegenden Wert (Buchwert oder Zwischenwert)	1969	504
		cc)	Veräußerungsersatztatbestände	1996	513
8.			Anteilstausch gem. § 21 UmwStG	2011	519
	a)		Sachlicher Anwendungsbereich	2011	519
	b)		Anwendungskonkurrenzen und Anwendungskonflikte gegenüber § 20 UmwStG	2021	522
	c)		Subjektiver Anwendungsbereich	2033	526
		aa)	Einbringender Ausgangsrechtsträger	2033	526
		bb)	Übernehmende Gesellschaft	2035	527
		cc)	Gesellschaft, deren Anteile eingebracht werden (erworbene Gesellschaft)	2039	527
	d)		Zeitpunkt des Anteilstauschs	2040	528
	e)		Regelmäßiger Wertansatz bei Anteilstausch	2042	528
	f)		Wahl eines niedrigeren Werts	2044	530
		aa)	Unmittelbare Mehrheit der Stimmrechte	2045	530
		bb)	Keine unmittelbare Mehrheit der Stimmrechte	2059a	535
	g)		Rechtsfolgen des Anteilstauschs für die erworbene Gesellschaft	2060	535

					Rn	Seite
	h)	\multicolumn{3}{l	}{Rechtsfolgen eines Anteilstauschs nach § 21 UmwStG für den Einbringenden}	2062	535
		aa)	\multicolumn{2}{l	}{Grundsätzliche Veräußerungs- und Anschaffungspreisbestimmung}	2062	535
		bb)	\multicolumn{2}{l	}{Ausnahmen}	2063	535
		cc)	\multicolumn{2}{l	}{Minderung der Buchwerte und der Anschaffungskosten}	2096	546
		dd)	\multicolumn{2}{l	}{Einbringung von einbringungsgeborenen Anteilen}	2097	547
	i)	\multicolumn{3}{l	}{Kosten des Anteilstauschs}	2100	548
	j)	\multicolumn{3}{l	}{Einbringungsgewinn bei Anteilstausch}	2104	549
		aa)	\multicolumn{2}{l	}{Modifizierung der allgemeinen Anteilsgewinnbesteuerung}	2104	549
		bb)	\multicolumn{2}{l	}{Einbringungsverlust}	2106	549
		cc)	\multicolumn{2}{l	}{Freibeträge}	2108	550
		dd)	\multicolumn{2}{l	}{Ausschluss eines Sondertarifs}	2113	551
		ee)	\multicolumn{2}{l	}{Ermittlung des Einbringungsgewinns}	2115	551
		ff)	\multicolumn{2}{l	}{Besteuerung des Einbringungsgewinns}	2117	552
	k)	\multicolumn{3}{l	}{Rechtsfolgen einer Verfügung über die i. R. eines Anteilstauschs eingebrachten Anteile}	2118	552
		aa)	\multicolumn{2}{l	}{Voraussetzungen einer rückwirkenden Besteuerungsänderung}	2118	552
		bb)	\multicolumn{2}{l	}{Sinn der rückwirkenden Besteuerungsänderung}	2120	552
		cc)	\multicolumn{2}{l	}{Der Einbringungsgewinn II}	2121	553
		dd)	\multicolumn{2}{l	}{Sachverhalte, die keine rückwirkende Besteuerungsänderung auslösen}	2124	557
		ee)	\multicolumn{2}{l	}{Einbringender Personenkreis gem. § 22 Abs. 2 Satz 1 UmwStG}	2134	559
		ff)	\multicolumn{2}{l	}{Übernehmende Gesellschaft}	2136	559
		gg)	\multicolumn{2}{l	}{Veräußerungsersatztatbestände nach Anteilstausch}	2137	560
9.	\multicolumn{4}{l	}{Veräußerungen durch juristische Personen des öffentlichen Rechts und durch steuerbefreite Körperschaften}	2156	563
	a)	\multicolumn{3}{l	}{Besondere Gewinnbesteuerungsvorschrift}	2156	563
	b)	\multicolumn{3}{l	}{Begrenzter Anwendungsumfang und Fiktion}	2158	563
10.	\multicolumn{4}{l	}{Unentgeltliche Rechtsnachfolge}	2176	565
11.	\multicolumn{4}{l	}{Mitverstrickung von Anteilen}	2183	566
12.	\multicolumn{4}{l	}{Rückwirkende Einbringungsgewinne infolge fehlenden Nachweises}	2201	570

			Rn	Seite
	a)	Die Regelung nach dem Gesetz	2201	570
	b)	Die Ergänzungen durch die Verwaltung	2205	571
		aa) Zuständiges Finanzamt für den Nachweis	2205	571
		bb) Die Nachweisform	2206	572
		cc) Nachweisfrist und erstmaliger Nachweis	2209	572
		dd) Folgen der Versäumnis der Nachweisfrist	2211	574
		ee) Verspäteter Nachweis	2212	574
		ff) Nachweisverpflichteter	2213	575
13.	Bescheinigung über einen nachträglichen Einbringungsgewinn		2217	576
14.	Rechtsfolgen der Auslösung eines Einbringungsgewinns I oder II bei der übernehmenden Gesellschaft		2241	578
	a)	Voraussetzungen des Entstehens eines Erhöhungsbetrags im Fall eines Einbringungsgewinns I	2242	579
	b)	Voraussetzungen des Entstehens eines Erhöhungsbetrags im Fall eines Einbringungsgewinns II	2244	582
	c)	Rechtsfolgen eines Erhöhungsbetrags aufgrund eines Einbringungsgewinns I	2246	582
	d)	Rechtsfolgen eines Erhöhungsbetrags aufgrund eines Einbringungsgewinns II	2254	585
15.	Zusammenfassendes Beispiel zu § 20 UmwStG		2261	586
XIII. Einbringung in eine Personengesellschaft			2291	591
1.	§ 24 UmwStG im Lichte des SEStEG		2291	591
2.	Erforderlicher Regelungsbereich des § 24 UmwStG		2306	593
3.	Entscheidungsablauf bei einer Einbringung in eine Personengesellschaft in Gestalt einer OHG		2321	595
	a)	Interessenlage des Einbringenden	2322	596
		aa) Vor- und Nachteile für den Einbringenden bei Buchwertansatz in der OHG-Bilanz	2323	596
		bb) Vor- und Nachteile für den Einbringenden bei Zwischenwertansatz in der OHG-Bilanz	2325	597
		cc) Vor- und Nachteile für den Einbringenden bei Ansatz des gemeinen Werts in der OHG-Bilanz	2329	599
		dd) Konkrete Hochrechnung der individuellen Steuerbelastung des Einbringenden bei Ansatz des gemeinen Werts	2331	600
	b)	Interessenlage der Übernehmerin	2335	601
	c)	Bewertung der Einlagen des Mitgesellschafters	2338	602

			Rn	Seite
	d) Eröffnungsbilanz der OHG		2339	602
	aa) Problem Gründungskosten		2341	604
	bb) Problem gleichmäßige Beteiligung		2343	604
4.	Voraussetzungen des § 24 UmwStG		2366	615
	a) Einbringungsgegenstand und Einbringungstatbestand		2367	615
	b) Übernehmende Personengesellschaft		2376	622
	c) Mitunternehmerstellung als Gegenleistung		2380	623
	d) Bilanzierung		2385	627
5.	Zeitpunkt der Sacheinlage		2391	627
	a) Fall der Einzelrechtsnachfolge		2391	627
	b) Fall der Gesamtrechtsnachfolge		2392	628
	c) Bedeutung des Einbringungsstichtags		2394	628
6.	Rechtsfolgen einer Einbringung		2401	629
	a) Rechtsfolgen für die übernehmende Personengesellschaft		2401	629
	b) Rechtsfolgen beim Einbringenden		2411	634
XIV. Weitere mit der Einbringung zusammenhängende Problemfelder			2425	637
1.	Unentgeltliche Aufnahme		2426	637
	a) Auffassung der Finanzverwaltung		2426	637
	b) Auffassung des X. BFH-Senats		2427	638
2.	Ergänzende Hinweise zu § 6 Abs. 3 EStG		2429	638
	a) Darstellung des persönlichen Anwendungsbereichs durch das BMF-Schreiben		2429	639
	b) Grundsachverhalte des § 6 Abs. 3 Satz 1 Halbsatz 2 EStG		2432a	641
	c) Verhältnis § 6 Abs. 3 Satz 1 zu Satz 2 EStG und Sperrfrist		2433	641
	d) Verstoß gegen die fünfjährige Behaltefrist nach § 6 Abs. 3 Satz 2 EStG		2437	645
	e) Überquotale Übertragung von Sonderbetriebsvermögen		2440	647
3.	Entgeltliche Aufnahme		2441a	650
	a) In ein Einzelunternehmen		2441a	650
	aa) Zuzahlung in das Betriebsvermögen der Personengesellschaft		2441a	650
	bb) Zuzahlung in das Privatvermögen des Einbringenden		2442	650
	b) In eine Personengesellschaft		2442a	651
	aa) Geldzahlung oder Sachleistung des Eintretenden in das Betriebsvermögen der Personengesellschaft		2442a	651

XXVII

				Rn	Seite
		bb)	Einbringung eines Einzelunternehmens durch C	2442b	651
		cc)	Zuzahlung in das Privatvermögen der Altgesellschafter	2443	651
	c)		Einbringung zum Buchwert	2444	652
	d)		Einbringung zu gemeinen Werten	2445	653
4.	Einlage von Wirtschaftsgütern des Privatvermögens als Veräußerung			2447	653
5.	AfA nach Einlage			2451	658
6.	Übertragung von Wirtschaftsgütern zwischen Personengesellschaft und Gesellschafter			2456a	660
	a)		Übertragung nach § 6 Abs 5 Satz 3 Nr. 1 EStG	2477	668
	b)		Übertragung nach § 6 Abs 5 Satz 3 Nr. 2 EStG	2478	669
	c)		Übertragung nach § 6 Abs. 5 Satz 3 Nr. 3 EStG	2481	670
	d)		Sperrfrist des § 6 Abs. 5 Satz. 4 EStG und rückwirkender Ansatz des Teilwerts	2484	676
	e)		Begründung oder Erhöhung eines Anteils einer Körperschaft, Personenvereinigung oder Vermögensmasse an einem Wirtschaftsgut i. S. d. § 6 Abs. 5 Satz 5 EStG	2492	681
	f)		Verhältnis von § 6 Abs. 5 EStG zu anderen Vorschriften	2500	684
		aa)	Fortführung des Unternehmens (§ 6 Abs. 3 EStG)	2501	684
		bb)	Realteilung	2502	684
		cc)	Veräußerung	2503	684
		dd)	Tausch	2504	685
XV. Realteilung einer Personengesellschaft				2506	685
1.	Einleitung			2506	685
2.	Realteilung und Fortsetzung der unternehmerischen Tätigkeit			2510	688
	a)		Ausgangslage	2510	688
	b)		Realteilung mit Teilbetrieben	2511	689
	c)		Realteilung mit Einzelwirtschaftsgütern ab 1.1.2001	2517	691
	d)		Realteilung mit Spitzenausgleich	2527	694
	e)		Realteilung und Gewerbeverlustvortrag nach § 10a GewStG	2528	695
	f)		Umsatzsteuer	2531	696
	g)		Grunderwerbsteuer	2532	698
	h)		Verfahrensrecht	2532a	699

			Rn	Seite
	i)	Abgrenzung der Realteilung zu § 16 Abs. 1 und Abs. 3 Satz 1, § 6 Abs. 3 und 5 EStG	2532e	699

E. GRUNDERWERBSTEUER BEI UMWANDLUNGEN

I.	Allgemeiner Teil			2533	704
	1.	Anknüpfungspunkt: Wechsel des Rechtsträgers		2533	704
	2.	Inländisches Grundstück		2534	704
	3.	Bemessungsgrundlage		2537	706
	4.	Steuersatz		2538	706
II.	Formwechselnde Umwandlung			2539	707
	1.	Direkte Auswirkungen für den Grundbesitz des formwechselnden Rechtsträgers		2539	707
		a)	Gesellschaftsebene	2539	707
		b)	Gesellschafterebene	2540	708
	2.	Mögliche Konsequenzen für die Anwendung der Vergünstigungen aus §§ 5, 6 und 6a GrEStG		2542	709
		a)	Wegfall der Vergünstigung nach § 5 GrEStG	2542	709
		b)	Wegfall der Vergünstigung nach § 6 GrEStG	2545	710
		c)	Formwechsel und § 6a GrEStG	2548	712
III.	Verschmelzung und Spaltung einer Körperschaft auf eine Personengesellschaft oder andere Körperschaft			2549	712
	1.	Unmittelbarer Grundstücksübergang		2549	712
	2.	Anwachsung		2560	716
	3.	Fiktive Grundstückserwerbe		2564	717
		a)	§ 1 Abs. 2a GrEStG (Wechsel im Gesellschafterbestand einer Personengesellschaft)	2564	717
		b)	§ 1 Abs. 3 GrEStG (Anteilsvereinigung und Anteilsübertragung)	2573	723
		c)	§ 1 Abs. 3a GrEStG (wirtschaftliche Anteilsvereinigung und Anteilsübertragung)	2586a	730
IV.	Einbringung von Vermögen in eine Kapitalgesellschaft			2587	733
	1.	Einbringung im Wege der Gesamt- oder Sonderrechtsnachfolge		2587	733
	2.	Einbringung im Wege der Einzelrechtsnachfolge		2592	735
V.	Einbringung von Vermögen in eine Personengesellschaft			2595	735

			Rn	Seite
	1.	Einbringung im Wege der Gesamt- oder Sonderrechtsnachfolge	2595	735
	2.	Einbringung im Wege der Einzelrechtsnachfolge	2599	736
		a) Mögliche Steuertatbestände	2599	736
		b) Steuerbefreiungen	2602	737
		c) Steuervergünstigung nach § 5 GrEStG	2604	738
		d) Steuervergünstigung nach § 6 GrEStG	2608	741
VI.	**Realteilung einer Personengesellschaft**		2613	743
	1.	Mögliche Steuertatbestände	2613	743
	2.	Steuerbefreiungen und -vergünstigungen	2617	744
	3.	Bemessungsgrundlage	2621	745
	4.	Steuerschuldner	2622	746
VII.	**Anwendbarkeit der Konzernklausel in § 6a GrEStG auf übertragende Umwandlungen und Einbringungen**		2623	746
	1.	Begrenzter Anwendungsbereich	2623	746
	2.	Herrschendes Unternehmen und abhängige Gesellschaft	2627	748
	3.	Begünstigte Erwerbsvorgänge	2633	752
	4.	Begünstigungsfähige Grunderwerbsteuertatbestände	2635	754
	5.	Vor- und Nachbehaltensfristen	2640	756
		a) Vorbehaltensfrist	2640	756
		b) Nachbehaltensfrist	2643	757
Stichwortverzeichnis				761

LITERATURVERZEICHNIS

B

Baßler, Gesellschafterwechsel bei Umwandlungen, GmbHR 2007 S. 1252

Behrendt/Wischott, Grunderwerbsteuerliche Bemessungsgrundlage in den Fällen des § 147 BewG bei Umwandlungen i. S. des UmwG, DStR 2009 S. 1512

Behrendt/Klages, Weitere Einschränkung der Verlustnutzung bei rückwirkenden Umwandlungen durch § 2 Abs. 4 Satz 3 bis 6 UmwStG, BB 2013 S. 1815

Behrens, Keine phasenverschobene Wertaufholung nach Umwandlungen, BB 2009 S. 318

Behrens, Anmerkungen zum gleichlautenden Ländererlass zu § 1 Abs. 2a GrEStG vom 18. 2. 2014, DStR 2014 S. 1526

Behrens, Die grunderwerbsteuerliche Konzernklausel für übertragende Umwandlungen in § 6a GrEStG, AG 2010 S. 119

Behrens, § 6a GrEStG – Anmerkungen zu den gleichlautenden Ländererlassen vom 19. 6. 2012, DStR 2012 S. 2149

Behrens/Schmitt, Grunderwerbsteuer durch quotenwahrenden Formwechsel, UVR 2008 S. 16 und 53

Beinert, Auswirkungen von Umwandlungsvorgängen auf Kleingesellschafter nach dem UmwSt-Erlass 2011, GmbHR 2012 S. 291

Benz/Rosenberg, Einbringung von Unternehmensteilen in eine Kapitalgesellschaft und Anteilstausch, DB, Beilage Nr. 1 zu Heft 2/2012 S. 38

Berninger, Die Unternehmergesellschaft (haftungsbeschränkt – Sachkapitalerhöhungsverbot und Umwandlungsrecht, GmbHR 2010 S. 63

Bertram/Brinkmann/Kessler/Müller, HGB Bilanz Kommentar, 2. Aufl. 2011, zitiert: Bearbeiter in ...

Bildstein/Dallwitz, Das Schicksal von Verpflichtungen aus Besserungsscheinen in Umwandlungsfällen, DStR 2009 S. 1177

Bindl, § 34a EStG bei Umwandlungen, DB 2008 S. 949

Birle/Klein/Müller, Praxishandbuch der GmbH, 3. Aufl. 2014, zitiert: Bearbeiter in Birle/Klein/Müller

Blumers, Der Teilbetriebsbegriff im neuen Umwandlungssteuererlass-Entwurf, BB 2011 S. 2204

Boorberg/Boorberg, Formwechselnde Umwandlung von Personengesellschaften mit Sonderbetriebsvermögen – Fiskalische Fallenstellerei?, DB 2007 S. 1777

Bordewin/Brandt, Kommentar zum EStG/KStG, Loseblatt, zitiert: Bearbeiter in Bordewin/Brandt

Boruttau, Grunderwerbsteuergesetz, 17. Auflage 2011, zitiert: Bearbeiter in Boruttau

Bron, Aktuelle Entwicklung im Rahmen von Kapitalmaßnahmen (§ 20 Abs. 4a EStG), Gesetzliche Änderung durch das AmtshilfeRLUmsG und erste Rechtsprechung, DStR 2014 S. 353

Bünning/Rohmert, Buchwertverknüpfung bei Umwandlung auf Personengesellschaft: Sicherstellung der Besteuerung i. S. v. § 3 Abs. 2 S. 1 Nr. 1 UmwStG bei steuerlich „transparentem" Gesellschafter, BB 2009 S. 598

Bungert/Lange, Übertragung von Grundstücken und Rechten an Grundstücken im Wege der Spaltung nach dem UmwG, DB 2010 S. 547

Bungert/de Raet, Grenzüberschreitender Formwechsel in der EU – Zugleich Besprechung von OLG Nürnberg, Beschluss vom 19. 6. 2013 – 12 W 520/13, „Moor Park II", DB 2014 S. 761

C

Campos Nave, Das Ende der gegenwärtigen Wegzugsbesteuerung – Der zweite Blick auf Cartesio, BB 2009 S. 870

D

Dettmeier/Geibel, Die neue Grunderwerbsteuerbefreiung für Umstrukturierungen innerhalb eines Konzerns, NWB 2010 S. 582

Desens, Gemeiner Wert bei Umwandlungen, GmbHR 2007 S. 1202

Dörfler/Rautenstrauch/Adrian, Das Jahressteuergesetz 2009 – Ausgewählte Aspekte der Unternehmensbesteuerung, BB 2009 S. 580

Dötsch/Pung/Möhlenbrock, Die Körperschaftsteuer, Loseblatt, zitiert: Bearbeiter in D/P/M

Dötsch/Pung, UmwStG, §§ 29, 40 Abs. 1 und 2 KStG: Das Einführungsschreiben des BMF vom 16. 12. 2003, DB 2004 S. 208

Dötsch/Pung, SEStEG: Die Änderungen des UmwStG, DB 2006 S. 2704 und 2763

E

Ettinger/Königer, Steuerliche Rückwirkung bei grenzüberschreitenden Umstrukturierungsvorgängen, GmbHR 2009 S. 590

Ettinger/Schmitz, Die erweiterte Anwachsung: Änderungen nach dem SEStEG?, GmbHR 2008 S. 1089

Ettinger/Schmitz, Umstrukturierungen im Bereich mittelständischer Unternehmen, 2. Aufl. 2012

Eusani/Schaudinn, Die Bindungswirkung formfreier Anteilsveräußerungen nach zwischenzeitlicher Umwandlung in eine GmbH – Zur Kollision von § 15 GmbHG und § 20 UmwG, GmbHR 2009 S. 1125

F

Flick Gocke Schaumburg/BDI, Der Umwandlungssteuererlass 2011, 2012, zitiert Bearbeiter in FGS/BDI

Förster/Felchner, Weite vs. enge Einlagefiktion bei der Umwandlung von Kapitalgesellschaften in Personenunternehmen, DB 2008 S. 2445

Freundorfer/Festner, Praxisempfehlungen für die grenzüberschreitende Verschmelzung, GmbHR 2010 S. 195

Frotscher/Mass, KStG, Loseblatt, zitiert: Bearbeiter in Frotscher/Maas

G

Gottwald, Nachträgliche Grunderwerbsteuerbelastung bei einem Formwechsel von einer Personen- in eine Kapitalgesellschaft, DStR 2004 S. 341

Gragert/Wißborn, Zweifelsfragen zur Übertragung und Überführung von einzelnen Wirtschaftsgütern nach § 6 Abs. 5 EStG, NWB 2012 S. 972

Graw, Der Teilbetriebsbegriff im UmwSt-Recht nach dem UmwStE 2011, DB 2013 S. 1011

Greil, Ein neues Teilbetriebsverständnis im Steuerrecht, StuW 2011 S. 84

H

Heckschen, Die Pflicht zur Anteilsgewährung im Umwandlungsrecht, DB 2008 S. 1363

Heidrich, Rechtsbehelfsbefugnis bei Umwandlungen, DStR 2013 S. 2670

Heinz/Wilke, Abspaltung unter Verzicht auf die Ausgabe von Gesellschaftsrechten – Gesamtrechtsnachfolge in Form eines Asset Deals -, GmbHR 2012 S. 889

Henckel, Rechnungslegung und Prüfung anlässlich einer grenzüberschreitenden Verschmelzung zu einer Societas Europaea (SE), DStR 2005 S. 1785

Hirte, Die Europäische Aktiengesellschaft – ein Überblick nach In-Kraft-Treten der deutschen Ausführungsgesetzgebung, DStR 2005 S. 653 und 700

Hofmann, Grunderwerbsteuergesetz Kommentar, 10. Aufl. 2014, zitiert: Hofmann

Hubertus/Krenzin, Verlustnutzung im Rückwirkungszeitraum nach dem JStG 2009, GmbHR 2009 S. 647

J

Jebens, Ausgliederung wesentlicher Betriebsgrundlagen im Vorfeld der Umwandlung – Grenzen der Gesamtplan-Doktrin, BB 2010 S. 1192

Joisten/Liekenbrock, Die neue Anti-RETT-Blockerregelung nach § 1 Abs. 3a GrEStG, Ubg 2013 S. 469.

K

Kallmeyer, Umwandlungsgesetz, 3. Aufl. 2006, zitiert: Bearbeiter in Kallmeyer

Kesseler, Steuerliche Kapitalerhöhungsverpflichtung bei der Verschmelzung der Mutterpersonengesellschaft auf ihre 100%ige Tochter-GmbH, DStR 2006 S. 67

Kirchhof, EStG KompaktKommentar, 8. Aufl. 2008, zitiert: Bearbeiter in Kirchhof

Knief/Birnbaum, Keine steuerfreie Veräußerung von nach § 22 Abs. 7 UmwStG „mitverstrickten" Anteilen?, DB 2010 S. 2527

Körner, Reduktionsbedürftige Tatbestände der Nachversteuerungsregelung des § 22 UmwStG, DStR 2010 S. 897

Kort, Gesellschaftsrechtlicher und registerrechtlicher Bestandsschutz eingetragener fehlerhafter Umwandlungen und anderer Strukturänderungen, DStR 2004 S. 185

Kotyrba/Scheunemann, Ausgewählte Praxisschwerpunkte im Umwandlungssteuererlass 2011, BB 2012 S. 223

Kowallik/Merklein/Scheipers, Ertragsteuerliche Beurteilung der Anwachsung nach den Änderungen des UmwStG aufgrund des SEStEG, DStR 2008 S. 173

Krohn/Greulich, Ausgewählte Einzelprobleme des neuen Umwandlungssteuerrechts aus der Praxis, DStR 2008 S. 646

Kutt, Probleme bei der Übertragung des wirtschaftlichen Eigentums bei Einbringungen nach §§ 20 und 24 UmwStG, DB 2006 S. 1132

L

Löffler/Hansen, Veräußerung von Anteilen an der Muttergesellschaft nach upstream-Abspaltung als Anwendungsfall von § 15 Abs. 2 Satz 4 UmwStG?, DB 2010 S. 1369.

Lutter, Umwandlungsgesetz, 3. Aufl. 2004, zitiert: Bearbeiter in Lutter

M

Mack, Grunderwerbsteuerpflicht beim quotenwahrenden Formwechsel, UVR 2009 S. 254

Mayer, Ergänzungsbilanzen bei der Verschmelzung von Kapitalgesellschaften auf Personengesellschaften, FR 2004 S. 698

Meining/Glutsch, Immobilien als Teilbetriebe im Sinne des Umwandlungssteuerrechts, GmbHR 2010 S. 735

Middendorf/Stegemann, Steuerliche Kapitalerhöhungsverpflichtung bei der Verschmelzung der Mutterpersonengesellschaft auf ihre 100%ige Tochter-GmbH, DStR 2005 S. 1082 und DStR 2006 S. 71

Mössner/Seeger, Körperschaftsteuergesetz Kommentar, 2. Aufl. 2014, zitiert: Bearbeiter in Mössner/Seeger

Mückl, Die neue Verlustnutzungsbeschränkung für rückwirkende Umwandlungen (§ 2 Abs. 4 Satz 3 ff. UmwStG), GmbHR 2013 S. 1084

N

Neitz/Lange, Grunderwerbsteuer bei Umwandlungen – Neue Impulse durch das Wachstumsbeschleunigungsgesetz, Ubg 2010 S. 17

Neitz-Hackstein/Lange, Anwendung der grunderwerbsteuerlichen Konzernklausel, GmbHR 2011 S. 122

Neu/Hamacher, Anwendung des § 18 Abs. 3 UmwStG bei veräußerung eines Unternehmens oder Mitunternehmeranteils gegen wiederkehrende Bezüge, DStR 2010, S. 1553

Nießen, Die Zuleitung von Umwandlungsverträgen an den Betriebsrat, Der Konzern 2009 S. 321

O

Oesterwinter/Pellmann, Zweifelsfragen zur schädlichen Einlagenrückgewähr nach § 22 Abs. 1 S. 6 Nr. 3 UmwStG – Dringender Klarstellungsbedarf insbesondere bei Einbringungen in Organschaftsfällen, BB 2008 S. 2769

Ott, Steuerklauseln beim Anteilstausch i. S. v. § 21 UmwStG, DStZ 2009 S. 90

Otte/Rietschel, Freifahrschein für den grenzüberschreitenden Rechtsformwechsel nach „Cartesio"?, GmbHR 2009 S. 983

P

Pahlke, Grunderwerbsteuergesetz, 5. Aufl. 2014, zitiert: Pahlke

Palandt, BGB, 73. Aufl. 2014, zitiert: Palandt/Bearbeiter

Panzer/Gebert, Leistungen zwischen zu spaltenden Rechtsträgern im Rückwirkungszeitraum – Wie weit reicht die Rückwirkungsfiktion ?, DStR 2010 S. 520.

Pfeiffer/Heilmeier, Einreichung und Bekanntmachung des Verschmelzungsplans bei grenzüberschreitender Verschmalzung, GmbHR 2009 S. 1317

Plewka/Herr, Gewerbesteuerfalle: Verlängerung der fünfjährigen Gewerbesteuer-Sperrfrist bei Betriebseinbringungen zu Buchwerten nach Formwechsel?, BB 2009 S. 2736

Postertz, Das Schicksal steuerlicher Verlustvorträge bei Verschmelzungen – Ausgewählte Problemfelder, DStR 2005 S. 1678

Priester, Personengesellschaften im Umwandlungsrecht, DStR 2005 S. 788

Pyszka, Erstmalige Rückbeziehung von Einbringungen nach §§ 20, 24 UmwStG nach Abgabe der steuerlichen Schlussbilanz?, DStR 2013 S. 1005

R

Rödder/Herlinghaus/van Lishaut, Umwandlungssteuergesetz, 2. Aufl. 2013, zitiert: Bearbeiter in R/H/vL

Rödder/Schönfeld, Zweifelsfragen im Zusammenhang mit der Auslegung von § 2 Abs. 4 UmwStG i. d. F. des JStG 2009, DStR 2009 S. 560

Rödder/Schönfeld, Zweifelsfragen im Zusammenhang mit der Vor- und Nachbehaltensfrist der grunderwerbsteuerlichen Konzernklausel in § 6a Satz 4 GrEStG n. F., DStR 2010 S. 415

Rödder/Wochinger, Down-Stream-Merger mit Schuldenüberhang und Rückkauf eigener Anteile, DStR 2006 S. 684

Rogall, Die Abspaltung aus Kapitalgesellschaften und die Zuordnung neutralen Vermögens, DB 2006 S. 66

Ropohl/Freck, Die Anwachsung als rechtliches und steuerliches Gestaltungsinstrument, GmbHR 2009 S. 1076

Roß/Drögemüller, Verschmelzungen und Abspaltungen bei Schwestergesellschaften nach der Refom des UmwG, DB 2009 S. 580

S

Säcker/Rixecker (Hrsg.), Münchener Kommentar zum Bürgerlichen Gesetzbuch, 4. Aufl. 2006, zitiert: Verfasser in München Komm., § ... BGB, Rn ...

Salzmann/Loose, Grunderwerbsteuerneutrale Umstrukturierung im Konzern, DStR 2004 S. 1941

Schaflitzl/Götz, Erlass zur Anwendung der Konzernklausel i. S. von § 6a GrEStG – geklärte und offene Fragen, DB 2011 S. 374

Schanko, Zur Anwendung von § 6a GrEStG, Ubg 2011 S. 73; UVR 2011 S. 49

Schell, Nachweispflicht gemäß § 22 Abs. 3 UmwStG und mögliche zeitliche Beschränkungen der Antragswahlrechte in § 20 und § 21 UmwStG, DStR 2010 S. 2222

Schick/Franz, Verlustnutzung bei Umwandlungen trotz § 8c KStG?, DB 2008 S. 1987

Schießl, Hinzurechnungsbesteuerung bei Umwandlungen am Beispiel der Verschmelzung einer Körperschaft auf eine andere Körperschaft, DStZ 2009 S. 207

Schindhelm/Pickhardt-Poremba/Hilling, Das zivil- und steuerrechtliche Schicksal der Unterbeteiligung bei „Umwandlung" der Hauptgesellschaft, DStR 2003 S. 1444 und 1469

Schmidt, EStG, 33. Aufl. 2014, zitiert: Bearbeiter in Schmidt

Schmidt, Karsten, Gesellschaftsrecht, 4. Aufl. 2002

Schmitt/Hörtnagl/Stratz, UmwG-UmwStG, 6. Aufl. 2013, zitiert: Bearbeiter in S/H/S

Schmitt/Schloßmacher, Mitverstrickte Anteile i. S. des § 22 Abs. 7 UmwStG, DStR 2009 S. 828

Scholten/Griemla, Zuordnung von Einzelwirtschaftsgütern zu fiktiven Teilbetrieben nach Tz. 15.09 des UmwSt-Erlasses, DStR 2008 S. 1172

Scholz, GmbHG, 10. Aufl. 2006, zitiert: Bearbeiter in Scholz

Schumacher/Hageböke, Umwandlungssteuerrechtliche Rückwirkungsfiktion und Übertragung von Anteilen i. R. des § 8c KStG, DB 2008 S. 493

Schumacher/Neumann, Ausgewählte Zweifelsfragen zur Auf- und Abspaltung von Kapitalgesellschaften und Einbringung von Unternehmensteilen in Kapitalgesellschaften, DStR 2008 S. 325

Schumacher/Neitz – Hackstein, Verschmelzung und Spaltung zwischen inländischen Kapitalgesellschaften, Ubg 2011 S. 409

Schwenke, Treaty override und kein Ende?, FR 2012 S. 443 ff.

Semler/Stengel, Umwandlungsgesetz, 3. Aufl. 2012, zitiert Bearbeiter in Semler/Stengel

Sistermann/Brinkmann, Rückwirkende Verlustnutzung nach dem JStG 2009, DStR 2008 S. 2455

Soergel/Siebert, Bürgerliches Gesetzbuch mit Einführungsgesetz und Nebengesetzen, 12. Aufl., zitiert: Bearbeiter in Soergel

Stangl/Grundke, Beteiligung an der Komplementär-GmbH bei § 20 UmwStG – Anmerkung zum BFH-Urteil vom 16. 12. 2009, I R 97/08, DStR 2010, 1871

Stangl/Grundke, Zeitpunkt des Vorliegens eines Teilbetriebs, DB 2010 S. 1851

Stengel, Steuerliche Rückwirkung nach § 2 UmwStG bei der Ausgliederung von Körperschaften, DB 2008 S. 2329

T

Teiche, Maßgeblichkeit bei Umwandlungen – trotz SEStEG?, DStR 2008 S. 1757

Teicke, Herausforderungen bei Planung und Umsetzung einer grenzüberschreitenden Verschmelzung, DB 2012 S. 2675

V

Viskorf/Haag, Bericht zum 4. Münchener Unternehmenssteuerforum: „Grunderwerbsteuer als Umstrukturierungshindernis für Unternehmen – Erleichterung durch den neuen § 6a GrEStG?", Beihefter zu DStR 12/2011 S. 3

Volb, Der Umwandlungssteuererlass, 2012

W

Walden/Meyer-Landrut, Die grenzüberschreitende Verschmelzung zu einer Europäischen Gesellschaft: Beschlussfassung und Eintragung, DB 2005 S. 2619

Widmann/Mayer, Umwandlungsrecht, Loseblatt, zitiert: Bearbeiter in Widmann/Mayer

Wischott/Schönweiß, Wachstumsbeschleunigungsgesetz – Einführung einer Grunderwerbsteuerbefreiung für Umwandlungsvorgänge, DStR 2009 S. 2638

Wischott/Adrian/Schönweiß, Anmerkungen zum Anwendungserlass zu § 6a GrEStG vom 1.12.2010, DStR 2011 S. 497

ABKÜRZUNGSVERZEICHNIS

A

a. A.	anderer Ansicht
a. a. O.	am angegebenen Ort
Abl.	Amtsblatt
Abs.	Absatz
Abschn.	Abschnitt (bei Richtlinien)
abzgl.	abzüglich
AE	Anteilseigner
a. E.	am Ende
AEUV	Vertrag über die Arbeitsweise der Europäischen Union
a. F.	alte Fassung
AfA	Absetzung für Abnutzung
AG	Aktiengesellschaft/Amtsgericht
AK	Anschaffungskosten
AktG	Aktiengesetz
Alt.	Alternative
Anm.	Anmerkung
AO	Abgabenordnung
Art.	Artikel
Aufl.	Auflage
AuslInvG	Gesetz über steuerliche Maßnahmen bei Auslandsinvestitionen der deutschen Wirtschaft
AV	Anlagevermögen
Az.	Aktenzeichen

B

BA	Betriebsaufspaltung
BaWü	Baden-Württemberg
BayNotZ	Bayer. Notar-Zeitschrift (Zs.)
BayObLG	Bayer. Oberstes Landesgericht
BB	Betriebs-Berater (Zs.)
Bd.	Band
BdF	Bundesminister der Finanzen
BE	Betriebseinnahmen

BewG	Bewertungsgesetz
BFH/NV	Sammlung amtlich nicht veröffentlichter Entscheidungen des Bundesfinanzhofs (Zs.)
BGB	Bürgerliches Gesetzbuch
BGBl	Bundesgesetzblatt
BGHZ	Amtliche Sammlung von Entscheidungen des Bundesgerichtshofs in Zivilsachen
BHG	Berlinhilfegesetz
BMF	Bundesminister(ium) der Finanzen
BMJ	Bundesminister(ium) der Justiz
BP	Betriebsprüfung
BR	Bundesrat
BRD	Bundesrepublik Deutschland
BR-Drs.	Bundesrats-Drucksache
BS	Betriebsstätte
BStBl	Bundessteuerblatt
BT-Drs.	Bundestags-Drucksache
Buchst.	Buchstabe
BV	Betriebsvermögen
BW	Buchwert
bzw.	beziehungsweise

D

DB	Der Betrieb (Zs.)
DBA	Doppelbesteuerungsabkommen
ders.	derselbe
DNotZ	Deutsche Notar-Zeitschrift (Zs.)
DStR	Deutsches Steuerrecht (Zs.)
DStZ	Deutsche Steuer-Zeitung (Zs.)

E

EAV	Ergebnisabführungsvertrag
EB	Ergänzungsbilanz
EFG	Entscheidungen der Finanzgerichte (Zs.)
EG	Einführungsgesetz; Europäische Gemeinschaft
EK	Eigenkapital
ESt	Einkommensteuer
EStDV	Einkommensteuer-Durchführungsverordnung
EStG	Einkommensteuergesetz

Abkürzungen **VERZEICHNIS**

EStH	Einkommensteuer-Hinweise
EStR	Einkommensteuer-Richtlinien
EU	Europäische Union/Einzelunternehmer
EuGH	Europäischer Gerichtshof
e.V.	eingetragener Verein
evtl.	eventuell
EWG	Europäische Wirtschaftsgemeinschaft
EWIV-VO	Verordnung (EWG) Nr. 2137/85 des Rates v. 25. 7. 1985 über die Schaffung einer Europäischen wirtschaftlichen Interessenvereinigung

F

FA	Finanzamt
FG	Finanzgericht
FinMin	Finanzministerium
Fn.	Fußnote
FR	Finanz-Rundschau (Zs.)
FRL/Fusions-RL	Richtlinie 90/434/EWG des Rates v. 23. 7. 1990 über das gemeinsame Steuersystem für Fusionen, Spaltungen, Abspaltungen, die Einbringung von Unternehmensteilen und den Austausch von Anteilen, die Gesellschaften verschiedener Mitgliedstaaten betreffen, sowie für die Verlegung des Sitzes einer Europäischen Gesellschaft oder einer Europäischen Genossenschaft von einem Mitgliedstaat in einen anderen Mitgliedstaat, Abl. EG Nr. L 225 S. 1, zuletzt geändert durch RL 2006/98/EG v. 20. 11. 2006, Abl. EU Nr. L 363 S. 129; ersetzt durch Richtlinie 2009/133/EG, ABl. EU L 310/34 v. 25. 11. 2009
FW	Firmenwert

G

GA	Gewinnausschüttung
GbR	Gesellschaft des bürgerlichen Rechts
gem.	gemäß
GenG	Genossenschaftsgesetz
Ges	Gesellschaft
GewSt	Gewerbesteuer
GewStDV	Gewerbesteuer-Durchführungsverordnung
GewStG	Gewerbesteuergesetz
GewStR	Gewerbesteuerrichtlinien/-Rückstellung

XLIII

VERZEICHNIS Abkürzungen

Gew(Vortr)Kto	Gewinn(Vortrags)Konto
ggf.	gegebenenfalls
gl. A.	gleicher Ansicht
GmbH	Gesellschaft mit beschränkter Haftung
GmbHG	Gesetz betreffend die GmbH
GmbHR	GmbH-Rundschau (Zs.)
GmbH-StB	GmbH-Steuerberater (Zs.)
GmbH-Stpr.	GmbH-Steuerpraxis (Zs.)
grds.	grundsätzlich
GrESt	Grunderwerbsteuer
GrEStG	Grunderwerbsteuergesetz
GruBo	Grund und Boden

H

HB	Handelsbilanz
HFR	Höchstrichterliche Finanzrechtsprechung (Zs.)
HGB	Handelsgesetzbuch
HK	Herstellungskosten
h. L.	herrschende Lehre
h. M.	herrschende Meinung
HR	Handelsregister
HS	Halbsatz

I

i. d. F.	in der Fassung
i. d. R.	in der Regel
IdW	Institut der Wirtschaftsprüfer
i. H.	in Höhe
INF	Die Information über Steuer und Wirtschaft (Zs.)
inkl.	inklusive
InvZul	Investitionszulage
IPR	Internationales Privatrecht (Zs.)
i. R.	im Rahmen
i. S.	im Sinne
i. Ü.	im Übrigen
i. V. m.	in Verbindung mit

J

JbFfSt	Jahrbuch der Fachanwälte für Steuerrecht

Abkürzungen VERZEICHNIS

JStG	Jahressteuergesetz

K

KapErh	Kapitalerhöhung
KapErhG	Gesetz über die Kapitalerhöhung aus Gesellschaftsmitteln und über die Verschmelzung von Gesellschaften mit beschränkter Haftung
KapErtSt	Kapitalertragsteuer
KapGes	Kapitalgesellschaft
KapKonto	Kapitalkonto
KapVerm	Kapitalvermögen
KG	Kommanditgesellschaft
KGaA	Kommanditgesellschaft auf Aktien
Kj	Kalenderjahr
Kö	Körperschaft
KÖSDI	Kölner Steuerdialog (Zs.)
Komm	Kommentar
KSt	Körperschaftsteuer
KStDV	Körperschaftsteuer-Durchführungsverordnung
KStG	Körperschaftsteuergesetz
KStR	Körperschaftsteuerrichtlinien/-Rückstellung

L

LG	Landgericht
lt.	laut
LuF, luf	Land- und Forstwirtschaft, land- und forstwirtschaftl.
LwAnpG	Landwirtschaftsanpassungsgesetz

M

m. E.	meines Erachtens
MittBayNot	Mitteilungen bayerischer Notare
MU	Mitunternehmer
MünchKomm	Münchener Kommentar
Mutter-Tochter-Richtlinie	Richtlinie 2011/96/EU über das gemeinsame Steuersystem der Mutter- und Tochtergesellschaften verschiedener Mitgliedstaaten v. 30. 11. 2011, ABl. EU L 345/8 v. 29. 12. 2011
m.w. H.	mit weiteren Hinweisen
m.w. N.	mit weiteren Nachweisen

VERZEICHNIS Abkürzungen

N

n. F.	neue Fassung
NJW	Neue Juristische Wochenschrift (Zs.)
NK	Nennkapital, Nominalkapital
NWB	Neue Wirtschafts-Briefe (Zs.)
NZB	Nichtzulassungsbeschwerde

O

o.	oben
OFD	Oberfinanzdirektion
oGA	ordentliche Gewinnausschüttung
OGAW-IV-UmsG	Gesetz zur Umsetzung der Richtlinie 2009/65/EG zur Koordinierung der Rechts- und Verwaltungsvorschriften betreffend bestimmte Organismen für gemeinsame Anlagen in Wertpapieren
OHG	Offene Handelsgesellschaft
OLG	Oberlandesgericht

P

PersGes	Personengesellschaft(en)
PV	Privatvermögen

R

rd.	rund
Rn	Randnummer
Rev.	Revision
RL	Richtlinien der EG/Rücklage
Rspr.	Rechtsprechung
Rückst./RSt	Rückstellung
Rz.	Randziffer

S

S.	Seite
SB	Schlussbilanz
SBV	Sonderbetriebsvermögen
SCE-VO	Verordnung (EG) Nr. 1435/2003 des Rates v. 22. 7. 2003 über das Statut der Europäischen Genossenschaft (SCE)
Se.	Summe

SE-VO	Verordnung (EG) Nr. 2157/2001 des Rates über das Statut der Europäischen Gesellschaft (SE) vom 8. 10. 2001, Abl. EG Nr. L 294, 1
sog.	sogenannt
SpTrUG	Gesetz über die Spaltung der von der Treuhandanstalt verwalteten Unternehmen
Stammkap	Stammkapital
StB	Steuerbilanz
Stbg	Die Steuerberatung (Zs.)
StErh	Steuererhöhung
StMin	Steuerminderung
Stpfl., stpfl.	Steuerpflicht(iger), steuerpflichtig
str.	strittig
st. Rspr.	ständige Rechtsprechung

T

tats.	tatsächlich
TB	Teilbetrieb
TW	Teilwert
TWA	Teilwertabschreibung
Tz.	Textziffer

U

u.	unten
u. a.	unter anderem
Ubg	Die Unternehmensbesteuerung (Zs.)
u. E.	unseres Erachtens
UmwBerG	Gesetz zur Bereinigung des Umwandlungsrechts vom 28. 10. 1994
UmwG	Umwandlungsgesetz vom 28. 10. 1994
UmwStG	Umwandlungssteuergesetz
unstr.	unstrittig
Unterabs.	Unterabsatz
USt	Umsatzsteuer
UStDV	Umsatzsteuer-Durchführungsverordnung
UStG	Umsatzsteuergesetz
u. U.	unter Umständen

V

v.	von / vom
vE	(zu) versteuerndes Einkommen

Abkürzungen

vEK	verwendbares Eigenkapital
Verb.	Verbindung
VermG	Gesetz zur Regelung offener Vermögensfragen
Vfg.	Verfügung
VG	Veräußerungsgewinn
vGA	verdeckte Gewinnausschüttung
vgl.	vergleiche
VSt	Vermögensteuer
VuV	Vermietung und Verpachtung
VZ	Veranlagungszeitraum

W

WEG	Gesetz über das Wohnungseigentum und das Dauerwohnrecht
WG	Wirtschaftsgut
wg.	wegen
Wj	Wirtschaftsjahr
WK	Werbungskosten
WM	Wertpapiermitteilungen (Zs.)

Z

z. B.	zum Beispiel
ZEV	Zeitschrift für Erbrecht und Vermögensnachfolge (Zs.)
ZIP	Zeitschrift für Wirtschaftsrecht (Zs.)
Zs.	Zeitschrift
zzgl.	zuzüglich

A. Allgemeines
I. Phänomen der Unternehmensumstrukturierung

Generationenwechsel, Wettbewerb am Weltmarkt, Kapitalsammlung, Risikominderung sind nur einige wenige Motive, die für eine Unternehmensumgründung ausschlaggebend sind. Unternehmensumgründungen können in der Weise geschehen, dass sich mehrere Unternehmen zu einem Unternehmen zusammenschließen. Man spricht dann von Fusion. Aber auch die Aufteilung eines großen Unternehmens in mehrere Teile ist eine Vielzahl von Unternehmensumgründungen. Man spricht dann von Spaltungen. Schließlich kommt die Änderung der Rechtsform des Unternehmens in Betracht. Geschieht dies ohne Änderung des Rechtsträgers, spricht man von formwechselnder Umwandlung, bei Rechtsträgerwechsel von Verschmelzung oder Einbringung.

1

Im Wirtschaftsleben ist immer wieder zu beobachten, dass Unternehmen ihre Rechtsform ändern, sich zusammenschließen oder aufgeteilt werden: So kann z. B. ein Einzelunternehmen oder eine OHG in eine GmbH umgewandelt werden oder umgekehrt eine GmbH in ein Einzelunternehmen oder eine OHG; mehrere AGs können zu einer verschmelzen; eine GmbH kann in mehrere Nachfolgegesellschaften aufgespalten werden; eine eingetragene Genossenschaft kann in die Rechtsform einer AG oder KGaA wechseln; eine AG kann einen Produktionszweig in eine GmbH & Co KG ausgliedern u. a. m.

2

Derartige Maßnahmen dienen z. B. dazu, wirtschaftliche Kräfte zu bündeln, Entscheidungsabläufe zu straffen, Verwaltungskosten zu senken oder Geschäftsrisiken zu isolieren. Sie können helfen, eine Unternehmernachfolge vorzubereiten, den Einfluss auf ein Unternehmen zu verfestigen, rechtsformbedingte publizitäts- oder mitbestimmungsrechtliche Nachteile abzustreifen, das Bilanzbild zu verbessern oder auch schlicht: Steuern zu sparen. In aller Regel werden Umwandlungen nicht nur als betriebswirtschaftlich, sondern auch als volkswirtschaftlich erwünscht angesehen. Aufgabe des Gesetzgebers ist es deshalb, unnötige rechtliche Hemmnisse aus dem Weg zu räumen.

3

Zunächst bestehen auf der zivilrechtlichen Ebene Regelungsbedürfnisse, die namentlich durch das Umwandlungsgesetz 1995[1] (im Folgenden UmwG) be-

4

---

1 Art. 1 des Gesetzes zur Bereinigung des Umwandlungsrechts (UmwBerG) v. 28.10.1994, BGBl I 1994 S. 3210, zuletzt geändert durch Gesetz zur Änderung von Vorschriften über Verkündung und Bekanntmachungen sowie der Zivilprozessordnung, des Gesetzes betreffend die Einführung der Zivilprozessordnung und der Abgabenordnung v. 22.12.2011 (BGBl I 2011 S. 3044).

friedigt werden sollen. Im Wesentlichen sind das Vereinfachungseffekte hinsichtlich Liquidationserfordernissen bei umfangreichen Übertragungsakten, Zurückdrängen von Umstrukturierungshindernissen bei widersprechenden Minderheiten.

5 Weitere denkbare Hindernisse sind steuerlicher, und zwar vor allem ertragsteuerlicher Natur. Die meisten Umwandlungsvorgänge würden nach allgemeinen Regeln zu Gewinnen führen, die der Einkommensteuer bzw. der Körperschaftsteuer und ggf. der Gewerbesteuer unterliegen. Hier hilft das Umwandlungssteuergesetz 2006 (im Folgenden UmwStG[1] wie auch schon seine Vorgänger, indem es unter gewissen Voraussetzungen die (ertrag-)steuerneutrale Änderung der Unternehmensform erlaubt.

6 Steuerrecht und Zivilrecht der Umwandlung sind eng miteinander verzahnt und müssen daher stets im Wechselspiel gesehen werden.

7–9 *(Einstweilen frei)*

II. Ausgangslage und Problemstellung

1. Sachverhalt

10 Einzelunternehmer E beschließt, mit dem Privatmann F ein gemeinsames Unternehmen zu gründen. E und F überlegen, ob als Rechtsform

a) die GmbH

b) die KG

c) die GmbH & Co. KG

in Betracht kommen.

Sie beraten die Beteiligten, welche zivilrechtlichen Vereinbarungen und Übertragungsakte erforderlich sind.

2. Sachverhalt

11 X und Y planen, ihr bislang in der Rechtsform einer OHG geführtes Unternehmen künftig als GmbH zu betreiben. Wie kann die Umwandlung erfolgen?

---

[1] Neufassung Umwandlungssteuergesetz (Fassung ab 13.12.2006) v. 7.12.2006, BGBl I 2006 S. 2791 in der Gestalt des Gesetzes über steuerliche Begleitmaßnahmen zur Einführung der Europäischen Gesellschaft und zur Änderung weiterer steuerrechtlicher Vorschriften (SEStEG) v. 7.12.2006, BGBl I 2006 S. 2782. Zuletzt geändert durch: Art. 6 G v. 25.7.2014, BGBl S. 1266.

Die wesentliche Frage ist: **Welches Instrumentarium bietet das Gesellschaftsrecht zur einfachen Übertragung vieler Wirtschaftsgüter?** 12

Wenn ein ganzer Betrieb übertragen wird, müssen bei Geltung allgemeiner Regeln Forderungen abgetreten, Mobilien nach den Regeln des Sachenrechts und Immobilien unter Mitwirkung eines Notars übertragen werden. Bei Übertragungen von Verbindlichkeiten bedarf es der Mitwirkung der Gläubiger. 13

In diesem Umfeld bietet das UmwG dem Unternehmer die Möglichkeit, bei Übertragungen einer großen Wirtschaftseinheit von Rechtsakten Gebrauch zu machen, die es erlauben, in **einem** Akt eine Vielzahl von Einzelübertragungen zu erledigen. Man kann wählen zwischen der Einzelrechtsnachfolge und den Möglichkeiten der Gesamt- und Sonderrechtsnachfolge. 14

Gesamt- und Sonderrechtsnachfolge findet man nicht nur im Umwandlungsrecht, sondern unser Rechtssystem bietet in vielen Bereichen eine Alternative zur Einzelrechtsnachfolge. 15

16

> MERKE:
> Das zivilrechtliche Grundprinzip heißt Einzelrechtsnachfolge. Für eine Gesamtrechts- oder Sonderrechtsnachfolge bedarf es einer besonderen gesetzlichen Ermächtigung; denn es herrscht für die Ausnahmen ein strenger „numerus clausus". Das folgende Schaubild in Rn 41 stellt die Rechtsgrundlagen zusammen, die es erlauben, Sachgesamtheiten im Wege der Universalsukzession zu übertragen.

(Einstweilen frei) 17–19

III. Das Umwandlungsrecht in der Gesamtstruktur des Zivilrechts

Das UmwG kennt vier Arten der Umwandlung: Verschmelzung, Spaltung, Vermögensübertragung und Formwechsel. Dabei handelt es sich um zwei vollkommen verschiedene Arten der Umwandlung, nämlich einmal mit (die ersten drei) und einmal ohne Vermögensübertragung. Die Aufzählung ist abschließend, streng rechtsformbezogen und niemals analogiefähig (§ 1 Abs. 2 UmwG). Es herrscht ein strenger „numerus clausus". Sachgesamtheiten können im Wege der Gesamtrechtsnachfolge oder Sonderrechtsnachfolge nur übertragen werden, wenn dafür eine gesetzliche Vorschrift gegeben ist. Solche Sonderregelungen bieten neben dem UmwG das Erbrecht, das eheliche Güterrecht, das Personengesellschaftsrecht in Gestalt der Anwachsung. Sogar Landesgesetze können Sachverhalte der Gesamtrechtsnachfolge regeln; z. B. in Fällen der kommunalen Neugliederung. Das bedeutet: Ohne konkrete gesetzliche Vorschrift sind die Vorgaben der Einzelrechtsnachfolge zu beachten. Um- 20

A. Allgemeines

wandlungen außerhalb des UmwG sind demnach nur möglich, wenn sie durch andere Gesetze ausdrücklich zugelassen sind.[1] Dies kann weitreichende Folgen haben, da nach dem Urteil des BGH vom 7.11.1997 LwZR 1/97[2] davon auszugehen ist, dass eine Umwandlung, die sich nicht innerhalb des numerus clausus der möglichen Umwandlungsarten hält, selbst dann unwirksam ist, wenn die „Umwandlung" im Handelsregister eingetragen wird. Hierauf kann sich jedermann ohne zeitliches Limit berufen.[3]

21–40 *(Einstweilen frei)*

---

[1] Wie z.B. in § 38a Landwirtschaftsanpassungsgesetz oder beim Wechsel der Rechtsform im Recht der Personengesellschaften zwischen OHG, KG und GbR, § 190 Abs. 2 UmwG i.V.m. §§ 105, 161, 4 HGB.
[2] NJW 1998 S. 229.
[3] Ebenso Heckschen, DB 1998 S. 1386.

B. Struktur der Rechtsnachfolge im Rechtssystem

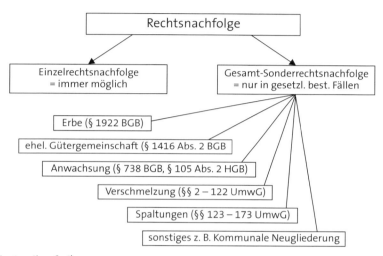

(Einstweilen frei)

I. Die Einzelrechtsnachfolge – Liquidationsmodelle

In den beiden Einstiegsfällen könnte man im Wege der Einzelrechtsnachfolge vorgehen.

Im 2. Fall könnten z. B. die Vermögensgegenstände der OHG an die (ggf. neu zu gründende) GmbH einzeln veräußert und die OHG hiernach liquidiert werden.

Der Weg der Einzelrechtsnachfolge vollzieht sich nach allgemeinen zivilrechtlichen Regeln und ist zumindest aus rechtlicher Sicht in aller Regel gangbar. Einzelrechtsnachfolge bedeutet, dass jeder einzelne Vermögensgegenstand nach den dafür maßgeblichen (sachen-)rechtlichen Vorschriften übertragen wird und die Genehmigung des Gläubigers bzw. des Vertragspartners für die befreiende Übernahme von Unternehmensschulden (vgl. §§ 414 ff. BGB) und die Überleitung von Verträgen (wie z. B. Mietverträgen) eingeholt werden muss. Diese Erfordernisse sind in der Praxis oft nicht oder nur mit unmäßig hohen Kosten und Zeitverlusten zu erfüllen.

B. Struktur der Rechtsnachfolge im Rechtssystem

53 Denkbar ist auch ein umgekehrter Fall, wonach eine GmbH ihr Vermögen auf ein Nachfolgeunternehmen im Wege der Einzelrechtsnachfolge überträgt. Dieser Weg beinhaltet viele Einzelschritte, die recht mühsam sind. Zunächst können die oder der Anteilseigner entgeltlich das Vermögen der GmbH erwerben. Danach wird die GmbH liquidiert.

54 Der Unternehmenskauf (1. Schritt) setzt neben dem Kaufvertrag (§ 433 BGB), der ggf. der notariellen Form bedarf (§ 311b BGB),[1] die Übertragung des Eigentums an jedem einzelnen Wirtschaftsgut der GmbH voraus. Hierzu müssen alle Wirtschaftsgüter der GmbH wegen des sachenrechtlichen Bestimmtheitsgrundsatzes im Kaufvertrag hinreichend konkret bezeichnet werden.[2] Ein nicht aufgeführtes Wirtschaftsgut wird nicht mitübertragen. Die Übertragung der Verbindlichkeiten und der laufenden Geschäfte ist außerdem an die Zustimmung der Gläubiger bzw. der Vertragspartner gebunden (§ 415 BGB).[3] Sie muss für jede einzelne Verbindlichkeit eingeholt werden. Wird die Zustimmung verweigert, muss die GmbH ihre Schuld selbst begleichen bzw. ihren Vertrag selbst erfüllen.

55 Das von der GmbH übernommene Vermögen hat der Erwerber sodann mit seinen eigenen Anschaffungskosten in seinem neuen Einzelunternehmen zu bilanzieren, und zwar mit den individuellen Anschaffungskosten für jedes einzelne materielle und immaterielle Wirtschaftsgut (§ 255 Abs. 1 Satz 1 HGB, § 6 Abs. 1 Nr. 1, 2 EStG). Ein überschießender Betrag ist als Geschäfts- oder Firmenwert anzusetzen (§ 255 Abs. 4 HGB). In aller Regel wird jedoch ein Gesamtkaufpreis vereinbart werden. Dieser ist dann auf die einzelnen Wirtschaftsgüter im Verhältnis ihrer Teilwerte zueinander aufzuteilen. Hierzu sind die individuellen Teilwerte u. U. erst noch zu ermitteln (§ 10 Satz 2 BewG). Die so ermittelten Bilanzansätze für jedes einzelne Wirtschaftsgut bilden beim Einzelunternehmen fortan die Bemessungsgrundlage für die AfA etc. Soweit (Behalte-)Fristen steuerlich von Bedeutung sind, beginnen diese neu zu laufen.

56 Das Liquidationsverfahren selbst (2. Schritt) ist in den §§ 60 ff. GmbHG geregelt. Danach sind nach Beschlussfassung der Gesellschafter über die Liquidation (§ 60 Abs. 1 Nr. 2 GmbHG) zuerst die Liquidatoren zu bestellen und beim Registergericht anzumelden (§ 66 GmbHG). Diese haben sodann die laufenden Geschäfte der GmbH abzuwickeln, soweit diese nicht übernommen werden

---

1 Vgl. BGH, Urteil v. 19.1.1979, NJW 1979 S. 915.
2 Palandt/Bassenge, Bürgerliches Gesetzbuch, Tz. 2 zu § 930 BGB.
3 Zu den Formalien einer Verbindlichkeitsübertragung vgl. auch Palandt/Grüneberg, Bürgerliches Gesetzbuch, Tz. 2 ff. zu § 415 BGB.

können (§ 70 GmbHG). Ist dieser Komplex abgeschlossen, darf nach Ablauf des sog. Sperrjahres (§ 73 GmbHG) das Restvermögen der GmbH an den/die Gesellschafter verteilt werden (§ 72 GmbHG). Ist schließlich und endlich das Vermögen der GmbH verteilt worden und die Liquidation damit beendet, haben die Liquidatoren noch eine Schlussrechnung vorzulegen und – letzter Akt – den Abschluss der Liquidation zur Eintragung ins Handelsregister anzumelden. Mit der Eintragung wird das Erlöschen der Gesellschaft dokumentiert (§ 74 GmbHG). Für den Fall, dass noch aktives Restvermögen vorhanden sein sollte, besteht die Gesellschaft noch fort.

(Einstweilen frei) 57–80

II. Die Anwachsung

Anwachsung ist ein besonderer Fall der Sonderrechtsnachfolge. Sie tritt bei Personengesellschaften ein, wenn bei Ausscheiden eines Gesellschafters die Gesellschaft mit den verbleibenden Gesellschaftern fortgesetzt wird (§ 738 BGB, § 105 Abs. 2 HGB). Der Anteil des Ausscheidenden am Gesamthandsvermögen geht auf die Verbleibenden über. Die Anwachsung kann als Umstrukturierungsinstrument eingesetzt werden. 81

BEISPIELE: 82
1. Aus einer KG scheiden alle Kommanditisten aus und die Gesellschaft wird mit den Komplementären fortgesetzt. KG wird zu einer OHG.
2. Aus einer zweigliedrigen Gesellschaft scheidet einer aus. Ein Einzelunternehmen entsteht.
3. Aus einer GmbH & Co. KG scheiden alle Kommanditisten aus. Es entsteht eine Kapitalgesellschaft. Diese Form wird auch als „Anwachsungsmodell" bezeichnet.

(Einstweilen frei) 83–100

III. Die Gesamtrechts- und Sonderrechtsnachfolge nach UmwG

1. Ziele des UmwG

Die Wirtschaft benötigt Instrumentarien, die die Übertragungsakte von Wirtschaftsgütern und Rechtsformänderungen in den Fällen von Unternehmensumstrukturierungen erleichtern. 101

Wenn Wirtschaftsgüter (z. B. Sachen und Rechte) übertragen werden, gilt grds. die **Einzelrechtsnachfolge** („Singularsukzession"). Dieses System erweist sich als **umständlich**, wenn ein Unternehmen sein gesamtes Vermögen auf einen 102

Rechtsnachfolger überträgt und anschließend liquidiert werden soll. Mobilien und Immobilien müssten nach den Regeln des Sachenrechts übertragen und Forderungen und Rechte abgetreten werden. Bei Verbindlichkeiten müsste jeder Gläubiger seine Zustimmung geben.

103 Ein System der **Gesamtrechtsnachfolge bzw. Sonderrechtsnachfolge** kann hier als Ausnahmesystem **Abhilfe** schaffen. Dazu ist aber eine konkrete gesetzliche Vorgabe erforderlich, da insoweit ein strenger „numerus clausus" im deutschen Übertragungsrecht gilt.

104 Das Umwandlungsrecht bietet hier als erstes Ziel die Lösung in Gestalt der **übertragenden Umwandlung**. Diese ermöglicht ohne umständliche Liquidation des Rechtsvorgängers bei den typischen Handelsunternehmen Verschmelzungen (§§ 3 ff. UmwG), Spaltungen (§§ 123 ff. UmwG) und auf spezielle Unternehmen bezogen die Vermögensübertragung (§§ 174 ff. UmwG).

105 Ein weiteres Bedürfnis besteht in der Kontinuität des Unternehmens ohne Rücksicht auf seine Rechtsform. Ohne Vermögensübertragung soll sich lediglich das „rechtliche Kleid" ändern. Dies ist das weitere Anliegen des zivilrechtlichen Umwandlungsrechts. Daher sehen die §§ 190 ff. UmwG Möglichkeiten einer **formwechselnden Umwandlung** vor.

106 Das geltende UmwG vom 28.10.1994 trat zum 1.1.1995 in Kraft.[1] Mit ihm wurden die bisher auf fünf verschiedene Gesetze – UmwG 1969, AktG, KapErhG, GenG und Versicherungsaufsichtsgesetz – verteilten Umwandlungsmöglichkeiten in einem einheitlichen (einzigen) Gesetzeswerk zusammengeführt. Insoweit hat der Gesetzgeber eine praktischere Handhabung geschaffen.

107 Mittlerweile hat das UmwG Änderungen durch die nachfolgenden Gesetze erfahren.

▶ Gesetz über die Zulassung von Stückaktien (Stückaktiengesetz – StückAG) vom 25.3.1998 (BGBl I 1998 S. 590)

▶ Gesetz zur Einführung des Euro (Euro-Einführungsgesetz – EuroEG) vom 9.6.1998 (BGBl I 1998 S. 1242)

▶ Gesetz zur Neuregelung des Kaufmanns- und Firmenrechts und zur Änderung anderer handels- und gesellschaftsrechtlicher Vorschriften (Handelsrechtsreformgesetz – HRefG) vom 22.6.1998 (BGBl I 1998 S. 1474)

▶ Gesetz zur Änderung des Umwandlungsgesetzes, des Partnerschaftsgesellschaftsgesetzes und anderer Gesetze vom 22.7.1998 (BGBl I 1998 S. 1878)

---

1 BGBl I 1994 S. 3210.

- Gesetz zur Namensaktie und zur Erleichterung der Stimmrechtsausübung (Namensaktiengesetz – NaStraG) vom 18. 1. 2001 (BGBl I 2001 S. 123)
- Gesetz zur Anpassung der Formvorschriften des Privatrechts und anderer Vorschriften an den modernen Rechtsgeschäftsverkehr vom 13. 7. 2001 (BGBl I 2001 S. 1542)
- Gesetz zur Reform des Betriebsverfassungsgesetzes (BetrVerf-Reformgesetz) vom 23. 7. 2001 (BGBl I 2001 S. 1852)
- Gesetz zur Modernisierung des Schuldrechts vom 26. 11. 2001 (BGBl I 2001 S. 3138)
- Gesetz zur Änderung des Seemannsgesetzes und anderer Gesetze vom 23. 3. 2002 (BGBl I 2002 S. 1163)
- Gesetz zur Neuordnung des gesellschaftsrechtlichen Spruchverfahrens (Spruchverfahrensneuordnungsgesetz) vom 12. 6. 2003 (BGBl I 2003 S. 838)
- Gesetz zur Einführung internationaler Rechnungslegungsstandards und zur Sicherung der Qualität der Abschlussprüfung (Bilanzrechtsreformgesetz – BilReG) vom 4. 12. 2004 (BGBl I 2004 S. 3166)
- Gesetz zur Anpassung von Verjährungsvorschriften an das Gesetz zur Modernisierung des Schuldrechts vom 9. 12. 2004 (BGBl I 2004 S. 3214)
- Gesetz zur Einführung der Europäischen Genossenschaft und zur Änderung des Genossenschaftsrechts vom 14. 8. 2006 (BGBl I 2006 S. 1911)
- Gesetz über elektronische Handelsregister und Genossenschaftsregister sowie das Unternehmensregister (EHUG) vom 10. 11. 2006 (BGBl I 2006 S. 2553)
- Zweites Gesetz zur Änderung des Umwandlungsgesetzes vom 19. 4. 2007 (BGBl I 2007 S. 542)
- Art. 17 Gesetz zur Modernisierung des GmbH-Rechts und zur Bekämpfung von Missbräuchen (MoMiG) vom 23. 10. 2008 (BGBl I 2008 S. 2026)
- Art. 73 Gesetz zur Reform des Verfahrens in Familiensachen und in der Angelegenheit der Freiwilligen Gerichtsbarkeit (FGG-Reformgesetz) vom 17. 12. 2008 (BGBl I 2008 S. 2586)
- Art. 13 Abs. 4 Gesetz zur Modernisierung des Bilanzrechts (Bilanzrechtsmodernisierungsgesetz – BilMoG) vom 25. 5. 2009 S. 1102)
- Art. 4 Gesetz zur Umsetzung der Aktionärsrechte-Richtlinie (ARUG) vom 30. 7. 2009 (BGBGl I 2009 S. 2479)
- Art. 5 Gesetz zur Erleichterung elektronischer Anmeldungen zum Vereinsregister und anderer vereinsrechtlicher Änderungen vom 24. 9. 2009 (BGBl I 2009 S. 3145)

▶ Art. 1 Drittes Gesetz zur Änderung des Umwandlungsgesetzes vom 11. 7. 2011 (BGBl I 2011 S. 1338).

▶ Geändert durch Gesetz zur Änderung von Vorschriften über Verkündung und Bekanntmachungen sowie der Zivilprozessordnung, des Gesetzes betreffend die Einführung der Zivilprozessordnung und der Abgabenordnung v. 22. 12. 2011 (BGBl I 2011 S. 3044).

108 Das UmwG erleichtert durch verschiedene Umstrukturierungsformen den Weg in Nachfolgeunternehmen und neue Rechtsformen. Bei der **Gesamtrechtsnachfolge** gehen alle Vermögensgegenstände und Schulden in einem Rechtsakt auf den übernehmenden Rechtsträger über. Der übernehmende Rechtsträger (z. B. eine OHG, eine GmbH oder auch ggf. eine natürliche Person) tritt – wie bei einem Erbgang – vermögensrechtlich unmittelbar und voll in die Rechtsstellung des übertragenden Rechtsträgers ein. Das beinhaltet auch den Eintritt in bestehende Verträge und die Schuldübernahme ohne Mitwirkung des Gläubigers i. S. der §§ 414 ff. BGB; öffentliche Bücher wie Grundbücher, Patentbücher etc. werden lediglich berichtigt.

109 Die Gesamtrechts- und Sonderrechtsnachfolge hat allerdings im Verhältnis zur Einzelrechtsnachfolge nicht nur Vorteile, sondern auch Nachteile, da sie nur in den abschließend aufgezählten Fällen möglich ist, strengen Schutz- und Formvorschriften unterliegt und einen Wechsel der Gesellschafter oder eine Änderung ihrer Beteiligungsverhältnisse nur in eingeschränktem Umfang erlaubt.

110–120 *(Einstweilen frei)*

2. Umwandlungsarten

121 Das UmwG nennt in § 1 Abs. 1 folgende Arten der Umwandlung:

*„Rechtsträger mit **Sitz im Inland** können umgewandelt werden:*

1. *durch Verschmelzung;*

2. *durch Spaltung (Aufspaltung, Abspaltung, Ausgliederung);*

3. *durch Vermögensübertragung;*

4. *durch Formwechsel."*

III. Die Gesamtrechts- und Sonderrechtsnachfolge nach UmwG

Der Gesetzgeber hat an der Beschränkung auf inländische Rechtsträger festgehalten, obwohl diese gegen EU-Recht verstößt.[1] Er hat die Besonderheiten einer Umwandlung unter Einbeziehung ausländischer Rechtsträger vielmehr in §§ 122a ff. UmwG geregelt.[2] An einer grenzüberschreitenden Verschmelzung können als übertragende, übernehmende oder neue Gesellschaften nur Kapitalgesellschaften i. S. d. Art. 2 Nr. 1 der Richtlinie 2005/56/EG des Europäischen Parlaments und des Rates vom 26. 10. 2005 über die Verschmelzung von Kapitalgesellschaften aus verschiedenen Mitgliedstaaten[3] beteiligt sein, die nach dem Recht eines Mitgliedstaats der Europäischen Union oder eines anderen Vertragsstaats des Abkommens über den Europäischen Wirtschaftsraum gegründet worden sind und ihren satzungsmäßigen Sitz, ihre Hauptverwaltung oder ihre Hauptniederlassung in einem Mitgliedstaat der Europäischen Union oder einem anderen Vertragsstaat des Abkommens über den Europäischen Wirtschaftsraum haben.

122

Der Terminus „Umwandlung" teilt sich in zwei Bereiche auf. Man unterscheidet die

123

▶ Umwandlung mit Vermögensübertragung und

▶ Umwandlung ohne Vermögensübertragung.

Zur **Umwandlung mit Vermögensübertragung** gehören die Verschmelzung, die Spaltung und die Vermögensübertragung. In diesen Fällen gibt es einen **Rechtsträgerwechsel.** Sie haben ein Ursprungsunternehmen und ein Nachfolgeunternehmen oder einen Rechtsvorgänger und einen Rechtsnachfolger.

124

---

1 EuGH (Große Kammer), Urteil v. 13. 12. 2005 Rs. C-411/03 (Sevic Systems AG), BB 2006 S. 11; EuGH (4. Kammer), Urteil v. 6. 9. 2012 Rs. C-38/12 (Kommission/Portugisische Republik), BFH/NV 2012 S. 1757; EuGH, Urteil v. 12. 7. 2012 Rs C-378/10 (VALE COSTRUZIONI), BB 2012 S. 2069; s. andererseits zur Aufdeckung der stillen Reserven bei Überführung einzelner Wirtschaftsgüter EuGH, Urteil vom 23. 1. 2014 Rs. C-164/12 (DMC Beteiligungsgesellschaft mbH), BFH/NV 2014 S. 478; zur Zulässigkeit einer formwechselnden Umwandlung einer luxemburgischen S.A.R.L. in eine Kapitalgesellschaft nach deutschem Recht s. OLG Nürnberg, Beschluss v. 19. 6. 2013 – 12 W 520/13 (Moor Park II), ZIP 2014 S. 128 mit Besprechung von Bungert/de Raet, DB 2014 S. 761.

2 Zu Einzelheiten siehe Pfeiffer/Heilmeier, GmbHR 2009 S. 1317, Freundorfer/Festner, GmbHR 2010 S. 95 und Teicke, DB 2012 S. 2675.

3 Abl. EU Nr. L 310 S. 1.

125 **HINWEIS:**
Bitte lassen Sie sich durch den von Verschmelzung und Spaltung zu unterscheidenden Fall „Vermögensübertragung" nicht verwirren. Alle hier genannten Arten sind Umwandlungen mit Vermögensübertragung. Die „Vermögensübertragung" findet nur in den in § 175 UmwG genannten besonderen Fällen statt. Es handelt sich um Übertragungen von einer Kapitalgesellschaft auf den Bund, ein Land, eine Gebietskörperschaft oder einen Zusammenschluss von Gebietskörperschaften oder von einer Versicherungs-Aktiengesellschaft auf Versicherungsvereine auf Gegenseitigkeit oder auf öffentlich-rechtliche Versicherungsunternehmen und umgekehrt.

126 Die Umwandlung ohne Vermögensübertragung läuft unter dem Begriff „Formwechsel", der Rechtsträger bleibt identisch. Es ändert sich lediglich das rechtliche Kleid.

BEISPIEL: Die X-GmbH mit den Gesellschaftern A und B wird in die X-AG umgewandelt. Die Gesellschaft und die Gesellschafter bleiben identisch.

Folge:
Änderungen im Handelsregister oder in Grundbüchern wirken nur deklaratorisch.

127–130 *(Einstweilen frei)*

3. Aufbau des UmwG

131 Das UmwG ist nach dem „Baukastenprinzip" aufgebaut. Es widmet jeder Umwandlungsart ein gesondertes „Buch", das jeweils in einen Teil „Allgemeine Vorschriften" und einen Teil „Besondere Vorschriften" unterteilt ist. In den allgemeinen Teilen sind die Vorschriften zusammengefasst, die für alle in Frage kommenden Rechtsformen gelten, wobei regelmäßig erst die Umwandlung auf bestehende und dann die Umwandlung auf neugegründete Rechtsträger behandelt wird. In den besonderen Teilen schließen sich dann jeweils die abweichenden oder ergänzenden Bestimmungen an, die nur einzelne Rechtsformen betreffen. Aufgrund dieser formalen Gliederung wird aus den hinteren Gesetzesabschnitten vielfältig in die vorderen Abschnitte verwiesen. So muss sich der Rechtsanwender etwa die Bestimmungen für die Spaltung einer GmbH aus verschiedenen Abschnitten des allgemeinen und des besonderen Teils des 3. Buchs sowie – über Verweisungen – ergänzend des 2. Buchs zusammensuchen.

132 Das UmwG ist in sieben Bücher und war wegen des bis zum 31.8.2003 geltenden Spruchverfahrensrechts in acht Bücher gegliedert.

133 Das 1. Buch zählt abschließend die nach dem UmwG zulässigen Arten der Umwandlung auf. Danach werden für Rechtsträger mit Sitz im Inland folgende

Umwandlungsarten mit Vermögensübertragung und ohne Vermögensübertragung angeboten:

Die Umwandlung mit Vermögensübertragung

1. Verschmelzung;
2. Spaltung (Aufspaltung, Abspaltung oder Ausgliederung);
3. Vermögensübertragung;

Die Umwandlung ohne Vermögensübertragung

4. Formwechsel.

Die einzelnen Umwandlungsarten sind detailliert in den nachfolgenden Büchern geregelt, und zwar: 134

- die Verschmelzung im 2. Buch (§§ 2 – 122l),
- die Spaltung im 3. Buch (§§ 123 – 173),
- die Vermögensübertragung im 4. Buch (§§ 174 – 189) und
- der Formwechsel im 5. Buch (§§ 190 – 304).

Im früheren 6. Buch (§§ 305 – 312) fand man das sog. bis 31.8.2003 geltende Spruchverfahren. Seit dem 1.9.2003 gilt das neue Spruchverfahrensgesetz. 135

Das aktuelle 6. Buch (§§ 313 – 316) enthält Strafvorschriften und Vorschriften über Zwangsgelder, das 7. Buch (§§ 317 – 325) schließlich die Übergangs- und Schlussvorschriften. 136

B. Struktur der Rechtsnachfolge im Rechtssystem

137 Übersicht:
Aufbau des UmwG

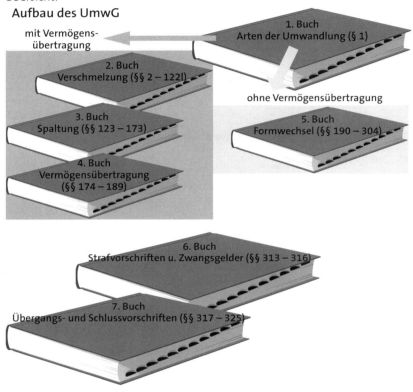

Die Bücher 2 – 5 sind ihrerseits weiter untergliedert, und zwar in einen allgemeinen und einen besonderen Teil. Der allgemeine Teil enthält Vorschriften, die für die im jeweiligen Buch geregelte Umwandlungsart ungeachtet der daran beteiligten Rechtsträger gelten. Der besondere Teil eines jeden Buches enthält sodann vom allgemeinen Teil abweichende oder diesen ergänzende Normen, die nur für einen bestimmten Rechtsträgertypus als Überträger oder aber als Übernehmer gelten. Sind z. B. Rechtsträger unterschiedlicher Rechtsqualität an einer Umwandlung beteiligt, gleich ob als Überträger oder als Übernehmer, sind neben den Vorschriften zum allgemeinen Teil für diese Umwandlung sämtliche einschlägigen Sonderregelungen kumulativ anzuwenden, allerdings für jeden Rechtsträger aus dem besonderen Teil jeweils nur die ihn speziell betreffenden.

BEISPIELE: Sind an einer Verschmelzung Personenhandelsgesellschaften beteiligt, so sind neben den Regelungen aus dem allgemeinen Teil über die Verschmelzung (§§ 2 – 38 UmwG) aus dem besonderen Teil zur Verschmelzung die §§ 39 – 45 UmwG anzuwenden und ist eine Aktiengesellschaft beteiligt, für diese die §§ 60 – 77 UmwG. Bei der Verschmelzung einer Personenhandelsgesellschaft mit einer GmbH, gleich ob als Überträgerin oder als Übernehmerin, gelten neben den Vorschriften aus dem allgemeinen Teil zur Verschmelzung aus dem besonderen Teil die zur Verschmelzung von Personengesellschaften (§§ 39 – 45 UmwG) und zusätzlich die die GmbH betreffenden, wobei bei Letzteren wiederum danach zu unterscheiden ist, ob es sich um eine Verschmelzung durch Aufnahme (§§ 46 – 55 UmwG) oder um eine Verschmelzung durch Neugründung (§§ 56 – 59 UmwG) handelt. 138

Bereits diese Beispiele zeigen, dass das UmwG trotz der an sich recht klaren formalen Gliederung wegen seiner mehrfachen Untergliederungen schwer zugänglich ist. Hinzu kommt noch eine nur schwer zu durchschauende Verweisungstechnik ab dem 3. Buch auf die Regelungen des 2. Buches, welches aber ohnehin schon stark zergliedert ist. Dies alles wirkt auf den ersten Blick recht verwirrend. Nur wer sich mit dem Ablauf einer Umwandlung vertraut gemacht hat, wird den „roten Faden" nicht verlieren. 139

BEISPIEL: Bei der Aufspaltung einer Personenhandelsgesellschaft auf zwei GmbHs zur Aufnahme sind folgende Vorschriften anzuwenden: 140

- § 1: Die allgemeine Regelung
- §§ 123 – 125: Die allgemeinen Vorschriften über die Spaltung (dabei verweist § 124 bezüglich der spaltungsfähigen Rechtsträger auf § 3 Abs. 1, eine Vorschrift über die Verschmelzung allgemeiner Teil),
- §§ 126 – 134: Die besonderen Vorschriften über die Spaltung durch Aufnahme,
- §§ 138 – 140: Die besonderen Vorschriften über die Spaltung unter Beteiligung einer GmbH,
- über § 125 sind sodann generell die **Vorschriften über die Verschmelzung** entsprechend anzuwenden mit Ausnahme des § 9 Abs. 2. Damit gelten im Beispielsfall (mit Ausnahme von § 9 Abs. 2) also auch alle Vorschriften aus dem allgemeinen Teil und dem besonderen Teil des 2. Buches, soweit Letztere die Verschmelzung unter Beteiligung von Personenhandelsgesellschaften sowie von GmbHs betreffen.

(Einstweilen frei) 141–145

4. Verschmelzung (§§ 2 ff. UmwG)

Die Verschmelzung wird im 2. Buch des UmwG behandelt. § 2 UmwG bestimmt die Arten der Verschmelzung: 146

„Rechtsträger können unter Auflösung ohne Abwicklung verschmolzen werden

1. *im Wege der* **Aufnahme** *durch Übertragung des Vermögens eines Rechtsträgers oder mehrerer Rechtsträger (übertragende Rechtsträger) als Ganzes auf einen anderen bestehenden Rechtsträger (übernehmender Rechtsträger) oder*

2. *im Wege der* **Neugründung** *durch Übertragung der Vermögen zweier oder mehrerer Rechtsträger (übertragende Rechtsträger) jeweils als Ganzes auf einen neuen, von ihnen dadurch gegründeten Rechtsträger*

   gegen Gewährung von Anteilen oder Mitgliedschaften des übernehmenden oder neuen Rechtsträgers an die Anteilsinhaber (Gesellschafter, Aktionäre, Genossen oder Mitglieder) der übertragenden Rechtsträger."

147 Die Formulierung „... unter Auflösung ohne Abwicklung ... als Ganzes ..." bringt zum Ausdruck, dass die **Verschmelzung** ein Fall der **Gesamtrechtsnachfolge** ist.

148 Die Verschmelzung ist sowohl auf einen bestehenden Rechtsträger als auch auf einen neuen, dadurch gegründeten Rechtsträger möglich, wobei dem/den Anteilsinhaber(n) des übertragenden und erlöschenden Rechtsträgers im Wege des Anteilstausches eine Beteiligung an dem übernehmenden oder neuen Rechtsträger gewährt wird. Das Gesetz gibt in einem Akt folgende Vorgänge wieder: Die Vermögensübertragung zwischen dem untergehenden Rechtsvorgänger und dem Rechtsnachfolger und den auf der Gesellschafterebene stattfindenden Anteilstausch.

a) Rechtsträger einer Verschmelzung

149 Wer als Rechtsträger an Verschmelzungen beteiligt sein kann, bestimmt grds. § 3 Abs. 1 und 2 UmwG:

„An Verschmelzungen können als übertragende, übernehmende oder neue Rechtsträger beteiligt sein:

1. *Personenhandelsgesellschaften (offene Handelsgesellschaften, Kommanditgesellschaften) und Partnerschaftsgesellschaften;*

2. *Kapitalgesellschaften (Gesellschaften mit beschränkter Haftung[1], Aktiengesellschaften,[2] Kommanditgesellschaften auf Aktien);*

---

[1] Zur Unternehmergesellschaft (haftungsbeschränkt) siehe ausführlich Berninger, GmbHR 2010 S. 63.

[2] **SE** werden vorbehaltlich besonderer Regelungen in der SE-VO wie AG behandelt, Art. 10 SE-VO. Soweit deshalb im Folgenden AG Bezug genommen wird, gilt Gleiches für SE. Besonderheiten ergeben sich insbesondere bei der Umwandlung durch Neugründung einer SE, siehe hierzu Art. 2, 17 ff. SE-VO.

3. *eingetragene Genossenschaften;*
4. *eingetragene Vereine (§ 21 des Bürgerlichen Gesetzbuchs);*
5. *genossenschaftliche Prüfungsverbände;*
6. *Versicherungsvereine auf Gegenseitigkeit."*

„*An einer Verschmelzung können ferner beteiligt sein:* 150

1. *wirtschaftliche Vereine (§ 22 des Bürgerlichen Gesetzbuchs), soweit sie übertragender Rechtsträger sind;*
2. *natürliche Personen, die als Alleingesellschafter einer Kapitalgesellschaft deren Vermögen übernehmen."*

Eine **stille Gesellschaft** kann nicht beteiligter Rechtsträger einer Umwandlung sein. Bestand eine stille Gesellschaft mit dem übertragenden Rechtsträger als Geschäftsinhaber, geht die stille Gesellschaft auf den übernehmenden Rechtsträger über. War die übertragende Gesellschaft stille Gesellschafterin, wird die stille Gesellschaft von der Übernehmerin als stiller Gesellschafterin fortgesetzt.[1] 151

An der Verschmelzung können nach § 3 Abs. 3 UmwG als übertragende Rechtsträger auch **aufgelöste Rechtsträger** beteiligt sein, wenn die Fortsetzung dieser Rechtsträger beschlossen werden könnte. Bei OHG und KG ist dies bis zum Abschluss der Liquidation möglich. Diese Regelung dient zur Erleichterung von Sanierungsverschmelzungen. Voraussetzung ist, dass beispielsweise bei juristischen Personen keine Vollbeendigung eingetreten ist. Das wäre der Fall, wenn kein Aktivvermögen mehr vorhanden wäre.[2] Bei einer aufgelösten Gesellschaft als Übernehmerin genügt nicht die bloße Fortsetzungsmöglichkeit, vielmehr muss ein entsprechender Beschluss tatsächlich gefasst worden sein.[3] 152

Gemäß § 3 Abs. 4 UmwG kann an einem Verschmelzungsvorgang gleichzeitig eine Vielzahl von Rechtsträgern, auch unterschiedlicher Rechtsformen, beteiligt sein. 153

Möglich ist es also beispielsweise, mehr als zwei GmbHs mit einer schon bestehenden oder neugegründeten GmbH zu verschmelzen. Es kann aber auch etwa eine GmbH, eine AG, eine Genossenschaft und eine KG auf eine schon bestehende oder neugegründete GmbH, AG, Genossenschaft oder KG verschmolzen werden.

---
1 Priester, DStR 2005 S. 788, 789.
2 K. Schmidt, 4. Aufl. 2002, S. 316 f.
3 Priester, DStR 2005 S. 788, 789.

B. Struktur der Rechtsnachfolge im Rechtssystem

154 Umwandlungsfähig ist eine Kapitalgesellschaft erst ab ihrer Eintragung in das Handelsregister, also nicht schon als Vorgründungsgesellschaft oder Vorgesellschaft; Gleiches gilt für andere Rechtsträger, die ihre Rechtsfähigkeit mit Eintragung erlangen.

155 Allerdings müssen auch besondere Vorschriften beachtet werden. So schließt § 39 UmwG die Beteiligung einer Personenhandelsgesellschaft in Sondersituationen an einer Verschmelzung aus. Eine aufgelöste Personenhandelsgesellschaft kann sich nicht als übertragender Rechtsträger an einer Verschmelzung beteiligen, wenn die Gesellschafter nach § 145 HGB eine andere Art der Auseinandersetzung als die Abwicklung oder als die Verschmelzung vereinbart haben.

156 Prüfungstechnisch muss immer gefragt werden, welche Rechtsformen an der Umwandlung beteiligt sind. Zunächst gelten die allgemeinen Regelungen der Verschmelzung, wenn die Rechtsform von diesen erfasst wird. Die besonderen Vorschriften können aber Sonderregelungen enthalten. Ist eine Personengesellschaft beteiligt, gelten § 39 ff. UmwG zusätzlich. Daher müssen diese Regelungen auf Besonderheiten abgeklopft werden. Ist eine GmbH an einer Verschmelzung beteiligt, sind zusätzlich die §§ 46–59 UmwG zu prüfen.

BEISPIEL: Rechtsanwälte A und B haben sich in einer GbR zusammengeschlossen. Ebenso sind die Rechtsanwälte X und Y in einer Sozietät. Sie möchten sich zu der Sozietät A, B, X, Y nach dem UmwG verschmelzen.

Lösung:

Eine GbR ist in § 3 UmwG nicht aufgeführt. Daher scheitert eine Verschmelzung nach den allgemeinen Regeln des UmwG. Den Freiberuflern bleibt gesellschaftsrechtlich nur der Weg der Einzelrechtsnachfolge.

BEISPIEL: Rechtsanwälte A und B sind Kommanditisten der A, B, C GmbH & Co. KG. Die Rechtsanwälte X und Y sind in einer Partnerschaftsgesellschaft zusammengeschlossen. Sie möchten sich zu der Partnerschaftsgesellschaft A, B, C GmbH & Co. KG und X, Y nach dem UmwG verschmelzen.

Lösung:

Zwar sind eine KG und Partnerschaftsgesellschaften nach § 3 UmwG verschmelzungsfähige Unternehmensformen, dazu ist nun aber zusätzlich ein Blick in § 45a UmwG des besonderen Teils erforderlich. Eine Verschmelzung auf eine Partnerschaftsgesellschaft ist nur möglich, wenn im Zeitpunkt ihres Wirksamwerdens alle Anteilsinhaber der übertragenden Rechtsträger natürliche Personen sind, die einen freien Beruf ausüben. Hier scheitert die Verschmelzung im besonderen Teil.

Die **Europäische wirtschaftliche Interessenvereinigung (EWIV)** ist für Umwandlungszwecke wie eine OHG zu behandeln.[1] Sie ist aus deutscher Sicht eine transparente Gesellschaft. In anderen Mitgliedstaaten wird sie als intransparente Gesellschaft behandelt; ergo wie eine KapG.

157

b) Rechtswirkung der Verschmelzung

Die Folgen der Verschmelzung bestimmt § 20 Abs. 1 UmwG:

158

„Die Eintragung der Verschmelzung ... hat folgende Wirkungen:

1. *Das Vermögen der übertragenden Rechtsträger geht einschließlich der Verbindlichkeiten auf den übernehmenden Rechtsträger über.*
2. *Die übertragenden Rechtsträger erlöschen. Einer besonderen Löschung bedarf es nicht.*
3. *Die Anteilsinhaber der übertragenden Rechtsträger werden Anteilsinhaber des übernehmenden Rechtsträgers ..."*

Die Anteilsinhaber erhalten als Ersatz für ihre Anteilsrechte an dem untergehenden übertragenden Rechtsträger Anteile an dem übernehmenden Rechtsträger, treten also dem Übernehmer bei oder vergrößern eine bereits bestehende Beteiligung an dem Übernehmer.

Fraglich ist, was aus einer **Unterbeteiligung** wird, die an einem Gesellschaftsanteil des übertragenden oder übernehmenden Rechtsträgers besteht.[2]

159

Besteht die Unterbeteiligung an einem Gesellschaftsanteil des übertragenden Rechtsträgers, geht die h.M. davon aus, dass sich das Unterbeteiligungsverhältnis an dem neuen Anteil fortsetzt, wenn die Parteien nichts anderes vereinbaren.

Besteht die Unterbeteiligung an einer Beteiligung am übernehmenden Rechtsträger, wird diese im Grundsatz durch die Verschmelzung nicht berührt. Je nachdem, ob der Gesellschafter, an dessen Beteiligung eine Unterbeteiligung besteht, an einer Kapitalerhöhung teilnimmt, kann es zu einem Absinken der Beteiligungsquote des Hauptgesellschafters und damit auch der des Unterbeteiligten kommen.

---

1 Rödder in R/H/vL, UmwStG, Einf. Rn 36 Fn. 3; Priester, DStR 2005 S. 788, 789.
2 Zum Meinungsstand siehe Schindhelm/Pickhardt-Poremba/Hilling, DStR 2003 S. 1444; Stratz in S/H/S, UmwG-UmwStG, § 20 UmwG, Rn 114 ff.

B. Struktur der Rechtsnachfolge im Rechtssystem

c) Verschmelzungsarten

160 Folgende Möglichkeiten der Verschmelzung bestehen:

1. Fall

In diesem Grundfall werden zwei Ursprungsgesellschaften (Ur-GmbH) auf eine Nachfolgegesellschaft (N-GmbH) verschmolzen.

Ausgangslage

Ziel

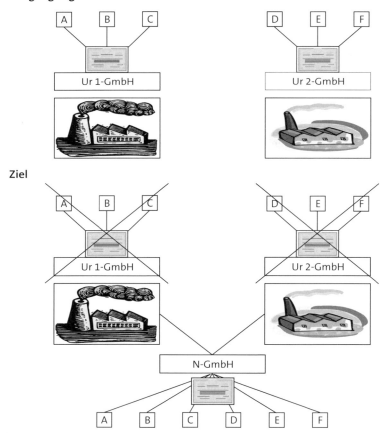

2. Fall

Verschmelzung einer OHG auf eine GmbH durch Aufnahme:

Erläuterung:

Vor der Verschmelzung bestehen zwei Gesellschaften: die AB-OHG mit den Gesellschaftern A und B sowie die C-GmbH mit den Gesellschaftern A und X. Durch die Verschmelzung geht das Vermögen der OHG auf die GmbH über. Die OHG geht unter. Zum Ersatz für ihre Beteiligungen an der OHG erhalten A und B Anteile an der C-GmbH, die somit in Gestalt von B einen neuen Gesellschafter aufnimmt.

3. Fall

Verschmelzung einer KG und einer GmbH zu einer neu errichteten GmbH (durch Neugründung):

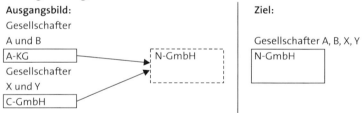

Erläuterung:

Vor der Verschmelzung bestehen die A-KG mit den Gesellschaftern A und B sowie die C-GmbH mit den Gesellschaftern X und Y. Durch die Verschmelzung geht das Vermögen beider Gesellschaften auf die zugleich neu errichtete N-GmbH über, die KG und die C-GmbH gehen unter, als Ersatz für ihre verlorenen Gesellschaftsanteile an KG bzw. C-GmbH erhalten A, B, X und Y Anteile an der N-GmbH.

Der übernehmende Rechtsträger darf an dem übertragenden Rechtsträger (ganz oder teilweise) beteiligt sein und umgekehrt der übertragende an dem übernehmenden Rechtsträger; auch wechselseitige Beteiligungen sind möglich.

164 Bei der Verschmelzung der Tochter- auf die Muttergesellschaft spricht man von einem **„up-stream-merger"** („Aufwärtsverschmelzung"), bei der Verschmelzung der Mutter- auf die Tochtergesellschaft von einem **„down-stream-merger"** („Abwärtsverschmelzung"); die Verschmelzung von Schwestergesellschaften wird als **„side-stream-merger"** bezeichnet.

165 **4. Fall**

Beispiel Verschmelzung einer 100%igen Tochtergesellschaft auf die Muttergesellschaft „up-stream":

Erläuterung:

Vor der Verschmelzung bestehen die T-GmbH und die M-GmbH & Co. KG, die alle Anteile an der T-GmbH hält. Nach der Verschmelzung besteht nur die M-GmbH & Co. KG fort. Die Beteiligungsverhältnisse an der M-GmbH & Co. KG bleiben unverändert.

166 **5. Fall**

Beispiel Verschmelzung einer Muttergesellschaft auf eine 100%ige Tochtergesellschaft „down-stream":

167 **6. Fall**

Beispiel Verschmelzung einer 100%igen Tochtergesellschaft auf eine andere 100%ige Tochtergesellschaft „side-stream":

7. Fall 168

Wie soll bei einer Verschmelzung durch Aufnahme bei zwei bestehenden Gesellschaften vorgegangen werden?

Der Berater wird prüfen, ob es zweckmäßiger ist, X auf Y oder Y auf X zu verschmelzen. Die Frage der **Verschmelzungsrichtung** kann sowohl zivilrechtlich (etwa für die Anfechtungsmöglichkeiten der Gesellschafter) als auch steuerlich (etwa für die Grunderwerbsteuer oder die Verlustnutzung) von zentraler Bedeutung sein.

(Einstweilen frei) 169–175

5. Ablauf des Verschmelzungsverfahrens

a) Der Verschmelzungsvertrag

„*Die Vertretungsorgane der an der Verschmelzung beteiligten Rechtsträger schließen einen Verschmelzungsvertrag. § 311b Abs. 2 BGB gilt für ihn nicht.*" So lautet § 4 Abs. 1 UmwG. Ein Vertrag, durch den sich der eine Teil verpflichtet, sein künftiges Vermögen oder einen Bruchteil seines künftigen Vermögens zu übertragen oder mit einem Nießbrauch zu belasten, ist nach § 311b Abs. 2 BGB nichtig. Um diese Vorschrift bei Umwandlungen nicht auszulösen, hat der Gesetzgeber diese Vorschrift ausgeschlossen. 176

Bei Gesellschaften mit mehreren Mitgliedern wird gem. § 13 UmwG in Gesellschafterversammlungen der Vertrag im Wege eines Gesellschafterbeschlusses geschlossen. Daher bestimmt § 4 Abs. 2 UmwG, dass vor diesem Beschluss ein schriftlicher Entwurf des Vertrags aufzustellen ist. 177

178 **Allgemeine Angaben zum Mindestvertragsinhalt**

Vertrag und Entwurf haben gem. § 5 UmwG folgende neun Angaben zu enthalten:

1. den Namen oder die Firma und den Sitz der an der Verschmelzung beteiligten Rechtsträger;

2. die Vereinbarung über die Übertragung des Vermögens jedes übertragenden Rechtsträgers als Ganzes gegen Gewährung von Anteilen oder Mitgliedschaften an dem übernehmenden Rechtsträger;

3. das Umtauschverhältnis der Anteile und ggf. die Höhe der baren Zuzahlung oder Angaben über die Mitgliedschaft bei dem übernehmenden Rechtsträger;

4. die Einzelheiten für die Übertragung der Anteile des übernehmenden Rechtsträgers oder über den Erwerb der Mitgliedschaft bei dem übernehmenden Rechtsträger;

5. den Zeitpunkt, von dem an diese Anteile oder die Mitgliedschaften einen Anspruch auf einen Anteil am Bilanzgewinn gewähren, sowie alle Besonderheiten in Bezug auf diesen Anspruch;

6. den Zeitpunkt, von dem an die Handlungen der übertragenden Rechtsträger als für Rechnung des übernehmenden Rechtsträgers vorgenommen gelten (Verschmelzungsstichtag);

7. die Rechte, die der übernehmende Rechtsträger einzelnen Anteilsinhabern sowie den Inhabern besonderer Rechte wie Anteile ohne Stimmrecht, Vorzugsaktien, Mehrstimmrechtsaktien, Schuldverschreibungen und Genussrechte gewährt, oder die für diese Personen vorgesehenen Maßnahmen;

8. jeden besonderen Vorteil, der einem Mitglied eines Vertretungsorgans oder eines Aufsichtsorgans der an der Verschmelzung beteiligten Rechtsträger, einem geschäftsführenden Gesellschafter, einem Partner, einem Abschlussprüfer oder einem Verschmelzungsprüfer gewährt wird;

9. die Folgen der Verschmelzung für die Arbeitnehmer und deren Vertretungen sowie die insoweit vorgesehenen Maßnahmen.

179 Befinden sich alle Anteile eines übertragenden Rechtsträgers in der Hand des übernehmenden Rechtsträgers, so entfallen die Angaben über den Umtausch der Anteile (Abs. 1 Nr. 2 bis 5), soweit sie die Aufnahme dieses Rechtsträgers betreffen (§ 5 Abs. 2 UmwG). Diese Erleichterung gilt für alle verschmelzungsfähigen Rechtsträger, sofern sich alle Anteile des übertragenden Rechtsträgers

in der Hand des übernehmenden Rechtsträgers befinden. Diese Vorschrift kommt zum Zuge, wenn eine 100 %ige Tochtergesellschaft auf ihre Muttergesellschaft verschmolzen wird. In diesen Fällen ist bei Kapitalgesellschaften eine Anteilsgewährung durch Kapitalerhöhung aufgrund des Verbotes der Kapitalerhöhung in § 54 Abs. 1 Satz 1 Nr. 1 UmwG für die GmbH und in § 68 Abs. 1 Satz 2 Nr. 1 UmwG für die AG ausgeschlossen, da eine Anteilsgewährung nur aus eigenen Anteilen der Muttergesellschaft erfolgen könnte.

b) Zusatz bei Verschmelzung durch Neugründung

In dem Verschmelzungsvertrag muss im Falle der Neugründung gem. § 37 UmwG der Gesellschaftsvertrag, der Partnerschaftsvertrag, die Satzung oder das Statut des neuen Rechtsträgers enthalten sein oder festgestellt werden. 180

c) Besondere rechtsformabhängige Mindestinhalte

Der Inhalt eines Verschmelzungsvertrags oder eines Entwurfs wird durch besondere Vorschriften ergänzt. 181

aa) Verschmelzung auf eine Personenhandelsgesellschaft

Bei Verschmelzung auf eine Personenhandelsgesellschaft ist § 40 UmwG zu beachten. 182

Der Verschmelzungsvertrag oder sein Entwurf hat zusätzlich für jeden Anteilsinhaber eines übertragenden Rechtsträgers zu bestimmen, ob ihm in der übernehmenden oder der neuen Personenhandelsgesellschaft die Stellung eines persönlich haftenden Gesellschafters oder eines Kommanditisten gewährt wird. Dabei ist der Betrag der Einlage jedes Gesellschafters festzusetzen. Anteilsinhabern eines übertragenden Rechtsträgers, die für dessen Verbindlichkeiten nicht als Gesamtschuldner persönlich unbeschränkt haften, ist die Stellung eines Kommanditisten zu gewähren. Abweichende Bestimmungen sind nur wirksam, wenn die betroffenen Anteilsinhaber dem Verschmelzungsbeschluss des übertragenden Rechtsträgers zustimmen.

bb) Verträge bei Beteiligung von Partnerschaftsgesellschaften

Der Verschmelzungsvertrag oder sein Entwurf hat gem. § 45b UmwG zusätzlich für jeden Anteilsinhaber eines übertragenden Rechtsträgers den Namen und den Vornamen sowie den in der übernehmenden Partnerschaftsgesellschaft ausgeübten Beruf und den Wohnort jedes Partners zu enthalten. Damit 183 soll sichergestellt werden, dass sich an diesem besonderen Verschmelzungsvorgang auch nur Angehörige der erlaubten freien Berufe beteiligen.

cc) Verschmelzung unter Beteiligung von Körperschaften

(1) Verschmelzung durch Aufnahme mit Beteiligung einer GmbH

184 § 46 UmwG ordnet Folgendes an: Der Verschmelzungsvertrag oder sein Entwurf hat zusätzlich für jeden Anteilsinhaber eines übertragenden Rechtsträgers den Nennbetrag des Geschäftsanteils zu bestimmen, den die übernehmende Gesellschaft mit beschränkter Haftung ihm zu gewähren hat (§ 46 Abs. 1 Satz 1 UmwG).

185 Durch die **namentliche Zuordnung**[1] der im Zuge der Verschmelzung zu gewährenden Anteile bereits im Verschmelzungsvertrag soll jedem Anteilsinhaber des übertragenden Rechtsträgers der Nachweis einer Beteiligung an der übernehmenden GmbH ermöglicht werden.[2] Gemäß § 46 Abs. 1 Satz 2 UmwG kann der Nennbetrag abweichend von dem Betrag festgesetzt werden, der auf die Aktien einer übertragenden Aktiengesellschaft oder Kommanditgesellschaft auf Aktien als anteiliger Betrag ihres Grundkapitals entfällt. Er muss nach Satz 3 auf volle Euro lauten. Die engere Voraussetzung, dass er mindestens fünfzig Euro betragen und durch zehn teilbar sein müsse, ist durch MoMiG ab dem 1. 11. 2008 abgeschafft worden. Dieser zwingenden Festsetzung soll eine Warnfunktion im Hinblick auf eine mit der Einräumung von Sonderrechten oder Pflichten möglicherweise verbundene Verletzung des Gleichbehandlungsgrundsatzes zukommen.[3]

186 Sollen die zu gewährenden Geschäftsanteile im Wege der Kapitalerhöhung geschaffen und mit anderen Rechten und Pflichten als sonstige Geschäftsanteile der übernehmenden Gesellschaft mit beschränkter Haftung ausgestattet werden, so sind gem. § 46 Abs. 2 UmwG auch die Abweichungen im Verschmelzungsvertrag oder in seinem Entwurf festzusetzen.

187 Sollen Anteilsinhaber eines übertragenden Rechtsträgers schon vorhandene Geschäftsanteile der übernehmenden Gesellschaft erhalten, so stellt § 46 Abs. 3 UmwG klar, dass die Anteilsinhaber und die Nennbeträge der Geschäftsanteile, die sie erhalten sollen, im Verschmelzungsvertrag oder in dessen Entwurf besonders bestimmt werden müssen.

---

1 Stratz in S/H/S, UmwG-UmwStG, § 46 UmwG, Rn 3.
2 Reichert in Semler/Stengel, § 46 UmwG, Rn 2 f.
3 Stückaktiengesetz v. 25. 3. 1998, BGBl I 1998 S. 590.

(2) Verschmelzung durch Neugründung auf eine GmbH oder AG

In den Gesellschaftsvertrag oder in die Satzung sind Festsetzungen gem. §§ 57, 74 UmwG über Sondervorteile, Gründungsaufwand, Sacheinlagen und Sachübernahmen, die in den Gesellschaftsverträgen, Partnerschaftsverträgen, Satzungen oder Statuten übertragender Rechtsträger enthalten waren, zu übernehmen. 188

d) Der Verschmelzungsbericht und die Unterrichtungspflicht

Vor allem zum Schutz nicht an der Geschäftsführung beteiligter Gesellschafter fordert § 8 UmwG eine Erläuterung des Verschmelzungsvertrages in Gestalt eines Verschmelzungsberichts. 189

Die Vertretungsorgane eines jeden an der Verschmelzung beteiligten Rechtsträgers haben einen ausführlichen schriftlichen Bericht zu erstatten, in dem die Verschmelzung, der Verschmelzungsvertrag oder sein Entwurf im Einzelnen und insbesondere das Umtauschverhältnis der Anteile oder die Angaben über die Mitgliedschaft bei dem übernehmenden Rechtsträger sowie die Höhe einer anzubietenden Barabfindung rechtlich und wirtschaftlich erläutert und begründet werden (Verschmelzungsbericht); der Bericht kann von den Vertretungsorganen auch gemeinsam erstattet werden. Auf besondere Schwierigkeiten bei der Bewertung der Rechtsträger sowie auf die Folgen für die Beteiligung der Anteilsinhaber ist hinzuweisen. 190

Ist ein an der Verschmelzung beteiligter Rechtsträger ein verbundenes Unternehmen i. S. des § 15 AktG, so sind in dem Bericht auch Angaben über alle für die Verschmelzung wesentlichen Angelegenheiten der anderen verbundenen Unternehmen zu machen. Auskunftspflichten der Vertretungsorgane erstrecken sich auch auf diese Angelegenheiten. 191

In den Bericht brauchen gem. § 8 Abs. 2 UmwG Tatsachen nicht aufgenommen zu werden, deren Bekanntwerden geeignet ist, einem der beteiligten Rechtsträger oder einem verbundenen Unternehmen einen nicht unerheblichen Nachteil zuzufügen. In diesem Falle sind in dem Bericht die Gründe, aus denen die Tatsachen nicht aufgenommen worden sind, darzulegen. 192

Die bislang in § 143 UmwG a. F.[1] nur für Spaltungen unter Beteiligung von Aktiengesellschaften vorgesehene Unterrichtungspflicht über Vermögensveränderungen ist infolge des durch Art. 2 Nr. 4 der Änderungsrichtlinie eingefügten Art. 9 Abs. 2 der Richtlinie 78/855/EWG künftig auch für Verschmelzungen 193

---

[1] Bis 14. 7. 2011 geltende Fassung.

von Aktiengesellschaften verbindlich vorgeschrieben. Die Unterrichtungspflicht soll im deutschen Recht für Umwandlungsmaßnahmen aller Rechtsträger gelten und wurde daher der Systematik des UmwG entsprechend in die allgemeinen Vorschriften aufgenommen. Vertretungsorgane, die von den Vertretungsorganen der anderen beteiligten Rechtsträger über Vermögensveränderungen informiert worden sind, haben die Anteilsinhaber ihres Rechtsträgers hierüber vor der Beschlussfassung zu informieren. Der deutsche Gesetzgeber ist durch das 3. Gesetz zur Änderung des Umwandlungsgesetzes in der Gestalt des § 8 Abs. 3 UmwG nachgekommen. Danach haben die Vertretungsorgane jedes der an der Verschmelzung beteiligten Rechtsträger dessen Anteilsinhaber vor der Beschlussfassung über jede wesentliche Veränderung des Vermögens des Rechtsträgers zu unterrichten, die zwischen dem Abschluss des Verschmelzungsvertrags oder der Aufstellung des Entwurfs und dem Zeitpunkt der Beschlussfassung eingetreten ist. Die Vertretungsorgane haben über solche Veränderungen auch die Vertretungsorgane der anderen beteiligten Rechtsträger zu unterrichten; diese haben ihrerseits die Anteilsinhaber des von ihnen vertretenen Rechtsträgers vor der Beschlussfassung zu unterrichten.

193a Die Unterrichtungspflicht entfällt nicht schon allein deshalb, weil bei Konzernverschmelzungen ein Verschmelzungsbeschluss der übernehmenden Aktiengesellschaft nicht erforderlich ist (§ 62 Absatz 1 UmwG).[1] Denn zum einen sollen die Aktionäre auch anhand der Unterrichtung über Vermögensveränderungen entscheiden können, ob sie von dem in § 62 Abs. 2 UmwG geregelten Minderheitenrecht Gebrauch machen. Zum anderen besteht die Unterrichtungspflicht gegenüber dem Vertretungsorgan der Tochtergesellschaft und mittelbar gegenüber deren Minderheitsaktionären auch bei einer Beteiligung von 90 %.[2]

193b Nach § 8 Abs. 3 UmwG ist der Bericht und die Unterrichtung nicht erforderlich, wenn alle Anteilsinhaber aller beteiligten Rechtsträger auf seine Erstattung verzichten oder sich alle Anteile des übertragenden Rechtsträgers in der Hand des übernehmenden Rechtsträgers befinden. Die Verzichtserklärungen sind notariell zu beurkunden. Die Möglichkeit des Verzichts betraf bislang nur den Verschmelzungsbericht. Sie soll jedoch auch die Unterrichtung über Vermögensveränderungen umfassen. Dies gestattet der neu gefasste Art. 9 Abs. 3 der Richtlinie 78/855/EWG. Aus systematischen Gründen soll die Regelung weiterhin am Ende des § 8 in der Gestalt des § 8 Abs. 4 UmwStG erfolgen. Der

---

1 Siehe u. Rn 221 ff.
2 BT-Drs. 17/ 3122, S. 11

Verzicht auf den Verschmelzungsbericht und die weiter gehende Unterrichtung soll sowohl alternativ als auch kumulativ möglich sein.

aa) Besonderheiten bei Personenhandelsgesellschaften und Partnerschaftsgesellschaften

Ein Verschmelzungsbericht ist für eine an der Verschmelzung beteiligte Personenhandelsgesellschaft gem. § 41 UmwG nicht erforderlich, wenn alle Gesellschafter dieser Gesellschaft zur Geschäftsführung berechtigt sind. 194

Für Partnerschaftsgesellschaften gilt § 45c UmwG. Hier ist ein Verschmelzungsbericht für eine an der Verschmelzung beteiligte Partnerschaftsgesellschaft nur erforderlich, wenn ein Partner gem. § 6 Abs. 2 Partnerschaftsgesetz von der Geschäftsführung ausgeschlossen ist. Von der Geschäftsführung ausgeschlossene Partner sind entsprechend den Vorgaben des § 42 UmwG ordnungsgemäß zu unterrichten. 195

bb) Besonderheiten bei Verschmelzungen durch Neugründung auf Kapitalgesellschaft

(1) GmbH

Für eine aufnehmende GmbH gilt § 58 UmwG. Wird eine Personenhandelsgesellschaft auf eine neue GmbH verschmolzen, ist das eine Sachgründung nach § 5 Abs. 4 GmbHG. In dem Sachgründungsbericht sind folglich der Geschäftsverlauf und die Lage der übertragenden Rechtsträger darzulegen. 196

Ein Sachgründungsbericht ist gem. § 58 Abs. 2 UmwG nicht erforderlich, soweit eine Kapitalgesellschaft oder eine eingetragene Genossenschaft übertragender Rechtsträger ist. 197

(2) AG

Für eine neugegründete AG gilt § 75 UmwG mit von der Sache her gleichen Voraussetzungen. In dem Gründungsbericht (§ 32 AktG) sind auch der Geschäftsverlauf und die Lage der übertragenden Rechtsträger darzustellen. 198

Nach § 75 Abs. 2 UmwG gilt auch hier: Ein Gründungsbericht und eine Gründungsprüfung (§ 33 AktG) sind nicht erforderlich, soweit eine Kapitalgesellschaft oder eine eingetragene Genossenschaft übertragender Rechtsträger ist.

Im Fall eines Gründungsberichts gilt nach § 32 AktG: 199

„(1) Die Gründer haben einen schriftlichen Bericht über den Hergang der Gründung zu erstatten (Gründungsbericht).

(2) ¹Im Gründungsbericht sind die wesentlichen Umstände darzulegen, von denen die Angemessenheit der Leistungen für Sacheinlagen oder Sachübernahmen abhängt. ²Dabei sind anzugeben

1. *die vorausgegangenen Rechtsgeschäfte, die auf den Erwerb durch die Gesellschaft hingezielt haben;*
2. *die Anschaffungs- und Herstellungskosten aus den letzten beiden Jahren;*
3. *beim Übergang eines Unternehmens auf die Gesellschaft die Betriebserträge aus den letzten beiden Geschäftsjahren.*

(3) Im Gründungsbericht ist ferner anzugeben, ob und in welchem Umfang bei der Gründung für Rechnung eines Mitglieds des Vorstands oder des Aufsichtsrats Aktien übernommen worden sind und ob und in welcher Weise ein Mitglied des Vorstands oder des Aufsichtsrats sich einen besonderen Vorteil oder für die Gründung oder ihre Vorbereitung eine Entschädigung oder Belohnung ausbedungen hat."

e) Prüfung der Verschmelzung

200 Soweit im UmwG vorgeschrieben, ist der Verschmelzungsvertrag oder sein Entwurf durch einen oder mehrere sachverständige Prüfer (Verschmelzungsprüfer) zu prüfen (so § 9 UmwG).

201 Befinden sich alle Anteile eines übertragenden Rechtsträgers in der Hand des übernehmenden Rechtsträgers, so ist eine Verschmelzungsprüfung nach § 9 Abs. 2 UmwG nicht erforderlich, soweit sie die Aufnahme dieses Rechtsträgers betrifft.

202 Die Prüfung ist nicht erforderlich, wenn alle Anteilsinhaber aller beteiligten Rechtsträger auf diese verzichten oder sich alle Anteile des übertragenden Rechtsträgers in der Hand des übernehmenden Rechtsträgers befinden. Die Verzichtserklärungen sind notariell zu beurkunden. Es gilt § 8 Abs. 3 UmwG entsprechend.

aa) Personenhandelsgesellschaften

203 Gemäß § 44 ist im Falle einer Verschmelzung aufgrund Mehrheitsentscheidung der Verschmelzungsvertrag oder sein Entwurf für eine Personenhandelsgesellschaft auf Verlangen eines ihrer Gesellschafter nach den §§ 9 bis 12 UmwG auf Kosten der Gesellschaft zu prüfen.

bb) GmbH

Der Verschmelzungsvertrag oder sein Entwurf ist gem. § 48 i.V. m. § 56 UmwG für eine GmbH auf Verlangen eines ihrer Gesellschafter nach den §§ 9 bis 12 UmwG zu prüfen. Die Kosten trägt die Gesellschaft. 204

cc) AG

Der Verschmelzungsvertrag oder sein Entwurf ist gem. § 60 i.V. m. § 73 UmwG für jede Aktiengesellschaft nach den §§ 9 bis 12 UmwG zu prüfen. Hier besteht ein klarer Prüfungsbefehl. Dieser kann nur umgangen werden, wenn die oben dargestellten Voraussetzungen des § 9 Abs. 2 oder 3 UmwG vorliegen. Das kann gegeben sein bei Aufnahme einer 100 %igen Tochter oder bei notariellem Verzicht aller Beteiligten. 205

f) Prüferbestellung

Für die Prüferbestellung ist § 10 UmwG entscheidend. Die Verschmelzungsprüfer werden auf Antrag des Vertretungsorgans vom Gericht ausgewählt und bestellt. Sie können auf gemeinsamen Antrag der Vertretungsorgane für mehrere oder alle beteiligten Rechtsträger gemeinsam bestellt werden. 206

Gegen die Entscheidung findet die sofortige Beschwerde statt. Sie kann nur durch Einreichung einer von einem Rechtsanwalt unterzeichneten Beschwerdeschrift eingelegt werden (§ 10 Abs. 4 UmwG). 207

Für die Auswahl der Prüfer und deren Auskunftspflicht gilt § 11 UmwG. Es gelten die §§ 319 ff. HGB entsprechend. Die Frage, welche Qualifikation der Prüfer haben muss (Wirtschaftsprüfer oder vereidigter Buchprüfer), ist von der Größenklasse abhängig. 208

g) Prüfungsbericht

Der Prüfungsbericht richtet sich nach den Vorgaben des § 12 UmwG. 209

Die Verschmelzungsprüfer haben über das Ergebnis der Prüfung schriftlich zu berichten. Der Prüfungsbericht kann auch gemeinsam erstattet werden. 210

Der Prüfungsbericht ist mit einer Erklärung darüber abzuschließen, ob das vorgeschlagene Umtauschverhältnis der Anteile, ggf. die Höhe der baren Zuzahlung oder die Mitgliedschaft bei dem übernehmenden Rechtsträger als Gegenwert angemessen ist. 211

Dabei ist anzugeben:

1. nach welchen Methoden das vorgeschlagene Umtauschverhältnis ermittelt worden ist;
2. aus welchen Gründen die Anwendung dieser Methoden angemessen ist;
3. welches Umtauschverhältnis oder welcher Gegenwert sich bei der Anwendung verschiedener Methoden, sofern mehrere angewandt worden sind, jeweils ergeben würde; zugleich ist darzulegen, welches Gewicht den verschiedenen Methoden bei der Bestimmung des vorgeschlagenen Umtauschverhältnisses oder des Gegenwerts und der ihnen zugrunde liegenden Werte beigemessen worden ist und welche besonderen Schwierigkeiten bei der Bewertung der Rechtsträger aufgetreten sind.

212 Entsprechend § 8 Abs. 2 UmwG brauchen in den Bericht Tatsachen nicht aufgenommen zu werden, deren Bekanntwerden geeignet ist, einem der beteiligten Rechtsträger oder einem verbundenen Unternehmen einen nicht unerheblichen Nachteil zuzufügen. In diesem Falle sind in dem Bericht die Gründe, aus denen die Tatsachen nicht aufgenommen worden sind, darzulegen.

213 Der Bericht ist entsprechend § 8 Abs. 3 UmwG weiterhin nicht erforderlich, wenn alle Anteilsinhaber aller beteiligten Rechtsträger auf seine Erstattung verzichten oder sich alle Anteile des übertragenden Rechtsträgers in der Hand des übernehmenden Rechtsträgers befinden. Die Verzichtserklärungen sind notariell zu beurkunden.

h) Kapitalerhöhung

214 Bei der Verschmelzung auf Kapitalgesellschaften ist in der Regel das Kapital der übernehmenden Gesellschaft immer dann zu erhöhen, wenn diese keine (oder nicht alle) Anteile an der übertragenden Gesellschaft hält und soweit an die Gesellschafter der übertragenden Gesellschaft neue Anteile ausgegeben werden. Soweit der Übernehmer an dem Übertragenden beteiligt ist, dürfen neue Anteile nicht ausgegeben werden; eine Kapitalerhöhung unter Ausgabe neuer Anteile erfolgt ferner insbesondere auch dann nicht, wenn der übernehmende Rechtsträger bereits bestehende eigene Anteile hält, die er an die Gesellschafter des übertragenden Rechtsträgers ausgeben kann (s. im Einzelnen § 54 Abs. 1, § 68 Abs. 1 UmwG). Erhöht die übernehmende Gesellschaft zur Durchführung der Verschmelzung ihr Stamm- (§ 53 UmwG) oder Grundkapital (§ 66 UmwG), darf die Verschmelzung erst eingetragen werden, nachdem die Erhöhung des Stammkapitals im Register eingetragen worden ist.

Die übernehmende Gesellschaft darf nach § 53 Abs. 1 Satz 3 UmwG[1] von der   215
Gewährung von Geschäftsanteilen absehen, wenn alle Anteilsinhaber eines
übertragenden Rechtsträgers notariell darauf verzichten. Darauf verweist nunmehr auch die Finanzverwaltung in ihrem UmwStErl 2011.[2] Werden Schwestergesellschaften verschmolzen („side-stream"), ist handelsrechtlich keine
zwingende Kapitalerhöhung bei der übernehmenden Kapitalgesellschaft vorgeschrieben.

i) Die Ladung zu den Gesellschafterversammlungen und Vorbereitung der Gesellschafterversammlungen

Der Vertrag oder sein Entwurf ist spätestens **einen Monat** vor dem Tag der   216
Versammlung der Anteilsinhaber jedes beteiligten Rechtsträgers, die gem.
§ 13 Abs. 1 UmwG über die Zustimmung zum Verschmelzungsvertrag beschließen soll, dem zuständigen Betriebsrat dieses Rechtsträgers zuzuleiten.
So gebietet es § 5 Abs. 3 UmwG. Hierbei handelt es sich u. E. um eine **Obliegenheit** der betroffenen Rechtsträger und **nicht** um eine **Zuleitungspflicht**.[3] Zuzuleiten ist dem Betriebsrat der Umwandlungsvertrag mit **allen** Anlagen.[4] Bei
der **Berechnung der Frist** ist umstritten, ob der Tag der Beschlussfassung der
Gesellschafterversammlung, sowohl der Tag der Beschlussfassung als auch der
Tag der Zuleitung oder keiner dieser Tage außer Ansatz bleibt. Bereits im Hinblick darauf, dass ohne den Nachweis der rechtzeitigen Zuleitung nach § 17
Abs. 1 UmwG die Eintragung der Umwandlung in das Handelsregister unterbleibt, sollte aus Gründen der Rechtssicherheit die weitestgehende Fristberechnung beachtet werden.

aa) Ladung von Gesellschaftern einer Personenhandelsgesellschaft/Partnerschaftsgesellschaft und ihre Unterrichtung

Der Verschmelzungsvertrag oder sein Entwurf und der Verschmelzungsbericht   217
sind den Gesellschaftern, die von der Geschäftsführung ausgeschlossen sind,
gem. § 47 UmwG spätestens zusammen mit der Einberufung der Gesellschafterversammlung, die gem. § 13 Abs. 1 UmwG über die Zustimmung zum Ver-

---

[1] Eingeführt durch das Zweite Gesetz zur Änderung des Umwandlungsgesetzes vom 19. 4. 2007, BGBl I 2007 S. 542; zu Einzelheiten siehe Roß/Drögemüller, DB 2009 S. 580.
[2] Rn 01.09 UmwStErl 2011.
[3] Nießen, Der Konzern 2009 S. 321, 322 m.w. N.
[4] Str.; so aber zu Recht Nießen, a. a. O., S. 323.

schmelzungsvertrag beschließen soll, zu übersenden. Das gilt gem. § 45c Satz 2 UmwG entsprechend für Partnerschaftsgesellschaften.

bb) Ladung bei einer GmbH

218 Die Geschäftsführer einer GmbH haben gem. § 49 UmwG in der Einberufung der Gesellschafterversammlung, die gem. § 13 Abs. 1 UmwG über die Zustimmung zum Verschmelzungsvertrag beschließen soll, die Verschmelzung als Gegenstand der Beschlussfassung anzukündigen. Von der Einberufung an sind in dem Geschäftsraum der Gesellschaft die Jahresabschlüsse und die Lageberichte der an der Verschmelzung beteiligten Rechtsträger für die letzten drei Geschäftsjahre zur Einsicht durch die Gesellschafter auszulegen.

219 Die Geschäftsführer haben jedem Gesellschafter auf Verlangen jederzeit Auskunft auch über alle für die Verschmelzung wesentlichen Angelegenheiten der anderen beteiligten Rechtsträger zu geben.

cc) Vorbereitung der Hauptversammlung einer AG

(1) Bekanntmachung des Verschmelzungsvertrags vor Beschluss

220 Der Verschmelzungsvertrag oder sein Entwurf ist gem. § 61 UmwG vor der Einberufung der Hauptversammlung, die gem. § 3 Abs. 1 UmwG über die Zustimmung beschließen soll, zum Register einzureichen. Das Gericht hat in den für die Bekanntmachung seiner Eintragungen bestimmten Blättern (Bundesanzeiger und mindestens ein weiteres Blatt) einen Hinweis darauf bekanntzumachen, dass der Vertrag oder sein Entwurf beim Handelsregister eingereicht worden ist.

(2) Besonderheiten bei 90 % Übernahme

221 In Fällen einer „feindlichen Übernahme" spielt häufig § 62 UmwG eine bedeutende Rolle.

222 Befinden sich mindestens neun Zehntel des Stammkapitals oder des Grundkapitals einer übertragenden Kapitalgesellschaft in der Hand einer übernehmenden Aktiengesellschaft, so ist ein Verschmelzungsbeschluss der übernehmenden Aktiengesellschaft zur Aufnahme dieser übertragenden Gesellschaft gem. § 62 Abs. 1 Satz 1 UmwG nicht erforderlich. Diese Vorschrift bezieht sich auf das Nennkapital der übertragenden Kapitalgesellschaft. Es wird nicht nach

III. Die Gesamtrechts- und Sonderrechtsnachfolge nach UmwG

stimmberechtigten und nicht stimmberechtigten Anteilen unterschieden.[1] Es kommt also ausschließlich auf die Beteiligung am Kapital und nicht darauf an, in welchem Umfang sich die Stimmrechte in der Hand der übernehmenden AG befinden. In § 62 Abs. 1 Satz 1 UmwG geht es nicht um den beherrschenden Einfluss einer übernehmenden AG. Ein beherrschender Einfluss ist schon dann gegeben, wenn drei Viertel der Stimmrechte einer AG zustehen. Entscheidend ist allein, ob die kapitalmäßige Beteiligung der übernehmenden AG an der übertragenden Kapitalgesellschaft und damit die kapitalmäßige Eingliederung so groß ist, dass die Verschmelzung im Vergleich zu der hohen kapitalmäßigen Beteiligung nicht mehr von besonderer Bedeutung ist. Der Zustimmungsbeschluss der übernehmenden AG ist selbst dann entbehrlich, wenn die Beteiligung der übernehmenden AG in Höhe von 90 % am Kapital der übertragenden Kapitalgesellschaft im Wesentlichen aus stimmrechtslosen Vorzugsaktien besteht.

Eigene Anteile der übertragenden Gesellschaft und Anteile, die einem anderen für Rechnung dieser Gesellschaft gehören, sind vom Stammkapital oder Grundkapital abzusetzen (§ 62 Abs. 1 Satz 2 UmwG). Daher kann die Beteiligung von mindestens 90 % schon mit Erreichen einer geringeren Quote gegeben sein. 223

BEISPIEL: Die Y-AG besitzt 81 % der Anteile an der X-GmbH, die 10 % eigene Anteile hält. Die 81 % erfüllen 90 %. 224

Nach § 62 Abs. 2 UmwG gilt § 62 Abs. 1 nicht, wenn Aktionäre der übernehmenden Gesellschaft, deren Anteile zusammen den zwanzigsten Teil (= 5 %) des Grundkapitals dieser Gesellschaft erreichen, die Einberufung einer Hauptversammlung verlangen, in der über die Zustimmung zu der Verschmelzung beschlossen wird. Die Satzung kann das Recht, die Einberufung der Hauptversammlung zu verlangen, an den Besitz eines geringeren Teils am Grundkapital der übernehmenden Gesellschaft knüpfen. § 62 Abs. 1 Satz 1 UmwG enthält eine stillschweigende Vermutung, bei einer 90 %-Beteiligung sei die Verschmelzung für die übernehmende AG nicht mehr von besonderer Bedeutung. Aktionäre haben grds. das Recht, bei Grundlagenentscheidungen eine Hauptversammlung einzuberufen, damit diese zustimmen kann. 225

§ 62 Abs. 2 UmwG beinhaltet bei einem Quorum von 5 % eine gesetzliche Widerlegung der Vermutung, die Verschmelzung sei nicht von besonderer Bedeutung. In der Satzung kann ein geringeres, nicht aber ein höheres Quorum als 5 % vorgesehen werden. Andere Erschwerungen sind ebenso unzulässig.

---

1 Grunewald in Lutter, § 62 UmwG, Rn 1.

226 Für die Formalien gilt § 62 Abs. 3 UmwG. Einen Monat vor dem Tage der Gesellschafterversammlung oder der Hauptversammlung der übertragenden Gesellschaft, die über die Zustimmung zum Verschmelzungsvertrag beschließen soll, sind in dem Geschäftsraum der übernehmenden Gesellschaft zur Einsicht der Aktionäre die folgenden in § 63 Abs. 1 UmwG bezeichneten Unterlagen auszulegen:

1. der Verschmelzungsvertrag oder sein Entwurf;

2. die Jahresabschlüsse und die Lageberichte der an der Verschmelzung beteiligten Rechtsträger für die letzten drei Geschäftsjahre;

3. falls sich der letzte Jahresabschluss auf ein Geschäftsjahr bezieht, das mehr als sechs Monate vor dem Abschluss des Verschmelzungsvertrags oder der Aufstellung des Entwurfs abgelaufen ist, eine Bilanz auf einen Stichtag, der nicht vor dem ersten Tag des dritten Monats liegt, der dem Abschluss oder der Aufstellung vorausgeht (Zwischenbilanz);

4. die nach § 8 UmwG erstatteten Verschmelzungsberichte;

5. die nach § 60 i. V. m. § 12 UmwG erstatteten Prüfungsberichte.

227 Gleichzeitig hat der Vorstand der übernehmenden Gesellschaft einen Hinweis auf die bevorstehende Verschmelzung in den Gesellschaftsblättern der übernehmenden Gesellschaft bekanntzumachen und den Verschmelzungsvertrag oder seinen Entwurf zum Register der übernehmenden Gesellschaft einzureichen; § 61 Satz 2 UmwG ist entsprechend anzuwenden. Die Aktionäre sind in der Bekanntmachung auf ihr Recht nach § 62 Abs. 2 UmwG der Einberufung einer Hauptversammlung hinzuweisen. Der nachfolgenden Anmeldung der Verschmelzung zur Eintragung in das Handelsregister ist der Nachweis der Bekanntmachung beizufügen. Der Vorstand hat bei der Anmeldung zu erklären, ob ein Antrag nach § 62 Abs. 2 UmwG zur Einberufung einer Hauptversammlung gestellt worden ist. Auf Verlangen ist jedem Aktionär der übernehmenden Gesellschaft unverzüglich und kostenlos eine Abschrift der in § 63 Abs. 1 UmwG bezeichneten Unterlagen zu erteilen. Die Unterlagen können dem Aktionär mit dessen Einwilligung gem. § 62 Abs. 3 Satz 7 UmwG auf dem Wege elektronischer Kommunikation übermittelt werden.[1] Dadurch wird die Regelung in Art. 2 Nr. 5 der Änderungsrichtlinie zu Art. 11 Abs. 3 Unterabsatz 2 der Richtlinie 78/855/EWG aufgenommen. Der Verzicht auf eine Versendung in Papierform ist erlaubt und ermöglicht die Übermittlung auf elektronischem Wege. Dies betrifft insbesondere die Versendung einer E-Mail mit Dateianhän-

---

[1] Eingefügt durch 3. Gesetz zur Änderung des UmwG.

gen in druckfähigem Format. Durch die Verweisung in § 125 Satz 1 UmwG ist diese Möglichkeit auch bei der Spaltung unter Beteiligung von Aktiengesellschaften eröffnet. Diese Regelung gilt durch eine Ergänzung in § 230 Abs. 2 UmwG zweckmäßigerweise auch für den Formwechsel einer Aktiengesellschaft oder Kommanditgesellschaft auf Aktien. Die Art und Weise, in der die Einwilligung (§ 183 BGB) erklärt wird, wurde vom Gesetzgeber bewusst gesetzlich nicht näher bestimmt. Jedoch kann die Satzung der Gesellschaft hierzu Regelungen treffen, beispielsweise zur Mitteilung der E-Mail-Adresse durch den Aktionär.[1] Die unter Rn 226 aufgeführten Verpflichtungen entfallen, wenn die zuvor bezeichneten Unterlagen für denselben Zeitraum über die Internetseite der Gesellschaft zugänglich sind.[2]

dd) Einberufung der Hauptversammlung

Die Einberufung zu einer Hauptversammlung, löst nach § 63 UmwG folgende Maßnahmen aus: 228

Von der Einberufung der Hauptversammlung an, die über die Zustimmung zum Verschmelzungsvertrag beschließen soll, sind gem. § 63 Abs. 1 UmwG in dem Geschäftsraum der Gesellschaft zur Einsicht der Aktionäre auszulegen:

1. der Verschmelzungsvertrag oder sein Entwurf;
2. die Jahresabschlüsse und die Lageberichte der an der Verschmelzung beteiligten Rechtsträger für die letzten drei Geschäftsjahre;
3. falls sich der letzte Jahresabschluss auf ein Geschäftsjahr bezieht, das mehr als sechs Monate vor dem Abschluss des Verschmelzungsvertrags oder der Aufstellung des Entwurfs abgelaufen ist, eine Bilanz auf einen Stichtag, der nicht vor dem ersten Tag des dritten Monats liegt, dem der Abschluss oder der Aufstellung vorausgeht (Zwischenbilanz);
4. die nach § 8 UmwG erstatteten Verschmelzungsberichte;
5. die nach § 60 i.V.m. § 12 erstatteten Prüfungsberichte.

Die Zwischenbilanz (Abs. 1 Nr. 3) ist nach den Vorschriften aufzustellen, die auf die letzte Jahresbilanz des Rechtsträgers angewendet worden sind. Eine körperliche Bestandsaufnahme (Inventur) ist nicht erforderlich. Die Wertansätze der letzten Jahresbilanz dürfen übernommen werden. Dabei sind jedoch Abschreibungen, Wertberichtigungen und Rückstellungen sowie wesentliche, 229

---

[1] BT – Drs. 17/3122 S. 12.
[2] Angefügt durch Gesetz zur Umsetzung der Aktionärsrechterichtlinie (ARUG) v. 30. 7. 2009. Anzuwenden ab 1. 9. 2009.

aus den Büchern nicht ersichtliche Veränderungen der wirklichen Werte von Vermögensgegenständen bis zum Stichtag der Zwischenbilanz zu berücksichtigen.

230 Auf Verlangen ist jedem Aktionär unverzüglich und kostenlos eine Abschrift der in § 63 Abs. 1 UmwG bezeichneten Unterlagen zu erteilen.

231–240 *(Einstweilen frei)*

j) Der Beschluss

aa) Allgemeine Regelung

241 § 13 UmwG ist die Leitvorschrift über den Verschmelzungsbeschluss. Der Verschmelzungsvertrag wird nur wirksam, wenn die Anteilsinhaber der beteiligten Rechtsträger ihm durch Beschluss (Verschmelzungsbeschluss) zustimmen. Der Beschluss kann nur in einer Versammlung der Anteilsinhaber gefasst werden. Umlaufbeschlüsse und das schriftliche Beschlussverfahren sind unzulässig.[1]

242 Ist die Abtretung der Anteile eines übertragenden Rechtsträgers von der Genehmigung bestimmter einzelner Anteilsinhaber abhängig, so bedarf der Verschmelzungsbeschluss dieses Rechtsträgers zu seiner Wirksamkeit ihrer Zustimmung (§ 13 Abs. 2 UmwG). Eine solche Zustimmung wird erforderlich, wenn der Gesellschaftsvertrag beispielsweise die Mitglieder eines bestimmten Familienstammes schützen will.

243 Der Verschmelzungsbeschluss und die nach diesem Gesetz erforderlichen Zustimmungserklärungen einzelner Anteilsinhaber einschließlich der erforderlichen Zustimmungserklärungen nicht erschienener Anteilsinhaber müssen notariell beurkundet werden.[2]

244 Der Vertrag oder sein Entwurf ist dem Beschluss als Anlage beizufügen.

Auf Verlangen hat der Rechtsträger jedem Anteilsinhaber auf dessen Kosten unverzüglich eine Abschrift des Vertrags oder seines Entwurfs und der Niederschrift des Beschlusses zu erteilen.

Zudem sind rechtsformabhängig folgende Regeln zu beachten.

---

1 Lutter/Drygala in Lutter, § 13 UmwG, Rn 4.
2 Zu weiteren Einzelheiten siehe u. Rn 251 ff.

bb) Regelung für Personenhandelsgesellschaften

Der Verschmelzungsbeschluss der Gesellschafterversammlung einer Personenhandelsgesellschaft bedarf grds. gem. 43 UmwG der Zustimmung aller anwesenden Gesellschafter; ihm müssen auch die nicht erschienenen Gesellschafter zustimmen. Diese Regel entspricht dem Grundsatz im Personengesellschaftsrecht, wonach Grundlagenbeschlüsse der Einstimmigkeit bedürfen. Sie ist aber dispositiv. Der Gesellschaftsvertrag einer Personenhandelsgesellschaft kann eine Mehrheitsentscheidung der Gesellschafter vorsehen. Die Mehrheit muss mindestens drei Viertel der abgegebenen Stimmen betragen.

245

Widerspricht ein Anteilsinhaber eines übertragenden Rechtsträgers, der für dessen Verbindlichkeiten persönlich unbeschränkt haftet, der Verschmelzung, so ist ihm in der übernehmenden oder der neuen Personenhandelsgesellschaft die Stellung eines Kommanditisten zu gewähren; das Gleiche gilt für einen Anteilsinhaber der übernehmenden Personenhandelsgesellschaft, der für deren Verbindlichkeiten persönlich unbeschränkt haftet, wenn er der Verschmelzung widerspricht.

246

cc) Regelung für eine GmbH

Der Verschmelzungsbeschluss der Gesellschafterversammlung einer GmbH bedarf gem. § 50 UmwG einer Mehrheit von mindestens drei Vierteln der abgegebenen Stimmen. Der Gesellschaftsvertrag kann eine größere Mehrheit und weitere Erfordernisse bestimmen.

247

Werden durch die Verschmelzung auf dem Gesellschaftsvertrag beruhende Minderheitsrechte eines einzelnen Gesellschafters einer übertragenden Gesellschaft oder die einzelnen Gesellschaftern einer solchen Gesellschaft nach dem Gesellschaftsvertrag zustehenden besonderen Rechte in der Geschäftsführung der Gesellschaft, bei der Bestellung der Geschäftsführer oder hinsichtlich eines Vorschlagsrechts für die Geschäftsführung beeinträchtigt, so bedarf der Verschmelzungsbeschluss dieser übertragenden Gesellschaft der Zustimmung dieser Gesellschafter.

248

dd) Regelung für eine AG

Der Verschmelzungsbeschluss der Hauptversammlung bedarf gem. § 65 UmwG einer Mehrheit, die mindestens drei Viertel des bei der Beschlussfassung vertretenen Grundkapitals umfasst. Die Satzung kann eine größere Kapitalmehrheit und weitere Erfordernisse bestimmen.

249

250 Sind mehrere Gattungen von Aktien vorhanden, so bedarf der Beschluss der Hauptversammlung zu seiner Wirksamkeit der Zustimmung der stimmberechtigten Aktionäre jeder Gattung. Über die Zustimmung haben die Aktionäre jeder Gattung einen Sonderbeschluss zu fassen. Für diesen gilt § 65 Abs. 1 UmwG, d. h., in jeder Gattung gilt ³/₄-Mehrheit.

ee) Besonderheit bei 100 % Beteiligung an einer Kapitalgesellschaft

250a Seit dem 15. 7. 2011 gilt § 62 Abs. 4 UmwG.[1] Danach wird geregelt:

"¹Befindet sich das gesamte Stamm- oder Grundkapital einer übertragenden Kapitalgesellschaft in der Hand einer übernehmenden Aktiengesellschaft, so ist ein Verschmelzungsbeschluss des Anteilsinhabers der übertragenden Kapitalgesellschaft nicht erforderlich. ²Ein solcher Beschluss ist auch nicht erforderlich in Fällen, in denen nach Absatz 5 Satz 1 ein Übertragungsbeschluss gefasst und mit einem Vermerk nach Absatz 5 Satz 7 in das Handelsregister eingetragen wurde. ³Absatz 3 gilt mit der Maßgabe, dass die dort genannten Verpflichtungen nach Abschluss des Verschmelzungsvertrages für die Dauer eines Monats zu erfüllen sind. ⁴Spätestens bei Beginn dieser Frist ist die in § 5 Absatz 3 genannte Zuleitungsverpflichtung zu erfüllen."

250b ff) Trennung zwischen einer 100 % Beteiligung und Beteiligungen 90 % - < 100 % an Kapitalgesellschaften

Nunmehr wird seit 15. 7. 2011 im Rahmen einer sog. „Konzernverschmelzung" unterschieden zwischen einer 100 % Beteiligung und Beteiligungen 90 % - < 100 %. Die Überschrift des § 62 UmwG wurde von „Hauptversammlung in besonderen Fällen" entsprechend geändert. Insoweit ist im UmwG infolge der neuen Überschrift eine eigene Definition der Konzernverschmelzung entstanden.

Nur noch im Fall von < 100 % bedarf es eines Minderheitenschutzes. Das wird durch den seit dem 15. 7. 2011 geltenden § 62 Abs. 5 UmwG deutlich wonach gilt:

"¹In Fällen des Absatzes 1 kann die Hauptversammlung einer übertragenden Aktiengesellschaft innerhalb von drei Monaten nach Abschluss des Verschmelzungsvertrages einen Beschluss nach § 327a Absatz 1 Satz 1 des Aktiengesetzes fassen, wenn der übernehmenden Gesellschaft (Hauptaktionär) Aktien in Höhe von neun Zehnteln des Grundkapitals gehören. ²Der Verschmelzungsvertrag

---

[1] 3. Gesetz zur Änderung des UmwG v. 11. 7. 2011, BGBl I 2011 S. 1338.

oder sein Entwurf muss die Angabe enthalten, dass im Zusammenhang mit der Verschmelzung ein Ausschluss der Minderheitsaktionäre der übertragenden Gesellschaft erfolgen soll. ³Absatz 3 gilt mit der Maßgabe, dass die dort genannten Verpflichtungen nach Abschluss des Verschmelzungsvertrages für die Dauer eines Monats zu erfüllen sind. ⁴Spätestens bei Beginn dieser Frist ist die in § 5 Absatz 3 genannte Zuleitungsverpflichtung zu erfüllen. ⁵Der Verschmelzungsvertrag oder sein Entwurf ist gemäß § 327c Absatz 3 des Aktiengesetzes zur Einsicht der Aktionäre auszulegen. ⁶Der Anmeldung des Übertragungsbeschlusses (§ 327e Absatz 1 des Aktiengesetzes) ist der Verschmelzungsvertrag in Ausfertigung oder öffentlich beglaubigter Abschrift oder sein Entwurf beizufügen. ⁷Die Eintragung des Übertragungsbeschlusses ist mit dem Vermerk zu versehen, dass er erst gleichzeitig mit der Eintragung der Verschmelzung im Register des Sitzes der übernehmenden Aktiengesellschaft wirksam wird. ⁸Im Übrigen bleiben die §§ 327a bis 327f des Aktiengesetzes unberührt."

gg) Notarielle Beurkundung

Der Umwandlungsbeschluss ist notariell zu beurkunden (§ 13 UmwG). Dieses Formerfordernis hat den Zweck, die materielle Richtigkeit des Umwandlungsvorganges zu gewährleisten.[1] Der Gesetzgeber greift damit den vom BGH zuletzt im „Supermarkt"-Beschluss[2] erwähnten Zweck der Beurkundung auf. Weitere Zwecke sind die Beweissicherungsfunktion der notariellen Urkunde sowie die Warn- und Belehrungsfunktion des Notars.

251

Ein deutscher Notar kann im Ausland weder Unterschriften wirksam beglaubigen noch Niederschriften über Hauptversammlungen erstellen.[3]

252

Die Beurkundung gesellschaftlicher Angelegenheiten durch **ausländische Notare** ist nach wie vor heftig umstritten, und die Rechtslage ist unklar.[4] Ob die nach §§ 6, 13 Abs. 3 UmwG zwingend erforderliche Beurkundung des Verschmelzungsvertrages und der Zustimmungsbeschlüsse auch von einem ausländischen Notar wahrgenommen werden kann, richtet sich danach, inwieweit die ausländische Beurkundung der deutschen Beurkundung entspricht. Es müssen mit der Beurkundung im Ausland die von der deutschen Formvor-

253

---

1 BT-Drs. 16/2919 v. 12.10.2006 S. 13.
2 BGH, Beschluss v. 24.10.1988 II ZB 7/88, BGHZ 105 S. 324, 338.
3 BGH v. 30.4.1998 IX ZR 150/97, NJW 1998 S. 2830, 2831.
4 Ablehnend: LG Augsburg, Beschluss v. 4.6.1996, DB 1996 S.1666; bejahend: BGH, Beschluss v. 16.2.1981, DB 1981 S.983; LG Kiel, rkr. Beschl. v. 25.4.1997, GmbHR 1997 S.952; OLG München, Urteil v. 19.11.1997, BB 1998 S.119; umfassend zum Meinungsstreit Heckschen in Widmann/Mayer, § 6 UmwG, Rn 42 ff.

schrift verfolgten Zwecke in gleicher Weise erreicht werden, als wenn ein deutscher Notar tätig wurde.[1] Wird die Beurkundung eines ausländischen Notars beabsichtigt, sollte zuvor eine Auskunft des oder der zuständigen Handelsregister(s) eingeholt werden, ob mit der ausländischen Beurkundung ein Registereintrag erfolgen kann. Mit Urteil vom 7.10.2009 hat das LG Frankfurt/M. festgestellt, dass der Kauf – und Übertragungsvertrag bezogen auf GmbH – Geschäftsanteile, der 2005 durch einen Schweizer Notar in Basel beurkundet wurde, die nach § 15 Abs. 3 GmbHG erforderliche notarielle Form erfülle. Zugleich wies das LG in einem "obiter dictum" daraufhin, dass nach der Neufassung des § 40 Abs. 2 GmbHG durch das MoMiG, der darin aufgestellten Verpflichtung des an der Anteilsübertragung beteiligten Notars ein ausländischer Notar wegen Fehlens von Amtsbefugnissen in Deutschland nicht mehr nachkommen könne.[2] Mit Wirkung zum 1.1.2008 wurde das Schweizer Obligationenrecht reformiert. Unter anderem fiel das Erfordernis der öffentlichen Beurkundung bei der Abtretung von GmbH – Geschäftsanteilen fort. Seit diesem Zeitpunkt genügt für die Abtretung von GmbH-Geschäftsanteilen schweizerischer Gesellschaften die bloße Schriftform. Obwohl ein schweizer Notar nach § 40 Abs. 2 GmbHG nicht zur einreichen der Gesellschafterliste verpflichtet ist, ist er dennoch berechtigt, die neue Gesellschafterliste beim zuständigen Handelsregister einzureichen. Um mögliche Rechtsunsicherheiten und Haftungsrisiken der Geschäftsführer aufgrund des zur vorgenannten Urteils des LG Frankfurt/M. zu vermeiden, wird empfohlen, die Gesellschafterliste rein vorsorglich im Falle von Auslandsbeurkundungen auch gleichzeitig durch die Geschäftsführung zu unterzeichnen.[3] Nach der Praxis süddeutscher Handelsregister sollen keine Bedenken bestehen gegen Gesellschafterlisten, die durch schweizerische Notare eingereicht werden[4]. Daraus lässt sich aber keine allgemein verlässliche Praxis für alle deutsche Handelsregister ableiten.

254 Angesichts der derzeitigen streitigen Rechtslage sollte von einer ausländischen Beurkundung abgesehen werden. Es sei denn, es erfolgt eine Abstimmung mit dem zuständigen Registerrichter, nach der dieser eine ausländische Beurkundung z. B. in der Schweiz oder in Österreich anerkennt. Es sollte auch bedacht werden, dass eine Verlagerung der Beurkundung ins Ausland aus Kostenge-

---

[1] Goette, DStR 1996 S. 709, 712.
[2] LG Frankfurt/M., Urteil v. 7.10.2009 – 13 O 46/09, BB 2009 S. 2500; a. A. nunmehr BGH, Beschluss v. 17.12.2013 – II ZB 6/13 unter Bezugnahme und Fortentwicklung von BGH v. 16.2.1981, s. Fn. 35.
[3] Ausführlich zum Thema Beurkundung in der Schweiz Kai Peters, DB 2010, S. 97.
[4] So auch bei einem in Basel residierenden Schweitzer Notar, OLG Düsseldorf Beschl. v. 2.3.2011, 1-3 Wx 236/10, BB 2011 S. 785.

sichtspunkten nur noch bedingt gerechtfertigt ist. § 39 Abs. 4 KostO enthält für Beurkundungen von Gesellschaftsverträgen, Satzungen und Statuten sowie für Pläne und Verträge nach dem UmwG eine Begrenzung des Geschäftswerts auf 5 Millionen €. Bei einem Formwechsel fällt beispielsweise nur die Gebühr für die Beurkundung des Beschlusses an, die nach § 47 Satz 2 KostO maximal 5.000 € beträgt.

k) Abfindungsangebote

Der Verschmelzungsvertrag oder der Vertragsentwurf muss ein Abfindungsangebot für die der Umwandlung widersprechenden und ausscheidenden Anteilseigner enthalten (§§ 29, 36 UmwG). 255

l) Klagen gegen den Verschmelzungsbeschluss

Eine Klage gegen die Wirksamkeit eines Verschmelzungsbeschlusses muss gem. § 14 UmwG **binnen eines Monats nach der Beschlussfassung** erhoben werden. 256

Eine Klage gegen die Wirksamkeit des Verschmelzungsbeschlusses eines übertragenden Rechtsträgers kann nicht darauf gestützt werden, dass das Umtauschverhältnis der Anteile zu niedrig bemessen oder dass die Mitgliedschaft bei dem übernehmenden Rechtsträger kein ausreichender Gegenwert für die Anteile oder die Mitgliedschaft bei dem übertragenden Rechtsträger ist. § 14 Abs. 2 UmwG enthält eine sachliche Begrenzung. 257

m) Das Spruchverfahren

Für Streitigkeiten hinsichtlich des Wertes der umgetauschten Anteile gilt § 15 UmwG. 258

Ist das Umtauschverhältnis der Anteile zu niedrig bemessen oder ist die Mitgliedschaft bei dem übernehmenden Rechtsträger kein ausreichender Gegenwert für den Anteil oder die Mitgliedschaft bei einem übertragenden Rechtsträger, so kann jeder Anteilsinhaber dieses übertragenden Rechtsträgers, dessen Recht, gegen die Wirksamkeit des Verschmelzungsbeschlusses Klage zu erheben, nach 14 Abs. 2 UmwG ausgeschlossen ist, von dem übernehmenden Rechtsträger einen Ausgleich durch bare Zuzahlung verlangen; die Zuzahlungen können den zehnten Teil des auf die gewährten Anteile entfallenden Betrags des Grund- oder Stammkapitals übersteigen.

Die angemessene Zuzahlung wird auf Antrag durch das Gericht nach den Vorschriften des Spruchverfahrensgesetzes bestimmt. 259

260 Seit dem 1.9.2003 ist der Antrag gem. § 4 SpruchG innerhalb von **drei Monaten** nach Eintragung der Umwandlung zu stellen.

n) Der Vollzug

261 Die Vertretungsorgane der an der Umwandlung beteiligten Rechtsträger haben die Umwandlung zur Eintragung in das Register (Handelsregister, Genossenschaftsregister oder Vereinsregister) des Sitzes ihres Rechtsträgers anzumelden. Das Vertretungsorgan des übernehmenden Rechtsträgers ist berechtigt, die Umwandlung auch zur Eintragung in das Register des Sitzes jedes der übertragenden Rechtsträger anzumelden. Bei der Anmeldung haben die Vertretungsorgane zu erklären, dass eine Klage gegen die Wirksamkeit eines Umwandlungsbeschlusses nicht oder nicht fristgemäß erhoben oder eine solche Klage rechtskräftig abgewiesen oder zurückgenommen worden ist; hierüber haben die Vertretungsorgane dem Registergericht auch nach der Anmeldung Mitteilung zu machen. Liegt die Erklärung nicht vor, so darf die Umwandlung nicht eingetragen werden, es sei denn, dass die klageberechtigten Anteilsinhaber durch notariell beurkundete Verzichtserklärung auf die Klage gegen die Wirksamkeit des Umwandlungsbeschlusses verzichten.

262 Der Anmeldung sind in Ausfertigung oder öffentlich beglaubigter Abschrift oder, soweit sie nicht notariell zu beurkunden sind, in Urschrift oder Abschrift

- ▶ der Umwandlungsvertrag,
- ▶ die Niederschriften der Umwandlungsbeschlüsse,
- ▶ die nach diesem Gesetz erforderlichen Zustimmungserklärungen einzelner Anteilsinhaber einschließlich der Zustimmungserklärungen nicht erschienener Anteilsinhaber,
- ▶ der Umwandlungsbericht, der Prüfungsbericht oder die Verzichtserklärungen nach § 8 Abs. 3, § 9 Abs. 3 oder § 12 Abs. 3 UmwG,
- ▶ ein Nachweis über die rechtzeitige Zuleitung des Umwandlungsvertrages oder seines Entwurfs an den zuständigen Betriebsrat
- ▶ sowie, wenn die Verschmelzung der staatlichen Genehmigung bedarf, die Genehmigungsurkunde

beizufügen.

263 Der Anmeldung zum Register des Sitzes jedes der übertragenden Rechtsträger ist ferner eine Bilanz dieses Rechtsträgers beizufügen (**Schlussbilanz**). Für diese Bilanz gelten die Vorschriften über die Jahresbilanz und deren Prüfung entsprechend. Sie braucht nicht bekanntgemacht zu werden. Das Registergericht darf die Umwandlung nur eintragen, wenn die Bilanz auf einen höchstens

acht Monate vor der Anmeldung liegenden Stichtag aufgestellt worden ist (§§ 16, 17 UmwG).

o) Eintragung und Bekanntmachung

Die Verschmelzung darf in das Register des Sitzes des übernehmenden Rechtsträgers erst eingetragen werden, nachdem sie im Register des Sitzes jedes der übertragenden Rechtsträger eingetragen worden ist. 264

Die Eintragung im Register des Sitzes jedes der übertragenden Rechtsträger ist mit dem Vermerk zu versehen, dass die Verschmelzung erst mit der Eintragung im Register des Sitzes des übernehmenden Rechtsträgers wirksam wird. 265

Das Gericht des Sitzes jedes der an der Verschmelzung beteiligten Rechtsträger hat jeweils die von ihm vorgenommene Eintragung der Verschmelzung von Amtswegen durch den Bundesanzeiger und durch mindestens ein anderes Blatt ihrem ganzen Inhalt nach bekanntzumachen. 266

Mit dem Ablauf des Tages, an dem jeweils das letzte der die Bekanntmachung enthaltenden Blätter erschienen ist, gilt die Bekanntmachung für diesen Rechtsträger als erfolgt (§ 19 UmwG). 267

p) Rechtsfolgen der Eintragung

Die **Eintragung** der Verschmelzung in das Register des Sitzes des übernehmenden Rechtsträgers hat nach § 20 UmwG folgende **Wirkungen**: 268

1. Das Vermögen der übertragenden Rechtsträger geht einschließlich der Verbindlichkeiten auf den übernehmenden Rechtsträger über.[1]

2. Die übertragenden Rechtsträger erlöschen. Einer besonderen Löschung bedarf es nicht.

3. Die Anteilsinhaber der übertragenden Rechtsträger werden Anteilsinhaber des übernehmenden Rechtsträgers; dies gilt nicht, soweit der übernehmende Rechtsträger oder ein Dritter, der im eigenen Namen, jedoch für Rechnung dieses Rechtsträgers handelt, Anteilsinhaber des übertragenden Rechtsträgers ist oder der übertragende Rechtsträger eigene Anteile innehat oder ein Dritter, der im eigenen Namen, jedoch für Rechnung dieses

---

[1] Das gilt selbst für formfrei begründete Verbindlichkeiten, die nach der Umwandlung nur unter Einhaltung einer bestimmten Form erfüllt werden können, z. B. formfreies bindendes Angebot zur Abtretung von Aktien, im Zeitpunkt der Annahme ist die AG in eine GmbH umgewandelt, was zur Anwendung der Formvorschriften in § 15 Abs. 3 und 4 GmbHG führt. Vgl. hierzu Eusani/Schaudinn, GmbHR 2009 S. 1125.

Rechtsträgers handelt, dessen Anteilsinhaber ist. Rechte Dritter an den Anteilen oder Mitgliedschaften der übertragenden Rechtsträger bestehen an den an ihre Stelle tretenden Anteilen oder Mitgliedschaften des übernehmenden Rechtsträgers weiter.

4. Der Mangel der notariellen Beurkundung des Verschmelzungsvertrags und ggf. erforderlicher Zustimmungs- oder Verzichtserklärungen einzelner Anteilsinhaber wird geheilt (§§ 20 ff. UmwG). Insgesamt geht der Bestandsschutz eingetragener Umwandlungsvorgänge nach der OLG-Rechtsprechung sehr weit.[1] Der Bestandsschutz kann in aller Regel nicht durch das Amtslöschungsverfahren nach §§ 142, 144 FGG unterlaufen werden. Gegebenenfalls sind Schadensersatzansprüche denkbar.

269–275 (Einstweilen frei)

6. Die Bilanzierung einer Verschmelzung nach Handelsrecht

a) Bilanzierung beim übertragenden Rechtsträger

276 Die Vermögensgegenstände und Schulden der Überträgerin gehen zivilrechtlich erst mit der Eintragung der Verschmelzung im Handelsregister des übernehmenden Rechtsträgers über. Ist jedoch das **wirtschaftliche Eigentum** bereits früher übergegangen, werden die Vermögensgegenstände und Schulden bereits in dem Jahresabschluss des übernehmenden Rechtsträgers erfasst, der auf einen Abschlussstichtag vor Eintragung der Verschmelzung aufgestellt wird. Nach Auffassung des IDW[2] ist das wirtschaftliche Eigentum bereits vor der Eintragung und dem Abschlussstichtag übergegangen, wenn folgende Voraussetzungen **kumulativ** erfüllt sind[3]:

1. Bis zum Abschlussstichtag muss ein Verschmelzungsvertrag formwirksam abgeschlossen sein; außerdem müssen die Verschmelzungsbeschlüsse sowie ggf. die Zustimmungserklärungen der Anteilsinhaber gem. § 13 UmwG vorliegen. Steht eine dieser Voraussetzungen am Abschlussstichtag noch aus, liegt das wirtschaftliche Eigentum am Abschlussstichtag weiter beim übertragenden Rechtsträger. Das Eintreten einer dieser Voraussetzungen nach dem Abschlussstichtag stellt ein wertbegründendes, und kein werterhellendes, Ereignis dar.

---

1 Zu Einzelheiten siehe Kort, DStR 2004 S. 185.
2 RS HFA 42 v. 29.10.2012, Fachnachrichten Nr. 12/2012, 701, Tz. 29.
3 Zustimmend Rödder/Stangl in R/H/vL, UmwStG, Anh. 1, Rn 1.

2. Der vereinbarte Verschmelzungsstichtag muss vor dem Abschlussstichtag liegen oder mit diesem zusammenfallen.
3. Die Verschmelzung muss bis zur Beendigung der Aufstellung des Jahresabschlusses eingetragen sein, oder es muss mit an Sicherheit grenzender Wahrscheinlichkeit davon ausgegangen werden können, dass die Eintragung erfolgen wird.
4. Es muss faktisch oder durch eine entsprechende Regelung im Verschmelzungsvertrag sichergestellt sein, dass der übertragende Rechtsträger nur i. R. eines ordnungsmäßigen Geschäftsgangs oder mit Einwilligung des übernehmenden Rechtsträgers über die Vermögensgegenstände verfügen kann.

Dieser Auffassung kann man uneingeschränkt zustimmen, wenn die vom BFH geforderten Grunderfordernisse für den Übergang des wirtschaftlichen Eigentums beim übernehmenden Rechtsträger erfüllt sind; Erwerb (Eigen-)Besitz, Übergang von Gefahr, Nutzungen und Lasten.[1]

Nach § 5 Abs. 1 Nr. 6 UmwG ist im Verschmelzungsvertrag oder dessen Entwurf der Zeitpunkt anzugeben, von dem an die Handlungen des übertragenden Rechtsträgers als für Rechnung des übernehmenden Rechtsträgers vorgenommen gelten (**Verschmelzungsstichtag**). 277

Der übertragende Rechtsträger hat im Zusammenhang mit der Verschmelzung gem. § 17 Abs. 2 Satz 2 UmwG eine Schlussbilanz aufzustellen, die der Registeranmeldung beizufügen ist. Die Bilanz bildet die Grundlage der bilanziellen Übertragung des Vermögens auf den übernehmenden Rechtsträger.[2] Die Schlussbilanz muss sich gem. § 17 Abs. 2 Satz 4 UmwG auf einen Stichtag beziehen, der höchstens acht Monate vor dem Tag der Registeranmeldung der Verschmelzung liegt. Der **Schlussbilanzstichtag** liegt i. d. R. unmittelbar vor dem Verschmelzungsstichtag.[3] Wird als Verschmelzungsstichtag z. B. der 1.1. vereinbart, so bedeutet dies, dass die Geschäfte ab Beginn dieses Tages (0.00 Uhr) für Rechnung des übernehmenden Rechtsträgers geführt werden, so dass die Schlussbilanz auf den 31. 12. (24.00 Uhr) aufzustellen ist. 278

Wirksam wird die Verschmelzung erst mit der Eintragung im Register des übernehmenden Rechtsträgers. Daher muss zwischen dem gewählten Verschmelzungsstichtag und der Registereintragung ein Bilanzstichtag liegen. Auf 279

---

1 BFH, Urteil v. 1. 2. 2012 – I R 57/10, BB 2012 S. 1211 Nr. 19.
2 Priester in Scholz, GmbH-Gesetz, Anhang Umwandlung, § 24 Kapitalerhöhungsgesetz, Rn 13.
3 RS HFA 42 v. 29. 10. 2012, a. a. O., Tz. 11.

diesen Bilanzstichtag ist eine Schlussbilanz nach den allgemeinen Vorschriften zu erstellen und prüfen zu lassen.[1] Gemäß § 17 Abs. 2 Satz 2 UmwG gelten für diese Bilanz die Vorschriften über die Jahresbilanz und deren Prüfung entsprechend. Die Schlussbilanz ist daher keine Vermögensbilanz.

280 Die Schlussbilanz muss nicht identisch sein mit der zum Ende eines Wirtschaftsjahres aufzustellenden Jahresabschlussbilanz. Die Schlussbilanz erfüllt andere Zwecke als die Jahresabschlussbilanz. Sie soll nicht das Ergebnis eines abgelaufenen Geschäftsjahres mit dem Ziel der Ergebnisverwendung ermitteln, sondern zeitnah oder jedenfalls relativ zeitnah sicherstellen, dass die in die nächste Jahresabschlussbilanz des übernehmenden Rechtsträgers eingehenden Werte auch tatsächlich vorhanden sind.[2] Infolgedessen ist die Aufstellung einer Gewinn- und Verlustrechnung i. R. der Erstellung einer Schlussbilanz nicht erforderlich.[3] Wird keine Jahresabschlussbilanz als Schlussbilanz verwendet, kann das in der Schlussbilanz ausgewiesene Ergebnis nicht Grundlage eines Gewinnverwendungsbeschlusses sein, da der davor liegende Verschmelzungsbeschluss zu erkennen gibt, dass das Nettovermögen auf einen anderen Rechtsträger übergehen soll. Daraus folgt weiter, dass die Aufstellung einer bloßen Schlussbilanz zu keiner Bildung eines Rumpfwirtschaftsjahres führt.[4]

281 Neben der Schlussbilanz kann der übertragende Rechtsträger, wie auch der übernehmende Rechtsträger, auf freiwilliger Basis eine Vermögensbilanz aufstellen, in der das jeweilige Vermögen nach Zeitwert ausgewiesen ist. Man spricht dann von einer „Umwandlungsbilanz".[5] Die **Umwandlungsbilanz** dient beispielsweise als Grundlage für die Ermittlung des Umtauschverhältnisses. In ihr werden im Gegensatz zu einer Schlussbilanz die selbst geschaffenen immateriellen Wirtschaftsgüter und der selbst geschaffene Geschäfts- und Firmenwert ausgewiesen. Für die Festlegung und Prüfung des Umtauschverhältnisses ist die Schlussbilanz nur von eingeschränkter Bedeutung, weil das Umtauschverhältnis sich nicht nach den Buchwerten, sondern nach den wahren Werten richtet.

282 Die Schlussbilanz und die letzte Jahresbilanz können identisch sein. Der übertragende Rechtsträger darf als Schlussbilanz eine Jahresbilanz zugrunde legen, die auf einen Stichtag aufgestellt ist, zu dem er normalerweise einen Jahres-

---

1 Widmann in Widmann/Mayer, Umwandlungsrecht, § 24 UmwG, Rn 49.
2 Bermel in Goutier/Knopf/Tulloch, Kommentar zum Umwandlungsrecht, § 17 UmwG, Rn 16.
3 RS HFA 42 v. 29.10.2012, a. a. O., Tz. 7.
4 Widmann in Widmann/Mayer, Umwandlungsrecht, § 24 UmwG, Rn 48.
5 Widmann in Widmann/Mayer, Umwandlungsrecht, § 24 UmwG, Rn 192 ff.

abschluss zum Ende eines Wirtschaftsjahres erstellt. Die Frist von acht Monaten erleichtert diese Handhabung.

b) Bilanzierung beim übernehmenden Rechtsträger

Der übernehmende Rechtsträger braucht im Falle der **Verschmelzung zur Aufnahme keine Übernahmebilanz** auf den Verschmelzungsstichtag aufzustellen. Der Verschmelzungsvorgang stellt für ihn einen laufenden Geschäftsvorfall dar. Nur bei der Verschmelzung zur Neugründung ist gem. § 242 Abs. 1 HGB eine Eröffnungsbilanz auf den Tag des Wirksamwerdens der Verschmelzung aufzustellen. Dabei kann das wirtschaftliche Eigentum bereits zu einem Zeitpunkt übergehen, zu dem der übernehmende Rechtsträger noch nicht besteht. Die Vermögensgegenstände werden dann bei der Vorgesellschaft erfasst.

283

Der Bestand des in der Buchführung des übernehmenden Rechtsträgers als Zugang zu berücksichtigenden Vermögens wird im Regelfall nach der Schlussbilanz i. S. des § 17 Abs. 2 UmwG und den zugehörigen Unterlagen bestimmt werden.[1] Daraus folgt, dass spätestens im ersten Jahresabschluss des übernehmenden Rechtsträgers nach der Eintragung der Verschmelzung die für Rechnung des übernehmenden Rechtsträgers seit dem Verschmelzungsstichtag geführten Geschäfte (entweder durch die Erfassung der einzelnen Aufwendungen und Erträge oder durch Erfassung eines Saldos) bei diesem zu erfassen sind.

284

Ein übernehmender Rechtsträger kann gem. § 24 UmwG in seiner Bilanz die in der Schlussbilanz eines übertragenden Rechtsträgers angesetzten Werte übernehmen (**Buchwertverknüpfung**). Er kann das übernommene Vermögen auch mit den Anschaffungskosten ansetzen, die ihm durch den Erwerb der Anteile entstanden sind oder durch die Gewährung von Anteilen oder Mitgliedschaften entstehen (**Anschaffungskostenprinzip**).[2] Das Wahlrecht kann nur einheitlich für das übernommene Vermögen ausgeübt werden. Sind an der Verschmelzung mehrere übertragende Rechtsträger beteiligt, kann der übernehmende Rechtsträger das Wahlrecht allerdings bezogen auf jeden einzelnen übertragenden Rechtsträger unterschiedlich ausüben.

285

Durch das Wahlrecht können in der Übernahmebilanz stille Reserven aufgedeckt werden, soweit sie bei der Anschaffung bezahlt worden sind. Hierdurch ist auch eine Aufstockung immaterieller Wirtschaftsgüter einschließlich des Firmenwerts möglich. Eine Aufdeckung stiller Reserven ist insoweit nicht

286

---

1 HFA 2/1997, a. a. O., Tz. 3.
2 BT-Drs. 12/6699 S. 913 zu § 24 UmwG.

möglich, als dadurch die Anschaffungskosten des übernehmenden Rechtsträgers überschritten werden. Das Bewertungswahlrecht des § 24 UmwG gilt unabhängig von der Rechtsform des übernehmenden Rechtsträgers.

287 Durch die Wahl der Buchwertverknüpfung kann bei dem übernehmenden Rechtsträger ein **Verschmelzungsverlust oder -gewinn** entstehen. Kapitalgesellschaften müssen wegen § 264 Abs. 2 HGB diesen Verlust oder Gewinn gesondert ausweisen oder im Anhang erläutern, wenn durch die Buchwertfortführung die Darstellung der Vermögens- und Ertragslage erheblich beeinflusst wird.

288 Im Rahmen der Bilanzierung beim übernehmenden Rechtsträger können sich folgende Konstellationen ergeben:

aa) Der übernehmende Rechtsträger hält alle Anteile am übertragenden Rechtsträger

(1) Fortführung der Buchwerte

289 Die Einräumung des Wahlrechts in § 24 UmwG, die Buchwerte des übertragenden Rechtsträgers fortzuführen, ist eine Durchbrechung des Anschaffungskostenprinzips. Es soll keine Gesamtrechtsnachfolge in die Bilanzpositionen des übertragenden Rechtsträgers eintreten.[1] § 24 UmwG bestimmt nur, dass als Anschaffungskosten des übernehmenden Rechtsträgers auch die Buchwerte des übertragenden Rechtsträgers übernommen werden können. Der übernehmende Rechtsträger hat damit eigene Anschaffungskosten und tritt nicht in die Fußstapfen des übertragenden Rechtsträgers. Bedeutung hat diese Auffassung für Vorschriften, bei denen auf die historischen Anschaffungskosten abgestellt wird (wie z. B. bei der Wertaufholung nach § 253 Abs. 5 HGB).[2]

290 Im Fall der Buchwertverknüpfung ist der übernehmende Rechtsträger auch an die vom übertragenden Rechtsträger ausgeübten Ansatzwahlrechte gebunden (einschließlich der Aktivierung von Bilanzierungshilfen und der Nichtpassivierung von Pensionsrückstellungen nach Art. 28 Abs. 1 EGHGB).[3] Das für den übertragenden Rechtsträger geltende Aktivierungsverbot nach § 248 Abs. 2 HGB wirkt beim übernehmenden Rechtsträger fort.

---

1 Hörtnagl in S/H/S, UmwG-UmwStG, § 24 UmwG, Rn 63.
2 Ebenso RS HFA 42 v. 29. 10. 2012, a. a. O., Tz. 64.
3 RS HFA 42 v. 29. 10. 2012, a. a. O., Tz. 60; Müller in Kallmeyer, § 24 UmwG, Rn 11; Hörtnagl, a. a. O., Rn 65.

III. Die Gesamtrechts- und Sonderrechtsnachfolge nach UmwG

Der übernehmende Rechtsträger kann selbstverständlich Vermögensgegenstände und Schulden, die infolge der Verschmelzung untergehen, nicht in seine Bilanz übernehmen. Dies gilt z. B. für Forderungen und Verbindlichkeiten zwischen den beiden Rechtsträgern, die durch Konfusion erlöschen, oder für eigene Anteile des übertragenden Rechtsträgers. 291

Anschaffungsnebenkosten (z. B. Grunderwerbsteuer) kann der übernehmende Rechtsträger nicht aktivieren, da er die Buchwerte fortführt. Sie sind aufwandswirksam zu erfassen.[1] 292

Werden die übernommenen Vermögensgegenstände und Schulden mit den Buchwerten aus der Schlussbilanz des übertragenden Rechtsträgers fortgeführt, dann stehen den Buchwerten des übernommenen Vermögens die für den Erwerb der Anteile aufgewendeten Anschaffungskosten gegenüber. 293

Übersteigen die Anschaffungskosten den Buchwert des übernommenen Vermögens, beispielsweise weil bei Erwerb stille Reserven mitbezahlt worden sind, dann entsteht in Höhe des Unterschiedes der beiden Werte ein **Verschmelzungsverlust**, der in der Gewinn- und Verlustrechnung auszuweisen ist. In der Regel wird die Verschmelzung ein Vorgang sein, der außerhalb der gewöhnlichen Geschäftstätigkeit des übernehmenden Rechtsträgers erfolgt, so dass der Ausweis des Verschmelzungsverlustes unter den außerordentlichen Aufwendungen zu erfolgen hat. 294

Ist dagegen der Buchwert des übernommenen Vermögens höher als die Anschaffungskosten, dann entsteht ein **Verschmelzungsgewinn**; dieser ist als außerordentlicher Ertrag in der Gewinn- und Verlustrechnung auszuweisen.

Ungeklärt ist derzeit, wie die Lösung im Fall einer **Seitwärtsverschmelzung** aussieht, nachdem diese ohne Kapitalerhöhung zulässig ist.[2] 295

BEISPIEL: Die M-AG ist zu jeweils 100 % an T1-GmbH und T2-GmbH beteiligt. T1-GmbH wird auf T2-GmbH verschmolzen. T2-GmbH führt die Buchwerte der Überträgerin fort (§ 24 UmwG).

Wendet man – u. E. zutreffend – die Grundsätze der verdeckten Einlage an, da der übernehmende Rechtsträger nichts aus seinem Vermögen aufwendet,[3] müsste man eigentlich die von T1-GmbH übergehenden Wirtschaftsgüter mit 296

---

1 RS HFA 42 v. 29.10.2012, a.a.O., Tz.62; Müller in Kallmeyer, § 24 UmwG, Rn 13; Hörtnagl, a.a.O., Rn 73.
2 Roß/Drögemüller, DB 2009 S. 580.
3 Hörtnagl in S/H/S, UmwG-UmwStG, § 24 UmwG, Rn 80 i.V. m. 54; a. A. Rödder/Stangl in R/H/vL, UmwStG, Anhang 1, Rn 18: Gedankliche Zerlegung in eine Einbringung der Beteiligung der M-AG an T1-GmbH in die T2-GmbH und anschließender Upstream-Merger.

Null ansetzen. Die h. M.[1] lässt allerdings auch eine Bewertung mit dem vorsichtig geschätzten Zeitwert zu. Mangels entgeltlicher Anschaffung greift das Aktivierungsverbot bzw. -wahlrecht des § 248 Abs. 2 HGB; dies gilt insbesondere für den Geschäfts- oder Firmenwert der T1-GmbH, der mangels Vermögensgegenstandeigenschaft (s. § 246 Abs. 1 Satz 4 HGB) nicht angesetzt werden darf. Die Bewertung mit dem vorsichtig geschätzten Zeitwert führt i. d. R. zu einem Verschmelzungsgewinn. Dieser ist als sonstige Zuzahlung nach § 272 Abs. 2 Nr. 4 HGB erfolgsneutral in die Kapitalrücklage einzustellen.[2] Bei einer Personengesellschaft als übernehmende Rechtsträgerin sind die Bestimmungen im Gesellschaftsvertrag oder anlässlich der Umwandlung maßgeblich.

297 Bei der M-AG ist der Buchwert der Beteiligung an der T1-GmbH auszubuchen.[3] Die nachträglichen Anschaffungskosten der Beteiligung an der T2-GmbH können mit dem Buchwert der untergehenden Beteiligung an der T1-GmbH oder mit dem vorsichtig geschätzten Zeitwert dieser Anteile angesetzt werden.[4]

(2) Bewertung des übernommenen Vermögens mit den Anschaffungskosten

298 Werden sämtliche Anteile an dem übertragenden Rechtsträger von dem übernehmenden Rechtsträger gehalten, können als Anschaffungskosten für das übernommene Vermögen

▶ der Buchwert der untergehenden bzw. hingegebenen Anteile,

▶ der Zeitwert der untergehenden bzw. hingegebenen Anteile oder

▶ ein erfolgsneutraler Zwischenwert

angesetzt werden.[5]

299 Anschaffungsnebenkosten (z. B. Grunderwerbsteuer) sind aktivierungspflichtig.[6]

Streitig ist, ob Aufwendungen, die nicht einzelnen Vermögensgegenständen zugeordnet werden können (z. B. Rechts- und Beratungskosten anlässlich der

---

1 Nachweise bei Hörtnagl, a. a. O., Rn 54; Roß/Drögemüller, a. a. O., Fn. 11.
2 RS HFA 42 v. 29. 10. 2012, a. a. O., Tz. 75 i. V. m 74; Hörtnagl, a. a. O., Rn 55; Adler/Düring/Schmaltz, § 272 HGB, Tz. 137; nach Roß/Drögemüller, a. a. O., soll dies nur dann gelten, wenn die M-AG dies ausdrücklich erklärt.
3 Was wegen § 8b Abs. 3 KStG zu 95 % steuerlich unbeachtlich ist.
4 Zu Einzelheiten mit Nachweisen siehe Roß/Drögemüller, a. a. O., S. 581 f.
5 RS HFA 42 v. 29. 10. 2012, a. a. O., Tz. 46.
6 BFH, Urteil v. 17. 9. 2003 I R 97/02, BStBl II 2004 S. 686.

Verschmelzung), als Anschaffungsnebenkosten zu aktivieren oder aufwandswirksam zu erfassen sind.[1]

Der übernehmende Rechtsträger darf nur bilanzierungsfähiges Vermögen erfassen. Anzusetzen sind Vermögensgegenstände, Schulden und Rechnungsabgrenzungsposten mit Vermögens- oder Verbindlichkeitscharakter. Beim übertragenden Rechtsträger aktivierte **Bilanzierungshilfen** sind hingegen keine Vermögensgegenstände und können daher nicht im Wege der Gesamtrechtsnachfolge übergehen. 300

Die **Gesamtanschaffungskosten** sind auf die anzusetzenden Vermögensgegenstände, Schulden und Rechnungsabgrenzungsposten nach einem **sachgerechten Verfahren zu verteilen**. Dabei stellen die jeweiligen Zeitwerte die Bewertungsobergrenze dar.[2] Ein sachgerechtes Verfahren ist die Ermittlung des Anteils der aufgedeckten stillen Reserven zu den gesamten stillen Reserven und eine dementsprechende anteilige Aufdeckung der stillen Reserven in den einzelnen Vermögensgegenständen. Überschreiten die Anschaffungskosten die Zeitwerte der einzelnen übernommenen materiellen und immateriellen Vermögensgegenstände abzgl. der Zeitwerte der einzelnen Schulden, ist der Differenzbetrag als Geschäfts- oder Firmenwert i. S. von § 246 Abs. 1 Satz HGB zu aktivieren.[3] 301

bb) Die Anteile an dem übertragenden Rechtsträger werden von anderen Gesellschaftern gehalten

(1) Buchwertfortführung

In dem Fall, in dem sich die untergehenden Anteile an dem übertragenden Rechtsträger in der Hand Dritter befinden, besteht die Gegenleistung für die Vermögensübertragung in der Gewährung von Anteilen an dem übernehmenden Rechtsträger. Die Anteilsgewährung des übernehmenden Rechtsträgers an die Dritten erfolgt in diesem Fall entweder i. R. einer Kapitalerhöhung, ggf. unter Leistung barer Zuzahlungen oder Abfindungen, oder er verzichtet auf die durch die Verschmelzung untergehenden Anteile an der Überträgerin bzw. gibt eigene Anteile an die Gesellschafter des übertragenden Rechtsträgers hin (Verschmelzung ohne Kapitalerhöhung). 302

---

[1] Rödder/Stangl in R/H/vL, UmwStG, Anh. 1, Rn 11; für aufwandswirksame Erfassung Hörtnagl in S/H/S, UmwG-UmwStG, § 24 UmwG, Rn 60 m.w.N.
[2] RS HFA 42 v. 29.10.2012, a. a. O., Tz. 56; Müller in Kallmeyer, § 24 UmwG, Rn 7.
[3] RS HFA 42 v. 29.10.2012, a. a. O., Tz 58; Hörtnagl in S/H/S, a. a. O., Rn 30.

303 Ein Verschmelzungsgewinn oder -verlust ergibt sich dann aus der Gegenüberstellung der gewährten Gegenleistung und dem Buchwert des übernommenen Vermögens. Soweit die Gegenleistung auf die Gewährung neuer Anteile entfällt, ist sie mit dem Nennwert der gewährten Anteile zzgl. eines eventuell vereinbarten Aufgeldes anzusetzen.

304 Ein **Verschmelzungsgewinn** ist als Agio zu behandeln und in die Kapitalrücklage einzustellen. Für Kapitalgesellschaften gilt hier § 272 Abs. 2 Nr. 1 HGB. Ist die Übernehmerin eine Personengesellschaft, kann das Agio entweder den Kapitalkonten der Gesellschafter entsprechend ihrer Beteiligungsverhältnisse zugewiesen werden oder aber ähnlich wie bei Kapitalgesellschaften in eine gesamthänderisch gebundene Rücklage eingestellt werden.

305 Die Buchwertverknüpfung ist auch dann möglich, wenn der Ausgabebetrag der Anteile das übergehende Reinvermögen zu Buchwerten übersteigt. Ein Verbot einer nominellen Unterpari-Emission existiert nicht.[1] Es entsteht ein sofort aufwandswirksam zu behandelnder **Verschmelzungsverlust**. Die Möglichkeit des früheren Rechts, diesen Verlust durch Ansatz eines Aktivpostens (Geschäfts- oder Firmenwert, Verschmelzungsmehrwert) auszugleichen oder mit den Rücklagen zu verrechnen, gibt es seit 1995 nicht mehr.[2]

(2) Bewertung des übernommenen Vermögens mit den Anschaffungskosten aus der Gewährung von Anteilen

306 Werden die Anteile an dem übertragenden Rechtsträger von anderen Gesellschaftern gehalten, entstehen dem übernehmenden Rechtsträger für die Übernahme des Vermögens Anschaffungskosten aus der Gewährung von Gesellschaftsrechten und aus der Leistung von baren Zuzahlungen oder Abfindungen. Fraglich ist die Bewertung der Anschaffungskosten, soweit sie auf die Gewährung von Gesellschaftsrechten entfallen.

307 Erhöht der übernehmende Rechtsträger zur Durchführung der Verschmelzung das Kapital und werden die neuen Anteile den Gesellschaftern des übertragenden Rechtsträgers gewährt, sind für die Bemessung der Anschaffungskosten die Grundsätze über die **Bewertung von Sacheinlagen** heranzuziehen. Infolgedessen besteht insoweit bezüglich der Bemessung der Anschaffungskosten

---

1 Hörtnagl in S/H/S, UmwG-UmwStG, § 24 UmwG, Rn 74 m.w.N.
2 RS HFA 42 v. 29.10.2012, a.a.O., Tz. 70; Hörtnagl, a.a.O., Rn 76; Rödder/Stangl in R/H/vL, UmwStG, Anh. 1, Rn 21.

des übertragenen Vermögens ein Wahlrecht.[1] Entweder können der Ausgabebetrag der gewährten Anteile oder der höhere Zeitwert als Anschaffungskosten angesetzt werden. Sofern kein Agio vereinbart wurde, entspricht der Ausgabebetrag dem Nennbetrag der neuen Anteile. Ansonsten entspricht der Ausgabebetrag dem Nennbetrag zzgl. des Agios. Der Ausgabebetrag darf den Zeitwert des übertragenen Vermögens nicht übersteigen. Ist der Zeitwert des übertragenen Vermögens höher als der Ausgabebetrag, dann kann das übertragene Vermögen auch mit dem höheren Zeitwert, höchstens jedoch mit dem Zeitwert der Anteile, angesetzt werden. Die Differenz zwischen dem Nennbetrag der neuen Anteile und dem Zeitwert ist in die Kapitalrücklage einzustellen.

Werden den Gesellschaftern der übertragenden Kapitalgesellschaft bestehende eigene Anteile des übernehmenden Rechtsträgers gewährt, ist hierin ein **Tauschgeschäft** zu sehen. Die Anschaffungskosten sind nach den Grundsätzen der Bilanzierung von Tauschgeschäft zu bemessen. Die herrschende Meinung erkennt in diesen Fällen ein **Wahlrecht** an.[2] Danach sind die Anschaffungskosten des übertragenen Vermögens entweder mit dem Buchwert der hingegebenen Anteile, deren höherem Zeitwert oder mit einem erfolgsneutralen Zwischenwert anzusetzen. Streitig ist jedoch, ob beim Ansatz mit dem Zeitwert handelsrechtlich der Unterschiedsbetrag in die Kapitalrücklage einzustellen oder als laufender Ertrag über die Gewinn- und Verlustrechnung auszuweisen ist. In der Literatur überwiegt die Meinung, der Unterschiedsbetrag sei als andere Zuzahlung nach § 272 Abs. 2 Nr. 4 HGB der Kapitalrücklage zuzuführen.[3] Diese Behandlung entspricht der Vorgehensweise bei einem Erwerb von Vermögensgegenständen eines Gesellschafters durch die Gesellschaft zu einem unter dem Zeitwert liegenden Preis.

308

Wird das Vermögen in eine Personengesellschaft eingebracht, gelten hinsichtlich der Bewertung die gleichen Grundsätze wie für Kapitalgesellschaften. In den Fällen, in denen das übertragene Vermögen mit dem Zeitwert angesetzt werden soll, wird es notwendig sein, eine den tatsächlichen Wertverhältnissen entsprechende Anpassung der Kapitalkonten der Gesellschafter bereits im Verschmelzungsvertrag festzulegen, da bei einer Personengesellschaft anders

309

---

1 RS HFA 42 v. 29.10.2012, a.a.O., Tz. 77; a.A. Hörtnagl in S/H/S, UmwG-UmwStG, § 24 UmwG, Rn 31 ff. m.w.N. – Bewertung mit dem Zeitwert –.

2 Adler/Düring/Schmaltz, § 255 HGB, Rn 102 ff.; RS HFA 42 v. 29.10.2012, a.a.O., Tz. 53; a.A. Hörtnagl in S/H/S, UmwG-UmwStG, § 24 UmwG, Rn 38 m.w.N.: zwingende Bewertung mit dem Zeitwert.

3 Hörtnagl, a.a.O. Rn 41 m.w.N.

B. Struktur der Rechtsnachfolge im Rechtssystem

als bei einer Kapitalgesellschaft der Unterschiedsbetrag zwischen Nennbetrag und Zeitwert nicht in eine Kapitalrücklage eingestellt werden kann.

310–320 *(Einstweilen frei)*

7. Die Spaltung

321 Das Umwandlungsgesetz 1995 regelt erstmals die Spaltung von Rechtsträgern. Drei Formen der Spaltung sind möglich:

- ▶ Aufspaltung,
- ▶ Abspaltung und
- ▶ Ausgliederung.

322 Das UmwG enthält ein umfassendes Spaltungsinstrumentarium (§§ 123 ff.). Davon behandelt das UmwStG in § 15 die Auf- und Abspaltung von Körperschaften in Körperschaften. Zudem enthält § 15 UmwStG Regelungen für den Sonderfall der hier nicht weiter interessierenden Teilübertragungen (§§ 174 ff. UmwG). Bei **Personengesellschaften** spricht man anstatt von Spaltung auch von **Realteilung**, ein Begriff, der im Steuerrecht eine besondere Bedeutung besitzt.

a) Grundmodelle des UmwG

323

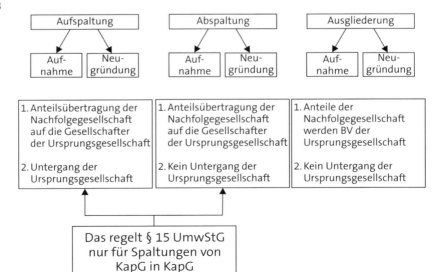

56

aa) Aufspaltung

Bei der **Aufspaltung** teilt ein Rechtsträger sein Vermögen unter Auflösung ohne Abwicklung auf und überträgt die Teile jeweils als Gesamtheit im Wege der **Sonderrechtsnachfolge** (teilweise Gesamtrechtsnachfolge) auf mindestens zwei andere schon bestehende (Aufspaltung zur Aufnahme) oder neugegründete (Aufspaltung zur Neugründung) Rechtsträger. Die Anteile an den übernehmenden oder neuen Rechtsträgern fallen den Anteilsinhabern des sich aufspaltenden Rechtsträgers zu. Zu Ausnahmen von der **Anteilsgewährungspflicht** s. § 54 Abs. 1 Satz 3 und § 68 Abs. 1 Satz 3 UmwG, die über die Verweisung in § 125 Satz 1 UmwG auch bei Auf- und Abspaltung (nicht bei Ausgliederung) gelten.[1]

324

bb) Abspaltung

Bei der **Abspaltung** bleibt der übertragende, sich spaltende Rechtsträger als Rumpfunternehmen bestehen. Er überträgt im Wege der Sonderrechtsnachfolge einen Teil oder mehrere Teile seines Vermögens jeweils als Gesamtheit auf einen oder mehrere andere, bereits bestehende oder neugegründete Rechtsträger. Dabei muss es sich nicht um Teilbetriebe handeln; die Abspaltung eines Teilbetriebs ist nur Voraussetzung, dass die Abspaltung steuerneutral erfolgen kann. Die Anteilsinhaber des abspaltenden Rechtsträgers erhalten im Regelfall Anteile an dem übernehmenden oder neuen Rechtsträger. Ist jedoch die übernehmende Kapitalgesellschaft an der übertragenden Kapitalgesellschaft beteiligt, reicht es aus, wenn sie den übrigen Gesellschaftern hierfür Anteile an der übertragenden Gesellschaft überträgt.[2]

325

Im Fall der Abspaltung ist der übernehmende Rechtsträger nicht Gesamtrechtsnachfolger des übertragenden Rechtsträgers. Dieser bleibt daher Steuerschuldner und Beteiligter eines anhängigen Aktivprozesses.[3]

Die Neugründung einer Unternehmergesellschaft (haftungsbeschränkt) durch Abspaltung verstößt gegen das Sacheinlageverbot gem. § 5a Abs. 2 Satz 2 GmbHG.[4]

---

[1] Hierzu Heinz/Wilke, GmbHR 2012 S. 889.
[2] FG Münster, Urteil v. 17. 5. 2006 7 K 5976/02 F, EFG 2006 S. 1536 mit Anm. Trossen; Widmann/Mayer, UmwR, § 126 UmwG, Rn 67 f.
[3] A. A. FG des Landes Sachsen-Anhalt, Urteil v. 24. 4. 2008 1 K 844/06, EFG 2008 S. 1752 aufgehoben durch BFH, Urt. v. 5. 11. 2009 - IV R 29/08, BFH/NV 2010 S. 356.
[4] BGH Beschl. v. 4. 11. 2011 II ZB 9/10, NJW 2011 S. 1883.

Aufgrund der Streichung des § 132 UmwG (im Jahr 2007) geht das OLG Hamm[1] davon aus, dass im Fall der Abspaltung der vom übertragenden Rechtsträger gehaltene Anteil an einer GmbH als der Teil der im Spaltungs- und Übernahmevertrag vorgesehenen Teilvermögensmasse qua partieller Gesamtrechtsnachfolge auch dann auf den übernehmenden Rechtsträger übergeht, wenn der Anteil gesellschaftsvertraglich einer **Vinkulierung** unterliegt und die dafür erforderliche Zustimmung der anderen Gesellschafter nicht vorliegt.

cc) Ausgliederung

326 Die **Ausgliederung** entspricht im Wesentlichen der Abspaltung. Die Anteile an den übernehmenden oder neuen Rechtsträgern fallen jedoch in das Vermögen des ausgliedernden Rechtsträgers. In dem Ausgliederungsvertrag müssen die auszugliedernden Gegenstände benannt werden (§ 26 UmwG). Nach BGH[2] kann sich die Einbeziehung aus einer Auslegung des Vertrages ergeben. In diesem Fall findet der Grundsatz keine Anwendung, dass ein vergessener Gegenstand bei dem ausgliedernden Rechtsträger verbleibt.

Im Fall der Ausgliederung durch Neugründung (§ 123 Abs. 3 UmwG) ist der übernehmende Rechtsträger nicht Gesamtrechtsnachfolger des übertragenden Rechtsträgers. Dieser bleibt daher Steuerschuldner und Beteiligter eines anhängigen Aktivprozesses.[3]

327 **BEISPIEL:** Nunmehr betrachten wir nochmals den ersten Ausgangsfall:[4]

Einzelunternehmer E beschließt, mit dem Privatmann F ein gemeinsames Unternehmen zu gründen. E und F überlegen, ob als Rechtsform

a) die GmbH
b) die KG
c) die GmbH & Co. KG

in Betracht kommen.

Die Kernfrage lautet, ob das UmwG einen einfacheren Weg der Sonderrechtsnachfolge als den der Einzelrechtsnachfolge eröffnet. Wenn Sie die §§ 152–160 UmwG betrachten, erkennen Sie, dass E in die vorgenannten Rechtsformen im Wege der Ausgliederung gelangen kann.

---

1 Urteil v. 16.4.2014 – 8 U 82/13, ZIP 2014 S. 1479, BGH-Az.: II ZR 184/14.
2 Urteil v. 8.10.2003 XII ZR 50/02, DStR 2003 S. 2172.
3 BFH, Urteile v. 7.8.2002 I R 99/00, BStBl II 2003 S. 835 und v. 23.3.2005 III R 20/03, BFH/NV 2005 S. 1454; a.A. FG des Landes Sachsen-Anhalt, Urteil v. 24.4.2008 1 K 844/06, EFG 2008 S. 1752 aufgehoben durch BFH, Urt. v. 5.11.2009 - IV R 29/08, BFH/NV 2010 S. 356.
4 Siehe o. Rn 10.

b) Auswirkung auf Beteiligungsverhältnisse

Die Spaltungsmodelle können beteiligungswahrend oder beteiligungsändernd durchgeführt werden. Dazu folgende Beispiele: 328

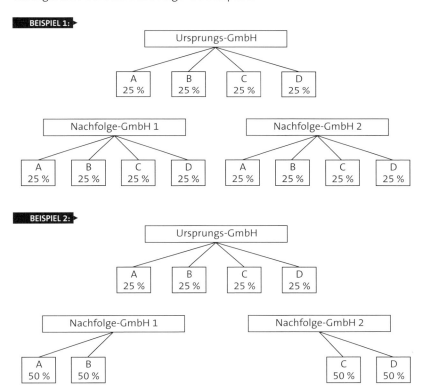

B. Struktur der Rechtsnachfolge im Rechtssystem

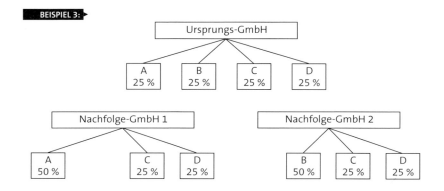

329   Beispiel 1 ist der Fall einer **beteiligungswahrenden Spaltung**, Beispiel 2 zeigt die **beteiligungsändernde Spaltung**. Beispiel 3 ist eine **Kombination** der beiden ersten Beispiele. Für die Gesellschafter A und D ist die Spaltung beteiligungsändernd, während für die Gesellschafter B und C die Spaltung beteiligungswahrend ist. Welche Form man wählt, ist von dem Motiv einer Spaltung abhängig.

330   Bei der Spaltung einer Kapitalgesellschaft mit einem einzigen Gesellschafter durch Neugründung einer Personenhandelsgesellschaft reicht es aus, wenn der künftige Mitgesellschafter im Zeitpunkt des Wirksamwerdens der Spaltung beitritt, er braucht nicht bereits einen Anteil an der übertragenden Gesellschaft zu erwerben.[1]

c) Motive der Spaltung

331   **Zwang zur Entflechtung**

Ein Unternehmen kann aus politischen oder rechtlichen Gründen gezwungen sein, seine verschiedenen Sparten zu trennen. Als historische Beispiele stehen hier die Montanindustrie und IG Farben, Unternehmensriesen, die auf Anweisung der Alliierten geteilt wurden. Zu nennen ist hier auch § 24 GWB, der einen Entflechtungszwang erzeugen kann, wenn man eine Untersagung der Kartellbehörde vermeiden will.

---

[1] Priester, DStR 2005 S. 788, 791 f.; zu weiteren Problemen der nichtverhältniswahrenden Spaltung und der Spaltung zu Null s. Ettinger/Schmitz Rn. 182; zur Zulässigkeit einer Spaltung zu Null s. OLG München, Beschluss v. 10. 7. 2013 – 31 Wx 131/13, DB 2013 S. 1714.

Haftung 332

Das Haftungsrisiko kann gemindert werden, wenn man risikobehaftete Bereiche wie z. B. Anlagenbau oder Vertrieb abspaltet.

Verbesserung von Kooperation, Flexibilisierung 333

Ein großes Schiff lässt sich schwer lenken. Der interne Organisationsaufbau ist umständlich, lange Entscheidungswege sind hinderlich. Hier hilft Spaltung. Die Kooperation mit Partnern wird erleichtert.

Finanzierung, Sanierung 334

Abschreibungen, die zentralisiert sind, können zu einer falschen oder überspitzten Reinvestitionspolitik führen. Der Kapitalmarkt kann bei einer Spaltung im Wege der Beteiligungsfinanzierung besser genutzt werden. Bei einer Aufteilung werden Verlustbereiche, die sich im Schatten von Gewinnbereichen entwickelt haben, transparenter. Sie können ausgegliedert und saniert werden.

Verbesserung von Veräußerungen 335

Ein Unternehmen muss überlegen, ob es den Bereich, der verkauft werden soll, erst abspalten und dann an Dritte verkaufen soll. Man kann über den Weg der Abspaltung Finanzierungspotential erhalten.

Aufnahme neuer Gesellschafter 336

Neugesellschaftern, die sich nur an bestimmten Sparten beteiligen wollen, wird der Eintritt erleichtert.

Vermeidung von Publizitätspflichten 337

Durch Spaltung wird eine publizitätsfreundlichere Größenklasse angestrebt.

Trennung opponierender Gesellschafter 338

Besonders wenn Gesellschafter verfeindet sind, ist das ein wichtiges Motiv.

Gestaltung von Erbauseinandersetzungen 339

Die Unternehmensnachfolge durch Generationenwechsel kann erleichtert werden, wenn frühzeitig jedem Teil eigene Verantwortungsbereiche zugewiesen werden.

340 **Steuerliche Motive**

   BEISPIEL: Gemäß § 9 Nr. 1 Satz 2 GewStG kann der erweiterte Kürzungsbetrag ausgelöst werden, wenn infolge der Spaltung der gesamte Immobilienbereich vom sonstigen Betriebsvermögen getrennt wird. Voraussetzung ist jedoch eine Gesellschaft, die ausschließlich Grundvermögen verwaltet.

341 Eine **beteiligungswahrende Spaltung** reicht aus, wenn folgende Motive zum Tragen kommen:

   ▶ Zwang zur Entflechtung,

   ▶ Haftung,

   ▶ Verbesserung von Kooperation, Flexibilisierung,

   ▶ Finanzierung, Sanierung,

   ▶ Verbesserungen von Veräußerungen,

   ▶ Vermeidung der Mitbestimmung,

   ▶ Vermeidung von Publizitätspflichten.

342 Um eine **beteiligungsändernde Spaltung** kommt man nicht herum, wenn die folgenden Motive zum Tragen kommen:

   ▶ Trennung opponierender Gesellschafter,

   ▶ Gestaltung von Erbauseinandersetzungen,

   ▶ Aufnahme neuer Gesellschafter, die nur an bestimmten Sparten interessiert sind.

d) Ablauf einer Spaltung

343 § 125 UmwG verweist im weitesten Umfang auf das Verschmelzungsrecht. Er erklärt die Verschmelzungsvorschriften jedoch für nicht anwendbar, die mit den einzelnen Spaltungsformen, insbesondere der Ausgliederung, nicht vereinbar sind. Eine Prüfung i. S. der §§ 9 bis 12 UmwG (= Spaltungsprüfung) ist bei einer Ausgliederung nicht notwendig. Unanwendbar ist bei Abspaltung und Ausgliederung § 18 UmwG, der eine erleichterte Firmenfortführung des übernehmenden Rechtsträgers gestattet.

344 Nach § 133 Abs. 1 UmwG **haften** alle an der Spaltung beteiligten Rechtsträger für die vor dem Wirksamwerden der Spaltung begründeten Forderungen gesamtschuldnerisch. Ein gewisses Maß an Schutz genießen die Gläubiger von Kapitalgesellschaften i. R. der Grundsätze zur Kapitalaufbringung und zur Kapitalerhaltung.

Im Fall einer Ausgliederung aus einer Aktiengesellschaft kann die Bestellung eines Treuhänders unterbleiben, weil die Anteilseigner keine Aktien des übernehmenden Rechtsträgers erhalten.   345

Für den Abschluss des Spaltungsvertrags bzw. die Erstellung des Spaltungsplans sind die jeweiligen Verwaltungsorgane des Rechtsträgers zuständig. Im Spaltungsvertrag müssen die genaue Bezeichnung und Aufteilung der Gegenstände des Aktiv- und Passivvermögens, die einem jeden der übernehmenden Rechtsträger übertragen werden, enthalten sein.   346

Soweit Gegenstände des Aktiv- oder Passivvermögens bei der Aufspaltung durch den Spaltungsvertrag nicht eindeutig einem der übernehmenden Rechtsträger zugeordnet worden sind und sich diese Zuordnung auch nicht durch Auslegung des Spaltungsvertrags ermitteln lässt, bestimmt § 131 Abs. 3 UmwG, dass der Gegenstand auf alle übernehmenden Rechtsträger in dem Verhältnis übergeht, welches sich für die Aufteilung des Überschusses der Aktivseite der Schlussbilanz über deren Passivseite ergibt.   347

Der Inhalt des Spaltungsvertrags ist in weitem Umfang identisch mit dem des Verschmelzungsvertrags. Es wird deshalb insbesondere auf die Ausführungen zum Verschmelzungsvertrag verwiesen.[1]   348

Für die Wirksamkeit einer Verschmelzung kommt es auf die Eintragung in das Handelsregister des Rechtsnachfolgers an. In den Fällen der **Spaltung** besteht hier eine Umkehrung.   349

Danach kommt es auf die **Eintragung in das Register des Rechtsvorgängers** (übertragenden Rechtsträgers) an.

Die Spaltung darf in das Register des Sitzes des übertragenden Rechtsträgers erst eingetragen werden, nachdem sie im Register des Sitzes jedes der übernehmenden Rechtsträger eingetragen worden ist. Die Eintragung im Register des Sitzes jedes der übernehmenden Rechtsträger ist mit dem Vermerk zu versehen, dass die Spaltung erst mit der Eintragung im Register des Sitzes des übertragenden Rechtsträgers wirksam wird.   350

Das Gericht des Sitzes des übertragenden Rechtsträgers hat von Amts wegen dem Gericht des Sitzes jedes der übernehmenden Rechtsträger den Tag der Eintragung der Spaltung mitzuteilen sowie einen Handelsregisterauszug und eine beglaubigte Abschrift des Gesellschaftsvertrags, der Satzung oder des   351

---

1 Zur Bezeichnung von Grundstücken und Rechten an Grundstücken im Spaltungsvertrag siehe BGH Urt. v. 25.1.2008 V ZR 79/07, DB 2008 S. 517 u. OLG Schleswig, Beschl. v. 26.8.2009 2 W 241/08, Der Konzern 2009, 484; hierzu siehe Bungert/Lange, DB 2010 S. 547.

Statuts des übertragenden Rechtsträgers zu übersenden. Nach Eingang der Mitteilung hat das Gericht des Sitzes jedes der übernehmenden Rechtsträger von Amts wegen den Tag der Eintragung der Spaltung im Register des Sitzes des übertragenden Rechtsträgers zu vermerken (§ 30 UmwG).

352 Die **Eintragung der Spaltung** in das Register des Sitzes des übertragenden Rechtsträgers hat **folgende Wirkungen**:

1. Das Vermögen des übertragenden Rechtsträgers, bei Abspaltung und Ausgliederung der abgespaltene oder ausgegliederte Teil oder die abgespaltenen oder ausgegliederten Teile des Vermögens einschließlich der Verbindlichkeiten, gehen entsprechend der im Spaltungs- und Übernahmevertrag vorgesehenen Aufteilung jeweils als Gesamtheit auf die übernehmenden Rechtsträger über. Gegenstände, die nicht durch Rechtsgeschäft übertragen werden können, verblieben nach § 132 UmwG bei Abspaltung und Ausgliederung im Eigentum oder in Inhaberschaft des übertragenden Rechtsträgers. Diese Vorschrift, die wegen der Übertragungshindernisse bei Spaltungen heftig kritisiert wurde, wurde 2007 durch das Zweite Gesetz zur Änderung des Umwandlungsgesetzes ersatzlos aufgehoben.[1] Damit unterliegt die Gesamtrechtsnachfolge bei Verschmelzung und Spaltung nunmehr im Regelfall denselben Grundsätzen.

2. Bei der Aufspaltung erlischt der übertragende Rechtsträger. Einer besonderen Löschung bedarf es nicht.

3. Bei Aufspaltung und Abspaltung werden die Anteilsinhaber des übertragenden Rechtsträgers entsprechend der im Spaltungs- und Übernahmevertrag vorgesehenen Aufteilung Anteilsinhaber der übernehmenden Rechtsträger; dies gilt nicht, soweit der übernehmende Rechtsträger oder ein Dritter, der im eigenen Namen, jedoch für Rechnung dieses Rechtsträgers handelt, Anteilsinhaber des übertragenden Rechtsträgers ist oder der übertragende Rechtsträger eigene Anteile innehat oder ein Dritter, der im eigenen Namen, jedoch für Rechnung dieses Rechtsträgers handelt, dessen Anteilsinhaber ist. Rechte Dritter an den Anteilen oder Mitgliedschaften des übertragenden Rechtsträgers bestehen an den an ihre Stelle tretenden Anteilen oder Mitgliedschaften der übernehmenden Rechtsträger weiter. Bei Ausgliederung wird der übertragende Rechtsträger entsprechend dem Ausgliederungs- und Übernahmevertrag Anteilsinhaber der übernehmenden Rechtsträger.

---

[1] Zu Einzelheiten siehe Rubel/Sandhaus, Der Konzern 2009 S. 327.

4. Der Mangel der notariellen Beurkundung des Spaltungs- und Übernahmevertrags und ggf. erforderlicher Zustimmungs- oder Verzichtserklärungen einzelner Anteilsinhaber wird geheilt (§ 131 UmwG).

e) Bilanzielle Behandlung der Spaltung nach Handelsrecht
aa) Bilanzierung beim übertragenden Rechtsträger

Gemäß § 125 Satz 1 UmwG ist § 17 Abs. 2 UmwG für alle drei Arten der Spaltung entsprechend anzuwenden. Danach ist der Anmeldung zum Register des Sitzes des übertragenden Rechtsträgers eine Schlussbilanz dieses Rechtsträgers, für die die Vorschriften über die Jahresbilanz und deren Prüfung entsprechend gelten, beizufügen.[1] Dabei handelt es sich grds. um eine Bilanz für sein ganzes Unternehmen. Ein Zwang zur Aufstellung von Teilbilanzen besteht nicht. Nach Auffassung des IDW[2] ist es allerdings auch zulässig, dass der übertragende Rechtsträger im Fall der Abspaltung anstelle einer Gesamtbilanz geprüfte Teilbilanzen für das zu übertragende und das verbleibende Vermögen bzw. bei einer Ausgliederung nur eine geprüfte Teilbilanz für das zu übertragende Vermögen vorlegt.

353

(1) Aufspaltung

Im Fall der Aufspaltung ist die Bilanzierung bei dem übertragenden Rechtsträger unproblematisch, da dieser untergeht. Er hat abgesehen von der Schlussbilanz nach § 17 Abs. 2 UmwG keine gesonderte Schlussrechnung zu erstellen.

354

(2) Abspaltung

Der Vermögensabgang ist nicht in der Schlussbilanz nach § 17 Abs. 2 UmwG, sondern erst in dem ersten auf den Spaltungsstichtag folgenden Jahresabschluss zu erfassen.[3] Dies ergibt sich daraus, dass der Stichtag der Schlussbilanz zwingend vor dem Spaltungsstichtag liegt.

355

Ein **positiver Saldo** bei einer Abspaltung führt bei dem übertragenden Rechtsträger zu einer Vermögensminderung, die sich im Eigenkapital niederschlagen muss. Da die Gewährung der Gesellschaftsrechte unmittelbar an die Gesellschafter des übertragenden Rechtsträgers erfolgt, ist in der Abspaltung eine

356

---

1 RS HFA 43 v. 6.9.2012, Fachnachrichten Nr. 12/2012, 714, Tz. 7.
2 RS HFA 43 v. 6.9.2012, a.a.O., Tz. 8; a.A. Hörtnagl in S/H/S, UmwG-UmwStG, § 17 UmwG, Rn 51; zu Einzelheiten s. auch Heinz/Wilke, GmbHR 2012 S. 889.
3 RS HFA 43 v. 6.9.2012, a.a.O., Tz. 17 f.; Hörtnagl in S/H/S, UmwG-UmwStG, § 17 UmwG, Rn 54.

Auskehrung bzw. Ausschüttung eines Teils des Vermögens zu sehen. Die Vermögensminderung beruht auf einem gesellschaftsrechtlichen Vorgang und berührt deshalb nicht die Gewinn- und Verlustrechnung, sondern ist mit den vorhandenen Rücklagen zu verrechnen bzw. als Spaltungsverlust auszuweisen.[1] Der Ausweis erfolgt als „Vermögensminderung durch Abspaltung". Dabei ist eine Verwendungsreihenfolge zu beachten, nach der zunächst der Bilanzgewinn und die Rücklagen (ohne Rücklage für eigene Anteile und Rücklagen zur Sperrung von Ausschüttungen) aufzubrauchen sind und erst anschließend eine vereinfachte Kapitalherabsetzung nach §§ 139, 145 UmwG durchgeführt werden kann.[2] Da das aus der Kapitalherabsetzung frei werdende Vermögen der Vermeidung der Unterdeckung dient, darf die Kapitalherabsetzung nicht zu einer Rückzahlung an die Gesellschafter führen. Das frei werdende Vermögen muss der Rücklage zugeführt werden (§ 58b GmbHG).[3]

357 Die Abspaltung eines zu Buchwerten **negativen Vermögenssaldos** ist als Gesellschafterleistung zu behandeln. Erklären die Gesellschafter nicht ausdrücklich einen Ertragszuschuss, ist der negative Vermögenssaldo bei Kapitalgesellschaften erfolgsneutral in die Kapitalrücklage (§ 272 Abs. 2 Nr. 4 HGB) einzustellen.[4]

358 Bei einer nicht verhältniswahrenden Abspaltung ist zu beachten, dass eine Quotenangleichung zwischen den Gesellschaftern der Überträgerin erforderlich ist.

> **BEISPIEL:**[5] An der Alt-GmbH sind A und B zu je 50 % beteiligt. Es wird ein Teilbetrieb auf die Neu-GmbH abgespalten, an der nur A beteiligt ist.
>
> Um B nicht zu benachteiligen, muss die Beteiligungsquote des A an der Alt-GmbH reduziert werden. Dies kann durch Anteilsübertragung zwischen den Gesellschaftern, durch Anteilseinziehung oder durch einseitige Kapitalherabsetzung geschehen. Verfügt die Alt-GmbH über Verlustvorträge, ist § 8c KStG zu beachten. Ein (anteiliger) Wegfall des Verlustvortrags (und des gewerbesteuerlichen Verlustvortrags nach § 10a GewStG sowie des Zinsvortrags nach § 4h EStG) sollte vermieden werden.

---

1 RS HFA 43 v. 6. 9. 2012, a. a. O., Tz. 11; Hörtnagl in S/H/S, UmwG-UmwStG, § 17 UmwG, Rn 56 f. m. w. N.
2 RS HFA 43 v. 6. 9. 2012, a. a. O., Tz. 14; Rödder/Stangl in R/H/vL, UmwStG, Anh. 1, Rn 30.
3 Mayer in Widmann/Mayer, Umwandlungsrecht, § 139 UmwG, Rn 69 ff.
4 Rödder/Stangl, a. a. O.; Hörtnagl in S/H/S, UmwG-UmwStG, § 17 UmwG, Rn 58; RS HFA 43 v. 6. 9. 2012, a. a. O., Tz. 19.
5 Nach Rödder/Stangl, a. a. O., Rn 31.

(3) Ausgliederung

Die Ausgliederung stellt einen als Tauschvorgang abzubildenden laufenden Geschäftsvorfall dar.[1] Sie ist deshalb erfolgswirksam zu berücksichtigen, da die erhaltenen Anteile mit dem Zeitwert anzusetzen sind.[2] Das IDW[3] räumt dagegen dem übertragenden Rechtsträger ein Wahlrecht ein: Er kann die erhaltenen Anteile mit dem Buchwert des ausgegliederten Vermögens, dem Zeitwert oder einem erfolgsneutralen Zwischenwert ansetzen.

Wird bei einer Ausgliederung negatives Buchvermögen ausgegliedert, kann die Bilanzierung beim übertragenden Rechtsträger Probleme bereiten. Eine solche Situation kann eintreten, wenn in dem übertragenen Vermögen umfangreiche stille Reserven enthalten sind, so dass der Zeitwert des übertragenen Vermögensteils zur Aufbringung des Nennbetrags der neuen Anteile ausreicht. Sieht man die Bewertung der erhaltenen Anteile mit dem Zeitwert als zwingend an, ist die Bewertung unproblematisch. Lässt man auch die Bewertung mit dem Buchwert des übertragenen Vermögens zu, sind die gewährten Anteile zumindest mit einem Merkposten von 1 € anzusetzen.

bb) Bilanzierung beim übernehmenden Rechtsträger

Wie bei der Verschmelzung hat der übernehmende Rechtsträger ein **Wahlrecht**, die **Buchwerte** der übernommenen Vermögensgegenstände und Schulden fortzuführen oder das übernommene Vermögen mit den **Anschaffungskosten** anzusetzen, die dem übernehmenden Rechtsträger durch die Gewährung von Gesellschaftsrechten entstehen. Werden die übernommenen Aktiva und Passiva mit den Buchwerten fortgeführt und übersteigt der Saldo der Buchwerte den Nennbetrag der Anteile, dann ist dieser positive Unterschiedsbetrag wie ein Aufgeld bei der Ausgabe neuer Anteile zu behandeln und dementsprechend gem. § 272 Abs. 2 Nr. 1 HGB in die Kapitalrücklage einzustellen.[4]

Ergibt sich ein negativer Unterschiedsbetrag, weil der Buchwert des übernommenen Vermögens unter dem Nennbetrag der gewährten Anteile liegt, ist dieser Unterschiedsbetrag als Spaltungsverlust unter den außerordentlichen Aufwendungen in der Gewinn- bzw. Verlustrechnung auszuweisen.

---

1 RS HFA 43 v. 6.9.2012, a.a.O., Tz. 21.
2 Rödder/Stangl in R/H/vL, UmwStG, Anh. 1, Rn 32; Hörtnagl in S/H/S, UmwG-UmwStG, § 17 UmwG, Rn 59 f.
3 RS HFA 43 v. 6.9.2012, a.a.O., Tz. 21; ähnlich Widmann/Mayer, UmwR, § 24 UmwG, Rn 169.
4 Priester in Scholz, GmbHG, Anh. UmwG, § 27 KapErhG, Rn 5.

363 Erfolgt keine Buchwertfortführung, so hat der übernehmende Rechtsträger das übernommene Vermögen in der Handelsbilanz gem. § 253 Abs. 1 HGB mit den Anschaffungskosten anzusetzen. Da die Gegenleistung für die Übernahme des Vermögens in der Gewährung von Anteilen besteht, gelten für die Bemessung der Anschaffungskosten die Grundsätze über die Bewertung von Sacheinlagen.

364 Als **Anschaffungskosten** können entweder der **Ausgabebetrag der gewährten Anteile** oder der **höhere Zeitwert der Anteile** angesetzt werden. Der Ausgabebetrag entspricht dem Nennbetrag der Anteile zzgl. eines eventuell vereinbarten Aufgelds. Dabei ist darauf zu achten, dass der Ausgabebetrag den Zeitwert des übertragenen Vermögens nicht übersteigen darf. Bei Kapitalgesellschaften ist das vereinbarte Aufgeld gem. § 272 Abs. 2 Nr. 1 HGB in die Kapitalrücklage einzustellen.

365 Probleme treten bei der Abspaltung von Vermögen einer 100 %igen Tochtergesellschaft auf ihre Muttergesellschaft auf. In diesem Fall werden keine Anteile als Gegenleistung gewährt, da der übernehmende Rechtsträger am übertragenden Rechtsträger beteiligt ist; es besteht ein Kapitalerhöhungsverbot, § 54 Abs. 1 Satz 1 Nr. 1, § 68 Abs. 1 Satz 1 Nr. 1 UmwG. Die Anteile am übertragenden Rechtsträger werden durch die Abspaltung entwertet. Ob deswegen eine Abschreibung auf den Beteiligungsansatz erfolgt (erfolgen muss), hängt von der Größe des verbleibenden Vermögens und von dem bisherigen Beteiligungsansatz ab. Unterschreitet der Wert der Beteiligung an der Übertragerin auch unter Berücksichtigung des abgehenden Vermögens nicht den Bilanzansatz, scheidet eine Abschreibung aus.

366 Die **Bestimmung der Anschaffungskosten** ist **umstritten**:[1]

▶ Da es sich um einen tauschähnlichen Vorgang handele, richten sich die Anschaffungskosten nach den Tauschgrundsätzen.

▶ Die Anschaffungskosten orientieren sich an der Wertminderung der Anteile an der Tochtergesellschaft.

▶ Die Anschaffungskosten bemessen sich nach dem Zeitwert des übergehenden Vermögens oder nach dem Buchwert.

367 Da alle an der Spaltung beteiligten Rechtsträger gem. § 133 UmwG gesamtschuldnerisch für die vor dem Wirksamwerden der Spaltung begründeten Verbindlichkeiten haften, wird die Frage aufgeworfen, ob alle an der Spaltung beteiligten Rechtsträger in ihrer Handelsbilanz jeweils den Gesamtbetrag der

---

[1] Zu Einzelheiten mit Nachweisen siehe Rödder/Stangl in R/H/vL, UmwStG, Anh. 1, Rn 34.

Verbindlichkeiten, für die sie gesamtschuldnerisch haften, zu passivieren haben.[1] Diese Frage muss verneint werden, da eine partielle Sonderrechtsnachfolge vorliegt. Ein Altgläubiger hat nach Durchführung der Spaltung seine Forderung zunächst gegen den Rechtsträger zu richten, dem aufgrund des Spaltungs- und Übernahmevertrags gem. § 126 Abs. 1 Nr. 9 UmwG die entsprechende Verbindlichkeit als Hauptschuldner zugeordnet worden ist und die auf diesen nach § 131 Abs. 1 Nr. 1 UmwG mit der Eintragung in das Handelsregister übergeht.[2] Außerdem steht den Altgläubigern gem. § 125 UmwG i.V.m. § 22 UmwG das Recht zu, innerhalb eines Zeitraums von sechs Monaten Sicherheitsleistungen von dem Rechtsträger, gegen den sich ihr Anspruch richtet, zu verlangen. Daher kommt eine Passivierung von vor der Spaltung begründeten Verbindlichkeiten in der Bilanz eines beteiligten Rechtsträgers, dem diese Verbindlichkeit nicht durch den Spaltungs- und Übernahmevertrag zugewiesen wurde, nicht in Betracht; eine Pflicht zum Vermerk der Haftungsverhältnisse unter der Bilanz (§ 251 HGB) besteht nicht, da die Vorschrift für gesetzlich normierte Haftungsverhältnisse nicht gilt.[3] Für mittelgroße und große Kapitalgesellschaften bzw. Personenhandelsgesellschaften i. S. des § 264a Abs. 1 HGB besteht allerings eine Pflicht zur Angabe im Anhang nach § 285 Nr. 3a HGB, wenn die Angabe für die Beurteilung der Finazlage von Bedeutung ist.

Das ist anders zu sehen, wenn sich das Risiko der Inanspruchnahme für diesen beteiligten Rechtsträger aufgrund der gesamtschuldnerischen Haftung konkretisiert. In diesem Fall erfolgt eine Passivierung der Verpflichtung als Rückstellung oder Verbindlichkeit. 368

(Einstweilen frei) 369–375

8. Die Vermögensübertragung

Die Vermögensübertragung ist als Vollübertragung und als Teilübertragung zugelassen. Ihre Ausgestaltung entspricht bei der Vollübertragung der Verschmelzung, bei der Teilübertragung der Spaltung. Der Unterschied besteht darin, dass die Gegenleistung für das übertragene Vermögen nicht in Anteilen an den übernehmenden oder neuen Rechtsträgern besteht, sondern in einer 376

---

1 So Kleindick, ZGR 1992 S. 513, 528; Teichmann, ZGR 1993 S. 396, 417.
2 K. Schmidt, ZGR 1993 S. 366, 386; anders bei Abspaltung, wo der abspaltende Rechtsträger Steuerschuldner (z. B. der GewSt) bleibt (kein Fall der Gesamtrechtsnachfolge), s. BFH, Urteil v. 5. 11. 2009 – IV R 29/08, BFH/NV 2010 S. 356 unter Aufhebung von FG des Landes Sachsen-Anhalt, Urteil v. 24. 4. 2008 1 K 844/06.
3 RS HFA 43 v. 6. 9. 2012, a. a. O., Tz. 29; Ellrott in Beck'scher Bilanzkommentar, § 251, Anm 4.

Gegenleistung anderer Art, insbesondere in einer Barleistung. Die Vermögensübertragung ist auf folgende Fälle beschränkt und wird hier nicht weiter behandelt:

377 Vollübertragung oder Teilübertragungen

1. von einer Kapitalgesellschaft auf den Bund, ein Land, eine Gebietskörperschaft oder einen Zusammenschluss von Gebietskörperschaften;

2.
   a) von einer Versicherungs-Aktiengesellschaft auf Versicherungsvereine auf Gegenseitigkeit oder auf öffentlich-rechtliche Versicherungsunternehmen;

   b) von einem Versicherungsverein auf Gegenseitigkeit auf Versicherungs-Aktiengesellschaften oder auf öffentlich-rechtliche Versicherungsunternehmen;

   c) von einem öffentlich-rechtlichen Versicherungsunternehmen auf Versicherungs-Aktiengesellschaften oder auf Versicherungsvereine auf Gegenseitigkeit (§ 175 UmwG).

378–380 *(Einstweilen frei)*

9. Formwechselnde Umwandlung

a) Rechtsträger eines Formwechsels

381 Der Formwechsel entspricht der formwechselnden Umwandlung des bis 1994 geltenden Rechts. Diese Art der Umwandlung beschränkt sich auf die Änderung der Rechtsform eines Rechtsträgers unter Wahrung seiner rechtlichen Identität, und zwar grds. auch unter Beibehaltung des Kreises der Anteilsinhaber. Die Anteilsinhaber bleiben grds. am „neuen" Rechtsträger im gleichen Umfang wie beim „alten" beteiligt. Lediglich die Art ihrer Beteiligung kann sich ändern (§ 202 Abs. 1 Nr. 2 UmwG). Es findet somit weder eine Vermögensübertragung noch ein Verkehrsgeschäft statt (§ 202 UmwG). Seit 1995 ist sogar der Rechtsformwechsel zwischen Personen- und Kapitalgesellschaften möglich.

382 § 191 UmwG nennt die einbezogenen Rechtsträger eines Formwechsels:

„(1) Formwechselnde Rechtsträger können sein:

1. *Personenhandelsgesellschaften (§ 3 Abs. 1 Nr. 1) und Partnerschaftsgesellschaften;*

2. *Kapitalgesellschaften (§ 3 Abs. 1 Nr. 2);*
3. *eingetragene Genossenschaften;*
4. *rechtsfähige Vereine;*
5. *Versicherungsvereine auf Gegenseitigkeit;*
6. *Körperschaften und Anstalten des öffentlichen Rechts.*

(2) Rechtsträger neuer Rechtsform können sein:
1. *Gesellschaften des bürgerlichen Rechts;*
2. *Personenhandelsgesellschaften und Partnerschaftsgesellschaften;*
3. *Kapitalgesellschaften;*
4. *eingetragene Genossenschaften.*

(3) Der Formwechsel ist auch bei aufgelösten Rechtsträgern möglich, wenn ihre Fortsetzung in der bisherigen Rechtsform beschlossen werden könnte."

b) Bekanntmachung des Formwechsels

Das für die Anmeldung der neuen Rechtsform oder des Rechtsträgers neuer Rechtsform zuständige Gericht hat die Eintragung der neuen Rechtsform oder des Rechtsträgers neuer Rechtsform durch den Bundesanzeiger und durch mindestens ein anderes Blatt ihrem ganzen Inhalt nach bekannt zu machen (§ 201 UmwG). Mit dem Ablauf des Tages, an dem das letzte der die Bekanntmachung enthaltenden Blätter erschienen ist, gilt die Bekanntmachung als erfolgt. Beim Formwechsel kommt ohnehin nur ein Registergericht zum Zuge, es sei denn, es wechselt die Registerart (§ 198 Abs. 2 Satz 2 UmwG). Das völlige Fehlen einer Vermögensaufstellung als Bestandteil des Umwandlungsberichts ohne entsprechenden Verzicht sämtlicher Gesellschafter hat das Registergericht auch dann zu berücksichtigen, wenn gegen den Gesellschafterbeschluss über den Formwechsel eine Anfechtungsklage innerhalb der gesetzlichen Frist nicht erhoben wurde.[1]

383

c) Rechtsfolge eines Formwechsels

Die Eintragung der neuen Rechtsform in das Register hat folgende Wirkungen:

384

1. Der formwechselnde Rechtsträger besteht in der in dem Umwandlungsbeschluss bestimmten Rechtsform weiter.

---

[1] OLG Frankfurt/M., Beschluss v. 25. 6. 2003 20 W 415/02, DB 2003 S. 2378.

2. Die Anteilsinhaber des formwechselnden Rechtsträgers sind an dem Rechtsträger nach den für die neue Rechtsform geltenden Vorschriften beteiligt, soweit ihre Beteiligung nicht nach diesem Buch entfällt. Rechte Dritter an den Anteilen oder Mitgliedschaften des formwechselnden Rechtsträgers bestehen an den an ihre Stelle tretenden Anteilen oder Mitgliedschaften des Rechtsträgers neuer Rechtsform weiter.
3. Der Mangel der notariellen Beurkundung des Umwandlungsbeschlusses und ggf. erforderlicher Zustimmungs- oder Verzichtserklärungen einzelner Anteilsinhaber wird geheilt (§ 202 UmwG).

385 Der BGH[1] hat betont, dass dem aus § 194 Abs. 1 Nr. 3, § 202 Abs. 1 Nr. 2 Satz 1 UmwG abzuleitenden Gebot der Kontinuität der Mitgliedschaft bei der umgewandelten Gesellschaft Genüge getan ist, wenn Berechtigte, die zum Zeitpunkt der Eintragung des Formwechsels Anteilsinhaber sind, auch Mitglieder des Rechtsträgers neuer Rechtsform werden. Deshalb ist es für den Formwechsel einer AG in eine GmbH & Co. KG ausreichend, wenn die Hauptversammlung mit einer Stimmenmehrheit von 3/4 einen der bisherigen Aktionäre – oder sogar einen im Zuge des Formwechsels neu hinzutretenden Gesellschafter – mit dessen Zustimmung zum Komplementär der formgewechselten zukünftigen KG wählt und die Aktionäre im Übrigen Kommanditisten werden.

386 Zur Bilanzierung beim Formwechsel s. RS HFA 41 v. 6. 9. 2012, Fachnachrichten 10/2012, 539

387–390 *(Einstweilen frei)*

---

[1] Urteil v. 9. 5. 2005 II ZR 29/03, DB 2005 S. 1842; siehe hierzu Baßler, GmbHR 2007 S. 1252.

IV. Gesamtüberblick der Möglichkeiten einer Unternehmensformänderung

391

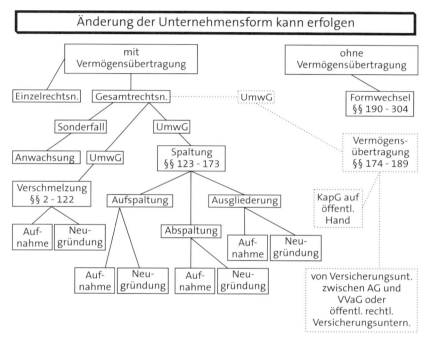

Da eine Einzelrechtsnachfolge immer möglich ist, besteht ein Wahlrecht, auf welchem Weg die Vermögensübertragung stattfinden soll. Für die Beratung sind daher die Vor- und Nachteile der verschiedenen Wege wichtig.

392

(Einstweilen frei)

393–395

V. Vor- und Nachteile der Änderungsmöglichkeiten mit Vermögensübertragung

1. Einzelrechtsnachfolge

Vermögensübertragung durch Einzelrechtsnachfolge

396

Vorteile	Nachteile/Beschränkungen
Ist zwischen allen Unternehmensformen möglich.	Unpraktikabel:
Einzelne Wirtschaftsgüter können zurückbehalten werden.	Jedes Aktivum muss einzeln übereignet bzw. zediert werden.
Zwang zur Erfassung aller Wirtschaftsgüter.	Die befreiende Übernahme jeder Verbindlichkeit erfordert Gläubigermitwirkung (§§ 414 ff. BGB).
Wechsel der Beteiligten oder der Beteiligungsverhältnisse ist möglich.	

2. Anwachsung

397 Vermögensübertragung durch Anwachsung

Vorteile	Nachteile/Beschränkungen
Keine Einzelübertragungsakte notwendig, da Anteile an Gesamthandsvermögen kraft Gesetzes auf verbleibende Gesellschafter übergehen (§ 738 BGB; § 105 Abs. 2, § 161 Abs. 2 HGB).	Nur aus Personengesellschaften möglich.
Gesellschafterwechsel möglich.	Gesellschafter muss ausscheiden.
Öffentliche Bücher sind nur zu berichtigen.	Die befreiende Übernahme von Verbindlichkeiten nur möglich wie bei Einzelrechtsnachfolge.
Durch Anwachsung kann aus einer Personengesellschaft entstehen: - eine andere Personengesellschaft, - ein Einzelunternehmen, - eine Kapitalgesellschaft.	

3. Gesamtrechtsnachfolge

Vermögensübertragung durch Gesamtrechtsnachfolge   398

Vorteile	Nachteile/Beschränkungen
Alle Aktiva und Passiva gehen mit Eintragung des neuen Unternehmens kraft Gesetzes über.	Nur zwischen bestimmten Unternehmen möglich (Numerus clausus).
Öffentliche Bücher sind nur zu berichtigen.	Nur im Wege von Verschmelzung, Spaltungen und Vermögensübertragung möglich.
Änderung der Beteiligten oder Beteiligungsverhältnisse sind möglich.	
	Einzelne Wirtschaftsgüter können nicht ausgegliedert werden.

(Einstweilen frei)   399–400

VI. Übersicht über Fusionsmöglichkeiten

Gesamtrechtsnachfolge durch Fusionen[1]   401

von \ auf	PershG	GmbH	AG	KGaA	eG	eV/ wirtsch. Verein	gen. Prüfungsverband	VVaG	nat. Person
PershG	§§ 2 – 38 §§ 39 – 45	§§ 2 – 38 §§ 39 – 45 §§ 46 – 59	§§ 2 – 38 §§ 39 – 45 §§ 60 – 77	§§ 2 – 38 §§ 39 – 45 § 78	§§ 2 – 38 §§ 39 – 45 §§ 79 – 98	*(§ 99 Abs. 2)*	– *(§ 105)*	– *(§ 109)*	*(§ 3 Abs. 2 Nr. 1)*
GmbH inkl. UG	§§ 2 – 38 §§ 39 – 45 §§ 46 – 59	§§ 2 – 38 §§ 46 – 59	§§ 2 – 38 §§ 46 – 59 §§ 60 – 77	§§ 2 – 38 §§ 46 – 59 § 78	§§. 2 – 38 §§ 46 – 59 §§ 79 – 98	– *(§ 99 Abs. 2)*	– *(§ 105)*	– *(§ 109)*	§§ 2 – 38[2] §§ 46 – 59 §§ 120 – 122
AG	§§ 2 – 38 §§ 39 – 45 §§ 60 – 77	§§ 2 – 38 §§ 46 – 59 §§ 60 – 77	§§ 2 – 38[3] §§ 60 – 77	§§ 2 – 38 §§ 60 – 77 § 78	§§ 2 – 38 §§ 60 – 77 §§ 79 – 98	– *(§ 99 Abs. 2)*	– *(§ 105)*	– *(§ 109)*	§§ 2 – 38[4] §§ 60 – 77 §§ 120 – 122
KGaA	§§ 2 – 38 §§ 39 – 45 § 78	§§ 2 – 38 §§ 46 – 59 § 78	§§ 2 – 38 §§ 60 – 77 § 78	§§ 2 – 38 § 78	§§ 2 – 38 § 78 §§ 79 – 98	– *(§ 99 Abs. 2)*	– *(§ 105)*	– *(§ 109)*	§§ 2 – 38[5] § 78 §§ 120 – 122

---

[1] Nach Rn 01.10 UmwStErl 2011.
[2] Natürliche Person muss Alleingesellschafter des übertragenden Rechtsträgers sein.
[3] Verschmelzung zur Gründung einer SE nach Art. 2 Abs. 1, 17 bis 31 SE-VO.
[4] Natürliche Person muss Alleingesellschafter des übertragenden Rechtsträgers sein.
[5] Natürliche Person muss Alleingesellschafter des übertragenden Rechtsträgers sein.

B. Struktur der Rechtsnachfolge im Rechtssystem

von \ auf	PershG	GmbH	AG	KGaA	eG	eV/ wirtsch. Verein	gen. Prüfungsverband	VVaG	nat. Person
eG	§§ 2 – 38 §§ 39 – 45 §§ 79 – 98	§§ 2 – 38 §§ 46 – 59 §§ 79 – 98	§§ 2 – 38 §§ 60 – 77 §§ 79 – 98	§§ 2 – 38 § 78 §§ 79 – 98	§§ 2 – 38 §§ 79 – 98	(§ 99 Abs. 2)	–	(§ 105)	(§ 109)	(§ 3 Abs. 2 Nr. 1)
eV/ wirtsch. Verein	§§ 2 – 38 §§ 39 – 45 §§ 99 – 104a	§§ 2 – 38 §§ 60 – 77 §§ 99 – 104a	§§ 2 – 38 §§ 99 – 104a	§§ 2 – 38 § 78 §§ 99 – 104a	§§ 2 – 38 §§ 99 – 104a	§§ 2 – 38 §§ 99 – 104a	§§ 2 – 38[1] §§ 99 – 104a §§ 105 – 108	(§ 109)	(§ 3 Abs. 2 Nr. 1)
gen. Prüfungsverband	– (§ 105)	– (§ 105)	– (§ 105)	– (§ 105)	– (§ 105)	– (§ 105)	§§ 2 – 38[2] §§ 105 – 108	– (§ 105)	(§ 3 Abs. 2 Nr. 1)
VVaG	– (§ 109)	– (§ 109)	§§ 2 – 38[3] §§ 60 – 77 §§ 109 – 113	– (§ 10)	– (§ 10)	– (§ 10)	– (§ 10)	§§ 2 – 38 §§ 109 – 119	(§ 3 Abs. 2 Nr. 1)
nat. Person	–	–	–	–	–	–	–	–	–

VII. Übersicht über Spaltungsmöglichkeiten

402 Gesamtrechtsnachfolge durch Aufspaltung, Sonderrechtsnachfolge durch Abspaltung und Ausgliederung[4]

von \ auf	PershG/ PartG	GmbH	AG/ KGaA	eG	eV	gen. Prüfungsverband	VVaG
PershG/ PartG	§§ 123 - 137	§§ 123 – 137 §§ 138 – 140	§§ 123 – 137 §§ 141 – 146	§§ 123 – 137 §§ 147 – 148	– (§ 149 Abs. 2)	§§ 123 - 137	– (§ 151)
GmbH inkl. UG	§§ 123 – 137 §§ 138 – 140	§§ 123 – 137 §§ 138 – 140	§§ 123 – 137 §§ 138 – 140 §§ 141 – 146	§§ 123 – 137 §§ 138 – 140 §§ 147 – 148	– (§ 149 Abs. 2)	§§ 123 – 137 §§ 138 – 140	– (§ 151)
AG/ KGaA	§§ 123 – 137 §§ 141 – 146	§§ 123 – 137 §§ 138 – 140 §§ 141 – 146	§§ 123 – 137 §§ 141 – 146	§§ 123 – 137 §§ 141 – 146 §§ 147 – 148	– (§ 149 Abs. 2)	§§ 123 – 137	– (§ 151)
eG	§§ 123 – 137 §§ 147 – 148	§§ 123 – 137 §§ 138 – 140 §§ 147 – 148	§§ 123 – 137 §§ 141 – 146 §§ 147 – 148	§§ 123 – 137 §§ 147 – 148	– (§ 149 Abs. 2)	§§ 123 – 137	– (§ 151)
eV/ wirtsch. Verein	§§ 123 – 137 § 149	§§ 123 – 137 §§ 138 – 140 § 149 Abs. 1	§§ 123 – 137 §§ 141 – 146 § 149 Abs. 1	§§ 123 – 137 §§ 147 – 149	§§ 123 – 137[5] § 149 Abs. 2	§§ 123 – 137 §§ 138 – 140 § 149 Abs. 1	– (§ 151)
gen. Prüfungsverband	– (§ 150)	nur Ausgliederung §§ 123 – 137	nur Ausgliederung §§ 123 – 137	– (§ 150)	– (§ 150)	§§ 123 – 137[6] § 150	– (§ 150)

1 Vorgang ist nur unter den Voraussetzungen des § 105 Satz 2 UmwG möglich.
2 Vorgang ist nur zur Aufnahme durch einen übernehmenden Rechtsträger möglich.
3 Vorgang ist nur möglich, wenn der aufnehmende Rechtsträger eine Versicherungs-AG ist.
4 Nach Rn 01.17 UmwStErl 2011.
5 Nur e.V. als übertragender Rechtsträger.
6 Vorgang ist nur zur Aufnahme durch einen übernehmenden Rechtsträger möglich.

von \ auf	PershG/PartG	GmbH	AG/KGaA	eG	eV	gen. Prüfungs-verband	VVaG
VVaG	– (§ 151)	nur Ausgliederung, wenn keine Übertragung von Vers.-Verträgen §§ 123 – 137 §§ 138 – 140 § 151	Auf-/Abspaltung nur auf Vers.-AG; Ausgliederung nur, wenn keine Übertragung von Vers.-Verträgen §§ 123 – 135 §§ 141 – 146 § 151	– (§ 151)	– (§ 151)	– (§ 151)	nur Auf-/Abspaltung §§ 123 – 135 §§ 141 – 146 § 151
		§§ 138 – 140 § 150	§§ 141 – 146 § 150				
Einzelkaufmann	nur Ausgliederung auf PershG §§ 123 – 137[7] §§ 152 – 160	nur Ausgliederung §§ 123 – 137 §§ 138 – 140 §§ 152 – 160	nur Ausgliederung §§ 123 – 137 §§ 141 – 146 §§ 152 – 160	nur Ausgliederung §§ 123 – 137[8] §§ 147 – 148 §§ 152 – 160	– (§ 152)	– (§ 152)	– (§ 152)
Stiftungen	nur Ausgliederung auf PershG §§ 123 – 137[9] §§ 161 – 167	nur Ausgliederung §§ 123 – 137 §§ 138 – 140 §§ 161 – 167	nur Ausgliederung §§ 123 – 137 §§ 141 – 146 §§ 161 – 167	nur Ausgliederung §§ 123 – 137 §§ 161 – 167	– (§ 161)	– (§ 161)	– (§ 161)
Gebiets-Körpersch.	nur Ausgliederung auf PershG §§ 123 – 137[10] §§ 168 – 173	nur Ausgliederung §§ 123 – 137 §§ 138 – 140 §§ 168 – 173	nur Ausgliederung §§ 123 – 137 §§ 141 – 146 §§ 168 – 173	nur Ausgliederung §§ 123 – 137 §§ 147 – 148 §§ 168 – 173	– (§ 168)	– (§ 168)	– (§ 168)

VIII. Übersicht über Vermögensübertragung

Die Vermögensübertragung ist als Vollübertragung und als Teilübertragung zugelassen. Ihre Ausgestaltung entspricht bei der Vollübertragung der Verschmelzung, bei der Teilübertragung der Spaltung. Der Unterschied zu diesen Umwandlungsarten besteht darin, dass die Gegenleistung für das übertragene Vermögen nicht in Anteilen an den übernehmenden oder neuen Rechtsträgern besteht, sondern in einer Gegenleistung anderer Art, insbesondere in einer Barleistung. Wegen ihrer Begrenzung auf Rechtsformen die den Mittelstand nicht darstellen, wird hier nur eine Übersicht gegeben.

---

[7] Vorgang ist nur zur Aufnahme durch einen übernehmenden Rechtsträger möglich.
[8] Vorgang ist nur zur Aufnahme durch einen übernehmenden Rechtsträger möglich.
[9] Vorgang ist nur zur Aufnahme durch einen übernehmenden Rechtsträger möglich.
[10] Vorgang ist nur zur Aufnahme durch einen übernehmenden Rechtsträger möglich.

B. Struktur der Rechtsnachfolge im Rechtssystem

404 Die Vermögensübertragung ist nach dem UmwG auf folgende Fälle beschränkt:[1]

von \ auf	Öffentliche Hand	VVaG	öffentl.-rechtl. Vers.-Unternehmen	Vers.-AG
GmbH Vollübertragung Teilübertragung	§§ 175 Nr. 1, 176 §§ 175 Nr. 1, 177	– –	– –	– –
AG/KGaA Vollübertragung Teilübertragung	§§ 175 Nr. 1, 176 §§ 175 Nr. 1, 177	– –	– –	– –
Vers.-AG Vollübertragung Teilübertragung	– –	§§ 175 Nr. 2, Buchst. a), 178 §§ 175 Nr. 2, Buchst. a), 179	§§ 175 Nr. 2, Buchst. a), 178 §§ 175 Nr. 2, Buchst. a), 179	– –
VVaG Vollübertragung Teilübertragung	– –	– –	§§ 175 Nr. 2, Buchst. b), 180–183, 185–187 §§ 175 Nr. 2, Buchst. b), 184–187	§§ 175 Nr. 2, Buchst. b), 180–183, 185–187 §§ 175 Nr. 2, Buchst. b), 184–187
öffentl.-rechtl. Vers.-Unternehmen Vollübertragung Teilübertragung	– –	§§ 175 Nr. 2 Buchst. c), 188 §§ 175 Nr. 2 Buchst. c), 189	– –	§§ 175 Nr. 2 Buchst. c), 188 §§ 175 Nr. 2 Buchst. c), 189

IX. Übersicht über die Möglichkeiten der formwechselnden Umwandlung

405 Handelsrechtlich ist der Formwechsel für folgende Rechtsformen zulässig.[2]

von \ auf	GbR	PershG	PartG	GmbH	AG	KGaA	eG
PershG	§ 190 Abs. 2, § 191 Abs. 2 Nr. 1 i. V. m. § 1 Abs. 2	§ 190 Abs. 2 i. V. m. § 1 Abs. 2	§ 190 Abs. 2 i. V. m. § 1 Abs. 2	§§ 190 – 213 §§ 214 – 225	§§ 190 – 213 §§ 214 – 225	§§ 190 – 213 §§ 214 – 225	§§ 190 – 213 §§ 214 – 225
GmbH inkl. UG	§§ 190 – 213 § 226 §§ 228 – 237	§§ 190 – 213 § 226 §§ 228 – 237	§§ 190 – 213 § 226 §§ 228 – 237	[3]	§§ 190 – 213 § 226 §§ 238 – 250	§§ 190 – 213 § 226 §§ 238 – 250	§§ 190 – 213 § 226 §§ 251 – 257
AG	§§ 190 – 213 § 226 §§ 228 – 237	§§ 190 – 213 § 226 §§ 228 – 237	§§ 190 – 213 § 226 §§ 228 – 237	§§ 190 – 213 § 226 §§ 238 – 250	[4]	§§ 190 – 213 § 226 §§ 238 – 250	§§ 190 – 213 § 226 §§ 251 – 257
KGaA	§§ 190 – 213 §§ 226 – 237	§§ 190 – 213 §§ 226 – 237	§§ 190 – 213 §§ 226 – 237	§§ 190 – 213 §§ 226 – 227 §§ 238 – 250	§§ 190 – 213 §§ 226 – 227 §§ 238 – 250	–	§§ 190 – 213 §§ 226 – 227 §§ 251 – 257

---

1 Nach Rn 01.19 UmwStErl 2011.
2 Nach Rn 01.12 UmwStErl 2011.
3 Die „Umwandlung" einer UG in eine GmbH ist laut BMJ ein Firmen- und kein Formwechsel (§ 5a Abs. 5 GmbHG).
4 Formwechsel einer AG in eine SE nach Art. 2 Abs. 4, 37 SE-VO.

IX. Übersicht über die Möglichkeiten der formwechselnden Umwandlung

von \ auf	GbR	PershG	PartG	GmbH	AG	KGaA	eG
eG	–	–	–	§§ 190 – 213 §§ 258 – 271	§§ 190 – 213 §§ 258 – 271	§§ 190 – 213 §§ 258 – 271	–
eV/ wirtsch. Verein	–	–	–	§§ 190 – 213 §§ 272 – 282	§§ 190 – 213 §§ 272 – 282	§§ 190 – 213 §§ 272 – 282	§§ 190 – 213 § 272 §§ 283 – 290
VvaG	–	–	–	–	§§ 190 – 213[1] §§ 291 – 300	–	–
Körpersch./ Anstalt des öff. Rechts	–	–	–	§§ 190 – 213 §§ 301 – 303	§§ 190 – 213 §§ 301 – 303	§§ 190 – 213 §§ 301 – 303	–

(Einstweilen frei) 406–420

---

1 Nur große VVaG; zum Vorliegen eines kleinen VVaG siehe § 53 VAG.

C. Der räumliche Geltungsbereich des Umwandlungsgesetzes – die EU-rechtlichen Einflüsse

I. Rechtsgrundlagen des Unionsrechts

▶ VERORDNUNG (EG) Nr. 2157/2001 des Rates vom 8. 10. 2001 über das Statut der Europäischen Aktiengesellschaft (SE),[1] 421

▶ VERORDNUNG (EG) Nr. 1435/2003 des Rates vom 22. 7. 2003 über das Statut der Europäischen Genossenschaft (SCE),[2]

▶ RICHTLINIE 2005/19/EG des Rates vom 17. 2. 2005 zur Änderung der Richtlinie 90/434/EWG über das gemeinsame Steuersystem für Fusionen, Spaltungen, die Einbringung von Unternehmensteilen und den Austausch von Anteilen, die Gesellschaften verschiedener Mitgliedstaaten betreffen,[3]

▶ RICHTLINIE 2005/56/EG des Europäischen Parlaments und des Rates vom 15. 12. 2005 über die Verschmelzung von Kapitalgesellschaften aus verschiedenen Mitgliedstaaten.[4]

▶ Der EuGH[5] hat zudem in seinem Urteil (SEVIC Systems AG) vom 13. 12. 2005 entschieden, dass in der Bundesrepublik Deutschland Umwandlungen unter Beteiligung von Kapitalgesellschaften aus einem anderen Mitgliedstaat der Europäischen Union möglich sein müssen. Zu weiteren Urteilen s. oben Rn 122.

II. Entwicklungsgeschichte

Mehrere Entwicklungsstränge aus den Vorgaben des Unionsrechts haben die nationalen Beschränkungen durchbrochen und einen Änderungsbedarf der nationalen Vorschriften ausgelöst. 422

---

1 Abl. EG Nr. L 294 S. 1.
2 Abl. EG Nr. L 207 S. 1.
3 Abl. EG Nr. L 58 S. 19.
4 Abl. EG Nr. L 310 S. 1.
5 Urt. v. 13. 12. 2005 Rs. C-411/03 (SEVIC Systems AG), DStR 2006 S. 49.

C. Der räumliche Geltungsbereich des UmwG

Das UmwG galt zunächst nur für sog. **Inlandsfälle**, d. h. für Rechtsträger mit Sitz im Inland (§ 1 Abs. 1 UmwG). Grenzüberschreitende Vorgänge waren zivilrechtlich nicht vorgesehen. Offen war hierbei, ob diesbezüglich auf den statuarischen Sitz oder den Sitz der effektiven Geschäftsleitung abzustellen ist. Handelt es sich bei einem der beteiligten Rechtsträger um eine juristische Person des privaten Rechts, bei der nach deutschem Gesellschaftsrecht die Eintragung ins Register (z. B. ins Handelsregister) konstitutive Wirkung hat, war wegen der in der Bundesrepublik Deutschland bisher vorherrschenden **Sitztheorie** auf den statuarischen Sitz abzustellen.[1]

423 Eine nach ausländischem Recht gegründete Kapitalgesellschaft, die ihre gesamte Geschäftstätigkeit nach Deutschland verlagert, war auf der Basis der Sitztheorie nach deutschem Steuerrecht eine Mitunternehmerschaft und keine Körperschaft, da Personenvereinigungen, die nicht rechtsfähig sind und nicht unter den Katalog des § 1 Abs. 1 KStG fallen, steuerlich Mitunternehmerschaften sind. Die Steuer wird bei den dahinter stehenden Mitgliedern erhoben. Sie sind nicht von dem abschließenden Katalog der umwandlungsfähigen Rechtsformen erfasst.

424 Die Mitgliedstaaten der EU folgen teils der Gründungs-, teils der Sitztheorie. Nach der bisherigen Rechtsprechung des BGH beurteilte sich die Frage, ob eine Gesellschaft rechtsfähig ist, nach demjenigen Recht, das am Ort ihres tatsächlichen Verwaltungssitzes gilt **(Sitztheorie)**. Dies gilt auch dann, wenn eine Gesellschaft in einem anderen Staat wirksam gegründet worden ist und anschließend ihren tatsächlichen Verwaltungssitz in die Bundesrepublik Deutschland verlegt. Im Gegensatz dazu richtet sich nach der **Gründungstheorie**[2] die Rechtsfähigkeit nach dem Recht des Staates, in dem die Gesellschaft gegründet worden ist.

425 Ausgehend von der Gründungstheorie ist immer wieder versucht worden, im Ausland Kapitalgesellschaften unter weniger strengen Voraussetzungen, insbesondere ohne eine Mindestkapitalausstattung, zu gründen, die dann in Deutschland ihre eigentliche Geschäftstätigkeit ausüben sollten. Bereits im Jahr 1999 hat der EuGH in der sog. Centros-Entscheidung[3] einer englischen „Briefkasten"-Gesellschaft das Recht zugebilligt, im Land ihres tatsächlichen

---

1 Vgl. hierzu BGH v. 21. 3. 1986, BGHZ 97 S. 269, und v. 23. 3. 1979, WM 1979 S. 692; Lüderitz in Soergel, a. a. O., Anh. Art. 10 EGBGB, Rn 10; Großfeld in Staudinger, a. a. O., EGBGB, IntGesR, Rn 18 ff.
2 Umfassend zur Gründungstheorie Sonnenberger in Münch Komm., a. a. O., Einl. IPR, Rn 162.
3 EuGH, Urt. v. 9. 3. 1999 Rs. C-212/97 (Centros), DB 1999 S. 626.

Sitzes eine Zweigniederlassung zu errichten, und festgestellt, dass dieser Staat nicht sein strengeres Gründungsrecht, sondern lediglich Schutzvorkehrungen gegen Gläubigerschädigung zur Anwendung bringen darf. In der Überseering-Entscheidung v. 5.11.2002[1] ist der EuGH einen Schritt weiter gegangen. In dieser Entscheidung führt der EuGH aus, dass einer im europäischen Ausland registrierten Gesellschaft, deren tatsächliche Verwaltung in Deutschland ihren Sitz hat, von einem deutschen Gericht nicht die Anerkennung versagt werden darf, wenn die Gesellschaft nach ihrem „Heimatrecht" die Rechts- und Parteifähigkeit besitzt.

Die vorstehende Rechtsprechung wurde schließlich durch das EuGH-Urteil v. 30.9.2003 (Inspire Art Ltd.)[2] bestätigt. 426

Gleichwohl hat der EuGH jüngst bestätigt, dass die **Sitztheorie mit EU-Recht vereinbar** ist.[3] Das bedeutet: Der Wegzugsstaat darf entscheiden, ob er die Gesellschaft bei Verlegung ihres Verwaltungssitzes als aufgelöst betrachtet oder nicht. Der Zuzugsstaat ist an diese Entscheidung gebunden. 427

Derzeit gibt es Überlegungen, das deutsche internationale Gesellschaftsrecht in diesem Bereich offener zu gestalten. Das Bundesjustizministerium hat am 7.1.2008 einen Gesetzentwurf zum Internationalen Gesellschaftsrecht auf den Weg gebracht. Der Entwurf ergänzt das Einführungsgesetz zum Bürgerlichen Gesetzbuch (EGBGB) um Vorschriften zum Recht für grenzüberschreitend tätige Gesellschaften, Vereine und juristische Personen. 428

Mit den Entscheidungen des EuGH in den Rechtssachen Centros, Überseering und Inspire Art war die Frage aufgeworfen, ob ein Katalog, der den Kreis von umwandlungsfähigen Unternehmen auf inländische Unternehmen begrenzt, nicht gegen die Niederlassungsfreiheit verstößt, wenn eine ausländische Gesellschaft in ihrer Heimatrechtsform sich vollständig in der BRD niederlässt. 429

Eine grenzüberschreitende Umwandlung war nach der ursprünglichen Konzeption des geltenden UmwG nicht vorgesehen. In Anbetracht der nach der „Inspire Art"-Entscheidung des EuGH vom 30.9.2003 eingetretenen Entwicklungen musste das deutsche Umwandlungsrecht sich grenzüberschreitenden Umwandlungen öffnen. 430

---

1 Rs. C-208/00, DB 2002 S. 2425.
2 Rs. C-167/01 (Inspire Art Ltd.), DB 2003 S. 2219.
3 Große Kammer, Urt. v. 16.12.2008 Rs. C-210/06 (Cartesio), DB 2009 S. 52.

431 Am 8.10.2004 ist die Verordnung über das Statut der Europäischen Gesellschaft (SE-VO) in Kraft getreten.[1] Die SE-VO führte als erste europäische Kapitalgesellschaft die Europäische Aktiengesellschaft (= Societas Europaea; abgekürzt SE) ein. Sie ist die erste Kodifizierung, die eine grenzüberschreitende Verschmelzung ermöglicht. Die Gründung einer SE kann u. a. durch Verschmelzung von Aktiengesellschaften, die ihren Sitz in verschiedenen Mitgliedstaaten haben, erfolgen. Gegenüber nationalen Gesellschaftsformen enthält die SE-VO die weitere Möglichkeit, dass eine SE ihren Satzungssitz identitätswahrend von einem Mitgliedstaat in einen anderen verlegen darf. Damit war die Abschirmwirkung des nationalen Rechts durch höherrangiges Recht durchbrochen.

Am 15.12.2005 trat die Richtlinie zur grenzüberschreitenden Verschmelzung von Kapitalgesellschaften aus verschiedenen Mitgliedstaaten (**Verschmelzungsrichtlinie**) in Kraft.[2] Die Mitgliedstaaten waren verpflichtet, diese Richtlinie bis Dezember 2007 umzusetzen. Der deutsche Gesetzgeber ist seiner Verpflichtung durch das Zweite Gesetz zur Änderung des Umwandlungsgesetzes vom 19.4.2007 nachgekommen.[3] Der primäre Gegenstand des Gesetzes ist die Umsetzung der Verschmelzungsrichtlinie. Das Gesetz soll außerdem der Entscheidung des EuGH vom 13.12.2005 in der Rechtssache SEVIC[4] Rechnung tragen, wonach das deutsche Umwandlungsrecht bereits nach vorhergehender Rechtslage grenzüberschreitende Verschmelzungen nicht so ohne Weiteres untersagen durfte.

432 Durch das am 1.11.2008 in Kraft getretene Gesetz zur Modernisierung des GmbH-Rechts und zur Bekämpfung von Missbräuchen (MoMiG) ist die Verlegung des tatsächlichen Verwaltungssitzes einer GmbH, AG oder KGaA unter Beibehaltung des registrierten Sitzes in Deutschland aus Deutschland heraus zulässig, vgl. § 4a GmbHG neu.

433–450 *(Einstweilen frei)*

---

1 EG-Verordnung Nr. 2157/2001 v. 8.10.2001, Abl. EU Nr. L 294 S. 1 ff.
2 RL 2005/56/EG v. 26.10.2005, Abl. EU Nr. L 310 S. 1 ff.
3 BGBl I 2007 S. 542.
4 EuGH v. 13.12.2005 Rs. C-411/03 – SEVIC, Slg. 2005, I-10805.

III. Problemfelder von grenzüberschreitenden Umstrukturierungsmaßnahmen

1. Kapitalgesellschaften

Die Verschmelzungsrichtlinie spricht in erster Linie Kapitalgesellschaften an, für die die Anwendung der Regelungen der SE-Verordnung wirtschaftlich nicht in Frage kommt, so dass eine transnationale Fusion somit ohne die Anwendung der Verschmelzungsrichtlinie generell nicht möglich wäre. 451

Die Bundesrepublik ist ihrer Umsetzungsverpflichtung durch das Zweite Gesetz zur Änderung des Umwandlungsgesetzes vom 19.4.2007 gefolgt.[1] Im zweiten Teil des zweiten Buchs des UmwG wurde ein neuer zehnter Abschnitt geschaffen. §§ 122a bis 122l UmwG sind die neuen Sonderregelungen, die auf den Vorgaben der Verschmelzungsrichtlinie beruhen. Nunmehr wird erstmalig die grenzüberschreitende Verschmelzung gesellschaftsrechtlich durch eine nationale Regelung in Deutschland geregelt. 452

2. Personengesellschaften

Die grenzüberschreitende Umwandlung von **Personengesellschaften** wird weder von der Verschmelzungsrichtlinie noch von der Gesetzesänderung erfasst. Derartige Umwandlungen sind auf der Grundlage der kollisionsrechtlichen Lösung der Vereinigungstheorie zu beurteilen. Danach sind die verschiedenen Rechtsordnungen kombiniert anzuwenden. Voraussetzung ist, dass die vorgesehene Umwandlung nach der jeweiligen Rechtsordnung an sich zulässig ist. Bei unmittelbaren Kollisionen der Rechtsordnungen gilt die jeweils strengere Regelung. Für das Verfahren kommt das jeweilige Personalstatut zur Anwendung. 453

(Einstweilen frei) 454–460

IV. Das Societas Europaea (SE)-Statut

1. Auswirkung auf das nationale Recht

Die Hürden nationaler Regelungen für grenzüberschreitende Umstrukturierungsmaßnahmen sind in Anbetracht der Einführung europäischer Gesellschaftsformen kaum noch haltbar. Die EG-Verordnung vom 8.10.2001 über 461

---

[1] BGBl I 2007 S. 542.

das Statut der Europäischen Gesellschaft (SE-VO) ist am 8.10.2004 nach einer Übergangsfrist von drei Jahren in Kraft getreten und regelt die wesentlichen Grundzüge des Gesellschaftsrechts der SE.[1] Umgangssprachlich wird die SE auch als Europa-AG bezeichnet. Wie alle Verordnungen der Europäischen Union ist auch die SE-Verordnung unmittelbar geltendes Recht und muss nicht gesondert in nationales Recht umgesetzt werden. Ergänzt wird die SE-Verordnung durch die Richtlinie zur Ergänzung des Statuts der Europäischen Gesellschaft hinsichtlich der Beteiligung der Arbeitnehmer vom 8.10.2001.[2] Im deutschen Recht wurden nationale Ausführungsbestimmungen mit dem SE-Ausführungsgesetz (SEAG) sowie dem SE-Beteiligungsgesetz (SEBG) erlassen in der Gestalt des Artikelgesetzes zur Einführung der Europäischen Gesellschaft (SEEG) vom 22.12.2004.[3] Die Richtlinie hinsichtlich der Beteiligung der Arbeitnehmer entfaltet keine unmittelbare Rechtswirkung. Sie musste daher durch das SEGB in nationales Recht umgesetzt werden. Hinsichtlich der SE-VO ist das SEAG nur eine Ergänzung. Auf das jeweilige nationale Recht für Aktiengesellschaften wird nur subsidiär zurückgegriffen. Wegen dieser Überlagerung von europäischem und nationalem Recht gibt es keine einheitliche SE, sondern so viele SE wie Mitgliedstaaten.[4]

2. Wege in die SE

a) Gemeinsame Voraussetzungen für alle Gründungsvarianten

462 Die Gründung einer SE kann nur in einer von **vier** abschließend in Art. 2 SE-VO aufgeführten **Gründungsvarianten** erfolgen.[5] In jedem Fall ist Voraussetzung, dass die beteiligten Gründungsgesellschaften nach dem Recht eines EU-Mitgliedstaats gegründet sind und ihren Sitz sowie ihre Hauptverwaltung in einem Mitgliedstaat haben (Art. 7 SE-VO). Jeder Mitgliedstaat kann darüber hinaus den in seinem Hoheitsgebiet eingetragenen SE vorschreiben, dass sie ihren Sitz und ihre Hauptverwaltung am selben Ort haben müssen. Die BRD hat

---

1 EG-Verordnung Nr. 2157/2001 v. 8.10.2001, Abl. EU Nr. L 294 S. 1 ff.
2 EG-Abl. Nr. L 294 S. 1.
3 BGBl I 2004 Nr. 73 S. 3675 ff.
4 Thoma/Leuering, NJW 2002 S. 1449, 1450.
5 Zu Einzelheiten siehe Hörtnagl in S/H/S, UmwG-UmwStG, Art. 2 SE-VO; Hirte, DStR 2005 S. 653, 700; Walden/Meyer-Landrut, DB 2005 S. 2619; Henckel, DStR 2005 S. 1785 zur Rechnungslegung und Prüfung.

von diesem Recht Gebrauch gemacht, indem sie in § 2 SEAG bestimmt, die Satzung der SE habe als Sitz den Ort zu bestimmen, wo die Hauptverwaltung geführt wird. Zudem ist ein grenzüberschreitendes Element erforderlich, indem mindestens zwei verschiedene Rechtsordnungen innerhalb der EU betroffen sein müssen.

Die SE ist eine juristische Person mit einem in Aktien zerlegten Kapital von mindestens 120.000 €. Die Rechtsvorschriften eines Mitgliedstaats, die ein höheres Kapital für Gesellschaften vorsehen, die in bestimmten Wirtschaftszweigen tätig sind, gelten auch für die SE mit Sitz in dem betreffenden Mitgliedstaat. Wird das erforderliche Mindestkapital nicht erreicht, muss vorher eine Kapitalerhöhung durchgeführt werden. 463

b) Verschmelzung von Aktiengesellschaften

Gemäß Art. 2 Abs. 1 SE-VO dürfen Aktiengesellschaften, die nach dem Recht eines Mitgliedstaats gegründet worden sind und ihren Sitz sowie ihre Hauptverwaltung in der Gemeinschaft haben, eine SE durch Verschmelzung gründen, sofern mindestens zwei von ihnen dem Recht verschiedener Mitgliedstaaten unterliegen. Die Verschmelzung nach der SE-VO ist auf Aktiengesellschaften begrenzt. Andere Gesellschaftsformen sind nach der SE-VO für eine Verschmelzung nicht vorgesehen. Die SE selbst gilt als Aktiengesellschaft, die zum Zwecke der Anwendung des Art. 2 Abs. 1 SE-VO dem Recht des Sitzmitgliedstaats unterliegt (Art. 3 Abs. 1 SE-VO). Aus der Sicht eines Mitgliedstaats kann eine Verschmelzung aus oder in sein Hoheitsgebiet erfolgen. 464

C. Der räumliche Geltungsbereich des UmwG

465 **BEISPIEL:** Gründung durch Verschmelzung zur Aufnahme oder Neugründung

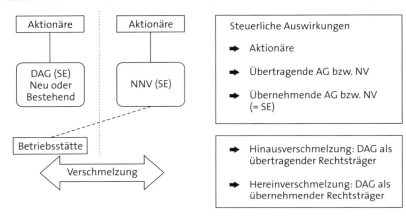

c) Gründung einer Holding

466 Art. 2 Abs. 2 SE-VO erlaubt die Gründung einer Holding-SE durch Aktiengesellschaften oder Gesellschaften mit beschränkter Haftung, von denen mindestens zwei dem Recht verschiedener EU-Mitgliedstaaten unterliegen oder seit mindestens zwei Jahren eine dem Recht eines anderen Mitgliedstaats unterliegende Tochtergesellschaft oder Zweigniederlassung haben. Während einer GmbH der Weg über die Verschmelzung in eine SE verschlossen ist, kann sie sich i. R. der Gründung einer Holding-SE beteiligen.

467 **BEISPIELE EINER HOLDINGGRÜNDUNG:**

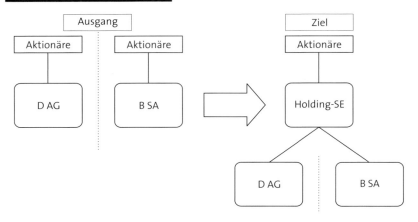

oder

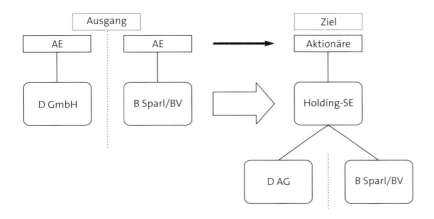

d) **Gründung einer Tochter-SE**

Art. 2 Abs. 3 SE-VO lässt die Gründung einer Tochtergesellschaft durch Gesellschaften i. S. des Art. 48 Abs. 2 EGV[1] sowie durch juristische Personen des privaten oder öffentlichen Rechts zu, von denen mindestens zwei den Rechtsordnungen verschiedener Mitgliedstaaten unterliegen oder seit mindestens zwei Jahren eine dem Recht eines anderen Mitgliedstaats unterliegende Tochtergesellschaft oder Zweigniederlassung haben. Art. 2 Abs. 3 SE-VO bildet damit den weitesten Kreis der Gesellschaftsrechtsformen, die an einer SE-Gründung teilnehmen können.

468

---

[1] Als Gesellschaften i. S. dieser Vorschrift gelten die Gesellschaften des bürgerlichen Rechts und des Handelsrechts einschließlich der Genossenschaften und die sonstigen juristischen Personen des öffentlichen und privaten Rechts mit Ausnahme derjenigen, die keinen Erwerbszweck verfolgen.

C. Der räumliche Geltungsbereich des UmwG

469 **BEISPIEL DER GRÜNDUNG EINER TOCHTER-SE:**

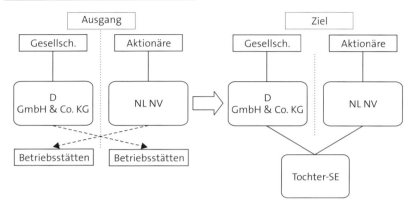

e) **Umwandlung einer bestehenden AG in eine SE**

470 Die Möglichkeit des Art. 2 Abs. 4 SE-VO ist wiederum nur auf die Rechtsform der Aktiengesellschaft beschränkt. Danach kann eine Aktiengesellschaft, die nach dem Recht eines Mitgliedstaats gegründet worden ist und ihren Sitz sowie ihre Hauptverwaltung in der Gemeinschaft hat, in eine SE umgewandelt werden, wenn sie seit mindestens zwei Jahren eine dem Recht eines anderen Mitgliedstaats unterliegende Tochtergesellschaft hat. Nach deutschem Recht ist dies ein Formwechsel ohne Vermögensübertragung. Nach Art. 37 Abs. 2 SE-VO hat die Umwandlung einer Aktiengesellschaft in eine SE weder die Auflösung der Gesellschaft noch die Gründung einer neuen juristischen Person zur Folge. Der Sitz der Gesellschaft darf anlässlich der Umwandlung gem. Art. 8 SE-VO nicht in einen anderen Mitgliedstaat verlegt werden.

3. Wege aus der SE

a) **Umwandlung einer bestehenden SE ohne Vermögensübertragung**

aa) **Formwechsel in eine AG**

471 In Art. 66 SE-VO wird der Formwechsel einer SE in eine AG desjenigen Mitgliedstaates geregelt, in dem die SE ihren Sitz hat. Eine SE kann in eine dem Recht ihres Sitzstaats unterliegende Aktiengesellschaft umgewandelt werden. Ein Umwandlungsbeschluss darf erst zwei Jahre nach Eintragung der SE oder nach Genehmigung der ersten beiden Jahresabschlüsse gefasst werden. Die

Umwandlung einer SE in eine Aktiengesellschaft führt weder zur Auflösung der Gesellschaft noch zur Gründung einer neuen juristischen Person.

bb) Formwechsel in andere Gesellschaftsformen des Mitgliedstaats

Ob Art. 66 SE-VO eine abschließende Regelung in Bezug auf den Formwechsel ist, wird in Frage gestellt.[1] Die Vorschrift beinhaltet keine Beschränkung des nationalen Gesetzgebers auf nur eine Möglichkeit des Formwechsels der SE. Würde man nur auf die Form der nationalen AG verweisen, müsste man die Umwandlung in eine AG als „Durchlauf" betrachten. Das verursacht nur zusätzliche Kosten und Zeitaufwand.[2]

472

Die Gegenmeinung weist darauf hin, dass der Formwechsel einer SE in eine AG nationalen Rechts ohne die Regelung des Art. 66 SE-VO nicht möglich wäre.[3] Die SE stehe nach Art. 10 SE-VO einer Aktiengesellschaft des nationalen Rechts gleich. Eine AG könne aber begriffslogisch nicht in eine AG umgewandelt werden. Aus dem Zusammenhang mit Art. 2 Abs. 4 SE-VO, der die Gründung einer SE durch formwechselnde Umwandlung ausschließlich einer AG nationalen Rechts vorbehält, lasse sich schließen, dass der europäische Verordnungsgeber auch umgekehrt die Umwandlung in eine nationale Gesellschaft ausschließlich in der Form einer Aktiengesellschaft beabsichtigt habe und somit Art. 66 SE-VO eine abschließende Regelung bezüglich des Formwechsel seiner SE darstelle.

473

Die Frage des Regelungsumfangs des Art. 66 SE-VO wird ggf. durch höchstrichterliche Rechtsprechung zu klären sein. Man muss in diesem Umfeld berücksichtigen, dass das nationale Umwandlungsrecht einem strengen „Numerus clausus" unterliegt. Es hat sich aber gezeigt, dass dieser Grundsatz durchbrochen wird, wenn das nationale Recht gegen die Grundfreiheiten und höherwertige Prinzipien verstößt. Da die SE in dem Staat, in dem sie ansässig ist, einer AG entspricht, wird eine europäische Rechtsform gegenüber nationalen Rechtsformen benachteiligt, wenn ihr nicht die gleichen Möglichkeiten zum Formwechsel geboten werden, wie sie für die entsprechenden nationalen Rechtsformen vorgesehen sind. Betrachtet man Art. 66 SE-VO als eine abschließende Regelung, läuft man Gefahr, mit der Niederlassungsfreiheit und der Kapitalverkehrsfreiheit in Konflikt zu geraten.

474

---

1 Vossius in Widmann/Mayer, § 20 UmwG, Rn 425.
2 Oplustil/Schneider, NZG 2003 S. 13, 15.
3 Drinhausen/Gesell in Blumenberg/Schäfer, Das SEStEG, S. 42.

b) Vermögensübertragende Umwandlung einer bestehenden SE

475 Ebenso umstritten ist die Frage, ob auch die Formen der übertragenden Umwandlung in eine andere Gesellschaftsform des Mitgliedstaats zulässig sind.

476 Nach Art. 9 Abs. 1 Buchst. c) ii) SE-VO unterliegt die SE nur dann den nationalen Vorschriften über die AG, wenn der entsprechende Bereich nicht oder nicht ausschließlich durch die SE-VO geregelt ist. Ein Rückgriff auf nationale Vorschriften der übertragenden Umwandlung wäre ausgeschlossen, wenn Art. 66 SE-VO abschließenden Charakter hätte.[1] Dagegen spricht der Regelungsumfang der Vorschrift. Mit dem Terminus „Umwandlung" werden nach der SE-VO und dem nationalen Umwandlungsrecht unterschiedliche Sachverhalte dargestellt. Die SE-VO versteht darunter nur den Formwechsel, da in ihren Fallkonstellationen (z. B. Art. 37 Abs. 2 SE-VO) die Umwandlung weder die Auflösung der Gesellschaft noch die Gründung einer neuen juristischen Person zur Folge hat. Dagegen fasst das nationale Recht unter Umwandlung die Fälle mit Vermögensübertragungen und die Fälle ohne Vermögensübertragungen (= Formwechsel) zusammen. Somit erfasst die SE-VO mit der Umwandlung nur einen Teilbereich. Um keinen Verstoß gegen den Gleichbehandlungsgrundsatz auszulösen, müssen einer deutschen SE zusätzlich die gleichen Umwandlungsformen wie einer nach deutschem Recht gegründeten Aktiengesellschaft offenstehen. Eine SE mit Sitz in Deutschland kann übernehmender Rechtsträger einer Verschmelzung nach deutschem UmwG sein. Wenn die SE auch nicht ausdrücklich in dem Katalog der verschmelzungsfähigen Rechtsträger des § 3 UmwG genannt wird, so bestimmt Art. 9 Abs. 1 SE-VO, dass die Rechtsvorschriften auf die SE anwendbar sind, die auf eine AG Anwendung finden.[2] Aus der Gesetzesbegründung zu § 18 Abs. 3 SEBG lässt sich ableiten, dass auch der deutsche Gesetzgeber von der Zulässigkeit der Verschmelzung ausgeht.[3]

4. Sitzverlegung einer SE

477 Nach Art. 8 Abs. 1 SE-VO kann der Satzungssitz einer SE in einen anderen Mitgliedstaat verlegt werden, ohne dass diese Verlegung zur Auflösung der SE oder zur Gründung einer neuen juristischen Person führt. Art. 8 Abs. 2 SE-VO enthält umfangreiche Anforderungen zum Schutz der Interessen der Minderheitsaktionäre, die sich gegen die Verlegung ausgesprochen haben. Zudem sind die Interessen der Gläubiger und der sonstigen Forderungsberechtigten

---

1 So Hirte, DStR 2005 S. 700, 704.
2 Vossius in Widmann/Mayer, § 20 UmwG, Rn 424 f.
3 BT-Drs. 15/3405 S. 50.

zu berücksichtigen. Gefordert wird sowohl die Erstellung eines Verlegungsplans als auch eines Verlegungsberichts durch das Leitungs- oder Verwaltungsorgan der Gesellschaft. Aktionäre und Gläubiger haben vor der beschließenden Hauptversammlung umfangreiche Einsichts- und Informationsrechte. Die Eintragung der SE am neuen Sitz wird an die Vorlage einer Bescheinigung geknüpft, aus der hervorgeht, dass die der Verlegung vorangehenden Rechtshandlungen und Formalitäten eingehalten wurden. Gegenüber Gläubigern der SE, deren Forderungen vor der Verlegung entstanden sind, gilt die SE weiterhin als SE mit Sitz in dem Mitgliedstaat, in dem die Forderungen entstanden sind. Ist gegen die SE ein Verfahren wegen Auflösung, Liquidation, Zahlungsunfähigkeit oder Zahlungseinstellung geöffnet worden, ist eine Sitzverlegung ausgeschlossen. Gemäß Art. 7 SE-VO ist die Verlegung des Geschäftssitzes der SE in einen anderen Staat als den des Satzungssitzes nicht zulässig.

BEISPIEL EINER SITZVERLEGUNG: SE kann gem. Art. 8 SE-Statut 478

▶ ihren Sitz
▶ ohne Auflösung
▶ in einen anderen Mitgliedstaat verlegen

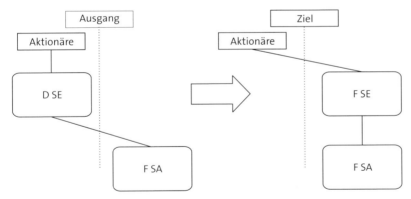

(Einstweilen frei) 479–485

V. Umsetzung der Verschmelzungsrichtlinie

1. Verschmelzung

486 Die Umsetzung der Verschmelzungsrichtlinie erfolgte durch das Zweite Gesetz zur Änderung des Umwandlungsgesetzes vom 19.4.2007.[1] Zugleich wurde der Entscheidung des EuGH vom 13.12.2005 in der Rechtssache SEVIC[2] Rechnung getragen, wonach das deutsche Umwandlungsrecht bereits nach der bis zur Gesetzesumsetzung geltenden Rechtslage grenzüberschreitende Verschmelzungen nicht so ohne weiteres untersagen durfte.[3]

487 § 122a UmwG versteht unter einer **grenzüberschreitenden Verschmelzung** eine Verschmelzung, bei der mindestens eine der beteiligten Gesellschaften dem Recht eines anderen Mitgliedstaats der Europäischen Union oder eines anderen Vertragsstaats des Abkommens über den Europäischen Wirtschaftsraum unterliegt. Auf die Beteiligung einer Kapitalgesellschaft an einer grenzüberschreitenden Verschmelzung sind gem. § 122a Abs. 2 UmwG die für nationale Verschmelzungen geltenden Vorschriften des UmwG entsprechend anwendbar. Das strenge Analogieverbot des § 1 Abs. 2 UmwG ist insoweit durchbrochen. Der Kreis der verschmelzungsfähigen Gesellschaft i.R. einer grenzüberschreitenden Verschmelzung wird allerdings in § 122b UmwG eingeschränkt. Danach können als übertragende, übernehmende oder neue Gesellschaften nur Kapitalgesellschaften beteiligt sein, die nach dem Recht eines Mitgliedstaats der EU/des EWR gegründet worden sind und ihren satzungsmäßigen Sitz, ihre Hauptverwaltung oder ihre Hauptniederlassung in einem dieser Staaten haben.

488 Die entsprechende Geltung der Regelungen über die innerstaatlichen Verschmelzungen ist ausdrücklich auf ansässige Gesellschaften beschränkt. Das entspricht der Konzeption der Verschmelzungsrichtlinie, die in Art. 4 vorsieht, dass für jede der an der Verschmelzung beteiligten Gesellschaften ihre jeweilige nationale Rechtsordnung Anwendung finden soll, soweit die Verschmelzungsrichtlinie nichts anderes vorschreibt. Die beteiligten ausländischen Gesellschaften unterliegen dem Verschmelzungsrecht ihres jeweiligen Mitgliedstaats. Durch die Vorgaben der Verschmelzungsrichtlinie werden die verschiedenen beteiligten Rechtsordnungen allerdings hinsichtlich der Durchführung einer grenzüberschreitenden Verschmelzung weitgehend harmonisiert.

---

1 BGBl I 2007 S. 542.
2 EuGH v. 13.12.2005 Rs. C-411/03 – SEVIC, Slg. 2005, I – 10805.
3 BT-Drs. 16/92019 v. 12.10.2006.

Die grenzüberschreitende Verschmelzung lässt sich, wie eine innerstaatliche Verschmelzung, folgendermaßen einteilen: 489

- ▶ Erstellung und Bekanntmachung des gemeinsamen Verschmelzungsplans und Erstellung des Verschmelzungsberichts,
- ▶ Offenlegung des Verschmelzungsberichts,
- ▶ Verschmelzungsprüfung und Erstellung des Prüfungsberichts,
- ▶ Vorbereitung und Durchführung der Gesellschafterversammlungen,
- ▶ zweistufige Rechtmäßigkeitsprüfung durch die jeweiligen mitgliedstaatlichen Behörden und Eintragung der Verschmelzung im Register der übertragenden und der übernehmenden Gesellschaft.

Für Konzernverschmelzungen sind Verfahrenserleichterungen vorgesehen. 490

Zusätzlich zu den aufgeführten Schritten ist das Verhandlungsverfahren zur Festlegung der Mitbestimmung der Arbeitnehmer durchzuführen, das in seiner Ausgestaltung in der Verschmelzungsrichtlinie eng an das Verhandlungsverfahren i. R. der Gründung einer SE angelehnt ist.[1] 491

Die Wirkungen der Verschmelzung richten sich für übernehmende oder neue Gesellschaften mit Sitz in Deutschland gem. § 122a Abs. 2 nach § 20 UmwG. § 20 UmwG entspricht den Vorgaben in Art. 14 der Verschmelzungsrichtlinie. Daher waren weitere Regelungen nicht erforderlich. Ebenso bedurfte der Bestandsschutz einer einmal wirksam gewordenen Verschmelzung gem. Art. 17 der Verschmelzungsrichtlinie keiner gesonderten Umsetzung in das deutsche Recht, da § 20 Abs. 2 UmwG einen wirksamen Bestandsschutz schon enthält. Hat die übernehmende oder neue Gesellschaft ihren Sitz im Ausland, richten sich die Wirkungen der Verschmelzung nach dem dort geltenden Recht, das der Verschmelzungsrichtlinie entsprechen muss. 492

2. Spaltung und Vermögensübertragungen

Da die Verschmelzungsrichtlinie nur die grenzüberschreitende Verschmelzung von Kapitalgesellschaften behandelt, bleiben die **sonstigen Umwandlungsarten** weiterhin **ungeregelt**. Hinsichtlich einer Spaltung ist das für die Praxis sehr misslich. Auf der Basis des in den Entscheidungen *Centros*, *Überseering*, *Inspire Art* und *SEVIC* zum Ausdruck kommenden Verständnisses der Niederlassungsfreiheit müssen auch diese Umwandlungsarten zugelassen werden. In der Sache findet sich keine Begründung, warum grenzüberschreitende Spaltungen gegenüber grenzüberschreitenden Verschmelzungen unterschiedlich 493

---

1 BT-Drs. 16/2919, Begründung zu § 122c Abs. 1.

behandelt werden sollen. Grenzüberschreitende Spaltungen werden sonst über den Umweg einer Vorschaltung inländischer Ausgliederungen und nachfolgender grenzüberschreitender Verschmelzung der ausgegliederten Gesellschaften versucht. Das Gleiche dürfte auch für grenzüberschreitende Vermögensübertragungen gelten. Aus der Sicht der Harmonisierung der grenzüberschreitenden Verschmelzung im Wege der Verschmelzungsrichtlinie wäre auch hier allerdings eine entsprechende Richtlinie angebracht.

3. Grenzüberschreitender Formwechsel

494 Ein grenzüberschreitender Formwechsel bedeutet, dass der **Satzungssitz** über die Grenze verlegt werden muss. Sowohl der Wegzugs- als auch der Zuzugsstaat müssten die Wahrung der Identität des Rechtsträgers zulassen. Zurzeit gibt es keine Regelung im deutschen Recht, die einen Formwechsel eines ausländischen Rechtsträgers in einen inländischen Rechtsträger zuließe. Der Bedarf einer Regelung für einen grenzüberschreitenden Formwechsel zeigt sich darin, dass die EU-Kommission ein **Konsultationspapier** vorgelegt hat, welches in einer **Sitzverlegungsrichtlinie** münden soll. Danach ist vorgesehen, dass jeder Mitgliedstaat künftig den seiner Rechtsordnung unterliegenden Gesellschaften das Recht einräumen muss, den Satzungssitz in einen anderen Mitgliedstaat zu verlegen. So etwas kann aber nur funktionieren, wenn zugleich der Formwechsel in die Rechtsform des Zielstaates zugelassen wird. Daraus folgt weiter, dass der grenzüberschreitende Formwechsel einer gemeinschaftsrechtlichen Regelung bedarf. Es ist derzeit ungeklärt, ob und inwieweit sich aus dem Cartesio-Urteil des EuGH[1] die Verpflichtung der Mitgliedstaaten ergibt, aufgrund der Niederlassungsfreiheit einen grenzüberschreitenden Rechtsformwechsel auch ohne gesetzliche Regelung zuzulassen.[2]

495–525 *(Einstweilen frei)*

---

1 EuGH, Urteil v. 16. 12. 2008 Rs. C-210/06 (Cartesio), GmbHR 2009 S. 81.
2 Siehe hierzu Otte/Rietschel, GmbHR 2009 S. 983.

D. Das Umwandlungssteuerrecht
I. Begriff

Wenn man vom Umwandlungssteuerrecht spricht, denkt man in erster Linie an die Regelungen im UmwstG. Der Begriff „Umwandlungssteuerrecht" ist in der Praxis jedoch viel weiter gefasst.

526

Betrachtet man die Steuerarten, so stellt man fest, dass das UmwStG beispielsweise i. R. der §§ 2–19 UmwStG sich nur auf die Körperschaft-, die Einkommen- und die Gewerbesteuer bezieht. Nach § 2 UmwStG gilt die Rückwirkung nur für die Ermittlung des Einkommens, des Vermögens und für die Ermittlung der gewerbesteuerlichen Bemessungsgrundlage. Das UmwStG enthält keine eigene Steuer,[1] sondern modifiziert die Regelungen des EStG, des KStG und des GewStG in Fällen der Übertragung eines Unternehmens und bei den Vorgängen nach dem UmwG.

527

Steuerliche Folgen für andere Steuerarten (z. B. die Umsatz-, die Grunderwerb- und die Erbschaftsteuer) regelt das UmwStG nicht. So bleibt die übertragende Körperschaft bis zur Eintragung der Umwandlung im Handelsregister Unternehmer i. S. des UStG.[2] Eine nach § 2 Abs. 1 UmwStG rückwirkende Umwandlung beeinflusst daher auch nicht den Bewertungsstichtag nach § 11 ErbStG. Liegt der Übertragungszeitpunkt aufgrund der Rückwirkung vor dem Erbfall oder einer Schenkung, so ist der Steuerwert des Nachlasses bzw. der Schenkung nach den tatsächlichen Verhältnissen zum Zeitpunkt der Steuerentstehung (§§ 9, 11 ErbStG) zu ermitteln.[3]

528

II. Zweck des Umwandlungssteuergesetzes
1. Ausnahme zum Prinzip der Individualbesteuerung

Das UmwStG durchbricht das Prinzip der Individualbesteuerung und gewährt einen **Aufschub der Besteuerung von stillen Reserven**. Soweit die Besteuerung sichergestellt ist, darf die Besteuerung bei dem Rechtsnachfolger erfolgen. Das Steuerrecht beruht auf den Grundsätzen der Individualbesteuerung und der

529

---

1 Möhlenbrock in D/P/M, Einf. UmwStG (SEStEG), Tz. 81.
2 Rn 01.01 UmwStErl 2011.
3 Kritisch Bien, DStR 1998, Beilage zu Heft 17 S. 4.

Besteuerung nach der persönlichen Leistungsfähigkeit des einzelnen Steuerpflichtigen.[1] Nach dem **Grundsatz der Individualbesteuerung** hat derjenige die stillen Reserven zu versteuern, bei dem sie entstanden sind. Eingriffe und Entlastungen bedürfen stets der gesetzlichen Grundlage.[2] Bei einem Wechsel des Steuersubjekts geht die Rechtsprechung zurzeit grds. von einer Entnahme auch in den Fällen aus, in denen sich das Wirtschaftsgut auch beim Rechtsnachfolger im Betriebsvermögen befindet und dort die spätere Versteuerung der stillen Reserven sichergestellt ist. Bei einem Wirtschaftsgut des Betriebsvermögens liegt eine Entnahme immer dann vor, wenn dessen Funktionszusammenhang zum Betrieb endgültig gelöst wird. Dies ist grds. vor allem dann anzunehmen, wenn ein Wirtschaftsgut auf einen anderen Rechtsträger übergeht. Die Einkommensteuer ist insofern subjektbezogen,[3] als sich die Grundsätze der Individualbesteuerung und der Besteuerung nach der persönlichen Leistungsfähigkeit auf jede natürliche Person beziehen. Deswegen kann die Erfassung eines (Ersatz-)Realisierungstatbestandes grds. nicht um dessentwillen unterbleiben, weil die Versteuerung von auf einen anderen Rechtsträger „übergesprungenen" stillen Reserven nunmehr bei diesem gesichert wäre. Angesichts des klaren und einer teleologischen Einschränkung nicht zugänglichen Anwendungsbefehls des § 4 Abs. 1 Satz 2 EStG bedürfen Ausnahmen hiervon einer − verfassungsgemäßen[4] − gesetzlichen Grundlage, wie sie etwa § 6 Abs. 3 und 5 EStG und das UmwStG enthalten. Dies fordert der Verfassungsgrundsatz des spezifisch finanzrechtlichen Parlamentsvorbehalts. Beispielsweise bei den in §§ 20, 21 UmwStG geregelten Einbringungsvorgängen wird ein Aufschub der Besteuerung stiller Reserven nur unter der Voraussetzung erreicht, dass diese „auf die erworbenen Anteile übertragen" werden und dadurch bei demselben Rechtsträger steuerverhaftet bleiben.[5]

---

1 BVerfG v. 10.11.1998 2 BvL 42/93, BVerfGE 99 S. 246; BFH, Vorlagbeschluss GrS v. 28.7.2004 XI R 54/99, BStBl II 2005 S. 262.
2 BFH, Beschluss v. 28.7.2004 XI R 54/99, BStBl II 2005 S. 265.
3 So ausdrücklich Großer Senat des BFH, Beschluss v. 23.8.1999 − GrS 2/97, BStBl II 1999 S. 782, unter C. IV. 2. b der Entscheidungsgründe.
4 Vgl. Reiß in Kirchhof, § 15, Rn 451, zu § 6 Abs. 5 Satz 3 EStG.
5 BFH, Urteil v. 16.6.2004 X R 34/03, BFH/NV 2004 S. 1701 und Urteil v. 23.6.2004 X R 37/03, EStB 2005 S. 61.

2. Rechtsformneutralität

Das Umwandlungssteuerrecht verfolgt zudem rechtsformneutrale Zwecke. Betriebswirtschaftlich erwünschte und handelsrechtlich mögliche Umstrukturierungen der Wirtschaft sollen nicht durch steuerliche Folgen behindert werden, die ohne ausdrückliche Regelungen im UmwStG eintreten würden. Rechtsformwahlentscheidungen sollen danach weniger durch steuerrechtliche Vorgaben beeinflusst werden.

530

3. Unionsrechtliche Vorgaben

Das UmwStG erfasste zunächst nur innerstaatliche Umwandlungsvorgänge und Umstrukturierungen, die auf deutschen gesellschaftsrechtlichen Grundlagen, vor allem dem UmwG, beruhten. Übertragenden und übernehmenden Rechtsträgern standen die steuerlichen Vorteile nur zu, wenn sie Sitz und Geschäftsleitung in Deutschland hatten. Die Grundstruktur des deutschen UmwStG hat sich seit seiner Einführung 1969[1] mit dem heutigen Regelungsaufbau im Wesentlichen nicht geändert. Unionsrechtliche Vorgaben spielten zunächst eine geringere Rolle. 1990 wurde die **steuerliche Fusionsrichtlinie** i. R. eines Richtlinienpakets verabschiedet.[2] Diese Richtlinie zielt darauf ab, ein gemeinsames Steuersystem zu schaffen für Verschmelzungen, Aufspaltungen, Einbringung von Unternehmensteilen und den Austausch von Anteilen, die Gesellschaften verschiedener Mitgliedstaaten betreffen. Die Regelungen der Richtlinie für die Bereiche der Verschmelzung und Aufspaltung wurden wegen fehlender gesellschaftsrechtlicher europäischer Rechtsgrundlage nicht in nationales Recht umgesetzt. Umgesetzt werden konnten nur die Regelungen über die grenzüberschreitende Einbringung von Betrieben, Teilbetrieben oder mehrheitsvermittelnden bzw. mehrheitsverstärkenden Anteilen an Kapitalgesellschaften. Der deutsche Gesetzgeber setzte die Art. 8 und 7 der Richtlinie betreffend der Einbringung von Unternehmensteilen und des Austauschs von Anteilen an Kapitalgesellschaften durch das Steueränderungsgesetz 1992[3] in der Gestalt des § 23 UmwStG a. F. um. Diese Vorschrift findet gem. § 27 Abs. 2 UmwStG letztmals auf grenzüberschreitende Einbringungen und Anteilstausche Anwendung, bei denen die Anmeldung zur Eintragung in das für die

531

---

[1] BGBl I 1976 S. 1163.
[2] RL 90/434/EWG v. 23. 7. 1990, Abl. EG Nr. L 225 S. 1.
[3] StÄndG v. 25. 2. 1992, BGBl I 1992 S. 297.

Wirksamkeit des jeweiligen Vorgangs maßgebende öffentliche Register bis zum 12.12.2006 erfolgte oder, wenn zur Wirksamkeit eine Eintragung nicht erforderlich war, das wirtschaftliche Eigentum an den einzubringenden Wirtschaftsgütern bis zum 12.12.2006 übergegangen war.

532 Die ursprüngliche Fassung der steuerlichen Fusionsrichtlinie[1] wurde durch eine **Neufassung vom 17.2.2005** erweitert.[2] Die Richtlinie wurde auf transparente Gesellschaften ausgedehnt. Eine Gesellschaft ist „transparent", wenn die Besteuerung des Gewinns letztlich nicht auf der Ebene der Gesellschaft, sondern auf der Ebene der Gesellschafter stattfindet (sog. **„Transparenzprinzip"**). Diese Möglichkeit besteht nur bei Personengesellschaften (Mitunternehmerschaften), wenn das jeweilige nationale Steuerrecht diese Möglichkeit eröffnet. Diese Gesellschaften können deshalb auch als hybride Gesellschaften bezeichnet werden, denn sie werden unter Umständen in einem EU-Mitgliedstaat i.R. der steuerlichen Beurteilung nach dem Transparenzprinzip (= Mitunternehmerschaft) beurteilt, während sie in einem anderen EU-Mitgliedstaat als intransparente Gesellschaft (= Kapitalgesellschaft) besteuert werden. Der Anhang wurde um weitere Gesellschaften erweitert. Neue Rechtsformen wurden aufgenommen. Aus nationaler Sicht wurde die Richtlinie auf Erwerbs- und Wirtschaftsgenossenschaften ausgedehnt. Die Richtlinie umfasst nunmehr auch Betriebe gewerblicher Art und die supranationalen Rechtsformen SE und SCE. In Art. 2 wurde der neue Buchst. j eingefügt, wonach eine Sitzverlegung einer SE oder einer SCE zu keiner Liquidation führt. Der Anwendungsbereich wurde erweitert auf die in Deutschland schon bekannte Abspaltung und die Umwandlung einer Zweigniederlassung in eine Tochtergesellschaft. Der Vorgang des Austauschs von Anteilen wurde um den weiteren Erwerb von Anteilen bei bereits bestehender Mehrheitsbeteiligung ergänzt. In Art. 7 wurden die erforderlichen Beteiligungsgrenzen für eine Besteuerungsfreiheit von 25% gesenkt, ab 1.1.2006 20%, ab 1.1.2007 15%, ab 1.1.2009 10%. Klarstellend wurde die Anwendung der Richtlinie in Bezug zu Gesellschaftern aus Drittstaaten beim Anteilstausch geklärt.

533 Auch **reine inländische Vorgänge** können einen **Auslandsbezug** aufweisen. In dem Betriebsvermögen der übertragenden Gesellschaft kann Auslandsvermögen, wie Grundstücke oder Betriebsstätten, vorhanden sein. Außerdem

---

[1] RL 90/434/EWG v. 23.7.1990, Abl. EG Nr. L 225 S. 1.
[2] RL 2005/19/EG v. 17.2.2005, Abl. EG Nr. L 058 S. 19.

können ausländische Gesellschafter an der übertragenden Gesellschaft beteiligt sein.

Schon in der Vergangenheit war fraglich, ob die Begrenzung der steuerschonenden Vorschriften auf Vorgänge, bei denen sowohl der übertragende als auch der übernehmende Rechtsträger im Inland ansässig sein musste, unionsrechtskonform ist. Nach der Rechtsprechung des EuGH stehen die Grundfreiheiten der „Niederlassungsfreiheit" und der „Kapitalverkehrsfreiheit" auch für die Anwendung nationaler steuerlicher Vorschriften an erster Stelle. Der nationale Steuergesetzgeber muss seine Befugnis unter Wahrung des Gemeinschaftsrechts ausüben und deshalb jede offene oder versteckte Diskriminierung Staatsangehöriger anderer EU-Staaten unterlassen.[1]

534

4. Ziele des SEStEG

Die Entwicklungen sowohl im nationalen als auch im primären und sekundären Gemeinschaftsrecht zwangen den deutschen Steuergesetzgeber zur Anpassung des Umwandlungssteuerrechts. Am 12.12.2006 ist das „Gesetz über steuerliche Begleitmaßnahmen zur Einführung der Europäischen Gesellschaft und zur Änderung weiterer steuerrechtlicher Vorschriften (SEStEG)" im Bundesgesetzblatt veröffentlicht worden.[2] Nach der politischen Zielvorstellung soll das SEStEG steuerliche Hemmnisse für die als Folge der zunehmenden internationalen wirtschaftlichen Verflechtung immer wichtiger werdende grenzüberschreitende Reorganisation von Unternehmen beseitigen und die Möglichkeiten der freien Wahl der Rechtsform verbessern. Das Gesetz wird als wichtiger Beitrag zur Erhöhung der Attraktivität des Investitionsstandorts Deutschland angesehen.[3] Im Zusammenhang mit der **Europäisierung des UmwStG** wurden jedoch auch bestehende nationale Umwandlungsmöglichkeiten in steuerlicher Hinsicht geändert und in Teilbereichen eingeschränkt.

535

(Einstweilen frei) 536–550

---

1 Vgl. EuGH, Urteile v. 14.2.1995 Rs. C-279/93 (Schumacker), Slg. 1995, I-225, v. 11.8.1995 Rs. C-80/94 (Wielockx), Slg. 1995, I-2493 und v. 12.6.2003 Rs. C-234/01 (Gerritse), Slg. 2003, I-5933.
2 BGBl I 2006 S. 2782.
3 BT-Drs. 16/2710.

III. Der Aufbau des Umwandlungssteuergesetzes

1. Trennung nach steuerlicher Differenzierung zwischen Personenunternehmen und Körperschaften

551 Das Steuerrecht behandelt die Personengesellschaften einerseits und die juristischen Personen des öffentlichen wie des privaten Rechts andererseits völlig unterschiedlich, soweit es die Besteuerung mit ESt, KSt und GewSt betrifft. Diese Differenzierung findet sich im Aufbau des UmwStG wieder.

552 Das UmwStG konnte nicht wie das UmwG nach den einzelnen Umwandlungsarten gegliedert werden. Es musste vielmehr auf die unterschiedliche Besteuerungssystematik der Personengesellschaften einerseits und der Körperschaften andererseits Rücksicht nehmen. Die persönliche Steuerpflicht i. R. der Einkommensteuer und der Körperschaftsteuer bildet die Grundstruktur. Die persönliche Steuerpflicht gibt Antwort auf die Frage, wer steuerpflichtig ist. Nach § 1 Abs. 1 EStG sind das **natürliche Personen** von der Geburt bis zum Tode, grds. ohne Rücksicht auf eine Staatsangehörigkeit. Da auch **nicht natürliche Gebilde** vom Einkommen Steuern nach den Vorgaben des KStG abführen, ergibt sich durch eine Zusammenschau von § 1 EStG und § 1 KStG nachfolgende Struktur:

553

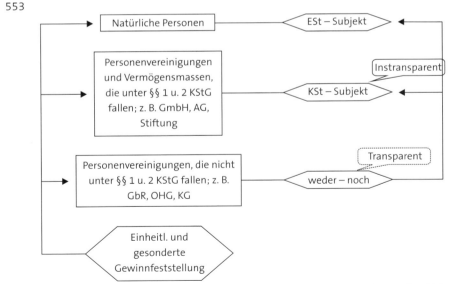

554 Nur die Personenvereinigungen und Vermögensmassen, die in den aufgezählten Katalog des § 1 KStG passen, werden von der Körperschaftsteuer erfasst.

Seit der Entscheidung des Großen Senats des BFH v. 25.6.1984 GrS 4/82[1] ist geklärt, dass man nicht im Wege einer Analogie z. B. eine Massenpersonengesellschaft den Körperschaften zuordnen kann. Der in § 1 Abs. 1 KStG enthaltene Katalog wurde durch das SEStEG um die SE und die SCE erweitert. Die Steuersubjekte, die der Körperschaftsteuer unterliegen, sind im Gegensatz zur Einkommensteuer im Gesetz nicht abschließend definiert. § 1 nennt als Körperschaftsteuersubjekte „Körperschaften, Personenvereinigungen und Vermögensmassen" und konkretisiert dies durch die Aufzählung in den Nrn. 1 bis 6. Zusätzlich dient § 3 der weiteren Abgrenzung in Grenzfällen. Aus diesen Begriffen, insbesondere der Nennung der **„Körperschaften"**, und den im Einzelnen aufgezählten Körperschaftsteuersubjekten ist zu schließen, dass der **Körperschaftsteuer** nur solche Gebilde unterliegen, die eine **korporationsrechtliche** (körperschaftliche) **Struktur** aufweisen. Das Wesen der Körperschaft liegt darin, dass sie nicht nur, wie die Personengesellschaft, die Gesamtheit der Gesellschafter ist („Personenverband"), sondern dass sie eine durch Organisation und Struktur gegenüber den Mitgliedern verselbständigte „Verbandsperson" ist. Dann ist nicht entscheidend, ob sie Rechtsfähigkeit besitzt. Die Rechtsfähigkeit kann die Folge der körperschaftlichen Organisation und Struktur sein, muss es aber nicht. Ob eine Verbandsperson Rechtsfähigkeit besitzt, ist nicht Frage der (grundlegenden) Struktur, ihres Wesens, sondern des positiven Rechts. Im Einzelnen weist die **Körperschaft** als Verbandsperson folgende **Merkmale** auf, die sie von der Personengesellschaft als Personenverband unterscheidet:[2]

▶ Die Körperschaft als Organisation unterscheidet sich von den Mitgliedern, während bei der Personengesellschaft (Gesamthand) die Mitglieder in ihrer Gesamtheit die Gesellschaft darstellen.[3]

▶ Die Körperschaft hat eine eigene Vermögenssphäre, die von der der Mitglieder verschieden ist.

▶ Daraus folgt, dass es die Ein-Personen-Körperschaft gibt, während eine Ein-Personen-Personengesellschaft begrifflich unmöglich ist. Eine Ein-Personen-Gesellschaft setzt die Verselbständigung der Gesellschaft (Körperschaft) gegenüber den Gesellschaftern voraus.

▶ Eine weitere Konsequenz aus der Selbständigkeit der Körperschaft gegenüber ihren Mitgliedern ist, dass sie in ihrer Existenz vom Bestand der Mitglieder unabhängig ist. Bei der Personengesellschaft führt ein Wechsel im

---

1 BStBl II 1984 S. 751 ff.
2 K. Schmidt, Gesellschaftsrecht, § 8 IV 2.
3 Vgl. BFH, Urteil v. 8.2.1995 I R 73/94, BStBl II 1995 S. 552.

D. Das Umwandlungssteuerrecht

Bestand der Gesellschafter (die ja in ihrer Gesamtheit die Gesellschaft sind) zu einer Beendigung der Personengesellschaft oder wenigstens zu einer Änderung in der Struktur der Gesellschaft.
- ▶ Die Körperschaft als selbständige Verbandsperson muss, um handlungsfähig zu sein, mit Organen ausgestattet werden. Diese können unabhängig von den Gesellschaftern sein („**Fremdorganschaft**"). Bei der Personengesellschaft dagegen, die die Gesamtheit der Gesellschafter darstellt, bilden grds. die Gesellschafter die Organe („**Selbstorganschaft**").

555 **Körperschaften ausländischen Rechts** sind in der Aufzählung des § 1 Abs. 1 KStG nicht enthalten. Voraussetzung für die Eigenschaft als Körperschaftsteuersubjekt ist, dass das ausländische Gebilde eine körperschaftliche Struktur aufweist. Das ist der Fall, wenn der ausländische Rechtsträger einer inländischen Körperschaft in den wesentlichen Aspekten vergleichbar ist. Ob das der Fall ist, ist durch einen „**Typenvergleich**" festzustellen.[1] Dabei ist zu prüfen, ob die inländische Gesellschaft nach ihrem durch das ausländische Recht geregelten Aufbau und ihrer wirtschaftlichen Stellung einer deutschen Körperschaft entspricht. Ist das der Fall, ist sie Körperschaftsteuersubjekt und unterliegt damit dem deutschen Körperschaftsteuerrecht. Für Gesellschaften i. S. der EU-Fusionsrichtlinie dürfte aufgrund des Gemeinschaftsrechts geklärt sein, dass es sich um Kapitalgesellschaften handelt.[2]

556 **Personengesellschaften**, wie OHG, KG, GbR, stille Gesellschaft, sind weder Subjekt der Einkommensteuer noch der Körperschaftsteuer. Für unter § 1 KStG nicht erfasste Personenvereinigungen wird die Steuer von den dahinter stehenden Mitgliedern erhoben. Auf der Ebene der Personengesellschaft findet lediglich eine einheitliche und gesonderte Gewinnfeststellung statt (§ 180 Abs. 1 Nr. 2 Buchst. a AO). Der von der Personengesellschaft erwirtschaftete Gewinn (Überschuss) wird ertragsteuerrechtlich nicht bei der Gesellschaft, sondern anteilig bei ihren Gesellschaftern besteuert, und zwar je nachdem, ob es sich hierbei um eine natürliche Person handelt oder um ein körperschaftsteuerpflichtiges Subjekt durch die ESt oder die KSt. Lediglich die Höhe und die Art des steuerlichen Gewinns werden auf der Ebene der Gesellschaft gesondert und einheitlich festgestellt und sodann auf die einzelnen Gesellschafter aufgeteilt. Allerdings handelt es sich hierbei nicht um den handelsrechtlichen Ge-

---

1 Grundlegend RFH, Urteil v. 12. 2. 1930 VI A 899/27, RFHE 27 S. 73, RStBl 1930 S. 444 – Leitsatz –; ferner Urteile in BFHE 93 S. 1, BStBl II 1968 S. 695; v. 3. 2. 1988 I R 134/84, BFHE 153 S. 14, BStBl II 1988 S. 588 zu § 2 Abs. 1 KStG; zur Gewerbesteuer Urteil in BFHE 132 S. 93, BStBl II 1981 S. 220.
2 RL 90/435/EWG; dazu Anlage 2 zu § 43b EStG.

winn (Überschuss). Dieser bildet zwar den Ausgangspunkt für die Ermittlung des steuerlichen Ergebnisses, er wird aber durch steuerbilanzielle Vorschriften korrigiert. Weitere Korrekturen erfolgen durch außerbilanzielle steuerliche Vorschriften, wie beispielsweise nichtabziehbare Betriebsausgaben. Das Ergebnis ist außerdem zu ergänzen um die sog. Sonder(betriebs)einnahmen bzw. Sonder(betriebs)ausgaben/Werbungskosten.[1] Wegen dieses Dualismus zwischen Gewinnfeststellung und -verteilung auf der Ebene der Gesellschaft einerseits und der Besteuerung beim Gesellschafter andererseits wird die Personengesellschaft als nur **partiell steuerrechtssubjektfähig** bezeichnet.[2] Diese Grundsätze gelten gleichermaßen für alle Personengesellschaften, unabhängig davon, ob es sich hierbei um eine GbR, eine OHG, eine KG oder eine stille Gesellschaft handelt. Der Wechsel von der einen Gesellschaftsform zur anderen, z. B. von einer OHG zur KG, hat daher steuerrechtlich keine Konsequenzen, solange sich der Gesellschafterbestand und die Art der Beteiligung des einzelnen Gesellschafters qualitativ nicht verändern.

Anders als die Personengesellschaft ist die juristische Person (des öffentlichen wie des privaten Rechts) ein in jeder Hinsicht vollwertiges Steuerrechtssubjekt. Sie hat ihr Einkommen selbst zu versteuern (§§ 1 Abs. 1, 7, 31 KStG). Eine Zurechnung des Einkommens der juristischen Person an ihre Anteilseigner erfolgt nicht. Erst wenn der Gewinn der juristischen Person an ihre Anteilseigner ausgeschüttet oder ausgekehrt wird, beziehen diese kraft eigenen Rechts Einkünfte aus Kapitalvermögen (§ 20 Abs. 1 Nr. 1 EStG i. V. m. § 60 AktG oder § 29 GmbHG).

557

Um der unterschiedlichen Besteuerungssystematik Rechnung zu tragen, war darauf abzustellen, ob Vermögen von einem (voll oder partiell steuerpflichtigen) Steuersubjekt auf ein steuerrechtlich anders zu behandelndes Steuersubjekt übergeht. Dies gilt aus steuerrechtlicher Sicht für alle Arten der Umwandlung, also auch für den Formwechsel. Das UmwStG musste daher auch beim Formwechsel entgegen dem Zivilrecht (§ 202 Abs. 1 Nr. 1 UmwG) einen Vermögensübergang fingieren, sobald sich der steuerrechtliche Status des formwechselnden Rechtsträgers im Vergleich zum neuen Rechtsträger ändert.[3] Andererseits waren aus steuerlicher Sicht dort Regelungen entbehrlich, wo ein Wechsel der Gesellschaftsform keine steuerliche Folgen auslöst, da die steuerrechtliche Identität der Gesellschaft – entgegen dem Handelsrecht – erhalten

558

---

1 Vgl. Knobbe-Keuk, Bilanz- und Unternehmensteuerrecht, § 9 I; BFH, Beschluss v. 25. 6. 1984 GrS 4/82, BStBl II 1984 S. 751, 761.
2 Vgl. Schmidt, EStG, § 15, Rn 164.
3 Vgl. BT-Drs. 12/6885 S. 15.

bleibt und sich auch die steuerrechtliche Qualität der Beteiligung(en) nicht ändert, wie dies der Fall ist z. B. bei der formwechselnden Umwandlung einer AG in eine GmbH oder von einer OHG in eine KG. Insoweit finden sich daher im UmwStG auch keine Regelungen.

559 Der Bruch mit dem UmwG wird auch deutlich, wenn man sich dem Geltungsbereich des sechsten und siebten Teils des UmwStG zuwendet. Beide Teile sind als Auffangtatbestände normiert. Sie regeln nicht nur die Verschmelzung einer Personengesellschaft mit einer Körperschaft bzw. einer anderen Personengesellschaft, sondern auch die Fälle der Ausgliederung von Vermögen einer Kapitalgesellschaft oder Personengesellschaft auf eine andere Kapitalgesellschaft bzw. auf eine andere Personengesellschaft. Die **Ausgliederung** ist handelsrechtlich ein Unterfall der Spaltung (§ 123 Abs. 3 UmwG). Der Gesetzgeber hat sie jedoch steuerrechtlich den „**Einbringungsfällen**" zugeordnet, da hier die neuen Anteile nicht an die Anteilseigner der übertragenden Gesellschaft, sondern an den übertragenden Rechtsträger selbst ausgegeben werden. Diese Konstellation entspricht exakt den sonstigen im sechsten und siebten Teil des UmwStG geregelten Einbringungstatbeständen.[1] Die **Einbringungstatbestände** gehen sogar über den Anwendungsbereich des UmwG hinaus. Sie enthalten nicht nur steuerliche Regelungen für Vorgänge, die sich auf Fälle der Gesamtrechts- und Sonderrechtsnachfolge beziehen, sondern **umfassen auch Fälle der Einzelrechtsnachfolge**.

2. Die Gliederung des UmwStG nach SEStEG

560 Die Neufassung durch das SEStEG hat das UmwStG von zwölf auf zehn Teile verkürzt. Der sechste Teil des alten Rechts „Barabfindung des Minderheitsgesellschafters" (§ 17 UmwStG a. F.) wurde gestrichen. Der früher im vierten Teil enthaltene „Formwechsel einer Kapitalgesellschaft und einer Genossenschaft in eine Personengesellschaft" (§ 14 UmwStG a. F.) wurde in Gestalt des § 9 UmwStG in den zweiten Teil integriert, der den Vermögensübergang auf eine Personengesellschaft behandelt. Der jetzige neunte Teil mit der Überschrift „Verhinderung von Missbräuchen" ist infolge der Streichung des § 26 UmwStG a. F. gegenstandslos geworden.

561 Das UmwStG hat zurzeit folgende Gliederung:

---

1 Vgl. 01.43 UmwStErl 2011; die Fälle beinhalten Veräußerungstatbestände.

III. Der Aufbau des Umwandlungssteuergesetzes

Erster Teil: Allgemeine Vorschriften (§§ 1–2)

Die allgemeinen Vorschriften behandeln den Anwendungsbereich, bestimmen Begriffe und regeln die steuerlichen Rückwirkungen.

Im Gegensatz zur Vorgängervorschrift werden in § 1 UmwStG die Teile 2–5 und die Teile 6–8 mit konkreter formulierten Umstrukturierungssituationen, die auch die nach deutschem Recht vergleichbaren europäischen Umwandlungsvorgänge erfassen, belegt. § 1 Abs. 1 und 2 UmwStG ist der Schlüssel für die erfassten Vorgänge der Teile 2–5 und § 1 Abs. 3 und 4 UmwStG für die Teile 6–8.

Der zweite bis fünfte Teil des UmwStG gilt grds. für die Verschmelzung, die Aufspaltung, Abspaltung und den Formwechsel aus einer Körperschaft.

Der sechste bis achte Teil gilt nur für die Verschmelzung, Aufspaltung, Abspaltung sowie den Formwechsel vor allem aus Personenunternehmen in Kapitalgesellschaften und Personengesellschaften. Zusätzlich werden sämtliche Fälle der Ausgliederung erfasst. Vor allem werden hier die Einbringung von Betriebsvermögen in eine Kapitalgesellschaft im Wege der Einzelrechtsnachfolge sowie der Austausch von Anteilen geregelt.

Die weiteren Teile sind thematisch folgendermaßen belegt:

Zweiter Teil (§§ 3–10):

Vermögensübergang bei Verschmelzung auf eine Personengesellschaft oder auf eine natürliche Person und Formwechsel einer Kapitalgesellschaft in eine Personengesellschaft.

Dritter Teil (§§ 11–13):

Verschmelzung oder Vermögensübertragung (Vollübertragung) auf eine andere Körperschaft.

Vierter Teil (§§ 15–16):

Aufspaltung, Abspaltung und Vermögensübertragung (Teilübertragung).

Fünfter Teil (§§ 18–19):

Gewerbesteuer

D. Das Umwandlungssteuerrecht

Sechster Teil (§§ 20–23):

Einbringung von Unternehmensteilen in eine Kapitalgesellschaft oder Genossenschaft und Anteilstausch.

Siebter Teil (§ 24):

Einbringung eines Betriebs, Teilbetriebs oder Mitunternehmeranteils in eine Personengesellschaft.

Achter Teil (§ 25):

Formwechsel einer Personengesellschaft in eine Kapitalgesellschaft oder Genossenschaft.

Neunter Teil (§ 26):

Verhinderung von Missbräuchen (i. R. des SEStEG weggefallen).

Zehnter Teil (§ 27–28):

Anwendungsvorschriften und Ermächtigung

562 Während also der zweite bis fünfte Teil ausschließlich für Umwandlungen i. S. des UmwG gilt, ist der Anwendungsbereich des sechsten und siebten Teils des UmwStG weiter gefasst. Diese Teile des UmwStG gelten sowohl für bestimmte Umwandlungsarten nach dem UmwG als auch für eine Reihe nicht im UmwG geregelter Einbringungsfälle. Soweit allerdings das UmwStG eine Umwandlung nach dem UmwG voraussetzt, und zwar gleich ob für den zweiten bis fünften Teil oder für den sechsten oder achten Teil des UmwStG (§§ 20 Abs. 6 Satz 1 f., 24 Abs. 4), handelt es sich um eine Rechtsgrundverweisung mit der Folge, dass die jeweiligen Regelungen des UmwStG nur dann Anwendung finden können, wenn auch eine Gesamtrechts-/Sonderrechtsnachfolge nach dem UmwG oder vergleichbare ausländische Vorgänge gem. § 1 UmwStG vorliegen. Ist dies nicht der Fall, weil z. B. eine Umwandlung fehlgeschlagen ist, gelten hierfür die steuerrechtlichen Grundsätze für die Übertragung von Einzelwirtschaftsgütern. Danach sind grds. die in den Wirtschaftsgütern enthaltenen stillen Reserven aufzudecken und ggf. verdeckte Gewinnausschüttungen anzusetzen. Wegen der strikten Anbindung an das UmwG sind mit der **Registereintragung** Fehler beim Umwandlungsvorgang auch mit steuerrechtlicher Wir-

kung geheilt.[1] Nach Verwaltungsauffassung ist „regelmäßig" von der Heilung durch die handelsregisterliche Eintragung auszugehen. Das gilt nur dann nicht, wenn die registerrechtliche Entscheidung trotz rechtlich gravierender Mängel erfolgte.[2] Der Begriff gravierender Mangel wird nicht definiert. In Zukunft sind Streitigkeiten vorprogrammiert, wenn die Finanzverwaltung vom Registerrecht abweichen will.

3. Regelungsgrafik

Grafisch kann der Aufbau des UmwStG wie folgt dargestellt werden: 563

a) Vermögensübertragende Umwandlung und Formwechsel aus einer Körperschaft

564

Bisherige Unternehmensformen		Gesamtrechtsnachfolge oder Formwechsel durch	UmwStG ESt/KSt	UmwStG GewSt
Körperschaft	➡	Alleingesellschafter bestehende oder zu gründ. PersG mit Vermögensübertrg.	2. Teil 4. Teil	5. Teil
		Verschmelzung	§§ 3–8, 10	§ 18
		Auf- und Abspaltung	§§ 16 i. V. m. §§ 3–8, 10, 15	§ 18
Körperschaft	➡	PersG (formwechselnd) ohne Vermögensübertragung	§ 9	§ 18
Körperschaft	➡	Körperschaft	3. und 4. Teil	5. Teil
		Verschmelzung, Vollübertrg.	§§ 11, 12, 13	§ 19
		Auf- und Abspaltung, Teilübertragung	§ 15	§ 19

Keine Ausgliederung

---

1 § 41 Abs. 1 AO i.V. m. § 20 Abs. 2, § 131 Abs. 2, § 202 Abs. 3 UmwG, Hörtnagl in S/H/S, UmwG-UmwStG, § 1 UmwStG, Rn 150 m. w. N.
2 Rn. 01.06 UmwStErl 2011; siehe hierzu auch OLG München Urt. v. 14. 4. 2010 7 U 5167/09, ZIP 2010 S. 927.

D. Das Umwandlungssteuerrecht

b) Übertragung und Formwechsel in eine Körperschaft

565

Bisherige Unternehmensformen	Gesamtrechtsnachfolge, Einzelrechtsnachfolge oder Formwechsel durch	UmwStG ESt/KSt	UmwStG GewSt
PHG, PartG, AuslG vglb. →	bestehende oder zu gründ. KapG od. EUGen.	6. Teil	8. Teil
	Verschmelzung	§§ 20, 22, 23	
	Auf- und Abspaltung	§§ 20, 22, 23	
Kö; PHG, PartG, AuslG vglb. →	Ausgliederung § 123 Abs. 3 UmwG in KapG od. SCE	§§ 20, 22, 23	
Kö; PHG, PartG, AuslG vglb. →	Einbringung Betrieb, Teilbetrieb, MU in KapG, SCE	§§ 20, 22, 23	
PersG →	KapG vglb. Ausl. (formw.)	§ 25	
KapG, EU Gen. →	Anteilstausch m. KapG, EU Gen.	§§ 21, 22	

c) Übertragung in eine Personengesellschaft

566

Bisherige Unternehmensformen	Gesamtrechtsnachfolge, Einzelrechtsnachfolge oder Formwechsel durch	UmwStG ESt/KSt	UmwStG GewSt
PHG, PartG, AuslG vglb. →	bestehende oder zu gründ. PersG	7. Teil	
	Verschmelzung	§ 24	
	Auf- und Abspaltung	§ 24	
Kö; PHG, PartG, AuslG vglb. →	Ausgliederung § 123 Abs. 3 UmwG in PersG	§ 24	
Kö; PHG, PartG, AuslG vglb. →	Einbringung Betrieb, Teilbetrieb, MU in PersG	§ 24	

567–580 *(Einstweilen frei)*

IV. Grenzüberschreitende Umwandlungen

1. Vergleichbarkeit mit nationalem Umwandlungsrecht

Das UmwStG in Gestalt des SEStEG öffnet weitgehend den Anwendungsbereich für **steuerneutrale grenzüberschreitende Umwandlungen** bzw. umwandlungsähnliche Vorgänge nach ausländischem Recht. Zunächst bilden die gesellschaftsrechtlichen Vorgänge des nationalen Umwandlungsrechts die Grundlage für die Regelungen des zweiten bis fünften Teils des UmwStG. Umwandlungsvorgänge nach ausländischem Recht können jedoch ebenfalls Grundlage der Anwendung des zweiten bis fünften Teils des UmwStG sein, soweit es sich um Vorgänge handelt, die dem deutschen UmwG vergleichbar sind.

581

Welche Anforderungen an die **Vergleichbarkeitsprüfung** zu stellen sind, ist zurzeit nicht eindeutig geklärt. Sofern es sich im Ausland um einen Vorgang der Vermögensübertragung im Wege der Gesamtrechtsnachfolge handelt, dürfte ein vergleichbarer Vorgang anzunehmen sein. Die Anforderungen an diese Vergleichbarkeit birgt die Gefahr, dass nicht alle Umwandlungsvorgänge innerhalb der EU und des EWR unter das UmwStG fallen werden und die vielfachen Unsicherheiten, die eine Vergleichbarkeitsprüfung mit sich bringt, höchstrichterlich zu klären sind.

582

2. Erfordernis der doppelten Ansässigkeit

Die steuerliche Anerkennung grenzüberschreitender Umwandlungen setzt voraus, dass die an der Umwandlung beteiligten Rechtsträger in einem oder verschiedenen Mitgliedstaaten der EU oder des EWR ansässig sind. Das vor dem SEStEG geltende Umwandlungssteuerrecht schränkte die Voraussetzung der doppelten Ansässigkeit auf nationale Umwandlungen ein, die an einer Umwandlung beteiligten Rechtsträger mussten ihren Satzungs- und Verwaltungssitz im Inland haben. Nach dem nunmehr geltenden Recht wird zwar an dem Merkmal der doppelten Ansässigkeit festgehalten, es genügt aber, wenn die Ansässigkeit der Rechtsträger innerhalb des Gebiets der EU/des EWR vorliegt. Das bedeutet, dass in den Fällen der übertragenden Umwandlung sowohl der übertragende als auch der übernehmende Rechtsträger nach den Regelungen eines Staates der EU/des EWR gegründet wird und sich der Sitz und Ort der Geschäftsleitung in der EU/im EWR befinden muss (= doppelte Ansässigkeit). Für eine SE oder für eine SCE wird fingiert, dass sie als eine nach den Rechtsvorschriften des Staates gegründete Gesellschaft gelten, in dessen Hoheitsgebiet sich der Sitz der Gesellschaft befindet.

583

584 An einer Umwandlung beteiligte natürliche Personen als übernehmende Rechtsträger müssen ihren Wohnsitz oder gewöhnlichen Aufenthaltsort innerhalb der EU oder dem EWR haben und dürfen nicht aufgrund eines Abkommens zur Vermeidung der Doppelbesteuerung mit einem dritten Staat als außerhalb des Hoheitsgebiets dieser Staaten ansässig gelten.

585 Die Europäisierung des Umwandlungssteuerrechts hat den Anwendungsbereich des UmwStG erheblich erweitert. **Von einer vollständigen Internationalisierung wurde jedoch Abstand genommen.**

3. Gruppenstruktur der Umwandlungsvorgänge mit Auslandsberührung

586 Die Grundstrukturen einer grenzüberschreitenden vermögensübertragenden Umwandlung kann man mit Hilfe des nachfolgenden Schemas in die **vier Hauptgruppen**

▶ Hineinverschmelzung

▶ Inlandverschmelzung mit Auslandsbezug

▶ Herausverschmelzung

▶ Auslandsverschmelzung mit Inlandsbezug

fassen:

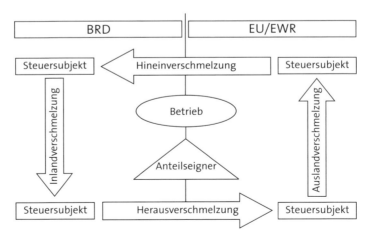

587 Die **Hineinverschmelzung** ist ein Vorgang, in dem die aufnehmende Gesellschaft im Inland und die übertragende Gesellschaft im Ausland ansässig ist.

Das an der Verschmelzung beteiligte Vermögen sowie die beteiligten Gesellschafter können sich sowohl im Inland als auch im Ausland befinden.

Bei einer **Inlandverschmelzung mit Auslandsbezug** sind die an der Verschmelzung beteiligten Gesellschaften im Inland ansässig, während sich Gesellschafter oder von der Verschmelzung betroffenes Vermögen im Ausland befinden. 588

Im Falle der **Herausverschmelzung** ist die übertragende Gesellschaft im Inland und die übernehmende Gesellschaft im Ausland ansässig. Das an der Verschmelzung beteiligte Vermögen und die beteiligten Gesellschafter können sich sowohl im Inland als auch Ausland befinden. 589

Bei einer **Auslandsverschmelzung mit Inlandsbezug** sind die an der Verschmelzung beteiligten Gesellschaften im Ausland ansässig, während zumindest ein Teil der Gesellschafter im Inland ansässig ist oder im Inland belegenes Vermögen übertragen wird. 590

4. Vergleichbarkeitsmaßstäbe der Finanzverwaltung für nicht dem UmwG unterliegenden Umwandlungen

Die Finanzverwaltung hat die ausländischen Vorgänge im UmwStErl. v. 11.11.2011 beschrieben.[1] Sie hat ihre Maßstäbe, wie später unter Rn 629 dargestellt, strukturiert. 591

(Einstweilen frei) 592–600

V. Die Besteuerungssystematik

Um dem Anliegen des Gesetzgebers, betriebswirtschaftlich erwünschte und handelsrechtlich mögliche Umwandlungen nicht durch steuerliche Folgen zu behindern, gerecht zu werden, sollten Umwandlungen möglichst steuerneutral durchgeführt werden können. Der Gesetzgeber hat dieses Ziel auf zweierlei Art zu verwirklichen versucht. Zum einen hat er – soweit möglich – ein **Wahlrecht zur Buchwertfortführung** in Bezug auf das übergehende Vermögen eingeräumt. Zum anderen hat er dort auch **steuerrechtlich eine Gesamt-/Sonderrechtsnachfolge** vorgesehen, wo eine Umwandlung nach dem UmwG, also handelsrechtlich, eine Gesamt-/Sonderrechtsnachfolge vorsieht. **Die steuerrechtliche Gesamt-/Sonderrechtsnachfolge bedeutet:** 601

▶ Im Fall der Verschmelzung einer Körperschaft auf eine Personengesellschaft/natürliche Person tritt der übernehmende Rechtsträger in die

---

[1] BStBl I 2011 S. 1314; Rn 01.20 ff. UmwStErl 2011 v. 11.11.2011.

Rechtsstellung der übertragenden Körperschaft ein. Nach dem Gesetz gilt dies insbesondere bezüglich der Bewertung der übernommenen Wirtschaftsgüter, der Absetzungen für Abnutzung und der den steuerlichen Gewinn mindernden Rücklagen (§ 4 Abs. 2 Satz 1 UmwStG). Auch für die Dauer der Zugehörigkeit eines Wirtschaftsguts zum Betriebsvermögen, sofern sie für die Besteuerung bedeutsam ist, ist der Zeitraum seiner Zugehörigkeit zum Betriebsvermögen der übertragenden Körperschaft dem übernehmenden Rechtsträger zuzurechnen (§ 4 Abs. 2 Satz 2 UmwStG). Einige Rechtspositionen werden ausgenommen. Verrechenbare Verluste, verbleibende Verlustvorträge oder vom übertragenden Rechtsträger nicht ausgeglichene negative Einkünfte gehen nicht über (§ 4 Abs. 2 Satz 3 UmwStG).

▶ Entsprechendes gilt im Fall der Verschmelzung von Kapitalgesellschaften miteinander und im Fall der Spaltung einer Kapitalgesellschaft sowie in den handelsrechtlichen Ausgliederungsfällen (§ 23 Abs. 3, § 24 Abs. 4 UmwStG).

▶ Entsprechende Regelungen bestehen für den Formwechsel, soweit dieser überhaupt steuerrelevant ist.

602 Daneben führt auch ohne handelsrechtliche Gesamtrechtsnachfolge der übernehmende Rechtsträger in den Einbringungsfällen des § 20 bzw. § 24 UmwStG die Rechtsposition des Einbringenden in Bezug auf die eingelegten Wirtschaftsgüter fort, wenn diese mit dem Buchwert oder mit einem höheren, aber unter dem gemeinen Wert angesetzt werden (§ 23 Abs. 1, § 24 Abs. 2 UmwStG).

603 Die zunächst ausgesetzte Besteuerung der stillen Reserven bei dem übertragenden Unternehmen wird zu einem späteren Zeitpunkt beim Rechtsnachfolger nachgeholt.

604–610 *(Einstweilen frei)*

VI. Anwendungsvorschriften des UmwStG nach SEStEG und Anwendungsbestimmungen des UmwStErl 2011

1. Grundsätzlicher Anwendungsbereich

611 Gemäß § 27 Abs. 1 UmwStG ist das UmwStG in der Fassung des SEStEG erstmals auf Umwandlungen und Einbringungen anzuwenden, bei denen die **Anmeldung zur Eintragung** in das für die Wirksamkeit des jeweiligen Vorgangs

maßgebende öffentliche Register **nach dem 12.12.2006** erfolgt ist. Das maßgebende Register ist das Register, in dem die Eintragung die Rechtsfolgen der Umwandlung auslöst. Für die Anwendung des § 27 Abs. 1 Satz 1 UmwStG ist es unerheblich, dass neben diesen Eintragungen bei der Verschmelzung auch eine Eintragung in das Handelsregister der übertragenden Gesellschaft und bei der Spaltung auch eine Eintragung in das Handelsregister der übernehmenden Gesellschaft anzumelden ist.

Für Einbringungen, deren Wirksamkeit keine Eintragung in ein öffentliches Register voraussetzt, ist diese Fassung des Gesetzes erstmals anzuwenden, wenn das **wirtschaftliche Eigentum** an den eingebrachten Wirtschaftsgütern **nach dem 12.12.2006** übergegangen ist.

612

Das UmwStG,[1] welches vor SEStEG galt, ist gem. § 27 Abs. 2 UmwStG letztmals auf Umwandlungen und Einbringungen anzuwenden, bei denen die Anmeldung zur Eintragung in das für die Wirksamkeit des jeweiligen Vorgangs maßgebende öffentliche Register vor dem 13.12.2006 erfolgt ist. Für Einbringungen, deren Wirksamkeit keine Eintragung in ein öffentliches Register voraussetzt, ist diese Fassung letztmals anzuwenden, wenn das wirtschaftliche Eigentum an den eingebrachten Wirtschaftsgütern vor dem 13.12.2006 übergegangen ist.

613

Die Gründe für die Änderung des UmwStG waren unterschiedlicher Natur. Eine Reihe von Änderungen hat einen unionsrechtlichen Hintergrund, viele Änderungen haben aber auch nur einen nationalen Hintergrund. Die Zusammenfassung aller Änderungsmotive führte zu einer Generalüberholung des UmwStG. Im kleineren Umfang wurden die Bereiche des verschmelzungsbedingten Vermögensübergangs von einer Kapital- auf eine Personengesellschaft (§§ 3 bis 10 UmwStG) geändert. Einen grundlegenden Konzeptionswechsel gab es bei der Einbringung eines Betriebs, Teilbetriebs oder Mitunternehmeranteils in eine Kapitalgesellschaft bzw. in eine Genossenschaft. Das SEStEG hat das bisherige Konzept der einbringungsgeborenen Anteile durch das neue Konzept der nachträglichen Besteuerung des zugrunde liegenden Einbringungsvorgangs ersetzt.

2. Verhältnis des UmwStG 2006 zum UmwStG 1995

Die steuerlichen Regelungen zur Gründung und Sitzverlegung einer SE hätten nach den Vorgaben der geänderten Fusionsrichtlinie eigentlich zum 1.1.2006

614

---

1 In der Fassung der Bekanntmachung v. 15.10.2002, BGBl I 2002 S. 4133, I 2003 S. 738, geändert durch Artikel 3 des Gesetzes v. 16.5.2003 (BGBl I 2003 S. 660).

D. Das Umwandlungssteuerrecht

in Kraft treten müssen. Da dieser Zeitpunkt von dem Gesetzgeber nicht eingehalten wurde und eine rückwirkende Anwendung des UmwStG n. F. nicht vorgesehen ist, nimmt die Verwaltung im UmwStErl 2011 zu dem Verhältnis des UmwStG 2006 zum UmwStG 1995 Stellung.[1] Das UmwStG 1995[2] ist durch das Gesetz über steuerliche Begleitmaßnahmen zur Einführung der Europäischen Gesellschaft und zur Änderung weiterer steuerrechtlicher Vorschriften (SEStEG)[3] nicht aufgehoben worden, sondern gilt unverändert fort. Hiervon sind insbesondere die Regelungen zu den einbringungsgeborenen Anteilen (§ 21 UmwStG 1995) und zum rückwirkenden Wegfall von Steuererleichterungen (§ 26 UmwStG 1995) betroffen. Insoweit finden auch die BMF-Schreiben vom 25. 3. 1998[4] und vom 16. 12. 2003[5] weiterhin Anwendung.

615 Wegen des Wechsels vom System einbringungsgeborener Anteile zu der Nachversteuerung innerhalb einer Sperrfrist sind nach Abs. 2 besondere Anwendungsvorschriften in § 27 UmwStG in der Gestalt von Abs. 3 und Abs. 4 geschaffen worden.

616 Für die Einbringungsfälle, die noch nach dem früher geltenden Recht durchgeführt worden sind, gelten die bisherigen Vorschriften zur steuerlichen Behandlung der einbringungsgeborenen Anteile weiter. Dies betrifft die Anwendung des § 21 UmwStG 1995 sowie des § 3 Nr. 40 Satz 3 und 4 EStG und des § 8b Abs. 4 KStG, jeweils in der bisher geltenden Fassung. Erfolgen nachträglich weitere Einbringungsvorgänge, kann es daher zu einer parallelen Geltung der bisherigen und der neuen Regelungen des UmwStG kommen.

617 Gemäß § 27 Abs. 3 UmwStG gilt im aktuellen Recht abweichend das Recht vor SEStEG in folgenden Fällen weiter:

1. § 5 Abs. 4 UmwStG a. F. ist bei einer Umwandlung einer Kapitalgesellschaft in ein Personenunternehmen für einbringungsgeborene Anteile i. S. von § 21 Abs. 1 UmwStG a. F. mit der Maßgabe weiterhin anzuwenden, dass die Anteile zu dem Wert i. S. von § 5 Abs. 2 (= Anschaffungskosten) oder Abs. 3 UmwStG (= Buchwert) i. d. F. des SEStEG als zum steuerlichen Übertragungsstichtag in das Betriebsvermögen des übernehmenden Rechtsträgers überführt gelten. Als Rechtsfolge gilt zu einem späteren Zeitpunkt bei Ver-

---

[1] Rn 00.01 UmwStErl 2011 v. 11. 11. 2011.
[2] I. d. F. der Bekanntmachung v. 15. 10. 2002 (BGBl I 2002 S. 4133, ber. BGBl I 2003 S. 738).
[3] Vom 7. 12. 2006 (BGBl I S. 2782, ber. BGBl I 2007 S. 68).
[4] BStBl I S. 268, geändert durch BMF-Schreiben v. 21. 8. 2001, BStBl I S. 543.
[5] BStBl I S. 786.

äußerung oder Ersatztatbeständen die Besteuerung einbringungsgeborener Anteile.

2. § 20 Abs. 6 UmwStG in der am 21. 5. 2003 geltenden Fassung ist für die Fälle des Ausschlusses des Besteuerungsrechts (§ 20 Abs. 3 UmwStG a. F.) weiterhin anwendbar, wenn auf die Einbringung altes Recht anzuwenden war.

3. § 21 UmwStG in der am 21. 5. 2003 geltenden Fassung ist für einbringungsgeborene Anteile i. S. von § 21 Abs. 1 UmwStG, die auf einem Einbringungsvorgang beruhen, auf den das Recht vor SEStEG anwendbar war, weiterhin anzuwenden.[1] Für § 21 Abs. 2 Satz 1 Nr. 2 UmwStG in der am 21. 5. 2003 geltenden Fassung gilt dies mit der Maßgabe, dass eine Stundung der Steuer gem. § 6 Abs. 5 AStG in der Fassung des Gesetzes vom 7. 12. 2006[2] unter den dort genannten Voraussetzungen erfolgt, wenn die Einkommensteuer noch nicht bestandskräftig festgesetzt ist; § 6 Abs. 6 und 7 AStG ist entsprechend anzuwenden.

Gemäß § 27 Abs. 4 UmwStG sind §§ 22, 23 und 24 Abs. 5 UmwStG i. d. F. nach SEStEG nicht anzuwenden, soweit hinsichtlich des Gewinns aus der Veräußerung der Anteile oder einem gleichgestellten Ereignis i. S. von § 22 Abs. 1 UmwStG die Steuerfreistellung nach § 8b Abs. 4 KStG in der am 12. 12. 2006 geltenden Fassung oder nach § 3 Nr. 40 Satz 3 und 4 EStG in der am 12. 12. 2006 geltenden Fassung ausgeschlossen ist. § 27 Abs. 4 UmwStG ist ein Ausschluss der Neuregelung. 618

Zu Details wird auf den UmwStErl 2011 zum Bereich Anwendungsvorschriften und Ermächtigung verwiesen.[3]

(Einstweilen frei) 619–625

VII. Allgemeiner Teil

1. Die Schlüsselfunktion des § 1 UmwStG

§ 1 UmwStG bildet zusammen mit § 2 UmwStG den allgemeinen Teil. Er regelt umfassender als die Vorgängervorschrift in den Abs. 1 bis 4 den gesamten **Anwendungsbereich** des UmwStG, ohne allerdings den jeweils auf den betreffen- 626

---

1 Zu Einzelheiten s. Walzer, Einbringungsgeborene Anteile – Friktionen bei der Fortgeltung des „Alten" Umwandlungssteuerrechts nach SEStEG, DB 2009 S. 2341.
2 BGBl I 2006 S. 2782.
3 UmwStErl 2011 v. 11. 11. 2011, Bereich „einbringungsgeborene Anteile" 27.01 – 27.13, Bereich „sonstige Anwendungsbestimmungen" S. 01 –S. 08.

den Umwandlungsvorgang anwendbaren Teil des UmwStG festzulegen, und definiert in Abs. 5 wesentliche Begriffe.

627 § 1 Abs. 1 bis 4 UmwStG unterscheiden den **sachlichen und den persönlichen Anwendungsbereich** des UmwStG. In § 1 Abs. 1 und 2 UmwStG werden die Voraussetzungen für den zweiten bis fünften Teil und in § 1 Abs. 3 und 4 UmwStG die für den sechsten bis achten Teil geregelt. Die Auswirkungen einer Umwandlung zweier oder mehrerer Rechtsträger auf Dritte, wie auch auf die Gesellschafter, spielen in der Umschreibung des Anwendungsbereichs des UmwStG keine Rolle. Sie können den materiellrechtlichen Einzelregelungen des UmwStG entnommen werden. Nur wenn die Voraussetzungen des § 1 Abs. 1 bis 4 UmwStG erfüllt sind, ist der Weg in die nachfolgenden Vorschriften des UmwStG geöffnet.

2. Der sachliche Anwendungsbereich des zweiten bis fünften Teils

628 Der zweite bis fünfte Teil gilt gem. § 1 Abs. 1 UmwStG nur für

▶ die Verschmelzung, Aufspaltung und Abspaltung i. S. der § 2, § 123 Abs. 1 und 2 UmwStG von Körperschaften oder vergleichbare ausländische Vorgänge sowie der Art. 17 SE-VO und Art. 19 SCE-VO;

▶ den Formwechsel einer Kapitalgesellschaft in eine Personengesellschaft i. S. des § 190 Abs. 1 UmwStG oder vergleichbare ausländische Vorgänge;

▶ die Umwandlung i. S. des § 1 Abs. 2 UmwG, soweit sie einer Umwandlung i. S. des § 1 Abs. 1 UmwG entspricht;

▶ die Vermögensübertragung i. S. des § 174 UmwG.

Diese müssen zivilrechtlich wirksam sein. Bei der Frage, ob eine zivilrechtlich wirksame Umwandlung i. S. dieser Bestimmungen vorliegt, ist regelmäßig von der registerrechtlichen Entscheidung auszugehen. Dies gilt jedoch nicht, wenn die registerrechtliche Entscheidung trotz rechtlich gravierender Mängel erfolgte.[1]

Die Finanzverwaltung trennt von den inländischen Umwandlungen die vergleichbaren ausländischen Vorgänge und die Vorgänge nach EU – Recht.[2]

---

1 Rn 01.06 UmwStErl 2011.
2 Rn 01.03 ff. UmwStErl 2011.

a) Inländische Umwandlungen = Umwandlungen nach dem UmwG

Eine inländische Umwandlung liegt vor, wenn auf den oder die übertragenden Rechtsträger und auf den oder die übernehmenden Rechtsträger bzw. beim Formwechsel auf den sich umwandelnden Rechtsträger das UmwG anzuwenden ist. Dies ist der Fall, wenn der oder die übertragende(n) Rechtsträger und der oder die übernehmende(n) Rechtsträger den statutarischen Sitz im Inland hat oder haben. Bei einer Personengesellschaft als übernehmender Rechtsträger ist deren Sitz der Hauptverwaltung und bei einer natürlichen Person als übernehmender Rechtsträger ist deren Wohnsitz (§ 7 BGB) maßgebend.

629

Der sachliche Anwendungsbereich des UmwStG bestimmt sich bei Umwandlungen von inländischen Rechtsträgern nach den Umwandlungsmöglichkeiten des UmwG vom 28. 10. 1994,[1] in der jeweils geltenden Fassung. Danach sind für Rechtsträger mit Sitz im Inland in § 1 Abs. 1 UmwG die folgenden Umwandlungsarten vorgesehen:

- ▶ die Verschmelzung von Körperschaften auf Körperschaften, Personengesellschaften oder eine natürliche Person,
- ▶ die Spaltung (nur mit den Formen Aufspaltung, Abspaltung) von Körperschaften auf Körperschaften oder Personengesellschaften,
- ▶ die Vermögensübertragung von Körperschaften auf Körperschaften

und

- ▶ der Formwechsel einer Kapitalgesellschaft in eine Personengesellschaft.

Diese Aufzählung ist abschließend. Eine Umwandlung außer in den im UmwG genannten Fällen ist gem. § 1 Abs. 2 UmwG nur möglich, wenn sie durch ein anderes Bundesgesetz oder ein Landesgesetz ausdrücklich vorgesehen ist.[2] Für Umwandlungen i. S. d. § 1 Abs. 2 UmwG setzt die Anwendung des Zweiten bis Fünften Teils des UmwStG eine durch eine bundes- oder landesgesetzliche Regelung ausdrücklich zugelassene Umwandlungsmöglichkeit (z. B. § 38a LwAnpG, § 6b VermG sowie einzelne Sparkassengesetze der Länder) voraus, die einer Umwandlung i. S. d. § 1 Abs. 1 UmwG entspricht. Die aktive und passive Umwandlungsfähigkeit[3] ergibt sich aus dem jeweiligen Bundes- oder Landesgesetz.[4]

---

[1] BGBl I 1994 S. 3210, ber. BGBl I 1995 S. 428, zuletzt geändert durch das Dritte Gesetz zur Änderung des Umwandlungsgesetzes vom 11. 7. 2011, BGBl I 2011 S. 1338.
[2] So auch Rn 01.04 UmwStErl 2011.
[3] Vgl. zum Begriff auch Rn 01.26 UmwStErl. 2011.
[4] Rn 01.04 UmwStErl 2011.

Ausgangsrechtsformen sind Körperschaften oder Kapitalgesellschaften. Soweit das Gesetz **Körperschaften** nennt, sind das sämtliche von § 1 KStG erfassten Rechtsträger. Danach kommen in Betracht:

- Kapitalgesellschaften,
- eingetragene Genossenschaften,
- eingetragene Vereine,
- Wirtschaftsvereine,
- genossenschaftliche Prüfungsverbände,
- VVaG,
- Körperschaften und Anstalten des öffentlichen Rechts.

630 **Kapitalgesellschaften** sind nur die von § 1 Abs. 1 Nr. 1 KStG erfassten Gesellschaften. Zum einen sind das die in der Vorschrift aufgeführten Formen

- AG,
- GmbH,
- KGaA,
- SE,

zum anderen werden auch ausländische Rechtsträger erfasst, sofern sie mit deutschen Kapitalgesellschaften vergleichbar sind. Seit der Änderung durch das SEStEG sind § 1 Abs. 1 Nr. 1 KStG und § 3 Abs. 1 Nr. 2 UmwG nicht mehr deckungsgleich. Gleichwohl wird hier eine enge Sicht vertreten. Danach ist die Möglichkeit zur Umwandlung nach dem UmwG auf die jeweils im UmwG abschließend bezeichneten Rechtsträger begrenzt. Die Umwandlungsfähigkeit supranationaler Rechtsformen des europäischen Rechts bestimmt sich nach den Vorgaben des sekundären Unionsrechts ggf. i. V. m. den nationalen Ausführungsgesetzen. Die Umwandlungsfähigkeit einer

- Europäischen Gesellschaft (SE) entspricht nach Art. 9 der Verordnung (EG) Nr. 2157/2001[1] der einer AG,
- Europäischen Genossenschaft (SCE) entspricht nach Art. 8 der Verordnung (EG) Nr. 1435/2003[2] der einer eG und

---

1 SE-VO, Abl. EG Nr. L 294 S. 1.
2 SCE-VO, Abl. EG Nr. L 207 S. 1.

▶ Europäischen wirtschaftlichen Interessenvereinigung (EWIV) entspricht nach Artikel 2 der Verordnung (EWG) Nr. 2137/85[1] i.V. m. § 1 EWIV-Ausführungsgesetz[2] der einer OHG.[3]

Zudem bleibt die **umwandlungssteuerrechtliche Behandlung** der KGaA ungeklärt. Diese Rechtsform ist bezogen auf den Komplementär mit Elementen einer Mitunternehmerschaft versehen. Danach führt die Umwandlung einer GmbH in eine KGaA zu einer **Mischumwandlung**[4] wonach auf den Bereich des Komplementärs die §§ 3 ff. UmwStG und für den Aktionärsbereich die §§ 11 ff. UmwStG anzuwenden sind. Die Verwaltung hat im UmwStErl v. 11.11.2011 dazu keine Stellung genommen. Das ist bemerkenswert, da der Vorentwurf noch nach Tz. 11.11. v. 16.2.2011 die Umwandlung in eine KGaA als Mischumwandlung zu behandeln vorgeschlagen hatte. Für die Beratungspraxis wird daher vorgeschlagen verbindliche Auskünfte hinsichtlich der umwandlungssteuerrechtlichen Behandlung einer KGaA einzuholen.[5]

b) Vergleichbare ausländische Vorgänge

Zunächst prüft die Finanzverwaltung ob der ausländische Umwandlungsvorgang einer deutschen Umwandlung entspricht.

631

Der sachliche Anwendungsbereich des Zweiten bis Fünften Teils gilt danach für mit

▶ einer Verschmelzung,
▶ einer Aufspaltung oder Abspaltung sowie
▶ einem Formwechsel

vergleichbare ausländische Vorgänge. Vergleichbare Vorgänge i. S. d. § 1 Abs. 1 Satz 1 Nr. 1 und 2 UmwStG sind Umwandlungen, bei denen auf den übertragenden Rechtsträger oder auf den übernehmenden Rechtsträger bzw. beim Formwechsel auf den umwandelnden Rechtsträger das UmwG nach den allgemeinen Grundsätzen kollisionsrechtlich keine Anwendung findet. Das für die Umwandlung maßgebende Recht bestimmt sich regelmäßig nach dem Gesellschaftsstatut des Staats, in dem der jeweilige Rechtsträger in ein öffentliches Register eingetragen ist. Ist er nicht oder noch nicht in ein öffentliches

---

1 EWIV-VO, Abl. EG Nr. L 199 S. 1.
2 BGBl. 1988 I S. 514.
3 Rn 01.05 UmwStErl 2011.
4 Dazu umfassend Dötsch, in D/P/M, vor §§ 11 UmwStG, Tz. 25 m. w. N.
5 Breuninger, in Arbeitsbuch der 63. Steuerrechtlichen Jahresarbeitstagung Unternehmen vom 14. – 16. 5. 2012 der AG Fachanwälte für Steuerrecht e.V. S. 253 f.

D. Das Umwandlungssteuerrecht

Register eingetragen, ist das Gesellschaftsstatut des Staats maßgebend, nach dem er organisiert ist.[1]

631a Ausländische Vorgänge i. S. d. § 1 Abs. 1 UmwStG sind nach der Auffassung der Finanzverwaltung auch grenzüberschreitende Umwandlungsvorgänge unter Beteiligung von Rechtsträgern, die dem deutschen Gesellschaftsstatut unterliegen. Die grenzüberschreitende Verschmelzung i. S. d. § 122a UmwG ist dabei grundsätzlich ein mit einer Verschmelzung i. S. d. § 2 UmwG vergleichbarer ausländischer Vorgang.[2] Im UmwStG selbst ist die **grenzüberschreitende Verschmelzung** nach § 122a UmwG, der auf der Verschmelzungsrichtlinie[3] beruht, nicht ausdrücklich erwähnt. Dies beruht darauf, dass diese Vorschrift zum Zeitpunkt der Neufassung des UmwStG noch nicht erlassen war. Eine grenzüberschreitende Verschmelzung ist aber, trotz ihrer Regelung in einem eigenen Abschnitt, eine „Verschmelzung i. S. d. § 2 UmwG", obwohl diese Vorschrift direkt nur auf inländische Verschmelzungen anwendbar ist. Die durch die spätere Schaffung des § 122a UmwG entstandene Lücke im UmwStG lässt sich entweder durch Analogie schließen oder eine unionsrechtskonforme Gesetzesauslegung ist erforderlich, um einen Verstoß gegen EU-Recht zu vermeiden und dem Gebot der Steuerneutralität gem. der Fusionsrichtlinie[4] nachzukommen.[5]

Ein ausländischer Vorgang kann auch dann gegeben sein, wenn sämtliche beteiligten Rechtsträger im Inland unbeschränkt steuerpflichtig sind.[6]

BEISPIEL Zwei Gesellschaften englischen Rechts (statutarischer Sitz in Großbritannien und effektiver Verwaltungssitz im Inland) sollen zu einer Gesellschaft englischen Rechts mit effektivem Verwaltungssitz im Inland verschmolzen werden. Die Gesellschaften englischen Rechts sind sämtlich im Inland nach § 1 Abs. 1 Nr. 1 KStG unbeschränkt steuerpflichtig.

Lösung
Es handelt sich um einen ausländischen Vorgang, da für die Umwandlung ausschließlich das englische Gesellschaftsstatut maßgebend ist.

631b Zudem wird auf die zivilrechtliche Wirksamkeit nach ausländischem Recht abgestellt. Für ausländische Umwandlungsvorgänge gilt wie bei den inländischen Umwandlungen der Grundsatz der Maßgeblichkeit des Gesellschafts-

---

1 Vgl. Rn 01.07 UmwStErl 2011.
2 Rn 01.21 UmwStErl 2011.
3 EG-Richtlinie Nr. 2005/56/EG v. 26. 10. 2005, Abl. EU Nr. L 310 S. 1.
4 Fusionsrichtlinie Nr. 2005/19/EG i. d. F. v. 17. 2. 2005, Abl. EU Nr. L 58 S. 19.
5 Frotscher, in Frotscher/Maas, UmwStG, § 1 UmwStG Rz. 40.
6 Rn 01.22 UmwStErl 2011.

rechts.[1] Der ausländische Vorgang muss nach dem jeweiligen Gesellschaftsstatut der beteiligten Rechtsträger gesellschaftsrechtlich zulässig und wirksam sein. Für die gesellschaftsrechtliche Zulässigkeit und Wirksamkeit einer ausländischen Umwandlung ist regelmäßig von der Entscheidung der ausländischen Registerbehörden auszugehen. Das gilt nicht bei gravierenden Mängeln der Umwandlung.

Die Prüfung, ob ein ausländischer Vorgang mit einer inländischen Umwandlung i. S. d. § 1 Abs. 1 Satz 1 Nr. 1 und 2 UmwStG vergleichbar ist, erfolgt durch die im jeweiligen Einzelfall zuständige inländische Finanzbehörde. Insoweit wird ihr folgendes vorgegeben. Ein ausländischer Umwandlungsvorgang ist danach vergleichbar, wenn er seinem Wesen nach einer Verschmelzung, Aufspaltung, Abspaltung oder einem Formwechsel i. S. d. UmwG entspricht. Für die Beurteilung des ausländischen Vorgangs sind 631c

▶ die beteiligten Rechtsträger,

▶ die Rechtsnatur bzw. Rechtsfolgen des Umwandlungsvorgangs (Strukturmerkmale)

und

▶ sonstige Vergleichskriterien

zu prüfen.[2]

Der Vergleichbarkeitsprüfung unterliegt grundsätzlich der jeweilige ausländische Umwandlungsvorgang in seiner konkreten rechtlichen Ausgestaltung und nicht das ausländische Umwandlungsrecht als solches.[3] Maßgebend ist, dass der nach ausländischem Umwandlungsrecht abgewickelte konkrete Vorgang ungeachtet des Sitzerfordernisses in § 1 Abs. 1 UmwG auch nach den Regelungen des UmwG wirksam abgewickelt werden könnte.

BEISPIEL ▶ Zwei Gesellschaften ausländischer Rechtsform sollen verschmolzen werden. Das ausländische Umwandlungsrecht sieht keine mit § 54 Abs. 4 UmwG vergleichbare Beschränkung barer Zuzahlungen vor. Im Verschmelzungsvertrag wird eine bare Zuzahlung i. H. v. 50 % des Gesamtnennbetrags der gewährten Anteile vereinbart.

Lösung

Aufgrund der vertraglich vereinbarten baren Zuzahlung von mehr als 10 % des Gesamtnennbetrags der gewährten Anteile ist kein mit einer inländischen Umwandlung vergleichbarer Vorgang gegeben, da der Umwandlungsvorgang ungeachtet des

---

1 Siehe o. Rn 628.
2 Rn 01.24 UmwStErl 2011.
3 Rn 01.25 UmwStErl 2011.

Sitzerfordernisses in § 1 Abs. 1 UmwG nicht nach den Vorschriften des UmwG hätte abgewickelt werden können. Wäre in dem Verschmelzungsvertrag eine bare Zuzahlung i. H. v. max. 10 % des Gesamtnennbetrags der gewährten Anteile vereinbart worden, stünde einer Vergleichbarkeit des ausländischen Umwandlungsvorgangs die fehlende gesetzliche Beschränkung barer Zuzahlungen im ausländischen Umwandlungsrecht nicht entgegen.

631d Die Finanzverwaltung prüft die Umwandlungsfähigkeit der beteiligten Rechtsträger.[1] Die Prüfung der Umwandlungsfähigkeit der beteiligten Rechtsträger hat bezogen auf die zu beurteilende Umwandlungsart und bezogen auf das jeweilige Gesellschaftsstatut der an dieser Umwandlung beteiligten Rechtsträger zu erfolgen. Die Voraussetzungen der Umwandlungsfähigkeit müssen – infolge des auch für ausländische Umwandlungen geltenden Grundsatzes der Maßgeblichkeit des Gesellschaftsrechts[2] – für sämtliche betroffenen Gesellschaftsstatute der beteiligten Rechtsträger geprüft und mit der Umwandlungsfähigkeit nach dem UmwG verglichen werden; dabei ist der Umwandlungsvorgang nach dem jeweiligen Gesellschaftsstatut als Ganzes und nicht nur hinsichtlich eines bestimmten Teilbereichs (z. B. als übertragender oder übernehmender Rechtsträger) zu prüfen.

631e Der ausländische Rechtsträger muss im Rahmen eines **Rechtstypenvergleichs** einem vergleichbaren umwandlungsfähigen Rechtsträger inländischen Rechts entsprechen.[3] Daher ist die bloße steuerliche Einordnung des jeweiligen Rechtsträgers als Körperschaft oder Personengesellschaft für die Beurteilung der Umwandlungsfähigkeit nicht ausreichend. Der Rechtstypenvergleich hat grundsätzlich anhand des gesetzlichen Leitbilds der ausländischen Gesellschaft zu erfolgen.[4] Ist es aufgrund umfassender Dispositionsmöglichkeiten im ausländischen Recht nicht möglich, den jeweils beteiligten Rechtsträger anhand des gesetzlich vorgegebenen Leitbilds abzuleiten, hat der Rechtstypenvergleich anhand der rechtlichen Gegebenheiten des Einzelfalls zu erfolgen.

Ob eine **ausländische Gesellschaft** in Deutschland steuerlich als Kapitalgesellschaft bzw. Körperschaft einzuordnen ist, ist anhand eines **Typenvergleichs** zu ermitteln.[5] Bei diesem Typenvergleich werden für die Kapitalgesellschaft folgende Kriterien berücksichtigt, wobei es auf das Recht des ausländischen Staats ankommt:

---

1 Rn 01.26 UmwStErl 2011.
2 Siehe o. Rn 628.
3 Rn 01.27 UmwStErl 2011.
4 Zum Rechtstypenvergleich ausgewählter ausländischer Rechtsformen vgl. Tabellen 1 und 2 des BMF-Schreibens v. 24. 12. 1999, BStBl I 1999 S. 1076.
5 Zur Art und Weise vgl. BMF v. 19. 3. 2004 IV B – S 1301 USA – 22/04, BStBl I 2004, S. 411.

- beschränkte Haftung der Gesellschafter,
- fehlende Nachschusspflicht der Gesellschafter,
- Bestand unabhängig vom Gesellschafterbestand,
- Fremdorganschaft,
- freie Übertragbarkeit der Beteiligung,
- konstitutiver Charakter der Eintragung,
- unbegrenzte „Lebensdauer".

Auch aufgelöste Rechtsträger können sich an ausländischen Umwandlungsvorgängen entsprechend den in § 3 Absatz 3, § 124 Absatz 2 UmwG genannten Voraussetzungen beteiligen.[1]

Eine unbeschränkte Haftung mindestens eines Gesellschafters, Ausscheiden eines Gesellschafters als Auflösungsgrund, Selbstorganschaft und Übertragbarkeit der Gesellschafterstellung nur mit Zustimmung der Mitgesellschafter sprechen für das Vorliegen einer Personengesellschaft.

632

Neben der Umwandlungsfähigkeit der beteiligten Rechtsträger müssen die Strukturmerkmale einer Verschmelzung, einer Aufspaltung oder Abspaltung oder eines Formwechsels vorliegen.[2]

632a

Strukturmerkmale einer Verschmelzung i. S. d. § 2 UmwG sind:

632b

- die Übertragung des gesamten Aktiv- und Passivvermögens eines übertragenden Rechtsträgers oder mehrerer übertragender Rechtsträger auf einen übernehmenden Rechtsträger,
- aufgrund eines Rechtsgeschäfts,
- kraft Gesetzes,
- gegen Gewährung von Anteilen am übernehmenden Rechtsträger an die Anteilsinhaber des übertragenden Rechtsträgers,
- bei Auflösung ohne Abwicklung des übertragenden Rechtsträgers oder der übertragenden Rechtsträger.[3]

Rechtsgeschäft ist der Abschluss eines Verschmelzungsvertrags bzw. die Erstellung eines Verschmelzungsplans. Der notwendige Inhalt des Verschmelzungsvertrags bzw. des Verschmelzungsplans muss bei ausländischen Vorgängen mindestens den Vorgaben der Verschmelzungsrichtlinie[4] entsprechen.

---

1 Siehe o. Rn 152.
2 Rn 01.29 – 01.39 UmwStErl 2011.
3 Siehe o. Rn 158 ff.
4 Richtlinie 78/855/EWG Abl. EG Nr. L 295 S. 36.

D. Das Umwandlungssteuerrecht

Dies gilt auch für die Rechtswirkungen der Verschmelzung. Diese ergeben sich aus Art. 19 der Verschmelzungsrichtlinie.[1] Der Übergang des gesamten Vermögens, die Auflösung ohne Abwicklung des übertragenden Rechtsträgers sowie die Beteiligung der Anteilsinhaber des übertragenden Rechtsträgers an dem übernehmenden Rechtsträger müssen nach den ausländischen umwandlungsrechtlichen Bestimmungen kraft Gesetzes und nicht durch Einzelübertragungen erfolgen.

Bei der Prüfung des Erfordernisses zur Gewährung von Anteilen sind Kapitalerhöhungsverbote und Kapitalerhöhungswahlrechte entsprechend den im UmwG (z. B. § 54 UmwG) enthaltenen vergleichbaren Regelungen zu berücksichtigen.[2]

BEISPIEL Eine ausländische Mutter-Kapitalgesellschaft ist alleinige Anteilseignerin zweier ausländischer Tochter-Kapitalgesellschaften. Die eine Tochter-Kapitalgesellschaft wird zur Aufnahme auf die andere Tochter-Kapitalgesellschaft verschmolzen. Auf eine Kapitalerhöhung wird auf Grundlage einer mit § 54 Abs. 1 Satz 3 UmwG vergleichbaren ausländischen Regelung verzichtet.

Lösung
Bei der Prüfung der Strukturmerkmale des ausländischen Umwandlungsvorgangs ist die Möglichkeit zum Verzicht auf eine Kapitalerhöhung analog § 54 Abs. 1 Satz 3 UmwG zu berücksichtigen.

632c Strukturmerkmale einer Aufspaltung i. S. d. § 123 Abs. 1 UmwG sind:

▶ die Übertragung des gesamten Aktiv- und Passivvermögens eines Rechtsträgers auf mindestens zwei übernehmende Rechtsträger,

▶ aufgrund eines Rechtsgeschäfts,

▶ kraft Gesetzes,

▶ gegen Gewährung von Anteilen an den übernehmenden Rechtsträgern an die Anteilsinhaber des übertragenden Rechtsträgers,

▶ bei Auflösung ohne Abwicklung des übertragenden Rechtsträgers.[3]

Rechtsgeschäft ist der Abschluss eines Spaltungs- und Übernahmevertrags bzw. die Erstellung eines Spaltungsplans. Der notwendige Inhalt des Spaltungs- und Übernahmevertrags bzw. des Spaltungsplans muss bei ausländischen Umwandlungsvorgängen den Vorgaben der Spaltungsrichtlinie[4] entsprechen.

---

1 A. a. O.
2 Siehe o. Rn 214 u. Rn 01.32 UmwStErl 2011.
3 Siehe o. Rn 324.
4 Richtlinie 82/891/EWG (Abl. EG Nr. L 378 S. 47).

Dies gilt auch für die Rechtswirkungen der Aufspaltung. Diese ergeben sich aus Art. 17 der Spaltungsrichtlinie.[1] Der Übergang des gesamten Vermögens, die Auflösung ohne Abwicklung des übertragenden Rechtsträgers sowie die Beteiligung der Anteilsinhaber des übertragenden Rechtsträgers an den übernehmenden Rechtsträgern müssen nach den ausländischen umwandlungsrechtlichen Bestimmungen kraft Gesetzes und nicht durch Einzelübertragungen erfolgen.

Bei der Prüfung des Erfordernisses zur Gewährung von Anteilen sind Kapitalerhöhungsverbote und Kapitalerhöhungswahlrechte entsprechend den im UmwG enthaltenen vergleichbaren Regelungen zu beachten.[2]

Strukturmerkmale einer Abspaltung i. S. d. § 123 Abs. 2 UmwG sind: 632d

▶ die Übertragung eines Teils oder mehrerer Teile eines Rechtsträgers auf einen oder mehrere übernehmende Rechtsträger,

▶ aufgrund eines Rechtsgeschäfts,

▶ kraft Gesetzes,

▶ gegen Gewährung von Anteilen am übernehmenden Rechtsträgers oder an den übernehmenden Rechtsträgern an die Anteilsinhaber des übertragenden Rechtsträgers,

▶ ohne Auflösung des übertragenden Rechtsträgers.[3]

Gesellschaftsrechtliche Bestimmungen des sekundären Unionsrechts über die Abspaltung bestehen derzeit nicht. Die Spaltungsrichtlinie behandelt nur den Vorgang der Aufspaltung. Der notwendige Inhalt des Spaltungs- und Übernahmevertrags bzw. des Spaltungsplans sowie die Rechtswirkungen der Abspaltung müssen daher den Bestimmungen des UmwG entsprechen.

Die Möglichkeit des übertragenden Rechtsträgers, die aufgrund einer Vermögensübertragung erhaltenen Anteile an die Anteilseigner des übertragenden Rechtsträgers unentgeltlich zeitnah weiter übertragen zu können, führt nicht dazu, dass ein ausländischer Umwandlungsvorgang mit einer Abspaltung i. S. d. § 123 Abs. 2 UmwG vergleichbar ist;

BEISPIEL: ▶ Teileinbringung nach dem französischen Recht (Apport partiel d'actif).

Es kann sich jedoch insoweit um einen mit einer Ausgliederung i. S. d. § 123 Absatz 3 UmwG vergleichbaren ausländischen Vorgang handeln.

---

1 A. a. O.
2 Siehe o. Rn 214 u. Rn 632b.
3 Siehe o. Rn 325.

D. Das Umwandlungssteuerrecht

632e Es bestehen derzeit auch keine sekundärrechtlichen Bestimmungen des Unionsrechts zum Formwechsel. Für die Abgrenzung zwischen einer Verschmelzung und einem Formwechsel ist auf das ausländische Umwandlungsrecht abzustellen.[1] Nach §§ 190 ff. UmwG ist der Formwechsel auf die Änderung der rechtlichen Organisation des Rechtsträgers beschränkt.

Sieht das ausländische Recht keine rechtliche Kontinuität, sondern eine Auflösung ohne Abwicklung vor, ist daher dieser Vorgang nicht mehr mit einem Formwechsel vergleichbar. Es kann insoweit jedoch ein mit einer Verschmelzung i. S. d. § 2 UmwG vergleichbarer ausländischer Vorgang gegeben sein. Der Umstand, dass das deutsche Recht gem. § 2 Nr. 2 UmwG bei einer Verschmelzung zur Neugründung insoweit mindestens zwei übertragende Rechtsträger erfordert, stellt bei der Vergleichbarkeitsprüfung kein Strukturmerkmal dar.[2]

BEISPIEL Eine österreichische GesmbH mit inländischen Anteilseignern wird im Wege einer errichtenden Umwandlung in eine österreichische KG umgewandelt.

Lösung:

Eine errichtende Umwandlung ist die ohne Abwicklung erfolgende Übertragung des Vermögens der GesmbH auf die gleichzeitig neu entstehende KG. Die GesmbH erlischt infolge der Umwandlung. Auch wenn es für eine Verschmelzung zur Neugründung i. S. d. § 2 Nr. 2 UmwG an dem Erfordenis mindestens zweier übertragender Rechtsträger fehlt, ist dennoch ein mit einer Verschmelzung i. S. d. § 1 Abs. 1 Satz 1 Nr. 1 UmwStG vergleichbarer ausländischer Vorgang gegeben, da die Strukturmerkmale einer Verschmelzung erfüllt sind. Infolge der Auflösung und der Vermögensübertragung liegt kein mit einem Formwechsel i. S. d. § 1 Abs. 1 Satz 1 Nr. 2 UmwStG vergleichbarer ausländischer Vorgang vor.

632f Die Finanzverwaltung prüft eigens sonstige Vergleichskriterien.[3] Ein wesentliches sonstiges Vergleichskriterium ist insbesondere die Höhe der vertraglich vereinbarten Zuzahlungen. Diese müssen grundsätzlich mit den Vorgaben des UmwG (z. B. höchstens 10 % nach § 54 Abs. 4 UmwG) vergleichbar sein. Werden Zuzahlungen vereinbart, die diesen Rahmen deutlich überschreiten, ist dieses als Indiz für eine fehlende Vergleichbarkeit zu werten. Zum einen wird hier durch das Merkmal „deutlich" ein streitanfälliger Bereich geschaffen und zum anderen laufen Gesellschaften Gefahr, wenn Zuzahlungen die Grenzen des § 54 Abs. 4 UmwG überschreiten bei der deutschen Finanzverwaltung hinsichtlich eines vergleichbaren Umwandlungsvorgangs zu scheitern. Nicht in die Vergleichbakeitsprüfung dürfen Zuzahlungen i. S. des § 15 UmwG fallen. Ist das Umtauschverhältnis der Anteile zu niedrig bemessen oder ist die Mit-

---

1 BFH, Urteil v. 22. 2. 1989 I R 11/85, BStBl II 1989 S. 794.
2 Siehe o. Rn 632b u. Rn 01.39 UmwStErl 2011.
3 Rn 01.40 f. UmwStErl 2011.

gliedschaft bei dem übernehmenden Rechtsträger kein ausreichender Gegenwert für den Anteil oder die Mitgliedschaft bei einem übertragenden Rechtsträger, so kann jeder Anteilsinhaber dieses übertragenden Rechtsträgers, dessen Recht, gegen die Wirksamkeit des Verschmelzungsbeschlusses Klage zu erheben, nach § 14 Abs. 2 UmwG ausgeschlossen ist, von dem übernehmenden Rechtsträger einen Ausgleich durch bare Zuzahlung verlangen; die Zuzahlungen können den zehnten Teil des auf die gewährten Anteile entfallenden Betrags des Grund- oder Stammkapitals übersteigen.[2] Die angemessene Zuzahlung wird auf Antrag durch das Gericht nach den Vorschriften des Spruchverfahrensgesetzes bestimmt. Ein Ausgleich durch die Gewährung zusätzlicher Aktien wird in diesen Fällen vom Gesetzgeber abgelehnt.

Die Dauer einer gesellschaftsrechtlichen Rückbeziehungsmöglichkeit des Umwandlungsvorgangs stellt kein für die Vergleichbarkeit entscheidendes Merkmal dar.[1]

Auf die Anzeigepflichten der Steuerpflichtigen, z. B. nach § 137 oder § 138 Abs. 2 AO, wird ausdrücklich hingewiesen.[2] Danach haben z. B. Steuerpflichtige, die nicht natürliche Personen sind, innerhalb eines Monats seit dem meldepflichtigen Ereignis, die Umstände anzuzeigen, die für die steuerliche Erfassung von Bedeutung sind, insbesondere die Gründung, den Erwerb der Rechtsfähigkeit, die Änderung der Rechtsform, die Verlegung der Geschäftsleitung oder des Sitzes und die Auflösung.

632g

c) Umwandlungen nach der SE – VO bzw. der SCE VO

Verschmelzungen i. S. d. Art. 17 der Verordnung (EG) Nr. 2157/2001 zur Gründung einer Europäischen Gesellschaft und i. S. d. Art. 19 der Verordnung (EG) Nr. 1435/2003 zur Gründung einer Europäischen Genossenschaft unterfallen dem sachlichen Anwendungsbereich des § 1 Abs. 1 Satz 1 Nr. 1 UmwStG. Diese Verordnungen gelten nicht nur in Bezug zu EU-Mitgliedstaaten, sondern auch in Bezug zu EWR-Staaten.

632h

d) Ausgeschlossene Umwandlungen aus dem zweiten bis fünten Teil und Einbezug späterer Gesetzesänderungen

Nach § 1 Abs. 1 Satz 2 UmwStG wird die Ausgliederung aus Körperschaften ausdrücklich aus dem Regelungsbereich des zweiten bis fünften Teils ausgenommen, da bei einer Ausgliederung die als Gegenleistung gewährten An-

633

---

1 Rn 01.41 UmwStErl 2011.
2 Rn 01.20 UmwStErl 2011.

teile nicht dem oder den Anteilseigner(n) des übertragenen Rechtsträgers, sondern dem übertragenden Rechtsträger selbst gewährt werden.

634 Die **Verweise** auf bestimmte Umwandlungsarten in § 1 UmwStG haben einen **dynamischen Charakter**. Die Vorschriften des UmwG finden in der jeweils geltenden Fassung Anwendung. Damit sind künftige Entwicklungen im Umwandlungsrecht automatisch erfasst. Sollen künftige Entwicklung nicht unter das UmwStG fallen, erfordert das einen entsprechenden gesetzgeberischen Eingriff.

3. Der persönliche Anwendungsbereich des zweiten bis fünften Teils

635 § 1 Abs. 2 UmwStG enthält den persönlichen Anwendungsbereich des zweiten bis fünften Teils. Das Umwandlungssteuerrecht a. F. enthielt eine abschließende Aufzählung der Körperschaften, die übertragender Rechtsträger sein konnten. Zudem mussten alle beteiligten Rechtsträger unbeschränkt steuerpflichtig sein. Aufgrund der Europäisierung der Umwandlungsvorgänge mussten die Anforderungen an die an einem Umwandlungsvorgang beteiligten Rechtsträger neu definiert und abschließend geregelt werden.[1]

Bei den in § 1 Abs. 1 UmwStG genannten Umwandlungsarten müssen Rechtsträger beteiligt sein, die folgende Voraussetzungen erfüllen:

▶ Es müssen nach den Rechtsvorschriften eines Mitgliedstaats der EU oder des EWR gegründete Gesellschaften i. S. des Art. 48 EGV oder des Art. 34 des Abkommens zum Europäischen Wirtschaftsraum mit Sitz (§ 11 AO) und Ort der Geschäftsleitung (§ 12 AO) innerhalb des Hoheitsgebiets eines dieser Staaten sein oder

▶ natürliche Personen, die ihren Wohnsitz (§ 8 AO) oder gewöhnlichen Aufenthalt (§ 9 AO) innerhalb des Hoheitsgebiets eines Mitgliedstaats der EU oder des EWR haben und nicht aufgrund eines DBA mit einem dritten Staat als außerhalb des Hoheitsgebiets dieser Staaten ansässig angesehen werden.

636 Bei Gesellschaften, die als Rechtsträger an einem Umwandlungsvorgang beteiligt sind, sind Sitz oder Ort der Geschäftsleitung gesellschaftsbezogen zu ermitteln. Auf die Gesellschafter oder Anteilseigner kommt es nicht an.[2]

---

1 Siehe Gesetzesbegründung, BR-Drs. 542/06 S. 57.
2 Widmann in Widmann/Mayer, § 1 UmwStG, Rn 26.

VII. Allgemeiner Teil

Zu den **Gesellschaften nach Art. 54 AEUV (zuvor Art. 48 EGV) bzw. Art. 34 des EWR – Abkommens** zählen die Gesellschaften des bürgerlichen Rechts und des Handelsrechts einschließlich der Genossenschaften und die sonstigen juristischen Personen des öffentlichen Rechts und des privaten Rechts. Die vorgenannten Gesellschaften müssen alle einen Erwerbszweck verfolgen und als rechtlich konfigurierte Marktakteure im Rechtsverkehr auftreten.[1] Sie dürfen nicht ausschließlich kulturell und karitativ tätig sein.[2] Der Begriff der Gesellschaft ist im vorgenannten Sinne ein Begriff des Unionsrechts; es kommt insoweit nicht auf das nationale Recht an. Danach sind Gesellschaften nach Unionsrecht regelmäßig juristische Personen des privaten Rechts (z. B. AG und GmbH) und transparente Personenvereinigungen (wie z. B. KG und OHG). Die juristischen Personen des öffentlichen Rechts mit ihren Betrieben gewerblicher Art erfüllen regelmäßig einen Erwerbszweck in dem vorgenannten Sinne, der jeweilige Betrieb gewerblicher Art ist insofern als Gesellschaft i. S. d. Art. 54 AEUV (zuvor Art. 48 EG) bzw. des Art. 34 des EWR-Abkommens anzusehen.[3]

637

Der Begriff des **Erwerbszwecks** wird in der Rechtsprechung weit gefasst. Nach Auffassung des BFH sind jegliche Tätigkeiten einzubeziehen, wenn sie erwerbsorientiert sind und gegen Entgelt erbracht werden.[4] Danach dürften selbst vermögensverwaltende Aktivitäten wie die Vermietung von Grundbesitz zu den Erwerbszwecken zählen.

638

Es ist ausreichend, wenn die Gesellschaft als übernehmender Rechtsträger den Erwerbszweck nach der Umwandlung verfolgt. Der übertragende Rechtsträger muss den Erwerbszweck vor der Umwandlung verfolgt haben.[5]

639

Art. 34 des Abkommens über den Europäischen Wirtschaftsraum definiert die vom Niederlassungsrecht des Abkommens erfassten Gesellschaften entspre-

640

---

1 Streinz, EUV/EGV, Art. 48 EGV, Rn 2 ff.
2 EuGH, Urteil v. 17. 6. 1997 Rs. C-70/95 „Sodemare", Slg. 1997, I-3395.
3 Rn 01.50 UmwStErl 2011.
4 BFH, Urteil v. 14. 7. 2004 I R 94/02, BStBl II 2005 S. 721.
5 Weiter in der Auffassung Widmann in Widmann/Mayer, § 1 UmwStG, Rn 35; danach muss der Rechtsträger entweder vor oder nach der Umwandlung einen Erwerbszweck verfolgt haben.

chend **Art. 54 AEUV (zuvor Art. 48 EGV)**.[1] Vertragsstaaten des EWR sind die EU-Mitgliedstaaten[2] sowie Norwegen, Island und Liechtenstein.[3]

641–645 *(Einstweilen frei)*

4. Der sachliche Anwendungsbereich des sechsten bis achten Teils

646 Nach § 1 Abs. 3 UmwStG gilt der sechste bis achte Teil nur für

- ▶ die Verschmelzung, Aufspaltung und Abspaltung i. S. der § 2 und § 123 Abs. 1 und 2 UmwG von Personenhandelsgesellschaften und Partnerschaftsgesellschaften oder vergleichbare ausländische Vorgänge;
- ▶ die Ausgliederung von Vermögensteilen i. S. des § 123 Abs. 3 UmwG oder vergleichbare ausländische Vorgänge;
- ▶ den Formwechsel einer Personengesellschaft in eine Kapitalgesellschaft oder Genossenschaft i. S. des § 190 Abs. 1 UmwG oder vergleichbare ausländische Vorgänge;
- ▶ die Einbringung von Betriebsvermögen durch Einzelrechtsnachfolge in eine Kapitalgesellschaft, eine Genossenschaft oder Personengesellschaft sowie
- ▶ den Austausch von Anteil.

647 Hinsichtlich der beteiligten Rechtsträger fasst § 1 Abs. 3 UmwStG die Vorgänge zusammen, die sich nicht unter § 1 Abs. 1 UmwStG subsumieren lassen.

648 Der Kreis der möglichen übernehmenden Rechtsträger wird durch die speziellen Einbringungstatbestände der §§ 20 ff. UmwStG vorgegeben. Nach §§ 20–23, 25 UmwStG sind übernehmende Rechtsträger ausschließlich Kapitalgesellschaften und Genossenschaften. Im Rahmen des § 24 UmwStG sind übernehmende Rechtsträger nur Personengesellschaften.

649 Der Kreis der übertragenden Rechtsträger wird in § 1 Abs. 3 Nr. 1 bis 3 UmwStG nur insoweit abschließend aufgezählt, als sich die Vorgänge auf die Fälle der Gesamtrechtsnachfolge oder Sonderrechtsnachfolge (= mit Vermögensübertragung) bzw. Formwechsel (= ohne Vermögensübertragung), wie

---

1 Hahn in Reform des UmwSt-Rechts, Rn 767.
2 Zurzeit 27.
3 Neben Norwegen, Island, Liechtenstein gehört die Schweiz zur Europäischen Freihandelszone (EFTA). Dem EWR gehört die Schweiz allerdings nicht an, da eine Mehrheit der Schweizer Bürger und der Kantone die Teilnahme am Europäischen Wirtschaftsraum in einem Referendum am 6. 12. 1992 ablehnte. Das hat zur Folge, dass die Grundfreiheiten des AEUV mit Ausnahme der Kapitalverkehrsfreiheit und auch die grenzüberschreitenden Regelungen des UmwStG keine Anwendung finden.

sie vom UmwG vorgegeben werden, beziehen. Dagegen behandeln § 1 Abs. 3 Nr. 4 und 5 UmwStG die Fälle der Einzelrechtsnachfolge, die keine Verknüpfung zum UmwG haben. Diese Fälle können von jedermann ausgelöst werden, sofern die einbringenden Personen und Vereinigungen zivilrechtlich eigenständige Rechtsträger sind und es sich nicht um ein bloß steuerrechtliches Gebilde handelt. Daher kann eine **atypische stille Gesellschaft** als zivilrechtliche Innengesellschaft, die aber steuerrechtlich eine Mitunternehmerschaft darstellt, selbst kein übertragender Rechtsträger sein.

§ 1 Abs. 3 Nr. 4 UmwStG steht im Sachzusammenhang mit §§ 20 und 24 UmwStG. Die Einbringung von Betriebsvermögen im Wege der Einzelrechtsnachfolge setzt voraus, dass dieses eine Sachgesamtheit in Gestalt eines Betriebs, Teilbetriebs oder Mitunternehmeranteils darstellt.[1] Für eine Einbringung i. S. des § 24 UmwStG reicht dabei die Überführung in das Sonderbetriebsvermögen aus, eine Änderung der zivilrechtlichen oder wirtschaftlichen Zuordnung ist nicht erforderlich.[2] Die Vorschrift **erweitert** schließlich die Umwandlungsmöglichkeiten durch Einbeziehung der **Einzelrechtsnachfolge, schließt** aber auch im sechsten bis achten Teil die Umwandlung durch **Sonderrechtsnachfolge nicht aus**, so dass auch eine Umwandlung durch **Anwachsung** hierunter fällt.[3]

650

§ 1 Abs. 3 Nr. 5 UmwStG behandelt den Anteilstausch von Anteilen an einer Kapitalgesellschaft oder einer Genossenschaft. Diese Vorschrift steht im Kontext mit § 21 UmwStG. Hier wird die Einbringung von Einzelwirtschaftsgütern behandelt, die auch Privatvermögen darstellen können. Im Übrigen fällt die Einbringung von Einzelwirtschaftsgütern des Betriebsvermögens und des Privatvermögens nicht unter die Vorschriften des UmwStG.

651

Im Unterschied zu den Vorgängen des § 1 Abs. 1 UmwStG ist bei den Vorgängen des § 1 Abs. 3 UmwStG als Gegenleistung die **Ausgabe neuer Anteile** an der Gesellschaft, in die eingebracht wird, erforderlich.

652

Es lassen sich folgende Umwandlungsvorgänge als Phänomene der Gesamtrechts- oder Einzelrechtsnachfolge ableiten:

653

▶ Verschmelzung, Aufspaltung und Abspaltung nach § 2 und § 123 Abs. 1 und 2 UmwG (= Gesamtrechts-/Sonderrechtsnachfolge)

---

1 Einzelheiten werden später dargestellt.
2 Hörtnagl in S/H/S, UmwG-UmwStG, § 1 UmwStG, Rn 101; FinMin Schleswig-Holstein, Erlass v. 17. 3. 2008.
3 Hörtnagl, a. a. O., Rn 104; Trossen in R/H/vL, § 1 UmwStG, Rn 231; Kowallik/Merklein/Scheipers, DStR 2008 S. 173; Rn 01.44 UmwStErl 2011.

- von Personenhandelsgesellschaften oder Partnerschaftsgesellschaften
- auf eine Kapitalgesellschaft, Genossenschaft (§ 20 UmwStG) oder Personengesellschaft (§ 24 UmwStG);

▶ Ausgliederung von Vermögensteilen (steuerlich = Teilbetrieb) nach § 123 Abs. 3 UmwG (= Gesamtrechts-/Sonderrechtsnachfolge)

- von/durch Personengesellschaften, Kapitalgesellschaften, wirtschaftliche Vereine, Einzelkaufleute, Stiftungen sowie Gebietskörperschaften oder Zusammenschlüsse von Gebietskörperschaften, die nicht Gebietskörperschaften sind,
- auf eine Kapitalgesellschaft, Genossenschaft (§ 20 UmwStG) oder Personengesellschaft (§ 24 UmwStG);

▶ Formwechsel (= ohne Vermögensübertragung)

- von/durch Personengesellschaften
- in eine Kapitalgesellschaft, Genossenschaft (§ 25 UmwStG);

▶ Einbringung von Betriebsvermögen (steuerlich = Sachgesamtheit) im Wege der Einzelrechtsnachfolge

- von jedermann,
- in eine Kapitalgesellschaft, Genossenschaft (§ 20 UmwStG) oder Personengesellschaft (§ 24 UmwStG);

▶ Tausch von Anteilen an einer Kapitalgesellschaft oder Genossenschaft (= Einzelwirtschaftsgüter des Privat- oder Betriebsvermögens)

- von jedermann,
- in eine Kapitalgesellschaft, Genossenschaft (§ 21 UmwStG)

5. Der persönliche Anwendungsbereich des sechsten bis achten Teils

654 Der persönliche Anwendungsbereich des sechsten bis achten Teils ist Gegenstand des § 1 Abs. 4 UmwStG. Man unterscheidet zwischen dem übernehmenden und dem übertragenden Rechtsträger.

655 Die Qualifikationsmerkmale beziehen sich nur auf die Einbringung eines Betriebs, Teilbetriebs oder Mitunternehmeranteils in eine Kapitalgesellschaft. § 1

Abs. 4 Satz 2 UmwStG hat die Anwendung auf die Einbringung eines Betriebs, Teilbetriebs oder Mitunternehmeranteils in eine Personengesellschaft ausgeschlossen.[1]

a) **Qualifikation des übernehmenden Rechtsträgers bei einer Einbringung in eine Kapitalgesellschaft oder Genossenschaft**

§ 1 Abs. 4 UmwStG bestimmt in Satz 1 Nr. 1 die Qualifikationsmerkmale des übernehmenden Rechtsträgers in den Fällen der Einbringung in eine Kapitalgesellschaft. Danach muss der übernehmende Rechtsträger die gleichen Merkmale erfüllen wie Rechtsträger im Umfeld des zweiten bis fünften Teils. Es muss sich um eine Kapitalgesellschaft oder Genossenschaft handeln, die nach den Rechtsvorschriften eines Mitgliedstaats der EU oder des EWR gegründet wurde und ihren Sitz und Ort der Geschäftsleitung innerhalb des Hoheitsgebiets eines dieser Staaten hat.

656

Die hier aufgestellten Qualifikationsmerkmale haben eine enge Verknüpfung mit den §§ 20 bis 22 UmwStG. Sie müssen über einen Zeitraum von sieben Jahren fortbestehen. Die Verletzung der Siebenjahresfrist führt zu Rechtsfolgen im Falle der Einbringung gem. § 20 UmwStG für den Einbringenden und die übernehmende Gesellschaft nach § 22 Abs. 1 Satz 6 Nr. 6 UmwStG und im Falle des Anteilstauschs i. S. des § 21 UmwStG für die übernehmende Gesellschaft nach § 22 Abs. 2 Satz 6 UmwStG.[2]

657

Bei einem Formwechsel muss die Zielrechtsform nicht den Voraussetzungen des § 1 Abs. 4 Satz 1 Nr. 1 UmwStG entsprechen, da es beim Formwechsel keinen übernehmenden Rechtsträger gibt.

658

b) **Qualifikation des übertragenden (formwechselnden) Rechtsträgers bei einer Einbringung in eine Kapitalgesellschaft oder Genossenschaft**

§ 1 Abs. 4 Satz 1 Nr. 2 UmwStG enthält eine schwierige Differenzierung hinsichtlich der persönlichen Qualifikation der Ausgangsrechtsform.

659

In § 1 Abs. 4 Satz 1 Nr. 2 Buchst. a) wird die Art der Umstrukturierung aufgeführt, wonach unterschieden wird zwischen

660

▶ umwandelnder Rechtsträger beim Formwechsel,

---

1 Nach Benecke/Schnitger soll der persönliche Anwendungsbereich des UmwStG insoweit global wirken, IStR 2007 S. 25.
2 Einzelheiten zu den Auswirkungen werden später unter den Teilen „Einbringung in Kapitalgesellschaften" und „Genossenschaften und Anteilstausch" dargestellt.

▶ einbringender Rechtsträger bei der Einbringung durch Einzelrechtsnachfolge,

▶ übertragender Rechtsträger bei den anderen Umwandlungen.

661 Umwandelnde, einbringende und übertragende Rechtsträger müssen in der EU oder im EWR unter den Voraussetzungen der Doppelbuchst. aa und bb ansässig sein.

662 Liegen die Voraussetzungen von § 1 Abs. 4 Satz 1 Nr. 2 Buchst. a UmwStG nicht vor, ist das Vorliegen des Buchst. b zu prüfen. Danach sind die Qualifikationsmerkmale noch dann gewahrt, wenn das Recht der Bundesrepublik Deutschland hinsichtlich der Besteuerung des Gewinns aus der Veräußerung der erhaltenen Anteile nicht ausgeschlossen oder beschränkt ist. Die Struktur des § 1 Abs. 4 Satz 1 Nr. 2 UmwStG hat zur Folge, das jeder für die jeweilige Umwandlungsart zugelassene Rechtsträger aus einem EU-, EWR- oder Drittstaat als umwandelnder, einbringender oder übertragender Rechtsträger infrage kommt.

6. Definitionsteil

663 § 1 Abs. 5 UmwStG enthält folgende Definitionen:

▶ § 1 Abs. 5 Nr. 1 UmwStG – Richtlinie 90/434/EWG = Fusionsrichtlinie

Die Fusionsrichtlinie ist die Richtlinie des Rates vom 23. 7. 1990 über das gemeinsame Steuersystem der Fusionen, Spaltungen, die Einbringung von Unternehmensanteilen und den Austausch von Anteilen, die Gesellschaften verschiedener Mitgliedstaaten betreffen.[1] Sie wurde zuletzt umfänglich geändert durch die Richtlinie 2005/19/EG des Rates vom 17. 2. 2005[2] und ist in der zum Zeitpunkt des steuerlichen Übertragungsstichtags jeweils geltenden Fassung anzuwenden. Durch den dynamischen Verweis ist bei einer Richtlinienänderung eine ausdrückliche Gesetzesanpassung nicht mehr erforderlich.[3] Daher gilt nunmehr aktuell die Richtlinie 2009/133/EG vom 19. 10. 2009 über das gemeinsame Steuersystem für **Fusionen**, Spaltungen, Abspaltungen, die Einbringung von Unternehmensteilen und den Austausch von Anteilen, die Gesellschaften verschiedener Mitgliedstaaten betreffen, sowie für die Verlegung des Sitzes einer Europäischen Gesell-

---

1 Abl. EG Nr. L 225 S. 1.
2 Abl. EU Nr. L 58 S. 19.
3 Siehe a. Rn 01.56 UmwStErl 2011.

schaft oder einer Europäischen Genossenschaft von einem Mitgliedstaat in einen anderen Mitgliedstaat.[1]

▶ § 1 Abs. 5 Nr. 2 UmwStG – Verordnung EG Nr. 215/2001 = Statut der Europäischen Gesellschaft (SE)

Die sog. SE-VO ist die Verordnung des Rates vom 8. 10. 2001 über das Statut der Europäischen Gesellschaft (SE).[2] Sie wurde zuletzt geändert durch die EG-Verordnung Nr. 885/2004 des Rates vom 26. 4. 2004[3] und gilt in der zum Zeitpunkt des steuerlichen Übertragungsstichtags jeweils geltenden Fassung.

▶ § 1 Abs. 5 Nr. 3 UmwStG – Verordnung EG Nr. 1435/2003 = Statut der Europäischen Genossenschaften (SCE)

Die sog. SCE-VO ist die Verordnung des Rates vom 22. 7. 2003 über das Statut der Europäischen Genossenschaften (SCE).[4] Auch sie gilt in der zum Zeitpunkt des steuerlichen Übertragungsstichtags jeweils geltenden Fassung.

▶ § 1 Abs. 5 Nr. 4 UmwStG – Buchwert

Buchwert ist der Wert, der sich nach den steuerrechtlichen Vorschriften über die Gewinnermittlung in einer für den steuerlichen Übertragungsstichtag aufzustellenden Steuerbilanz ergibt oder ergäbe. Aufgrund der Formulierung „ergäbe" ist für die Ermittlung des Buchwerts eine Verpflichtung, eine Bilanz aufzustellen, nicht notwendig. Ebenso wenig ist ein tatsächlicher Buchwertansatz in der Bilanz erforderlich.[5]

(Einstweilen frei) 664–670

7. Zeitraumprobleme

a) Grundlagen des gesellschaftsrechtlichen Rückbezugs und der steuerrechtlichen Rückwirkung

§ 17 Abs. 2 Satz 4 UmwG erlaubt dem Registergericht die Eintragung einer Verschmelzung nur, wenn die der Anmeldung beizufügende Bilanz auf einen höchstens **acht Monate** vor der Anmeldung liegenden Stichtag aufgestellt worden ist. Wegen dieses gesellschaftsrechtlichen Rückbezugs hat das Steuer-

671

---

1 Abl. EU L 310 S. 34.
2 Abl. EG Nr. L 294 S. 1.
3 Abl. EU Nr. L 294 S. 1.
4 Abl. EU Nr. L 207 S. 1.
5 Widmann/Mayer, § 1 UmwStG, Rn 271; Rn 01.57 UmwStErl 2011.

recht in Gestalt des § 2 UmwStG die Rückwirkung installiert. Dadurch entsteht ein notwendiger **Sachzusammenhang zwischen dem gesellschaftsrechtlichen Rückbezug und der steuerrechtlichen Rückwirkung.**

672 Der Rückbezug auf einen Stichtag hat einen praktischen Grund. Würde man auf den Tag der Registereintragung abstellen, müsste das übertragende Unternehmen auf einen nicht bestimmbaren Tag eine Schlussbilanz erstellen. Der übernehmende Rechtsträger hätte zu diesem Zeitpunkt den Vermögensübergang als laufenden Geschäftsvorfall im Fall einer übertragenden Umwandlung durch Aufnahme zu buchen oder im Fall einer übertragenden Umwandlung durch Neugründung eine Eröffnungsbilanz aufzustellen. Bis zum Zeitpunkt der Registereintragung müsste ein übertragendes Unternehmen sein Einkommen versteuern. Durch die Möglichkeit der Rückbeziehung werden Umwandlungsvorgänge erst praktikabel und ersparen den Unternehmen Kosten für die Erstellung erforderlicher weiterer Zwischenbilanzen. Der achtmonatige Rückbeziehungszeitraum erlaubt, dass ein übertragendes Unternehmen der Umwandlung seinen ohnehin zu erstellenden Jahresabschluss aus Kosteneinsparungsgründen zugrunde legen kann.[1] Die Interimszeit reicht bis zur Registereintragung des übernehmenden Rechtsträgers und kann infolgedessen acht Monate deutlich überschreiten. **Die acht Monate beziehen sich lediglich auf die Aufstellung des Abschlusses und den Tag der Registeranmeldung.**

673 Die Rückwirkungsfiktion ist losgelöst von der Frage ob stille Reserven aufzudecken sind. So kann z. B. eine steuerrechtliche Rückwirkung angenommen werden, wenn eine Abspaltung vorgenommen wird, jedoch kein Teilbetrieb i. S. des § 15 Abs. 1 UmwStG übertragen wurde.[2]

674 Das Umwandlungsrecht stellt auf den **Umwandlungsstichtag** ab (§ 5 Abs. 1 Nr. 6 UmwG). Das ist der Tag, ab dem das Unternehmen sich in der Hand des Rechtsnachfolgers befindet. Der Umwandlungsstichtag ist der Übernahmestichtag. Davon zu unterscheiden ist der **steuerliche Übertragungsstichtag** (§ 2 Abs. 1 Satz 1 UmwStG). Ob dies der Tag ist, der dem handelsrechtlichen Umwandlungsstichtag unmittelbar vorausgeht, ist umstritten.[3]

675 Das Verhältnis Handels- und Steuerrecht lässt sich graphisch folgendermaßen darstellen.

---

1 Dötsch in D/P/M, § 2 UmwStG, Tz. 3.
2 BFH, Urt. v. 7. 4. 2010 - I R 96/08, BStBl II 2011 S. 467 gegen Sächsisches FG, Urteil v. 9. 9. 2008 3 K 1996/06, EFG 2009 S. 65, wie BFH Rn 15.13. UmwStErl 2011.
3 Siehe dazu Rn 682 ff.

VII. Allgemeiner Teil

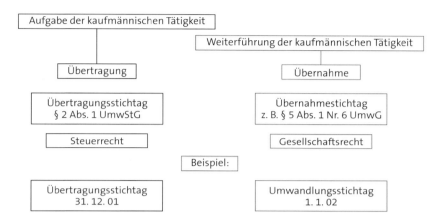

b) Gesellschaftsrecht und Rückwirkungsfiktion

Der übertragende Rechtsträger besteht bis zur Eintragung der Umwandlung in das Handelsregister zivilrechtlich fort. Ab dem Umwandlungsstichtag gelten die Handlungen des übertragenden Rechtsträgers als für Rechnung des übernehmenden Rechtsträgers vorgenommen. Es handelt sich um eine **Treuhandlösung**.[1] Damit weicht der zivilrechtliche Übertragungsstichtag von dem in § 2 Abs. 1 UmwStG bestimmten steuerrechtlichen Übertragungsstichtag ab. Handelsrechtlich treten die Wirkungen einer Umwandlung erst im Zeitpunkt der konstitutiven Eintragung im Handelsregister ein.

676

Danach wird die übertragende Körperschaft erst mit Eintragung der Vermögensübertragung in das Handelsregister aufgelöst. Nur steuerrechtlich ist für diese handelsrechtlich in der Interimszeit noch bestehende Körperschaft nicht mehr zu bilanzieren, da sie infolge der steuerlichen Rückwirkung fiktiv als nicht mehr bestehend gilt. Diese steuerrechtliche Regelung ändert aber nichts daran, dass handelsrechtlich die übertragende Körperschaft weiter besteht, weiterhin den handelsrechtlichen Bestimmungen unterliegt und daher weiterhin die Verpflichtungen zur handelsrechtlichen Rechnungslegung erfüllen muss. Die übertragende Körperschaft muss daher zum Schluss des Geschäftsjahrs, das mit der Eintragung der Umwandlung in das Handelsregister endet, eine letzte handelsrechtliche Gewinnermittlungsbilanz aufstellen.

677

---

1 Davon geht auch der UmwSt-Erlass, BMF-Schreiben v. 25. 3. 1998, BStBl I 1998 S. 268, Tz. 02.08. aus.

D. Das Umwandlungssteuerrecht

678 Die Achtmonatsfrist des § 17 Abs. 2 Satz 4 UmwG gilt nur für übertragende Unternehmen. Da sie eine zwingende Vorschrift ist, ist auch eine nur geringfügige Fristüberschreitung schädlich. Wird eine Umwandlung allerdings trotz Fristüberschreitung in das Handelsregister eingetragen, wird der Mangel z. B. nach § 20 UmwG geheilt. Das gilt auch für die steuerliche Rückbeziehung. In diesem Fall ist dann der Stichtag der handelsrechtlichen Schlussbilanz maßgebend.[1]

679 Unzulässig ist, nach der Handelsregistereintragung einer Verschmelzung durch nachträgliche Änderung des Verschmelzungsvertrags den Übertragungsstichtag zurückzuverlegen.[2]

c) Der steuerliche Übertragungsstichtag

aa) Fiktionszeitpunkt

680 Steuerlich sind das Einkommen und das Vermögen der übertragenden Körperschaft sowie der Übernehmerin nach § 2 Abs. 1 UmwStG so zu ermitteln, als ob das Vermögen der Körperschaft mit Ablauf des Stichtags der Bilanz, die dem Vermögensübergang zugrunde liegt, ganz oder teilweise auf die Übernehmerin übergegangen wäre. Gemäß § 2 Abs. 1 UmwStG entstehen durch die Fiktion „wäre" Übertragungs- und Übernahmegewinn in demselben Zeitraum. Anders als für den Rückbezug nach § 20 Abs. 6 UmwStG besteht für die Anwendung des § 2 UmwStG kein Wahlrecht.[3]

681 Übertragende Körperschaft und Übernehmerin sind so zu behandeln, als ob der Umwandlungsvorgang zum steuerlichen Übertragungsstichtag wirksam geworden ist. Einkommen und Vermögen der übertragenden Kapitalgesellschaft sind daher ab diesem Zeitpunkt der Übernehmerin zuzurechnen.

Fall:

Die Ambrosia GmbH wird handelsrechtlich zum 1. 1. 02 durch Neugründung auf die Umbria OHG verschmolzen. Die Ambrosia GmbH erstellt ihre Schlussbilanz zum 31. 12. 01.

---

[1] Van Lishaut in R/H/vL, § 2 UmwStG, Rn 24; Hörtnagl in S/H/S, UmwG-UmwStG, § 2 UmwStG, Rn 20.
[2] Widmann/Mayer, § 4 UmwStG, Rn 64.
[3] BFH, Urteil v. 22. 9. 1999, II R 33/97, BStBl II 2000 S. 2.

Der Übertragungsgewinn und der Übernahmegewinn sind steuerlich dem VZ 01 zuzurechnen. Die Umwandlung ist bei Verschmelzung durch Neugründung beim übernehmenden Rechtsträger ggf. der einzige Geschäftsvorfall 01.

Die **Abhängigkeit zwischen steuerlichem Übertragungsstichtag und handelsrechtlichem Verschmelzungsstichtag** ist **umstritten**. Im Wesentlichen werden hierzu folgende Auffassungen vertreten:[1]   682

1. Der Stichtag der Schlussbilanz ist identisch mit dem Verschmelzungsstichtag.
2. Der Stichtag der Schlussbilanz muss dem Verschmelzungsstichtag unmittelbar vorausgehen. Dies kann auch ein Zeitpunkt innerhalb eines Tages sein.[2]
3. Der steuerliche Übertragungsstichtag ist der Tag, der dem handelsrechtlichen Umwandlungsstichtag vorausgeht.[3]
4. Es besteht keine zwingende zeitliche Verknüpfung zwischen den beiden Stichtagen.

Der BFH hat im Urteil v. 22. 9. 1999 II R 33/97[4] ausgeführt, der Stichtag der Schlussbilanz sei meist identisch mit dem Verschmelzungsstichtag, ohne dass es für die Entscheidung hierauf allerdings angekommen wäre.   683

Im Urteil v. 24. 4. 2008 IV R 69/05[5] hat der BFH offen gelassen, ob eine und ggf. welche Abhängigkeit zwischen den Stichtagen besteht. Die mit der Anmeldung zum Handelsregister eingereichte Bilanz sei jedenfalls dann für die Bestimmung des steuerlichen Übertragungsstichtags maßgeblich, wenn später keine Schlussbilanz des übertragenden Rechtsträgers auf einen anderen Zeitpunkt vorgelegt werde und handelsrechtlich auch nicht vorgelegt werden müsse und wenn zwischen den Stichtagen der betreffenden Schlussbilanzen keine Geschäftsvorfälle stattgefunden haben.   684

Unseres Erachtens tritt in Übereinstimmung mit der Finanzverwaltung[6] die Rückwirkung mit Ablauf des Stichtags der Schlussbilanz (Übertragungsbilanz) ein, d. h. **mit** Ablauf dieses Tages, **nicht nach** Ablauf dieses Tages. Damit treten   685

---

1 Siehe BFH, Urteil v. 24. 4. 2008 IV R 69/05, BFH/NV 2008 S. 1550 unter II.B.1.a.
2 FG Köln, Urteil v. 26. 10. 2004 1 K 5268/00, EFG 2005 S. 1153, vom BFH in der Revisionsentscheidung IV R 69/05 offen gelassen; Hörtnagl in S/H/S, UmwG-UmwStG, § 2 UmwStG, Rn 24.
3 So insb. die Finanzverwaltung im UmwSt-Erlass v. 25. 3. 1998, BStBl I 1998 S. 268, Tz. 02.02.
4 BStBl II 2000 S. 2.
5 Siehe Fn. 1.
6 Rn 02.02 UmwStErl 2011.

die steuerlichen Rechtswirkungen auf den Bilanzstichtag ein, nicht auf den folgenden Tag.[1] Wird etwa die Übertragungsbilanz auf den 31.12.01 aufgestellt, treten die Wirkungen zum 31.12.01, 24.00 Uhr ein, d.h., es handelt sich um einen Vorgang des Jahres 01.

686 Praktisch häufigster Fall ist, dass als Übertragungsstichtag das Ende des Wirtschaftsjahrs gewählt wird, auf dessen Stichtag eine Gewinnermittlungsbilanz aufzustellen ist. Ist das Wirtschaftsjahr gleich dem Kalenderjahr und wird danach der 31.12. als Übertragungsstichtag gewählt, fallen Übernahme- und Übertragungsgewinn noch im alten Jahr an. Die Wahl des Stichtags des letzten regulären Jahresabschlusses der übertragenden Gesellschaft ist jedoch nicht zwingend. Die Übertragungsbilanz kann vielmehr auf jeden beliebigen Stichtag innerhalb des achtmonatigen Bezugszeitraums nach § 17 Abs. 2 Satz 4 UmwG erstellt werden.[2] Stimmt der steuerliche Übertragungsstichtag nicht mit dem Geschäftsjahresende überein, entsteht gem. § 8b EStDV ein **Rumpfwirtschaftsjahr**.[3]

Um einen Rechtsstreit zu vermeiden, sollte nach den Vorgaben des § 5 UmwG der Umwandlungsstichtag auf den 2.1. eines Jahres gelegt werden, wenn die steuerlichen Folgen zum 1.1. und nicht zum 31.12. des Vorjahres eintreten sollen.

bb) Rechtsfolgen der Fiktion

687 Die steuerliche Rückwirkung auf den Stichtag der Übertragungsbilanz gilt sowohl für den übertragenden als auch für den übernehmenden Rechtsträger. Wird das gesamte Vermögen einer Körperschaft übertragen, gilt die übertragende Körperschaft mit dem steuerlichen Übertragungsstichtag als aufgelöst; sie ist also ab diesem Zeitpunkt für die Ertragsteuern kein Steuersubjekt mehr, obwohl sie handelsrechtlich erst mit Eintragung in das Handelsregister erlischt. Bei Teilübertragungen bleibt der übertragende Rechtsträger mit vermindertem Vermögen bestehen.

688 Diese steuerliche Rückwirkung auf den Übertragungsstichtag gilt unabhängig von der zivilrechtlichen Gestaltung. Das hat folgende Bedeutung:

---

1 BFH v. 22.9.1999 II R 33/97, BStBl II 2000 S. 2.
2 Hörtnagl in S/H/S, UmwG-UmwStG, § 2 UmwStG, Rn 19.
3 BFH, Urteil v. 21.12.2005 I R 66/05, BStBl II 2006 S. 469; Niedersächsisches FG, Urteil v. 26.9.2007 3 K 11559/02, EFG 2008 S. 263 mit Anm. Wüllenkemper, Revision von BFH mit Urteil v. 23.9.2008 I R 90/07, BFH/NV 2009 S. 588, aus anderen Gründen zurückgewiesen.

Wird die Übernehmerin im Zuge der Umwandlung neu errichtet (z. B. errichtende Umwandlung, Verschmelzung oder Spaltung zur Neugründung), entsteht sie handelsrechtlich erst mit Eintragung der Umwandlung ins Handelsregister. Steuerlich wird jedoch fingiert, dass die Übernehmerin bereits zum steuerlichen Übertragungsstichtag entstanden ist. In der Zeit zwischen Übertragungsstichtag und Eintragung in das Handelsregister werden daher Einkommen und Vermögen auch dann einem Rechtsträger steuerlich zugerechnet, wenn er handelsrechtlich noch nicht existiert.

689

Im Falle der Umwandlung durch Aufnahme muss das übernehmende Unternehmen auch nicht zivilrechtlich zum steuerlichen Übertragungsstichtag bestehen.

690

BEISPIEL: Die Ambrosia GmbH soll aufgrund eines im Mai 01 abgeschlossenen Verschmelzungsvertrages zum Stichtag 1. 1. 01 auf die Gedy OHG verschmolzen werden. Die Gedy OHG wurde zum 1. 4. 01 gegründet. Es ist auch in diesem Fall eine Verschmelzung durch Aufnahme möglich.[1]

Die steuerliche Rückwirkung kann dazu führen, dass Einkommen und Vermögen der Übernehmerin für einen Zeitraum zugerechnet werden, in dem sie an der übertragenden Körperschaft noch nicht oder nicht in voller Höhe beteiligt war. Erwirbt die Übernehmerin etwa die Anteile an der übertragenden Körperschaft erst nach dem Übertragungsstichtag (aber vor Fassung des Umwandlungsbeschlusses), tritt die steuerliche Rückwirkung mit allen Folgen auf den Übertragungsstichtag ein, obwohl die Übernehmerin zu diesem Zeitpunkt an der übertragenden Körperschaft noch gar nicht beteiligt war.[2] Der Eintritt der Wirksamkeit einer Umwandlung, deren steuerliche Wirkungen nach § 2 UmwStG zurückbezogen werden, stellt ein rückwirkendes Ereignis i. S. d. § 175 Abs. 1 Satz 1 Nr. 2 AO dar. Steuerbescheide und Feststellungsbescheide der übertragenden Körperschaft sowie Feststellungsbescheide von Mitunternehmerschaften, an denen die übertragende Körperschaft unmittelbar oder mittelbar beteiligt ist, sind ggf. dementsprechend zu ändern.[3]

691

cc) Betroffene Steuerarten

Die Rückwirkung erfasst alle Steuerarten, die an das Einkommen und das Vermögen anknüpfen. Das sind Einkommen- und Körperschaftsteuer einschl. Soli-

692

---

1 Rn 02.11 UmwStErl 2011; dieses war in der Entstehungsgeschichte des UmwStErl 1998 BMF-Schreiben v. 25. 3. 1998, BStBl I 1998 S. 268 umstritten.
2 BFH v. 6. 12. 1968 III 124/65, BStBl II 1969 S. 290.
3 Rn 02.16 UmwStErl 2011.

daritätszuschlag, Grundsteuer und wegen der ausdrücklichen Regelung des § 2 Abs. 1 Satz 2 UmwStG auch die Gewerbesteuer.

693 Ob die **Erbschaftsteuer** dazugehört, ist umstritten. In der Literatur wird die Anwendung der Rückwirkungsfiktion bei der Erbschaftsteuer bejaht.[1] Finanzverwaltung[2] und die Rechtsprechung[3] lehnen dies ab. Danach gilt: Wird nach dem Tod eines Erblassers bzw. nach Ausführung einer Schenkung unter Lebenden die Umwandlung einer Personengesellschaft in eine Kapitalgesellschaft oder umgekehrt mit steuerlicher Rückwirkung auf einen Übertragungszeitpunkt beschlossen, der vor dem Zeitpunkt der Steuerentstehung liegt, berührt die ertragsteuerliche Rückwirkung nicht die nach bürgerlich-rechtlichen Grundsätzen zu entscheidende Frage, welches Vermögen zum Nachlass eines Erblassers gehörte bzw. was Gegenstand einer unentgeltlichen Zuwendung war. Sie ist ausschließlich nach den tatsächlichen Verhältnissen zum Zeitpunkt der Steuerentstehung zu beurteilen (§§ 9, 11 ErbStG).

694 Von der Rückwirkung **nicht erfasst** werden **Umsatzsteuer, Grunderwerbsteuer** und **Verbrauchsteuern.**

> **BEISPIEL:** Laufende Geschäfte zwischen dem übertragenden und dem übernehmenden Unternehmen in der Zeit zwischen dem steuerlichen Übertragungsstichtag und der Eintragung in das Handelsregister sind keine Innenumsätze, sondern umsatzsteuerbare und ggf. -pflichtige Fremdumsätze. Es ist daher Umsatzsteuer auszuweisen, der Leistungsempfänger kann den Vorsteuerabzug geltend machen.

695 Für diese Steuerarten gilt die handelsrechtliche Regelung, d. h., die Wirkung der Umwandlung tritt insoweit mit Eintragung des Vermögensübergangs im Handelsregister ein.

696 Die Ausklammerung der Grunderwerbsteuer von der steuerlichen Rückwirkung führt zu Schwierigkeiten. Auf den Stichtag der Umwandlungsbilanz ist die Grunderwerbsteuer noch nicht entstanden, so dass sie auch nicht als Steuerverbindlichkeit in der Bilanz passiviert werden dürfte. Die Praxis behilft sich dadurch, dass auch die verkehrsteuerlichen (grunderwerbsteuerlichen) Bemessungsgrundlagen auf den steuerlichen Übertragungsstichtag ermittelt und die entsprechenden Steuerverbindlichkeiten zu diesem Stichtag eingebucht werden.[4]

---

1 Hörtnagl in S/H/S, UmwG-UmwStG, § 2 UmwStG, Rn 36; Frotscher in Frotscher/Maas, § 2 UmwStG, Rn 20.
2 Rn 01.01, 02.18 UmwStErl 2011; R 34 ErbStR 2003.
3 BFH v. 4. 7. 1984 II R 73/81, BStBl II 1984 S. 772.
4 BFH v. 20. 3. 1964 V 93/61 U, BStBl III 1964 S. 293, 294.

Die Finanzverwaltung ordnet nunmehr nach dem Übertragungsstichtag angefallene Umwandlungskosten stets dem übernehmenden Rechtsträger zu, und zwar unabhängig von der Kostenzuordnung.[1]

696a

dd) Persönlicher Anwendungsbereich

Ist übernehmender Rechtsträger eine Personengesellschaft, gilt dies für das Einkommen und das Vermögen der Gesellschafter (§ 2 Abs. 2 UmwStG). In der gesonderten und einheitlichen Gewinnfeststellung für die übernehmende Personengesellschaft sind die ertragsteuerlichen Folgen der Umwandlung und die laufenden Ergebnisse also ab dem steuerlichen Übertragungsstichtag zu erfassen und den Gesellschaftern entsprechend der Gewinnverteilungsabrede zuzuordnen.

697

ee) Auswirkungen der steuerlichen Rückbeziehung bei den Gesellschaften und den Gesellschaftern

(1) Rechtsform des übernehmenden Rechtsträgers

Da die Geschäftsvorfälle im Rückwirkungszeitraum grds. dem übernehmenden Rechtsträger zugerechnet werden, richtet sich die Besteuerung in der Interimszeit nach dessen Rechtsform. Das ist eine notwendige Folge, die sich aus der Rückwirkungssituation ergibt, wonach das Einkommen und das Vermögen der Übertragerin und der Übernehmerin so ermittelt werden, als ob der Vermögensübergang mit Ablauf des steuerlichen Übertragungsstichtags und des sich daran unmittelbar anschließenden Übernahmestichtags stattgefunden hätte. Im Fall einer Verschmelzung oder Aufspaltung gilt die übertragende Körperschaft gleichzeitig als aufgelöst.

698

Lieferungen und Leistungen zwischen dem übertragenden und dem übernehmenden Unternehmen während der Interimszeit werden als innerbetriebliche Vorgänge i. R. der Einkommen-, Körperschaft- und Gewerbesteuer gewertet mit der Folge, dass sie die steuerliche Gewinnermittlung nicht beeinflussen.[2] Unberührt bleiben die anderen Steuerarten.

699

BEISPIEL: Die A-GmbH wird auf die B-GmbH verschmolzen. Im Rückwirkungszeitraum veräußert die A-GmbH ein Grundstück (Buchwert 200) zum angemessenen Preis von 500 zzgl. 17,5 GrESt an die B-GmbH. Das Grundstück ist bei der B-GmbH mit 217,5 anzusetzen, der Veräußerungsgewinn von 300 wird steuerlich neutrali-

---

1 So in Rn. 04.34 UmwStErl 2011.
2 Van Lishaut in R/H/vL, § 2 UmwStG, Rn 51; Hörtnagl in S/H/S, UmwG-UmwStG, § 2 UmwStG, Rn 65.

siert. Die GrESt ist bei der B-GmbH als nachträgliche Anschaffungskosten auf dem Grundstückskonto zu aktivieren.[1]

699a Offen ist derzeit, welche Auswirkung die steuerliche Rückwirkung in Spaltungsfällen hat. Solange die Spaltung zivilrechtlich nicht vollzogen worden ist, handelt es sich um den Austausch von Leistungen zwischen verschiedenen Geschäftsbereichen des auf- bzw. abspaltenden Rechtsträgers. Es stellt sich die Frage, ob im Rückwirkungszeitraum steuerpflichtige Leistungen zwischen den zu spaltenden Rechtsträgern fingiert werden können. Der UmwStErl 2011 gibt dazu keine Auskunft. Der Wortlaut des Gesetzes spricht eher für die Annahme eines steuerlich relevanten Leistungsaustauschs.[2]

700 Daraus ergibt sich die Konsequenz, dass nach der Verschmelzung einer GmbH auf eine andere Gesellschaft diejenigen **Besteuerungsgrundlagen, die die übertragende GmbH in der Zeit vor dem Verschmelzungsstichtag verwirklicht hat, weiterhin dieser Gesellschaft zuzurechnen sind.** Sie sind in Steuerbescheiden zu berücksichtigen, die an die übernehmende Gesellschaft als Rechtsnachfolgerin der übertragenden Gesellschaft zu richten sind.[3] Insofern kann eine Nachfolgepersonengesellschaft als Gesamtrechtsnachfolgerin einer Kapitalgesellschaft Schuldnerin der Körperschaftsteuer werden.

701 Die Steuerpflicht des übergehenden Unternehmens endet (auch bei Rückwirkung) mit Ablauf des steuerlichen Übertragungsstichtags. Es entsteht ein Rumpfwirtschaftsjahr, ohne dass dieses in gesellschaftsrechtlich wirksamer Weise beschlossen und in das Handelsregister eingetragen werden müsste und ohne dass es noch eines Einvernehmens mit dem Finanzamt bedürfte.[4] Damit endet beispielsweise die Körperschaftsteuerpflicht einer GmbH mit Ablauf des steuerlichen Übertragungsstichtags.

702 Nach dem Übertragungsstichtag werden bei Vorgängen zwischen dem übertragenden und dem übernehmenden Rechtsträger die steuerlichen Konsequenzen ausgelöst, die sich aus der Rechtsform des übernehmenden Rechtsträgers ergeben.

703 Am Beispiel einer Umwandlung einer Kapitalgesellschaft in eine Personengesellschaft lässt sich das auf der Ebene der Gesellschaften graphisch wie folgt darstellen:

---

1 Van Lishaut, a.a.O., Rn 52; Hörtnagl, a.a.O.
2 Dahingehend van Lishaut in R/H/vL, § 2 Rn 51; ausführlich hierzu siehe Panzer/Gebert, DStR 2010 S. 520.
3 BFH, Urteil v. 29.1.2003 I R 38/01, BFH/NV 2004 S. 305.
4 BFH, Urteil v. 21.12.2005 I R 66/05, BFH/NV 2006 S. 1217.

VII. Allgemeiner Teil

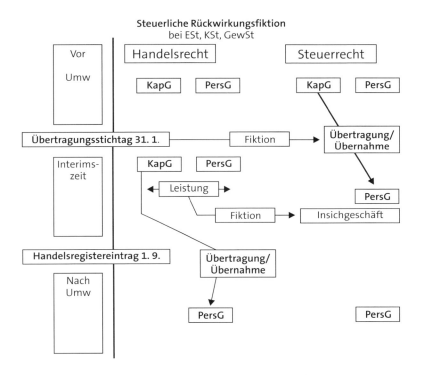

Danach gilt bei der Umwandlung einer Kapitalgesellschaft in eine Personengesellschaft während der Interimszeit das Recht der Besteuerung einer Mitunternehmerschaft. 704

(2) Fiktionswirkung bei den Gesellschaftern

Eingebunden in die Fiktionsregelung werden aber nur Personen und Gesellschaften, die am tatsächlichen Vorgang der Umwandlung teilnehmen. Hier gewinnt § 2 Abs. 2 UmwStG seine besondere Bedeutung. 705

Gesellschafter, die an der Umwandlung einer Kapitalgesellschaft in eine Personengesellschaft nicht teilnehmen und während der Interimszeit ganz oder teilweise ausscheiden, übertragen einen Anteil an einer Kapitalgesellschaft. Auf sie trifft die Fiktion nicht zu. Sie sind nicht in die Ermittlung eines Übernahmeergebnisses einzubeziehen und versteuern nach den Regeln der Veräußerung von Anteilen an einer Kapitalgesellschaft zum Zeitpunkt der Ver- 706 äußerung in der Interimszeit. Es wird insoweit nicht von der Veräußerung eines Mitunternehmeranteils ausgegangen.[1]

Diejenigen Gesellschafter, die während der Interimszeit in die Kapitalgesellschaft eintreten und nach der Eintragung der Umwandlung Mitunternehmer werden, gelten als zum Übertragungsstichtag in die übertragende Kapitalgesellschaft eingetreten bzw. ab Verschmelzungsstichtag als beigetretene Mitunternehmer, wenn sie zum Eintragungszeitpunkt noch Gesellschafter sind. Ebenso gelten die verbleibenden Gesellschafter nach Übertragungsstichtag bzw. ab Verschmelzungsstichtag als Mitunternehmer. Ist eine Kapitalgesellschaft rechtsnachfolgendes Unternehmen, gelten die verbleibenden Gesellschafter und die Nachfolgegesellschafter der in der Interimszeit ausgeschiedenen Gesellschafter als zum Ende des Übertragungsstichtags in die Kapitalgesellschaft eingetreten.

707 Die vorstehenden Ausführungen gelten auch für Anteilseigner, die aus dem umgewandelten Rechtsträger gegen Barabfindung gem. §§ 29, 125 und 207 UmwG ausscheiden. Bei Verschmelzung, Spaltung oder Formwechsel eines Rechtsträgers hat der übernehmende Rechtsträger jedem Anteilsinhaber, der gegen den Umwandlungsbeschluss des übertragenden Rechtsträgers Widerspruch eingelegt hat, den Erwerb seiner Anteile gegen eine angemessene Barabfindung anzubieten (§§ 29, 125 und 207 UmwG). Der abgefundene Anteilseigner scheidet danach zwar handelsrechtlich erst nach der Handelsregistereintragung und damit aus dem auch zivilrechtlich bereits bestehenden übernehmenden Rechtsträger aus. Steuerlich ist er jedoch so zu behandeln, als ob er aus dem übertragenden Rechtsträger ausgeschieden wäre.[2] Die Rückwirkung gilt auch nicht für Minderheitsbeteiligte, die ihre Anteile erst nach dem Umwandlungsbeschluss erworben und deshalb keinen Widerspruch gegen den Umwandlungsbeschluss eingelegt haben.[3]

708 Ein **Barabfindungsangebot** kann nach § 31 Satz 1 UmwG nur binnen zwei Monaten nach dem Tage angenommen werden, an dem die Eintragung der Verschmelzung in das Register des Sitzes des übernehmenden Rechtsträgers bekannt gemacht worden ist. Ist ein Antrag i. R. eines Spruchverfahrens zur Bestimmung der Barabfindung durch das Gericht gestellt worden, so kann gem. § 31 Satz 2 UmwG das Angebot binnen zwei Monaten nach dem Tage ange-

---

1 Rn 02.17 UmwStErl 2011.
2 Rn 02.19 UmwStErl 2011.
3 FG Münster, Urteil v. 18. 10. 2007 3 K 3608/04 F, EFG 2008 S. 343.

nommen werden, an denen die Entscheidung im elektronischen Bundesanzeiger bekannt gemacht worden ist.

Somit ist die Fiktionswirkung nicht in jedem Fall mit der Eintragung ins Handelsregister beendet. In den Fällen eines streitigen Spruchverfahrens kann sie sogar einen langen Zeitraum nach der Eintragung einnehmen. 709

Die Rechtsfolgen der Fiktion bei einer Umwandlung einer GmbH in eine Personengesellschaft werden mit folgender Grafik dargestellt. 710

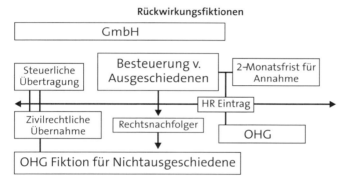

ff) **Veräußerung der Anteile an der übertragenden Körperschaft bei Vermögensübergang auf eine Personengesellschaft**

Veräußert ein Anteilseigner im Rückwirkungszeitraum Anteile an der übertragenden Körperschaft, gilt für ihn insoweit nicht die Rückwirkungsfiktion. Somit veräußert er Anteile an einer Kapitalgesellschaft und nicht Mitunternehmeranteile.[1] Das kann teilweise sein, aber auch insgesamt. 711

BEISPIEL: ▸ Arnold Neu ist Alleingesellschafter der Tondo-GmbH und hält seine Anteile im Privatvermögen. Die Tondo-GmbH wird rückwirkend zum 1.1.01 auf die bereits bestehende Gedy OHG verschmolzen. Die Eintragung im Handelsregister erfolgt am 15.6.01.

a) Arnold Neu veräußert am 1.3.01 85 % seiner Beteiligung
b) Arnold Neu veräußert am 1.3.01 100 % seiner Beteiligung

Lösung:

a) Arnold Neu veräußert nur einen Teil seiner Beteiligung und wird nur mit dem verbleibenden Rest Mitunternehmer der Gedy-OHG. Unter Anwendung des § 2 Abs. 1 UmwStG veräußert A am 1.3.01 teilweise Anteile an einer Kapitalgesell-

---

[1] Rn 02.20 UmwStErl 2011.

schaft. Der Erwerber erwirbt ebenfalls Anteile an einer Kapitalgesellschaft. Für die Ermittlung des Übernahmegewinns zum steuerlichen Übertragungsstichtag (31.12.00) gilt eine 15 %ige Beteiligung des Arnold Neu als in das Betriebsvermögen der Personengesellschaft eingelegt (§ 5 Abs. 2 UmwStG). Der Übernahmegewinn wird nur insoweit Arnold Neu zugerechnet.

b) Arnold Neu wird nicht Mitunternehmer. § 2 Abs. 1 UmwStG findet keine Anwendung. Arnold Neu veräußert Anteile an einer Kapitalgesellschaft. Der Erwerber erwirbt ebenfalls Anteile an einer Kapitalgesellschaft. Gemäß § 5 Abs. 1 UmwStG analog gelten diese Anteile als am steuerlichen Übertragungsstichtag angeschafft und nach § 5 Abs. 2 UmwStG als in das Betriebsvermögen der Personengesellschaft mit den Anschaffungskosten eingelegt. Der Übernahmegewinn wird dem Erwerber zugerechnet.

712 Weitere **Problemfelder** enthalten die nachfolgenden Varianten:

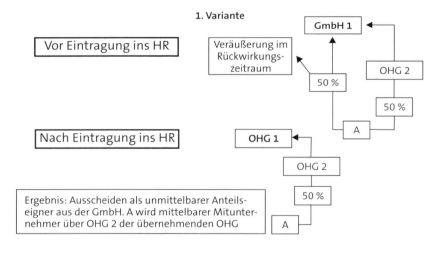

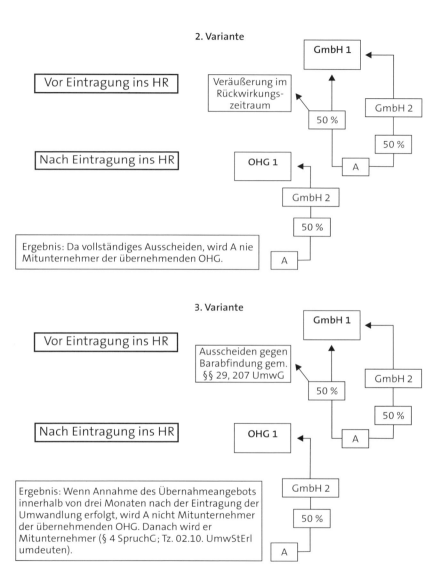

gg) Kapitalerhöhung und Kapitalherabsetzung während der Interimszeit

713 Da gem. § 2 Abs. 1 UmwStG das Einkommen und das Vermögen der übertragenden Körperschaft sowie des übernehmenden Rechtsträgers so zu ermitteln sind, als ob das Vermögen der Körperschaft mit Ablauf des Stichtags der Bilanz, die dem Vermögensübergang zugrunde liegt, übergegangen wäre, ist eine während der Interimszeit bei der übertragenden Kapitalgesellschaft vorgenommene Kapitalerhöhung oder Kapitalherabsetzung nicht auf den steuerlichen Übertragungsstichtag zurückzubeziehen.[1] Maßgebend sind die bis zum steuerlichen Übertragungsstichtag entstandenen Anschaffungskosten der Anteile, auf die sich eine Kapitalerhöhung bzw. Kapitalherabsetzung noch nicht ausgewirkt haben.[2]

714 Dies ist allerdings nicht unumstritten. Nach anderer Auffassung[3] erfolgt eine Rückbeziehung mit der Folge, dass die neuen Anteile entsprechend § 5 UmwStG an der Umwandlung teilnehmen und bei der Ermittlung des Übernahmegewinns die erhöhten Anschaffungskosten/der erhöhte Buchwert zu berücksichtigen sind/ist.

715 Ist die Kapitalherabsetzung mit einer Auszahlung an einen im Interimszeitraum ausscheidenden Gesellschafter verbunden, hat die übertragende Kapitalgesellschaft den Abfluss bereits in ihrer steuerlichen Schlussbilanz zu berücksichtigen. Der ausscheidende Gesellschafter hat ohne Fiktionsregelung die für Kapitalrückzahlungen geltenden allgemeinen Grundsätze zu beachten.[4]

hh) Vor dem Übertragungsstichtag begründete und abgeflossene Ausschüttungsverbindlichkeiten

716 Diese gesellschaftsrechtlich begründeten Leistungen stellen bereits nach den allgemeinen Grundsätzen Leistungen nach § 27 Abs. 1 KStG und nach § 38 KStG dar. Die im Wirtschaftsjahr der Umwandlung vorgenommenen Ausschüttungen der übertragenden Körperschaft, welches das letzte Wirtschaftsjahr der übertragenden Körperschaft ist, verringern somit das Betriebsvermögen der übertragenden Körperschaft zum steuerlichen Übertragungsstichtag und damit auch das übergehende Vermögen. Neben beschlossenen und vollzogenen Ausschüttungen für ein abgelaufenes Wirtschaftsjahr zählen

---

1 Widmann in Widmann/Mayer, § 2 UmwStG, Rn 234.
2 Fachnachrichten des IDW 1996, 194a, 194g.
3 IdW (Steuerfachausschuss), WPg 1997 S. 439; Hörtnagl in S/H/S, UmwG-UmwStG, § 2 UmwStG, Rn 69; van Lishaut in R/H/vL, § 2 UmwStG, Rn 72.
4 Widmann in Widmann/Mayer, § 2 UmwStG, Rn 236; Hörtnagl, a. a. O.

dazu auch abgeflossene Vorabausschüttungen und abgeflossene verdeckte Gewinnausschüttungen. Die Ausschüttungen sind auf der Ebene des Anteilseigner als Einnahmen i. S. d. § 20 Abs. 1 Nr. 1 EStG zu erfassen und unterliegen der Besteuerung nach den allgemeinen Grundsätzen (z. B. § 3 Nr. 40 oder § 32d EStG, § 8b KStG). Für den Zufluss beim Anteilseigner gelten die allgemeinen Grundsätze.

Sofern es sich dabei bei älteren Fällen um eine ordentliche Gewinnausschüttung handelt, ist in Veranlagungszeiträumen bis 2006 bei der übertragenden Kapitalgesellschaft § 37 KStG, ein Relikt aus dem früheren Anrechnungssystem, zu beachten (KSt-Minderung). Das bei der Umwandlung übergehende Betriebsvermögen ist durch die Ausschüttung verringert. Es ist zudem nur noch bis VZ 2006 wegen einer daraus sich ergebenden KSt-Minderung zu erhöhen bzw. um eine KSt-Erhöhung zu verringern. Die ausschüttungsbedingten Folgen für das steuerliche Einlagenkonto sind bei der übertragenden Gesellschaft in deren steuerlichen Schlussbilanz zu erfassen.[1]

717

Ob die Umwandlung auf eine andere Körperschaft oder auf eine Personengesellschaft erfolgt, ist unerheblich.

718

ii) Vor dem Übertragungsstichtag begründete und in der Interimszeit abgeflossene Ausschüttungsverbindlichkeiten

Ausschüttungsverbindlichkeiten sind begründet, wenn sie vor dem Übertragungsstichtag nach den gesellschaftsrechtlichen Vorschriften beschlossen worden sind.

719

In die Übertragungsbilanz ist ein **Schuldposten** (Ausschüttungsverbindlichkeit) einzustellen. Die Ausschüttung gilt unabhängig von ihrer tatsächlichen Auszahlung und unabhängig von der Rechtsform des übernehmenden Rechtsnachfolgers am steuerlichen Übertragungsstichtag bei der übertragenden Kapitalgesellschaft vor allem für Zwecke der Anwendung des § 27 KStG als abgeflossen (**Abflussfiktion**). Die Steuerbescheinigung i. S. d. § 27 Abs. 3 KStG ist von der übertragenden Körperschaft oder dem übernehmenden Rechtsträger als dessen steuerlicher Rechtsnachfolger (§ 4 Abs. 2 Satz 1 UmwStG) auszustellen. Das auf die Übernehmerin übergehende Betriebsvermögen ist also bereits um die Ausschüttungsverbindlichkeit verringert.

720

---

1 So schon BMF-Schreiben v. 16. 12. 2003, BStBl I 2003 S. 786, Tz. 24; nunmehr Rn 02.25 UmwStErl 2011.

D. Das Umwandlungssteuerrecht

721 Der **Zufluss** beim Anteilseigner gilt am steuerlichen Übertragungsstichtag erfolgt, soweit der Anteilseigner auch Gesellschafter der übernehmenden Personengesellschaft wird. Der Ausweis einer Ausschüttungsverbindlichkeit in der steuerlichen Schlussbilanz bleibt hiervon unberührt. Für eine natürliche Person als übernehmender Rechtsträger gilt dies nach § 2 Abs. 1 UmwStG.[1]

722 Soweit ein Anteilseigner nicht Gesellschafter der Personengesellschaft wird, gelten die allgemeinen Grundsätze (= „Zuflusszeitpunkt bei Gewinnausschüttung"). Die Finanzverwaltung behandelt die während des Interimszeitraums ausgeschiedenen Anteilseigner für steuerliche Zwecke noch als Anteilseigner der übertragenden Kapitalgesellschaft.[2]

723 Bei Umwandlung auf eine Kapitalgesellschaft gelten für den Zufluss der Ausschüttung beim Anteilseigner ebenfalls die allgemeinen Grundsätze.

724 Die Kapitalertragsteuer auf die Ausschüttungen entsteht in dem Zeitpunkt, in dem die Kapitalerträge dem Gläubiger zufließen (§ 44 Abs. 2 EStG). Die KapESt-Abführung und -Bescheinigung wird von der Übertragerin geleistet, soweit sie in den Fristen des § 44 EStG noch selbständig handelt und die Umwandlung noch nicht wirksam ist. Ansonsten ist aufgrund der Rechtsnachfolge die übernehmende Personengesellschaft oder natürliche Person nach § 4 Abs. 2 Satz 1 UmwStG zur Einbehaltung und Abführung der Kapitalertragsteuer nach den allgemeinen Grundsätzen verpflichtet (vgl. §§ 43 ff. EStG).

Ausschüttungen an Anteilseigner, die unter die steuerliche Rückwirkungsfiktion fallen, gelten infolge der Wirksamkeit der Umwandlung als am steuerlichen Übertragungsstichtag zugeflossen. Für die Anwendung des § 44 Abs. 1 Satz 2 EStG gelten sie spätestens mit Eintritt der Wirksamkeit der Umwandlung als zugeflossen.

Bei in der steuerlichen Schlussbilanz ausgewiesenen Ausschüttungsverbindlichkeiten für nicht an der Rückwirkungsfiktion teilnehmende Anteilseigner[3], ist die Kapitalertragsteuer in dem Zeitpunkt, zu dem die Einnahmen i. S. d. § 20 Abs. 1 Nr. 1 EStG dem Gläubiger i. S. d. § 44 Abs. 1 Satz 2 EStG zufließen, von dem übernehmenden Rechtsträger als dessen steuerlicher Rechtsnachfolger (§ 4 Abs. 2 Satz 1 UmwStG) einzubehalten und abzuführen, soweit der übertragende Rechtsträger die Kapitalertragsteuer nicht bereits nach allgemeinen Grundsätzen einbehalten und abgeführt hat.

---

1 Rn 02.28 UmwStErl 2011.
2 Rn 02.28 UmwStErl 2011.
3 Vgl. Rn 02.03 und 02.18 UmwStErl 2011.

Beim übernehmenden Rechtsträger stellt der Abfluss der Gewinnausschüttung lediglich eine erfolgsneutrale Erfüllung einer Ausschüttungsverbindlichkeit dar.

725

Die vorstehenden Grundsätze gelten auch bei Vorabausschüttungen. Fraglich ist, ob bei **verdeckten Gewinnausschüttungen**, die vor dem steuerlichen Übertragungsstichtag begründet worden sind, aber erst danach zahlungswirksam werden (z. B. überhöhte Tantieme), ein gesonderter Schuldposten (z. B. passivierte Tantieme) zu bilden ist[1] oder nicht, weil bereits aus allgemeinen Grundsätzen ein Schuldposten zu bilden sei.[2]

726

jj) Nach dem steuerlichen Übertragungsstichtag begründete Ausschüttungen

In diesen Fällen handelt es sich um nach den Regeln des Gesellschaftsrechts ordnungsgemäß beschlossene Gewinnausschüttungen sowie verdeckte Gewinnausschüttungen im Rückwirkungszeitraum, für die in der steuerlichen Übertragungsbilanz noch kein Schuldposten ausgewiesen wurde. Die steuerlichen Konsequenzen sind von der Rechtsform des übernehmenden Rechtsträgers und von dem Verbleib der Gesellschafter im Nachfolgeunternehmen abhängig. Die Rechtsfolgen lassen sich wie folgt darstellen:

727

(1) Soweit Anteilseigner im Rückwirkungszeitraum ausscheiden und nicht Gesellschafter des übernehmenden Rechtsträgers werden

Nach dem steuerlichen Übertragungsstichtag beschlossene ordentliche Gewinnausschüttungen bzw. vorgenommene verdeckte Gewinnausschüttungen an im Rückwirkungszeitraum ausscheidende Gesellschafter sind der übertragenden Kapitalgesellschaft zuzurechnen, da sie zu diesem Zeitpunkt noch besteht.[3]

728

Buchungstechnisch ist in der Schlussbilanz der übertragenden Körperschaft noch ein passiver Korrekturposten zu bilden, soweit die Leistungen auf Anteilseigner entfallen, deren Anteile nicht unter die Rückwirkungsfiktion des § 2 UmwStG fallen. Dieser passive Korrekturposten ist wie eine zu diesem Stichtag bereits bestehende Ausschüttungsverbindlichkeit zu behandeln, so dass diese Beträge bereits am steuerlichen Übertragungsstichtag bei der übertra-

729

---

1 So Rn 02.27 UmwStErl 2011.; Dötsch/van Lishaut/Wochinger, DB Beilage 7/1998 S. 3.
2 Hörtnagl in S/H/S, UmwG-UmwStG, § 2 UmwStG, Rn 74; Widmann in Widmann/Mayer, § 2 UmwStG, Rn 151, 159; van Lishaut in R/H/vL, § 2 UmwStG, Rn 61.
3 Rn 02.31 UmwStErl 2011; Dötsch in D/P/M, § 2 UmwStG, Tz. 35.

genden Körperschaft als abgeflossen gelten. Da der Korrekturposten sich weder bei der übertragenden Kapitalgesellschaft noch bei dem übernehmenden Rechtsträger gewinnmindernd bzw. gewinnerhöhend auswirken darf, ist seine Bildung und Auflösung steuerneutral durch außerbilanzielle Korrektur vorzunehmen.[1]

Das nach Vornahme dieser Korrektur in der steuerlichen Schlussbilanz verbliebene Eigenkapital stellt die Ausgangsgröße für die Ermittlung der offenen Rücklagen i. S. d. § 7 UmwStG dar.[2] Bei der Zurechnung der offenen Rücklagen i. S. d. § 7 UmwStG gegenüber einem im Rückwirkungszeitraum neu eintretenden Gesellschafter sind die Ausschüttungen an Anteilseigner, für die die Rückwirkungsfiktion gilt, vorweg zu berücksichtigen (rückbezogene Ausschüttungen).[3]

730 Ausschüttungen führen auf der Ebene der ausgeschiedenen Anteilseigner zu Einkünften aus Kapitalvermögen im Zeitpunkt des Zuflusses. Der Ausschüttungszeitpunkt wird nicht zurückbezogen. Erforderliche Steuerbescheinigungen sind von der übertragenden Körperschaft oder deren Rechtsnachfolger auszustellen.[4]

(2) Soweit Anteilseigner Gesellschafter des übernehmenden Rechtsträgers werden

731 Nach dem steuerlichen Übertragungsstichtag beschlossene ordentliche Gewinnausschüttungen sowie im Interimszeitraum vorgenommene verdeckte Gewinnausschüttungen an nicht ausscheidende Gesellschafter sind im Fall der Verschmelzung von Kapitalgesellschaften so zu behandeln, als hätte die übernehmende Kapitalgesellschaft sie vorgenommen. Hier gilt die Fiktion einer Gewinnausschüttung durch die übernehmende Kapitalgesellschaft, da in einem vor der Handelsregistereintragung liegenden Ausschüttungszeitpunkt die übertragende Gesellschaft noch existent ist.[5] Ein passiver Korrekturposten ist in der steuerlichen Schlussbilanz der übertragenden Kapitalgesellschaft insoweit nicht zu bilden, als die Anteilseigner aus der übertragenden Gesellschaft nicht ausgeschieden sind. Ausschüttungen der übertragenden Körperschaft, für die ein Schuldposten oder ein passiver Korrekturposten zu bilden ist, gelten

---

1 Rn 02.31 UmwStErl 2011; Hörtnagl in S/H/S, UmwG-UmwStG, § 2 UmwStG, Rn 82.
2 Siehe dazu Rn 1029 ff.
3 Rn 02.34 UmwStErl 2011.
4 Rn 02.33 UmwStErl 2011.
5 Rn 02.31 UmwStErl 2011; FG Berlin, Urteil v. 28. 7. 2003 8 K 8565/00 (rkr.), EFG 2004 S. 70 mit zustimmender Anm. Trossen; a. A. van Lishaut in R/H/vL, § 2 UmwStG, Rn 67.

für Zwecke der Anwendung des § 27 KStG spätestens im Zeitpunkt der zivilrechtlichen Wirksamkeit der Umwandlung als abgeflossen. Diese Ausschüttungen sind in der gesonderten Feststellung des steuerlichen Einlagekontos zum steuerlichen Übertragungsstichtag zu berücksichtigen.

Aus Vereinfachungsgründen bestehen für im Rückwirkungszeitraum erfolgte Gewinnausschüttungen keine Bedenken, diese so zu behandeln, als hätte der übernehmende Rechtsträger sie vorgenommen, wenn die Verpflichtung zum Einbehalt und zur Abführung der Kapitalertragsteuer nach §§ 43 ff. EStG hierdurch nicht beeinträchtigt wird.

Ansonsten ist die übernehmende Körperschaft zur Abführung der KapESt verpflichtet.

Bei Verschmelzung einer Tochtergesellschaft auf ihre Muttergesellschaft gilt für Gewinnausschüttungen der Tochtergesellschaft an die Muttergesellschaft im Rückwirkungszeitraum die Rückwirkungsfiktion nach § 2 Abs. 1 UmwStG mit der Folge, dass eine steuerlich unbeachtliche Vorwegübertragung von Vermögen an die Muttergesellschaft vorliegt. Die Kapitalertragsteueranmeldung kann insoweit berichtigt werden.[1]

Im Fall der Umwandlung einer Kapitalgesellschaft auf ein Personenunternehmen handelt es sich um eine Entnahme, da nach der Fiktionsregelung das Recht der Besteuerung von Mitunternehmerschaften bzw. Einzelunternehmen anzuwenden ist.[2] Dies ist der Fall, wenn der Anteilseigner i. S. d. des § 20 Abs. 5 EStG der übertragenden Körperschaft auch der übernehmende Rechtsträger ist (bei Verschmelzung auf eine natürliche Person) oder der Anteilseigner Gesellschafter der übernehmenden Personengesellschaft wird. Im ersten Fall gilt die steuerliche Rückwirkungsfiktion nach § 2 Abs. 1 UmwStG und im zweiten Fall nach § 2 Abs. 2 UmwStG auch für den Anteilseigner der übertragenden Körperschaft, so dass es sich insoweit steuerlich nicht um Einnahmen i. S. d. § 20 Abs. 1 Nr. 1 EStG, sondern um Entnahmen i. S. d. § 4 Abs. 1 Satz 2 EStG der übernehmenden natürlichen Person oder des jeweiligen Gesellschafters handelt. Davon unberührt bleibt eine Zurechnung von Bezügen i. S. d. § 7 UmwStG i. V. m. § 20 Abs. 1 Nr. 1 EStG. Infolgedessen ist ein passiver Korrekturposten in der steuerlichen Schlussbilanz der übertragenden Kapitalgesellschaft insoweit nicht zu bilden, als die Gesellschafter als ehemalige Anteilseigner ausgeschieden sind. KapESt ist für die Gewinnausschüttung, soweit sie nicht von § 7 UmwStG erfasst wird, eigentlich nicht abzuführen. Da dies allerdings erst gilt,

732

---

[1] Rn 02.35 UmwStErl 2011.
[2] Rn 02.32 UmwStErl 2011.

wenn die Umwandlung und damit die Rückwirkungsfiktion wirksam werden, ist im Regelfall KapESt abzuführen. Diese wird nach Eintragung der Umwandlung erstattet.[1]

733 Bei verbleibenden Gesellschaftern ist ein teilweises Ausscheiden aus der übertragenden Gesellschaft möglich. Ausschüttungen in der Interimszeit müssen daher den Anteilen, für die die Rückwirkungsfiktion gilt, und denen, für die sie nicht gilt, zugeordnet werden. Die Finanzverwaltung berechnet die Aufteilung der Ausschüttung nach dem Nennwert der jeweiligen Anteile im Verhältnis zum Nennwert der gesamten Beteiligung am übertragenden Unternehmen.[2]

(3) Zusammenfassendes Beispiel einer beschlossenen Gewinnauschüttung in der Interimszeit

733a Sachverhalt:[3]

An der X-GmbH sind die Gesellschafter A (10%), B (40%) und C (50%) beteiligt. Die X-GmbH wird zum 1.1.01 (steuerlicher Übertragungsstichtag 31.12.00) zusammen mit der Y-GmbH durch Neugründung auf die XY-OHG verschmolzen. Die Gesellschafterversammlung der X-GmbH beschließt am 30.4.01 eine Gewinnausschüttung für 01 i.H.v. 70.000 €. Die Ausschüttung wird am 31.5.01 ausgezahlt. Das steuerliche Eigenkapital i.S.d. § 7 UmwStG beträgt – vor Berücksichtigung eines Korrekturpostens – 100.000 €.

A verkauft seine im Privatvermögen gehaltene Beteiligung an der X-GmbH zum 1.7.01 an D. Die Eintragung der Verschmelzung im Handelsregister erfolgt am 31.8.01.

Lösung:

Für die steuerliche Beurteilung der nach dem steuerlichen Übertragungsstichtag beschlossenen Gewinnausschüttung sowie der Bezüge i.S.d. § 7 UmwStG der Gesellschafter A, B, C und D ist danach zu unterscheiden, welcher Anteilseigner an der Rückwirkungsfiktion nach § 2 Abs. 2 UmwStG teilnimmt:

Ausgeschiedener Anteilseigner A

Da A infolge der Anteilsveräußerung nicht Gesellschafter der übernehmenden Personengesellschaft wird, gilt für ihn zum einen nicht die Rückwirkungsfiktion nach § 2 Abs. 2 UmwStG und zum anderen sind ihm keine Bezüge i.S.d. § 7 UmwStG zuzurechnen. In Höhe der dem A zuzurechnenden Gewinnausschüttung ist in der steuerlichen Schlussbilanz ein passiver Korrekturposten i.H.v. 7.000 € steuerneutral zu bilden. Dem ausgeschiedenen Anteilseigner A fließt die Gewinnausschüttung der übertragenden Körperschaft am 31.5.01 zu. Er hat diese Ausschüttung im Veranlagungszeitraum 01 als Einkünfte aus Kapitalvermögen zu versteuern (§ 20 Abs. 1 Nr. 1 EStG, bei Zufluss nach dem 31.12.2008 § 32d, § 43 Abs. 5 EStG).

---

1 Hörtnagl in S/H/S, UmwG-UmwStG, § 2 UmwStG, Rn 79.
2 Rn 02.29 UmwStErl 2011.
3 Entsprechend Rn 02.33 UmwStErl 2011.

Verbleibende Anteilseigner B, C und D

Da die Anteilseigner B, C und D der übertragenden X-GmbH Gesellschafter der übernehmenden XY-OHG werden, findet zum einen die Rückwirkungsfiktion nach § 2 Abs. 2 UmwStG Anwendung und zum anderen sind ihnen die Bezüge i. S. d. § 7 UmwStG zuzurechnen. Die Bildung eines passiven Korrekturpostens kommt insoweit nicht in Betracht. Hinsichtlich der am 31. 5. 01 erfolgten Gewinnausschüttungen handelt es sich um Entnahmen von B und C nach § 4 Abs. 1 Satz 2 EStG.

Für die Zurechnung der Bezüge i. S. d. § 7 UmwStG ergibt sich Folgendes:

Eigenkapital i. S. d. § 7 UmwStG (ohne Korrekturposten)	100.000 €
Passiver Korrekturposten (Ausschüttung an A)	- 7.000 €
Ausgangsgröße für die Bezüge i. S. d. § 7 UmwStG	93.000 €

Die Bezüge i. S. d. des § 7 UmwStG verteilen sich wie folgt:

		B	C	D
Bezüge i. S. d. § 7 UmwStG	93.000 €			
Rückbezogene Ausschüttungen an B, C		- 63.000 €	+ 28.000 €	+ 35.000 €
Zwischensumme	30.000 €			
Verteilung nach Beteiligung am Nennkapital		- 30.000 €	+ 12.000 €	+ 15.000 €	+ 3.000 €
Zu versteuernde Bezüge i. S. d. § 7 UmwStG		40.000 €	50.000 €	3.000 €

kk) Andere Rechtsgeschäfte im Rückwirkungszeitraum

734 Zwischen Gesellschaft und Gesellschafter können wie unter fremden Dritten Verträge abgeschlossen werden, die zu Vergütungen der Gesellschaft an den Gesellschafter führen. Darunter fallen beispielsweise Vergütungen für Dienstleistungen, Pacht- oder Zinszahlungen.

735 Das deutsche Steuerrecht enthält eine differenzierte Besteuerungsstruktur hinsichtlich Personenunternehmen und Körperschaften. Daher werden je nach Rechtsform des übernehmenden Rechtsträgers die Vergütungen unterschiedlich behandelt.

736 Bei der Umwandlung auf eine andere Körperschaft findet eine **steuerliche Umqualifizierung** der in der Interimszeit zwischen steuerlichem Übertragungsstichtag und dem Tag der Handelsregistereintragung geleisteten Vergütungen nicht statt. Diese Vergütungen werden wegen des steuerlichen Rückbezugs der Umwandlung aber bereits der übernehmenden Körperschaft als Betriebs-

einnahmen bzw. Betriebsausgaben zugerechnet. Beim Gesellschafter bleibt die steuerliche Beurteilung unverändert.

737 Bei der **Umwandlung auf ein Personalunternehmen** (Personengesellschaft oder natürliche Person) werden die **in der Interimszeit gezahlten Gehälter** (einschließlich der Arbeitgeberanteile zur Sozialversicherung), **Darlehensvergütungen, Mieten** etc. infolge des steuerlichen Rückzugs der Umwandlung in Sondervergütungen gem. § 15 Abs. 1 Satz 1 Nr. 2 EStG umqualifiziert, wenn der Gesellschafter bei der Nachfolgegesellschaft Mitunternehmer wird. Bereits einbehaltene und abgeführte Lohnsteuer ist zu erstatten oder bei der Einkommensteuerveranlagung zu verrechnen.[1]

738 Die Umqualifizierung erstreckt sich nicht auf offene Forderungen (z. B. Gehaltsforderungen) des Gesellschafters für Zeiträume vor dem steuerlichen Übertragungsstichtag. Diese werden allgemeinen Grundsätzen entsprechend in der steuerlichen Schlussbilanz der übertragenden Gesellschaft ausgewiesen.

739 **Die Behandlung beim übernehmenden Rechtsträger ist problematisch:**

Ermittelt er seinen Gewinn nach § 4 Abs. 3 EStG, werden die Einkünfte im Zeitpunkt des Zuflusses unverändert als Einkünfte aus §§ 19, 20 oder 21 EStG erfasst.

Ermittelt der übernehmende Rechtsträger (natürliche Person oder Personengesellschaft) den Gewinn hingegen nach § 4 Abs. 1, § 5 EStG, führt die Umwandlung unstreitig zum Erlöschen von Forderungen und Verbindlichkeiten, wenn eine natürliche Person übernehmender Rechtsträger ist. Umstritten ist, ob steuerlich auch eine **Konfusion** eintritt, wenn eine Personengesellschaft übernehmende Rechtsträgerin ist.[2] Bejaht man dies, führt das steuerliche Erlöschen der Verbindlichkeiten der übertragenden Gesellschaft zum Zufluss der Forderung beim übernehmenden Rechtsträger am steuerlichen Übertragungsstichtag und zu einer Einlage der Forderung, die zu einer Erhöhung des steuerlichen Kapitalkontos des Gesellschafters führt.[3] Ob eine Rücklage nach § 6 UmwStG gebildet werden darf, ist ebenfalls streitig.[4]

740 Die Rückwirkungsfiktion und damit Umqualifizierung trifft nicht zu auf voll ausgeschiedene Gesellschafter. Dort bleiben die Einkünfte gem. §§ 19, 20, 21

---

1 Rn 02.36 UmwStErl 2011.
2 Hörtnagl in S/H/S, UmwG-UmwStG, § 2 UmwStG, Rn 56 m. w. N.
3 Hörtnagl, a. a. O.; Widmann in Widmann/Mayer, § 2 UmwStG, Rn 100.
4 U. E. zu Recht bejaht von Hörtnagl, a. a. O., Rn 60.

EStG diesen Einkunftsarten zugeordnet. Ein nur teilweises Ausscheiden genügt nicht, es findet keine Aufteilung der Einkünfte statt.[1]

Bei der steuerrechtlichen Beurteilung von anderen Rechtsgeschäften und Rechtshandlungen der zivilrechtlich im Rückwirkungszeitraum noch bestehenden Körperschaft ist die Ausnahmeregelung von der Fiktion für ausscheidende bzw. abgefundene Anteilseigner nicht zu beachten, wenn der Anteilseigner im Rückwirkungszeitraum nur teilweise ausscheidet.[2] Entscheidend ist gem. § 15 Abs. 2 Satz 1 EStG, dass eine Mitunternehmerstellung überhaupt besteht. Der Umfang ist nicht erheblich.

741

II) Aufsichtsratsvergütungen und sonstige Fälle des Steuerabzugs nach § 50a EStG

Aufsichtsratsvergütungen der übertragenden Körperschaft für den Rückwirkungszeitraum gelten steuerlich nach § 2 Abs. 1 UmwStG als von dem übernehmenden Rechtsträger geleistet. Ebenso geht eine Steuerabzugsverpflichtung nach § 50a EStG z. B. nach § 4 Abs. 2 Satz 1 UmwStG auf den übernehmenden Rechtsträger über. An Dritte gezahlte Vergütungen stellen Betriebsausgaben des übernehmenden Rechtsträgers dar. Sie unterliegen dem teilweisen Abzugsverbot des § 10 Nr. 4 KStG, wenn die Übernehmerin der Körperschaftsteuer unterliegt.[3]

742

Zahlungen an Anteilseigner der übertragenden Körperschaft stellen bei der übernehmenden Personengesellschaft grds. Entnahmen dar. Ist bei Umwandlung auf eine Personengesellschaft Empfänger der gezahlten Vergütungen ein Anteilseigner, der im Rückwirkungszeitraum voll ausgeschieden ist und damit nicht Gesellschafter der übernehmenden Personengesellschaft wird, so mindern die Aufwendungen den Gewinn der übernehmenden Personengesellschaft. Der ausgeschiedene Anteilseigner hat die Aufsichtsratsvergütungen als Einkünfte i. S. des § 18 Abs. 1 Nr. 3 EStG zu versteuern.[4]

743

Vorstehende Grundsätze gelten für andere steuerabzugspflichtige Vergütungen i. S. d. § 50a EStG entsprechend.

---

1 Rn 02.36 UmwStErl 2011; Widmann in Widmann/Mayer, § 2 UmwStG, Rn 103.
2 Rn 02.36 UmwStErl 2011.
3 Rn 02.37 UmwStErl 2011.
4 Rn 02.37 UmwStErl 2011.

mm) Die Gewinnarten

744 Die Umwandlung einer Körperschaft in ein Nachfolgeunternehmen enthält die Modifikation der Beendigung eines Unternehmens und die Fortsetzung der unternehmerischen Tätigkeit durch einen Rechtsnachfolger.

745 Damit entsteht bei dem untergehenden Unternehmen ein **Übertragungsgewinn**, der einem Aufgabegewinn/Liquidationsgewinn entspricht, und bei dem aufnehmenden Unternehmen ein **Übernahmegewinn**. Da ein Unternehmen in ein anderes Unternehmen aufgeht, hat das Auswirkungen auf ausgeführte Vertragsverhältnisse zwischen diesen Unternehmen. Hat das untergehende Unternehmen eine Forderung aus einem Rechtsgeschäft gegenüber dem Nachfolgeunternehmen, so entsteht bei dem Nachfolgeunternehmen aufgrund des Wegfalls einer Verbindlichkeit ein weiterer Gewinn, den man als **Übernahmefolgegewinn** oder auch als **Konfusionsgewinn**[1] bezeichnet. Dieser wird gesondert in § 6 UmwStG behandelt.

746 **Danach enthält eine Umwandlung verschiedene Ergebnisbereiche:**[2]

- ▶ den Übertragungsgewinn bzw. -verlust bei der übertragenden Körperschaft nach § 3 UmwStG,
- ▶ den Beteiligungskorrekturgewinn nach § 4 Abs. 1 Satz 2, § 5 Abs. 3 Satz 1 UmwStG bei dem übernehmenden Rechtsträger,
- ▶ den Übernahmegewinn bzw. -verlust bei dem übernehmenden Rechtsträger nach § 4 Abs. 4 ff., § 5 UmwStG sowie den Kapitalertrag nach § 7 UmwStG,
- ▶ den Übernahmefolgegewinn = Konfusionsgewinn bei dem übernehmenden Rechtsträger nach § 6 UmwStG,
- ▶ ggf. Gewinn infolge der Regelung in § 8 UmwStG (Vermögensübergang auf einen Rechtsträger ohne Betriebsvermögen).

747 Die vorgenannten Gewinne entstehen alle zum selben Zeitpunkt, nämlich dem steuerlichen Übertragungsstichtag. Dies gilt auch für die Kapitaleinkünfte nach § 7 UmwStG.[3]

748 Fraglich ist, ob der Übertragungsgewinn und der Übernahmegewinn **stets** in demselben Veranlagungszeitraum entstehen.[4]

---

1 NWB Sonderheft 1/2007 S. 18.
2 Vgl. Rn 02.04 UmwStErl 2011.
3 Van Lishaut in R/H/vL, § 2 UmwStG, Rn 79.
4 So die Finanzverwaltung, siehe Rn 02.04 UmwStErl 2011.

VII. Allgemeiner Teil

UNSTREITIGES BEISPIEL: Die X-GmbH und die Y-GmbH werden handelsrechtlich zum 1.1.02 durch Neugründung auf die XY-OHG verschmolzen. Die X-GmbH und die Y-GmbH erstellen ihre Schlussbilanzen zum 31.12.01. Das Vermögen gilt steuerlich als am 31.12.01 (24 Uhr) übergegangen (§ 2 Abs. 1 UmwStG). Der Übertragungsgewinn und das Übernahmeergebnis sind steuerlich dem VZ 01 zuzurechnen. Daher sind für den VZ 01 sowohl für die übertragenden als auch für den übernehmenden Rechtsträger alle erforderlichen Veranlagungen und Feststellungen durchzuführen. Bei einer Verschmelzung durch Neugründung ist die Umwandlung beim übernehmenden Rechtsträger der einzige Geschäftsvorfall im VZ 01. Der Übernahmegewinn ist auch dann in der gesonderten und einheitlichen Feststellung der Einkünfte für die Personengesellschaft für den VZ 01 zu erfassen, wenn die Personengesellschaft zivilrechtlich erst im folgenden VZ entsteht.[1]

Abwandlung:

Die X-GmbH, deren Wirtschaftsjahr dem Kalenderjahr entspricht, wird auf ihre Alleingesellschafterin, die AB OHG, verschmolzen. Das Wirtschaftsjahr der OHG endet am 30.10. Steuerlicher Übertragungsstichtag ist der 31.12.2008.

Der Übertragungsgewinn entsteht und ist zu versteuern in 2008, der Übernahmegewinn fällt als laufender Geschäftsvorfall in das Wirtschaftsjahr 1.11.2008 bis 31.10.2009 der Personengesellschaft und ist gem. § 4a Abs. 2 Nr. 2 EStG erst 2009 zu versteuern.[2]

nn) Gewinnerhöhung durch Vereinigung von Forderungen und Verbindlichkeiten

(1) Ursache

Ein **Konfusionsgewinn (Übernahmefolgegewinn)** kann dadurch entstehen, dass der Vermögensübergang zum Erlöschen von Forderungen und Verbindlichkeiten zwischen der übertragenden Körperschaft und dem übernehmenden Rechtsträger oder zur Auflösung von Rückstellungen führt. Dabei kommt es (nur) dann zu einem Übernahmefolgegewinn oder Übernahmefolgeverlust, wenn die Forderungen und die korrespondierenden Schulden bei dem übertragenden Rechtsträger und dem übernehmenden Rechtsträger mit unterschiedlichen Werten bilanziert sind. Ein Übernahmefolgegewinn entsteht, wenn die Forderung mit einem niedrigeren Wert als die Verbindlichkeit bilanziert ist oder zwischen den an der Umwandlung beteiligten Rechtsträgern eine ungewisse Verbindlichkeit bestand, einer der Rechtsträger dafür eine Rückstellung gebildet hat und in der Bilanz des anderen Rechtsträgers insoweit keine Forderung ausgewiesen wurde, weil aufgrund des Vorsichtsprinzips (§ 252 Abs. 1

749

---

1 Van Lishaut in R/H/vL, § 2 UmwStG, Rn 79.
2 So zu Recht Widmann in Widmann/Mayer, § 2 UmwStG, Rn 285; Hörtnagl in S/H/S, UmwG-UmwStG, § 2 UmwStG, Rn 90 f.

D. Das Umwandlungssteuerrecht

Nr. 4 Halbsatz 1 HGB) ungewisse Forderungen nicht aktiviert werden dürfen. Ist die Forderung hingegen mit einem höheren Wert als die Verbindlichkeit passiviert, entsteht ein Übernahmefolgeverlust, der als laufender Verlust sofort abzugsfähig ist.[1] Eine Konfusion kommt auch vor, wenn Forderungen und Verbindlichkeiten zwischen mehreren Körperschaften bestehen, die gemeinsam auf ein Personalunternehmen verschmolzen werden.

BEISPIEL 1: ▶ Bei der übernehmenden OHG wurde wegen Leistungen an die übertragende GmbH eine Garantierückstellung gebildet.

BEISPIEL 2: ▶ Die X-GmbH & Co. KG ist zu 100 % an der Y-GmbH beteiligt. Im Jahr 01 hatte die KG der GmbH ein verzinsliches Darlehen in Höhe von 6,0 Mio. € gewährt. Im Jahr 02 hatte die KG wegen drohender Überschuldung der GmbH einen qualifizierten Rangrücktritt in Höhe von 4,0 Mio. € der Darlehensforderung erklärt und das Darlehen in ihrer Steuerbilanz in dieser Höhe wertberichtigt. Bei der GmbH wurde die Verbindlichkeit außerhalb des Überschuldungsstatus in der Steuerbilanz weiterhin in voller Höhe passiviert. Im August 05 wird die GmbH auf die KG verschmolzen, steuerlicher Übertragungsstichtag ist der 31.12.04. Dadurch kommt es zu einer Vereinigung von Forderung und Verbindlichkeit. Wegen der unterschiedlichen Bilanzierung entsteht im Wirtschaftsjahr 04 in Höhe der Wertdifferenz zwischen den beiden Bilanzansätzen ein „Konfusionsgewinn" = Übernahmefolgegewinn in Höhe von 4,0 Mio. €.

750 Die Auflösung der Rückstellung bzw. die Ausbuchung der Verbindlichkeit erfolgt beim übernehmenden Rechtsträger über ein Erfolgskonto und die Ausbuchung der Forderung über ein Aufwandskonto.[2] Damit kann die Höhe des Übernahmefolgegewinns im Beispielsfall auch buchtechnisch nachvollzogen werden: Die KG wird als Gesamtrechtsnachfolgerin der GmbH von einer Verbindlichkeit in Höhe von 6 Mio. € befreit; gleichzeitig verliert sie noch in Höhe von 2 Mio. € eine werthaltige Forderung.

751 Im Beispielsfall 2 ist noch zu berücksichtigen, dass die KG die Forderung wertberichtigt hatte. Deshalb ist **zunächst** zu prüfen, ob in der Steuerbilanz der KG zum 31.12.04 eine Zuschreibung auf die Forderung vorzunehmen ist (Wertaufholungsgebot, § 6 Abs. 1 Nr. 1 Satz 4 bzw. Nr. 2 Satz 3 EStG; Gleiches gilt, wenn die übertragende Körperschaft eine Forderung wertberichtigt hätte). Ein aus der Zuschreibung entstehender Gewinn ist kein Übernahmefolgegewinn; deshalb kann insoweit auch keine Rücklage gebildet werden. Der Tatbestand der Umwandlung und die dadurch bedingte Konfusion führen nicht dazu, dass die wertberichtigte Forderung wieder werthaltig wird.[3]

---

1 Schmitt in S/H/S, UmwG-UmwStG, § 6 UmwStG, Rn 2.
2 Widmann in Widmann/Mayer, § 6 UmwStG, Rn 20; Schmitt, a. a. O., Rn 12.
3 Schmitt in S/H/S, UmwG-UmwStG, § 6 UmwStG, Rn 10.

Ist an der Kapitalgesellschaft eine Körperschaft als Mitunternehmerin beteiligt, ist ab VZ 2008 die konstitutive[1] Neuregelung in § 8b Abs. 3 Sätze 4 ff. KStG zu beachten. Danach sind unter bestimmten Voraussetzungen auch Gewinnminderungen im Zusammenhang mit einer Darlehensforderung oder aus der Inanspruchnahme von Sicherheiten, die für ein Darlehen hingegeben wurden, steuerlich unbeachtlich. Ist eine vorgenommene Teilwertabschreibung unbeachtlich, bestimmt Satz 8 der Vorschrift konsequent, dass ein Zuschreibungsgewinn ebenfalls unbeachtlich ist. Schmitt[2] weist zutreffend darauf hin, dass der Übernahmefolgegewinn zwar kein Gewinn i. S. des § 8b Abs. 3 Satz 8 KStG ist, die Regelung aber analog anzuwenden ist. Hat sich ein Buchverlust steuerlich nicht ausgewirkt, darf sich dessen Kehrseite, der Buchgewinn, ebenfalls steuerlich nicht auswirken.

752

Vorrangig sind die Vorschriften der Korrekturvorschriften im Falle einer verdeckten Gewinausschüttung. Ist ein in der steuerlichen Schlussbilanz ausgewiesener Schuldposten beim übernehmenden Rechtsträger infolge Konfusion gewinnerhöhend aufzulösen und ist die dem Schuldposten zugrunde liegende Vermögensminderung beim übertragenden Rechtsträger nach § 8 Abs. 3 Satz 2 KStG korrigiert worden, gelten die Grundsätze des BMF-Schreibens vom 28. 5. 2002 entsprechend.[3] Insoweit kommt es ggf. zu keinem Übernahmefolgegewinn, wenn eine Hinzurechnung der verdeckten Gewinnausschüttung nach § 8 Abs. 3 Satz 2 KStG erfolgt ist.

752a

§ 6 Abs. 1 UmwStG enthält für die entstehenden Gewinne in den beiden Beispielen folgende Regel:

753

Erhöht sich der Gewinn der übernehmenden Personengesellschaft dadurch, dass der Vermögensübergang zum Erlöschen von Forderungen und Verbindlichkeiten zwischen der übertragenden Körperschaft und der Personengesellschaft oder zur Auflösung von Rückstellungen führt, so darf die Personengesellschaft insoweit eine den steuerlichen Gewinn mindernde **Rücklage** bilden. Aufgrund der umgekehrten Maßgeblichkeit[4] ist Voraussetzung für die Bildung der Rücklage in der Steuerbilanz ein entsprechender Ausweis eines Sonderpostens mit Rücklageanteil (§ 247 Abs. 3 Satz 1 i. V. m. § 273 Abs. 1 HGB) in der Handelsbilanz.[5]

---

1 BFH, Urteil v. 14. 1. 2009 I R 52/08, BStBl II 2009 S. 674.
2 Schmitt, a. a. O.
3 BMF-Schreiben v. 28. 5. 2002, BStBl I 2002 S. 603.
4 § 5 Abs. 1 Satz 2 EStG; diese wurde durch BilMoG mit Wirkung ab dem 29. 5. 2009 abgeschafft, so dass ab diesem Zeitpunkt in der Handelsbilanz keine Rücklage mehr gebildet werden darf.
5 Pung in D/P/M, § 6 UmwStG, Tz. 24; Birkemeier in R/H/vL, § 6 UmwStG, Rn 44.

Die Rücklage ist in den auf ihre Bildung folgenden drei Wirtschaftsjahren mit mindestens je einem Drittel gewinnerhöhend aufzulösen. Da der übernehmende Rechtsträger ein Wahlrecht zwischen Sofortversteuerung und Rücklagenbildung hat, kann er die Rücklage auch nur für einen Teil des Übernahmefolgegewinns bilden.[1]

(2) Zeitpunkt der Gewinnentstehung

754 Der Übernahmefolgegewinn aus dem Vermögensübergang entsteht bei der Übernehmerin mit Ablauf des steuerlichen Übertragungsstichtags[2] im Anschluss (logische Sekunde später, aber noch im selben VZ[3]) an die steuerliche Schlussbilanz der Überträgerin. In dieser und in der Bilanz der Übernehmerin sind die Rechtsbeziehungen noch nach den allgemeinen Grundsätzen zu bilanzieren.

(3) Besteuerung des Übernahmefolgegewinns

755 Der Übernahmefolgegewinn ist ein **laufender Gewinn** der Personengesellschaft bzw. der natürlichen Person. Er ist nicht Teil des Übernahmeergebnisses i. S. des § 4 Abs. 4 bis 7 UmwStG und kann deshalb nicht mit einem Übernahmeverlust verrechnet werden.[4] Er ist auch dann in voller Höhe anzusetzen, wenn am steuerlichen Übertragungsstichtag nicht alle Anteile an der übertragenden Körperschaft zum Betriebsvermögen der übernehmenden Personengesellschaft gehören. § 4 Abs. 4 Satz 3 UmwStG gilt eben nicht für den Übernahmefolgegewinn.[5] Soweit der Übernahmefolgegewinn auf eine natürliche Person entfällt, unterliegt er der ESt, soweit er auf eine Körperschaft entfällt, der KSt. § 3 Nr. 40 EStG und grds. auch § 8b KStG finden keine Anwendung. Gegebenenfalls fällt Gewerbesteuer an, der Übernahmefolgegewinn ist nicht nach § 18 Abs. 2 UmwStG von der Gewerbesteuer befreit.[6] Auf den Folgegewinn ist als laufender Gewinn § 35 EStG anzuwenden.

Ein **Übernahmefolgeverlust** ist **sofort erfolgswirksam**. Er unterliegt nicht dem Abzugsverbot des Übernahmeverlusts nach § 4 Abs. 6 UmwStG.

---

1 Pung in D/P/M, § 6 UmwStG, Tz. 24.
2 Rn 06.01 UmwStErl 2011.
3 Schmitt in S/H/S, UmwG-UmwStG, § 6 UmwStG, Rn 27; Pung in D/P/M, § 6 UmwStG, Tz. 22.
4 BMF, a. a. O., Tz. 06.02; Pung in D/P/M, § 6 UmwStG, Tz. 6.
5 Pung, a. a. O., Tz. 23; Schmitt in S/H/S, UmwG-UmwStG, § 6 UmwStG, Rn 5.
6 Schmitt, a. a. O., Rn 28.

(4) Besonderheiten bei Rechtsbeziehungen zwischen übertragender Körperschaft und einem Gesellschafter der übernehmenden Personengesellschaft

Zivilrechtlich tritt keine Konfusion ein, wenn ein Gesellschafter der übernehmenden Personengesellschaft eine Forderung oder Verbindlichkeit gegenüber der übertragenden Körperschaft hat. Handelsrechtlich kann damit kein Übernahmefolgegewinn entstehen. 756

Steuerrechtlich schreibt § 6 Abs. 2 UmwStG etwas anderes vor. Danach gilt Abs. 1 entsprechend und entsteht ein Übernahmefolgegewinn auch dann, wenn eine Forderung oder Verbindlichkeit der übertragenden Körperschaft gegenüber einem Gesellschafter der übernehmenden Personengesellschaft auf die übernehmende Personengesellschaft übergeht.[1] Der Vorgang lässt sich wie folgt darstellen:[2] 757

Der Gesellschafter der übernehmenden Personengesellschaft bringt unmittelbar nach dem steuerlichen Übertragungsstichtag seine z. B. Darlehensforderung gegenüber der übertragenden Körperschaft ergebnisneutral in sein Sonderbetriebsvermögen ein. Die Einlage erfolgt zum Teilwert, wenn die Forderung Privatvermögen war, andernfalls gem. § 6 Abs. 5 Satz 2 EStG zum Buchwert. Sofern die Forderung, die im Privatvermögen gehalten wurde, zu Einkünften i. S. der §§ 19, 20, 21 oder 22 EStG führt, fließen diese Einnahmen in diesem Zeitpunkt zu. Im Anschluss daran kommt es auf der Ebene der Personengesellschaft zur Konfusion, wobei ggf. ein Konfusionsgewinn entsteht, der dem anspruchsberechtigten Gesellschafter zugeordnet wird; dieser kann dann in seinem Sonderbetriebsvermögen eine Rücklage nach Abs. 1 bilden.

Voraussetzung für die Anwendung des Abs. 2 ist, dass der Gesellschafter im Zeitpunkt der Eintragung des Umwandlungsbeschlusses in das Handelsregister an dem übernehmenden Rechtsträger beteiligt ist. Die Vorschrift findet damit auch Anwendung auf Gesellschafter, die erst nach dem steuerlichen Übertragungsstichtag und vor der Registereintragung in die Übernehmerin eingetreten sind. Auf im Rückwirkungszeitraum ausscheidende Gesellschafter ist die Vorschrift hingegen nicht anzuwenden. 758

§ 6 Abs. 2 UmwStG verlangt nicht, dass der Gesellschafter auch an der übertragenden Körperschaft beteiligt war. Somit kann sich ein Übernahmefolgegewinn oder -verlust auch bei Gesellschaftern ergeben, die zwar nicht an der 759

---

1 Rn 06.01 UmwStErl 2011; BFH, Urteil v. 8.12.1982 I R 9/79, BStBl II 1983 S. 570; Pung in D/P/M, § 6 UmwStG, Tz. 23 f.
2 Pung, a. a. O.; Schmitt, a. a. O., Rn 16.

D. Das Umwandlungssteuerrecht

759a Umwandlung teilgenommen haben, aber im Zeitpunkt der Registereintragung an der übernehmenden Personengesellschaft beteiligt sind.[1]

759a § 6 UmwStG findet keine Anwendung bei Vermögensübergang auf einen Rechtsträger ohne Betriebsvermögen, wie z. B. in Fällen des § 8 UmwStG.

(5) Änderungen durch SEStEG

760 Die Regelungen zum Konfusionsgewinn sind durch SEStEG im Grundsatz inhaltlich unverändert geblieben.

761 Die Änderungen beinhalten zum einen – mangels praktischer Bedeutung – die Streichung des ehemaligen § 6 Abs. 2 UmwStG betreffend Darlehen nach dem Berlinförderungsgesetz.

762 Zum anderen wurde § 6 Abs. 3 UmwStG eingefügt, welcher dem früheren § 26 Abs. 1 UmwStG entspricht. Nach dieser **Missbrauchsvorschrift** entfällt die Möglichkeit der Bildung einer steuermindernden Rücklage rückwirkend, wenn der übernehmende Rechtsträger den auf ihn übergegangenen Betrieb innerhalb von fünf Jahren nach dem steuerlichen Übertragungsstichtag in eine Kapitalgesellschaft einbringt oder ohne triftigen Grund veräußert oder aufgibt.

763 § 6 Abs. 3 UmwStG verdrängt als besondere Missbrauchsvorschrift die allgemeine Missbrauchsvorschrift des § 42 AO.[2]

764 Unter „**übergegangener Betrieb**" sind nach Auffassung der Finanzverwaltung die wesentlichen funktionalen und quantitativen Betriebsgrundlagen, die übergegangen sind, zu verstehen.[3] Nach der Gegenmeinung ist, wie auch im übrigen Umwandlungssteuerrecht, die **funktionale Betrachtungsweise** anzuwenden, die quantitative Betrachtungsweise kommt danach nicht zur Anwendung.[4]

765 Da das Gesetz die Einbringung, Veräußerung oder Aufgabe des Betriebs verlangt, ist die Einbringung/Veräußerung/Aufgabe eines **Teilbetriebs** oder **Mitunternehmeranteils** unschädlich. Ebenfalls unschädlich ist die Einbringung/Veräußerung/Aufgabe von Mitunternehmeranteilen an der übernehmenden Personengesellschaft. Ob dies auch gilt, wenn innerhalb von fünf Jahren nach dem steuerlichen Übertragungsstichtag sämtliche Mitunternehmeranteile an

---

1 Birkemeier in R/H/vL, § 6 UmwStG, Rn 55.
2 Pung in D/P/M, § 6 UmwStG, Tz. 39, auch zu europarechtlichen Bedenken gegen diese Vorschrift.
3 Rn 06.09 UmwStErl 2011.
4 So zutreffend Birkemeier in R/H/vL, § 6 UmwStG, Rn 58; a. A. Schmitt in S/H/S, UmwG-UmwStG, § 6 UmwStG, Rn 36.

der übernehmenden Personengesellschaft in eine Kapitalgesellschaft eingebracht, veräußert oder aufgegeben werden, ist umstritten.[1]

Der **Fünf-Jahres-Zeitraum** beginnt mit Ablauf des steuerlichen Übertragungsstichtags und endet taggenau nach fünf Zeitjahren. Ist bis zum Ablauf der fünf Jahre nicht das wirtschaftliche Eigentum an dem Betrieb übergegangen, kommt § 6 Abs. 3 UmwStG nicht mehr zur Anwendung.

766

Schädlich ist die **Einbringung** in eine Kapitalgesellschaft. Eine Einbringung liegt nur vor, wenn der Betrieb gegen die Gewährung von Gesellschaftsrechten übertragen wird. Die Einbringung ist unabhängig davon schädlich, ob sie zum Buchwert, zum gemeinen Wert oder zu einem Zwischenwert erfolgt ist.[2] Sie ist auch dann schädlich, wenn sie aus triftigem Grund erfolgt.[3]

767

Der direkte Gesetzeswortlaut erfasst weder eine Einbringung in eine andere Körperschaft noch eine Einbringung in eine Mitunternehmerschaft. Gleichwohl vertritt die Finanzverwaltung die Auffassung eine Einbringung in eine andere Körperschaft (z. B. Genossenschaft) oder in eine Mitunternehmerschaft nach § 24 UmwStG sei eine Veräußerung i. S. d. § 6 Abs. 3 UmwStG.[4] Die Aufgabe oder Veräußerung des übergegangenen Betriebs ist unschädlich, wenn triftige Gründe vorliegen. Dies hängt von den Umständen des Einzelfalls ab. Es muss vom Steuerpflichtigen nachgewiesen werden, dass die nachfolgende Veräußerung oder Aufgabe nicht durch Steuerumgehung (Steuerersparnis, Steuerstundung), sondern durch vernünftige wirtschaftliche Gründe – insbesondere der Umstrukturierung oder der Rationalisierung der beteiligten Gesellschaften – als hauptsächlichen Beweggrund motiviert war. U. E. ist wie nachfolgend differenzierter vorzugehen.

768

Die Einbringung muss u. E. in eine **Kapitalgesellschaft** erfolgen. Die Einbringung in eine Personengesellschaft nach § 24 UmwStG fällt demnach nicht hierunter. Diese wäre allerdings u. E. als Veräußerung schädlich, wenn die Einbringung nicht zum Buchwert erfolgt.

769

Kapitalgesellschaften sind alle inländischen sowie EU/EWR-Kapitalgesellschaften, nicht jedoch ausländische Kapitalgesellschaften in Drittstaaten.[5]

---

1 Bejahend Birkemeier, a. a. O., Rn 59; Pung in D/P/M, § 6 UmwStG, Tz. 40; Widmann in Widmann/Mayer, § 6 UmwStG, Rn 10; a. A. Schmitt, a. a. O., Rn 38.
2 Birkemeier, a. a. O., Rn 61; Schmitt, a. a. O., Rn 42.
3 Rn 06.11 UmwStErl 2011.
4 Rn 06.11 UmwStErl 2011.
5 Pung in D/P/M, § 6 UmwStG, Tz. 43; Schmitt, a. a. O., Rn 41.

D. Das Umwandlungssteuerrecht

770 SEStEG lässt im Gegensatz zum früheren Recht auch die Einbringung in eine Genossenschaft zu (§ 20 Abs. 1 Satz 1 UmwStG). Damit besteht insoweit in § 6 Abs. 3 Satz 1 UmwStG eine Regelungslücke, die u. E. durch entsprechende Anwendung des § 6 Abs. 3 UmwStG (und nicht des § 42 AO), zu schließen ist.[1]

771 **Veräußerung** bedeutet entgeltliche Übertragung des rechtlichen und/oder wirtschaftlichen Eigentums. Die Übertragung gegen wiederkehrende Bezüge ist nur dann eine (ggf. teil-)entgeltliche Übertragung, wenn die Voraussetzungen des § 10 Abs. 1 Nr. 1a EStG nicht erfüllt sind. Liegt eine teilentgeltliche Übertragung vor, gilt nach der Einheitstheorie, die bei der Übertragung von Sachgesamtheiten des Betriebsvermögens gilt, Folgendes: Übersteigt der Kaufpreis nicht den Buchwert des Kapitalkontos, liegt ein voll unentgeltliches Geschäft vor; andernfalls liegt ein voll entgeltliches Geschäft vor.[2]

772 Die **unentgeltliche Übertragung** des übergegangenen Betriebs ist differenziert zu behandeln:

Geht der Betrieb unentgeltlich auf eine **natürliche Person** über, ist dies unschädlich (§ 6 Abs. 3 EStG). Diese tritt in die Fußstapfen des Rechtsvorgängers ein und muss den verbleibenden Zeitraum der Fünf-Jahres-Frist erfüllen.

Die unentgeltliche Übertragung auf eine **Kapitalgesellschaft** ist hingegen als verdeckte Einlage eine schädliche Aufgabe.[3]

773 Eine **Betriebsaufgabe** liegt (im Gegensatz zur allmählichen Liquidation) vor, wenn aufgrund eines Entschlusses des Steuerpflichtigen in einem einheitlichen Vorgang die wesentlichen Betriebsgrundlagen in das Privatvermögen überführt, veräußert oder für andere betriebsfremde Zwecke verwendet werden und der (übergegangene) Betrieb aufhört, als selbständiger Organismus des Wirtschaftslebens zu bestehen. Für die Berechnung der Fünf-Jahres-Frist kommt es auf die Überführung/Übertragung der letzten wesentlichen Betriebsgrundlage an.

774 Die Veräußerung bzw. Aufgabe innerhalb von fünf Jahren ist nur schädlich, wenn sie **ohne triftigen Grund** erfolgt. Als triftige Gründe werden in der Literatur genannt:[4]

---

1 So auch jetzt Rn 06.11 UmwStErl 2011.
2 Schmitt, a. a. O., Rn 43 m. w. N.
3 BFH, Urteil v. 18.12.1990 VIII R 17/85, BStBl II 1991 S. 512; Birkemeier in R/H/vL, § 6 UmwStG, Rn 62; Schmitt, a. a. O., Rn 44.
4 Vgl. Schmitt, a. a. O., Rn 46; Widmann in Widmann/Mayer, § 26 UmwStG, Rn 66 ff.

Krankheit des Übernehmers (wenn dessen persönliche Mitarbeit erforderlich ist), Absinken von Rentabilität, notwendige Rationalisierung ohne die entsprechenden finanziellen Mittel, Tod des Unternehmers und Veräußerung/Aufgabe durch Erben, Liquiditätsprobleme. Ein günstiger Veräußerungsgewinn soll **kein** triftiger Grund sein.

Der triftige Grund muss **nach** der Umwandlung eintreten. War er bereits bei der Umwandlung absehbar, kann er nicht als Begründung für die Veräußerung/Aufgabe innerhalb der Fünf-Jahres-Frist herhalten.[1]

Liegen die Voraussetzungen des § 6 Abs. 3 UmwStG vor, fällt **rückwirkend** die Vergünstigung der Abs. 1 und 2 weg, d. h., der Übernahmefolgegewinn darf nicht auf drei Jahre verteilt werden, sondern muss im Wirtschaftsjahr, in das der steuerliche Übertragungsstichtag fällt, voll erfasst und versteuert werden.

775

§ 6 Abs. 3 Satz 2 UmwStG enthält die Ermächtigungsgrundlage, bereits bestandskräftige Steuerbescheide, Steuermessbescheide, Freistellungsbescheide oder Feststellungsbescheide zu ändern, soweit sie auf der Anwendung der Abs. 1 und 2 beruhen. Dieser Vorschrift hätte es wegen § 175 Abs. 1 Satz 1 Nr. 2 AO nicht bedurft. Trotz der Spezialvorschrift muss auf § 175 Abs. 1 Satz 2 AO zurückgegriffen werden, wenn bezüglich der zu ändernden Bescheide bereits Festsetzungs- oder Feststellungsverjährung eingetreten ist.

776

oo) Pensionsrückstellungen zugunsten eines Gesellschafters der übertragenden Kapitalgesellschaft

Geht das Vermögen einer Kapitalgesellschaft durch Gesamtrechtsnachfolge auf eine Personengesellschaft über, so ist die zugunsten des Gesellschafters durch die Kapitalgesellschaft zulässigerweise gebildete **Pensionsrückstellung** von der Personengesellschaft nicht aufzulösen.[2] Allerdings gilt das nicht bei Anwartschaftsverzicht bis zum steuerlichen Übertragungsstichtag. Die Personengesellschaft führt die zulässigerweise von der Kapitalgesellschaft gebildete Pensionsrückstellung in ihrer Gesamthandsbilanz fort und hat diese bei fortbestehendem Dienstverhältnis mit dem Teilwert nach § 6a Abs. 3 Satz 2 Nr. 1 EStG zu bewerten.[3]

777

Allerdings sind **Zuführungen nach dem steuerlichen Übertragungsstichtag**, die durch die Gesellschafterstellung veranlasst sind, Vergütungen der Personenge-

778

---

1 BFH, Urteil v. 19. 12. 1984 I R 275/81, BStBl II 1985 S. 342.
2 BFH, Urteil v. 22. 6. 1977, BStBl II 1977 S. 798; Rn 06.04 UmwStErl 2011.
3 Rn. 06.05 UmwStErl 2011; vgl. auch FG Münster, Urt. v. 18. 3. 2011 4 K 343/08 F, BB 2011 S. 1904 (rkr.).

sellschaft an ihren Gesellschafter nach § 15 Abs. 1 Satz 1 Nr. 2 EStG. Sie mindern nicht den steuerlichen Gewinn der Personengesellschaft.[1] Die Pensionszusage ist daher beim begünstigten Mitunternehmer in einen Teil vor und in einen Teil nach der Umwandlung aufzuteilen. Im Versorgungsfall folgt hieraus eine Aufteilung in Einkünfte nach § 19 EStG und § 15 EStG jeweils i. V. m. § 24 Nr. 2 EStG.

779 Im Falle des Vermögensübergangs auf eine natürliche Person ist die Pensionsrückstellung von der Übernehmerin ertragswirksam aufzulösen. Der sich insgesamt ergebende Auflösungsgewinn ist ein Konfusionsgewinn, auf den § 6 UmwStG anzuwenden ist.[2]

780 Wird im Falle einer **Rückdeckungsversicherung** die Versicherung von dem übernehmenden Gesellschafter fortgeführt, geht der Versicherungsanspruch (Rückdeckungsanspruch) auf den Gesellschafter über und wird dadurch Privatvermögen. Er ist mit dem Teilwert zu übernehmen.

781 Wird die Rückdeckungsversicherung von der übertragenden Kapitalgesellschaft gekündigt, ist der Rückkaufswert mit dem Rückdeckungsanspruch zu verrechnen. Ein eventueller Restbetrag ist ergebniswirksam aufzulösen.[3]

pp) Begrenzung nach Umstrukturierungsarten

782 Nach seinem Wortlaut und seiner Stellung im Gesetz gilt die **Rückwirkungsregelung** des § 2 UmwStG **nur für Umwandlungen i. S. des zweiten bis fünften Teils** des UmwStG, also von einer übertragenden Körperschaft auf einen übernehmenden Rechtsträger.

783 Die steuerliche Rückwirkungsfiktion in den Fällen des **Formwechsels** einer Kapitalgesellschaft in eine Personengesellschaft behandelt § 9 Satz 3 UmwStG. Wegen des fehlenden Rechtsträgerwechsels gelten nicht die Rückbezugsregelungen des UmwG. Gemäß § 9 Satz 2 UmwStG hat die Kapitalgesellschaft für steuerliche Zwecke auf den Zeitpunkt, in dem der Formwechsel wirksam wird, eine Übertragungsbilanz und die Personengesellschaft eine Eröffnungsbilanz aufzustellen. Die Bilanzen können für einen Stichtag aufgestellt werden, der höchstens acht Monate vor der Anmeldung des Formwechsels zur Eintragung in ein öffentliches Register liegt.

---

1 Zur steuerlichen Behandlung auf Grundlage der neueren BFH-Rspr. siehe BMF-Schreiben v. 29. 1. 2008, BStBl I 2008 S. 317.
2 Rn 06.07 UmwStErl 2011.
3 Rn 06.08 UmwStErl 2011.

Für die Sachverhalte der **Einbringung von Sachgesamtheiten** in eine Kapitalgesellschaft nach § 20 UmwStG enthält § 20 Abs. 6 UmwStG die Regelung der Rückwirkung. Als steuerlicher Übertragungsstichtag (= Einbringungszeitpunkt) darf auch in Fällen der Sacheinlage der Tag angesehen werden, für den die Schlussbilanz jedes der übertragenden Unternehmen i. S. des § 17 Abs. 2 UmwG aufgestellt wird. Dieser Stichtag darf höchstens acht Monate vor der Anmeldung der Verschmelzung zur Eintragung in das Handelsregister liegen. Wenn Vermögen im Wege der Sacheinlage durch Aufspaltung, Abspaltung oder Ausgliederung nach § 123 UmwG auf die übernehmende Gesellschaft übergeht, gilt Entsprechendes. In anderen Fällen der Sacheinlage darf die Einbringung auf einen Tag zurückgezogen werden, der höchstens acht Monate vor dem Tag des Abschlusses des Einigungsvertrags und höchstens acht Monate vor dem Zeitpunkt liegt, an dem das eingebrachte Betriebsvermögen auf die übernehmende Gesellschaft übergeht. Die Rückbeziehung nach § 20 Abs. 6 UmwStG muss anders als bei § 2 UmwStG nicht in Anspruch genommen werden.[1]

784

Für den **Anteilstausch** nach § 21 UmwStG gibt es keine Regelung zur Rückwirkung. Der Wortlaut des § 2 UmwStG könnte eine Anwendung dieser Regelung nahe legen.[2] Die Gesetzesmaterialien[3] gehen aber davon aus, dass die **Rückwirkungsfiktion beim Anteilstausch keine Rolle** spielt. Die h. L. lehnt deshalb eine Anwendung des § 2 UmwStG in Fällen des Anteilstauschs ab.[4]

785

Für Zwecke des § 22 UmwStG soll das Datum des Vertragsabschlusses maßgebend zur Bestimmung des Einbringungszeitpunkts sein.

786

d) Rückwirkung und Besteuerungskonflikt bei grenzüberschreitenden Umwandlungen

Eine neue Regelung gegenüber der Rechtslage vor SEStEG enthält § 2 Abs. 3 UmwStG. Bei einer grenzüberschreitenden Umwandlung kann die deutsche Rückwirkungsregelung mit anders gestalteten Rückwirkungsvorschriften ausländischer Staaten zusammentreffen. In Sonderfällen ist es denkbar, dass durch das Zusammentreffen unterschiedlicher Übertragungsstichtage **unbesteuerte („weiße") Einkünfte** entstehen.[5] Um dies zu verhindern, soll die steu-

787

---

1 Zum Wahlrecht siehe o. Rn 680.
2 Dötsch/Pung, DB 2006 S. 2704, 2706.
3 BR-Drs. 542/06 S. 76.
4 Hörtnagl in S/H/S, UmwG-UmwStG, § 2 UmwStG, Rn 4; van Lishaut in R/H/vL, § 2 UmwStG, Rn 11.
5 BT-Drs. 17/2710 S. 36.

erliche Rückwirkung in diesen Fällen nicht gelten. Maßgebend ist also, ob durch die Kombination unterschiedlicher Rückwirkungsregelungen im In- und Ausland unbesteuerte Einkünfte entstehen.[1]

Das kann beim „Hinausverschmelzen" der Fall sein, wenn die Einkünfte rückwirkend auf den steuerlichen Übertragungszeitpunkt im Inland nicht mehr der Besteuerung unterliegen, im Ausland aber wegen einer fehlenden Rückwirkung steuerlich noch nicht erfasst werden.[2]

BEISPIEL: Eine BRD-GmbH soll in 2010 auf die im EU-Ausland ansässige B-SA verschmolzen werden. Übertragungsstichtag ist nach deutschem Steuerrecht der 31.12.2009. Im Ansässigkeitsstaat der B-SA gibt es keine steuerliche Rückwirkung. Die Verschmelzung wird dort zivilrechtlich als auch steuerrechtlich erst zum 1.9.2010 wirksam. Die BRD-GmbH erzielt vom 1.1.2010 bis 1.9.2010 1 Mio. € Lizenzeinnahmen. Aufgrund der Verschmelzung verbleibt in Deutschland keine Betriebsstätte.

Die Lizenzeinnahmen würden weder in Deutschland noch im Ansässigkeitsstaat besteuert und weiße Einkünfte bilden. Dieses Ergebnis vermeidet § 2 Abs. 3 UmwStG.

788 Es ist bemerkenswert, dass die Regelung nur gelten soll, wenn sonst unbesteuerte Einkünfte entstehen würden; sie ist nicht anwendbar zur Verhinderung doppelt besteuerter Einkünfte. Eine doppelte Versteuerung kann in den Fällen des „Hereinverschmelzens" drohen, wenn die Einkünfte im Inland bereits ab dem steuerlichen Übertragungsstichtag besteuert werden, die Steuerpflicht im Ausland aber mangels einer Regelung über die Rückwirkung erst später endet.[3]

BEISPIEL: Die im EU-Ausland ansässige B-SA soll 2010 auf eine BRD-GmbH verschmolzen werden. Übertragungsstichtag ist nach deutschem Steuerrecht der 31.12.2009. Im Ansässigkeitsstaat der B-SA gibt es keine steuerliche Rückwirkung. Die Verschmelzung wird dort zivilrechtlich als auch steuerrechtlich erst zum 1.9.2010 wirksam. Die BRD-GmbH erzielt i.R. der Rückwirkungsfiktion vom 1.1.2010 bis 1.9.2010 1 Mio. € Lizenzeinnahmen.

Die Lizenzeinnahmen würden sowohl in Deutschland als auch im Ansässigkeitsstaat besteuert.

789 Entsprechendes gilt beim „Hinausverschmelzen", wenn das ausländische Recht eine längere als die achtmonatige Rückwirkung kennt. In Einzelfällen sind Verständigungsverfahren erforderlich, um eine Abhilfe für eine mehrfache Besteuerung zu erreichen.[4]

---

1 Hörtnagl in S/H/S, UmwG-UmwStG, § 2 UmwStG, Rn 116.
2 Dötsch/Pung, DB 2006 S. 2704, 2706.
3 Zu Einzelheiten s. auch Ettinger/Königer, GmbHR 2009 S. 590.
4 Dötsch in D/P/M, § 2 UmwStG, Tz. 88.

Aus deutscher Sicht können „weiße Einkünfte" kaum eintreten, da die Steuerneutralität der Umwandlung ohnehin davon abhängt, dass der deutschen Besteuerung keine Einkünfte entzogen werden. Dagegen kann eine doppelte Besteuerung eintreten, für die das Gesetz keine Lösung enthält. Es wird vorgeschlagen, in diesen Fällen zumindest die ausländische Steuer anzurechnen.[1]   790

e) Rückwirkende Verlustnutzung

Ab VZ 2008 beschränkt § 8c KStG die Nutzung von Verlustvorträgen und negativen laufenden Einkünften von Körperschaften in Fällen eines Anteilseignerwechsels oder vergleichbarer Sachverhalte. Da auch die Verlustübertragung auf den übernehmenden Rechtsträger ausgeschlossen ist (vgl. § 4 Abs. 2 Satz 2, § 12 Abs. 3 Halbsatz 2 UmwStG), wurde der Wegfall des Verlustvortrags im Regelfall dadurch vermieden, dass die Verlustgesellschaft rückwirkend unter Aufdeckung der stillen Reserven auf einen Zeitpunkt vor der schädlichen Anteilsübertragung umgewandelt und der Übertragungsgewinn mit dem Verlustvortrag verrechnet wurde.   791

BEISPIEL: Die A-GmbH mit Verlustvorträgen in Höhe von 1 Mio. € zum 31.12.2007 wird im Sommer 2008 rückwirkend zum 1.1.2008 auf die B-GmbH verschmolzen. Am 1.4.2008 hat X alle Anteile an der A-GmbH erworben. Steuerlicher Übertragungsstichtag ist der 31.12.2007. Der Übertragungsgewinn beträgt 1 Mio. €.

Zunächst ist zu klären, ob § 8c KStG oder noch § 8 Abs. 4 KStG a. F. Anwendung findet. § 8c KStG findet gem. § 34 Abs. 7b KStG erstmals für den VZ 2008 und auf Anteilsübertragungen nach dem 31.12.2007 Anwendung. Die Anteilsübertragung erfolgt grds. im Zeitpunkt des Übergangs des wirtschaftlichen Eigentums.[2] Fraglich ist, ob die Rückwirkungsfiktion des § 2 UmwStG auch den Beteiligungserwerb umfasst: Bejaht man dies,[3] käme im Beispielsfall § 8c KStG nicht zur Anwendung. Verneint man die Frage,[4] käme grds. § 8c KStG zur Anwendung. Nur im konkreten Fall fände die Vorschrift keine Anwendung, da im Zeitpunkt des Anteilseignerwechsels keine Verluste mehr bestehen.   792

Die Nutzung von Verlusten (körperschaft- und gewerbesteuerliche) und Zinsvorträgen nach § 4h EStG[5] des übertragenden Rechtsträgers, die ohne die rück-   793

---

1 Frotscher in Frotscher/Maas, Internationalisierung des Ertragsteuerrechts, Rn 216.
2 Rätke in Mössner/Seeger, § 8c KStG, Rn 120; Dötsch in D/P/M, § 8c KStG, Tz. 10.
3 So Schumacher/Hageböke, DB 2008 S. 493 m. w. N. in Fn. 16; Rund, GmbHR 2007 S. 817.
4 BMF-Schreiben v. 4.7.2008, BStBl I 2008 S. 736, Tz. 15.
5 § 4h EStG bestimmt, dass auch ein nicht durch Zinsaufwendungen verbrauchtes EBITDA vorgetragen werden kann. Für den EBITDA-Vortrag gilt das zum Zinsvortrag Gesagte aufgrund der Ergänzung des § 2 Abs. 4 UmwStG entsprechend.

wirkende Umwandlung untergegangen wären, schließt der mit dem JStG 2009 eingefügte Abs. 4 in § 2 UmwStG aus.[1] Der Ausgleich oder die Verrechnung eines Übertragungsgewinns mit verrechenbaren Verlusten, verbleibenden Verlustvorträgen, nicht ausgeglichenen negativen Einkünften und einem Zinsvortrag (Verlustnutzung) des übertragenden Rechtsträgers sind nur zulässig, wenn dem übertragenden Rechtsträger die Verlustnutzung auch ohne Anwendung der Abs. 1 und 2 des § 2 UmwStG möglich gewesen wäre.[2]

794 In obigem Beispielsfall wäre die Verlustnutzung unter Anwendung des § 2 Abs. 4 UmwStG ausgeschlossen. Die Vorschrift ist auf alle Umwandlungen und Einbringungen (vgl. § 20 Abs. 6 Satz 4 UmwStG) anzuwenden, bei denen der schädliche Beteiligungserwerb oder ein anderes die Verlustnutzung ausschließendes Ereignis nach dem 28.11.2008 (Tag des Bundestagsbeschlusses) eintritt (§ 27 Abs. 9 UmwStG). Waren sich Veräußerer und Erwerber am 28.11.2008 über den später vollzogenen Beteiligungserwerb etc. bereits einig und erfolgt die Anmeldung zur Eintragung in das Handelsregister in Umwandlungsfällen bzw. der Übergang des wirtschaftlichen Eigentums bei Einbringungen bis zum 31.12.2009(!), greift die neue Vorschrift nicht. Zum Nachweis der Einigung sollen nach dem Bericht des Finanzausschusses ein Vorvertrag, die Darlegung von bereits verwirklichten Teilschritten oder konkrete öffentliche Ankündigungen ausreichen.[3]

795 Obwohl § 2 Abs. 4 UmwStG nicht auf § 8c KStG Bezug nimmt, soll die Vorschrift nach dem Willen des Finanzausschusses die Verlustnutzung nur insoweit ausschließen, als ohne Rückwirkung ein derartiger Verlust bereits nach § 8c KStG untergegangen wäre. Die Vorschrift ist deshalb auf diese Fälle zu beschränken.[4]

796 Der Anwendungsbereich des § 2 Abs. 4 Satz 2 UmwStG ist unklar. Nach dieser Vorschrift gilt Satz 1 für negative Einkünfte des übertragenden Rechtsträgers im Rückwirkungszeitraum entsprechend. Der übertragende Rechtsträger hat jedoch im Rückwirkungszeitraum keine eigenen Einkünfte mehr, da diese unmittelbar dem übernehmenden Rechtsträger zugerechnet werden. Gemeint sein kann eigentlich nur, dass die Verrechnung von negativen Einkünften, die beim übertragenden Rechtsträger in der Zeit zwischen steuerlichem Übertragungsstichtag und schädlichem Anteilserwerb entstanden sind und dem über-

---

1 Zu diesem Sinn der Vorschrift s. BT-Drs. 16/11108 S. 40 (Bericht des Finanzausschusses).
2 Zur Verwaltungsmeinung vgl. Rn 02.39 f. UmwStErl 2011.
3 A. a. O., S. 42.
4 Dörfler/Rautenstrauch/Adrian, BB 2009 S. 580; Sistermann/Brinkmann, DStR 2008 S. 2455, 2457; Hubertus/Krenzin, GmbHR 2009 S. 647.

nehmenden Rechtsträger zugerechnet werden, mit positiven Einkünften des Letzteren ausgeschlossen sein soll.[1] Damit geht die Vorschrift wohl davon aus, dass der Anteilserwerb nicht auch auf den steuerlichen Übertragungsstichtag zurückbezogen wird.

Wenn § 2 Abs. 4 Satz UmwStG auch auf die negativen Einkünfte im gesamten Rückwirkungszeitraum abstellt, d. h. den gesamten Zeitraum zwischen steuerlichem Übertragungsstichtag und Eintragung der Umwandlung, kann die Vorschrift u. E. nicht die negativen Einkünfte erfassen, die nach dem Anteilserwerb entstehen.[2]

797

BEISPIEL: X erwirbt am 1.7.2009 alle Anteile an der A-GmbH. Diese wird rückwirkend auf den 1.1.2009 auf die B-GmbH verschmolzen; steuerlicher Übertragungsstichtag ist mithin der 31.12.2008. Die Anmeldung zum Handelsregister erfolgt am 10.8.2009, die Eintragung am 10.12.2009.

Ein in der Zeit zwischen dem 1.7. und 10.12.2009 entstandener Verlust wird u. E. nicht von § 2 Abs. 4 UmwStG erfasst, sondern ist voll ausgleichsfähig.[3]

Durch das Amtshilferichtlinie-Umsetzungsgesetz vom 26.6.2013 wurde § 2 Abs. 4 UmwStG um die Sätze 3 bis 6 ergänzt. Mit dieser Ergänzung will der Gesetzgeber die Möglichkeit einschränken, dass bei Übertragung einer Gewinngesellschaft auf eine Verlustgesellschaft positive Einkünfte im Rückwirkungszeitraum mit negativen Einkünften verrechnet werden können.[4] Die neuen Vorschriften sind erstmals auf Umwandlungen und Einbringungen (§ 20 Abs. 6 Satz 4 UmwStG und § 24 Abs. 4 UmwStG bei Einbringungen in eine Personengesellschaft im Wege der Gesamtrechtsnachfolge) anzuwenden, bei denen die Anmeldung in das für die Wirksamkeit des jeweiligen Vorgangs maßgebende Register nach dem 6.6.2013 erfolgt (§ 27 Abs. 12 UmwStG).[5]

798

BEISPIEL: Die natürliche Person X ist alleiniger Anteilseigner der T1-GmbH und der T2-GmbH, deren Wirtschaftsjahr mit dem Kalenderjahr übereinstimmt. T1 hat zum 31.12.2013 einen Verlustvortrag von 1 Mio € und erzielt vom 1.1.2014 bis 20.7.2014 negative Einkünfte von 300 T€. T2 erzielt im gleichen Zeitraum positive Einkünfte von 500 T€. Am 20.7.2014 wird T2 rückwirkend zum 1.1.2014 auf T1 verschmolzen.

---

1 Sistermann/Brinkmann, a. a. O.
2 Ebenso Dörfler/Rautenstrauch/Adrian, a. a. O.
3 Zur Ermittlung des Verlusts s. BMF-Schreiben v. 4.7.2008, BStBl I 2008 S. 736, Tz. 32, und zu weiteren Zweifelsfällen s. Rödder/Schönfeld, DStR 2009 S. 560 ff.
4 Zu Einzelheiten s. Behrendt/Klages, BB 2013 S. 1815 und Mückl, GmbHR 2013 S. 1084, sowie FinMin Brandenburg, Erlass v. 28.5.2014, DB 2014 S. 2135.
5 Zur Verfassungswidrigkeit wegen Verstoßes gegen Art. 3 GG s. Frotscher in Frotscher/Maas, § 2 UmwStG, Rn. 170.

Nach § 2 Abs. 4 Satz 3 UmwStG dürfen die positiven Einkünfte von T2 im Rückwirkungszeitraum (dieser beginnt mit Ablauf des steuerlichen Übertragungsstichtags und endet mit Ablauf des Tags der Eintragung in das Handelsregister[1]) weder mit den negativen Einkünften von T1 noch mit dem Verlustvortrag verrechnet werden. Der Verlustrücktrag wird von der Vorschrift nicht erfasst.[2]

Die Neuregelung hinsichtlich der Verlustnutzung betrifft die Besteuerung des übernehmenden Rechtsträgers. Ist übernehmender Rechtsträger eine Organgesellschaft, erfolgt die Beschränkung auf der Ebene des Organträgers (§ 2 Abs. 4 Satz 4 UmwStG). D. h., die Verlustverrechnungssperre erfolgt erst auf der Ebene des Organträgers. Abzustellen ist allein auf die übernehmende Organgesellschaft, nicht darauf, welches Ergebnis im gesamten Organkreis erzielt wird.[3] Erzielt die übernehmende Organgesellschaft einen Gewinn, der Organträger aus eigener Tätigkeit jedoch einen Verlust, ist die Neuregelung nicht anzuwenden.[4] Satz 5 erweitert die Verlustnutzungsbeschränkung für den Fall, dass übernehmender Rechtsträger eine Personengesellschaft ist, auf die Ebene der Gesellschafter. Satz 6 normiert ein „**Konzernprivileg**". Sind übertragender und übernehmender Rechtsträger vor Ablauf des steuerlichen Übertragungsstichtags verbundene Unternehmen i. S. des § 271 Abs. 2 HGB, greift die Neuregelung nicht ein.[5] Nicht erforderlich ist, dass der Status als verbundene Unternehmen danach, etwa bis zur zivilrechtlichen Wirksamkeit der Umwandlung, fortbesteht.[6] Zweifelhaft ist, ob es sich auch dann um verbundene Unternehmen handelt, wenn die Aufstellung eines Konzernabschlusses (z. B. wegen Unterschreitens der Größenmerkmale des § 293 HGB) unterbleibt. U. E. reicht eine „abstrakte Verbundenheit" aus.[7] Die Vorschrift gilt, wie der übrige § 2 UmwStG, für alle Umwandlungen nach §§ 3–19 UmwStG. Über die Verweisung in § 20 Abs. 6 Satz 4 UmwStG und § 24 Abs. 4 Halbsatz 2 UmwStG gilt sie auch für Einbringungen. U. E. gilt die Neuregelung auch für die Gewerbesteuer.[8] Um zu ermitteln, welche Einkünfte der übertragende Rechtsträger im Rückwirkungszeitraum hatte (ob überhaupt positive), wird man verlangen müssen, dass der übertragende Rechtsträger auf das Ende des Rückwirkungs-

---

1 Rn 02.10 UmwStErl 2011.
2 Dötsch in D/P/M, § 2 UmwStG, Tz. 115.
3 Dötsch, a. a. O., Tz. 121.
4 Dötsch, a. a. O., Tz. 123.
5 Dötsch in D/P/M, § 2 UmwStG, Tz. 128 will ausschließlich auf die Verhältnisse **am** steuerlichen Übertragungsstichtag abstellen, was u. E. zutreffend ist.
6 Behrendt/Klages, BB 2013 S. 1815, 1818.
7 Behrendt/Klages, a. a. O., S. 1819 m. w. N. in Fn. 19, 20; Dötsch in D/P/M, § 2 UmwStG, Tz. 127.
8 Zweifelnd Dötsch in D/P/M, § 2 UmwStG, Tz. 114; zu den verschiedenen Meinungen s. Mückl, GmbHR 2013 S. 1084, 1086, Fn. 20.

zeitraums eine steuerliche Schlussbilanz erstellt.[1] Damit verursacht die Neuregelung erheblichen Aufwand, der gerade durch die allgemeine Rückwirkung vermieden werden soll.

(Einstweilen frei) 799–820

VIII. Der Weg von einer Körperschaft zu einer Personengesellschaft oder natürlichen Person

1. Regelungsbereiche des zweiten Teils des UmwStG

Die Umwandlung einer Körperschaft auf eine Personengesellschaft oder auf eine natürliche Person im Wege einer Verschmelzung behandelt der zweite Teil des UmwStG. Vor Inkrafttreten des SEStEG behandelten die §§ 3–10 UmwStG a. F. nur Fälle einer Umwandlung mit Vermögensübertragung. Durch das SEStEG wurde der frühere § 14 UmwStG in den § 9 UmwStG verlagert, so dass die neue Fassung der §§ 3–10 UmwStG auch den Formwechsel einer Kapitalgesellschaft in eine Personengesellschaft mitumfasst, bei dem ein Vermögensübergang lediglich für steuerliche Zwecke fingiert wird. 821

Durch § 16 UmwStG wird der Anwendungsbereich der §§ 3–10 UmwStG für die Fälle der Auf- oder Abspaltung auf eine Personengesellschaft erweitert. 822

Bei der Umwandlung einer Körperschaft in ein Personenunternehmen wechselt das Vermögen der übertragenden Körperschaft aus dem Anwendungsbereich des KStG in den des EStG bzw. in den der Personengesellschaftsbesteuerung. 823

Die Umwandlung einer Körperschaft in ein Personenunternehmen ist der Untergang einer Körperschaft ohne Liquidation. Das UmwStG behandelt nach seiner Konzeption eine solche Umwandlung wie eine Liquidation der übertragenden Körperschaft sowohl auf der Ebene der übertragenden Körperschaft als auch auf der der übernehmenden Personengesellschaft und ihrer Gesellschafter. Erkennbar wird das beispielsweise daran, dass ein Übernahmegewinn oder Übernahmeverlust im Ergebnis wie die Auskehrung einer Dividende bzw. Liquidationsrate besteuert wird. 824

Danach kommt der zweite Teil in folgenden Fallkonstellationen zur Anwendung:

---

[1] Dötsch in D/P/M, § 2 UmwStG, Tz. 116 spricht sich für eine Schätzung unter Zugrundelegung der Handelsbilanz aus.

D. Das Umwandlungssteuerrecht

825 **Verschmelzung von**

▶ Kapitalgesellschaft auf Personenhandelsgesellschaft, Partnerschaftsgesellschaft oder auf natürliche Personen,

▶ Genossenschaft auf Personenhandelsgesellschaft oder Partnerschaftsgesellschaft,

▶ eingetragene Vereine auf Personenhandelsgesellschaft oder Partnerschaftsgesellschaft,

▶ wirtschaftliche Vereine auf Personenhandelsgesellschaft oder Partnerschaftsgesellschaft.

826 **Formwechsel von**

▶ Kapitalgesellschaft in Personenhandelsgesellschaft oder Partnerschaftsgesellschaft,

▶ Kapitalgesellschaft in Gesellschaft bürgerlichen Rechts.

827 **Auf- bzw. Abspaltung**

▶ Kapitalgesellschaft auf Personenhandelsgesellschaft oder Partnerschaftsgesellschaft.

828 Bei **Treuhandverhältnissen** ist zu beachten, dass das Steuerrecht abweichend vom zivilrechtlichen Eigentum, das beim Treuhänder liegt, die Wirtschaftsgüter dem Treugeber zurechnet (§ 39 Abs. 2 Nr. 1 Satz 2 AO). Folge dieser Betrachtungsweise ist in Umwandlungsfällen, dass zu prüfen ist, welche Rechtsträger aus steuerlicher Sicht von der Umwandlung betroffen sind, weil sich hiernach die anzuwendenden Vorschriften bestimmen.[1]

BEISPIEL 1:[2] An der X-GmbH sind die A-GmbH sowie die B-GmbH beteiligt. Die B-GmbH hält ihren Geschäftsanteil treuhänderisch für die A-GmbH. Die X-GmbH wird umgewandelt in die X-OHG:

Lösung:

Zivilrechtliche Eigentümerin des Vermögens der X-GmbH wird mit der Eintragung der Umwandlung die X-OHG. Steuerrechtlich wird das Eigentum allerdings der A-GmbH zugerechnet. Die Umwandlung ist damit steuerlich als Verschmelzung der X-GmbH auf die A-GmbH anzusehen, so dass die §§ 11 ff. UmwStG zur Anwendung kommen.

---

1 Widmann in Widmann/Mayer, vor § 3 UmwStG, Rn 27; Birkemeier in R/H/vL, § 3 UmwStG, Rn 46.
2 Nach Birkemeier, a. a. O.

BEISPIEL 2: ▶ An der A-GmbH sind die A-GmbH und Co. KG sowie die B-GmbH beteiligt. Die B-GmbH hält ihren Geschäftsanteil treuhänderisch für die A-GmbH und Co. KG. Die A-GmbH wird auf die B-GmbH verschmolzen.

Lösung:
Aus steuerlicher Sicht ist das Vermögen der A-GmbH auf die KG übergegangen, so dass die § 3 ff. UmwStG zur Anwendung kommen.[1]

Das SEStEG hat den Anwendungsbereich der §§ 3–9 UmwStG auf **europäische Verschmelzungen** ausgedehnt. Es werden grenzüberschreitende Hinaus- und Hereinverschmelzungen bzw. Auslandsverschmelzungen innerhalb der EU/des EWR miterfasst. Der übertragende Rechtsträger muss Sitz und Geschäftsleitung im Hoheitsgebiet eines Mitgliedstaats der EU oder des EWR haben. In einem Drittstaat ansässige Körperschaften können nicht übertragender Rechtsträger sein. Für die Anwendbarkeit der §§ 3 ff. UmwStG ist allerdings unbeachtlich, ob die Gesellschafter des übertragenden Rechtsträgers in einem Drittstaat ansässig sind.[2]   829

(Einstweilen frei)   830–835

2. Übertragungsergebnis und Wahlrecht in der steuerlichen Schlussbilanz

Die übertragende Körperschaft hat eine **steuerliche Schlussbilanz** zu erstellen. Unseres Erachtens reicht eine Überleitungsrechnung nach § 60 Abs. 2 EStDV nicht aus.   836

Die steuerliche Schlussbilanz ist auch dann aufzustellen, wenn die übertragende Körperschaft im Inland nicht steuerpflichtig oder zur Führung von Büchern verpflichtet war.[3] Sie ist nach den Vorgaben des § 3 UmwStG ohne Bindung an eine ggf. notwendige ausländische steuerliche Schlussbilanz auf den steuerlichen Übertragungsstichtag aufzustellen.[4]   837

Zweifelhaft ist, welche **Rechtsfolgen** eintreten, **wenn der übertragende Rechtsträger keine steuerliche Schlussbilanz vorlegt**. Dieser Fall kann in Bezug auf einen inländischen Minderheitsgesellschafter einer ausländischen Kapitalgesellschaft bei deren Verschmelzung nach ausländischem Umwandlungsrecht auf eine ausländische Personengesellschaft auftreten. Für Gesellschafter,   838

---

1 Birkemeier, a. a. O.; Widmann, a. a. O., Rn 8, 27.
2 Möhlenbrock/Pung in D/P/M, § 3 UmwStG, Tz. 5.
3 Vgl. BT-Drs. 16/2710 S. 40; van Lishaut in R/H/vL, § 4 UmwStG, Rn 28.
4 Birkemeier in R/H/vL, § 3 UmwStG, Rn 63; Schmitt in S/H/S, UmwG-UmwStG, § 3 UmwStG, Rn 22.

D. Das Umwandlungssteuerrecht

die nur der Besteuerung nach § 7 UmwStG unterliegen, ist ein möglichst niedriger Wertansatz nach § 3 UmwStG interessant. Es kann nicht richtig sein, dass dann zwingend der gemeine Wert anzusetzen ist. Das zuständige Finanzamt muss ggf. den Wertansatz des ausländischen Vermögens nach § 162 AO schätzen; dabei kann das Antragswahlrecht nach § 3 Abs. 2 UmwStG ausnahmsweise von dem deutschen Gesellschafter ausgeübt werden.[1]

839 Aufgrund des SEStEG hat sich die Reihenfolge der Wahlrechtsausübung hinsichtlich des Ausgangswertansatzes geändert.

a) Wahlrecht in der Steuerbilanz der übertragenden Körperschaft vor SEStEG

840 Bei der Erstellung der Schlussbilanz der übertragenden Körperschaft stellte sich die Frage, ob stille Reserven aufzudecken sind. Nach dem Wortlaut des § 3 UmwStG a. F. konnten die Wirtschaftsgüter in der steuerlichen Übertragungsbilanz mit dem Buchwert oder einem höheren Wert, höchstens mit dem Teilwert, angesetzt werden, wenn das Vermögen der übertragenden Körperschaft Betriebsvermögen der übernehmenden Personengesellschaft oder natürlichen Person wurde.

841 Der Ansatz eines höheren Wertes ist vor allem dann sinnvoll, wenn noch ein verbleibender Verlustabzug i. S. von § 10d EStG vorhanden ist, der nicht übertragen werden kann (vgl. § 4 Abs. 2 Satz 2 UmwStG, zur GewSt vgl. § 18 Abs. 1 a. E. UmwStG).

842 Handelsrechtlich gelten für die Übertragungsbilanz die Vorschriften über die Jahresbilanz und deren Prüfung entsprechend (§ 17 Abs. 2 Satz 2 UmwG). Ein über dem Buchwert liegender Wertansatz ist danach nur eingeschränkt möglich. In der handelsrechtlichen Jahresbilanz werden die Vermögensgegenstände mit den Anschaffungs- oder Herstellungskosten, vermindert um planmäßige und außerplanmäßige Abschreibungen, angesetzt (§§ 253, 254 HGB). Entfällt in einem späteren Geschäftsjahr der Grund für die außerplanmäßige Abschreibung, ist eine Wertaufholung bis zur Höhe der Anschaffungs- oder Herstellungskosten (bei abnutzbaren Wirtschaftsgütern vermindert um die planmäßige Abschreibung) zulässig (§ 253 Abs. 5, § 280 HGB). Nach dem nach früherer Auffassung der Finanzverwaltung[2] auch im Umwandlungssteuerrecht geltenden **Grundsatz der Maßgeblichkeit der Handelsbilanz für die Steuerbilanz** (§ 5 Abs. 1 EStG) konnten auch in der steuerlichen Übertragungsbilanz

---

1 Van Lishaut in R/H/vL, § 4 UmwStG, Rn 29; Schmitt in S/H/S, UmwG-UmwStG, § 3 UmwStG, Rn 25.
2 BMF-Schreiben v. 25. 3. 1998, BStBl I 1998 S. 268, Tz. 03.01.

nur die in der Handelsbilanz zulässigen Werte angesetzt werden. Das Bewertungswahlrecht der § 3, § 4 Abs. 1, § 11 Abs. 1 Satz 2 i. V. m. Satz 1 u. 3 UmwStG a. F. lief danach ins Leere.

Eine andere Auffassung vertrat zur alten Rechtslage die Finanzgerichtsbarkeit. Das FG Hamburg hat die Anwendung des Maßgeblichkeitsgrundsatzes im Bereich des § 3 UmwStG a. F. verneint.[1] Das FG Baden-Württemberg hat ebenso für den Fall der Verschmelzung zweier GmbHs (§ 11 UmwStG a. F.) entschieden.[2] Der BFH hat das Urteil aus anderen Gründen aufgehoben und in einem bloßen Nebensatz ausgesagt, dass die Vertragsbeteiligten der Umwandlung das Wahlrecht i. S. des UmwStG a. F. verbindlich ausgeübt hätten.[3] Damit kommt nach Auffassung des BFH der Grundsatz der Maßgeblichkeit bereits im alten Umwandlungssteuerrecht nicht zur Anwendung.

843

b) Wahlrecht in der übertragenden Körperschaft nach SEStEG

§ 3 UmwStG regelt weiterhin die Ermittlung des Übertragungsgewinns.

844

Die Wertansätze erfolgen nunmehr unabhängig von den Ansätzen in der Handelsbilanz – der **Grundsatz der Maßgeblichkeit der Handelsbilanz für die Steuerbilanz gilt unstreitig nicht**.[4] Die Realisierung der stillen Reserven erfolgt nicht mehr durch den Ansatz von Teilwerten, sondern auf der Basis des gemeinen Werts. Das Abstellen auf den gemeinen Wert wird mit seiner Nähe zum Fremdvergleichspreis als internationalem Bewertungsmaßstab gerechtfertigt.[5]

845

Grundsätzlich ist der Ansatz des gemeinen Werts der Wirtschaftsgüter in der steuerlichen Schlussbilanz vorgesehen. Der Ansatz niedriger Werte bedarf eines Antrags und ist zu wählen. Das Wahlrecht hat sich gegenüber dem bisherigen Recht umgekehrt. Nur auf Antrag sind die übertragenen Wirtschaftsgüter mit dem Buchwert oder einem Zwischenwert anzusetzen, soweit die stillen Reserven betrieblich verstrickt und das Besteuerungsrecht der Bundesrepublik Deutschland gewahrt bleiben.

846

---

1 FG Hamburg, Urteil v. 29. 3. 2007 1 K 155/06, EFG 2007 S. 1562, rkr. nach Rücknahme der Revision I R 33/07 durch das Finanzamt.
2 Urteil v. 4. 3. 2004 6 K 103/99, EFG 2004 S. 858.
3 BFH, Urteil v. 19. 10. 2005 I R 34/04, BFH/NV 2005 S. 1099; siehe hierzu auch Braun/Troost, DStR 2005 S. 1862.
4 Vgl. nur Schmitt in S/H/S, UmwG-UmwStG, § 3 UmwStG, Rn 1; Birkemeier in R/H/vL, § 3 UmwStG, Rn 4, 64.
5 Klingberg/van Lishaut, Der Konzern 2005 S. 704.

aa) Ansatz der übergehenden Wirtschaftsgüter dem Grund nach

846a Da es sich bei § 3 UmwStG um eine eigenständige steuerliche Ansatz- und Bewertungsvorschrift handelt, sind in der steuerlichen Schlussbilanz sämtliche übergehenden aktiven und passiven Wirtschaftsgüter, einschließlich nicht entgeltlich erworbener und selbst geschaffener immaterieller Wirtschaftsgüter, anzusetzen. Steuerfreie Rücklagen (z. B. § 6b EStG oder § 7g EStG a. F.) bzw. ein steuerlicher Ausgleichsposten nach § 4g EStG sind jedoch nach § 4 Abs. 2 Satz 1 UmwStG dem Grunde nach anzusetzen, soweit die Buchwerte fortgeführt bzw. die Zwischenwerte angesetzt werden. § 5b EStG, der die Vorgaben zur elektronischen Übermittlung enthält, gilt für die steuerliche Schlussbilanz entsprechend.[1]

Für einzelne Positionen in der steuerlichen Schlussbilanz gelten noch folgende Vorgaben:

▶ Ausstehende Einlagen

Das gezeichnete Kapital ist um eingeforderte sowie um nicht eingeforderte ausstehende Einlagen zu kürzen, soweit diese nicht vom gezeichneten Kapital entsprechend § 272 Abs. 1 Satz 3 HGB[2] abgesetzt wurden.

(Zu den Folgen bei der Ermittlung des Übernahmegewinns siehe Rn 04.31.)

▶ Eigene Anteile

Bis zur Geltung des BilMoG[3] gilt für die Behandlung eigener Anteile bei Umwandlungen Folgendes: Sie sind nicht mehr in der steuerlichen Schlussbilanz zu erfassen. Der durch die Ausbuchung entstehende Verlust ist dem Gewinn der Überträgerin außerhalb der Bilanz wieder hinzuzurechnen oder gewinnneutral über Rücklagen für eigene Anteile auszubuchen.[4] Die hierdurch entstehende Vermögensminderung ist beim steuerlichen Einlagenkonto (§ 27 KStG) abzusetzen. Nach Inkrafttreten des BilMoG sind eigene Anteile der übertragenden Körperschaft nicht in der steuerlichen Schlussbilanz anzusetzen, da sie nicht auf den übernehmenden Rechtsträger übergehen, sondern mit der Wirksamkeit der Umwandlung untergehen. Dieser Vorgang ist gewinnneutral.[5]

---

1 Rn 03.04 UmwStErl 2011.
2 I. d. F. des Gesetzes zur Modernisierung des Bilanzrechts (Bilanzrechtsmodernisierungsgesetz – BilMoG) v. 25. 5. 2009 BGBl I 2009 S. 1102.
3 Gesetzes zur Modernisierung des Bilanzrechts (Bilanzrechtsmodernisierungsgesetz – BilMoG) v. 25. 5. 2009 BGBl I 2009 S. 1102.
4 Schmitt in S/H/S, UmwG-UmwStG, § 3 UmwStG, Rn 121.
5 Rn 03.05 UmwStErl 2011.

▶ Geschäfts- oder Firmenwert

Nach § 3 Abs. 1 Satz 1 UmwStG ist auch ein originärere Geschäfts- oder Firmenwert der übertragenden Körperschaft anzusetzen.[1] Die steuerlichen Ansatzverbote des § 5 EStG gelten daher nicht für die steuerliche Schlussbilanz, es sei denn, die Buchwerte werden fortgeführt.[2] § 4f EStG in der Fassung des AIFM-Steueranpassungsgesetzes ist gem. Satz 3 in diesem Zusammenhang ohne Bedeutung, da die Schuldübernahme im Rahmen einer gesamten Betriebsübertragung erfolgt.

▶ Forderungen und Verbindlichkeiten

Forderungen und Verbindlichkeiten gegen den übernehmenden Rechtsträger sind in der steuerlichen Schlussbilanz auch anzusetzen, wenn sie durch die Verschmelzung erlöschen.

▶ Rückstellung für Grunderwerbsteuer und objektbezogene Kosten

Die aufgrund einer Verschmelzung beim übernehmenden Rechtsträger anfallenden objektbezogenen Kosten der Vermögensübertragung – insbesondere die Grunderwerbsteuer – sind als Nebenkosten der Anschaffung aktivierungspflichtig. Das gilt auch dann, wenn z. B. der übertragende und der übernehmende Rechtsträger vereinbart haben, die Grunderwerbsteuer jeweils zur Hälfte zu übernehmen. Wirtschaftlich gesehen, handelt es sich bei der Steuer gleichwohl um ausschließlich eigenen Aufwand des übernehmenden Rechtsträgers, für den der übertragende Rechtsträger in seiner Übertragungsbilanz keine Rückstellung bilden darf. Der Grunderwerbsteueranspruch entsteht erst nach Eintragung der Verschmelzung in das Handelsregister und damit bei der Übernehmerin. Ein Abzug als sofortabziehbare Betriebsausgaben oder Werbungskosten kommt insoweit nicht in Betracht.[3]

Für die Wertansätze in der steuerlichen Schlussbilanz der übertragenden Körperschaft sieht § 3 UmwStG folgende Regelungen vor:

bb) Ansatz des gemeinen Werts als Grundsatz

Wegen des EU/EWR-weiten Anwendungsbereichs des Umwandlungssteuergesetzes müssen bei einer Verschmelzung auf eine Personengesellschaft oder

847

---

[1] Zum Problem Wertansatz siehe Rn 848.
[2] Rn 03.06 Umw StErl 2011.
[3] BFH, Urteil v. 15. 10. 1997, I R 22/96, BStBl II 1998 S. 168, und BMF-Schreiben v. 18. 1. 2010, BStBl I 2010 S. 70.

D. Das Umwandlungssteuerrecht

natürliche Person in der steuerlichen Schlussbilanz der übertragenden Körperschaft die übergehenden Wirtschaftsgüter, einschließlich nicht entgeltlich erworbener und selbst geschaffener immaterieller Wirtschaftsgüter, gem. § 3 Abs. 1 UmwStG in der Regel mit dem **gemeinen Wert** angesetzt werden. Dadurch soll das Besteuerungsrecht der Bundesrepublik Deutschland an den stillen Reserven der übertragenden Körperschaft sichergestellt werden. Das ist zugleich die Rechtfertigung, weshalb § 5 Abs. 2 EStG nicht gilt, wonach immaterielle Wirtschaftsgüter nur bilanziert werden dürfen, wenn sie entgeltlich erworben wurden.

848 Der Ansatz des gemeinen Werts für den Firmenwert ist umstritten. Eine Meinung vertritt die Auffassung, dass bei dem Firmenwert nur ein Teilwertansatz denkbar sei.[1] Die Gegenmeinung geht offensichtlich davon aus, dass es auch bei dem Firmenwert einen gemeinen Wert gibt.[2] Sogar die Gesetzesmaterialien gehen davon aus, dass die Aufdeckung der stillen Reserven einheitlich zum gemeinen Wert erfolgt.

849 Bei mehreren Wirtschaftsgütern, die zusammen einen Betrieb, Teilbetrieb oder den gesamten Anteil eines Mitunternehmers bilden, bezieht sich der gemeine Wert entsprechend den Grundsätzen der Betriebsaufgabe/Totalentnahme auf die Sachgesamtheit (selbst geschaffene immaterielle Wirtschaftsgüter sowie ein eventuell vorhandener Geschäfts- oder Firmenwert wären hierin enthalten).[3] Der gemeine Wert ist nach § 9 Abs. 2 BewG der Betrag, der für das Wirtschaftsgut nach seiner Beschaffenheit im gewöhnlichen Geschäftsverkehr bei einer Veräußerung zu erzielen wäre. Dabei sind alle Umstände zu berücksichtigen, die den Preis beeinflussen. Ungewöhnliche oder persönliche Verhältnisse bleiben unberücksichtigt. Der gemeine Wert erfasst auch einen Gewinnaufschlag.[4] Die Berücksichtigung aller Umstände hat zur Folge, dass auch bei der Bewertung des Firmenwerts stille Lasten zu berücksichtigen sind.[5] Ob deshalb ein **negativer Firmenwert** in der Gestalt eines passiven Abgrenzungspostens angesetzt werden darf, ist bisher noch nicht höchstrichterlich entschieden

---

1 Möhlenbrock/Pung in D/P/M, § 3 UmwStG (SEStEG), Tz. 14; Bodden, FR 2007 S. 66 ff.
2 Widmann in Widmann/Mayer, § 3 UmwStG, Rn 522.
3 BT-Drs. 16/2710 S. 28 r. Sp.
4 BT-Drs. 16/2710 S. 28 r. Sp.
5 So Möhlenbrock /Pung in D/P/M, § 3 UmwStG (SEStEG), Tz. 14; Schmitt in S/H/S, UmwG-UmwStG, § 3 UmwStG, Rn 35 m. w. N.

worden.[1] Die Regeln der steuerlichen Passivierungsverbote sprechen eher gegen einen Ansatz eines negativen Firmenwerts.

Gemäß § 3 Abs. 1 Satz 2 UmwStG gilt für die **Bewertung von Pensionsrückstellungen** § 6a EStG. Damit will der Gesetzgeber verhindern, dass die bisher durch § 6a EStG gedeckelten Rückstellungen steuerwirksam nachgeholt werden können. Wegen des Wortlauts des § 3 Abs. 1 Satz 2 UmwStG wird die Auffassung vertreten, eine Pensionsrückstellung dürfe auch dann angesetzt werden, wenn sie bisher bspw. wegen § 6a Abs. 1 Nr. 3 EStG nicht passiviert werden durfte.[2] Diese Auffassung entspricht nicht der gesetzlichen Intention. Allerdings bergen rückstellungsgesperrte Pensionsverpflichtungen stille Lasten, die sich bei der Bewertung des Firmenwerts auswirken. Dann würde aber das gesetzgeberische Ziel, die Nachholung von steuerwirksamen Rückstellungen zu vermeiden, gar nicht erreicht.

850

Die Bewertung mit dem gemeinen Wert in der Übertragungsbilanz ist zwingend beim Übergang auf einen Rechtsträger, bei dem die übergehenden Wirtschaftsgüter kein Betriebsvermögen darstellen. § 3 Abs. 2 Nr. 1 UmwStG ist im Zusammenhang mit dem redaktionell angepassten, aber inhaltlich unveränderten § 8 UmwStG zu sehen. Diese Regelung betrifft insbesondere Vermögensübertragungen rein vermögensverwaltender Kapitalgesellschaften auf nicht gewerblich geprägte bzw. nicht infizierte Personengesellschaften.

Die übergehenden aktiven und passiven Wirtschaftsgüter sind danach in der steuerlichen Schlussbilanz auf den steuerlichen Übertragungsstichtag mit dem gemeinen Wert bzw. bei Pensionsrückstellungen mit dem Teilwert nach § 6a EStG anzusetzen. Die Finanzverwaltung nimmt offenbar eine eigene Definition des gemeinen Werts vor.[3] Die Bewertung nach § 3 Abs. 1 Satz 1 UmwStG zum gemeinen Wert hat dabei nicht bezogen auf jedes einzelne übergehende Wirtschaftsgut, sondern bezogen auf die Gesamtheit der übergehenden aktiven und passiven Wirtschaftsgüter zu erfolgen (Bewertung als Sachgesamtheit).

850a

Die Finanzverwaltung gibt Hinweise zur Ermittlungsmethode. Danach kann die Ermittlung des gemeinen Werts der Sachgesamtheit, sofern der gemeine Wert des übertragenden Rechtsträgers nicht aus Verkäufen abgeleitet werden

---

[1] So offenbar Lemaitre/Schönherr, GmbHR 2007 S. 173 ff.; Schmitt in S/H/S, UmwG-UmwStG, § 3 UmwStG, Rn 47; gegen einen Ansatz FG Schleswig-Holstein, Urteil v. 5. 12. 2003 1 K 973/97 und 1 K 974/97, EFG 2004 S. 1315 und 1324; offen gelassen in BFH, Urteil v. 26. 4. 2006 I R 49, 50/04, BStBl II 2006 S. 656.
[2] Benecke in PWC, Reform des UmwSt-Rechts, Rn 1019.
[3] Rn 03.07 UmwStErl 2011.

kann, anhand eines allgemein anerkannten ertragswert- oder zahlungsstromorientierten Verfahrens erfolgen, welches ein gedachter Erwerber des Betriebs der übertragenden Körperschaft bei der Bemessung des Kaufpreises zu Grunde legen würde (vgl. § 109 Abs. 1 Satz 2 i.V. m. § 11 Abs. 2 BewG); der Bewertungsvorbehalt für Pensionsrückstellungen nach § 3 Abs. 1 Satz 2 UmwStG ist zu beachten. Zur Bewertung nach § 11 Abs. 2 BewG gelten die gleich lautenden Erlasse der obersten Finanzbehörden der Länder zur Anwendung der §§ 11, 95 - 109 und 199 ff. BewG in der Fassung des ErbStRG vom 17. 5. 2011[1] auch für ertragsteuerliche Zwecke entsprechend.[2]

Schließlich wird darauf hingewiesen, dass aufgrund der Bewertung von Pensionsrückstellungen mit dem Teilwert i. S. d. § 6a EStG nach § 3 Absatz 1 Satz 2 UmwStG ein tatsächlich höherer gemeiner Wert der Versorgungsverpflichtung steuerlich nicht den gemeinen Wert des Unternehmens i. S. d. § 3 Absatz 1 UmwStG mindert.[3]

BEISPIEL[4] Die XY-GmbH soll zum 31. 12. 00 auf die XY-KG verschmolzen werden. Die Steuerbilanz i. S. d. § 5 Abs. 1 EStG sowie die Werte i. S. d. § 3 Abs. 1 UmwStG stellen sich vereinfacht wie folgt dar:

	gemeiner Wert	Buchwert		gemeiner Wert	Buchwert
Aktiva diverse	2.000.000 €	2.000.000 €	Eigenkapital		1.000.000 €
Firmenwert	2.000.00 €		Pensionsrückstellungen	2.000.000 €	1.000.000 €
	(4.000.000 €)	2.000.000 €		(2.000.000 €)	2.000.000 €

Lösung

Die steuerliche Schlussbilanz der XY-GmbH zum 31. 12. 00 ergibt sich danach wie folgt:

Aktiva diverse	2.000.000 €	Eigenkapital	3.000.000 €
Firmenwert	2.000.000 €	Pensionsrückstellungen	1.000.000 €
	4.000.000 €		4.000.000 €

Obwohl der gemeine Wert der Sachgesamtheit nur 2.000.000 € beträgt, ist eine Berücksichtigung der Differenz zwischen dem Wert der Pensionsrückstellung i. S. d. § 6a EStG und dem gemeinen Wert dieser Verpflichtung nicht zulässig; vgl. § 3 Abs. 1 Satz 2 UmwStG.

---

1 BStBl I 2011 S. 606.
2 Vgl. BMF – Schreiben v. 22. 9. 2011, BStBl I 2011 S. 895.
3 Rn 03.08 UmwStErl 2011.
4 Beispiel und Lösung nach UmwStErl 2011.

Die Bewertung mit dem gemeinen Wert bzw. mit dem Teilwert i. S. d. § 6a EStG hat nach den Verhältnissen zum steuerlichen Übertragungsstichtag zu erfolgen. Der gemeine Wert der Sachgesamtheit ist analog § 6 Abs. 1 Nr. 7 EStG im Verhältnis der Teilwerte der übergehenden Wirtschaftsgüter auf die einzelnen Wirtschaftsgüter zu verteilen.[1]

Wenn aufgrund einer Unternehmensbewertung der gemeine Wert der Sachgesamtheit höher liegt als die Summe der Teilwerte der übergehenden Wirtschaftsgüter ist der Mehrbetrag nach dem Wortlaut des UmwStErl 2011 im Verhältnis der Teilwerte der übergehenden Wirtschaftsgüter auf die einzelnen Wirtschaftgüter zu verteilen. Das wird in der Literatur sehr kritisch gesehen. Im Idealfall ist die Aufteilung dann nicht erforderlich, wenn die Summe aller gemeinen Werte der Einzelwirtschaftsgüter dem gemeinen Wert der Sachgesamtheit entspricht.[2] In Anbetracht dessen, dass Geldbestände, Bankguthaben und -verbindlichkeiten keine stillen Resrven enthalten, wird davor gewarnt eine Verteilung nach der „Rasenmähermethode" auf alle Bilanzpositionen vorzunehmen.[3] U. E. kann nur im Rahmen einer Teilwertbewertung die Summe der Teilwerte aller Wirtschaftsgüter eine Obergrenze bilden. Ein Mehrbetrag eines gemeinen Werts der Sachgesamtheit kann dann nur in der Gestalt eines erhöhten Firmenwerts angesetzt werden. In der Praxis wird die Analogie zu § 6 Abs. 1 Nr. 7 EStG dazu führen, dass man sowohl den gemeinen Wert als auch die Teilwerte ermitteln muss.

Die Bewertung als Sachgesamtheit ist zwar richtig, nicht aber die Verteilung anhand der Teilwerte, wie folgendes Beispiel zeigt. Die Bewertung der Sachgesamtheit hat u. E. nur den Zweck, den Firmenwert zu ermitteln. 850b

BEISPIEL

	BW	GW	TW		
Grundstück	300	700	800	900	Kapital
Gebäude	200	280	310		
Maschinen	400	500	600		
Firmenwert		290	290		
	900	1770	2000		

Der Wert der Sachgesamtheit wurde aufgrund einer Unternehmensbewertung in Höhe von insgesamt 2000 ermittelt. Wenn dieser Betrag nach dem Verhält-

---

1 Rn 03.09 UmwStErl 2011.
2 Schumacher / Neitz–Hackstein, Ubg 2011, S. 409, 410.
3 Dötsch in D/P/M, § 11 UmwStG (SEStEG), Tz. 30.

nis der Teilwerte aufgeteilt werden soll, wie der UmwStErl 2011 vorsieht, ergäbe sich ein Firmenwert von knapp 260.

Der gemeine Wert des einzelnen Wirtschaftsguts dürfte ja wohl keinesfalls überschritten werden, auch wenn der Teilwert höher ist. U. E. sind die gemeinen Werte der einzelnen Wirtschaftsgüter anzusetzen und der Firmenwert in der ermittelten Höhe von 290. Zu dieser Problematik wird auch vom IDW Stellung wie folgt genommen: „*Der Gesetzgeber hat sich für den Ansatz der gemeinen Werte entschieden, da diese höher sein können als die Teilwerte. Sofern nunmehr eine Verteilung der gemeinen Werte im Verhältnis der Teilwerte erfolgen soll, würde dies zum einen bedeuten, dass zusätzlich die Teilwerte ermittelt werden müssten und zum anderen, dass sich ein höherer Firmenwert als bei der Verteilung anhand der Verhältnisse der gemeinen Werte ergeben würde. Aus diesem Grund ist zwingend auf die Verhältnisse der gemeinen Werte abzustellen. Das Verhältnis der Teilwerte führt zu unsachgemäßen Ergebnissen und ist abzulehnen. Wir regen eine entsprechende Änderung der Rn 03.09 an.*"[1]

851 Beim Ansatz des gemeinen Werts entsteht auf Ebene der übertragenden Körperschaft ein **Übertragungsgewinn**. Dieser unterliegt als laufender Gewinn der KSt und der GewSt, soweit nicht für einzelne Wirtschaftsgüter etwas anderes gilt. So kommt z. B. § 8b Abs. 2 und 5 KStG zur Anwendung, soweit die Beteiligung an einer Kapitalgesellschaft mit dem gemeinen Wert angesetzt wird.

cc) Niedrigere Werte nur auf Antrag

852 Auf Antrag können ausnahmsweise die übergehenden aktiven und passiven Wirtschaftsgüter einschließlich nach § 3 Abs. 2 UmwStG abweichend von Abs. 1 **einheitlich** mit dem Buchwert oder einem höheren Wert, höchstens jedoch mit dem Wert nach Abs. 1, angesetzt werden. Bei einem Zwischenwert (= Ansatz > Buchwert > gemeiner Wert) umfasst der Wertansatz auch nicht entgeltlich erworbene und selbst geschaffene immaterielle Wirtschaftsgüter.[2] Da der Buchwert gem. § 1 Abs. 5 Nr. 4 UmwStG der Wert ist, der sich nach den steuerrechtlichen Vorschriften über die Gewinnermittlung in einer für den steuerlichen Übertragungsstichtag aufzustellenden Steuerbilanz ergibt oder ergäbe, sind die Ansätze in einer Handelsbilanz nicht maßgeblich.[3]

---

1 Stellungnahme des IDW zum Erlass-Entwurf, Ubg 2011, S. 549.
2 Rn 03.25 UmwStErl 2011.
3 Rn 03.10 UmwStErl 2011.

Das Wahlrecht gilt gem. Nr. 1–3 nur, **soweit**

1. die Wirtschaftsgüter Betriebsvermögen der übernehmenden Personengesellschaft oder natürlichen Person werden und

2. sichergestellt ist, dass sie später der Besteuerung mit Einkommensteuer oder Körperschaftsteuer unterliegen, und

3. das Recht der Bundesrepublik Deutschland hinsichtlich der Besteuerung des Gewinns aus der Veräußerung der übertragenen Wirtschaftsgüter bei den Gesellschaftern der übernehmenden Personengesellschaft oder bei der natürlichen Person nicht ausgeschlossen oder beschränkt wird und

4. eine Gegenleistung nicht gewährt wird oder in Gesellschaftsrechten besteht.

Bei der Umwandlung einer Kapitalgesellschaft in eine Personengesellschaft im Rahmen eines Treuhandmodells scheitert eine Buchwertfortführung, da die übergehenden Wirtschaftsgüter nicht Betriebsvermögen der übernehmenden Personengesellschaft werden; steuerlich entsteht eine Ein-Unternehmer-Personengesellschaft, die zur Folge hat, dass steuerlich keine Mitunternehmerschaft entsteht.[1]

852a

BEISPIEL:[2] An einer K-GmbH sind die S-GmbH zu 99,9 % und die M-GmbH zu 0,1 % beteiligt. Die M-GmbH hält die Anteile treuhänderisch für die S-GmbH. Die K-GmbH wird in eine GmbH & Co. KG formgewechselt. Komplementärin der KG wird die S-GmbH mit einer gesellschaftsrechtlichen Beteiligung am Vermögen i. H. v. 99,9 %, Kommanditistin wird die M-GmbH zu 0,1 %. Das Treuhandverhältnis setzt sich an der KG-Beteiligung fort.

Es sind zwingend die stillen Reserven in der steuerlichen Schlussbilanz der K-GmbH aufzudecken.

Anzusetzen sind auch steuerfreie Rücklagen nach § 6b EStG, Rücklagen für Ersatzbeschaffung nach R 6.6 EStR, Rücklagen nach § 7g EStG a. F., ein Sammelposten nach § 6 Abs. 2a EStG sowie Rücklagen nach § 6 UmwStG. Obwohl es

853

---

1 BFH, Urteil v. 3. 2. 2010 – IV R 26/07, BStBl II 2010 S. 751; OFD Niedersachsen, Vfg. v. 7. 2. 2014, DB 2014 S. 687.
2 Nach OFD Niedersachsen, a. a. O.

D. Das Umwandlungssteuerrecht

sich hierbei (mit Ausnahme des Sammelpostens) nicht um Wirtschaftsgüter handelt, ergibt sich der Ansatz aus § 4 Abs. 1 Satz 2 UmwStG.[1]

854 Wählt die übertragende Körperschaft einen **Zwischenwert**, sind die stillen Reserven gleichmäßig und verhältnismäßig auf alle Wirtschaftsgüter, auch auf einen Geschäfts- oder Firmenwert, aufzuteilen.[2] Sie sind nicht zunächst auf die bilanzierten materiellen und immateriellen, sodann auf die nicht bilanzierten immateriellen Wirtschaftsgüter und erst zum Schluss auf den Geschäfts- oder Firmenwert zu verteilen, wobei als vierte Stufe ggf. noch ein Restbetrag als Aufwand abgezogen wird.[3] Diese sog. Vier-Stufen-Theorie kann im neuen Umwandlungssteuerrecht nicht mehr gelten, da der Gesetzgeber in § 3 Abs. 2 Satz 1 UmwStG angeordnet hat, dass die übergehenden Wirtschaftsgüter „einheitlich" (also alle) mit dem Buchwert oder einem Zwischenwert angesetzt werden können.[4] Die in den einzelnen Wirtschaftsgütern ruhenden stillen Reserven und Lasten sind um einen einheitlichen Prozentsatz aufzulösen. Dieser Auffassung hat sich die Finanzverwaltung für zeitlich und sachlich differenziert angeschlossen. Wenn in den Fällen der Gesamtrechtsnachfolge der Umwandlungsbeschluss bis zum 31.12.2011[5] erfolgt ist oder in den anderen Fällen der Einbringungsvertrag bis zum 31.12.2011 geschlossen worden ist und das gesamte übertragene bzw. eingebrachte Vermögen im Inland belegen ist, kann eine Aufstockung abweichend von den gesetzlichen Regelungen des UmwStG in einer ersten Stufe bei bereits bilanzierten Wirtschaftsgütern erfolgen und erst in einer zweiten Stufe auch bei bisher in der Steuerbilanz nicht anzusetzenden selbst geschaffenen immateriellen Wirtschaftsgütern.[6]

BEISPIEL: ▶ Die steuerliche Schlussbilanz der X-GmbH sieht wie folgt aus:

Steuerliche Schlussbilanz X-GmbH vor Aufstockung (in Klammer gemeiner Wert)

Aktiva				Passiva
Grundstück	200.000	(400.000)	Stammkapital	100.000
Gebäude	250.000	(350.000)	Verlustvortrag	200.000
Maschinen	100.000	(150.000)		
Geld	450.000	(450.000)	Verbindlichkeiten	700.000
Firmenwert	0	(150.000)		
Summe	1.000.000	(1.500.000)		1.000.000

---

1 Birkemeier in R/H/vL, § 3 UmwStG, Rn 59.
2 Schmitt in S/H/S, UmwG-UmwStG, § 3 UmwStG, Rn 58; Birkemeier, a. a. O., Rn 58 und 127; a. A. Dötsch/Pung in D/P/M, § 3 UmwStG, Tz. 51 und DB 2006 S. 2704, 2709.
3 So aber früher BMF-Schreiben v. 25. 3. 1998, BStBl I 1998 S. 268, Tz. 22.08.
4 Ebenso Krohn/Greulich, DStR 2008 S. 646, 648.
5 31.12.11 ist das Datum der Veröffentlichung im BStBl.
6 Rn 03.23, 03.25 i. V. m. S. 04 UmwStErl 2011.

VIII. Der Weg von einer Körperschaft zu einer PersGes

Der Aufstockungsbetrag soll 200.000 betragen.

Lösung:
Der Aufstockungsbetrag steht zum Gesamtbetrag der stillen Reserven im Verhältnis von 200:500 = 40 %. Die stillen Reserven sind jeweils zu 40 % aufzulösen.

Steuerliche Schlussbilanz X-GmbH nach Aufstockung

Aktiva		Passiva	
Grundstück	280.000	Stammmkapital	100.000
Gebäude	290.000	Verlustvortrag	200.000
Maschinen	120.000	Übertragungsgewinn	200.000
Geld	450.000	Verbindlichkeiten	700.000
Firmenwert	60.000		
Summe	1.200.000		1.200.000

Problematisch kann die **Behandlung von Beteiligungen** der übertragenden Körperschaft sein:[1]

▶ Ist diese an einer fremden Mitunternehmerschaft beteiligt, sind die stillen Reserven, die auf die Überträgerin entfallen, in einer Ergänzungsbilanz der Mitunternehmerschaft aufzudecken.

▶ Ist die Überträgerin an der übernehmenden Personengesellschaft beteiligt, gilt auch hier, dass der erforderliche Wertansatz dem auf die übertragende Körperschaft entfallenden anteiligen Kapitalkonto – unter Berücksichtigung etwaiger Ergänzungs- und Sonderbilanzen – bei der Mitunternehmerschaft entspricht.[2]

▶ Setzt die übertragende Körperschaft in der steuerlichen Schlussbilanz eine Beteiligung an einer anderen Körperschaft mit einem über dem Buchwert liegenden Wert an, findet auf den hierbei entstehenden Gewinn § 8b Abs. 2, 5 KStG Anwendung.[3]

855

Eigene Anteile der übertragenden Körperschaft gehen am steuerlichen Übertragungsstichtag unter.[4]

856

Der **Antrag** ist für die Wirtschaftsgüter, die die aufgezählten Voraussetzungen erfüllen, **einheitlich** zu stellen. Die Ausübung des Wahlrechts ist **gesellschafts-**

857

---

1 Zu Einzelheiten s. Schmitt, a. a. O., Rn 117–119; Birkemeier in R/H/vL, § 3 UmwStG, Rn 65 Stichworte „Mitunternehmeranteil", „Beteiligung an der übernehmenden Personengesellschaft", „Beteiligung an einer Kapitalgesellschaft".
2 Rn 03.10 UmwStErl 2011.
3 Siehe auch BMF-Schreiben zu § 8b KStG v. 28.4.2003, BStBl I 2003 S. 292, Tz. 23 bezogen auf §§ 11, 15 UmwStG.
4 Siehe auch o. Rn 846a und mit Beispielen dargestellt später unter Rn 1101 ff.

D. Das Umwandlungssteuerrecht

bezogen. Es ist z. B. nicht zulässig, einzelne Wirtschaftsgüter mit Buchwerten, andere dagegen mit Zwischenwerten anzusetzen.[1] Ob die Voraussetzungen des Abs. 2 vorliegen, ist hingegen **gesellschafterbezogen** zu prüfen.[2] Es kann deshalb bei dem einen Gesellschafter zum Ansatz mit dem anteiligen gemeinen Wert, beim anderen Gesellschafter aber zum Ansatz mit dem anteiligen Buchwert kommen.[3]

858 Nach § 3 Abs. 2 Satz 2 UmwStG ist der Antrag **spätestens** bis zur erstmaligen Abgabe der steuerlichen Schlussbilanz bei dem für die Besteuerung der übertragenden Körperschaft zuständigen Finanzamt zu stellen. Dies ist im Regelfall das nach §§ 20, 26 AO für die Ertragsbesteuerung der übertragenden Körperschaft zuständige Finanzamt.[4] Das gilt auch, wenn zum übergehenden Vermögen der übertragenden Körperschaft Beteiligungen an in- oder ausländischen Mitunternehmerschaften gehören. Ist bei einer ausländischen Umwandlung kein Finanzamt i. S. d. §§ 20, 26 AO für die Besteuerung der übertragenden Körperschaft zuständig, ist – vorbehaltlich einer anderweitigen Zuständigkeitsvereinbarung nach § 27 AO – bei einer Personengesellschaft als übernehmender Rechtsträger das für die gesonderte und einheitliche Feststellung der Einkünfte der übernehmenden Personengesellschaft zuständige Finanzamt maßgebend.[5] Sind mehrere Finanzämter zuständig, wird nach Maßgabe § 25 AO verfahren. Unterbleibt eine Feststellung der Einkünfte der übernehmenden Personengesellschaft, weil nur ein Gesellschafter im Inland ansässig ist, oder in den Fällen der Verschmelzung auf eine natürliche Person ist das Finanzamt i. S. d. § 3 Abs. 2 Satz 2 UmwStG zuständig, das nach §§ 19 oder 20 AO für die Besteuerung dieses Gesellschafters oder dieser natürlichen Person zuständig ist.[6]

859 Der Antrag ist nur bis zur **erstmaligen Abgabe der steuerlichen Schlussbilanz** zulässig. Wird der Antrag vor der Einreichung der steuerlichen Schlussbilanz gestellt, kann er nach allgemeinen Grundsätzen bis zur Einreichung der steuerlichen Schlussbilanz geändert werden.[7] Nach Einreichung der steuerlichen

---

1 Widmann in Widmann/Mayer, § 3 UmwStG, Rn 71; Dötsch/Pung in D/P/M, § 3 UmwStG, Tz. 51; Schmitt in S/H/S, UmwG-UmwStG, § 3 UmwStG, Rn 57.
2 Rn 03.11 UmwStErl 2011
3 Schmitt, a. a. O. und Rn 84, jeweils m. w. N.
4 Zu Einzelheiten siehe Schmitt, a. a. O., Rn 71.
5 Zur örtlichen Zuständigkeit bei ausländischen Personengesellschaften mit inländischen Gesellschaftern siehe BMF-Schreiben vom 11. 12. 1989 (BStBl I S. 470) und BMF-Schreiben v. 2. 1. 2001 (BStBl I 2001 S. 40). Sonderzuständigkeiten der jeweiligen Landesfinanzbehörden für Beteiligungen an ausländischen Personengesellschaften sind zu beachten.
6 Rn 03.27 UmwStErl 2011.
7 So zu Recht Dötsch/Pung in D/P/M, § 3 UmwStG, Tz. 29; a. A. Schmitt, a. a. O., Rn 72.

Schlussbilanz ist die übertragende Körperschaft an das von ihr ausgeübte Wahlrecht gebunden. Dies soll unabhängig davon gelten, wann die Verschmelzungsverträge geschlossen und die notwendigen Beschlüsse gefasst wurden.[1] Dies ist u. E. unzutreffend. Wird die Verschmelzung erst nach Abgabe der Steuerbilanz beschlossen, handelt es sich bei der Steuerbilanz nicht um die steuerliche Schlussbilanz i. S. des § 3 Abs. 2 Satz 2 UmwStG, sondern um die „normale" Schlussbilanz zum Ende eines Wirtschaftsjahrs. Der übertragende Rechtsträger bzw. sein Rechtsnachfolger kann eine steuerliche Schlussbilanz einreichen, in der das Wahlrecht erstmals ausgeübt wird.[2] Dies gilt sogar, wenn bereits eine bestandskräftige Veranlagung vorliegt; die Ausübung des Wahlrechts stellt ein rückwirkendes Ereignis i. S. des § 175 Abs. 1 Satz 1 Nr. 2 AO dar.[3]

Eine **Änderung des Wahlrechts** im Wege der Bilanzänderung scheidet aus.[4] Eine Bilanzberichtigung ist nach allgemeinen Grundsätzen zulässig. Die Übernahmebilanz des übernehmenden Rechtsträgers ist gem. § 175 Abs. 1 Satz 1 Nr. 2 AO entsprechend zu ändern.[5] Steuerlich ohne Bedeutung ist es, wenn die übertragende Körperschaft bei Ausübung ihres Wahlrechts von mit dem übernehmenden Rechtsträger getroffenen Vereinbarungen abweicht.

860

Hat die übertragende Körperschaft eindeutig und ausdrücklich den Ansatz des gemeinen Werts gewählt, in der steuerlichen Schlussbilanz aber (ggf. nach Auffassung der Finanzverwaltung) zu niedrige Werte angesetzt, sind die gemeinen Werte anzusetzen. Das Wahlrecht ist nicht zu Gunsten eines Zwischenwertansatzes ausgeübt worden. Es gilt der Grundsatz „Wort vor Zahl".[6]

861

Die **Ausübung des Wahlrechts** unterliegt keiner bestimmten Form. Der Antrag kann gesondert oder durch Abgabe der steuerlichen Schlussbilanz gestellt werden. Er ist bedingungsfeindlich; ein bedingter Antrag (z. B. Antrag, der den Ansatz der übergehenden Wirtschaftsgüter von der Höhe eines Verlustvortrags abhängig macht) gilt als nicht gestellt.[7]

862

---

1 Schmitt, a. a. O., Rn 69.
2 So zu Recht Krohn/Greulich, DStR 2008 S. 646, 647.
3 FG München, Urteil v. 25. 9. 2012 – 6 K 4073/09, EFG 2013 S. 473, rkr.
4 BFH, Urteil v. 19. 10. 2005 I R 34/04, BFH/NV 2006 S. 1099; Dötsch/Pung in D/P/M, § 3 Tz. 29; a. A. Benecke in PricewaterhouseCoopers AG (Hrsg.), Reform des Umwandlungssteuerrechts, 2007, Rn 1034.
5 BMF-Schreiben v. 25. 3. 1998, BStBl I 1998 S. 268, Tz. 03.14; Dötsch/Pung in D/P/M, § 3 UmwStG, Tz. 29.
6 Vgl. zum entsprechenden Problem bei § 20 UmwStG FG Köln, Urteil v. 11. 12. 2008 15 K 4963/01, EFG 2009 S. 448.
7 Birkemeier in R/H/vL, § 3 UmwStG, Rn 137.

dd) Voraussetzungen für das Antragsrecht auf einen niedrigeren Wert

863 Voraussetzung für den Ansatz der Buchwerte oder von Zwischenwerten in der steuerlichen Schlussbilanz ist nach § 3 Abs. 2 Satz 1 Nr. 1 UmwStG, dass das übertragene Vermögen **Betriebsvermögen des übernehmenden Rechtsträgers** wird und das Vermögen später der in- oder ausländischen Besteuerung mit Einkommensteuer oder Körperschaftsteuer unterliegt. Ob die stillen Reserven der gewerbesteuerlichen Erfassung entzogen werden, ist für das Wahlrecht ohne Bedeutung.[1]

Die Voraussetzungen für das Wahlrecht nach § 3 Abs. 2 Satz 1 sind anders als das Wahlrecht gesellschafterbezogen zu prüfen.

Ob bei dem übernehmenden Rechtsträger Betriebsvermögen vorliegt, entscheidet sich nach den **Verhältnissen am steuerlichen Übertragungsstichtag**. Spätere Änderungen der Verhältnisse ändern nichts am Wahlrecht, sondern stellen Entnahmen aus dem Betriebsvermögen der übernehmenden Personengesellschaft/natürlichen Person dar.[2]

864 § 3 Abs. 2 Satz 1 Nr. 1 UmwStG regelt nicht, **auf welcher Ebene** die Besteuerung mit Einkommensteuer oder Körperschaftsteuer sichergestellt sein muss.[3] Das Problem taucht dann auf, wenn an der übernehmenden Personengesellschaft ein „steuerlich transparenter" Gesellschafter, z. B. wiederum eine Personengesellschaft, beteiligt ist. In diesem Fall kann zukünftig auf der Ebene des Gesellschafters eine Besteuerung der stillen Reserven mit ESt oder KSt nicht erfolgen. Unseres Erachtens kommt es nicht auf die Ebene der unmittelbaren Gesellschafter an; **es reicht aus, dass die stillen Reserven auf irgendeiner Stufe überhaupt der Besteuerung mit ESt oder KSt unterliegen.**

865 Bei **subjektiver Steuerbefreiung** der natürlichen Person oder eines Gesellschafters der Personengesellschaft ist insoweit die Buchwertfortführung nicht möglich. In den Fällen der Umwandlung auf eine Personengesellschaft oder des Formwechsels einer Kapitalgesellschaft in eine Personengesellschaft müssen daher die Voraussetzungen bezogen auf jeden Gesellschafter der Personengesellschaft gesondert geprüft werden.[4] Dies kann z. B. dazu führen, dass im Ausland belegene Wirtschaftsgüter, soweit sie einem nicht unbeschränkt steuerpflichtigen Mitunternehmer der Personengesellschaft zuzurechnen sind, mit

---

[1] Rn 03.18 UmwStErl 2011.
[2] Dötsch/Pung in D/P/M, § 3 UmwStG, Tz. 32; Birkemeier, a. a. O., Rn 84; nunmehr auch Schmitt in S/H/S, UmwG-UmwStG, § 3 UmwStG, Rn 75.
[3] Zu diesem Problemkreis s. Bünning/Rohmert, BB 2009 S. 598.
[4] BT-Drs. 16/2710 S. 37.

dem anteiligen gemeinen Wert anzusetzen sind und, soweit sie einem unbeschränkt steuerpflichtigen Mitunternehmer der Personengesellschaft zuzurechnen sind, mit dem Buchwert oder einem Zwischenwert angesetzt werden können. Soweit die Voraussetzungen des § 3 Abs. 2 Satz Nr. 1 UmwStG gesellschafterbezogen erfüllt sind, kann anteilig nach der Größe der steuerpflichtigen Gesellschaftergruppe der Buchwert oder der Zwischenwert der Wirtschaftsgüter angesetzt werden. Im Übrigen ist anteilig der gemeine Wert anzusetzen.[1] Bei subjektiver Steuerbefreiung der natürlichen Person oder eines Gesellschafters der Personengesellschaft ist insoweit die Buchwertfortführung nicht möglich.

BEISPIEL: Die ABC GmbH besteht aus den Gesellschaftern A, B, und C zu je 1/3. Die GmbH wird in eine OHG umgewandelt. Die Gesellschafter sind identisch. Die Voraussetzungen des § 3 Abs. 2 UmwStG sind nur bei A und B erfüllt. Aufgrund des gesellschafterbezogenen Wahlrechts darf die GmbH zu 2/3 Buchwerte oder Zwischenwerte in ihrer steuerlichen Übertragungsbilanz ansetzen, zu 1/3 muss sie den gemeinen Wert ansetzen.

Gemäß § 3 Abs. 2 Satz 1 Nr. 2 UmwStG darf das Recht der Bundesrepublik Deutschland auf Besteuerung des Gewinns aus der Veräußerung der Wirtschaftsgüter bei den Gesellschaftern der übernehmenden Personengesellschaft oder bei der natürlichen Person **nicht ausgeschlossen oder beschränkt** werden. Dies setzt zunächst voraus, dass vor der Umwandlung ein deutsches Besteuerungsrecht hinsichtlich der übergehenden Wirtschaftsgüter bestanden hat. Diese Voraussetzung ist erfüllt, wenn die Wirtschaftsgüter zu einer inländischen Betriebsstätte gehören und die Bundesrepublik Deutschland ihr Besteuerungsrecht zumindest im Wege der beschränkten Steuerpflicht behält, die Wirtschaftsgüter zu einem ausländischen Betriebsvermögen in einem Nicht-DBA-Staat bzw. einem DBA-Staat mit Anrechnungsmethode oder einem DBA-Staat mit Freistellungsmethode bei Eingreifen des § 20 Abs. 2 AStG gehören.

866

Die Voraussetzungen des Wahlrechts sind nicht erfüllt, wenn die Wirtschaftsgüter nach der Umwandlung zu einer ausländischen Betriebsstätte in einem Staat gehören, mit dem ein DBA besteht, und das deutsche Besteuerungsrecht wegen Anwendung der Freistellungsmethode ausgeschlossen oder für die Einkünfte der Betriebsstätte die Anrechnungsmethode nach der Umwandlung anzuwenden ist und zur Einschränkung des bis dahin bestehenden deutschen Besteuerungsrechts führt. Dieser Fall liegt auch vor, wenn eine bisher dem Ak-

---

1 Förster/Felchner, DB 2006 S. 1072 ff.; Prinz zu Hohenlohe/Rautenstrauch/Adrian, GmbHR 2006 S. 623 ff.

tivitätsvorbehalt unterliegende Betriebsstätte infolge der Umwandlung aus der Anrechnungs- in die Freistellungsmethode wechselt.

867 Ungeklärt ist, ob bereits die **abstrakte Gefahr** der Anrechnung oder des Abzugs ausländischer Steuern zum Wegfall des Wahlrechts führt oder ob eine konkrete Beschränkung vorliegen muss. Zutreffend ist die Ansicht, die die bloße abstrakte Möglichkeit eines Verlusts oder einer Beschränkung des deutschen Besteuerungsrechts nicht ausreichen lässt.[1]

868 Beim **Hinausverschmelzen** auf eine EU- bzw. EWR-Personengesellschaft unter Beibehaltung einer inländischen Betriebsstätte hängt die Frage der Aufdeckung der stillen Reserven davon ab, ob die Wirtschaftsgüter weiterhin der deutschen Betriebsstätte (dann Buchwert oder Zwischenwert möglich) oder der ausländischen Geschäftsleitungs-Betriebsstätte (dann Ansatz des gemeinen Werts) zuzuordnen sind. Maßgeblich ist zunächst die funktionale Zuordnung der Wirtschaftsgüter.[2] „Neutrale" Wirtschaftsgüter (z. B. Geschäftswert, Beteiligungen) werden wegen der sog. **Zentralfunktion des Stammhauses** regelmäßig der ausländischen Betriebsstätte zuzuordnen sein.[3] Hier stellt sich die Frage, **wann** es zur Entstrickung kommt.

> **BEISPIEL:**[4] Die in Deutschland unbeschränkt steuerpflichtige A-GmbH wird rückwirkend auf den 31.12.2008 auf eine EU/EWR-Personengesellschaft verschmolzen. Die Geschäftsführer der A-GmbH nehmen am 2.8.2009, nachdem die Verschmelzung in die entsprechenden Register eingetragen ist, ihre geschäftsführende Tätigkeit bei der Personengesellschaft im EU/EWR-Ausland auf. Zum Betriebsvermögen der A-GmbH gehören Beteiligungen und ein Geschäftswert, die funktional keiner inländischen Betriebsstätte mehr zugeordnet werden können.
>
> Die „Zentralfunktion des Stammhauses" wechselt erst am 2.8.2009 ins Ausland. Da es sich insoweit um einen tatsächlichen Vorgang handelt, dürfte die Rückwirkungsfiktion des § 2 UmwStG nicht zur Anwendung kommen. Damit kommt es erst am 2.8.2009 zu einer Entstrickung der dem Stammhaus zuzuordnenden Wirtschaftsgüter durch die übernehmende Personengesellschaft, auf die die Wirtschaftsgüter bereits zum steuerlichen Übertragungsstichtag als übergegangen gelten. Die Wirtschaftsgüter dürfen, wenn die übrigen Voraussetzungen erfüllt sind, in der steuerlichen Schlussbilanz mit dem Buchwert oder Zwischenwerten angesetzt werden. Rechtsgrundlage der Entstrickung ist dann § 4 Abs.1 Satz 3 EStG; § 4g EStG findet Anwendung.

869 Weitere Voraussetzung für die Ausübung des Wahlrechts ist nach Nr. 3, dass eine Gegenleistung nicht gewährt wird oder in Gesellschaftsrechten besteht.

---

1 Schmitt, a.a.O., Rn 86.
2 BFH, Urteil v. 13.2.2008 I R 63/06, BFH/NV 2008 S.1250.
3 BMF-Schreiben v. 24.12.1999, BStBl I 1999 S.1076, Tz.2.4.
4 Nach Schmitt, a.a.O., Rn 96.

Soweit eine Gegenleistung gewährt wird, die nicht in Gesellschaftsrechten besteht, kommt es zum Ansatz des gemeinen Werts der Gegenleistung und damit zur Gewinnrealisierung. Eine solche Regelung gab es bisher nur in § 11 Abs. 1 Satz 1 Nr. 2 UmwStG, z. B. bei Verschmelzungen von Kapitalgesellschaften.

Für die Frage, wann eine **Gegenleistung** vorliegt, ist allein das **Zivilrecht maßgeblich**. Eine solche Gegenleistung ist insbesondere bei Leistung barer Zuzahlungen (z. B. Spitzenausgleich nach § 54 Absatz 4 oder § 68 Absatz 3 UmwG) oder Gewährung anderer Vermögenswerte (z. B. Darlehensforderungen) durch den übernehmenden Rechtsträger oder diesem nahe stehender Personen gegeben. Der Untergang der Beteiligung an der übertragenden Körperschaft (z. B. bei einer Aufwärtsverschmelzung) und die Berücksichtigung der auf die Einnahmen i. S. d. § 7 UmwStG anfallenden Kapitalertragsteuer, die der übernehmende Rechtsträger als Rechtsnachfolger i. S. d. § 45 AO zu entrichten hat, als Entnahmen stellen keine Gegenleistung i. S. d. § 3 Absatz 2 Satz 1 Nummer 3 UmwStG dar.[1]

870

Die Einräumung von Darlehenskonten führt zu einer schädlichen Gegenleistung, selbst dann, wenn diese steuerlich als Eigenkapital angesehen werden. Es entstehen beim Übergang auf eine Personengesellschaft deshalb die bekannten Abgrenzungsprobleme zwischen Gesellschafterkapitalkonten und Gesellschafterdarlehenskonten.[2]

BEISPIEL:[3] An der X-GmbH sind die Gesellschafter A und B je zu $^{1}/_{2}$ beteiligt. A hat die GmbH gegründet. Die Anschaffungskosten seiner Beteiligung betragen 15.000 €. B hat die Beteiligung zu einem späteren Zeitpunkt für 25.000 € erworben. Die X-GmbH wird auf die X-OHG umgewandelt. A wird ein Kapitalkonto in Höhe von 15.000 € sowie ein Darlehenskonto in Höhe von 35.000 € eingeräumt. Das Kapitalkonto des B beträgt 15.000 €.

Übertragungsbilanz der X-GmbH

Aktiva					Passiva
	gW	BW			
Diverse	200.000	100.000	StK		30.000
FW	50.000	-------	Gewinnrücklage		70.000

---

1 Rn 03.21 UmwStErl 2011.
2 Zur Abgrenzung s. BFH, Urteil v. 15. 5. 2008 IV R 46/05, BStBl II 2008 S. 812 (Kapitalkonto wird bejaht, wenn das Konto im Fall der Liquidation der Gesellschaft oder des Ausscheidens des Gesellschafters mit einem etwa bestehenden negativen KK zu verrechnen ist). Dies gilt u. E. trotz des BFH-Urteils v. 18. 9. 2013 X R 42/12, BFH/NV 2013 S. 2006 zum Mischentgelt, das auf diese Konstellation nicht anwendbar ist.
3 Weiteres Beispiel enthält Rn 03.23 UmwStErl 2011.

D. Das Umwandlungssteuerrecht

Lösung:
Die dem A gewährte Darlehensforderung ist eine Gegenleistung gem. § 3 Abs. 2 Satz 1 Nr. 3 UmwStG. Insoweit kommt es zur Aufdeckung der stillen Reserven bei der Körperschaft. Diese hat wie beim Zwischenwertansatz gleichmäßig und verhältnismäßig unter Berücksichtigung auch der nicht bilanzierten Wirtschaftsgüter (insbesondere Geschäfts- oder Firmenwert) zu erfolgen. Danach ergeben sich folgende Konsequenzen:

35.000 x 100 : 250.000 = 14 %

Daraus ergibt sich von den stillen Reserven 250.000 − 100.000 = 150.000 im Verhältnis auf die Wirtschaftsgüter mit Firmenwert ein Aufdeckungsvolumen und Übertragungsgewinn in Höhe von 21.000 €.

871 Die **Übernahme von Verbindlichkeiten** des übertragenden Rechtsträgers i. R. der Verschmelzung stellt **keine Gegenleistung** dar, sondern mindert den Wert des übergehenden Vermögens. Ebenfalls keine Gegenleistung stellen Barabfindungen i. S. der §§ 29 ff. UmwG an der Umwandlung widersprechende Anteilseigner dar.[1]

872 Gegenleistungen i. S. der Nr. 3 sind nur solche, die von dem übernehmenden Rechtsträger erbracht werden.[2] Für die Beurteilung als Gegenleistung i. S. d. § 3 Abs. 2 Satz 1 Nr. 3 UmwStG ist es nicht erforderlich, dass die Leistung aufgrund umwandlungsgesetzlicher Regelungen (z. B. § 15, § 126 Abs. 1 Nr. 3 UmwG) erfolgt. Bei wirtschaftlicher Betrachtungsweise kann die Zuführung der Zuzahlung zum Betriebsvermögen der Personengesellschaft und die Entnahme der Zuzahlung durch den Gesellschafter der nachfolgenden Personengesellschaft und vorheriger Anteilseigner der übertragenden Kapitalgesellschaft nach den Vereinbarungen der Parteien den gleichen wirtschaftlichen Gehalt haben, wie eine Zuzahlung, die unmittelbar an den Anteilseigner erfolgt wäre.[3] Insbesondere wenn der bisherige Anteilseigner im Anschluss an der Übertragung größere Entnahmen tätigen darf und bei der Bemessung seines Gewinnanteils auf seinen ihm dann noch verbleibenden Kapitalanteil abgestellt wird, kann es erforderlich sein, den Zuzahlungsbetrag als unmittelbar in das Privatvermögen des früheren Anteilseigner geflossen anzusehen.[4]

Nicht in Gesellschaftsrechten bestehende Gegenleistungen stellen beim Anteilseigner einen Veräußerungserlös für seine Anteile dar. Bei einer nur antei-

---
1 Schmitt in S/H/S, UmwG-UmwStG, § 3 UmwStG, Rn 108; Birkemeier in R/H/vL, § 3 UmwStG, Rn 113; Rn 03.22 UmwStErl 2011.
2 Schmitt, a. a. O.
3 Zur gleichen Problematik bei Einbringungen gem. § 24 UmwStG siehe a. BFH, Urteil v. 8. 12. 1994, IV R 82/92, BStBl II 1995 S. 599.
4 So auch Rn 03.21 UmwStErl 2011 mit Verweis auf Rn 24.11.

ligen Veräußerung (z. B. Spitzenausgleich) sind zur Ermittlung des Veräußerungsgewinns dem Veräußerungserlös nur die anteiligen Anschaffungskosten dieser Anteile an dem übertragenden Rechtsträger gegenüberzustellen. Für die Ermittlung des Übernahmeergebnisses i. S. d. § 4 i. V. m. § 5 UmwStG gelten die Anteile insoweit als vom übernehmenden Rechtsträger innerhalb der fünfjährigen Frist i. S. d. § 4 Abs. 6 UmwStG als vom Anteilseigner selbst entgeltlich erworben.[1]

Aufgrund der Bewertung von Pensionsrückstellungen mit dem Teilwert i. S. d. § 6a EStG nach § 3 Abs. 1 Satz 2 UmwStG mindert ein tatsächlich höherer gemeiner Wert der Versorgungsverpflichtung steuerlich nicht den gemeinen Wert des Unternehmens i. S. d. § 3 Abs. 1 Satz 1 UmwStG.[2] Dies hat auch Einfluss auf die Wertansätze in der steuerlichen Schlussbilanz bei Gewährung einer nicht in Gesellschaftsrechten bestehenden Gegenleistung. Maßgebend für die Wertverhältnisse zur Ermittlung des Aufstockungsbetrags ist insoweit der Wert i. S. d. § 3 Abs. 1 UmwStG.[3]

BEISPIEL: Die XY-GmbH soll auf die XY-KG zur Aufnahme verschmolzen werden. Die Steuerbilanz i. S. d. § 5 Abs. 1 EStG sowie die Werte stellen sich vereinfacht wie folgt dar:

	gemeiner Wert	Buchwert		gemeiner Wert	Buchwert
Anlagevermögen	500.000 €	400.000 €	Eigenkapital		300.000 €
Firmenwert	160.000 €		Pensionsrückstellungen	160.000 €	100.000 €
	(660.000 €)	400.000 €		(2.000.000 €)	400.000 €

Die Gesellschafter der XY-GmbH erhalten bare Zuzahlungen von der XY-KG i. H. v. insgesamt 28.000 €.

Lösung:

Die bare Zuzahlung stellt eine nicht in Gesellschaftsrechten bestehende Gegenleistung dar. Die Voraussetzungen des § 3 Abs. 2 Satz 1 Nr. 3 UmwStG sind insoweit nicht erfüllt. Der Unternehmenswert beträgt 500.000 € und der Wert der Sachgesamtheit i. S. d. § 3 Abs. 1 UmwStG beträgt 560.000 €. Für die Berechnung des Aufstockungsbetrags ist der Wert i. S. d. § 3 Abs. 1 UmwStG maßgebend. Die Gegenleistung beträgt somit 5 % des Werts i. S. d. § 3 Abs. 1 UmwStG. Der Übertragungs-

---

[1] Rn 03.21 UmwStErl 2011.
[2] Siehe o. Ausführungen zu Rn 850a.
[3] Rn 03.24 UmwStErl 2011.

gewinn beträgt folglich 28.000 € abzgl. 15.000 € (5 % der Buchwerte) = 13.000 €. In dieser Höhe entsteht ein Aufstockungsbetrag.

Dieser Aufstockungsbetrag i. H. v. 13.000 € ist entsprechend dem Verhältnis des Übertragungsgewinns zu den gesamten stillen Reserven und stillen Lasten (ohne Berücksichtigung der stillen Lasten bei der Pensionsrückstellung) zu verteilen:

	Wert i. S. d. § 3 Abs. 1 UmwStG	Buchwert	stille Reserven und stille Lasten
Anlagevermögen	500.000 €	400.000 €	100.000 €
Firmenwert (originär)	160.000 €	0 €	160.000 €
Pensionsrückstellung	- 100.000 €	- 100.000 €	0 €
Σ	560.000 €	300.000 €	260.000 €

Der Aufstockungsbetrag i. H. v. 13.000 € entspricht bezogen auf die gesamten stillen Reserven und stillen Lasten 5 % (Verhältnis 13.000 € / 260.000 €). Die Aufstockungsbeträge ermitteln sich damit wie folgt:

	Buchwert	stille Reserven und stille Lasten	Aufstockung (5 %)	Ansatz in der steuerl. Schlussbilanz
Anlagevermögen	400.000 €	100.000 €	5.000 €	405.000 €
Firmenwert (originär)	0 €	160.000 €	8.000 €	8.000 €
Pensionsrückstellung	- 100.000 €	0 €	0 €	- 100.000 €
Σ	300.000 €	260.000 €	13.000 €	313.000 €

873 § 3 Abs. 3 UmwStG enthält eine **Sonderregelung** für den Fall, dass Wirtschaftsgüter der übertragenden inländischen Körperschaft zu einer EU-ausländischen Betriebsstätte gehören und die Bundesrepublik Deutschland bezüglich dieser Betriebsstätte die **Anrechnungsmethode** anwendet. Da Deutschland in seinen DBA regelmäßig die Freistellungsmethode zugrunde legt, kann dieser Fall eintreten, wenn in dem DBA eine Aktivitätsklausel vereinbart ist oder Deutschland nach § 20 Abs. 2 AStG durch treaty override die Freistellungs- durch die Anrechnungsmethode ersetzt. Führt die Umwandlung in diesen Fällen dazu, dass Deutschland das (durch die Anrechnungsmethode beschränkte) Besteuerungsrecht an den Wirtschaftsgütern der ausländischen Betriebsstätte verliert, sind die Wirtschaftsgüter in der Bilanz der übertragenden Körperschaft mit dem gemeinen Wert anzusetzen (fiktive Veräußerung). Nach Art. 10 Abs. 2 Fusionsrichtlinie ist die Bundesrepublik Deutschland dann aber verpflichtet, die Besteuerung so durchzuführen, als ob tatsächlich eine Veräußerung der Wirt-

schaftsgüter der ausländischen Betriebsstätte erfolgt wäre. Bei einer solchen Veräußerung wären im Betriebsstättenstaat ausländische Steuern entstanden, die Deutschland i. R. der Anrechnungsmethode hätte anrechnen müssen. Diese Regelung gilt jetzt auch bei der „fiktiven Veräußerung" i. R. der Umwandlung. Nach § 3 Abs. 3 UmwStG rechnet Deutschland auf die deutsche Steuer für den Übertragungsgewinn, der durch Ansatz des gemeinen Werts für die in der ausländischen Betriebsstätte belegenen Wirtschaftsgüter entstanden ist, eine fiktive ausländische Steuer an, die bei tatsächlicher Veräußerung der Wirtschaftsgüter im Ausland entstanden wäre. Diese **Anrechnung** erfolgt nach § 26 KStG i. V. m. § 34c Abs. 1 EStG. Die Vorschrift lässt nur die Anrechnung, nicht den Abzug von der Bemessungsgrundlage zu. Da die Anrechnung nach den Grundsätzen des § 26 KStG bzw. des § 34c Abs. 1 EStG erfolgt, setzt sie voraus, dass die ausländische Steuer, wäre sie entstanden, keinem Ermäßigungsanspruch mehr unterlegen hätte. Das bedeutet, dass keine Anrechnung erfolgen kann, wenn der ausländische Staat bei einer tatsächlichen Veräußerung ein Wahlrecht zur Aufdeckung der stillen Reserven gewährt; dann besteht im Ausland ein Ermäßigungsanspruch, der die Anrechnung ausschließt. Die Regelung zur Anrechnung der fiktiven ausländischen Steuer greift nur ein, wenn das deutsche Besteuerungsrecht ausgeschlossen wird und daher nach § 3 Abs. 1 UmwStG der gemeine Wert anzusetzen ist. Die Anrechnung erfolgt nicht bei einem Zwischenwertansatz nach § 3 Abs. 2 UmwStG.

ee) Fiktive Körperschaftsteueranrechnung nach § 3 Abs. 3 UmwStG

§ 3 Abs. 3 UmwStG gilt insbesondere bei Verschmelzung einer Körperschaft mit Ort der Geschäftsleitung im Inland auf eine Personengesellschaft ausländischer Rechtsform, die die Voraussetzungen des Art. 3 Fusions-RL erfüllt, soweit

873a

▶ die übertragenen Wirtschaftsgüter einer Betriebsstätte der übertragenden Körperschaft in einem anderen EU-Mitgliedstaat zuzurechnen sind,

▶ die Bundesrepublik Deutschland die Doppelbesteuerung bei der übertragenden Körperschaft nicht durch Freistellung vermeidet (§ 3 Abs. 3 Satz 2 UmwStG) und

▶ das Recht der Bundesrepublik Deutschland hinsichtlich der Besteuerung des Gewinns aus der Veräußerung der übertragenen Wirtschaftsgüter bei den Gesellschaftern der übernehmenden Personengesellschaft ausgeschlossen oder beschränkt wird (§ 3 Abs. 2 Satz 1 Nr. 2 UmwStG).[1]

---

1 Rn 03.31 UmwStErl 2011.

D. Das Umwandlungssteuerrecht

Zur Ermittlung des Betrags der nach § 3 Abs. 3 UmwStG anrechenbaren ausländischen Körperschaftsteuer ist regelmäßig ein Auskunftsersuchen nach § 117 AO an den ausländischen Betriebsstättenstaat erforderlich.[1]

c) Körperschaftsteuerguthaben und Körperschaftsteuererhöhungsbetrag aus der Zeit des Anrechnungssystems

aa) Bedeutung des § 10 UmwStG in der Zeit des Anrechnungssystems

874 § 10 UmwStG ist ein Relikt aus dem früheren körperschaftsteuerlichen **Anrechnungsverfahren**. Im Anrechnungssystem lag seine Bedeutung darin, die Entlastungsstufen „Herstellung der Ausschüttungsbelastung bei der ausschüttenden Körperschaft" und „Anrechnung beim Ausschüttungsempfänger" zu verkürzen, da sich aufgrund einer Umwandlung von einer Körperschaft in ein Personenunternehmen als Phänomen der Rechtsnachfolge Steuerschuldnerschaft und Steuergläubigerschaft vereinigten.

bb) Bedeutung des § 10 UmwStG von der Einführung des Halbeinkünftesystems bis zum 12.12.2006

875 Mit dem Systemwechsel vom Anrechnungssystem zum Halbeinkünftesystem wurde § 10 UmwStG a. F. konzeptionell neu gestaltet. Die Umwandlung einer Körperschaft in ein Personenunternehmen wurde zunächst entsprechend einer Liquidation wie eine Vollauskehrung behandelt. Ohne Rücksicht auf ein Moratorium wurde die Körperschaftsteuerschuld der übertragenden Körperschaft gemindert oder erhöht um die Beträge, die sich nach den §§ 37 und 38 KStG a. F. ergeben würden. Geplant war dieses System ursprünglich für eine Übergangszeit bis 2019.

cc) Die Änderung des § 10 UmwStG durch das SEStEG

876 Die entscheidende Änderung bezog sich auf den Körperschaftsteuerminderungsbetrag und ist in § 37 Abs. 4–7 KStG zu finden. Danach gilt Folgendes:

877 Die bisherige Regelung zur Vergütung des Körperschaftsteuerguthabens ist letztmalig auf Gewinnausschüttungen anzuwenden, die vor dem 31.12.2006 bzw. vor dem Stichtag der Umwandlungs- oder Liquidationsbilanz abgeflossen sind.

---

1 Rn 03.32 UmwStErl 2011.

Nach § 37 Abs. 4 Satz 1 KStG wird das **Körperschaftsteuerguthaben** letztmalig auf den 31. 12. 2006 ermittelt. Soweit die Körperschaft durch einen Beschluss, der nach dem 12. 12. 2006 zum maßgebenden öffentlichen Register (= Handelsregister in Deutschland) angemeldet wird, nach § 1 Abs. 1 UmwStG umgewandelt wird (Umwandlung nach § 3 UmwStG, Verschmelzung, Spaltung), erfolgt die letztmalige Feststellung des Körperschaftsteuerguthabens nach § 37 Abs. 4 Satz 2 KStG auf den steuerlichen Übertragungsstichtag, soweit er wegen der steuerlichen Rückwirkung vor dem 31. 12. 2006 liegt. 878

In Höhe des auf den 31. 12. 2006 bzw. die abweichenden Stichtage ermittelten Körperschaftsteuerguthabens entsteht ein unbedingter, aber noch nicht fälliger Anspruch der Körperschaft auf Vergütung. Der Körperschaftsteuervergütungsanspruch ist nicht verzinslich. Dieser Anspruch ist als entstandener, aber noch nicht fälliger Anspruch zu bilanzieren, der wegen seiner Unverzinslichkeit abzuzinsen ist. Als entstandener Anspruch kann er nach dem 31. 12. 2006 abgetreten werden. 879

Da er unbedingt ist und seine Geltendmachung nur vom Zeitablauf abhängt, stellt er einen Vermögensgegenstand dar, der durch Art. 14 GG gegen spätere Gesetzesänderungen geschützt ist. 880

Der Anspruch auf Vergütung des Körperschaftsteuerguthabens wird nach § 37 Abs. 5 Satz 1 KStG von 2008 bis 2017 in zehn gleichen Jahresraten ausgezahlt. Es entsteht für ein Jahr eine Auszahlungsverzögerung, da 2007 keine Auszahlung stattfindet. Damit wird ein Guthabenanspruch gegenüber dem Fiskus erst nach elf Jahren getilgt sein.

Der Vergütungsanspruch wird für den gesamten Zeitraum festgesetzt. Der Festsetzungsbescheid ist ein Vergütungsbescheid, auf den nach § 155 Abs. 4 AO die Vorschriften über Steuerbescheide anwendbar sind. 881

Der Vergütungsanspruch ist für das Jahr der Bekanntgabe dieses Festsetzungsbescheids sowie für etwaige frühere Jahre (was bei Änderungen durch die Außenprüfung der Fall sein kann) innerhalb eines Monats nach Bekanntgabe fällig. Die weiteren Raten werden jeweils am 30. 9. des Auszahlungsjahrs fällig, die letzte Rate also am 30. 9. 2017. 882

Der Ablauf der Festsetzungsfrist für den Vergütungsanspruch ist nach § 37 Abs. 5 Satz 6 KStG gehemmt bis zum Ablauf des Jahrs, in dem die letzte Rate fällig geworden ist, also bis zum 31. 12. 2017. 883

Die Regelung hat mittelbare Auswirkung auf § 10 UmwStG in Gestalt des SEStEG. Die neue Regelung entsprach dem § 10 UmwStG a. F., doch wurde die Regelung auf die Körperschaftsteuererhöhung beschränkt. Danach sollte eine 884

Nachversteuerung des am steuerlichen Übertragungsstichtag noch vorhandenen ehemaligen EK 02 entsprechend § 38 KStG erfolgen.

885 Eine Regelung für das Körperschaftsteuerguthaben war nicht mehr erforderlich, da dieses in gleichen Jahresraten unabhängig von einer Ausschüttung vergütet wird. Damit steht der übertragenden Körperschaft eine Forderung auf ratenweise Auszahlung des Körperschaftsteuerguthabens zu, die wie jede andere Forderung auch mit der Umwandlung im Wege der Gesamtrechts- bzw. Sonderrechtsnachfolge auf den übernehmenden Rechtsträger übergeht. Während der Ansatz des Körperschaftsteuerguthabens sowie die Aufzinsungsbeträge nach § 37 Abs. 7 KStG auf der Ebene der übertragenden Körperschaft zu keinen Einkünften führen, sind nach Auffassung der Finanzverwaltung Aufzinsungserträge bei der übernehmenden Personengesellschaft in voller Höhe steuerpflichtig.[1]

dd) Die Änderung des § 10 UmwStG durch das JStG 2008

886 Unter anderem durch die Anpassung an grenzüberschreitende Sachverhalte infolge des SEStEG wurde das bisherige, nunmehr nur noch für alte vEK-02-Bestände i. R. des § 38 KStG gültige ausschüttungsabhängige System als sehr aufwendig empfunden. In Fällen mit hohen EK-02-Beständen wurde die Regelung zudem als Ausschüttungssperre angesehen.

887 Das JStG 2008[2] ersetzt das System der **Körperschaftsteuererhöhung** durch eine pauschale **Abgeltungszahlung**. Von dem am 31. 12. 2006 vorhandenen Bestand des EK 02 wird ein Anteil von 3 % verwendungsunabhängig besteuert. Der verbleibende Bestand entfällt und löst damit keine Körperschaftsteuererhöhung mehr aus.

888 Das EK 02 wird grds. letztmalig zum 31. 12. 2006 festgestellt. In Liquidationsfällen, die über den 31. 12. 2006 hinaus andauern, wird die letztmalige Feststellung auf den Schluss des Besteuerungszeitraums vorgenommen, der vor dem 1. 1. 2007 endet. Die Gesellschaft kann beantragen, dass am 31. 12. 2006 ein Besteuerungszeitraum endet; in diesem Fall erfolgt die letztmalige Feststellung des EK-02-Bestands zum 31. 12. 2006 (§ 38 Abs. 4 Satz 3 KStG).

889 Das am 31. 12. 2006 vorhandene EK 02 wird nach § 38 Abs. 5 KStG in der Weise nachversteuert, dass 3 % dieses EK 02 als Körperschaftsteuererhöhungsbetrag festgesetzt werden. Dabei ist der Körperschaftsteuererhöhungsbetrag auf den

---

1 BMF-Schreiben v. 14. 1. 2008, BStBl I 2008 S. 280; a. A. Förster/Felchner, DStR 2007 S. 280.
2 Das JStG 2008 wurde am 28. 12. 2007 im BGBl I 2007 S. 3150 veröffentlicht und trat am 29. 12. 2007 in Kraft.

Betrag zu begrenzen, der sich als Körperschaftsteuererhöhung nach der bisherigen Regelung ergeben hätte, wenn die Kapitalgesellschaft ihr am 31. 12. 2006 bestehendes Eigenkapital laut Steuerbilanz für eine Ausschüttung verwendet hätte. Damit ist gewährleistet, dass es nur dann zu einer Nachversteuerung kommt, wenn die Kapitalgesellschaft über positives Eigenkapital verfügt. Ein Körperschaftsteuererhöhungsbetrag ist gem. § 38 Abs. 5 Satz 3 KStG nur festzusetzen, wenn er 1.000 € übersteigt.

Der festgesetzte Körperschaftsteuererhöhungsbetrag ist im Regelfall in zehn gleichen Jahresraten zu entrichten. Auszahlungszeitraum ist wie beim Körperschaftsteuerguthaben der Zeitraum von 2008 bis 2017. Dabei wird der Körperschaftsteuererhöhungsbetrag in einem Bescheid für den gesamten Zahlungszeitraum festgesetzt. Der Anspruch der Finanzverwaltung entsteht am 1. 1. 2007 (§ 38 Abs. 6 Satz 3 KStG). Damit ist sichergestellt, dass der Erhöhungsbetrag erstmalig in einer Bilanz ausgewiesen werden muss, die nach dem 31. 12. 2006 aufgestellt wird. Bei abweichendem Wirtschaftsjahr kann dies bereits eine Bilanz zum 31. 1. 2007 sein. 890

In der Regel wurde der Körperschaftsteuererhöhungsbetrag bei einem Wirtschaftsjahr = Kalenderjahr erstmals in der Bilanz zum 31. 12. 2007 als Körperschaftsteuerverbindlichkeit eingestellt. 891

Der Buchungssatz lautet: „Körperschaftsteueraufwand an Körperschaftsteuerverbindlichkeit". 892

Bei der Ermittlung des zu versteuernden Einkommens ist der Körperschaftsteueraufwand außerhalb der Bilanz dem Steuerbilanzgewinn wieder hinzuzurechnen. Der Jahresbetrag, das sind 1/10 des Körperschaftsteuererhöhungsbetrags, ist jeweils am 30. 9. eines Jahres fällig. Für das Jahr der Bekanntgabe des Bescheids und die vorangegangenen Jahre ist der Jahresbetrag innerhalb eines Monats nach Bekanntgabe des Bescheids fällig, wenn die Bekanntgabe nach dem 30. 9. 2008 erfolgt. Ist der Bescheid vor dem 1. 10. 2008 ergangen, ist der erste Jahresbetrag am 30. 9. 2008 fällig (§ 38 Abs. 6 Sätze 5 und 6 KStG). 893

Der Erhöhungsbetrag wird während der „Rückzahlungsphase" nicht verzinst. Dies bedeutet für die Steuerbilanz, dass die Körperschaftsteuerverbindlichkeit mit **5,5 %** auf die Laufzeit abzuzinsen ist (§ 6 Abs. 1 Nr. 3 EStG). Der Abzinsungsfaktor für die Bewertung der Verbindlichkeit zum 31. 12. 2007 beträgt unter Berücksichtigung eines Aufschubzeitraums von neun Monaten – unter- 894 stellte Fälligkeit am 30.9.2008 – 7,2429077 bezogen auf die Jahresrate oder 0,72429077 bezogen auf den gesamten Nachzahlungsbetrag.[1]

BEISPIEL: Eine GmbH verfügt zum 31.12.2006 über ein EK 02 von 1.000.000 €. Hieraus errechnet sich ein Körperschaftsteuererhöhungsbetrag von 3 % von 1.000.000 € = 30.000 €. Zum 31.12.2007 wird dieser Körperschaftsteuererhöhungsbetrag mit dem Faktor 0,72429077 multipliziert und ergibt dann einen abgezinsten Wert von 21.728,72 €.

Dieser abgezinste Wert wird durch die Buchung „Körperschaftsteueraufwand 21.728,72 € an Körperschaftsteuerverbindlichkeit 21.728,72 €" in die Steuerbilanz 2007 aufgenommen.

Zu den folgenden Bilanzstichtagen wird die Körperschaftsteuerverbindlichkeit durch die Tilgung jeweils am 30.9. eines Jahres abnehmen, durch die geringere Abzinsung dagegen zunehmen. In dem vorgenannten Beispiel ist bei einer unterstellten Tilgung im Laufe des Wirtschaftsjahres 2008 zum 31.12.2008 eine abgezinste Körperschaftsteuerverbindlichkeit von 6,649427 x 3.000 = 19.948,28 € neu zu bewerten und auszuweisen.

895 Diese Regelung hat zur Folge, dass **§ 10 UmwStG im Ganzen gestrichen** werden konnte. Die nach SEStEG vorgesehene Rechtslage wurde insofern überholt. Damit kann einer übertragenden Körperschaft zum einen eine Forderung auf ratenweise Auszahlung des Körperschaftsteuerguthabens zustehen und zum anderen die Verpflichtung, eine Verbindlichkeit zu erfüllen. Im Wege der Gesamt- bzw. Sonderrechtsnachfolge gehen Forderungen und Verbindlichkeiten bei einer Umwandlung auf den übernehmenden Rechtsträger über.

896–900 *(Einstweilen frei)*

3. Beispiel zur Entwicklung des Übertragungsgewinns bei der Verschmelzung einer GmbH auf eine OHG

901 Sachverhalt:

Eine GmbH soll auf eine bestehende OHG, an der A und B beteiligt sind, im Wege einer übertragenden Umwandlung umgewandelt werden. Die GmbH-Beteiligung ist aus Vereinfachungsgründen im Gesamthandsvermögen enthalten. Die Gesellschaften erstellen vor der Umgründung folgende Bilanzen und Anschreibungen:

---

1 BMF, Amtl. EStHB, Anhang 9 V. Tabelle 3. mit interpoliertem Wert.

GmbH-Bilanz

Aktiva		Passiva	
Diverse	160.000	Stammkapital	100.000
		Rücklage	60.000
	160.000		160.000

Das Körperschaftsteuerguthaben der GmbH wurde nach § 37 i.V.m. § 27 Abs. 2 KStG mit 10.000 ermittelt.

OHG-Bilanz

Aktiva		Passiva	
Anteile	100.000	Kapital A und B	100.000
	100.000		100.000

Im Betriebsvermögen der GmbH ruhen stille Reserven von 100.000.

a) Übertragungsgewinn mit Aufdeckung stiller Reserven

aa) Rechtslage vor SEStEG

Eine Übertragungsbilanz mit Aufdeckung aller stillen Reserven aufgrund Teilwertansatzes gab es praktisch nicht. Das hatte die Finanzverwaltung grds. versagt.[1] Allerdings nach der Auffassung der Rechtsprechung[2] hätte vor Inkrafttreten des SEStEG die GmbH die Schluss- oder Übertragungsbilanz wie folgt erstellen können:

902

Schlussübertragungsbilanz der GmbH vor Steuer

Aktiva		Passiva	
Diverse	260.000	Stammkapital	100.000
		Gewinnrücklage	60.000
		Übertragungsüberschuss	100.000
	260.000		260.000

Der gem. § 3 UmwStG a.F. sich ergebende Übertragungsgewinn unterlag der Körperschaftsteuer. Bei der Berechnung war § 10 UmwStG a.F. zu beachten. Das in § 37 Abs. 2a KStG installierte Moratorium fand keine Anwendung. Da-

903

---

1 Siehe o. Rn 842; Tz. 03.01 UmwStErl 98.
2 FG Baden-Württemberg, Urteil v. 4. 3. 2004 6 K 103/99, EFG 2004 S. 858.

raus ergab sich folgende bilanzielle Darstellung, die aus Vereinfachungsgründen ohne Gewerbesteuerrückstellung und Solidaritätszuschlag erfolgt.

904   Schlussübertragungsbilanz der GmbH nach Steuer

Aktiva		Passiva	
Diverse	260.000	Stammkapital	100.000
		Gewinnrücklage	145.000
		KSt-Rückstellung	15.000
	260.000		260.000

905 Die Umwandlung einer Kapitalgesellschaft in ein Personenunternehmen wurde behandelt wie die Auskehrung des vollen Vermögens. Dieser Vorgang beinhaltete daher auch die Auslösung des Steuerguthabens, welches zu einer Senkung der Körperschaftsteuerlast nur in Fällen der ordentlichen Gewinnausschüttungen führte. Das „Einfrieren" der Körperschaftsteuerminderung führt dazu, dass offene Gewinnausschüttungen in dem Zeitraum vom 12.4.2003 bis einschl. 31.12.2005 keine Körperschaftsteuerminderung nach sich ziehen. Durch die gleichzeitige Nichtverringerung des Körperschaftsteuerguthabens führt das „Einfrieren" nicht zu einem definitiven Verlust des Minderungspotenzials, sondern nur zu einem zeitlichen Hinausschieben. Um einen solchen Verlust zu vermeiden, musste für den Fall, in dem eine Körperschaft unterging, das Moratorium ausgesetzt werden. Das ist in den Fällen der Liquidation (§ 40 Abs. 4 Satz 7 KStG a. F.) und der Umwandlung auf eine Personengesellschaft (§ 10 Satz 2 UmwStG a. F.) geschehen.

906 Folglich berechnet sich die Körperschaftsteuer wie folgt:

KSt-Rückstellung (25 % v. 100.000 =) 25.000 ./. KSt-Guthaben 10.000 = 15.000

907 Da die GmbH **Gewerbesteuersubjekt kraft Rechtsform** ist, ist der Übertragungsgewinn, der im Übrigen gleichzusetzen ist mit einem Veräußerungsgewinn i. S. von § 16 EStG, gewerbesteuerpflichtig. Hier unterscheiden sich AG und GmbH von Personenunternehmen. Dort unterliegt nur der bei werbender Tätigkeit entstehende laufende Gewinn der Gewerbesteuer. Die Gewerbesteuerpflicht ergibt sich im Übrigen aus § 18 Abs. 1 UmwStG, wonach die §§ 3 bis 9 und 16 bei Vermögensübergang auf eine Personengesellschaft oder auf eine natürliche Person sowie bei Formwechsel in eine Personengesellschaft auch für die Ermittlung des Gewerbeertrags gelten.

bb) Rechtslage nach SEStEG und JStG 2008

§ 10 UmwStG wurde i.R. des SEStEG geändert und sein Anwendungsbereich zunächst nur auf die Körperschaftsteuererhöhung beschränkt. Wegen der ratierlichen Auszahlung des Körperschaftsteuerguthabens gem. § 37 Abs. 5 KStG konnte die KSt-Minderung entfallen. Das Körperschaftsteuerguthaben wird nach § 37 Abs. 4 Satz 1 KStG letztmalig auf den 31.12.2006 ermittelt, aber nicht mehr gesondert festgestellt. Geht das Vermögen einer unbeschränkt steuerpflichtigen Körperschaft durch einen der in § 1 Abs. 1 UmwStG in der Gestalt des SEStEG[1] in der jeweils geltenden Fassung genannten Vorgänge, bei denen die Anmeldung zur Eintragung in ein öffentliches Register nach dem 12.12.2006 erfolgt, ganz oder teilweise auf einen anderen Rechtsträger über, wird gem. § 37 Abs. 4 Satz 2 KStG das Körperschaftsteuerguthaben bei der übertragenden Körperschaft letztmalig auf den vor dem 31.12.2006 liegenden steuerlichen Übertragungsstichtag ermittelt. Der Hinweis auf das sog. Moratorium für das Körperschaftsteuerguthaben konnte in der Fassung des SEStEG entfallen, weil die Regelung mit Ablauf des 31.12.2005 ausgelaufen ist.

908

Die Rückzahlungsmodalitäten regelt § 37 Abs. 5 KStG. Danach gilt:

909

▶ Die Körperschaft hat innerhalb eines Auszahlungszeitraums von 2008 bis 2017 einen Anspruch auf Auszahlung des Körperschaftsteuerguthabens in zehn gleichen Jahresbeträgen.

▶ Der Anspruch entsteht mit Ablauf des 31.12.2006 oder des nach § 37 Abs. 4 Satz 2 KStG maßgebenden Tages.

▶ Der Anspruch wird für den gesamten Auszahlungszeitraum festgesetzt.

▶ Für das Jahr der Bekanntgabe des Bescheids und die vorangegangenen Jahre ist der Anspruch innerhalb eines Monats nach Bekanntgabe des Bescheids, für jedes weitere Jahr des Auszahlungszeitraums jeweils am 30.9. auszuzahlen.

▶ Der Anspruch ist nicht verzinslich.

▶ Die Festsetzungsfrist für die Festsetzung des Anspruchs läuft nicht vor Ablauf des Jahres ab, in dem der letzte Jahresbetrag fällig geworden ist.

Ohne Ausübung des Wahlrechts wird grds. der gemeine Wert angesetzt. Dieser beinhaltet anders als die vorgehende Rechtslage auch die selbst geschaffenen immateriellen Wirtschaftsgüter wie originären Firmenwert. Vereinfachend sollen die im Betriebsvermögen der GmbH ruhenden stillen Reserven von

910

---

[1] UmwStG v. 7.12.2006, BGBl I 2006 S. 2782, 2791.

D. Das Umwandlungssteuerrecht

100.000 den Firmenwert beinhalten und dem gemeinen Wert entsprechen. Ein vEK 02 wurde nicht festgestellt, lediglich ein Körperschaftsteuerguthaben ist in Höhe von 10.000 vorhanden.

911 Aus Vereinfachungsgründen wird ein Abzinsungsfaktor von 5,5 % unterstellt und die folgende Tabelle als Vervielfältiger für die Abzinsung einer unverzinslichen Schuld, die in gleichen Jahresraten getilgt wird, angewendet.[1]

Laufzeit in Jahren	maßgebender Vervielfältiger	Laufzeit in Jahren	maßgebender Vervielfältiger
1	0,974	8	6,509
2	1,897	9	7,143
3	2,772	10	7,745
4	3,602		
5	4,388	11	8,315
		12	8,856
6	5,133	13	9,368
7	5,839		

Ab dem 30. 9. 2008 werden jährlich zum gleichen Termin 1.000 € zurückgezahlt. Damit beträgt die Laufzeit für das KSt-Guthaben von 10.000 € 10,75 Jahre bezogen auf den 1. 1. 2007. Ab dem 1. 10. 2008 wird eine zehnjährige nachschüssige Rückzahlung zum 30. 9. 2008 beginnen. Insoweit gilt aus der vorstehenden Tabelle zum 1. 10. 2008 der Faktor 7,143, da ab diesem Zeitpunkt nur noch neun Jahresraten von 1.000 € ausstehen. Der Rückzahlungsanspruch hat zu diesem Zeitpunkt einen Wert von 7.143 €. Die Forderung ist aber nochmals für den ratenlosen Zeitraum bis zum 1. 1. 2007 abzuzinsen und jährlich danach neu zu bewerten.

Für zwölf Monate vorher zum 1. 10. 2007 hatte die Forderung einen Wert von (x = 7.143 x 100 : 105,5 =[2]) 6.770 €. In einem Zwölf-Monats-Zinszeitraum wären (5,5 % von 6.770 € =) 372 € Zinsen angefallen. Zwischen 1. 1. 2008 und dem 30. 9. 2008 beträgt der Zinszeitraum aber nur 9/12. Daraus ergeben sich

---

1 BMF v. 26. 5. 2005 IV B 2 - S 2175 - 7/05, BStBl I 2005 S. 699; nach Auff. von Förster/Felchner (DStR 2007 S. 280, 282) sowie von Bodden (FR 2007 S. 66, 70, Fn. 41) und Ernsting (DB 2007 S. 180, 183) kommt eine Abzinsung mit dem „stlichen Zinssatz" von 5,5 % (siehe § 12 Abs. 3 BewG) in Betracht; zu den verschiedenen und z. T. streitigen Abzinsungsmöglichkeiten vgl. Dötsch in D/P/M, § 37 KStG, Tz. 49; BMF-Schreiben v. 14. 1. 2008, BStBl I 2008 S. 280 akzeptiert als Orientierungshilfe z. B. die Verzinsung von Bundesanleihen.
2 7.143 entspricht 105,5 und x entspricht 100.

Zinsen von 279 €. Die Forderung hat zum 1.1.2008 einen Wert von (7.143 − 279 =) 6.869 €.

Zum 1.1.2007 hatte die zu diesem Zeitpunkt erstmals entstandene Forderung einen Wert von (x = 6.869 x 100 : 105,5 =) 6.510 €. Die Zinsen hätten für das Jahr 2007 359 € betragen.

Gebucht werden die mit dem KSt-Guthaben zusammenhängenden Forderungen folgendermaßen:

zum 31.12.2006/1.1.2007

    Forderung KSt-Guthaben an Ertrag aus Steuern   6.510 €

zum 31.12.2007/1.1.2008

    Forderung KSt-Guthaben an Ertrag aus Steuern   359 €
    Neuer Forderungsstand: 6.869 €

Hier steigert sich der Wert der Forderung zum 1.1.2008 um einen fiktiven Zins.

Die GmbH erstellt **nach Rechtslage infolge SEStEG 2007 u. UStRfG** folgende Bilanz:

Schlussübertragungsbilanz der GmbH vor Steuer

Aktiva		Passiva	
Diverse	260.000	Stammkapital	100.000
KSt-Guthaben	6.510	Rücklage	60.000
		Übertragungsüberschuss	106.510
	266.510		266.510

Schlussübertragungsbilanz der GmbH nach Steuer

Aktiva		Passiva		
Diverse	260.000	Stammkapital		100.000
KSt-Guthaben	6.510	Rücklage	(141.510)	151.510
		KSt-Rückstellung	(25.000)	15.000
	266.510			266.510

Zu versteuerndes Einkommen 106.510 ./. 6.510 = 100.000 (x 25 % = 25.000 bis 2007) x 15 = 15.000 KSt-Rückstellung. Erträge und Gewinnminderungen der Körperschaft, die sich aus der Anwendung des § 37 Abs. 5 KStG ergeben, gehören gem. § 37 Abs. 7 Satz 1 KStG nicht zu den Einkünften i. S. des Einkommensteuergesetzes.

b) Übertragungsgewinn Variante Buchwertansatz

913 Der Buchwertansatz war bisher die Regel. Nach der Rechtslage des SEStEG ist dazu gem. § 3 Abs. 2 UmwStG ein Antrag erforderlich.[1] Der Antrag ist gem. § 3 Abs. 2 Satz 2 UmwStG spätestens bis zur erstmaligen Abgabe der steuerlichen Schlussbilanz bei dem für die Besteuerung der übertragenden Körperschaft zuständigen Finanzamt zu stellen. Für den Beispielsfall ergeben sich daraus folgende Konsequenzen.

aa) Variante Buchwertfortführung vor SEStEG

914 Die GmbH hatte eine Schluss- oder Übertragungsbilanz wie folgt zu erstellen:

Schlussübertragungsbilanz der GmbH vor Steuer

Aktiva		Passiva	
Diverse	160.000	Stammkapital	100.000
Steuerrückforderung	10.000	Gewinnrücklage	60.000
		Übertragungsüberschuss	10.000
	170.000		170.000

Bei einer Übertragung zu Buchwerten entstand in Gestalt des ausgelösten Steuerguthabens gem. § 10 UmwStG a. F. i. V. m. § 37 KStG ein Übertragungsgewinn, der allerdings in Umkehrung des Rechtsgedankens aus § 10 Nr. 2 KStG, wonach Steuern vom Einkommen zu den nicht abziehbaren steuerlichen Aufwendungen zählt, nicht zu einem körperschaftsteuerpflichtigen Gewinn führt. Daher betrug das zu versteuernde Einkommen der GmbH in dieser Konstellation (10.000 Bilanz ./. Korrektur außerhalb der Bilanz 10.000 =) 0.

Schlussübertragungsbilanz der GmbH nach Steuer

Aktiva		Passiva	
Diverse	160.000	Stammkapital	100.000
Steuerrückforderung	10.000	Gewinnrücklage	70.000
	170.000		170.000

---

1 Siehe o. Rn 852.

bb) Variante Buchwertfortführung nach SEStEG

Schlussübertragungsbilanz der GmbH vor Steuer 1.1.2007   915

Aktiva		Passiva	
Diverse	160.000	Stammkapital	100.000
Steuerrückforderung	6.510	Gewinnrücklage	60.000
		Übertragungsüberschuss	6.510
	166.510		166.510

Auch hier gilt die Umkehrung des Rechtsgedankens aus § 10 Nr. 2 KStG, wonach Steuern vom Einkommen zu den nicht abziehbaren steuerlichen Aufwendungen zählen, nicht zu einem körperschaftsteuerpflichtigen Gewinn führen. Daher beträgt das zu versteuernde Einkommen der GmbH in dieser Konstellation (6.510 Bilanz ./. Korrektur außerhalb der Bilanz 6.510 =) 0.

Schlussübertragungsbilanz der GmbH nach Steuer 1.1.2007

Aktiva		Passiva	
Diverse	160.000	Stammkapital	100.000
Steuerrückforderung	6.510	Gewinnrücklage	66.510
	166.510		166.510

(Einstweilen frei)   916–920

4. Verlustübertragung und Zins-/EBITDA-Vortrag

Gemäß § 4 Abs. 1 Satz 2 UmwStG gehen verrechenbare Verluste, verbleibende Verlustvorträge, vom übertragenen Rechtsträger nicht ausgeglichene negative Einkünfte, ein Zinsvortrag nach § 4h Abs. 1 Satz 2 EStG[1] und ein EBITDA-Vortrag nach § 4h Abs. 1 Satz 3 EStG[2] nicht auf den Rechtsnachfolger über. Somit wird die Übernahme eines Übertragungsverlustes infolge einer rechtsgeschäftlichen Gesamtrechtsnachfolge nach wie vor versagt. Die alte Fassung   921

---

[1] Eingeführt durch Unternehmensteuerreformgesetz v. 14.8.2007, BGBl I S. 1912. Der Verlust des Zinsvortrags gilt gem. § 27 Abs. 5 UmwStG erstmals in den Fällen, bei denen die Anmeldung zur Eintragung in das für die Wirksamkeit des jeweiligen Vorgangs maßgebende öffentliche Register nach dem 31.12.2007 erfolgt ist. Zur Ergänzung des Zinsvortrags um einen EBITDA-Vortrag s. oben Rn 793 Fn 4.

[2] In der Fassung des Wachstumsbeschleunigungsgesetzes v. 22.12.2009, BGBl I 2009 S. 3950. Anwendung gem. § 27 Abs. 10 UmwStG erstmals für Umwandlungen, deren steuerlicher Übertragungsstichtag in einem Wirtschaftsjahr liegt, für das das vorgenannte Gesetz erstmals anzuwenden ist.

zitierte in § 4 Abs. 2 UmwStG die Verlustverrechnungsvorschriften nur begrenzt. Die neue generelle Aussage zu steuerlichen Verlusten ist eine Reaktion des Gesetzgebers auf die Entscheidung des BFH vom 31.5.2005,[1] die den Übergang von laufenden Verlusten mit der steuerlichen Gesamtrechtsnachfolge des § 45 AO begründet hatte und mit einem Nichtanwendungserlass der Finanzverwaltung belegt wurde.[2]

922 In **Verlustfällen** kann die **Aufdeckung von stillen Reserven** und ihre Realisierung in entsprechender Höhe **von Vorteil** sein.[3] Der übernehmende Rechtsträger erhält durch die höheren Übernahmewerte auch ein höheres Abschreibungspotenzial. Dabei ermöglicht der Ansatz eines Zwischenwerts eine punktgenaue Nutzung der steuerlichen Verluste, wobei allerdings auch berücksichtigt werden muss, dass körperschaft- und gewerbesteuerliche Verluste regelmäßig in unterschiedlicher Höhe vorliegen. Zudem sind die Auswirkungen der Mindestbesteuerung zu berücksichtigen.

923–925 *(Einstweilen frei)*

5. Gewerbesteuer

926 Gemäß § 18 Abs. 1 UmwStG gelten die §§ 3 bis 9 und 16 UmwStG für die Ermittlung des Gewerbeertrags entsprechend beim Vermögensübergang auf eine Personengesellschaft oder auf eine natürliche Person sowie beim Formwechsel in eine Personengesellschaft. Entsteht ein Übertragungsgewinn durch einen über dem Buchwert liegenden Ansatz in der Schlussbilanz der Übertragerin, unterliegt dieser bei der übertragenden Körperschaft der Gewerbesteuer, wenn die Übertragerin im Inland gewerbesteuerpflichtig ist. Handelt es sich bei der Übertragerin um eine inländische Kapitalgesellschaft, ist der Übertragungsgewinn gewerbesteuerpflichtig, da die Gewerbesteuerpflicht kraft Rechtsform besteht.

927 § 18 Abs. 1 Satz 2 UmwStG ist durch das SEStEG dahingehend ergänzt worden, dass der maßgebende Gewerbeertrag der übernehmenden Personengesellschaft oder natürlichen Person nicht um Fehlbeträge des laufenden Erhebungszeitraums und die vortragsfähigen Fehlbeträge der übertragenden Körperschaft i. S. des § 10a GewStG gekürzt werden kann. Streng genommen ist die Regelung des § 18 Abs. 1 Satz 2 überflüssig, da § 18 Abs. 1 Satz 1 UmwStG

---

1 I R 68/03, BFHE 209 S. 535, BStBl II 2006 S. 380.
2 BMF v. 7.4.2006 IV B 7 - S 1978b - 1/06, BStBl I 2006 S. 344
3 Dörfler/Wittkowski, GmbHR 2007 S. 352; Förster/Felchner, DB 2006 S. 1072; Lemaitre/Schönherr, GmbHR 2007 S. 173.

bereits die entsprechende Anwendung des § 4 Abs. 2 Satz 2 UmwStG anordnet.[1] Es handelt sich um eine Folgeänderung zu § 4 Abs. 2 Satz 2 UmwStG. Mit der Neuformulierung soll sichergestellt werden, dass auch der laufende Verlust des Übertragungsjahrs nicht auf die Übernehmerin übergeht.[2]

(Einstweilen frei) 928–930

6. Die steuerliche Behandlung der Verschmelzung beim übernehmenden Rechtsträger

a) Wert- und Ergebnisübernahme

Die **steuerliche Wertverknüpfung** des Nachfolgeunternehmens an die Übertragungsbilanz bleibt weiterhin bestehen. Danach hat der übernehmende Rechtsträger nach § 4 Abs. Satz 1 UmwStG die übergegangenen Wirtschaftsgüter mit den in der steuerlichen Schlussbilanz der übertragenden Gesellschaft enthaltenen Werten zu übernehmen. Dies gilt grds. unabhängig davon, ob die übertragende Körperschaft die übergehenden Wirtschaftsgüter in ihrer steuerlichen Schlussbilanz zum Ende des laufenden Wirtschafftsjahrs mit den Buchwerten, Zwischenwerten oder dem gemeinen Wert angesetzt hat. Sie ist von der steuerlichen Schlussbilanz, welche das Übertragungsergebnis ausweist, zu unterscheiden.[3] Umstritten ist, ob dies auch für **ausländisches Vermögen** gilt, das durch den Verschmelzungsvorgang erstmals in Deutschland verstrickt wird,[4] oder ob auf dieses Vermögen § 4 Abs. 1 Satz 1 i.V.m. § 6 Abs. 1 Nr. 5a EStG Anwendung findet.[5]

931

Der übernehmende Rechtsträger kann handelsrechtlich nach § 24 UmwG in seiner Jahresbilanz höhere Werte ansetzen als der übertragende Rechtsträger nach § 17 UmwG in seiner handelsrechtlichen Schlussbilanz. Die Finanzverwaltung vertrat zum alten UmwStG die Auffassung, dass die Wirtschaftsgüter an dem der Umwandlung folgenden Bilanzstichtag auch in der Steuerbilanz des übernehmenden Rechtsträgers erfolgswirksam aufzustocken seien.[6] Diese sog.

932

---

1 So Trossen in R/H/vL, § 18 UmwStG, Rn 34.
2 Zur Problematik bei der Anwendung des § 12 Abs. 3 Satz 2 UmwStG a. F., s. BFH, Urteil vom 31. 5. 2005, BStBl II 2006 S. 380 und BMF-Schreiben v. 7. 4. 2006, BStBl I 2006 S. 344.
3 Siehe o. Rn 846a.
4 So Pung in D/P/M, § 4 UmwStG, Tz. 12; van Lishaut in R/H/vL, § 4 UmwStG, Rn 30; bejahend Finverw. in Rn 04.01 UmwStErl 2011.
5 So Schaflitzl/Widmayer, BB-Special 8/2006 S. 36, 40; wohl auch Schmitt in S/H/S, UmwG-UmwStG, § 4 UmwStG, Rn 12, 13a, 27.
6 BMF-Schreiben v. 25. 3. 1998, BStBl I 1998 S. 268, Tz. 03.02.

phasenverschobene Wertaufholung führte zu einem laufenden Gewinn des Folgejahres, der ungemindert zu besteuern sei.

933 Unabhängig von der Frage, ob diese Auffassung zum alten UmwStG zutreffend war, kann sie im neuen UmwStG keinesfalls gelten, da SEStEG eine Wertverknüpfung zwischen den Handelsbilanzen und den Steuerbilanzen hinsichtlich der Abbildung des Verschmelzungsvorgangs nicht kennt.[1] Dies stellt § 5 Abs. 1 Satz 1 EStG in der Fassung des Bilanzrechtsmodernisierungsgesetzes (BilMoG) durch die Formulierung „es sei denn, im Rahmen der Ausübung eines steuerlichen Wahlrechts wird oder wurde ein anderer Ansatz gewählt" klar. Damit ist der Streit um eine phasenverschobene Wertaufholung u. E. endgültig entschieden.

Der übernehmende Rechtsträger ist nicht verpflichtet, eine steuerliche Übernahmebilanz zu erstellen.[2] Liegt eine Verschmelzung durch Neugründung vor, erfolgt die Übernahme der in der steuerlichen Schlussbilanz der übertragenden Körperschaft enthaltenen Wirtschaftsgüter in der steuerlichen Eröffnungsbilanz, die zugleich Übernahmebilanz ist.[3]

934 Bei der Verschmelzung durch Aufnahme liegt ein laufender Geschäftsvorfall vor. Die übergehenden Wirtschaftsgüter werden über ein Übernahmeverrechnungskonto eingebucht, über das zugleich die untergehenden Anteile an der übertragenden Körperschaft ausgebucht werden.[4]

Gilt für einen übernommenen Wertansatz zu den auf den steuerlichen Übertragungsstichtag folgenden Bilanzstichtagen ein steuerliches Wahlrecht (z. B. Rücklage nach § 6b EStG), kann dieses Wahlrecht auch an den nachfolgenden Bilanzstichtagen unabhängig von der handelsrechtlichen Jahresbilanz ausgeübt werden.[5]

935 Ist die übernehmende Personengesellschaft nicht zu 100 % an der übertragenden Körperschaft beteiligt, kommt es auch im neuen Recht zur Bildung von Ergänzungsbilanzen.[6]

---

1 Schmitt in S/H/S, UmwG-UmwStG, § 4 UmwStG, Rn 17; Teiche, DStR 2008 S. 1757; Behrens, BB 2009 S. 318; a. A. Pung in D/P/M, § 3 UmwStG, Tz. 27.
2 Anders nur, wenn er den Gewinn bisher nach § 4 Abs. 3 EStG ermittelt hat; vgl. hierzu van Lishaut in R/H/vL, § 4 UmwStG, Rn 7 und Fn. 4.
3 Van Lishaut in R/H/vL, § 4 UmwStG, Rn 8; siehe auch Rn 04.03 UmwStErl 2011.
4 Schmitt in S/H/S, UmwG-UmwStG, § 4 UmwStG, Rn 20.
5 Rn 04.04 UmwStErl 2011.
6 Van Lishaut in R/H/vL, § 4 UmwStG, Rn 11; Schmitt, a. a. O., Rn 22 f.; Mayer, FR 2004 S. 698, 700.

VIII. Der Weg von einer Körperschaft zu einer PersGes

BEISPIEL:[1] Die X-GmbH mit den Gesellschaftern A und B wird auf die Y-KG mit den Gesellschaftern C und D verschmolzen. Die X-GmbH hat Buchwerte von 1.000 und gemeine Werte von 5.000, die Y-KG hat Buchwerte von 3.000 und gemeine Werte von ebenfalls 5.000, C und D haben jeweils ein Kapitalkonto von 1.500. Die Verschmelzung erfolgt zu Buchwerten. Die Gesellschafter A, B, C und D sind zukünftig jeweils im gleichen Verhältnis zueinander an der Y-KG beteiligt.

Lösung:
Die Wirtschaftsgüter der X-GmbH werden in der Gesamthandsbilanz der Y-KG mit 3.000 angesetzt. A und B erhalten (wie C und D) ein Kapitalkonto von je 1.500. In negativen Ergänzungsbilanzen werden für A und B jeweils Minderwerte für die übergehenden Wirtschaftsgüter von 1.000 ausgewiesen.

Bilanz der Y-KG nach Verschmelzung (in Klammern gemeine Werte)

Aktiva			Passiva	
WG von Y	3.000	(5.000)	Kapitalkonto A	1.500
WG von X	3.000	(5.000)	Kapitalkonto B	1.500
			Kapitalkonto C	1.500
			Kapitalkonto D	1.500
Summe	6.000	(10.000)		6.000

Negative Ergänzungsbilanz (jeweils gesondert für A und B)

Aktiva		Passiva	
Minderkapital	1.000	Minderwerte WG X	1.000
Summe	1.000		1.000

Hinzugefügt wurde eine Regelung zur **Bewertung der Anteile an der übertragenden Gesellschaft** beim übernehmenden Rechtsträger. Gemäß § 4 Abs. 1 Satz 2 UmwStG sind die Anteile an der übertragenden Körperschaft bei dem übernehmenden Rechtsträger zum steuerlichen Übertragungsstichtag mit dem Buchwert, erhöht um Abschreibungen, die in früheren Jahren steuerwirksam vorgenommen worden sind, sowie um Abzüge nach § 6b EStG und ähnliche Abzüge, höchstens mit dem gemeinen Wert, anzusetzen. Auf einen sich daraus ergebenden Gewinn oder Verlust **(Beteiligungskorrekturgewinn)** finden § 8b Abs. 2 Satz 4 und 5 KStG sowie § 3 Nr. 40 Satz 1 Buchst. a Satz 2 und 3 EStG Anwendung.[2]

936

---

1 Nach van Lishaut, a. a. O., Beispiel 1.
2 Rn 04.05 UmwStErl 2011.

Die Hinzurechnung gem. § 4 Abs. 1 Satz 2 UmwStG betrifft ausschließlich die am steuerlichen Übertragungsstichtag im Betriebsvermögen des übernehmenden Rechtsträgers gehaltenen Anteile, bei denen der Buchwert um entsprechende Abzüge steuerwirksam gemindert wurde und am steuerlichen Übertragungsstichtag unter dem gemeinen Wert liegt. Für Anteile, die am steuerlichen Übertragungsstichtag vor Anwendung des § 5 UmwStG zum Betriebsvermögen eines Anteilseigners gehören, enthält § 5 Abs. 3 UmwStG eine entsprechende Regelung.[1]

937 Zweifelhaft ist, in welcher **Reihenfolge Teilwertabschreibungen** rückgängig zu machen sind, wenn sowohl eine steuerwirksame als auch eine nicht steuerwirksame Teilwertabschreibung vorgenommen wurde und der gemeine Wert der Anteile niedriger ist als die Summe der vorgenommenen Teilwertabschreibungen. Dieses Problem hat sich allerdings seit Einführung des steuerlichen Wertaufholungsgebots in § 6 Abs. 1 Nr. 2 Satz 3, Nr. 1 Satz 4 EStG durch das StEntlG 1999/2000/2002 im Wesentlichen erledigt. Das Wertaufholungsgebot geht § 4 Abs. 1 Satz 2 UmwStG vor.[2]

BEISPIEL: Die A-KG ist alleinige Anteilseignerin der Y-GmbH. Die KG hat die Anteile zu Anschaffungskosten von 1.000 erworben und so zunächst bilanziert. Zum 31.12.03 hat sie eine steuerwirksame TWA von 200 vorgenommen. Zum 31.12.05 hat sie eine weitere, nur noch zur Hälfte steuerwirksame TWA von 400 vorgenommen. Der gemeine Wert zum Übertragungsstichtag beträgt 700.

Lösung:

Sieht man von dem vorrangig zu beachtenden Wertaufholungsgebot ab, spricht vieles dafür, dass zunächst die steuerwirksamen TWA rückgängig zu machen sind.[3]

Der Beteiligungskorrekturgewinn gehört nicht zum Übernahmegewinn und ist nach den allgemeinen Grundsätzen zu besteuern. Dies gilt nach § 4 Abs. 1 Satz 2 und 3 UmwStG auch insoweit, als die Anteile in früheren Jahren nur zum Teil steuerwirksam (z. B. anteilig nach § 3c Abs. 2 EStG) abgeschrieben worden sind. Durch die Erhöhung der Buchwertanteile, die von dem übernommenen Wert abgezogen werden,[4] mindert sich das Übernahmeergebnis.[5]

---

1 Siehe u. Rn 1008.
2 Van Lishaut in R/H/vL, § 4 UmwStG, Rn 42; Schmitt in S/H/S, UmwG-UmwStG, § 4 UmwStG, Rn 49; so auch Rn 04.07 UmwStErl 2011.
3 Van Lishaut, a.a.O., Rn 43 mit Nachweisen auch zur Gegenmeinung in Fn. 1 und 2; a. A. z. B. FG Düsseldorf, Urteil v. 2.12.2008 6 K 2726/06 K, BB 2009 S. 1291, bestätigt durch BFH Urt. v. 19.8.2009 - I R 2/09, BStBl II 2010 S. 760.
4 Siehe u. Rn 969.
5 Rn 04.08 UmwStErl 2011.

Der übernehmende Rechtsträger tritt gem. § 4 Abs. 2 Satz 1 UmwStG grds. in 938
die steuerliche Rechtsstellung der übertragenden Körperschaft auch hinsichtlich ihrer historischen Anschaffungs- oder Herstellungskosten ein. Dies ist eine Ausnahme von dem Grundsatz, dass bei einem entgeltlichen Anschaffungsvorgang[1] der Rechtsnachfolger nicht in die Fußstapfen des Rechtsvorgängers tritt. Das Gesetz hat allerdings Rechtspositionen genannt, die übernommen werden, und ganz klar Rechtspositionen ausgeschlossen, die nicht übernommen werden können.[2]

Der **Eintritt in die Rechtsposition** gilt insbesondere für die **Bewertung der** 939
übernommenen Wirtschaftsgüter, für Absetzungen für Abnutzung (AfA) und die den steuerlichen Gewinn mindernden Rücklagen. Er gilt auch für die Dauer der **Zugehörigkeit** eines Wirtschaftsguts zum Betriebsvermögen. Ist diese für die Besteuerung bedeutsam, so ist der Zeitraum der Zugehörigkeit des Wirtschaftsguts zum Betriebsvermögen der übertragenden Körperschaft dem übernehmenden Rechtsträger zuzurechnen (§ 4 Abs. 2 Satz 3 UmwStG). Entgegen Finanzverwaltung[3] und FG Köln[4] vertritt der BFH[5] die Auffassung, dass die Vorschrift nicht für das sog. gewerbesteuerrechtliche Schachtelprivileg (§ 9 Nr. 2a GewStG) gilt, da dieses auf einen Zeitpunkt (Beginn des Erhebungszeitraums) und nicht einen Zeitraum abstellt. Der übernehmende Rechtsträger tritt auch hinsichtlich der Frage, ob anschaffungsnahe Aufwendungen i. S. des § 6 Abs. 1 Nr. 1a EStG vorliegen, an die Stelle der übertragenden Körperschaft. Er ist ferner an die **Wahl der Abschreibungsmethode** durch die Übertragerin gebunden. Hat die Übertragerin Buchwerte angesetzt, ist die Übernehmerin auch an die bisher zugrunde gelegte betriebsgewöhnliche Nutzungsdauer der übertragenen Wirtschaftsgüter gebunden.[6]

Auf den übernehmenden Rechtsträger geht auch ein **Wertaufholungsgebot** 940
nach § 7 Abs. 1 Satz 7, § 6 Abs. 1 Nr. 2 Satz 3, Nr. 1 Satz 4 EStG über.[7]

Dagegen gehen verrechenbare Verluste, verbleibende Verlustvorträge, vom 941
übertragenden Rechtsträger nicht ausgeglichene negative Einkünfte, ein Zinsvortrag nach § 4h Abs. 1 Satz 2 EStG und ein EBITDA – Vortrag nach § 4h Abs. 1

---

1 Dazu, dass die Verschmelzung ein Anschaffungsvorgang ist, siehe BFH, Urteile v. 23. 1. 2002 XI R 48/99, BStBl II 2002 S. 875 und v. 16. 5. 2002 III R 45/98, BStBl II 2003 S. 10.
2 Siehe o. Rn 640.
3 Rn 04.15 UmwStErl 2011.
4 Urteil v. 8. 5. 2013 – 10 K 3547/12, BB 2014 S. 358.
5 Urteil v. 16. 4. 2014 – I R 44/13.
6 Zu den Fällen der Aufstockung s. weiter unten.
7 Siehe Schmitt in S/H/S, UmwG-UmwStG, § 4 UmwStG, Rn 71 ff. mit Beispiel.

Satz 3 EStG nicht über. Ebenso wird die Übernahme eines Übertragungsverlustes infolge einer rechtsgeschäftlichen Gesamtrechtsnachfolge nach wie vor versagt.[1]

941a Der Eintritt in die steuerliche Rechtsstellung der übertragenden Körperschaft erfolgt nach § 4 Absatz 3 UmwStG auch dann, wenn die übergegangenen Wirtschaftsgüter in der steuerlichen Schlussbilanz der übertragenden Körperschaft mit dem Zwischenwert oder mit dem gemeinen Wert angesetzt worden sind.[2] Die Absetzungen für Abnutzung bemessen sich dann bei dem übernehmenden Rechtsträger:

▶ in den Fällen des § 7 Abs. 4 Satz 1 und Abs. 5 EStG nach der bisherigen Bemessungsgrundlage, vermehrt um den Aufstockungsbetrag (= Differenz zwischen dem Buchwert der Gebäude unmittelbar vor Aufstellung der steuerlichen Schlussbilanz und dem Wert, mit dem die Körperschaft die Gebäude in der steuerlichen Schlussbilanz angesetzt hat). Auf diese Bemessungsgrundlage ist der bisherige Prozentsatz weiterhin anzuwenden. Wird in den Fällen des § 7 Abs. 4 Satz 1 EStG die volle Absetzung innerhalb der tatsächlichen Nutzungsdauer nicht erreicht, kann die Absetzung für Abnutzung nach der Restnutzungsdauer des Gebäudes bemessen werden;

▶ in allen anderen Fällen nach dem Wert, mit dem die Körperschaft die Wirtschaftsgüter in der steuerlichen Schlussbilanz angesetzt hat, und der Restnutzungsdauer dieser Wirtschaftsgüter. Das gilt auch für übergehende entgeltlich erworbene immaterielle Wirtschaftsgüter mit Ausnahme eines Geschäfts- oder Firmenwerts. Die Restnutzungsdauer ist nach den Verhältnissen am steuerlichen Übertragungsstichtag neu zu schätzen;[3]

▶ für die Absetzung für Abnutzung eines Geschäfts- oder Firmenwerts gilt § 7 Abs. 1 Satz 3 EStG. Auch wenn unmittelbar vor Aufstellung der steuerlichen Schlussbilanz bereits ein (derivativ erworbener) Geschäfts- oder Firmenwert vorhanden ist, bemessen sich die Absetzungen für Abnutzung wegen § 7 Abs. 1 Satz 3 EStG nicht nach der Restnutzungsdauer. In diesen Fällen ist der Geschäfts- oder Firmenwert nach der bisherigen Bemessungsgrundlage ggf. vermehrt um einen Aufstockungsbetrag einheitlich mit 1/15 abzuschreiben.

941b Zu späteren Bilanzstichtagen bilden die fortgeführten ursprünglichen Anschaffungs- oder Herstellungskosten (ggf. gemindert um Abschreibungen für

---

1 Siehe o. Rn 921.
2 Rn 04.10 UmwStErl 2011.
3 BFH, Urteil v. 29. 11. 2007, IV R 73/02, BStBl II 2008 S. 407.

Abnutzung, Abzüge nach § 6b EStG usw., und erhöht um nachträgliche Anschaffungs- oder Herstellungskosten) oder bei einem am steuerlichen Übertragungsstichtag angesetzten höheren gemeinen Wert oder Zwischenwert dieser fortgeführten Wert die Bewertungsobergrenze i. S. d. § 6 Abs. 1 EStG sowie einer Wertaufholungspflicht i. S. d. § 6 Abs. 1 Nr. 1 Satz 4 oder Nr. 2 Satz 3 EStG.[1]

Die entgeltliche oder unentgeltliche Übertragung einer in einem ausländischen Staat belegenen Betriebsstätte führt zur Nachversteuerung von zuvor nach § 2a Abs. 3 EStG a. F. bzw. § 2 Abs. 1 AuslInvG abgezogenen Verlusten (vgl. § 2 Abs. 4 EStG a. F. i. V. m. § 52 Abs. 3 EStG bzw. § 2 Abs. 2 AuslInvG i. V. m. § 8 Abs. 5 Satz 2 AuslInvG) noch bei der übertragenden Körperschaft. Gleiches gilt nach den genannten Vorschriften im Falle der Umwandlung einer im ausländischen Staat belegenen Betriebsstätte in eine Kapitalgesellschaft.[2] 941c

Ist die übertragende Körperschaft eine **Unterstützungskasse**, erhöht sich gem. § 4 Abs. 2 Satz 4 UmwStG der laufende Gewinn des übernehmenden Rechtsträgers in dem Wirtschaftsjahr, in das der Umwandlungsstichtag fällt, um die von ihm, seinen Gesellschaftern oder seinen Rechtsvorgängern an die Unterstützungskasse geleisteten Zuwendungen nach § 4d EStG; § 15 Abs. 1 Satz 1 Nr. 2 Satz 2 EStG gilt sinngemäß. In Höhe der nach Satz 4 hinzugerechneten Zuwendungen erhöht sich der Buchwert der Anteile an der Unterstützungskasse. 942

Zur Vermeidung einer doppelten Inanspruchnahme des Betriebsausgabenabzugs für Altersversorgungsaufwendungen – einmal nach § 4d EStG bei Leistungen an eine Unterstützungskasse und zum anderen gem. § 6a EStG bei der Bildung einer Pensionsrückstellung – führen im Falle der Verschmelzung der Unterstützungskasse auf ihr Trägerunternehmen oder auf einen Rechtsträger, an dem das Trägerunternehmen beteiligt ist, die nach § 4d EStG abgezogenen Aufwendungen zu laufendem Ertrag. Der Betriebsausgabenabzug früherer Jahre nach § 4d EStG wird damit im Ergebnis rückgängig gemacht. Über die Verweisung in § 12 Abs. 3 UmwStG findet diese Regelung auch auf die Vermögensübertragung auf eine andere Körperschaft Anwendung. Der bisherige § 12 Abs. 2 Satz 2 UmwStG a. F. wurde deshalb aufgehoben. 943

Soweit die übertragende Körperschaft **stille Reserven aufgedeckt** hat, ergeben sich beim übernehmenden Rechtsträger **Veränderungen der AfA**, § 4 Abs. 3 UmwStG. 944

---

1 Rn 04.11 UmwStErl 2011.
2 Rn 04.12 UmwStErl 2011.

Bei Wirtschaftsgütern, die keine Gebäude sind, ist die Restnutzungsdauer zum Umwandlungsstichtag neu zu bestimmen. Die Übernehmerin ist insoweit nicht an die von der Übertragerin zugrunde gelegte betriebsgewöhnliche Nutzungsdauer gebunden.[1]

945 Bei abnutzbaren Wirtschaftsgütern außer Gebäuden ist der Aufstockungsbetrag für die Bemessung der AfA zu berücksichtigen. Bei linearer AfA führt dies unter Beibehaltung der bisherigen AfA-Methode zur Verteilung des Buchwerts zzgl. des Aufstockungsbetrags auf die Restnutzungsdauer.

946 In den Fällen der **Gebäude-AfA** nach § 7 Abs. 4 Satz 1 oder Abs. 5 EStG ist die AfA mit unverändertem Prozentsatz nach dem Wortsinn des Gesetzes nach der bisherigen Bemessungsgrundlage zu bemessen. Die Aufstockung hat nach dem **eindeutigen Wortsinn** keine Auswirkung auf die Höhe der AfA, sie führt zu einer Verlängerung des Abschreibungszeitraums.[2]

> **BEISPIEL:** In der Bilanz der X-GmbH zum 31.12.2008 wird ein Gebäude mit einem Buchwert von 246.000 € ausgewiesen. Die Herstellungskosten des im Januar 2003 fertig gestellten Gebäudes betrugen 300.000 €, die jährliche Abschreibung 3 %. Im Rahmen der Umwandlung auf die Y-KG zum 31.12.2008 ergibt sich ein Aufstockungsbetrag von 100.000 €.
>
> **Lösung:**
>
> | | |
> |---|---:|
> | Bisherige Herstellungskosten | 300.000 € |
> | AfA bis 31.12.2008 | 54.000 € |
> | Buchwert zum 31.12.2008 | 246.000 € |
> | Aufstockungsbetrag | 100.000 € |
> | Ansatz bei der Y-KG zum 31.12.2008 | 346.000 € |
> | AfA bei der Y-KG in 2009 | 9.000 € |
> | Ansatz in der Bilanz zum 31.12.2009 | 337.000 € |

947 Entgegen dem klaren Wortsinn des § 4 Abs. 3 UmwStG wollen Birkemeier[3] und Pung[4] eine neue AfA-Bemessungsgrundlage auf der Basis der um den Aufstockungsbetrag erhöhten bisherigen Bemessungsgrundlage bei der übertragenden Körperschaft ermitteln. Danach wäre obiges Beispiel wie folgt zu lösen:

Bisherige Herstellungskosten	300.000 €
AfA bis 31.12.2008	54.000 €

---

1 BFH, Urteil v. 29.11.2007 IV R 73/02, BStBl II 2008 S. 407; Rn 04.10 UmwStErl 2011.
2 Widmann in Widmann/Mayer, § 4 UmwStG, Rn 874.
3 In R/H/vL, § 4 UmwStG, Rn 71.
4 In D/P/M, § 4 UmwStG, Tz. 34.

Buchwert zum 31.12.2008	246.000 €
Aufstockungsbetrag	100.000 €
Ansatz bei der Y-KG zum 31.12.2008	346.000 €
neue AfA-BMG (300.000 + 100.000)	400.000 €
AfA bei der Y-KG in 2009	12.000 €
Ansatz in der Bilanz zum 31.12.2009	334.000 €

Der jährliche AfA-Betrag erhöht sich um 3.000 € (3 % von 100.000 € Aufstockungsbetrag).

Zwischen diesen Meinungen hat die Finanzverwaltung eine vermittelnde Stellung eingenommen. Auf die aufgestockte Bemessungsgrundlage ist der bisherige Prozentsatz weiterhin anzuwenden. Wird in den Fällen des § 7 Abs. Satz 1 EStG die volle Absetzung innerhalb der tatsächlichen Nutzungsdauer nicht erreicht, kann die Absetzung für Abnutzung nach der Restnutzungsdauer des Gebäudes bemessen werden.[1]

Die Rechtsnachfolge hat noch folgende Konsequenzen: 948

▶ Die Vermögensübernahme stellt für Zwecke des § 6b EStG und des § 7g EStG keine begünstigte Anschaffung dar.

▶ Beim übernehmenden Rechtsträger werden Vorbesitzzeiten (z. B. § 6b EStG) angerechnet. Behaltefristen (§ 7g EStG bzw. InvZulG) werden durch den Übergang des Vermögens nicht unterbrochen.

▶ Ein in der steuerlichen Schlussbilanz des übertragenden Rechtsträgers entgegen § 5 EStG angesetztes Wirtschaftsgut[2] ist in der Steuerbilanz des übernehmenden Rechtsträgers auszuweisen und in der Folgezeit unter Anwendung des § 5 EStG ertragswirksam aufzulösen. Ein in der steuerlichen Schlussbilanz nach § 3 Abs. 1 Satz 1 UmwStG anzusetzender originärer Geschäfts- oder Firmenwert der übertragenden Körperschaft wird vom übernehmenden Rechtsträger aufgrund der Umwandlung angeschafft.[3]

▶ Ist die übertragende Körperschaft an einer Mitunternehmerschaft beteiligt und wurden in der steuerlichen Schlussbilanz Wirtschaftsgüter mit einem über dem Buchwert liegenden Wert ausgewiesen, ist der Aufstockungsbetrag in einer Ergänzungsbilanz für den übernehmenden Rechtsträger auszuweisen.

---

1 Rn 04.10 UmwStErl 2011; siehe auch Rn 941a.
2 Vgl. dazu o. Rn 846a u. Rn 931.
3 Zu Ansatz- und Bewertungsvorbehalten bei der Übernahme von schuldrechtlichen Verpflichtungen vgl. § 5 Abs. 7 EStGi. d. F. des AIFM-Steueranpassungsgesetzes, womit die entgegenstehende BFH-Rechtsprechung aufgehoben wird.

b) Bildung des Übernahmeergebnisses

949 Das Übernahmeergebnis wird in § 4 Abs. 4 – 6 UmwStG definiert und behandelt.

950 Infolge des Vermögensübergangs ergibt sich ein **Übernahmegewinn** oder **Übernahmeverlust** in Höhe des Unterschiedsbetrags zwischen dem Wert, mit dem die übergegangenen Wirtschaftsgüter zu übernehmen sind, abzgl. der Kosten für den Vermögensübergang und des Werts der Anteile an der übertragenden Körperschaft i. S. des § 4 Abs. 1 und 2 i. V. m. § 5 Abs. 2 und 3 UmwStG.

951 § 4 Abs. 4 ff. UmwStG findet sowohl auf die Aufwärtsverschmelzung (Tochterkapitalgesellschaft auf Mutter-Personengesellschaft bzw. natürliche Person) als auch auf die Abwärtsverschmelzung[1] (Mutterkapitalgesellschaft auf Tochter-KG) Anwendung.

952 Zum Übernahmegewinn gehören auch Bestandteile, deren Zufluss bei der Übertragerin steuerfrei war, z. B. eine der Übertragerin gewährte Investitionszulage.[2]

953 Erfasst wird auch der bei der Übertragerin aktivierte Anspruch auf ratierliche Auszahlung des KSt-Guthabens bzw. die Verbindlichkeit aus dem KSt-Erhöhungsbetrag. Nach Auffassung der Finanzverwaltung ist der in den Folgejahren aus der Erstattung des KSt-Guthabens resultierende Zinsertrag in voller Höhe steuerpflichtig, da die Übernehmerin nicht von § 37 Abs. 7 KStG erfasst wird.[3]

954 Es wird nunmehr auch in § 4 Abs. 4 Satz 1 UmwStG klargestellt, dass in die Ermittlung des Übernahmeergebnisses die Übernahmekosten einzubeziehen sind. Sie stellen keinen laufenden Aufwand mehr dar. Sie mindern den Übernahmegewinn oder erhöhen einen Übernahmeverlust. Hierzu gehören z. B. Notar- und Eintragungskosten. Nicht hierunter fällt die GrESt, diese stellt aktivierungspflichtige Anschaffungsnebenkosten dar.

955 Für die Ermittlung des Übernahmegewinns oder Übernahmeverlusts sind abweichend von Satz 1 gem. § 4 Abs. 4 Satz 2 UmwStG die übergegangenen Wirtschaftsgüter der übertragenden Körperschaft mit dem Wert nach § 3 Abs. 1 UmwStG (gemeiner Wert) anzusetzen, soweit an ihnen kein Recht der Bundes-

---

1 Ganz h. M., vgl. van Lishaut in R/H/vL, § 4 UmwStG, Rn 79; Pung in D/P/M, § 4 UmwStG, Tz. 119.
2 BFH, Urteil v. 24. 4. 2008 IV R 69/05, BFH/NV 2008 S. 1550.
3 BMF-Schreiben v. 14. 1. 2008, BStBl I 2008 S. 280; Dötsch/Pung, DB 2006 S. 2704, 2712.

republik Deutschland zur Besteuerung des Gewinns aus einer Veräußerung bestand.[1] Die Übernehmerin muss in ihrer Steuerbilanz die von der Überträgerin angesetzten Werte fortführen. **§ 4 Abs. 4 Satz 2 UmwStG ordnet den Ansatz des gemeinen Werts nur für Zwecke der Ermittlung des Übernahmeergebnisses an.**[2] Danach werden im Übernahmeergebnis auch stille Reserven im Betriebsvermögen der Überträgerin erfasst, die nicht der deutschen Besteuerung unterliegen, die sich aber bei einer Veräußerung der Beteiligung an der Überträgerin auf den Veräußerungsgewinn auswirken würden („neutrales Vermögen"). Das sind z. B. stille Reserven im Vermögen einer ausländischen Betriebsstätte der übertragenden Körperschaft, wenn der Gewinn der Betriebsstätte durch ein Abkommen zur Vermeidung der Doppelbesteuerung von der deutschen Besteuerung freigestellt ist. Bei der Ermittlung des Übernahmegewinns sind Wirtschaftsgüter dieses „neutralen Vermögens" gem. § 4 Abs. 4 Satz 2 UmwStG mit den gemeinen Werten anzusetzen. Das geschieht außerhalb der Bilanz. Dadurch wird sichergestellt, dass z. B. stille Reserven einer ausländischen Betriebsstätte, die durch Doppelbesteuerungsabkommen von der deutschen Besteuerung freigestellt ist, oder Vermögen einer ausländischen Körperschaft, die im Inland nicht oder nur beschränkt steuerpflichtig ist, im Übernahmeergebnis erfasst werden. Ohne diese Regelung gingen die stillen Reserven der untergehenden Beteiligung an der Körperschaft für die deutsche Besteuerung endgültig verloren, obwohl sie sich bei einer Veräußerung der Beteiligung auf den Kaufpreis auswirken und damit der deutschen Besteuerung unterliegen würden. Systematisch muss man die stillen Reserven i. R. des Übernahmegewinns heben, da die Besteuerung sich auf die Gesellschafterebene bezieht. Dagegen ist ein Übertragungsgewinn gesellschaftsbezogen. Daher wird dieser Teil auch nicht von § 7 UmwStG erfasst, er kann bei der untergehenden Körperschaft keine offene Rücklage bilden.[3]

Der Wortlaut des § 4 Abs. 4 Satz 2 UmwStG ist zu weit gefasst. **Die Erfassung der stillen Reserven darf nicht zu einer doppelten Besteuerung führen.** Gehört zum Betriebsvermögen der übertragenden unbeschränkt steuerpflichtigen Körperschaft eine ausländische Betriebsstätte in einem Staat, bei dem das betreffende DBA auf der Freistellungsmethode beruht, können in der steuerlichen Übertragungsbilanz die zur ausländischen Betriebsstätte gehörenden Wirtschaftsgüter wahlweise mit dem Buchwert, einem Zwischenwert oder

956

---

1 Zur möglichen EU-Rechtswidrigkeit der Vorschrift siehe Förster/Felchner, DB 2006 S. 1072; Werra/Teiche, DB 2006 S. 1455; diese verneinend van Lishaut in R/H/vL, § 4 UmwStG, Rn 96.
2 Van Lishaut in R/H/vL, § 4 UmwStG, Rn 94; Pung in D/P/M, § 4 UmwStG, Tz. 58.
3 Dötsch/Pung, DB 2006 S. 2704, 2711.

dem gemeinen Wert angesetzt werden, da nie ein deutsches Besteuerungsrecht bestanden hat, welches beschränkt werden könnte. Ein bei Ansatz eines über dem Buchwert liegenden Werts sich ergebender Übertragungsgewinn ist dort nach dem DBA steuerbefreit.

957 Wird der gemeine Wert angesetzt, dann ist der Übertragungsgewinn steuerfrei, ein damit zusammenhängender Übernahmegewinn ist steuerpflichtig. Infolgedessen darf § 4 Abs. 4 Satz 2 UmwStG im Wege der Auslegung nach Sinn und Zweck nicht angewandt werden, wenn in der Übertragungsbilanz ein Ansatz mit dem gemeinen Wert erfolgt ist. Erst wenn in der Übernahmebilanz ein geringerer Wert angesetzt wird, ist eine außerbilanzielle Korrektur im Umfang der Differenz zum gemeinen Wert in der Gestalt des § 4 Abs. 4 Satz 2 UmwStG gerechtfertigt.

958 Der Gesetzgeber beabsichtigte, das deutsche Besteuerungsrecht auf der Ebene der Anteilseigner der übertragenden Gesellschaft zu sichern. Da er sein Besteuerungsrecht auf die übergegangenen Wirtschaftsgüter bezieht, stellt er auf das Bestehen eines deutschen Besteuerungsrechts auf der Ebene des übertragenden Unternehmens ab. Es wäre besser gewesen, der Gesetzgeber hätte sein Besteuerungsrecht mehr auf die Ebene des Anteilseigners in der Stellung als Unternehmer/Mitunternehmer beim Nachfolgeunternehmen abgestellt.

959 Die wortgetreue Anwendung kann daher zu einer weiteren Doppelbesteuerung in folgender Fallkonstellation führen.

> **BEISPIEL:** Eine ausländische EU/EWR-Kapitalgesellschaft mit einer Betriebsstätte in einem Nicht-DBA-Staat oder in einem DBA-Staat mit Anrechnungsmethode wird auf eine inländische Personengesellschaft umgewandelt. Die Anteilseigner der übertragenden Gesellschaft sind im Inland unbeschränkt steuerpflichtig.
>
> **Lösung:**
>
> In diesem Fall besteht vor der Umwandlung ein deutsches Besteuerungsrecht an den Anteilen. Die übertragende ausländische Körperschaft ist mit der ausländischen Betriebsstätte im Inland nicht steuerpflichtig. Deshalb besteht kein unmittelbares Besteuerungsrecht an den WG in der ausländischen Betriebsstätte. Die stillen Reserven in einer ausländischen Betriebsstätte sind mittelbar steuerverhaftet. Nach der Umwandlung besteht ein unmittelbares deutsches Besteuerungsrecht an den WG der ausländischen Betriebsstätte. Damit geht durch die Umwandlung ein deutsches Besteuerungsrecht nicht verloren. Es wird durch die Umwandlung von einem mittelbaren in ein unmittelbares Besteuerungsrecht eher verstärkt. Die Wirtschaftsgüter in der ausländischen Betriebsstätte in einem Staat mit DBA, das die Anrechnungsmethode vorsieht, oder ohne DBA sind in den Fällen des § 4 Abs. 4 Satz 2 UmwStG in der Übertragungsbilanz der untergehenden Kapitalgesellschaft mit dem Buchwert oder einem Zwischenwert anzusetzen. Mit diesem Wert werden sie nach § 4 Abs. 4 Satz 1 UmwStG auch bei dem übernehmenden Personenunternehmen bilanziert. Bei einer späteren Veräußerung der WG ist der daraus entstehende Gewinn in Deutsch-

land steuerpflichtig, wenn auch mit Anrechnung ausländischer Steuer. Die stillen Reserven wurden aber bereits nach § 4 Abs. 4 Satz 2 UmwStG i. R. der Übernahmegewinnermittlung besteuert. Nur über den Weg einer teleologischen Reduktion ist § 4 Abs. 4 Satz 2 UmwStG nicht anzuwenden. Andernfalls würde in einer solchen Konstellation § 4 Abs. 4 Satz 2 UmwStG Gefahr laufen, mit den EU-Grundfreiheiten der Niederlassungs- und Kapitalverkehrsfreiheit zu kollidieren.

Bei der Ermittlung des Buchwerts der Anteile sind vorab das Wertaufholungsgebot nach § 6 Abs. 1 Nr. 2 Satz 3 i. V. m. Nr. 1 Satz 4 EStG sowie die Korrekturen nach § 4 Abs. 1 Sätze 2 und 3, § 5 Abs. 3 Satz 2 UmwStG zu beachten. Ändern sich die Anschaffungskosten nach der Umwandlung, z. B. dadurch, dass sich der Kaufpreis nachträglich erhöht, stellt dies ein rückwirkendes Ereignis dar, das Übernahmeergebnis ist nach § 175 Abs. 1 Satz 1 Nr. 2 AO zu ändern.[1]   960

Unseres Erachtens ist grds. von einer **einheitlichen Betrachtung der Anteile** eines Gesellschafters an der Überträgerin und einem **einheitlichen Buchwert** auszugehen. Dies bedeutet, dass für einen Gesellschafter nur **ein** Übernahmegewinn oder **ein** Übernahmeverlust entstehen kann und nicht bezogen auf den einen Anteil ein Übernahmegewinn und bezogen auf einen anderen Anteil ein Übernahmeverlust.[2] Etwas anderes kann geboten sein, wenn die einzelnen Anteile unterschiedlichen steuerlichen Regelungen unterliegen. Hat z. B. ein Gesellschafter einbringungsgeborene Anteile oder einen Anteil vor zehn Jahren und einen weiteren vor drei Jahren entgeltlich erworben, müssen zwei Ergebnisse ermittelt werden, da ein Übernahmeverlust in Bezug auf den zweiten Anteil zur Gänze unberücksichtigt bleibt (§ 4 Abs. 6 Satz 6 Alt. 2 UmwStG).[3]   961

Ein Übernahmeergebnis ist nur für die Anteile zu ermitteln, die am steuerlichen Übertragungsstichtag zum Betriebsvermögen (einschließlich Sonderbetriebsvermögen) des übernehmenden Rechtsträgers gehören. Hierzu gehören auch die Anteile, die nach § 5 UmwStG dem Betriebsvermögen des übernehmenden Rechtsträgers zuzuordnen sind. Bei der Ermittlung des Übernahmegewinns oder des Übernahmeverlusts bleibt gem. § 4 Abs. 4 Satz 3 UmwStG der Wert der übergegangenen Wirtschaftsgüter außer Ansatz, soweit er auf Anteile an der übertragenden Körperschaft entfällt, die am steuerlichen Übertragungsstichtag nicht zum Betriebsvermögen des übernehmenden Rechtsträgers gehören bzw. nicht gem. § 5 und § 27 Abs. 3 Nr. 1 UmwStG als eingelegt gelten. Dabei handelt es sich um Anteile an der Überträgerin, die die Gesellschafter im Privatvermögen halten und die nicht unter § 17 EStG fallen. Die   962

---

1 Widmann in Widmann/Mayer, § 4 UmwStG, Rn 93; Schmitt in S/H/S, UmwG-UmwStG, § 4 UmwStG, Rn 104.
2 Pung in D/P/M, § 4 UmwStG, Tz. 51; Widmann, a. a. O., Rn 96; Schmitt, a. a. O., Rn 105.
3 Rn 04.21 UmwStErl 2011.

Bilanzwerte werden entsprechend der nicht steuerverhafteten Beteiligungen, die sich im Privatvermögen eines Gesellschafters befunden haben, gekürzt. Der Anteil an dem übergehenden Vermögen richtet sich regelmäßig nach dem Verhältnis der Geschäftsanteile; dabei bleiben eigene Anteile der Übertragerin unberücksichtigt.[1] Die Regelung hat durch SEStEG keine Änderung erfahren. Die Besteuerung der anteiligen offenen Rücklagen gem. § 7 UmwStG bleibt davon unberührt.[2]

963 Ein Übernahmegewinn erhöht sich und ein Übernahmeverlust verringert sich um einen **Sperrbetrag** i. S. des § 50c EStG, soweit die Anteile an der übertragenden Körperschaft am steuerlichen Übertragungsstichtag zum Betriebsvermögen des übernehmenden Rechtsträgers gehören.[3] Sperrbeträge konnten entstehen, wenn

▶ nicht zur Anrechnung von KSt berechtigte Anteilseigner anrechnungsberechtigt wurden oder ihre Beteiligung an einen Anrechnungsberechtigten übertrugen,

▶ nicht i. S. des § 17 EStG wesentlich beteiligte Anteilseigner ihre Anteile in ein Betriebsvermögen überführten oder die Anteile an einen Steuerpflichtigen mit Betriebsvermögen übertrugen. Die Sperrbetragsregelung läuft 2011 aus (§ 52 Abs. 59 EStG).

964 Ein Übernahmegewinn vermindert sich oder ein Übernahmeverlust erhöht sich gem. § 4 Abs. 5 Satz 2 UmwStG um die Bezüge, die nach § 7 UmwStG zu den Einkünften aus Kapitalvermögen i. S. des § 20 Abs. 1 Nr. 1 EStG gehören. Absatz 5 Satz 2 zieht die Folgerungen der steuerlichen Behandlung der offenen Rücklagen als Ausschüttungen nach § 20 Abs. 1 Nr. 1 EStG. **Die offenen Rücklagen** werden dem Anteilseigner als Bezüge i. S. des § 20 Abs. 1 Nr. 1 EStG zugerechnet (§ 7 UmwStG), die dem Kapitalertragsteuerabzug unterliegen. Hierin liegt eine wesentliche **Systemänderung**. Nunmehr gilt § 7 UmwStG für alle Anteilseigner der übertragenden Körperschaft, die Gesellschafter der übernehmenden Personengesellschaft werden und zwar unabhängig davon, ob für diese ein Übernahmeergebnis zu ermitteln ist oder nicht. Zuvor war die Vorschrift nur auf Gesellschafter bezogen, die die Anteile einer umgewandelten Kapitalgesellschaft im nicht steuerverhafteten Privatvermögen hielten. Auf Bezüge i. S. d. § 7 UmwStG findet in grenzüberschreitenden Sachverhalten in der Regel

---

1 Van Lishaut in R/H/vL, § 4 UmwStG, Rn 80.
2 Rn 04.25 UmwStErl 2011.
3 Zu Einzelheiten s. van Lishaut, a. a. O., Rn 97 ff.

eine dem Art. 10 OECD-MA entsprechende Vorschrift in einem DBA Anwendung.

Danach gilt: Dem Anteilseigner ist der Teil des in der Steuerbilanz ausgewiesenen Eigenkapitals abzgl. des Bestands des steuerlichen Einlagekontos i. S. des § 27 KStG, der sich nach Anwendung des § 29 Abs. 1 KStG ergibt, in dem Verhältnis der Anteile zum Nennkapital der übertragenden Körperschaft als **Einnahmen aus Kapitalvermögen** i. S. des § 20 Abs. 1 Nr. 1 EStG zuzurechnen. Dies gilt unabhängig davon, ob für den Anteilseigner ein Übernahmegewinn oder Übernahmeverlust nach § 4 oder § 5 UmwStG ermittelt wird. Ein außerhalb der Bilanz gebildeter Investitionsabzugsbetrag nach § 7g EStG mindert nicht den fiktiven Dividendenanteil.[1]

965

Es wird befürchtet, dass die gesplittete steuerliche Erfassung (offene Rücklage § 7 UmwStG und der Rest § 4 UmwStG) zu einer Komplizierung führt.[2] Der Gesetzgeber will vor allem gegenüber ausländischen Gesellschaftern, die zu mindestens 1 % an der Überträgerin beteiligt sind, das Recht Deutschlands an einem Kapitalertragsteuerabzug auf die Bezüge i. S. des § 7 UmwStG sichern. Hier baut sich für ausländische Gesellschafter ein Umwandlungshindernis auf, zumal ohne Liquiditätszufluss die Besteuerung ausgelöst wird.[3]

966

Der Übernahmegewinn/-verlust entsteht mit Ablauf des steuerlichen Übertragungsstichtags.[4] Er ist, wenn die Anteilseigner unterschiedlich hohe Anschaffungskosten für die Anteile der Überträgerin hatten, **gesellschafter-** und nicht gesellschaftsbezogen zu ermitteln.[5] Die nachstehende Berechnung ist also für jeden Mitunternehmer einzeln vorzunehmen. Zu diesem Zweck ist das übergehende Betriebsvermögen regelmäßig nach den Beteiligungsverhältnissen der Mitunternehmer an der Übernehmerin zu verteilen. Dadurch kann z. B. bei einem Gesellschafter ein Übernahmegewinn und bei einem anderen Gesellschafter ein Übernahmeverlust entstehen.[6] Die Verteilung nach Beteiligungsverhältnissen gilt aber nur für Anteile, die bereits vor dem steuerlichen Übertragungsstichtag zum Gesamthandsvermögen der übernehmenden Personengesellschaft gehört haben oder nach § 5 Abs. 1 UmwStG als zum steuerlichen

967

---

1 Schleswig-Holsteinisches FG, Urteil v. 29. 1. 2014 – 2 K 219/12, EFG 2014 S. 879, BFH-Az.: IV R 16/14; a. A. zum vergleichbaren Problem bei § 4 Abs. 4a EStG FG Münster, Urteil v. 18. 6. 2013 – 2 K 1040/12 F, BB 2014 S. 431.
2 Dötsch/Pung, DB 2006 S. 2704, 2708.
3 Dötsch/Pung, a. a. O.
4 BMF-Schreiben v. 25. 3. 1998, BStBl I 1998 S. 268, Tz. 04.09; Schmitt in S/H/S, UmwG-UmwStG, § 4 UmwStG, Rn 96.
5 Rn 04.19 UmwStErl 2011; van Lishaut in R/H/vL, § 4 UmwStG, Rn 81.
6 Siehe u. Beispiel Rn 1119.

Übertragungsstichtag dem Gesamthandsvermögen der Personengesellschaft zugeordnet gelten, ist das (anteilige) Übernahmeergebnis zu ermitteln und auf die bisherigen Mitunternehmer im Rahmen der gesonderten und einheitlichen Feststellung der Einkünfte entsprechend ihrer Beteiligung zu verteilen. Dazu gibt es aber folgende Ausnahmen. Eine gesellschaftsbezogene Einkünfteermittlung ist ausnahmsweise nur dann möglich, wenn alle Gesellschafter gleich hohe Anschaffungskosten haben oder wenn die Beteiligung an der Überträgerin zum Gesamthandsvermögen der Übernehmerin gehört. Die Einkünfte müssen dann aber wiederrum nach Beteiligungsverhältnissen verteilt werden. Für Anteile, die bereits vor dem steuerlichen Übertragungsstichtag zu dem Sonderbetriebsvermögen des übernehmenden Rechtsträgers gehören oder nach § 5 Abs. 2 und 3 UmwStG dem Betriebsvermögen der Personengesellschaft zugeordnet werden, ist für jeden dieser Anteilseigner der übertragenden Körperschaft das Übernahmeergebnis (als Sondereinkünfte) gesondert zu ermitteln.[1] Eine Besonderheit besteht bei **fremdfinanzierten Anteilen an der übertragenden Körperschaft.** Wird ein Anteilseigner, der seine Anteile an der übertragenden Körperschaft fremdfinanziert hat, Mitunternehmer der Personengesellschaft, führen Darlehenszinsen künftig zu Sonderbetriebsausgaben dieses Mitunternehmers bei der Personengesellschaft, die im Rahmen der gesonderten und einheitlichen Feststellung der Einkünfte (§ 180 AO) nach allgemeinen Grundsätzen zu berücksichtigen sind. Die Verbindlichkeiten haben keinen Einfluss auf das Übernahmeergebnis.

968 Das Übernahmeergebnis wird i. R. der gesonderten und einheitlichen Feststellung der Einkünfte der übernehmenden Personengesellschaft festgestellt. Dabei werden das Übernahmeergebnis erster und zweiter Stufe (s. nachfolgendes Schema) getrennt ausgewiesen. Für die Gesellschafter, für die ein Übernahmeergebnis zu ermitteln ist,[2] werden auch die Kapitalerträge gem. § 7 UmwStG gesondert und einheitlich festgestellt.[3] Über den Beteiligungskorrekturgewinn,[4] die auf die Mitunternehmer der übernehmenden Personengesellschaft entfallenden Anteile am Übernahmegewinn oder Übernahmeverlust, die anteiligen Erhöhungs- und Minderungsbeträge i. S. d. § 4 Abs. 5 UmwStG sowie die Anwendung des § 4 Abs. 6 und 7 UmwStG entscheidet, das für die

---

1 Rn 04.20 UmwStErl 2011.
2 A. A. Krohn/Greulich, DStR 2008 S. 646, 650, nach denen in das Feststellungsverfahren auch die Gesellschafter einzubeziehen sind, deren Anteile nicht in die übernehmende Personengesellschaft als eingelegt gelten; wie hier z. B. Birkemeier in R/H/vL, § 7 UmwStG, Rn 20; Pung in D/P/M, § 7 UmwStG, Tz. 29.
3 Dötsch/Pung, DB 2006 S. 2704, 2710.
4 Siehe o. Rn 936.

gesonderten und einheitlichen Feststellungen zuständige Finanzamt der übernehmende Personengesellschaft.[1]

Schema zur Ermittlung des Übernahmegewinns/-verlusts   969

Wert der übergehenden Wirtschaftsgüter, soweit sie auf steuerverstrickte Anteile (§ 4 Abs. 4 Satz 3 UmwStG) entfallen

(grds. sind die in der steuerlichen Schlussbilanz der Überträgerin ausgewiesenen Werte anzusetzen, § 4 Abs. 1 Satz 1 UmwStG)

+ Zuschläge für sog. „neutrales Vermögen"

(gilt nur für steuerfreies Auslandsvermögen und soweit nicht der gemeine Wert bereits angesetzt ist, § 4 Abs. 4 Satz 2 UmwStG)

− Kosten für den Vermögensübergang

(§ 4 Abs. 4 Satz 1 UmwStG, z. B. Notarkosten; GrESt gehört zu den Anschaffungsnebenkosten)

− Buchwert der Anteile der Übernehmerin an der Überträgerin

(dieser ist ggf. vorher gem. § 4 Abs. 1 Satz 2, Abs. 2 Satz 5 UmwStG korrigiert worden; zu den Anteilen gehören auch die, die nach § 5 UmwStG als eingelegt gelten)

Übernahmegewinn bzw. -verlust erste Stufe

+ Sperrbetrag nach § 50c EStG

(läuft 2011 aus, § 52 Abs. 59 EStG)

− Kapitalerträge i. S. des § 7 UmwStG

(§ 4 Abs. 5 Satz 2 UmwStG: die auf die Gesellschafter entfallenden offenen Rücklagen der Überträgerin, die als Einnahmen aus Kapitalvermögen zu erfassen sind)

Übernahmegewinn bzw. -verlust zweite Stufe

c) Behandlung eines Übernahmeverlusts

Die Regelung zum Übernahmeverlust ist dem neuen System angepasst worden.   970
Die generelle Aussage, dass ein Übernahmeverlust außer Ansatz bleibt, gilt so nicht mehr.

---

1 Rn 04.22 UmwStErl 2011.

971 Abweichend von der bisherigen Behandlung wird § 4 Abs. 6 UmwStG an die Regelungen zur Erfassung der offenen Rücklagen als Ausschüttungen nach § 20 Abs. 1 Nr. 1 EStG angepasst.

972 1. Ein Übernahmeverlust bleibt gem. § 4 Abs. 6 Satz 1 UmwStG außer Ansatz, soweit er auf eine Körperschaft, Personenvereinigung oder Vermögensmasse als Mitunternehmerin der Personengesellschaft entfällt. Ist Mitunternehmerin der übernehmenden Personengesellschaft wiederum eine Personengesellschaft, an der eine Körperschaft usw. als Mitunternehmerin beteiligt ist, gilt die Vorschrift entsprechend.[1] Danach ist ein Verlust, soweit er auf eine an der Personengesellschaft beteiligte Körperschaft entfällt, grds. nicht abziehbar. Erzielt die Körperschaft usw. Bezüge i. S. von § 7 UmwStG, sind diese in Höhe von 5 % steuerpflichtig. Ein Übernahmeverlust ändert hieran nichts.

973 2. Satz 1 gilt nicht für Anteile an der übertragenden Gesellschaft, die die Voraussetzungen des § 8b Abs. 7 oder des Abs. 8 Satz 1 KStG erfüllen. Dabei handelt es sich um Anteile, die bei

▶ Kreditinstituten und Finanzdienstleistungsinstituten nach § 1a KWG dem Handelsbuch oder

▶ Lebens- und Krankenversicherungsunternehmen den Kapitalanlagen

zuzurechnen sind. In diesen Fällen ist der Übernahmeverlust bis zur Höhe der Bezüge i. S. des § 7 UmwStG zu berücksichtigen.

974 3. In den übrigen Fällen, d. h. bei natürlichen Personen als Übernehmerin bzw. als Mitunternehmer der übernehmenden Personengesellschaft, ist ein Übernahmeverlust in Höhe von 60 %, höchstens jedoch in Höhe von 60 % der Bezüge i. S. des § 7 UmwStG zu berücksichtigen; ein danach verbleibender Übernahmeverlust bleibt außer Ansatz. Vorstehendes gilt uneingeschränkt für unbeschränkt steuerpflichtige natürliche Personen.

975 Ist der **Anteilseigner beschränkt steuerpflichtig**, kommt es zwar auch zu einer Aufspaltung des Ergebnisses in die Gewinnrücklagen nach § 7 UmwStG und das verbleibende Übernahmeergebnis. **Fraglich** ist, ob der **Kapitalertragsteuerabzug abgeltende Wirkung** hat mit der Folge, dass eine Verrechnung mit dem Übernahmeverlust nicht erfolgt (§ 50 Abs. 2 Satz 1 EStG):

976 Nach § 50 Abs. 2 Satz 2 Nr. 1 EStG gilt die Abgeltungswirkung nicht für Einkünfte eines inländischen Betriebs. Gehört die Beteiligung an der übertragen-

---

[1] Schmitt in S/H/S, UmwG-UmwStG, § 4 UmwStG, Rn 122; van Lishaut in R/H/vL, § 4 UmwStG, Rn 111.

den Körperschaft **funktional** zu einem inländischen Betrieb (einer inländischen Betriebsstätte), sind die Bezüge nach § 49 Abs. 1 Nr. 2 Buchst. a EStG im Inland steuerpflichtig, so dass die Kapitalertragsteuer keine abgeltende Wirkung hat und eine Verlustverrechnung nach § 4 Abs. 6 Satz 4 UmwStG möglich ist.[1]

Ist der beschränkt steuerpflichtige Anteilseigner i. S. des § 17 EStG beteiligt, gilt die Beteiligung nach § 5 Abs. 2 UmwStG als zum Umwandlungsstichtag in das Betriebsvermögen der übernehmenden Personengesellschaft eingelegt.[2] Bei den Einnahmen i. S. des § 7 UmwStG handelt es sich folglich um solche aus LuF, Gewerbebetrieb oder selbständiger Tätigkeit, wenn Deutschland das Besteuerungsrecht zusteht, weil ein DBA nicht besteht oder das DBA das Besteuerungsrecht dem Ansässigkeitsstaat der Körperschaft zuweist,[3] so dass sich die beschränkte Steuerpflicht aus § 49 Abs. 1 Nr. 2 Buchst. a EStG ergibt. Eine Verlustverrechnung ist auch in diesem Fall möglich.[4] Weist das DBA Gewinne aus der Veräußerung der Anteile an der Überträgerin dem (ausländischen) Wohnsitzstaat des Anteilseigners zu, was der Regelfall ist, hat die KapESt abgeltende Wirkung und kann ein Übernahmeverlust nicht verrechnet werden.

977

4. Zur Verhinderung von Missbräuchen bleibt ein Übernahmeverlust in Anlehnung an § 17 Abs. 2 Satz 6 EStG außer Ansatz, soweit der übernehmende Rechtsträger die Anteile an der übertragenden Körperschaft innerhalb der letzten fünf Jahre vor dem steuerlichen Übertragungsstichtag entgeltlich erworben hat oder die Voraussetzungen des § 17 Abs. 2 Satz 6 EStG erfüllt sind.

978

Nach Auffassung des BFH[5] zum alten Recht ist es verfassungsrechtlich nicht zu beanstanden, dass ein Übernahmeverlust grds. nicht zu berücksichtigen war. Diese Rechtsprechung gilt auch für das neue Recht.

979

Ein Übernahmeverlust bleibt **gewerbesteuerlich** unberücksichtigt (§ 18 Abs. 2 Satz 1 UmwStG).

980

---

1 Van Lishaut, a. a. O., Rn 115; Schmitt, a. a. O., Rn 126; Pung in D/P/M, § 4 UmwStG, Tz. 5.
2 Streitig, vgl. Einlagefiktion bejahend Schmitt, a. a. O., Rn 127 m. w. N.; verneinend Förster/Felchner, DB 2008 S. 245.
3 Was allerdings die Ausnahme ist!
4 Van Lishaut in R/H/vL, § 4 UmwStG, Rn 115; Pung in D/P/M, § 4 UmwStG, Tz. 5; a. A. Förster/Felchner, a. a. O., wonach die KapESt stets Abgeltungswirkung hat, ein Übernahmeverlust aber mit anderen inländischen Einkünften verrechnet werden kann.
5 Urteil v. 22. 2. 2005 VIII R 89/00, BStBl II 2005 S. 624; zur Kritik am Abzugsverbot (Verstoß gegen das objektive Nettoprinzip) s. z. B. Frotscher in Frotscher/Maas, § 4 UmwStG, Rn 58; Schmitt in S/H/S, UmwG-UmwStG, § 4 UmwStG, Rn 141; die Regelung im Ergebnis bejahend van Lishaut, a. a. O., Rn 126 ff.

981–990 (Einstweilen frei)

d) Rechtsfolge bei einem Übernahmegewinn nach § 4 UmwStG

991 Soweit der Übernahmegewinn auf eine Körperschaft, Personenvereinigung oder Vermögensmasse als Mitunternehmerin der Personengesellschaft entfällt, ist § 8b KStG anzuwenden. Das bedeutet:

Der Übernahmegewinn bleibt in der Regel zu 95 % steuerfrei. In den Fällen des § 8b Abs. 7 und 8 KStG[1] ist er jedoch in voller Höhe steuerpflichtig.

992 In den übrigen Fällen, d. h. bei natürlichen Personen als Übernehmerin bzw. als Mitunternehmer der übernehmenden Personengesellschaft, ist § 3 Nr. 40 Satz 1 und 2 sowie § 3c EStG anzuwenden. Das bedeutet:

Der Übernahmegewinn ist zu 40 % (bis Ende 2008 zur Hälfte) steuerfrei.

Bezogen auf ausländische Anteilseigner ist dieselbe Unterscheidung wie bei der Berücksichtigung eines Übernahmeverlusts vorzunehmen.[2] **Der Übernahmegewinn ist nur dann in Deutschland steuerpflichtig**, wenn

▶ ein DBA nicht besteht,

▶ die Beteiligung an der Überträgerin funktional einer inländischen Betriebsstätte zuzurechnen ist oder

▶ in den Fällen des § 17 EStG das einschlägige DBA das Besteuerungsrecht dem Sitzstaat der Kapitalgesellschaft zuweist (Ausnahme).

992a Ausländische Anteilseigner von Körperschaften, die aufgrund der Umwandlung Mitunternehmer der Personengesellschaft werden, sind in die gesonderte und einheitliche Feststellung nach §§ 180 ff. AO nur insoweit einzubeziehen, als für die Bundesrepublik Deutschland zum steuerlichen Übertragungsstichtag ein Besteuerungsrecht hinsichtlich des Gewinns aus der Veräußerung der Anteile an der Körperschaft oder der Einkünfte i. S. d. § 7 UmwStG bestanden hat.

---

1 Siehe u. Rn 973.
2 Vgl. Schmitt in S/H/S, UmwG-UmwStG, § 4 UmwStG, Rn 145.

VIII. Der Weg von einer Körperschaft zu einer PersGes

HINWEIS:

Die Einlagefiktion gem. § 5 Abs. 2 und 3 UmwStG gilt unabhängig davon, ob eine Veräußerung dieser Anteile bei dem Anteilseigner i. R. der unbeschränkten oder beschränkten Steuerpflicht zu erfassen bzw. ob ein Besteuerungsrecht der Bundesrepublik Deutschland aufgrund eines DBA ausgeschlossen ist. Die Feststellung, ob und in welchem Umfang sich für den Anteilseigner Auswirkungen auf den in der Bundesrepublik Deutschland zu versteuernden Übernahmegewinn oder den zu berücksichtigenden Übernahmeverlust und die Besteuerung offener Rücklagen ergeben, ist erst i. R. der Ermittlung der Besteuerungsgrundlagen nach den §§ 4 und 7 UmwStG zu treffen.[1]

Für Anteile i. S. d. § 5 Abs. 2 UmwStG ergibt sich z. B. das abkommensrechtliche Besteuerungsrecht für das Übernahmeergebnis in der Regel aus einer dem Art. 13 Abs. 5 OECD-MA vergleichbaren Vorschrift in einem DBA. Für die Bezüge i. S. d. § 7 UmwStG ergibt sich das deutsche Besteuerungsrecht regelmäßig aus einer dem Art. 10 OECD-MA vergleichbaren Vorschrift in einem DBA.

Ist an der übertragenden Körperschaft oder an der übernehmenden Personengesellschaft auch ein ausländischer Anteilseigner bzw. Mitunternehmer beteiligt und verfügt die übertragende Körperschaft über Betriebsvermögen in einem ausländischen Staat, mit dem z. B. kein DBA besteht, geht das Besteuerungsrecht der Bundesrepublik Deutschland an diesem Betriebsvermögen in dem Verhältnis verloren, wie der ausländische Anteilseigner bzw. Mitunternehmer am übernehmenden Rechtsträger beteiligt wird oder ist.[2]

992b

In dem Umfang, in dem stille Reserven im Betriebsvermögen der Betriebsstätte in einem ausländischen Staat, mit dem z. B. kein DBA besteht, aufzudecken sind, ist für die inländischen Beteiligten der Aufstockungsbetrag anteilig – entsprechend ihrer Beteiligung am übernehmenden Rechtsträger – in einer negativen Ergänzungsbilanz auszuweisen. Für die ausländischen Beteiligten ergibt sich korrespondierend ein anteiliger Ausweis des Aufstockungsbetrags in einer positiven Ergänzungsbilanz.

BEISPIEL: Die X-GmbH soll auf die bestehende Y-OHG (bisherige Mitunternehmer sind C und D zu je 50 %) verschmolzen werden. A und B sind jeweils zu 50 % Anteilseigner der XGmbH und werden nach der Verschmelzung zu jeweils 30 % Mitunternehmer der Y-OHG. Die X-GmbH hat auch eine Betriebsstätte in einem ausländischen Staat, mit dem kein DBA besteht. Der Buchwert der Wirtschaftsgüter der ausländischen Betriebsstätte beträgt 200.000 € und der gemeine Wert beträgt 700.000 €. A, C und D haben ihren Wohnsitz im Inland und B hat seinen Wohnsitz

---

1 Rn 04.23 UmwStErl 2011.
2 Siehe o. Rn 865 u. 866.

D. Das Umwandlungssteuerrecht

und gewöhnlichen Aufenthalt im Ausland. Die X-GmbH beantragt den Ansatz der Buchwerte nach § 3 Abs. 2 UmwStG.

Lösung:

Die Voraussetzungen für die Buchwertfortführung gem. § 3 Abs. 2 UmwStG liegen in Bezug auf die (künftigen) Betriebsstätteneinkünfte nur für die auf die Inländer A, C und D entfallenden Anteile (zusammen 70 %) vor. Denn insoweit wird das deutsche Besteuerungsrecht nicht ausgeschlossen oder beschränkt. Soweit die ausländischen Betriebsstätteneinkünfte künftig dem B zuzurechnen sind (30 %), wird das deutsche Besteuerungsrecht ausgeschlossen und eine Buchwertfortführung ist nach § 3 Abs. 2 Satz 1 Nr. 2 UmwStG nicht zulässig. In der steuerlichen Schlussbilanz der X-GmbH sind die der ausländischen Betriebsstätte zuzuordnenden Wirtschaftsgüter mit 350.000 € (= 200.000 € + 30 % von 500.000 €) anzusetzen. Da diese Aufstockung ausschließlich aufgrund der persönlichen Verhältnisse des B erfolgt, ist diese Aufstockung ausschließlich dem B zuzurechnen und in negativen Ergänzungsbilanzen für A, C und D entsprechend ihrer Beteiligung am übernehmenden Rechtsträger (z. B. A = 30 % von 150.000 € = 45.000 €; insgesamt also 105.000 €) bei der übernehmenden Personengesellschaft abzubilden.

Wenn in dem Beispiel nicht B, sondern C im Ausland ansässig ist, gilt Entsprechendes.

993 Der Übernahmegewinn ist nicht nach § 35 EStG begünstigt, da er nach § 18 Abs. 2 Satz 1 UmwStG nicht der Gewerbesteuer unterliegt.[1]

e) Beispiel Übernahmegewinn Variante Mehrwertansatz unter SEStEG

994 Der oben unter Rn 901 dargestellte Sachverhalt, wonach eine GmbH im Wege einer übertragenden Umwandlung auf eine bestehende OHG, an der A und B beteiligt sind, umgewandelt werden soll, wird aus der Sicht der OHG fortgeführt. Die GmbH-Beteiligung wird aus Vereinfachungsgründen im Gesamthandsvermögen gehalten. Die Gesellschaften erstellen vor der Umgründung folgende Bilanzen und Anschreibungen:

GmbH-Bilanz

Aktiva		Passiva	
Diverse	160.000	Stammkapital	100.000
		Gewinnrücklage	60.000
	160.000		160.000

Das Körperschaftsteuerguthaben der GmbH wurde nach § 37 i.V.m. § 27 Abs. 2 KStG mit 10.000 ermittelt.

---

[1] BFH, Beschluss v. 9.1.2009 IV B 27/08, BFH/NV 2009 S. 818 zur vergleichbaren Tarifbegünstigung nach § 32c EStG.

VIII. Der Weg von einer Körperschaft zu einer PersGes

OHG-Bilanz

Aktiva		Passiva	
Anteile	100.000	Kapital A und B	100.000
	100.000		100.000

Im Betriebsvermögen der GmbH ruhen stille Reserven von 100.000.

Die Auswirkungen auf den Gewinn des übernehmenden Rechtsträgers und die Besteuerung der Anteilseigner der übertragenden Körperschaft werden in §§ 4, 5 und 7 UmwStG komplett neu gefasst. Ein Übernahmegewinn wurde bislang für die Anteilseigner ermittelt, die eine Beteiligung im Privatvermögen i. S. des § 17 EStG hielten, deren Anteile zu einem inländischen Betriebsvermögen gehörten, oder wenn es sich um einbringungsgeborene Anteile handelte. Durch diese Struktur wurde die ansonsten eingehaltene Trennung zwischen Auskehrung thesaurierter Gewinne (= Dividendenbesteuerung) und der Auskehrung von gesellschaftsrechtlich veranlassten Einlagen (= Anteilsbesteuerung) in den Fällen der Umwandlung einer Körperschaft in ein Personenunternehmen nicht durchgehalten. Eine Ausschüttungsfiktion gab es nur bei nicht i.S. des § 17 EStG beteiligten Anteilseignern, die ihre Anteile im Privatvermögen hielten und deren Behandlung § 7 UmwStG a. F. regelte. 995

Diese Ausschüttungsfiktion bildet nunmehr den Kern. Nach § 7 UmwStG wird jedem Anteilseigner der übertragenden Körperschaft entsprechend seiner Beteiligung das in der Steuerbilanz ausgewiesene Eigenkapital abzgl. des steuerlichen Einlagekontos, das sich nach der Anwendung des § 29 Abs. 1 KStG ergibt, als Einkünfte aus Kapitalvermögen i. S. des § 20 Abs. 1 Nr. 1 EStG zugerechnet. Da die Paragraphenreihenfolge beibehalten wurde, ist die Paragraphenkette 4–7 nicht mehr folgerichtig.

Die Regelung dient zudem der Sicherung deutscher Besteuerungsrechte an den offenen Rücklagen. Die Bezüge i.S. des § 7 UmwStG unterliegen anders als bei der Vorgängervorschrift bei allen Anteilseignern der übertragenden Körperschaft dem Kapitalertragsteuerabzug nach § 43 Abs. 1 Satz 1 Nr. 1 EStG. 996

Die nachfolgende graphische Darstellung soll verdeutlichen, wie durch SEStEG die Besteuerungsstruktur im Verhältnis zur allgemeinen Besteuerungsstruktur besser umgesetzt wurde. 997

▶ Anteilseigner mit nicht steuerverhafteten Anteilen im PV vor und nach SEStEG 998

D. Das Umwandlungssteuerrecht

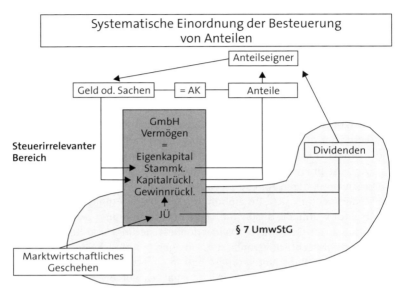

▶ Alle Anteilseigner mit steuerverhafteten Anteilen vor SEStEG

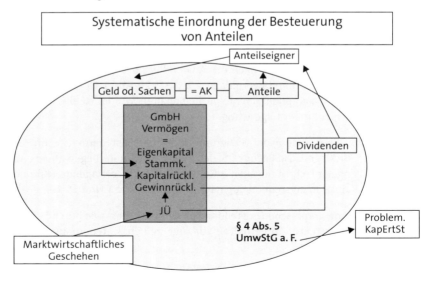

VIII. Der Weg von einer Körperschaft zu einer PersGes

Nach SEStEG   999

▶ Alle Anteilseigner mit steuerverhafteten Anteilen

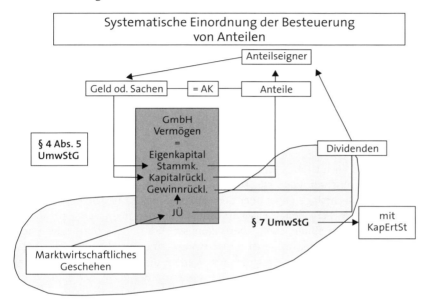

Der Übernahmegewinn nach SEStEG wird folgendermaßen ermittelt.   1000

Geblieben ist gem. § 4 Abs. 1 Satz 1 UmwStG die Wertübernahme aus der steuerlichen Schlussbilanz der übertragenden Körperschaft mit der Differenzrechnung:

  Aktiva GmbH
./. Fremdkapital
= Wert des Betriebsvermögens der GmbH

Dieser Wert erfährt durch § 4 Abs. 4 UmwStG diverse Korrekturen.[1]

Auf dem Weg zum Übernahmegewinn wird zunächst die folgende Maßgröße ermittelt: 1001

---

1 Zu Einzelheiten siehe o. Rn 954 ff.

D. Das Umwandlungssteuerrecht

	Wert des Betriebsvermögens der GmbH
+	Differenz gemeiner Wert des steuerneutralen Vermögens zu bilanziellem BW oder ZW des steuerneutralen Vermögens
./.	Anteil von < 1 % Anteilen im PV (§ 4 Abs. 4 Satz 3 UmwStG)
=	**anzusetzender Wert des Betriebsvermögens der GmbH beim nachfolgenden Personenunternehmen**

1002 Davon ist der Wert der Anteile an der übertragenden Körperschaft abzuziehen. Der Begriff „Buchwert" ist an dieser Stelle ersetzt worden durch den besseren und umfassenderen Terminus „Wert" unter Berücksichtigung des § 4 Abs. 1 Satz 2 und der Fiktionsregelung des § 5 UmwStG.

1003 **Fingiert** wird auch nach SEStEG gem. § 5 Abs. 1 UmwStG ein **Erwerb** durch die Personengesellschaft zum steuerlichen **Übertragungsstichtag**. Insoweit hat sich an der Rechtslage gegenüber dem alten Recht nichts geändert.[1] Hat die übernehmende Personengesellschaft Anteile an der übertragenden Körperschaft nach dem steuerlichen Übertragungsstichtag angeschafft oder findet sie einen Anteilseigner ab, so ist ihr Gewinn so zu ermitteln, als hätte sie die Anteile an diesem Stichtag angeschafft. Werden die Anteile von einer dritten Person erworben, dann wird diese spätestens mit der Rechtswirksamkeit der Umwandlung Gesellschafter der übernehmenden Personengesellschaft. Für diesen Fall wird sie behandelt, als ob sie Gesellschafter einer Personengesellschaft schon zum zurückliegenden steuerlichen Übertragungsstichtag gewesen wäre. § 5 Abs. 1 UmwStG gilt für Anteile, die Betriebsvermögen des übernehmenden Rechtsträgers (einschließlich Sonderbetriebsvermögen) werden. Die Rückwirkungsfiktion des § 2 UmwStG gilt nicht bzw. insoweit nicht für Anteilseigner, wenn diese Anteile im Rückwirkungszeitraum ganz bzw. teilweise veräußert haben.[2]

1004 „Anschaffung" heißt entgeltlicher Erwerb. Hierzu gehört auch die **offene Sacheinlage** durch einen Gesellschafter in das Gesamthandsvermögen der Personengesellschaft = Übertragung von Anteilen an der Übertragerin auf die

---

1 Siehe o. Rn 969.
2 Siehe o. Rn 710.

Übernehmerin gegen Gewährung von Gesellschaftsrechten.[1] Die verdeckte Einlage sollte zunächst nach Auffassung der Finanzverwaltung keine Anschaffung sein.[2] Der unentgeltliche Erwerb wird für Zwecke des § 5 Abs. 1 UmwStG der Anschaffung aber mittlerweile gleichgestellt.[3]

§ 5 UmwStG hat weiterhin nunmehr auf Abs. 2–3 verkürzt die Aufgabe, die Anteile, die außerhalb der steuerlichen Gesamthandsbilanz der Personengesellschaft stehen, als Anteile der Personengesellschaft zu behandeln. Sie gelten als eingelegt. Bestimmt wird auch der anzusetzende Einlagewert.

1005

§ 5 Abs. 2 UmwStG regelt die **Einlagefiktion mit den Anschaffungskosten** (einschließlich Anschaffungsnebenkosten und nachträglicher Anschaffungskosten) steuerverhafteter Anteile an der übertragenden Körperschaft i. S. des § 17 EStG, die an dem steuerlichen Übertragungsstichtag nicht zu einem Betriebsvermögen eines Gesellschafters der übernehmenden Personengesellschaft gehören, sondern zu einem Privatvermögen. Die Vorschrift erfasst auch Anteile i. S. des § 17 Abs. 6 EStG.[4] Mit dieser Einlagefiktion wird erreicht, dass i. R. der Ermittlung des Übernahmeergebnisses die wegfallende Beteiligung berücksichtigt werden kann. Ob eine Beteiligung i. S. des § 17 EStG vorliegt, richtet sich nach der im Zeitpunkt des zivilrechtlichen Wirksamwerdens der Umwandlung geltenden Fassung des § 17 EStG.[5] Nach dem steuerlichen Übertragungsstichtag angeschaffte Anteile gelten analog § 5 Abs. 1 UmwStG als am steuerlichen Übertragungsstichtag angeschafft.[6] Die Vorschrift gilt nur für Gesellschafter, die auch Mitunternehmer der übernehmenden Personengesellschaft werden. Die Einlagefiktion gem. § 5 Abs. 2 UmwStG erfasst auch Anteile an der übertragenden Körperschaft für die ein Veräußerungsverlust nach § 17 Abs. 2 Satz 6 EStG nicht zu berücksichtigen ist. In diesen Fällen bleibt ein Übernahmeverlust außer Ansatz, siehe § 4 Abs. 6 Satz 6 UmwStG. Im Fall einer vorangegangenen Umwandlung (Verschmelzung, Auf- und Abspaltung sowie Vermögensübertragung) auf die übertragende Körperschaft (§§ 11 bis 13, 15

1006

---

1 So nunmehr auch BMF-Schreiben v. 29. 3. 2000, BStBl I 2000 S. 462 und v. 26. 11. 2004, BStBl I 2004 S. 1190 unter 2.b.; a. A. noch im Schreiben v. 25. 3. 1998, BStBl I 1998 S. 268, Tz. 05.01.
2 BMF in den beiden vorerwähnten Schreiben; zustimmend van Lishaut in R/H/vL, § 5 UmwStG, Rn 7; diese Auffassung ablehnend nunmehr BFH, Urteil v. 17. 7. 2008 I R 77/06, BStBl II 2009 S. 464, wonach die Verbuchung auf einem gesamthänderisch gebundenen Rücklagenkonto ein Veräußerungsgeschäft darstellt; s. hierzu BMF, Schreiben v. 20. 5. 2009, BStBl I 2009 S. 671.
3 Rn 05.01 UmwStErl 2011; a. A. zur verdeckten Einlage FG Berlin-Brandenburg, Urteil v. 11. 12. 2013 – 12 K 12136/12, BB 2014 S. 1458 mt Anm. Bünning, BFH-Az.: IV R 11/14..
4 Pung in D/P/M, § 5 UmwStG, Tz. 28; van Lishaut in R/H/vL, § 5 UmwStG, Rn 19.
5 BMF-Schreiben v. 16. 12. 2003, BStBl I 2003 S. 786, Tz. 5; Widmann in Widmann/Mayer, § 5 UmwStG, Rn 132.
6 Rn 05.05 UmwStErl 2011.

UmwStG), ist für die Anteile an der übertragenden Körperschaft § 13 Abs. 2 Satz 2 UmwStG zu beachten.

Anteile, die nicht nach § 17 EStG steuerverhaftet sind, bleiben unberücksichtigt. Nach § 4 Abs. 4 Satz 3 UmwStG bleibt deshalb bei der Ermittlung des Übernahmegewinns oder des Übernahmeverlusts der Wert der übergegangenen Wirtschaftsgüter außer Ansatz, soweit er auf Anteile an der übertragenden Körperschaft entfällt, die am steuerlichen Übertragungsstichtag nicht zum Betriebsvermögen des übernehmenden Rechtsträgers gehören. Im Fall einer späteren Veräußerung der Mitunternehmerbeteiligung spielen die früheren Anschaffungskosten der Beteiligung an der übertragenden Körperschaft keine Rolle, da sie das Kapitalkonto bei der Mitunternehmerschaft nicht beeinflusst haben.[1]

1007 § 5 Abs. 2 UmwStG erfasst auch **ausländische Gesellschafter** der übertragenden Körperschaft, wenn für diese Beteiligung ein inländisches Besteuerungsrecht bestanden hat. Dies ist bei einer Inlandsverschmelzung der Fall, wenn entweder kein DBA besteht oder das einschlägige DBA (vgl. DBA Tschechien, Portugal und USA unter bestimmten Voraussetzungen) ausnahmsweise das Besteuerungsrecht dem Sitzstaat der Gesellschaft (und nicht wie im Regelfall dem Wohnsitzstaat des Gesellschafters) zuweist. Die Einlagefiktion reicht nicht aus, um nach DBA-Recht ein deutsches Besteuerungsrecht zu begründen.[2] Die Zuordnung einer Beteiligung zum Betriebs- oder Privatvermögen bestimmt sich nach deutschem Steuerrecht. Die Feststellung, ob und in welchem Umfang sich für den Anteilseigner Auswirkungen auf den in der Bundesrepublik Deutschland zu versteuernden Übernahmegewinn oder den zu berücksichtigenden Übernahmeverlust und die Besteuerung offener Rücklagen ergeben, ist erst i. R. der Ermittlung der Besteuerungsgrundlagen nach den §§ 4 und 7 UmwStG zu treffen.[3]

1007a Werden von der Körperschaft eigene Anteile gehalten, ist bei der Ermittlung der Beteiligungsquote auf das Verhältnis zu dem um die eigenen Anteile der Kapitalgesellschaft verminderten Nennkapital abzustellen.[4]

---

1 BFH, Urteil v.12. 7. 2012 – IV R 39/09, BStBl II 2012 S. 728.
2 FG Köln, Urteil v. 20. 3. 2008 15 K 2852/01, EFG 2008 S. 1187, rkr., nachdem der BFH mit Beschluss v. 22. 12. 2008 I B 81/08, BFH/NV 2009 S. 948 die NZB aus verfahrensrechtlichen Gründen zurückgewiesen hat; a. A. Schmitt in S/H/S, UmwG-UmwStG, § 5 UmwStG, Rn 29; Rn 05.07 UmwStErl 2011 im Gegensatz zum alten UmwStErlass.
3 Rn 05.07 UmwStErl 2011.
4 BFH, Urteil v. 24. 9. 1970, IV R 138/69, BStBl II 1971 S. 89.

BEISPIEL: Die übertragende Körperschaft hält am steuerlichen Übertragungsstichtag eigene Anteile i. H. v. 20 %. A hält 40 % in seinem inländischen Betriebsvermögen, B hält 20 % in seinem Privatvermögen und vierzig weitere Anteilseigner halten jeweils 0,5 % in ihrem Privatvermögen. Der Wert der auf die übernehmende Personengesellschaft übergegangenen Wirtschaftsgüter (ohne die eigenen Anteile) beträgt 800.000 €.

Lösung:

Bei Ermittlung des personenbezogenen Übernahmeergebnisses sind für A und B folgende Werte zugrunde zu legen:

A: 40/80 von 800.000 € = 400.000 €,

B: 20/80 von 800.000 € = 200.000 €.

Für die vierzig weiteren Anteilseigner ist gem. § 4 Abs. 4 Satz 3 UmwStG kein Übernahmeergebnis zu ermitteln.

§ 5 Abs. 3 UmwStG behandelt **Anteile, die im Betriebsvermögen eines Gesellschafters** gehalten werden.

1008

Was Betriebsvermögen eines Anteilseigners ist, wird auch durch SEStEG im Gesetzeswortlaut nicht klar zum Ausdruck gebracht. Was zum Betriebsvermögen der Personengesellschaft schon gehört, braucht nicht fiktiv zugerechnet zu werden. Daher fallen unter § 5 Abs. 3 Satz 1 UmwStG nicht die zum **Sonderbetriebsvermögen** eines Gesellschafters der übernehmenden Personengesellschaft gehörenden Anteile an der übertragenden Körperschaft.[1] § 5 Abs. 3 Satz 1 UmwStG gilt nur für den Fall, dass die Beteiligung an der übertragenden Körperschaft zu einem vom Betriebsvermögen der Übernehmerin getrennten Betriebsvermögen des Gesellschafters der Personengesellschaft gehört, denn nur für diesen Fall ist eine Sonderregelung für die Ermittlung des Übernahmegewinns/-verlusts erforderlich. Ob die Beteiligung bei dem Gesellschafter notwendiges oder gewillkürtes Betriebsvermögen darstellt, ist irrelevant. § 5 Abs. 3 UmwStG erfasst das Einzelbetriebsvermögen eines Gesellschafters, das Betriebsvermögen einer Körperschaft oder das Sonderbetriebsvermögen bei einer anderen als der übernehmenden Personengesellschaft. Ist Gesellschafter der übernehmenden Personengesellschaft wiederum eine Personengesellschaft, kann die Beteiligung zu deren Gesamthandsvermögen gehören.

1009

Anders als für die Rechtslage vor SEStEG spielt es für die Anwendung des § 5 Abs. 3 UmwStG keine Rolle, ob sich die Anteile in einem inländischen oder in einem ausländischen Betriebsvermögen des Gesellschafters befinden.

---

1 Schmitt, a. a. O., Rn 1; Pung in D/P/M, § 5 UmwStG, Tz. 3.

1010 Die Anteile gelten zum steuerlichen Übertragungsstichtag als mit dem Buchwert, bis zum gemeinen Wert erhöht um steuerwirksame Teilwertabschreibungen und Übertragung von Rücklagen nach § 6b EStG oder ähnliche Abzüge, in das Betriebsvermögen der Personengesellschaft eingelegt.

1011 Auf den Beteiligungskorrekturgewinn aus der Rückgängigmachung der Teilwertabschreibung bzw. § 6b-Übertragung ist gem. § 5 Abs. 3 Satz 2 UmwStG § 4 Abs. 1 Satz 3 UmwStG entsprechend anzuwenden, der die Anwendung von § 8b Abs. 2 Satz 4 und 5 KStG sowie von § 3 Nr. 40 Satz 1 Buchst. a Satz 2 und 3 EStG auf den entsprechenden Gewinn anordnet. Die Auswirkungen des § 5 Abs. 3 Satz 2 UmwStG sind unklar. Gewollt war zunächst, dass der Nachversteuerungsbetrag wie bei der Anwendung des § 4 Abs. 1 Satz 3 UmwStG den laufenden Gewinn der übernehmenden Personengesellschaft bzw. natürlichen Person erhöht.

1012 Die in § 4 Abs. 1 Satz 3 UmwStG niedergelegte Rechtsfolge führt bei wortgetreuer Übertragung in den Anwendungsbereich des § 5 Abs. 3 UmwStG zu einem Systembruch. § 4 Abs. 1 UmwStG betrifft Anteile an der übertragenden Körperschaft, die in der Steuerbilanz der übernehmenden Personengesellschaft ausgewiesen sind, also Fälle, in denen die Anteile an der übertragenden Körperschaft zum Gesamthands- oder zum Sonderbetriebsvermögen bei der Personengesellschaft gehören. Für diesen Sachverhalt passt die in § 4 Abs. 1 Satz 3 UmwStG geregelte Rechtsfolge, dass der Gewinn aus der Nachversteuerung der früheren Teilwertabschreibung bei der Personengesellschaft als laufender Gewinn zu versteuern ist. Die Rechtsfolgen einer steuerwirksamen erweiterten Wertaufholung entsprechend der Regelung in § 4 Abs. 1 Satz 3 UmwStG ergeben sich nach Verwaltungsregelung daher am steuerlichen Übertragungsstichtag noch im Betriebsvermögen des Anteilseigners, zu dem die Anteile an der übertragenden Körperschaft gehören.[1]

1013 § 5 Abs. 3 UmwStG jedoch betrifft Anteile eines Gesellschafters der übertragenden Körperschaft an der Übertragerin, die zum Betriebsvermögen seines Einzelunternehmens bzw. zum Betriebsvermögen einer Körperschaft oder anderen Personengesellschaft gehören. Nach dem Sinn und Zweck der Gesetzesregelung muss die steuerwirksame Rückgängigmachung einer früheren Teilwertabschreibung auf der Ebene des Einzelunternehmens, der Körperschaft oder der anderen Personengesellschaft erfolgen. Die Aussage des § 5 Abs. 3 UmwStG bei konsequenter Fortführung der Fiktion hat zur Folge, dass die in das übernehmende Personenunternehmen als übertragen geltende Betei-

---

[1] Rn 05.11 UmwStErl 2011.

ligung an der übertragenden Körperschaft mit einem um die frühere Teilwertabschreibung erhöhten Buchwert anzusetzen ist. Verstünde man dies als alleinigen Regelungsinhalt des § 5 Abs. 3 UmwStG, ergäbe sich die genau gegenteilige Wirkung dessen, was vom Gesetzgeber angestrebt worden ist. Es käme nicht zur Nachversteuerung bei dem Betriebsvermögen, in dem die Anteile an der Überträgerin gehalten wurden, und zusätzlich ergäbe sich wegen des erhöhten Wertansatzes bei der Verschmelzung ein entsprechend geringerer Übernahmegewinn. § 5 Abs. 3 Satz 2 UmwStG ist nach der angeordneten entsprechenden Anwendung des § 4 Abs. 1 Satz 3 UmwStG so auszulegen, dass es auf der Ebene des Einzelunternehmens, der Körperschaft bzw. der anderen Personengesellschaft zur steuerwirksamen Rückabwicklung der früheren Teilwertabschreibung bzw. § 6b-Rücklagen-Übertragung kommt. Somit wird die Fiktionswirkung des § 5 UmwStG für diesen Bereich unterbrochen.[1]

Der bisherige § 5 Abs. 4 UmwStG, wonach **einbringungsgeborene Anteile** an der Überträgerin für Zwecke der Übernahmegewinnermittlung als zum steuerlichen Übertragungsstichtag in das Betriebsvermögen der übernehmenden Personengesellschaft eingelegt gelten, ist wegen des Konzeptwechsels bei den §§ 20 ff. UmwStG entfallen. Dafür ist § 27 Abs. 3 Nr. 1 UmwStG zu beachten.

1014

Trotz des nach dem im Einbringungsteil vollzogenen Konzeptwechsels gibt es auch künftig weiterhin sog. alte einbringungsgeborene Anteile, und zwar entweder aus Einbringungsvorgängen vor dem Systemwechsel oder wegen § 20 Abs. 3 Satz 4 UmwStG und § 21 Abs. 2 Satz 6 UmwStG die Fortführung alter einbringungsgeborener Anteile in neuen Einbringungsfällen. Für diese Fälle regelt § 27 Abs. 3 Nr. 1 UmwStG, dass § 5 Abs. 4 UmwStG a. F. weiter anzuwenden ist, wobei hinsichtlich des Werts jedoch auf § 5 Abs. 2 (= Privatvermögen) bzw. 3 UmwStG (= Betriebsvermögen) abzustellen ist.[2] Im Privatvermögen gehaltene einbringungsgeborene Anteile gelten mit den Anschaffungskosten als zum steuerlichen Übertragungsstichtag in das Betriebsvermögen der Personengesellschaft eingelegt.

1015

Einbringungsgeborene Anteile i. S. des § 21 UmwStG a. F. sind vor Inkrafttreten des SEStEG entstanden durch

▶ Einbringung eines Betriebs, Teilbetriebs oder MU-Anteils nach § 20 Abs. 1 Satz 1 UmwStG a. F. zu Buchwerten oder Zwischenwerten;

▶ Formwechsel einer Personengesellschaft in eine Kapitalgesellschaft nach § 25 UmwStG a. F. zu Buchwerten oder Zwischenwerten;

---

1 Siehe die amtl. Gesetzesbegründung, BT-Drs. 16/2710 S. 39.
2 Dötsch/Pung, DB 2006 S. 2763, 2773; Haritz, GmbHR 2007 S. 169, 172.

- Einbringung einer mehrheitsvermittelnden Kapitalbeteiligung nach § 20 Abs. 1 Satz 2 UmwStG a. F. zu Buchwerten oder Zwischenwerten;
- grenzüberschreitende Einbringung von Unternehmensteilen nach § 23 Abs. 1–3 UmwStG a. F. unter dem Teilwert;
- Anteilstausch durch Einbringung über die Grenze nach § 23 Abs. 4 UmwStG a. F. unter dem Teilwert;
- Verlagerung stiller Reserven von einbringungsgeborenen Anteilen auf andere Anteile aufgrund der sog. Wertabspaltungstheorie.

Zum Verhältnis der einzelnen Absätze zueinander s. Schmitt:[1]

- Abs. 1 ist im Verhältnis zu Abs. 2 und 3 bzw. 4 a. F. lex specialis;
- Abs. 4 a. F. geht Abs. 2, nicht jedoch Abs. 3 vor;
- Abs. 3 ist lex specialis gegenüber Abs. 2.

1016 Somit wird der Weg zum Übernahmegewinn folgendermaßen fortgesetzt:

	Anzusetzender Wert des Betriebsvermögens der GmbH beim nachfolgenden Personenunternehmen
./.	Kosten für den Vermögensübergang
./.	Wert der Anteile gem. § 4 Abs. 4 Satz 1 i. V. m. § 4 Abs. 1 Satz 2 u. 3; § 5 Abs. 1–3, § 27 Abs. 3 Nr. 1 UmwStG
=	Übernahmegewinn/-verlust 1 nach § 4 Abs. 4 UmwStG

Der Übernahmegewinn/-verlust 1 nach § 4 Abs. 4 UmwStG ist gem. § 4 Abs. 5 UmwStG zu korrigieren und dem Übernahmeergebnis 2 zuzuführen.

1017 Nach Inkrafttreten des SEStEG werden die **offenen Rücklagen der Überträgerin** (EK abzüglich Bestand des steuerlichen Einlagekontos) allen ihren Anteilseignern prozentual entsprechend ihrer Beteiligung am gezeichneten Kapital nach § 7 UmwStG als Einnahmen aus Kapitalvermögen nach § 20 Abs. 1 Nr. 1 EStG zugerechnet, und zwar unabhängig davon, ob für die Anteilseigner nach den §§ 4 und 5 UmwStG auch ein Übernahmegewinn bzw. -verlust ermittelt wird. Somit werden die Regelungen zur Ermittlung des Übernahmeergebnisses an den erweiterten Anwendungsbereich des neu gefassten UmwStG angepasst. Dabei wird insbesondere das deutsche Besteuerungsrecht an den offenen Rücklagen der übertragenden Körperschaft sichergestellt.

---

1 In S/H/S, UmwG-UmwStG, § 5 UmwStG, Rn 6.

Handelt es sich bei der übertragenden Körperschaft um eine ausländische EU/EWR-Kapitalgesellschaft, ist auf Antrag der Bestand der Einlagen in entsprechender Anwendung der § 29 Abs. 6, § 27 Abs. 7 KStG zu ermitteln.[1] 1018

Die offenen Reserven gelten nach SEStEG als an die Anteilseigner ausgeschüttet und unterliegen dem Kapitalertragsteuerabzug nach § 43 Abs. 1 Satz 1 Nr. 1 EStG. Die KapESt entsteht mit dem zivilrechtlichen Wirksamwerden der Umwandlung. Eine Abstandnahme ist auch bei grenzüberschreitenden Umwandlungen nicht möglich (§ 43b Abs. 1 Satz 4 EStG). Es ist fraglich, ob diese Regelung mit der Mutter-Tochter-Richtlinie vereinbar ist, da diese nur für den Fall der Liquidation einen KapESt-Abzug zulässt.[2] Die Höhe der Bezüge und die Berechtigung zur Anrechnung der KapESt ergeben sich bei einer **Inlandsverschmelzung** aus der **Steuerbescheinigung** nach § 45a Abs. 2 EStG. 1019

Wie die Bezüge versteuert werden, hängt von der Einordnung der Anteile ab: 1020

1. Wird für den Anteilseigner ein Übernahmeergebnis nicht ermittelt, handelt es sich um Einnahmen aus Kapitalvermögen, die der **Abgeltungsteuer** unterliegen (§ 32d Abs. 1 Satz 1 EStG). Die Einnahmen werden nicht in der gesonderten und einheitlichen Feststellung der übernehmenden Personengesellschaft erfasst.

2. Wird für den Anteilseigner ein Übernahmeergebnis ermittelt, stellen die Einnahmen solche aus LuF, Gewerbebetrieb oder selbständiger Tätigkeit dar (§ 20 Abs. 8 EStG), da die Anteile am steuerlichen Übertragungsstichtag als in das Betriebsvermögen der Übernehmerin eingelegt gelten. Die **Einlagefiktion** des § 5 UmwStG gilt auch für § 7 UmwStG.[3] Sie wird i. R. der gesonderten und einheitlichen Gewinnfeststellung erfasst. Sie unterliegt bei natürlichen Personen als Mitunternehmern dem Teileinkünfteverfahren nach § 3 Nr. 40 Satz 1 Buchst. d EStG. Bei Körperschaften als Mitunternehmern unterliegen sie grds. zu 5 % der Besteuerung (§ 8b Abs. 1 und 5 KStG); in den Fällen des § 8b Abs. 7 und 8 KStG sind die Bezüge in voller Höhe steuerpflichtig. Sie unterliegen grds. auch der Gewerbesteuer. § 18 Abs. 2 Satz 2 UmwStG sieht eine Befreiung nur für die Anteile vor, die nach § 5 Abs. 2 UmwStG als eingelegt gelten (Anteile i. S. des § 17 EStG), da die Veräußerung dieser Anteile nicht der Gewerbesteuer unterlegen hätte. Unter

---

1 Birkemeier in R/H/vL, § 7 UmwStG, Rn 11; Schmitt in S/H/S, UmwG-UmwStG, § 7 UmwStG, Rn 9.
2 Krohn/Greulich, DStR 2008 S. 646, 649 f.
3 Sog. weite Einlagefiktion, vgl. Schmitt in S/H/S, UmwG-UmwStG, § 7 UmwStG, Rn 17; Birkemeier in R/H/vL, § 7 UmwStG, Rn 20; Pung in D/P/M, § 7 UmwStG, Tz. 22; a. A. Förster/Felchner, DB 2008 S. 2445, die sich für eine enge Einlagefiktion aussprechen.

D. Das Umwandlungssteuerrecht

Umständen kommt bei der Übernehmerin eine Steuerbefreiung aufgrund des gewerbesteuerlichen Schachtelprivilegs oder einer anderen Befreiungsvorschrift zum Tragen (§ 8 Nr. 5, § 9 Nr. 2a und 7 GewStG). **Die Bezüge gelten mit Ablauf des steuerlichen Übertragungsstichtags als zugeflossen.**

1021 Da der Betrag der offenen Rücklagen auch im Übernahmeergebnis i. S. des § 4 Abs. 4 i.V. m. Abs. 5 Satz 1 UmwStG enthalten ist, schreibt § 4 Abs. 5 Satz 2 UmwStG eine Kürzung des Übernahmeergebnisses um die Bezüge i. S. des § 7 UmwStG vor. Ein Übernahmegewinn vermindert und ein Übernahmeverlust erhöht sich um diesen Betrag. Das ist folgerichtig und vermeidet eine Doppelbesteuerung. Dies führt somit in den Fällen, in denen ein Übernahmeergebnis zu ermitteln ist, zu einer Aufspaltung des bisher einheitlichen Übernahmeergebnisses in zwei auf unterschiedlicher Ebene zu besteuernde Bestandteile.

1022 Bei einer Umwandlung einer GmbH in eine OHG stellt sich aus der Sicht von Gesellschaftern A, B, C und Eheleute D, die die Anteile im eigenen Vermögen halten, die Struktur folgendermaßen dar, wenn man unterstellt: A hält die Beteiligung im nicht steuerverhafteten PV[1], B hält sie im steuerverhafteten PV, C besitzt sie im betrieblichen Bereich und bei Frau D bilden sie im PV und bei Herr D im BV nach altem Recht einbringungsgeborene Anteile. Zunächst als Gesellschafter der GmbH und schließlich als Mitunternehmer der OHG ergibt sich folgendes Bild:

GmbH

A PV n. Stb.	B PV (§ 17)	C BV	Eheleute D (§ 21 UmwStG a. F.)
	§ 5 II	§ 5 III	§ 5 IV

OHG
Einheitliche u. gesonderte Gewinnfeststellung

| § 20 EStG | § 20 EStG | § 20 EStG | § 7 | } Trennung |
| § 15 EStG | § 15 EStG | § 15 EStG | § 4 V | |

1023 Übernahmebilanz und Übernahmegewinn entwickeln sich im Musterfall nach SEStEG folgendermaßen:

---

1 Gleiches gilt für nach § 20 Abs. 2 EStG ab 2009 steuerverhaftete Anteile (Abgeltungsteuersystem). Für Eheleute D gilt die Übergangsregelung gem. § 21 UmwStG a. F. i.V. m. § 27 Abs. 3 Nr. 1 UmwStG.

Die Übertragungsbilanz wird nach SEStEG folgendermaßen entwickelt:[1]

Schlussübertragungsbilanz der GmbH nach Steuern

Aktiva		Passiva	
Diverse	260.000	Stammkapital	100.000
KSt - Guthaben	6.510	Gewinnrücklage	151.510
		KSt-Rückstellung	15.000
	266.510		266.510

Der übernehmende Rechtsträger hat gem. § 4 Abs. Satz 1 UmwStG die übergegangenen Wirtschaftsgüter mit den in der steuerlichen Schlussbilanz der übertragenden Gesellschaft enthaltenen Werten zu übernehmen. Die Übernahmebilanz zeigt daher folgendes Bild:

Eröffnungs-Übernahmebilanz der OHG

Aktiva		Passiva	
Diverse	260.000	Kapital A und B	100.000
KSt-Forderung	6.510	Übernahmeüberschuss	151.510
		KSt-Rückstellung	15.000
	266.510		266.510

Aus bilanzrechtlicher Sicht ergeben sich die gleichen Rechtsfolgen wie vor Geltung des SEStEG. In der einheitlichen und gesonderten Gewinnfeststellung der Personengesellschaft wird das Übernahmeergebnis nach § 4 Abs. 4 i.V.m. Abs. 5 UmwStG entwickelt, festgestellt und den Gesellschaftern entsprechend ihrer Beteiligung als Einkünfte zugewiesen. Infolge des Vermögensübergangs ergibt sich gem. § 4 Abs. 4 Satz 1 UmwStG ein Übernahmegewinn oder Übernahmeverlust in Höhe des Unterschiedsbetrags zwischen dem Wert, mit dem die übergegangenen Wirtschaftsgüter zu übernehmen sind, und dem Buchwert der Anteile an der übertragenden Körperschaft. 1024

Im vorliegenden Fall wird zunächst der Übernahmegewinn 1 ermittelt. Dieser ist anschließend um die offenen Rücklagen gem. § 4 Abs. 5 UmwStG zu korrigieren. Damit ergibt sich nach SEStEG folgende Gewinnermittlung: 1025

---

1 Siehe o. Rn 912.

D. Das Umwandlungssteuerrecht

	OHG Gesamt	A	B
Aktiva GmbH	266.510	133.255	133.255
./. Fremdkapital	./. 15.000	./. 7.500	./. 7.500
Wert des Betriebsvermögens	251.510	125.755	125.755
./. Buchwertanteile	./. 100.000	./. 50.000	./. 50.000
Übernahmegewinn 1	151.510	75.755	75.755
./. + Sperrbetrag		nicht relevant	
./. offene Rücklagen	./. 151.510	./. 75.755	./. 75.755
Übernahmegewinn 2	0	0	0
Aufteilung:			
Zu versteuernder Übernahmegewinn	0	0	0
Offene Rücklage § 7 i. V. m. § 20 Abs. 1 Nr. 1 UmwStG	151.510	75.755	75.755
§ 3 Nr. 40 EStG	90.906	45.453	45.453

1026 In dem mit SEStEG eingeführten Recht ist ein Übernahmegewinn 2 nur noch gegeben, wenn die Ursprungsanschaffungskosten niedriger sind als die nach Stammkapital und steuerlichem Einlagekonto gesellschafterbezogenen Einlagewerte. Steuerwirksame Abschreibungen auf Beteiligungswerte haben keine Bedeutung, da sie vorher gem. § 4 Abs. 1 Satz 2 EStG außerhalb des Übernahmeergebnisses als „Beteiligungskorrekturgewinn" nachzuversteuern sind. Bei Gründungsgesellschaftern wird im Regelfall kein Übernahmegewinn 2 entstehen.

1027 Die Abtrennung der offenen Rücklage aus dem Übernahmeergebnis findet sich in den Rechtsfolgen wieder.

1028 Gemäß § 7 UmwStG wird jedem Anteilseigner der übertragenden Körperschaft entsprechend seiner Beteiligung das in der Steuerbilanz ausgewiesene Eigenkapital abzgl. des steuerlichen Einlagekontos, das sich nach der Anwendung des § 29 Abs. 1 KStG ergibt, als Einkünfte aus Kapitalvermögen i. S. des § 20 Abs. 1 Nr. 1 EStG zugerechnet (= offene Rücklage). Somit wird die Umwandlung in ein Personenunternehmen als Ausschüttungsvorgang gleich behandelt wie bei einer Kapitalherabsetzung mit Auskehrung und wie bei einer Liquidation. Das geschieht nach SEStEG unabhängig davon, ob für den Anteilseigner ein Übernahmeergebnis nach § 4 in Verbindung mit § 5 UmwStG ermittelt wird.

Die Berechnungsformel der offenen Rücklage enthält mehrere Schritte. Ausgerichtet am Musterfall ergibt sich folgende Berechnung: 1029

Ausgangsgröße ist der Anteil am gesamten Eigenkapital mit der Formel

	Gesamt	A (anteilig)	B (anteilig)
Aktiva GmbH	266.510	133.255	133.255
./. Fremdkapital	./. 15.000	./. 7.500	./. 7.500
Wert des Betriebsvermögens = EK	251.510	125.755	125.755

§ 7 UmwStG enthält den Verweis auf § 29 Abs. 1 KStG, wonach in Umwandlungsfällen i. S. des § 1 UmwG das Nennkapital (= Stamm- oder Grundkapital) der übertragenden Kapitalgesellschaft als in vollem Umfang nach § 28 Abs. 2 Satz 1 herabgesetzt gilt. Nach § 28 Abs. 2 KStG wird in Fällen der Herabsetzung des Nennkapitals oder der Auflösung der Körperschaft zunächst das Nennkapital um einen zum Schluss des vorangegangenen Wirtschaftsjahrs ausgewiesenen Sonderausweis gemindert. Der Sonderausweis enthält Gewinnrücklagen, die die Körperschaft zur Erhöhung ihres gezeichneten Kapitals in der Vergangenheit verwendet hat. Der übersteigende Betrag ist dem steuerlichen Einlagekonto gutzuschreiben. Soweit das Nennkapital mit dem Sonderausweis verrechnet wird, gilt die Rückzahlung des Nennkapitals beim Anteilseigner als Gewinnausschüttung i. S. von § 20 Abs. 1 Nr. 2 EStG. Dadurch wird erreicht, dass aus der Umwandlung von sonstigen Rücklagen und nicht aus Einlagen stammendes Nennkapital – z. B. im Fall einer Kapitalerhöhung aus Gesellschaftsmitteln – als Bezüge aus Kapitalvermögen erfasst wird. Das Prinzip der Steuerpflicht von offenen Rücklagen nach der Dividendenbesteuerung wurde im Körperschaftsteuerrecht in den Fällen der Kapitalherabsetzung und der Liquidation schon vor SEStEG konsequent eingehalten. Im Umwandlungssteuerrecht ist dies nunmehr durch die Verweisung in § 7 UmwStG auf §§ 28 und 29 KStG geschehen. 1030

Bezüge aus Kapitalvermögen i. S. von § 20 Abs. 1 Nr. 1 EStG ist daher nach dem Gesetzeswortlaut das anteilige Eigenkapital, vermindert um den anteiligen Bestand des Einlagekontos i. S. von § 27 KStG nach Anwendung des § 29 Abs. 1 KStG. Daraus ergibt sich folgende Rechnung: 1031

D. Das Umwandlungssteuerrecht

1. Schritt:

	Aktiva GmbH
./.	Fremdkapital
	Wert des Betriebsvermögens = EK

2. Schritt:

	Gezeichnetes Kapital (Stammkapital/Grundkapital)
./.	Sonderausweis (= frühere Gewinnrücklagen verwendet zur Kapitalerhöhung)
	Rest gezeichnetes Kapital

3. Schritt:

	Außerbilanzielles steuerliches Einlagekonto (§ 27 KStG)
+	Rest gezeichnetes Kapital
	Einlagenkontobestand gem. § 7 UmwStG

4. Schritt:

	Wert des Betriebsvermögens = EK
./.	Einlagenkontobestand gem. § 7 UmwStG
	Kapitalvermögen i. S. von § 20 Abs. 1 Nr. 1 EStG (= offene Rücklagen)

1032 Die Anwendung der Schritte 1. bis 4. auf den Musterfall ergibt Folgendes:

	Gesamt	A (anteilig)	B (anteilig)
1. Schritt:			
Aktiva GmbH	266.510	133.255	133.255
./. Fremdkapital	./. 15.000	./. 7.500	./. 7.500
Wert des Betriebsvermögens = EK	251.510	125.755	125.755
2. Schritt:			
Gezeichnetes Kapital	100.000	50.000	50.000
./. Sonderausweis	0	0	0
Rest gezeichnetes Kapital	100.000	50.000	50.000

3. Schritt:

Einlagekonto (§ 27 KStG)	0	0	0
+ Rest gezeichnetes Kapital	100.000	50.000	50.000
Einlagekontobestand § 7 UmwStG	100.000	50.000	50.000

4. Schritt:

Wert des Betriebsvermögens = EK	251.510	125.755	125.755
./. Einlagekontobestand	100.000	50.000	50.000
Offene Rücklage	151.510	75.755	75.755

Diese wird vom Übernahmegewinn 1 abgezogen.[1]

f) Beispiel Übernahmegewinn Variante Buchwertansatz nach SEStEG

Der in Rn 901 dargestellte Sachverhalt, wonach eine GmbH im Wege einer übertragenden Umwandlung auf eine bestehende OHG, an der A und B beteiligt sind, umgewandelt werden soll, wird aus der Sicht der OHG nunmehr mit Buchwerten fortgeführt. Die GmbH-Beteiligung ist aus Vereinfachungsgründen im Gesamthandsvermögen enthalten. Die Gesellschaften erstellen vor der Umgründung folgende Bilanzen und Anschreibungen:

GmbH-Bilanz

Aktiva			Passiva
Diverse	160.000	Stammkapital	100.000
		Gewinnrücklage	60.000
	160.000		160.000

Das Körperschaftsteuerguthaben der GmbH wurde nach § 37 i.V.m. § 27 Abs. 2 KStG mit 10.000 ermittelt.

OHG-Bilanz

Aktiva			Passiva
Anteile	100.000	Kapital A und B	100.000
	100.000		100.000

---

1 Siehe o. Rn 1025.

D. Das Umwandlungssteuerrecht

1034 Die Übertragungsbilanz wird folgendermaßen entwickelt:

Schlussübertragungsbilanz der GmbH nach Steuern

Aktiva		Passiva	
Diverse	160.000	Stammkapital	100.000
Steuerrückforderung	6.510	Gewinnrücklage	60.000
		Übertragungsüberschuss	6.510
	166.510		166.510

Der übernehmende Rechtsträger hat gem. § 4 Abs. Satz 1 UmwStG die übergegangenen Wirtschaftsgüter mit den in der steuerlichen Schlussbilanz der übertragenden Gesellschaft enthaltenen Werten zu übernehmen. Die Übernahmebilanz zeigt daher folgendes Bild:

Eröffnungs-Übernahmebilanz der OHG

Aktiva		Passiva	
Diverse	160.000	Kapital A und B	100.000
Steuerrückforderung	6.510	Gewinnrücklage	66.510
		KSt-Rückstellung	0
	166.510		166.510

1035 Aus bilanzrechtlicher Sicht ergeben sich die gleichen Rechtsfolgen wie vor Geltung des SEStEG. In der einheitlichen und gesonderten Gewinnfeststellung der Personengesellschaft ergibt sich nach SEStEG folgende Gewinnermittlung:

	OHG Gesamt	A	B
Aktiva GmbH	166.510	83.255	83.255
./. Fremdkapital	./. 0	./. 0	./. 0
Wert des Betriebsvermögens	166.510	83.255	83.255
./. Buchwertanteile	./. 100.000	./. 50.000	./. 50.000
Übernahmegewinn 1	66.510	33.255	33.255
./. + Sperrbetrag		nicht relevant	
./. offene Rücklagen	./. 66.510	./. 33.255	./. 33.255
Übernahmegewinn 2	0	0	0

Aufteilung:

Zu versteuernder Übernahmegewinn	0	0	0
Offene Rücklagen § 7 UmwStG i.V.m.			
§ 20 Abs. 1 Nr. 1	66.510	33.255	33.255
§ 3 Nr. 40 EStG	39.906	19.953	19.953

Die Berechnung der offenen Rücklagen nach § 7 UmwStG wird folgendermaßen durchgeführt: 1036

	Gesamt	A (anteilig)	B (anteilig)
1. Schritt:			
Aktiva GmbH	166.510	83.255	83.255
./. Fremdkapital	./. 0	./. 0	./. 0
Wert des Betriebsvermögens = EK	166.510	83.255	83.255
2. Schritt:			
Gezeichnetes Kapital	100.000	50.000	50.000
./. Sonderausweis	0	0	0
Rest gezeichnetes Kapital	100.000	50.000	50.000
3. Schritt:			
Einlagekonto (§ 27 KStG)	0	0	0
+ Rest gezeichnetes Kapital	100.000	50.000	50.000
Einlagekontobestand § 7 UmwStG	100.000	50.000	50.000
4. Schritt:			
Wert des Betriebsvermögens = EK	166.510	83.255	83.255
./. Einlagekontobestand	100.000	50.000	50.000
Offene Rücklage	66.510	33.255	33.255

Diese wird vom Übernahmegewinn 1 abgezogen.

D. Das Umwandlungssteuerrecht

g) Beispiele mit Beteiligung von ausländischen Anteilseignern an der PersG

1037 **BEISPIEL 1** An einer GmbH sind die natürlichen Personen A mit 50 %, B mit 30 % und C mit 20 % beteiligt. A und B sind unbeschränkt einkommensteuerpflichtig; A hält seinen Anteil (Anschaffungskosten = 400.000 €) an der GmbH im Privatvermögen, der Anteil des B (Buchwert = 100.000 €) wird in dessen Betriebsvermögen gehalten. C ist im EU-Ausland ansässig und hält seinen Anteil (Anschaffungskosten = 100.000 €) im Privatvermögen. Nach dem mit dem Wohnsitzstaat des C abgeschlossenen DBA steht das Besteuerungsrecht für Gewinne aus der Veräußerung von Anteilen an Kapitalgesellschaften nur dem Wohnsitzstaat zu. Für Dividenden sieht das DBA ein Quellensteuerrecht entsprechend dem Art. 10 OECD-MA vor.

Die GmbH wird durch Formwechsel in eine KG umgewandelt. In der steuerlichen Schlussbilanz des übertragenden Rechtsträgers (GmbH) werden die übergehenden Wirtschaftsgüter auf Antrag zulässigerweise (einheitlich) mit dem Buchwert (Buchwert = 2.000.000 € [Nennkapital = 1.400.000 €; offene Rücklagen = 600.000 €]) angesetzt und von der Übernehmerin (KG) entsprechend übernommen. Von den Umwandlungskosten entfallen 20.000 € auf die Übernehmerin. Der gemeine Wert des übertragenen Vermögens beträgt 4.000.000 €.

Steuerlicher Übertragungsstichtag ist der 31. 12. 01. Das Wirtschaftsjahr der an der Umwandlung beteiligten Rechtsträger entspricht dem Kalenderjahr.

Lösung

Die KG hat die steuerlichen Buchwerte zu übernehmen (§ 4 Abs. 1 Satz 1 UmwStG). Die bisherigen Anteile von A und C an der GmbH gelten nach § 5 Abs. 2 UmwStG als mit den Anschaffungskosten in das Betriebsvermögen der KG eingelegt, der bisherige Anteil des B gilt nach § 5 Abs. 3 UmwStG als mit dem Buchwert in das Betriebsvermögen der Übernehmerin überführt.

Für die Gesellschafter A, B und C erfolgt eine Ermittlung des Übernahmeergebnisses. Der auf den Gesellschafter C entfallende Anteil an einem Übernahmegewinn bleibt allerdings im Rahmen der gesonderten und einheitlichen Feststellung außer Ansatz, weil nur steuerpflichtige Einkünfte festzustellen sind. Für die Bundesrepublik Deutschland hat ein Besteuerungsrecht hinsichtlich des Gewinns im Fall einer Veräußerung dieses Anteils an der Kapitalgesellschaft nach dem DBA mit dem Wohnsitzstaat des C insoweit nicht bestanden. Dies würde auch für einen Übernahmeverlust gelten. § 7 UmwStG bleibt davon unberührt.

Die auf die Gesellschafter entfallenden Anteile am Übernahmeergebnis i. S. d. § 4 UmwStG und den Bezügen i. S. d. § 7 UmwStG sind für den Veranlagungszeitraum 01 wie folgt zu ermitteln:

	A	B	C	Summe
a) Übernahmeergebnis				
Wert des übernommenen Vermögens	1.000.000 €	600.000 €	400.000 €	2.000.000 €
+ Zuschlag für neutrales Vermögen	0 €	0 €	0 €	0 €
- Wert der Anteile an der GmbH	400.000 €	100.000 €	100.000 €	600.000 €

VIII. Der Weg von einer Körperschaft zu einer PersGes

- Kosten des Vermögensübergangs	10.000 €	6.000 €	4.000 €	20.000 €
= Übernahmeergebnis 1. Stufe	590.000 €	494.000 €	296.000 €	1.380.000 €
- Bezüge nach § 7 UmwStG	300.000 €	180.000 €	120.000 €	600.000 €
= Übernahmeergebnis 2. Stufe	290.000 €	314.000 €	176.000 €	780.000 €
davon stpfl. Übernahmeergebnis (= Gegenstand der gesonderten und einheitlichen Feststellung)	290.000 €	314.000 €	0 €	604.000 €
b) **Bezüge nach § 7 UmwStG** davon einzubeziehen in das Feststellungsverfahren (vor Anwendung von § 3 Nr. 40 EStG)	300.000 €	180.000 €	120.000 €	600.000 €
	300.000 €	180.000 €	120.000 €	600.000 €
anzurechnende Kapitalertragsteuer (25 %) (nach DBA-Quellensteuerrecht)	75.000 €	45.000 €	30.000 €	
Gesonderte und einheitliche Feststellung:				
a) Übernahmeergebnis gem. § 4 UmwStG	290.000 €	314.000 €	0 €	604.000 €
b) Bezüge gem. § 7 UmwStG	300.000 €	180.000 €	120.000 €	600.000 €
= **Einkünfte aus Gewerbebetrieb**	590.000 €	494.000 €	120.000 €	1.204.000 €

BEISPIEL 2 ▶ Die im EU-Ausland ansässige EU-Kapitalgesellschaft (ohne inländische Betriebsstätte) wird auf eine gewerbliche EU-Personengesellschaft mit Sitz und Geschäftsleitung im EU-Ausland umgewandelt. Gesellschafter der EU-Kapitalgesellschaft sind die natürlichen Personen A mit 50 %, B mit 30 % und C mit 20 %. A und B sind im Inland unbeschränkt einkommensteuerpflichtig und abkommensrechtlich ansässig. A hält seinen Anteil (Anschaffungskosten = 400.000 €) an der EU-Kapitalgesellschaft im Privatvermögen, der Anteil des B (Buchwert = 100.000 €) wird in dessen Betriebsvermögen gehalten. C ist im EU-Ausland ansässig und hält seinen Anteil (Anschaffungskosten = 100.000 €) im Privatvermögen.

1038

Nach dem mit dem Sitzstaat der EU-Kapitalgesellschaft abgeschlossenen DBA steht das Besteuerungsrecht für Gewinne aus der Veräußerung von Anteilen an Kapitalgesellschaften nur dem Wohnsitzstaat zu. Für Dividenden steht das Besteuerungsrecht dem Wohnsitzstaat des Gesellschafters zu (vgl. Art. 10 Abs. 1 OECD-MA). Der Sitz-

D. Das Umwandlungssteuerrecht

staat der EU-Kapitalgesellschaft hat ein Quellenbesteuerungsrecht (vgl. Art. 10 Abs. 2 OECD-MA).

In der steuerlichen Schlussbilanz der übertragenden EU-Kapitalgesellschaft werden die übergehenden Wirtschaftsgüter zulässigerweise einheitlich mit dem Buchwert (Buchwert = 2.000.000 €; davon Nennkapital = 1.400.000 € und offene Rücklagen = 600.000 €) angesetzt und von der übernehmenden EU-Personengesellschaft entsprechend übernommen. Von den Umwandlungskosten entfallen 20.000 € auf die EU-Personengesellschaft. Der gemeine Wert des übertragenen Vermögens beträgt 4.000.000 €.

Kapitalertragsteuer wurde im Ausland weder angemeldet noch abgeführt. Steuerlicher Übertragungsstichtag ist der 31.12.01. Das Wirtschaftsjahr der an der Umwandlung beteiligten Rechtsträger entspricht dem Kalenderjahr.

Lösung

Die EU-Personengesellschaft hat die steuerlichen Schlussbilanzwerte der EU-Kapitalgesellschaft zu übernehmen (§ 4 Abs. 1 Satz 1 UmwStG). Die bisherigen Anteile von A und C an der EU-Kapitalgesellschaft gelten nach § 5 Abs. 2 UmwStG als zu den Anschaffungskosten in das Betriebsvermögen der EU-Personengesellschaft eingelegt, der bisherige Anteil des B gilt nach § 5 Abs. 3 UmwStG als mit dem Buchwert in das Betriebsvermögen der EU-Personengesellschaft überführt.

Für die Gesellschafter A, B und C erfolgt eine Ermittlung des Übernahmeergebnisses. Der auf den Gesellschafter C entfallende Anteil an einem Übernahmegewinn bleibt im Rahmen der gesonderten und einheitlichen Feststellung außer Ansatz, weil für C im Inland keine (beschränkte) Steuerpflicht besteht. Dies würde auch für einen Übernahmeverlust gelten. Für die Bezüge i. S. d. § 7 UmwStG ist Art. 10 OECD-MA maßgeblich.

Die auf die Gesellschafter entfallenden Anteile am Übernahmeergebnis i. S. d. § 4 UmwStG und den Bezügen i. S. d. § 7 UmwStG sind für den Veranlagungszeitraum 01 wie folgt zu ermitteln:

	A	B	C	Summe
a) Übernahmeergebnis				
Wert des übernommenen Vermögens	1.000.000 €	600.000 €	400.000 €	2.000.000 €
+ Zuschlag für neutrales Vermögen	1.000.000 €	600.000 €	400.000 €	2.000.000 €
- Wert der Anteile an der GmbH	400.000 €	100.000 €	100.000 €	600.000 €
- Kosten des Vermögensübergangs	10.000 €	6.000 €	4.000 €	20.000 €
= Übernahmeergebnis 1. Stufe	1.590.000 €	1.094.000 €	696.000 €	3.380.000 €
- Bezüge nach § 7 UmwStG	300.000 €	180.000 €	120.000 €	600.000 €
= Übernahmeergebnis 2. Stufe	1.290.000 €	914.000 €	576.000 €	2.780.000 €

davon stpfl. Übernahmeergebnis (= Gegenstand der gesonderten und einheitlichen Feststellung)	1.290.000 €	914.000 €	0 €	2.204.000 €
b) Bezüge nach § 7 UmwStG	300.000 €	180.000 €	120.000 €	600.000 €
davon einzubeziehen in das Feststellungsverfahren (vor Anwendung von § 3 Nr. 40 EStG)	300.000 €	180.000 €	0 €	480.000 €
Gesonderte und einheitliche Feststellung:				
a) Übernahmeergebnis gem. § 4 UmwStG	1.290.000 €	914.000 €	0 €	2.204.000 €
b) Bezüge gem. § 7 UmwStG	300.000 €	180.000 €	0 €	480.000 €
= Einkünfte aus Gewerbebetrieb	1.590.000 €	1.094.000 €	0 €	2.684.000 €

h) Beispiele mit Zuschlag für neutrales Auslandsvermögen

Gehört zum übernommenen Vermögen auch Betriebsvermögen, für das die Bundesrepublik Deutschland am steuerlichen Übertragungsstichtag kein Besteuerungsrecht hat (z. B. aufgrund eines DBA durch Anwendung der Freistellungsmethode oder weil die übertragende Körperschaft in Deutschland nur beschränkt oder gar nicht steuerpflichtig ist), ist insoweit ausschließlich für Zwecke der Ermittlung des Übernahmeergebnisses der gemeine Wert dieses Vermögens anzusetzen (§ 4 Abs. 4 Satz 2 UmwStG). Der Zuschlag für neutrales Vermögen ist in Höhe der Differenz zwischen dem gemeinen Wert des Auslandsvermögens und dessen Wert in der steuerlichen Schlussbilanz des übertragenden Rechtsträgers vorzunehmen.[1] Eine steuerverhaftete Beteiligung hätte bei einer Veräußerung dieses Vermögen mittelbar der deutschen Besteuerung unterworfen. Diese Gewinnrealisation wird durch § 4 Abs. 4 Satz 2 UmwStG gesichert.

BEISPIEL 1 An der GmbH sind die natürlichen Personen A mit 50 %, B mit 30 % und C mit 20 % beteiligt. A und B sind unbeschränkt einkommensteuerpflichtig. A hält seinen Anteil (Anschaffungskosten = 400.000 €) an der GmbH im Privatvermögen, der Anteil des B (Buchwert = 100.000 €) wird in dessen Betriebsvermögen gehalten. C ist im Ausland ansässig und hält seinen Anteil (Anschaffungskosten = 100.000 €) im Pri-

---

[1] Siehe o. Rn 969

D. Das Umwandlungssteuerrecht

vatvermögen. Nach dem mit dem Wohnsitzstaat des C abgeschlossenen DBA steht das Besteuerungsrecht für Gewinne aus der Veräußerung von Anteilen an Kapitalgesellschaften nur dem Wohnsitzstaat zu. Die GmbH unterhält eine DBA-Freistellungs-Betriebsstätte im Ausland. Für Dividenden sieht das DBA ein Quellensteuerrecht entsprechend dem Art. 10 OECD – MA vor.

Die GmbH wird formwechselnd in eine KG umgewandelt. In der steuerlichen Schlussbilanz der GmbH werden die übergehenden Wirtschaftsgüter zulässigerweise einheitlich mit dem Buchwert = 2.000.000 € (davon Nennkapital = 1.400.000 € und offene Rücklagen = 600.000 €) angesetzt und von der KG entsprechend übernommen. Von den Umwandlungskosten entfallen 20.000 € auf die KG. Die Buchwerte des inländischen Vermögens betragen 1.500.000 € (gemeiner Wert = 2.800.000 €) und des ausländischen Vermögens 500.000 € (gemeiner Wert = 1.200.000 €).

Steuerlicher Übertragungsstichtag ist der 31.12.01. Das Wirtschaftsjahr der an der Umwandlung beteiligten Rechtsträger entspricht dem Kalenderjahr.

Lösung

Die KG hat die steuerlichen Buchwerte zu übernehmen (§ 4 Abs. 1 Satz 1 UmwStG). Die bisherigen Anteile von A und C an der GmbH gelten nach § 5 Abs. 2 UmwStG als mit den Anschaffungskosten in das Betriebsvermögen der KG eingelegt. Der bisherige Anteil des B gilt nach § 5 Abs. 3 UmwStG als mit dem Buchwert in das Betriebsvermögen der KG überführt.

Für die Gesellschafter A, B und C erfolgt eine Ermittlung des Übernahmeergebnisses. Der auf den Gesellschafter C entfallende Anteil an einem Übernahmegewinn bleibt allerdings im Rahmen der gesonderten und einheitlichen Feststellung außer Ansatz, weil nur steuerpflichtige Einkünfte festzustellen sind. Für die Bundesrepublik Deutschland hat ein Besteuerungsrecht hinsichtlich des Gewinns aus der Veräußerung dieses Anteils an der Kapitalgesellschaft nach dem DBA mit dem Wohnsitzstaat des C insoweit nicht bestanden. Gleiches würde auch für einen Übernahmeverlust gelten. Aufgrund des Abkommens rechtlichen Quellensteuerrechts sind die Bezüge im Sinne des § 7 UmwStG jedoch in die Feststellung mit einzubeziehen.[1]

Nach § 4 Abs. 4 Satz 2 UmwStG ist im Rahmen der Ermittlung des Übernahmeergebnisses für die Gesellschafter A, B und C ein Zuschlag für neutrales Vermögen (Auslandsvermögen) anzusetzen (1.200.000 € = gemeiner Wert - 500.000 € = Buchwert) = 700.000 €; davon Anteil des A = 350.000 €, Anteil des B = 210.000 € und Anteil des C = 140.000 €).

Die auf die Gesellschafter entfallenden Anteile am Übernahmeergebnis i.S.d. § 4 UmwStG und den Bezügen i.S.d. § 7 UmwStG sind für den Veranlagungszeitraum 01 wie folgt zu ermitteln:

---

[1] Vgl. o. Rn 964.

VIII. Der Weg von einer Körperschaft zu einer PersGes

	A	B	C	Summe
a) Übernahmeergebnis				
Wert des übernommenen Vermögens (BW)	1.000.000 €	600.000 €	400.000 €	2.000.000 €
Zuschlag für neutrales (Auslands-)Vermögen	350.000 €	210.000 €	140.000 €	700.000 €
- Wert der Anteile an der übertragenden GmbH	400.000 €	100.000 €	100.000 €	600.000 €
- Kosten des Vermögensübergangs	10.000 €	6.000 €	4.000 €	20.000 €
= Übernahmeergebnis 1. Stufe	940.000 €	704.000 €	436.000 €	2.080.000 €
- Bezüge nach § 7 UmwStG	300.000 €	180.000 €	120.000 €	600.000 €
= Übernahmeergebnis 2. Stufe	640.000 €	524.000 €	316.000 €	1.480.000 €
davon stpfl. Übernahmeergebnis				
(= Gegenstand der gesonderten und einheitlichen Feststellung)	**640.000 €**	**524.000 €**	**0 €**	**1.060.000 €**
b) Bezüge nach § 7 UmwStG	300.000 €	180.000 €	120.000 €	600.000 €
davon einzubeziehen in das Feststellungsverfahren				
(vor Anwendung von § 3 Nr. 40 EStG)	300.000 €	180.000 €	120.000 €	600.000 €
anzurechnende Kapitalertragsteuer (25 %)	75.000 €	45.000 €	30.000 €	
(DBA Quellensteuerrecht)				
Gesonderte und einheitliche Feststellung:				
a) Übernahmeergebnis gem. § 4 UmwStG	640.000 €	524.000 €	0 €	1.164.000 €
b) Bezüge gem. § 7 UmwStG	300.000 €	180.000 €	120.000 €	600.000 €
= Einkünfte aus Gewerbebetrieb	**940.000 €**	**704.000 €**	**120.000 €**	**1.764.000 €**

BEISPIEL 2 ▶ Die im EU-Ausland ansässige EU-Kapitalgesellschaft mit einer im Inland befindlichen gewerblichen Betriebsstätte wird auf eine gewerbliche EU-Personengesellschaft mit Sitz und Geschäftsleitung im EU-Ausland umgewandelt. Gesellschafter der EU-Kapitalgesellschaft sind die natürlichen Personen A mit 50 %, B mit 30 % und C mit 20 %. A und B sind im Inland unbeschränkt einkommensteuerpflichtig und ab-

1041

D. Das Umwandlungssteuerrecht

kommensrechtlich ansässig. A hält seinen Anteil (Anschaffungskosten = 400.000 €) an der EU-Kapitalgesellschaft im Privatvermögen, der Anteil des B (Buchwert = 100.000 €) wird in dessen Betriebsvermögen gehalten. C ist im EU-Ausland ansässig und hält seinen Anteil (Anschaffungskosten = 100.000 €) im Privatvermögen.

Nach dem mit dem Wohnsitzstaat des C abgeschlossenen DBA steht das Besteuerungsrecht für Gewinne aus der Veräußerung von Anteilen an Kapitalgesellschaften nur dem Wohnsitzstaat zu. Für Dividenden steht das Besteuerungsrecht dem Wohnsitzstaat des Gesellschafters zu.[1]

In der steuerlichen Schlussbilanz der EU-Kapitalgesellschaft werden die übergehenden Wirtschaftsgüter auf Antrag zulässigerweise einheitlich mit dem Buchwert angesetzt und von der EU-Personengesellschaft entsprechend übernommen.

Kapitalertragsteuer wurde im Ausland weder angemeldet noch abgeführt. Von den Umwandlungskosten entfallen 20.000 € auf die EU-Personengesellschaft. Die Buchwerte des inländischen Vermögens betragen 500.000 € (gemeiner Wert = 1.200.000 €) und des ausländischen Vermögens 1.500.000 € (gemeiner Wert = 2.800.000 €).

Steuerlicher Übertragungsstichtag ist der 31.12.01. Das Wirtschaftsjahr der an der Umwandlung beteiligten Rechtsträger entspricht dem Kalenderjahr.

Lösung

Die übernehmende EU-Personengesellschaft hat die steuerlichen Schlussbilanzwerte der EU-Kapitalgesellschaft zu übernehmen (§ 4 Abs. 1 Satz 1 UmwStG). Die bisherigen Anteile von A und C an der EU-Kapitalgesellschaft gelten nach § 5 Abs. 2 UmwStG als mit den Anschaffungskosten in das Betriebsvermögen der Übernehmerin eingelegt. Der bisherige Anteil des B gilt nach § 5 Abs. 3 UmwStG als mit dem Buchwert in das Betriebsvermögen der EU-Personengesellschaft überführt.

Für die Gesellschafter A, B und C erfolgt eine Ermittlung des Übernahmeergebnisses. Nach § 4 Abs. 4 Satz 2 UmwStG ist i. R. der Ermittlung des Übernahmeergebnisses ein Zuschlag für neutrales Vermögen (Auslandsvermögen) anzusetzen (2.800.000 € (= gemeiner Wert) ./. 1.500.000 € (= Buchwert) = 1.300.000 €; davon Anteil des A = 650.000 €, Anteil des B = 390.000 € und Anteil des C = 260.000 €).

Der auf C entfallende Anteil am Übernahmeergebnis i. S. d. § 4 UmwStG und den Bezügen i. S. d. § 7 UmwStG bleibt i. R. der gesonderten und einheitlichen Feststellung außer Ansatz, weil für C im Inland keine (beschränkte) Steuerpflicht besteht. Für die Bezüge i. S. d. § 7 UmwStG von A und B ist Art. 10 OECD-MA maßgeblich.

Die auf die Gesellschafter entfallenden Anteile am Übernahmeergebnis i. S. d. § 4 UmwStG und den Bezügen i. S. d. § 7 UmwStG sind für den Veranlagungszeitraum 01 wie folgt zu ermitteln:

---

1 Vgl. Art. 10 Abs. 1 OECD-MA.

	A	B	C	Summe
a) Übernahmeergebnis				
Wert des übernommenen Vermögens (BW)	1.000.000 €	600.000 €	400.000 €	2.000.000 €
+ Zuschlag für neutrales (Auslands-) Vermögen	650.000 €	390.000 €	260.000 €	1.300.000 €
- Wert der Anteile an der übertragenden GmbH	400.000 €	100.000 €	100.000 €	600.000 €
- Kosten des Vermögensübergangs	10.000 €	6.000 €	4.000 €	20.000 €
= Übernahmeergebnis 1. Stufe	1.240.000 €	884.000 €	556.000 €	2.680.000 €
- Bezüge nach § 7 UmwStG	300.000 €	180.000 €	120.000 €	600.000 €
= Übernahmeergebnis 2. Stufe	940.000 €	704.000 €	436.000 €	2.080.000 €
davon stpfl. Übernahmeergebnis				
(= Gegenstand der gesonderten und einheitlichen Feststellung)	940.000 €	704.000 €	0 €	1.644.000 €
b) Bezüge nach § 7 UmwStG	300.000 €	180.000 €	120.000 €	600.000 €
davon einzubeziehen in das Feststellungsverfahren				
(vor Anwendung von § 3 Nr. 40 EStG)	300.000 €	180.000 €	0 €	480.000 €
Gesonderte und einheitliche Feststellung:				
a) Übernahmeergebnis gem. § 4 UmwStG	940.000 €	704.000 €	0 €	1.644.000 €
b) Bezüge gem. § 7 UmwStG	300.000 €	180.000 €	0 €	480.000 €
= Einkünfte aus Gewerbebetrieb	1.240.000 €	884.000 €	0 €	2.124.000 €

i) Kosten des Vermögensübergangs

Als Kosten des Vermögensübergangs i. S. d. § 4 Abs. 4 Satz 1 UmwStG sind nur die nicht objektbezogenen Kosten des übernehmenden Rechtsträgers – unabhängig vom Zeitpunkt der Entstehung – sowie auch die nicht objektbezogenen Kosten, die dem übertragenden Rechtsträger zuzuordnen und nach dem steuerlichen Übertragungsstichtag entstanden sind, zu berücksichtigen. Sie bewirken eine Minderung des Übernahmegewinns bzw. eine Erhöhung des Über-

1042

nahmeverlustes. Sofern sie als laufender Aufwand beim übernehmenden Rechtsträger berücksichtigt worden sind, hat eine entsprechende außerbilanzielle Korrektur zu erfolgen.[1]

Eine verhältnismäßige Zuordnung zum Übernahmeergebnis und zum Dividendenanteil gem. § 7 UmwStG ist nicht vorzunehmen. Ein Gesellschafter, der nicht der Übernahmegewinnbesteuerung, sondern nur der Besteuerung des Dividendenanteils gem. § 7 UmwStG unterliegt, kann seine Übernahmekosten steuerlich nicht geltend machen.

j) Übernahmeverlust

1043 Ist das übernommene Vermögen kleiner als der Buchwert der Anteile, ergibt sich ein Übernahmeverlust.

1044 Der oben unter Rn 901 dargestellte Sachverhalt, wonach eine GmbH im Wege einer übertragenden Umwandlung auf eine bestehende OHG, an der A und B beteiligt sind, umgewandelt werden soll, wird aus der Sicht der OHG mit Buchwerten fortgeführt. Die GmbH-Beteiligung ist aus Vereinfachungsgründen im Gesamthandsvermögen enthalten. Allerdings steht sie dort mit einem Buchwert von 400.000. Die Gesellschaften erstellen vor der Umgründung somit folgende Bilanzen und Anschreibungen:

GmbH-Bilanz

Aktiva		Passiva	
Diverse	160.000	Stammkapital	100.000
		Gewinnrücklage	60.000
	160.000		160.000

Das Körperschaftsteuerguthaben der GmbH wurde nach § 37 i.V.m. § 27 Abs. 2 KStG mit 10.000 ermittelt.

OHG-Bilanz

Aktiva		Passiva	
Anteile	400.000	Kapital A und B	400.000
	400.000		400.000

---

[1] Zur ertragsteuerlichen Behandlung der durch einen Umwandlungsvorgang entstandenen objektbezogenen Kosten des Vermögensübergangs vgl. BMF-Schreiben v. 18.1.2010 (BStBl I 2010 S. 70).

VIII. Der Weg von einer Körperschaft zu einer PersGes

Die vollständige Nichtabziehbarkeit eines Übernahmeverlustes zweiter Stufe nach bisherigem Recht konnte aufgrund des Systemwechsels durch das SEStEG nicht beibehalten werden. 1045

Die Übertragungsbilanz wird nach SEStEG folgendermaßen entwickelt:

Schlussübertragungsbilanz der GmbH nach Steuern

Aktiva		Passiva	
Diverse	160.000	Stammkapital	100.000
Steuerrückforderung	6.510	Gewinnrücklage	60.000
		Übertragungsüberschuss	6.510
	166.510		166.510

Der übernehmende Rechtsträger hat gem. § 4 Abs. Satz 1 UmwStG die übergegangenen Wirtschaftsgüter mit den in der steuerlichen Schlussbilanz der übertragenden Gesellschaft enthaltenen Werten zu übernehmen. Die Übernahmebilanz zeigt daher folgendes Bild:

Eröffnungs-Übernahmebilanz der OHG

Aktiva		Passiva	
Diverse	160.000	Kapital A und B	400.000
Steuerrückforderung	6.510		
Übernahmefehlbetrag	233.490		
	400.000		400.000

Danach ergibt sich folgendes Ergebnis:

	OHG Gesamt	A	B
Aktiva GmbH	166.510	83.255	83.255
./. Fremdkapital	./. 0	./. 0	./. 0
Wert des Betriebsvermögens	166.510	83.255	83.255
./. Buchwertanteile	./. 400.000	./. 200.000	./. 200.000
Übernahmeverlust 1	./. 233.490	./. 116.745	./. 116.745
.+ Sperrbetrag		nicht relevant	
./. offene Rücklagen	./. 66.510	./. 33.255	./. 33.255
Übernahmeverlust 2	./. 300.000	./. 150.000	./. 150.000

D. Das Umwandlungssteuerrecht

Die offenen Rücklagen wurden wie schon oben[1] gem. § 7 UmwStG entwickelt. Diese werden vom Übernahmeergebnis 1 abgezogen mit der Folge, dass sich gem. § 4 Abs. 5 Satz 2 UmwStG ein Übernahmeverlust um die Bezüge, die nach § 7 UmwStG zu den Einkünften aus Kapitalvermögen i. S. des § 20 Abs. 1 Nr. 1 EStG gehören, erhöht.

1046 Ein Übernahmeverlust bleibt gem. § 4 Abs. 6 Satz 1 UmwStG grds. außer Ansatz, soweit er auf eine Körperschaft, Personenvereinigungen oder Vermögensmasse als Mitunternehmerin der Personengesellschaft entfällt. Da sich § 4 UmwStG auf die Ermittlung der steuerlichen Bemessungsgrundlage bezieht, erfolgt die Korrektur außerhalb der Bilanz.

1047 Bei natürlichen Personen ist er gem. § 4 Abs. 6 Satz 4 UmwStG zu 60 %, höchstens in Höhe von 60 % der Bezüge i. S. des § 7 UmwStG zu berücksichtigen; ein danach verbleibender Übernahmeverlust bleibt außer Ansatz. Danach ergeben sich folgende Möglichkeiten:

▶ Ist der Übernahmeverlust = < als die Bezüge nach § 7 UmwStG, wird er zu 60 % steuerlich anerkannt.

▶ Ist der Übernahmeverlust > als die Bezüge nach § 7 UmwStG, wird er nur zu 60 % der Bezüge nach § 7 UmwStG anerkannt.

Im vorliegenden Beispielsfall hat das folgende Konsequenz:

§ 4 Abs. 6 Satz 4 60 %	180.000	90.000	90.000
Obergrenze 60 % offene Rücklage	39.906	19.953	19.953
Außer Ansatz bleibender Übernahmeverlust:	140.094	70.047	70.047

Damit versteuern die Gesellschafter im Ergebnis keine Kapitaleinkünfte.

1048 Bei der Ermittlung des Übernahmeergebnisses ist keine Begrenzung des übergehenden Vermögens auf 0 € vorgesehen. Daher führt ein Negativvermögen im Falle der Verschmelzung einer überschuldeten Kapitalgesellschaft auf eine Personengesellschaft zu einem entsprechenden höheren Übernahmeverlust.

---

[1] Siehe o. Rn 1036.

k) Gewerbesteuerliche Behandlung des Übernahmeergebnisses

§ 18 Abs. 1 Satz 1 UmwStG stellt klar, dass auch die Umwandlung einer Kapitalgesellschaft in eine Personengesellschaft im Wege des **Formwechsels** eine Umwandlung i. S. dieser Vorschrift ist.[1]

1049

Der Wortlaut des § 18 Abs. 2 Satz 1 UmwStG ist vor und nach SEStEG unverändert geblieben. **Ein Übernahmegewinn oder -verlust ist nicht zu erfassen.** Bedeutung hat § 18 Abs. 2 Satz 1 UmwStG nur dann, wenn die übernehmende Personengesellschaft gewerbesteuerpflichtig ist. Die Vorschrift begründet nicht eine Gewerbesteuerpflicht, sondern setzt diese voraus.[2] Rechtstechnisch bildet ein einkommensteuerpflichtiger oder ein körperschaftsteuerpflichtiger Übernahmegewinn einen Teil des Gewerbeertrags i. S. des § 7 GewStG. § 18 Abs. 2 Satz 1 UmwStG hat wegen der gewerbesteuerlichen Vorbelastung des Übertragungsgewinns eine Korrrekturfunktion i. R. des Gewerbeertrags des nachfolgenden Personenunternehmens.

1050

Das **Übernahmeergebnis** wird bei einer Personengesellschaft nicht gesellschafts-, sondern **gesellschafterbezogen** ermittelt. Daraus ergeben sich folgende Konsequenzen:

1051

Soweit natürliche Personen Mitunternehmer der übernehmenden Personengesellschaft sind, erfolgt wegen § 4 Abs. 7 Satz 2 UmwStG i. V. m. § 7 Satz 4 GewStG bis Ende VZ 2008 eine hälftige und danach eine 40 %ige Kürzung. Insoweit bedarf es auch keiner Freistellung von der Gewerbesteuer, da nur der einkommensteuerpflichtige Teil den Gewerbeertrag bildet.

1052

Entfällt ein Übernahmegewinn auf eine als Mitunternehmer beteiligte Körperschaft, ist § 8b KStG anwendbar. Nur soweit § 8b KStG eine Freistellung des Übernahmegewinns nicht erreicht, ist Raum für die Anwendung des § 18 Abs. 2 Satz 1 UmwStG. Ist beispielsweise § 8b Abs. 7 oder 8 KStG auf den Übernahmegewinn anzuwenden, so wäre im Gewerbeertrag der volle Übernahmegewinn enthalten. Dieser wäre dann nach § 18 Abs. 2 Satz 1 UmwStG zu kürzen. Es wird die Auffassung vertreten, dass der 5 %ige Korrekturbetrag gem. § 8b Abs. 5 Satz 1 KStG nicht zum Übernahmegewinn gehört.[3] Danach kann in Höhe von 5 % sich die gewerbesteuerliche Freistellung des § 18 Abs. 2 Satz 1 nicht auswirken.

1053

---

1 Zum alten Recht vertritt der BFH dieselbe Auffassung, vgl. Urteile v. 11. 12. 2001 VIII R 23/01, BFH/NV 2002 S. 600; v. 30. 8. 2007 IV R 22/06, BFH/NV 2008 S. 109 und v. 26. 6. 2007 IV R 58/06, BStBl II 2008 S. 73, bestätigt durch BVerfG, Urteil v. 6. 11. 2008 1 BvR 2360/07.
2 Schmitt in S/H/S, UmwG-UmwStG, § 18 UmwStG, Rn 29; Pung in D/P/M, § 18 UmwStG, Tz. 27.
3 Pung, a. a. O., Tz. 28.

1054 Vor SEStEG waren im Übernahmeergebnis auch die offenen Rücklagen nach § 7 UmwStG enthalten, sofern Anteile von natürlichen Personen der Besteuerung unterlagen. Der Gesetzgeber hat daher § 18 Abs. 2 Satz 2 UmwStG geschaffen, wonach die Abtrennung der offenen Rücklage aus dem Übernahmeergebnis auch gewerbesteuerlich stattfindet. Danach ist in den Fällen des § 5 Abs. 2 UmwStG ein Gewinn nach § 7 UmwStG nicht zu erfassen.

1055 § 18 Abs. 3 UmwStG beinhaltet eine **Missbrauchsverhütungsregelung**.

1056 Die Steuerbefreiung nach § 18 Abs. 2 UmwStG birgt die Gefahr, einen Gewinn aus der Aufgabe bzw. Liquidation einer Kapitalgesellschaft der Gewerbesteuer zu entziehen. Besonders deutlich wird das folgende Gestaltung, die unter dem Begriff „**Umwandlungsmodell**" lief:

> Eine GmbH wird zu Buchwerten umgewandelt in ein Personenunternehmen, wodurch kein oder nur ein geringer Übertragungsgewinn anfällt. Eine spätere Veräußerung oder Aufgabe des Betriebs, Teilbetriebs bzw. Mitunternehmeranteils unterliegt nicht der Gewerbesteuer, wenn die Voraussetzungen des § 7 Satz 2 GewStG erfüllt sind.

1057 Daher wird ein **Gewinn** der Personengesellschaft oder der natürlichen Person **aus der Veräußerung bzw. Aufgabe des Betriebs, eines Teilbetriebs oder Mitunternehmeranteils innerhalb der ersten fünf Jahre nach der Umwandlung ausnahmsweise der Gewerbesteuer unterworfen.** Als Veräußerung gilt auch die Veräußerung eines Unternehmens oder MU-Anteils gegen wiederkehrende Bezüge.[1] Für den Gewinn aus der Veräußerung/Aufgabe eines Teilbetriebs gilt dies nur dann, wenn der Teilbetrieb zu dem übergegangenen Vermögen gehört hat. Beim Mitunternehmeranteil ist auch die Veräußerung/Aufgabe eines Teils des Mitunternehmeranteils schädlich. Die Gewerbesteuer mindert nach Auffassung des BFH als Veräußerungskosten den Veräußerungsgewinn.[2] Diese Entscheidung ist u. E. allerdings ab dem VZ 2008 überholt, da die Gewerbesteuer seitdem gem. § 4 Abs. 5b EStG das steuerliche Ergebnis nicht mindern darf.

1058 Die Fünfjahresfrist beginnt mit dem steuerlichen Übertragungsstichtag.

1059 § 18 Abs. 3 UmwStG erhöht die Gewerbesteuerbemessungsgrundlage des Personenunternehmens in dem Jahr, in dem der Betriebsveräußerungs- oder Betriebsaufgabevorgang abgeschlossen ist. Er durchbricht den Grundsatz, dass nur ein laufender Gewinn bei Personenunternehmen der Gewerbesteuer un-

---

1 Ebenso FG Köln, Urt. v. 15.12.2009, 12 K 4435/07, EFG 2011, S.1754, bestätigt durch BFH, Urteil v. 17.7.2013 - X R 40/10, BStBl II 2013 S. 883 mit Anm. Hennigfeld in DB 2013 S. 2189; Rn 18.06 UmwStErl 2011; a. A. Neu/Hamacher, DStR 2010 S. 1453.
2 BFH Urt. v. 16.12.2009 IV R 22/08, BStBl II 2010 S. 736;

terliegt. Erfasst werden die stillen Reserven im Zeitpunkt der Veräußerung, nicht im Zeitpunkt der Verschmelzung. **Der Nachversteuerung unterliegen infolgedessen auch neu gebildete stille Reserven.** Als weitere Hürde zur Abwehr von Missbrauchsgestaltungen versagt der Gesetzgeber gem. § 18 Abs. 3 Satz 3 UmwStG die Ermäßigung der Einkommensteuer nach § 35 EStG für den Anteil des Gewerbesteuer-Messbetrags, der von § 18 Abs. 3 UmwStG erfasst wird.

Im Gegensatz zu § 18 Abs. 1 und 2 UmwStG begründet Abs. 3 eine **eigene Gewerbesteuerpflicht.** Damit fällt auch dann Gewerbesteuer an, wenn die übernehmende Personengesellschaft oder natürliche Person nicht der Gewerbesteuer unterliegt, da sie Einkünfte aus LuF oder selbständiger Arbeit erzielt.[1]

1060

§ 18 Abs. 3 UmwStG ist auch dann anwendbar, wenn der Veräußerungsgewinn bereits nach allgemeinen Grundsätzen der Gewerbesteuer unterliegt, da er nach Satz 3 § 35 EStG generell für Gewinne i. S. der Sätze 1 und 2 ausschließt.[2]

1061

Nach seinem Wortlaut erfasst § 18 Abs. 3 UmwStG auch dann einen Aufgabe- bzw. Veräußerungsgewinn, wenn die Umwandlung mit dem gemeinen Wert (vor SEStEG mit dem Teilwert) erfolgte. Nach alter Rechtslage rechtfertigte die Finanzverwaltung die Nachversteuerung über einen Teilwertansatz damit, dass in einem Teilwert ein originärer Firmenwert nicht berücksichtigt wurde.[3] Allerdings wird nach Inkrafttreten des SEStEG i. R. des Ansatzes mit einem gemeinen Wert der Firmenwert gem. § 3 Abs. 1 Satz 1 UmwStG nunmehr berücksichtigt. Die Finanzverwaltung kann daher ihre Begründung zum Teilwert nicht überzeugend im neuen Recht fortführen.[4]

1062

Eine Veräußerung oder Aufgabe des auf den übernehmenden Rechtsträger übergegangenen Betriebs liegt beispielsweise auch vor, wenn der übergegangene Betrieb in eine Kapitalgesellschaft eingebracht wird. Wird der Betrieb bzw. ein Teilbetrieb oder ein Mitunternehmeranteil nach § 24 UmwStG zu Buchwerten oder Zwischenwerten in eine Personengesellschaft eingebracht, tritt die übernehmende Gesellschaft in die Rechtsstellung der übertragenden Gesellschaft ein und ist daher für den Rest der Fünfjahresfrist der Vorschrift des § 18 Abs. 3 UmwStG unterworfen.[5]

1063

---

1 Schmitt in S/H/S, UmwG-UmwStG, § 18 UmwStG, Rn 35; Pung in D/P/M, § 18 UmwStG, Tz. 33.
2 BFH, Urteil v. 30. 8. 2007 IV R 22/06, BFH/NV 2008 S. 109; Trossen in R/H/vL, § 18 UmwStG, Rn 48.
3 BMF-Schreiben v. 25. 3. 1998, BStBl I 1998 S. 268, Tz. 18.07.
4 So auch Pung in D/P/M, § 18 UmwStG, Tz. 47.
5 So die Auffassung der Finverw. in BMF-Schreiben v. 25. 3.1998, BStBl I 1998 S. 268, Tz. 18.05 zum alten Recht.

D. Das Umwandlungssteuerrecht

1064 Die Einbringung eines Betriebs, Teilbetriebs oder Mitunternehmeranteils in eine Personengesellschaft, bei der das eingebrachte Vermögen mit dem gemeinen Wert angesetzt wurde, führt gem. § 24 Abs. 3 Satz 3 UmwStG i.V. m. § 16 Abs. 2 Satz 3 EStG insoweit zu einem gewerbesteuerpflichtigen Gewinn, als der Einbringende an der Personengesellschaft beteiligt ist. Insoweit handelt es sich um einen laufenden Gewinn, der nach den allgemeinen Regeln der Gewerbesteuer unterliegt. Eine schädliche Veräußerung liegt insoweit nicht vor, da das betriebliche Engagement nicht beendet, sondern fortgesetzt wird. Eine schädliche Veräußerung i. S. des § 18 Abs. 3 UmwStG liegt nur insoweit vor, als der Einbringende an der Übernehmerin nicht beteiligt ist.

1065 Findet innerhalb der Fünfjahresfrist eine **unentgeltliche Übertragung** des übergegangenen Betriebs nach § 6 Abs. 3 EStG statt, so fehlt es an einer Veräußerung des Betriebs i. S. des § 18 Abs. 3 UmwStG. In diesem Falle ist der Rechtsnachfolger für den verbleibenden Rest der Fünfjahresfrist § 18 Abs. 3 UmwStG unterworfen.

1066 Eine **Realteilung** einer Personengesellschaft mit Buchwertfortführung ist innerhalb der Fünfjahresfrist wie eine unentgeltliche Übertragung zu behandeln. Die übernehmenden Gesellschafter der Personengesellschaft treten in die Rechtsstellung der Personengesellschaft ein. Ist jedoch der gemeine Wert anzusetzen, weil z. B. die Wirtschaftsgüter auf eine Körperschaft übertragen werden, oder ist nach § 16 Abs. 3 Satz 3 EStG rückwirkend der gemeine Wert anzusetzen, wird innerhalb der Fünfjahresfrist § 18 Abs. 3 UmwStG ausgelöst.[1]

1067 Durch das JStG 2008 hat der Gesetzgeber mit erstmaliger Wirkung für nach dem 31. 12. 2007 zur Registereintragung angemeldete Umwandlungen die frühere Verwaltungsauffassung im Gesetz verankert, wonach auch der Gewinn, der auf das dem übernehmenden Rechtsträger bereits vor der Umwandlung gehörende Betriebsvermögen entfällt, der GewSt nach § 18 Abs. 3 UmwStG zu unterwerfen ist, nachdem der BFH diese Auffassung durch mehrere Urteile verworfen hat.[2]

l) Körperschaftsteuerguthaben in der Folgezeit

1068 Erträge und Gewinnminderungen der Körperschaft, die sich aus der Anwendung des § 37 Abs. 5 KStG ergeben, gehören nicht zu den Einkünften im Sinne des Einkommensteuergesetzes. Die Auszahlung ist aus den Einnahmen an Kör-

---

[1] Zur Realteilung s. BMF-Schreiben v. 28. 2. 2006, BStBl I 2006 S. 228.
[2] BFH, Urteile v. 16. 11. 2005 X R 6/04, BStBl II 2008 S. 62 und v. 20. 11. 2006 VIII R 47/05, BStBl II 2008 S. 69.

perschaftsteuer zu leisten. So lautet § 37 Abs. 7 KStG. Bei Gesamtrechtsnachfolge gehen gem. § 45 AO die Forderungen und Schulden aus dem Steuerschuldverhältnis auf den Rechtsnachfolger über. Aus dieser Vorschrift könnte man die Steuerfreiheit der Körperschaftsteuererstattung auf der Ebene der nachfolgenden Rechtsträger ableiten.[1] Nur wäre das ein Systembruch. Sofern erstattete Körperschaftsteuer z. B. an Gesellschafter, die natürliche Personen sind, ausgeschüttet wird, gilt das Halbeinkünfte-/Teileinkünftesystem. Daher ist bei einer Umwandlung auf Personenunternehmen, soweit daran natürliche Personen beteiligt sind, § 37 Abs. 7 Satz 1 KStG nicht anzuwenden. Bei der übertragenden Körperschaft hat die Aktivierung des Rückzahlungsanspruchs zu offenen Rücklagen i. S. des § 7 UmwStG geführt. Diese lösen bei dem übernehmenden Rechtsträger steuerpflichtige Einkünfte aus Kapitalvermögen aus, die dem Halbeinkünfte-/Teileinkünfteverfahren unterliegen. Im Fall der Umwandlung nach den §§ 3 ff. UmwStG geht die Steuerfreiheit des Erstattungsanspruchs also verloren, soweit Gesellschafter der übernehmenden Personengesellschaft eine natürliche Person ist bzw. bei einer übernehmenden natürlichen Person. Das ist konsequent, da § 7 UmwStG eine Ausschüttung fingiert. Die Regelung des § 4 Abs. 2 Satz 1 UmwStG, wonach der übernehmende Rechtsträger in die Stellung des übertragenden Rechtsträgers eintritt, gilt insoweit gerade nicht.

Die Finanzverwaltung vertritt die Auffassung: Nach Umwandlung auf eine Personengesellschaft ist § 37 Abs. 7 KStG auch insoweit nicht anzuwenden, als an der Personengesellschaft Körperschaften beteiligt sind.[2] Damit wird der Regelungsmechanismus § 8b KStG erhalten. Ist Gesellschafterin der übernehmenden Personengesellschaft eine Körperschaft, tritt Steuerfreiheit nach § 8b Abs. 1 KStG ein, jedoch sind 5 % nach § 8b Abs. 5 KStG nichtabzugsfähige Betriebsausgaben.[3]

1069

§ 37 Abs. 7 KStG gilt nur für Körperschaften, denen gegenüber der Anspruch nach § 37 Abs. 5 Satz 3 KStG festgesetzt wurde. Die Regelung gilt darüber hinaus auch für Gesamtrechtsnachfolger, allerdings nur dann, wenn der übernehmende Rechtsträger den Regelungen des Körperschaftsteuergesetzes unterliegt. § 37 Abs. 7 KStG gilt des Weiteren nicht für anderweitig erworbene Auszahlungsansprüche; wie beispielsweise in Abtretungsfällen.

1070

---

1 So offenbar die Auffassung von Förster/Felchner, DStR 2006 S. 1725 ff.; DStR 2007 S. 280 ff., wonach § 4 Abs. 2 Satz 1 UmwStG einen Eintritt in die steuerliche Rechtsstellung der übertragenden Körperschaft anordnet.
2 BMF-Schreiben v. 14. 1. 2008, BStBl I 2008 S. 280.
3 Vgl. Dötsch/Pung, DB 2006 S. 2648, 2655.

1071 In diesen Fällen hat der Erwerber den Auszahlungsanspruch mit den Anschaffungskosten zu aktivieren. Die Ratenzahlungen bleiben in Höhe des Tilgungsanteils erfolgsneutral. Der Zinsanteil wirkt sich jedoch erhöhend auf den Gewinn aus und darf nicht nach § 37 Abs. 7 KStG bei der Ermittlung des Einkommens neutralisiert werden.

1072 Der gesamte Anspruch auf Auszahlung entsteht gem. § 37 Abs. 5 Satz 2 KStG im Regelfall mit Ablauf des 31. 12. 2006. Die Entstehung des Anspruchs ist nicht von einer Antragstellung abhängig. Der Auszahlungsanspruch ist entsprechend bei einem mit dem Kalenderjahr übereinstimmenden Wirtschaftsjahr in der Handels- und Steuerbilanz des Anspruchsberechtigten zum 31. 12. 2006 gewinnerhöhend anzusetzen und mit dem Barwert zu bewerten. Der Barwert ist auf der Grundlage des Marktzinses am Bilanzstichtag zu ermitteln. Als Orientierungshilfe kann z. B. die Verzinsung von Bundesanleihen herangezogen werden.

1073 Im Beispielsfall wurde aus Vereinfachungsgründen ein Abzinsungsfaktor von 5,5 % unterstellt unter Verwendung der Tabelle 3 der Vervielfältiger für die Abzinsung einer unverzinslichen Schuld, die in gleichen Jahresraten getilgt wird.[1]

1074 Bei einer Umwandlung zum 1. 1. 2007 hatte danach die Forderung einen Wert von 6.510 € und nach zwölf Monaten einen Wert von 6.869 €. Die Differenz ist der Zinszuwachs des Jahres 2007 (= 349 €). Daher wird auch bei der Nachfolgepersonengesellschaft gebucht:

Forderung KSt-Guthaben an Ertrag aus Steuern 359 €
Neuer Forderungsstand in der Bilanz zum 31. 12. 2007: 6.869 €

1075 Dieser Zinsteil ist anders als bei Nachfolgekapitalgesellschaften bei einer Umwandlung auf eine Personengesellschaft nach Auffassung der Finanzverwaltung[2] nicht mehr steuerbefreit.

1076 Der Forderungswert zum Zeitpunkt der Umwandlung (31. 12. 2006/1. 1. 2007) unterliegt als Einnahme gem. § 7 UmwStG bei natürlichen Personen dem Halbeinkünfte-/Teileinkünftesystem und bei Mitunternehmerkörperschaften den Regelungen § 8b KStG. Dagegen sind die Zinsen der Besteuerung unterworfen und dürfen nicht neutralisiert werden.

1077 Durch die gesetzgeberische Auszahlungsverzögerung des Steuerguthabens kann bei einer Umwandlung in eine Personengesellschaft fiskalisch ein Mehr-

---

[1] Siehe o. Rn 911.
[2] So früher BMF-Schreiben v. 14. 1. 2008, BStBl I 2008 S. 280 u. jetzt Rn 04.33 UmwStErl 2011.

wert geschöpft werden, der aus dem Gesichtspunkt der Rechtsformneutralität nicht unproblematisch ist.

(Einstweilen frei) 1078–1100

7. Gewinnermittlung bei eigenen Anteilen der übertragenden Körperschaft

Bei der Umwandlung einer Körperschaft auf ein Personenunternehmen gehen eigene Anteile[1] der übertragenden Körperschaft unter, da sie keinen Wert mehr darstellen und infolgedessen in der steuerlichen Schlussbilanz der übertragenden Körperschaft nicht mehr angesetzt werden dürfen.[2] Bis zur Geltung des BilMoG[3] war der hierdurch entstehende Buchverlust in der steuerlichen Gewinnermittlung außerhalb der Bilanz hinzuzurechnen oder gewinnneutral auszubuchen.[4] Nur so wurde die Besteuerung der stillen Reserven sichergestellt. Bei dem übernehmenden Rechtsträger werden die Anteile nicht erfasst. Der Wert des übergehenden Vermögens wurde schon in der Übertragungsbilanz um den Wert der eigenen Anteile verringert. Mit dem neuen § 272 Abs. 1a HGB vereinheitlicht das BilMoG den Ausweis eigener Anteile im Jahresabschluss. Zum einen wird die Vorschrift begrifflich nicht mehr nur auf eigene Aktien bezogen, sondern auf den umfassenderen Begriff der eigenen Anteile, der auch GmbH-Geschäftsanteile umfasst. Zum anderen wird für alle eigenen Anteile vorgeschrieben, dass diese auf der **Passivseite der Bilanz in der Vorspalte offen von dem Posten „Gezeichnetes Kapital" abzusetzen** sind. Die bisherige willkürliche, von der subjektiven Absicht des Erwerbs geprägte Aktivierung eigener Aktien entfällt ersatzlos. Diese Bilanzierung knüpft an den Befund an, dass der Erwerb eigener Anteile zwar nicht rechtlich, aber sehr wohl wirtschaftlich einer Kapitalherabsetzung gleichkommt, auch wenn die eigenen Anteile ohne formale Einziehung bestehen bleiben. Aus der Vorschrift folgt ein Aktivierungsverbot für eigene Anteile. Als Buchungstechnik wird empfohlen, den Vorspaltenposten als „Nennbetrag/rechnerischer Wert eigener Anteile" und den Hauptspaltenposten als „Ausgegebenes Kapital" zu bezeichnen.[5]

1101

---

1 Zur Zulässigkeit des Erwerbs eigener Anteile siehe § 33 GmbH bzw. § 71 AktG.
2 BFH, Urteil v. 28.10.1964 IV 208/64 U, BStBl III 1965 S. 59.
3 Gesetz zur Modernisierung des Bilanzrechts (Bilanzrechtsmodernisierungsgesetz) vom 25.5.2009, BGBl I 2009 S. 1102.
4 BMF-Schreiben v. 25.3.1998, BStBl I 1998 S. 268, Tz. 04.19.
5 Knorr / Seidler in Bertram/Brinkmann/Kessler/Müller, HGB § 272 Rz. 179 f.

D. Das Umwandlungssteuerrecht

1102 Mit Hilfe einer Abwandlung des obigen Grundsachverhalts[1] werden die Auswirkungen vereinfacht dargestellt (ohne GewSt und Solidaritätszuschlag).

Sachverhalt:

Eine GmbH soll auf eine bestehende OHG, an der A und B beteiligt sind, im Wege einer übertragenden Umwandlung mit Aufdeckung stiller Reserven umgewandelt werden. Die GmbH-Beteiligung ist aus Vereinfachungsgründen im Gesamthandsvermögen enthalten. Die Gesellschaften erstellen vor der Umgründung folgende Bilanzen und Anschreibungen:

GmbH-Bilanz vor BilMoG

Aktiva		Passiva	
Diverse	110.000	Stammkapital	100.000
		Rücklage bei eigenen Anteilen	50.000
Eigene Anteile	50.000	Rücklage	10.000
	160.000		160.000

GmbH-Bilanz nach BilMoG

Aktiva				Passiva	
Diverse	110.000	Stammkapital	Summe	Vorspalte	Haupspalte
		Eigene Anteile	100.000	50.000	50.000
		ausgegebenes Kapital			
		Rücklage			60.000
	110.000				110.000

Das Körperschaftsteuerguthaben der GmbH wurde nach § 37 i.V.m. § 27 Abs. 2 KStG mit 10.000 ermittelt.

OHG-Bilanz

Aktiva		Passiva	
Anteile	100.000	Kapital A und B	100.000
	100.000		100.000

Im Betriebsvermögen der GmbH ruhen stille Reserven von 100.000.

---

1 Siehe o. Rn 901.

Das Körperschaftsteuerguthaben der GmbH wurde nach der Rechtslage SEStEG und JStG 2008 auf 6.510 zum 1.1.2007 abgezinst.[1]

Lösung: 1103

Behandlung bei der übertragenden GmbH vor BilMoG

1. Schritt: Ausbuchung der Anteile

GmbH-Übertragungsbilanz vor Steuern

Aktiva		Passiva	
Diverse	110.000	Stammkapital	100.000
Eigene Anteile	0	Rücklage	60.000[2]
KSt - Guthaben	6.510	Übertragungsfehlbetrag	./. 43.490
	116.510		116.510

2. Schritt: Werterhöhung 100.000

GmbH-Übertragungsbilanz vor Steuern

Aktiva		Passiva	
Diverse	210.000	Stammkapital	100.000
Eigene Anteile	0	Rücklage	60.000
KSt-Guthaben	6.510	Übertragungsüberschuss	56.510
	216.510		216.510

3. Schritt: Steuerliche Gewinnermittlung außerhalb der Bilanz

Übertragungsüberschuss lt. Bilanz	56.510
Zzgl. Verlust eigener Anteile	50.000
Abzüglich KSt-Guthaben (§ 37 Abs. 7 Satz 1 KStG)	./. 6.510
Einkünfte/z.v.E der GmbH	100.000

Darauf werden 15 % KSt zzgl. SolZ und GewSt erhoben.

---

[1] Siehe o. Rn 911.
[2] Die „Rücklage für eigene Anteile" wird zugunsten der „Gewinnrücklagen" aufgelöst.

D. Das Umwandlungssteuerrecht

4. Schritt:

GmbH-Übertragungsbilanz nach Steuern

Aktiva		Passiva	
Diverse	210.000	Stammkapital	100.000
Eigene Anteile	0	Rücklage	60.000
KSt-Guthaben	6.510	Übertragungsüberschuss	41.510
		KSt-Rückstellung	15.000
	216.510		216.510

Behandlung bei der übertragenden GmbH nach BilMoG

1. Schritt: Werterhöhung 100.000 mit Untergang der Anteile

GmbH-Übertragungsbilanz vor Steuern

Aktiva		Passiva			
Diverse	210.000	Stammkapital	Vorspalte	Hauptspalte	Summe
		Eigene Anteile	0	50.000	50.000
		ausgegebenes Kapital			
		Rücklage			60.000
KSt - Guthaben	6.510	Übertragungsüberschuss			106.510
	216.510				216.510

Einfache Ausbuchung der eigenen Anteile in der Vorspalte

2. Schritt: Steuerliche Gewinnermittlung außerhalb der Bilanz

Übertragungsüberschuss lt. Bilanz	106.510
Verlust eigener Anteile ohne Relevanz	0
Abzüglich KSt-Guthaben (§ 37 Abs. 7 Satz 1 KStG)	./. 6.510
Einkünfte/z. v. E der GmbH	100.000

Darauf werden 15 % KSt zzgl. SolZ und GewSt erhoben.

3. Schritt

GmbH-Übertragungsbilanz nach Steuern

Aktiva		Passiva	
Diverse	210.000	Stammkapital	50.000
Eigene Anteile	0	Rücklage	60.000
KSt-Guthaben	6.510	Übertragungsüberschuss	91.510
		KSt-Rückstellung	15.000
	216.510		216.510

Behandlung bei der übernehmenden Personengesellschaft

Eröffnungs-Übernahmebilanz der OHG

Aktiva		Passiva	
Diverse	210.000	Kapital A und B	100.000
KSt-Forderung	6.510	Übernahmeüberschuss	101.510
		KSt-Rückstellung	15.000
	216.510		216.510

Nach SEStEG wird außerbilanziell der Übernahmegewinn ermittelt:

	OHG Gesamt	A	B
Aktiva GmbH	216.510	108.255	108.255
./. Fremdkapital	./. 15.000	./. 7.500	./. 7.500
Wert des Betriebsvermögens	201.510	100.755	100.755
./. Buchwertanteile	./. 100.000	./. 50.000	./. 50.000
Übernahmegewinn 1	101.510	50.755	50.755
./. + Sperrbetrag		nicht relevant	
./. offene Rücklagen	101.510	50.755	50.755
Übernahmegewinn 2	0	0	0

1106 Ermittlung der offenen Rücklage:

	Gesamt	A (anteilig)	B (anteilig)
1. Schritt:			
Aktiva GmbH	216.510	108.255	108.255
./. Fremdkapital	./. 15.000	./. 7.500	./. 7.500
Wert des Betriebsvermögens	201.510	100.755	100.755
2. Schritt:			
Gezeichnetes Kapital	100.000	50.000	50.000
./. Sonderausweis	0	0	0
Rest gezeichnetes Kapital	100.000	50.000	50.000
3. Schritt:			
Einlagekonto (§ 27 KStG)	0	0	0
+ Rest gezeichnetes Kapital	100.000	50.000	50.000
Einlagekontobestand § 7 UmwStG	100.000	50.000	50.000
4. Schritt:			
Wert des Betriebsvermögens = EK	201.510	100.755	100.755
./. Einlagekontobestand	100.000	50.000	50.000
Offene Rücklage	101.510	50.755	50.755

1107 **Aufteilung:**

Zu versteuernder Übernahmegewinn	0	0	0
Offene Rücklage § 7 i. V. m.			
§ 20 Abs. 1 Nr. 1 UmwStG	101.510	50.755	50.755
§ 3 Nr. 40 EStG seit 2009	60.906	30.453	30.453

1108–1115 (Einstweilen frei)

8. Zusammenfassendes Beispiel zum zweiten Teil des UmwStG

a) Sachverhalt

Gesellschafter der X-GmbH (Stammkapital 25.000) sind A zu 50 v. H., B zu 49,5 v. H. und C zu 0,5 v. H. A hält eine Beteiligung, die er kurz vor der Verschmelzung zu Anschaffungskosten in Höhe von 32.500 (Buchwert) erworben hat, im Betriebsvermögen. B und C halten ihre Beteiligung im Privatvermögen. B hat seinen Anteil bei Gründung der GmbH für 12.500 erworben. C hat für seinen Anteil Anschaffungskosten i. H. von 700 aufgewendet.

Bilanz der X-GmbH zum 31. 12. 01

	Buchwert	Teilwert		Buchwert	Teilwert
Firmenwert	0,00 €	10.000,00 €	Eigenkapital	35.000,00 €	65.000,00 €
			StKap. 25.000,00 €		
			KapRückl. 5.000,00 €		
			Gewinnrückl. 15.000,00 €		
Anlage	20.000,00 €	30.000,00 €	Verlustvor. 10.000,00 €		
Umlaufverm.	30.000,00 €	40.000,00 €	Verbindlichk.	15.000,00 €	15.000,00 €
	50.000,00 €	80.000,00 €		50.000,00 €	80.000,00 €

Kapitalrücklage ist zugleich der Bestand des steuerlichen Einlagekontos gem. § 27 KStG.

Die X-GmbH soll zum 1. 1. 02 durch Neugründung zum Buchwert auf die A, B, C-OHG verschmolzen werden.

b) Lösung Rechtslage vor SEStEG:

Eröffnungsbilanz der OHG 31. 12. 01

Anlage	20.000,00 €	Kapital A	17.500,00 €	50 %
Umlaufverm.	30.000,00 €	Kapital B	17.325,00 €	49,50 %
		Kapital C	175,00 €	0,50 %
		Verbindlichk.	15.000,00 €	
	50.000,00 €		50.000,00 €	

D. Das Umwandlungssteuerrecht

Einheitliche und gesonderte Gewinnfeststellung hinsichtlich der Übernahme

§§ 4 u. 5 UmwStG a. F.		A	B	C
BW ügV		17.500,00 €	17.325,00 €	
abz. AK/ BW Anteile		-32.500,00 €	-12.500,00 €	
Ergebnis		-15.000,00 €	4.825,00 €	
UmwStG a. F.		§ 4 Abs. 6	§ 4 Abs. 7	§ 4 Abs. 4 Satz 3

	Gesamt	A	B	C (0,5 %)
§ 7 UmwStG a. F.				
Anteil EK	35.000,00 €			175,00 €
./. gez.Kap.	-25.000,00 €			-125,00 €
Einlagenk.	-5.000,00 €			-25,00 €
§ 20 EStG	5.000,00 €			25,00 €
§ 3 Nr. 40	2.500,00 €			12,50 €

c) Rechtslage nach SEStEG

aa) Bis Ende 2008

1118   Bilanz der X-GmbH zum 31.12.01

	Buchwert	Teilwert			Buchwert	Teilwert
Firmenwert	0,00 €	10.000,00 €	Eigenkapital		35.000,00 €	65.000,00 €
			StKap.	25.000,00 €		
			KapRückl.	5.000,00 €		
			Gewinnrückl.	15.000,00 €		
Anlage	20.000,00 €	30.000,00 €	Verlustvor.	10.000,00 €		
Umlaufverm.	30.000,00 €	40.000,00 €	Verbindlichk.		15.000,00 €	15.000,00 €
	50.000,00 €	80.000,00 €			50.000,00 €	80.000,00 €

VIII. Der Weg von einer Körperschaft zu einer PersGes

Eröffnungsbilanz der OHG 31. 12. 01

Anlage	20.000,00 €	Kapital A	17.500,00 €		50 %
Umlaufverm.	30.000,00 €	Kapital B	17.325,00 €		49,50 %
		Kapital C	175,00 €		0,50 %
		Verbindlichk.	15.000,00 €		
	50.000,00 €		50.000,00 €		

Einheitliche und gesonderte Gewinnfeststellung hinsichtlich der Übernahme

§§ 4 u. 5 UmwStG		A (BV)	B (PV)	C (PV weniger als 1 %)
BW ügV		17.500,00 €	17.325,00 €	_____
abz. AK/BW Anteile		-32.500,00 €	-12.500,00 €	_____
Ergebnis vorläufig		-15.000,00 €	4.825,00 €	_____
o. Rückl.		-2.500,00 €	-2.475,00 €	_____
Ergebnis		17.500,00 €	2.350,00 €	_____
½ Verlust		- 8.750,00 €		_____
Max. ½ v. 2500		- 1.250,00 €		_____
verloren		- 7.500,00 €		
UmwStG		§ 4 Abs. 6	§ 4 Abs. 7	§ 4 Abs. 4 Satz 3
	Gesamt	A	B	C (0,5 %)
§ 7 UmwStG		_____	_____	
Anteil EK	35.000,00 €	17.500,00 €	17.325,00 €	175,00 €
./. gez.Kap.	-25.000,00 €	-12.500,00 €	-12.375,00 €	-125,00 € § 29 I KStG
Einlagenk.	-5.000,00 €	- 2.500,00 €	- 2.475,00 €	-25,00 € § 27 KStG
§ 20 EStG	5.000,00 €	2.500,00 €	2.475,00 €	25,00 €
§ 3 Nr. 40	2.500,00 €	(davon ½	1.237,50€	12,50 €
		1.250,00 €		
i.V. m. § 4 Abs. 6 UmwStG	(½ Verlust) =			
	- 1.250,00 €		_____	_____
Steuerbare Einkünfte				
§ 7 UmwStG/§ 20 EStG		0 €	1.237,50 €	12,50 €
§ 4 UmwStG 60		0 €	1.175,00 €	_____

bb) Rechtslage nach Teileinkünfteverfahren und Abgeltungsteuersystem

1119

§§ 4 u. 5 UmwStG		A	B	C	
BW ügV		17.500,00 €	17.325,00 €		
abz. AK/ BW Anteile		-32.500,00 €	-12.500,00 €		
Ergebnis vorläufig		-15.000,00 €	4.825,00 €		
o. Rückl		- 2.500,00 €	- 2.475,00 €		
Ergebnis		- 17.500,00 €	2.350,00 €		
60 % Verlust		- 10.500,00 €			
Max. 60 % v. 2500		- 1.500,00 €			
verloren		- 9.000,00 €			
UmwStG		§ 4 Abs. 6	§ 4 Abs. 7	§ 4 Abs. 4 Satz 3	
	Gesamt	A	B	C (0,5 %)	
§ 7 UmwStG					
Anteil EK	35.000,00 €	17.500,00 €	17.325,00 €	175,00 €	
./. gez.Kap.	-25.000,00 €	-12.500,00 €	-12.375,00 €	-125,00 €	§ 29 I KStG
Einlagenk.	-5.000,00 €	- 2.500,00 €	- 2.475,00 €	-25,00 €	§ 27 KStG
§ 20 EStG	5.000,00 €	2.500,00 €	2.475,00 €	25,00 €	§ 32d EStG
§ 3 Nr. 40 (60 %)	3.000,00 €	1.500,00 €	1.485,00 €	(15,00 €)	
i.V. m. § 4 Abs. 6 UmwStG	- 1.500,00 €				
Steuerbare Einkünfte				§ 32d EStG	
§ 7 UmwStG/§ 20 EStG		0 €	1.485,00 €	25,00 €	
§ 4 UmwStG 60 %		0 €	1.410,00 €		§ 20 II EStG
Summe Beteiligung 60 %		0 €	2.895,00 €		

	Gesamt	A	B	C (0,5 %)	
§ 7 UmStG		-	-		
Anteil EK	35.000,00 €	17.500,00 €	17.325,00 €	175,00 €	
./. gez.Kap.	-25.000,00 €	-12.500,00 €	-12.375,00 €	-125,00 €	§ 29 I KStG
Einlagenk.	-5.000,00 €	- 2.500,00 €	- 2.475,00 €	-25,00 €	§ 27 KStG
§ 20 EStG	5.000,00 €	2.500,00 €	2.475,00 €	25,00 €	§ 32d EStG
§ 3 Nr. 40 (60 %)	3.000,00 €	1.500,00 €	1.485,00 €	(15,00 €)	
i.V. m. § 4 Abs. 6 UmwStG		- 1.500,00 €			
Steuerbare Einkünfte			-	-	
			§ 32d EStG		
§ 7 UmwStG/§ 20 EStG		0 €	1.485,00 €	25,00 €	
			(60 % v. 2.350)1.410,-		
§ 4 UmwStG 60 %		0 €	0 €		§ 20 II EStG

(Einstweilen frei) 1120–1140

IX. Vermögensübertragung durch Gesamtrechtsnachfolge von einer Körperschaft auf eine andere Körperschaft im Wege der Verschmelzung

1. Regelungsbereich

Die §§ 11–13 UmwStG bilden den dritten Teil im besonderen Teil des UmwStG. Sie enthalten die steuerrechtlichen Vorschriften über die **Verschmelzung** von Körperschaften auf eine andere Körperschaft sowie die steuerlichen Regelungen für die Sonderfälle der Vermögensübertragung in der Gestalt der „Vollübertragung". Bei der Verschmelzung i.S. des § 2 UmwG geht das gesamte Vermögen von einem Rechtsträger als Ganzes auf einen anderen, bereits bestehenden oder neugegründeten Rechtsträger über. Die Tatbestände einer Verschmelzung werden in § 1 Abs. 1 Satz 1 Nr. 1 UmwStG erfasst.

Für die Gewerbesteuer gilt beim Vermögensübergang von einer Körperschaft auf eine andere § 19 UmwStG, der im fünften Teil angesiedelt ist.

Die ertragsteuerlichen Regelungen §§ 11–13 UmwStG behandeln folgende Bereiche:

- In § 11 UmwStG findet man die Auswirkungen einer Verschmelzung auf den Gewinn der übertragenden Körperschaft.
- § 12 UmwStG behandelt die Auswirkungen einer Verschmelzung auf den Gewinn der übernehmenden Körperschaft.
- § 13 UmwStG behandelt die Besteuerung der Anteilseigner der übertragenden Körperschaft.

Am Beispiel einer Verschmelzung einer (Ursprungs-)GmbH 1 mit den Gesellschaftern A, B, C und einer (Ursprungs-)GmbH 2 mit den Gesellschaftern D, E, F auf eine (Nachfolge-)GmbH ergibt sich folgende Grafik.

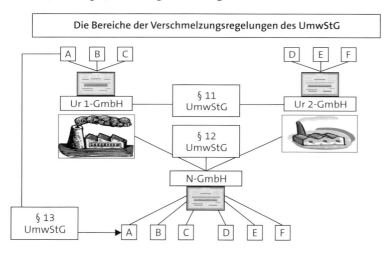

2. Übertragungsgewinn

a) Wahlrecht für den Wertansatz in der steuerlichen Schlussbilanz

1144 Die Höhe eines **Übertragungsgewinns** ist abhängig von dem Wertansatz in der steuerlichen Schlussbilanz der übertragenden Körperschaft.

1145 § 11 Abs. 1 UmwStG schreibt eine Gewinnrealisierung nicht mehr wie das frühere Recht auf der Basis des Teilwertes, sondern unter **Aufgabe des Maßgeblichkeitsgrundsatzes** auf der Basis des gemeinen Wertes einschließlich nicht entgeltlich erworbener und selbst geschaffener immaterieller Wirtschaftsgüter[1] in der steuerlichen Schlussbilanz der übertragenden Körperschaft vor.[2] Die Bewertung mit dem gemeinen Wert wird gleich einem roten Faden wie schon in § 3 UmwStG[3] als Grundansatzwert fortgeführt. Für die Bewertung von Pensionsrückstellungen gelten auch hier die Vorgaben des § 6a EStG. § 11 Abs. 1 Satz 1 UmwStG schreibt eine steuerliche Entstrickung ausdrücklich auch für nicht entgeltlich erworbene und für selbst geschaffene immaterielle WG wie Patente und Firmenwert vor, die in der Steuerbilanz bisher nicht ausgewiesen wurden, obwohl für den Firmenwert der Bewertungsmaßstab mit dem gemeinen Wert nicht passt. Streng genommen kann der gemeine Wert auf einen Geschäftswert nicht angewandt werden, da er nicht einzeln veräußert werden kann. Immaterielle Wirtschaftsgüter werden i. R. der Übertragung von betrieblichen Sachgesamtheiten weitergegeben.[4] Der Gesetzgeber sieht den Bewertungsmaßstab des gemeinen Werts offenbar differenziert. Bei mehreren Wirtschaftsgütern, die zusammen einen Betrieb, Teilbetrieb oder den gesamten Anteil eines Mitunternehmers bilden, bezieht sich der gemeine Wert i. S. des § 16 Abs. 3 EStG entsprechend den Grundsätzen der Betriebsaufgabe/Totalentnahme auf die Sachgesamtheit. Selbstgeschaffene immaterielle Wirtschaftsgüter sowie ein eventuell vorhandener Geschäfts- oder Firmenwert wären hierin enthalten.

In § 11 Abs. 2 wird, wie schon bei der Vorgängervorschrift in § 11 Abs. 1 UmwStG a. F., ein **Bewertungswahlrecht** installiert. Danach kann die übertragende Körperschaft die übergehenden Wirtschaftsgüter abweichend von Abs. 1 einheitlich mit dem Buchwert oder einem höheren Wert, höchstens jedoch mit dem gemeinen Wert, ansetzen, **soweit** 1146

▶ gem. § 11 Abs. 2 Nr. 1 bei der übernehmenden Körperschaft deren spätere Besteuerung mit Körperschaftsteuer sichergestellt ist und

▶ gem. § 11 Abs. 2 Nr. 2 das Recht der Bundesrepublik Deutschland hinsichtlich der Besteuerung des Gewinns aus der Veräußerung der übertragenen Wirtschaftsgüter bei der übernehmenden Körperschaft nicht ausgeschlossen oder beschränkt wird und

▶ gem. § 11 Abs. 2 Nr. 3 eine Gegenleistung nicht gewährt wird oder in Gesellschaftsrechten besteht.

---

1 Firmenwert, Patente etc.
2 Zum vor dem SEStEG bestehenden Problem der Maßgeblichkeit siehe o. Rn 840 ff.
3 Siehe o. Rn 847.
4 Ausführlich zur Kritik am Bewertungsmaßstab Rödder in R/H/vL, § 11 UmwStG, Rn 75 ff.

Der Ansatz mit dem gemeinen Wert ist dann zwingend erforderlich, wenn folgende Bedingungen nicht erfüllt sind:

aa) Fehlende Antragstellung

1147 Der Ansatz eines Buchwerts oder Zwischenwerts wird nur auf Antrag gewährt. Gemäß § 11 Abs. 3 UmwStG gilt § 3 Abs. 2 Satz 2 UmwStG entsprechend, wonach der Antrag spätestens bis zur erstmaligen Abgabe der steuerlichen Schlussbilanz bei dem für die Besteuerung der übertragenden Körperschaft zuständigen Finanzamt zu stellen ist.[1]

bb) Ausschluss oder Beschränkung des Besteuerungsrechts bei der übernehmenden Körperschaft

(1) Verschmelzung auf eine persönlich steuerbefreite Gesellschaft

1148 Ein Besteuerungsausschluss gem. § 11 Abs. 2 Nr. 1 UmwStG tritt ein, wenn eine Körperschaft ihr Vermögen auf eine persönlich steuerbefreite Körperschaft i. S. des § 5 Abs. 1 KStG überträgt.

BEISPIEL: Verschmelzung auf eine gemeinnützige GmbH, die ein Krankenhaus betreibt.

1149 Auch ein **REIT** ist nach § 16 REITG von der KSt befreit, so dass bei einer Verschmelzung auf ihn die übertragende Körperschaft in ihrer steuerlichen Schlussbilanz die gemeinen Werte ansetzen muss.

(2) Verschmelzung auf eine Organgesellschaft

1150 Wird die übertragende Körperschaft auf eine **Organgesellschaft** verschmolzen, unterliegen die Wirtschaftsgüter **nicht** später bei der übernehmenden Körperschaft der Besteuerung mit Körperschaftsteuer. Sie unterliegen zum einen bei der Übernehmerin regelmäßig überhaupt nicht der KSt, da die Besteuerung auf der Ebene des Organträgers stattfindet (anders nur, soweit die Organgesellschaft Ausgleichszahlungen leistet, vgl. § 16 KStG). Zum anderen unterliegen sie beim Organträger, soweit es sich um eine natürliche Person handelt, der ESt und nicht der KSt. Daraus könnte man schließen, dass bei der Verschmelzung auf eine Organgesellschaft zwingend die gemeinen Werte anzusetzen seien. Rödder[2] weist zu Recht darauf hin, dass dieses Ergebnis sinnwid-

---

1 Siehe o. Rn 859.
2 In R/H/vL, § 11 UmwStG, Rn 106; dem zustimmend Schmitt in S/H/S, UmwG-UmwStG, § 11 UmwStG, Rn 96.

rig wäre. Entscheidend ist, dass eine spätere Besteuerung der stillen Reserven sichergestellt ist.

(3) Hinausverschmelzung

§ 11 Abs. 2 Nr. 2 UmwStG enthält Tatbestände der Entstrickung der stillen Reserven infolge **grenzüberschreitender Umwandlungen**. Eine solche kann vorliegen, indem das Besteuerungsrecht durch die Verschmelzung ausgeschlossen wird oder das Besteuerungsrecht beschränkt wird. Unter eine Beschränkung des Besteuerungsrechts sind Fälle einzuordnen, in denen zwar das Besteuerungsrecht vom Grundsatz erhalten bleibt, aber eine vor der Verschmelzung nicht bestehende ausländische Steuer nach der Verschmelzung auf die deutsche Steuer angerechnet werden kann.[1]   1151

Voraussetzung ist, dass ein Besteuerungsrecht bestanden hat. Sonst ist ein Besteuerungsausschluss oder eine Besteuerungsbeschränkung nicht gegeben.   1152

BEISPIEL: Eine ausländische Betriebsstätte war und bleibt im Besteuerungsrecht des Betriebsstättenstaats.

Unerheblich ist, ob die BRD von ihrem Besteuerungsrecht Gebrauch macht. Entscheidend ist allein, ob sie es hat.[2] Die Frage des Besteuerungsausschlusses ist nur auf die Körperschaftsteuer bezogen. Andere Steuerarten sind nicht Gegenstand des § 11 UmwStG.[3]   1153

Bei der Hinausverschmelzung einer inländischen Körperschaft auf eine ausländische Körperschaft kommt es zu einer für das Wahlrecht schädlichen Beschränkung des inländischen Besteuerungsrechts, wenn Wirtschaftsgüter dem aufnehmenden ausländischen Unternehmen zuzuordnen sind und nicht in einer inländischen Betriebsstätte verbleiben.   1154

Findet die Hinausverschmelzung ins übrige Gemeinschaftsgebiet statt, fehlt es an einer Stundungsregelung, wie sie § 6 Abs. 5 AStG vorsieht, und einer § 4g EStG entsprechenden Ausgleichspostenregelung. Das Gesetz geht von einer **Sofortversteuerung** i. R. der Entstrickung aufgedeckter stiller Reserven aus. Die für die Fälle der Wegzugsbesteuerung nach § 6 AStG als Folge der Entscheidung Hughes de Lasteyrie du Saillant des EuGH vom 11. 3. 2004[4] vorgesehene **Stundungsregelung** wird für Wirtschaftsgüter des Betriebsvermögens nicht angewendet.   1155

---

1 Stadler/Elser, BB Beilage 8/2006 S. 19 f.
2 Dazu auch Rödder in R/H/vL, § 11 UmwStG, Rn 117.
3 Rödder/Schuhmacher, DStR 2006 S. 1525 ff.
4 Rs. C-9/02, DStR 2004 S. 551.

D. Das Umwandlungssteuerrecht

1156 Nach den Vorstellungen des Gesetzgebers[1] führt die Sofortversteuerung im Vergleich zur Stundungslösung lediglich zu Liquiditätseffekten, die sich auf die Lebensdauer des Wirtschaftsguts wieder ausgleichen. Zudem sei eine solche Stundungslösung zumindest vor dem Hintergrund des Harmonisierungsstands bei der direkten Besteuerung innerhalb der Europäischen Union nicht zu administrieren. Hinzu komme, dass eine effektive grenzüberschreitende Zusammenarbeit der Mitgliedstaaten bei der Beitreibung von Steuerforderungen[2] und i. R. der gegenseitigen Amtshilfe[3] nicht erreicht sei. Eine Stundung wäre zudem komplex und mit erhöhtem administrativem Aufwand des wegziehenden Steuerpflichtigen hinsichtlich der Antragstellung, der Wahrnehmung von Melde-, Dokumentations- und Nachweispflichten verbunden. Sie wäre ggf. hinsichtlich der Praktikabilität und tatsächlichen Umsetzbarkeit für den Steuerpflichtigen europarechtlich bedenklich. Eine Stundungslösung für die betriebliche Wegzugsbesteuerung würde anders als beim Wegzug einzelner Personen i. R. des § 6 AStG auch verfassungsrechtlichen Bedenken begegnen, wenn sie infolge des Massenphänomens tatsächlich nicht durchführbar wäre und damit der Gesetzesvollzug nicht sichergestellt ist. Eine mangelnde Durchsetzung angelegter Erhebungsregelungen widerspräche dem Grundsatz der Belastungsgleichheit. Artikel 3 GG verlangt für das Steuerrecht die rechtliche und tatsächliche Gleichbelastung der Steuerpflichtigen.[4] Die gesetzgeberischen Überlegungen zur Sofortversteuerung gehen davon aus, dass die Verbringung von Wirtschaftsgütern in eine ausländische Betriebsstätte wie die Übertragung auf eine Tochtergesellschaft behandelt wird. Das solle mit Hinweis auf die Grundsätze der Betriebsstättengewinnermittlung des OECD-Musterabkommens der im internationalen Steuerrecht zunehmenden Verselbständigung der Betriebsstätte als fremdes, eigenständiges Unternehmen entsprechen.

1157 Ob diese vorstehenden Argumente als unionstaugliche Rechtfertigung vor dem Hintergrund der unionsrechtlichen Grundfreiheiten Bestand haben, wird ebenso wie das Argument der Bewahrung verfassungsrechtlich gebotener Belastungsgleichheit vielfach angezweifelt.[5] Aus Rn 112 der Cartesio-Entschei-

---

1 BT-Drs. 16/2710 S. 26 f.
2 Richtlinie 76/308/EWG des Rates v. 15. 3. 1976, Abl. EG Nr. L 73 S. 18, zuletzt geändert durch Beitrittsakte v. 16. 4. 2003, Abl. Nr. L 236 S. 555.
3 Richtlinie 77/799/EWG des Rates v. 19. 12. 1977, Abl. Nr. 336 S. 15, zuletzt geändert durch die Richtlinie 2004/106/EG v. 16. 11. 2004, Abl. Nr. L 359 S. 30.
4 BVerfGE 110 S. 94, 112; 84 S. 239, 268 ff.
5 Körner, IStR 2006 S. 469 f.; Schönherr/Lemaitre, GmbHR 2006 S. 563; Rödder/Schuhmacher, DStR 2006 S. 1481 ff., 1495 u. 1525 ff., 1528; die Übereinstimmung mit dem EU-Recht bejahend Schmitt in S/H/S, UmwG-UmwStG, vor §§ 11–13, Rn 9 ff.

dung des EuGH[1] wird die Folgerung gezogen, dass der Wegzugsstaat die Hinausverschmelzung zumindest dann nicht besteuern darf, wenn der Zuzugsstaat die formwechselnde Umwandlung in eine Gesellschaftsform seines Staats zulässt; dies müsse Letzterer sogar.[2]

(4) Hereinverschmelzung

Bei dem Hereinverschmelzen einer ausländischen Körperschaft mit steuerverhaftetem Inlandsvermögen auf eine inländische Körperschaft wird das inländische Besteuerungsrecht hinsichtlich des inländischen Vermögens normalerweise verschmelzungsbedingt nicht beschränkt, so dass das inländische Vermögen für Zwecke der deutschen Besteuerung auf Antrag mit dem Buchwert oder einem Zwischenwert angesetzt werden kann. 1158

BEISPIEL: Eine luxemburgische S.a.r.l. mit Betriebsstätte oder Grundstück in Deutschland wird auf eine BRD-GmbH verschmolzen.

Bei einer Hereinverschmelzung wird sich zudem die **Verstrickungsfrage** stellen. 1159

Nach der Regelung des § 4 Abs. 1 Satz 7 HS. 2 EStG steht die Begründung des Besteuerungsrechts der Bundesrepublik Deutschland hinsichtlich des Gewinns aus der Veräußerung eines Wirtschaftsguts einer Einlage gleich. Die Wirtschaftsgüter gelten gem. § 6 Abs. 1 Nr. 5a EStG als mit dem gemeinen Wert eingelegt. Nach dieser Vorschrift ist ein nach Deutschland verbrachtes Wirtschaftsgut unabhängig von der steuerlichen Behandlung im Ausland mit dem gemeinen Wert anzusetzen. Dadurch erhofft sich der Gesetzgeber einen Anreiz, Wirtschaftsgüter nach Deutschland zu verlagern und hier produktiv einzusetzen.[3]

Die Regelung des § 11 UmwStG gilt als „lex specialis". Danach kann der Antrag zum Ansatz eines niedrigeren Wertes **nur für alle Wirtschaftsgüter einheitlich** gestellt werden. In Fällen mit überwiegend in der BRD steuerverhaftetem Vermögen kann es dann bei späterer Veräußerung des nach Deutschland verbrachten Vermögens zu einem Doppelbesteuerungskonflikt kommen, wenn der ausländische Staat bei Verbringung oder mit Stundung zu einem späteren Zeitpunkt von seinem bis dahin bestehenden Besteuerungsrecht an den stillen Reserven Gebrauch macht. Im Bereich der EU-Mitgliedstaaten besteht auch 1160

---

1 Große Kammer, Urteil v. 16. 12. 2008 Rs. C-210/06 (Cartesio), DB 2009 S. 52.
2 Campos Nave, BB 2009 S. 870.
3 BT-Drs. 16/2710 S. 27.

hier ein hohes Konfliktpotenzial aus der Sicht der Gefahr einer Grundfreiheitsbeschränkung.

cc) **Nur Gesellschaftsrechte als Gegenleistung**

(1) Unschädliche Leistungen

1161 Nach § 11 Abs. 2 Satz 1 Nr. 3 UmwStG kann das Wahlrecht, einen unter dem gemeinen Wert liegenden Wert anzusetzen, nur soweit ausgeübt werden, als eine Gegenleistung nicht gewährt wird oder in Gesellschaftsrechten besteht.

1162 Eine Gegenleistung fehlt, soweit die übernehmende Körperschaft an der übertragenden Körperschaft beteiligt ist. In diesem Fall besteht nach § 54 Abs. 1 Satz 1 Nr. 1 UmwG bzw. nach § 68 Abs. 1 Satz 1 Nr. 1 UmwG ein Kapitalerhöhungsverbot.[1] Das sind die Fälle des „up-stream-mergers". Sie fehlt auch dann, wenn die übernehmende Körperschaft gem. § 54 Abs. 1 Satz 2 UmwG bzw. nach § 68 Abs. 1 Satz 2 UmwG ihr Nennkapital nicht zu erhöhen braucht, weil sie eigene Anteile innehat oder Anteile der Übernehmerin besitzt, auf welche die Einlagen bereits voll erbracht sind. Diese Situation findet man in den Fällen des „down-stream-mergers".

1163 Die Gewährung von Gesellschaftsrechten ist als Gegenleistung unschädlich. Sie werden bei allen Verschmelzungen gewährt, bei denen weder ein Kapitalerhöhungsverbot besteht noch von einem Recht Gebrauch gemacht wird, von der Kapitalerhöhung Abstand zu nehmen.

1164 Ob **Genussscheine** unter den Begriff „Gesellschaftsrechte" fallen, ist streitig.[2] Genussrechte bilden gegenüber den Gesellschaftsrechten ein „minus". Genussscheine sind gem. § 221 Abs. 3 AktG Gläubigerrechte schuldrechtlicher Art gegenüber einer Kapitalgesellschaft. Sie sind verbrieft. Daneben gibt es nicht verbriefte Genussrechte.

1165 Ob Genussrechte (verbrieft oder nicht) unter den Begriff „Beteiligung an einer Kapitalgesellschaft" fallen, hat die Rechtsprechung für § 17 EStG entschieden. Danach fallen in diesen Bereich nur die Genussrechte, die eine Beteiligung am Gewinn **und** am Liquidationserlös vermitteln.[3] Dann darf es bei § 21 UmwStG, der die Bewertung von Anteilen beim Anteilstausch behandelt, keine andere Beurteilung geben. Gleiches muss dann auch für § 11 UmwStG gelten, weil der

---

[1] Weitere Einzelheiten zur Kapitalerhöhung siehe o. Rn 214 f.
[2] Schmitt in S/H/S, UmwG-UmwStG, § 11 UmwStG, Rn 132.
[3] Niedersächsisches FG, Urteil v. 16. 7. 2003 12 K 5/98, EFG 2004 S. 192, bestätigt durch BFH-Urteil v. 14. 6. 2005 VIII R 73/03, BStBl II 2005 S. 861.

Begriff der Anteile hier kaum anders definiert werden kann, wenn man nicht unterschiedliche Bedeutungen für denselben Ausdruck in Kauf nehmen will.[1]

(2) Schädliche Leistungen und ihre Unklarheiten

Eine Gegenleistung ist schädlich, soweit die übernehmende Körperschaft etwas anderes als Gesellschaftsrechte aufwendet, um die Wirtschaftsgüter der übertragenden Körperschaft zu erlangen, und dies zu einer Vermögensmehrung bei der übertragenden Körperschaft bzw. deren Anteilsinhabern führt. Der Gesetzeswortlaut „eine Gegenleistung ... gewährt wird" wirft Fragen auf nach dem **Leistungsgrund, dem Leistenden und dem Leistungsempfänger**. Die im bisherigen Recht existierenden Unklarheiten hat SEStEG nicht beseitigt.   1166

Der **Leistungsgrund** kann nur aus dem Sinn der Regelung entnommen werden. § 11 Abs. 2 Satz 1 Nr. 3 UmwStG basiert auf dem Gedanken, dass auf Gesellschaftsebene die Buchwerte nicht fortgeführt werden dürfen, soweit Zuzahlungen bei einer Verschmelzung auf Gesellschafterebene als Gegenleistung für die Minderung ihrer Gesellschaftsrechte zu werten sind.   1167

Auf der Gesellschaftsebene bewirkt die Zuzahlung, dass die ansonsten wie ein unentgeltlicher Erwerbsvorgang behandelte Verschmelzung wie ein teilentgeltlicher Erwerbsvorgang behandelt wird, indem der übernommene Buchwert des übertragenden Unternehmens erhöht wird um die an die Anteilseigner des übertragenden Unternehmens geleisteten Zuzahlungen.   1168

Eine Gegenleistung, die nicht in Gesellschaftsrechten besteht, ist gegeben, wenn die übernehmende Körperschaft i. R. des Verschmelzungsvertrages gem. § 5 i. V. m. § 29 UmwG bare Zuzahlungen, z. B. einen Spitzenausgleich i. S. der §§ 15, 126 Abs. 1 Nr. 3 UmwG oder andere Vermögenswerte, an die übertragende Körperschaft oder deren verbleibende Anteilseigner gewährt.[2]   1169

Leistender ist die übernehmende Gesellschaft. Eine Zahlung durch die übertragende Kapitalgesellschaft oder seitens anderer Anteilseigner an einen ausscheidenden Anteilseigner stellt deshalb keine Gegenleistung i. S. des § 11 Abs. 1 Nr. 3 UmwStG dar. Je nach den Umständen des Einzelfalles kann der Vorgang als Erwerb eigener Anteile oder als verdeckte Gewinnausschüttung oder andere Ausschüttung zu beurteilen sein.[3] Ein Erwerb eigener Anteile zur Einziehung führt regelmäßig zu einer verdeckten Gewinnausschüttung.   1170

---

[1] Umfassend zum Meinungsstand Dötsch in D/P/M, § 11 UmwStG, Tz. 98.
[2] BMF-Schreiben v. 25. 3. 1998, BStBl I 1998 S. 268, Tz. 11.05; anders jetzt Rn 03.22 u. 11.10 UmwStErl 2011.
[3] vgl. BFH, Urteil v. 6. 12. 1995 I R 51/95, BStBl II 1998 S. 781.

D. Das Umwandlungssteuerrecht

1171 **Leistungsempfänger** der Gegenleistung sind zunächst die übertragende Körperschaft und die verbleibenden Gesellschafter der übertragenden Gesellschaft. Obwohl die Finanzverwaltung die übertragende Körperschaft als Leistungsempfänger ansieht, wird in der Realität eine Zahlung der übernehmenden an die übertragende Körperschaft im Zusammenhang mit einer Verschmelzung keinen Sinn ergeben, da die übertragende Körperschaft im Zuge der Verschmelzung erlischt.[1] Sie wird auch als Anlass für eine Wertaufstockung in der Übertragungsbilanz abgelehnt.[2] **Empfänger der Gegenleistung** gem. § 11 Abs. 2 Satz 1 Nr. 3 UmwStG sind somit nur **Anteilseigner** der übertragenden Körperschaft. Auch dieser Empfängerkreis ist eingeschränkt, da nicht jede Zahlung an den Anteilseigner für die Aufgabe von Gesellschaftsrechten eine Gegenleistung nach § 11 Abs. 2 Satz 1 Nr. 3 UmwStG ist, sondern nur die Zahlungen an verbleibende und an der Verschmelzung teilnehmende Anteilseigner der übertragenden Gesellschaft.

1172 Eine Gegenleistung lag nach früherer Auffassung der Finanzverwaltung auch vor, wenn die übernehmende Körperschaft der Umwandlung widersprechende Anteilseigner gem. §§ 29, 125 und 207 UmwG bar abfindet.[3] Das war in Anbetracht der Fiktionsregelung problematisch. Der abgefundene Anteilseigner scheidet danach zwar handelsrechtlich erst nach der Handelsregistereintragung und damit aus dem auch zivilrechtlich bereits bestehenden übernehmenden Rechtsträger aus. Steuerlich ist er jedoch so zu behandeln, als ob er aus dem übertragenden Rechtsträger ausgeschieden wäre.[4] Der gegen Barabfindung aus der übernehmenden Gesellschaft ausscheidende Anteilseigner wird im Umfeld des § 2 UmwStG steuerlich genauso behandelt wie der gegen Anteilsveräußerung aus der übertragenden Körperschaft ausscheidende Anteilseigner. **Aus dieser Perspektive ist die an einen ausgeschiedenen Anteilseigner geleistete Zahlung nicht als Gegenleistung i. S. des § 11 Abs. 2 Satz 1 Nr. 3 UmwStG zu behandeln.**[5] Dieser Auffassung hat sich nunmehr die Finanzverwaltung angeschlossen.[6]

---

1 So auch Rödder in R/H/vL, § 11 UmwStG, Rn 144 Fn. 2.
2 Dötsch in D/P/M, § 11 UmwStG, Tz. 51.
3 Frühere Auffassung BMF-Schreiben v. 25. 3. 1998, BStBl I 1998 S. 268, Tz. 11.05. u. 11.06.
4 Problematisch schon nach altem Erlass, BMF, a. a. O., Tz. 02.10.
5 Schmitt in S/H/S, UmwG-UmwStG, § 11 UmwStG, Rn 138; Rödder in R/H/vL, § 11 UmwStG, Rn 146; Dötsch in D/P/M, § 11 UmwStG, Tz. 102.
6 Rn 03.22 u. 11.10 UmwStErl 2011.

IX. Vermögensübertragung im Wege der Verschmelzung

(3) Rechtsfolgen einer schädlichen Leistung

§ 11 Abs. 2 Satz 1 Nr. 3 verbietet den Buchwertansatz in der Übertragungsbilanz insoweit, als eine **Zuzahlung** gewährt wird. Soweit eine schädliche Gegenleistung gewährt wird, sind die stillen Reserven der übergehenden Wirtschaftsgüter im Umfang des Gegenleistung aufzudecken, was zu einem steuerpflichtigen Übertragungsgewinn führt. 1173

BEISPIEL:[1] Die X-GmbH wird mit der Y-GmbH verschmolzen. Die Y-GmbH zahlt an die Gesellschafter der X-GmbH zusätzlich für die übernommenen Wirtschaftsgüter und den Wertverlust aufgrund des Anteilstauschs 200.

Übertragungsbilanz vor Aufdeckung durch Gegenleistung

Aktiva			Passiva	
	BW	gW		
Anlagevermögen	400	800	Stammkapital	300
Umlaufvermögen	200	200	Rücklagen	200
Selbst gesch. immaterielle WG	xxx	400	Verbindlichkeiten	100
Firmenwert	xxx	600		
	600	2.000		600

Die Zuzahlung wird ins Verhältnis zur Summe der gemeinen Werte gesetzt:

Gesamtgegenleistung
Gesamtwert

Danach beträgt die Zuzahlung 10 % (200:2.000) bezogen auf den realen Wert der übernommenen Wirtschaftsgüter.

Diese Verhältniszahl wird bezogen auf den Ansatz der einzelnen Wirtschaftsgüter wie folgt berücksichtigt:

Buchwert lt. allgemeinen Vorschriften

./. auf die Gegenleistung entfallender Buchwert

+ auf das Wirtschaftsgut entfallender Teil der Gegenleistung

Die auf die Gegenleistung entfallenden Teile des Buchwerts werden durch Anwendung der Verhältniszahl ermittelt:

Gesamtgegenleistung x Buchwert
Gesamtwert

---

1 Zur Berechnung vgl. auch Schmitt, a.a.O., Rn 141 ff.; Widmann in Widmann/Mayer, § 11 UmwStG, Rn 118 ff.

Der auf das einzelne Wirtschaftsgut entfallende Teil der Gegenleistung wird wie folgt berechnet:

Gesamtgegenleistung x gemeiner Wert der einzelnen Wirtschaftsgüter
Gesamtwert

Die Aufstockung erfolgt quotal im Verhältnis der Gegenleistung zum gemeinen Wert.[1]

Für obiges Beispiel ergeben sich für die einzelnen Wirtschaftsgüter danach folgende Werte:

	BW	gW	auf Gegenleistung entfallender BW	auf das WG entfallender Teil der Gegenleistung	anzusetzender Wert des einzelnen WG
Anlagevermögen	400	800	40	80	440
Umlaufvermögen	200	200	20	20	200
selbst gesch. imm. WG	xxx	400	xxx	40	40
Firmenwert	xxx	600	xxx	60	60
	600	2000	60	200	740

Danach ergibt sich folgende Bilanz:

Übertragungsbilanz nach Aufdeckung durch Gegenleistung

Aktiva			Passiva
Anlagevermögen	440	Stammkapital	300
Umlaufvermögen	200	Rücklagen	200
Selbst gesch. immaterielle WG	40	Überschuss	140
Firmenwert	60	Verbindlichkeiten	100
	740		740

1174 Die Auffassung der Finanzverwaltung zum alten Umwandlungssteuerrecht, wonach selbst geschaffene immaterielle Wirtschaftsgüter einschließlich eines

---

1 Schmitt, a. a. O., Rn 143; Rödder in R/H/vL, § 11 UmwStG, Rn 147.

Geschäfts- oder Firmenwerts nur zu berücksichtigen sind, wenn die übrigen Wirtschaftsgüter aufgrund der Gegenleistung bis zu den Teilwerten aufgestockt sind,[1] kann nach der Neufassung des § 11 Abs. 1 UmwStG durch SEStEG nicht mehr aufrechterhalten werden.[2]

Der Übertragungsüberschuss von 140 bildet den Übertragungsgewinn, der bei der übertragenden X-GmbH der Körperschaftsteuer und der Gewerbesteuer unterworfen wird. 1175

b) Nicht „übergehende" Wirtschaftsgüter

Die Voraussetzungen des § 11 Abs. 2 Satz 1 UmwStG beziehen sich auf die „übergehenden" Wirtschaftsgüter. Wirtschaftsgüter, die nicht „übergehen", werden nach § 11 Abs. 2 Sätze 2 und 3 UmwStG behandelt. Dazu gehören 1176

▶ die eigenen Anteile der übertragenden Körperschaft und
▶ die unmittelbar an die Gesellschafter der übertragenden Körperschaft ausgekehrten Anteile an der Übernehmerin bei der Abwärtsverschmelzung (dem sog. down-stream-merger).

Die **eigenen Anteile** gehen unter und werden erfolgsneutral ausgebucht. Sie sind bereits in der steuerlichen Schlussbilanz der übertragenden Körperschaft nicht mehr zu erfassen.[3] 1177

Die Verschmelzung der Mutter- auf die Tochtergesellschaft führt auf der Ebene der Tochtergesellschaft nicht zu einem steuerpflichtigen Durchgangserwerb der Anteile, die die Mutter an ihr hält, wenn die Gesellschafter der Muttergesellschaft für ihre Anteile an der Muttergesellschaft von dieser gehaltene Anteile an der Tochtergesellschaft erhalten. 1178

Der **down-stream-merger** ist seit der Einführung des SEStEG **gesetzlich geregelt**. Gemäß § 11 Abs. 2 Satz 2 UmwStG sind Anteile an der übernehmenden Körperschaft mindestens mit dem Buchwert, erhöht um Abschreibungen sowie um Abzüge nach § 6b EStG und ähnliche Abzüge,[4] die in früheren Jahren steuerwirksam vorgenommen worden sind, höchstens mit dem gemeinen Wert anzusetzen. Durch diese Erhöhung entsteht ein **Beteiligungskorrekturgewinn**, der die Steuerbegünstigung gem. § 8b Abs. 2 Satz 1 KStG nach § 11 Abs. 2 Satz 3 UmwStG wegen Anwendung von § 8b Abs. 2 Sätze 4 und 5 KStG 1179

---

1 BMF-Schreiben v. 25. 3. 1998, BStBl I 1998 S. 268, Tz. 11.20.
2 Rödder, a. a. O.; Schmitt, a. a. O.; a. A. Dötsch/Pung, DB 2006 S. 2704.
3 Schmitt, a. a. O., Rn 77; Rn 11.03 iVm Rn 03.05 UmwStErl 2011.
4 Z. B. Begünstigungen nach § 30 BergbauRatG zur Förderung des Steinkohlebergbaus; Rücklage für Ersatzbeschaffung nach R 6.6 EStR.

D. Das Umwandlungssteuerrecht

nicht genießt. Auf die Sicherstellung der stillen Reserven in den Anteilen an der Übernehmerin kommt es außerhalb des Beteiligungskorrekturgewinns nicht an. Sie werden nach Erfassung des Beteiligungskorrekturgewinns erfolgsneutral ausgebucht. Auch hier ist, bevor es zu einem Beteiligungskorrekturgewinn kommt, das Wertaufholungsgebot nach § 6 Abs. 1 Nr. 2 Satz 3 i. V. m. Nr. 1 Satz 3 EStG vorrangig zu beachten.[1] Der Beteiligungskorrekturgewinn bildet einen Teil des Übertragungsgewinns.[2]

1180 Übernimmt die Tochterkapitalgesellschaft i. R. der Abwärtsverschmelzung ein negatives Buchvermögen der Mutterkapitalgesellschaft (Fall des Schuldenüberhangs bei Außer-Acht-Lassung der Beteiligung an der Tochterkapitalgesellschaft unter Einhaltung der Kapitalerhaltungsvorschrift des § 30 GmbHG), liegt keine verdeckte Gewinnausschüttung vor. Vielmehr kann auch dieser Fall ertragsteuerlich neutral gestaltet werden.[3]

c) Verschmelzungskosten der übertragenden Körperschaft

1181 Zu den Verschmelzungskosten zählen beispielsweise Kosten des Verschmelzungsbeschlusses, der Anmeldung und Eintragung des Beschlusses, Löschungskosten.

Sie bilden Betriebsausgaben, deren Abziehbarkeit sich nach allgemeinen steuerlichen Grundsätzen bestimmt.[4] Die Zuordnung der Kosten richtet sich nach dem objektiven Veranlassungsprinzip.[5] Sie dürfen nicht wahlweise dem übertragenden oder dem aufnehmenden Unternehmen zugeordnet werden. Eine übertragende Körperschaft darf nur solche Umwandlungskosten abziehen, die sich aus ihrer Rechtsform ergeben.

d) Ermittlung und steuerliche Behandlung eines Übertragungsgewinns

1182 Ansatz der übergehenden Wirtschaftsgüter mit Buchwerten, Zwischenwerten oder gemeinen Werten

+ Aufstockung durch einen Beteiligungskorrekturgewinn gem. § 11 Abs. 2 Satz 2 UmwStG

---

1 Schmitt in S/H/S, UmwG-UmwStG, § 11 UmwStG, Rn 147; Rödder in R/H/vL, § 11 UmwStG, Rn 170; zu weiteren Einzelheiten siehe o. Rn 937.
2 Rn 11.07. UmwStErl 2011.
3 Rödder, DStR 2006 S. 684; dem zustimmend für die Finanzverwaltung Wochinger, a. a. O., S. 686; Schmitt in S/H/S, UmwG-UmwStG, § 12 UmwStG, Rn 104.
4 Mühle, DStZ 2006 S. 63.
5 BFH, Urteile v. 15. 10. 1997 I R 22/96, BStBl II 1998 S. 168 und v. 22. 4. 1998 I R 83/96, BStBl II 1998 S. 698.

IX. Vermögensübertragung im Wege der Verschmelzung

./.	auf den Übertragungsstichtag fortgeschriebene steuerbilanzielle Buchwerte der übergehenden Wirtschaftsgüter
./.	Verschmelzungskosten
=	Übertragungsergebnis(-gewinn bzw. -verlust) vor Steuern
./.	GewSt (gem. § 8 Abs. 1 KStG i. V. m. § 4 Abs. 5b EStG für Wirtschaftsjahre, die nach dem 31. 12. 07 enden, außerbilanziell hinzuzurechnen)
./.	KSt u. Soli (gem. § 10 Abs. 2 KStG außerbilanziell hinzuzurechnen)
=	bilanzielles Übertragungsergebnis(-gewinn bzw. -verlust) nach Steuern

Der **Übertragungsgewinn** unterliegt der allgemeinen Gewinnbesteuerung bei der übertragenden Körperschaft. Er unterliegt der Körperschaftsteuer, dem Solidaritätszuschlag und der Gewerbesteuer. § 19 Abs. 1 UmwStG enthält insoweit eine Klarstellung, wonach §§ 11 bis 15 UmwStG auch für die Ermittlung des Gewerbeertrags gelten, wenn das Vermögen der übertragenden Körperschaft auf eine andere Körperschaft übergeht. Ziel der Vorschrift ist es, bei Umwandlungen von einer Körperschaft auf eine andere Körperschaft die Buchwertübertragungsmöglichkeit und die Sicherstellung der Erfassung der stillen Reserven auch für die Gewerbesteuer klarstellend zu regeln. 1183

Durch eine Änderung des **AStG** (Einfügung der Nr. 10 in § 8 Abs. 1) sind Einkünfte aus Umwandlungen grds. den **aktiven Einkünften** zugerechnet, die eine **Hinzurechnungsbesteuerung** ausschließen. Hierbei geht es um Umwandlungen im Ausland, die einen Inlandsbezug haben.[1] 1184

Ein **Übertragungsgewinn** kann mit einem laufenden Verlust der übertragenden Körperschaft im Übertragungsjahr oder mit Verlustvorträgen verrechnet werden. 1185

Ein **Übertragungsverlust** kann mit einem laufenden Gewinn verrechnet werden.

Eine Verrechnung mit Ergebnissen der übernehmenden Körperschaft findet nicht statt. Ein (Gesamt-)Gewinn der übertragenden Körperschaft im Übertragungsjahr unterliegt einer eigenständigen Steuerfestsetzung, die gegenüber der übernehmenden Gesellschaft als **Gesamtrechtsnachfolgerin** erfolgt,[2] worauf in dem Steuerbescheid ausdrücklich hinzuweisen ist. Andernfalls ist der Bescheid nichtig. 1186

---

[1] Zu Einzelheiten s. Ritzer in R/H/vL, UmwStG, Anh. 7 und Schießl, DStZ 2009 S. 207.
[2] BFH, Urteil v. 13. 2. 2008 I R 11/07, BFH/NV 2008 S. 1538.

D. Das Umwandlungssteuerrecht

1187–1195 *(Einstweilen frei)*

3. Übernahmegewinn

a) Rechtsgrundlage

1196 § 12 UmwStG regelt die ertragsteuerlichen Auswirkungen der Verschmelzung bzw. der Vermögensübertragung und vergleichbarer ausländischer Vorgänge auf die übernehmende Körperschaft. Die Vorschrift korrespondiert mit § 11, der die Auswirkungen auf die übertragende Körperschaft bestimmt, und § 13, der die Besteuerung der Gesellschafter der übertragenden Körperschaft regelt. Auswirkungen auf die Besteuerung der Gesellschafter der übernehmenden Körperschaft ergeben sich nicht, so dass insoweit eine Regelung entbehrlich ist. § 12 schließt sich eng an § 4 UmwStG an und besteht zu einem erheblichen Teil aus Verweisungen auf § 4.

b) Wertverknüpfung Übernahmebilanz an Übertragungsbilanz

1197 Die Verschmelzung ist ein Vorgang der rechtsgeschäftlichen Gesamtrechtsnachfolge. Daher enthält § 12 Abs. 1 Satz 1 UmwStG, im Anschluss an § 11 Abs. 1, das Prinzip der Wertverknüpfung der Übertragungsbilanz der übertragenden Körperschaft mit der Übernahmebilanz der übernehmenden Körperschaft. § 12 Abs. 1 Satz 2 UmwStG verweist auf § 4 Abs. 1 Sätze 2 und 3 UmwStG. Aufgrund der Wertverknüpfung kann die Verschmelzung, obwohl sie den Charakter eines tauschähnlichen Vorgangs hat und handelsrechtlich gem. § 24 UmwG i.V.m. § 253 HGB als Anschaffungsvorgang mit Anschaffungskosten behandelt werden kann, in ihren steuerlichen Auswirkungen nicht als Anschaffungsvorgang angesehen werden.

1198 Danach hat die übernehmende Körperschaft das übernommene Vermögen mit den in der steuerlichen Schlussbilanz (Übertragungsbilanz) enthaltenen Werten in ihrer Bilanz anzusetzen. Ein Wahlrecht besteht insoweit nicht; die **Wertverknüpfung** zwischen Übertragungs- und Übernahmebilanz ist **zwingend**. Dies gilt uneingeschränkt; Abweichungen von dem von der übertragenden Körperschaft gewählten Wertansatz sind nicht möglich. Die Entscheidung über die Bilanzierung wird somit in der Übertragungsbilanz der übertragenden Körperschaft getroffen; die übernehmende Körperschaft ist an diese Wertansätze gebunden.

1199 Eine besondere Aussage zum Wertansatz bei Vermögensübergang von einer steuerfreien auf eine steuerpflichtige Körperschaft ist nicht erforderlich, da in diesen Fällen grds. der gemeine Wert des übertragenen Vermögens angesetzt

IX. Vermögensübertragung im Wege der Verschmelzung

wird. Der Übertragungsgewinn ist bei der übertragenden Körperschaft steuerfrei.[1]

BEISPIEL: gGmbH wird auf eine steuerpflichtige AG verschmolzen.

Vorherige Teilwertabschreibungen, die zu einer Verringerung der Anschaffungskosten geführt haben, sind auch weiterhin bei Verschmelzung von Tochter- auf Muttergesellschaften erfolgswirksam aufzuholen (§ 12 Abs. 1 Satz 2 UmwStG mit Verweisung auf § 4 Abs. 1 Satz 2 und 3 UmwStG). 1200

Die Wertverknüpfung gilt für den Zeitpunkt des steuerlichen Übergangs des Vermögens (= steuerlicher Übertragungsstichtag). Ab diesem Zeitpunkt sind die Wertansätze in der Buchführung der übernehmenden Körperschaft weiterzuentwickeln. In der Schlussbilanz des Wirtschaftsjahres der übernehmenden Körperschaft, in das der Vermögensübergang fällt, werden die Wertansätze daher bereits von den Wertansätzen der Übertragungsbilanz abweichen. **Die Wertverknüpfung besteht daher zwischen Übertragungs- und Übernahmebilanz, nicht zwischen Übertragungs- und Schlussbilanz des Wirtschaftsjahres der übernehmenden Körperschaft**, in das das Ereignis der Verschmelzung fällt. Allerdings gilt für die Schlussbilanz des Wirtschaftsjahres in Bezug auf die übernommenen Wirtschaftsgüter nicht die Maßgeblichkeit der Handels- für die Steuerbilanz (keine „phasenverschobene Wertaufholung").[2] 1201

Die Wertverknüpfung ist in der Übernahmesteuerbilanz davon abhängig, ob und wie das Wahlrecht von der übertragenden Körperschaft ausgeübt worden ist. Diese Bindung gilt auch für nachträgliche Änderungen bzw. Berichtigungen der Verschmelzungsbilanz der übertragenden Körperschaft. Wird die Verschmelzungsbilanz etwa aufgrund einer Außenprüfung bei der (ehemaligen) übertragenden Körperschaft geändert, sind auch die Bilanzen der übernehmenden Körperschaft entsprechend zu ändern.[3] 1202

Das **Handelsrecht** zeigt eine **umgekehrte Wahlrechtssituation**. Die übertragende Körperschaft hat in der Übertragungshandelsbilanz gem. § 17 Abs. 2 UmwG die bisherigen Buchwerte fortzuführen. Ein höherer Wertansatz ist hier nur i. R. der Wertaufholung gem. § 253 Abs. 5, §§ 254, 280 HGB möglich. Die übernehmende Körperschaft kann wählen. Sie darf gem. § 24 UmwStG die Buchwerte fortführen, sie kann stattdessen aber auch die Anschaffungskosten ansetzen, die ihr durch den Wegfall der Anteile an der übertragenden oder durch die Ausgabe von Gesellschaftsrechten an die Gesellschafter der übertragenden 1203

---

1 Reg. Entw. zum SEStEG v. 12. 7. 2006, BT-Drs. 16/2710 S. 41.
2 Siehe o. unter Rn 932 f.
3 Rechtsgrundlage § 175 Abs. 1 Satz 1 Nr. 2 AO bei Bescheiden ohne Vorbehalt der Nachprüfung.

D. Das Umwandlungssteuerrecht

Körperschaft entstanden sind. Handelsrechtliches und steuerliches Bewertungswahlrecht fallen aufgrund der Aufgabe der Maßgeblichkeit somit auseinander.[1]

1204 Die steuerrechtliche Wertverknüpfung als Ausfluss der Gesamtrechtsnachfolge enthält § 12 Abs. 3 UmwStG mit Verweis auf § 4 Abs. 2 und 3 UmwStG, wonach die übernehmende Körperschaft in die steuerliche Rechtsstellung der übertragenden Körperschaft eintritt. Das Verknüpfungsprinzip gilt damit auch für alle anderen an die Bilanzierung anknüpfenden Fragen.

1205 Die **Übernahmebilanz** bildet in den Fällen der Verschmelzung durch **Neugründung** bei der Nachfolgekörperschaft die **Eröffnungsbilanz**. Die Steuerpflicht der übernehmenden Körperschaft beginnt mit dem Übernahmestichtag. Bei der Verschmelzung durch Aufnahme ist der Vermögensübergang ein laufender Geschäftsvorfall. Insoweit bedarf es keiner besonderen steuerlichen Übernahmebilanz, die das zusammengefasste Betriebsvermögen ausweist.

c) **Ermittlung und Versteuerung des Übernahmeergebnisses**

aa) **Ermittlungsformel**

1206 Gemäß § 12 Abs. 2 Satz 1 wird das Übernahmeergebnis gebildet als Unterschied zwischen dem Buchwert der Anteile an der übertragenden Körperschaft und dem Wert, mit dem die übergegangenen Wirtschaftsgüter zu übernehmen sind, abzgl. der Kosten für den Vermögensübergang.

Das Übernahmeergebnis wird nach folgender Formel ermittelt:

1207 Wert der übergegangenen Wirtschaftsgüter
(zwingend aus der Übertragungsbilanz zu übernehmen)

abzgl. Umwandlungskosten
(wozu nicht die GrESt gehört, diese ist auf dem Grundstücks-/Gebäudekonto zu aktivieren)[2]

abzgl. Buchwert der wegfallenden Beteiligung an der Übertragerin
(dieser ist ggf. vorher gem. § 12 Abs. 1 Satz 2 UmwStG zu korrigieren)

1208 Die Entwicklung des Übernahmeergebnisses wird an nachfolgendem Beispielsfall dargestellt:

---

1 Siehe auch o. Rn 844 ff.
2 Nach dem Wachstumsbeschleunigungsgesetz entfällt die GrESt bei Umwandlungen nach § 1 Abs. 1 Nr. 1 bis 3 UmwG ab 2010 unter bestimmten Voraussetzungen, § 6a GrEStG. Wegen Einzelheiten s. u. Rn 2623 ff.

IX. Vermögensübertragung im Wege der Verschmelzung

Die Jörris GmbH wird ohne Kapitalerhöhung auf die Tondo GmbH verschmolzen. Die ursprünglichen Anschaffungskosten der Tondo GmbH für die 100 %-Beteiligung an der Jörris GmbH betrugen 100.000 und sind in der Zwischenzeit steuerwirksam auf 80 % abgeschrieben worden. Die Jörris GmbH beantragt in der Übertragungsbilanz den Buchwertansatz. Die auf die Tondo GmbH entfallenden Umwandlungskosten sollen 5.000 betragen und können keinem übernommenen Wirtschaftsgut zugeordnet werden.

Bilanzen vor Verschmelzungsverfahren:

Jörris GmbH

Diverse Aktiva	200.000	Stammkapital	100.000
		Rücklage	100.000
	200.000		200.000

Tondo GmbH

100 % Beteiligung			
Jörris GmbH	80.000	Stammkapital	50.000
Grundstück	20.000	Rücklage	50.000
	100.000		100.000

Bilanzen anlässlich der Verschmelzung:

Jörris GmbH – Übertragungsbilanz

Diverse Aktiva	200.000	Stammkapital	100.000
		Rücklage	100.000
	200.000		200.000

Wegen der Buchwertfortführung entsteht in der Übertragungsbilanz kein Übertragungsgewinn für die Jörris GmbH

Tondo GmbH – Übernahmebilanz ohne Umwandlungskosten

Diverse Aktiva	200.000	Stammkapital	50.000
Grundstück	20.000	Rücklage	50.000
		Überschuss	120.000
	220.000		220.000

Die Tondo GmbH erwirbt das Vermögen der Jörris GmbH im Wege der Verschmelzung durch Aufnahme. Daher wird in Wirklichkeit eine Übernahmebilanz nicht erstellt. Die übernommenen Wirtschaftsgüter werden mit den Buchwerten in die laufende Buchhaltung eingebucht:

Buchungssatz: Diverse Aktiva an Erlöse aus Verschmelzung.

Bei Übernahme von Fremdkapital der übertragenden Körperschaft wird gebucht:

Aufwand durch Verschmelzung an entsprechenden Passivposten.

Der Beteiligungsverlust der Tondo GmbH an der Jörris GmbH wird ausgebucht:

Aufwand durch Verschmelzung an Beteiligung.

Der **Übernahmegewinn** wird nach § 12 Abs. 2 Satz 1 UmwStG im vorstehenden Beispiel folgendermaßen ermittelt:

	Aktiva GmbH	200.000
./.	Passiva Fremdkapital	0
./.	BW Anteile, die erworben sind oder gelten	./. 80.000
	Zwischenergebnis	120.000

Bis zu dieser Stelle hat die Verschmelzung dazu geführt, dass das Vermögen der Tondo GmbH sich um 120.000 vermehrt hat.

Kontrolle = BV-Vergleich bei der Tondo GmbH ohne Kosten

Kapital nach Verschmelzung	220.000
Kapital vor Verschmelzung	./. 100.000
Übernahmegewinn	120.000

§ 12 Abs. 1 Satz 2 UmwStG verweist auf § 4 Abs. 1 Satz 2 UmwStG. Danach sind die Anteile an der übertragenden Körperschaft bei dem übernehmenden Rechtsträger zum steuerlichen Übertragungsstichtag mit dem Buchwert, erhöht um Abschreibungen, die in früheren Jahren **steuerwirksam**[1] vorgenommen worden sind, sowie um Abzüge nach § 6b EStG und ähnliche Abzüge, höchstens mit dem gemeinen Wert, anzusetzen. Der durch Abschreibung fortgeschriebene Buchwert eines Wirtschaftsguts entspricht nicht dem realen Zeitwert eines Wirtschaftsguts. Daher entstehen stille Reserven. Die Anteile werden durch die zu übernehmenden Wirtschaftsgüter ersetzt. **Der Übernahmegewinn hat daher zwei Ursachen.** Zum einen die Bildung stiller Reserven

---

1 Was wegen § 8b Abs. 3 Satz 2 KStG nicht mehr der Regelfall sein dürfte.

aufgrund eigener Abschreibung durch die übernehmende Tondo GmbH. Zum anderen Aufdeckung weiterer Werte durch Austausch der Anteile mit den übernommenen Wirtschaftsgütern, deren Wert sich als realer Wert der Anteile widerspiegelt. Die Aufdeckung der durch Abschreibung gebildeten stillen Reserven hat den bisherigen laufenden Gewinn der Körperschaft und damit die allgemeine Besteuerung beeinflusst. Daher wird diese Aufdeckung der allgemeinen Besteuerung bei der übernehmenden Körperschaft nach den allgemeinen Regeln durchgeführt. Zum Übertragungsstichtag bucht die Tondo GmbH **Anteile an a. o. Ertrag aus Beteiligung 20.000**. Diesen Schritt umschreibt der Gesetzgeber „Wert der Anteile = Buchwert, erhöht um Abschreibung früherer Jahre".

Danach ergibt sich:

	Aktiva GmbH	200.000	200.000 = Wert, mit dem das übergegangene BV zu übernehmen ist.
./.	Passiva Fremdkapital	0	
./.	BW-Anteile die erworben sind oder gelten	./. 80.000	100.000 = BW-Anteile
./.	Korrektur gem. § 12 Abs. 1 Satz 2	./. 20.000	
./.	Umwandlungskosten	./. 5.000	
	Übernahmeergebnis	95.000	

Kontrolle:

Umwandlungskosten	+ 5.000
Korrektur gem. § 12 Abs. 1 Satz 2	+ 20.000
Ergebnis lt. Bilanz	120.000

Die Korrektur des Buchwerts der Anteile führt zu einem **Beteiligungskorrekturgewinn**, der steuerpflichtig ist. Er kann nicht mit einem u.U. steuerlich nicht zu berücksichtigenden Übernahmeverlust verrechnet werden.[1]

1209

Es kann allerdings auch zu einem **Beteiligungskorrekturverlust** kommen, da § 12 Abs. 1 Satz 2 i.V. m. § 4 Abs. 1 Satz 2 UmwStG auch bestimmt, dass die Anteile an der übertragenden Körperschaft höchstens mit dem gemeinen Wert anzusetzen sind. Liegt dieser unter dem Buchwert, muss eine logische Sekunde

1210

---

1 Schmitt in S/H/S, UmwG-UmwStG, § 12 UmwStG, Rn 39.

vor der Verschmelzung eine Abstockung der Anteile vorgenommen werden.[1] Dieser Verlust bleibt nach § 8b Abs. 3 Satz 3 KStG unberücksichtigt.[2]

bb) Definition des Übernahmeergebnisses gem. § 12 Abs. 2 UmwStG

1211 Das Übernahmeergebnis ist in § 12 Abs. 2 Satz 1 UmwStG als Rechengröße definiert, welche sich aus der Saldierung der beiden Vergleichsgrößen „Wert der übergegangenen Wirtschaftsgüter" und „Buchwert der untergehenden Anteile" ergibt. Der Wert der übergegangenen Wirtschaftsgüter weist immer einen Betrag aus. Der Buchwert der untergehenden Anteile kann einen Wert ausweisen, er muss es aber nicht.

1212 Der Wortlaut des § 12 Abs. 2 Satz 1 UmwStG geht von der Konstellation aus, dass die übernehmende Körperschaft am steuerlichen Übertragungsstichtag die wegfallenden Anteile an der übertragenden Körperschaft zu 100 % innehat. Das muss jedoch nicht so sein. Ein Beteiligungswert existiert z. B. nicht beim „down-stream", der Abwärtsverschmelzung der Muttergesellschaft auf ihre Tochtergesellschaft, sowie beim „side stream", der Seitwärtsverschmelzung von Schwestergesellschaften. Die wegfallende Beteiligung kann auch niedriger als 100 % sein. § 12 Abs. 2 Satz 1 UmwStG enthält keine dem § 4 Abs. 4 Satz 3 UmwStG entsprechende anteilige Übernahmegewinnermittlung.[3]

1213 Ein Übernahmeergebnis infolge eines Beteiligungsfortfalls ist nur insoweit möglich, als die übernehmende an der übertragenden Körperschaft beteiligt ist.[4] Ein Übernahmeergebnis in diesem Sinne entfällt bei einer Verschmelzung durch Neugründung. Bei einer Verschmelzung durch Aufnahme kann eine fehlende Beteiligung an der übertragenden Körperschaft nicht ersetzt werden durch ausgegebene neue Anteile i. R. einer mit der Verschmelzung durchgeführten Kapitalerhöhung. In den letzten beiden Fällen wird die Verschmelzung steuerlich daher wie eine allgemeine offene Sacheinlage behandelt. Davon geht auch der Gesetzgeber aus, wie die Formulierung des § 12 Abs. 1

---

[1] BFH, Urteil v. 30. 7. 2014 – I R 58/12; Van Lishaut in R/H/vL, § 4 UmwStG, Rn 44; Schmitt in S/H/S, UmwG-UmwStG, § 12 UmwStG, Rn 19.
[2] BFH, Urteil v. 30. 7. 2014 – I R 58/12 (mit Hinweis auf Besonderheiten bei Lebensversicherungsunternehmen).
[3] A. A. Ley/Bodden, FR 2007 S. 265, 273 und Schmitt in S/H/S, UmwG-UmwStG, § 12 UmwStG, Rn 44, 49 f.
[4] Allgemeine Meinung in der Literatur; a. A. allerdings BFH, Urteil v. 9. 1. 2013 – I R 24/12, BFH/NV 2013 S. 881 mit Hinweisen zur Literaturmeinung; wie BFH Rn 12.05 UmwStErl 2011.

Satz 2 UmwStG, „soweit der Gewinn dem Anteil der übernehmenden Körperschaft an der übertragenden Körperschaft entspricht", zeigt.[1]

Eine Umwandlung wird steuersystematisch wie eine Liquidation behandelt. Der Übernahmegewinn ist dem Gewinn aus einer Anteilsveräußerung oder einer Vollauskehrung vergleichbar. Aber nur soweit die übernehmende Körperschaft an der übertragenden Körperschaft beteiligt ist, entspricht der Übernahmegewinn einem Gewinn aus der Veräußerung des Anteils. Bei der Ermittlung eines Veräußerungsgewinns aus der Anteilsveräußerung wird dem Veräußerungserlös der Buchwert der wegfallenden Beteiligung gegenübergestellt. Bei einer Verschmelzung entspricht das übergehende Betriebsvermögen dem Veräußerungserlös, von dem die untergehende Beteiligung abgezogen wird.

1214

Wird i. R. einer Verschmelzung das Kapital bei der übernehmenden Körperschaft erhöht, entsteht insoweit kein Übernahmegewinn.

1215

BEISPIEL: An der übertragenden Körperschaft sind außer der Übernehmerin noch andere Anteilseigner beteiligt, und diese erhalten für ihre wegfallenden Anteile neue Anteile an der Übernehmerin, die im Wege einer Kapitalerhöhung geschaffen werden müssen.

Insoweit stellt die Vermögensmehrung durch das Vermögen der übertragenden Gesellschaft eine Einlage bei der übernehmenden Gesellschaft dar, die bei der Einkommensermittlung zu neutralisieren ist.[2]

(1) Agiogewinn

Infolge einer Vermögensmehrung, die über die Summe der Nennwerte der neuen i. R. der Kapitalerhöhung ausgegebenen Anteile hinausgeht, entsteht ein sog. Agiogewinn. Steuerlich wird dieser Gewinn als Einlage behandelt, entsprechend der Behandlung bei einer Kapitalgesellschaftsgründung oder Kapitalerhöhung ohne Verschmelzung. Dieser Gewinn ist ein rein gesellschaftsrechtlicher Vorgang und daher nicht steuerbar. Handelsrechtlich wird ein Agiogewinn in die Kapitalrücklage nach § 272 Abs. 2 Nr. 1 HGB eingestellt. Steuerlich werden regelmäßig gem. § 27 KStG die nicht in das Nennkapital geleisteten Einlagen im steuerlichen Einlagekonto ausgewiesen. Hier besteht aber eine Besonderheit, sofern ein Anteilseigner einen Antrag auf Aufschub der Anteilsbesteuerung stellt. Geht das Vermögen einer Kapitalgesellschaft durch Verschmelzung auf eine unbeschränkt steuerpflichtige Körperschaft über, so ist der Bestand des steuerlichen Einlagekontos gem. § 29 Abs. 2 KStG dem

1216

---

1 Siehe auch Finanzaussch. BT-Drs. 16/2710 S. 23, 24.
2 Rödder in R/H/vL, § 12 UmwStG, Rn 64, 66 und 71.

steuerlichen Einlagekonto der übernehmenden Körperschaft hinzuzurechnen. Die nicht bisher an der übernehmenden Körperschaft beteiligten Gesellschafter erhalten für den Untergang ihrer Beteiligung an der übertragenden Körperschaft die Neuanteile. Ihr Anteil an dem Einlagekonto der übertragenden Gesellschaft wird aber wertgleich in der Nachfolgekapitalgesellschaft als Gesamtrechtsnachfolgerin fortgesetzt. Daher wird ein Zugang in Antragsfällen auf das steuerliche Einlagekonto wie bei einer regelmäßigen Einlage über das Nennkapital hinaus nicht stattfinden.[1]

1217 Da auf den Übernahmegewinn nach § 12 Abs. 2 Satz 2 UmwStG § 8b Abs. 3 Satz 1 KStG mit einer 5 %igen Hinzurechnung angewandt wird, ist die Aufteilung in ein Übernahmeergebnis und eine Einlage erforderlich.

BEISPIEL: Die Jörris GmbH wird auf die Tondo GmbH verschmolzen. Die ursprünglichen Anschaffungskosten der Tondo GmbH für die 80 %-Beteiligung an der Jörris GmbH betrugen 80.000 und sind in der Zwischenzeit steuerwirksam auf 80 % (= 64.000) abgeschrieben worden. K hält die anderen 20 % mit 20.000 Anschaffungskosten im Privatvermögen. Die Jörris GmbH setzt in der Übertragungsbilanz die gemeinen Werte von 1.000.000 an. Die auf die Tondo GmbH entfallenden Umwandlungskosten, die nicht einzelnen übernommenen Wirtschaftsgüter zugeordnet werden können, sollen 5.000 betragen. Alleingesellschafter der Tondo GmbH ist Herr T. Die Tondo GmbH erhöht ihr Stammkapital um 10.000, der neue Anteil soll auf K übertragen werden.

Bilanzen vor Verschmelzungsverfahren:

J-GmbH (T-GmbH 80 %/K 20 %)

Diverse Aktiva	200.000	Stammkapital	100.000
		Rücklage	100.000
	200.000		200.000

Tondo GmbH vor Kapitalerhöhung

80 % Beteiligung Jörris GmbH	64.000	Stammkapital	40.000
Grundstück	20.000	Rücklage	44.000
	84.000		84.000

---

1 So offenbar Dötsch in D/P/M, § 12 UmwStG, Tz. 32, der von einer zu neutralisierenden Einlage ohne Zugang auf dem steuerlichen Einlagekonto ausgeht.

Tondo GmbH nach Kapitalerhöhung

80 % Beteiligung			
Jörris GmbH	64.000	Stammkapital	50.000
Grundstück	20.000	Rücklage	44.000
Neuanteile	10.000		
	94.000		94.000

Bilanzen anlässlich der Verschmelzung:

J-GmbH – Übertragungsbilanz

Diverse Aktiva	1.000.000	Stammkapital	100.000
(Inkl. org. FW)		Rücklage	100.000
		Überschuss	800.000
	1.000.000		1.000.000

Der Übertragungsgewinn für die J-GmbH unterliegt der allgemeinen Besteuerung nach den Vorgaben des § 11 UmwStG.

Tondo GmbH – Übernahmebilanz ohne Umwandlungskosten[1]

Diverse Aktiva	1.000.000	Stammkapital	50.000
Grundstück	20.000	Kap.-Rücklage	190.000
		Rücklage	44.000
		Überschuss	736.000
	1.020.000		1.020.000

Auch in diesem Beispiel wird in der Realität eine Übernahmebilanz nicht erstellt.

Der Übernahmegewinn nach § 12 Abs. 2 Satz 1 UmwStG und die Einlagewerte durch die Aufnahme von K in die Tondo GmbH werden im vorstehenden Beispiel folgendermaßen ermittelt:

---

[1] A. A. = nur anteilige Ermittlung des Übernahmeergebnisses in Höhe der Beteiligungsquote z. B. Schmitt in S/H/S, UmwG-UmwStG, § 12 UmwStG, Rn 50.

D. Das Umwandlungssteuerrecht

	§ 12 Abs. 2 UmwStG	Einlage
Aktiva GmbH	800.000	200.000
./. Passiva Fremdkapital	0	0
./. BW-Anteile die erworben sind oder gelten	./. 64.000 Neuanteil	./. 10.000
./. Korrektur gem. § 12 Abs. 1 Satz 2	./. 16.000 Kap-Rückl.	190.000 = **Agiogew.**
./. Umwandlungskosten	./. 4.000 allg. BA	1.000
Übernahmeergebnis	716.000 Einlage +	189.000

Kontrolle:

Umwandlungskosten	4.000
Korrektur gem. § 12 Abs. 1 Satz 2	16.000
Ergebnis lt. Bilanz	736.000

1218 Nach diesem Beispiel bilden 716.000 den Teil von § 12 Abs. 1 Satz 2 UmwStG, dazu gehört nicht der in die Kapitalrücklage eingestellte Agiogewinn von 190.000. Somit enthält § 12 Abs. 2 Satz 1 UmwStG eine dem § 4 Abs. 1 Satz 1 EStG nachgebildete steuerliche Neutralisierung von Einlagen, wenn dem übergehenden Betriebsvermögen eine wegfallende Beteiligung nicht gegenübersteht.

1219 Einlagesituationen sind neben dem vorstehenden Beispiel in folgenden Situationen gegeben:

1. Beispiel einer Abwärtsverschmelzung:

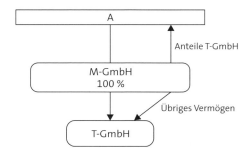

Einlegender ist A. Die T-GmbH hatte keine Anteile der M-GmbH, die sie erworben hatte oder durch sie als erworben gelten.

2. Beispiel der Verschmelzung von Schwestergesellschaften:

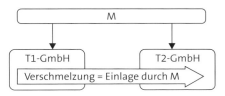

Auch hier hat T2-GmbH keine Anteile der T1-GmbH, die sie erworben hatte oder durch sie als erworben gelten.

(2) Agioverlust

Ist der angesetzte Wert der gegen Gewährung von Gesellschaftsrechten übernommenen Wirtschaftsgüter kleiner als der Nennbetrag der Kapitalerhöhung, entsteht ein Agioverlust. Entsprechend der Behandlung des Agiogewinns ist dieser Verlust steuerlich nicht absetzbar. Wegen des handelsrechtlichen **Verbots einer Unterpari-Emission**[1] kann ein Agioverlust nur entstehen, wenn der gemeine Wert des übernommenen Vermögens zwar mindestens so hoch ist wie der Betrag der Kapitalerhöhung einschließlich des Agios, dieser Wert aber nicht oder nicht voll aufgedeckt wird.[2]

1220

Ein **Agioverlust** ist als **laufender handelsrechtlicher Jahresfehlbetrag** auszuweisen, der das Jahresergebnis des übernehmenden Rechtsträgers vermindert, da § 272 Abs. 2 HGB nur den Agiogewinn aufzählt. In der Steuerbilanz erscheint ein Aktivposten, der lediglich zeigt, dass der Wert der übernommenen Wirtschaftsgüter niedriger ist als der gemeine Wert. Die Position lässt sich als steuerliches Minderkapital auffassen, sie kann nicht abgeschrieben, wohl aber mit steuerlichem Mehrkapital, z. B. einem Gewinnvortrag, der schon versteuert wurde, verrechnet werden.[3]

1221

---

1 Gemäß § 9 Abs. 1 AktG dürfen für einen geringeren Betrag als den Nennbetrag oder den auf die einzelne Stückaktie entfallenden anteiligen Betrag des Grundkapitals Aktien nicht ausgegeben werden (geringster Ausgabebetrag) = „materielle Unterpari-Ausgabe".
2 = „formelle Unterpari-Ausgabe"; so auch Frotscher in Frotscher/Maas, § 12 UmwStG, Rn 16.
3 Gl. A. Frotscher in Frotscher/Maas, § 12 UmwStG, Rn 19.

(3) Übernahmefolgegewinn

1222 § 12 Abs. 2 Satz 1 UmwStG erfasst auch nicht einen Übernahmefolgegewinn bzw. -verlust (= Konfusionsgewinn).[1] Bei einer Verschmelzung von Körperschaften erhöht oder vermindert sich der Gewinn der übernehmenden Körperschaft auch dadurch, dass der Vermögensübergang zum Erlöschen von Forderungen und Verbindlichkeiten zwischen der übertragenden und der übernehmenden Körperschaft führt. Gewinnauswirkungen ergeben sich immer dann, wenn Forderungen und Verbindlichkeiten bei der übertragenden und bei der übernehmenden Körperschaft mit unterschiedlichen Werten bilanziert wurden. Ein solcher Gewinn oder Verlust fällt in einer dem steuerlichen Übertragungsstichtag nachgelagerten logischen Sekunde an und ist dem eigenen Betriebsergebnis der übernehmenden Körperschaft zuzurechnen.

Die steuerlichen Folgen werden in § 12 Abs. 4 UmwStG behandelt. Danach gilt § 6 UmwStG entsprechend für den Teil des Gewinns aus der Vereinigung von Forderungen und Verbindlichkeiten, der der Beteiligung der übernehmenden Körperschaft am Grund- oder Stammkapital der übertragenden Körperschaft entspricht. Die Vergünstigungen des § 6 UmwStG gelten daher nur eingeschränkt insoweit, als die übernehmende an der übertragenden Körperschaft zum steuerlichen Übertragungsstichtag beteiligt ist oder als beteiligt gilt.

1223 Entsprechend § 6 Abs. 1 UmwStG kann dieser Gewinn jedoch in eine **steuerfreie Rücklage** eingestellt werden, die in den drei Folgejahren gewinnerhöhend aufzulösen ist.

1224 Der Konfusionsgewinn bzw. die Auflösung seiner Rücklage in den Folgejahren führen zu einem allgemeinen laufenden Gewinn, der nach den allgemeinen Grundsätzen der Körperschaftsteuer und der Gewerbesteuer unterliegt.

1225 Bringt die übernehmende Körperschaft den auf sie übergegangenen Betrieb innerhalb von fünf Jahren nach dem steuerlichen Übertragungsstichtag in eine Kapitalgesellschaft ein oder kommt es zur Veräußerung oder Aufgabe, ohne dass dafür ein triftiger Grund vorliegt, entfallen rückwirkend alle aus § 6 UmwStG sich ergebenden Vergünstigungen. Davon betroffene Steuerbescheide sind gem. § 6 Abs. 3 Satz 2 UmwStG zu ändern.

cc) Besteuerung des Übernahmeergebnisses gem. § 12 Abs. 2 UmwStG

1226 Bei der übernehmenden Körperschaft bleibt ein **Gewinn oder ein Verlust** i. H. des Unterschieds zwischen dem Buchwert der Anteile an der übertragenden

---

1 Siehe o. Rn 749.

Körperschaft und dem Wert, mit dem die übergegangenen Wirtschaftsgüter zu übernehmen sind, abzgl. der Kosten für den Vermögensübergang, dem Grund nach und ein Übernahmeverlust auch der Höhe nach gem. § 12 Abs. 2 Satz 1 UmwStG außer Ansatz. § 12 Abs. 2 Satz 1 UmwStG ist aber im Zusammenhang mit § 12 Abs. 2 Satz 2 UmwStG zu lesen, wonach § 8b KStG anzuwenden ist, soweit der **Gewinn** i. S. des Satzes 1 abzgl. der anteilig darauf entfallenden Kosten für den Vermögensübergang dem Anteil der übernehmenden Körperschaft an der übertragenden Körperschaft entspricht. Soweit ein Übernahmegewinn auf einen Anteil der übernehmenden Körperschaft an der übertragenden Körperschaft entfällt, wird für die steuerliche Behandlung dieses Gewinns unmittelbar an die Regelungen des § 8b KStG zu Beteiligungserträgen angeknüpft. Damit wird dem Umstand Rechnung getragen, dass der Übertragungsvorgang insoweit einem Veräußerungsvorgang gleichsteht. Daraus ergibt sich aber auch eine 5 %ige Pauschalierung sog. nichtabziehbarer Ausgaben gem. § 8b Abs. 3 Satz 1 KStG. Ein **Übernahmegewinn** ist daher im Umfang der prozentualen Beteiligung der übernehmenden Körperschaft an der übertragenden Körperschaft nicht zu 100 % körperschaftsteuerfrei, sondern nur zu 95 %. Die Regelungen zum Betriebsausgabenabzugsverbot sowie Sonderregelungen für Kreditinstitute, für Versicherungsunternehmen etc. gelten dadurch auch für diesen Teil des Übernahmegewinns.

Streitig ist die Frage, ob aus der erst durch SEStEG eingefügten Regelung in § 12 Abs. 2 Satz 2 UmwStG, wonach § 8b KStG anzuwenden ist, auch folgt, dass § 8b Abs. 4 KStG a. F. anzuwenden ist, der gem. § 34 Abs. 7a KStG i. d. F. des SEStEG auf sog. **alteinbringungsgeborene Anteile** bis zum Ablauf der in § 8b Abs. 4 KStG geregelten Siebenjahresfrist weiterhin gilt. Vor dieser Frage steht man, wenn die Anteile der Übernehmerin an der Überträgerin durch eine nicht mehr als sieben Jahre vor dem Verschmelzungsstichtag erfolgte Sacheinbringung gem. § 20 UmwStG a. F. entstanden sind. Die Meinung, die die Frage bejaht, weist darauf hin, dass § 12 Abs. 2 Satz 2 UmwStG nicht differenziert, sondern die Rechtsfolgen des § 8b KStG voll umfänglich übernimmt.[1] Die Anwendung des § 8b Abs. 4 KStG a. F. würde die Folge nach sich ziehen, dass ein Übernahmegewinn, soweit er sich auf einbringungsgeborene Anteile bezieht, nicht steuerfrei, sondern in voller Höhe steuerpflichtig ist. Die ablehnende Meinung beruft sich darauf, die Anwendungsanordnung des § 8b KStG in § 12 Abs. 2

1227

---

1 Dötsch in D/P/M, § 12 UmwStG, Tz. 46; Förster/Felchner, DB 2006 S. 1072, 1075; Hagemann/Jakob/Ropohl/Viebrock, NWB-Sonderheft 1/2007 S. 17.

D. Das Umwandlungssteuerrecht

Satz 2 UmwStG beziehe sich nur auf § 8b KStG i. d. F. des SEStEG.[1] Danach kann ein Bezug zu § 34 Abs. 7a KStG nicht hergestellt werden.

1228 Für die **Gewerbesteuer** gelten gem. § 19 Abs. 1 UmwStG die §§ 11–15 UmwStG entsprechend. Nach § 19 Abs. 1 Satz 1 i.V. m. § 12 Abs. 2 UmwStG bleibt daher ein Übernahmegewinn/-verlust auch für Zwecke der Ermittlung des Gewerbeertrags außer Ansatz. Allerdings gilt auch hier gem. § 12 Abs. 2 Satz 2 UmwStG i.V. m. § 8b KStG die 5 %ige Pauschalierung im Falle eines Übernahmegewinns. 5 % unterliegen dann der Gewerbesteuer.

1229 Ein **Beteiligungskorrekturgewinn** i. S. von § 12 Abs. 1 Satz 2 i.V. m. § 4 Abs. 1 Satz 2 UmwStG wird voll von der Gewerbesteuer erfasst.[2]

1230 Zur Pauschalierung nichtabziehbarer Ausgaben gem. § 8b KStG auf den Übernahmegewinn kommt es nicht bei einem **Agiogewinn**[3] bei der **Abwärtsverschmelzung** einer Muttergesellschaft auf ihre Tochtergesellschaft und bei der **Verschmelzung zwischen Schwestergesellschaften**.[4] Dieser ist in voller Höhe steuerfrei.

1231 Die grundsätzliche Freistellung des Übernahmeergebnisses von der Körperschaftsteuer und der Gewerbesteuer entspricht Art. 7 Abs. 1 der Fusionsrichtlinie, wonach die bei der übernehmenden Gesellschaft möglicherweise entstehenden Wertsteigerungen beim Untergang ihrer Beteiligung am Kapital der einbringenden Gesellschaft keiner Besteuerung unterliegen, wenn die übernehmende Gesellschaft am Kapital der einbringenden Gesellschaft eine Beteiligung besitzt. Gemäß Art. 7 Abs. 2 der Fusionsrichtlinie dürfen Mitgliedstaaten von dieser Vorgabe abweichen, wenn der Anteil der übernehmenden Gesellschaft am Kapital der einbringenden Gesellschaft weniger als 15 % in 2007 und 2008 und ab 1. 1. 2009 weniger als 10 % beträgt. Ob die 5 %-Pauschalierung dieser Ausnahmeregelung entspricht, ist fraglich. Insofern hat der Gesetzgeber eine **europarechtliche Streitfrage** durch die Übernahme von § 8b KStG in das Umfeld des Übernahmegewinns ausgelöst.[5]

---

1 Ley/Bodden, FR 2007 S. 265, 274.
2 Siehe o. Beispiel unter Rn 1216.
3 Siehe o. Beispiel unter Rn 1219.
4 Rödder/Schumacher, DStR 2007 S. 369, 373.
5 Kritisch zur Europakonformität in der Entstehungsphase des SEStEG Rödder/Schumacher, DStR 2006 S. 1525, 1537; Ley/Bodden, FR 2007 S. 265, 274 halten die Pauschalierung nicht für vereinbar mit der FRL.

d) Verschmelzungskosten der übernehmenden Körperschaft

aa) Rechtslage vor und nach SEStEG

In der Rechtslage vor SEStEG waren die Verschmelzungskosten bei der übernehmenden Körperschaft grds. laufende Betriebsausgaben. Die Finanzverwaltung ließ, was sachgerecht erschien, aus Gründen der vereinfachten Handhabung den sofortigen Betriebsausgabenabzug der Kostenfaktoren zu.[1] Bei der Ermittlung des Gewinns der übernehmenden Körperschaft blieb nach § 12 Abs. 2 Satz 1 UmwStG a. F. ein Gewinn oder ein Verlust in Höhe des Unterschieds zwischen dem Buchwert der Anteile und dem Wert, mit dem die übergegangenen Wirtschaftsgüter zu übernehmen sind, außer Ansatz, ohne die Umwandlungskosten in diese Formel einzubeziehen. Wegen der Nichtversteuerung des Übernahmegewinns versuchte die Finanzverwaltung, den steuerlichen Abzug von Verschmelzungskosten über § 3c EStG zu versagen. Der BFH hatte aber die Anwendung des § 3c EStG versagt. Die dem übernehmenden Unternehmen zuzuordnenden Kosten minderten den laufenden Gewinn, wenn sie nicht als objektbezogene Anschaffungskosten zu aktivieren sind.[2]

1232

Nach der Änderung des § 12 Abs. 1 Satz 1 UmwStG durch SEStEG bleibt bei der übernehmenden Körperschaft ein Gewinn oder ein Verlust in Höhe des Unterschieds zwischen dem Buchwert der Anteile an der übertragenden Körperschaft und dem Wert, mit dem die übergegangenen Wirtschaftsgüter zu übernehmen sind, **abzgl. der Kosten für den Vermögensübergang**, außer Ansatz. Gleichlaufend mit der Regelung in § 4 Abs. 4 UmwStG mindern die Kosten des Vermögensübergangs das Übernahmeergebnis gem. § 12 Abs. 2 Satz 1 UmwStG.[3] Damit hat der Gesetzgeber die Voraussetzung geschaffen, dass die Verschmelzungskosten bei der übernehmenden Körperschaft als Teil des Übernahmeergebnisses außer Ansatz bleiben.[4]

1233

bb) Persönliche Kostenzuordnung

Die **Zuordnung von verschmelzungsbedingten Kosten** zum übertragenden oder zum übernehmenden Unternehmen richtet sich nach dem **objektiven Veranlassungsprinzip** und belässt den Beteiligten kein Zuordnungswahlrecht.[5]

1234

---

1 BMF-Schreiben v. 25. 3. 1998, BStBl I 1998 S. 268 Tz. 04.43.
2 BFH, Urteil v. 22. 4. 1998 I R 83/96, BStBl II 1998 S. 698.
3 BT-Drs. 16/2710 S. 23, 24.
4 BFH, Urteil v. 9. 1. 2013 – I R 24/12, BFH/NV 2013 S. 881.
5 BFH, Urteil v. 22. 4. 1998 I R 83/96, BStBl II 1998 S. 698; a. A. Christiansen in FS Widmann, Bonn 2000 S. 231 ff., dieser bejaht ein vertragliches Bestimmungsrecht hinsichtlich der Zuordnung der Verschmelzungskosten.

Wird vertraglich vereinbart, dass die übernehmende Körperschaft Kosten der übertragenden Körperschaft trägt, kann das zu einer verdeckten Einlage führen. Trägt die übertragende Körperschaft Kosten der übernehmenden Körperschaft, kann eine verdeckte Gewinnausschüttung vorliegen. Sollten diese Vorgänge im Rückwirkungszeitraum erfolgen, ergeben sich keine steuerlichen Auswirkungen mehr.[1] Zu den einer übernehmenden Körperschaft zuzuordnenden Kosten gehören z. B. die Kosten der Beratung, die sich auf den Verschmelzungsbeschluss und die Verschmelzungsbilanz beziehen, die Hälfte der Kosten des Verschmelzungsbeschlusses, des Verschmelzungsvertrags und seiner Beurkundung, Löschungskosten, die Kosten der Gesellschafterversammlung, auf der dem Verschmelzungsvertrag zugestimmt wird, sowie der Registereintragung.

cc) Sachliche Kostenzuordnung

1235 Verschmelzungskosten sind abzugrenzen von den objektbezogenen Anschaffungskosten, die im Sachzusammenhang mit der Übertragung der Wirtschaftsgüter i. R. einer Verschmelzung stehen. Die Finanzverwaltung hat vor Geltung des SEStEG kein einheitliches Bild vermittelt. Sie hat einmal objektbezogene Kosten einer übernehmenden Körperschaft als reine Verschmelzungskosten behandelt. Kosten der Vermögensübertragung (z. B. Grunderwerbsteuer) waren bei der Ermittlung der Bemessungsgrundlagen für die Besteuerung der Übernehmerin und der übertragenden Körperschaft zu berücksichtigen.[2] Diese Aussage bezieht sich auf Übertragungen von einer Körperschaft auf ein Personenunternehmen. Keine Aussage enthält der Umwandlungssteuererlass zur ertragsteuerlichen Behandlung einer durch einen Verschmelzungsvorgang zwischen Körperschaften anfallenden Grunderwerbsteuer.[3]

1236 Dagegen vertritt die Finanzverwaltung für den Fall der Einbringung in eine Kapitalgesellschaft die Auffassung, dass objektbezogene Kosten, zu denen auch die Grunderwerbsteuer gehört, nicht sofort als Betriebsausgaben abgezogen werden können, sondern als zusätzliche Anschaffungskosten der Wirtschaftsgüter zu aktivieren sind, bei deren Einbringung sie anfallen.[4]

---

1 Rödder in R/H/vL, § 12 UmwStG, Rn 74.
2 BMF-Schreiben v. 25. 3. 1998, BStBl I 1998 S. 268 Tz. 04.43.
3 Siehe hierzu die Fn. zu Rn 1207.
4 BMF-Schreiben v. 25. 3. 1998, BStBl I 1998 S. 268 Tz. 22.01.

Der Gesetzgeber hat die Änderungen in § 12 Abs. 2 UmwStG durch SEStEG damit begründet, dass er dem Umstand Rechnung trage, dass der Übertragungsvorgang einem Veräußerungsvorgang gleichstehe.[1]

1237

Danach enthält auch die **Verschmelzung** einen **Anschaffungsvorgang**. Die Finanzverwaltung wird nach dieser Entwicklung ihre zum alten Recht eingenommene Rechtsposition zu den Verschmelzungskosten[2] nicht mehr halten können. Die objektbezogenen Kosten, dazu zählt u. a. die Grunderwerbsteuer, sind von den laufenden Kosten der Verschmelzung zu trennen.[3] Die übernehmende Körperschaft darf aktivierte Objektkosten im Wege der AfA steuerlich geltend machen. Dagegen sind die laufenden Verschmelzungskosten steuerlich nicht abziehbar.

1238

Eine weitere Abgrenzung der Verschmelzungskosten ergibt sich aus der Definition des Übernahmeergebnisses, da Verschmelzungskosten Teil dieser Maßgröße geworden sind. Ein Übernahmeergebnis infolge eines Beteiligungsfortfalls ist nur insoweit möglich, als die übernehmende an der übertragenden Körperschaft beteiligt ist.[4] Die Voraussetzungen des § 12 Abs. 2 UmwStG sind bei einer **Abwärtsverschmelzung** bzw. bei einer **Verschmelzung von Tochtergesellschaften** entweder gar nicht oder bei einer nicht 100%-Beteiligung der aufnehmenden Körperschaft nur teilweise erfüllt. In diesen Fällen sind die Kosten, soweit sie nicht zu aktivieren sind, keine Verschmelzungskosten nach § 12 Abs. 2 UmwStG. Sie sind gem. § 8 Abs. 1 KStG i. V. m. § 4 Abs. 4 EStG durch den Betrieb der übernehmenden Körperschaft veranlasst und als allgemeine Betriebsausgaben sofort abziehbar.[5]

1239

> **BEISPIEL:** In dem Fall zum „Agiogewinn"[6] wurde die J-GmbH auf die T-GmbH, die an der J-GmbH zu 80% beteiligt war, verschmolzen. Die restlichen 20% hielt K. Für ihn wurde eine Kapitalerhöhung bei der T-GmbH durchgeführt und die Anteile i. R. der Verschmelzung übertragen. Die auf die T-GmbH entfallenden Umwandlungskosten, die nicht einzelnen übernommenen Wirtschaftsgütern zugeordnet werden können, sollten 5.000 betragen. In Höhe von 20% gilt die Übernahme als Einlage. Daher bilden 1.000 sofort abziehbare Betriebsausgaben. 4.000 sind reine Verschmelzungskos-

---

1 BT-Drs. 16/2710 S. 24.
2 BMF-Schreiben v. 25. 3. 1998, BStBl I 1998 S. 268 Tz. 04.43.
3 Gl. A. Dötsch in D/P/M, § 12 UmwStG, Tz. 41.
4 Siehe o. Rn 1213.
5 A. A. BFH, Urteil v. 9. 1. 2013 – I R 24/12, BFH/NV 2013 S. 881, s. oben Rn 1213.
6 Siehe o. Rn 1216.

D. Das Umwandlungssteuerrecht

ten und können aufgrund § 12 Abs. 2 Satz 1 KStG steuerlich nicht zum Abzug gebracht werden.

e) Behandlung des Übernahmeergebnisses im Jahresabschluss

1240 Bei der übernehmenden Körperschaft bleibt nach § 12 Abs. 2 Satz 1 UmwStG ein Gewinn oder ein Verlust in Höhe des Unterschieds zwischen dem Buchwert der Anteile an der übertragenden Körperschaft und dem Wert, mit dem die übergegangenen Wirtschaftsgüter zu übernehmen sind, abzgl. der Kosten für den Vermögensübergang, außer Ansatz. Daraus folgt, dass das Übernahmeergebnis innerhalb des Jahresabschlusses zu ermitteln ist. Das gilt sowohl für den handelsrechtlichen als auch für den steuerrechtlichen Jahresabschluss. Der Übernahmegewinn oder der Übernahmeverlust ist außerhalb des Jahresabschlusses bei der Erstellung der steuerlichen Bemessungsgrundlage zu eliminieren. § 12 Abs. 2 UmwStG gehört damit in den Kreis der außerbilanziellen Korrekturvorschriften.

f) Fiktive Zuordnung der Anteile an der übertragenden Körperschaft

1241 Hat die übernehmende Körperschaft Anteile an der übertragenden Körperschaft erst nach dem steuerlichen Übertragungsstichtag angeschafft oder findet sie einen früheren Anteilseigner ab, ist ihr Gewinn gem. § 12 Abs. 2 Satz 2 UmwStG i.V.m. § 5 Abs. 1 UmwStG so zu ermitteln, als hätte sie die Anteile bereits am steuerlichen Übertragungsstichtag angeschafft. Deshalb erhöhen Abfindungen an ausscheidende Anteilseigner der übertragenden Körperschaft den Beteiligungsbuchwert und verringern daher den Übernahmegewinn.

1242–1250 *(Einstweilen frei)*

4. Übernehmende Körperschaft als Rechtsnachfolgerin

a) Gesetzlich genannte übergehende Rechtspositionen

1251 § 12 Abs. 3 UmwStG enthält nur noch die Aussage, dass die übernehmende Körperschaft in die steuerliche Rechtsstellung der übertragenden Körperschaft eintritt (sog. **„Fußstapfentheorie"**). Er wurde durch Verweis auf § 4 Abs. 2 und 3 UmwStG redaktionell gestrafft.[1]

1252 Gemäß § 12 Abs. 3 i.V.m. § 4 Abs. 2 UmwStG tritt die übernehmende Körperschaft in bestimmte genannte steuerliche Rechtsstellungen der übertragen-

---

1 BT-Drs. 16/2710 S. 41.

den Körperschaft ein.[1] Dazu zählen die Bewertung der übernommenen Wirtschaftsgüter, die Abschreibung und die den steuerlichen Gewinn mindernden Rücklagen sowie die Dauer der Zugehörigkeit eines Wirtschaftsguts zum Betriebsvermögen.

b) Gesetzlicher Ausschluss von Rechtspositionen

aa) Verlustübernahme

(1) Rechtsänderung durch SEStEG und letztmalige Anwendung des alten Rechts

SEStEG hat den bisher in § 12 Abs. 3 Satz 2, § 15 Abs. 4 und § 19 Abs. 2 UmwStG a. F. geregelten **Übergang** nicht verbrauchter körperschaftsteuerlicher und gewerbesteuerlicher **Verlustabzüge** von der übertragenden auf die übernehmende Körperschaft bei einer Verschmelzung oder Spaltung **gestrichen**.[2] Das bedeutet, dass die übernehmende Gesellschaft im Vergleich zum bisherigen Recht die Verluste und negativen Einkünfte der übertragenden Gesellschaft einschl. eines Zinsvortrags nach § 4h EStG (ggf. ab 2010 erweitert um einen EBITDA-Vortrag) nach der Verschmelzung nicht mehr geltend machen kann.[3] Somit ist die Möglichkeit der Verlustübertragung im Wege der rechtsgeschäftlichen Gesamtrechtsnachfolge entfallen. Dass ein verbleibender Verlustabzug nicht mehr auf die Übernehmerin übergeht, ergibt sich aus § 12 Abs. 3 Halbsatz 2 i. V. m. § 4 Abs. 2 Satz 2 UmwStG. Von dem Übertragungsverbot des § 12 Abs. 3 i. V. m. § 4 Abs. 2 Satz 2 UmwStG sind sowohl verrechenbare Verluste als auch ein verbleibender Verlustabzug gem. § 10d Abs. 4, § 2a Abs. 1 Satz 5 und nach § 15 Abs. 4 EStG auch nicht ausgeglichene negative Einkünfte betroffen.

1253

---

[1] Siehe o. Rn 939 ff.
[2] Zu ausgewählten Problemfeldern der alten Regelung s. Pestertz, DStR 2005 S. 1678; vgl auch BFH, Urteile v. 31. 5. 2005 I R 68/03, BStBl II 2006 S. 380 mit Nichtanwendungserlass der Verwaltung, BMF-Schreiben v. 7. 4. 2006, und v. 5. 6. 2003 I R 38/01, DB 2003 S. 2264; FG Berlin, Urteil v. 12. 5. 2003 8 K 8691/99, EFG 2003 S. 1398.
[3] Wegen der Kritik an der Abschaffung des § 12 Abs 3 Satz 2 UmwStG a. F. siehe Rödder/Schumacher, DStR 2006 S. 1525, 1533; DStR 2007 S. 369, 373. Ley/Bodden, FR 2007 S. 265, 276 äußern unionsrechtliche Bedenken.

D. Das Umwandlungssteuerrecht

BEISPIEL: Bei einer Aufwärts-Verschmelzung der T-GmbH auf die M-GmbH geht gem. § 12 Abs. 3 i.V. m. § 4 Abs. 2 Satz 2 UmwStG der verbleibende Verlustabzug unter.

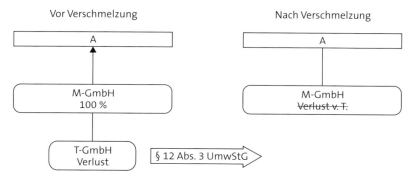

1254 Nach der Vorgängerregelung § 12 Abs. 3 Satz 2 UmwStG a. F. konnte der Verlustabzug übernommen werden, wenn der von der T-GmbH übernommene Betrieb oder Betriebsteil, der den Verlust verursacht hat, über den Verschmelzungsstichtag hinaus in einem nach dem Gesamtbild der wirtschaftlichen Verhältnisse vergleichbaren Umfang in den folgenden fünf Jahren fortgeführt wird. Gemäß § 27 Abs. 2 UmwStG ist das UmwStG a. F. letztmals auf Umwandlungen anzuwenden, bei denen die Anmeldung zur Eintragung in das für die Wirksamkeit des jeweiligen Vorgangs maßgebende öffentliche Register vor dem 13. 12. 2006 erfolgt ist.

1255 Danach kann ein Verlustübergang nur noch für den Veranlagungszeitraum 2006 geltend gemacht werden. Weil § 27 Abs. 2 UmwStG auf den Zeitpunkt der Registeranmeldung abstellt, kann die Folge sein, dass bei Rechtsstreitigkeiten der Zeitpunkt der Registereintragung und damit der Zeitpunkt der Wirksamkeit der Verschmelzung erst Jahre später feststeht. Somit kann erst nach Jahren die Klärung gegeben sein, ob es noch zu einem verschmelzungsbedingten Verlustübergang für den VZ 2006 nach altem Recht kommt. Eine spätere Handelsregistereintragung ist dann ein rückwirkendes Ereignis i. S. des § 175 Abs. 1 Satz 1 Nr. 2 AO. Der fünfjährige Zeitraum i. S. des § 12 Abs. 3 Satz 2 UmwStG a. F., für den zu prüfen ist, ob der übergegangene, den Verlust verursachende Betrieb oder Betriebsteil in zu starkem Umfang abgeschmolzen wurde, kann über den VZ 2006 hinausreichen.

Hatte ein Gläubiger der übertragenden Gesellschaft eine Forderung gegen 1256
Besserungsschein erlassen,[1] stellt sich die Frage, welche Rechtsfolgen im Besserungsfall eintreten.[2] Gegen Besserungsschein erlassene Verbindlichkeiten fallen erkennbar nicht unter den Begriff „Verluste" oder „negative Einkünfte". Die Übernehmerin tritt deshalb in die Rechtsposition der Übertragerin (in deren steuerlicher Schlussbilanz die Verbindlichkeit nicht enthalten ist) ein. Im Besserungsfall ist die Verbindlichkeit bei der Übernehmerin aufwandswirksam einzubuchen. Es droht allerdings das Risiko, dass die Finanzverwaltung den aus der Wiedereinbuchung resultierenden Verlust bei der Übernehmerin versagt, soweit ein schädlicher Anteilseignerwechsel nach § 8c KStG vorliegt.[3]

(2) Rechtfertigung und Probleme der Versagung einer Verlustübertragung

Die Rechtfertigung sieht man einmal im Wegfall einer vormals komplizierten 1257
Regelung und in der bestehenden Möglichkeit, einen Übertragungsgewinn auf Ebene der übertragenden Gesellschaft mit einem laufenden Verlust sowie einem vorhandenen Verlustvortrag zu verrechnen.[4] Auf Ebene der übertragenden Gesellschaft dürfen infolge des Wahlrechts die übergehenden Wirtschaftsgüter auf einen höheren Wert aufgestockt werden. Bei einer Aufstockung auf den gemeinen Wert oder einen Zwischenwert ist allerdings zu berücksichtigen:

▶ Der bei der Aufstockung entstehende Gewinn unterliegt der Mindestbesteuerung gem. § 10d Abs. 2 Satz 1 EStG.

▶ Eine Aufstockung ist nur möglich, wenn entsprechende stille Reserven bestehen. Besteht keine Möglichkeit der Aufstockung, so gehen bestehende Verlustvorträge endgültig unter.

▶ Es sollte auch beachtet werden, dass regelmäßig die körperschaft- und gewerbesteuerlichen Verlustvorträge nicht identisch sind. Durch eine Aufstockung kann ggf. ein Gewinn entstehen, der einer Besteuerung mit Gewerbesteuer unterliegt, da insoweit kein nutzbarer Verlust mehr vorliegt.

---

1 Zur steuerlichen Behandlung des Forderungsverzichts gegen Besserungsschein siehe BFH, Beschluss v. 9.6.1997 GrS 1/94, BStBl II 1998 S. 307; BMF-Schreiben v. 2.12.2003, BStBl I 2003 S. 648.
2 Rödder in R/H/vL, § 11 UmwStG, Rn 162 „Forderungsverzicht mit Besserungsschein"; Bildstein/Dallwitz, DStR 2009 S. 1177.
3 Es ist bisher nicht geklärt, ob insoweit die Grundsätze des BMF-Schreibens v. 2.12.2003, a.a.O., fortgelten; dies ablehnend Bildstein/Dallwitz, a.a.O., m.w.N.
4 BT-Drs. 16/2710 S. 35.

D. Das Umwandlungssteuerrecht

1258 Zudem wollte der Gesetzgeber mit der Streichung der Verlustübertragungsmöglichkeit vermeiden, dass aufgrund unionsrechtlicher Vorgaben bei grenzüberschreitenden Hereinverschmelzungen **ausländische Verluste** in Deutschland zu berücksichtigen sind.

1259 Ob dieses Ziel erreicht wurde, wird kritisch gesehen.[1] Es wird die Auffassung vertreten, Art. 6 der Fusionsrichtlinie sei verletzt.[2] Dem wird entgegengehalten, dass die Sorge um den Import ausländischer Verlustvorträge zumindest nach dem Konzept des Art. 6 der EU-Fusionsrichtlinie nicht gerechtfertigt sei, da dieser nur eine Berücksichtigung von Verlusten bei Betriebsstätten der übernehmenden Gesellschaft im Übertragungsstaat vorsehe. Insoweit sei die Bundesrepublik Deutschland auf einer „halbwegs sicheren Seite" nur bei Streichung einer nationalen Regelung, auf die man sich bei einer Hereinverschmelzung berufen könne.[3]

1260 Es bleibt eine Vielzahl ungelöster Probleme. Mit der Streichung des § 12 Abs. 3 Satz 2 UmwStG a. F. wurde nicht das Problem der Übertragung ausländischer Verluste in Fällen der Sitzverlegung vom EU-Ausland nach Deutschland gelöst.[4] Ungelöst bleibt die durch das Verfahren Marks & Spencer[5] aufgeworfene Frage, ob im Ausland definitiv steuerlich nicht nutzbare Verluste einer Tochtergesellschaft bei der deutschen Muttergesellschaft berücksichtigt werden müssen, wenn die Muttergesellschaft auf eine andere Gesellschaft verschmolzen wird.

1261 § 12 Abs. 3 i.V.m. § 4 Abs. 2 Satz 2 UmwStG versagt den verschmelzungsbedingten Verlustübergang nicht nur in den Fällen der Inlandsverschmelzung. Er erfasst auch grenzüberschreitende Herein- und Hinausverschmelzungen sowie Auslandsverschmelzungen und ist auch bei beschränkter Körperschaftsteuerpflicht anwendbar. Bei Hereinverschmelzungen ist die Frage aufgeworfen, ob ein nicht verbrauchter Verlustabzug nach ausländischem Steuerrecht bei der übernehmenden inländischen Körperschaft abgezogen werden darf. In den Fällen der Hinausverschmelzung und der Verschmelzung nach ausländischem Umwandlungsrecht stellt sich bei Vorhandensein und Verbleib einer inländischen Betriebsstätte die Frage nach dem weiteren Schicksal eines nicht verbrauchten Verlustes. Der Wortlaut von § 12 Abs. 3 i.V.m. § 4 Abs. 2 Satz 2 UmwStG hat zur Folge, dass ein nach der Verschmelzung verbleibender Ver-

---

1 Rödder/Schumacher, DStR 2006 S. 1525, 1533.
2 Dörfler/Rautenstrauch/Adrian, BB 2006 S. 1657 und Maiterth/Müller, DStR 2006 S. 1861.
3 Dötsch in D/P/M, § 12 UmwStG, Tz. 51.
4 Werra/Teiche, DB 2006 S. 1460.
5 EuGH, Urteil v. 13. 12. 2005 Rs. C-446/03, DStR 2005 S. 2168.

lust auch nicht bei einer beschränkten deutschen Körperschaftsteuerpflicht berücksichtigt wird.

Auch wenn eine EU/EWR-Auslandskörperschaft mit einer deutschen Betriebsstätte nach ausländischem Umwandlungsrecht auf eine andere EU/EWR-Auslandskörperschaft verschmolzen wird, geht nach der vorgenannten Regelung ein verbleibender Verlust unter. Es wird sich zeigen, ob die Regelungen von § 12 Abs. 3 i. V. m. § 4 Abs. 2 Satz 2 UmwStG vor allem mit der Niederlassungsfreiheit vereinbar ist. Die Fusionsrichtlinie enthält in Gestalt von Art. 10c für die grenzüberschreitende Sitzverlegung einer SE oder SCE die Regelung, dass ein während der Dauer der unbeschränkten Körperschaftsteuerpflicht eingetretener Verlustabzug auch nach dem Wechsel in die beschränkte Körperschaftsteuerpflicht weiterhin nutzbar ist. Allerdings ist diese Regelung nach dem Wortlaut nur unmittelbar auf EU-Gesellschaftsformen anwendbar. 1262

Wird eine in einem Drittstaat ansässige Körperschaft mit einer inländischen Betriebsstätte auf eine andere in einem Drittstaat ansässige Körperschaft verschmolzen, kommt es überhaupt nicht zur Anwendung des deutschen UmwStG. Infolge des Rechtsträgerwechsels geht ein verbleibender Verlustabzug der übertragenden Körperschaft unter. 1263

(3) Bedeutung von § 8c KStG i. R. einer Verschmelzung

Die Anwendung des § 8c KStG (bzw. des früheren § 8 Abs. 4 KStG a. F.) ist neben der Anwendung des § 12 Abs. 3 Satz 2 UmwStG zu prüfen.[1] Während § 12 Abs. 3 Satz 2 UmwStG den Übergang nicht verbrauchter Verluste der übertragenden Körperschaft auf die übernehmende Körperschaft ausschließt, untersagt § 8c KStG den Abzug eigener Verluste der Körperschaft in zweistufiger Form bei einem **schädlichen Beteiligungserwerb**. Bei einer Übertragung des gezeichneten Kapitals, der Mitgliedschaftsrechte, Beteiligungsrechte oder der Stimmrechte an einer Körperschaft an einen Erwerber oder diesem nahe stehende Personen innerhalb von fünf Jahren von mehr als 25 % bis einschließlich 50 % geht der verbleibende Verlustabzug quotal unter. Der Fall einer Übertragung im vorgenannten Sinn von mehr als 50 % innerhalb von fünf Jahren an einen Erwerber führt zum vollständigen Untergang des verbleibenden Ver- 1264

---

1 Zu Anwendungsfragen des § 8c KStG vgl. BMF-Schreiben v. 4. 7. 2008, BStBl I 2008 S. 736; zur Verlustnutzung bei Umwandlungen trotz § 8c KStG vgl. auch Schick/Franz, DB 2008 S. 1987. Das Wachstumsbeschleunigungsgesetz führte zu einer Entschärfung des § 8c KStG dahin gehend, dass Verluste in Höhe vorhandener stiller Reserven übergehen können. Zur Verfassungswidrigkeit des § 8c KStG insgesamt vgl. FG Hamburg, Vorlagebeschluss v. 4. 4. 2011, 2 K 33/10, EFG 2011 S. 1460.

D. Das Umwandlungssteuerrecht

lustabzugs. Zu den Übertragungen gehören auch vergleichbare Sachverhalte, wie eine Verschmelzung von Körperschaften mit einer schädlichen Übertragung von Anteilen auf einen Erwerber.

Dieser Vorgang ist z. B. gegeben bei Abwärtsverschmelzungen.[1]

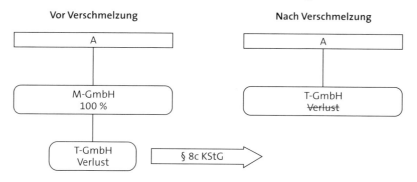

1265 Ob § 8c KStG auch bei einer bloßen **Verkürzung der Beteiligungskette** durch Verschmelzung eingreift, war umstritten.[2] Aufgrund der Änderung durch das Wachstumsbeschleunigungsgesetz führt eine bloße Verkürzung der Beteiligungskette nicht zum Wegfall der Verluste.[3]

> **BEISPIEL:** Die M-AG ist zu 100 % an der T-AG beteiligt, diese wiederum zu 100 % an der E-GmbH, die Verlustvorträge hat. Die T-AG wird auf die M-AG verschmolzen.

1266 Gemäß § 34 Abs. 7b KStG gilt § 8c KStG erstmals für den Veranlagungszeitraum 2008 und für Anteilsübertragungen, die nach dem 31. 12. 2007 erfolgen. Nach Auffassung der Finanzverwaltung betrifft das Beteiligungserwerbe, bei denen das wirtschaftliche Eigentum nach dem 31. 12. 2007 übergeht.[4]

1267 Nach § 2 UmwStG gilt die Anteilsübertragung an dem steuerlichen Übertragungsstichtag als erfolgt. Das Problem zur **Übertragungsfiktion** hat die Finanzverwaltung dahin gehend gelöst, dass bei der Umwandlung einer Verlustgesellschaft für den Erwerb der Beteiligung an der Verlustgesellschaft durch den übernehmenden Rechtsträger der Übergang des wirtschaftlichen Eigentums maßgebend ist und ein steuerlicher Rückbezug des Beteiligungserwerbs nach

---

1 Siehe a. Beispiel 2 mit Überschneidungen von § 12 Abs. 3 UmwStG und § 8c KStG in Tz. 11 des vg. BMF-Schreibens.
2 Bejahend BMF, a. a. O., Tz. 11 Beispiel 2; verneinend z. B. Schick/Franz, a. a. O., S. 1989.
3 Wachstumsbeschleunigungsgesetz v. 22. 12. 2009, BGBl I S. 3950.
4 BMF, a. a. O., Tz. 35.

§ 2 UmwStG ausscheidet.[1] Ob diese aus dem Wortlaut des Gesetzes nicht zu entnehmende Auslegung höchstrichterlichen Bestand hat, wird die Zukunft zeigen.

Anteilsübertragungen aus der Zeit vor dem 1.1.2008 führen gem. § 34 Abs. 6 Satz 4 KStG noch zur Anwendung des § 8 Abs. 4 KStG a. F., nicht jedoch zur Anwendung des § 8c KStG. Sie dürfen nicht mit einer Anteilsübertragung nach dem 31.12.2007 zusammengerechnet werden, um einen Anwendungsfall des § 8c Satz 1 und/oder 2 KStG zu begründen. Dadurch kann letztmals ab 31.12.2007 eine fünfjährige Übergangszeit entstehen, in der § 8 Abs. 4 KStG a. F. und § 8c KStG ausgelöst werden können. § 8 Abs. 4 KStG ist neben § 8c KStG letztmals anzuwenden, wenn mehr als die Hälfte der Anteile an einer Kapitalgesellschaft innerhalb eines Fünf-Jahres-Zeitraums übertragen werden, der vor dem 1.1.2008 beginnt, und der Verlust der wirtschaftlichen Identität vor dem 1.1.2013 eintritt. Gleiches gilt für den Verlust der wirtschaftlichen Identität einer Körperschaft nach § 8 Abs. 4 Satz 1 KStG.[2]

1268

(4) Frage nach der Verschmelzungsrichtung

§ 12 Abs. 3 i.V. m. § 4 Abs. 2 Satz 2 UmwStG hat in bestimmten Fallkonstellationen Auswirkung auf die Frage, in welche Richtung eine Verschmelzung durchgeführt werden soll. Dazu kommt es vor allem dann, wenn Schwestergesellschaften mit unterschiedlichem Verlustabzugspotenzial verschmolzen werden sollen und die Anteilseignerebene identisch bleibt.

1269

BEISPIEL: T1-GmbH und T2-GmbH sollen verschmolzen werden. Das Verlustabzugspotenzial der untergehenden Gesellschaft geht gem. § 12 Abs. 3 i.V. m. § 4 Abs. 2 Satz 2 UmwStG verloren. § 8c KStG greift nicht, da es keinen neuen Erwerber gibt. A (mittelbar) und M-GmbH (unmittelbar) waren und bleiben die Anteilseigner. In der Regel dürfte es günstiger sein, T2 auf T1 zu verschmelzen. In diesem Fall geht nur 500 Verlustpotenzial verloren. Im Umkehrfall beträgt dieses 2.000.

Gleiches gilt in dem Fall, dass eine Schwestergewinngesellschaft auf eine Schwesterverlustgesellschaft verschmolzen wird. Hier bleibt der Verlustvortrag erhalten; es liegt kein Gestaltungsmissbrauch vor.[3]

---

1 BMF, a.a.O., Tz. 15.
2 BMF, a.a.O., Tz. 36 ff. mit Beispiel.
3 BFH, Urteil v. 18.12.2013 – I R 25/12, BFH/NV 2014 S. 904 gegen die Vorinstanz Thüringisches FG, Urteil v. 28.9.2011 – 3 K 1086/09, EFG 2013S. 274.

D. Das Umwandlungssteuerrecht

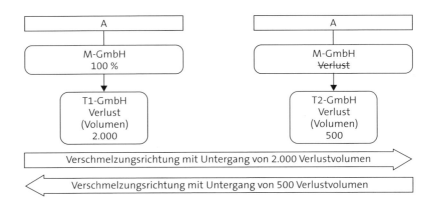

bb) Zinsvortrag; EBITDA-Vortrag

1270 Das Unternehmensteuerreformgesetz[1] hat den bisherigen § 8a KStG (Gesellschafter-Fremdfinanzierung) durch den neuen § 4h EStG ersetzt, der für Körperschaften durch einen neu gefassten § 8a KStG ergänzt wird. Gemäß § 52 Abs. 12d EStG i.V. m. § 34 Abs. 6a Satz 3 KStG finden § 4h EStG und § 8a KStG erstmals für Wirtschaftsjahre Anwendung, die nach dem 25. 5. 2007 beginnen und nicht vor dem 1. 1. 2008 enden. Unternehmen mit einem dem Kalenderjahr übereinstimmenden Wirtschaftsjahr sind ab dem Jahr 2008 von der Neuregelung betroffen. Unternehmen mit einem abweichenden Wirtschaftsjahr sind bereits für ein nach dem 25. 5. 2007 beginnendes und nach dem 31. 12. 2007 endendes Wirtschaftsjahr betroffen.

1271 Nach § 4h Abs. 1 Satz 1 EStG, der gem. § 8 Abs. 1 KStG auch bei der Körperschaftsteuer gilt, sind Zinsaufwendungen eines Betriebs bis zur Höhe des Zinsertrags des Betriebs abziehbar, darüber hinaus nur bis zur Höhe von 30 % des um die Zinsaufwendungen und die nach § 6 Abs. 2 Satz 1, § 6 Abs. 2a Satz 2 und § 7 EStG abgesetzten Beträge erhöhten sowie um die Zinserträge verminderten maßgeblichen Einkommens – sog. EBITDA = **E**arning **B**efore **I**nterest, **T**ax, **D**epreciations and **A**mortization.

1272 Zinsaufwendungen, die in einem Wirtschaftsjahr nicht abgezogen werden dürfen, sind nach § 4h Abs. 1 Satz 2 EStG in die folgenden Wirtschaftsjahre vorzutragen (= Zinsvortrag). Er wird wie ein Verlustvortrag nach § 4h Abs. 4 EStG gesondert festgestellt. Dabei ist der Zinsvortrag zeitlich und betragsmäßig un-

---

[1] Unternehmensteuerreformgesetz 2008 v. 14. 8. 2007, BGBl I 2007 S. 1912.

begrenzt. Ein festgestellter Zinsvortrag erhöht die Zinsaufwendungen folgender Wirtschaftsjahre, nicht aber den maßgeblichen Gewinn bzw. das maßgebliche Einkommen. Er kann in späteren Wirtschaftsjahren i. R. eines erlaubten Abzugsbereichs geltend gemacht werden.

Entsprechend der Regelung zum Schicksal des Verlustvortrags geht ein Zinsvortrag gem. § 12 Abs. 3 i.V. m. § 4 Abs. 2 Satz 2 UmwStG auch unter, wenn eine Körperschaft mit einer anderen verschmolzen wird. Die Regelung zum Zinsvortragsverlust ist gem. § 27 Abs. 5 Satz 1 UmwStG erstmals auf Umwandlungen und Einbringungen anzuwenden, bei denen die Anmeldung zur Eintragung in das für die Wirksamkeit des jeweiligen Vorgangs maßgebende öffentliche Register nach dem 31. 12. 2007 erfolgt ist. 1273

§ 8c KStG gilt gem. § 8a Abs. 1 Satz 3 KStG für den Zinsvortrag nach § 4h Abs. 1 Satz 2 EStG entsprechend. Daher gilt auch bei einem Zinsvortrag das gleiche Problemfeld des Verhältnisses Verschmelzung und 8c KStG wie bei einem Verlustabzug.[1] Auch ist die Verschmelzungsreihenfolge wie bei einem Verlustabzug tangiert.[2] 1274

Infolge des Wachstumsbeschleunigungsgesetzes gilt die Gefahr des Fortfalls auch für einen EBITDA-Vortrag.[3]

cc) Sonderproblem Vorsteuerabzug

Bei der Umsatzsteuer entsteht die Frage, wem der **Vorsteueranspruch** zusteht, wenn die Leistungsempfängerin im Zeitraum zwischen Lieferung und Rechnung auf einen anderen Rechtsträger verschmolzen wird. 1275

BEISPIEL: Der Unternehmer U liefert im Oktober 2009 umsatzsteuerpflichtig eine Maschine an die X-GmbH. Diese wird zum 1. 1. 2010 auf die Z-AG verschmolzen. U schickt die Rechnung am 15. 2. 2010 an die Z-AG. Macht die Z-AG die ausgewiesene USt in ihrer eigenen USt-Voranmeldung für Februar 2010 geltend oder muss sie als Gesamtrechtsnachfolgerin nach der X-GmbH eine eigene USt-VA abgeben, in der nur die Vorsteuer enthalten ist?

Bei der Vorsteuer wird zwischen dem **Entstehen** des Vorsteuererstattungsanspruchs (mit Ausführung der Leistung) und der **Ausübung** des Rechts (mit Erhalt der Rechnung) unterschieden. Unseres Erachtens kommt es auf das Ent- 1276

---

1 Siehe o. Rn 1264 ff.
2 Siehe o. Rn 1269.
3 Wachstumsbeschleunigungsgesetz v. 22. 12. 2009, BGBl I 2009 S. 3950.

stehen des Anspruchs an.[1] Damit muss im Beispielsfall die Z-AG eine eigene USt-VA als Gesamtrechtsnachfolgerin der X-GmbH einreichen.

c) **Sonderfall des Vermögensübergangs in einen nicht steuerpflichtigen oder steuerbefreiten Bereich der übernehmenden Körperschaft**

1277 Die Verschmelzung von Körperschaften wird anders als die Umwandlung auf ein Personenunternehmen[2] nicht als Fall einer Vollausschüttung gewertet. Dazu enthält § 12 Abs. 5 UmwStG die Ausnahme einer **Vollausschüttungsfiktion**. Im Falle des Vermögensübergangs in den nicht steuerpflichtigen oder steuerbefreiten Bereich der übernehmenden Körperschaft gilt das in der Steuerbilanz ausgewiesene Eigenkapital abzgl. des Bestands des steuerlichen Einlagekontos i. S. des § 27 KStG, der sich nach Anwendung des § 29 Abs. 1 KStG ergibt, als Einnahme i. S. des § 20 Abs. 1 Nr. 1 EStG. Ist die aufnehmende Körperschaft z. B. eine juristische Person des öffentlichen Rechts oder eine gemeinnützige Körperschaft, soll diese Regelung sicherstellen, dass die übertragenen offenen Rücklagen als Einnahmen nach § 20 Abs. 1 Nr. 1 i. V. m. § 43 Abs. 1 Satz 1 Nr. 1 EStG der Kapitalertragsteuer zugeführt werden. Entscheidend ist, dass die aufnehmende Körperschaft nicht steuerpflichtig ist. Daher wird § 12 Abs. 5 UmwStG auf die Verschmelzung auf eine steuerpflichtige Körperschaft, die wie im Fall eines VVaG keine Ausschüttung vornimmt, nicht angewandt.[3]

1278 Die Einnahmen nach § 20 Abs. 1 Nr. 1 i. V. m. § 43 Abs. 1 Satz 1 Nr. 1 EStG gelten gem. § 2 Abs. 1 UmwStG als am steuerlichen Übertragungsstichtag zugeflossen. Zu diesem Zeitpunkt entsteht die Kapitalertragsteuer. Sie ist nach § 44 Abs. 1 Satz 5 EStG am 10. des Folgemonats abzuführen. Da eine Verschmelzung rückwirkend erfolgt und die gesetzliche Regelsituation praktisch unerfüllbar ist, wird ausnahmsweise auf die Registereintragung abgestellt.[4] Die Verpflichtung zum Kapitalertragsteuerabzug hat die übernehmende Körperschaft als Gesamtrechtsnachfolgerin zu erfüllen.

1279–1290 *(Einstweilen frei)*

---

1 Ebenso im vergleichbaren Fall des Wechsels des Organträgers BFH, Urteil v. 13.5.2009 XI R 84/07, BFH/NV 2009 S. 1562.
2 Siehe o. Rn 995 ff.
3 Dötsch in D/P/M, § 12 UmwStG, Tz. 70.
4 Nach BMF-Schreiben v. 16.12.2003, BStBl I 2003 S. 768, Tz. 10 entsteht die Kapitalertragsteuer im Zeitpunkt des Wirksamwerdens der Umwandlung.

5. Die Ebene der Gesellschafter

a) Struktur des § 13 UmwStG

§ 13 UmwStG regelt wie schon in der Rechtslage vor SEStEG die Besteuerung der Anteilseigner der übertragenden Körperschaft. Entsprechend dem durchgängigen Konzept des UmwStG regelt § 13 Abs. 1 UmwStG als Grundsatz, dass die Anteile an der übertragenden Körperschaft als zum gemeinen Wert veräußert und die Anteile an der übernehmenden Körperschaft als zum gemeinen Wert angeschafft gelten. Der vor SEStEG geltende Grundsatz des Ansatzes mit dem Buchwert bzw. den ursprünglichen Anschaffungskosten wurde auch hier aufgegeben. Das Gesetz fingiert somit die Veräußerung der Altanteile im Tausch gegen den Erwerb der Anteile an der übernehmenden Körperschaft. 1291

Abweichend von § 13 Abs. 1 UmwStG sind auf **Antrag** gem. § 13 Abs. 2 UmwStG die Anteile an der übernehmenden Körperschaft mit dem **Buchwert** der Anteile an der übertragenden Körperschaft anzusetzen, **wenn** 1292

▶ das Recht der Bundesrepublik Deutschland hinsichtlich der Besteuerung des Gewinns aus der Veräußerung der Anteile an der übernehmenden Körperschaft nicht ausgeschlossen oder beschränkt wird oder

▶ die Mitgliedstaaten der Europäischen Union bei einer Verschmelzung Art. 8 der Richtlinie 90/434/EWG anzuwenden haben.

Bei Vorliegen dieser Voraussetzungen treten gem. § 13 Abs. 2 Satz 2 UmwStG steuerlich die Anteile an der übernehmenden Körperschaft an die Stelle der Anteile an der übertragenden Körperschaft. Die den Altanteilen anhaftenden steuerlichen Merkmale gehen auf die an ihre Stelle tretenden Anteile an der übernehmenden Körperschaft über. Die neuen Anteile werden durch den Übergang infiziert (= „**Infizierungs-**,[1] **Fußstapfentheorie**"). Durch SEStEG wurde in § 13 Abs. 2 Satz 2 UmwStG erstmals klar und umfassend die sog. Infizierungstheorie ins Gesetz geschrieben. Diese gilt allerdings aufgrund ausdrücklicher Anordnung nicht in Fällen des § 8b Abs. 4 KStG, s. Satz 2 der Vorschrift. 1293

Die Anwendung des § 13 UmwStG und die Ausübung des Wahlrechts erfolgen unabhängig von der Ausübung des Bewertungswahlrechts nach § 11 Abs. 2 UmwStG bei der übertragenden Körperschaft und losgelöst davon, ob die Wirtschaftsgüter zum Buchwert, Zwischenwert oder zum gemeinen Wert auf 1294

---

1 Dötsch in D/P/M, § 13 UmwStG, Tz. 2.

die Übernehmerin übertragen wurden.[1] **Das Wahlrecht steht jedem betroffenen Anteilseigner zu.**

1295 Ein Buchwertansatz kommt nur für solche Anteile in Betracht, die sich in einem Betriebsvermögen befinden. § 13 Abs. 2 Satz 3 stellt daher klar, dass an die Stelle des Buchwerts die Anschaffungskosten treten, wenn die Anteile an der übertragenden Körperschaft nicht zu einem Betriebsvermögen gehören. Diese Klarstellung ist vor allem bedeutsam für steuerverhaftete Anteile im Privatvermögen nach § 17 EStG.

b) Ansatz mit dem gemeinen Wert

1296 Nach § 13 Abs. 1 UmwStG gelten die Anteile an der übertragenden Körperschaft zum Übertragungsstichtag als zum gemeinen Wert veräußert und die an ihre Stelle tretenden Anteile an der übernehmenden Körperschaft mit diesem Wert als angeschafft, wenn die Voraussetzungen des § 13 Abs. 2 UmwStG nicht vorliegen.[2] Bei **Verschmelzungen** von Körperschaften **mit steuerlicher Rückwirkung in einen abgelaufenen Veranlagungszeitraum** ist der Anteilswechsel im Jahresabschluss des betroffenen Anteilseigners darzustellen, in dem der Umwandlungsvorgang stattfindet. Die Fiktion ist nur steuerlich relevant. Daher wird außerhalb der Bilanz die steuerliche Bemessungsgrundlage des Veranlagungszeitraums, in dem der steuerliche Übertragungsstichtag liegt, erhöht und die steuerliche Bemessungsgrundlage in dem Veranlagungszeitraum, in dem die Verschmelzung zivilrechtlich wirksam wird, außerbilanziell vermindert. Fallen Übertragungsstichtag und Umwandlungseintrag in einen Veranlagungszeitraum, entfällt dieser Schritt.

1297 Der Grundsatz der Veräußerungsfiktion zum steuerlichen Übertragungsstichtag hat zur Folge, dass die steuerlichen Auswirkungen die gleichen sind, die auch bei einer normalen Veräußerung der Anteile an der übertragenden Körperschaft eintreten würden. Der Anteilstausch i. R. einer Verschmelzung unterscheidet sich gegenüber einer normalen Veräußerung und einem Tausch nur darin, dass die Anteile an der übertragenden Körperschaft untergehen.

1298 Es ergeben sich im Einzelnen folgende **Konsequenzen:**

▶ Gehören die Anteile der übertragenden Körperschaft zu einem **Betriebsvermögen**, führt der Ansatz des gemeinen Werts zur Gewinnrealisation aufgrund § 4 Abs. 1 bzw. Abs. 3 EStG.

---

1 Rn 13.08. UmwStErl 2011.
2 Siehe o. Rn 1292.

IX. Vermögensübertragung im Wege der Verschmelzung

▶ Anteile im **Privatvermögen** führen zur Besteuerung, wenn die Voraussetzungen des § 17 EStG erfüllt sind.

▶ Gemäß § 22 Nr. 2 i.V. m. § 23 Abs. 1 Satz 1 Nr. 2 EStG wird die Besteuerung ausgelöst für **Anteile von < 1% im Privatvermögen**, wenn die Anteile innerhalb der genannten Einjahresfrist als veräußert gelten. Diese Regelung ist gem. § 52a Abs. 11 Satz 4 EStG letztmals auf Veräußerungsgeschäfte anzuwenden, bei denen die Anteile vor dem 1. 1. 2009 erworben wurden. Danach kann eine Verschmelzung diese Vorschrift nur bis Ende 2008 auslösen.

Wegen der Rückwirkungsfiktion gilt der steuerliche Übertragungsstichtag als Veräußerungsstichtag.[1] Dieser bestimmt auch den Anschaffungszeitpunkt der Anschaffung der Anteile an der übernehmenden Körperschaft. Die Verschmelzung setzt für die Anteile an der übernehmenden Körperschaft eine neue einjährige Behaltensfrist nach § 23 Abs. 1 Satz 1 Nr. 2 EStG in Gang.[2] Daher stellt sich die Frage, ob mit einer Verschmelzung in 2009, aber mit steuerlicher Rückwirkung nach 2008 die erworbenen Anteile der übernehmenden Kapitalgesellschaft dem § 23 Abs. 1 Satz 1 Nr. 2 EStG unterworfen sind, mit der Folge, dass ein Verkauf nach Ablauf der Jahresfrist steuerfrei erfolgen kann. Bei strenger Anwendung der steuerlichen Rückwirkungsfiktion wäre dann die Möglichkeit gegeben, im Wege einer Verschmelzung Anteile des Privatvermögens in 2009 noch steuerfrei zu stellen. Das Gesetz gibt zu diesem Problem keine klare Antwort. Die Finanzverwaltung hat im Umfeld des § 8c KStG einen steuerlichen Rückbezug des Beteiligungserwerbs nach § 2 UmwStG ausgeschlossen.[3] Da Gestaltungen in 2009 ausgeschlossen sein sollen, wäre es in Anlehnung an die typische Praxis von Übergangslösungen[4] besser, dass § 23 Abs. 1 Satz 1 Nr. 2 EStG letztmalig auf Anteile einer übernehmenden Körperschaft übergeht, wenn die Anmeldung zur Eintragung in das für die Wirksamkeit der Verschmelzung maßgebende öffentliche Register bis zum 31. 12. 2008 erfolgt ist.

▶ Der Erwerb von **Anteilen von < 1% im Privatvermögen in 2009** und ein nachfolgender Austausch dieser Anteile zum gemeinen Wert in Anteile der übernehmenden Körperschaft führt gem. § 20 Abs. 2 Nr. 1 EStG i.V. m. § 52a

---

1 Rn 13.06. UmwStErl 2011.
2 BFH, Urteil v. 19. 8. 2008 IX R 71/07, BStBl II 2009 S. 313; BMF-Schreiben v. 25. 10. 2004, BStBl I 2004 S. 1034, Tz. 27.
3 BMF-Schreiben v. 4. 7. 2008, BStBl I 2008 S. 736 Tz. 15.
4 Rechtsgedanke § 27 UmwStG.

D. Das Umwandlungssteuerrecht

- Abs. 10 Satz 1 EStG ohne Fristablauf in Zukunft immer zur Abgeltungsteuer.
- ▶ Soweit der Anteilstausch zum gemeinen Wert nicht der Abgeltungsteuer unterliegt, sind die Vorschriften des § 8b KStG, § 3 Nr. 40 EStG und die Vorschriften der DBA zu berücksichtigen.
- ▶ Der Gewinn unterliegt der vollen Steuerpflicht, wenn die Anteile an der übertragenden Körperschaft **einbringungsgeboren** nach § 21 UmwStG a. F. sind und die Sieben-Jahres-Frist des § 8b Abs. 4 a. F. i. V. m. § 34 Abs. 7a KStG oder § 3 Nr. 40 EStG a. F. i. V. m. § 52 Abs. 4b Satz 2 EStG zum Zeitpunkt des Wirksamwerdens der Umwandlung noch nicht abgelaufen ist.
- ▶ Nicht aufgeholte steuerwirksame Teilwertabschreibungen führen zur vollen Steuerpflicht nach § 8b Abs. 4 2. Alt. bzw. Abs. 7 u. 8 KStG sowie § 3 Abs. 40 Satz 3 und 4 EStG.
- ▶ Ein Veräußerungsgewinn kann auch durch einen noch nicht ausgelaufenen Sperrbetrag nach § 50c EStG[1] entstehen. Ein Sperrbetrag kann nach § 52 Abs. 59 EStG letztmals in dem Wirtschaftsjahr der Körperschaft, für das das KStG vom 23. 10. 2000 erstmals anzuwenden ist, also bis zum Ablauf des Jahres 2001, bei abweichendem Wirtschaftsjahr bis zum Ablauf des Wirtschaftsjahrs 2001/2002, entstehen. Ein bis dahin entstandener Sperrbetrag ist bis zum Ablauf der in § 50c EStG a. F. geregelten Zehn-Jahres-Frist zu beachten.
- ▶ Es kommt nicht zu einer Rechtsnachfolge, die Fußstapfentheorie gilt beim Ansatz des gemeinen Werts nicht. Damit gehen z. B. Besitzzeiten oder latente Wertaufholungsverpflichtungen nicht auf die neuen Anteile über.[2]

c) **Ansatz mit dem Buchwert**

aa) **Antrag des Anteilseigners der übertragenden Körperschaft**

1299 § 13 Abs. 2 UmwStG erlaubt dem Anteilseigner auf **Antrag**, die Anteile an der übernehmenden Körperschaft mit dem **Buchwert** bzw. den **Anschaffungskosten** der Anteile an der Überträgerin gem. § 13 Abs. 2 Satz 3 UmwStG anzusetzen. Ein **Zwischenwertansatz** ist in § 13 UmwStG nicht vorgesehen und daher **nicht zulässig**.[3] In Fällen des § 20 Abs. 4a EStG (Anteilstausch bei Anteilen von weniger als 1 %) sind die Anschaffungskosten unter den dort genannten Vo-

---

1 Zur Übereinstimmung des § 50c EStG mit EU-Recht siehe EuGH, Urteil v. 17. 9. 2009 Rs. C-182/08 (Glaxo Wellcome).
2 Neumann in R/H/vL, § 13 UmwStG, Rn 23; Dötsch in D/P/M, § 13 UmwStG, Tz. 18.
3 Neumann in R/H/vL, § 13 UmwStG, Rn 22; Dötsch in D/P/M, § 13 UmwStG, Tz. 26.

raussetzungen auch ohne Antrag zwingend fortzuführen.[1] Satz 1 bestimmt, dass der Anteilstausch von Beteiligungen an Körperschaften, die ihre Geschäftsleitung oder ihren Sitz nicht im Inland haben, keine Besteuerung nach sich zieht, sofern das Besteuerungsrecht Deutschlands für die erhaltenen Anteile weiterhin bestehen bleibt. Die Anschaffungskosten der erhaltenen Anteile werden mit den Anschaffungskosten der hingegebenen Anteile angesetzt. Allerdings greift diese Regelung nicht ein, sofern die Voraussetzungen des § 12 Abs. 2 KStG erfüllt sind. Hintergrund ist, dass nach dieser Vorschrift bei Verschmelzungen ausländischer, beschränkt steuerpflichtiger Körperschaften bereits eine Steuerfreiheit bei Anteilseigner gewährleistet ist, sofern dieser Vorgang einer Verschmelzung nach dem Umwandlungsgesetz vergleichbar ist. Daher bedarf es für diese Fälle keiner zusätzlichen Regelung.

Für die Antragstellung regelt das Gesetz weder eine bestimmte Form noch eine Frist. Er kann bis zur Bestandskraft der Veranlagung des betroffenen Anteilseigners gestellt werden. Befinden sich die Anteile im BV, wird der Antrag mit der Einreichung des Jahresabschlusses gestellt. Der Austausch der Anteile zum Buchwert findet wertgleich statt und ist in der Steuerbilanz einfach abzubilden. Eine Änderung der Bilanz ist danach nicht mehr möglich.[2] 1300

Bei **Anteilen im Privatvermögen** kann das Wahlrecht i. R. der Einkommensteuererklärung ausgeübt werden. Unseres Erachtens ist der Antrag dann gestellt, wenn der Anteilseigner keinen Anteilsveräußerungsgewinn erklärt. Wenn der Anteilseigner **mehrere Anteile** hält, die eine Beteiligung bilden, kann das Wahlrecht nur einheitlich ausgeübt werden. 1301

Werden die Anteile an der übertragenden Gesellschaft zum Teil im Gesamthandsvermögen einer Personengesellschaft und zum Teil im Sonderbetriebsvermögen eines Mitunternehmers gehalten, darf das Wahlrecht getrennt ausgeübt werden, also z. B. für die im Gesamthandsvermögen gehaltenen Anteile ggf. der Buchwert und für die im Sonderbetriebsvermögen gehaltenen Anteile der gemeine Wert angesetzt werden. Für Anteile im Gesamthandsvermögen wird das Wahlrecht von der Personengesellschaft einheitlich ausgeübt. Werden die Anteile von einem Anteilseigner in zwei Sonderbetriebsvermögen gehalten, kann das Wahlrecht nur einheitlich ausgeübt werden. 1302

---

1 Zu Einzelheiten des § 20 Abs. 4a EStG s. Beinert, GmbHR 2012 S. 291 und Bron, DStR 2014 S. 353.
2 Neumann in R/H/vL, § 13 UmwStG, Rn 26.

bb) Keine Beschränkung des deutschen Besteuerungsrechts

1303 Buchwertübertragung oder Übertragung der Anschaffungskosten von den Anteilen der übertragenden Körperschaft auf die Anteile der übernehmenden Körperschaft wird einem Anteilseigner nur gewährt, wenn gem. § 13 Abs. 2 Satz 1 Nr. 1 UmwStG das Recht der Bundesrepublik Deutschland hinsichtlich der Besteuerung des Gewinns aus der Veräußerung der Anteile an der übernehmenden Körperschaft nicht ausgeschlossen oder beschränkt wird. Diese Voraussetzung ist i. d. R. erfüllt bei Verschmelzungen im Inland.

1304 Das deutsche Besteuerungsrecht erfährt i. d. R. auch keine Einschränkung bei einer grenzüberschreitenden Verschmelzung von und nach Deutschland, wenn der Anteilseigner in Deutschland ansässig ist. Das ist aber von dem betreffenden DBA abhängig. Da die DBA überwiegend nach Art. 13 Abs. 4 OECD-Musterabkommen ausgerichtet sind, ist meistens vom Besteuerungsrecht des Wohnsitzstaats des Anteilseigners auszugehen.

1305 Buchwert-/Anschaffungskostenübertragung ist auch möglich bei einer Erweiterung des deutschen Besteuerungsrechts. Das kann bei grenzüberschreitenden Hinaus- und Hereinverschmelzungen der Fall sein, wenn die Anteile an der übernehmenden Körperschaft in Deutschland erstmals von der Besteuerung erfasst werden.

1306 Eine Einschränkung des deutschen Besteuerungsrechts existiert auch nicht, wenn die Anteile an der übertragenden Körperschaft zu einem ausländischen Betriebsvermögen des Anteilseigners gehören, aber mangels eines DBA ein deutsches Besteuerungsrecht auf der Ebene des Anteilseigners besteht.[1]

1307 Keine Regelung ist erforderlich für die Fälle, wenn weder ein Besteuerungsrecht in Deutschland an Anteilen bestand und auch nicht nach einer Verschmelzung begründet wird. Diese Situation ist bei Inlandsverschmelzungen hinsichtlich ausländischer Anteilseigner, wo das Besteuerungsrecht beim ausländischen Staat verbleibt, gegeben.

1308 Im Rahmen einer Verschmelzung wird das deutsche Besteuerungsrecht ausgeschlossen, wenn es hinsichtlich der Anteile an der übertragenden Körperschaft bestand, aber hinsichtlich der Anteile an der übernehmenden Körperschaft durch ein DBA mit Freistellungsmethode einem anderen Staat zugewiesen ist. Es spielt keine Rolle, ob der ausländische Staat sein Besteuerungsrecht tatsächlich ausübt. Das deutsche Besteuerungsrecht wird ebenfalls ausgeschlossen, wenn es aus anderen Gründen aufgrund des deutschen Steuer-

---

[1] Gl. A. Dötsch in D/P/M, § 13 UmwStG, Tz. 36 ff.

rechts oder aber über ein DBA vor der Verschmelzung Deutschland und nach der Verschmelzung einem anderen Staat zugewiesen wird.

Das deutsche Besteuerungsrecht wird beschränkt, wenn vor der Verschmelzung ein deutsches Besteuerungsrecht ohne die Pflicht zur Anrechnung ausländischer Steuern an Anteilen bestand und nach der Verschmelzung kein Besteuerungsrecht oder ein Besteuerungsrecht mit Anrechnungsverpflichtung an Anteilen besteht. 1309

cc) Anwendung der Fusionsrichtlinie

Sollte das Besteuerungsrecht ausgeschlossen oder beschränkt worden sein, ist aufgrund der „oder"-Verknüpfung zwischen Nr. 1 und 2 des § 13 Abs. 2 Satz 1 UmwStG der Tatbestand der Nr. 2 zu prüfen. Danach kann der Buchwert angesetzt werden, wenn die durch die Verschmelzung betroffenen Mitgliedstaaten der Europäischen Union bei einer Verschmelzung Art. 8 der Fusionsrichtlinie anzuwenden haben. In diesem Fall ist der Gewinn aus einer späteren Veräußerung der erworbenen Anteile ungeachtet der Bestimmungen eines DBA in der gleichen Art und Weise zu besteuern, wie die Veräußerung der Anteile an der übertragenden Körperschaft zu besteuern wäre. Dabei ist **§ 15 Abs. 1a Satz 2 EStG** entsprechend anzuwenden. Diese Vorschrift stellt **folgende Fälle einer Veräußerung gleich**: verdeckte Einlage in eine Kapitalgesellschaft, Auflösung der übernehmenden Körperschaft, Kapitalherabsetzung mit Rückzahlung oder Ausschüttung/Zurückzahlung von Beträgen aus dem steuerlichen Einlagekonto i. S. des § 27 KStG. 1310

Ziel der Regelung ist eine unionsrechtskonforme Ausweitung der in § 13 Abs. 2 Satz 1 Nr. 1 UmwStG zugelassenen Buchwertübertragungen auf solche grenzüberschreitenden Verschmelzungen innerhalb der EU, bei denen Deutschland auf Ebene der Anteilseigner das Besteuerungsrecht verlieren würde, weil ein betroffenes DBA das Recht zur Besteuerung der Gewinne aus der Anteilsveräußerung nicht dem Wohnsitzstaat des Anteilseigners, sondern dem Sitzstaat der Körperschaft zuordnet. Solche Fälle können entstehen aufgrund der DBA-Regelungen mit Tschechien, der Slowakei und Zypern. Diverse DBA enthalten Sonderregelungen hinsichtlich Grundstücksgesellschaften, wonach das Besteuerungsrecht an den Anteilen dem ausländischen Belegenheitsstaat zugewiesen wird. 1311

Nach Art. 8 Abs. 1 der Fusionsrichtlinie darf die Zuteilung von Anteilen am Gesellschaftskapital der übernehmenden oder erwerbenden Gesellschaft an einen Gesellschafter der einbringenden oder erworbenen Gesellschaft gegen Anteile an deren Gesellschaftskapital aufgrund einer Fusion, einer Spaltung oder 1312 des Austauschs von Anteilen für sich allein keine Besteuerung des Veräußerungsgewinns dieses Gesellschafters auslösen.

1313 Art. 8 Abs. 6 der Fusionsrichtlinie erlaubt, dass der Wohnsitzstaat des Anteilseigners den Gewinn aus der späteren Veräußerung der erworbenen Anteile ungeachtet der Bestimmungen eines DBA in der gleichen Art und Weise besteuern darf, wie die Veräußerung der Anteile an der übertragenden Körperschaft zu besteuern gewesen wäre.

1314 Deutschland behält sich vor, den Gewinn aus der späteren Veräußerung der Anteile an der übernehmenden Körperschaft ohne Anrechnung der ausländischen Steuern zu besteuern. Dadurch kommt es zu Abweichungen gegenüber DBA-Regelungen.[1] Der I. Senat hat dem BVerfG die Frage vorgelegt, ob und inwieweit Abweichungen vom DBA-Recht mit Verfassungsrecht vereinbar seien.[2] Da aber die Mitgliedstaaten die Fusionsrichtlinie umgesetzt haben, ist die auf Art. 8 Abs. 6 der Fusionsrichtlinie basierende Regelung gedeckt. **Probleme entstehen für Wertsteigerungen der Anteile nach der Verschmelzung.** Nach dem Gesetzeswortlaut des § 13 Abs. 2 Satz 1 Nr. 1 UmwStG wird ungeachtet der Bestimmungen eines DBA die Versteuerung des Anteilsverkaufs durchgeführt. Bei dieser Sachlage kann ein Teil des Gewinns einer echten Doppelbesteuerung unterliegen. Eine Lösung kann zurzeit nur in einem Verständigungsverfahren gefunden werden.

dd) Nicht unter das UmwStG fallende Auslandsverschmelzungen

1315 Das UmwStG wird hinsichtlich Umwandlungen nach dem Recht eines Drittstaats durch § 12 Abs. 2 KStG ergänzt. Bezogen auf zwei ausländische Körperschaften außerhalb der EU/des EWR erlaubt § 12 Abs. 2 Satz 1 KStG für den Fall, dass das Vermögen einer ausländischen Körperschaft als Ganzes auf eine andere Körperschaft desselben ausländischen Staates durch einen der Verschmelzung nach § 2 UmwG vergleichbaren Vorgang übertragen wird, die übergehenden Wirtschaftsgüter mit dem Buchwert anzusetzen, soweit dadurch ein vorher bestehendes deutsches Besteuerungsrecht nicht wegfällt oder beschränkt wird. Das sind in Deutschland beschränkt steuerpflichtige Auslandskörperschaften mit einer deutschen Betriebsstätte. Der Anwendungsbereich ist sehr eng. Spaltungen werden nicht erfasst. Erfasst werden auch nicht durch den Gesetzeswortlaut grenzüberschreitende Verschmelzungen au-

---

1 Sog. „treaty override".
2 BFH Vorlagebeschluss v. 10. 1. 2012 I R 66/09, mit Kommentierung Schwenke, FR 2012 S. 443.

ßerhalb der EU/des EWR ansässiger Körperschaft mit deutscher Betriebsstätte.[1] In diesen Fällen wird der gemeine Wert nach den Vorgaben § 12 Abs. 1 KStG angesetzt.

§ 12 Abs. 2 Satz 2 KStG behandelt die Gesellschafterebene im Falle einer Auslandsverschmelzung nach § 12 Abs. 2 Satz 1 KStG. Hier gilt § 13 UmwStG für die Besteuerung der Anteilseigner der übertragenden Körperschaft im Drittstaat entsprechend, sofern sie mit ihren Anteilen bisher der deutschen Besteuerung unterlegen haben. 1316

Es stellt sich die Frage, wie eng § 12 Abs. 2 Satz 2 KStG, der die entsprechende Anwendung des § 13 UmwStG vorsieht, mit § 12 Abs. 2 Satz 1 KStG verzahnt ist. Der Gesetzeswortlaut geht von der Verschmelzung einer ausländischen Körperschaft auf eine andere Körperschaft **desselben** ausländischen Drittstaates aus. Der Gesetzgeber weist aber in seiner Begründung darauf hin, dass § 12 Abs. 2 Satz 2 KStG zwar für die Gesellschafter der übertragenden Körperschaft die entsprechende Anwendung des § 13 UmwStG regelt, wenn ein Vorgang i. S. des § 12 Abs. 2 Satz 1 KStG vorliegt. Dabei kommt es aber nicht darauf an, dass die Voraussetzungen für eine steuerneutrale Übertragung auf Gesellschaftsebene gegeben sind; insbesondere, ob eine Verschmelzung zwischen Körperschaften desselben ausländischen Staates vorliegt.[2] Damit ist nach der Auffassung des Gesetzgebers auch auf Ebene des Gesellschafters die Verschmelzung offenbar in jedem Fall steuerneutral möglich, wenn das Recht der Bundesrepublik Deutschland hinsichtlich der Besteuerung des Gewinns aus der Veräußerung der erhaltenen Anteile nicht ausgeschlossen oder beschränkt wird.[3] 1317

ee) Rechtsfolgen bei Fortführung der Buchwerte oder der Anschaffungskosten der Anteile der übertragenden Körperschaft

Werden die Anteile an der übertragenden Körperschaft zum Buchwert angesetzt, treten die Anteile an der übernehmenden Körperschaft gem. § 13 Abs. 2 Satz 2 steuerlich an die Stelle der untergehenden Anteile an der übertragenden Körperschaft.[4] Es entsteht in diesen Fällen keine veräußerungs- bzw. tauschähnliche Situation. Die Konsequenzen können folgende sein: 1318

---

1 A. M. Benecke/Schnitger, IStR 2007 S. 22, 25.
2 BT-Drs. 16/3369 S. 18.
3 BT-Drs. a. a. O.; siehe a. Dötsch/Pung, DB 2006 S. 2648, 2651.
4 Gesetzliche Normierung der sog. „Infizierungstheorie"; siehe o. Rn 1293.

D. Das Umwandlungssteuerrecht

► Nach § 6 Abs. 1 Nr. 1 Satz 4 EStG geht bei im Betriebsvermögen gehaltenen Anteilen eine **Wertaufholungsverpflichtung** über. In Fällen des § 8b Abs. 2 Satz 4 und 5 KStG bzw. § 3 Nr. 40 Satz 1 Buchst. a Satz 2 und 3 EStG kann dadurch eine volle Steuerpflicht ausgelöst werden.[1] Demgegenüber hat der BFH zur gleichlautenden Vorgängervorschrift (§ 13 Abs. 1 UmwStG 2002) entschieden, dass der Buchwert die neue Bewertungsobergrenze für die Wertaufholungsverpflichtung sei. Diese gehe damit nicht auf die „neu" angeschafften Anteile über.[2]

► Die Anteile an der Übernehmerin gelten als Anteile nach § 17 EStG, wenn der Anteilseigner an der übertragenden Körperschaft gem. § 17 EStG beteiligt war. Das gilt auch dann, wenn die übergehenden Anteile an der übernehmenden Körperschaft < 1% betragen. Klärungsbedürftig bleibt die Frage, zu welchem Zeitpunkt die Fünf-Jahres-Frist des § 17 EStG zu laufen beginnt, nach der die Steuerverhaftung entfällt, wenn infolge der Verschmelzung eine zuvor bestehende § 17-EStG-Beteiligung durch eine Beteiligung an der übernehmenden Körperschaft von < 1% ausgetauscht wird oder eine geringere Beteiligung bei der übernehmenden Körperschaft im Laufe der Zeit schneller entsteht. Die Frist kann zu laufen beginnen, sobald aufgrund der Verschmelzung die 1%-Grenze unterschritten wird. Ihr Ablauf kann aber auch erst dann beginnen, wenn durch Rückrechnung auf die Verhältnisse der übertragenden Körperschaft die 1%-Grenze unterschritten wird.

BEISPIEL: ► Anton hält Anteile an der GmbH 1 in Höhe von 7% im Privatvermögen. Die GmbH 1 wird auf die GmbH 2 verschmolzen. Anton wählt die Fortführung der Anschaffungskosten und bekommt 0,7% Anteile an der GmbH 2. Im sechsten Jahr nach der Verschmelzung veräußert er 0,4% Anteile und nach weiteren sechs Jahren die restlichen 0,3 Anteile.

1. Lösung: Fristablauf beginnt mit Verschmelzung. Dann unterliegen beide Anteilsveräußerungen nicht der Besteuerung.[3]

2. Lösung: Der Fristablauf wird auf die Verhältnisse bei der übertragenden Körperschaft zurückbezogen. Die Veräußerung von 0,4% im sechsten Jahr wäre steuerpflichtig. Die Frist würde erst dann laufen, und nur 0,3% wären außerhalb der Besteuerung.

In Anbetracht der zum 1.1.2009 geltenden Abgeltungsteuer haben beide Lösungen Vor- und Nachteile.

---

1 So Schmitt in S/H/S, UmwG-UmwStG, § 13, Rn. 48.
2 BFH, Urteile v. 11.7.2012 – I R 50/11, BFH/NV 2013 S. 40 und I R 47/11, BFH/NV 2013 S. 18.
3 Dafür könnte das BFH-Urteil zu § 23 EStG sprechen: BFH, Urteil v. 19.8.2008 IX R 71/07, BStBl II 2009 S. 313.

- Die Sieben-Jahres-Frist nach § 8b Abs. 4 KStG a. F. bzw. die **Sieben-Jahres-Frist nach § 22 UmwStG** laufen weiter. Nach § 22 UmwStG ist die Sieben-Jahres-Frist dann zu beachten, wenn die Anteile an der übertragenden Körperschaft aus einer Sacheinlage unter dem gemeinen Wert stammen bzw. Einbringender eine natürliche Person war.
- Waren die Anteile an der übertragenden Körperschaft **einbringungsgeborene Anteile** gem. § 21 UmwStG a. F., gelten auch die neuen Anteile als einbringungsgeboren nach § 21 UmwStG a. F.
- Von den Anteilen an der übertragenden Körperschaft verlagert sich ein **Sperrbetrag nach § 50c EStG** a. F. i. V. m. § 52 Abs. 59 EStG.

d) Anwendungsbedarf des § 13 UmwStG

§ 13 UmwStG findet keine Anwendung bei der Upstream-Verschmelzung einer Tochtergesellschaft auf ihre Muttergesellschaft, wenn die Muttergesellschaft alle Anteile hält. Hier besteht zwischen der übernehmenden Körperschaft und dem Anteilseigner Identität, und es treten keine anderen Anteile an die Stelle der untergehenden Anteile.

1319

Dagegen treten beim Downstream-Merger an die Stelle der Anteile an der Muttergesellschaft die Anteile an der Tochtergesellschaft. Hier hat § 13 UmwStG die Aufgabe, die steuerliche Erfassung der stillen Reserven in den Anteilen an der untergehenden Muttergesellschaft sicherzustellen.[1] Der Wechsel der Anteilsinhaberschaft tritt unmittelbar mit der Eintragung der Verschmelzung in das Handelsregister der übernehmenden Gesellschaft ein; es findet kein Durchgangserwerb der Tochtergesellschaft statt. Die Anteile gehen unmittelbar von der Muttergesellschaft auf die Anteilseigner über.[2]

1320

Anteile eines im Ausland ansässigen Anteilseigners, die in Deutschland nicht steuerverhaftet sind, fallen regelmäßig nicht unter § 13 UmwStG, da Deutschland weder an den Anteilen an der übertragenden Körperschaft noch an den dafür eingetauschten Anteilen an der übernehmenden Körperschaft das Besteuerungsrecht hat, weil in der Regel das Besteuerungsrecht beim Wohnsitzstaat des Anteilseigners liegt.[3] Anders ist die Rechtslage, wenn das jeweilige

1321

---

1 Dreissig, DB 1997 S. 1301, 1305.
2 BFH Urt. v. 28. 10. 2009 – I R 4/09, BStBl II 2011 S. 315 u. Beschl. v. 20. 6. 2011 - I B 108/10, BFH/NV 2011 S. 1924, Rz. 15.
3 Schaumburg, GmbHR 1996 S. 414.

D. Das Umwandlungssteuerrecht

DBA das Besteuerungsrecht für Gewinne aus Anteilsveräußerungen dem Ansässigkeitsstaat der Körperschaft zuordnet.[1]

1322 Die Rechtsfolgen des § 13 UmwStG gelten nur für den **Anteilstausch i. R. einer Verschmelzung**.[2] Andere Leistungen i. R. einer Verschmelzung werden nach den allgemeinen Grundsätzen beurteilt und bilden insoweit zusätzliche Anschaffungskosten der Anteile. Einen nach den allgemeinen Grundsätzen außerhalb von § 13 UmwStG zu behandelnden Veräußerungserlös vereinnahmt ein Anteilseigner vor allem dann, wenn er vor der Verschmelzung seine Beteiligung an der übertragenden Körperschaft veräußert oder gegen eine Barabfindung gem. § 29 UmwG ausscheidet. Allgemeine Grundsätze und nicht § 13 UmwStG gelten auch, wenn Anteilseigner untereinander Ausgleichszahlungen für das Ausscheiden leisten.

1323 Die **Einordnung einer baren Zuzahlung**, die die übernehmende Körperschaft an verbleibende Anteilseigner der übertragenden Körperschaft zahlt, ist **umstritten**. Die Finanzverwaltung behandelt solche ohne Rücksicht darauf, ob diese auf der Ebene der übertragenden Körperschaft als Gegenleistung nach § 11 Abs. 2 Satz 1 Nr. 3 UmwStG eingestuft worden sind, als sonstige Leistung, die beim Anteilseigner zu einem Kapitalertrag führt.[3] Nach der Gegenmeinung erzielt der Anteilseigner einen Veräußerungserlös aus der Teilaufgabe seiner Beteiligung.[4] Abgelehnt wird, dass die zahlende Körperschaft Anschaffungskosten für eine Kapitalbeteiligung hat. Dafür muss die übertragende Körperschaft den Buchwert der übergehenden Wirtschaftsgüter nach § 11 Abs. 2 Satz 1 UmwStG insoweit aufstocken. Die Anwendung des § 13 UmwStG soll durch gesetzlich zugelassene Zuzahlungen nicht ausgeschlossen sein. Obwohl § 13 UmwStG keine „soweit"-Verknüpfung enthält, müsste das auch bei höheren als den gesetzlich zugelassenen baren Zuzahlungen gelten.[5]

1324–1350 (*Einstweilen frei*)

---

1 Z. B. das DBA Tschechien.
2 Rn 13.02. UmwStErl 2011.
3 Rn 13.03. UmwStErl 2011.
4 Widmann in Widmann/Mayer, § 13 UmwStG, Rn 237 ff.; Schmitt in S/H/S, UmwG-UmwStG, § 13 UmwStG, Rn 14 f. m. w. N.
5 Dötsch in D/P/M, § 13 UmwStG, Tz. 19.

X. Vermögensübertragung durch Gesamtrechtsnachfolge von einer Körperschaft auf eine andere Körperschaft im Wege der Spaltung

1. Regelungsbereich des § 15 UmwStG

a) Aufspaltung, Abspaltung oder Teilübertragung nach den Vorgaben des Umwandlungsrechts

Das UmwG enthält seit 1995 ein umfassendes Spaltungsinstrumentarium (§§ 123 ff.). Davon wird seit dem 1.1.1995 ein Teil der Spaltungsfälle in §§ 15 und 16 UmwStG 1995 direkt geregelt. § 15 UmwStG behandelt seit dieser Zeit in § 15 die Auf- und Abspaltung von Körperschaften auf Körperschaften. Zudem enthält § 15 UmwStG Regelungen für die hier nicht näher beleuchteten Sonderfälle der Teilübertragungen (§§ 174 ff. UmwG). § 16 stellt die Rechtsfolgen für Aufspaltung oder Abspaltung auf eine Personengesellschaft dar. Die Übertragungen von einer Körperschaft auf ein Personenunternehmen werden durch die schon dargestellten Regelungen der §§ 3 ff. UmwStG erfasst, auf die § 16 verweist.

1351

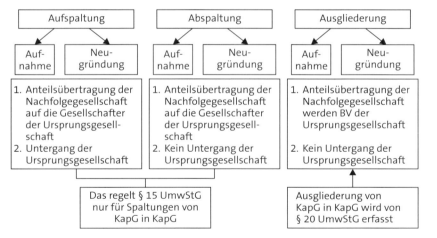

Da § 15 UmwStG den vierten Teil im besonderen Teil des UmwStG bildet, gilt er gem. § 1 Abs. 1 Nr. 1 UmwStG nur für Auf- und Abspaltungen i. S. des § 123 Abs. 1 und 2 UmwG von Körperschaften oder vergleichbare ausländische Vor-

1352

gänge sowie des Art. 17 SE-VO und des Art. 19 SCE-VO.[1] Daraus ergeben sich die Folgen,

- die beteiligten Rechtsträger müssen in der EU/EWR ansässig und nach dem Recht eines EU/EWR-Staates errichtet sein und
- die Übertragung des Vermögens von der zu spaltenden Körperschaft auf die übernehmende Nachfolgegesellschaft muss im Wege einer sog. Sonderrechtsnachfolge[2] erfolgen.

1353 Da der Weg einer Spaltung in Gestalt der Gesamt- oder Sonderrechtsnachfolge erfolgen muss, kann die Spaltung grds. nur von § 15 UmwStG erfasst werden, wenn sie nach Vorgaben eines nationalen Umwandlungsrechts erfolgt, welches diese Möglichkeiten bietet. Ohne die Regelung, wie sie in § 123 Abs. 1 und 2 UmwStG enthalten ist, wäre die Aufspaltung als Liquidation der übertragenden Körperschaft und im Fall der Abspaltung als Ausschüttung an die Anteilseigner der übertragenden Körperschaft mit evtl. Kapitalherabsetzung und anschließender Einlage in die aufnehmende Körperschaft durch die ehemaligen Anteilseigner zu beurteilen, es gälten die Regeln der Einzelrechtsnachfolge.[3] Die beteiligten Gesellschaften und Gesellschafter können wählen zwischen den sehr strengen Vorgaben des Umwandlungsrechts oder dem umständlichen Weg der Liquidation, Kapitalherabsetzung und Einlage, dieser ist keineswegs versperrt.[4] Sollte eine Spaltung unheilbar missglücken, gelten ebenfalls die allgemeinen Grundsätze der Einzelrechtsnachfolge.

1353a § 15 UmwStG gilt nach BFH[5] nicht nur im Fall der Aufwärtsabspaltung, sondern auch in Fällen der sog. **Abwärtsabspaltung** oder **Seitwärtsabspaltung**, sodass auch in diesen Fällen ein Übernahmeergebnis gemäß § 12 Abs. 2 Satz 1 UmwStG zu ermitteln ist.

1354 Zivilrechtlich ungeregelt ist die allgemeine Möglichkeit einer grenzüberschreitenden Auf- und Abspaltung.[6] Eine Regelung zur Spaltung fehlt sowohl in der SE-VO[7] als auch in der SCE-VO.[8] Wegen vergleichbarer Situation mit dem

---

1 Siehe o. Rn 628.
2 Siehe o. Rn 103.
3 Siehe o. Rn 102.
4 Siehe o. Rn 51 ff., Stichwort: „Liquidationsmodelle".
5 Urteil v. 9. 1. 2013 – I R 24/12, BFH/NV 2013 S. 881.
6 Siehe o. Rn 493.
7 Abl. EG Nr. L 294 S. 1.
8 Abl. EG Nr. L 207 S. 1.

EuGH-Urteil in der Sache „Sevic Systems AG"[1] wird auf den Konflikt mit der Niederlassungsfreiheit bei diesem Rechtszustand hingewiesen.[2]

Dagegen enthält die für die Besteuerung maßgebliche **Fusionsrichtlinie** Regelungen zur grenzüberschreitenden Spaltung. Nach Art. 1 Abs. 1 Fusionsrichtlinie sind die dortigen Regelungen auch auf Spaltungen und Abspaltungen anwendbar, wenn daran Gesellschaften aus zwei oder mehr Mitgliedstaaten beteiligt sind. Nach Art. 4 Abs. 1 Fusionsrichtlinie darf eine Spaltung oder Abspaltung keine Besteuerung des Veräußerungsgewinns auslösen. Die Kapitalgesellschaften, die an diesen Vorgängen beteiligt sein dürfen, werden im Anhang zur Fusionsrichtlinie aufgeführt. Selbst der Wortlaut des § 1 Abs. 1 Satz 1 Nr. 1 UmwStG „oder vergleichbare ausländische Vorgänge" umfasst bereits Spaltungsvorgänge mit grenzüberschreitenden Bezügen innerhalb der EU und des EWR. § 15 UmwStG ist danach anwendbar auf die Abspaltung einer inländischen Betriebsstätte einer ausländischen Kapitalgesellschaft nach ausländischem Umwandlungsrecht eines EU-Mitgliedstaats auf eine andere Kapitalgesellschaft in diesem Staat.[3]

1355

Um im Einklang mit der Fusionsrichtlinie zu bleiben und um einen Widerspruch mit den Grundfreiheiten zu vermeiden, muss § 15 UmwStG auch auf grenzüberschreitende Auf- und Abspaltungen anwendbar sein. Dazu muss der strenge „Numerus clausus" einer Gesamt- bzw. Sonderrechtsnachfolge aus nationaler Sicht durchbrochen werden. Das ist aufgrund der höherwertigen Grundfreiheiten und der zuvor dargestellten Durchbrechungen bei grenzüberschreitenden Sachverhalten gerechtfertigt. Einschränkend darf aber verlangt werden, dass die formalen Regeln eines Umwandlungsrechts eines Mitgliedstaats eingehalten werden. Es gelten daher die Grundsätze des Hinaus- und Hereinverschmelzens auch für die Hinaus- und Hereinspaltungen.[4]

1356

b) Rechtsfolgen einer missglückten Auf- oder Abspaltung

Liegt eine Auf- oder Abspaltung nach den Regeln des Umwandlungsrechts nicht vor oder ist eine solche missglückt und kommt es gleichwohl zum Vermögensübergang von der übertragenden auf die übernehmende Körperschaft, sind die §§ 11–13 UmwStG insgesamt nicht anzuwenden.

1357

---

1 Urteil v. 13. 12. 2005 Rs. C-411/03, DStR 2006 S. 49.
2 Schumacher in R/H/vL, § 15 UmwStG, Rn 47.
3 So auch Rödder/Schumacher, DStR 2007 S. 369, 370.
4 Siehe o. Rn 1174.

D. Das Umwandlungssteuerrecht

aa) Missglückte Aufspaltung

(1) Übertragende Körperschaft

1358 Eine verunglückte Aufspaltung führt bei der übertragenden Körperschaft zur Liquidation. Alle stillen Reserven der übertragenen Wirtschaftsgüter werden aufgedeckt. Ob ein Firmenwert angesetzt wird, ist umstritten. Ein Firmenwert setzt die Fortführung einer Wirtschaftseinheit in Gestalt eines Betriebs bzw. Teilbetriebs voraus. Gehen auf die Nachfolgeunternehmen Wirtschaftseinheiten über, spricht nichts gegen den Ansatz eines Firmenwerts.

(2) Aufnehmende Körperschaft

1359 Die übernommenen Wirtschaftsgüter werden mit dem gemeinen Wert angesetzt. Es handelt sich um eine Einlage der Gesellschafter, die zu einer Erhöhung i. R. des steuerlichen Einlagekontos gem. § 27 KStG führt.

(3) Anteilseigner

1360 Die Anteile an der übertragenden Körperschaft gehen unter. Das Vermögen wird an die Anteilseigener zunächst ausgekehrt und führt zu Bezügen gem. § 20 Abs. 1 Nr. 2 EStG, die nach der Auflösung einer Körperschaft oder Personenvereinigung i. S. des § 20 Abs. 1 Nr. 1 EStG anfallen und die nicht in der Rückzahlung von Nennkapital bestehen. Befinden sich die Anteile im Betriebsvermögen, wird die **Subsidiaritätsklausel** gem. § 20 Abs. 8 EStG ausgelöst. Bei natürlichen Personen als Anteilseignern gilt das Teileinkünfteverfahren. Sind Kapitalgesellschaften Anteilseigner, gilt § 8b Abs. 1 KStG mit einer 95 %igen Steuerfreistellung bzw. bei einer Beteiligung von weniger als 10 % nach § 8b Abs. 4 KStG die volle Steuerpflicht.

1361 Soweit die Auskehrung Beträge aus dem steuerlichen Einlagekonto und die Rückzahlung von Nennkapital enthält, werden davon die ursprünglichen Anschaffungskosten der untergehenden Anteile abgezogen. Dadurch entsteht ein Veräußerungsgewinn oder Veräußerungsverlust, der bei natürlichen Personen dem Teileinkünfteverfahren unterworfen wird. Bei Anteilseignern, die nicht natürliche Personen sind und der Körperschaftsteuer unterliegen, wird die Steuerbefreiung gem. § 8b Abs. 2 KStG ausgelöst.

1362 Durch die Übertragung auf eine Nachfolgekörperschaft ergibt sich bei den Anteilseignern eine Erhöhung der ursprünglichen Anschaffungskosten der Anteile an der Nachfolgegesellschaft infolge einer Einlage gem. § 6 Abs. 6 Satz 2 EStG.

bb) Missglückte Abspaltung

(1) Übertragende Körperschaft

Eine verunglückte Abspaltung führt bei der übertragenden Körperschaft zu einer Aufdeckung der stillen Reserven der übertragenen Wirtschaftsgüter. Wird eine Wirtschaftseinheit in Gestalt eines Teilbetriebs oder Mitunternehmeranteils übertragen, wird sogar der Firmenwert angesetzt.[1]

1363

(2) Aufnehmende Körperschaft

Die übernommenen Wirtschaftsgüter werden mit dem Teilwert angesetzt. Es handelt sich um eine Einlage der Gesellschafter, die zu einer Erhöhung i. R. des steuerlichen Einlagekontos gem. § 27 KStG führt.

1364

(3) Anteilseigner

Das übertragene Vermögen wird an die Anteilseigner zunächst ausgeschüttet und führt zu Bezügen gem. § 20 Abs. 1 Nr. 1 EStG. Befinden sich die Anteile im Betriebsvermögen, wird die Subsidiaritätsklausel gem. § 20 Abs. 8 EStG ausgelöst. Bei natürlichen Personen als Anteilseignern gilt das Teileinkünfteverfahren. Sind Kapitalgesellschaften Anteilseigner, gilt § 8b Abs. 1 KStG mit einer 95 %igen Steuerfreistellung bzw. bei einer Beteiligung von weniger als 10 % nach § 8b Abs. 4 KStG die volle Steuerpflicht.

1365

Soweit für die Ausschüttungen Beträge aus dem steuerlichen Einlagekonto als verwendet gelten, werden davon die ursprünglichen Anschaffungskosten der Anteile an der übertragenden Körperschaft abgezogen. Dadurch entsteht ein Veräußerungsgewinn oder Veräußerungsverlust, der bei natürlichen Personen dem Teileinkünfteverfahren unterworfen wird. Bei Anteilseignern, die nicht natürliche Personen sind und der Körperschaftsteuer unterliegen, wird die Steuerbefreiung gem. § 8b Abs. 2 KStG ausgelöst.

1366

Durch die Übertragung auf eine Nachfolgekörperschaft ergibt sich bei den Anteilseignern eine Erhöhung der ursprünglichen Anschaffungskosten der Anteile an der Nachfolgegesellschaft infolge einer Einlage gem. § 6 Abs. 6 Satz 2 EStG.

1367

---

1 So jetzt auch Widmann in Widmann/Mayer, § 15 UmwStG, Rn 143.

D. Das Umwandlungssteuerrecht

2. Inhalt des § 15 Abs. 1 UmwStG

1368 Geht Vermögen einer Körperschaft durch **Auf- oder Abspaltung** oder durch Teilübertragung auf andere Körperschaften über, gelten nach § 15 Abs. 1 Satz 1 UmwStG die §§ 11 bis 13 UmwStG vorbehaltlich des Satzes 2 entsprechend. Nach Satz 2 ist ein Buchwert- oder Zwischenwertansatz nach § 11 Abs. 2 UmwstG in der steuerlichen Übertragungsbilanz der übertragenden Gesellschaft und eine Buchwertübertragung oder Anschaffungskostenübertragung eines Gesellschafters auf die Neuanteile gem. § 13 Abs. 2 UmwStG nur möglich, wenn auf die Übernehmerinnen ein **Teilbetrieb** übertragen wird und im Falle der Abspaltung oder Teilübertragung bei der übertragenden Körperschaft ein Teilbetrieb verbleibt.

1369 Die Auf- oder Abspaltung wird somit steuerlich weitgehend wie der umgekehrte Fall einer Verschmelzung behandelt. Allerdings birgt die entsprechende Anwendung der §§ 11 bis 13 UmwStG bei einer Auf- oder Abspaltung wesentliche Unterschiede gegenüber einer Verschmelzung. Bei einer Verschmelzung geht das gesamte Vermögen von der übertragenden Körperschaft auf die übernehmende Körperschaft über, und i. d. R. werden sämtliche Anteile an der übertragenden Körperschaft gegen Anteile an der übernehmenden Körperschaft getauscht. Bei einer Auf- oder Abspaltung kommt es zur Aufteilung des Vermögens auf mindestens zwei Nachfolgekörperschaften.

1370 Durch das SEStEG hat sich eine Änderung ergeben. § 15 Abs. 1 Satz 1 UmwStG a. F. verlangte ohne Rücksicht auf Wertansätze in jedem Fall das Vorliegen eines Teilbetriebs. War diese Voraussetzung verletzt, wurden die stillen Reserven bei allen Beteiligten aufgedeckt und im Fall der Aufspaltung steuerlich nach allgemeinen Grundsätzen wie eine Liquidation der übertragenden Körperschaft behandelt und im Fall der Abspaltung als Sachausschüttung an die Anteilseigner der übertragenden Körperschaft zum gemeinen Wert der Wirtschaftsgüter und als Einlage dieser Wirtschaftsgüter in die aufnehmende Körperschaft beurteilt.[1]

1371 Nunmehr ist die Voraussetzung, dass ein **Teilbetrieb** vorliegt, nur noch **erforderlich**, wenn auf Antrag ein **Buchwert- oder Zwischenwertansatz** nach § 11 Abs. 2 UmwStG in der steuerlichen Übertragungsbilanz der übertragenden Gesellschaft und eine Buchwertübertragung oder Anschaffungskostenübertragung eines Gesellschafters auf die Neuanteile gem. § 13 Abs. 2 UmwStG erwünscht ist. Danach lässt das Steuerrecht nunmehr eine Vermögensteilübertragung zu, ohne dass die Voraussetzungen eines Teilbetriebs erfüllt sein

---

1 BMF-Schreiben v. 25. 3. 1998, BStBl I 1998 S. 268, Tz. 15.11.

müssen. Es dürfen dann nicht die allgemeinen Regeln der Besteuerung einer Liquidation, Kapitalherabsetzung, Sachauskehrung und Einlage ausgelöst werden. Bei Beachtung der gesellschaftsrechtlichen Vorgaben einer Gesamt- oder Sonderrechtsnachfolge nach § 123 Abs. 1 und 2 UmwG ist § 15 UmwStG immer „lex specialis" gegenüber den allgemeinen steuerlichen Regeln.

(Einstweilen frei) 1372–1380

3. Entsprechende Anwendung des § 11 UmwStG

a) Schlussbilanz mit gemeinem Wert

§ 15 Abs. 1 Satz 1 UmwStG lässt die entsprechende Anwendung des § 11 UmwStG zu. Nach § 11 Abs. 1 UmwStG ist daher eine steuerliche Schlussbilanz grds. mit Ansatz des gemeinen Werts bei der spaltenden Gesellschaft zu erstellen. 1381

Im Fall der Aufspaltung ist die Situation wie bei einer Verschmelzung. Am steuerlichen Übertragungsstichtag endet das letzte Wirtschaftsjahr der Körperschaft, so dass aus der Natur der Sache auf diesen Stichtag eine Schlussbilanz zu erstellen ist, in der die Bewertungsmaßstäbe des § 11 UmwStG zu beachten sind. 1382

Im Fall der Abspaltung endet durch diesen Vorgang kein Wirtschaftsjahr, da die spaltende Körperschaft fortbesteht. Immer dann, wenn eine Abspaltung nicht auf ein Ende eines Wirtschaftsjahrs fällt, stellt sich die Frage nach der Verpflichtung der Aufstellung einer steuerlichen Schlussbilanz. Wegen der Aufgabe der Maßgeblichkeit der Handelsbilanz kann die Pflicht zur Erstellung einer Steuerbilanz nicht aus § 17 Abs. 2 UmwG abgeleitet werden. Bisher ergab sich die Pflicht unmittelbar aus § 15 Abs. 2 UmwStG a. F., wonach die übertragende Körperschaft eine Steuerbilanz auf den steuerlichen Übertragungsstichtag aufzustellen hatte.[1] Infolge des SEStEG wurde der Wortlaut des § 11 UmwStG a. F. „in der steuerlichen Schlussbilanz für das letzte Wirtschaftsjahr" abgeändert in „in der steuerlichen Schlussbilanz der übertragenden Körperschaft". Diese kleine terminologische Änderung hat zur Konsequenz, dass die Verweisung des § 15 Abs. 1 UmwStG auf § 11 UmwStG ausreicht für die Pflicht, eine **steuerliche Schlussbilanz** auch **in den Fällen einer unterjährigen Abspaltung** zu erstellen. Durch eine steuerliche Schlussbilanz entsteht in den Fällen der unterjährigen Abspaltung kein Rumpfwirtschaftsjahr. 1383

---

1 UmwStG bis 12. 12. 2006.

D. Das Umwandlungssteuerrecht

1384 Bei einer Abspaltung besteht die weitere Besonderheit, dass infolge des Ansatzes des gemeinen Werts nicht alle stillen Reserven der spaltenden Gesellschaft aufgedeckt werden. Es werden nur die übergehenden Wirtschaftsgüter mit dem gemeinen Wert bewertet und nicht das gesamte Vermögen mit der Folge, dass bei einer Abspaltung das zurückbehaltene Betriebsvermögen bei der übertragenden Körperschaft zwingend mit dem Buchwert anzusetzen ist.[1]

1385 Für die anzusetzenden Wirtschaftsgüter und Schulden sowie deren Bewertung mit dem gemeinen Wert gelten im Übrigen die gleichen Grundsätze, wie sie zur Verschmelzung dargestellt wurden.[2] Gemäß § 15 Abs. 1 Satz 1 i.V.m. § 11 Abs. 1 Satz 2 UmwStG sind auch von der übertragenden Körperschaft selbst geschaffene immaterielle WG inkl. eines Geschäfts- oder Firmenwerts anzusetzen. Der Tatsache, dass bei einer Spaltung nicht der gesamte Betrieb, sondern nur Teile des Betriebes übertragen werden, ist beim Ansatz vor allem eines Firmenwerts Rechnung zu tragen. Nach der Rechtsprechung ist der Geschäftswert im Falle einer **Teilbetriebsveräußerung** nicht mit einem Bruchteil des **Geschäftswerts** des Gesamtunternehmens anzusetzen. Er ist als der Betrag zu ermitteln, um den dem Erwerber dieser Inbegriff von Sachen und Rechten mehr wert ist als der Erwerb lediglich einer Reihe von Einzelwirtschaftsgütern, die in ihrer Gesamtheit noch keinen funktionsfähigen Betrieb darstellen.[3] Auch wenn die den veräußerten Wirtschaftsgütern anhaftenden geschäftswertbildenden Faktoren in ihrer Summe nicht mehr dem Geschäftswert des ursprünglichen Gesamtunternehmens entsprechen, schließt das die Zuordnung geschäftswertbildender Faktoren bei dem neugebildeten und veräußerten Betriebsteil nicht aus. In einem verselbständigten Betriebsteil, der nicht die Eigenschaft eines Teilbetriebs haben muss, können gewinnchancenerhöhende Momente (so z.B. Kundenkreis, Ruf, Personalausstattung, örtliche Lage u.a.) enthalten sein, die mit auf den Erwerber übertragen werden.[4] Können gewinnchancenerhöhende Momente nicht festgestellt werden, ist wie bei einer Veräußerung von Einzelwirtschaftsgütern die Summe der gemeinen Werte der einzelnen veräußerten materiellen und immateriellen Wirtschaftsgüter von der übertragenden Körperschaft an die übernehmende Körperschaft festzustellen.[5]

---

1 Widmann in Widmann/Mayer, § 15 UmwStG, Rn 536.
2 Siehe o. Rn 1145 ff.
3 BFH, Urteil v. 20.8.1986 I R 150/82, BStBl II 1987 S. 455.
4 BFH, Urteil v. 27.3.1996 I R 60/95, BStBl II 1996 S. 576.
5 BFH, Urteil v. 7.10.1970 I R 1/68, BStBl II 1971 S. 69.

b) Schlussbilanz mit einem niedrigeren Wert

Gemäß § 15 Abs. 1 Satz 2 UmwStG i.V. m. § 11 Abs. 2 Satz 1 UmwStG können auf Antrag die zu übertragenden Wirtschaftsgüter mit dem Buchwert oder einem Zwischenwert angesetzt werden. Für das Wahlrecht müssen die Voraussetzungen des § 11 Abs. 2 UmwStG erfüllt sein. Danach kann ein Antrag gestellt werden, wenn

▶ gem. § 11 Abs. 2 Nr. 1 bei der übernehmenden Körperschaft deren spätere Besteuerung mit Körperschaftsteuer sichergestellt ist und

▶ gem. § 11 Abs. 2 Nr. 2 das Recht der Bundesrepublik Deutschland hinsichtlich der Besteuerung des Gewinns aus der Veräußerung der übertragenen Wirtschaftsgüter bei der übernehmenden Körperschaft nicht ausgeschlossen oder beschränkt wird und

▶ gem. § 11 Abs. 2 Nr. 3 eine Gegenleistung nicht gewährt wird oder in Gesellschaftsrechten besteht und

▶ auf die Übernehmerinnen ein Teilbetrieb übertragen wird bzw. im Fall der Abspaltung bei der übertragenden Körperschaft ein Teilbetrieb verbleibt.

Zu den drei erstgenannten Voraussetzungen gelten die Ausführungen zur Verschmelzung entsprechend.[1]

Eine steuerneutrale Auf- und Abspaltung kommt nur dann in Betracht, wenn bei der übertragenden Körperschaft mindestens **zwei Teilbetriebe** vorhanden sind. In allen Übertragungslinien müssen Teilbetriebe übergehen oder zurückbleiben. Die Steuerneutralität wird nicht auf die Übertragungslinie begrenzt, in der die Voraussetzungen eines Teilbetriebs gegeben sind.

BEISPIEL 1: Das Betriebsvermögen der X-GmbH besteht aus einem Teilbetrieb mit einem Buchwert von 200.000 € und einem gemeinen Wert von 700.000 €. Zum Betriebsvermögen zählt zudem ein Mietwohngrundstück mit einem Buchwert von 100.000 € und einem gemeinen Wert von 1.000.000 €. Mit Wirkung zum 31.12.08 wird die X-GmbH aufgespalten in die Y-GmbH mit Übernahme des Teilbetriebs (= Übertragungslinie 1) und die Z-GmbH mit Übernahme des Mietwohngrundstücks (= Übertragungslinie 2). Da ein Mietwohngrundstück nicht die Voraussetzungen eines Teilbetriebs erfüllt, ist die entsprechende Anwendung des § 11 Abs. 2 UmwStG ausgeschlossen. Die Nachfolgegesellschaft Z-GmbH hätte einen Teilbetrieb übernehmen müssen. Auch hinsichtlich des Übertragungsvorgangs auf die Y-GmbH ist die

---

1 Siehe o. Rn 1146.

D. Das Umwandlungssteuerrecht

Steuerneutralität gesperrt. Die X-GmbH hat einen steuerpflichtigen Übertragungsgewinn in Höhe von 1.400.000 €.

1389 **BEISPIEL 2:** Aufspaltung mit Möglichkeit Zwischenwertansatz und Buchwertfortführung

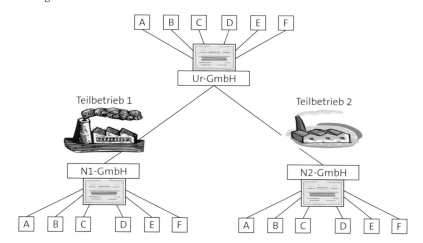

1390 **BEISPIEL 3:** Aufspaltung mit zwingendem Ansatz des gemeinen Werts und Aufdeckung stiller Reserven in allen Ebenen

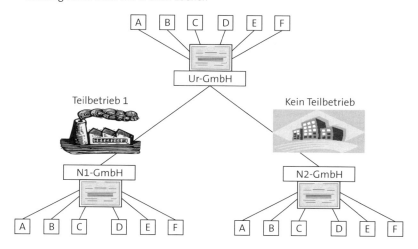

X. Vermögensübertragung im Wege der Spaltung

BEISPIEL 4: Abspaltung mit Möglichkeit Zwischenwertansatz und Buchwertfortführung 1391

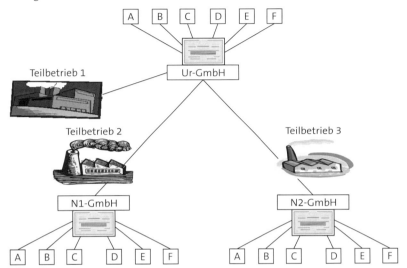

BEISPIEL 5: Abspaltung mit zwingendem Ansatz des gemeinen Werts und Aufdeckung stiller Reserven in allen Ebenen, soweit Vermögen übertragen wurde 1392

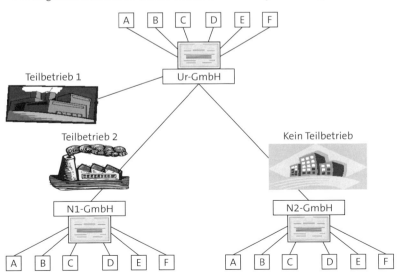

1393 Gegenüber der Rechtslage vor SEStEG hat sich die **Rechtsfolgenregelung** insoweit geändert, als bei fehlender Teilbetriebsübertragung nicht mehr die Anwendung der §§ 11–13 UmwStG generell, sondern nur das Wahlrecht gem. § 11 Abs. 2 und § 13 Abs. 2 UmwStG zu einem niedrigeren Ansatz als dem gemeinen Wert ausgeschlossen wird. Werden die Neutralitätsvoraussetzungen des § 15 Abs. 1 UmwStG verletzt, wirkt sich das auch auf die Gesellschafterebene aus, wonach dann nur eine Anschaffung zum gemeinen Wert entsprechend § 13 Abs. 1 UmwStG möglich ist.[1] Die anderen Vorschriften des UmwStG (insbesondere §§ 2 und 12 UmwStG) bleiben hiervon unberührt.

1394 Umstritten ist, ob neben einem Teilbetrieb auch andere Wirtschaftsgüter übertragen werden oder bei der übertragenden Körperschaft zurückbleiben dürfen.[2] Zum alten Recht vertritt die Finanzverwaltung die Auffassung, dass sowohl das verbleibende als auch das übertragene Vermögen nur aus einem Teilbetrieb bestehen durfte (**Ausschließlichkeitserfordernis**).[3] Wenn im Vermögen der übertragenden Körperschaft Wirtschaftsgüter enthalten waren, die keinem Teilbetrieb zugeordnet werden konnten,[4] war danach die Teilbetriebsvoraussetzung nicht erfüllt. Dies soll nach Neumann[5] auch im neuen Recht gelten. Nach zutreffender Auffassung können jedoch neben einem Teilbetrieb auch andere Wirtschaftsgüter bei der übertragenden Körperschaft verbleiben oder auf eine übernehmende Körperschaft übergehen.[6]

aa) Teilbetrieb[7]

1395 Das UmwStG enthält keine Definition des Begriffs „Teilbetrieb". Die Finanzverwaltung vertrat zunächst die Auffassung, die Voraussetzungen eines Teilbetriebs seien nach den von der Rechtsprechung und ihr entwickelten Grundsätzen zu § 16 EStG zu beurteilen.[8] Danach ist ein Teilbetrieb ein mit einer gewissen Selbständigkeit ausgestatteter, organisch geschlossener Teil des Gesamtbetriebs, der für sich betrachtet alle Merkmale eines Betriebs i. S. des EStG aufweist und für sich lebensfähig ist.[9]

---

1 Rn 15.12. UmwStErl 2011.
2 Zum Streitstand s. Schumacher/Neumann, DStR 2008 S. 325, 326; Schumacher in R/H/vL, § 15 UmwStG, Rn 109 ff.
3 BMF-Schreiben v. 25. 3. 1998, BStBl I 1998 S. 268, Tz. 15.02 und 15.10.
4 Zur Zuordnung der Wirtschaftsgüter siehe weiter unten unter Rn 1417 ff.
5 A. a. O.; ebenso Hörtnagl in S/H/S, UmwG-UmwStG, § 13 UmwStG, Rn 44, 64.
6 Schumacher, a. a. O.
7 Siehe hierzu auch unten Rn 1685 ff.
8 BMF, a. a. O., Tz. 15.02.
9 R 16 Abs. 3 EStR; BFH, Urteil v. 4. 7. 2007 X R 49/06, BStBl II 2007 S. 772.

Die Fusionsrichtlinie enthält in Art 2 Buchst. i eine Definition des Teilbetriebs. Danach ist ein „Teilbetrieb" die Gesamtheit der in einem Unternehmensteil einer Gesellschaft vorhandenen aktiven und passiven Wirtschaftsgüter, die in organisatorischer Hinsicht einen selbständigen Betrieb, d. h. eine aus eigenen Mitteln funktionsfähige Einheit, darstellen.

1396

Nach der Rechtsprechung des EuGH[1] wird bei der Definition eines Teilbetriebs in einer ersten Stufe auf eine **funktionelle Sicht** abgestellt. Die übertragenen aktiven Wirtschaftsgüter müssen als selbständiges Unternehmen funktionsfähig sein, ohne dass es hierfür zusätzlicher Investitionen oder Einbringungen bedarf. In einer zweiten Prüfungsstufe geht es um eine finanzielle Sicht. Der Teilbetrieb muss aus eigenen Mitteln lebensfähig sein. Dies soll dann nicht der Fall sein, wenn die Einkünfte der übernehmenden Gesellschaft im Verhältnis zu den Zinsen und Tilgungsraten der aufgenomenen Schulden unzureichend erscheinen. Dem EuGH-Urteil ist darüber hinaus zu entnehmen, dass Verbindlichkeiten zu dem Teilbetrieb gehören und daher auch mitübertragen werden müssen, wenn diese in einem eindeutigen Verwendungszusammenhang zu aktiven Wirtschaftsgütern des Teilbetriebs stehen.

1397

Nach der Teilbetriebsdefinition der Fusionsrichtlinie kommt es entscheidend darauf an, dass alle aktiven und passiven Wirtschaftsgüter übertragen werden, die erforderlich sind, damit der Teilbetrieb aus eigenen Mitteln funktionsfähig ist. Die Funktionsfähigkeit kann letztlich nur im Hinblick auf eine bestimmte Funktion beurteilt werden. Das kann nur die Funktion sein, der die aktiven Wirtschaftsgüter bereits vor der Übertragung gedient haben.[2] Denn könnte man die Funktion auf der Ebene der übernehmenden Gesellschaft neu definieren, könnten dadurch die Voraussetzungen für die selbständige Funktionsfähigkeit beinahe beliebig beeinflusst werden.[3]

1398

Der unionsrechtliche Teilbetriebsbegriff ist gegenüber dem deutschen Teilbetriebsbegriff **enger** im Hinblick auf die Finanzierungsseite, da passive Wirtschaftsgüter keine wesentlichen Betriebsgrundlagen darstellen und damit nicht notwendiger Bestandteil des deutschen Teilbetriebs sind.[4] Er wird auch enger gesehen, was die zu übertragenden aktiven Wirtschaftsgüter anbelangt, soweit wohl alle funktionalen Betriebsgrundlagen und nicht bloß die funktional wesentlichen Betriebsgrundlagen übertragen werden müssen. Ob das Letz-

1399

---

1 Urteil v. 15.1.2002 Rs. C-43/00 (Andersen og Jensen ApS vs. Skatteministerriet), FR 2002 S. 298, 301.
2 Patt in D/P/M, § 20 UmwStG, Tz. 92.
3 Mutscher in Frotscher/Maas, § 20 UmwStG, Rn 117.
4 Widmann in Widmann/Mayer, § 20 UmwStG (SEStEG, Kurzkommentierung), R 5.

tere eine praktische Relevanz erhält, wird sich zeigen. Für den EuGH ist eine Gesamtbetrachtung entscheidend: Danach müssen die zu übertragenden Wirtschaftsgüter in der Summe als selbständiges Unternehmen funktionsfähig sein. Es stellt sich eher die Frage, wenn nach der unionsrechtlichen Vorgabe ein funktionsfähiger Unternehmensteil übertragen wurde, ob die zurückbehaltenen Wirtschaftsgüter noch das Merkmal wesentlich erfüllen können.

1400 **Weiter** ist der unionsrechtliche Teilbetriebsbegriff insoweit, als die Merkmale
- ▶ räumliche Trennung vom Hauptbetrieb,
- ▶ gesonderte Buchführung,
- ▶ eigenes Personal,
- ▶ eigene Verwaltung,
- ▶ ungleichartige betriebliche Tätigkeit,
- ▶ eigener Kundenstamm,
- ▶ eigener Einkauf

keine Rolle spielen. Schließlich kennt der unionsrechtliche Teilbetriebsbegriff auch nicht die „quantitative" Betrachtungsweise für die Frage der Wesentlichkeit.

1401 Der Teilbetriebsbegriff der FRL ist damit teils enger (keine fiktiven Teilbetriebe), teils weiter als der nationale Begriff. Da nach dem Willen des Gesetzgebers mit § 15 UmwStG u. a. die FRL umgesetzt werden soll,[1] lässt sich die Auffassung vertreten, dass die Definition der FRL zur Anwendung kommt, soweit sie zu Gunsten des Steuerpflichtigen weiter ist als die nationale Definition, dass dies aber nicht zu Lasten des Steuerpflichtigen gilt, soweit die nationale Definition günstiger ist.[2]

1402 **Konstitutiv für den Teilbetrieb** sind jeweils **nur die wesentlichen Betriebsgrundlagen**. Sie prägen die Wirtschaftseinheit Betrieb bzw. Teilbetrieb und müssen im Falle einer Veräußerung komplett, ohne Ausnahme übertragen werden, eine bloße Nutzungsüberlassung reicht nicht aus.[3] Dies gilt auch hinsichtlich des Teilbetriebsbegriffs der FRL.[4]

---

1 BT-Drs. 16/2710 S. 25 f.
2 Schumacher in R/H/vL, § 15 UmwStG, Rn 69 ff. und 123 ff; zu Einzelheiten s. auch Graw, DB 2013 S. 1011.
3 BFH, Urteil v. 16.2.1996 I R 183/94, BStBl II 1996 S. 342 zur Parallelvorschrift § 20 UmwStG; Hörtnagl in S/H/S, UmwG-UmwStG, § 15 UmwStG, Rn 69 m. w. N.
4 So zutreffend Hörtnagl, a. a. O., Rn 71 unter Hinweis auf die EuGH-Rspr.; a. A. Neumann, EStB 2002 S. 437, 441; Blumers, DB 2001 S. 722, 725.

Die gewisse Selbständigkeit ist gegeben, wenn die dem Teilbetrieb gewidmeten Wirtschaftsgüter in ihrer Zusammenfassung einer Betätigung dienen, die sich i. R. des Gesamtunternehmens von der übrigen Tätigkeit deutlich abhebt. Ob ein Betriebsteil die für die Annahme eines Teilbetriebs erforderliche Selbständigkeit besitzt, ist nach dem Gesamtbild der Verhältnisse zu entscheiden. Für diese Gesamtwürdigung können die folgenden, von der Rechtsprechung herausgearbeiteten Abgrenzungsmerkmale herangezogen werden.[1]   1403

Prüfungsmerkmale eines Teilbetriebs: 1404

▶ **Organisatorische Selbständigkeit**
- Räumliche Trennung vom Hauptbetrieb
- Gesonderte Buchführung
- Eigenes Personal
- Eigene Verwaltung
- Selbständige Organisation
- Eigenes Anlagevermögen
- Ungleichartige betriebliche Tätigkeit
- Eigener Kundenstamm

▶ **Selbständige Lebensfähigkeit**

> Diese Merkmale haben nach der Rspr. unterschiedliches Gewicht, je nach dem, ob es sich um einen Fertigungs-, Handels- oder Dienstleistungsbetrieb handelt. Sie brauchen nicht alle erfüllt zu sein. Teilbetrieb erfordert nur eine gewisse Selbständigkeit gegenüber dem Hauptbetrieb

Ebenso wie der Betrieb wird der Teilbetrieb ertragsteuerlich durch die Summe aller wesentlichen Betriebsgrundlagen repräsentiert. Während i. R. des § 16 EStG auf die funktional-quantitative Betrachtungsweise abgestellt wird, gilt i. R. des § 15 UmwStG nur die **funktionale Betrachtungsweise**.[2] Danach müssen ausnahmslos alle Wirtschaftsgüter eines Teilbetriebs, die funktional wesentliche Betriebsgrundlagen darstellen, übertragen werden. Wirtschaftsgüter, die nur quantitativ wesentliche Betriebsgrundlagen darstellen, weil sie erheblich stille Reserven beinhalten, müssen i. R. einer Spaltung nicht übertragen werden.[3] Funktional wesentlich sind grds. die zu einem Teilbetrieb gehörenden Verkaufs-, Lager-, Produktions- und Bürogrundstücke,[4] da i. d. R. aus rein inner-   1405

---

1 BFH, Urteile v. 10. 3. 1998 VIII R 31/95, DStZ 2000 S. 135 und v. 16. 11. 2005 X R 17/03, BFH/NV 2006 S. 532.
2 BFH, Urteil v. 17. 4. 1997 VIII R 2/95, BStBl II 1998 S. 388; Urteil v. 2. 10. 1997 IV R 84/96, BStBl II 1998 S. 104; Hörtnagl in S/H/S, UmwG-UmwStG, § 15 UmwStG, Rn 67.
3 BMF v. 16. 8. 2000, BStBl I 2000 S. 1253.
4 BFH, Urteil v. 10. 11. 2005 IV R 7/05, BStBl II 2006 S. 176; Urteil v. 13. 7. 2006 IV R 25/05, BStBl II 2006 S. 804.

D. Das Umwandlungssteuerrecht

betrieblichen Gründen ein Betrieb ohne diese Wirtschaftsgüter nicht fortgeführt werden kann.

1405a Die Finanzverwaltung hat den Begriff Teilbetrieb sowohl unionsrechtlich als auch national definiert.[1] Danach ist Teilbetrieb i. S. d. § 15 UmwStG die Gesamtheit der in einem Unternehmensteil einer Gesellschaft vorhandenen aktiven und passiven Wirtschaftsgüter, die in organisatorischer Hinsicht einen selbstständigen Betrieb, d. h. eine aus eigenen Mitteln funktionsfähige Einheit, darstellen.[2] Zu einem Teilbetrieb gehören alle funktional wesentlichen Betriebsgrundlagen sowie diesem Teilbetrieb nach wirtschaftlichen Zusammenhängen zuordnenbaren Wirtschaftsgüter. Die Voraussetzungen eines Teilbetriebs sind nach Maßgabe der einschlägigen Rechtsprechung unter Zugrundelegung der funktionalen Betrachtungsweise aus der Perspektive des übertragenden Rechtsträgers zu beurteilen.[3] Eine Auswirkung unter der Berücksichtigung der funktionalen Betrachtung zeigt folgender Fall:

> **BEISPIEL** ▶ Aus einem Produktionsbetrieb soll ein wertvolles, aber nicht zu den funktional wesentlichen Betriebsgrundlagen gehörendes Betriebsgrundstück „abgesondert" werden. Um dies zu erreichen, wird der Produktionsbetrieb auf eine neue Gesellschaft abgespalten.
>
> In der Ursprungsgesellschaft bleiben das Grundstück und eine 100 %-Beteiligung an einer GmbH oder ein geringfügiger Mitunternehmeranteil zurück.
>
> **Lösung**
>
> Das zurückbleibende Vermögen erfüllt nicht die Voraussetzungen des § 15 Abs. 1 Satz 2 UmwStG, da das Grundstück weder der 100 %-Beteiligung an der GmbH noch dem Mitunternehmeranteil zugerechnet werden kann (vgl. auch Rn 15.11). Eine steuerneutrale Abspaltung ist damit ausgeschlossen.

Der rein national verstandene Teilbetriebsbegriff wird allerdings von der Finanzverwaltung noch bis zum 31.12.2011 offenbar für Inlandsumwandlungen angewandt.[4] Das sind Fälle, in denen der Umwandlungsbeschluss bis zum *31.12.2011* erfolgt ist. Die Vorgehensweise der Verwaltung wird kritisch gesehen und dürfte streitanfällig sein. Es wird die Auffassung vertreten, dass aus dem Begriff „Gesamtheit der ... Wirtschaftsgüter" nicht geschlossen werden kann, dass nach der Fusionsrichtlinie auch die nicht wesentlichen Betriebs-

---

1 Rn 15.02. UmwStErl 2011.
2 Vgl. Art. 2 Buchst. j RL 2009/133/EG (Abl. EG Nr. L 10, S. 34).
3 EuGH, Urteil v. 15.1.2002, C-43/00, EuGHE I S. 379; BFH, Urteil v. 7.4.2010, I R 96/08, BStBl II 2011 S. 467.
4 Rn S. 05. UmwStErl 2011.

grundlagen übergehen müssen.[1] Dagegen spricht, dass diese Wirtschaftsgüter in organisatorischer Hinsicht nicht zwingend zu der funktionsfähigen Einheit gehören, sonst wären sie wesentliche Betriebsgrundlagen. In jedem Fall kann das nationale Recht zugunsten des Steuerpflichtigen aber über die Fusionsrichtlinie hinausgehen; das ist bisher so geschehen, da nach nationalem Recht nur der Übergang der wesentlichen Betriebsgrundlagen erforderlich ist.[2] Würde man der strengen Verwaltungsmeinung folgen, die ihre Ansicht aus der Fusionsrichtlinie ableitet, stellt sich die Frage, ob nicht die unionsrechtlichen Grundfreiheiten tangiert sind. Daraus würde sich eine Konkurrenz zwischen Primär- und Sekundärrecht ergeben.

Ob diese für die Übertragung eines Teilbetriebs entscheidenden Voraussetzungen vorliegen, ist nach den Verhältnissen im **Zeitpunkt des Spaltungsbeschlusses** nach Verwaltungsmeinung nicht mehr zu entscheiden.[3] Die **Teilbetriebsvoraussetzungen** müssen zum **steuerlichen Übertragungsstichtag** vorliegen.[4] Ein sog. Teilbetrieb im Aufbau stellt für die Finanzverwaltung keinen Teilbetrieb i. S. d. § 15 UmwStG mehr dar.[5]

1406

Dieser Punkt wird in Zukunft noch die Rechtsprechung beschäftigen. Soweit die Finanzverwaltung ihre geänderte Auffassung aus der jüngeren BFH – Rechtsprechung ableitet,[6] wird dem entgegengehalten, dass sich der BFH nicht eindeutig äußere.[7] Abgestellt wird teilweise auf den Zeitpunkt der Übertragung und teilweise doch auch auf den Zeitpunkt der Einbringung. Man darf Zweifel hegen, ob die Auffassung der Finanzverwaltung vom UmwStG gedeckt wird. Die Rückwirkungsfiktion in § 2 UmwStG gilt nur für die Zuordnung von Einkommen und Vermögen. Ob sich daraus eine Rechtfertigung für eine zeitliche Anforderungen an das Vorliegen eines Teilbetriebs ergibt, ist äußerst fraglich. Ebenso wenig kann man aus der EU – Fusionsrichtlinie den steuerlichen Zeitpunkt für das Vorliegen der Teilbetriebsqualifikation ableiten. Es ergeben

---

1 Frotscher in Frotscher/Maas, UmwStG, § 15 UmwStG Rz. 100 ff.; *Schumacher* in Rödder/Herlinghaus/van Lishaut, UmwStG, § 15 Rz. 151, 152.
2 Siehe a. o. Rn 1409 hinsichtlich Auslegung zugunste des Steuerpflichtigen.
3 So noch BMF-Schreiben v. 25. 3. 1998, BStBl I 1998 S. 268, Tz. 15.10; Dötsch/Pung in D/P/M, § 15 UmwStG, Tz. 70a ff.; Hörtnagl in S/H/S, UmwG-UmwStG, § 15 UmwStG, Rn 85; a. A. z. B. Schumacher in R/H/vL, § 15 UmwStG, Rn 155: Wirksamwerden der Umwandlung.
4 Rn 15.03. UmwStErl 2011.
5 Vgl. Art. 2 Buchst. j FusionsRL; anders noch BMF-Schreiben v. 25. 3. 1998, BStBl I 1998 S. 268, Tz. 15.10; Hörtnagl, a. a. O., Rn 84; BFH, Urteil v. 7. 11. 1991 IV R 50/90, BStBl II 1992 S. 380; Urteil v. 1. 2. 1989 VIII R 33/85, BStBl II 1989 S. 458.
6 BFH, Urteil v. 7. 4. 2010, I R 96/08, BStBl II 2011 S. 467.
7 Schaflitzl/Götz in Linklaters Kommentierung des UmwStErl. v. 11. 11. 2011, Beilage 1 H. 2 DB 2011, S. 33.

sich erhebliche Erschwernisse für die Praxis. Umstrukturierungen, die ohne Risiko eines Steuerprozess ablaufen sollen, müssen solange hinausgeschoben werden, bis man die steuerlichen Teilbetriebsvoraussetzungen geschaffen hat. Für die Finanzverwaltung selbst ist sogar eine Welle verbindlicher Auskünfte zu erwarten. Es bestehen daher Bedenken aus der Sicht eines übermäßigen Eingriffs in die Privatautonomie sowie aus verwaltungsökonomischen Aspekten. Die Verwaltung setzt die Verschärfung ihrer Teilbetriebsfiktion nicht mit Geltung des SEStEG ein. In den Fällen der Gesamtrechtsnachfolge, in denen der Umwandlungsbeschluss bis zum 31.12.2011 erfolgt ist oder in den anderen Fällen, in denen der Einbringungsvertrag bis zum 31.12.2011 geschlossen worden ist, gilt noch weiterhin die alte Rechtslage.[1] Hier ist noch der Spaltungsbeschluss bei der übertragenden Körperschaft entscheidend. Dieser Zeitpunkt weicht von dem steuerlichen Übertragungsstichtag ab, da der Beschluss in aller Regel später erfolgt. Daher genügt in der Zwischenzeit ein **Teilbetrieb im Aufbau**, der seine werbende Tätigkeit noch nicht aufgenommen hat.[2] Ein im Aufbau befindlicher Teilbetrieb liegt aber erst dann vor, wenn die wesentlichen Betriebsgrundlagen bereits vorhanden sind und bei zielgerechter Weiterverfolgung des Aufbauplans ein selbständig lebensfähiger Organismus zu erwarten ist.[3]

bb) Teilbetriebsfiktionen

(1) Mitunternehmeranteil

1407   Nach § 15 Abs. 1 Satz 3 UmwStG gilt ein Mitunternehmeranteil als Teilbetrieb. Er muss zum steuerlichen Übertragungsstichtag vorgelegen haben. Wenn eine GmbH einen operativen Betrieb unterhält und einen Mitunternehmeranteil hält, ist sie aufgrund eines echten und eines fiktiven Teilbetriebs für eine erfolgsneutrale Spaltung geeignet.

1408   Ein Mitunternehmeranteil besteht dann, wenn die übertragende Körperschaft an einer Personengesellschaft beteiligt ist, die Einkünfte i. S. der §§ 13, 15 oder 18 EStG erzielt, sofern der Gesellschafter Mitunternehmerrisiko trägt und Mitunternehmerinitiative entfalten kann. Auch eine nach § 15 Abs. 3 EStG gewerblich infizierte oder geprägte Personengesellschaft kann einen fiktiven Teilbetrieb vermitteln, selbst wenn die Aktivitäten der Personengesellschaft sich

---

1 Rn S. 04. UmwStErl 2011.
2 BMF-Schreiben v. 25.3.1998, BStBl I 1998 S. 268, Tz. 15.10; Hörtnagl, a. a. O., Rn 84.
3 BFH, Urteil v. 7.11.1991 IV R 50/90, BStBl II 1992 S. 380; Urteil v. 1.2.1989 VIII R 33/85, BStBl II 1989 S. 458.

lediglich auf eine Vermögensverwaltung beschränken. Das Gesetz stellt an die Aktivität der Personengesellschaft keine weitergehenden Anforderungen.

Auch ein **Teil eines Mitunternehmeranteils** ist als Teilbetrieb anzusehen.[1] Das Gesetz bezieht sich nicht auf den gesamten Mitunternehmeranteil, wie das in § 16 Abs. 1 Nr. 2 EStG der Fall ist. Der Teil kann erfolgsneutral abgespalten werden. Der Bruchteil eines Mitunternehmeranteils stellt wiederum einen Mitunternehmeranteil dar. Der bei der übertragenden Körperschaft zurückbleibende Teil des Mitunternehmeranteils stellt dann ebenfalls einen Teilbetrieb dar.

1409

Von § 15 Abs. 1 Satz 3 UmwStG wird nicht eine bestimmte Beteiligungsquote vorausgesetzt. Die übertragende GmbH kann also an der Mitunternehmerschaft beherrschend (über 50 % der Stimmrechte), aber auch nur mit einem Zwerganteil beteiligt sein.

1410

Wichtig ist in diesem Zusammenhang das **Sonderbetriebsvermögen**. Zum Sonderbetriebsvermögen gehören die Wirtschaftsgüter, die im (Mit-)Eigentum eines Mitunternehmers stehen und dem Betrieb der Personengesellschaft (Sonderbetriebsvermögen I) oder der Beteiligung an der Personengesellschaft (Sonderbetriebsvermögen II) dienen.[2] Gehören Wirtschaftsgüter des Sonderbetriebsvermögens zu den funktional wesentlichen Betriebsgrundlagen, müssen diese zwingend mitübertragen werden. Das gilt sowohl für Sonderbetriebsvermögen I (unstreitig) als auch für Sonderbetriebsvermögen II (streitig[3]). Zum wesentlichen Sonderbetriebsvermögen II kann beispielsweise die Beteiligung an einer Komplementär-GmbH gehören.[4]

1411

Ob bei der Übertragung eines Teils des Mitunternehmeranteils eine **quotenidentische Übertragung**[5] des Sonderbetriebsvermögens notwendig ist, ist sehr umstritten.[6] Bejaht man die Frage, müssen Grundstücke des Sonderbetriebsvermögens entsprechend in Teileigentum aufgeteilt werden. Lässt sich das im Einzelfall nicht durchführen, ist zumindest ein Miteigentumsanteil, der dem

1412

---

1 BMF-Schreiben v. 25.3.1998, BStBl I 1998 S. 268, Tz. 15.04; Schumacher in R/H/vL, § 15 UmwStG, Rn 159; Widmann in Widmann/Mayer, § 15 UmwStG, Rn 65.
2 Einzelheiten bei Wacker in Schmidt, § 15 EStG, Rn 506 ff.
3 Hörtnagl in S/H/S, UmwG-UmwStG, § 15 UmwStG, Rn 92 m. w. N.
4 BFH, Urteil v. 2.10.1997 IV R 84/96, BStBl II 1998 S. 104; zu § 20 UmwStG vgl. BFH, Urteil v. 25.11.2009 I R 72/08, BStBl II 2010 S. 471.
5 So die Verwaltung Rn 15.04. UmwStErl 2011.
6 Bejahend Dötsch/Pung in D/P/M, § 15 UmwStG, Tz. 73; Rogall, DB 2006 S. 66, 67; verneinend Widmann in Widmann/Mayer, § 15 UmwStG, Rn 90; Schumacher in R/H/vL, § 15 UmwStG, Rn 163; Hörtnagl, a. a. O., Rn 94.

Bruchteil des übertragenen Personengesellschaftsanteils entspricht, erforderlich.

BEISPIEL 1 ▶ Das Betriebsvermögen der X-GmbH besteht aus einem Teilbetrieb mit einem Buchwert von 200.000 € und einem gemeinen Wert von 700.000 €. Zum Betriebsvermögen zählt zudem ein 30 %iger Mitunternehmeranteil an der A-KG mit einem Buchwert von 100.000 € und einem gemeinen Wert von 1.000.000 €. Mit Wirkung zum 31.12.08 wird der Mitunternehmeranteil nur zur Hälfte auf die Y-GmbH abgespalten.

Die Teilbetriebsfiktion des hälftigen Mitunternehmeranteils ermöglicht eine erfolgsneutrale Spaltung.

BEISPIEL 2 ▶ Das Betriebsvermögen der X-GmbH besteht aus einem Teilbetrieb mit einem Buchwert von 200.000 € und einem gemeinen Wert von 700.000 €. Zum Betriebsvermögen zählt zudem ein 30 %iger Mitunternehmeranteil an der A-KG mit einem Buchwert von 100.000 € und einem gemeinen Wert von 1.000.000 €. Mit Wirkung zum 31.12.08 wird die Beteiligung an der A-KG zur Hälfte auf die Y-GmbH abgespalten. Das der X-GmbH gehörende und entgeltlich der A-KG zur Nutzung überlassene Produktionsgrundstück behält die X-GmbH komplett in ihrem Eigentum.

Da das Produktionsgrundstück eine wesentliche Betriebsgrundlage bildet, hätte dieses zu 15 % auf die Y-GmbH übertragen werden müssen. Es wurde kein fiktiver Teilbetrieb in Gestalt eines Teils eines Mitunternehmeranteils übertragen. Daher sind, soweit die Wirtschaftsgüter auf die Y-GmbH übergehen, die gemeinen Werte anzusetzen.

(2) Beteiligung an einer Kapitalgesellschaft

1413   Einen fiktiven Teilbetrieb bildet weiterhin die Beteiligung an einer inländischen oder einer nach dem Typenvergleich entsprechenden ausländischen Kapitalgesellschaft,[1] soweit die Beteiligung das gesamte Nennkapital umfasst. Daher sind auch Beteiligungen an Drittstaatengesellschaften begünstigt.[2] Anforderungen an die Aktivität der Kapitalgesellschaft werden vom Gesetz wie bei Personengesellschaften nicht gestellt, so dass auch reine vermögensverwaltende Tätigkeiten erlaubt sind. Durch den Gesetzeswortlaut „gesamtes Nennkapital" steht fest, dass die Beteiligung im Zuge der Spaltung in voller Höhe auf den Übernehmer übergehen muss. Allerdings muss die 100 %-Beteiligung zum steuerlichen Übertragungsstichtag nach Verwaltungsauffassung vorgelegen haben.[3]

---

1 Zur Art und Weise der Durchführung des Typenvergleichs s. oben Rn 630 und Grau in R/H/vL, § 1 UmwStG, Rn 35.
2 Hörtnagl in S/H/S, UmwG-UmwStG, § 15 UmwStG, Rn 101.
3 Rn 15.05. UmwStErl 2011; zur Gegenmeinung vgl. o. Rn 1406.

Streitig und zurzeit ungelöst ist die Frage, in welchem Verhältnis § 15 Abs. 1 Satz 3 zu § 15 Abs. 1 Satz 2 UmwStG steht. Dieses Problem ergibt sich, wenn die 100 %ige Beteiligung an einer Kapitalgesellschaft ihrerseits eine wesentliche Betriebsgrundlage eines echten Teilbetriebs darstellt. Der BFH hat entschieden, dass eine Beteiligung an einer Kapitalgesellschaft eine wesentliche Betriebsgrundlage und damit auch die eines echten Teilbetriebs darstellen kann.[1] Die 100 %ige Beteiligung an einer Kapitalgesellschaft stellt nach Auffassung der Finanzverwaltung keinen eigenständigen Teilbetrieb gem. § 15 Abs. 1 Satz 3 UmwStG dar, wenn sie einem Teilbetrieb als wesentliche Betriebsgrundlage zuzurechnen ist.[2] Wird nur die 100 %ige Beteiligung übertragen, stellt das zurückbleibende Vermögen keinen Teilbetrieb mehr dar. Diese Auffassung kann nur vertreten werden, wenn man die Fiktionsregelung des § 15 Abs. 1 Satz 3 als bloße Ergänzung zu § 15 Abs. 1 Satz 2 UmwStG auffasst, die nur dann ausgelöst wird, wenn ein Fiktionsteil nicht selbst schon zu einem Teilbetrieb gehört. Die Gegenmeinung weist darauf hin, dass dem Gesetzeswortlaut eine Nachrangigkeit der Fiktionsregelung nicht zu entnehmen ist. Sie geht sogar von einer Vorrangigkeit der Fiktionsregelung aus.[3]   1414

Für die Art der Beteiligung ist, unabhängig von der Frage, ob mit den Anteilen Stimmrechte verbunden sind, allein auf die **kapitalmäßige Beteiligung** abzustellen. Die Beteiligung muss steuerlich der übertragenden Kapitalgesellschaft zuzurechnen sein. Ausschlaggebend ist das **wirtschaftliche Eigentum** nach § 39 Abs. 2 Nr. 1 Satz 1 AO,[4] und nur dieses muss auch übertragen werden.[5]   1415

BEISPIEL 1 ▶ Das gesamte Nennkapital befindet sich in der Hand der übertragenden Kapitalgesellschaft, wenn diese einen Teil der Anteile unmittelbar und einen anderen Teil über einen Treuhänder i. S. von § 39 Abs. 2 Nr. 1 Satz 2 AO hält.

BEISPIEL 2 ▶ Das gesamte Nennkapital wird i. R. einer Abspaltung wirtschaftlich übertragen, wenn zivilrechtlich das Eigentum bei der übertragenden Kapitalgesellschaft als Treunehmerin verbleibt, aber durch den Spaltungsvorgang ein Treuhandverhältnis begründet wird, durch das die übernehmende Kapitalgesellschaft Treugeberin wird.

---

1 BFH, Urteil v. 2. 10. 1997 IV R 84/96, BStBl II 1998 S. 104.
2 Rn 15.06. UmwStErl 2011; ebenso Widmann in Widmann/Mayer, § 15 UmwStG, Rn 91; Dötsch/Pung in D/P/M, § 15 UmwStG, Tz. 76.
3 Schumacher in R/H/vL, § 15 UmwStG, Rn 169; Hörtnagl in S/H/S, UmwG-UmwStG, § 15 UmwStG, Rn 103.
4 Dötsch/Pung in D/P/M, § 15 UmwStG, Tz. 74.
5 Schumacher, a. a. O., Rn 173.

D. Das Umwandlungssteuerrecht

cc) Zuordnung von Wirtschaftsgütern

(1) Wirtschaftsgüter mit Eigenschaft als wesentliche Betriebsgrundlage

1416 Wesentliche Betriebsgrundlagen sind zwingend einem Teilbetrieb zuzuordnen und i. R. einer Spaltung zu übertragen.[1]

Die Begründung wirtschaftlichen Eigentums ist ausreichend.[2] Die bloße Nutzungsüberlassung ist nicht ausreichend.[3]

1417 Wird eine wesentliche Betriebsgrundlage von mehreren Teilbetrieben genutzt, liegen nach Auffassung der Finanzverwaltung zwar Teilbetriebe vor, die wesentliche Betriebsgrundlage kann aber zu einem Spaltungshindernis werden (sog. **spaltungshindernde Wirtschaftsgüter**).[4] Gemeinsame wesentliche Betriebsgrundlagen können sein gemeinsam genutzte Grundstücke und Gebäude, Produktionsanlagen, EDV-Anlagen sowie der gemeinsam genutzte Verwaltungsapparat eines Unternehmens. Eine auf eine lange Dauer ausgerichtete Nutzungsüberlassung der wesentlichen Betriebsgrundlagen reicht nicht aus.[5] Grundstücke müssen zivilrechtlich real bis zum Zeitpunkt des Spaltungsbeschlusses aufgeteilt werden. Ist eine reale Teilung des Grundstücks der übertragenden Kapitalgesellschaft nicht zumutbar, bestehen aus Billigkeitsgründen im Einzelfall keine Bedenken, eine ideelle Teilung (**Bruchteilseigentum**) im Verhältnis der tatsächlichen Nutzung unmittelbar nach der Spaltung ausreichen zu lassen. Das gilt vor allem für von zwei Teilbetrieben genutzte Büro- und Verwaltungsgebäude, da diese stets eine wesentliche Betriebsgrundlage bilden.[6] Gegen diese restriktive Verwaltungsauffassung werden in der Literatur beachtliche Gründe vorgetragen.[7] Das Sächsische FG[8] lehnt die Verwaltungsauffassung ebenfalls ab, wurde aber durch den BFH korrigiert, der der Verwaltung folgt.[9]

---

1 Siehe o. Rn 1405.
2 Hörtnagl in S/H/S, § 15 UmwStG, Rn 78; Frotscher in Frotscher/Maas, § 15 UmwStG, Rz. 115; UmwStErl 2011 Rn 15.07; a. A. FG Berlin-Brandenburg, Urteil v. 1.7.2014 – 6 K 6085/12, EFG 2014 S. 1928.
3 BFH, Urteil v. 7.4.2010, I R 96/08, BStBl II 2011 S. 467.
4 Rn 15.08. UmwStErl 2011; dem zustimmend Dötsch/Pung in D/P/M, § 15 UmwStG, Tz. 84; Widmann in Widmann/Mayer, § 15 UmwStG, Rn 35.
5 BFH, Urteil v. 13.2.1996 VIII R 39/92, BStBl II 1996 S. 409.
6 BFH, Urteil v. 10.11.2005 IV R 7/05, BStBl II 2006 S. 176.
7 Hörtnagl in S/H/S, UmwG-UmwStG, § 15 UmwStG, Rn 75 ff.; differenzierend Schumacher in R/H/vL, § 15 UmwStG, Rn 146.
8 Urteil v. 9.9.2008 3 K 1996/06, EFG 2009 S. 65 mit zustimmender Anmerkung Wüllenkemper, BFH-Az.: I R 96/08.
9 BFH, Urteil v. 7.4.2010 I R 96/08, BStBl II 2011 S. 467.

Betriebsvorrichtungen in einem Gebäude und bewegliche WG können auch durch die Einräumung des wirtschaftlichen Eigentums, z. B. i. R. einer Treuhandschaft, übertragen werden. 1418

Selbst geschaffene immaterielle Wirtschaftsgüter inkl. eines Geschäfts- oder Firmenwerts sind bei einem höheren, über dem Buchwert liegenden Wertansatz dem Teilbetrieb zuzuweisen, zu dem sie gehören. Wie bei gemeinsam genutzten Grundstücken müsste aus Billigkeitsgründen ggf. auch eine Aufteilung nach Bruchteilen in Betracht kommen. 1419

(2) Neutrale Wirtschaftsgüter

Wirtschaftsgüter der Kapitalgesellschaft, die nicht zu den wesentlichen Betriebsgrundlagen gehören, müssen nicht dem Teilbetrieb zugeordnet werden, zu dem sie funktional gehören, sondern können grds. jedem der Teilbetriebe zur Kapitalverstärkung zugeordnet werden[1] und werden als **„neutrale Wirtschaftsgüter"** bezeichnet. Vor allem Wirtschaftsgüter, die gewillkürtes Betriebsvermögen darstellen, können zum neutralen Vermögen zählen.[2] Auch hier sind die Verschärfungen durch die Finanzverwaltung zu beachten. Nunmehr versteht man unter „neutralem Vermögen" Betriebsvermögen der übertragenden Körperschaft, das weder zu den funktional wesentlichen Betriebsgrundlagen noch zu den nach wirtschaftlichen Zusammenhängen zuordenbaren Wirtschaftsgütern gehört, kann jedem der Teilbetriebe zugeordnet werden. Die Zuordnung dieser Wirtschaftsgüter zu einem Teilbetrieb kann bis zum Zeitpunkt des Spaltungsbeschlusses erfolgen. Hier ist verschärfend der wirtschaftliche Zusammenhang hinzugetreten. Ändert sich nach dem steuerlichen Übertragungsstichtag bei einem nach wirtschaftlichen Zusammenhängen zuordenbaren Wirtschaftsgut aufgrund dauerhafter Änderung des Nutzungszusammenhangs die Zuordnung zu einem der Teilbetriebe, so wird es nicht beanstandet, wenn für die wirtschaftliche Zuordnung dieses Wirtschaftsguts zu einem Teilbetrieb auf die Verhältnisse zum Zeitpunkt des Spaltungsbeschlusses abgestellt wird.[3] 1420

---

1 BMF-Schreiben v. 25. 3. 1998, BStBl I 1998 S. 268, Tz. 15.08.
2 BMF-Schreiben v. 25. 3. 1998, BStBl I 1998 S. 268, Tz. 15.10; Dötsch/Pung in D/P/M, § 15 UmwStG, Tz. 86.
3 Rn 15.09. UmwStErl 2011.

1421 Im Falle der Abspaltung oder Teilübertragung musste das der übertragenden Körperschaft verbleibende Vermögen nach altem Recht gem. § 15 Abs. 1 Satz 2 UmwStG a. F. ebenfalls zu einem Teilbetrieb gehören. Verblieb neutrales Vermögen ohne Zuordnung, konnte neutrales Vermögen sich als hinderlich für eine Spaltung erweisen. Nach dem durch das SEStEG geänderten Gesetzeswortlaut muss bei der übertragenden Kapitalgesellschaft lediglich ein Teilbetrieb verbleiben. Danach können nach der bestrittenen[1] und noch nicht judizierten wortgetreuen Auslegung[2] zusätzlich auch neutrale Wirtschaftsgüter, die nicht einem verbleibenden Teilbetrieb zugeordnet werden können oder müssen, steuerunschädlich zurückbehalten werden und gelten nicht mehr als „spaltungshindernde" Wirtschaftsgüter. Nach geltender Rechtslage wird das Merkmal **„verbleibender Teilbetrieb"** als ein **Mindesterfordernis** und **nicht** mehr wie in der alten Rechtslage als ein **Ausschließlichkeitserfordernis** angesehen.[3]

1422 Die nach altem Recht bestehende Sonderregelung, wonach im Allgemeinen keine Bedenken bestehen, im Billigkeitswege einer 100 %igen Beteiligung an einer Kapitalgesellschaft oder einem Mitunternehmeranteil die Wirtschaftsgüter einschließlich Schulden zuzuordnen, die in unmittelbarem wirtschaftlichen Zusammenhang mit der Beteiligung oder dem Mitunternehmeranteil stehen, gilt auch weiterhin.[4] Dazu gehören bei einer 100 %igen Beteiligung alle Wirtschaftsgüter, die für die Verwaltung der Beteiligung erforderlich sind (z. B. Ertragskonten, Einrichtung). Wegen der Möglichkeit, gewillkürtes Sonderbetriebsvermögen zu bilden, können neutrale Wirtschaftsgüter auch einem Mitunternehmeranteil zugeordnet werden. Wo dieser Weg nicht möglich ist, gilt die vorgenannte Sonderregelung, wenn das Wirtschaftsgut mit dem Anteil in unmittelbarem wirtschaftlichen Zusammenhang steht.

1423 **Verbindlichkeiten** sind negative Wirtschaftsgüter und gehören grds. nicht zu den wesentlichen Grundlagen eines Teilbetriebs und können daher jedem der Teilbetriebe frei zugeordnet werden.[5] Pensionsrückstellungen bilden dazu aber eine Ausnahme. Sie gehören zu dem Teilbetrieb, in dem die Arbeitnehmer, de-

---

1 Für Beibehaltung der alten Rechtslage Dötsch/Pung, a. a. O., Tz. 56a.
2 So u. a. Schumacher in R/H/vL, § 15 UmwStG, Rn 113.
3 Ley/Bodden, FR 2007 S. 265, 279.
4 Früher schon BMF-Schreiben v. 25. 3. 1998, BStBl I 1998 S. 268, Tz. 15.09; vgl. auch Rogoll, DB 2006 S. 66, 69; Scholten/Griemla, DStR 2008 S. 1172. Jetzt Rn 15.11. UmwStErl 2011.
5 BFH, Urteil v. 11. 9. 1991 XI R 15/90, BStBl II 1992 S. 404; Hörtnagl in S/H/S, UmwG-UmwStG, § 15 UmwStG, Rn 82; a. A. zum europäischen Teilbetriebsbegriff wohl EuGH, Urteil v. 15. 1. 2002 Rs. C-43/00 (Andersen og Jensen ApS), DStRE 2002 S. 456.

nen die Versorgungszusage gegeben worden ist, tätig sind oder tätig waren.[1]
Für ihre Zuordnung wird im Einzelnen folgendermaßen unterschieden:[2]

▶ Bestehende Arbeitsverhältnisse

Pensionsrückstellungen sind dem Teilbetrieb zuzuordnen, mit dem sie wirtschaftlich zusammenhängen. Bei noch bestehenden Arbeitsverhältnissen hat gem. § 249 Abs. 1 Satz 1 HGB i. V. m. § 131 Abs. 1 Nr. 1 Satz 1 UmwG derjenige Rechtsträger die Rückstellung zu bilden, der gem. § 613a Abs. 1 Satz 1 BGB in die Rechte und Pflichten aus den am Spaltungsstichtag bestehenden Arbeitsverhältnissen eintritt.[3]

▶ Vor der Eintragung der Spaltung beendete Arbeitsverhältnisse

In den übrigen Fällen haben gem. § 249 Abs. 1 Satz 1 HGB i. V. m. § 131 Abs. 1 Nr. 1 Satz 1 UmwG die übernehmenden oder neuen Rechtsträger die Rückstellungen zu bilden, soweit sie auch die sich aus den Pensionszusagen ergebenden Verpflichtungen übernehmen.

dd) Weitere Voraussetzungen nach § 15 Abs. 2 UmwStG für die Steuerneutralität bei fiktiven Teilbetrieben

Werden die Erfordernisse des § 15 Abs. 2 UmwStG verletzt, wird die Spaltung nur zum gemeinen Wert durchgeführt, da die entsprechende Anwendung § 11 Abs. 2 UmwStG versagt wird. Im Unterschied zu § 15 Abs. 1 Satz 2 UmwStG wird die entsprechende Anwendung des § 13 Abs. 2 UmwStG nicht ausgeschlossen. Daher dürfen die betroffenen Anteilseigner in den Fällen des § 15 Abs. 2 UmwStG auf Antrag die Buchwerte der Anteile an der übertragenden Gesellschaft auf die Anteile der übernehmenden Körperschaft übertragen.

1424

§ 15 Abs. 2 UmwStG enthält **gesetzliche Missbrauchsregelungen**. Unklar ist, inwieweit daneben die allgemeine Missbrauchsvorschrift (§ 42 AO) anwendbar ist. Durch § 42 Abs. 1 Satz 2 AO ist u. E. geklärt, dass, wenn die Tatbestandsvoraussetzungen einer speziellen Missbrauchsregelung erfüllt sind, sich die Rechtsfolgen ausschließlich aus der speziellen Norm ergeben.

1425

---

1 BMF-Schreiben v. 28. 9. 1998 IV B 7 – S 1978 – 47/98.
2 OFD Hannover, Vfg. v. 30. 1. 2007 S 1978 – 43 – StO 243, DB 2007 S. 716.
3 Rn 15.10. UmwStErl 2011.

1426 Trotz der Regelung in § 42 Abs. 1 Satz 3 AO ist der Rückgriff auf die allgemeine Missbrauchsvorschrift für den Fall, dass ein Tatbestandsmerkmal der speziellen Missbrauchsvorschrift nicht erfüllt ist, bedenklich.[1] Es kommt darauf an, ob und in welchem Umfang der Gesetzgeber durch Schaffen einer speziellen Missbrauchsvorschrift einen Sachverhalt als Missbrauch eingestuft hat. Unterfällt eine Gestaltung grds. dem Tatbestand einer speziellen Missbrauchsnorm, fehlt aber ein Tatbestandsmerkmal, ist die Gestaltung nicht missbräuchlich; auf die allgemeine Missbrauchsnorm darf nicht zurückgegriffen werden.[2] Dies gilt bei § 15 Abs. 2 UmwStG insbesondere für die dort genannten Fristen. Erfolgen die Gestaltungen außerhalb der genannten Fristen, ist sie nicht missbräuchlich.

1427 Die allgemeine Missbrauchsvorschrift kommt hingegen zur Anwendung, wenn entweder der Lebenssachverhalt bzw. die Gestaltung in der speziellen Norm nicht geregelt sind oder die Gestaltung gerade dazu dient, die Anwendung der speziellen Missbrauchsnorm zu umgehen.[3]

1428 § 15 Abs. 2 UmwStG enthält **typisierende Missbrauchsregelungen**, die keinen Gegenbeweis zulassen: Ist der Tatbestand erfüllt, wird der Missbrauch unwiderleglich vermutet.[4] Dies verstößt in den Fällen, in denen die FRL anwendbar ist,[5] gegen Gemeinschaftsrecht.[6] Nach der Rechtsprechung des EuGH[7] muss gegen Missbrauchsregeln der Gegenbeweis möglich sein. Unseres Erachtens kann sich der Steuerpflichtige auch in reinen Inlandsfällen auf die Richtlinie berufen.

(1) Verhinderung der missbräuchlichen Schaffung von fiktiven Teilbetrieben gem. § 15 Abs. 2 Satz 1 UmwStG

1429 Die Wahl eines niedrigeren Werts als des gemeinen Werts versagt § 15 Abs. 2 Satz 1 UmwStG, wenn der Mitunternehmeranteil oder der 100 %ige Kapitalgesellschaftsanteil innerhalb eines Zeitraums von **drei** Jahren vor dem steuerlichen Übertragungsstichtag durch Übertragung von Wirtschaftsgütern, die kein Teilbetrieb sind, erworben oder nachträglich aufgestockt worden sind. Hierdurch wird die Umgehung der Teilbetriebsvoraussetzung des § 15 Abs. 1

---

1 Vgl. BFH, Urteil v. 20. 3. 2002 I R 63/99, BStBl II 2003 S. 50.
2 Hörtnagl in S/H/S, UmwG-UmwStG, § 15 UmwStG, Rn 241.
3 Hörtnagl, a. a. O., Rn 242; Schumacher in R/H/vL, § 15 UmwStG, Rn 192.
4 BFH, Urteil v. 3. 8. 2005 I R 62/04, BStBl II 2006 S. 391.
5 Siehe hierzu oben unter Rn 1355 f.
6 Hörtnagl, a. a. O., Rn 243; Schumacher, a. a. O., Rn 209.
7 Urteil v. 17. 7. 1997 Rs. C-28/95 (Leur-Bloem), Slg. 1997, I-4161, Rn 41, 44.

Satz 2 UmwStG verhindert. Eine Aufstockung in diesem Sinne liegt bei Wirtschaftsgütern, die stille Reserven enthalten, regelmäßig nur vor, wenn die in den übergegangenen Wirtschaftsgütern ruhenden stillen Reserven nicht oder nicht in vollem Umfang aufgedeckt wurden.[1] Der Missbrauchstatbestand gilt im Falle der Abspaltung nach zutreffender Meinung nur für das abgespaltene (übertragene) Vermögen, nicht aber für den zurückbleibenden Teil des Vermögens.[2] Das bedeutet, dass § 11 Abs. 2 UmwStG anzuwenden ist, wenn ein bei der übertragenden Körperschaft zurückbleibender Mitunternehmeranteil oder eine zurückbleibende 100 %ige Beteiligung an einer Kapitalgesellschaft innerhalb eines Zeitraums von drei Jahren vor dem steuerlichen Übertragungsstichtag durch Übertragung von Wirtschaftsgütern, die kein Teilbetrieb sind, erworben oder aufgestockt worden ist.

Nur wenn Wirtschaftsgüter verwendet werden, die bisher keinen Teilbetrieb darstellten und zu einem Spaltungshindernis hätten werden können, wird § 15 Abs. 2 Satz 1 UmwStG ausgelöst. Folgende Fallkonstellationen sind in diesem Umfeld denkbar. 1430

▶ Ein einzelnes spaltungshinderndes Wirtschaftsgut wird steuerneutral nach den Vorgaben des § 6 Abs. 5 EStG auf eine Personengesellschaft übertragen oder ein bereits bestehender Mitunternehmeranteil wird durch Einlage in das Gesamthands- oder Sonderbetriebsvermögen aufgestockt.

BEISPIEL 1: FEHLERHAFTE AUFSPALTUNGSVORBEREITUNG ▶ Die Ur-GmbH besteht aus einem Produktionsbetrieb in A-Stadt und führt das Büro auf einem eigenen Grundstück in B-Stadt. Man plant eine Aufspaltung in die Nachfolgegesellschaften N1-GmbH mit Übernahme des Produktionsteils A-Stadt und in die N2-GmbH mit Übernahme des Bürogrundstücks B-Stadt. Um zwei Teilbetriebe als Spaltungsgegenstand vorweisen zu können, überträgt die Ur-GmbH auf die neugegründete X-GmbH & Co. KG, an der sie als Alleingesellschafterin beteiligt ist, am 15.12.07 das Bürogrundstück. Zum 1.2.08 wird der Produktionsteil auf die N1-GmbH und der KG-Anteil auf die N2-GmbH übertragen. 1431

---

1 Rn 15.16. UmwStErl 2011.
2 Hörtnagl, a.a.O., Rn 121; Schumacher, a.a.O., Rn 198; a.A. Dötsch/Pung in D/P/M, § 15 UmwStG, Tz. 103; Rn 15.17. UmwStErl 2011.

D. Das Umwandlungssteuerrecht

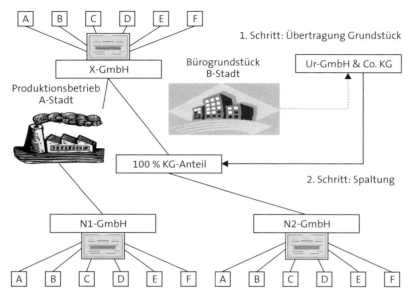

Zwar sind die Voraussetzungen des § 15 Abs. 1 Satz 2 und 3 UmwStG erfüllt, aber wegen der Verletzung des Drei-Jahres-Zeitraums nach § 15 Abs. 2 Satz 1 UmwStG muss die Ur-GmbH den gemeinen Wert aller Wirtschaftsgüter ansetzen. Sie hat durch Hingabe eines nicht spaltungsfähigen Wirtschaftsguts einen Mitunternehmeranteil erworben. Die Gesellschafter A–F dürfen allerdings auf Antrag gem. § 13 Abs. 2 UmwStG die Ursprungswerte der Anteile an der Ur-GmbH auf die Anteile der N1- und der N2-GmbH entsprechend übertragen.

1432 Ebenfalls schädlich ist die Übertragung eines Einzelwirtschaftsguts im Wege der Sachkapitalerhöhung auf eine Kapitalgesellschaft, an der bereits eine 100 %ige Beteiligung besteht.[1]

1433 **BEISPIEL 2: FEHLERHAFTE ABSPALTUNGSVORBEREITUNG** Die Ur-GmbH besteht aus einem Produktionsbetrieb mit einem dazugehörenden Bürogrundstück. Man plant eine Abspaltung in die Nachfolgegesellschaft N-GmbH mit Übernahme des Produktionsteils. Das Bürogrundstück soll nicht mitübertragen werden. Um zwei Teilbetriebe als Spaltungsgegenstand vorweisen zu können, überträgt die Ur-GmbH am 15.12.07 das Bürogrundstück auf die X-GmbH & Co. KG, an der sie mit 70 % als Kommanditistin

---

1 Hörtnagl in S/H/S, UmwG-UmwStG, § 15 UmwStG, Rn 124; a.A. Widmann in Widmann/Mayer, § 15 UmwStG, Rn 188.

X. Vermögensübertragung im Wege der Spaltung

langjährig beteiligt ist. Zum 1.2.08 wird der Produktionsteil auf die N-GmbH übertragen.

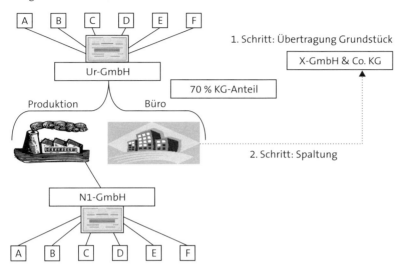

Auch hier sind die Voraussetzungen des § 15 Abs. 1 Satz 2 und 3 UmwStG erfüllt, aber wegen der Verletzung des Drei-Jahres-Zeitraums muss die Ur-GmbH den gemeinen Wert der auf die N-GmbH übertragenen Wirtschaftsgüter ansetzen. Sie hat durch Hingabe eines nicht spaltungsfähigen Wirtschaftsguts ihren Mitunternehmeranteil nachträglich aufgestockt. Die Gesellschafter A–F dürfen wie im Beispiel zuvor auf Antrag gem. § 13 Abs. 2 UmwStG die entsprechenden Ursprungswerte der Anteile an der Ur-GmbH auf die Anteile der N-GmbH übertragen.

Die Finanzverwaltung vertritt die Auffassung, bei Mitunternehmeranteilen sei im Ergebnis jede Einlage von Wirtschaftsgütern, die stille Reserven enthalten, in das Gesamthandsvermögen oder Sonderbetriebsvermögen innerhalb von drei Jahren vor dem steuerlichen Übertragungsstichtag schädlich, da sie zu einer Aufstockung der Beteiligung führe.[1] Sofern es sich bei diesen Wirtschaftsgütern um neutrale Wirtschaftsgüter handelt, da sie den Charakter einer wesentlichen Betriebsgrundlage nicht erfüllen, wird man diese Aussage in dieser Allgemeinheit nicht mehr halten können.[2]

▶ Die übertragende Kapitalgesellschaft wandelt eine < 100 %ige Beteiligung an einer Kapitalgesellschaft um in eine 100 %ige Beteiligung an einer Kapitalgesellschaft.

1434

---

[1] Rn 15.16 und 15.18 UmwStErl 2011.
[2] Siehe o. unter Rn 1421.

D. Das Umwandlungssteuerrecht

BEISPIEL GmbH 1 hält 70 % der Anteile an der GmbH 2. Sie bringt die Anteile in eine neu zu gründende GmbH 3 (sog. „Zwischenholding") gegen Gewährung von 100 % der Anteile an dieser Gesellschaft ein. Es handelt sich um einen schädlichen Vorgang i. S. des § 15 Abs. 2 Satz 1 UmwStG, da die 100 %ige Beteiligung durch Einbringung der 70 %igen Beteiligung an der GmbH 2 erworben wurde. Die 70 %ige Beteiligung war kein Teilbetrieb i. S. des § 15 Abs. 1 Satz 3 UmwStG.

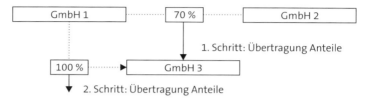

Werden diese zwei Schritte innerhalb von drei Jahren durchgeführt, wird die steuerneutrale Übertragung gem. § 15 Abs. 1 Satz 2 i. V. m. § 11 Abs. 2 UmwStG versagt.

1435 ▶ Bildung von „spaltfähigen Teilbetrieben" durch Betriebsaufspaltung

Soweit bei einer **Betriebsaufspaltung** eine Buchwertübertragung möglich ist, kann dies einen Missbrauch von Gestaltungsmöglichkeiten nach § 42 AO bzw. nach einem Gesamtplan darstellen.

BEISPIEL: In einem ersten Schritt werden durch eine Betriebsaufspaltung spaltfähige Teilbetriebe geschaffen und im Anschluss an die Betriebsaufspaltung wird in einem zweiten Schritt eine Spaltung der Besitz- oder Betriebsgesellschaft nach § 15 UmwStG durchgeführt.[1]

(2) Vorgeschalteter Formwechsel und § 15 Abs. 2 Satz 1 UmwStG

1436 Ungeklärt ist die Frage, ob als Erwerb oder als Aufstockung gem. § 15 Abs. 2 Satz 1 UmwStG auch eine vor der Spaltung durchgeführte formwechselnde Umwandlung anzusehen ist.[2]

BEISPIEL: GmbH 1 und GmbH 2 haben eine nicht spaltungsfähige Beteiligung an der GmbH 3. Durch eine nicht vermögensübertragende Umwandlung = Formwechsel der GmbH 3 in eine Personenhandelsgesellschaft 3 bilden sie in der Gestalt von Mitunternehmeranteilen spaltungsfähige fiktive Teilbetriebe.

---

1 BMF-Schreiben v. 25. 3. 1998, BStBl I 1998 S. 268, Tz. 15.41; das Beispiel wird im UmwStErl 2011 nicht mehr erwähnt.

2 Ein vorgeschalteter Formwechsel wird als Erwerb nach § 15 Abs. 2 Satz 1 UmwStG angesehen von Dötsch/Pung in D/P/M, § 15 UmwStG, Tz. 111; a. A. Widmann in Widmann/Mayer, § 15 UmwStG, Rn 190.

X. Vermögensübertragung im Wege der Spaltung

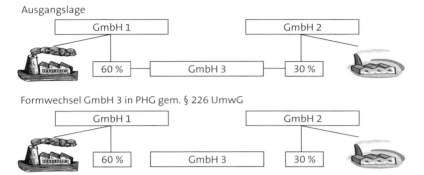

Ausgangslage

Formwechsel GmbH 3 in PHG gem. § 226 UmwG

(3) Unschädliche Erwerbs- und Aufstockungshandlungen i. R. des § 15 Abs. 2 Satz 1 UmwStG

▶ Verdeckte Einlagen 1437

Bei Beteiligungen an Kapitalgesellschaften sind **verdeckte Einlagen** in das Vermögen einer Kapitalgesellschaft regelmäßig unschädlich, weil durch sie die vorhandene Beteiligung i. d. R. nicht aufgestockt wird.[1]

▶ Zuführung durch Dritte 1438

Keine Anwendung findet § 15 Abs. 2 Satz 1 UmwStG, wenn die Beteiligung zwar aufgestockt wird, die Aufstockung aber nicht auf der Einlage von Wirtschaftsgütern durch den Anteilseigner, sondern auf der **Zuführung durch einen Dritten** in die Kapitalgesellschaft beruht.[2]

BEISPIEL: ▶ Eine GmbH 1 ist zu 60 % an der GmbH 2 beteiligt. Weitere 40 % der Anteile an der GmbH 2 werden von einem Anteilseigner der GmbH 1 verdeckt in die GmbH 1 eingelegt. Danach ist die GmbH 1 zu 100 % an der GmbH 2 beteiligt. Die 100 %ige Beteiligung stellt einen Teilbetrieb dar. Der Vorgang ist unschädlich, da die Aufstockung nicht auf einer Zuführung eines Wirtschaftsguts durch die GmbH 1 an die GmbH 2, sondern auf der Zuführung durch einen Dritten (den Gesellschafter der GmbH 1) beruht.

---

1 BMF-Schreiben v. 25.3.1998, BStBl I 1998 S. 268, Tz. 15.18; Dötsch in D/P/M, § 15 UmwStG, Tz. 112.
2 Rn 15.19. UmwStErl 2011; Hörtnagl, a. a. O., Rn 125.

D. Das Umwandlungssteuerrecht

1439 ▶ **Unentgeltlicher und entgeltlicher Erwerb**

Bei Mitunternehmeranteilen und bei Anteilen an Kapitalgesellschaften sind der **unentgeltliche Erwerb** (z. B. Erbfall) und der **entgeltliche Erwerb** sowie die „Aufstockung durch unentgeltlichen oder entgeltlichen Erwerb" unschädlich.[1] Diese Vorgänge beinhalten nicht die Übertragung von schon vorhandenen, spaltungshindernden Wirtschaftsgütern und werden daher vom Gesetzeszweck des § 15 Abs. 2 Satz 1 UmwStG nicht erfasst.

> **BEISPIEL:** ▶ Die GmbH 1 ist zu 90 % an der GmbH 2 beteiligt. Sie kauft von einem Dritten weitere 10 % der Anteile und ist damit zu 100 % an der GmbH 2 beteiligt. Der Zukauf ist unschädlich.

1440 Fraglich ist, ob die Überführung von Wirtschaftsgütern in das **Sonderbetriebsvermögen** einer Mitunternehmerschaft durch die übertragende Körperschaft schädlich ist.[2] Dafür, dass dieser Vorgang unschädlich ist, sprechen die besseren Gründe:

1. Es findet keine **Übertragung** statt.
2. Der Mitunternehmeranteil wird **nicht aufgestockt**, da die Überführung eines Wirtschaftsguts in das Sonderbetriebsvermögen keine Gesellschaftsrechte vermittelt.

(4) Veräußerung und Veräußerungsvorbereitung gem. § 15 Abs. 2 Satz 2 und 3 UmwStG

1441 Die Spaltung eines Rechtsträgers soll die Fortsetzung des bisherigen unternehmerischen Engagements in anderer Rechtsform ermöglichen. Die Steuerneutralität wird deshalb nicht gewährt, wenn durch die Spaltung die Veräußerung an außenstehende Personen vollzogen wird oder die Voraussetzungen für eine Veräußerung geschaffen werden. Das Gesetz regelt diese Problematik in § 15 Abs. 2 Satz 2–4 UmwStG und versagt für diese Vorgänge die entsprechende Anwendung von § 11 Abs. 2 UmwStG (Ansatz eines niedrigeren Werts als des gemeinen).

1442 Unter dem Gesichtspunkt des Teileinkünfteverfahrens, wonach durch gezielte Gestaltungen die Steuerlast gesenkt werden könnte, soll zudem verhindert werden, dass es durch die Spaltung zu einer Vermögensübertragung auf Dritte kommt bzw. die Spaltung zur Vorbereitung einer späteren Veräußerung auf

---

1 Rn 15.20. UmwStErl 2011.
2 Bejahend Rn 15.18. UmwStErl 2011; Dötsch/Pung in D/P/M, § 15 UmwStG, Tz. 110; verneinend Hörtnagl, a. a. O., Rn 127; Widmann in Widmann/Mayer, § 15 UmwStG, Rn 184; Schumacher in R/H/vL, § 15 UmwStG, Rn 200.

X. Vermögensübertragung im Wege der Spaltung

Dritte dienen soll, indem die Anteilseigner nach der Spaltung einen abgespaltenen Betrieb in Form von Gesellschaftsanteilen veräußern können.

BEISPIEL: Die direkte Veräußerung des Teilbetriebs 1 der Ur-GmbH an D, E, und F mit einem Gewinn von 1.000.000 € müsste voll versteuert werden (KSt und GewSt). Daher wird Teilbetrieb 1 in einem ersten Schritt in eine N1-GmbH zu Buchwerten abgespalten und danach werden die Anteile der N1-GmbH an D, E und F weiterveräußert. Der Gewinn von 1.000.000 € wird jetzt gem. § 3 Nr. 40 Buchst. a oder c i.V. m. § 3c Abs. 2 EStG nur noch in Höhe von 60 % erfasst. Sind die beteiligten Gesellschafter Kapitalgesellschaften, könnte sogar die Steuerbefreiung gem. § 8b KStG ausgelöst werden.

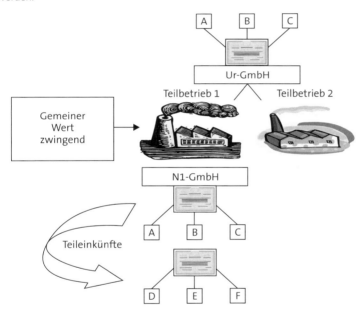

Um diese Gestaltungen zurückzudrängen, versagt § 15 Abs. 2 Satz 3 UmwStG bei der Abspaltung das Wahlrecht zu einem niedrigeren Wert als dem gemeinen Wert, wenn die Voraussetzungen des Satzes 4[1] erfüllt sind, was auch eine tatsächliche Veräußerung beinhaltet. Allein das Schaffen der Voraussetzungen für eine Veräußerung reicht nicht aus.[2]

---

1 Siehe dazu nachfolgend Rn 1449 ff.
2 BFH, Urteil v. 3. 8. 2005 I R 62/04, BStBl II 2006 S. 391; Hörtnagl, a. a. O., Rn 149 f.; Schumacher, a. a. O., Rn 221.

1443 § 15 Abs. 2 Satz 2 UmwStG hat nach zutreffender Auffassung **keine eigenständige Bedeutung**. Durch die Spaltung kann nicht die Veräußerung an außenstehende Personen „vollzogen" werden, da zivilrechtlich an der Spaltung nur die Gesellschafter der spaltenden Körperschaft beteiligt sein können.[1]

1444 Eine **unentgeltliche Anteilsübertragung** (Erbfolge, Erbauseinandersetzung, Realteilung) ist keine schädliche Veräußerung i.S. des § 15 Abs. 2 Satz 2–4 UmwStG.[2] Dies gilt nicht für Erbauseinandersetzungen mit Ausgleichszahlungen und Realteilungen, die nicht zum Buchwert oder mit Ausgleichszahlungen erfolgen.[3] Nach einer unentgeltlichen Übertragung sind spätere entgeltliche Übertragungen, die die Voraussetzungen des Satzes 4 erfüllen, schädlich.

1445 Bei **teilentgeltlichen Übertragungen** kommt die **Trennungstheorie** zur Anwendung, d.h., die Übertragung ist in einen voll entgeltlichen Teil und einen voll unentgeltlichen Teil aufzuteilen.

1446 Eine schädliche Veräußerung i.S. des § 15 Abs. 2 Satz 3 UmwStG ist auch beim Übergang (Tausch) der Anteile i.R. einer Verschmelzung, Spaltung oder Einbringung in eine Kapitalgesellschaft anzunehmen.[4]

1447 Eine **Kapitalerhöhung** innerhalb von fünf Jahren nach der Spaltung ist schädlich, wenn der Vorgang wirtschaftlich als Veräußerung von Anteilen durch die Gesellschafter zu werten ist. Die Aufnahme neuer Gesellschafter gegen angemessenes Aufgeld ist wirtschaftlich nicht als Veräußerung von Anteilen durch die Anteilseigner anzusehen, wenn die der Kapitalgesellschaft zugeführten Mittel nicht innerhalb der Fünf-Jahres-Frist an die bisherigen Anteilseigner ausgekehrt werden.[5]

Eine Kapitalerhöhung unter ausschließlicher Beteiligung aller oder nur einzelner bisheriger Anteilseigner ist immer unschädlich, da keine Veräußerung an außenstehende Personen vorliegt.[6]

1448 Die **Umstrukturierung** innerhalb verbundener Unternehmen i.S. des § 271 Abs. 2 HGB und juristischer Personen des öffentlichen Rechts einschließlich ihrer Betriebe gewerblicher Art stellt keine Veräußerung an eine außenstehende Person dar, wenn im Anschluss an diese Umstrukturierung keine unmittelbare

---

1 Hörtnagl, a.a.O., Rn 138 ff. m.w.N.
2 Allgemeine Auffassung, vgl. Rn 15.23. UmwStErl 2011; Schumacher, a.a.O., Rn 226.
3 BMF, a.a.O.; a.A. bei Realteilung Hörtnagl, a.a.O., Rn 156, danach soll es unerheblich sein, welche Werte i.R. der Realteilung angesetzt werden.
4 Rn 15.24. UmwStErl 2011; Hörtnagl, a.a.O., Rn 159 ff.
5 Rn 15.25. UmwStErl 2011.
6 Hörtnagl, a.a.O., Rn 138; Schumacher, a.a.O., Rn 227.

oder mittelbare Veräußerung an eine außenstehende Person stattfindet.[1] Für die Beantwortung der Frage, ob eine Anteilsveräußerung an außenstehende Personen vollzogen wird, ist nach Verwaltungsmeinung auf den Gesellschafterbestand zum steuerlichen Übertragungsstichtag abzustellen; dabei sind Veränderungen des Gesellschafterbestands während der sog. Interimszeit nicht rückzubeziehen. Das bedeutet eine Verschärfung gegenüber der bisherigen Verwaltungsmeinung. Allerdings ist aus Vertrauensschutzgründen abweichend davon die ehemalige Verwaltungsmeinung entsprechend Rn 15.26 des BMF-Schreibens vom 25. 3. 1998 (BStBl I S. 268) anzuwenden, wenn die unmittelbare oder mittelbare Veräußerung der Anteile einer an der Spaltung beteiligten Körperschaft bis zum 31. 12. 2011 erfolgt ist.[2]

(5) Gesetzliche Fiktion einer Veräußerungsvorbereitung gem. § 15 Abs. 2 Satz 4 UmwStG

§ 11 Abs. 2 UmwStG ist nach § 15 Abs. 2 Satz 3 und Satz 4 UmwStG nicht anzuwenden, wenn innerhalb von fünf Jahren nach dem steuerlichen Übertragungsstichtag Anteile an einer an der Spaltung beteiligten Körperschaft, die mehr als 20 % der vor Wirksamwerden der Spaltung an der Körperschaft bestehenden Anteile ausmachen, veräußert werden.[3] Das Gesetz unterstellt, dass durch die Spaltung die Voraussetzungen für eine Veräußerung geschaffen werden. Hierbei handelt es sich um eine unwiderlegbare Vermutung.[4]   1449

Als Anteile an einer an der Spaltung beteiligten Körperschaft gelten sowohl die Anteile an den übernehmenden Körperschaften als auch die Anteile an der Ursprungsgesellschaft.[5]   1450

Die Veräußerung von einzelnen Wirtschaftsgütern oder von echten oder fiktiven Teilbetrieben fällt nach dem klaren Gesetzeswortsinn nicht unter die Missbrauchsvorschrift.   1451

Dem Wortsinn nach bezieht sich die Regelung auf Spaltungen aller Art. Bei Auf- und Abspaltungen zur **Aufnahme** kann sich die Missbrauchsregelung allerdings nach Sinn und Zweck neben den Anteilen an der übertragenden Kör-   1452

---

1 Rn 15.26. UmwStErl 2011.
2 Rn S. 07 UmwStErl 2011.
3 Rn 15.27. UmwStErl 2011.
4 BFH, Urteil v. 3. 8. 2005 I R 62/04, BStBl II 2006 S. 391; zur (Un-)Vereinbarkeit mit der FusionsRL s. oben Rn 1428.
5 A. A. Löffler/Hansen, DB 2010 S. 1369 m. w. N.

perschaft nur auf die den Anteilsinhabern der Übertragerin gewährten Anteile an den übernehmenden Rechtsträgern beziehen.[1] Unschädlich sind sowohl die Veräußerung von Anteilen an den Übernehmerinnen durch Anteilsinhaber, die nicht an der Übertragerin beteiligt sind, als auch die Veräußerung von bereits vor der Spaltung gehaltenen Anteilen an den Übernehmerinnen durch Anteilsinhaber, die auch an der übertragenden Körperschaft beteiligt sind.[2]

1453 Von § 15 Abs. 2 Satz 2 ff. UmwStG wird nur die Veräußerung von **unmittelbar** an den beteiligten Rechtsträgern gehaltenen Anteilen erfasst. Mittelbare Anteilsveräußerungen (also von Anteilen an Anteilsinhabern der beteiligten Rechtsträger) fallen nicht hierunter.[3]

1454 Die Quote von 20 % bezieht sich auf die Anteile an der übertragenden Körperschaft vor der Spaltung. Die Quote ist entsprechend dem Verhältnis der übergehenden Vermögensteile zu dem bei der übertragenden Gesellschaft vor der Spaltung vorhandenen Vermögen aufzuteilen, wie es i. d. R. im Umtauschverhältnis der Anteile im Spaltungs- und Übernahmevertrag oder im Spaltungsplan (§ 126 Abs. 1 Nr. 3, § 136 UmwG) zum Ausdruck kommt.[4] Auf die absolute Höhe des Nennkapitals der an der Spaltung beteiligten alten und neuen Gesellschafter sowie auf die Wertentwicklung der Beteiligungen kommt es nicht an.[5]

1455 Die nachfolgende Tabelle zeigt für ausgewählte Aufteilungsverhältnisse die Quote der Anteile an den aus der Spaltung hervorgegangenen GmbHs A und B, die – alternativ – höchstens veräußert werden dürfen, ohne die Steuerfreiheit der Spaltung zu gefährden:[6]

Gesellschaft A

Anteil des übergegangenen Vermögens in v. H.	1	10	20	30	40	50
zulässige Quote in v. H.	100	100	100	66,7	50	40

---

1 Hörtnagl, a.a.O., Rn 169; Schumacher, a.a.O., Rn 237; Widmann in Widmann/Mayer, § 15 UmwStG, Rn 343.
2 So zu Recht auch für letzteren Fall Schumacher, a.a.O., Rn 237; insoweit a. A. Hörtnagl, a. a. O.
3 Widmann, a.a.O., Rn 383; Schumacher, a.a.O., Rn 233; Hörtnagl, a.a.O., Rn 171.
4 Rn 15.29. UmwStErl 2011; a. A. Hörtnagl, a. a. O., Rn 183.
5 BMF, a. a. O.
6 Rn 15.30. UmwStErl 2011.

X. Vermögensübertragung im Wege der Spaltung

Gesellschaft B

Anteil des übergegangenen Vermögens in v. H.	99	90	80	70	60	50
zulässige Quote in v. H.	20,2	22,2	25	28,6	33,3	40
Bei Veräußerung von Anteilen an der Gesellschaft A in Höhe der zulässigen Quote verbleiben für die Gesellschafter der Gesellschaft B	19,2	12,2	0	0	0	0

Soweit einer der Gesellschafter die 20 %-Quote ausgeschöpft hat, darf der andere Gesellschafter keine Veräußerung mehr vornehmen. Die Rechtsfolgen einer schädlichen Veräußerung treffen steuerrechtlich immer die übertragende Gesellschaft und damit mittelbar auch die übrigen Gesellschafter.[1] Daher ist in der Beratungspraxis darauf zu achten, dass entsprechende vertragliche Regelungen getroffen werden. Die Nichteinhaltung einer fünfjährigen vereinbarten Behaltefrist kann dann zu Schadensersatzpflichten führen. 1456

Innerhalb des Fünf-Jahres-Zeitraums werden zusammengerechnet: 1457

▶ Veräußerungen durch denselben oder durch verschiedene Anteilsinhaber der übertragenden Körperschaft,

▶ Veräußerungen von Anteilen an verschiedenen der beteiligten Körperschaften.

Voraussetzung für eine schädliche Veräußerung ist u. E. immer eine **Veräußerung an außenstehende Personen**.[2] Hierunter fallen nicht die bisherigen Anteilsinhaber der übertragenden Körperschaft und Unternehmen eines Konzerns. Im Gegensatz zu § 15 Abs. 2 Satz 2 UmwStG schränkt der Wortlaut des § 15 Abs. 2 Satz 3 – 4 UmwStG die schädliche Anteilsübertragung an außen stehende Personen nicht ein. Der UmwStErl. v. 11. 11. 2011 schweigt dazu.

Eine erfolgsneutrale Spaltung ist nicht auf Dauer ausgeschlossen. Nach Ablauf der fünfjährigen Veräußerungssperre ist die Veräußerung von Anteilen an den an der Spaltung beteiligten Körperschaften unschädlich.[3] Der Fünf-Jahres-Zeit- 1458

---

1 Rn 15.31. UmwStErl 2011.
2 Schumacher, a.a.O., Rn 211; Dötsch/Pung in D/P/M, § 15 UmwStG, Tz. 158; Hörtnagl, a.a.O., Rn 198.
3 Rn 15.32. UmwStErl 2011.

D. Das Umwandlungssteuerrecht

raum beginnt mit dem steuerlichen Übertragungsstichtag und endet fünf Zeitjahre (5 x 12 Monate) später. Maßgeblich für die Veräußerung ist der Zeitpunkt des Übergangs des wirtschaftlichen Eigentums i. S. von § 39 Abs. 2 AO.[1]

1459 Ob Veräußerungen im **Rückwirkungszeitraum** des § 2 UmwStG schädlich sind, ist umstritten.[2]

(6) Rechtsfolgen einer schädlichen Anteilsveräußerung

1460 Eine schädliche Veräußerung von Anteilen führt dazu, dass das gesamte auf die übernehmenden Rechtsträger übergegangene Vermögen mit dem gemeinen Wert anzusetzen ist. Auswirkungen auf die übrigen Rechtsfolgen der Spaltung wie das Außeransatzbleiben eines Übernahmegewinns oder -verlustes und die Wertfortführung auf der Anteilseignerebene ergeben sich nicht.[3]

1461 Entfallen infolge der Anteilsveräußerung innerhalb von fünf Jahren nach dem steuerlichen Übertragungsstichtag die Voraussetzungen des § 15 UmwStG, sind die Körperschaftsteuerbescheide des Veranlagungszeitraums gem. § 175 Abs. 1 Satz 1 Nr. 2 AO (rückwirkendes Ereignis) zu ändern, in dem der Spaltungsvorgang steuerlich erfasst wurde.[4]

1462 Die **Festsetzungsverjährungsfrist** beginnt gem. § 175 Abs. 1 Satz 2 AO mit dem Ablauf des Kalenderjahrs, in dem die schädliche Veräußerung erfolgt. Wird der Tatbestand des § 15 Abs. 2 Satz 4 UmwStG durch mehrere zeitlich hintereinander liegende Veräußerungen verwirklicht, beginnt die Verjährung mit dem Ende des Kalenderjahrs, in dem die Veräußerung erfolgt, die letztlich die Rechtsfolge des § 15 Abs. 2 Satz 4 UmwStG auslöst.[5]

ee) Trennung von Gesellschafterstämmen gem. § 15 Abs. 2 Satz 5 UmwStG

1463 § 15 Abs. 2 Satz 5 UmwStG setzt bei der Trennung von Gesellschafterstämmen für die Anwendung des § 11 Abs. 2 UmwStG außerdem voraus, dass die Beteiligungen der Gesellschafterstämme an der übertragenden Körperschaft mindestens fünf Jahre bestanden haben. Änderungen in der Beteiligungshöhe in-

---

1 Zum Übergang des wirtschaftlichen Eigentums an Gesellschaftsanteilen s. BFH, Urteile v. 17. 2. 2004 VIII R 26/01, BStBl II 2004 S. 651 und v. 4. 7. 2007 VIII R 68/05, BStBl II 2007 S. 937; vgl auch BFH, Urteil v. 22. 7. 2008 IX R 74/06, BFH/NV 2008 S. 1908.
2 Zu Recht die Schädlichkeit bejahend Hörtnagl, a. a. O., Rn 210; Dötsch/Pung, a. a. O., Tz. 148; Widmann in Widmann/Mayer, § 15 UmwStG, Rn 389; a. A. Schumacher, a. a. O., Rn 245.
3 Rn 15.33 UmwStErl 2011.
4 Rn 15.34 UmwStErl 2011.
5 Rn 15.35 UmwStErl 2011.

nerhalb der Fünf-Jahres-Frist bei Fortdauer der Beteiligung dem Grunde nach sind unschädlich.[1]

Das Wort „außerdem" erweitert die Voraussetzungen des § 11 Abs. 2 UmwStG, die erfüllt sein müssen, um niedrigere Werte als die gemeinen Werte ansetzen zu können. Satz 5 ergänzt nicht die Sätze 2 bis 4 in § 15 Abs. 2 UmwStG. Dies bedeutet, dass nur Trennungen durch Auf- oder Abspaltung, nicht aber durch Veräußerungen erfasst werden.[2]

(1) Gesellschafterstamm

Der Begriff „Gesellschafterstamm" ist unklar. Man wird ihn nicht mit dem Begriff „Gesellschafter" gleichsetzen können, da der Gesetzgeber ansonsten wohl letzteren Begriff als den üblichen verwendet hätte.[3]

1464

Einen Gesellschafterstamm können sowohl einzelne[4] Anteilsinhaber (natürliche und juristische Personen, Personengesellschaften) als auch eine Gruppe von Gesellschaftern bilden. Einen Gesellschafterstamm bildet jeder einzelne Anteilsinhaber oder eine Mehrheit von Anteilsinhabern, der bzw. die **unterschiedliche Interessen** in der übertragenden Körperschaft verfolgt. Mit anderen Worten, **einen** Gesellschafterstamm bilden alle Anteilsinhaber, die **gleichgerichtete Interessen** verfolgen.[5] Ein gewisses Zugehörigkeitsverhältnis von Gesellschaftern zueinander, das nicht auf gleichgerichteten Interessen beruht, dürfte nicht ausreichen.[6] Ebensowenig kann es darauf ankommen, wen andere als zusammengehörend ansehen.

1465

(2) Trennung von Gesellschafterstämmen

Die Trennung von Gesellschafterstämmen setzt zunächst voraus, dass mindestens zwei Gesellschafterstämme in der übertragenden Körperschaft vorhanden sind.[7] Hat die Überträgerin nur einen Anteilsinhaber (wobei eigene Anteile keinen Gesellschafterstamm begründen), ist § 15 Abs. 2 Satz 5 UmwStG nicht einschlägig. Die Vorschrift ist ebenfalls nicht einschlägig, wenn die Übertäge-

1466

---

1 Rn 15.36 UmwStErl 2011; Hörtnagl in S/H/S, UmwG-UmwStG, § 15 UmwStG, Rn 234.
2 Widmann in Widmann/Mayer, § 15 UmwStG, Rn 469; Hörtnagl, a. a. O., Rn 229.
3 Hörtnagl, a. a. O., Rn 219; Schumacher in R/H/vL, § 15 UmwStG, Rn 251.
4 Dötsch/Pung in D/P/M, § 15 UmwStG, Tz. 189; Hörtnagl, a. a. O., Rn 220.
5 Hörtnagl, a. a. O., Rn 222.
6 So aber Schumacher, a. a. O., wobei nicht einleuchtet, dass die Zugehörigkeit zu einem Familienstamm ausreichen soll, obwohl auch in einem Familienstamm die einzelnen Mitglieder diametral entgegengesetzte Interessen verfolgen können.
7 Schumacher, a. a. O., Rn 252.

rin zwar mehrere Anteilsinhaber hat, diese aber nur einen Gesellschafterstamm bilden, da alle gleich gerichtete Interessen verfolgen. **Eine Trennung von Gesellschaftern eines Gesellschafterstamms fällt nicht in den Anwendungsbereich der Vorschrift.**[1]

1467 Eine Trennung von Gesellschafterstämmen liegt vor, wenn im Falle der Aufspaltung an den übernehmenden Körperschaften und im Falle der Abspaltung an der übernehmenden **und** der übertragenden Körperschaft nicht mehr alle Gesellschafterstämme der übertragenden Körperschaft beteiligt sind.[2] Eine Trennung liegt danach nur dann vor, wenn sich die Gesellschafterstämme hinsichtlich aller an der Spaltung beteiligten Körperschaften trennen. Solange nur unterschiedliche Beteiligungsquoten sich nach einer Spaltung ergeben, die auch nur einen Minianteil betragen können, ist keine Trennung der Gesellschafterstämme gegeben. Solange zumindest an einer der beteiligten Körperschaften nach der Spaltung alle Gesellschafterstämme beteiligt sind, ist ebenfalls der Tatbestand des § 15 Abs. 2 Satz 5 UmwStG nicht erfüllt.[3]

1468 Für die nachfolgenden Beispiele wird unterstellt, dass die mit Buchstaben bezeichneten Beteiligten jeweils einen Gesellschafterstamm darstellen, der auch aus mehreren Anteilsinhabern bestehen kann.

BEISPIEL 1 = Trennung von Gesellschafterstämmen

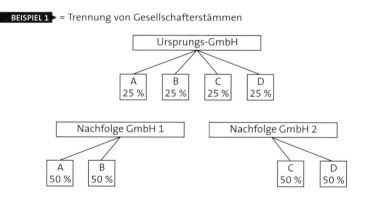

---

1 Schumacher, a.a.O.; Hörtnagl, a.a.O., Rn 227; a.A. und keine Klarstellung Rn 15.36 f. UmwStErl 2011.
2 Grundsätzlich zutreffend Rn 15.37 UmwStErl 2011, der allerdings unzutreffend auf die Anteilsinhaber und nicht die Gesellschafterstämme abstellt.
3 Schumacher, a.a.O., Rn 253; nunmehr auch Hörtnagl, a.a.O., Rn 233; Dötsch/Pung in D/P/M, § 15 UmwStG, Tz. 193.

BEISPIEL 2 = Keine Trennung von Gesellschafterstämmen

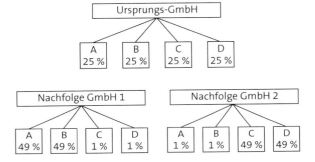

Die Trennung von Gesellschafterstämmen setzt ein Verbleiben der Anteilseigner voraus. Danach ist das Ausscheiden von Anteilseignern anlässlich der Spaltung nicht als Trennen von Gesellschafterstämmen zu werten.[1]

1469

BEISPIEL 3 = Keine Trennung von Gesellschafterstämmen

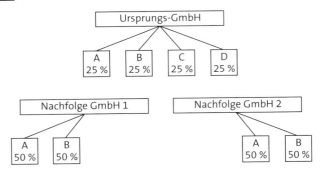

BEISPIEL 4 = Trennung von Gesellschafterstämmen

Für die Anwendung des § 15 Abs. 2 Satz 5 UmwStG genügt es bei Vorhandensein von mehreren beteiligten Gesellschafterstämmen, dass an den Nachfolgekörperschaften **einige** der Stämme **getrennt** beteiligt sind.

---

1 Dötsch/Pung in D/P/M, § 15 UmwStG, Tz. 196.

D. Das Umwandlungssteuerrecht

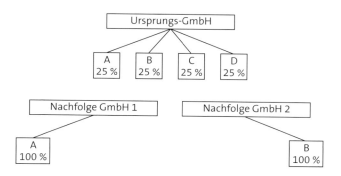

(3) Vorbesitzzeit

1470 Hat die übertragende Körperschaft noch keine fünf Jahre bestanden, ist fraglich, ob eine steuerneutrale Trennung von Gesellschafterstämmen im Wege der Spaltung möglich ist.[1] Unseres Erachtens muss es ausreichen, wenn die im Zeitpunkt der Spaltung vorhandenen Gesellschafterstämme von Anfang an beteiligt waren.[2]

1471 Innerhalb verbundener Unternehmen i. S. des § 271 Abs. 2 HGB und juristischer Personen des öffentlichen Rechts einschließlich ihrer Betriebe gewerblicher Art findet eine Anrechnung der Vorbesitzzeit eines anderen verbundenen Unternehmens auf die fünfjährige Vorbesitzzeit statt.[3]

1472 Zeiten, in der eine aus einer Umwandlung hervorgegangene Kapitalgesellschaft als Personengesellschaft mit den gleichen Gesellschafterstämmen bestanden hat, werden auf die Vorbesitzzeit i. S. des § 15 Abs. 2 Satz 5 UmwStG angerechnet. Für die Dauer der Beteiligung ist nicht allein auf das Bestehen der Kapitalgesellschaft abzustellen, sondern auch die vorangegangene unternehmerische Tätigkeit in der Personengesellschaft zu berücksichtigen.[4]

(4) Anteilstausch nach der Spaltung zwischen den Gesellschafterstämmen

1473 Ist die Spaltung ohne Trennung vollzogen, führt nach dem Wortlaut eine nachfolgende Trennung durch eine Veräußerung bzw. Anteilstausch nach dem

---

1 Verneinend BMF, Rn 15.38 UmwStErl 2011.
2 Hörtnagl, a. a. O., Rn 236; Schumacher, a. a. O., Rn 257.
3 Hörtnagl, a. a. O., Rn 234 f.; a. A. BMF, Rn 15.39 UmwStErl 2011.
4 Rn 15.40 UmwStErl 2011.

steuerlichen Übertragungsstichtag zu keiner Anwendung des § 15 Abs. 2 Satz 5 UmwStG.

BEISPIEL: Schritt 1: Spaltung

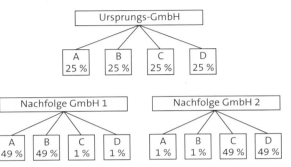

Schritt 2: nach Spaltung Anteilstausch der 1 %-Beteiligungen

Diese Vorgehensweise sollte unter dem Gesichtspunkt eines Gesamtplans bzw. Gestaltungsmissbrauchs i. S. des § 42 AO überprüft werden. Veräußerungen nach einem vorgefassten Plan im engen sachlichen und zeitlichen Zusammenhang mit der Spaltung können eine steuerlich unzulässige Umgehung darstellen. Es hängt von den Gegebenheiten des jeweiligen Einzelfalles ab, ob ein Sach- und Zeitzusammenhang vorliegt.[1] Man wird nicht davon ausgehen können, dass Veräußerungen nach einem Jahr generell unschädlich sind.[2]

1474

4. Verhältnismäßiger Untergang eines Verlust-, eines Zins- und eines EBITDA-Vortrags gem. § 15 Abs. 3 UmwStG

a) Spaltungsartabhängiger Fortbestand

Das Schicksal des Übergangs eines Verlust-, eines Zins- bzw. eines EBITDA-Vortrags ist von der Spaltungsart abhängig. So erlischt bei einer Aufspaltung der gesamte Verlust-, Zins- bzw. EBITDA-Vortrag der übertragenden Körperschaft,

1475

---

[1] BFH, Urteil v. 14. 3. 2006 I R 8/05, BStBl II 2007 S. 602.
[2] So aber Schumacher, a. a. O., Rn 256.

da sie, wie bei einer Verschmelzung, erlischt. Nur in Fällen der Abspaltung bleibt bei den übertragenden Gesellschaften i. R. ihres verhältnismäßigen Fortbestands ein Verlust-, Zins- bzw. EBITDA-Vortrag gem. § 15 Abs. 3 UmwStG bestehen. Für die Gewerbesteuer gilt § 19 Abs. 2 UmwStG hinsichtlich eines vortragsfähigen Fehlbetrags gem. § 10a GewStG, der auf § 15 Abs. 3 UmwStG verweist.

b) Rechtslage vor Unternehmensteuerreformgesetz 2008

1476   Nach dem ursprünglichen Wortlaut des § 15 Abs. 3 UmwStG i. d. F. des SEStEG, der bis zum Inkrafttreten des Unternehmensteuerreformgesetzes zum 1.1.2008 galt, minderte sich bei einer Abspaltung ein verbleibender Verlustvortrag der übertragenden Körperschaft in dem Verhältnis, in dem bei Zugrundelegung des gemeinen Werts das Vermögen auf eine andere Körperschaft überging. Im Gegensatz zu § 12 Abs. 3 UmwStG mit Verweis auf § 4 Abs. 2 Satz 2 UmwStG enthielt § 15 Abs. 3 UmwStG nicht die Aufzählung „verrechenbare Verluste, verbleibende Verlustvorträge oder vom übertragenden Rechtsträger nicht ausgeglichene negative Einkünfte". § 15 Abs. 3 UmwStG i. d. F. des SEStEG war zu eng formuliert, weil dort nur der verbleibende Verlustvortrag der übertragenden Körperschaft angesprochen wurde.[1]

1477   Ein verbleibender Verlustvortrag enthält nicht Verlustanteile, die nach anderen Vorschriften verrechenbar sind, z. B. nach §§ 2a, 15 Abs. 4, §§ 15a, 15b EStG. Danach mindern sich gem. § 27 Abs. 5 UmwStG bei vor dem 1.1.2008 angemeldeten Abspaltungen weder verrechenbare Verluste noch ausgeglichene negative Einkünfte.

c) Rechtslage nach Unternehmensteuerreformgesetz 2008

1478   § 15 Abs. 3 UmwStG wurde durch das UntStRefG 2008[2] neu formuliert. Danach mindern sich bei einer Abspaltung verrechenbare Verluste, verbleibende Verlustvorträge, nicht ausgeglichene negative Einkünfte und ein Zinsvortrag nach § 4h Abs. 1 Satz 2 EStG der übertragenden Körperschaft in dem Verhältnis, in dem bei Zugrundelegung des gemeinen Werts das Vermögen auf eine andere Körperschaft übergeht. Diese Fassung gilt gem. § 27 Abs. 5 UmwStG für alle Abspaltungen, deren Anmeldung zum Handelsregister der übertragenden Körperschaft nach dem 31.12.2007 erfolgt. Durch diese Änderung wird

---

1 Klingberg in PWC, Reform des Umwandlungssteuerrechts, 2007, Rn 1475.
2 BGBl I 2007 S. 1912.

eine Übereinstimmung mit den Regelungen des § 12 Abs. 3 i.V. m. § 4 Abs. 2 Satz 2 UmwStG hergestellt.

Dies gilt hinsichtlich aller vorgenannten Fehlbeträge (einschließlich der Fehlbeträge des laufenden Erhebungszeitraums[1]) nach § 19 Abs. 2 UmwStG auch für die Gewerbesteuer.[2] 1479

d) Rechtslage nach Wachstumsbeschleunigungsgesetz v. 22. 12. 2009

Durch das Wachstumsbeschleunigungsgesetz[3] wurde weiter der sog. EBITDA-Vortrag eingeführt. Es werden die Nettozinsaufwendungen am Ende eines jeden Jahres mit 30 % des steuerpflichtigen EBITDAs (verrechenbares EBITDA) des Betriebs verglichen. Soweit die Zinsaufwendungen das verrechenbare EBITDA übersteigen, sind sie wie bisher nicht sofort abziehbar, sondern können nur vorgetragen werden. Neu ist seitdem, dass soweit das verrechenbare EBITDA die Nettozinsaufwendungen überschreitet, es nun vorgetragen und in den fünf folgenden Jahren für einen erhöhten Zinsabzug verwendet werden kann. Dabei wird der älteste EBITDA-Vortrag zuerst verbraucht (Fifo-Methode) (§ 4h Abs. 1 Satz 4 EStG). Übersteigen also die Nettozinsaufwendungen in einem der fünf Folgejahre das verrechenbare EBITDA dieses Jahres, so ist der übersteigende Betrag bis zur Höhe des EBITDA-Vortrags abziehbar. 1479a

Die Regelung gilt erstmals für den Veranlagungszeitraum 2010, allerdings werden auf Antrag auch EBITDA-Vorträge aus den Jahren 2007 bis 2009 berücksichtigt. Ein EBITDA-Vortrag wird aber nur für solche Jahre gewährt, in denen die Zinsschranke tatsächlich angewendet wurde, also keiner der Ausnahmetatbestände des § 4h Abs. 2 Satz 1 EStG erfüllt wurde (§ 4h Abs. 1 Satz 3 Halbsatz 2 EStG). Verbleiben auch nach Verrechnung mit dem EBITDA-Vortrag nicht abziehbare Nettozinsaufwendungen, so sind diese wie bisher vorzutragen.

Für Zwecke des § 4h EStG wird der EBITDA-Vortrag weitestgehend wie der Zinsvortrag behandelt. Er entfällt ebenso wie der Zinsvortrag bei einer Veräußerung oder Einstellung des Betriebs, der Übertragung eines Mitunternehmeranteils oder in Umwandlungs- und Einbringungsfällen (§ 2 Abs. 4, § 4 Abs. 2 Satz 2, § 12 Abs. 2, § 15 Abs. 3, § 20 Abs. 9 UmwStG). Eine unmittelbare oder mittelbare Übertragung von Anteilen an einer Kapitalgesellschaft, die ei-

---

1 Schmitt, a. a. O., § 19 UmwStG, Rn 17.
2 So bereits zum alten Recht wegen fehlender Unternehmeridentität FG Nürnberg, Urteil v. 26. 11. 2008 III 262/2005, EFG 2009 S. 1045.
3 BGBl. I 2009, 3950.

nen EBITDA-Vortrag hat, lässt diesen anders als den Zinsvortrag aber nicht untergehen (§ 8a Abs. 1 Satz 3 KStG). Dies gilt für einer Kapitalgesellschaft nachgeordnete Personengesellschaften mit EBITDA-Vortrag entsprechend (§ 4h Abs. 5 Satz 3 EStG).

aa) Gegenstand der Minderung bei Abspaltungen

1480 Die Minderungen beziehen sich nunmehr auf

- ▶ verrechenbare Verluste nach § 15a Abs. 4 und § 15b Abs. 4 EStG,
- ▶ verbleibende Verlustvorträge nach § 10d Abs. 4, § 2a Abs. 1 Satz 5 oder § 15 Abs. 4 EStG,
- ▶ nicht ausgeglichene negative Einkünfte eines übertragenden Unternehmens, die noch nicht in einen verbleibenden Verlustvortrag eingegangen sind,
- ▶ Zinsvorträge i. S. des § 4h Abs. 1 Satz 2 EStG,
- ▶ EBITDA-Vorträge i. S. des § 4h Abs. 1 Satz 3 EStG.

bb) Minderungsmaßstab

1481 Eine übertragende Körperschaft verliert bei einer Abspaltung Verluste und einen Zins- bzw. EBITDA-Vortrag in dem Verhältnis, in dem bei Zugrundelegung des gemeinen Werts das Vermögen auf eine andere Körperschaft übergeht. Daraus ergibt sich der weitere Rückschluss, dass Verluste und ein Zins- bzw. EBITDA-Vortrag in der Relation weiterhin bei der übertragenden Körperschaft genutzt werden können, soweit ausgerichtet am gemeinen Wert Betriebsvermögen bei der übertragenden Körperschaft zurückbleibt.

1482 Die Minderung eines verbleibenden Verlust- und Zinsvortragspotenzials erfolgt unabhängig davon, ob die den Verlust verursachende Einkunftsquelle abgespalten wird.[1] Sie erfolgt also auch dann, wenn die „Verlustquelle" bei der Überträgerin verbleibt.

1483 Die Minderung eines verrechenbaren Verlusts, verbleibenden Verlustvortrags, nicht ausgeglichener negativer Einkünfte sowie eines Zins- bzw. EBITDA-Vortrags nach Maßgabe des Verhältnisses der gemeinen Werte kann zur Trennung von Verlustvortrag und Verlustquelle führen.

BEISPIEL: ▶ Eine GmbH verfügt über einen Verlustvortrag von 2.000.000 €. Sie wird im Wege der Abspaltung aufgeteilt. Der Verlustvortrag entstand in dem Teilbetrieb 1,

---

1 Schumacher in R/H/vL, § 15 UmwStG, Rn 267.

dessen gemeiner Wert mit 1.000.000 € ermittelt wurde. Der Teilbetrieb 2 weist einen gemeinen Wert von 9.000.000 € auf.

Wird der Teilbetrieb 1 zurückbehalten, verringert sich der Verlustabzug um 9/10 auf 200.000 €, obwohl die Verlustquelle beim übertragenden Unternehmen verbleibt.

Wird der Teilbetrieb 2 zurückbehalten, verliert das übertragende Unternehmen seine Verlustquelle und behält 9/10 seines Verlustvortrags in Höhe von 1.800.000 €.

Für die Abspaltungsstrategie ist diese Auswirkung von erheblicher Bedeutung. 1484

Im Rahmen von Sanierungsmaßnahmen ist zu beachten, dass bei einer Abspaltung der Aufteilungsschlüssel nach § 15 Abs. 3 UmwStG auch dann anzuwenden ist, wenn der steuerliche Verlust nur in einem Teilbetrieb entstanden und dieser Teilbetrieb dadurch überschuldet ist.[1]

BEISPIEL NACH VERWALTUNGSMEINUNG: ▶ Aus einem Produktionsunternehmen werden mehrere 100 %ige Beteiligungen auf eine Nachfolgegesellschaft abgespalten. Bei der Ursprungsgesellschaft besteht ein hoher steuerlicher Verlustabzug, der wirtschaftlich ausschließlich durch den Produktionsbetrieb verursacht worden ist. Bei der Aufteilung des verbleibenden Verlustabzugs nach dem Verhältnis der gemeinen Werte des Produktionsbetriebs (geringer gemeiner Wert) und der übergehenden Beteiligungen (sehr hoher gemeiner Wert) würde auf die Nachfolgegesellschaft ein sehr hoher Verlustabzug entfallen und damit wegfallen obwohl der Verlust wirtschaftlich nicht durch die übergegangenen Beteiligungen verursacht worden ist.

Vergleicht man die **Abspaltung** mit einer **Teilbetriebsveräußerung**, so bleibt 1485
der Zins- bzw. EBITDA-Vortrag bei einer Teilbetriebsveräußerung ungeschmälert erhalten. Dieser geht nach § 4h Abs. 5 EStG nur verloren i. R. einer Betriebsveräußerung im Ganzen. Daher ist im Einzelfall abzuwägen, ob i. R. von Umstrukturierungen nicht der Weg einer Teilbetriebsveräußerung anstelle einer Abspaltung vorzuziehen ist.[2]

(Einstweilen frei) 1486–1490

5. Die Gesellschafterebene bei Auf- und Abspaltung

a) Besteuerung der Gesellschafter der übertragenden Kapitalgesellschaft

Nach § 15 Abs. 1 Satz 1 UmwStG ist auch bei der Spaltung und der Vermögens- 1491
übertragung in Form der Teilübertragung die Besteuerung der Gesellschafter der übertragenden Körperschaft nach § 13 UmwStG durchzuführen.

---

1 So schon BMF-Schreiben v. 25. 3. 1998, BStBl I 1998 S. 268, Tz. 15.46.
2 Zum Problemfeld vgl. auch Dötsch/Pung in D/P/M, § 15 UmwStG, Tz. 228 ff.

b) Aufteilung der Anteilswerte

1492 Im Falle der Aufspaltung einer Körperschaft können die Anteilseigner der übertragenden Körperschaft Anteile an mehreren übernehmenden Körperschaften, im Falle der Abspaltung neben Anteilen an der übertragenden auch Anteile an der übernehmenden Körperschaft erhalten.

1493 Die Anwendung des § 15 Abs. 1 i.V.m. § 13 Abs. 1 und 2 UmwStG zwingt zu einer Aufteilung der Anschaffungskosten bzw. des Buchwerts der Anteile an der übertragenden Körperschaft. Der Aufteilung kann grds. das Umtauschverhältnis der Anteile im Spaltungs- oder Übernahmevertrag oder im Spaltungsplan zugrunde gelegt werden.[1] Ist dies nicht möglich, ist die Aufteilung nach dem Verhältnis der gemeinen Werte der übergehenden Vermögensteile zu dem vor der Spaltung vorhandenen Vermögen vorzunehmen.[2] Auch nach der Abspaltung eines Teilbetriebs auf die Muttergesellschaft ist der bisherige Buchwert der Beteiligung an der Tochtergesellschaft im Verhältnis des gemeinen Werts des übergegangenen Vermögens zum gesamten Vermögen der Tochtergesellschaft aufzuteilen.

1494 Eine Fortsetzung der Buchwerte der Anteile ist losgelöst vom Bewertungswahlrecht nach § 15 Abs. 1 Satz 2 i.V.m. § 11 Abs. 2 UmwStG nur auf Antrag zu gewähren.[3]

BEISPIEL: An der AB-GmbH sind A und B zu je 50 % beteiligt. Die AB-GmbH führt ein steuerliches Einlagekonto in Höhe von 200. Ihr Stammkapital beträgt 500. Sie besteht aus einem Teilbetrieb 1 mit stillen Reserven von 200 und einem Teilbetrieb 2 mit stillen Reserven von 400. Die stillen Reserven beruhen auf einer Unternehmensbewertung, die Eingang findet in einen Spaltungsplan bzw. in einen Spaltungs- und Übernahmevertrag.

Die AB-GmbH wird zum Übertragungsstichtag 1. 1. 01 steuerneutral aufgespalten

▶ auf eine bestehende X-GmbH mit einem Aktivvermögen 3.000 und einem bestehenden steuerlichen Einlagekonto in Höhe von 150. Sie übernimmt den Teilbetrieb 1 mit einer Kapitalerhöhung um 320. Die dadurch entstehenden Neuanteile erhalten zu je ½ die Gesellschafter A und B,

▶ auf eine neugegründete Y-GmbH, an der sich A und B zu je 50 % beteiligen. Das Stammkapital wird auf 500 festgelegt.

A und B stellen den Antrag, die Buchwerte bzw. Ursprungsanschaffungskosten fortzuführen.

---

1 Rn 15.43 UmwStErl 2011.
2 Schumacher in R/H/vL, § 15 UmwStG, Rn 92, 93, 73; a. A. z. B. Hörtnagl in S/H/S, UmwG-UmwStG, § 15 UmwStG, Rn 291: Aufteilung nach dem gemeinen Wert der Anteile.
3 Siehe o. Rn 1294.

Die Anschaffungskosten bzw. Buchwerte der Anteile an der AB-GmbH betragen:

	A	B	Gesamt
Nennkapital	250	250	500
Einlage	100	100	200
AK bzw. BW	350	350	700

Lösung:

Die ursprünglichen AK von 700 müssen auf die nachfolgenden Anteile an X-GmbH und Y-GmbH entsprechend dem nachfolgenden Aufteilungsschlüssel verteilt werden.

Berechnung Aufteilungsschlüssel:

	TB 1	TB 2	Gesamt
Vermögen	600	800	1.400
Stille Reserven	200	400	600
Gemeiner Wert	800	1.200	2.000
= Verhältnis der gem. Werte	40 %	60 %	100 %

X-GmbH Anteile

	A	B	Gesamt
AK bzw. BW 40 %	v. 350 = 140	v. 350 = 140	v. 700 = 280

Y-GmbH Anteile

	A	B	Gesamt
AK bzw. BW 60 %	v. 350 = 210	v. 350 = 210	v. 700 = 420

Die Versteuerung der bisher gebildeten stillen Reserven wird erst bei einer späteren Anteilsveräußerung durch die Gesellschafter nachgeholt.

Da nach § 15 Abs. 1 UmwStG die Vorschriften der §§ 11–13 UmwStG entsprechend anzuwenden sind, wird wegen der weiteren Auswirkungen der Spaltung auf die Besteuerung der Gesellschafter der übertragenden Körperschaft auf die Ausführungen zur Verschmelzung verwiesen.[1]

(Einstweilen frei) 1496–1520

---

1 Siehe o. Rn 1291 ff.

D. Das Umwandlungssteuerrecht

XI. Kapitalveränderungen bei Umwandlungen

1. Technik

1521 § 29 KStG gibt die **Technik der Kapitalveränderung** vor, die bei Umwandlungen zu beachten ist.[1] Die Vorschrift soll gewährleisten, dass der ausschüttbare Gewinn durch Umwandlungen nicht verfälscht wird, indem Einlagen von Gesellschaftern als Dividenden besteuert werden. Die Wirkungen einer Umwandlung auf Nennkapital, Sonderausweis und Einlagekonto werden in dieser Vorschrift in **drei Schritten** geregelt.

1. Schritt:

Nach § 29 Abs. 1 KStG gilt in Umwandlungsfällen das Nennkapital der übertragenden Kapitalgesellschaften als in vollem Umfang nach § 28 Abs. 2 Satz 1 KStG n. F. herabgesetzt. Die Bereiche Nennkapital und Sonderausweis werden eliminiert und, soweit im Nennkapital Einlagen gebunden waren, dem Einlagekonto gutgeschrieben. Dieser Schritt erfolgt immer bei der übertragenden Körperschaft und in den Fällen der Abwärtsverschmelzung oder Abwärtsspaltung auch bei der übernehmenden Körperschaft.

2. Schritt:

Das Guthaben des Einlagekontos geht nach Maßgabe des § 29 Abs. 2 und 3 KStG auf die übernehmende Körperschaft über. § 29 Abs. 2 KStG regelt den Übergang für den Fall der Verschmelzung, und § 29 Abs. 3 KStG behandelt den Fall der Spaltung. Um eine Doppelzählung von Einlagen zu vermeiden, wird das Einlageguthaben insoweit gekürzt, als die umwandlungsbeteiligten Körperschaften aneinander beteiligt sind.

3. Schritt:

Im letzten Schritt werden gem. § 29 Abs. 4 KStG die Nennkapitalien der umwandlungsbeteiligten Körperschaften angepasst. Der 3. Schritt gilt für die übernehmende Körperschaft. Im Fall der Abspaltung gilt dieser aber auch für die übertragende Körperschaft, da diese, wenn auch mit vermindertem Vermögen, fortbesteht.

---

1 Zu Einzelheiten s. Lühn in Mössner/Seeger, § 29 KStG; BMF-Schreiben v. 16.12.2003, BStBl I 2003 S. 786 und umfassend Rn K.01 – K.19 UmwStErl 2011.

2. Sachlicher Anwendungsbereich

Die Kapitalherabsetzungsfiktion gilt für alle Umwandlungsfälle gem. § 1 UmwG, die erfolgen durch

▶ Verschmelzung;
▶ Spaltung (Aufspaltung, Abspaltung, Ausgliederung);
▶ Vermögensübertragung;
▶ Formwechsel.

1522

Wegen fehlender betragsmäßiger Auswirkung kommt § 29 KStG für Fälle der Ausgliederung i. S. des § 123 Abs. 3 UmwG jedoch nicht zur Anwendung.[1] Hier findet lediglich ein Austausch von Wirtschaftsgütern gegen Beteiligungen statt. Die Ursprungsgesellschaft bleibt bestehen und wird nicht entreichert.

1523

Eine Umwandlung enthält auch nicht immer die vorgenannten drei Schritte. Bei der Umwandlung einer Kapitalgesellschaft in Gestalt einer Verschmelzung auf eine natürliche Person oder eine Personengesellschaft wird nur der erste Schritt bei der Kapitalgesellschaft ausgelöst. Danach gelten nicht mehr die Regeln des KStG. Bei der Aufwärtsverschmelzung einer 100 %igen Tochtergesellschaft auf die Muttergesellschaft ist Schritt 3 entbehrlich, da sich gem. § 54 Abs. 1 Satz 1 Nr. 1 UmwG das Nennkapital der übernehmenden Muttergesellschaft nicht verändern darf.[2]

1524

Es werden von § 29 KStG auch nicht alle Fälle des Formwechsels erfasst. Nur im Falle des Formwechsels einer Kapitalgesellschaft in eine Personengesellschaft gelten gem. § 9 UmwStG die Regeln der vermögensübertragenden Umwandlung entsprechend, da hier ein Wechsel im Besteuerungssystem stattfindet. Für die Kapitalgesellschaft ist dann § 29 KStG zu beachten. Für den Formwechsel zwischen den verschiedenen Rechtsformen der Körperschaften ändert sich lediglich das rechtliche Kleid. Das Umwandlungssteuerrecht enthält dafür keine weiteren Regelungen mit der Folge, dass für § 29 KStG kein Anwendungsbedarf besteht.

1525

3. Persönlicher Anwendungsbereich

Nach dem Wortlaut bezieht sich § 29 Abs. 1 bis 4 KStG auf Kapitalgesellschaften. Nach der Neufassung des § 1 Abs. 1 Nr. 1 KStG durch das SEStEG können auch **ausländische Rechtsformen** „Kapitalgesellschaften" sein, wenn sie in ihrer Struktur einer deutschen Kapitalgesellschaft entsprechen. Soweit eine aus-

1526

---

1 BMF-Schreiben v. 16. 12. 2003 IV A 2 – S 1978 – 16/08, BStBl I 2003 S. 786, Tz. 29.
2 Zur Kapitalerhöhung siehe o. Rn 214 f.

ländische Körperschaft im Inland unbeschränkt steuerpflichtig ist (z. B. eine englische „Limited" mit Geschäftsleitung in Deutschland), richtet sich ihre Umwandlung zwar nach englischem Handelsrecht; § 29 KStG ist aber keine handelsrechtliche, sondern eine steuerrechtliche Vorschrift, die auch auf unbeschränkt steuerpflichtige Körperschaften ausländischer Rechtsform anzuwenden ist.

1527 Die Absätze 1–4 gelten gem. § 29 Abs. 5 KStG sinngemäß für andere unbeschränkt steuerpflichtige Körperschaften und Personenvereinigungen, die Leistungen i. S. des § 20 Abs. 1 Nr. 1, 9 und 10 EStG (= Ausschüttungen) gewähren können.

1528 Die Anwendung des § 29 KStG auf unbeschränkt steuerpflichtige Körperschaften wurde durch das SEStEG europarechtskonformer ausgestaltet. § 29 Abs. 6 KStG erweitert den Anwendungsbereich des § 29 KStG für grenzüberschreitende Umwandlungen nach Deutschland. Für die ausländische übertragende Körperschaft oder Personenvereinigung (z. B. spanische S.A.) war ein Einlagekonto bisher nicht festzustellen, daher tritt für die Anwendung der vorstehenden Absätze an die Stelle des Einlagekontos der Bestand der nicht in das Nennkapital geleisteten Einlagen zum Zeitpunkt des Vermögensübergangs. Allerdings gilt § 27 Abs. 8 KStG entsprechend. Mit diesem Verweis wird klargestellt, dass nur solche grenzüberschreitenden Umwandlungen anerkannt werden, die sich auf Körperschaften oder Personenvereinigungen beziehen, die in einem anderen Mitgliedstaat der Europäischen Union der unbeschränkten Steuerpflicht unterliegen. Körperschaften aus dem EWR-Raum (Island, Liechtenstein und Norwegen) und aus Drittstaaten sind aus dem Anwendungsbereich des § 29 KStG ausgeschlossen.

1529 § 29 Abs. 2–4 KStG betrifft nicht nur Umwandlungen von Körperschaften auf Körperschaften. § 29 Abs. 1 KStG betrifft auch Umwandlungen von Körperschaften auf Personengesellschaften und Einzelunternehmer.

1530–1540 *(Einstweilen frei)*

4. Behandlung bei der übertragenden Körperschaft

a) Fiktive Herabsetzung des Nennkapitals und Einstellung in das Einlagekonto

1541 Beim übertragenden Rechtsträger gilt im ersten Schritt das Nennkapital zum steuerlichen Übertragungsstichtag als in vollem Umfang herabgesetzt.

Nach § 28 Abs. 1 Satz 3 KStG kann durch Umwandlung von Rücklagen in Nennkapital, die als Dividenden bei den Anteilseignern zu behandeln sind, ein gesondert auszuweisender Teil des Nennkapitals (= Sonderausweis) entstehen. Auf die fiktive Kapitalherabsetzung ist § 28 Abs. 2 Satz 1 KStG entsprechend anzuwenden. Danach verringert sich zunächst ein ggf. bestehender Sonderausweis auf null. Der übersteigende Betrag erhöht den Bestand des steuerlichen Einlagekontos. Maßgeblich ist der Bestand des Sonderausweises, der sich am steuerlichen Übertragungsstichtag ergibt. Der Betrag der Herabsetzung des Nennkapitals, der nicht mit einem Sonderausweis verrechnet werden kann, ist nach § 28 Abs. 2 Satz 1 KStG nur in dem Umfang dem steuerlichen Einlagekonto gutzuschreiben, soweit die Einlage in das Nennkapital geleistet ist. Die fiktive Herabsetzung des Nennkapitals gilt auch für den Fall der Abspaltung i. S. des § 123 Abs. 1 und 2 UmwG. 1542

b) Bestandsverringerung des Einlagekontos

Als zweiter Schritt verringert sich der Bestand des Einlagekontos. Die Verringerung entspricht der Hinzurechnung beim Rechtsnachfolger. 1543

Bei einer Verschmelzung nach § 2 UmwG sowie bei einer Aufspaltung nach § 123 Abs. 1 UmwG verringert sich das steuerliche Einlagekonto des übertragenden Rechtsträgers in vollem Umfang (§ 29 Abs. 2 Satz 1, Abs. 3 Satz 1 und 2 KStG). In den letzten gesonderten Feststellungen auf den Schluss des letzten Wirtschaftsjahres sind die Bestände **vor** dem Vermögensübergang zum Schluss des letzten Wirtschaftsjahres anzusetzen.[1] 1544

Bei einer Abspaltung nach § 123 Abs. 2 UmwG verringern sich die Bestände des steuerlichen Einlagekontos anteilig in dem in § 29 Abs. 2 Satz 1 und 2 KStG genannten Umfang. Im Gegensatz zur Verschmelzung und Aufspaltung sind die verringerten Bestände festzustellen.[2] 1545

Die Verringerung der Bestände erfolgt jeweils unabhängig von der Rechtsform des übernehmenden Rechtsträgers. Sie ist auch vorzunehmen, soweit eine Hinzurechnung des steuerlichen Einlagekontos bei der übernehmenden Körperschaft nach § 29 Abs. 2 Satz 2 KStG unterbleibt. 1546

---

[1] BMF-Schreiben v. 16. 12. 2003, BStBl I 2003 S. 786, Tz. 31; Rödder in R/H/vL, Anh. 2, Rn 19.
[2] BMF, a. a. O.; Rödder, a. a. O.

D. Das Umwandlungssteuerrecht

c) Anpassung des Nennkapitals bei Abspaltung

1547 Der letzte Schritt ist die Anpassung des Nennkapitals. Die Anpassung des Nennkapitals kommt bei der übertragenden Kapitalgesellschaft in den Fällen der Umwandlung in Betracht, in denen sie mit verringertem Vermögen fortbesteht. Das ist bei einer Abspaltung der Fall. Bei einer Abspaltung gilt das nach § 29 Abs. 1 KStG als auf null herabgesetzt geltende Nennkapital des übertragenden Rechtsträgers als auf den Stand unmittelbar nach der Übertragung erhöht. Für die fiktive Kapitalerhöhung gilt § 28 Abs. 1 KStG entsprechend. Das Nennkapital verringert damit vorrangig das steuerliche Einlagekonto bis zu dessen Verbrauch, ein übersteigender Betrag ist als Sonderausweis zu erfassen. Maßgeblich ist dabei der Bestand des steuerlichen Einlagekontos, der sich nach Anwendung des § 29 Abs. 1 bis 3 KStG ergeben hat.

d) Beispiel einer Kapitalanpassung bei der übertragenden Körperschaft

1548 **BEISPIEL:** Die X-GmbH (voll eingezahltes Nennkapital 300, davon Sonderausweis 100) wird hälftig abgespalten. Das Nennkapital nach Abspaltung soll 50 betragen.
Lösung:

	Vorspalte	Einlagekonto	Sonderausweis
Anfangsbestand		0	100
Betrag der fiktiven Kapitalherabsetzung	300		
– Verringerung des Sonderausweises	– 100		– 100
Rest, Zugang beim steuerlichen Einlagekonto	200	+ 200	
Zwischenergebnis		200	0
– ¹⁄₂ Abgang des steuerlichen Einlagekontos		– 100	
Zwischenergebnis		100	0
Betrag der fiktiven Kapitalerhöhung	50		
Verringerung des steuerlichen Einlagekontos	– 50	– 50	
Schlussbestände		50	0

1549–1555 *(Einstweilen frei)*

5. Behandlung bei der übernehmenden Körperschaft

a) Hinzurechnung der Bestände des steuerlichen Einlagekontos

1556 Soweit das Vermögen einer Körperschaft auf eine andere Körperschaft übergeht, erhöhen sich die Bestände des steuerlichen Einlagekontos der übernehmenden Körperschaft nach Maßgabe des § 29 Abs. 2 (= Verschmelzung) bzw. 3

(= Spaltung) KStG zum Schluss des Wirtschaftsjahrs, in das der steuerliche Übertragungsstichtag fällt.

Geht Vermögen einer Kapitalgesellschaft durch Aufspaltung oder Abspaltung i. S. von § 123 Abs. 1 und 2 UmwG auf eine unbeschränkt steuerpflichtige Körperschaft über, so ist nach § 29 Abs. 3 Satz 1 KStG der Bestand des steuerlichen Einlagekontos der übertragenden Kapitalgesellschaft einer übernehmenden Körperschaft im Verhältnis der übergehenden Vermögensteile zu dem bei der übertragenden Kapitalgesellschaft vor dem Übergang bestehenden Vermögen zuzuordnen, wie es i. d. R. in den Angaben zum Umtauschverhältnis der Anteile im Spaltungs- und Übernahmevertrag (§ 126 Abs. 1 Nr. 3 UmwG) oder im Spaltungsplan (§ 136 UmwG) zum Ausdruck kommt. 1557

Entspricht das Umtauschverhältnis der Anteile nicht dem Verhältnis der übergehenden Vermögensteile zu dem bei der übertragenden Kapitalgesellschaft vor der Spaltung bestehenden Vermögen, ist nach § 29 Abs. 3 Satz 2 KStG das Verhältnis der gemeinen Werte der übergehenden Vermögensteile zu dem vor der Spaltung vorhandenen Vermögen maßgebend. 1558

b) Beteiligung der übernehmenden Kapitalgesellschaft an der übertragenden Körperschaft = upstream-merger

Ist die übernehmende Körperschaft (Muttergesellschaft) an der übertragenden Körperschaft (Tochtergesellschaft) beteiligt, unterbleibt eine Hinzurechnung des steuerlichen Einlagekontos im Verhältnis der Beteiligung der Muttergesellschaft an der Tochtergesellschaft, § 29 Abs. 2 Satz 2 und Abs. 3 Satz 3 KStG. 1559

BEISPIEL: Die Muttergesellschaft hält 80 % der Anteile an einer Tochtergesellschaft. Das steuerliche Einlagekonto der Tochtergesellschaft beträgt nach Anwendung des § 29 Abs. 1 KStG 100.

Alternative 1: Die Tochtergesellschaft wird auf die Muttergesellschaft verschmolzen.

Alternative 2: Die Tochtergesellschaft wird hälftig auf die Muttergesellschaft abgespalten.

Lösung zur Alternative 1:
Nach § 29 Abs. 2 Satz 2 KStG erhöht sich das steuerliche Einlagekonto der Muttergesellschaft nur um 20 % von 100 = 20.

Lösung zur Alternative 2:
Nach § 29 Abs. 3 Satz 3 i. V. m. Abs. 2 Satz 2 KStG erhöht sich das steuerliche Einlagekonto der Muttergesellschaft um $100 \times 50\% \times 20\% = 10$.

Die Regelung gilt entsprechend, wenn die übernehmende Körperschaft (Muttergesellschaft) mittelbar, z. B. über eine andere Körperschaft (Tochtergesellschaft), an der übertragenden Körperschaft (Enkelgesellschaft) beteiligt ist. 1560

D. Das Umwandlungssteuerrecht

c) **Beteiligung der übertragenden Kapitalgesellschaft an der übernehmenden Körperschaft = downstream-merger**

1561 Bei Beteiligung der übertragenden Körperschaft (Muttergesellschaft) an der übernehmenden Körperschaft (Tochtergesellschaft) verringert sich nach § 29 Abs. 2 Satz 3 bzw. Abs. 3 Satz 3 KStG das steuerliche Einlagekonto der Tochtergesellschaft im Verhältnis der Beteiligung der Muttergesellschaft an der Tochtergesellschaft.

1562 In den Fällen der **Abwärtsverschmelzung** finden die Regelungen des § 29 Abs. 1 und Abs. 2 Satz 1 KStG entsprechende Anwendung. Bei der Ermittlung des steuerlichen Einlagekontos der übernehmenden Tochtergesellschaft auf den Schluss des Umwandlungsjahrs ist daher in folgender **Reihenfolge** vorzugehen[1]:

1. Fiktive Herabsetzung des Nennkapitals der Tochtergesellschaft auf null (§ 29 Abs. 1 Satz 1 Halbsatz 2 KStG) und Umbuchung in das Einlagekonto

2. Verringerung des nach (1) erhöhten Einlagekontos im Verhältnis der Beteiligung der Muttergesellschaft an der Tochtergesellschaft (§ 29 Abs. 2 Satz 3 KStG)

3. Fiktive Herabsetzung des Nennkapitals der Muttergesellschaft auf null (§ 29 Abs. 1 KStG)

4. Hinzurechnung des nach (3) erhöhten Einlagekontos der Muttergesellschaft (§ 29 Abs. 2 Satz 1 KStG)

5. Fiktive Erhöhung des nach (1) auf null herabgesetzten Nennkapitals der Tochtergesellschaft auf den Stand nach der Übertragung (§ 29 Abs. 4 KStG); vom Gesetz wird eine Kapitalerhöhung aus Gesellschaftsmitteln durch Umwandlung von Rücklagen fingiert (§ 28 Abs. 1 Satz 1 KStG), die nach § 28 Abs. 1 Satz 3 KStG in der Feststellung des Sonderausweises zu erfassen ist.

BEISPIEL: Die Muttergesellschaft M (Nennkapital 120, steuerliches Einlagekonto 80 und Sonderausweis 0) wird auf ihre 100 %ige Tochtergesellschaft T (Nennkapital 120, steuerliches Einlagekonto 0 und Sonderausweis 50) verschmolzen. Das Nennkapital der T nach Verschmelzung beträgt 240.

---

[1] FG Baden-Württemberg, Urteil v. 5. 6. 2014 – 3 K 3223/12, EFG 2014 S. 1612.

XI. Kapitalveränderungen bei Umwandlungen

Lösung:
Für das steuerliche Einlagekonto und den Sonderausweis der T ergibt sich danach:

	Vorspalte	Einlage-konto	Sonder-ausweis
Bestand vor der Verschmelzung		0	50
Fiktive Kapitalherabsetzung auf null	120		
– Verringerung des Sonderausweises	– 50		– 50
Rest, Zugang beim steuerlichen Einlagekonto	70	+ 70	
Zwischenergebnis		70	0
– Verringerung in Höhe der Beteiligung M an T		– 70	
Zwischenergebnis		0	0
+ Zugang des steuerlichen Einlagekontos der M (nach Anwendung des § 29 Abs. 1 KStG)		+ 80 + 120	
Zwischenergebnis		200	0
Betrag der fiktiven Kapitalerhöhung	240		
Verringerung des steuerlichen Einlagekontos	– 200	– 200	
Rest, Zugang beim Sonderausweis	40	0	40
Bestände nach der Verschmelzung		0	40

Die Regelung gilt entsprechend, wenn die übertragende Körperschaft (Muttergesellschaft) mittelbar, z. B. über eine andere Körperschaft (Tochtergesellschaft), an der übernehmenden Körperschaft (Enkelgesellschaft) beteiligt ist.

(Einstweilen frei)   1563–1570

6. Aufspaltung mit Kapitalanpassung der umwandlungsbeteiligten Gesellschaften

BEISPIEL An der AB-GmbH sind A und B zu je 50 % beteiligt. Die AB-GmbH führt ein steuerliches Einlagekonto in Höhe von 200. Sie besteht aus einem Teilbetrieb 1 mit stillen Reserven von 200 und einem Teilbetrieb 2 mit stillen Reserven von 400. Die stillen Reserven beruhen auf einer Unternehmensbewertung, die Eingang findet in einen Spaltungsplan bzw. in einen Spaltungs- und Übernahmevertrag.

Die AB-GmbH wird zum Übertragungsstichtag 1. 1. 01 steuerneutral aufgespalten

▶ auf eine bestehende X-GmbH mit einem Aktivvermögen 3.000 und einem bestehenden steuerlichen Einlagekonto in Höhe von 150. Sie übernimmt den Teilbetrieb 1 mit einer Kapitalerhöhung um 320. Die dadurch entstehenden Neuanteile erhalten zu je $^{1}/_{2}$ die Gesellschafter A und B,

▶ auf eine neugegründete Y-GmbH, an der sich A und B zu je 50 % beteiligen. Das Stammkapital wird auf 500 festgelegt.

1572 Die AB-GmbH stellt zum 1.1.01 folgende Übertragungsbilanz auf:

Aktiva		Passiva	
TB 1	600	Stammkapital	500
TB 2	800	Kapitalrücklage	200
		Gewinnrücklage	700
	1.400		1.400

Die Kapitalrücklage ist identisch mit dem steuerlichen Einlagekonto.

1573 Gemäß § 29 Abs. 1 KStG gilt das Nennkapital (= Stammkapital) der übertragenden AB-GmbH in vollem Umfang als herabgesetzt. Danach wird im Fall der Herabsetzung des Nennkapitals oder der Auflösung der Körperschaft zunächst der Sonderausweis zum Schluss des vorangegangenen Wirtschaftsjahrs gemindert; ein übersteigender Betrag ist dem steuerlichen Einlagekonto gutzuschreiben, soweit die Einlage in das Nennkapital geleistet ist. Die Umbuchung in das steuerliche Einlagekonto der AB-GmbH ergibt folgenden Schlussbestand:

	Vorspalte	Einlage-konto	Sonder-ausweis
Bestand vor der Aufspaltung		200	0
Fiktive Kapitalherabsetzung auf null	500		
– Verringerung des Sonderausweises	– 0		– 0
Rest, Zugang beim steuerlichen Einlagekonto	500	+ 500	
Zwischenergebnis		700	0

Für den Spaltungsfall ist § 29 Abs. 3 KStG einschlägig. Danach gilt:

Geht Vermögen einer Kapitalgesellschaft durch Aufspaltung oder Abspaltung i. S. des § 123 Abs. 1 und 2 UmwG auf eine unbeschränkt steuerpflichtige Körperschaft über, so ist der Bestand des steuerlichen Einlagekontos der übertragenden Kapitalgesellschaft einer übernehmenden Körperschaft im Verhältnis der übergehenden Vermögensteile zu dem bei der übertragenden Kapitalgesellschaft vor dem Übergang bestehenden Vermögen zuzuordnen, wie es i. d. R. in den Angaben zum Umtauschverhältnis der Anteile im Spaltungs- und Übernahmevertrag oder im Spaltungsplan (§ 126 Abs. 1 Nr. 3, § 136 UmwG) zum Ausdruck kommt. Entspricht das Umtauschverhältnis der Anteile nicht dem Verhältnis der übergehenden Vermögensteile zu dem bei der übertragenden Kapitalgesellschaft vor der Spaltung bestehenden Vermögen, ist das Verhältnis der gemeinen Werte der übergehenden Vermögensteile zu dem vor der Spaltung vorhandenen Vermögen maßgebend.

Zunächst ist das Verhältnis der übergehenden Vermögensteile (= TB 1 und TB 2) zum Gesamtvermögen der AB-GmbH zu ermitteln.

1574

	TB 1	TB 2	Gesamt
Vermögen	600	800	1.400
Stille Reserven	200	400	600
Gemeiner Wert	800	1.200	2.000
= Verhältnis der gem. Werte	40 %	60 %	100 %

Nach diesem Verhältnis wird das steuerliche Einlagekonto der AB-GmbH auf die übernehmenden Gesellschaften X-GmbH und Y-GmbH in folgender Weise aufgeteilt.

1575

TB 1 auf X-GmbH =	TB2 auf Y-GmbH =	Einlagekonto
40 % v. Einlagekonto	60 % v. Einlagekonto	AB-GmbH
280	420	700

Nach Anwendung der Absätze 2 und 3 des § 29 KStG ist gem. § 29 Abs. 4 KStG für die Anpassung des Nennkapitals der umwandlungsbeteiligten X-GmbH und Y-GmbH § 28 Abs. 1 und 3 KStG anzuwenden. Zum einen gilt: Wird das Nennkapital durch Umwandlung von Rücklagen erhöht, so gilt der positive Bestand des steuerlichen Einlagekontos als vor den sonstigen Rücklagen umgewandelt (§ 28 Abs. 1 Satz 1 KStG). Reicht der Betrag des steuerlichen Einlagekontos nicht aus, gilt zum anderen nach § 28 Abs. 3 KStG: Enthält das Nennkapital auch Beträge, die ihm durch Umwandlung von sonstigen Rücklagen mit Ausnahme von aus Einlagen der Anteilseigner stammenden Beträgen zugeführt worden sind, so sind diese Teile des Nennkapitals getrennt auszuweisen und gesondert festzustellen (Sonderausweis).

1576

Infolge der Aufspaltung entwickelt sich das Vermögen der übernehmenden Kapitalgesellschaften folgendermaßen:

1577

Die X-GmbH hat zum 31. 12. 00 vor Aufspaltung der AB-GmbH folgende Bilanz

Aktiva		Passiva	
Diverse	3.000	Stammkapital	1.600
		Kapitalrücklage	150
		Gewinnrücklage	1.250
	3.000		3.000

D. Das Umwandlungssteuerrecht

Die Kapitalrücklage ist identisch mit dem steuerlichen Einlagekonto.

1578 Nach der Aufspaltung entwickelt sich das steuerliche Einlagekonto und das Kapital der X-GmbH unter Berücksichtigung der Kapitalerhöhung von 320 mit Neuanteilen in folgender Weise:

	Vorspalte	Einlage-konto	Sonder-ausweis
Bestand vor Aufspaltung		150	0
+ 40 % Zugang des steuerlichen Einlagekontos der AB-GmbH	280		
– Verringerung in Höhe einer Beteiligung	- 0		
Rest, Zugang beim steuerlichen Einlagekonto	280	+ 280	
Zwischenergebnis		430	0
Betrag der Kapitalerhöhung	320		
Verringerung des steuerlichen Einlagekontos	- 320	- 320	
Rest, Zugang beim Sonderausweis	0	0	0
Bestände nach der Aufspaltung		110	0

X-GmbH-Bilanz nach Vermögensübernahme infolge der Aufspaltung

Aktiva			Passiva
Diverse	3.000	Stammkapital (1.600 + 320 =)	1.920
TB 1	600	Kapitalrücklage	150
		Gewinnrücklage	1.250
		Übernahme-Überschuss	280
	3.600		3.600

1579 Gemäß § 15 Abs. 1 Satz 2 i.V.m. § 12 Abs. 2 UmwStG entsteht folgender **Übernahmegewinn**:

Aktiva AB-GmbH	600 ⎫ s. Rn 1572
./. Passiva Fremdkapital	0 ⎭
./. BW-Anteile, die erworben sind oder gelten	./. 320 ⎫ 320 = BW-Anteile
./. Korrektur gem. § 12 Abs. 1 Satz 2	./. 0 ⎭
./. Umwandlungskosten	./. 0
Übernahmeergebnis	280

Gemäß § 15 Abs. 1 Satz 2 i. V. m. § 12 Abs. 2 Satz 1 UmwStG ist dieser Übernahmegewinn steuerfrei und außerhalb der Bilanz vom Übernahme-Überschuss als Teil des Jahresüberschusses der folgenden Schlussbilanz wieder abzuziehen. 1580

Die Besteuerung der Gewinnrücklage von 700 der untergehenden AB-GmbH im Auskehrungsfall gem. § 20 Abs. 1 EStG wird somit in Höhe von 320 bei der X-GmbH in Höhe von 280 Gewinnrücklage und 40 (= 150 − 110) weniger steuerliches Einlagekonto sichergestellt. Infolge der steuerrechtlichen Verrechnungsfiktionen gem. § 29 Abs. 4 i. V. m. § 28 Abs. 1 und Abs. 3 KStG ist die bilanzielle Kapitalrücklage der X-GmbH (150) betragsmäßig nicht mehr identisch mit ihrem steuerlichen Einlagekonto (110). 1581

Hätte der Betrag des steuerlichen Einlagekontos, der in diesem Fall zunächst identisch war mit der Kapitalrücklage, nicht ausgereicht, wäre ein fehlender Betrag der Gewinnrücklage zu entnehmen gewesen. Für diesen Fall hätte die X-GmbH einen Sonderausweis bilden müssen. 1582

Die Y-GmbH entsteht erst infolge der Aufspaltung der AB-GmbH. 1583

Nach der Aufspaltung entwickelt sich das steuerliche Einlagekonto und das Kapital der Y-GmbH unter Berücksichtigung eines Stammkapitals in Höhe von 500 in folgender Weise: 1584

	Vorspalte	Einlage-konto	Sonder-ausweis
Bestand vor der Aufspaltung		0	0
+ 60 % Zugang des steuerlichen Einlagekontos der AB-GmbH	420		
− Verringerung in Höhe einer Beteiligung	- 0		
Rest, Zugang beim steuerlichen Einlagekonto	420	+ 420	
Zwischenergebnis		420	0
Betrag des Stammkapitals = Kapitalerhöhung	500		
Verringerung des steuerlichen Einlagekontos	- 420	- 420	
Rest, Zugang beim Sonderausweis	80	0	80
Bestände nach der Aufspaltung		0	80

Reicht der Betrag des steuerlichen Einlagekontos nicht aus, ist der Restbetrag des Stammkapitals durch Umwandlung von Gewinnrücklagen und nicht aus Einlagen, die von Gesellschaftern stammen, zu bilden, diese Teile des Nennkapitals sind in einem Sonderausweis getrennt auszuweisen und gesondert 1585 festzustellen. Das fordert hier der entsprechend anzuwendende § 28 Abs. 3 KStG.

1586 Die Eröffnungsbilanz der durch Neugründung entstandenen Y-GmbH stellt sich folgendermaßen dar:

Aktiva		Passiva	
TB 2	800	Stammkapital	500
		Kapitalrücklage	0
		Übernahme-Überschuss	300
	800		800

1587 Gemäß § 15 Abs. 1 Satz 2 i. V. m. § 12 Abs. 2 UmwStG entsteht bei der Y-GmbH folgender Übernahmegewinn:

Aktiva AB-GmbH	800	⎫ s. Rn. 1572
./. Passiva Fremdkapital	0	⎭
./. BW-Anteile, die erworben sind oder gelten	./. 500	⎫ 500 = BW-Anteile
./. Korrektur gem. § 12 Abs. 1 Satz 2	./. 0	⎭
./. Umwandlungskosten	./. 0	
Übernahmeergebnis	300	

1588 Gemäß § 15 Abs. 1 Satz 2 i. V. m. § 12 Abs. 2 Satz 1 UmwStG ist dieser Übernahmegewinn steuerfrei und außerhalb der Bilanz vom Übernahme-Überschuss als Teil des Jahresüberschusses der folgenden Schlussbilanz wieder abzuziehen.

1589 Die Besteuerung der Gewinnrücklage von 700 der untergehenden AB-GmbH gem. § 20 Abs. 1 EStG wird für den Fall der Auskehrung an die Anteilseigner in Höhe von 380 bei Y-GmbH sichergestellt. Da die Gewinnrücklage = Übernahme-Überschuss nur in Höhe von 300 gebildet werden kann, musste der Restbetrag zur Bildung des Stammkapitals = Nennkapitals verwandt werden. Die Sicherstellung der korrekten Besteuerung erfolgt durch die Bildung des Sonderausweises in Höhe von 80.

1590–1600 *(Einstweilen frei)*

7. Erhöhung des Nennkapitals ohne Zuführung von außerhalb der Umwandlung stehenden Mitteln

Erhöht die übernehmende Körperschaft i. R. der Umwandlung ihr Nennkapital, finden darauf gem. § 29 Abs. 4 KStG die Regelungen des § 28 Abs. 1 KStG entsprechende Anwendung. Das gilt allerdings nicht, soweit die Kapitalerhöhung auf baren Zuzahlungen bzw. Sacheinlagen beruht, da sich § 28 Abs. 1 KStG nur auf Kapitalerhöhungen aus eigenen Mitteln bezieht. Die Kapitalerhöhung darf sich nur auf Wirtschaftsgüter beziehen, die entweder bei dem übertragenden Unternehmen oder dem übernehmenden Unternehmen schon vorhanden waren. Wurden in dem Wirtschaftsjahr i. R. oder außerhalb von Umwandlungsvorgängen weitere Kapitalerhöhungen aus Gesellschaftsmitteln vorgenommen, sind diese für die Anwendung des § 28 Abs. 1 KStG zusammenzurechnen.

1601

BEISPIEL: Die T-GmbH, an der die M-GmbH zu 50 % beteiligt ist, wird auf die M-GmbH verschmolzen. Das nach § 29 Abs. 2 Satz 1 KStG zuzurechnende steuerliche Einlagekonto der T-GmbH beträgt 400. Der Sonderausweis der M-GmbH beträgt 100, der Bestand des steuerlichen Einlagekontos null. Im Rahmen der Umwandlung wird das Nennkapital um 120 erhöht, wovon 70 auf bare Zuzahlungen entfallen. Nach der Verschmelzung wird das Nennkapital der M-GmbH durch Umwandlung von Rücklagen um weitere 100 erhöht.

1602

Lösung:

Für das steuerliche Einlagekonto und den Sonderausweis der T ergibt sich somit:

	Vorspalte	Einlage-konto	Sonder-ausweis
Bestand vor Umwandlung		0	100
Zugang steuerliches Einlagekonto der T-GmbH	400		
− 1/2 Kürzung nach § 29 Abs. 2 Satz 2 KStG	- 200		
Rest, Zugang steuerliches Einlagekonto	200	+ 200	
Zwischenergebnis		200	100
Anpassung des Nennkapitals (Erhöhung um insgesamt 220 abzgl. barer Zuzahlungen in Höhe von 70)	150		
Vorrangige Verwendung des Einlagekontos (§ 28 Abs. 1 KStG)	- 150	- 150	
Zwischenergebnis		50	100
Verrechnung des Sonderausweises mit dem positiven steuerlichen Einlagekonto zum Schluss des Wirtschaftsjahrs (§ 28 KStG)		- 50	- 50
Schlussbestände		0	50

(Einstweilen frei) 1603–1630

XII. Einbringung in eine Kapitalgesellschaft

1. Strukturänderung durch das SEStEG

1631 In §§ 20 ff. UmwStG wurden die Einbringungen in Körperschaften durch das SEStEG europäisiert, indem das frühere Erfordernis der unbeschränkten Steuerpflicht für die übernehmende Gesellschaft entfiel. Es wurde die Möglichkeit geschaffen, auch Sacheinlagen als Einzahlungen auf den Geschäftsanteil zuzulassen. Die Einbringung von Betriebsvermögen (§ 20 UmwStG) und der Anteilstausch (§ 21 UmwStG) werden im Unterschied zum vorherigen Recht getrennt geregelt. § 20 Abs. 1 Satz 2 UmwStG a. F. regelte früher die Einbringung mehrheitsvermittelnder Anteile (Anteilstausch).

2. Erforderlicher Regelungsbereich des § 20 UmwStG

1632 Der Regelungsbereich und der Regelungsbedarf des § 20 UmwStG erschließen sich aus folgendem Beispiel:

AUSGANGSBEISPIEL: E möchte seine Einzelfirma in eine GmbH umwandeln. Der Privatmann F soll sich mit einem gleichen Anteil an der GmbH beteiligen.

Man steht vor folgenden Fragen:
1. Welche ertragsteuerrechtlichen Probleme entstehen im Verhältnis E und GmbH?
2. Welche Problemlösungen bietet § 20 Abs. 1, 2 und 3 UmwStG an?

Die Antwort soll die nachfolgende Grafik verdeutlichen:

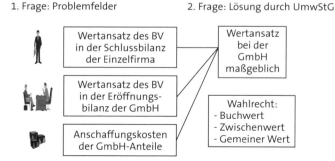

1633 Im Beispielsfall handelt es sich in Bezug auf das Einzelunternehmen um den Vorgang einer Betriebsveräußerung i. S. von § 16 Abs. 1 EStG. Der Betrieb des Einzelkaufmanns wird auf die GmbH übertragen, und die Gegenleistung besteht in der Gewährung von Gesellschaftsrechten. Da der Einzelkaufmann damit seine bisherige unternehmerische Tätigkeit beendet, muss er i. R. von § 16 EStG grds. eine Schlussbilanz erstellen, in der alle stillen Reserven aufzudecken sind. Daher bildet die Frage nach dem Wertansatz in der Schlussbilanz das erste Problemfeld.

Die Wirtschaftsgüter des Einzelunternehmens werden auf die nachfolgende Kapitalgesellschaft übertragen und müssen dort in der Bilanz angesetzt werden. Daher ist der zweite Problembereich die Frage nach dem Übernahmewert bei der rechtsnachfolgenden Kapitalgesellschaft. 1634

Im Austausch erhält der Einzelunternehmer Anteile an der übernehmenden Kapitalgesellschaft, daher stellt sich drittens die Frage nach der Höhe der Anschaffungskosten. 1635

Eine Besonderheit besteht darin, dass die Gegenleistung in der Gewährung von Anteilen besteht und ein Geldzufluss, aus dem eine Steuerzahlung aufgebracht werden könnte, fehlt. Um aus Gründen der Rechtsformneutralität[1] Umstrukturierungen von Unternehmen nicht zu behindern, gewährt § 20 Abs. 2 UmwStG ein Wahlrecht, wonach die stillen Reserven nicht aufgedeckt zu werden brauchen oder teilweise oder voll aufgedeckt werden dürfen. Im Gegensatz zu den Fällen des zweiten bis fünften Teils des UmwStG steht das Wahlrecht nicht dem übertragenden, sondern dem **übernehmenden Rechtsträger**, der Kapitalgesellschaft, zu (§ 20 Abs. 2 UmwStG). Daraus folgt als Konsequenz, dass der Wert, mit dem die übernehmende Gesellschaft das eingebrachte Betriebsvermögen ansetzt, für den Einbringenden als Veräußerungspreis und als Anschaffungskosten der Gesellschaftsanteile gilt (§ 20 Abs. 3 Satz 1 UmwStG). 1636

(Einstweilen frei) 1637–1640

3. Die Einbringungsvorgänge des § 20 UmwStG

In § 20 UmwStG wird die steuerliche Behandlung der Einbringung eines Betriebs, Teilbetriebs oder Mitunternehmeranteils in eine Kapitalgesellschaft oder Genossenschaft gegen Gewährung neuer Anteile geregelt. § 20 Abs. 1 UmwStG enthält besondere Formen der Sacheinlage. 1641

§ 20 UmwStG ist eine Modifikation des § 16 Abs. 1 EStG,[2] der die Besteuerung der Veräußerung von Sachgesamtheiten in Gestalt eines Betriebs, Teilbetriebs oder Mitunternehmeranteils regelt. Es findet ein Leistungsaustausch zwischen unterschiedlichen Rechtsträgern statt. Während § 16 EStG ein allgemeines Ent- 1642

---

1 Siehe o. Rn 530.
2 BFH, Urteil v. 24. 6. 2009 X R 36/06, BFH/NV 2009 S. 1701.

gelt voraussetzt, besteht bei § 20 UmwStG die Gegenleistung (zumindest zum Teil) in der Gewährung neuer Anteile an der übernehmenden Kapitalgesellschaft.

1643 Es handelt sich um eine Vermögensübertragungsvorschrift mit Rechtsträgerwechsel.

1644 Im Gegensatz zu den Umwandlungsfällen aus einer Kapitalgesellschaft nach dem 2.–5. Teil des UmwStG enthält die Einbringung gem. § 20 UmwStG sowohl die Übertragung im Wege der Einzelrechtsnachfolge als auch im Wege der rechtsgeschäftlichen Gesamt- bzw. Teilgesamtrechtsnachfolge. Es ist Ausfluss des Gedankens der Rechtsformneutralität, dass nicht aus steuerlichen Gründen der zivilrechtliche Weg der Umstrukturierungen vorgezeichnet werden sollte.[1]

1645 Die Einbringung eines Betriebs oder Teilbetriebs im Wege der **Einzelrechtsnachfolge** ist immer möglich. Sie kann eintreten durch

- eine Sacheinlage i. S. von § 5 Abs. 4 GmbHG bzw. § 27 AktG bzw. § 7a Abs. 3 GenG bei der Gründung einer Kapitalgesellschaft oder Genossenschaft oder

- eine Sachkapitalerhöhung i. S. von § 56 GmbHG, §§ 183, 194, 205 AktG bei einer bestehenden Kapitalgesellschaft.

1646 **Gesamtrechtsnachfolge** bzw. **Teilgesamtrechtsnachfolge** ist in folgenden Fällen möglich:

- Verschmelzung von Personenhandelsgesellschaften oder Partnerschaftsgesellschaften auf eine bereits bestehende oder neugegründete Kapitalgesellschaft oder Genossenschaft nach § 2, § 3 Abs. 1 UmwG,

- Aufspaltung und Abspaltung von Vermögensteilen einer Personenhandelsgesellschaft oder Partnerschaftsgesellschaft auf eine bereits bestehende oder neugegründete Kapitalgesellschaft oder Genossenschaft nach § 123 Abs. 1 und 2, § 124 UmwG,

- Ausgliederung von Vermögensteilen eines Einzelkaufmanns, einer Personenhandelsgesellschaft oder Partnerschaftsgesellschaft, einer Kapitalgesellschaft, einer Genossenschaft oder eines sonstigen sowohl in § 124

---

[1] Siehe o. Rn 530.

XII. Einbringung in eine Kapitalgesellschaft

Abs. 1, 2. Alternative als auch in § 3 Abs. 1 UmwG genannten Rechtsträgers auf eine bereits bestehende oder neugegründete Kapitalgesellschaft oder Genossenschaft,[1]

▶ Erwerb aller Kommanditanteile durch Komplementär-GmbH gegen Gewährung von Gesellschaftsrechten an der GmbH (**erweitertes Anwachsungsmodell oder Übertragungsmodell** genannt; zivilrechtlich handelt es sich um eine Sacheinlage mit Kapitalerhöhung).[2] Auch die Finanzverwaltung geht davon aus, dass die erweiterte Anwachsung unter § 20 UmwStG fällt, wie sich aus den Rn E 20.10 und 01.44 UmwStErl 2011 ergibt.[3] Demgegenüber fällt die **einfache Anwachsung** (Ausscheiden der Kommanditisten aus der KG unter Anwachsung ihrer Anteile gem. §§ 738 BGB auf die Komplementär-GmbH[4]) mangels Gewährung neuer Anteile an der GmbH nicht unter § 20 UmwStG. Es handelt sich dann um eine verdeckte Einlage. Der Wert der verdeckten Einlage ist beim einfachen Anwachsungsmodell die Werterhöhung, die die Beteiligung an der GmbH durch die Anwachsung erfährt. Dabei ist auch der **Firmenwert** zu berücksichtigen, da dieser grundsätzlich durch die Anwachsung im Wege der Gesamtrechtsnachfolge übergeht.[5]

Eine Einbringung kann sowohl den Vorgang einer Einzelrechtsnachfolge als auch den Vorgang einer Gesamtrechtsnachfolge beinhalten.

1647

---

1 Zu den gesellschaftsrechtlichen Einzelheiten siehe Klein in Birle/Klein/Müller, NWB-Praxishandbuch der GmbH, Rn 1042 ff.
2 Das auch nach neuem Recht nach zutreffender, allerdings nicht unumstrittener Auffassung unter § 20 UmwStG fällt, s. Ettinger/Schmitz, GmbHR 2008 S. 1089. Zu Einzelheiten s. Rophol/Freck, Die Anwachsung als rechtliches und steuerliches Gestaltungsinstrument, GmbHR 2009 S. 1076.
3 Benz/Rosenberg, DB, Beilage 1 zu Heft 2 vom 13. 1. 2012 S. 38.
4 Zu den verschiedenen Möglichkeiten der Anwachsung siehe Ropohl/Freck, GmbHR 2009, S. 1076.
5 BFH, Urteile v. 12. 2. 1980 - VIII R 114/77 , BStBl II 1980 S. 494 ; v. 24. 3. 1987 - I R 202/83, BStBl II 1987 S. 705.

D. Das Umwandlungssteuerrecht

BEISPIEL: Verschmelzung einer OHG auf eine GmbH mit gleichzeitigem Übergang des Sonderbetriebsvermögens

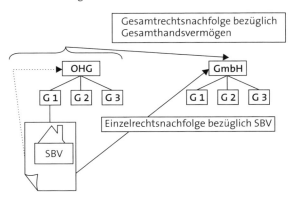

1648 Die **Umwandlung** einer Personengesellschaft in eine Kapitalgesellschaft ist ein **einheitlicher Vorgang**. So handelt es sich im vorstehenden Beispiel um einen Fall, der steuerlich einheitlich als Gesamtrechtsnachfolge zu behandeln ist. Das hat Bedeutung für die Frage des Übertragungsstichtags. So darf gem. § 20 Abs. 6 Satz 1 UmwStG als steuerlicher Übertragungsstichtag (Einbringungszeitpunkt) z. B. in den Fällen der Sacheinlage durch Verschmelzung i. S. des § 2 UmwG der Stichtag angenommen werden, für den die Schlussbilanz jedes der übertragenden Unternehmen i. S. des § 17 Abs. 2 UmwG aufgestellt ist. Dagegen darf in den Fällen der Einzelrechtsnachfolge gem. § 20 Abs. 6 Satz 3 UmwStG die Einbringung auf einen Tag zurückbezogen werden, der höchstens acht Monate vor dem Tag des Abschlusses des Einbringungsvertrags liegt und höchstens acht Monate vor dem Zeitpunkt liegt, an dem das eingebrachte Betriebsvermögen auf die übernehmende Gesellschaft übergeht. Aus § 20 Abs. 6 UmwStG ergibt sich u. E. zwingend, dass bei Einbringungen der handelsrechtliche Umwandlungsstichtag und der steuerliche Einbringungsstichtag identisch sind.[1]

1649 Nach den allgemeinen Besteuerungsgrundsätzen werden stille Reserven aufgedeckt und besteuert, da die Einbringung von Unternehmensteilen gegen Gewährung von Anteilen einen Tauschvorgang darstellt. Es ist der gemeine Wert

---

1 Anders als in den Fällen der §§ 3, 4 und 11, 12 UmwStG, wo der steuerliche Übertragungsstichtag der Tag ist, der dem handelsrechtlichen Umwandlungsstichtag vorausgeht; vgl. hierzu ober Rn 682 ff.; a. A. Kai, GmbHR 2012, S. 165, 171 f. zu der vergleichbaren Problematik bei § 24 UmwStG. Der UmwStErl 2011 enthält hierzu entgegen Kai keine Aussage. Die von Kai in Bezug genommenen Randnrn. befassen sich nicht mit dieser Frage.

anzusetzen. Auf Antrag kann die Einbringung auch steuerneutral zum Buchwert oder wahlweise unter Aufdeckung nur eines Teils der stillen Reserven zu einem Zwischenwert erfolgen, wenn die in § 20 UmwStG und § 1 Abs. 3 und 4 UmwStG genannten Voraussetzungen erfüllt sind.

Nach § 1 Abs. 3 UmwStG sind die **Einbringungsfälle** des § 20 UmwStG **unionsrechtskonform** ausgestaltet und sogar globalisiert worden.[1] Die übernehmende Gesellschaft muss eine EU/EWR-Gesellschaft sein, wohingegen der Einbringende grds. auch in einem Drittstaat ansässig und die eingebrachten Unternehmensteile auch in einem Drittstaat belegen sein können.

1650

Die Einbringungsfälle müssen gem. § 1 Abs. 3 UmwStG deutschen Einbringungsfällen vergleichbar sein. Die Vergleichbarkeit stellt nicht auf vergleichbare ausländische Vorschriften ab, sondern verlangt vergleichbare Vorgänge. Die **Vergleichbarkeitsprüfung** umfasst

1651

▶ die Vergleichbarkeit der Rechtsfolgen des Umwandlungsvorgangs und
▶ die Vergleichbarkeit der beteiligten Rechtsträger.[2]

Entscheidend ist, ob die nach ausländischem Recht getroffenen Regelungen zu demselben wirtschaftlichen Ergebnis führen wie der zum Vergleich herangezogene inländische Vorgang. Ob die Abwicklung als Gesamtrechtsnachfolge oder als Einzelrechtsnachfolge durchgeführt wird, ist dabei nicht entscheidend.[3]

1652

(Einstweilen frei)

1653–1660

4. Entsprechende Anwendung des § 20 UmwStG

Einbringungsvorgänge beruhen auf einer Vermögensübertragung. Liegt ein Formwechsel aus einem Personenunternehmen in eine Kapitalgesellschaft vor, ist das ein Vorgang ohne Vermögensübertragung. Eine Gesamtrechtsnachfolge scheitert am Fehlen eines zivilrechtlichen Vermögensübergangs. Der Formwechsel wird jedoch steuerlich wie ein Rechtsträgerwechsel behandelt. Gemäß § 25 i. V. m. § 1 Abs. 3 Nr. 3 UmwStG ist § 20 UmwStG entsprechend anzuwenden

1661

▶ beim Formwechsel einer Personengesellschaft in eine Kapitalgesellschaft oder Genossenschaft nach § 190 UmwG,

---

1 Dötsch/Pung, DB 2006 S. 2763.
2 Die einer deutschen Gesellschaft vergleichbaren ausländischen Gesellschaften sind z. B. ersichtlich aus zwei Listen als Anhang zum BMF-Schreiben v. 24. 12. 1999, BStBl I 1999 S. 1076.
3 Widmann in Widmann/Mayer, Umwandlungsrecht, § 1 UmwStG, Rn 17, 80.

5. Sachliche Anwendungsvoraussetzungen des § 20 UmwStG

1662 Die Rechtsfolgen des § 20 UmwStG[1], vor allem die Möglichkeit, das Wahlrecht auszuüben, setzen nach § 20 Abs. 1 Satz 1 UmwStG voraus, dass

▶ in eine Kapitalgesellschaft oder eine Genossenschaft (übernehmende Gesellschaft)

ein Betrieb oder

Teilbetrieb oder

ein Mitunternehmeranteil

eingebracht wird

und dafür

▶ der Einbringende **neue Anteile** an der Gesellschaft (Sacheinlage) erhält.

1663 Die Einbringung kann in eine bestehende oder durch die Einbringung neugegründete Körperschaft erfolgen.

a) Einbringung eines Betriebs

aa) Einkunftsartbezogenheit

1664 Der Begriff „Betrieb" wird nicht in den Steuergesetzen definiert. Voraussetzung für das Vorliegen eines Betriebs ist, dass Einkünfte aus Land- und Forstwirtschaft, Gewerbebetrieb oder selbständiger Arbeit vorliegen. Nur hinsichtlich Betriebsvermögen kann eine Betriebsveräußerung nach § 16 EStG ausgelöst werden. Das Gleiche gilt für § 20 UmwStG als § 16 EStG modifizierende Vorschrift.[2]

1665 Deshalb führt eine rein vermögensverwaltend tätige Personengesellschaft keinen Betrieb. Ihr Vermögen ist steuerlich Privatvermögen, es sei denn, ihre Einkünfte gelten **kraft gewerblicher Prägung** nach § 15 Abs. 3 Nr. 2 EStG oder i. R. einer **Betriebsaufspaltung** als Gewinneinkünfte.

1666 Nur ein **bestehender Betrieb** kann eingebracht werden. Der Betrieb darf also vor dem Umwandlungsstichtag noch nicht aufgegeben worden sein. Ein bereits aufgegebener Betrieb ist ein zerschlagener Organismus und existiert

---

1 Zu Musterverträgen und Formularen s. Ettinger/Schmitz, Umstrukturierungen, Rn 1189 ff.
2 Siehe o. Rn 1642.

steuerrechtlich nicht mehr. Ein sog. **ruhender Betrieb** existiert noch und kann deshalb Einbringungsgegenstand sein.[1]Gleiches gilt u. E. für einen im Aufbau begriffenen Betrieb, wenn die wesentlichen Betriebsgrundlagen bereits vorhanden sind.[2]Demgegenüber hat die Finanzverwaltung ihre Auffassung gegenüber dem UmwStErl 1998 verschärft: Nach Rn 20.06 Satz 2 Halbsatz 2 UmwStErl 2011 i. V. m. Rn. 15.03 UmwStErl 2011 genügt ein Betrieb im Aufbau nicht. Dies führt zu unnötigen und schwer kalkulierbaren Abgrenzungsschwierigkeiten. Wann ist ein Betrieb „im Aufbau", wann „fertig aufgebaut"?

Die Verwaltung[3] stellt für die Frage des Einbringungsgegenstands auf das zugrunde liegende Rechtsgeschäft und nicht auf die Person des Einbringenden ab. Bei einer Abspaltung aus dem Betriebsvermögen einer Personengesellschaft bedeutet dies, dass das abgespaltene Vermögen ein Teilbetrieb sein muss. Würde man auf die Person des Einbringenden abstellen (das sind im Beispielsfall die Mitunternehmer, da sie die Anteile erhalten[4]), wären Bruchteile von Mitunternehmeranteilen Einbringungsgegenstand, so dass es auf die Qualität des abgespaltenen Vermögens nicht ankäme.

1666a

bb) Begriff der wesentlichen Betriebsgrundlage

Die Einbringung eines Betriebs setzt voraus, dass **alle wesentlichen Betriebsgrundlagen** übertragen werden, so dass der Betrieb fortgeführt werden kann.[5] Ob die Übernehmerin den Betrieb fortführt, ist unerheblich.[6]Es darf keine wesentliche Betriebsgrundlage zurückbehalten werden. Die nicht wesentlichen Betriebsgrundlagen können, müssen aber nicht Gegenstand der Sacheinlage sein.

1667

Ob ein Wirtschaftsgut eine wesentliche Betriebsgrundlage darstellt, wird i. R. des § 20 UmwStG grds. nach der **funktionalen Betrachtungsweise** entschieden.[7]Danach stellt ein Wirtschaftsgut eine wesentliche Betriebsgrundlage dar,

1668

---

1 FG Münster, Urteil v. 19. 5. 2009 8 K 1544/07 F, EFG 2009 S. 1425, rkr. nach Verwerfung der NZB durch BFH-Beschluss vom 1. 4. 2010 IV B 84/09, BFH/NV 2010, S. 1450, zur vergleichbaren Problematik in § 24 UmwStG.
2 Schmitt in S/H/S, UmwG-UmwStG, § 20 UmwStG, Rn 15 m. w. N.
3 Rn 20.06 UmwStErl 2011; zustimmend Hötzel/Kaeser, FGS/BDI, S. 323; ablehnend Rasche, GmbHR 2012, S. 149, 151, der auch bei § 20 UmwStG auf die funktional-quantitative Betrachtungsweise abstellen will.
4 Vgl. unten Rn 1799.
5 BFH, Urteil v. 7. 11. 1991 IV R 50/90, BStBl II 1992 S. 380.
6 Schmitt in S/H/S, UmwG-UmwStG, § 20 UmwStG, Rn 17; Widmann in Widmann/Mayer, § 20 UmwStG, Rn 11.
7 Rn 20.06 Satz 2 UmwStErl 2011; BMF-Schreiben v. 16. 8. 2000, BStBl I 2000 S. 1253; Schmitt, a. a. O., Rn 13, 20; Herlinghaus in R/H/vL, § 20 UmwStG, Rn 37.

D. Das Umwandlungssteuerrecht

wenn es nach der Art des Betriebs und seiner Funktion im Betrieb für diesen wesentlich ist, und zwar unabhängig von der Frage, ob das Wirtschaftsgut stille Reserven enthält.[1] Auch bisher nicht bilanzierte Wirtschaftsgüter (z. B. selbst geschaffene immaterielle Wirtschaftsgüter des Anlagevermögens oder fälschlicherweise dem Privatvermögen zugeordnete Wirtschaftsgüter) gehören zu den zu übertragenden Wirtschaftsgütern, wenn sie wesentlich sind.[2]

1668a **Maßgeblicher Zeitpunkt** für die Beurteilung, ob ein Wirtschaftsgut eine wesentliche Betriebsgrundlage darstellt, ist der Zeitpunkt der Einbringung. Die vorherige Veräußerung einer wesentlichen Betriebsgrundlage unter Aufdeckung der stillen Reserven steht der Anwendung des § 20 UmwStG zumindest dann nicht entgegen, wenn die Veräußerung auf Dauer angelegt ist.[3]

1669 Demgegenüber gilt im Bereich des § 16 EStG die funktional-quantitative Betrachtungsweise. Diese wertet auch solche Wirtschaftsgüter als wesentlich, die funktional gesehen für den Betrieb, Teilbetrieb oder Mitunternehmeranteil nicht erforderlich sind, in denen aber erhebliche stille Reserven gebunden sind. Diese Auffassung wird mit dem Zweck der § 16 Abs. 1, § 34 EStG gerechtfertigt, eine „zusammengeballte" Realisierung der über die Zeit entstandenen, gesammelten stillen Reserven nicht dem ungemilderten Einkommensteuertarif zu unterwerfen. Gemäß diesem Gesetzeszweck sei der Begriff der wesentlichen Betriebsgrundlage i. R. des § 16 EStG anders auszulegen als i. R. der übrigen Vorschriften und Rechtsinstitute, in denen er eine Rolle spielt.[4]

1670 Im Rahmen des § 20 UmwStG soll das Vorhandensein erheblicher stiller Reserven (**quantitative Betrachtungsweise**) aber dann bedeutsam sein, wenn natürliche Personen an der Einbringung beteiligt sind und die aufnehmende Kapitalgesellschaft die Wirtschaftsgüter gem. § 20 Abs. 2 UmwStG mit dem gemeinen Wert (früher Teilwert) ansetzt, weil es sich in diesem Fall um eine echte Betriebsveräußerung i. S. des § 16 EStG handelt und gem. § 20 Abs. 4 Satz 1 und 2 UmwStG in diesem Fall die §§ 16, 34 EStG Anwendung finden. Diese vor allem von der Finanzverwaltung vertretene Auffassung[5] verlässt den Boden der Rechtsformneutralität und eröffnet den Beteiligten einen Gestaltungsspielraum. Übertragen natürliche Personen Sachgesamtheiten auf eine Kapi-

---
1 BFH, Urteile v. 4. 7. 2007 X R 49/06, BFH/NV 2007 S. 1985 und v. 25. 11. 2009 I R 72/08, BStBl II 2010 S. 471.
2 BFH, Urteil v. 16. 12. 2009 I R 97/08, BStBl II 2010 S. 808.
3 BFH, Urteil v. 9. 11. 2011 X R 60/09, BStBl II 2012 S. 638.
4 BFH, Urteil v. 2. 10. 1997 IV R 84/96, BStBl II 1998 S. 104.
5 Es ist zweifelhaft, ob die Finanzverwaltung hieran noch festhält. Einerseits wird im UmwStErl 2011 nur auf die funktionale Betrachtungsweise abgestellt; andererseits ist das BMF-Schreiben vom 16. 8. 2000 BStBl I 2000 S. 1253 bisher nicht aufgehoben worden.

talgesellschaft, gilt bei Wahl eines niedrigeren Werts nur die funktionale Betrachtungsweise. Das Zurückhalten eines Wirtschaftsguts, welches nur quantitativ betrachtet eine wesentliche Betriebsgrundlage bildet, wäre unschädlich.

Ob eine solche Gestaltung auch eine praktische Relevanz hat, bleibt in vielen Fällen offen.   1671

In Einbringungsfällen mit **Betriebsgrundstücken** kann die unterschiedliche Betrachtung dahingestellt bleiben. Nach der „funktionalen Betrachtung", die von den meisten Senaten des BFH mittlerweile vertreten wird, gilt: 1672

Ein Grundstück ist wesentlich, wenn

▶ die Betriebsführung durch Lage des Grundstücks bestimmt wird

    oder

▶ das Grundstück auf die Bedürfnisse des Betriebs zugeschnitten ist

    oder

▶ der Betrieb aus anderen innerbetrieblichen Gründen ohne ein Grundstück dieser Art nicht fortgesetzt werden könnte.[1]

Daher bilden in einem Betrieb vorhandene Büro-, Produktions-, Lagergrundstücke und -gebäude immer eine wesentliche Betriebsgrundlage.[2]

Gehören zum Betriebsvermögen eines Betriebs **Anteile an Körperschaften** als wesentliche Betriebsgrundlagen, müssen diese mitübertragen werden[3] Z. B. sind bei einer Betriebsaufspaltung die Anteile an der Betriebskapitalgesellschaft wesentliche Betriebsgrundlage des Besitzunternehmens.[4] Zu deren Zurückbehaltung siehe nachfolgend Rn 1676.   1673

Werden nicht wesentliche Betriebsgrundlagen nicht eingebracht, kommt es zu einer Realisierung der stillen Reserven, soweit die Wirtschaftsgüter nicht mehr Betriebsvermögen des Einbringenden bleiben bzw. die Voraussetzungen einer Übertragung auf einen anderen Rechtsträger zum Buchwert (§ 6 Abs. 5 EStG) nicht vorliegen. Ein etwaiger Entnahmegewinn ist nur dann begünstigt, wenn   1674

---

1 Vgl. dazu BFH, Urteil v. 26. 5. 1993 X R 78/91, BStBl II 1993 S. 718 und Urteil v. 2. 4. 1997 X R 21/93, BStBl II 1997 S. 565.
2 Vgl. auch BFH, Urteil v. 19. 3. 2009 IV R 78/06, BB 2009 S. 1567 (einzelnes Geschäftslokal eines Filialeinzelhandelsbetriebs als wesentliche Betriebsgrundlage i. R. einer Betriebsaufspaltung) und Schmitt, a. a. O., Rn 48.
3 Zum Verhältnis zu § 21 siehe dort unter Rn 2021 ff.
4 BFH, Urteile v. 30. 3. 1999 VIII R 15/97, BFH/NV 1999 S. 1468 und v. 25. 11. 2004 IV R 7/03, BStBl II 2005 S. 354.

die aufnehmende Gesellschaft das eingebrachte Betriebsvermögen mit dem gemeinen Wert ansetzt.[1]

1675 Werden wesentliche Betriebsgrundlagen zurückbehalten, liegt keine Einbringung eines Betriebs i. S. des § 20 UmwStG vor. § 20 UmwStG ist dann nicht anwendbar. Es werden lediglich Einzelwirtschaftsgüter eingebracht, für die die Regeln der Sacheinlage und der Sachgründung und die allgemeinen steuerlichen Vorschriften über die Sachgründung einer Kapitalgesellschaft und die ordentliche Kapitalerhöhung mit Ausgabe von Neuanteilen gelten.

1676 Behält der Einbringende **Anteile an der Übernehmerin** zurück, ist dies unschädlich, auch wenn die Anteile zu den wesentlichen Betriebsgrundlagen gehören sollten.[2] Die Verwaltung verlangt allerdings einen unwiderruflichen Antrag des Einbringenden, in dem dieser sich damit einverstanden erklärt, dass die zurückbehaltenen Anteile an der übernehmenden Gesellschaft künftig **in vollem Umfang** als Anteile zu behandeln sind, die durch eine Sacheinlage erworben worden sind (erhaltene Anteile).[3] Der Antrag ist bei dem FA zu stellen, bei dem auch der Antrag auf Buchwertfortführung zu stellen ist. Bis wann dieser Antrag gestellt werden muss, ergibt sich nicht eindeutig. Man muss aber davon ausgehen, dass er spätestens mit dem Antrag auf Buchwertfortführung zu stellen ist.

Als Anschaffungskosten der erhaltenen Anteile (Neu- und Altanteile) gilt der Wertansatz des eingebrachten Vermögens in der Steuerbilanz des übernehmenden Rechtsträgers zuzüglich des Buchwerts der zurückbehaltenen Anteile. Damit ist nach Verwaltungsauffassung für alle Anteile § 22 Abs. 1 UmwStG anzuwenden. Nach anderer Auffassung soll es sich nur quotal insoweit um Anteile i. S. des § 22 Abs. 1 Satz 1 UmwStG handeln, als stille Reserven auf die nicht eingebrachten Anteile überspringen.[4]

BEISPIEL DER VERWALTUNG (RN 20.09 UMWSTERL 2011): A ist zu 80 % an der X-GmbH (Stammkapital 25.000 €, Buchwert 50.000 €, gemeiner Wert 85.000 €) beteiligt und hält die Beteiligung im Betriebsvermögen seines Einzelunternehmens. Zum 1.1.2012 bringt er das Einzelunternehmen zu Buchwerten (Buchwert 170.000 €, gemeiner Wert 345.000 €; jeweils einschließlich der Beteiligung) nach § 20 UmwStG in

---

1 Herlinghaus in R/H/vL, § 20 UmwStG, Rn 41.
2 Rn 20.09 UmwStErl 2011; Herlinghaus, a.a.O., Rn 40a; BFH, Urteil v. 25.11.2009 I R 72/08, BStBl II 2010 S. 471, a.A. noch als Vorinstanz Niedersächsisches FG, Urteil v. 10.7.2008 11 K 239/06, EFG 2009 S. 802.
3 Zustimmend FG Münster, Urteil v. 9.7.2010 9 K 3143/09 K, G, EFG 2011, S. 288, BFH-Az.: I R 88/10 Schmitt in S/H/S, UmwG-UmwStG, § 20 UmwStG, Rn 79.
4 So BFH, Urteil v. 25.7.2012 – I R 88/10, BStBl II 2013 S. 94 unter Aufhebung des FG Münster, a.a.O.; Herlinghaus, a.a.O..

die X-GmbH gegen Gewährung von Anteilen (Kapitalerhöhung 20.000 €) ein. Die Beteiligung an der X-GmbH wird nicht miteingebracht. Zum 1.3.2014 werden sämtliche Anteile des A zum Preis von 400.000 € veräußert.

Lösung der Verwaltung

a) Rückwirkende Besteuerung des Einbringungsgewinns I zum 1.1.2012:[1]

gemeiner Wert des eingebrachten Betriebsvermögens (ohne Beteiligung)	260.000 €
./. Buchwert des eingebrachten Betriebsvermögens (ohne Beteiligung)	120.000 €
stille Reserven im Einbringungszeitpunkt	140.000 €
./. 2/7 Abschmelzungsbetrag	40.000 €
zu versteuernder Einbringungsgewinn I	100.000 €

b) Darüberhinaus erzielt A zum 1.3.2014 einen Veräußerungsgewinn nach § 17 EStG:

Veräußerungspreis der Anteile	400.000 €
./. Anschaffungskosten der Anteile (Alt- und Neuanteile = Buchwert der Altanteile zzgl. Buchwert des eingebrachten Betriebsvermögens)	170.000 €
./. Einbringungsgewinn I	100.000 €
Veräußerungsgewinn nach § 17 EStG	130.000 €

Ein Freibetrag ist im Beispielsfall wegen Überschreitens der Grenzen in § 17 Abs. 3 EStG nicht anzusetzen.

Unterliegen die Anteile an der übernehmenden Gesellschaft aufgrund der Einbringung nicht mehr der deutschen Besteuerung, ist der Einbringungsgewinn I unter Anwendung des § 22 Abs. 1 Satz 5 Halbsatz 2 UmwStG zu ermitteln.

ERGÄNZUNG DES OBIGEN BEISPIELS: A ist in Frankreich steuerlich ansässig. Die Beteiligung ist seinem deutschen Betrieb zuzurechnen.

a) Ermittlung des Einbringungsgewinns I

gemeiner Wert des eingebrachten Betriebsvermögens	345.000 €
./. Buchwert des eingebrachten BV (mit Beteiligung)	170.000 €
stille Reserven im Einbringungszeitpunkt insgesamt	175.000 €
./. 2/7 Abschmelzungsbetrag	50.000 €
zu versteuernder Einbringungsgewinn I	125.000 €

Soweit der Einbringungsgewinn I auf die Beteiligung entfällt (35.000 € abzüglich 2/7 Abschmelzungsbetrag = 25.000 €) findet § 3 Nr. 40 EStG (Teileinkünfteverfahren) Anwendung.

---

[1] Einzelheiten hierzu siehe unter Rn 1968 ff.

b) Ein Veräußerungsgewinn nach § 17 EStG ist nach dem DBA-Frankreich nicht in Deutschland zu versteuern.

cc) **Aufdeckung aller stillen Reserven und besondere Besteuerung**

1677 Für den Übertragenden können sich differenzierte Rechtsfolgen ergeben. Werden

- ▶ der wirtschaftliche Organismus Betrieb zerschlagen und
- ▶ die bisherige Tätigkeit eingestellt und
- ▶ i. R. dieses Vorgangs alle stillen Reserven aufgedeckt,

ist eine Betriebsaufgabe gem. § 16 Abs. 3 EStG gegeben, die den Freibetrag nach § 16 Abs. 4 EStG auslösen kann und einen besonderen Steuersatz nach § 34 EStG auslöst. Bei einem einbringenden gewerblichen Personenunternehmen wird die Gewerbesteuer nach Vorgaben des § 7 Satz 2 GewStG entfallen.

1678 § 16 EStG ist eine Vorschrift, die im Sachzusammenhang mit § 34 EStG zu sehen ist. Es handelt sich um einen Vorschriftenkomplex, der außerordentliche Einkünfte zum Gegenstand hat. Außerordentliche Einkünfte werden in § 34 Abs. 2 EStG aufgezählt. Es handelt sich um Tatbestände, in denen innerhalb kurzer Zeit die Steuerprogression steigt, so dass es eines besonderen Steuersatzes bzw. einer Behandlung bedarf, die die außergewöhnliche Progressionswirkung abfängt. Die Tatbestände des § 16 EStG führen dazu, dass innerhalb kurzer Zeit alle stillen Reserven einer wirtschaftlichen Einheit in Gestalt eines Betriebs, Teilbetriebs bzw. Mitunternehmeranteils aufgedeckt werden. Unter kurzer Zeit versteht man in den Fällen der Betriebsaufgabe einen Zeitraum von zwei Jahren, der zur Abgrenzung zur allmählichen Liquidation dient.[1] Sie liegt vor, wenn ein wirtschaftlicher Organismus nach und nach, nicht innerhalb kurzer Zeit, nicht in einem einheitlichen Vorgang zerschlagen wird.[2] Dagegen versteht man unter Betriebsaufgabe, wenn die wesentlichen Betriebsgrundlagen kurzfristig in einem einheitlichen Vorgang entweder in das Privatvermögen überführt oder an verschiedene Erwerber veräußert oder teilweise veräußert und teilweise in das Privatvermögen überführt werden und damit der Betrieb als selbständiger Organismus des Wirtschaftslebens zu bestehen aufhört. Das Wesentliche ist die Aufdeckung aller stillen Reserven in einem einheitlichen Vorgang und prägt die Außerordentlichkeit gem. § 34 EStG, die der entgeltlich Betriebsübertragende oder der Betriebsaufgebende

---

1 BMF-Schreiben v. 20. 12. 2005, BStBl I 2006 S. 7.
2 EStR H 16 Abs. 2 2007 „Allgemeines".

auslöst. Diese Außerordentlichkeit fehlt, wenn Sachverhalte zwar zur Auflösung eines wirtschaftlichen Organismus führen, gleichwohl aber nicht alle stillen Reserven aufgedeckt werden. Die §§ 16, 34 EStG sind deshalb auf Vorgänge zu beschränken, die ihrer Art nach geeignet sind, die nachteiligen Folgen der Steuerprogression hervorzurufen. Ausgeschlossen sind somit Vorgänge, bei denen die stillen Reserven nicht „in einem einheitlichen Vorgang innerhalb kurzer Zeit"[1] und nicht in vollem Umfang stille Reserven aller wesentlichen Betriebsgrundlagen aufgedeckt werden. Ein solcher Vorgang liegt vor, wenn dem Steuerpflichtigen stille Reserven verbleiben, die erst in späteren Veranlagungszeiträumen aufgedeckt werden.[2] Dann werden die Rechtsfolgen wie bei einem laufenden Gewinn ausgelöst. Die tarifliche Einkommensteuer wird nach § 32a EStG berechnet. Es handelt sich bei dieser einschränkenden Auslegung des Begriffs „Aufgabe" um eine teleologische Reduktion auf solche Vorgänge, die durch zeitlich zügige Abwicklung die Gefahr einer progressionsintensiven Besteuerung in sich tragen. Dies ist seit dem Beschluss des GrS v. 18.10.1999 geklärt.[3]

Werden alle wesentlichen Betriebsgrundlagen in eine Kapitalgesellschaft eingebracht, sind die Voraussetzungen des § 20 UmwStG insoweit zwar erfüllt, der Gedanke, die Abfederung der Gefahr einer progressionsintensiven Besteuerung sei nur bei Aufdeckung aller stillen Reserven erforderlich, fand aber auch Eingang in § 20 UmwStG. Gemäß § 20 Abs. 4 Satz 1 u. 2 UmwStG werden der Freibetrag gem. § 16 Abs. 4 EStG und der besondere Steuersatz gem. § 34 Abs. 3 EStG unter den Voraussetzungen des § 34 Abs. 2 Nr. 1 EStG auf einen bei der Sacheinlage entstehenden Veräußerungsgewinn nur gewährt, wenn Einbringender eine natürliche Person ist, es sich nicht um die Einbringung von Teilen eines Mitunternehmeranteils handelt und die übernehmende Gesellschaft das eingebrachte Betriebsvermögen mit dem gemeinen Wert ansetzt. Hier ist allerdings auf das BFH-Urteil v. 24.6.2009 X R 36/06[4] hinzuweisen. Danach gehört der Gewinn aus der Einbringung von zur Veräußerung bestimmten Waren (im Streitfall Grundstücken im Umlaufvermögen eines gewerblichen Grundstückshandels) nicht zum begünstigten Einbringungsgewinn,

1679

---

1 BFH v. 19.2.1981 IV R 116/77, BStBl II 1981 S. 566.
2 So schon BFH, Urteil v. 11.8.1971 VIII 13/65, BStBl II 1972 S. 270; BFH v. 18.10.1999 GrS 2/98, BStBl II 2000 S. 123, 126.
3 BFH v. 18.10.1999 GrS 2/98, BStBl II 2000 S. 123, 126.
4 BStBl II 2010, S. 171; ebenso für den Fall der Einbringung eines Mitunternehmeranteils an einer gewerblichen Grundstückshandel betreibenden Personengesellschaft BFH, Urteil v. 25.8.2010 I R 21/10, BFH/NV 2011, S. 258.

D. Das Umwandlungssteuerrecht

sondern unterliegt als laufender Gewinn der normalen Besteuerung mit ESt und GewSt.

dd) Eigentumsübertragung

1680 Die Einbringung erfolgt durch die **Übertragung** der Wirtschaftsgüter, die eine wesentliche Betriebsgrundlage darstellen. Erfüllt wird das i. d. R. durch die **Übertragung des zivilrechtlichen Eigentums**.

1681 Umstritten ist die Frage, ob die **Übertragung des wirtschaftlichen Eigentums** genügt. Angehörige der Verwaltung vertreten die Auffassung, dass mit der Geltung des § 1 Abs. 3 UmwStG in Gestalt des SEStEG das wirtschaftliche Eigentum keine Einbringung nach § 20 Abs. 1 UmwStG mehr begründen könne.[1] Dem Wortlaut wird man eine solche Einschränkung nicht entnehmen können. Unseres Erachtens reicht wie zu § 20 UmwStG in den Fassungen vor SEStEG[2] die Übertragung des wirtschaftlichen Eigentums aus.[3]

1682 Es genügt auf jeden Fall nicht, der Kapitalgesellschaft die Wirtschaftsgüter, die eine wesentliche Betriebsgrundlage darstellen, nur zur Nutzung zu überlassen.[4]

1683 Die Einbringung eines Betriebs stellt eine **Verfügung i. S. des § 1365 BGB** dar.[5] Leben Ehegatten im gesetzlichen Güterstand der Zugewinngemeinschaft und stellt der Betrieb nahezu das gesamte Vermögen eines Ehegatten dar, ist die Einbringung nur mit Zustimmung des anderen Ehegatten wirksam.[6] Erfüllt der Ehegatte ohne die erforderliche Einwilligung, ist die Verfügung unwirksam. Die Vorschrift enthält ein **absolutes Veräußerungsverbot**, so dass der Rechtsscheinschutz gem. § 135 Abs. 2 BGB keine Anwendung findet.

1684 Eine Einbringung setzt voraus, dass die wesentlichen Betriebsgrundlagen in einem einheitlichen Vorgang übertragen werden.[7] Wenn bei einer Einbringung im Wege der Einzelrechtsnachfolge auch nicht erforderlich ist, dass die Wirt-

---

1 Vgl. Patt in D/P/M, § 20 UmwStG, Tz. 7.
2 Bayerisches Landesamt für Steuern, Vfg. v. 6. 3. 2006, DB 2006 S. 644; s. hierzu Kutt, DB 2006 S. 1132.
3 Herlinghaus in R/H/vL, § 20 UmwStG, Rn 38 f.; Schmitt, a. a. O., Rn 21; ebenso jetzt Rn 01.43 am Ende UmwStErl 2011.
4 Rn 20.06 Satz 3 UmwStErl 2011; BFH, Urteil v. 7. 4. 2010 I R 96/08, BStBl II 2011, S. 467 gegen Sächsisches FG, Urteil v. 9. 9. 2008 3 K 1996/06, EFG 2009 S. 65; a. A. Kutt/Pitzal, DStR 2009 S. 1243.
5 Palandt/Brudermüller, § 1365, Rn 6.
6 Zu den Rechtsfolgen fehlender Einwilligung s. Palandt/Brudermüller, a. a. O., Rn 11 ff.
7 Herlinghaus, a. a. O., Rn 42a; Schmitt, a. a. O., Rn 25.

schaftsgüter in einer Urkunde oder am gleichen Tag übertragen werden, müssen die einzelnen Übertragungsakte inhaltlich und zeitlich so miteinander verknüpft sein, dass sie sich noch als einheitlicher Vorgang darstellen.[1]

b) Einbringung eines Teilbetriebs

aa) Definition des Teilbetriebs nach nationalem Recht

Bisher wurde der Begriff „Teilbetrieb" in § 20 UmwStG nach nationalem Recht definiert. Nach der Rechtsprechung des BFH ist unter einem Teilbetrieb[2] ein organisatorisch geschlossener, mit einer gewissen Selbständigkeit ausgestatteter Teil eines Gesamtbetriebs zu verstehen, der – für sich betrachtet – alle Merkmale eines Betriebs aufweist und als solcher lebensfähig ist.[3] Lebensfähig ist ein Teil des Gesamtunternehmens, wenn von ihm seiner Natur nach eine eigenständige betriebliche Tätigkeit ausgeübt werden kann; für die Beurteilung, ob dies der Fall ist, kommt es entscheidend auf die Verhältnisse beim Betriebsinhaber vor der Betriebsübertragung an.[4] Die erforderliche Selbständigkeit wird somit nach dem Gesamtbild der Verhältnisse beim „Veräußerer" beurteilt.[5]

1685

Bei Filialgeschäften sprechen nach der Rechtsprechung folgende Merkmale für eine gewisse Selbständigkeit gegenüber dem Hauptbetrieb und damit für das Vorliegen eines Teilbetriebs:[6]

1686

- ▶ räumliche Trennung vom Hauptbetrieb,
- ▶ gesonderte Buchführung,
- ▶ eigenes Personal,
- ▶ eigene Verwaltung,
- ▶ selbständige Organisation,
- ▶ eigenes Anlagevermögen,
- ▶ ungleichartige betriebliche Tätigkeit,

---

1 Patt in D/P/M, § 20 UmwStG, Tz. 65.
2 Zum Begriff „Betriebsteil" im Arbeitsrecht (§ 613a BGB) siehe EuGH, Urteil v. 12. 2. 2009, Rs. C-466/07 (Klarenberg), DB 2009, S. 517 und BAG, Urteil v. 13. 10. 2011 8 AZR 455/10.
3 BFH, Urteil v. 7. 8. 2008 IV R 86/05, BStBl II 2012 S. 145; siehe auch oben Rn 1395 ff.
4 BFH, Urteil v. 25. 2. 1993 V R 35/89, BStBl II 1993 S. 641; unter Hinweis auf BFH, Urteil v. 23. 11. 1988, BStBl II 1989 S. 376; v. 26. 10. 1989, BStBl II 1990 S. 373; v. 12. 4. 1989, BStBl II 1989 S. 653; BFH, Urt. v. 12. 4. 1989, BStBl II 1989 S. 653; Heisel, NWB-F. 3 S. 8274.
5 BFH, Urteile v. 5. 6. 2003 IV R 18/02, BStBl II 2003 S. 838 und v. 7. 4. 2010 I R 96/08, BStBl II 2011, S. 467; Rn 20.06 i. V. m. 15.02 Satz 3 UmwStErl 2011.
6 BFH, Urteil v. 10. 3. 1998 VIII R 31/95, DStZ 2000 S. 135 mit Anmerkung v. Tiedke/Welzhaus, S. 127.

D. Das Umwandlungssteuerrecht

- eigener Kundenstamm,
- eigener Einkauf.

1687 Diese Merkmale haben nach der Rechtsprechung unterschiedliches Gewicht, je nachdem, ob es sich um einen Fertigungs-, Handels- oder Dienstleistungsbetrieb handelt. Sie brauchen nicht alle erfüllt zu sein. Ein Teilbetrieb erfordert nur eine gewisse Selbständigkeit gegenüber dem Hauptbetrieb.[1]

BEISPIEL: A ist Inhaber der Reinigung „Supersauber". Er besitzt in acht Stadtteilen von Köln Reinigungsfilialen. Im Hauptbetrieb hat er eine Teppichreinigungsanlage. Für Kleider- und Wäschereinigung hat jede Filiale eine eigene Anlage. Für Großaufträge werden die Anlagen des Hauptbetriebes genutzt. Die Filialen können als Teilbetriebe gewertet werden. Das Problematische ist vor allem die Frage nach der ungleichartigen Tätigkeit.

Teilbetrieb kann auch ein fremdvermietetes Grundstück sein (Grundstücksverwaltung).[2]

1688–1698 *(Einstweilen frei)*

bb) Übertragung der wesentlichen Betriebsgrundlagen

1699 Wie bei einem Betrieb müssen alle wesentlichen Betriebsgrundlagen des Teilbetriebs übertragen werden. Keine steuerbegünstigte Teilbetriebseinbringung liegt vor, wenn ein Steuerpflichtiger einen von mehreren auf demselben Betriebsgrundstück unterhaltenen Teilbetrieben einbringt, er jedoch das allen Teilbetrieben dienende Betriebsgrundstück in vollem Umfang in seinem Betriebsvermögen belässt und das Betriebsgrundstück zu den wesentlichen Betriebsgrundlagen des eingebrachten Teilbetriebs gehört.[3] Die gleiche Rechtsfolge tritt ein, wenn das zurückbehaltene Betriebsgrundstück überwiegend von dem Restbetrieb genutzt wird. Für die Beurteilung, ob eine steuerbegünstigte Teilbetriebseinbringung vorliegt, kann es nicht darauf ankommen, in welchem Umfang ein Wirtschaftsgut, das zu den wesentlichen Betriebsgrundlagen des eingebrachten Teilbetriebs gehört, von diesem genutzt wurde. Der Gesetzeswortlaut der §§ 16, 34 EStG, § 20 UmwStG fordert ausnahmslos die Übertragung aller wesentlichen Grundlagen des Betriebs oder Teilbetriebs. Danach gilt der Grundsatz: Wenn ein Wirtschaftsgut auch anderen Teilbetrieben als wesentliche Betriebsgrundlage dient, muss es dennoch mitübertragen werden

---

[1] BFH, Urteil v. 10. 3. 1998 VIII R 31/95, DStZ 2000 S. 135.
[2] Zu den Voraussetzungen siehe BFH, Urteil v. 17. 3. 2010 IV R 41/07, BStBl II 2010, S. 977 und Meining/Glutsch, GmbHR 2010, S. 735.
[3] BFH, Urteil v. 13. 2. 1996 VIII R 39/92, BStBl II 1996 S. 409.

(sog. einbringungshinderndes Wirtschaftsgut – analog zum spaltungshindernden Wirtschaftsgut).[1] Ist eine reale Teilung des Grundstücks nicht möglich (z. B. wegen fehlender Abgeschlossenheitsbescheinigung können keine Teileigentumseinheiten gebildet werden) oder zumutbar, lässt die Verwaltung im Einzelfall aus Billigkeitsgründen eine ideelle Teilung (Bruchteilseigentum) im Verhältnis der tatsächlichen Nutzung ausreichen.[2]

Für die Bestimmung der wesentlichen Betriebsgrundlagen eines Teilbetriebs gelten dieselben Anforderungen wie bei einem Betrieb.

1700

Die Verwaltung[3] will die Anwendung der Gesamtplanrechtsprechung[4] prüfen, wenn im zeitlichen und wirtschaftlichen Zusammenhang mit der Einbringung eines Teilbetriebs diesem bisher zuzuordnende Wirtschaftsgüter in ein anderes Betriebsvermögen überführt oder übertragen werden. Die Gesamtplanrechtsprechung kommt u. E. zumindest dann bereits grundsätzlich nicht in Betracht, wenn die Überführung/Übertragung der anderen Wirtschaftsgüter zum Buchwert (§ 6 Abs. 3 und 5 EStG) und die Einbringung des Teilbetriebs zum Buchwert oder Zwischenwert erfolgen.[5] Die Gesamtplanrechtsprechung findet, wenn überhaupt, ihre Rechtfertigung darin, dass ein Steuerpflichtiger nicht die Vergünstigungen der §§ 16, 34 EStG in Anspruch nehmen soll, wenn er nicht alle stille Reserven aufdeckt. Geschieht alles zum Buchwert, will der Steuerpflichtige gerade nicht die vorgenannten Vergünstigungen in Anspruch nehmen. Die Gesamtplanrechtsprechung steht auch nicht entgegen, wenn vor der Einbringung eine wesentliche Betriebsgrundlage unter Aufdeckung der stillen Reserven veräußert wird und die Veräußerung auf Dauer angelegt ist.[6]

cc) Der Teilbetrieb nach Europarecht

Art. 2 Buchst. j der Fusionsrichtlinie definiert den Teilbetrieb als „die Gesamtheit der in einem Unternehmensteil einer Gesellschaft vorhandenen aktiven und passiven Wirtschaftsgüter, die in organisatorischer Hinsicht einen selb-

1701

---

1 Patt in D/P/M, § 20 UmwStG, Tz. 110.
2 Rn 20.06 i. V. m. 15.08 UmwStErl 2011.
3 Rn 20.07 UmwStErl 2011.
4 Vgl. BFH, Beschluss v. 19. 1. 2011 X B 43/10, BFH/NV 2011, S. 636 mit zahlreichen Nachweisen; diese Rechtsprechung bei Einbringungen für den Regelfall ablehnend BFH, Urteil v. 25. 11. 2009 I R 72/08, BStBl II 2010, S. 471; siehe hierzu Jebens, BB 2010, S. 1192.
5 BFH, Urteil v. 25. 11. 2009 I R 72/08, BStBl II 2010, S. 471; Benz/Rosenberg, DB, Beilage Nr. 1 zu Heft 2 2012, S. 38, 40; damit kann z. B. GrESt vermieden dadurch werden, dass vorher ein Grundstück auf eine GmbH & Co. KG ausgegliedert wird (§ 5 GrEStG); ertragsteuerlich greift § 6 Abs. 5 Satz 3 Nr. 1 EStG ein.
6 Vgl. BFH, Urteil v. 9. 11. 2011 X R 60/09, BStBl II 2012 S. 638 zur vergleichbaren Problematik bei § 24 UmwStG.

ständigen Betrieb, d. h. eine aus eigenen Mitteln funktionsfähige Einheit darstellen".

1702 Es gibt keine eindeutige Meinung darüber, inwieweit sich der europäische von dem nationalen Teilbetriebsbegriff unterscheidet.[1] So wird die Auffassung vertreten, dass der europäische Teilbetriebsbegriff weiter ist, da eine gewisse Selbständigkeit gegenüber dem Hauptbetrieb keine Voraussetzung sei und vielmehr eine eigenständige Funktionsfähigkeit genüge.[2] Man findet aber auch die Auffassung, dass der europäische Teilbetriebsbegriff enger sei.[3]

1703 Nach der Rechtsprechung des EuGH[4] wird bei der Definition eines Teilbetriebs in einer ersten Stufe auf eine funktionelle Sicht abgestellt. Die übertragenen aktiven Wirtschaftsgüter müssen als selbständiges Unternehmen funktionsfähig sein, ohne dass es hierfür zusätzlicher Investitionen oder Einbringungen bedarf. In einer zweiten Prüfungsstufe geht es um eine finanzielle Sicht. Der Teilbetrieb muss aus eigenen Mitteln lebensfähig sein. Dies soll dann nicht der Fall sein, wenn die Einkünfte der übernehmenden Gesellschaft im Verhältnis zu den Zinsen und Tilgungsraten der aufgenommenen Schulden unzureichend erscheinen. Dem EuGH-Urteil ist darüber hinaus zu entnehmen, dass Verbindlichkeiten zu dem Teilbetrieb gehören und daher auch mitübertragen werden müssen, wenn diese in einem eindeutigen Verwendungszusammenhang zu aktiven Wirtschaftsgütern des Teilbetriebs stehen.

1704 Nach der Teilbetriebsdefinition der Fusionsrichtlinie kommt es entscheidend darauf an, dass alle aktiven und passiven Wirtschaftsgüter übertragen werden, die erforderlich sind, damit der Teilbetrieb aus eigenen Mitteln funktionsfähig ist. Die Funktionsfähigkeit kann letztlich nur im Hinblick auf eine bestimmte Funktion beurteilt werden. Das kann nur die Funktion sein, der die aktiven Wirtschaftsgüter bereits vor der Übertragung gedient haben.[5] Denn könnte man die Funktion auf der Ebene der übernehmenden Gesellschaft neu definieren, könnten dadurch die Voraussetzungen für die selbständige Funktionsfähigkeit beinahe beliebig beeinflusst werden.[6]

1705 Der europarechtliche Teilbetriebsbegriff ist gegenüber dem deutschen Teilbetriebsbegriff enger im Hinblick auf die Finanzierungsseite, da passive Wirt-

---

1 Zu Einzelheiten siehe Blumers, BB 2011, S. 2204 und Greil, StuW 2011, S. 84.
2 Herzig/Förster, DB 1992 S. 913.
3 Widmann in Widmann/Mayer, § 20 UmwStG, Rz. 5.
4 Urteil v. 15.1.2002 Rs. C-43/00 (Andersen og Jensen ApS vs. Skatteministeriet), Slg. 2002 I S. 379.
5 Patt in D/P/M, § 20 UmwStG, Tz. 92.
6 Mutscher in Frotscher/Maas, UmwStG, § 20 UmwStG, Rn 117.

schaftsgüter keine wesentlichen Betriebsgrundlagen darstellen und damit nicht notwendiger Bestandteil des deutschen Teilbetriebs sind.[1] Er wird auch enger gesehen, was die zu übertragenden aktiven Wirtschaftsgüter anbelangt, soweit wohl alle funktionalen Betriebsgrundlagen und nicht bloß die funktional wesentlichen Betriebsgrundlagen übertragen werden müssen. Ob das Letztere eine praktische Relevanz erhält, wird sich zeigen. Für den EuGH ist eine Gesamtbetrachtung entscheidend, danach müssen die zu übertragenden Wirtschaftsgüter in der Summe als selbständiges Unternehmen funktionsfähig sein. Es stellt sich eher die Frage, wenn nach der europarechtlichen Vorgabe ein funktionsfähiger Unternehmensteil übertragen wurde, ob die zurückbehaltenen Wirtschaftsgüter noch das Merkmal wesentlich erfüllen können.

Weiter ist der europäische Teilbetriebsbegriff insoweit, als die Merkmale 1706

▶ räumliche Trennung vom Hauptbetrieb,
▶ gesonderte Buchführung,
▶ eigenes Personal,
▶ eigene Verwaltung,
▶ ungleichartige betriebliche Tätigkeit,
▶ eigener Kundenstamm,
▶ eigener Einkauf

keine Rolle spielen. Schließlich kennt der europarechtliche Teilbetriebsbegriff auch nicht die „quantitative" Betrachtungsweise für die Frage der Wesentlichkeit.

(Zumindest) In den von der Fusionsrichtlinie erfassten Fällen gilt aufgrund der 1707 ausstrahlenden Wirkung der Richtlinie zu Gunsten des Steuerpflichtigen auch der europäische Teilbetriebsbegriff. Soweit er weiter ist als der nationale Teilbetriebsbegriff und Vorteile für den Steuerpflichtigen bringt, kann der nationale Rechtsanwender Gefahr laufen, wenn er von dem engeren nachteiligen nationalen Teilbetriebsbegriff ausgeht, dass seine Entscheidungen durch das übergeordnete Europarecht kassiert werden. Der Teilbetriebsbegriff ist daher gem. der Fusionsrichtlinie auszulegen.[2]

---

1 Widmann, in Widmann/Mayer, § 20 UmwStG, Rz. 5.
2 Zu Einzelheiten siehe auch Schmitt, (a. a. O.), Rn 80 ff.

D. Das Umwandlungssteuerrecht

dd) Geänderte Auffassung der Verwaltung und sich hieraus ergebende Folgen

1707a Die Verwaltung geht im UmwStErl 2011[1] davon aus, dass nur noch der europäische Teilbetriebsbegriff gilt. Daraus ergibt sich eine wichtige Änderung im Umfang des Teilbetriebs. Die bisherige Zuordnungsfreiheit in Bezug auf nicht wesentliche Betriebsgrundlagen[2] fällt weg. Die Verwaltung geht davon aus, dass dem Teilbetrieb alle funktional wesentlichen und nach wirtschaftlichen Zusammenhängen zuordenbaren Wirtschaftsgüter zuzurechnen sind. Damit wird es schwieriger, Anträge auf verbindliche Auskunft darüber, was alles mitübertragen werden muss, zu stellen. Der Umfang der „nach wirtschaftlichen Zusammenhängen zuordenbaren Wirtschaftsgüter" ist bislang nicht geklärt. Der EuGH hat sich nur in der Andersen og Jensen-Entscheidung[3] zu einzelnen Aspekten geäußert.

ee) Zeitpunkt des Vorliegens der Teilbetriebsvoraussetzungen

1707b Die Teilbetriebseigenschaft muss im Zeitpunkt des Einbringungsbeschlusses bzw. bei Abschluss des Einbringungsvertrags vorliegen.[4] Wird die Einbringung gem. § 20 Abs. 5 und 6 UmwStG zurückbezogen, reicht es aus, wenn die Teilbetriebseigenschaft zu dem späteren Zeitpunkt erfüllt ist.[5]

Diese bisher allgemein vertretene Auffassung hat die Verwaltung aufgegeben. Nach ihrer Auffassung müssen die Teilbetriebsvoraussetzungen zum steuerlichen Übertragungsstichtag vorliegen; ein sog. Teilbetrieb im Aufbau soll nicht mehr genügen.[6] Dies stellt eine bedeutende Verschärfung der bisherigen Verwaltungsauffassung dar, die sich zwingend weder aus dem Gesetz noch aus der Fusionsrichtlinie ergibt und u. E. abzulehnen ist.[7]

---

1 Rn 20.06 i.V. m. 15.02; Rn S. 05 enthält für die Anwendung des europäischen Teilbetriebsbegriffs eine Übergangsvorschrift. Für Altfälle kann der deutsche Teilbetriebsbegriff angewandt werden.
2 Vgl. Tz. 15.07 UmwStErl 1998; zur freien Zuordnung neutraler Verbindlichkeiten im alten Recht s. FG Köln, Urteil v. 22. 3. 2012 – 10 K 2089/09, EFG 2012 S. 1798 zu § 24 UmwStG a. F.
3 Urteil v. 15. 1. 2002, Rs. C-43/00, Slg. 2002 I S. 379.
4 Widmann in Widmann/Mayer, § 20 UmwStG, Rz. 80; Herlinghaus in R/H/vL, § 20 UmwStG, Rn 68.
5 Patt in D/P/M, § 20 UmwStG, Tz. 113; Schmitt in S/H/S, UmwG-UmwStG, § 20 UmwStG, Rn 92.
6 Rn 20.06 i.V. m. 15.03 UmwStErl 2011.
7 Stangl/Grundke, DB 2010, S. 1851.

c) Mitunternehmeranteil

aa) Umfang des Mitunternehmeranteils

Gesellschafter einer gewerblich, freiberuflich oder land- und forstwirtschaftlich tätigen Personengesellschaft bzw. Gemeinschafter eines vergleichbaren Gemeinschaftsverhältnisses (z. B. Bruchteils- oder Erbengemeinschaft) können als Ausgangsrechtsträger auch einen Mitunternehmeranteil einbringen. Ein Mitunternehmeranteil ist auch dann gegeben, wenn die Gesellschaft/Gemeinschaft gewerblich geprägt ist (§ 15 Abs. 3 Nr. 2 EStG) oder die Gewerblichkeit aus einer Betriebsaufspaltung herrührt. Demgegenüber liegt kein Mitunternehmeranteil vor, wenn die Personengesellschaft/Gemeinschaft weder gewerblich tätig noch gewerblich geprägt ist, der Anteil aber beim Gesellschafter Betriebsvermögen darstellt (sog. Zebragesellschaft).[1]

1708

Der Mitunternehmeranteil besteht zum einen aus dem zivilrechtlichen Anteil am Gesamthandsvermögen der Personengesellschaft. Ein Mitunternehmeranteil i. S. von § 15 Abs. 1 Nr. 2 EStG umfasst zum anderen etwaiges **Sonderbetriebsvermögen** des Gesellschafters oder der Gesellschafter.[2] Somit umfasst der Mitunternehmeranteil gegenständlich mehr als den Gesellschaftsanteil.

1709

BEISPIEL: G1 verpachtet an eine Personengesellschaft ein in seinem Alleineigentum stehendes Grundstück, auf dem diese ihr Geschäft betreibt. Gemäß § 15 Abs. 1 Nr. 2 EStG werden i. R. der Gewinneinkünfte die Vergütungen, die der Gesellschafter von der Gesellschaft für seine Tätigkeit im Dienst der Gesellschaft oder für die Hingabe von Darlehen oder für die Überlassung von Wirtschaftsgütern bezogen hat, erfasst. Das dafür eingesetzte Vermögen bildet Betriebsvermögen i. R. der Gemeinschaft außerhalb des sonst gesamthänderisch gebundenen Vermögens (= Sonderbetriebsvermögen).[3]

---

1 Schmitt in S/H/S, UmwG-UmwStG, § 20 UmwStG, Rn 134.
2 BFH, Beschluss v. 31. 8. 1995 VIII B 21/93, BStBl II 1995 S. 890 m. w. N.
3 BFH, Urteil v. 16. 2. 1996 I R 183/94, BStBl II 1996 S. 342.

D. Das Umwandlungssteuerrecht

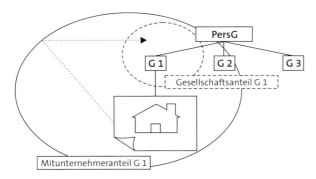

1710 Rechtsgrundlage für die Einbeziehung des Sonderbetriebsvermögens in den steuerlichen Betriebsvermögensvergleich ist nicht § 15 Abs. 1 Nr. 2 EStG als Einkünftezuordnungsnorm, sondern § 4 Abs. 1 EStG als Bilanzierungsnorm. Die Einbeziehung von Sonderbetriebsvermögen in die Gewinnermittlung gilt daher

▶ bei land- und forstwirtschaftlich

▶ bei gewerblich und

▶ bei freiberuflich

tätigen Mitunternehmerschaften.[1]

1711 In **Sonderbilanzen** werden (aktive und passive) Wirtschaftsgüter ausgewiesen, die wirtschaftlich eng mit dem Betrieb der Gesellschaft verbunden sind, insbesondere Wirtschaftsgüter, die der Gesellschaft zur Nutzung überlassen werden, und die damit zusammenhängenden Verbindlichkeiten.[2]

1712 Unter der Voraussetzung, dass es sich um dem Betrieb der Mitunternehmerschaft dienendes Betriebsvermögen handelt, kommen als in steuerlichen Sonderbilanzen auszuweisendes Sonderbetriebsvermögen z. B. in Betracht

▶ Wirtschaftsgüter, die einem Mitunternehmer allein gehören,

▶ Wirtschaftsgüter, die einer Bruchteilsgemeinschaft zuzurechnen sind, an der ein Mitunternehmer, mehrere Mitunternehmer oder alle Mitunternehmer beteiligt sind und

▶ Wirtschaftsgüter, die einer neben der Personengesellschaft als solcher bestehenden Gesamthandsgemeinschaft, z. B. Erbengemeinschaft, zuzurech-

---

1 BFH, Urteil v. 2. 12. 1982 IV R 72/79, BStBl II 1983 S. 215.
2 BFH, Urteil v. 28. 1. 1993 IV R 131/91, BStBl II 1993 S. 509.

nen sind, an der ein Mitunternehmer, mehrere Mitunternehmer oder alle Mitunternehmer beteiligt sind.[1]

Kein Sonderbetriebsvermögen liegt vor, wenn eine gewerblich tätige oder gewerblich geprägte Personengesellschaft (einschließlich mitunternehmerische Betriebsaufspaltung) Wirtschaftsgüter ihres Gesamthandsvermögens einer ganz oder teilweise identischen Schwesterpersonengesellschaft zur Nutzung überlässt. Diese Wirtschaftsgüter sind Betriebsvermögen der überlassenden Gesellschaft.[2]

bb) Klassifizierung des Sonderbetriebsvermögens

Wirtschaftsgüter, die einem Mitunternehmer gehören, werden eingeteilt in

▶ Sonderbetriebsvermögen I

Darunter fällt Vermögen eines Mitunternehmers, welches geeignet und bestimmt ist, dem Betrieb der Personengesellschaft zu dienen.

und in

▶ Sonderbetriebsvermögen II

Darunter fallen Vermögensgegenstände eines Mitunternehmers, welche der Beteiligung des Gesellschafters an der Personengesellschaft förderlich sind.[3]

(1) Notwendiges Sonderbetriebsvermögen I

Zum notwendigen Sonderbetriebsvermögen I gehören alle Wirtschaftsgüter oder Anteile an Wirtschaftsgütern eines Mitunternehmers, die unmittelbar dem Betrieb der Personengesellschaft dienen, insbesondere weil sie der Personengesellschaft zur Nutzung überlassen sind und von ihr auch tatsächlich für betriebliche Zwecke genutzt werden.[4]

Notwendiges Sonderbetriebsvermögen ist in diesem Fall auch anzunehmen, wenn die der Gesellschaft vom Gesellschafter überlassenen Wirtschaftsgüter für die Zwecke der Gesellschaft nicht „nötig" sind.[5] Wirtschaftsgüter, die einer

---

1 Vgl. Uelner, DStJG, Bd. 14 S. 139, 145.
2 Zu Einzelheiten siehe BFH, Urteil v. 10.11.2005 IV R 29/04, BStBl II 2006 S. 173.
3 BFH, Urteil v. 28.3.1998 VIII R 68/96, BStBl II 1998 S. 383; BFH, Urteil v. 10.6.1999 IV R 21/98, BStBl II 1999 S. 715.
4 BFH, Urteil v. 6.5.1986 VIII R 160/85, BStBl II 1986 S. 838; BFH, Beschluss v. 21.5.1999 VIII B 107/98, BFH/NV 1999 S. 1372.
5 BFH, Urteil v. 23.5.1991 IV R 94/90, BStBl II 1991 S. 800.

Personengesellschaft von ihrem Gesellschafter zur Nutzung überlassen werden, stellen selbst dann notwendiges Sonderbetriebsvermögen dar, wenn die Gesellschaft die Wirtschaftsgüter nicht für eigenbetriebliche Zwecke, sondern zur Untervermietung nutzt, also an Dritte weitervermietet.[1]

1717 Keine Rolle spielt, ob das Wirtschaftsgut, z. B. Grundstück, Gebäude, Maschine, Patent usw.,

- ▶ entgeltlich oder unentgeltlich zur Nutzung überlassen wird,[2]
- ▶ die Nutzungsüberlassung im Gesellschaftsvertrag vereinbart ist,
- ▶ auf einem schuldrechtlichen Vertrag, z. B. Miete, Pacht, Leihe, beruht[3] oder
- ▶ dinglicher Art, z. B. Erbbaurecht,[4] Nießbrauch, ist.

1718 Der BFH[5] hat offen gelassen, ob auch ein Grundstück, das ein Mitunternehmer einer Personengesellschaft dieser von vornherein nur vorübergehend und für kurze Zeit zur unmittelbaren betrieblichen Nutzung überlässt, stets und ausnahmslos notwendiges Sonderbetriebsvermögen ist.

1719 Im Schrifttum[6] findet man die Auffassung, dass auch eine vorübergehende Nutzung von längerer Dauer (> 1 Jahr) zu notwendigem Betriebsvermögen führt.

(2) Notwendiges Sonderbetriebsvermögen II

1720 Notwendiges Sonderbetriebsvermögen II liegt vor, wenn Wirtschaftsgüter unmittelbar der Begründung oder Stärkung der Beteiligung an der Personengesellschaft dienen.[7] Bloße mittelbare günstige Wirkungen auf den Betrieb der Personengesellschaft reichen hingegen nicht aus.[8]

---

1 BFH, Urteil v. 23. 5. 1991 IV R 94/90, BStBl II 1991 S. 800.
2 BFH, Urteil v. 14. 4. 1988 IV R 160/84, BFH/NV 1989 S. 95; BFH, Urteil v. 1. 3. 1994 VIII R 35/92, BStBl II 1995 S. 241.
3 BFH, Urteil v. 2. 12. 1982 IV R 72/79, BStBl II 1983 S. 215.
4 Nach BFH, Urteil v. 22. 4. 1998 XI R 28/97, BStBl II 1998 S. 665 wird das Erbbaurecht in bilanzrechtlicher Sicht wie ein befristetes Nutzungsrecht behandelt. Seinem Leistungsinhalt nach steht das Erbbaurechtsverhältnis damit einem entgeltlichen rein schuldrechtlichen Nutzungsverhältnis wie Miete oder Pacht nahe.
5 BFH, Urteil v. 5. 4. 1979 IV R 48/77, BStBl II 1979 S. 554; BFH, Urteil v. 2. 12. 1982 IV R 72/79, BStBl II 1983 S. 215.
6 Vgl. Schmidt, § 15, Rn 514.
7 BFH, Urteile v. 13. 10. 1998 VIII R 46/95, BStBl II 1999 S. 357; v. 10. 6. 1999 IV R 21/98, BStBl II 1999 S. 715.
8 BFH, Urteil v. 23. 1. 1992 XI R 36/88, BStBl II 1992 S. 721 m. w. N.

XII. Einbringung in eine Kapitalgesellschaft

Zum aktiven Sonderbetriebsvermögen II gehören 1721
- die Beteiligung eines Kommanditisten an der Komplementär-GmbH, weil sie ein Mittel darstellt, um besonderen Einfluss auf die Personengesellschaft auszuüben und damit unmittelbar die Stellung des Gesellschafters in der Personengesellschaft zu stärken, jedenfalls, wenn sich die GmbH auf die Geschäftsführung für die KG beschränkt oder wenn ein daneben bestehender eigener Geschäftsbetrieb von ganz untergeordneter Bedeutung ist.[1]
- bei einer Betriebsaufspaltung die Anteile eines Gesellschafters der Besitzpersonengesellschaft an der Betriebskapitalgesellschaft,[2]
- bei einer Betriebsaufspaltung ein dem Gesellschafter der Besitzpersonengesellschaft allein gehörendes Grundstück, das der Betriebs-GmbH zur Nutzung überlassen wird, wenn der Einsatz des betreffenden Wirtschaftsguts in der Betriebs-GmbH durch die betrieblichen Interessen der Besitzpersonengesellschaft veranlasst ist,[3]
- bei einer atypischen GmbH & Still die Anteile des atypisch Stillen an der GmbH, sofern die GmbH nicht noch einer anderen Geschäftstätigkeit von nicht ganz untergeordneter Bedeutung nachgeht.[4]

(3) Zwingende Zuordnung des notwendigen Sonderbetriebsvermögens

Wirtschaftsgüter des notwendigen Sonderbetriebsvermögens sind ohne Einlagehandlung dem Betriebsvermögen zuzuordnen. Die Zuordnung zum notwendigen Betriebsvermögen entfällt nicht deshalb, weil die Zugehörigkeit nicht Niederschlag in der buchmäßigen Behandlung gefunden hat.[5] 1722

Wurde ein Wirtschaftgut des notwendigen Sonderbetriebsvermögens fälschlicherweise nicht bilanziert, muss es im Wege der Bilanzberichtigung eingebucht werden.[6] 1723

---

1 BFH, Urteil v. 12.11.1985 VIII R 286/81, BStBl II 1986 S. 55; BFH, Urteil v. 11.12.1990 VIII R 14/87, BStBl II 1991 S. 510; BFH, Urteil v. 7.7.1992 VIII R 2/87, BStBl II 1993 S. 328; BFH, Urteil v. 10.6.1999 IV R 21/98, BStBl II 1999 S. 715; zu Einzelheiten siehe OFD Münster, Vfg. v. 6.11.2008, GmbHR 2009 S. 108.
2 BFH, Urteil v. 16.4.1991 VIII R 63/87, BStBl II 1991 S. 832; BFH, Urteil v. 30.3.1999 VIII R 15/97, BFH/NV 1999 S. 1468 und v. 25.11.2004 IV R 7/03, BStBl II 2005 S. 354.
3 BFH, Urteil v. 10.6.1999 IV R 21/98, BStBl II 1999 S. 715; vgl. die Urteilsanmerkung in DStR 1999 S. 1436.
4 BFH, Urteil v. 15.10.1998 IV R 18/98, BFH/NV 1999 S. 402 u. a. unter Hinweis auf Schoor, Die GmbH & Still im Steuerrecht, 2. Aufl., Rdnr. 180; vgl. hierzu auch die Urteilsanmerkungen von Maute, EStB 1999 S. 217 und kk, KÖSDI 1999 S. 11853.
5 BFH, Urteil v. 5.12.1989 VIII R 322/84, BFH/NV 1990 S. 499; BFH, Urteil v. 19.2.1991 VIII R 84/88, BFH/NV 1992 S. 161.
6 BFH, Urteil v. 2.10.1977, BStBl II 1978 S. 191.

1724 Werden Grundstücke, die zum Sonderbetriebsvermögen gehören und bisher fälschlicherweise nicht bilanziert waren, ins Privatvermögen überführt, ist im Zeitpunkt der Entnahme der Entnahmegewinn durch Gegenüberstellung des Teilwerts und des anstelle des Buchwerts tretenden Werts, mit dem die Grundstücke im Falle einer zutreffenden Bilanzierung als Sonderbetriebsvermögen angesetzt worden wären, zu ermitteln.[1]

(4) Gewillkürtes Sonderbetriebsvermögen I und II

1725 Wirtschaftsgüter, die weder notwendiges Betriebsvermögen noch notwendiges Privatvermögen darstellen, können von einem Einzelunternehmer als sog. gewillkürtes Betriebsvermögen bei der Gewinnermittlung berücksichtigt werden, wenn sie objektiv geeignet und vom Betriebsinhaber erkennbar dazu bestimmt sind, den Betrieb zu fördern.

1726 Gewillkürtes Betriebsvermögen kann gleichfalls von den Gesellschaftern einer Personengesellschaft gebildet werden. Da diese jedoch keinen eigenen Betrieb – unabhängig von der Personengesellschaft – unterhalten, gehören Wirtschaftsgüter nur dann zum gewillkürten Sonderbetriebsvermögen, wenn

▶ sie objektiv geeignet sind, dem Betrieb der Personengesellschaft oder der Beteiligung der Gesellschafter zu dienen, und

▶ wenn die Gesellschafter die Widmung der Wirtschaftsgüter für diesen Zweck klar und eindeutig zum Ausdruck gebracht haben.[2]

1727 Der BFH hat mit Urteil v. 2.10.2003[3] geklärt, dass die Bildung gewillkürten Betriebsvermögens entgegen R 13 Abs. 16 EStR 2003 auch bei einer Gewinnermittlung durch Einnahmenüberschussrechnung (§ 4 Abs. 3 EStG) möglich ist. Der Nachweis der Zuordnung zum gewillkürten Betriebsvermögen ist in unmissverständlicher Weise durch entsprechende zeitnah erstellte Aufzeichnungen zu erbringen. Ein sachverständiger Dritter, z.B. ein Betriebsprüfer, muss daher ohne eine weitere Erklärung des Steuerpflichtigen die Zugehörigkeit des erworbenen oder eingelegten Wirtschaftsguts zum Betriebsvermögen erkennen können.

1728 Dazu sind in dem BMF-Schreiben v. 17.11.2004[4] folgende Grundsätze aufgestellt worden:

---

1 BFH, Urteil v. 14.4.1988 IV R 160/84, BFH/NV 1989 S. 95.
2 BFH, Urteil v. 7.4.1992 VIII R 86/87, BStBl II 1993 S. 21, 22; BFH, Urteil v. 25.11.1997 VIII R 4/94, BStBl II 1998 S. 461.
3 BStBl II 2004 S. 985.
4 BStBl I 2004 S. 1064.

▶ Der Steuerpflichtige trägt für die Zuordnung eines Wirtschaftsguts zum gewillkürten Betriebsvermögen die Beweislast. Er hat die Zuordnung sowie den Zeitpunkt der Zuordnung nachzuweisen. Hierfür hat er entsprechende Beweisvorsorge zu treffen. Zweifel gehen zu seinen Lasten. Eine rückwirkende Zuordnung zum gewillkürten Betriebsvermögen scheidet aus.

▶ Als Nachweis ausreichend ist die zeitnahe Aufnahme in ein laufend zu führendes Bestandsverzeichnis oder vergleichbare Aufzeichnungen. Die Aufzeichnung hat dabei in einer Form zu erfolgen, die Zweifel in Bezug auf die Zuordnung eines Wirtschaftsguts zum gewillkürten Betriebsvermögen sowie deren Zeitpunkt ausschließen. Der Nachweis kann auch in anderer Weise geführt werden, z. B. durch eine zeitnahe schriftliche Erklärung gegenüber dem zuständigen Finanzamt. Der Behandlung von Einnahmen und Ausgaben im Zusammenhang mit dem Wirtschaftsgut als Betriebseinnahmen und Betriebsausgaben kommt bei der Zuordnungsentscheidung Indizwirkung zu.

▶ Die Aufzeichnungen haben zeitnah, spätestens bis zum Ende des Veranlagungszeitraums zu erfolgen. Bei einer späteren Aufzeichnung, z. B. nach Ablauf des Veranlagungszeitraums i. R. der Erstellung der Einnahmenüberschussrechnung, ist die Zuordnung zum gewillkürten Betriebsvermögen erst zum Zeitpunkt des Eingangs der Einnahmenüberschussrechnung beim zuständigen Finanzamt anzuerkennen, es sei denn, der Steuerpflichtige kann auf andere Art und Weise einen früheren Zuordnungszeitpunkt nachweisen.

▶ Die Unterlagen, aus denen sich der Nachweis sowie der Zeitpunkt der Zuführung eines Wirtschaftsguts zum gewillkürten Betriebsvermögen ergeben, sind mit der Einnahmenüberschussrechnung beim Finanzamt einzureichen. Werden keine geeigneten Unterlagen zum Nachweis der Zuordnung eines Wirtschaftsguts zum gewillkürten Betriebsvermögen vorgelegt und ist die Zuordnung nicht durch andere Angaben belegt worden, ist die Zuordnung des Wirtschaftsguts zum gewillkürten Betriebsvermögen erst zum Zeitpunkt des Eingangs der Einnahmenüberschussrechnung beim zuständigen Finanzamt anzuerkennen.

Vor allem fremdvermietete Grundstücke können zum gewillkürten Betriebsvermögen gemacht werden, weil sie geeignet und bestimmt sein können, den betrieblichen Zwecken der Personengesellschaft zu dienen. Der Grundbesitz von Gesellschaftern kann zur Sicherung betrieblicher Kredite eingesetzt werden. Mit Hilfe der Mieterträge können der Gesellschaft ggf. zusätzliche Mittel für betriebliche Zwecke zugeführt werden.[1]

1730 Die Einlage von Wirtschaftsgütern des gewillkürten Sonderbetriebsvermögens muss mit der gleichen Eindeutigkeit geschehen wie die Einlage eines Wirtschaftsguts des gewillkürten Betriebsvermögens in ein Einzelunternehmen.[2]

1731 Die buchmäßige/bilanzielle Behandlung belegt i. d. R. den eindeutigen Willen des Steuerpflichtigen, das Wirtschaftsgut seinem Betriebsvermögen zuzuordnen.[3] Die Widmung von Wirtschaftsgütern zu betrieblichen Zwecken wird i. d. R. durch den Ausweis der mit diesen Wirtschaftsgütern zusammenhängenden Aufwendungen und Erträge in der Buchführung der Personengesellschaft und durch die Aktivierung dieser Wirtschaftsgüter zum Ausdruck gebracht.[4] Die Aktivierung sollte ausdrücklich in einer Sonderbilanz erfolgen. Gewillkürtes Sonderbetriebsvermögen ist aber wohl auch anzuerkennen, wenn die Aktivierung nicht ausdrücklich in einer Sonderbilanz, sondern lediglich in der Gesellschaftsbilanz erfolgt ist.[5]

cc) Passives Sonderbetriebsvermögen

1732 Schulden eines Mitunternehmers gegenüber Dritten, die in einem unmittelbaren wirtschaftlichen Zusammenhang mit Wirtschaftsgütern des notwendigen oder gewillkürten Sonderbetriebsvermögens stehen, sind in der Sonderbilanz als Passivposten auszuweisen. Entsprechendes gilt für Verbindlichkeiten eines Mitunternehmers gegenüber der Mitunternehmerschaft. Forderungen eines Mitunternehmers gegenüber der Mitunternehmerschaft sind dagegen als aktives Sonderbetriebsvermögen auszuweisen, eine entsprechende Verbindlichkeit wird dann in der Bilanz der Personengesellschaft passiviert.

BEISPIEL: ▶ A ist als Gesellschafter an der X-KG beteiligt. Er kauft ein unbebautes Grundstück für 200.000 € und überlässt es der KG zur betrieblichen Nutzung. Das Grundstück wird zu 80 % fremdfinanziert. Außerdem gewährt A der KG ein Darlehen von 100.000 €. Aufgrund des beschriebenen Sachverhalts ergibt sich folgende steuerliche Sonderbilanz für A:

---

1 BFH, Urteil v. 25. 11. 1997 VIII R 4/94, BStBl II 1998 S. 461.
2 BFH, Urteil v. 23. 10. 1990 VIII R 142/85, BStBl II 1991 S. 401.
3 BFH, Urteil v. 13. 10. 1998 VIII R 61/96, BFH/NV 1999 S. 463.
4 BFH, Urteil v. 18. 10. 1989 X R 99/87, BFH/NV 1990 S. 424; BFH, Urteil v. 7. 4. 1992 VIII R 86/87, BStBl II 1993 S. 21.
5 BFH, Urteil v. 7. 7. 1992 VIII R 2/87, BStBl II 1993 S. 328.

XII. Einbringung in eine Kapitalgesellschaft

Sonderbilanz A

Aktiva		Passiva	
Grund und Boden	200.000 €	Sonderkapital	140.000 €
Forderung gegenüber KG	100.000 €	Darlehen für Grundstücks-kauf	160.000 €
	300.000 €		300.000 €

dd) Einbringung der wesentlichen Betriebsgrundlagen des Mitunternehmeranteils

Zum Mitunternehmeranteil gehört sowohl der Anteil des Gesellschafters am Gesamthandsvermögen als auch der Anteil am Sonderbetriebsvermögen. § 20 Abs. 1 UmwStG kann daher nur zur Anwendung gelangen, soweit neben dem Gesellschaftsanteil auch die im Sonderbetriebsvermögen vorhandenen wesentlichen Betriebsgrundlagen übertragen werden.[1] Die bloße Vermietung oder Verpachtung des bislang im Sonderbetriebsvermögen stehenden Wirtschaftsguts an die aufnehmende Kapitalgesellschaft kann die Übertragung nicht ersetzen. Ebensowenig kommt es darauf an, ob neben dem zurückbehaltenen Wirtschaftsgut weitere wesentliche Betriebsgrundlagen existieren und ob der übergegangene Betrieb als lebender Organismus auch ohne das zurückbehaltene Wirtschaftsgut fortgesetzt werden kann.[2]

1733

BEISPIEL: G 1 ist als Gesellschafter an einer OHG beteiligt. Er kauft ein Grundstück und überlässt es der OHG zur betrieblichen Nutzung. Die OHG wird zivilrechtlich umgewandelt in eine GmbH, die nunmehr als Nutzungsberechtigte den Pachtvertrag mit G fortsetzt.

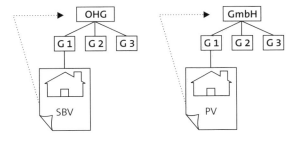

---
1 Allgemeine Meinung, vgl. nur Schmitt in S/H/S, UmwG-UmwStG, § 20 UmwStG, Rn 70 m.w.N; Rn 20.10 i.V.m. 20.06 Satz 4 UmwStErl 2011.
2 BFH v. 16. 2. 1996 I R 183/94, BStBl II 1996 S. 342.

G 1 löst den Aufgabetatbestand nach § 16 Abs. 3 EStG aus mit der Folge, dass ein Wahlrecht mit Buchwertfortführung nach § 20 UmwStG nicht gewährt werden kann. Er muss vor allem die stillen Reserven, die im Grundvermögen ruhen, der Besteuerung zuführen.

1734 Bei der formwechselnden Umwandlung einer Personengesellschaft in eine Kapitalgesellschaft gem. §§ 190 ff. UmwG gilt nach § 25 UmwStG § 20 UmwStG entsprechend. Dabei soll es sich um eine **Rechtsgrundverweisung** handeln. Daraus wird der Schluss gezogen, dass auch in diesem Fall im Sonderbetriebsvermögen enthaltene wesentliche Betriebsgrundlagen auf die Übernehmerin übertragen werden müssen.[1]

1735 Die Frage, ob ein Wirtschaftsgut eine wesentliche Betriebsgrundlage darstellt, ist nach denselben Kriterien zu entscheiden, die bei der Einbringung eines Betriebs gelten. Sie ist zunächst auch unabhängig davon zu beurteilen, ob ein Wirtschaftsgut zum Sonderbetriebsvermögen I oder II gehört und ob es gewillkürtes oder notwendiges Betriebsvermögen darstellt.

1736 Wegen der funktionalen Betrachtungsweise gibt es eine Überschneidung dahin gehend, dass funktional wesentliche Betriebsgrundlagen im Bereich des Sonderbetriebsvermögens häufig zum Sonderbetriebsvermögen I gehören.

1737 Wirtschaftsgüter des Mitunternehmers, die „nur" seiner Beteiligung dienen, werden häufig keinen hinreichenden Funktionszusammenhang zum Unternehmen der Gesellschaft aufweisen. Daraus allerdings eine Regel aufzustellen, Sonderbetriebsvermögen II bilde generell keine wesentliche Betriebsgrundlage, ist problematisch. Bei Unverzichtbarkeit und überragender Bedeutung für die Betriebsführung, wie z. B. die Anteile an einer Komplementär-GmbH, muss eine wesentliche Betriebsgrundlage angenommen werden.[2] Diese Situation ist z. B. bei einer vermögensverwaltenden, gewerblich geprägten GmbH & Co KG gem. § 15 Abs. 3 Nr. 2 EStG gegeben. Zwar gibt es keinen originären Betrieb, so dass auch keine wesentliche Grundlage eines (originären) Betriebs gem. § 15 Abs. 1 Nr. 1 EStG vorliegen kann. Allerdings gibt die Komplementär-GmbH dem Anteil an der Personengesellschaft erst das Gepräge eines Mit-

---

[1] Schmitt, a.a.O., § 25 UmwStG, Rn 20; Rn 25.01 UmwStErl 2011; a.A. Boorberg/Boorberg, DB 2007 S. 1777.

[2] Herlinghaus, a.a.O., Rn 110; differenzierend BFH, Urteil v. 25.11.2009 I R 72/08, BStBl II 2010, S. 471, der die Notwendigkeit der Einbringung verneint; teilweise a.A. FG Münster, Urteil v. 9.7.2010 9 K 3143/09 K, G, EFG 2011, S. 288, offen gelassen in der Revisionsentscheidung des BFH v. 25.7.2012 – I R 88/10, BStBl II 2013 S. 94, Rz. 30; zu Einzelheiten siehe auch Stangl/Grundke, DStR 2010 S. 1871; der UmwStErl 2011 äußert sich leider hierzu nicht; eine wesentliche Betriebsgrundlage verneinend FG Münster, Urteil v. 14.8.2013 – 2 K 4721/10, G, F, BB 2013 S. 2992, BFH-Az.: I R 67/13.

unternehmeranteils bzw. macht aus einer reinen Vermögensverwaltung erst einen Betrieb, so dass die Anteile an der Komplementär-Kapitalgesellschaft zumindest als funktional wesentlich angesehen werden müssen.[1] Diese Anteile müssen allerdings u. E. nicht eingebracht werden.[2]

Auch bei gewillkürtem Sonderbetriebsvermögen wird man sehr häufig aus funktionaler Sicht nicht zu einer wesentlichen Betriebsgrundlage gelangen.[3] Dabei sollte man auch in diesen Fällen nicht die Erscheinung als Regel verstehen, sondern in jedem Einzelfall nach der funktionalen Betrachtungsweise vorgehen. Nur so geht man sicher, Ausnahmesituationen nicht zu übersehen.

1738

ee) Teilmitunternehmeranteil

Die entgeltliche Übertragung eines Teils eines Mitunternehmeranteils ist seit der Gesetzesänderung durch das UntStFG v. 20. 12. 2001[4] mit Wirkung für Veräußerungen nach dem 31. 12. 2001 nicht mehr der begünstigten Besteuerung gem. §§ 16, 34 EStG unterworfen. Gemäß § 16 Abs. 1 Nr. 2 EStG wird eine begünstigte Besteuerung nur noch gewährt, wenn der **gesamte** Mitunternehmeranteil veräußert wird. Der Wortlaut „gesamter Mitunternehmeranteil" fand keinen Eingang in den Einbringungstatbestand des § 20 Abs. 1 UmwStG. Nach der Gesetzesbegründung liegt eine Einbringung eines Mitunternehmeranteils auch dann vor, wenn ein Mitunternehmer nicht seinen gesamten Anteil an der Personengesellschaft, sondern nur einen Teil dieses Anteils einbringt.[5] Von einer Deckungsgleichheit zwischen den Tatbeständen der Veräußerung i. R. des § 16 EStG und der Einbringung gem. § 20 Abs. 1 UmwStG kann man nicht ausgehen. Nur i. R. der Rechtsfolge wird bei Aufdeckung aller stillen Reserven des eingebrachten Teils eines Mitunternehmeranteils gem. § 20 Abs. 4 EStG ebenso wie bei der Veräußerung eines Teils eines Mitunternehmeranteils **keine Begünstigung** gewährt.

1739

Weder die Gesetzesbegründung noch der UmwStErl 2011 geben Auskunft darüber, wie bei einer Einbringung eines Teils eines Mitunternehmeranteils mit dem dazugehörigen Sonderbetriebsvermögen zu verfahren ist.

1740

---

1 A. A. Widmann in Widmann/Mayer, § 20 UmwStG, Rz. 119.
2 Siehe o. Rn 1676.
3 Patt, a. a. O., Tz. 139.
4 UntStFG v. 20. 12. 2001, BStBl I 2002 S. 35.
5 Vgl. BT-Drs. 16/2710 S. 42; ebenso Rn 2011 UmwStErl 2011 und BFH, Urteile v. 25. 8. 2010 I R 21/10, BFH/NV 2011 S. 258 und v. 25. 7. 2012 – I R 88/10, BStBl II 2013 S. 94, Rz. 27.

D. Das Umwandlungssteuerrecht

BEISPIEL 1: ▶ G1 überträgt die Hälfte seiner Beteiligung an der Personengesellschaft und auch die Hälfte seines wesentlichen Sonderbetriebsvermögens auf eine GmbH gegen Gewährung von Gesellschaftsrechten.

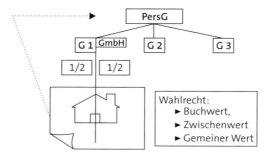

1741 Wird bei der Einbringung eines Teils eines Mitunternehmeranteils das wesentliche Sonderbetriebsvermögen **quotal** miteingebracht, besteht Einigkeit darüber, dass § 20 Abs. 1 UmwStG erfüllt ist und das Wahlrecht besteht.[1]

BEISPIEL 2: ▶ G1 überträgt die Hälfte seiner Beteiligung an der Personengesellschaft, aber nicht die Hälfte seines wesentlichen Sonderbetriebsvermögens auf eine GmbH gegen Gewährung von Gesellschaftsrechten.

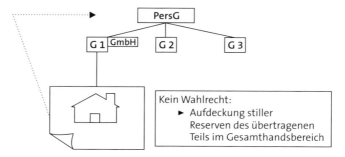

1742 Bei einer **unterquotalen Einbringung** ist das Wahlrecht des § 20 UmwStG ausgeschlossen.[2] Es wurde nur der Teil eines Personengesellschaftsanteils eingebracht. Die Voraussetzung der Einbringung des Teils eines Mitunternehmeranteils wurde nicht erfüllt. Dies gilt u. E. jedoch nur insoweit, wie sich die Quo-

---

1 Patt, a. a. O., Tz. 144; Schmitt in S/H/S, UmwG-UmwStG, § 20 UmwStG Rn 156.
2 Herlinghaus in R/H/vL, § 20 UmwStG, Rn 112; leider äußert sich der UmwStErl 2011 nicht hierzu.

te des übertragenen Gesellschaftsanteils und des übertragenen Sonderbetriebsvermögens nicht decken.¹

BEISPIEL 3: ▶ G1 überträgt die Hälfte seiner Beteiligung an der Personengesellschaft und sein gesamtes Sonderbetriebsvermögen auf eine GmbH gegen Gewährung von Gesellschaftsrechten.

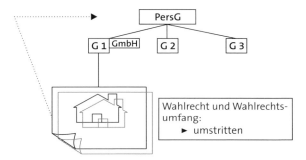

Bei einer **überquotalen Übertragung** hat der Einbringende eine Übererfüllung vorgenommen. Es wird die Auffassung vertreten, dass das Wahlrecht gem. § 20 UmwStG vollumfänglich greifen müsse. Eine Übererfüllung dürfe nicht zu einer Bestrafung führen.² Eine andere Meinung will § 20 UmwStG insoweit nicht zulassen, als das Sonderbetriebsvermögen überquotal übertragen wird.³ Es wird sogar davon ausgegangen, dass eine überquotale Übertragung schädlich sei.⁴

1743

Es wird zu Recht darauf hingewiesen, dass die Gewährung des § 20 UmwStG nur bei quotaler Mitübertragung des Sonderbetriebsvermögens die steuerneutrale Einbringung eines Mitunternehmerteilanteils in vielen Fällen unmöglich machen würde, da die quotale Mitübertragung einzelner Wirtschaftsgüter zumeist umständlich, unmöglich oder wirtschaftlich nicht gewollt ist.⁵ Soweit § 20 UmwStG i. R. der überquotalen Übertragung versagt wird, geht man bedenklich über den gesetzlichen Rahmen hinaus. Soweit man bei einer unter-

1744

---

1 Schmitt in S/H/S, UmwG-UmwStG, § 20 UmwStG, Rn 156: Die Einbringung eines Bruchteils eines Mitunternehmeranteils liegt insoweit vor, als sich die Quote des übertragenen Gesellschaftsanteils und des Sonderbetriebsvermögens decken; a. A. Hötzel/Kaeser in FGS/BDI, S. 332 f., die auch bei einer unterquotalen Mitübertragung insgesamt die Buchwertfortführung bejahen.
2 So zutreffend Herlinghaus, a. a. O.
3 Patt in D/P/M, § 20 UmwStG, Tz. 144.
4 Widmann in Widmann/Mayer, § 20 UmwStG a. F., Rz. 116.
5 Mutscher in Frotscher/Maas, UmwStG, § 20 UmwStG Rn 130.

quotalen Übertragung § 20 versagt, spricht dafür noch gewissermaßen der Gesetzeswortlaut. Inwieweit der Vorschlag, es solle entsprechend § 6 Abs. 3 Satz 2 EStG unschädlich sein, wenn der Gesellschafter Wirtschaftsgüter des Sonderbetriebsvermögens zurückbehält, Erfolg hat, wird einer späteren höchstrichterlichen Klärung vorbehalten bleiben.[1]

ff) Mitunternehmerinitiative und Mitunternehmerrisiko

1745 Nur solche Personen, die Mitunternehmer sind, können Mitunternehmeranteile in eine Kapitalgesellschaft einbringen. Sie benötigen Mitunternehmerinitiative und Mitunternehmerrisiko.

1746 **Mitunternehmerinitiative** bedeutet vor allem Teilhabe an den unternehmerischen Entscheidungen, wie sie Gesellschaftern oder diesen vergleichbaren Personen als Geschäftsführern, Prokuristen oder anderen leitenden Angestellten obliegen. Ausreichend ist schon die Möglichkeit zur Ausübung von Gesellschafterrechten, die wenigstens den Stimm-, Kontroll- und Widerspruchsrechten angenähert sind, die einem Kommanditisten nach dem HGB zustehen oder die den gesellschaftsrechtlichen Kontrollrechten nach § 716 Abs. 1 BGB entsprechen.[2] Ein Kommanditist ist beispielsweise dann mangels Mitunternehmerinitiative kein Mitunternehmer und sein Gesellschaftsanteil damit nach § 20 UmwStG nicht einbringungsfähig, wenn sowohl sein Stimmrecht als auch sein Widerspruchsrecht durch Gesellschaftsvertrag faktisch ausgeschlossen sind.[3]

1747 **Mitunternehmerrisiko** trägt derjenige, der gesellschaftsrechtlich oder wirtschaftlich vergleichbar am Erfolg oder Misserfolg des Unternehmens teilnimmt. Dieses Risiko wird regelmäßig durch Beteiligung am Gewinn oder Verlust sowie an den stillen Reserven des Anlagevermögens einschließlich des Geschäftswerts ermittelt.[4] Angestellte, Darlehensgläubiger, Vermieter und Verpächter, die für ihre Leistungen an eine Personengesellschaft eine angemessene Vergütung als Gegenleistung erhalten, sind i. d. R. selbst dann keine Mitunternehmer, wenn sie auf die Geschäftsführung der Personengesellschaft z. B. dadurch Einfluss nehmen können, dass sie als Prokurist unternehmerische Entscheidungen zu treffen haben oder an ihnen mitwirken. Derartige Personen tragen kein Mitunternehmerrisiko, denn das Risiko, das sie tragen, unterschei-

---

1 Mutscher a. a. O.
2 BFH v. 25. 6. 1984 GrS 4/82, BStBl II 1984 S. 751, 769.
3 BFH, Urteil v. 11. 10. 1988 VIII R 328/83, BStBl II 1989 S. 762.
4 BFH v. 25. 6. 1984 GrS 4/82, BStBl II 1984 S. 751 ff.

XII. Einbringung in eine Kapitalgesellschaft

det sich nicht von dem Risiko, das jeder Angestellte, Gläubiger, Vermieter oder Verpächter trägt. Sie entfalten auch keine Mitunternehmerinitiative, weil sie nicht wie ein Gesellschafter an der Geschäftsführung beteiligt sind. Sie haben keinen Einfluss auf Gesellschafterbeschlüsse.

BEISPIEL: ▸ A ist Kommanditist bei einer GmbH & Co KG. Er bekommt entsprechend seiner Kommanditeinlage 8 % als Gewinnanteil. Diesen erhält er sowohl im Falle des Verlustes als auch bei erheblichen Gewinnen. Bei Ausscheiden wird lediglich die Einlage zurückgezahlt. Ist A Mitunternehmer?

Ein Kommanditist, der weder am laufenden Gewinn noch am Gesamtgewinn der KG beteiligt ist, ist auch dann nicht Mitunternehmer, wenn seine gesellschaftsrechtlichen Mitwirkungsrechte denjenigen eines Kommanditisten entsprechen. Er hat kein Unternehmerrisiko. Er ist nach Einkommensteuerrecht wie ein Darlehensgeber oder stiller Gesellschafter zu behandeln.[1] A kann seine Kommanditbeteiligung nicht gem. § 20 UmwStG in eine Kapitalgesellschaft einbringen.

gg) Atypische stille Beteiligungsverhältnisse

Der an einer Personengesellschaft atypisch stille Beteiligte und der atypisch still Unterbeteiligte werden mit ihren Beteiligungen vom sachlichen Anwendungsbereich des § 20 Abs. 1 UmwStG erfasst, wenn sie als Gegenleistung für ihren zivilrechtlichen Forderungsverzicht Anteile an der übernehmenden Gesellschaft erhalten.[2] Erhält der atypisch stille Gesellschafter keine Gesellschaftsanteile an der übernehmenden Kapitalgesellschaft, wird die Mitunternehmerschaft aufgelöst, und es kommt zur Versteuerung der stillen Reserven.

1748

hh) Mitunternehmeranteile als Vermögen eines Betriebs und bei Doppelstöckigkeit

Gehört der Mitunternehmeranteil zum Vermögen eines eingebrachten Betriebs der natürlichen Person oder Körperschaft, führt das zu mehreren Sacheinlagen unabhängig von der Höhe der Beteiligung. Zu der Einbringung des Betriebs zählt man so viele Sacheinlagen gem. § 20 Abs. 1 UmwStG, wie Mitunternehmeranteile zusammen mit dem Betrieb eingebracht werden. Anders als die Beteiligung an einer Kapitalgesellschaft ist der Mitunternehmeranteil ertragsteuerlich kein Wirtschaftsgut des eingebrachten Betriebs. Jeder Mit-

1749

---

1 BFH, Urteil v. 28. 10. 1999 VIII R 66-70/97, BStBl II 2000 S. 183.
2 Widmann in Widmann/Mayer, § 20 UmwStG, Rz. 78; Herlinghaus in R/H/vL, § 20 UmwStG, Rn 97.

unternehmeranteil ist für sich ein nach § 20 Abs. 1 UmwStG gleichrangig zu behandelnder Sacheinlagegegenstand.[1]

Wird dagegen bei einer **mehrstöckigen Personengesellschaft** der Mitunternehmeranteil an der Obergesellschaft eingebracht, liegt ein einheitlich zu beurteilender Einbringungsvorgang vor. Die nur mittelbare Übertragung des Mitunternehmeranteils an der Untergesellschaft ist kein gesonderter Einbringungsvorgang.[2]

1749a Zu Besonderheiten bei der **Einbringung einbringungsgeborener Anteile** i. S. v. § 21 Abs. 1 UmwStG 1995 siehe Rn 20.38 bis 20.41 UmwStErl 2011 und BFH, Urteil v. 12. 10. 2011 I R 33/10, DStR 2011, S. 2456: Der Inhaber im Betriebsvermögen gehaltener einbringungsgeborener Anteile muss keinen Entnahmegewinn versteuern, wenn er die Anteile verschenkt (gegen UmwStErl 1998, Tz. 21.12).

d) Gegenleistung

aa) Neue Gesellschaftsanteile

1750 § 20 Abs. 1 UmwStG setzt voraus, dass der Einbringende als Gegenleistung für die Einbringung **neue** Anteile an der übernehmenden Gesellschaft erhält. Ob zivilrechtlich eine Pflicht zur Anteilsgewährung besteht,[3] spielt für die Anwendbarkeit des § 20 UmwStG keine Rolle. Neue Anteile sind die bei der Gründung der Kapitalgesellschaft ausgegebenen Anteile sowie die durch eine Kapitalerhöhung zusätzlich geschaffenen Anteile einer bereits bestehenden Kapitalgesellschaft. Die bloße Steigerung des Werts der Anteile, die der Einbringende zu diesem Zeitpunkt innehatte, erfüllt nicht den Tatbestand des § 20 Abs. 1 UmwStG.[4]

1751 Neue Anteile liegen auch vor, wenn ein bestehender Gesellschaftsanteil durch die Sachkapitalerhöhung aufgestockt wird.[5]

1752 Anders als § 20 UmwStG verlangt die Fusionsrichtlinie nicht die Ausgabe „neuer" Anteile, um den Einbringungsvorgang erfolgsneutral zu gestalten. Sind Gesellschaften aus verschiedenen Mitgliedstaaten beteiligt und der Anwen-

---

1 Rn 20.12 UmwStErl 2011.
2 Rn 20.12 UmwStErl 2011.
3 Siehe hierzu Heckschen, DB 2008 S. 1363.
4 BFH, Urteil v. 18. 12. 1990 VIII R 17/85, BStBl II 1991 S. 512.
5 Herlinghaus in R/H/vL, § 20 UmwStG, Rn 132; Schmitt in S/H/S, UmwG-UmwStG, § 20 UmwStG, Rn 209.

dungsbereich der Fusionsrichtlinie eröffnet, ist die Gewährung neuer Anteile nicht erforderlich.[1] Es ist zu überlegen, ob diese Ungleichbehandlung nicht gegen Art. 3 GG verstößt.

Gesellschaftsanteile sind GmbH- oder Genossenschaftsanteile und Aktien. Dazu zählen nicht Genussrechte, typische oder atypische stille Beteiligungen.[2] Wie diese Anteile ausgestaltet sind, ist unerheblich. Die neuen Anteile müssen deshalb keine Stimmrechte gewähren. 1753

Im Falle einer Sacheinlage in eine KGaA, bei der der Einbringende als Gegenleistung Aktien erhält, werden ebenfalls neue Gesellschaftsanteile i. S. von § 20 Abs. 1 UmwStG gewährt. Die Rechtsstellung als persönlich haftender Gesellschafter einer KGaA zählt dagegen nicht zu den Gesellschaftsanteilen i. S. des § 20 UmwStG. Hier kann der Anwendungsbereich des § 24 UmwStG eröffnet sein.[3] 1754

Gehören zum Betriebsvermögen des eingebrachten Betriebs oder Teilbetriebs Anteile an der übernehmenden Kapitalgesellschaft, so werden diese Anteile, wenn sie in die Kapitalgesellschaft miteingebracht werden, zu sog. eigenen Anteilen der Kapitalgesellschaft. Der Erwerb eigener Anteile durch eine Kapitalgesellschaft unterliegt handelsrechtlichen Beschränkungen. Soweit die Anteile an der Kapitalgesellschaft miteingebracht werden, würde der Einbringende dafür als Gegenleistung neue Anteile an der Kapitalgesellschaft erhalten. Bei dieser Situation ist es nicht zu beanstanden, wenn die Anteile an der Kapitalgesellschaft nicht miteingebracht werden. Die zurückbehaltenen Anteile an der Kapitalgesellschaft gelten in diesem Fall nicht als entnommen. Sie sind nach der Einbringung als Anteile zu behandeln, die durch eine Sacheinlage erworben worden sind.[4] 1755

Folgende Vorgänge führen zu neuen Anteilen:[5] 1756

► Sachgründung der aufnehmenden Gesellschaft gem. § 5 Abs. 4 GmbHG, § 27 AktG, § 7a Abs. 3 GenG,

---

1 Patt in D/P/M, § 20 UmwStG, Tz. 170; Schmitt, a. a. O.
2 Widmann in Widmann/Mayer, § 20 UmwStG, Rz. 456.
3 Patt, a. a. O., Tz. 185 f.
4 Siehe oben Rn 1676.
5 S. auch Schmitt, a. a. O., Rn 209; Herlinghaus, a. a. O., Rn 131.

- ▶ Kapitalerhöhung[1] gegen Sacheinlage gem. § 56 GmbHG, §§ 183, 192 ff., 202 ff. AktG,
- ▶ Anteile aus den von § 20 UmwStG erfassten Umwandlungsvorgängen nach dem UmwG, soweit dabei neue Anteile ausgegeben werden,
- ▶ Sacheinlage auf das Kommanditkapital einer KGaA gegen Gewährung neuer Anteile,
- ▶ vergleichbare ausländische Vorgänge.

1757 Wenn durch die gewährten Anteile wechselseitige Beteiligungen entstehen, ist das unerheblich.

1758 Umwandlungen nach dem UmwG, bei denen keine Anteile gewährt werden, fallen nach dem Wortlaut des § 20 UmwStG nicht in seinen Anwendungsbereich. So darf gem. § 54 Abs. 1 Nr. 1 UmwG eine übernehmende Gesellschaft zur Durchführung einer Verschmelzung ihr Stammkapital nicht erhöhen, soweit sie Anteile eines übertragenden Rechtsträgers innehat.[2]

BEISPIEL (= FALL EINES „UPSTREAMS"): An der X-GmbH & Co. KG ist die Y-GmbH zu 100 % als Kommanditistin beteiligt. Die X-GmbH & Co. KG wird auf die Y-GmbH verschmolzen. Zwar wird ein Personenunternehmen auf eine GmbH übertragen. Da aber ein Kapitalerhöhungsverbot besteht und keine neuen Anteile entstehen, handelt es sich nicht um eine Einbringung gem. § 20 UmwStG.

1759 Gleichwohl ist dieser Vorgang ertragsteuerneutral. Es liegt ein Fall des § 6 Abs. 3 EStG vor.[3] Erfolgsneutral möglich ist in diesem Fall auch das **erweiterte Anwachsungs- oder Übertragungsmodell**, also die Übertragung des Kommanditanteils durch die Y-GmbH auf die X-GmbH gegen Gewährung neuer Gesellschaftsrechte.[4]

1760 Nach u. E. zutreffender Auffassung ist auch bei der Verschmelzung einer Mutterpersonengesellschaft auf ihre 100 %ige Tochtergesellschaft bei Letzterer eine Kapitalerhöhung notwendig, um den Anwendungsbereich des § 20 UmwStG auszulösen.[5]

---

1 Wird diese nicht eingetragen, ist die Sacheinlage nicht begünstigt. Liegt eine nicht begünstigte verdeckte Sacheinlage vor, greift auch nicht § 6 Abs. 3 EStG, sondern kommt es zwingend zur Aufdeckung der stillen Reserven im Rahmen einer Betriebsaufgabe, da einer verdeckten Einlage eine verdeckte Entnahme zwangsläufig vorausgeht, vgl. BFH, Urteil v. 11. 2. 2009 X R 56/06, BFH/NV 2009 S. 1411.
2 Patt, a. a. O., Tz. 176 ff.; Herlinghaus in R/H/vL, § 20 UmwStG, Rn 132h.
3 BFH, Urteil v. 10. 3. 1998 VIII R 76/96, BStBl II 1999 S. 269; Glanegger in Schmidt, § 6 EStG, Rn 473; Herlinghaus, a. a. O.
4 Siehe hierzu oben Rn 1646.
5 Ebenso Herlinghaus, a. a. O.; Patt, a. a. O., Tz. 178; zum Meinungsstreit s. einerseits Kesseler, DStR 2006 S. 67 und andererseits Middendorf/Stegemann, DStR 2005 S. 1082 und 2006 S. 71.

Bringt ein Steuerpflichtiger einen **Betrieb** ein, zu dem auch ein **Mitunternehmeranteil** gehört, liegen **zwei gesonderte Einbringungsvorgänge** vor. Gleichwohl bedurfte es nach der bis zum 31.10.2008 geltenden GmbH-Recht vertretenen Auffassung nur der Übernahme einer neuen Stammeinlage.[1] Ab Inkrafttreten von MoMiG zum 1.11.2008 stellt sich das Problem nicht mehr, da ein GmbH-Gesellschafter sowohl bei Gründung als auch bei einer Kapitalerhöhung mehrere Geschäftsanteile übernehmen kann.

1761

Das Erfordernis der Ausgabe neuer Anteile fordert nicht, dass der Nennbetrag der neuen Anteile gleich hoch ist mit dem Wert des eingebrachten Vermögens. § 20 Abs. 1 UmwStG enthält **keine Anforderung an die Beteiligungshöhe**. Die offene Einlage in eine Gesellschaft kann nicht gleichzeitig eine verdeckte Einlage in dieselbe sein.[2] Abzulehnen ist die Auffassung, dass die offene Einlage in eine Gesellschaft zugleich eine verdeckte Einlage in eine andere Gesellschaft sein kann.[3]

1762

Nach BFH[4] liegt auch dann ein Fall des § 20 UmwStG vor, wenn die Kapitalgesellschaft bar gegründet wird und die Einbringung einer Sachgesamtheit als Agio (sog. **Überpari-Emission**) erfolgt. Auch eine **Nebenleistung** kann eine **Sacheinlage** i.S. des § 20 UmwStG sein. Damit eröffnet der BFH (mit Zustimmung der Finanzverwaltung) den Weg, die Schwiergkeiten einer Sachgründung zu vermeiden und trotzdem die Vorteile des § 20 UmwStG zu nutzen. Die Anschaffungskosten der Anteile setzen sich u.E. dann zusammen aus dem Ansatz der Werte des übernommenen Betriebsvermögens in der GmbH **und** dem Bargründungsbetrag.[5]

Es reicht aus, wenn nur ein Teil den Nennbetrag ausfüllt und ein Überhang in die Kapitalrücklage eingestellt wird. Die Gegenleistung besteht dann nur in der Gestalt von Anteilen, so dass die Buchwerterhöhung nach § 20 Abs. 2 Satz 4 UmwStG nicht zum Tragen kommt.[6]

1763

---

1 Herlinghaus, a.a.O.; Schmitt, a.a.O., Rn 207.
2 Schmitt, a.a.O., Rn 214; Herlinghaus, a.a.O., Rn 133.
3 So aber Widmann in Widmann/Mayer, § 20 UmwStG, Rz. 207; dagegen zu Recht Schmitt, a.a.O., Rn 215 ff.
4 Urteil v. 7.4.2010 I R 55/10, BStBl II 2010 S.1094 in Bestätigung des FG Münster, Urteil v. 2.4.2009 8 K 2403/05 F, EFG 2009 S.1423; zustimmend Rn. E 20.09 i.V. m. 01.44 Satz 3 UmwStErl 2011; nach FG Baden-Württemberg, Außensenate Freiburg, Urteil v. 19.4.2011 11 K 4386/08, EFG 2011 S.1933 mit Anmerkung Trossen, rkr. nachdem der BFH mit Beschl. v. 1.12.2011 I B 127/11, BFH/NV 2012 S.1015, die NZB als unbegründet zurückgewiesen hat; setzt dies allerdings eine Regelung im Gesellschaftsvertrag der GmbH voraus; vgl. hierzu auch Volb, S. 77.
5 Vgl. Herlinghaus in R/H/vL, § 20 UmwStG, Rn 189 für den umgekehrten Fall eines Aufgelds.
6 Rn E 20.11 Satz 2 UmwStErl 2011; Schmitt, a.a.O., Rn 218

D. Das Umwandlungssteuerrecht

BEISPIEL: Einzelunternehmer A will seinen Betrieb in eine neu zu gründende GmbH umwandeln. Das maßgebliche steuerliche Kapital des Einzelgewerbes beträgt 400.000 €.

Es können auf das Stammkapital 100.000 € gebucht werden, und der Rest von 300.000 € wird auf die Kapitalrücklage gebucht. In Höhe von 300.000 € handelt es sich um nicht in das Nennkapital geleistete Einlagen. Aus steuerlicher Sicht bildet die GmbH ein steuerliches Einlagekonto gem. § 27 KStG. Die Anschaffungskosten der Anteile betragen 400.000 € und setzen sich zusammen aus 100.000 € Stammkapital und 300.000 € des steuerlichen Einlagekontos.

bb) Sonstige Leistungen

1764 Gemäß § 20 Abs. 2 Satz 4 UmwStG gilt, dass die übernehmende Gesellschaft das eingebrachte Betriebsvermögen **mindestens** mit dem gemeinen Wert der anderen Wirtschaftsgüter anzusetzen hat, wenn der Einbringende neben den Gesellschaftsanteilen auch andere Wirtschaftsgüter, deren gemeiner Wert den Buchwert des eingebrachten Betriebsvermögens übersteigt, erhält. Daher ist es für die Anwendung des § 20 Abs. 1 UmwStG nicht notwendig, dass die Gegenleistung für die Sacheinlage ausschließlich aus neuen Anteilen besteht; es ist auch möglich, zusätzlich zu den neuen Anteilen andere Vorteile zu gewähren. Allerdings führt die Einbringung insoweit zu einer erbschaftsteuerschädlichen Veräußerung von begünstigtem Betriebsvermögen i.S.v. § 13a Abs. 5 Satz 1 Nr. 1 ErbStG, soweit neben den Gesellschaftsanteilen weitere Gegenleistungen von der aufnehmenden Kapitalgesellschaft erbracht werden.[1] Eine Gegenleistung i.S. des § 20 Abs. 2 Satz 4 UmwStG liegt allerdings nur vor, wenn es sich um bilanzierungsfähige Wirtschaftsgüter handelt.

BEISPIEL 1: Einzelunternehmer A bringt seinen Betrieb in eine GmbH ein. Das maßgebliche steuerliche Kapital des Einzelgewerbes beträgt nach Buchwertansatz 400.000. Der gemeine Wert beträgt 1.000.000. Die GmbH übernimmt den Betrieb zu Buchwerten. Dabei werden 100.000 auf das Stammkapital gebucht. Für den Rest von 300.000 wird ein Gesellschafterdarlehen dem A eingeräumt.

A erhält neben den Gesellschaftsanteilen eine Darlehensforderung mit einem gemeinen Wert von 300.000. Da der gemeine Wert den Buchwert des eingebrachten Betriebsvermögens nicht übersteigt, darf die GmbH als niedrigsten Wert den Buchwert ansetzen.

BEISPIEL 2: Einzelunternehmer A bringt seinen Betrieb in eine GmbH ein. Das maßgebliche steuerliche Kapital des Einzelgewerbes beträgt nach Buchwertansatz 400.000. Der gemeine Wert beträgt 1.000.000. Die GmbH übernimmt den Betrieb zu

---

1 Vgl. Bayerisches Staatsministerium der Finanzen, Erlass v. 3.5.2012, FR 2012, 603; allgemein hierzu s. gleich lautende Ländererlasse v. 20.11.2013, BStBl I 2013 S. 1508.

XII. Einbringung in eine Kapitalgesellschaft

Buchwerten. Dabei werden 100.000 auf das Stammkapital gebucht. Daneben wird ein Gesellschafterdarlehen dem A in Höhe von 600.000 eingeräumt. A erhält neben den Gesellschaftsanteilen eine Darlehensforderung mit einem gemeinen Wert von 600.000. Da der gemeine Wert den Buchwert des eingebrachten Betriebsvermögens übersteigt, muss die GmbH als niedrigsten Wert den gemeinen Wert des Darlehens von 600.000 ansetzen. In Höhe der Differenz zwischen Buchwert des eingebrachten Betriebs und dem Wert des Gesellschafterdarlehens in Höhe von 200.000 entsteht bei A ein nicht begünstigter Veräußerungsgewinn. Ein Veräußerungsgewinn ist nur dann begünstigt, wenn alle stillen Reserven einschließlich eines originären Geschäfts- und Firmenwerts aufgedeckt werden. Das ist aber nur bei Ansatz des gemeinen Werts des Betriebs möglich.

Genussrechte, stille Beteiligungen, Übernahme von privaten Verbindlichkeiten, Zuzahlungen können z. B. eine andere Gegenleistung sein. 1765

Zusätzliche Gegenleistungen für die Einbringung können auch von dritter Seite geleistet werden. 1766

BEISPIEL: Bringt ein Mitunternehmer seinen Mitunternehmeranteil in eine Kapitalgesellschaft ein, dann muss er das wesentliche Sonderbetriebsvermögen auf die Kapitalgesellschaft mitübertragen. Zahlen die übrigen Gesellschafter der Körperschaft dem einbringenden Mitunternehmer für diesen Vermögensverlust einen Ausgleich, handelt es sich um eine zusätzliche Gegenleistung, die nicht von dem übernehmenden Unternehmen, sondern von dritter Seite stammt.

Werden betriebliche Verbindlichkeiten des Einbringenden von der Körperschaft übernommen, die zu der eingebrachten Sachgesamtheit (Betrieb oder Mitunternehmeranteil) gehören, ist dieser wirtschaftliche Vorteil aufgrund der **Einheitstheorie** keine Gegenleistung, solange kein negatives Kapitalkonto beim Einbringenden besteht. 1767

Die Einheitstheorie hat der GrS des BFH bei einer unentgeltlichen Betriebsübertragung i. R. einer vorweggenommenen Erbfolge geschaffen. Wird danach ein Betrieb im Ganzen unentgeltlich auf einen Dritten übertragen, ist weder der Tatbestand der Betriebsveräußerung noch der Betriebsaufgabe noch der Entnahme erfüllt. Da der Übergeber danach keinen Gewinn verwirklicht, muss der Übernehmer hinsichtlich der vorhandenen positiven und negativen Wirtschaftsgüter des Betriebes an die Buchwerte seines Vorgängers anknüpfen. Eine zutreffende Gesetzesauslegung des § 6 Abs. 3 EStG (früher § 7 Abs. 1 EStDV) schließt es aus, im Übergang der Verbindlichkeiten ein Entgelt zu sehen.[1]

---

1 BFH, Beschl. v. 5. 7. 1990 GrS 4-6/89, BStBl II 1990 S. 847.

1768 Sind allerdings die betrieblichen Verbindlichkeiten höher als das Eigenkapital des übergehenden Unternehmens, ist in der Übernahme der Differenz (= **negatives Kapitalkonto**) eine Gegenleistung zu sehen, die immer zur Aufdeckung stiller Reserven führt. Diese Regelung hat der Gesetzgeber in § 20 Abs. 2 Satz 2 Nr. 2 UmwStG aufgenommen. Danach darf ein Buchwert angesetzt werden, soweit die Passivposten des eingebrachten Betriebsvermögens die Aktivposten nicht übersteigen; dabei ist das Eigenkapital nicht zu berücksichtigen. In einem solchen Fall kommt es immer zum Ansatz eines Mindestzwischenwerts.

BEISPIEL: V bringt seinen Betrieb in eine GmbH ein. Die GmbH entscheidet sich für den Buchwertansatz. Das Aktivvermögen hat einen gemeinen Wert von 500.000. V erstellt folgende Übertragungsbilanz:

div. Akt.	100.000		
neg. Kapk.	70.000	Verb.	170.000
	170.000		170.000

Das Rohvermögen des V beträgt 100.000. Die Passivposten übersteigen dieses um 70.000. Gemäß § 20 Abs. 2 Satz 2 Nr. 2 UmwStG muss die GmbH das übernommene Vermögen mindestens mit 170.000 in ihrer Übernahmebilanz ansetzen. V hat einen Veräußerungserlös von 70.000, der mangels Aufdeckung aller stillen Reserven als nichtbegünstigter Gewinn zu versteuern ist.

1769–1780 *(Einstweilen frei)*

6. Persönlicher Anwendungsbereich

a) Aufnehmende Gesellschaft

1781 Gemäß § 20 Abs. 1 UmwStG kommen eine Kapitalgesellschaft oder eine Genossenschaft als übernehmende Gesellschaftsform in Betracht, die gem. § 1 Abs. 4 Satz 1 Nr. 1 i.V. m. § 1 Abs. 2 Nr. 1 UmwStG nach den Rechtsvorschriften eines EU-Mitgliedstaats (Art. 54 AEUV) oder eines Staates, auf den das Abkommen über den EWR (Art. 34 EWR-Abkommen) Anwendung findet, gegründet wurde (**1. Anknüpfungsmerkmal**). Eine Europäische Gesellschaft i. S. der Verordnung (EG) Nr. 2157/2001 und eine Europäische Genossenschaft i. S. der Verordnung (EG) Nr. 1435/2003 gelten gem. § 1 Abs. 1 Satz 2 UmwStG für die Anwendung des § 1 Abs. 1 Satz 1 UmwStG als eine nach den Rechtsvorschriften des Staates gegründete Gesellschaft, in dessen Hoheitsgebiet sich der Sitz der Gesellschaft befindet.

XII. Einbringung in eine Kapitalgesellschaft

Übernehmender Rechtsträger i. S. des § 1 Abs. 4 Satz 1 Nr. 1 UmwStG und übernehmende Gesellschaft i. S. des § 20 Abs. 1 UmwStG sind identisch.[1]

1782

Die Einstufung ausländischer Gesellschaften als Kapitalgesellschaft oder Genossenschaft ist anhand des Typenvergleichs zu prüfen; entscheidend ist hierbei, mit welcher deutschen Rechtsform die ausländische Gesellschaft aufgrund ihres Gesellschaftsvertrags aus zivilrechtlicher Sicht am ehesten vergleichbar ist.[2]

1783

Kapitalgesellschaften sind gem. § 1 Abs. 1 Nr. 1 KStG SE, AG, KGaA und GmbH. Hierzu zählt auch die mit MoMiG eingeführte **Unternehmergesellschaft (haftungsbeschränkt)**, die „nur" eine besondere Form der GmbH darstellt. Zu beachten ist allerdings, dass die Unternehmergesellschaft (haftungsbeschränkt) nur im Wege der Bargründung errichtet werden kann, § 5a Abs. 2 GmbHG. Sachkapitalerhöhungen und damit auch eine Einbringung nach § 20 UmwStG sind allerdings zulässig, wenn bei der Unternehmergesellschaft das Mindeststammkapital nach § 5 Abs. 1 GmbHG erreicht bzw. überschritten wird.[3]

1784

Genossenschaften sind gem. § 1 Abs. 1 Nr. 2 KStG Genossenschaften nach dem GenG und Europäische Genossenschaften (SEC).

1785

Eine übernehmende Gesellschaft braucht zum Zeitpunkt des Einbringungsvertrags oder des Umwandlungsbeschlusses noch nicht zu existieren. Es genügt, wenn sie i. R. des zivilrechtlichen Einbringungsvorgangs gegründet wird (anders nur bei der Unternehmergesellschaft (haftungsbeschränkt)). Sie muss nach Auffassung der Verwaltung jedoch spätestens am steuerlichen Übertragungsstichtag zivilrechtlich existent sein.[4] Wurde die übernehmende Gesellschaft im steuerlichen Rückwirkungszeitraum neu gegründet, ist auf den Zeitpunkt der zivilrechtlichen Wirksamkeit der Gründung abzustellen.[5] Die Rückwirkungsfiktion des § 2 Abs. 1 UmwStG kann nicht auch die Existenz der Gesellschaft fingieren.[6]

1786

---

1 Rn 20.04 UmwStErl 2011; Mutscher in Frotscher/Maas, UmwStG, § 20 UmwStG, Rn 69.
2 Grundlegend RFH, Urteil v. 12. 2. 1930 VI A 899/27, RFHE 27 S. 73, RStBl 1930 S. 444 – Leitsatz– ; zu Einzelheiten s. oben Rn 630.
3 BGH, Beschluss vom 19. 4. 2011 II ZB 25/10, BGHZ 189, 254; vgl. auch BGH, Beschluss vom 11. 4. 2011 II ZB 9/10, NJW 2011, 1883: Die Neugründung einer UG (hb) durch Abspaltung verstößt gegen das Sacheinlageverbot nach § 5a Abs. 2 Satz 2 GmbHG; Hötzel/Kaeser in FGS/BDI, S. 314 f.
4 Rn 20.04 i. V. m 01.55 UmwStErl 2011.
5 Rn 01.52 UmwStErl 2011.
6 Rasche, GmbHR 2012, S. 149, 154 f.

D. Das Umwandlungssteuerrecht

1787 Übernehmender Rechtsträger kann auch eine **Vorgesellschaft** (Gesellschaft zwischen Abschluss des notariell beurkundeten Gesellschaftsvertrags und Eintragung in das Handelsregister) sein, nicht aber eine **Vorgründungsgesellschaft** (Gesellschaft zwischen der Verabredung zur Gründung einer Kapitalgesellschaft und Abschluss des Notarvertrags), da Letztere als Personengesellschaft eingeordnet wird.

1788 Gem. § 1 Abs. 4 Satz 1 Nr. 1 i. V. m. § 1 Abs. 2 Nr. 1 UmwStG ist weitere Voraussetzung, dass die Gesellschaft in einem der Mitgliedstaaten ihren statuarischen Sitz (**2. Anknüpfungsmerkmal**) sowie ihren Ort der Geschäftsleitung (**3. Anknüpfungsmerkmal**) hat. „Gründungsstaat" und „Sitzstaat" müssen nach der Gesetzesbegründung nicht identisch sein,[1] obwohl der Wortlaut des § 1 Abs. 2 Nr. 1 UmwStG so verstanden werden könnte, dass sich zumindest statuarischer Sitz und Ort der Geschäftsleitung in ein und demselben Mitgliedstaat befinden müssen. Daher können auch doppelt ansässige Gesellschaften übernehmende Gesellschaften sein, und es können sich die drei Anknüpfungsmerkmale theoretisch auch auf drei verschiedene Mitgliedstaaten verteilen, sofern dies nach dem Gesellschaftsrecht der betroffenen EU/EWR-Staaten möglich sein sollte.[2] Eine Gesellschaft hat in einem der Mitgliedstaaten ihren statuarischen Sitz sowie ihren Ort der Geschäftsleitung auch, wenn sie aufgrund von DBA mit Drittstaaten als außerhalb der EU/des EWR ansässig gilt.

1789 Es wird moniert, dass nach der Fusionsrichtlinie als übernehmende Gesellschaften auch der Versicherungsverein auf Gegenseitigkeit, die Erwerbs- und Wirtschaftsgenossenschaft sowie der Betrieb gewerblicher Art einer juristischen Person des öffentlichen Rechts in Betracht kommen. Insoweit sei die Fusionsrichtlinie nicht vom deutschen Gesetzgeber umgesetzt.[3]

1790 Für die Frage, ob die aufnehmende Gesellschaft zum Kreis der in § 20 Abs. 1 UmwStG genannten Gesellschaften gehört, spielt es **keine Rolle, ob sie unbeschränkt, beschränkt steuerpflichtig oder steuerbefreit** ist. Bedeutsam wird das nur i. R. des Bewertungswahlrechts gem. § 20 Abs. 2 Satz 2 UmwStG. Die stillen Reserven sind aufzudecken, wenn sie dem deutschen Besteuerungsrecht entzogen werden oder das deutsche Besteuerungsrecht eingeschränkt wird. Die Voraussetzungen der Sicherstellung der stillen Reserven gem. § 20 Abs. 2 Nr. 1 bzw. des Besteuerungsrechts der Bundesrepublik Deutschland hin-

---

[1] BT-Drs. 16/2710 S. 36; Herlinghaus in R/H/vL, § 20 UmwStG, Rn 118.
[2] Widmann in Widmann/Mayer, § 20 UmwStG, Rz. 20.
[3] Mutscher in Frotscher/Maas, UmwStG, § 20 UmwStG, Rn 73; Widmann in Widmann/Mayer, § 1 UmwStG (SEStEG), Rz. 86; vgl. einschränkend aber auch Widmann in Widmann/Mayer, § 20 UmwStG (SEStEG, Kurzkommentierung), Rz. 16.

sichtlich des Veräußerungsgewinns gem. § 20 Abs. 2 Nr. 3 UmwStG sind zeitpunktbezogen zu verstehen. Sie müssen zum steuerlichen Übertragungsstichtag vorliegen.

Fallen in der Interimszeit oder nach einer Registereintragung die persönlichen Voraussetzungen weg, so ist das keine Frage des § 20 UmwStG, sondern Gegenstand des § 22 UmwStG. Danach kann es innerhalb von sieben Jahren nach dem steuerlichen Einbringungszeitpunkt zu einer rückwirkenden Veräußerungsgewinnbesteuerung kommen, wenn bei der übernehmenden Kapitalgesellschaft oder Genossenschaft gem. § 22 Abs. 1 Satz 6 Nr. 6 UmwStG die persönlichen Voraussetzungen i. S. von § 1 Abs. 4 UmwStG nicht mehr erfüllt sind. 1791

b) Einbringender

Während sich aus dem Zusammenspiel § 20 Abs. 1 und § 1 Abs. 4 Satz 1 Nr. 1 UmwStG i.V. m. § 1 Abs. 3 UmwStG der Personenkreis Kapitalgesellschaft bzw. Genossenschaft als aufnehmende Gesellschaft ergibt, wird der Kreis der Einbringenden durch § 1 Abs. 4 Satz 1 Nr. 2 UmwStG bestimmt. § 20 Abs. 1 UmwStG spricht nur von dem „Einbringenden" ohne weitere Umschreibung. Einbringender ist der Rechtsträger, dem die Gegenleistung zusteht.[1] 1792

Aus § 1 Abs. 4 Satz 1 Nr. 2 UmwStG ergeben sich **zwei Personengruppen**. Die Personengruppe § 1 Abs. 4 Satz 1 Nr. 2 Buchst. a UmwStG enthält Anforderungen an Rechtsform und Ansässigkeit. An die Personengruppe § 1 Abs. 4 Satz 1 Nr. 2 Buchst. b UmwStG stellt das Gesetz die materiellrechtliche Anforderung, dass das Recht der Bundesrepublik Deutschland hinsichtlich der Besteuerung des Gewinns aus der Veräußerung der erhaltenen Anteile nicht ausgeschlossen oder beschränkt ist. Buchst. b greift immer „hilfsweise" ein, wenn die persönliche Voraussetzung nach Buchst. a nicht erfüllt ist. 1793

aa) Einbringende gem. § 1 Abs. 4 Satz 1 Nr. 2 Buchst. a UmwStG

Der Personenkreis der Einbringenden, der unter § 1 Abs. 4 Satz 1 Nr. 2 Buchst. a UmwStG fällt, wird weiter untergliedert in Doppelbuchst. aa „Gesellschaften" und Doppelbuchst. bb „natürliche Personen". 1794

Nach Doppelbuchst. aa können Einbringende sein 1795

▶ eine Körperschaft i. S. des Art. 54 AEUV/Art. 34 EWR-Abkommen (Kapitalgesellschaften, Genossenschaften und sonstige juristische Personen des privaten und öffentlichen Rechts, die einen Erwerbszweck verfolgen, mit Sitz

---

1 Rn 20.02 UmwStErl 2011.

und Ort der Geschäftsleitung im EU/EWR-Gebiet gem. § 1 Abs. 2 Nr. 1 UmwStG (sog. intransparente Gesellschaften)),[1]

▶ eine Personengesellschaft mit Sitz und Ort der Geschäftsleitung im EU/EWR-Bereich, soweit die an der Personengesellschaft beteiligten Körperschaften, Personenvereinigungen, Vermögensmassen oder natürlichen Personen auch zu dem vorgenannten Personenkreis gehören (sog. transparente Gesellschaften).[2]

1796 Nach Doppelbuchst. bb können Einbringende sein

▶ natürliche Personen mit Wohnsitz oder gewöhnlichem Aufenthalt im EU/EWR-Bereich gem. § 1 Abs. 2 Satz 1 Nr. 2 UmwStG.

1797 Gehören Einbringende zu den Personengruppen gem. § 1 Abs. 4 Satz 1 Nr. 2 Buchst. a UmwStG, ist es für die Anwendung des § 20 UmwStG unerheblich, ob im Inland ein Besteuerungsrecht für die stillen Reserven an den aus der Einbringung erworbenen Anteilen besteht.

1798 Entfallen die Zuordnungsmerkmale nach dem Einbringungszeitpunkt, können die Rechtsfolgen des § 22 UmwStG ausgelöst werden.

1799 Umstritten ist, wer **Einbringender** ist, **wenn eine Personengesellschaft ihren Betrieb einbringt**. Nach Auffassung der Finanzverwaltung zum **alten** Umwandlungssteuerrecht waren in jedem Fall die Mitunternehmer die Einbringenden und nicht die Personengesellschaft. Dies sollte selbst dann gelten, wenn z. B. i. R. einer Ausgliederung der von der aufnehmenden Gesellschaft gewährte Gesellschaftsanteil dem Gesamthandsvermögen der Personengesellschaft zuzurechnen war.[3] Die herrschende Lehre[4] differenziert danach, ob die Mitunternehmerschaft nach der Einbringung bestehen bleibt (ob die Personengesellschaft bestehen bleibt, soll unbeachtlich sein): Erlischt die Mitunternehmerschaft, gelten die Mitunternehmer als Einbringende. Bleibt die Mitunternehmerschaft bestehen, gilt die Mitunternehmerschaft als Einbringende. Die Verwaltung stellt im UmwStErl 2011[5] darauf ab, wem die Anteile am überneh-

---

1 Siehe o. Rn 532.
2 Siehe o. Rn 532.
3 BMF-Schreiben v. 25. 3. 1998, BStBl I 1998 S. 268, Tz. 20.05; ebenso Merkert in Bordewin/Brandt, § 20 UmwStG, Rn 31 a. F.
4 Patt in D/P/M, § 20 UmwStG, Tz. 169a; Herlinghaus in R/H/vL, § 20 UmwStG, Rn 34 m. w. N.; soweit für diese Auffassung auf das BFH-Urteil vom 16. 2. 1996 I R 183/94, BStBl II 1996 S. 342 verwiesen wird, kann man dies u. E. dem Urteil nicht entnehmen; ebenso FG Köln, Urteil v. 21. 6. 2006 14 K 506/03, rkr. nach Zurückweisung der NZB als unbegründet mit Beschluss v. 13. 4. 2007 IV B 81/06, BFH/NV 2007 S. 1939.
5 Rn 20.03; ablehnend Rasche, GmbHR 2012 S. 149, 150; nach Rasche sollen immer die Mitunternehmer Einbringende sein.

menden Rechtsträger zustehen: Stehen die Anteile den bisherigen Mitunternehmern zu (z. B. wegen Auflösung der Personengesellschaft oder einer Abspaltung gemäß § 123 Abs. 2 UmwG), sind die Mitunternehmer Einbringende; werden die Anteile der Personengesellschaft gewährt, also Gesamthandsvermögen, ist die Personengesellschaft Einbringende. Aber auch in diesem Fall muss die Personengesellschaft, obwohl sie nicht Eigentümerin ist, Sonderbetriebsvermögen eines ihrer Mitunternehmer miteinbringen, wenn es zu den wesentlichen Betriebsgrundlagen gehört (z. B. bei Einbringung eines Teilbetriebs, der auf einem einem Mitunternehmer gehörenden Grundstück betrieben wird).[1]

Sieht man die einzelnen Mitunternehmer als Einbringende an, kann das Wahlrecht des § 20 Abs. 2 UmwStG u. E. unterschiedlich ausgeübt werden; ist Einbringende die Personengesellschaft, kann das Wahlrecht nur einheitlich ausgeübt werden. Demgegenüber soll nach Verwaltungsauffassung das eingebrachte Betriebsvermögen nur einheitlich mit dem Buchwert oder einem Zwischenwert angesetzt werden.[2]

bb) Einbringende gem. § 1 Abs. 4 Satz 1 Nr. 2 Buchst. b UmwStG

Einbringende nach § 1 Abs. 4 Satz 1 Nr. 2 Buchst. b UmwStG sind folgende Personen:

▶ intransparente Gesellschaften gem. Art. 5 AEUV/Art. 34 EWR-Abkommen, wie Kapitalgesellschaften, Genossenschaften und sonstige juristische Personen des privaten und öffentlichen Rechts, die einen Erwerbszweck verfolgen, mit Sitz oder Ort der Geschäftsleitung in einem Drittland,

▶ intransparente Gesellschaften, die nicht unter Art. 54 AEUV/Art. 34 EWR-Abkommen fallen, wie nichtrechtsfähige Vereine, Stiftungen und Anstalten, mit Sitz und Ort der Geschäftsleitung im EU/EWR-Gebiet,

▶ intransparente Gesellschaften, die nicht unter Art. 54 AEUV/Art. 34 EWR-Abkommen fallen, wie nichtrechtsfähige Vereine, Stiftungen und Anstalten, mit Sitz und Ort außerhalb des EU/EWR-Gebiets,

▶ transparente Gesellschaften (= Personengesellschaften) mit Sitz oder Ort der Geschäftsleitung in einem Drittland,

▶ transparente Gesellschaften (= Personengesellschaften) mit Sitz oder Ort der Geschäftsleitung im EU/EWR-Gebiet, soweit die an der Personengesell-

1800

---

[1] Schmitt in S/H/S, UmwG-UmwStG, § 20 UmwStG, Rn 78, S. 150; Herlinghaus in R/H/vL, § 20 UmwStG, Rz. 48.
[2] Rn 20.18 UmwStErl 2011; Kotyrba/Scheunemann, BB 2012 S. 223, 226.

D. Das Umwandlungssteuerrecht

schaft beteiligten Körperschaften, Personenvereinigungen, Vermögensmassen oder natürliche Personen in einem Drittland ansässig sind oder nicht unter Art. 54 AEUV/Art. 34 EWR-Abkommen fallen,

▶ natürliche Personen mit Wohnsitz und gewöhnlichem Aufenthalt im Drittland.

1801   Bei den unter § 1 Abs. 4 Satz 1 Nr. 2 Buchst. b UmwStG fallenden Personen muss hinzukommen, dass bei Einbringung ein inländisches Besteuerungsrecht für die stillen Reserven in den i. R. der Einbringung erhaltenen Gesellschaftsanteilen an der Übernehmerin besteht. Das Besteuerungsrecht kann unbeschränkt und beschränkt sein. Es darf nur nicht ausgeschlossen oder vermindert werden.[1]

1802   Die Prüfung, ob das Besteuerungsrecht der Bundesrepublik Deutschland ausgeschlossen oder vermindert ist, erfolgt zeitpunktbezogen auf den steuerlichen Übertragungsstichtag. Ob danach im Interimszeitraum oder nach der Registereintragung das Besteuerungsrecht verloren geht, ist i. R. des persönlichen Anwendungsbereichs des § 20 UmwStG nicht von Bedeutung. Wenn danach das Besteuerungsrecht verloren geht, führt das innerhalb einer Sieben-Jahres-Frist gem. § 22 Abs. 1 Satz 6 Nr. 6 UmwStG zur nachträglichen Versteuerung eines Einbringungsgewinns nach § 22 Abs. 1 Satz 1 UmwStG.

1803   Für **einbringende Steuerausländer** wird danach differenziert, ob der im Ausland ansässige Anteilseigner die erhaltenen Anteile

▶ in seinem Privatvermögen,

▶ in seinem ausländischen Betriebsvermögen oder

▶ in einer inländischen Betriebsstätte

hält.

1804   BEISPIEL PV : ▶ Eine natürliche Person mit Wohnsitz und gewöhnlichem Aufenthalt in Kanada bringt ihren Betrieb in Mainz in eine GmbH in Köln ein. Die erworbenen Anteile der GmbH werden im Privatvermögen gehalten.

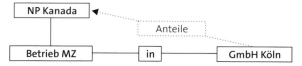

Hält der Anteilseigner die Beteiligung in seinem Privatvermögen, ist zu prüfen, ob mit dem Wohnsitzstaat ein DBA besteht und, wenn das der Fall ist, ob das Besteue-

---

1 BT-Drs. 16/3369 S. 9.

XII. Einbringung in eine Kapitalgesellschaft

rungsrecht hinsichtlich der neuen Anteile dem Ansässigkeitsstaat des Einbringenden oder der Bundesrepublik zusteht. Das Besteuerungsrecht ist gem. Art. 10 und Art. 13 DBA Kanada dem Wohnsitzstaat zugewiesen.[1] Damit gilt gem. § 1 Abs. 4 Satz 1 Nr. 2 Buchst. b UmwStG der sechste Teil des UmwStG nicht und somit nicht § 20 UmwStG für diesen Einbringungsvorgang.

BEISPIEL AUSLÄNDISCHES BV: ▶ Eine Corporation mit Sitz und Geschäftsleitung in Kanada bringt ihren Betrieb in Mainz ein in eine GmbH in Köln. Die erworbenen Anteile der GmbH werden im Betriebsvermögen Kanada gehalten.   1805

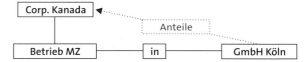

Hält der Anteilseigner die Beteiligung in seinem Betriebsvermögen, ist zu prüfen, ob mit dem Ansässigkeitsstaat ein DBA besteht und, wenn das der Fall ist, ob das Besteuerungsrecht hinsichtlich der neuen Anteile dem Ansässigkeitsstaat des Einbringenden oder der Bundesrepublik zusteht. Das Besteuerungsrecht ist auch hier gem. Art. 10 und Art. 13 DBA Kanada dem Ansässigkeitsstaat zugewiesen. Damit gilt gem. § 1 Abs. 4 Satz 1 Nr. 2 Buchst. b UmwStG der sechste Teil des UmwStG nicht und somit nicht § 20 UmwStG für diesen Einbringungsvorgang.

BEISPIEL INLÄNDISCHE BETRIEBSSTÄTTE: ▶ Eine Corporation mit Sitz und Geschäftsleitung in Kanada bringt aus ihrem Betrieb in Mainz einen Teilbetrieb (Sparte) ein in eine GmbH in Köln. Die Produkte des eingebrachten Teilbetriebs werden weiterverarbeitet in dem verbleibenden Teil des Betriebs in Mainz, und die Anteile werden laut Rechnungslegung diesem Betrieb zugeordnet.   1806

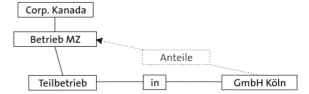

Gemäß Art. 10 Abs. 4 DBA Kanada hat Kanada kein Besteuerungsrecht, da die Corporation in Deutschland, in dem die die Dividenden zahlende GmbH ansässig ist, eine gewerbliche Tätigkeit durch eine dort gelegene Betriebsstätte ausübt und die Beteiligung, für die die Dividenden gezahlt werden, tatsächlich zu dieser Betriebsstätte gehört. Deutschland hat in diesem Fall gem. § 49 Abs. 1 Nr. 2 Buchst. a EStG weiterhin das Besteuerungsrecht. In diesem Fall gilt gem. § 1 Abs. 4 Satz 1 Nr. 2 Buchst. b UmwStG der sechste Teil des UmwStG und somit § 20 UmwStG für diesen Einbringungsvorgang.

---

1 Diese Zuordnung enthalten die meisten DBA. Wichtige Ausnahmen sind DBA USA und Tschechien.

D. Das Umwandlungssteuerrecht

1807 Gehört die Beteiligung an der Übernehmerin zu einer inländischen Betriebsstätte, ist nach den Vorgaben des DBA-Rechts i. d. R., von geringen Ausnahmen abgesehen, das inländische Besteuerungsrecht sichergestellt. In diesem Fall liegen beschränkt steuerpflichtige Einkünfte gem. § 49 Abs. 1 Nr. 2 Buchst. a EStG vor. Diese umfassen auch den Gewinn aus der Veräußerung der Anteile an dem übernehmenden Rechtsträger.

1808 **Die Anteile an der Übernehmerin müssen nach DBA-Recht der Betriebsstätte funktional zuzurechnen sein.** Das ist nur der Fall, wenn eine wirtschaftliche Verbindung zwischen dem Betrieb der Übernehmerin und dem Betrieb der Betriebsstätte besteht. Eine bloße Willkürung der Beteiligung zu einer inländischen Betriebsstätte reicht nicht aus.[1]

1809 Eine schädliche Beschränkung des inländischen Besteuerungsrechts für die stillen Reserven der erhaltenen Anteile ist gegeben, wenn die Vermeidung der Doppelbesteuerung durch die sog. Anrechnungsmethode gem. Art. 23B OECD-MA geregelt wird.

1810 Das SEStEG hat hier eine Verschärfung gegenüber dem alten Rechtszustand gebracht. Gemäß § 20 Abs. 3 UmwStG a. F. hatte die Kapitalgesellschaft das eingebrachte Betriebsvermögen mit seinem Teilwert anzusetzen, wenn das Besteuerungsrecht der Bundesrepublik Deutschland hinsichtlich des Gewinns aus einer Veräußerung der dem Einbringenden gewährten Gesellschaftsanteile im Zeitpunkt der Sacheinlage ausgeschlossen war. Die Anrechnungsmethode führt nicht zu einem Ausschluss, sondern nur zu einer Beschränkung. Ein inländisches Besteuerungsrecht war daher auch gegeben, wenn die Bundesrepublik Deutschland eine Doppelbesteuerung nach Maßgabe des einschlägigen DBA durch Anrechnung der ausländischen Steuer statt durch Steuerfreistellung vermied.[2]

1811 Nunmehr wird aber die Anwendung des § 20 UmwStG gem. § 1 Abs. 4 Satz 1 Nr. 2 Buchst. b UmwStG bereits dann ausgeschlossen, wenn das Recht der Bundesrepublik Deutschland hinsichtlich der Besteuerung des Gewinns aus der Veräußerung der erhaltenen Anteile nicht ausgeschlossen, sondern nur beschränkt wird. Als **Beschränkung** des inländischen Besteuerungsrechts gilt schon die **abstrakte Anrechnungsverpflichtung**, ohne dass es darauf ankommt,

---

1 Zur Zuordnung im Einzelnen siehe BFH, Urteile v. 12. 2. 2008 I R 63/06, BStBl II 2009 S. 414, Verfassungsbeschwerde nicht zur Entscheidung angenommen, BVerfG, Beschluss v. 22. 10. 2009 1 BvR 1509/08, und v. 2. 4. 2008 I R 38/07, insoweit n. v. BMF, Schreiben v. 25. 8. 2009, BStBl I 2009 S. 888 (Betriebsstättenerlass), siehe hierzu Ditz/Schneider, DStR 2010 S. 81.
2 UmwStErl 1998, Tz. 20.24. ist überholt.

ob es im Fall der Veräußerung tatsächlich zur Anrechnung einer ausländischen Steuer kommt.[1]

Das inländische Besteuerungsrecht wird nicht beschränkt bei Steuerbefreiungen, die nicht auf DBA-Recht beruhen. Keine Beschränkung des Besteuerungsrechts ist, dass der Veräußerungsgewinn aus den für die Sacheinlage erhaltenen Gesellschaftsanteilen gem. § 8b Abs 2 KStG bei der Einkommensermittlung außer Ansatz bleibt.

1812

(Einstweilen frei)

1813–1820

7. Rechtsfolgen bei Tatbestandserfüllung des § 20 Abs. 1 UmwStG

Wird ein Betrieb oder Teilbetrieb oder ein Mitunternehmeranteil als Sacheinlage in eine Kapitalgesellschaft oder eine Genossenschaft eingebracht und erhält der Einbringende dafür neue Anteile an der Gesellschaft, gelten für die Bewertung des eingebrachten Betriebsvermögens, der neuen Gesellschaftsanteile und die weiteren Rechtsfolgen die § 20 Abs. 2–9 UmwStG.

1821

a) Wertansatz bei der übernehmenden Kapitalgesellschaft oder Genossenschaft

aa) Regelmäßiger Wertansatz

Den Wertansatz bei der übernehmenden Gesellschaft regelt § 20 Abs. 2 UmwStG. Danach hat nach § 20 Abs. 2 Satz 1 UmwStG die übernehmende Gesellschaft das eingebrachte Betriebsvermögen abweichend von der alten Rechtslage vor SEStEG grds. mit dem gemeinen Wert anzusetzen. Gemäß § 9 Abs. 2 BewG wird der gemeine Wert durch den Preis bestimmt, der im gewöhnlichen Geschäftsverkehr nach der Beschaffenheit eines Wirtschaftsguts bei einer Veräußerung zu erzielen wäre. Der gemeine Wert umfasst grds. auch einen Gewinnaufschlag. Er umfasst auch einen Firmenwert, der in den Fällen der Einbringung im Gegensatz zum zweiten bis fünften Teil des UmwStG derivativ ist, so dass § 5 Abs. 2 EStG nicht zur Anwendung kommt.[2] Ein Hinweis wie in § 3 Abs. 1 Satz 1 UmwStG erübrigt sich daher. Der Firmenwert ist auch bei der Einbringung eines Teilbetriebs zum gemeinen Wert anzusetzen. Denn für einen Teilbetrieb kann ein Gesamtwert unter Berücksichtigung der Gewinnaussichten und damit auch ein Firmenwert ermittelt werden, da ein Teil-

1822

---

1 Förster, DB 2007 S. 72; vgl. hierzu aber auch unten Rn 1843.
2 Schmitt in S/H/S, UmwG-UmwStG, § 20 UmwStG, Rn 280 m.w.N.

betrieb als lebensfähige Einheit übertragen werden kann. Auch bei der Einbringung eines Mitunternehmeranteils muss ein anteiliger Firmenwert berücksichtigt werden, da der Mitunternehmeranteil die gesamthänderische Mitberechtigung an allen Wirtschaftsgütern des gesamten Betriebs verkörpert. Der UmwStErl 2011 verweist in Rn 20.17 auf die Rn 03.07 bis 03.09. Daraus ergibt sich, dass der gemeine Wert aller übertragenen Wirtschaftsgüter (also der Sachgesamtheit) zu ermitteln und anschließend nach Maßgabe der Teilwerte auf die Einzelwirtschaftsgüter zu verteilen ist.[1] Bei der Bewertung der Sachgesamtheit ist auch ein negativer Geschäfts- bzw. Firmenwert zu berücksichtigen.[2] Der **gemeine Wert** ist (mit Ausnahme der Pensionsrückstellungen, deren Bewertung sich immer nach § 6a EStG richtet) die **Obergrenze**. Ist der gemeine Wert der Sachgesamtheit niedriger als die Summe der Buchwerte der übertragenen Wirtschaftsgüter, schließt der UmwStErl 2011 in Rn 20.18 i.V. m. 03.12 den Buchwertansatz aus, es erfolgt eine entsprechende Abstockung.[3] Nach anderer Auffassung soll der Buchwert die Untergrenze für den Wertansatz sein.[4]

1822a Bei einer Einbringung zu gemeinen Werten sind auch Verbindlichkeiten und Rückstellungen aus der Handelsbilanz in der Übernahmesteuerbilanz anzusetzen, für die ansonsten ein steuerliches **Passivierungsverbot** (z. B. § 5 Abs. 2a und 4a EStG) gilt.[5] Diese erstmals angesetzten Posten sind nach Auffassung der Verwaltung zum nächsten regulären Bilanzstichtag ertragswirksam auszubuchen.[6] Dadurch ergibt sich allerdings ein höherer Firmenwert mit höherem AfA-Volumen.[7] Entgegen der Verwaltungsauffassung hat der BFH zutreffend entschieden, dass Anschaffungsvorgänge unabhängig davon, ob ein Schuldbeitritt oder eine befreiende Schuldübernahme vorliegt, immer erfolgsneutral sein müssen.[8] Dieses Urteil ist u. E. auch auf Umwandlungsvorgänge anzuwenden. Zu beachten ist allerdings § 5 Abs. 7 EStG i. d. F. des AIFM-Steueranpassungsgesetzes, mit dem der Gesetzgeber die BFH-Rechtsprechung aus-

---

1 Hötzel/Kaeser in FGS/BDI, S. 339.
2 FG Münster, Urteil v. 31. 1. 2014 – 9 K 135/07, K, F, BB 2014 S. 1968 mit zustimmender Anm. Heß zur vergleichbaren Vorschrift des alten UmwStG, EFG 2014 S. 1544, BFH-Az.: I R 33/14; zum neuen Recht s. Schmitt in S/H/S, UmwG-UmwStG, § 20 UmwStG, Rn. 271.
3 S. Schmitt, a. a. O., Rn. 282, auch mit Hinweisen zu den verschiedenen Auffassungen.
4 Schumacher/Neitz-Hackstein, Ubg 2011, 409.
5 Vgl. BFH, Urteil v. 16. 12. 2009 I R 102/08, BStBl II 2011 S. 566.
6 Rn 20.20 i.V. m. 04.16 UmwStErl 2011 unter Hinweis auf das BMF-Schreiben v. 24. 6. 2011, BStBl I 2011 S. 627; dies ist jedoch nicht zweifelsfrei: a. A. zu vergleichbaren Fällen FG Münster, Urteil v. 15. 6. 2011 9 K 1292/07 K, BB 2011 S. 2800, bestätigt durch BFH, Urteil v. 12. 12. 2012 -: I R 69/11, BFH/NV 2013 S. 840 und FG Düsseldorf, Urteil v. 29. 6. 2010 6 K 7287/00 K, EFG 2011 S. 34, bestätigt durch BFH, Urteil v. 14. 12. 2011 - I R 72/10, BFH/NV 2012 S. 635.
7 Benz/Rosenberg, DB, Beilage Nr. 1 zu Heft 2/2012, S. 38, 42.
8 Urteil v. 14. 12. 2011 I R 72/10, BFH/NV 2012 S. 635.

gehebelt hat. Danach sind übernommene Verpflichtungen, die beim ursprünglich Verpflichteten Ansatzverboten, -beschränkungen oder Bewertungsvorbehalten unterlegen haben, zu den auf die Übernahme folgenden Abschlussstichtagen bei dem Übernehmer und dessen Rechtsnachfolger so zu bilanzieren, wie sie beim ursprünglich Verpflichteten ohne Übernahme zu bilanzieren wären. Damit übernimmt der Gesetzgeber die bisherige Verwaltungsauffassung. Für den Gewinn, der sich aus der ertragswirksamen Ausbuchung ergibt, kann in Höhe von vierzehn Fünfzehntel eine gewinnmindernde Rücklage gebildet werden, die in den folgenden 14 Wirtschaftsjahren jeweils mit mindestens einem Vierzehntel gewinnerhöhend aufzulösen ist. Die Neuregelung gilt für Wirtschaftsjahre, die nach dem 28.11.2013 enden (§ 52 Abs. 14a EStG bzw. § 52 Abs. 9 i.d.F. des Kroatiengesetzes). Damit erfasst sie auch Vorgänge, die ggfs. bereits Jahre zurückliegen, jetzt aber noch in der Bilanz des übernehmenden Rechtsträgers enthalten sind.

Für in der Sacheinlage enthaltene Pensionsrückstellungen bestimmt sich der gemeine Wert nach § 20 Abs. 2 Satz 1 Halbsatz 2 UmwStG einzig nach § 6a EStG. Diese Bestimmung geht gem. § 1 Abs. 2 BewG dem BewG vor. Die Bewertung von Pensionsrückstellungen mit dem Wert nach § 6a EStG erfolgt entsprechend den Regelungen in den §§ 3 und 11 UmwStG.[1] Das FG Köln[2] hat entschieden, dass bei der Umwandlung einer Personengesellschaft in eine Kapitalgesellschaft der in der Sonderbilanz des pensionsberechtigten Mitunternehmers aktivierte und bei der Personengesellschaft erdiente Pensionsanspruch erfolgsneutral entnommen wird. Zu einer Doppelbesteuerung komme es nicht, wenn der Versteuerung der Sonderbetriebseinnahmen bei der Besteuerung der Pensionen Rechnung getragen werde, indem die (rechnerisch auf die Zeit der Mitunternehmerschaft entfallenden) Pensionszahlungen als Leibrente oder als nachträgliche Betriebseinnahmen behandelt werden, die so lange steuerlich nicht erfasst werden, wie sie den entnommenen Aktivposten nicht übersteigen.[3]

1823

Bei Aufdeckung sämtlicher stiller Reserven durch den Ansatz des gemeinen Werts sind die neuen Anteile nicht sperrfristbehaftet, und es brauchen deshalb nicht die besonderen Steuerfolgen nach § 22 UmwStG beachtet zu werden.

1824

---

1 BT-Drs. 16/3369 S. 11.
2 Urteil v. 12.11.2008 11 K 3184/06, EFG 2009 S. 572.
3 Vgl. zu einer fortbestehenden Personengesellschaft BMF-Schreiben v. 29.1.2008, BStBl I 2008 S. 317 Tz. 7, 8; der UmwStErl 2011 enthält in den Rn 20.28 bis 20.33 ausführliche Hinweise zur Behandlung von Pensionszusagen.

bb) Wahl eines niedrigeren Werts als des gemeinen Werts
(1) Voraussetzungen

1825 Abweichend vom gemeinen Wert kann das übernommene Betriebsvermögen gem. § 20 Abs. 2 Satz 2 UmwStG **auf Antrag** einheitlich mit dem **Buchwert** als Untergrenze oder einem höheren Wert angesetzt werden. Die Obergrenze bildet der gemeine Wert. Alle Werte zwischen Buchwert und gemeinem Wert bilden den **Zwischenwert**.

1826 Buchwert oder ein Zwischenwert darf nach § 20 Abs. 2 Satz 2 UmwStG nur unter folgenden materiellrechtlichen Voraussetzungen gewählt werden,

- ▶ soweit gem. § 20 Abs. 2 Satz 2 Nr. 1 UmwStG sichergestellt ist, dass das übernommene Betriebsvermögen später bei der übernehmenden Körperschaft der Besteuerung mit Körperschaftsteuer unterliegt,

- ▶ soweit gem. § 20 Abs. 2 Satz 2 Nr. 2 UmwStG die Passivposten des eingebrachten Betriebsvermögens die Aktivposten nicht übersteigen; dabei ist das Eigenkapital nicht zu berücksichtigen,

- ▶ soweit gem. § 20 Abs. 2 Satz 2 Nr. 3 UmwStG das Recht der Bundesrepublik Deutschland hinsichtlich der Besteuerung des Gewinns aus der Veräußerung des eingebrachten Betriebsvermögens bei der übernehmenden Gesellschaft nicht ausgeschlossen oder beschränkt wird.

(a) Wahlrechtssperre bei Einbringung in eine steuerbefreite Gesellschaft

1827 In § 20 Abs. 2 Satz 2 Nr. 1 UmwStG wird klarstellend geregelt, dass in den Fällen der Einbringung in eine steuerfreie Gesellschaft ein Buchwert- oder Zwischenwertansatz nicht zulässig ist.[1] Es muss sich daher um eine Gesellschaft i. S. des § 1 oder 2 KStG handeln, die nicht von der deutschen Körperschaftsteuer befreit ist. Die übernehmende Gesellschaft kann dann eine von der Körperschaftsteuer befreite Gesellschaft sein, wenn die empfangene Sacheinlage in einem steuerpflichtigen wirtschaftlichen Geschäftsbetrieb verwendet wird.

1828 Von Nr. 1 wird im Wesentlichen die Einbringung in ein **REIT** erfasst, da der REIT gem. § 16 Abs. 1 REITG als solcher von der Körperschaftsteuer befreit ist.

1829 Erfolgt die **Einbringung in eine Organgesellschaft**, ist die Voraussetzung der Nr. 1 erfüllt, wenn die Organgesellschaft dem Grunde nach körperschaftsteuerpflichtig ist.[2] Wie das bei ihr ermittelte Einkommen beim Organträger zu

---

[1] BT-Drs. 16/3369 S. 11.
[2] Dies ist regelmäßig zu bejahen, da die Organgesellschaft Körperschaftsteuersubjekt bleibt; vgl. Müller in Mössner/Seeger, § 14 KStG, Rn 393 f.

versteuern ist, spielt keine Rolle.[1] Die Verwaltung sieht die Voraussetzung der Nr. 1 hingegen nicht als erfüllt an. Sie lässt, soweit das zugerechnete Einkommen der Einkommensteuer unterliegt, den Buchwert- oder Zwischenwertansatz nur aus Billigkeitsgründen zu, wenn sich alle an der Einbringung Beteiligten übereinstimmend schriftlich damit einverstanden erklären, dass auf die aus der Einbringung resultierenden Mehrabführungen § 14 Abs. 3 Satz 1 KStG anzuwenden ist.[2]

Körperschaftsteuer i. S. der Nr. 1 ist sowohl die inländische als auch ausländische Körperschaftsteuer.[3] Auf welchen Zeitpunkt für die Frage abzustellen ist, ob das eingebrachte Betriebsvermögen der Körperschaftsteuer „unterliegt", ist umstritten: Während Patt[4] und Herlinghaus[5] zeitraumbezogen bis zum Zeitpunkt der Realisierung der stillen Reserven abstellen, ist für Schmitt[6] und Rödder[7] der steuerliche Übertragungsstichtag maßgebend. Letzteres ist u. E. richtig. 1830

(b) Wahlrechtsbeschränkungen bei übersteigenden Passivposten

Soweit die Passivposten die Aktivposten in der steuerlichen[8] Schlussbilanz des Einbringenden übersteigen, hat die übernehmende Gesellschaft gem. § 20 Abs. 2 Satz 2 Nr. 2 UmwStG die Aktivposten auf einen Zwischenwert aufzustocken. Im Ergebnis müssen sich die Bilanzansätze der Aktiv- und Passivposten in der Steuerbilanz der übernehmenden Gesellschaft ausgleichen. Diese Tatbestandsvoraussetzung wirkt daher wie eine Einschränkung des Bewertungswahlrechts.[9] Die Überschuldungsprüfung ist für jeden Sacheinlagegegenstand, also für jeden Einbringungsvorgang gesondert durchzuführen. 1831

Wirtschaftsgüter, die infolge der Einbringung erstmals in Deutschland steuerverstrickt werden, werden bei der Ermittlung des steuerlichen Eigenkapitals mit ihrem gemeinen Wert berücksichtigt.[10] 1832

---

1 Herlinghaus in R/H/vL, § 20 UmwStG, Rn 160a; in S/H/S, UmwG-UmwStG, § 20 UmwStG, Rn 330.
2 Rn 20.19 UmwStErl 2011.
3 Herlinghaus, a. a. O., Fn. 5; Schmitt, a. a. O., Rn 327.
4 In D/P/M, § 20 UmwStG, Tz. 225.
5 A. a. O., Rn 160.
6 A. a. O., Rn 329.
7 In R/H/vL, § 11 UmwStG, Rn 107.
8 Ein positives Eigenkapital in der Handelsbilanz ist ohne Bedeutung; Schmitt, a. a. O., Rn 331; Herlinghaus, a. a. O., Rn 162a.
9 Siehe o. Beispiel Rn 1768.
10 Herlinghaus, a. a. O.; Schmitt, a. a. O., Rn 332; a. A. Patt in D/P/M, § 20 UmwStG, Tz. 216 und 228.

1833 Forderungen und Verbindlichkeiten, die die nach der Einbringung durch Konfusion erlöschen, sind bei der Frage, ob ein negatives Kapitalkonto übertragen wird, zu berücksichtigen.

1834 Zu einem negativen Kapitalkonto kann auch eine steuerfreie Rücklage führen.

1835 Soweit eine Aufdeckung stiller Reserven zum Ausgleich eines negativen Kapitalkontos erforderlich ist, sind die stillen Reserven in allen eingebrachten Wirtschaftsgütern (einschließlich eines originären Firmenwerts) gleichmäßig um den Prozentsatz aufzulösen, der dem Verhältnis des Aufstockungsbetrags zum Gesamtbetrag der stillen Reserven des eingebrachten Betriebsvermögens entspricht.[1]

1836 Die zwangsweise Aufstockung der Buchwerte kann dadurch verhindert werden, dass entweder zusätzliche aktive Wirtschaftsgüter oder weniger passive Wirtschaftsgüter eingebracht werden. Betriebliche Schulden müssen nicht unbedingt eingebracht werden, da sie keine wesentlichen Betriebsgrundlagen darstellen. Dabei ist darauf zu achten, dass die aktiven Wirtschaftsgüter im Zeitpunkt der Einbringung zum Betriebsvermögen des eingebrachten Betriebs gehören müssen.[2]

1837 Zurückbehaltene Verbindlichkeiten bleiben grds. Betriebsvermögen (ohne Betrieb). Es sei denn, sie hätten durch den Veräußerungserlös oder die entnommenen Wirtschaftsgüter getilgt werden können. Stimmt jedoch der Gläubiger einer vorzeitigen Ablösung nicht zu, bleibt die Verbindlichkeit weiterhin Betriebsschuld.[3] Schuldzinsen können als nachträgliche Betriebsausgaben = negative nachträgliche Einkünfte gem. § 24 Nr. 2 EStG abgezogen werden, wenn die ihnen zugrunde liegende Verbindlichkeit während des Bestehens des Betriebs begründet und nicht durch den Veräußerungserlös oder die Verwertung von Aktivvermögen beglichen werden konnte. Eine subjektive Umwidmung in Werbungskosten bei einer anderen Einkunftsart ist nach mehreren Urteilen in der Vergangenheit möglich.[4] Der Grundsatz der fiktiven Ablösungsverpflichtung besteht auch in den Fällen der Einbringung in eine Kapitalgesellschaft als Modifikation des § 16 EStG

---

1 Schmitt, a. a. O., Rn 334 mit Beispiel in Rn 334; s. auch das Berechnungsbeispiel oben in Rn 854.
2 Zum Zeitpunkt einer Einlage zusätzlicher aktiver Wirtschaftsgüter siehe FG Köln, Urteil v. 1.3.2012 10 K 2285/09, EFG 2012 S. 1509, rkr. nach Zurückweisung des NZB als unbegründet durch BFH, Beschluss v. 16.10.2012 – I B 64/12, BFH/NV 2013 S. 221.
3 BFH, Urteil v. 22.9.1999 XI R 46/98, DStR 2000 S. 105.
4 Noch ablehnend BFH, Urteil v. 12.11.1997 XI R 98/96, BStBl II 1998 S. 144; danach BFH, Urteil v. 19.8.1998 X R 96/95, BStBl II 1999 S. 353 wonach bei Erzielung von Mieteinkünften Werbungskosten bei § 21 EStG abgezogen werden dürfen, dann keine Tilgung erforderlich.

XII. Einbringung in eine Kapitalgesellschaft

BEISPIEL:[1] Einzelgewerbetreibender U hat sein Unternehmen im Wege der Sacheinlage zum 1.1.09 in die X-GmbH eingebracht. Die Schlussbilanz des bisherigen Einzelunternehmens zum 31.12.2008 hatte folgendes Aussehen:

Schlussbilanz zum 31.12.08

Aktiva		Passiva	
Verschiedene Aktiva	500.000 €	Darlehen	200.000 €
Kapital	90.000 €	Sonst. Passiva	390.000 €
	590.000 €		590.000 €

Das betriebliche Darlehen wird nicht übertragen. Dadurch kann zu Buchwerten ein Betriebsvermögen von 110.000 (= 500.000 € ./. 390.000 €) übertragen werden. Am Stammkapital wird U mit 60.000 beteiligt, 40.000 werden an Kapitalrücklage gebucht, und das steuerliche Einlagekonto gem. § 27 KStG wird um diesen Betrag erhöht. Der Rest von 10.000 wird als Gesellschafterdarlehen vereinbart.

Die GmbH setzt das Betriebsvermögen in einer Übernahmebilanz, in der aus Vereinfachungsgründen nur der Einbringungsvorgang dargestellt wird, folgendermaßen an:

Übernahmebilanz zum 1.1.09

Aktiva		Passiva	
Verschiedene Aktiva	500.000 €	Gezeichnetes Kapital	60.000 €
		Kapitalrücklage	40.000 €
		Darlehen A	10.000 €
		Sonst. Passiva	390.000 €
	500.000 €		500.000 €

Für das zurückbehaltene, nicht in die GmbH miteingebrachte Darlehen von 200.000 € entstehen U im Jahr 09 Schuldzinsen in Höhe von 12.000 €. Die GmbH-Beteiligung gehört zum Privatvermögen des U. Das Darlehen hätte jederzeit getilgt werden können. Auch bei einer Einbringung ist wie im Fall einer Betriebsveräußerung die Höhe der Gegenleistung entscheidend für die Möglichkeit einer fiktiven Schuldtilgung. Soweit sie getilgt werden kann, gelten die auf den fiktiven Tilgungsteil entfallenden Zinsen nicht als Betriebsausgaben. Der Wert, mit dem die übernehmende Gesellschaft das eingebrachte Betriebsvermögen ansetzt, gilt gem. § 20 Abs. 3 Satz 1 UmwStG für den Einbringenden als Veräußerungspreis und als Anschaffungskosten der Gesellschaftsanteile. Danach erhält U GmbH-Anteile im Wert von 100.000 € (= 60.000 € Nennkapital + 40.000 € steuerliche Einlage) und ein Darlehen von 10.000 €. U erhält insgesamt 110.000 €. Um diesen Betrag muss U das zurückbehaltene Darlehen fiktiv kürzen, von 200.000 € auf 90.000 €. Die Schuldzinsen von

---

1 Weiterentwicklung des Rechtsgedankens aus BFH, Urteil v. 7.7.1998 VIII R 5/96, BStBl II 1999 S. 209.

12.000 € sind daher nur im Verhältnis auf 90.000 € bezogen (= 45 %) als nachträgliche Betriebsausgaben gem. § 15 i.V.m. § 24 Nr. 2 EStG abziehbar also in Höhe von 5.400 €.

Die restlichen Schuldzinsen in Höhe von 6.600 € (= 55 % v. 12.000 €) gelten als Privatschulden. Sie sind grds. nicht abziehbar. Es sei denn, sie können umgedeutet werden als Refinanzierungskosten für Privatvermögensgegenstände, aus denen sich Einkünfte erzielen lassen. Ohne Rückbehaltung der Schulden hätte U weniger GmbH-Anteile bekommen und damit geringer an Dividenden partizipiert. Daher sind in diesem Fall 6.600 € Werbungskosten, um Einkünfte aus Kapitalvermögen zu erzielen. Die Abziehbarkeit ergibt sich aber im Abgeltungsteuersystem differenziert. U unterliegt bei Anteilen im Privatvermögen gem. § 32d EStG mit seinen Dividendeneinkünften grds. der Abgeltungsteuer. Er kann gem. § 20 Abs. 9 EStG seit 1.1.2009 bei der Ermittlung der Einkünfte aus Kapitalvermögen als Werbungskosten nur noch einen Betrag von 801 € abziehen (Sparer-Pauschbetrag); der Abzug der tatsächlichen Werbungskosten ist ausgeschlossen.

Sofern U aber

▶ zu mindestens 25 % an der Kapitalgesellschaft beteiligt ist oder

▶ zu mindestens 1 % an der Kapitalgesellschaft beteiligt und beruflich für diese tätig ist,

darf er mit seinen Dividendeneinkünften i.S. des § 20 Abs. 1 Nr. 1 EStG zur allgemeinen Besteuerung optieren.[1]

Die Erträge unterliegen dann der progressiven Besteuerung und dem Teileinkünfteverfahren gem. § 3 Nr. 40 EStG. Werbungskosten sind gem. § 3c Abs. 2 EStG zu 60 % abzugsfähig, und verbleibende steuerpflichtige Verluste können mit anderen Einkunftsarten verrechnet werden.

Die Vorgaben des Teileinkünfteverfahrens gelten immer, wenn U die GmbH-Anteile im Betriebsvermögen halten würde.

1838 In der **Interimszeit** können Entnahmen dazu führen, dass zum Zeitpunkt des zivilrechtlichen Übergangs das Eigenkapital gesunken ist, so dass der Fremdkapitalbereich den Aktivbereich übersteigt. Das Einkommen und das Vermögen des Einbringenden und der übernehmenden Gesellschaft sind gem. § 20 Abs. 5 Satz 1 UmwStG auf Antrag so zu ermitteln, als ob das eingebrachte Betriebsvermögen mit Ablauf des steuerlichen Übertragungsstichtags auf die Übernehmerin übergegangen wäre. Grundsätzlich kommt es danach auf die Lage zum steuerlichen Stichtag an. Gemäß § 20 Abs. 5 Satz 2 UmwStG gilt die **Rückwirkungsfiktion** hinsichtlich des Einkommens und des Gewerbeertrags **nicht für Entnahmen und Einlagen**, die nach dem steuerlichen Übertragungsstichtag erfolgen. Daher können Entnahmen während der Interimszeit dazu

---

[1] Optionsmöglichkeit wurde nachbessernd eingeführt durch das JStG 2008, BGBl I 2008 Nr. 69 S. 3153.

führen, dass das Wahlrecht gem. § 20 Abs. 2 UmwStG beschränkt ist.[1] Weil sich die Rückwirkungssperre aber auch auf Einlagen[2] bezieht, kann die Interimszeit genutzt werden, um eine zum Übertragungsstichtag bestehende wahlrechtssperrende Überschuldung wieder aufzuheben.[3]

(c) Wahlrechtsbeschränkungen bei Verlust des Besteuerungsrechts

Nach § 20 Abs. 2 Satz 2 Nr. 3 UmwStG setzt das Wahlrecht zu einem niedrigeren Wert als dem gemeinen Wert voraus, dass das Recht der Bundesrepublik Deutschland hinsichtlich der Besteuerung des Gewinns aus der Veräußerung des eingebrachten Betriebsvermögens bei der übernehmenden Gesellschaft nicht ausgeschlossen oder beschränkt wird. Beachtlich ist nur ein Ausschluss oder eine Beschränkung in Bezug auf die deutsche Körperschaftsteuer, die Gewerbesteuer ist unbeachtlich. 1839

Der Ausschluss oder eine Beschränkung des deutschen Besteuerungsrechts setzt voraus, dass vor der Einbringung ein solches bestanden hat.[4] 1840

Durch die Formulierung „soweit" ist die Wahlrechtsbeschränkung auf einzelne Wirtschaftsgüter bezogen. Geht durch die Einbringung von Betriebsvermögen in die übernehmende Gesellschaft das inländische Besteuerungsrecht für die stillen Reserven einzelner Wirtschaftsgüter der Sacheinlage verloren, ist das Wahlrecht nur bezogen auf diese Wirtschaftsgüter ausgeschlossen. Für die Wirtschaftsgüter, die weiterhin steuerverhaftet bleiben, ist eine einheitliche Minderbewertung weiterhin zulässig. Ein Verlust des deutschen Besteuerungsrechts kann eintreten bei grenzüberschreitenden Einbringungsvorgängen. 1841

BEISPIEL: ▶ Wird ein Betrieb eines Inländers in eine ausländische Kapitalgesellschaft eingebracht, so dass bei der Übernehmerin eine inländische Betriebsstätte entsteht, können aufgrund der internationalen Zuordnungsregeln von Wirtschaftsgütern zwischen Betriebsstätte und Stammhaus (sog. Zentralfunktion des Stammhauses) bestimmte Wirtschaftsgüter, wie Beteiligungen, Lizenzen, des eingebrachten Betriebs

---

1 Rn 20.19 Abs. 3 UmwStErl 2011; FG Nürnberg, Urteil v. 30. 6. 2009 – I 21/2006; a. A. Herlinghaus in R/H/vL, § 20 Rz. 239c.
2 Zum Einlagezeitpunkt s. FG Köln, Urteil v. 1. 3. 2010 – 10 K 2285/09, EFG 2012 S. 1509, rkr. nach Zurückweisung der NZB als unbegründet durch BFH, Beschluss v. 16. 10. 2012 – I B 64/12, BFH/NV 2013 S. 221.
3 Schmitt, a. a. O., Rn 249; Patt in D/P/M, § 20 UmwStG, Tz. 223; a. A. Herlinghaus, a. a. O., Rn 239c.
4 BT-Drs. 16/2710 S. 43.

D. Das Umwandlungssteuerrecht

nicht mehr der inländischen Betriebsstätte, sondern dem im Ausland liegenden Betriebsvermögen der übernehmenden Kapitalgesellschaft zuzurechnen sein.[1]

1842 Ein Wertansatz unter dem gemeinen Wert ist gem. § 20 Abs. 2 Satz 2 Nr. 3 UmwStG auch ausgeschlossen, wenn und soweit das deutsche Besteuerungsrecht für die stillen Reserven der Wirtschaftsgüter der Sacheinlage bei der übernehmenden Gesellschaft nicht ausgeschlossen, aber beschränkt wird.

BEISPIEL: Vor der Einbringung bestand ein Besteuerungsrecht ohne Anrechnungsverpflichtung, und nach der Einbringung besteht ein Besteuerungsrecht mit Anrechnungsverpflichtung.

1843 Schmitt[2] verlangt zu Recht, dass **nicht nur eine abstrakte Gefahr** der Anrechnung bzw. des Abzugs ausländischer Steuer besteht, **sondern** dass im Einbringungszeitpunkt nach dem dann geltenden Recht das deutsche Besteuerungsrecht **konkret ausgeschlossen oder beschränkt** wird.

(d) Wahlrechtssperre bei erstmaliger Verstrickung

1844 In § 20 Abs. 2 UmwStG ist der Fall, dass infolge einer Einbringung in eine deutsche Kapitalgesellschaft für ein Wirtschaftsgut, welches sich bisher im ausländischen Betriebsvermögen mit Besteuerungsrecht des ausländischen Staats befand, nunmehr Deutschland das Besteuerungsrecht zusteht, nicht geregelt.[3] Insoweit gelten die allgemeinen Regelungen des Ertragsteuerrechts. Gemäß § 4 Abs. 1 Satz 7 EStG ist die Einbringung eines Wirtschaftsguts aus dem Ausland eine Einlage. Einlagen sind alle Wirtschaftsgüter (Bareinzahlungen und sonstige Wirtschaftsgüter), die der Steuerpflichtige dem Betrieb im Laufe des Wirtschaftsjahres zugeführt hat; einer solchen Einlage steht die Begründung des Besteuerungsrechts der Bundesrepublik Deutschland hinsichtlich des Gewinns aus der Veräußerung eines Wirtschaftsguts gleich.

Die Bewertung der Einlagefiktion richtet sich nach § 6 Abs. 1 Nr. 5a EStG. Danach ist bei der Begründung des Besteuerungsrechts nicht der Teilwert, sondern der **gemeine Wert** ohne Wahlrecht zu einem niedrigeren Wert anzusetzen.[4] Für die übrigen Wirtschaftsgüter gilt i. R. der Einbringung weiterhin das Bewertungswahlrecht gem. § 20 Abs. 2 Satz 2 UmwStG.

---

1 Siehe Nachweise oben Rn 1808.
2 A. a. O., Rn 336.
3 Ley, FR 2007 S. 109.
4 Schmitt, a. a. O., Rn 325; Ley, a. a. O.; Patt in D/P/M, § 20 UmwStG, Tz. 228; a. A. Herlinghaus, a. a. O., Rn 167.

(e) Keine Wahlrechtssperre bei fehlendem Besteuerungsrecht für erhaltene Anteile

Die Kapitalgesellschaft hatte nach § 20 Abs. 3 UmwStG a. F. das eingebrachte Betriebsvermögen mit seinem Teilwert anzusetzen, wenn das Besteuerungsrecht der Bundesrepublik Deutschland hinsichtlich des Gewinns aus einer Veräußerung der dem Einbringenden gewährten Gesellschaftsanteile im Zeitpunkt der Sacheinlage ausgeschlossen war. Diese gegen die Niederlassungsfreiheit verstoßende Vorschrift durfte das SEStEG nicht aufnehmen. Infolgedessen enthält § 20 UmwStG keine derartige Einschränkung des Antrags auf Bewertung der Sacheinlage unterhalb des gemeinen Werts. Das Bewertungswahlrecht bleibt unberührt von der Frage, ob zum Zeitpunkt der Einbringung durch einen Steuerausländer für diesen im Inland für die stillen Reserven in den erhaltenen Anteilen an der Übernehmerin ein Besteuerungsrecht besteht.[1] Das Bewertungswahlrecht unter dem gemeinen Wert ist aber nur einbringenden Steuerausländern eröffnet, wenn sie aus dem EU/EWR-Bereich stammen. Stammen sie aus einem Drittland, findet § 20 UmwStG gem. § 1 Abs. 4 Satz 1 Nr. 2 Buchst. b UmwStG dem Grunde nach keine Anwendung. **Zur gesetzlichen Neuregelung in § 50i EStG s. Rn. 1847**

1845

Bringt ein EU/EWR-Steuerausländer unter dem gemeinen Wert einen Betrieb oder Mitunternehmeranteil in eine Kapitalgesellschaft ein, kann ihm eine nachträgliche Besteuerung gem. § 22 Abs. 1 UmwStG innerhalb von sieben Jahren drohen. Danach ist er aber keiner deutschen Besteuerung mehr unterworfen.

1846

Der Bundesrat hat an dieser Regelung in der Entstehungsphase Kritik geübt.[2] Die vollständige konzeptionelle Umgestaltung des sog. Einbringungsteils eröffnet nach seiner Meinung für EU-Einbringende, die in der Bundesrepublik Deutschland nicht unbeschränkt steuerpflichtig sind, übermäßige Vorteile durch die Möglichkeit der steuerfreien Veräußerung der Anteile nach Ablauf von sieben Jahren; er bezeichnete dies als „Wegzugsprämie". Es würden zusätzliche Gestaltungsspielräume durch Schaffung von Abschreibungsvolumen und ratierliche Reduzierung des Einbringungsgewinns mit nicht unerheblichen Haushaltsrisiken eröffnet. Dagegen stelle der Ausschluss der Steuerneutralität für Einbringungen von nicht im EU-Gebiet Ansässigen ein nicht gerechtfertigtes Investitionshemmnis und damit einen Standortnachteil für die Bundesrepublik dar. Einbringungen durch die öffentliche Hand schienen darüber hinaus

1847

---

1 Widmann in Widmann/Mayer, § 20 UmwStG, Rz. 611; Patt in D/P/M, § 20 UmwStG, Tz. 229.
2 BR-Drs. 542/06 (Beschl.) S. 10.

ebenfalls unberechtigt von der Begünstigung des Einbringungsteils ausgenommen zu sein.

Mittlerweile hat der Gesetzgeber auf diese Kritik durch Einfügung des § 50i EStG reagiert.[1] Durch das Kroatiengesetz[2] wurde die Vorschrift neu gefasst und erfasst jetzt auch dem Wortlaut nach Einbringungsfälle nach § 20 UmwStG.

Nach § 50i Abs. 1 Satz 2 iVm Satz 1 EStG i. d. F. des Kroatiengesetzes gilt als Übertragung oder Überführung von Anteilen im Sinne des § 17 EStG (der ungeachtet eines DBA die Versteuerung der Anteile bei einer späteren Veräußerung auslöst) auch die Gewährung neuer Anteile an eine Personengesellschaft, die bisher originär gewerblich tätig war oder gewerbliche Einkünfte als Mitunternehmerin bezogen hat, im Rahmen der Einbringung eines Betriebs, Teilbetriebs oder Mitunternehmeranteils dieser Personengesellschaft in eine Körperschaft nach § 20 UmwStG, wenn der **Einbringungszeitpunkt vor dem 29. 6. 2013** liegt und die Personengesellschaft nach der Einbringung als Personengesellschaft i. S. des § 15 Abs. 3 EStG (gewerblich geprägte Personengesellschaft) fortbesteht.

BEISPIEL: ▶ An der gewerblich tätigen P-GmbH & Co. KG ist als einziger Kommanditist der in Österreich wohnende P beteiligt, die Komplementär-GmbH ist nicht vermögensmäßig beteiligt. Die KG bringt ihren Betrieb zum Buchwert gegen Gewährung von Gesellschaftsrechten in die deutsche Z-GmbH ein. Nach Ablauf der Sperrfrist des § 22 UmwStG veräußert die KG die Anteile an der Z-GmbH.

Nach Auffassung des BFH[3] schlägt die Fiktion der gewerblichen Prägung nach § 15 Abs. 3 Nr. 2 EStG nicht auf die DBA-Ebene durch. Eine nur gewerblich geprägte Personengesellschaft erzielt keine „Unternehmensgewinne"; es gelten die Grundsätze für vermögensverwaltende Personengesellschaften. Danach führt die Einbringung im Fall eines im DBA-Ausland ansässigen Personengesellschafters zum Verlust des Besteuerungsrechts an den stillen Reserven in den erhaltenen Anteilen. Dies vermeidet der neue § 50i Abs. 1 Satz 2 EStG. Die Einbringung muss vor dem 29. 6. 2013 erfolgt sein, wann die Veräußerung er-

---

1 Durch das Amtshilferichtlinie-Umsetzungsgesetz; zu verfassungsrechtlichen Bedenken gegen diesen treaty override s. Loschelder in Schmidt, § 50i, Rz. 1 sowie gegen treaty override generell den Vorlagebeschluss des I. BFH-Senats an das BVerfG v. 11. 12. 2013 – I R 4/13, BFH/NV 2014 S. 614.
2 Gesetz zur Anpassung des nationalen Steuerrechts an den Beitritt Kroatiens zur EU und zur Änderung weiterer steuerlicher Vorschriften v. 25. 7. 2014 (StÄndAnpG-Kroatien), BGBl I 2014 S. 1266; zu Einzelheiten s. Bodden, Die Neuregelungen des § 50i EStG durch das StÄndAnpG-Kroatien, DB 2014 S. 2371.
3 BFH, Urteile v. 28. 4. 2010 – I R 81/09, BB 2010 S. 897 und v. 25. 5. 2011 – I R 95/10, DStR 2011 S. 1553.

folgt, ist unerheblich.[1] Erfolgt die Einbringung nach dem 28.6.2013, sind nur die allgemeinen Entstrickungsregeln (§§ 4 Abs. 1 Sätze 3 und 4, § 6 Abs. 1 Satz 1 Halbsatz 2 EStG, § 12 KStG, § 6 AStG zu prüfen; zu beachten ist aber Abs. 2 des § 50i EStG.

§ 50i Abs. 2 Satz 1 EStG bestimmt, dass im Rahmen von Umwandlungen und Einbringungen i.S. des § 1 UmwStG Sachgesamtheiten, die Wirtschaftsgüter und Anteile im Sinne des Abs. 1 enthalten, abweichend von den Bestimmungen des UmwStG stets mit dem gemeinen Wert anzusetzen sind. Der Bundesrat hatte nämlich die Befürchtung, dass die Besteuerung stiller Reserven über § 50i EStG (in der Fassung des Amtshilferichtlinie-Umsetzungsgesetzes) u.a. dadurch umgangen werden könnte, dass der Veräußerungspreis bzw. der Entnahmewert von Wirtschaftsgütern bzw. Anteilen i.S. des § 17 EStG aufgrund einer dem Wegzug nachfolgenden Umwandlung bzw. Einbringung nur mit dem Buchwert angesetzt wird. Auch wenn es nicht im Gesetz erwähnt wird, kann der zwingende Ansatz zum gemeinen Wert nur anteilig gelten, soweit die Sachgesamtheit einem Steuerpflichtigen zuzurechnen ist, der in einem anderen DBA-Vertragsstaat ansässig ist.[2] Die neue Vorschrift ist nach § 52 Abs. 48 Satz 4 EStG i.d.F. des Kroatiengesetzes erstmals für Umwandlungen und Einbringungen anwendbar, bei denen der Umwandlungsbeschluss bzw. der Einbringungsvertrag nach dem 31.12.2013 erfolgt bzw. geschlossen worden ist. Bezogen auf das vg Beispiel bedeutet dies: Erfolgt die Einbringung nach dem 31.12.2013, ist zwingend der gemeine Wert (und zwar für die gesamte Sachgesamtheit) anzusetzen.

(2) Ausübung des Wahlrechts

(a) Notwendigkeit eines Antrags

Soll die Einbringung nicht zum gemeinen Wert erfolgen, muss ein entsprechender Antrag gestellt werden. Der Antrag ist damit eine notwendige Voraussetzung für den Ansatz des Buchwerts oder eines Zwischenwerts. Allerdings setzt die Antragstellung selbst voraus, dass die zuvor genannten Voraussetzungen zum Ansatz eines niedrigeren Werts als des gemeinen Werts erfüllt sind. Wird der Antrag gestellt, muss er grds. einheitlich für den gesamten Sacheinlagegegenstand gestellt werden.

1848

---

1 Zur verfassungsrechtlich problematischen Rückwirkung s. BVerfG, Urteil v. 17.12.2013 – 1 BvL 5/08, BFH/NV 2014 S. 653.
2 So die Gesetzesbegründung, vgl. BT-Drs. 18/1995, 116 f. und schon die Prüfbitte des BRates, s. BT-Drs. 18/1776, 7 f.

D. Das Umwandlungssteuerrecht

Maßgeblich ist der Antrag, nicht die Bilanzierung in der Steuerbilanz. Wird ein ausdrücklicher Antrag zur Buchwertfortführung gestellt, werden in der Bilanz aber falsche Werte angesetzt, ist die Bilanz falsch und muss berichtigt werden (Grundsatz „Wort vor Zahl").[1] Dies gilt auch dann, wenn der höhere Wert zulässigerweise als Zwischenwert hätte angesetzt werden können.[2]

(b) Wahlrechtsausübender

1849 Das Wahlrecht wird immer von der **aufnehmenden Gesellschaft** ausgeübt.[3] Bei den Umstrukturierungen aus einer Kapitalgesellschaft i. R. von §§ 3, 4, 11 und 12 UmwStG wird das Wahlrecht dagegen durch die übertragenden Unternehmen ausgeübt. Obwohl unmittelbare Folgen für die steuerlichen Verhältnisse des Einbringenden ausgelöst werden (§ 20 Abs. 3 UmwStG), ist nur die Wahlrechtsausübung durch die übernehmende Gesellschaft entscheidend. Die in deren Steuerbilanz angesetzten Werte sind der Besteuerung des Einbringenden zugrunde zu legen, sie werden hier nicht überprüft.[4] Da das Wahlrecht von der Übernehmerin ausgeübt wird, ist der Antrag bei dem für sie für die Besteuerung örtlich zuständigen Finanzamt zu stellen.[5]

(c) Antragszeitpunkt

1850 Nach dem Gesetzeswortlaut ist das Bewertungswahlrecht spätestens mit der erstmaligen Abgabe der **Steuerbilanz** auszuüben. Es handelt sich um die steuerliche Schlussbilanz für das Wirtschaftsjahr, in das der steuerliche Übertragungsstichtag fällt.[6] Aus § 20 Abs. 6 UmwStG ergibt sich, dass bei Einbringungen der handelsrechtliche Umwandlungsstichtag und der steuerliche Einbringungszeitpunkt identisch sind.[7] Die Abgabe der Steuerbilanz geschieht nach den Vorgaben des § 31 KStG i. V. m. § 60 EStDV durch Abgabe der Steuererklärung mit der Abschrift des Jahresabschlusses und evtl. Abschriften einer Eröff-

---

1 FG Köln, Urteil v. 11.12.2008 15 K 4963/01, EFG 2009 S. 448 mit zustimmender Anmerkung Herlinghaus; Schmitt, a. a. O., Rn 260.
2 FG Düsseldorf, Urteil v. 7.10.2010 13 K 4432/08 AO, EFG 2011 S. 890, BFH-Az.: I R 2/11.
3 Allgemeine Auffassung, vgl. nur Herlinghaus, a. a. O., Rn 149; Rn 20.21 UmwStErl 2011.
4 BFH, Urteile v. 19.12.2007 I R 111/05, BStBl II 2008 S. 536 und v. 20.4.2011 I R 97/10, BFH/NV 2011 S. 1789; Rn 20.23 UmwStErl 2011.
5 Rn 20.21 UmwStErl 2011.
6 Förster/Wendland, BB 2007 S. 633.
7 Siehe hierzu oben Rn 1648.

nungsbilanz z. B. in Einbringungsfällen mit Neugründung der Kapitalgesellschaft. Dabei dürfte eine Handelsbilanz mit Zusätzen oder Anmerkungen über die Anpassung von Beträgen an die steuerlichen Vorschriften ausreichen.[1] Abzustellen ist nach dem eindeutigen Gesetzeswortlaut immer, d. h. auch in Neugründungsfällen, auf die Schlussbilanz; die Einreichung der Eröffnungsbilanz ist für die Frage, bis wann das Wahlrecht ausgeübt werden kann, bedeutungslos.[2] Nach diesem Zeitpunkt (Abgabe der steuerlichen Schlussbilanz) kann das Wahlrecht nicht mehr geändert werden. Eine Bilanzänderung ist deshalb unabhängig von § 4 Abs. 2 EStG nicht möglich.[3] Wurde das Wahlrecht nicht ausgeübt, gilt nur der Ansatz des gemeinen Werts. Die Wahl zu einem niedrigeren Wert ist nicht mehr möglich, denn das Wahlrecht ist verwirkt.

BEISPIEL: A bringt durch Vertrag vom 10.12.2014 seine Steuerberaterkanzlei zum 1.1.2015 in die in derselben notariellen Urkunde neu gegründete A-Steuerberatungs-GmbH ein.

Bei einer Einbringung „zum 1.1.2015" bzw. „mit Wirkung vom 1.1.2015" ist von einer Einbringung im VZ 2015 auszugehen.[4] Das Wahlrecht wird in der steuerlichen Schlussbilanz der GmbH zum 31.12.2015 ausgeübt, nicht in der Eröffnungsbilanz (str., s. Fn 1). Der Einbringungsgewinn (und ggfs. ein Übergangsgewinn, wenn A seinen Gewinn durch Einnahmen-Überschussrechnung ermittelt hat[5]) entsteht im VZ 2015.

Abwandlung:

A bringt die Kanzlei „mit Ablauf des 31.12.2014" ein.

In diesem Fall ist von einer Einbringung noch im VZ 2014 auszugehen. Damit muss die GmbH eine Schlussbilanz auf den 31.12.2014 erstellen. In dieser muss sie das Wahlrecht ausüben.

---

1 Patt in D/P/M, § 20 UmwStG, Tz. 211; dafür, dass eine Überleitungsrechnung ausreicht, könnte das BFH, Urteil v. 28.5.2008 I R 98/06, BStBl II 2008 S. 916, sprechen, auch wenn im alten UmwStErl nicht von „steuerlicher Schlussbilanz" gesprochen wird; der UmwStErl 2011 äußert sich leider nicht hierzu.

2 Ebenso nunmehr Schmitt, a. a. O., Rz. 314; a. A. Herlinghaus in R/H/vL, § 20 UmwStG, Rn 154a; die Veröffentlichung, auf die als einzige Begründung verwiesen wird, enthält selber keine Begründung, sondern nur die Behauptung, in Neugründungsfällen sei auf die Eröffnungsbilanz abzustellen; unklar Bayerisches Landesamt für Steuern, Vfg. v. 7.7.2014, DB 2014 S. 1898: Danach ist unter dem Begriff der steuerlichen Schlussbilanz die Bilanz zu verstehen, in der das übernommene Betriebsvermögen erstmals auszuweisen ist (sog. Übernahmebilanz) = das wäre in Neugründungsfällen die Eröffnungsbilanz der Kapitalgesellschaft..

3 S. zum Ausschluss der Bilanzänderung im alten Recht BFH, Urteil v. 28.5.2008 I R 98/06, BStBl II 2008 S. 916 unter II.5.b.

4 BFH, Urteil v. 22.9.1992 – VIII R 7/90, BStBl II 1993 S. 228; Widmann in Widmann/Mayer, § 20 UmwStG, Rz. R 252 iVm Rz. 561; Wacker in Schmidt, § 16 EStG, Rz. 215.

5 A.A. insoweit BFH, Urteil v. 13.9.2001 – IV R 13/01, BStBl II 2002 S. 287 unter II.2.a.; für eine unterschiedliche Behandlung in Bezug auf das Entstehen des Übergangsgewinns bei Veräußerung und Einbringung gibt es keine Rechtfertigung, vor allem deshalb nicht, weil die Einbringung ein Fall der Veräußerung ist.

D. Das Umwandlungssteuerrecht

1851 Nach BFH[1] ist das Wahlrecht ausgeübt, wenn der übernehmende Rechtsträger Steuererklärungen und eine den Grundsätzen ordnungsmäßiger Buchführung entsprechende **Steuerbilanz** beim FA einreicht und vorbehaltlos erklärt, das Wahlrecht in bestimmter Form ausüben zu wollen. Ob die Gesellschafterversammlung zum Zeitpunkt der Einreichung den Jahresabschluss festgestellt hat, sei unbeachtlich, da es für die Steuerbilanz keine diesbezüglichen Formvorschriften gebe.

Die Verwaltung verweist in Rn 20.21 hinsichtlich der Ausübung des Wahlrechts auf die entsprechenden Ausführungen zu § 3 UmwStG in Rn 03.29 f. Diese Verweisung kann sich u. E. nicht auf die (zutreffenden) Ausführungen der Verwaltung in Rn 03.29 betreffend die Unterscheidung zwischen „steuerlicher Schlussbilanz" und „Steuerbilanz i. S. d. § 4 Abs. 1, § 5 Abs. 1 EStG" beziehen. Anders als bei § 3 UmwStG gibt es bei § 20 UmwStG keine zwei Steuerbilanzen, sondern in der Steuerbilanz nach §§ 4, 5 EStG werden die eingebrachten Wirtschaftsgüter mit erfasst; die Einbringung ist ein laufender Geschäftsvorfall.[2]

Wird die Einbringung rückwirkend erst nach Abgabe der Steuerbilanz beschlossen, handelt es sich bei der Steuerbilanz nicht um die steuerliche Schlussbilanz i. S. des § 20 Abs. 2 UmwStG, sondern um die „normale" Schlussbilanz zum Ende eines Wirtschaftsjahrs. Der übernehmende Rechtsträger bzw. sein Rechtsnachfolger kann eine steuerliche Schlussbilanz einreichen, in der das Wahlrecht erstmals ausgeübt wird.[3] Dies gilt sogar, wenn bereits eine bestandskräftige Veranlagung vorliegt; die Ausübung des Wahlrechts stellt ein rückwirkendes Ereignis i. S. des § 175 Abs. 1 Satz 1 Nr. 2 AO dar.[4]

(d) Antragsform

1852 Das Gesetz schweigt über die Form des Antrags. Er kann schriftlich, mündlich und konkludent gestellt werden.[5] Wie vor Inkrafttreten des SEStEG muss sich aus der Bilanz oder der Steuererklärung ergeben, welchen Einbringungszeitpunkt die Kapitalgesellschaft wählt und mit welchem Wert die eingebrachten

---

1 A. a. O.
2 Ebenso FG München, Urteil v. 22.10.2013 – 6 K 3548/12, EFG 2014 S. 235, BFH-Az.: I R 77/13 a. A. Bayerisches Landesamt für Steuern, Vfg. v. 7.7.2014, DB 2014 S. 1898, 1899, wonach auch bei §§ 20, 21, 24 UmwStG die steuerliche Schlussbilanz eine von der Gewinnermittlung nach §§ 4 Abs. 1, 5 Abs. 1 EStG zu unterscheidende Bilanz ist.
3 So zu Recht Krohn/Greulich, DStR 2008 S. 646, 647.
4 FG München, Urteil v. 25.9.2012 – 6 K 4073/09, EFG 2013 S. 473, rkr; s. oben Rn 859; zu Einzelheiten s. auch Pyszka, DStR 2013 S. 1005.
5 Rn 20.21 i. V. m. 03.29 UmwStErl 2011; Herlinghaus, a. a. O., Rn 150.

XII. Einbringung in eine Kapitalgesellschaft

Wirtschaftsgüter und Schulden demnach anzusetzen sind.[1] Bei Zwischenwertansatz muss ausdrücklich angegeben werden, in welcher Höhe oder zu welchem Prozentsatz die stillen Reserven aufzudecken sind. Unter entsprechender Anwendung der bisherigen Wahlrechtsausübung ist der Ansatz in der Schlussbilanz als Antrag zu werten.[2] Wegen des Grundsatzes „Wort vor Zahl" (siehe Rn 1848) empfiehlt sich immer ein ausdrücklicher Antrag.

(Einstweilen frei) 1853–1854

(e) Maßgeblichkeit der Handelsbilanz

Es entspricht allgemeiner Auffassung, dass im Geltungsbereich des SEStEG der Grundsatz der Maßgeblichkeit der Handelsbilanz für die Steuerbilanz im Umwandlungssteuerrecht nicht gilt.[3]   1855

Kommt es zu Abweichungen zwischen Steuer- und Handelsbilanz, gilt wie im alten Umwandlungssteuerrecht[4] Folgendes: 1856

Setzt die aufnehmende Gesellschaft die Wirtschaftsgüter in der Handelsbilanz mit einem höheren Wert als in der Steuerbilanz an, wird in Letzterer ein Ausgleichsposten gebildet.[5]

> **BEISPIEL:** A möchte sein Einzelunternehmen (Buchwert 20.000, gemeiner Wert 600.000) in der Rechtsform einer GmbH fortführen.
> Gemäß § 5 Abs. 1 GmbHG muss die GmbH bei der Gründung ein Mindeststammkapital von 25.000 ausweisen, was dazu führt, dass handelsrechtlich mindestens 5.000 stille Reserven der Sacheinlage aufgedeckt werden müssen. Ungeachtet des handelsrechtlichen Zwangs zur Höherbewertung ist gem. § 20 Abs. 2 Satz 2 UmwStG steuerlich die Fortführung des Buchwerts von 20.000 möglich. In Höhe von 5.000 ist in diesem Fall in der Steuerbilanz der GmbH ein Ausgleichsposten auszuweisen.

Handelsbilanz

Diverse Aktiva	25.000	Stammkapital	25.000
	25.000		25.000

---

[1] UmwStErl 2011, a a. O.
[2] Patt in D/P/M, § 20 UmwStG, Tz. 211.
[3] Vgl. nur Schmitt, a. a. O., Rn 313 m. w. N.; Rn 20.20 Umw stErl 2011; ablehnend zur Geltung dieses Grundsatzes bereits zum alten Recht BFH, Urteile v. 28. 5. 2008 I R 98/06, BStBl II 2008 S. 916 und v 19. 10. 2005 I R 38/04, BStBl II 2005 S. 568; Letzterem zustimmend BMF-Schreiben v. 4. 7. 2006, BStBl I 2006 S. 445.
[4] Siehe hierzu BMF-Schreiben v. 25. 3. 1998, BStBl I 1998 S. 268, Tz. 20.27.
[5] Rn 20.20 UmwStErl 2011; Herlinghaus, a. a. O., Rn 147a.

Steuerbilanz

Diverse Aktiva	20.000	Stammkapital	25.000
Ausgleichsposten = Luftposten	5.000		
	25.000		25.000

1857 Der Ausgleichsposten ist kein Bestandteil des Betriebsvermögens i. S. von § 4 Abs. 1 Satz 1 EStG, sondern ein bloßer „Luftposten"; er nimmt am Betriebsvermögensvergleich nicht teil. Er hat infolgedessen auch auf die spätere Auflösung und Versteuerung der im eingebrachten Betriebsvermögen enthaltenen stillen Reserven keinen Einfluss und ist auch später nicht aufzulösen oder abzuschreiben. Mindert sich die durch den Ausgleichsposten gedeckte Differenz zwischen der Aktiv- und der Passivseite der Bilanz, insbesondere durch Aufdeckung stiller Reserven, so fällt der Ausgleichsposten in entsprechender Höhe erfolgsneutral weg.[1]

Setzt die aufnehmende Gesellschaft die Wirtschaftsgüter in der Handelsbilanz mit einem geringeren Wert als in der Steuerbilanz an, ist der Mehrbetrag im steuerlichen Einlagekonto nach § 27 KStG zu erfassen.[2] Rückzahlungen aus dem steuerlichen Einlagekonto gehören grds. nicht zu den Einnahmen nach § 20 Abs. 1 Nr. 1 EStG. Zu § 22 Abs. 1 Satz 6 Nr. 3 UmwStG in diesem Zusammenhang s. weiter unten Rn 1999.

(f) Konsequenzen bei Verstoß gegen den vereinbarten Wertansatz

1858 Für die Besteuerung der Kapitalgesellschaft und des Einbringenden ist ausschließlich die tatsächliche Bilanzierung durch die Kapitalgesellschaft maßgebend. Ob die Bilanzierung durch die Kapitalgesellschaft von etwaigen mit dem Einbringenden getroffenen Vereinbarungen abweicht, ist steuerlich ohne Bedeutung. Nach der Gesetzeslage besteht weder ein Veto- noch ein Mitspracherecht des Einbringenden, obwohl der Ansatz für ihn Konsequenzen hat. Bereits durchgeführte Veranlagungen des Einbringenden sind ggf. gem. § 175 Abs. 1 Satz 1 Nr. 2 AO zu berichtigen.[3] Ein nicht vertragsgemäßes Verhalten der übernehmenden Kapitalgesellschaft kann allenfalls zu Schadensersatzansprüchen führen.

---

1 BMF, a. a. O.
2 Zur Bilanzierung latenter Steuern vgl. § 274 HGB i. d. F. BilMoG.
3 Rn 20.23 UmwStErl 2011.

(g) Bilanzberichtigung

Setzt die Kapitalgesellschaft das eingebrachte Betriebsvermögen mit dem gemeinen Wert an und ergibt sich später, z. B. aufgrund einer Betriebsprüfung, dass der Ansatz des gemeinen Werts der eingebrachten Wirtschaftsgüter des Betriebsvermögens höher bzw. niedriger als die von der Kapitalgesellschaft angesetzten Werte ist, so sind die Bilanzwerte der Kapitalgesellschaft i. R. der allgemeinen Vorschriften grds. zu berichtigen.[1] Der **Bilanzberichtigung** steht das Verbot der anderweitigen Wahlrechtsausübung im Wege der Bilanzänderung nicht entgegen. Denn das Wahlrecht bezieht sich nur auf die Möglichkeit, für alle Wirtschaftsgüter entweder den gemeinen Wert oder den Buchwert oder einen Zwischenwert anzusetzen. Hat die Kapitalgesellschaft sich für den Ansatz der gemeinen Werte entschieden, die gemeinen Werte jedoch nicht richtig ermittelt, so können infolgedessen die gemeinen Werte i. R. der allgemeinen Vorschriften berichtigt werden. Veranlagungen des Einbringenden sind ggf. gem. § 175 Abs. 1 Satz 1 Nr. 2 AO zu korrigieren.

1859

Hat die Kapitalgesellschaft bei der ersten Abgabe in unmissverständlicher Weise, z. B. durch eine entsprechende Bilanzerläuterung, zum Ausdruck gebracht, dass es sich bei den von ihr angesetzten Werten um einen Buchwert oder einen Zwischenwert handeln soll, so muss, wenn sich diese Wertansätze später als unrichtig erweisen, i. R. der allgemeinen Vorschriften eine Bilanzberichtigung durchgeführt werden; die Veranlagung des Einbringenden ist gem. § 175 Abs. 1 Satz 1 Nr. 2 AO zu ändern.

1860

Der Ansatz der Sacheinlage mit dem gemeinen Wert ist der Grundbewertungsmaßstab, der immer dann anzuwenden ist, wenn nicht ausdrücklich oder konkludent ein Antrag auf Minderbewertung gestellt wird. Ein Zwischenwertansatz erfordert ein inhaltlich bestimmtes Handeln der übernehmenden Gesellschaft nach den Regelungen des § 20 Abs. 2 Satz 2 und 3 UmwStG. Unklarheiten über eine Minderbewertung sind bei der Veranlagung der übernehmenden Gesellschaft für den Veranlagungszeitraum, in den die Sacheinlage fällt, zu klären. Bleiben an der erforderlichen eindeutigen Wahlrechtsausübung Zweifel, gehen diese zu Lasten der antragstellenden Kapitalgesellschaft.

1861

(h) Einbringung eines Mitunternehmeranteils und Wahlrechtsausübung

Neben der Frage, wer das Wahlrecht ausübt, muss auch die Frage beantwortet werden, wo (= in welcher Bilanz) das Wahlrecht ausgeübt wird.

1862

---

1 FG Köln, Urteil v. 11.12.2008 15 K 4963/01, EFG 2009 S. 448; Rn 20.24 UmwStErl 2011.

D. Das Umwandlungssteuerrecht

1863 Hierzu hat der BFH mit Urteil v. 30. 4. 2003 I R 102/01 entschieden:[1]

Wird ein Mitunternehmeranteil im Wege der Sachgründung in eine unbeschränkt körperschaftsteuerpflichtige Kapitalgesellschaft eingebracht und übernimmt die aufnehmende Kapitalgesellschaft die Mitunternehmerstellung des Einbringenden, so wird das Bewertungswahlrecht für die in den Mitunternehmeranteil verkörperten Wirtschaftsgüter nicht in der Steuerbilanz der Kapitalgesellschaft, sondern in derjenigen der Personengesellschaft ausgeübt.[2]

1864 Werden stille Reserven aufgedeckt, ist für die aufnehmende Kapitalgesellschaft eine **Ergänzungsbilanz** aufzustellen. Eine Bindung an den handelsbilanziellen Wertansatz für den eingebrachten Mitunternehmeranteil in der Eröffnungsbilanz der Kapitalgesellschaft besteht dabei nicht. Die tragende Begründung des BFH liegt darin, dass der Mitunternehmeranteil kein Wirtschaftsgut darstellt, mithin in der Steuerbilanz der aufnehmenden Kapitalgesellschaft auszuweisen, aber nicht zu bewerten ist.

1865 Nach Auffassung des BFH steht das Wahlrecht der Personengesellschaft und nicht der neuen Mitunternehmerin zu.[3]

b) Rechtsfolgen der Wahlrechtsausübung nach § 20 UmwStG bei der übernehmenden Körperschaft

1866 Die unterschiedlichen Wertansatzmöglichkeiten bedingen auch unterschiedliche Rechtsfolgen bei der übernehmenden Körperschaft. In § 23 UmwStG werden die Rechtsfolgen wiedergegeben, die im Wesentlichen schon § 22 UmwStG a. F. enthalten hat.

aa) Wertansatz geringer als gemeiner Wert

1867 Setzt die übernehmende Gesellschaft das eingebrachte Betriebsvermögen mit einem unter dem gemeinen Wert liegenden Wert an, gelten gem. § 23 Abs. 1 UmwStG, § 4 Abs. 2 Satz 3 und § 12 Abs. 3 Halbsatz 1 UmwStG entsprechend.

1868 Danach tritt die übernehmende Körperschaft nur bezogen auf die übernommenen Wirtschaftsgüter, die zum Sacheinlagegegenstand Betrieb, Teilbetrieb bzw. Mitunternehmeranteil gehören, in die steuerliche Rechtsstellung des

---

1 BStBl II 2004 S. 804.
2 Insoweit zustimmend Schmitt, a. a. O., Rn 314; Herlinghaus, a. a. O., Rn 151.
3 Schmitt, a. a. O.; unklar Herlinghaus, a. a. O.

übertragenden Unternehmers ein. Bei Eintritt in die Rechtsposition eines Rechtsvorgängers spricht man von der „Fußstapfentheorie".[1]

Obwohl § 23 Abs. 1 UmwStG nur auf § 12 Abs. 3 Halbsatz 1 und § 4 Abs. 2 Satz 3 UmwStG verweist, ist unstreitig, dass die Übernehmerin nicht in verrechenbare Verluste des Einbringenden eintritt. Verbleibende Verlustvorträge, vom Einbringenden nicht ausgeglichene negative Einkünfte und ein Zinsvortrag/EBITDA-Vortrag nach § 4h Abs. 1 EStG gehen nicht über. Für den Zinsvortrag/EBITDA-Vortrag ergibt sich das aus dem Gesetz selber, nämlich § 20 Abs. 9 UmwStG. Gleiches gilt nach § 23 Abs. 5 UmwStG für den Gewerbeverlustvortrag. Für die anderen Verluste folgt dies aus der wirtschaftsgutbezogenen Betrachtungsweise.

1869

(1) Buchwertansatz

Dem Grunde nach ist die Einbringung auch bei Fortführung der Buchwerte ein entgeltlicher Vorgang. § 23 Abs. 1 UmwStG überlagert diesen Charakter der Einbringung für Zwecke des Bilanzsteuerrechts aber in Fällen der Gesamt-, Sonder- und Einzelrechtsnachfolge.

1870

Die übernehmende Gesellschaft ist daher z. B. an die **bisherige Abschreibungsbemessungsgrundlage** der übertragenen Wirtschaftsgüter, die bisherige Abschreibungsmethode und die vom Einbringenden angenommene Nutzungsdauer gebunden. Sonderabschreibungen und erhöhte Absetzungen werden weitergeführt. Ein Wechsel der AfA-Methode bei der Übernehmerin ist in dem Rahmen möglich, wie dies auch bei dem Einbringenden nach den gesetzlichen Vorschriften zulässig gewesen wäre, so dass ggf. von einer degressiven AfA bei beweglichen WG zu einer linearen AfA gem. § 7 Abs. 3 EStG gewechselt werden darf. Die übernehmende Körperschaft hat die **Zuschreibungsverpflichtung** des § 7 Abs. 1 Satz 7 EStG zu beachten, wenn der Einbringende eine Absetzung für außergewöhnliche technische oder wirtschaftliche Abnutzung vorgenommen hat. Hat der Einbringende im Fall der Inanspruchnahme von Sonderabschreibungen und erhöhten Absetzungen diese nicht vollständig ausgenutzt, kann die übernehmende Gesellschaft Abschreibungen nach Vorgaben der jeweiligen Begünstigungsnormen nachholen.

1871

---

1 Lindberg in Frotscher, EStG, § 23 EStG, Rn 92; BT-Drs. 16/2710 S. 31.

D. Das Umwandlungssteuerrecht

1872 **Steuerfreie Rücklagen** können bei Buchwertansatz (und Zwischenwertansatz) von der Kapitalgesellschaft fortgeführt werden.[1] Dies gilt allerdings nur, wenn diese zuvor vom Einbringenden zu Recht gebildet worden ist.[2] Daran fehlt es, wenn im Zeitpunkt der Rücklagenbildung nach § 7g EStG a. F. im Einzelunternehmen das Investitionsvorhaben nicht mehr realisiert werden kann, weil die Umwandlung zu diesem Zeitpunkt bereits in Gang gesetzt war.[3] Für das Größenmerkmal in § 7g EStG ist auf das bisherige Einzelunternehmen abzustellen.[4] Die Regelung des § 22 Abs. 1 i. V. m. § 12 Abs. 3 Halbsatz 1 UmwStG gilt auch für das **Nachholverbot** gem. § 6a Abs. 4 EStG für Pensionsrückstellungen.

1873 Die übernehmende Gesellschaft kann von der Bewertungsfreiheit des § 6 Abs. 2 EStG für geringwertige Wirtschaftsgüter im Fall der Übernahme von beweglichen Wirtschaftsgütern mit einem Buchwert zum steuerlichen Übertragungsstichtag von nicht mehr als 150 € keinen Gebrauch machen. Sie hat diese Wirtschaftsgüter nach der vom Einbringenden gewählten AfA-Methode weiter abzuschreiben. Folglich wird der Übernehmerin die Anschaffung oder Herstellung dieser Wirtschaftsgüter vom Rechtsvorgänger sowie dessen Anschaffungs- und Herstellungskosten zugerechnet, so dass eine Abschreibung nach § 6 Abs. 2 EStG infolge des Vermögensübergangs durch Einbringung ausscheidet. Denn diese Bewertungsfreiheit ist gem. § 6 Abs. 2 Satz 1 EStG nur im Jahr der Anschaffung oder Herstellung zulässig.

1874 Ist die Dauer der Zugehörigkeit eines Wirtschaftsguts zum Betriebsvermögen, wie z. B. bei § 7g EStG die Verbleibensvoraussetzungen, für die Besteuerung bedeutsam, so ist der Zeitraum seiner Zugehörigkeit zum Betriebsvermögen der übertragenden Körperschaft dem übernehmenden Rechtsträger anzurechnen.

1875 **Objektbezogene Kosten**, insbesondere ggf. anfallende Grunderwerbsteuer, sind auch bei Buchwertfortführung oder einem Zwischenwertansatz zu aktivieren.[5] Wird die Grunderwerbsteuer allerdings durch Anteilsvereinigung und nicht durch die Einbringung ausgelöst, handelt es sich nicht um Anschaffungs-

---

1 Rn 23.06 UmwStErl 2011.
2 FG Münster, Urteil v. 25. 2. 2009 7 K 5021/07 E, G, EFG 2009 S. 1005, BFH-Az.: X R 21/09 zur Ansparrücklage nach § 7g EStG. Ebenso Niedersächsisches FG, Urteil v. 25. 3. 2009 2 K 273/06, EFG 2009 S. 1478 zu § 24 UmwStG.
3 BFH, Urteil v. 19. 5. 2010 I R 70/09, BFH/NV 2010 S. 2072; a. A. der X. BFH-Senat, der die Streitfrage deshalb mit Beschluss v. 22. 8. 2012 – X R 21/09, BFH/NV 2012 S. 2060, dem Großen Senat (GrS 2/12) vorgelegt hat.
4 BFH, a. a. O.
5 BFH, Urteil v. 17. 9. 2003 I R 97/02, BStBl II 2004 S. 686.

kosten, sondern um sofort abzugsfähige Betriebsausgaben.[1] Bemessungsgrundlage der GrESt ist gem. § 8 Abs. 2 Satz 1 Nr. 2 GrEStG der nach §§ 138 ff. BewG ermittelte **Bedarfswert** des Grundstücks. Der BFH hält diese Bewertung für verfassungswidrig.[2]

(2) Zwischenwertansatz

Zwischenwert ist jeder Wertansatz, der den Buchwert übersteigt und den Ansatz des gemeinen Werts nicht erreicht. Wegen der Aufstockung der Buchwerte beim Zwischenwertansatz können die AfA oder Substanzverringerung des Einbringenden nicht übernommen werden. Die in § 23 Abs. 1 installierte „Fußstapfentheorie" bedarf bei Ansatz eines Zwischenwerts einer Ergänzung, die man in § 23 Abs. 3 UmwStG findet. Die dortigen Regelungen enthielt schon die Vorgängervorschrift § 22 Abs. 2 UmwStG a. F. 1876

Auch beim Zwischenwertansatz können steuerfreie Rücklagen (z. B. § 6b EStG) beibehalten werden. Sie sind allerdings anteilig mit aufzulösen.[3] 1877

Bei Einbringungen zu Zwischenwerten ist hinsichtlich der Besitzzeitanrechnung durch das SEStEG eine Änderung eingetreten. Nach der Rechtslage vor SEStEG griff die Besitzzeitanrechnung nicht, da § 22 Abs. 2 im Gegensatz zu § 22 Abs. 1 UmwStG a. F., der nach seinem Wortlaut nur auf den Buchwertansatzfall bezogen war, nicht auf § 4 Abs. 2 Satz 3 UmwStG a. F. verwies.[4] Nach der nunmehr geltenden Rechtslage greift § 23 Abs. 1 UmwStG nach dem Wortlaut bei allen mit einem unter dem gemeinen Wert liegenden Wertansätzen und gilt als Grundregel auch für den Zwischenwertansatz. § 23 Abs. 3 UmwStG hat nur noch eine modifizierende und ergänzende Bedeutung.[5] 1878

Die AfA oder Substanzverringerung sind gem. § 23 Abs. 3 Nr. 1 UmwStG nach § 7 Abs. 1, 4, 5 und 6 EStG vom Zeitpunkt der Einbringung an nach den Anschaffungs- oder Herstellungskosten des Einbringenden, vermehrt um den Unterschiedsbetrag zwischen dem Buchwert der einzelnen Wirtschaftsgüter und dem Wert, mit dem die Kapitalgesellschaft die Wirtschaftsgüter ansetzt, zu bemessen. Bei Ansatz von Zwischenwerten sind die in den Wirtschaftsgütern, Schulden und steuerfreien Rücklagen ruhenden stillen Reserven um einen einheitlichen Prozentsatz aufzulösen. Zu diesem Zweck muss zunächst fest- 1879

---

1 BFH, Urteil v. 20. 4. 2011 II R 2/10, BStBl II 2011, S. 761; Rn 23.01 UmwStErl 2011.
2 Vorlagebeschluss v. 2. 3. 2011 II R 64/08, BFH/NV 2011, S. 1009.
3 Rn 23.14 UmwStErl 2011.
4 Zum früheren Recht BFH-Urteil v. 26. 2. 1992 I R 7/91, BStBl II 1992 S. 988.
5 Rn 23.06 i. V. m. 04.15 UmwStErl 2011.

D. Das Umwandlungssteuerrecht

gestellt werden, in welchen Buchwerten stille Reserven enthalten sind und wieviel sie insgesamt betragen. Diese stillen Reserven sind dann gleichmäßig um den Prozentsatz aufzulösen, der dem Verhältnis des aufzustockenden Betrags zum Gesamtbetrag der vorhandenen stillen Reserven des eingebrachten Betriebsvermögens entspricht.[1] Bei der Aufstockung ist grds. sowohl das Anlagevermögen (einschließlich der vom Einbringenden hergestellten immateriellen Anlagegüter) als auch das Umlaufvermögen zu berücksichtigen. Dies gilt auch in Bezug auf einen selbst geschaffenen Geschäftswert.[2]

BEISPIEL ZU § 23 ABS. 3 NR. 1 UMWSTG:

Anschaffungskosten Maschine im Januar 01		100.000 €
(Nutzungsdauer zehn Jahre)		
- AfA nach § 7 Abs. 1 EStG für die Jahre 01 bis 03		30.000 €
(AfA-Satz 10 %)		
Buchwert bei Einbringung		70.000 €
Zwischenwertansatz bei der übernehmenden Gesellschaft		
Zum Einbringungszeitpunkt am 1.1.04		90.000 €
Restnutzungsdauer bei Einbringung noch sieben Jahre[3]		
AfA-Bemessungsgrundlage bisher		100.000 €
+ Wertaufstockung		20.000 €
AfA-Bemessungsgrundlage ab 04		120.000 €
AfA-Satz unverändert 10 %		
- AfA ab 04 (10 % von 120.000 € =)		12.000 €
Buchwert 31.12.04		78.000 €
- AfA 05–09 (5 x 12.000 € =)		60.000 €
Buchwert 31.12.09		18.000 €
- AfA 10 (= letztes Nutzungsjahr)	lineare AfA	12.000 €
	+ Restwert 6.000 €	18.000 €
Buchwert 31.12.10		0 €

1880 Der Restwert ist zusätzlich zur linearen AfA abzusetzen, da im letzten Jahr der Nutzung durch die lineare AfA eine volle Abschreibung nicht erreicht wurde.

---

1 BFH, Urteil v. 24.5.1984 I R 166/78, BStBl II 1984 S. 747.
2 Ritzer in R/H/vL, § 23 UmwStG, Rn 185; Patt in D/P/M, § 20 UmwStG, Tz. 207; Schmitt in S/H/S, UmwG-UmwStG, § 23 UmwStG, Rn 69 iVm § 20, Rn. 307; Rn 23.14 i.V.m. 03.25 UmwStErl 2011; a. A. Merkert in Bordewin/Brandt, § 20 UmwStG, Rn 31.
3 Nach BFH, Urteilen v. 29.11.2007 IV R 73/02, BStBl II 2008 S. 407 und IV R 84/05, BFH/NV 2008 S. 935 ist die Restnutzungsdauer nach einer Aufstockung neu zu schätzen; nach Rn 23.14 UmwStErl 2011 ist der bisherige Abschreibungssatz weiter anzuwenden.

Wird bei der Gebäude-AfA nach § 7 Abs. 4 Satz 1 EStG wegen der pauschalierten AfA-Sätze die volle Absetzung innerhalb der tatsächlichen Nutzungsdauer nicht erreicht, kann die AfA nach der Restnutzungsdauer des Gebäudes bemessen werden.[1]

Bei den AfA nach § 7 Abs. 2 EStG tritt gem. § 23 Abs. 3 Nr. 2 UmwStG im Zeitpunkt der Einbringung an die Stelle des Buchwerts der einzelnen Wirtschaftsgüter der zugewiesene Zwischenwert, mit dem die Kapitalgesellschaft die Wirtschaftsgüter ansetzt. Der Abschreibungssatz richtet sich nach der neu zu schätzenden Restnutzungsdauer im Zeitpunkt der Einbringung.

1881

BEISPIEL ZU § 23 ABS. 3 NR. 2 UMWSTG: Für eine Maschine mit Anschaffungskosten von 100.000 € und einer Nutzungsdauer von zehn Jahren wird AfA nach § 7 Abs. 2 EStG von jährlich 25 v. H. vorgenommen. Der Restbuchwert bei Einbringung nach drei Jahren beträgt 42.187,50 €. Die Kapitalgesellschaft setzt die Maschine mit 60.000 € an, die Restnutzungsdauer beträgt sieben Jahre. Ab dem Zeitpunkt der Einbringung ist für die Maschine jährlich AfA von 25 v. H. vom jeweiligen Buchwert vorzunehmen.

Eine ausdrückliche Regelung für erhöhte Absetzungen gem. §§ 7c, 7d, 7h, 7i, 7k EStG oder Sonderabschreibungen gem. §§ 7f, 7g EStG enthält § 23 Abs. 3 Satz 1 UmwStG nicht. Es gelten demzufolge das allgemeine steuerliche Rechtsnachfolgeprinzip gem. § 23 Abs. 1 UmwStG sowie die Vorschriften für die jeweiligen Abschreibungen und die gemeinsamen Vorschriften für alle erhöhten Absetzungen und Sonderabschreibungen gem. § 7a EStG. Deshalb kann die übernehmende Gesellschaft die erhöhten Absetzungen oder Sonderabschreibungen als Rechtsnachfolgerin fortführen.

1882

bb) Ansatz des gemeinen Werts

Setzt die übernehmende Gesellschaft das eingebrachte Betriebsvermögen mit dem gemeinen Wert an, gelten gem. § 23 Abs. 4 UmwStG die eingebrachten Wirtschaftsgüter als im Zeitpunkt der Einbringung von der Kapitalgesellschaft angeschafft, wenn die Einbringung des Betriebsvermögens im Wege der Einzelrechtsnachfolge erfolgt; erfolgt die Einbringung des Betriebsvermögens im Wege der Gesamtrechtsnachfolge nach den Vorschriften des Umwandlungsgesetzes, gilt § 23 Abs. 3 UmwStG entsprechend.

1883

§ 23 Abs. 4 EStG unterscheidet damit zwischen der Einbringung im Wege der **Einzelrechtsnachfolge** und der Einbringung im Wege der **Gesamtrechtsnachfolge**.

1884

---

1 BFH v. 7. 6. 1977 VIII R 105/73, BStBl II 1977 S. 606; Rn 23.15 UmwStErl 2011.

(1) Einbringung durch Einzelrechtsnachfolge und Ansatz des gemeinen Werts

1885 Eine Einbringung erfolgt durch Einzelrechtsnachfolge entweder durch eine Sachgründung einer neu entstehenden übernehmenden Gesellschaft oder durch eine Sachkapitalerhöhung bei einer schon bestehenden Übernehmerin. Die Vermögensgegenstände werden einzeln abhängig von der Beschaffenheit der Sachen, der Rechte und der Verbindlichkeiten nach den jeweils geltenden gesetzlichen Vorschriften übertragen.

1886 Geht das Vermögen im Wege der erweiterten **Anwachsung** auf den übernehmenden Rechtsträger über, ist umstritten, ob dies ein Fall der Einzelrechtsnachfolge[1] oder – u. E. zutreffend – der Gesamtrechtsnachfolge[2] ist.

1887 Bei Einbringung durch Einzelrechtsnachfolge handelt es sich um eine entgeltliche Anschaffung der übernommenen Wirtschaftsgüter durch die übernehmende Gesellschaft.

1888 Die Höhe der Anschaffungskosten der einzelnen Wirtschaftsgüter der Sacheinlage wird durch den Ansatz des gemeinen Werts zum Zeitpunkt der Einbringung bestimmt. Als Zeitpunkt der Anschaffung gilt der Ablauf des i. d. R. zurückbezogenen steuerlichen Übertragungsstichtags gem. § 20 Abs. 5 Satz 1 UmwStG. Denn zu diesem Stichtag gelten die eingebrachten WG als auf die Übernehmerin übergegangen.

1889 Aufgrund der entgeltlichen Anschaffung kann die übernehmende Gesellschaft bei abnutzbaren Wirtschaftsgütern nach den gesetzlichen Vorgaben die Abschreibungsmethode neu wählen. Es besteht keine Bindung an die vom Einbringenden angesetzte Abschreibungsmethode. Somit darf (muss) die betriebsgewöhnliche Nutzungsdauer zum Stichtag der steuerlichen Einbringung neu bestimmt werden. Die vom Einbringenden bestimmte Nutzungsdauer ist unbeachtlich.

1890 Abschreibungsmethoden, die eine Herstellereigenschaft voraussetzen, sind ausgeschlossen. Eine einem Gebäudehersteller zugestandene degressive AfA nach § 7 Abs. 5 EStG kann im Fall einer Einbringung eines Gebäudes nicht fortgeführt werden, wenn der steuerliche Übertragungsstichtag nach dem Jahr der Gebäudeherstellung liegt.[3]

---

1 So Rn 01.44 UmwStErl 2011.
2 So Widmann in Widmann/Mayer, § 23 UmwStG, Rz. 229; Ritzer in R/H/vL, § 23 UmwStG, Rn 13.
3 FG Köln, Urteil v. 11. 4. 2001 1 K 6452/94, EFG 2001 S. 962.

Da die Übernehmerin eigene Anschaffungskosten hat, gilt das **Wertaufholungsgebot** nach einer vorgenommenen Teilwertabschreibung bezogen auf die ursprünglichen Anschaffungs- bzw. Herstellungskosten des Einbringenden nicht.

1891

(2) Einbringung durch Gesamtrechtsnachfolge und Ansatz des gemeinen Werts

Der Begriff Gesamtrechtsnachfolge ist missverständlich. Darunter sind die Vorgänge nach dem UmwG zu verstehen, die zu einer Gesamtrechtsnachfolge im Fall der Verschmelzung führen oder in den Fällen der Spaltung eine partielle Gesamtrechtsnachfolge bezogen auf ein Konglomerat von Wirtschaftsgütern in der Gestalt von Sachgesamtheiten enthalten. Erfolgt eine Einbringung sowohl im Wege der Gesamtrechtsnachfolge als auch im Wege der Einzelrechtsnachfolge, wie in Fällen der Einbringung eines Mitunternehmeranteils mit Sonderbetriebsvermögen, gilt der gesamte Sachverhalt einheitlich als Fall der Gesamtrechtsnachfolge.[1]

1892

Der **Formwechsel einer Personengesellschaft in eine Kapitalgesellschaft** wird i. R. des § 23 UmwStG wie ein Fall der Gesamtrechtsnachfolge behandelt.[2]

1893

Bei Sacheinlagen im Wege der Gesamtrechtsnachfolge wird gem. § 23 Abs. 4 Halbsatz 2 UmwStG hinsichtlich der Behandlung des übernommenen Vermögens bei der übernehmenden Gesellschaft die entsprechende Anwendung der Grundsätze des § 23 Abs. 3 UmwStG angeordnet. Es gilt demnach wie im Fall der Einbringung zum Zwischenwert eine modifizierte steuerliche Rechtsnachfolge. Insbesondere werden die für die Gewinnermittlung steuerlich maßgebenden Tatbestände des Einbringenden der übernehmenden Gesellschaft zugerechnet und die AfA wegen der Aufstockung auf den gemeinen Wert neu berechnet.[3]

1894

Wegen der vollständigen Aufdeckung der stillen Reserven stellt sich im Gegensatz zum Zwischenwertansatz nicht das Problem der Fortführung **steuerfreier Rücklagen**, diese sind **zwingend aufzulösen**.[4] Selbst geschaffene immaterielle WG und ein originärer Geschäfts- oder Firmenwert werden wegen Ansatz des gemeinen Werts ausgewiesen und gem. § 23 Abs. 3 Satz 1 Nr. 1 UmwStG abgeschrieben.

1895

---

1 Rn 23.20 UmwStErl 2011; Schmitt, a. a. O., Rn 97.
2 Schmitt, § 23 UmwStG, Rn 100; Ritzer, a. a. O., Rn 265.
3 Im Übrigen siehe o. Beispiele unter Rn 1879.
4 Vgl. z. B. zu einer 7g-Rücklage BFH, Urteil v. 10. 11. 2004 XI R 69/03, BStBl II 2005 S. 596.

D. Das Umwandlungssteuerrecht

1896 Eine Anrechnung von Besitzzeiten und Verbleibenszeiten erfolgt nicht. § 23 Abs. 1 UmwStG kann nicht angewandt werden, er gilt nur bei einem Wertansatz unter dem gemeinen Wert. Der Analogieverweis des § 23 Abs. 4 Halbsatz 2 UmwStG bezieht sich nur auf § 23 Abs. 3 UmwStG.

c) Verluste bei Einbringung

aa) Übernahme durch die aufnehmende Gesellschaft

1897 Für die ertragsteuerlichen Verluste gilt strenges Individualprinzip. Sie sind als Teil der Besteuerungsgrundlage an das Steuersubjekt gebunden, bei dem der Verlust entstanden ist. Wenn das Steuersubjekt wie im Fall der **Einbringung** wechselt, geht ein **Verlustabzug des Rechtsvorgängers verloren**.[1]

1898 § 23 Abs. 5 UmwStG bringt diesen Grundsatz für den gewerbesteuerlichen Verlustvortrag klarstellend zum Ausdruck. Danach kann der maßgebende Gewerbeertrag der übernehmenden Gesellschaft nicht um die vortragsfähigen Fehlbeträge des Einbringenden i. S. des § 10a GewStG gekürzt werden. Die Gewerbesteuer ist einerseits eine Objektsteuer, hat aber auch subjektive Elemente. Erforderlich sind für den gewerbesteuerlichen Verlustvortrag nach § 10a GewStG **Unternehmensidentität und Unternehmeridentität**.[2] Unternehmeridentität bedeutet, dass der Steuerpflichtige, der den Verlustabzug in Anspruch nimmt, den Gewerbeverlust zuvor in eigener Person erlitten hat. Da die Person des Unternehmers in den Fällen der Einbringung wechselt, ist das Merkmal Unternehmeridentität nicht erfüllt.

1899 Hatte ein Gläubiger des Einbringenden diesem eine Forderung gegen **Besserungsschein** erlassen,[3] stellt sich die Frage, welche Rechtsfolgen im Besserungsfall eintreten.[4] Gegen Besserungsschein erlassene Verbindlichkeiten fallen erkennbar nicht unter den Begriff „Verluste" oder „negative Einkünfte". Die aufnehmende Gesellschaft tritt deshalb in die Rechtsposition des Einbringenden (in dessen steuerlicher Schlussbilanz die Verbindlichkeit nicht enthalten ist) ein, wenn diese i. R. der Einbringung mitübertragen wird. Im Besserungsfall ist die Verbindlichkeit bei der Übernehmerin aufwandswirksam

---

1 BFH, Beschl. v. 17.12.2007 GrS 2/04, BStBl II 2008 S. 608; BFH, Urteil v. 4.12.1991 I R 74/89, BStBl II 1992 S. 432.

2 BFH, Beschl. v. 3.5.1993 GrS 3/92, BStBl II 1993 S. 616; BFH, Urteil v. 6.9.2000 IV R 69/99, BStBl II 2001 S. 731.

3 Zur steuerlichen Behandlung des Forderungsverzichts gegen Besserungsschein siehe BFH, Beschluss v. 9.6.1997 GrS 1/94, BStBl II 1998 S. 307; BMF-Schreiben v. 2.12.2003, BStBl I 2003 S. 648.

4 Rödder in R/H/vL, § 11 UmwStG, Rn 162 „Forderungsverzicht mit Besserungsschein"; Bildstein/Dallwitz, DStR 2009 S. 1177.

einzubuchen. Es droht allerdings das Risiko, dass die Finanzverwaltung den aus der Wiedereinbuchung resultierenden Verlust bei der Übernehmerin versagt, soweit ein schädlicher Anteilseignerwechsel nach § 8c KStG vorliegt.[1]

bb) Verlustbehandlung beim übertragenden Unternehmen

In § 23 Abs. 5 UmwStG wird nur die Abzugsfähigkeit eines gewerbesteuerlichen Fehlbetrags bei der übernehmenden Gesellschaft geregelt. Er erlaubt keinen Rückschluss, dass ein Gewerbeverlust aus dem übertragenen Betrieb für den Einbringenden untergeht. Eine entsprechende Regelung wie im Fall der Auf- oder Abspaltung eines Teilbetriebs von einer Körperschaft auf eine Personengesellschaft in der Gestalt § 18 Abs. 1 Satz 1 i. V. m. § 16 Satz 1 und § 15 Abs. 3 UmwStG fehlt im Fall der Einbringung. Daher gelten die allgemeinen Grundsätze.

1900

Beim **Formwechsel** einer Personengesellschaft in eine Kapitalgesellschaft gelten gem. § 25 UmwStG die §§ 20 bis 23 UmwStG entsprechend. Damit geht ein gewerbesteuerlicher Verlustvortrag trotz der zivilrechtlichen und wirtschaftlichen Identität unter.[2]

1901

d) Zinsvortrag/EBITDA-Vortrag

Gemäß § 20 Abs. 9 UmwStG geht ein Zinsvortrag[3] nach § 4h Abs. 1 Satz 5 EStG des eingebrachten Betriebs nicht auf die übernehmende Gesellschaft über. Die Vorschrift wurde durch das URefG 2008[4] eingefügt und ist gem. § 27 Abs. 5 UmwStG auf Einbringungen anzuwenden, bei denen die Anmeldung zur Eintragung in das für die Wirksamkeit des Einbringungsvorgangs maßgebliche öffentliche Register nach dem 31. 12. 2007 erfolgt bzw. ohne Eintragung das wirtschaftliche Eigentum nach diesem Stichtag übergeht. § 4h EStG regelt eine Abzugsbeschränkung für betriebliche Zinsaufwendungen. Bleibt nach dieser Regelung ein Teil der Zinsen in einem Wirtschaftsjahr nicht abzugsfähig, kann dieser Teil auf Folgejahre vorgetragen und später abgezogen werden.

1902

Wird der ganze Betrieb eingebracht, geht der Zinsvortrag nach § 20 Abs. 9 UmwStG nicht auf die Übernehmerin über. Er verbleibt aber auch nicht beim Einbringenden, sondern geht unter (§ 4h Abs. 5 Satz 1 EStG).

1903

---

1 Es ist bisher nicht geklärt, ob insoweit die Grundsätze des BMF-Schreibens v. 2. 12. 2003, a. a. O., fortgelten; dies ablehnend Bildstein/Dallwitz, a. a. O., m. w. N.
2 Ritzer in R/H/vL, § 23 UmwStG, Rn 300; Schmitt in S/H/S, UmwG-UmwStG, § 23 UmwStG, Rn 104.
3 Gleiches gilt für den EBITDA-Vortrag.
4 BGBl I 2007 S. 1912.

1904 Wird ein **Teilbetrieb** eingebracht, ist die Behandlung sowohl beim Einbringenden als auch bei der übernehmenden Gesellschaft ungeklärt. Die Finanzverwaltung[1] nimmt an, dass der Zinsvortrag anteilig untergeht. Demgegenüber weist die Literatur[2] zutreffend darauf hin, dass § 4h Abs. 5 EStG den Fall der Übertragung/Aufgabe eines Teilbetriebs nicht regelt und deshalb in diesen Fällen der Zinsvortrag nicht untergeht. Während Stangl/Hageböke[3] die Auffassung vertreten, dass der Zinsvortrag anteilig auf die Übernehmerin übergeht, vertritt Widmann[4] die Auffassung, dass der volle Zinsvortrag beim Einbringenden verbleibt. Letzteres ist u. E. aus systematischen Gründen zutreffend.

1905 Wird ein **Mitunternehmeranteil** eingebracht, geht der Zinsvortrag nach § 4h Abs. 5 Satz 2 EStG anteilig mit der Quote unter, mit der der ausgeschiedene Gesellschafter an der Gesellschaft beteiligt war.

e) Einbringungsfolgegewinn

1906 Infolge einer Einbringung können Forderungen und Verbindlichkeiten aus Rechtsbeziehungen zwischen der übernehmenden Gesellschaft und dem Einbringenden wegfallen. Ein Einbringungsfolgegewinn, der immer bei der Übernehmerin realisiert wird, entsteht, wenn die gegenseitigen Forderungen und Verbindlichkeiten nicht in gleicher Höhe bilanziert sind oder die Notwendigkeit einer Rückstellung entfällt.

1907 § 23 Abs. 6 UmwStG ordnet die entsprechende Anwendung von § 6 Abs. 1 und 3 UmwStG an, so dass insoweit auf die diesbezüglichen Ausführungen verwiesen werden kann.[5] **f) Fiktive Anrechnung ausländischer Steuern**

aa) Regelungstatbestand des § 20 Abs. 7 UmwStG[6]

1908 Gemäß § 20 Abs. 7 UmwStG ist § 3 Abs. 3 UmwStG entsprechend anzuwenden. Diese Regelung betrifft den Sonderfall, dass sich unter den eingebrachten Wirtschaftsgütern eine in einem anderen Mitgliedstaat der EU liegende Betriebsstätte befindet und das Besteuerungsrecht der Bundesrepublik Deutschland hinsichtlich dieser Betriebsstätte durch den Einbringungsvorgang eingeschränkt wird. Das ist der Fall, wenn die Bundesrepublik Deutschland in diesen Fällen nicht auf ihre Rechte zur Besteuerung der im Ausland gelegenen Be-

---

1 BMF-Schreiben v. 4. 7. 2008, BStBl I 2008 S. 718, Tz. 47 Satz 2, auf das Rn 23.03 UmwStErl 2011 verweist.
2 Loschelder in Schmidt, § 4h EStG, Rn 32 m. w. N.
3 In Schaumburg/Rödder, Unternehmensteuerreform 2008, S. 513.
4 In Widmann/Mayer, § 23 UmwStG, Rz. 588.1.
5 Zur besonderen Behandlung und zu weiteren Beispielen siehe o. Rn 749 ff.
6 Siehe hierzu Rn 20.36 UmwStErl 2011.

triebsstätte verzichtet hat und die Freistellungsmethode wegen einer entsprechenden Regelung im DBA keine Anwendung findet. Die Folge ist, dass das übertragene Vermögen in der steuerlichen Schlussbilanz der übertragenden Körperschaft mit dem gemeinen Wert anzusetzen ist. In diesen Fällen ist, wenn die Fusionsrichtlinie zur Anwendung kommt, nach Art. 10 Abs. 2 der Richtlinie eine fiktive Anrechnung der auf den Einbringungsgewinn entfallenden ausländischen Steuer vorzunehmen. Die Anrechnung erfolgt mit dem Betrag ausländischer Steuer, der nach den Rechtsvorschriften eines anderen Mitgliedstaats erhoben worden wäre, wenn das übertragene Vermögen zum Zeitpunkt der Übertragung veräußert worden wäre. Wenn ein anderer Mitgliedstaat bei einer in seinem Hoheitsgebiet gelegenen Betriebsstätte einem Steuerpflichtigen anlässlich des Verschmelzungs- oder Spaltungsvorgangs ein Wahlrecht zur Aufdeckung der stillen Reserven einräumt, richtet sich die Anrechnung der tatsächlich erhobenen Steuer nach den allgemeinen Vorschriften des § 26 KStG bzw. § 34c EStG.[1]

BEISPIEL NACH DER GESETZESBEGRÜNDUNG:[2] Eine inländische GmbH bringt ihre (passive Einkünfte erzielende) portugiesische Betriebsstätte gegen Gewährung von neuen Anteilen in eine französische SA ein.

Durch die Einbringung wird das Besteuerungsrecht der Bundesrepublik Deutschland hinsichtlich der portugiesischen Betriebsstätte (Besteuerungsrecht mit Anrechnungsverpflichtung bei passiven Einkünften) ausgeschlossen. Nach § 20 Abs. 2 Satz 2 Nr. 3 UmwStG kommt es deshalb insoweit zwingend zum Ansatz des gemeinen Werts und damit zur Besteuerung des Einbringungsgewinns. Die auf den Gewinn aus einer gedachten Veräußerung der Betriebsstätte entfallende fiktive portugiesische Steuer ist auf die auf den Einbringungsgewinn aus der portugiesischen Betriebsstätte entfallende inländische Körperschaftsteuer anzurechnen.

bb) Regelungstatbestand des § 20 Abs. 8 UmwStG

Ist eine gebietsfremde einbringende oder erworbene Gesellschaft i. S. von Artikel 3 der Richtlinie 2009/133/EG (früher 90/434/EWG) (Fusionsrichtlinie) als steuerlich transparent anzusehen, ist aufgrund Art. 11 Abs. 1 Richtlinie 2009/133/EG (früher Art. 10a der Richtlinie 90/434/EWG) die ausländische Steuer, die nach den Rechtsvorschriften des anderen Mitgliedstaats der Europäischen Union erhoben worden wäre, wenn die einer in einem anderen Mitgliedstaat gelegenen Betriebsstätte zuzurechnenden eingebrachten Wirtschaftsgüter zum gemeinen Wert veräußert worden wären, gem. § 20 Abs. 8 UmwStG auf die auf den Einbringungsgewinn entfallende Körperschaftsteuer

1909

---

1 Herlinghaus in R/H/vL, § 20 UmwStG, Rn 242c.
2 Weitere Einzelheiten siehe BT-Drs. 16/2710 S. 44.

oder Einkommensteuer unter entsprechender Anwendung von § 26 Abs. 6 KStG und von § 34c und § 50 Abs. 6 EStG anzurechnen.[1]

1910 Die Regelung betrifft den Sonderfall, dass es sich bei der einbringenden Gesellschaft um eine in einem anderen Mitgliedstaat ansässige und von der Fusionsrichtlinie geschützte Gesellschaft handelt, die nach dem Recht der Bundesrepublik Deutschland als transparent anzusehen ist. In diesen Fällen darf, soweit die Bundesrepublik Deutschland die Doppelbesteuerung nicht durch Freistellung vermeidet, bei den Gesellschaftern der einbringenden Gesellschaft nach Art. 11 Abs. 1 Fusionsrichtlinie eine Besteuerung des Einbringungsgewinns erfolgen. Gemäß Art. 11 Abs. 2 Fusionsrichtlinie ist jedoch die fiktive auf den Einbringungsgewinn entfallende ausländische Steuer, die nach den Rechtsvorschriften des anderen Mitgliedstaates erhoben worden wäre, wenn das eingebrachte Vermögen im Zeitpunkt der Einbringung veräußert worden wäre, insoweit auf die auf den Einbringungsgewinn der Gesellschafter entfallende inländische Einkommensteuer oder Körperschaftsteuer anzurechnen. Dies gilt jedoch nur, wenn das übertragene Vermögen einer in einem anderen Mitgliedstaat liegenden Betriebsstätte zuzurechnen ist.

BEISPIEL: Eine natürliche Person X mit Wohnsitz im Inland ist an einer von der Fusionsrichtlinie geschützten portugiesischen KG beteiligt, die nach deutschem Recht als transparent anzusehen ist. Soweit die portugiesische KG passive Einkünfte i. S. des Protokolls zum DBA Portugal erzielt, steht der Bundesrepublik Deutschland das Besteuerungsrecht an den Einkünften aus der portugiesischen Betriebsstätte mit Anrechnungsverpflichtung zu. Die Gesellschaft wird auf eine französische SA verschmolzen.

Durch die Verschmelzung wird das Besteuerungsrecht der Bundesrepublik Deutschland hinsichtlich der portugiesischen Betriebsstätte ausgeschlossen. Nach § 20 Abs. 2 Satz 2 Nr. 3 UmwStG kommt es deshalb insoweit zwingend zum Ansatz des gemeinen Werts und damit zur anteiligen Besteuerung des Einbringungsgewinns bei X. Die auf den Gewinn aus einer gedachten Veräußerung der Betriebsstätte entfallende fiktive portugiesische Steuer ist auf die auf den Einbringungsgewinn aus der portugiesischen Betriebsstätte entfallende inländische Einkommensteuer anzurechnen.

---

1 Siehe hierzu Rn 20.37 UmwStErl 2011.

g) Rechtsfolgen der Wahlrechtsausübung nach § 20 UmwStG für den Einbringenden

aa) Steuerlicher Übertragungsstichtag (Einbringungszeitpunkt)

(1) Grundsatz

Der Zeitpunkt der Sacheinlage ist sowohl für den Einbringenden als auch für die übernehmende Gesellschaft bedeutsam. Mit der Einbringung endet die Zurechnung der Wirtschaftsgüter beim Einbringenden und ist für diesen der Einbringungsgewinn zu ermitteln. Gleichzeitig sind die Wirtschaftsgüter mit ihren Aufwendungen und Erträgen der Übernehmerin zuzurechnen. 1911

Steuerlich maßgeblicher Zeitpunkt ist der **Übergang des wirtschaftlichen Eigentums**.[1] Die Wirtschaftsgüter müssen aufgrund eines einheitlichen Übertragungsakts (einheitlicher Willensentschluss, sachlicher und zeitlicher Zusammenhang) übergehen, nicht erforderlich ist ein gleichzeitiger Rechtsübergang. Das wirtschaftliche Eigentum geht über, wenn Besitz und Lasten, Nutzen und Gefahr vom Einbringenden auf die Übernehmerin übergehen. Dies ergibt sich im Regelfall aus dem Einbringungsvertrag. Fehlt es an einer vertraglichen Regelung, soll maßgeblich sein[2] 1912

▶ die Anmeldung der übernehmenden Gesellschaft bzw. der Kapitalerhöhung zur Eintragung in das Handels(Genossenschafts-)register bzw.

▶ bei einer Verschmelzung/Spaltung nach dem UmwG die Eintragung in das Register der übernehmenden Gesellschaft, wenn kein Rückbeziehungsantrag gestellt wird.

Der handelsrechtliche Umwandlungsstichtag und der steuerliche Einbringungsstichtag sind identisch.[3] 1912a

(2) Rückbeziehung

Das Einkommen und das Vermögen des Einbringenden und der übernehmenden Gesellschaft sind gem. § 20 Abs. 5 Satz 1 UmwStG auf Antrag so zu ermitteln, als ob das eingebrachte Betriebsvermögen mit Ablauf des steuerlichen Übertragungsstichtags auf die Übernehmerin übergegangen wäre. Die Rück- 1913

---

1 Herlinghaus in R/H/vL, § 20 UmwStG, Rn 223a; Patt in D/P/M, § 20 UmwStG, Tz. 301; Rn 20.13 UmwStErl 2011.
2 Herlinghaus, a. a. O.; Schmitt in S/H/S, UmwG-UmwStG, § 20 UmwStG, Rn 236.
3 Vgl. oben Rn 1648.

D. Das Umwandlungssteuerrecht

wirkungsfiktion soll nach FG München[1] auch in Bezug auf einzelne Wirtschaftsgüter gelten, wenn keine Sachgesamtheit eingebracht wird.

(a) Antrag

1914 Die **Antragsberechtigung** ist im Gesetz nicht geregelt. Da zwischen Bewertung des Sacheinlagegegenstands nach § 20 Abs. 2 Satz 2 und 3 UmwStG und dem Zeitpunkt des Vermögensübergangs eine untrennbare Verflechtung besteht, ist es gerechtfertigt, **ausschließlich der übernehmenden Körperschaft** das Antragsrecht nach § 20 Abs. 5 Satz 1 UmwStG zuzugestehen.[2]

1915 Der Antrag ist bei dem für die übernehmende Gesellschaft zuständigen Finanzamt zu stellen.

1916 Eine besondere **Form** für den Antrag sieht das Gesetz nicht vor. Er kann deshalb auch durch konkludentes Handeln gestellt werden, z. B. dadurch, dass in den entsprechenden Steuererklärungen Erträge oder Vermögen erklärt werden.[3]

Anders als in § 20 Abs. 2 Satz 3 UmwStG sieht das Gesetz für den Antrag nach § 20 Abs. 5 UmwStG keine **Frist** vor. Die Finanzverwaltung[4] hat zum früheren Recht die Auffassung vertreten, dass der Antrag spätestens in der Steuererklärung oder in der Bilanz für das Wirtschaftsjahr, in dem die Einbringung stattgefunden hat, gestellt werden muss. Dies soll nach Patt[5] und Nitzschke[6] auch für das neue Recht gelten. Demgegenüber vertreten Herlinghaus,[7] Friedrichs[8] und Widmann[9] die Auffassung, dass der Antrag noch bis zur Beendigung der letzten Tatsacheninstanz gestellt werden kann, in der über die Besteuerung des Vermögensübergangs entschieden wird. Wenn letzterer Auffassung auch zuzugestehen ist, dass das Gesetz anders als in § 20 Abs. 2 UmwStG keine Befristung vorsieht und deshalb e contrario keine Frist gelten kann, spricht die untrennbare Verflechtung zwischen Bewertung des Sacheinlagegegenstands

---

1 Urteil v. 7.3.2011 7 K 555/09, BB 2011 S. 2734, insoweit a. A. BFH in der Revisionsentscheidung v. 12.12.2012 – I R 28/11, BFH/NV 2013 S. 884.
2 Rn 20.14 UmwStErl 2011; Patt in D/P/M, § 20 UmwStG, Tz. 304 f.; Herlinghaus, a. a. O., Rn 225; Schmitt, a. a. O., Rn 258.
3 Schmitt, a. a. O., Rn 260; Herlinghaus, a. a. O.
4 BMF-Schreiben v. 25.3.1998, BStBl I 1998 S. 268, Tz. 20.31; der UmwStErl 2011 äußert sich leider hierzu nicht.
5 In D/P/M, § 20 UmwStG, Tz. 305.
6 In Blümich, § 20 UmwStG, Rn 109.
7 A. a. O.
8 In Haritz/Benkert, § 20 UmwStG, Rn 271.
9 In Widmann/Mayer, § 20 UmwStG, R 280 und Rz. 605 f.

XII. Einbringung in eine Kapitalgesellschaft

nach § 20 Abs. 2 Satz 2 und 3 UmwStG und dem Zeitpunkt des Vermögensübergangs dafür, die **Frist für beide Anträge gleichzuschalten**.

Ein einmal wirksam gestellter Antrag kann, wenn überhaupt, nur bis zu dem in § 20 Abs. 2 Satz 3 UmwStG genannten Zeitpunkt **geändert** werden.[1] 1917

Der Antrag kann nur **einheitlich** für alle von der Rückwirkung betroffenen Steuerarten (ESt, KSt, GewSt) gestellt werden. 1918

(b) Rechtsfolgen

Der steuerliche Übertragungsstichtag wird im Zeitrahmen des § 20 Abs. 6 UmwStG differenziert nach den Gesamt-/Sonderrechtsnachfolgen gem. UmwG und den anderen Fällen, insbesondere den Einbringungen i. R. von Einzelrechtsnachfolgen bestimmt. Daher gilt nach § 20 Abs. 6 Satz 1 UmwStG, dass als steuerlicher Übertragungsstichtag (Einbringungszeitpunkt) in den Fällen der Sacheinlage durch Verschmelzung i. S. des § 2 UmwG der Stichtag angesehen werden darf, für den die Schlussbilanz jedes der übertragenden Unternehmen i. S. des § 17 Abs. 2 UmwG aufgestellt ist; dieser Stichtag darf höchstens acht Monate vor der Anmeldung der Verschmelzung zur Eintragung in das Handelsregister liegen. Entsprechendes gilt gem. § 20 Abs. 6 Satz 2 UmwStG, wenn Vermögen im Wege der Sacheinlage durch Aufspaltung, Abspaltung oder Ausgliederung nach § 123 UmwG auf die übernehmende Gesellschaft übergeht. Sind an der Verschmelzung/Spaltung mehrere übertragende Rechtsträger beteiligt, kann für jeden übertragenden Rechtsträger ein unterschiedlicher Stichtag gewählt werden.[2] 1919

In anderen Fällen, insbesondere im Fall der Sacheinlage im Wege der Einzelrechtsnachfolge, darf gem. § 20 Abs. 6 Satz 3 UmwStG die Einbringung auf einen Tag zurückbezogen werden, der höchstens acht Monate vor dem Tag des Abschlusses des Einbringungsvertrags liegt und höchstens acht Monate vor dem Zeitpunkt liegt, an dem das eingebrachte Betriebsvermögen auf die übernehmende Gesellschaft übergeht. 1920

Der Zeitraum für die Rückbeziehung beträgt somit für alle Arten der Einbringung einheitlich acht Monate. Es handelt sich um eine Ausschlussfrist. Eine noch so kurzfristige Überschreitung ist nicht zulässig. Die Rückbeziehungsmöglichkeit i. R. von acht Monaten ist aber unabhängig von dem Wertansatz für das eingebrachte Vermögen. Scheitert die Rückbeziehungszeit, bleibt 1921

---

1 Jede Änderung ablehnend Schmitt, a. a. O., Rn 259; offen Herlinghaus, a. a. O.
2 Schmitt, a. a. O., Rn 237; Herlinghaus, a. a. O., Rn 233; a. A. Patt in D/P/M, § 20 UmwStG, Tz. 308.

gleichwohl das ausgeübte Wahlrecht aufgrund der eingereichten Bilanz gem. § 20 Abs. 2 Satz 3 UmwStG bestehen.

1922 **Ausgenommen** von der Wirkung der Rückbeziehung sind nach § 20 Abs. 5 Satz 2 UmwStG **Entnahmen und Einlagen**, die nach dem steuerlichen Übertragungsstichtag während des Rückwirkungszeitraums erfolgen. Ohne diese Ausnahme von der Rückbeziehung wäre eine Entnahme bereits als verdeckte Gewinnausschüttung und eine Einlage als verdeckte Einlage zu beurteilen.[1] Damit knüpft § 20 Abs. 5 Satz 2 UmwStG an die zivilrechtliche Rechtslage an, wonach der Einbringende noch fortbesteht, bis die Umwandlung in das Handelsregister eingetragen worden ist. Entnahmen sind nicht nur die Übertragung von Wirtschaftsgütern, sondern auch Nutzungsüberlassungen. Die Entnahme löst bei der umzuwandelnden Personengesellschaft noch einen gesondert festzustellenden Gewinn während des Rückwirkungszeitraums aus.

1923 Die Anschaffungskosten der neuen Gesellschaftsanteile, die der Einbringende als Gegenleistung für die Einbringung erhält, vermindern sich gem. § 20 Abs. 5 Satz 3 UmwStG um den Buchwert der Entnahmen und erhöhen sich um den Teilwert der Einlagen.

1924 **Bilanzmäßig** werden diese Entnahmen/Einlagen in der Form dargestellt, dass in der Aufnahmebilanz der Übernehmerin ein aktiver (Einlage) bzw. passiver (Entnahme) Korrekturposten angesetzt wird, der zum Zeitpunkt der tatsächlichen Einlage/Entnahme mit dieser zu verrechnen ist.[2]

1925 Gemäß § 20 Abs. 6 Satz 4 i.V.m. § 2 Abs. 3 UmwStG scheidet eine Rückbeziehung aus, soweit dadurch Einkünfte aufgrund abweichender Rückbeziehungsregelungen in einem anderen Staat der Besteuerung gänzlich entzogen werden. Die Beschränkung der Rückbeziehung ist sowohl in sachlicher Hinsicht als auch in zeitlicher Hinsicht zu verstehen. Sie kann einzelne Wirtschaftsgüter von der Rückbeziehung ausschließen und/oder zu einem kürzeren Rückbeziehungszeitraum führen. Die Regelung soll sog. „weiße Einkünfte" verhindern, die durch eine unterschiedliche Beurteilung der beteiligten Staaten entstehen können. Die Regelung ist für reine Inlandsumwandlungen bedeutungslos.

1926 Mit Änderung des § 20 Abs. 6 Satz 4 UmwStG durch das JStG 2009[3] ist der mit diesem Gesetz neu eingeführte § 2 Abs. 4 UmwStG entsprechend anwendbar. Danach sind der Ausgleich oder die Verrechnung eines Einbringungsgewinns mit verrechenbaren Verlusten, verbleibenden Verlustvorträgen, nicht ausgegli-

---

1 BFH v. 29.4.1987 I R 192/82, BStBl II 1987 S. 797.
2 Schmitt, a.a.O., Rn 248; Herlinghaus, a.a.O., Rn 238b.
3 JStG 2009 v. 19.12.2008, BGBl I 2008 S. 2794.

chenen negativen Einkünften und einem Zinsvortrag/EBITDA-Vortrag nach § 4h Abs. 1 des Einkommensteuergesetzes (**Verlustnutzung**) des übertragenden Rechtsträgers nur zulässig, wenn dem übertragenden Rechtsträger die Verlustnutzung auch ohne Anwendung des § 2 Abs. 1 und 2 möglich gewesen wäre. Gemäß § 2 Abs. 4 Satz 2 UmwStG gilt diese Regelung für negative Einkünfte des übertragenden Rechtsträgers im Rückwirkungszeitraum entsprechend. Mit dieser Änderung wurde einer Gestaltung der Boden entzogen, die aufgrund der steuerlichen Rückwirkungsfiktion des § 2 Abs. 1 und 2 UmwStG eine Verlustnutzung oder den Erhalt des Zinsvortrags ermöglicht hätte. Die Nutzung eines Verlusts oder Zinsvortrags durch Rückwirkung ist jetzt zusätzlich daran geknüpft, dass dieser auch ohne die Umwandlung hätte ausgeglichen oder verrechnet werden können. Das Gestaltungsmodell bleibt nur noch für Erwerbe bis zum 28.11.2008 (Tag der dritten Lesung des JStG 2009 im Bundestag) und mit Abschluss der Umwandlung oder Einbringung in 2009 möglich.

Eine weitere **Rückwirkungssperre** in Bezug auf die Anwendung des § 34 EStG enthält § 52 Abs. 47 Satz 4 EStG. Wird für den Einbringungsgewinn einer natürlichen Person die Tarifermäßigung nach § 34 EStG beantragt, gilt der Einbringungsgewinn als nach dem 31.12. des Vorjahres erzielt, wenn die Einbringung erst im Folgejahr zivilrechtlich vollzogen wurde, aber mit Rückwirkung auf das Vorjahr. 1927

Die steuerliche Rückwirkung setzt eine Einbringung i.S. des § 20 UmwStG voraus. Scheidet deshalb ein Mitunternehmer im Rückwirkungszeitraum aus der Personengesellschaft aus, nimmt er an der Einbringung und damit auch an der Rückwirkung nicht teil. Für ihn gilt deshalb z.B. weiterhin § 15 Abs. 1 Satz 1 Nr. 2 EStG.[1] 1928

bb) Grundsatz der Wertverknüpfung

§ 20 Abs. 3 Satz 1 UmwStG bestimmt, dass der Wert, mit dem die übernehmende Gesellschaft das eingebrachte Betriebsvermögen ansetzt, für den Einbringenden als Veräußerungspreis und als Anschaffungskosten der Gesellschaftsanteile gilt. Es besteht somit eine grds. Wertverknüpfung zum Wert- 1929

---

1 Rn 20.16 Abs. 2 UmwStErl 2011.

D. Das Umwandlungssteuerrecht

ansatz der übernehmenden Gesellschaft sowohl für den Veräußerungspreis des Einbringenden als auch für die Anschaffungskosten der erhaltenen Anteile (sog. **doppelte Buchwertverknüpfung**[1]). Dies gilt auch unabhängig davon, ob einheitlich der Buchwert, einheitlich ein Zwischenwert, einheitlich der gemeine Wert oder auch nur für Teile des Betriebsvermögens der gemeine Wert angesetzt wird.[2]

1930 Die Buchwertverknüpfung bezieht sich allerdings nicht auf die eigenen Kosten der Übernehmerin, die diese zu aktivieren hat (insbesondere die Grunderwerbsteuer).[3]

1931 Der Ansatz in der Übernahmebilanz ist für den Einbringenden unabhängig davon maßgeblich, ob der Wertansatz in der Steuerbilanz der Übernehmerin freiwillig erfolgt oder durch zwingende gesetzliche Vorgaben bestimmt worden ist.[4] Dies gilt entgegen Schmitt[5] auch in Bezug auf die Fälle, in denen die Übernehmerin nach § 20 Abs. 2 UmwStG gezwungen ist, die gemeinen Werte oder nach Satz 4 einen Mindestwert[6] anzusetzen. Andernfalls blieben ggf. stille Reserven endgültig unversteuert.

1932 Hinsichtlich des als Veräußerungspreis anzusetzenden Werts der eingebrachten Wirtschaftsgüter kommt es auf der Ebene des Einbringenden nicht zu einer Prüfung, ob die Werte in der Steuerbilanz der Übernehmerin zutreffend ermittelt worden sind.[7] Dies gilt selbst dann, wenn die Übernehmerin beim Ansatz der gemeinen Werte zu hohe Werte ermittelt haben sollte. Selbst an diese ist der Einbringende so lange gebunden, bis sie bei der Übernehmerin berichtigt worden sind.[8] Die Übernehmerin kann gegen einen KSt-Bescheid, dem fal-

---

1 Bei dieser soll es grds. bleiben, vgl. BT-Drs. 16/2710 S. 44; zur EU-Rechtswidrigkeit in Fällen des Anteilstauschs s. EuGH, Urteil v. 11.12.2008 Rs. C-285/07 (A.T.), DStR 2009 S. 101 und bereits FG Baden-Württemberg, Urteil v. 17.2.2005 6 K 209/02, EFG 2005 S. 994 mit Anmerkung Herlinghaus; zur Regelung in § 21 Abs. 2 Satz 3 Nr. 2 UmwStG s. unten Rn 2082 ff.
2 Mutscher in Frotscher/Maas, § 20 UmwStG, Rn 318.
3 Schmitt, a. a. O., Rn 380.
4 Herlinghaus, a. a. O., Rn 188; Merkert in Bordewin/Brandt, § 20 UmwStG, Rn 11; widersprüchlich Schmitt, a. a. O., der einerseits in Rn 355 ebenfalls diesen Grundsatz vertritt, andererseits aber in Rn 354 ausführt, der Ansatz habe auf den Veräußerungspreis keine Auswirkung, wenn die Übernehmerin gesetzlich gezwungen sei, einen bestimmten Ansatz der Sacheinlage zugrunde zu legen.
5 A. a. O.
6 A. A. insoweit Herlinghaus, a. a. O., Rn 188.
7 BFH, Urteile v. 20.4.2011 I R 97/10, BFH/NV 2011 S. 1789 und v. 8.6.2011 I R 79/10, DStR 2011 S. 2248; FG Köln, Urteil v. 11.12.2008 15 K 4963/01, EFG 2009 S. 448 mit zustimmender Anmerkung Herlinghaus; s. auch oben Rn. 1849.
8 BFH, Urteil v. 8.6.2011 I R 79/10; a. A. Herlinghaus, a. a. O., Rn 188; Patt in D/P/M, § 20 UmwStG, Tz. 250.

sche Werte zugrunde gelegt werden, trotz der Bindungswirkung für den Einbringenden keinen Rechtsbehelf einlegen, wenn sie durch den Bescheid nicht selber beschwert ist.[1] Im Regelfall wird sie nicht beschwert sein. Rechtsbehelfsbefugt gegen den KSt-Bescheid ist der Einbringende wegen der ihm gegenüber bestehenden Bindungswirkung.[2] Aufgrund der neuen Rechtsprechung wird die Verwaltung den KSt-Bescheid auch dem Einbringenden bekanntgeben (müssen), um die Rechtsbehelfsfrist in Gang zu setzen. Eine Berichtigung bei der Übernehmerin führt beim Einbringenden zu einer Folgeänderung nach § 175 Abs. 1 Satz 1 Nr. 2 AO.

Bei der **Einbringung von Mitunternehmeranteilen** sind bei der Ermittlung der Anschaffungskosten der Gesellschaftsanteile auch Ergänzungs- und Sonderbilanzen der Mitunternehmer zu berücksichtigen.

1933

cc) Wertverknüpfungsdurchbrechung für Anschaffungskosten der Anteile

Die Wertverknüpfung für die erhaltenen Anteile wird in zwei Fällen durchbrochen. Diese Durchbrechung gilt aufgrund des Wortlauts des Gesetzes nicht für den Veräußerungspreis, sondern nur für die Ermittlung der Anschaffungskosten der Gesellschaftsanteile.

1934

(1) 1. Fall (§ 20 Abs. 3 Satz 2 UmwStG)

Ist das Recht der Bundesrepublik Deutschland hinsichtlich der Besteuerung des Gewinns aus der Veräußerung des eingebrachten Betriebsvermögens im Zeitpunkt der Einbringung ausgeschlossen und wird dieses auch nicht durch die Einbringung begründet, gilt für den Einbringenden insoweit der gemeine Wert des Betriebsvermögens im Zeitpunkt der Einbringung als Anschaffungskosten der Anteile. Diese durch das SEStEG eingeführte Ausnahmeregelung passt nur in solchen Fällen, in denen sonst nach der Grundregel ein niedrigerer Wert als der gemeine Wert anzusetzen wäre, weil die übernehmende Gesellschaft das eingebrachte Betriebsvermögen mit dem Buchwert oder einem Zwischenwert angesetzt hat. Mit dieser Regelung soll verhindert werden, dass die im Ausland zu besteuernden und in den eingebrachten Wirtschaftsgütern ruhenden stillen Reserven auf die im Inland steuerpflichtige Beteiligung über-

1935

---

1 BFH, Urteil v. 8. 6. 2011 I R 79/10.
2 So das überraschende Ergebnis des BFH im Urteil v. 8. 6. 2011 I R 79/10 BStBl II 2012 S. 421; die Übernehmerin ist zu dem Rechtsbehelfsverfahren des Einbringenden notwendig hinzuzuziehen/beizuladen; nunmehr ständige Rechtsprechung, vgl. noch Beschluss v. 6. 2. 2014 – I B 168/13, BFH/NV 2014 S. 921; zu verfahrensrechtlichen Einzelheiten s. FinMin Mecklenburg-Vorpommern, Schr. v. 1. 11. 2012, DStR 2013 S. 973 und Heidrich, DStR 2013 S. 2670.

springen. Betroffen sind Einbringungen von Vermögen ausländischer Betriebsstätten mit DBA-Freistellung.

1936 Vier Fallkonstellationen sind denkbar:

Fall 1:

Von der Freistellungsbetriebsstätte eines inländischen Rechtsträgers geht das im Inland nicht zu besteuernde Betriebsvermögen in die Freistellungsbetriebsstätte eines anderen inländischen Rechtsträgers über.

Fall 2:

Das Betriebsvermögen geht von dem ausländischen Stammhaus- oder Betriebsstättenvermögen eines ausländischen Rechtsträgers in die Freistellungsbetriebsstätte eines inländischen Rechtsträgers über.

Fall 3:

Das Betriebsvermögen geht von der Freistellungsbetriebsstätte eines inländischen Rechtsträgers in das ausländische Stammhaus- oder Betriebsstättenvermögen eines ausländischen Rechtsträgers über.

Fall 4:

Das Betriebsvermögen geht von einem ausländischen Stammhaus- oder Betriebsstättenvermögen eines ausländischen Rechtsträgers in das ausländische Stammhaus- bzw. Betriebsstättenvermögen eines anderen ausländischen Rechtsträgers über.

(2) 2. Fall (§ 20 Abs. 3 Satz 3 UmwStG)

1937 Soweit neben den Gesellschaftsanteilen andere Wirtschaftsgüter[1] gewährt werden, ist deren gemeiner Wert bei der Bemessung der Anschaffungskosten der Gesellschaftsanteile von dem sich nach § 20 Abs. 3 Satz 1 und 2 UmwStG ergebenden Wert abzuziehen.

> **BEISPIEL 1:** E überträgt sein Einzelhandelsunternehmen auf die bestehende A-GmbH. Diese wählt die Buchwertfortführung aller übernommenen Wirtschaftsgüter in Höhe von 400.000. Die gemeinen Werte betragen 1.000.000. E erhält neben den Ge-

---

1 Siehe hierzu bereits oben unter Rn 1764.

sellschaftsanteilen eine Barzahlung von 160.000. Die Anschaffungskosten betragen gem. § 20 Abs. 3 Satz 3 UmwStG (400.000 – 160.000 =) 240.000.

BEISPIEL 2: ▶ E überträgt sein Einzelhandelsunternehmen auf die bestehende A-GmbH. Diese wählt einen Zwischenwert aller übernommenen Wirtschaftsgüter in Höhe von 600.000. Die gemeinen Werte betragen 1.000.000. E erhält neben den Gesellschaftsanteilen, deren Wert im gezeichneten Kapital mit 400.000 gebucht wird, ein Gesellschafterdarlehen in Höhe von 600.000. Die Anschaffungskosten betragen gem. § 20 Abs. 3 Satz 3 UmwStG (600.000 – 600.000 =) 0.

dd) Sonderfall einbringungsgeborene Anteile

§ 20 Abs. 3 Satz 4 UmwStG behandelt die Übertragung von einbringungsgeborenen Anteilen[1] i. R. einer Einbringung aus der vor SEStEG geltenden Rechtslage gem. § 21 Abs. 1 UmwStG a. F. Umfasst das eingebrachte Betriebsvermögen auch einbringungsgeborene Anteile, gelten insoweit die erhaltenen Anteile auch als einbringungsgeboren i. S. von § 21 Abs. 1 UmwStG a. F.[2] Damit wird sichergestellt, dass im Falle der Veräußerung der erhaltenen Anteile durch eine Kapitalgesellschaft § 8b Abs. 4 KStG a. F. anzuwenden ist. Die Veräußerung innerhalb der Sperrfrist von sieben Jahren führt zur vollen Besteuerung des Veräußerungsgewinns. Bei einer Veräußerung nach Ablauf der Sperrfrist wird auf diese Weise sichergestellt, dass der Veräußerungsgewinn weder nach altem noch nach neuem Recht besteuert wird.[3] Bei der Veräußerung durch natürliche Personen vor Ablauf der Sperrfrist ist der Gewinn voll steuerpflichtig (§ 3 Nr. 40 Satz 3 i. V. m. § 52 Abs. 4d Satz 2 EStG); nach deren Ablauf gilt das Teileinkünfteverfahren.

1938

Deckt die übernehmende Gesellschaft bei Einbringung alle stillen Reserven in den einbringungsgeborenen Anteilen auf, kommt es nicht zu einer Infizierung der neuen Anteile.[4]

1939

Für die Bestimmung des Umfangs, in dem die erhaltenen neuen Anteile als einbringungsgeboren gelten, wird nicht auf das Verhältnis der Bilanzansätze der eingebrachten einbringungsgeborenen Anteile zu dem übrigen eingebrachten Betriebsvermögen bei der übernehmenden Gesellschaft, sondern auf

1940

---

1 Vgl. hierzu allgemein Walzer, Einbringungsgeborene Anteile – Fiktionen bei der Fortgeltung des „Alten" Umwandlungssteuerrechts nach SEStEG, DB 2009 S. 2341.
2 Rn 20.39 UmwStErl 2011.
3 BT-Drs. 16/3369 S. 11.
4 Herlinghaus, a. a. O., Rn 198.

D. Das Umwandlungssteuerrecht

das Verhältnis des gemeinen Werts der einbringungsgeborenen Anteile zu demjenigen der übrigen Wirtschaftsgüter der Sacheinlage abgestellt.[1] In dem so errechneten Umfang gilt jeder erhaltene neue Anteil als einbringungsgeboren. **Jeder neue Anteil ist gedanklich aufzuteilen in einen nicht einbringungsgeborenen und einen einbringungsgeborenen Anteil.** Dadurch werden wertmäßig die einbringungsgeborenen Anteile vervielfacht. Es soll vermieden werden, dass der Einbringende die für die eingebrachten einbringungsgeborenen Anteile erhaltenen neue Anteile veräußern und so die noch weiterhin geltenden steuerverschärfenden Regelungen für die einbringungsgeborenen Anteile umgehen kann.

1941 § 21 UmwStG a. F. gilt vollumfänglich und zeitlich unbegrenzt weiter sowohl für die originär einbringungsgeborenen als auch für die infolge deren Einbringung als einbringungsgeboren geltenden erhaltenen neuen Anteile.

1942 Bei einer Veräußerung der neuen Anteile sind damit sowohl die Steuerfolgen des § 22 UmwStG als auch die für einbringungsgeborene Anteile gem. § 52 Abs. 4b Satz 2 EStG, § 34 Abs. 7a KStG und § 27 Abs. 3 Nr. 3 UmwStG fortgeltenden Regelungen von § 3 Nr. 40 Sätze 3 und 4 EStG a. F., § 8b Abs. 4 KStG a. F. und § 21 UmwStG a. F. zu beachten.[2] Es greifen die Steuerfolgen des § 22 UmwStG gem. § 27 Abs. 4 UmwStG nur insoweit, als die erhaltenen neuen Anteile nicht auf der Einbringung der originär einbringungsgeborenen Anteile beruhen oder die steuerverschärfende Sieben-Jahres-Frist bereits abgelaufen ist. Soweit die Steuerfolgen des § 22 UmwStG nicht greifen, kommt es nicht zu einer rückwirkenden Veräußerung der originär einbringungsgeborenen Anteile nebst erhöhter Anschaffungskosten für den als einbringungsgeboren geltenden Teil der erhaltenen neuen Anteile. Insoweit wird die Veräußerung der erhaltenen neuen Anteile als bloße Veräußerung einbringungsgeborener Anteile behandelt, die voll steuerpflichtig ist. Ist die steuerverschärfende Sieben-Jahres-Frist dagegen abgelaufen, gelten die Regelungen des § 22 UmwStG.

1943 Im Falle einer weiteren Einbringung der neuen Anteile setzen sich die Rechtsfolgen des § 20 Abs. 3 Satz 4 UmwStG fort. Die steuerverschärfende Sieben-Jahres-Frist von § 3 Nr. 40 Sätze 3 und 4 EStG a. F. und § 8b Abs. 4 KStG a. F. beginnt für die erhaltenen neuen Anteile nicht mit der (neuen) Einbringung er-

---

1 Rn 20.41 UmwStErl 2011 mit umfangreichem Beispiel; Patt in D/P/M, § 20 UmwStG, Tz. 147; Herlinghaus, a. a. O., Rn 199; ebenso zum alten Recht BFH, Urteil v. 28. 11. 2007 I R 34/07, BStBl II 2008 S. 533.
2 Haritz, GmbHR 2007 S. 170.

neut zu laufen, sondern es gilt der gleiche Fristablaufszeitpunkt wie für die eingebrachten originär einbringungsgeborenen Anteile.[1]

ee) Ermittlungsschema für die Ermittlung der Anschaffungskosten

Aus dem Vorgesagten ergibt sich folgendes Schema zur Ermittlung der Anschaffungskosten der i. R. einer Einbringung nach § 20 UmwStG erhaltenen Gesellschaftsanteile:[2]

1944

	Ausgangswert	Tatsächlicher Wertansatz der übernehmenden Gesellschaft in der Steuerbilanz
+	gemeiner Wert von Ausgleichszahlungen des Einbringenden	Neben der Sacheinlage vom Einbringenden erbrachte Ausgleichszahlungen an andere Gesellschafter
+	gemeiner Wert der eingebrachten Wirtschaftsgüter, für die vor und nach Einbringung kein deutsches Besteuerungsrecht besteht	§ 20 Abs. 3 Satz 2 UmwStG
-	gemeiner Wert von anderen Gegenleistungen der Übernehmerin	Wirtschaftsgüter, die neben den neuen Anteilen gewährt werden, § 20 Abs. 3 Satz 3 UmwStG
+	Übernahme von Kosten der Einbringung durch Einbringenden	Soweit Einbringender Kosten der Übernehmerin trägt, z. B. deren Gründungskosten
+	Teilwert/Anschaffungskosten von Einlagen nach dem Einbringungszeitpunkt	Einlagen, die unter § 20 Abs. 5 Satz 3 UmwStG fallen
-	Buchwert von Entnahmen	Entnahmen, die unter § 20 Abs. 5 Satz 3 UmwStG fallen
=	**Anschaffungskosten der neuen Anteile**	Mindestwert: 0 €

---

[1] Förster/Wendland, BB 2007 S. 634; Herlinghaus, a. a. O., Rn 198.
[2] Nach Herlinghaus, a. a. O., Rn 192.

ff) Ermittlung und Besteuerung des Veräußerungs-(Einbringungs-)gewinns mit Einkommen- bzw. Körperschaftsteuer

1945 Da § 20 UmwStG eine Modifizierung des § 16 Abs. 1 EStG ist,[1] wird der Einbringungsgewinn nach den Vorgaben des § 16 Abs. 2 EStG ermittelt.

Danach ermittelt sich der steuerpflichtige Veräußerungsgewinn wie folgt:

▶ Veräußerungspreis

    Veräußerungseinnahmen

    + gemeiner Wert der entnommenen nicht wesentlichen WG

▶ ./. Veräußerungskosten

▶ ./. Buchwert des Betriebsvermögens

▶ = Veräußerungsgewinn

▶ ./. ggf. Freibetrag gem. § 16 Abs. 4 EStG

▶ = steuerpflichtiger Veräußerungsgewinn

Diese Formel wird zur Ermittlung des Einbringungsgewinns wie folgt angepasst:

▶ Veräußerungspreis

    Veräußerungseinnahmen = Wertansatz durch Übernehmerin (ohne aktivierte Nebenkosten, z. B. GrESt)

    + gemeiner Wert der entnommenen nicht wesentlichen WG

    + ggf. Gewinn aus der Auflösung steuerfreier Rücklagen

▶ ./. Einbringungskosten (Aufwendungen, die im Zusammenhang mit der Einbringung stehen und den Einbringenden belasten)

▶ ./. Buchwert der eingebrachten bzw. entnommenen Wirtschaftsgüter (bei Mitunternehmeranteilen unter Berücksichtigung etwaiger Ergänzungsbilanzen und Sonderbilanzen)

▶ = Veräußerungsgewinn (= Einbringungsgewinn)

▶ ./. ggf. Freibetrag gem. § 16 Abs. 4 EStG

▶ = steuerpflichtiger Veräußerungsgewinn = steuerpflichtiger Einbringungsgewinn

---

1 Siehe o. Rn 1642.

Unseres Erachtens gehört der **Entnahmegewinn**, der i. R. einer Einbringung entsteht, soweit nicht wesentliche Betriebsgrundlagen zurückbehalten und ins Privatvermögen überführt werden, zum Einbringungsgewinn.[1] Es gibt keinen Grund, dass die zur Ermittlung des Veräußerungsgewinns gem. § 16 EStG vertretene Auffassung[2] nicht auch i. R. des § 20 UmwStG gilt.[3] Zurückbehaltene Forderungen können beim Einbringenden Restbetriebsvermögen bleiben, so dass er sie, wenn er den Gewinn nach § 4 Abs. 3 EStG ermittelt hat, erst bei Zufluss versteuern muss.[4]

1946

Der Gewinn, der sich im Zusammenhang mit der Einbringung aus der Auflösung steuerfreier Rücklagen ergibt, gehört ebenfalls zum Einbringungsgewinn.[5] Die Auflösung einer Ansparrücklage nach § 7g EStG führt nur dann zu einem laufenden Gewinn, wenn die zeitlichen Voraussetzungen für die Fortführung der Rücklage vor dem Einbringungsstichtag entfallen sind.[6]

1947

Kosten, die in einem steuerlich anzuerkennenden wirtschaftlichen Zusammenhang mit der Einbringung[7] stehen, dem Einbringenden zuzurechnen sind[8] und ihn belasten, sind bei Buchwertansatz sofort als Betriebsausgaben abzugsfähig.[9] Bei Ansatz des gemeinen Werts oder eines Zwischenwerts mindern die Kosten den Einbringungsgewinn und können zu einem Einbringungsverlust führen. Zu den Kosten gehören z. B. die mit der Planung und Durchführung der Einbringung in Zusammenhang stehenden Kosten der Rechts- und Steuerberatung, die Kosten der Bilanz- und Vertragserstellung, Kosten, die mit den zu fassenden Beschlüssen und deren Eintragung in Zusammenhang stehen, Provisionen der Depotbanken.

1948

Der Einbringungsgewinn ist vom laufenden Gewinn des Einbringenden abzugrenzen. Nicht zum Einbringungsgewinn gehört der Gewinn aufgrund einer Wertaufholung nach einer Teilwertabschreibung, die der Einbringende in seiner Schlussbilanz vor Einbringung vornimmt, vgl. § 6 Abs. 1 Nr. 1 Satz 4, Nr. 2

1949

---

1 Ebenso Merkert in Bordewin/Brandt, § 20 UmwStG, Rn 121; a. A. Schmitt, a. a. O., Rn 384; Patt in D/P/M, § 20 UmwStG, Tz. 247; Herlinghaus, a. a. O., Rn 206.
2 BFH, Urteil v. 29. 10. 1987 IV R 93/85, BStBl II 1988 S. 374; Wacker in Schmidt, § 16 EStG, Rn 122.
3 Ebenso Rn 20.25 UmwStErl 2011.
4 BFH, Urteil v. 14. 11. 2007 XI R 32/06, BFH/NV 2008 S. 385.
5 Rn 20.27 UmwStErl 2011.
6 BFH, Urteil v. 20. 12. 2006 X R 31/03, BStBl II 2007 S. 862; Kulosa in Schmidt, § 7g EStG, Rn 73 m. w. N.
7 BFH, Urteil v. 25. 1. 2000 VIII R 55/97, BStBl II 2000 S. 458.
8 Ein Wahlrecht, wie die Kosten zuzuordnen sind, haben die Beteiligten nicht; Herlinghaus, a. a. O., Rn 204; Schmitt, a. a. O., Rn 380.
9 Herlinghaus, a. a. O.; Patt in D/P/M, § 20 UmwStG, Tz. 252 f.; eine – ggf. auch anteilige – Zuordnung zu den Anschaffungskosten der erhaltenen Gesellschaftsanteile scheidet u. E. aus.

D. Das Umwandlungssteuerrecht

Satz 3 EStG. Hinzuweisen ist auch auf das BFH-Urteil vom 24.6.2009 X R 36/06.[1] Danach gehört der Gewinn aus der Einbringung von zur Veräußerung bestimmten Waren nicht zum begünstigten Einbringungsgewinn, sondern unterliegt als laufender Gewinn der normalen Besteuerung mit ESt **und GewSt**.[2]

1950 Hat der Einbringende den Gewinn nach § 4 Abs. 3 EStG ermittelt, muss er vor der Einbringung bezogen auf das einzubringende Betriebsvermögen[3] **zwingend** zur **Gewinnermittlung durch Bestandsvergleich** übergehen. Ein Wahlrecht kann es hier bereits deshalb nicht geben, weil die Übernehmerin den Gewinn immer durch Bestandsvergleich ermitteln muss. Entsteht durch den Wechsel der Gewinnermittlungsmethode ein Übergangsgewinn/-verlust, gehört dieser nicht zum Einbringungsgewinn. Ein Übergangsgewinn kann nicht auf drei Jahre verteilt werden.[4]

1951 Auf einen bei der Sacheinlage entstehenden Veräußerungsgewinn ist § 16 Abs. 4 EStG (Freibetragsregelung) gem. § 20 Abs. 4 Satz 1 UmwStG nur anzuwenden, wenn der Einbringende eine natürliche Person ist, es sich nicht um die Einbringung von Teilen eines Mitunternehmeranteils handelt und die übernehmende Gesellschaft das eingebrachte Betriebsvermögen mit dem gemeinen Wert ansetzt.

1952 Wenn Einbringende nur beschränkt steuerpflichtig sind, kommt gem. § 50 Abs. 1 Sätze 3 und 4 EStG die Freibetragsregelung des § 16 Abs. 4 EStG nicht zur Anwendung. Hier kann die Frage nach der Vereinbarkeit mit den europäischen Grundfreiheiten gestellt werden.

1953 Nach Auffassung der Finanzverwaltung[5] ist der **Freibetrag**, wenn der Veräußerungsgewinn auch dem Teileinkünfteverfahren unterliegende Gewinne umfasst, entsprechend den Anteilen der Gewinne, die dem ermäßigten Steuersatz unterliegen, und der Gewinne, die dem Teileinkünfteverfahren unterliegen, am Gesamtgewinn **aufzuteilen**.

1954 § 6b EStG (Übertragung stiller Reserven auf ein Reinvestitionsobjekt bzw. Bildung einer **Reinvestitionsrücklage**) kann auf den Einbringungsgewinn angewandt werden, soweit dieser bei Ansatz der gemeinen Werte bzw. von Zwi-

---

[1] BStBl II 2010 S. 171.
[2] Siehe hierzu auch oben unter Rn 1679.
[3] BFH, Urteil v. 14.11.2007 XI R 32/06, BFH/NV 2008 S. 385; BFH, Urteil v. 4.12.2012 - : VIII R 41/09, BStBl II 2014 S. 288 zu § 24 UmwStG.
[4] Schmitt, a.a.O., Rn 403 m.w.N.
[5] BMF-Schreiben v. 20.12.2005, BStBl I 2006 S. 7 unter II.

schenwerten auf begünstigte Wirtschaftsgüter i. S. dieser Vorschrift entfällt.[1] Wendet der Einbringende § 6b EStG an, scheidet die Anwendung des § 34 EStG auf den Einbringungsgewinn insgesamt aus (§ 34 Abs. 1 Satz 4 und Abs. 3 Satz 6 EStG).[2] Der Freibetrag nach § 16 Abs. 4 EStG ist aber ungekürzt für den Teil des Einbringungsgewinns zu gewähren, der nicht neutralisiert wird.[3]

Ein Einbringungsgewinn wird bei Umwandlung einer KG in eine Kapitalgesellschaft/Genossenschaft bzw. der Einbringung von Kommanditanteilen durch **verrechenbare Verluste** nach § 15a EStG vermindert.[4] Die Verrechnung erfolgt **vor** der Anwendung des § 16 Abs. 4 EStG, so dass der Freibetrag ggf. nicht beantragt werden muss, sondern für andere Fälle erhalten bleibt. 1955

Ein **Einbringungsverlust** ist ein voll ausgleichsfähiger Verlust des Einbringenden, den dieser mit anderen positiven Einkünften verrechnen und nach § 10d EStG rück- und vortragen kann.[5] 1956

Die Rechtsfolgen für den steuerpflichtigen Veräußerungs-/Einbringungsgewinn bestimmt § 20 Abs. 4 Satz 2 UmwStG, wonach in den Fällen des Satzes 1 § 34 Abs. 1 und 3 EStG nur anzuwenden ist, soweit der Veräußerungsgewinn nicht nach § 3 Nr. 40 Satz 1 in Verbindung mit § 3c Abs. 2 EStG teilweise steuerbefreit ist. Danach wird der allgemeine Grundsatz, dass der besondere Steuersatz gem. § 34 Abs. 1 oder Abs. 3 EStG nur bei Aufdeckung aller stillen Reserven einer übertragenen Wirtschaftseinheit durch eine natürliche Person gerechtfertigt ist, in Einbringungsfällen konsequent bei Ansatz des gemeinen Werts fortgeführt. Das **Teileinkünfteverfahren** gilt immer und insoweit, als i. R. einer Einbringung nach § 20 UmwStG Anteile an einer Kapitalgesellschaft gegen Gewährung von Gesellschaftsrechten in eine andere Gesellschaft durch eine natürliche Person eingebracht werden. Dies gilt auch bei Einbringung eines freiberuflichen oder luf Betriebs. 1957

Den Freibetrag gem. § 16 Abs. 4 EStG und den 56%igen Steuersatz gem. § 34 Abs. 3 EStG bekommen einbringende natürliche Personen nur auf **Antrag**, wenn sie das 55. Lebensjahr zum Einbringungszeitpunkt vollendet haben oder zu diesem Zeitpunkt dauernd berufsunfähig im sozialversicherungsrechtlichen Sinne sind. Einbringungszeitpunkt ist der auf Antrag bestimmte zurückliegende steuerliche Übertragungsstichtag.[6] Danach müssen zu diesem Zeitpunkt 1958

---

1 Rn 20.26 UmwStErl 2011; Patt in D/P/M, § 20 UmwStG, Tz. 261.
2 Patt in D/P/M, § 20 UmwStG, Tz. 278.
3 Widmann in Widmann/Mayer, § 20 UmwStG, R 864; Schmitt, a. a. O., Rn 401.
4 Schmitt, a. a. O., Rn 407; Wacker in Schmidt, § 16 EStG, Rn 236 f.
5 Schmitt, a. a. O., Rn 415; Herlinghaus, a. a. O., Rn 207; Heinicke in Schmidt, § 10d EStG, Rn 2.
6 Siehe o. zum Problemfeld Antragsrecht Rn 1914 ff.

die persönlichen Voraussetzungen bei den einbringenden Personen erfüllt sein.

BEISPIEL: Hurtig plant, seinen Gewerbebetrieb am 15.5.02 rückwirkend zum 1.1.02 in eine GmbH einzubringen. Diese plant den Ansatz des gemeinen Werts. Dadurch entsteht bei Hurtig ein Übertragungsgewinn von 136.000 €. Am 15.3.02 vollendete Hurtig sein 55. Lebensjahr. Er sucht seinen Berater Anfang Juli 02 auf. Welches Problem muss gelöst werden?

In diesem Beispiel sollte vertraglich darauf hingearbeitet werden, dass die GmbH beantragt, den steuerlichen Übertragungszeitpunkt nicht wie geplant auf den 1.1.02 anzusetzen, sondern auf einen Termin nach Vollendung des 55. Lebensjahres. Für vertragliche Verstöße sollten Schadensersatzforderungen in Höhe der steuerlichen Nachteile vereinbart werden.

1959 Mindert der Einbringende den Einbringungsgewinn durch Bildung einer Rücklage gem. § 6b Abs. 3 EStG, versagen § 34 Abs. 1 Satz 4 bzw. Abs. 3 Satz 6 EStG die Steuervergünstigungen des § 34 Abs. 1 bzw. 3 EStG.

1960 Einbringungsgewinne, die durch eine Wertaufholung bei Ansatz eines Zwischenwerts entstehen, werden bei Einbringung eines Betriebs, Teilbetriebs oder ganzen Mitunternehmeranteils mangels Aufdeckung aller stillen Reserven nicht begünstigt. Sie behalten aber den Charakter eines Veräußerungsgewinns. Wird allerdings ein Teil eines Mitunternehmeranteils eingebracht, steht der Kapitalgesellschaft zwar ein Wahlrecht für den Ansatz des Buchwerts, des Zwischenwerts oder des gemeinen Werts zu, soweit aber beim Einbringenden ein Einbringungsgewinn entsteht, handelt es sich nach der Vorgabe des § 16 Abs. 1 Satz 2 EStG um einen laufenden Gewinn.

1961 Soweit **Einbringender eine Körperschaft** ist, handelt es sich bei dem Einbringungsgewinn zwar auch um einen Veräußerungsgewinn, der aber weder der Freibetragsregelung des § 16 Abs. 4 EStG noch den Steuervergünstigungen des § 34 Abs. 1 oder 3 EStG unterliegt. Hier gelten gem. § 8 Abs. 1 KStG die Tarifvorschriften des § 23 KStG. Eine 95 %ige Steuerfreiheit für den Einbringungsgewinn kann sich aus § 8b KStG ergeben.

gg) Besteuerung des Veräußerungs-/Einbringungsgewinns mit GewSt

1962 In § 20 Abs. 5 Satz 2 UmwStG findet man lediglich bezogen auf Entnahmen und Einlagen einen Hinweis zum Gewerbeertrag, ansonsten ergibt sich aus den allgemeinen Regelungen, inwieweit ein Einbringungsgewinn der Gewerbesteuer unterliegt.

1963 Ist Einbringender eine natürliche Person, so gehört der Einbringungsgewinn gem. § 7 Satz 2 GewStG nicht zum steuerpflichtigen Gewerbeertrag, wenn es sich bei dem Sacheinlagegegenstand um einen Betrieb, Teilbetrieb oder **ganzen**[1]**Mitunternehmeranteil** handelt. Dies gilt auch dann, wenn die übernehmende Gesellschaft das eingebrachte Betriebsvermögen nicht insgesamt mit dem gemeinen Wert ansetzt. Denn Gewerbesteuer fällt bei Personenunternehmen nur kraft werbender Tätigkeit an. Auch aufgedeckte stille Reserven infolge der Entnahme unwesentlicher Wirtschaftsgüter anlässlich der Einbringung sind vom Gewerbeertrag auszunehmen.[2] Erfolgt die Einbringung aus einer Personengesellschaft, so unterliegt der Einbringungsgewinn gem. § 7 Satz 2 GewStG insoweit nicht der GewSt, als er auf unmittelbar an der Personengesellschaft beteiligte natürliche Personen entfällt. Die Steuerbefreiung des Einbringungsgewinns zu 40 % nach § 3 Nr. 40 Satz 1 Buchst. a und b i.V. m. § 3c EStG schlägt nach § 7 Satz 4 GewStG auf die GewSt durch.

Eine Kapitalgesellschaft unterliegt der Gewerbesteuer kraft Rechtsform. Ist daher eine Kapitalgesellschaft Einbringende, so zählt der Einbringungsgewinn immer zum Gewerbeertrag.[3]

1964

hh) Weitere Rechtsfolgen der Einbringung beim Einbringenden

Da die Einbringung für den Einbringenden immer eine Veräußerung darstellt, gleichgültig, ob die Übernehmerin die Wirtschaftsgüter mit dem Buchwert, einem Zwischenwert oder dem gemeinen Wert ansetzt, ergeben sich beispielhaft folgende weitere Konsequenzen beim Einbringenden:

1965

▶ Die Einbringung kann Auswirkung auf gesetzliche Sperr- und Behaltensfristen haben, s. § 6 Abs. 3 Satz 2, § 6 Abs. 5 Satz 4, § 6 Abs. 5 Satz 6, § 16 Abs. 3 Satz 3, § 16 Abs. 5 EStG, § 6 Abs. 3, § 18 Abs. 3, § 22 Abs. 1, § 24 Abs. 5 UmwStG.

▶ Die Einbringung eines Betriebs oder Mitunternehmeranteils (nicht eines Teilbetriebs)[4] löst eine Nachversteuerung aus, wenn der Einbringende die **Begünstigung wegen nicht entnommener Gewinne** gem. § 34a EStG in Anspruch genommen hatte (§ 34a Abs. 6 Satz 1 Nr. 2 EStG).[5] Gleiches gilt beim Formwechsel einer Personengesellschaft in eine Kapitalgesellschaft oder Genossenschaft.

---

1 Damit entsteht ein gewerbesteuerpflichtiger Gewinn, wenn nur ein Teil eines Mitunternehmeranteils eingebracht wird; vgl. BFH, Urteil v. 30. 8. 2007 IV R 22/06, BFH/NV 2008 S. 109.
2 Roser in Lenski/Steinberg, § 7 GewStG, Nr. 298; Peuker in Glanegger/Güroff, § 7 GewStG, Rn 14.
3 Roser in Lenski/Steinberg, § 7 GewStG, Nr. 334.
4 BMF-Schreiben v. 11. 8. 2008, BStBl I 2008 S. 838, Tz. 43 Satz 2 i.V. m. Tz. 42 Abs. 2; Wacker in Schmidt, § 34a EStG, Rn 77.
5 Vgl. hierzu kritisch Bindl, DB 2008 S. 949.

D. Das Umwandlungssteuerrecht

1966 Hinsichtlich der **Grunderwerbsteuer** ist auf § 5 Abs. 3 und § 6 Abs. 3 Satz 2 GrEStG hinzuweisen.[1]

1966a **Umsatzsteuerlich** liegt eine gemäß § 1 Abs. 1a UStG nichtsteuerbare (Teil-)Geschäftsveräußerung im Ganzen vor. Die übernehmende Gesellschaft tritt gemäß Satz 3 an die Stelle des Einbringenden. Dies hat Bedeutung für eine Vorsteuerberichtigung nach § 15a UStG.

1967 Die Einbringung kann eine **Nachversteuerung** nach § 13a Abs. 5 Satz 1 Nr. 1 **ErbStG 2009** bzw. § 13a Abs. 5 Nr. 1 ErbStG a. F. auslösen.

h) Rechtsfolgen einer Verfügung über die erworbenen Neuanteile nach Einbringung

aa) Einbringung zum gemeinen Wert

1968 Welche Rechtsfolgen eine spätere Verfügung über die erworbenen Neuanteile durch den Einbringenden auslöst, ist von der Ausübung des Wahlrechts durch die übernehmende Körperschaft abhängig. Bei Ansatz des gemeinen Werts gelten die allgemeinen steuerlichen Grundsätze für die Anteilsveräußerung. Die Besteuerung der Veräußerung von zum gemeinen Wert eingebrachten Anteilen fällt nicht unter die Vorschrift des § 22 UmwStG. Erfolgt die Veräußerung durch eine Kapitalgesellschaft, ist die Steuerbefreiung nach § 8b KStG zu beachten. Werden die Anteile von einer natürlichen Person veräußert, ist das Teileinkünfteverfahren nach § 3 Nr. 40, § 3c EStG anwendbar. Für Einbringungen und nachfolgende Anteilsveräußerungen nach 2008 kann ggf. die Abgeltungsteuer ausgelöst werden.

bb) Einbringung zu einem unter dem gemeinen Wert liegenden Wert (Buchwert oder Zwischenwert)

1969 Setzt die Übernehmerin gem. § 20 Abs. 2 Satz 2 UmwStG einen geringeren Wert als den gemeinen Wert an, werden die Rechtsfolgen des § 22 Abs. 1 UmwStG ausgelöst. Soweit in den Fällen einer Sacheinlage unter dem gemeinen Wert der Einbringende die erhaltenen Anteile innerhalb eines Zeitraums von **sieben** Jahren nach dem Einbringungszeitpunkt veräußert, ist der Gewinn aus der Einbringung rückwirkend im Wirtschaftsjahr der Einbringung als Gewinn des Einbringenden i. S. von § 16 EStG zu versteuern (sog. **Einbringungsgewinn I**).

---

[1] Vgl. hierzu BFH, Urteil v. 25. 3. 2003 II R 20/02, BStBl II 2004 S. 193; Salzmann/Loose, DStR 2004 S. 1941; Gottwald, DStR 2004 S. 341; zu Einzelheiten siehe Lieber, in diesem Buch Rn. 2533 ff.

§ 22 Abs. 1 UmwStG kommt nur zur Anwendung, wenn es sich bei der Sacheinlage um eine solche des § 20 UmwStG i. d. F. des SEStEG handelt. Die Vorschrift greift ein sowohl bei rein nationalen als auch rein ausländischen oder grenzüberschreitenden Sacheinlagen.[1] Ob die erhaltenen Anteile im Inland steuerverstrickt sind, ist unbeachtlich.[2]

1970

Unseres Erachtens kommt es immer auf den **tatsächlich** von der Übernehmerin **vorgenommenen Wertansatz** an. Selbst wenn dieser falsch ist, z. B. weil er gegen zwingende gesetzliche Vorgaben verstößt (Ansatz des Buchwerts oder eines Zwischenwerts unter Verstoß gegen § 20 Abs. 2 Satz 2 UmwStG), kommt es zu sperrfristbehafteten Anteilen.[3] Diese werden nur enthaftet, wenn bei der Übernehmerin die Wertansätze hin zum gemeinen Wert berichtigt werden.

1971

Für die Einordnung als „erhaltene Anteile" ist die Höhe der Beteiligung unbeachtlich, ebenso ob die Anteile im Betriebsvermögen oder Privatvermögen gehalten werden.

1972

Wird in den Fällen, in denen zum eingebrachten Betriebsvermögen Anteile an der Übernehmerin gehören, aus Vereinfachungsgründen auf die Ausgabe neuer Anteile verzichtet und behält der Einbringende diese Anteile zurück,[4] ist umstritten, ob die zurückbehaltenen Anteile quotal[5] oder vollumfänglich[6] Anteile i. S. des § 22 Abs. 1 Satz 1 UmwStG werden.

1973

Nach alter Rechtslage wurde bei Einbringung eines Betriebs, Teilbetriebs, Mitunternehmeranteils zu einem unter dem Teilwert liegenden Wert eine Besteuerung der stillen Reserven ganz oder teilweise ausgesetzt. Die Steuerverstrickung blieb gem. § 21 UmwStG a. F. in Gestalt der einbringungsgeborenen Anteile bestehen. Nach § 20 Abs. 3 Satz 4 und § 21 Abs. 2 Satz 6 UmwStG n. F. bleiben einbringungsgeborene Anteile i. S. von § 21 UmwStG a. F. zeitlich unbegrenzt weiterhin steuerverhaftet. Die Besteuerung von Veräußerungen oder gleichgestellten Vorgängen richtet sich nach § 21 UmwStG a. F.

1974

§ 22 UmwStG tritt an die Stelle des § 21 UmwStG a. F. Durch die Aufgabe des früheren Systems der Besteuerung einbringungsgeborener Anteile sowie der Missbrauchsregelung in § 26 Abs. 2 UmwStG a. F. war es notwendig, anderwei-

1975

---

1 Stangl in R/H/vL, § 23 UmwStG, Rn 21.
2 Patt in D/P/M, § 23 UmwStG, Tz. 20.
3 A. A, Stangl, a. a. O., Rn 23; Schmitt, a. a. O., § 23 UmwStG, Rn 13.
4 Siehe o. unter Rn 1633.
5 Soweit stille Reserven auf die Anteile überspringen, so Herlinghaus in R/H/vL, § 20 UmwStG, Rn 40.
6 So Patt, a. a. O., Tz. 71; Schumacher/Neumann, DStR 2008 S. 325.

D. Das Umwandlungssteuerrecht

tige Regelungen zu schaffen, um die Besteuerung der dem inländischen Besteuerungsrecht unterliegenden stillen Reserven zu sichern. Dies sind insbesondere Fälle, bei denen nach der Einbringung die Besteuerung der im Einbringungszeitpunkt vorhandenen stillen Reserven beim Einbringenden nach dem Teileinkünfteverfahren erfolgt, die Steuerfreistellung nach § 8b Abs. 2 KStG greift oder das Besteuerungsrecht hinsichtlich der erhaltenen Anteile durch ein DBA eingeschränkt wird. Vor allem soll eine Einbringung unter dem gemeinen Wert nicht dazu missbraucht werden können, eine steuergünstige Veräußerung in Gestalt der Anteile vorzubereiten.

> **BEISPIEL:** Die A-GmbH ist Kommanditistin der B-KG, Buchwert des KG-Anteils 200.000 €, gemeiner Wert 1.000.000 €. Die A-GmbH plant, den KG-Anteil zu verkaufen. Um die Besteuerung des Gewinns aus der Veräußerung des Kommanditanteils zu vermeiden, soll der Anteil nach § 20 Abs. 1 und 2 UmwStG auf Antrag zu Buchwerten in die C-GmbH eingebracht werden. Nach der Einbringung sollen die Anteile an der C-GmbH verkauft werden. Würde der Verkauf der Anteile an der C-GmbH bei der A-GmbH nach § 8b Abs. 2 KStG steuerbefreit sein, würde eine Möglichkeit der Steuerumgehung bestehen.

1976 Die Regelung des § 22 Abs. 1 UmwStG geht vom **Grundsatz der nachträglichen Besteuerung der im Zeitpunkt der Einbringung vorhandenen stillen Reserven beim Einbringenden** aus. Zu einem nachträglich entstehenden steuerpflichtigen Einbringungsgewinn kommt es immer dann, wenn eine Veräußerung der erhaltenen Anteile durch den Einbringenden innerhalb der Sperrfrist erfolgt. Da die Vermutung eines Missbrauchs i. S. von Artikel 15 Abs. 1 Buchst. a Fusionsrichtlinie[1] mit zunehmendem Abstand zum Einbringungszeitpunkt abnimmt, werden die nachträglich zu versteuernden stillen Reserven jährlich linear um 1/7 abgebaut. Je länger die Sperrfrist läuft, umso geringer ist die Wahrscheinlichkeit, dass der ursprüngliche Einbringungsvorgang im Grunde nur dazu dienen sollte, eine nachfolgende Veräußerung vorzubereiten.

1977 § 22 Abs. 1 UmwStG regelt in den Fällen der Veräußerung der erhaltenen Anteile durch den Einbringenden innerhalb der Sperrfrist die nachträgliche Besteuerung der **im Zeitpunkt der Einbringung** in dem eingebrachten Betrieb vorhandenen stillen Reserven, soweit diese nicht auf mit eingebrachte Anteile

---

[1] Zur Richtlinienwidrigkeit der typisierenden, nicht widerlegbaren Missbrauchsvorschrift § 22 UmwStG s. Schmitt, a.a.O., § 22 UmwStG, Rn 11 mit zahlreichen Nachweisen; ebenso Graw, Zur Europarechtswidrigkeit des § 22 UmwStG, FR 2009 S. 837 mit der Folge, dass ein Sperrfristverstoß in den unter die Fusionsrichtlinie fallenden grenzüberschreitenden Konstellationen wegen des Anwendungsvorrangs des Gemeinschaftsrechts nicht zwingend die Steuerneutralität der Einbringung beseitigt; a. A. BT-Drs. 16/2710 S. 75.

entfallen; insoweit kommt gem. § 22 Abs. 1 Satz 5 UmwStG § 22 Abs. 2 UmwStG zur Anwendung.[1]

Beim Einbringenden wird in den Fällen der Sacheinlage gem. § 20 Abs. 1 UmwStG mit Buchwertfortführung oder in den Fällen mit Zwischenwertansatz eine rückwirkende Besteuerung auf den steuerlichen Übertragungsstichtag vorgesehen, wenn die Veräußerung der erhaltenen Anteile durch den Einbringenden oder bei unentgeltlicher Rechtsnachfolge (§ 23 Abs. 6 UmwStG) durch den Rechtsnachfolger innerhalb einer Sperrfrist von sieben Jahren nach dem steuerlichen Einbringungszeitpunkt erfolgt. Die steuerlichen Konsequenzen werden auch bei einer Veräußerung durch den unentgeltlichen Rechtsnachfolger beim ursprünglich Einbringenden gezogen,[2] und nicht beim Rechtsnachfolger.[3] Ist Einbringender eine Personengesellschaft, ist ein Veräußerungsvorgang i. S. d. § 22 UmwStG sowohl eine Veräußerung der sperrfristbehafteten Anteile durch die Personengesellschaft selbst als auch die Veräußerung eines Mitunternehmeranteils, zu dessen Betriebsvermögen die sperrfristbehafteten Anteile gehören.[4] Bei der mittelbaren Veräußerung kommt es nur zu einer anteiligen Besteuerung des ursprünglichen Einbringungsvorgangs.

1978

Veräußerung ist die entgeltliche Übertragung des wirtschaftlichen Eigentums auf einen anderen Rechtsträger. Eine teilentgeltliche Übertragung ist aufgrund der **Trennungstheorie** in ein vollentgeltliches Veräußerungsgeschäft und eine vollunentgeltliche Rechtsnachfolge aufzuteilen. Folglich kann ein Sperrfristverstoß nur hinsichtlich des entgeltlich veräußerten Teils angenommen werden.[5]

1979

Die **Sperrfrist** von sieben Jahren beginnt mit dem **Einbringungsstichtag** zu laufen. Dieser ist auch bei einer Rückbeziehung des Einbringungsvorgangs maßgeblich. Die Frist wird nach **Zeitjahren** unter Anwendung des § 108 Abs. 3 AO berechnet.

1980

Einbringungsgewinn I ist gem. § 22 Abs. 2 Satz 3 UmwStG der Betrag, um den der gemeine Wert des eingebrachten Betriebsvermögens im Einbringungszeitpunkt nach Abzug der Kosten für den Vermögensübergang den Wert, mit dem die übernehmende Gesellschaft dieses eingebrachte Betriebsvermögen ange-

1981

---

1 Siehe hierzu weiter unten Rn 2121 ff.
2 Patt, a. a. O., Tz. 89, 92; Widmann in Widmann/Mayer, § 22 UmwStG, Rz. 369; Rn 22.03 UmwStErl 2011.
3 So aber Schmitt, a. a. O., Rn 50 und 174; Nitzschke in Blümich, § 23 UmwStG, Rn 93.
4 Rn 22.02 UmwStErl 2011; Jäschke in Lademann, § 22 UmwStG, Rz. 6; a. A. Benz/Rosenberg, DB, Beilage Nr. 1 zu Heft 2/2012, S. 38, 48 m. w. N.; zweifelnd Stangl/Kaeser in FGS/BDI, S. 388 f.
5 Schmitt in S/H/S, UmwG-UmwStG, § 22 UmwStG, Rn 28; Patt in D/P/M, § 22 UmwStG, Tz. 30; nicht eindeutig insoweit Rn 22.04 UmwStErl 2011.

D. Das Umwandlungssteuerrecht

1982 setzt hat, übersteigt, vermindert um jeweils 1/7 für jedes seit dem Einbringungszeitpunkt abgelaufene Zeitjahr.

1982 Der i. R. der Einkünfte nach §§ 13, 15, 16, 17, 18 oder 20 Abs. 2 EStG[1] (§ 23 EStG a. F.) entstehende Gewinn aus der Veräußerung der Anteile mindert sich und ein Verlust erhöht sich entsprechend. Dies bedeutet, dass der insgesamt entstandene Veräußerungsgewinn zerlegt wird in einen Gewinn nach § 16 EStG (= zum Veräußerungszeitpunkt maßgebender Einbringungsgewinn I abzüglich des linearen Abbaubetrags), auf den weder das Teileinkünfteverfahren (§ 3 Nr. 40 EStG) noch die Steuerfreistellung nach § 8b KStG zur Anwendung kommt, und einen Gewinn aus dem Anteilsverkauf (= nach dem Einbringungszeitpunkt entstandene stille Reserven zzgl. des linearen Abbaubetrags der im Einbringungszeitpunkt vorhandenen stillen Reserven), der durch das Teileinkünfteverfahren (§ 3 Nr. 40 EStG) oder die Steuerfreistellung nach § 8b Abs. 2 KStG begünstigt ist und im Jahr der Veräußerung versteuert wird.

1983 **BEISPIEL:** A bringt am 10.1.01 seinen Betrieb in die A-GmbH gegen Anteilsgewährung ein. Die A-GmbH wählt Buchwertansatz von 200.000. Der gemeine Wert des Einzelunternehmens beträgt 900.000. Das Eigenkapital der GmbH soll aufgeteilt sein in 40.000 Stammkapital und 60.000 Kapitalrücklage. Zudem wird A ein Gesellschafterdarlehen von 100.000 gewährt. Kosten fallen aus Vereinfachungsgründen nicht an.

Buchwert Schluss-/Übertragungsbilanz Betrieb A

Aktiva		Passiva	
Diverse	300.000	Eigenkapital	200.000
		Verbindlichkeiten	100.000
	300.000		300.000

Einbringungsbilanz A-GmbH

Aktiva		Passiva	
Diverse	300.000	Stammkapital	40.000
		Kapitalrücklage	60.000
		Verbindlichkeiten	100.000
		Gesellschafterdarl.	100.000
	300.000		300.000

Steuerliches Einlagekonto gem. § 27 KStG = 60.000

Buchwert des eingebrachten Betriebsvermögens:

Roh-Betriebsvermögen 300.000 − Verbindlichkeiten 100.000 = 200.000

---

[1] Auslösung des Abgeltungssystems für Anschaffung und Veräußerung nach dem 31.12.2008.

XII. Einbringung in eine Kapitalgesellschaft

Die Nebenleistung i. H. von 100.000 Gesellschafterdarlehen führt hier nicht gem. § 20 Abs. 2 Satz 4 UmwStG zur Aufstockung auf einen höheren Wert (= Zwischenwert), da der gemeine Wert des Gesellschafterdarlehens den Buchwert von 200.000 nicht übersteigt.[1]

Bei A ergeben sich folgende Auswirkungen:

1. Bei der Sacheinlage entstehender Veräußerungsgewinn A:
Gemäß § 20 Abs. 3 Satz 1 i. V. m. § 16 Abs. 2 Satz 1 EStG =

Veräußerungspreis	200.000
./. Veräußerungskosten	0
./. Buchwert des BV	./. 200.000
Veräußerungsgewinn	0

2. Berechnung der Anschaffungskosten der GmbH-Anteile:

AK der Anteile A-GmbH gem. § 20 Abs. 3 Satz 1 UmwStG	200.000
Wert Gesellschafterdarlehen gem. § 20 Abs. 3 Satz 3 UmwStG	./. 100.000
Anschaffungskosten der GmbH-Anteile	100.000

Sollten die erhaltenen Anteile innerhalb von sieben Jahren veräußert werden, ist rückwirkend auf den Einbringungszeitpunkt ein Einbringungsgewinn I zu versteuern. Dieser wird im Beispielsfall folgendermaßen entwickelt und innerhalb der sieben Jahre abgeschmolzen:

Einbringungsgewinn I gem. § 22 Abs. 1 Satz 3 UmwStG:

gemeiner Wert des eingebrachten BV im Einbringungszeitpunkt	900.000
./. Abzug der Kosten für den Vermögensübergang	0
./. angesetzter Wert (= BW) durch die AGmbH	200.000
Einbringungsgewinn I	
zum Einbringungszeitpunkt und im 1. Jahr	700.000
Abschmelzung $1/_7$ im 2. Jahr = ./. 100.000	600.000
Abschmelzung $1/_7$ im 3. Jahr = ./. 100.000	500.000
Abschmelzung $1/_7$ im 4. Jahr = ./. 100.000	400.000
Abschmelzung $1/_7$ im 5. Jahr = ./. 100.000	300.000
Abschmelzung $1/_7$ im 6. Jahr = ./. 100.000	200.000
Abschmelzung $1/_7$ im 7. Jahr = ./. 100.000	100.000

---

1 Siehe o. Rn 1937.

1986 Im achten Jahr nach der Einbringung wird ein Einbringungsgewinn I nicht mehr angesetzt. Dann gelten im vollen Umfang die allgemeinen Besteuerungsgrundlagen einer Anteilsveräußerung.

1987 Gemäß § 22 Abs. 1 Satz 1 Halbsatz 2 UmwStG sind **§ 16 Abs. 4 und § 34 EStG** auf einen Einbringungsgewinn I **nicht anzuwenden**. Diese Vorschriften basieren auf dem allgemeinen Grundsatz, dass steuerliche Erleichterungen in Gestalt von Steuerbefreiungen und besonderen Steuersätzen nur bei Aufdeckung aller stillen Reserven einer übertragenen Wirtschaftseinheit durch eine natürliche Person zu gewähren sind.[1] Werden nicht alle Anteile veräußert, ist die Versagung mangels Aufdeckung aller stillen Reserven gerechtfertigt. Ebenso werden Veräußerungsvorgänge aller Anteile ab dem zweiten Sperrjahr nicht mehr zur Aufdeckung aller stillen Reserven führen. Werden aber im ersten Jahr nach der Einbringung alle Anteile veräußert, führt das zur Aufdeckung aller stillen Reserven. § 22 ist eine Vorschrift zur Verhinderung von Missbräuchen. Sie will den Einbringenden so stellen, als ob er im Einbringungszeitpunkt die stillen Reserven aufgedeckt hätte. Dabei geht der Gesetzgeber mit der Nachtragsbesteuerung abschmelzend vor. Insoweit hat die Vorschrift Sanktionscharakter.[2] Wenn aber im ersten Jahr nach Einbringung die Veräußerung eine Vollaufdeckung auslöst, stellt die Auslösung einer solchen Sanktion einen übermäßigen Eingriff in die Wirtschaftsordnung und in die steuerliche Gleichbehandlung ähnlicher Fälle dar mit der Folge, ihre Rechtfertigung zu verlieren. U. E. ist deshalb im ersten Jahr nach der Einbringung bei Veräußerung aller erhaltenen Anteile die Vergünstigung der §§ 3, 16, 34 EStG zu gewähren.[3]

1987a Der Einbringungsgewinn I gehört zum **Gewerbeertrag**, wenn nicht alle erhaltenen Anteile in einem einheitlichen Vorgang veräußert werden. Streitig ist, ob sich die fünfjährige Gewerbesteuer-Sperrfrist des § 18 Abs. 3 UmwStG um die siebenjährige Sperrfrist des § 22 Abs. 1 Satz 1 UmwStG verlängert, wenn eine Kapitalgesellschaft zunächst in eine Personengesellschaft umgewandelt wird, die Mitunternehmeranteile sodann innerhalb der Fünfjahresfrist in eine neue GmbH zum Buchwert eingebracht werden und diese Anteile nach Ablauf der fünfjährigen Sperrfrist, aber innerhalb der ab Einbringung laufenden siebenjährigen Sperrfrist veräußert werden. Der UmwStErl 2011 äußert sich hierzu

---

1 Siehe o. Rn 1957.
2 Heß/Schnitger in Pricewaterhouse Coopers AG, Reform des Umwandlungsrechts, Rn 1695.
3 Ähnlich kritisch Stangl in R/H/vL, § 22 UmwStG, Rn 83; a. A. (kein §§ 16, 34 EStG) Rn 22.07 Satz 3 UmwStErl 2011.

nicht. Während Trossen[1] von einer Verlängerung der Sperrfrist ausgeht, lehnen Plewka/Herr[2] mit überzeugenden Gründen eine solche Verlängerung ab.

§ 6b EStG findet auf den Einbringungsgewinn I keine Anwendung.[3] 1987b

Die Veräußerung der erhaltenen Anteile innerhalb der Sperrfrist gilt gemäß § 22 Abs. 1 Satz 2 UmwStG insoweit als rückwirkendes Ereignis i. S. von § 175 Abs. 1 Satz 1 Nr. 2 AO. 1988

Der **Einbringungsgewinn I** gilt gemäß § 22 Abs. 1 Satz 4 UmwStG als **nachträgliche Anschaffungskosten der erhaltenen Anteile**. Diese erhöhen sich rückwirkend zum Einbringungszeitpunkt.[4] Von Bedeutung ist dies z. B. für die Fälle, in denen im Hinblick auf die erhaltenen Anteile schon vor der Auslösung des Einbringungsgewinns I ein die Besteuerung der stillen Reserven in diesen Anteilen auslösendes Element eingetreten ist (z. B. § 6 AStG, § 12 Abs. 1 KStG). Der ermittelte „Veräußerungs"gewinn muss korrigiert werden; bestandskräftige Steuerbescheide sind nach § 175 Abs. 1 Satz 1 Nr. 2 AO zu ändern. Ob die Steuer auf den Einbringungsgewinn entrichtet wurde, ist unerheblich. Somit wird innerhalb der Sperrfrist ein Zusammenspiel zwischen nachträglicher Besteuerung eines Betriebsveräußerungsvorgangs und Überleitung zu einer allgemeinen Anteilsbesteuerung ausgelöst. 1989

BEISPIEL: Wenn man im vorherigen Beispiel unterstellt, A würde seine gesamten Anteile an der A-GmbH im dritten Jahr (11.1.03 bis 10.1.04) für 1.500.000 verkaufen, ergeben sich folgende Konsequenzen: 1990

Einbringungsgewinn I gem. § 22 Abs. 1 Satz 3 UmwStG: 1991

gemeiner Wert des eingebrachten BV im Einbringungszeitpunkt	900.000
./. Abzug der Kosten für den Vermögensübergang	0
./. angesetzter Wert (= BW) durch die A-GmbH	200.000
Einbringungsgewinn I	
zum Einbringungszeitpunkt und im 1. Jahr	700.000
Abschmelzung $1/_7$ im 2. Jahr = ./. 100.000	600.000
Abschmelzung $1/_7$ im 3. Jahr = ./. 100.000	500.000

Somit beträgt der Einbringungsgewinn I 500.000.

1. Als rückwirkendes Ereignis führt dieser Vorgang zu einer rückwirkenden Besteuerung des Einbringungsgewinns gem. § 16 EStG zum Einbringungszeitpunkt: 1992

---

1 In R/H/vL, § 18 UmwStG, Rn 47.
2 BB 2009 S. 2736.
3 Rn 22.07 UmwStErl 2011.
4 Schmitt, a. a. O., Rn 50 und 58; Stangl, a. a. O., Rn 80; Rn 22.10 UmwStErl 2011; a. A. Patt, a. a. O., Tz. 61b; Nitzschke, a. a. O., Rn 54.

D. Das Umwandlungssteuerrecht

Bei der Sacheinlage entstandener Veräußerungsgewinn A:
Gemäß § 20 Abs. 3 Satz 1 i. V. m. § 16 Abs. 2 Satz 1 EStG =

Veräußerungspreis	200.000
./. Veräußerungskosten	0
./. Wert des BV	./. 200.000
Veräußerungsgewinn zunächst	0
+ nachträgliche Erhöhung durch Einbringungsgewinn I	+ 500.000
Nachträglich gem. § 22 Abs. 1 UmwStG nach § 16 EStG	500.000

Mangels Aufdeckung aller stillen Reserven sind § 16 Abs. 4 und § 34 EStG nicht anzuwenden. Nach § 233a Abs. 2a AO beginnt der **Zinslauf** erst 15 Monate nach Ablauf des Kalenderjahrs, in dem das rückwirkende Ereignis eingetreten ist (und nicht 15 Monate nach Ablauf des Kalenderjahrs der Einbringung).

1993 2. Der Einbringungsgewinn I gilt gem. § 22 Abs. 1 Satz 4 UmwStG als nachträgliche Anschaffungskosten der erhaltenen Anteile. Das hat folgende Konsequenz:

Ursprüngliche Berechnung der Anschaffungskosten der GmbH-Anteile:

AK der Anteile A-GmbH gem. § 20 Abs. 3 Satz 1 UmwStG	200.000
Wert Gesellschafterdarlehen gem. § 20 Abs. 3 Satz 1 UmwStG	./. 100.000
Anschaffungskosten der GmbH-Anteile	100.000

Erhöhung der Ursprungsanschaffungskosten um

den Einbringungsgewinn I im dritten Jahr	+ 500.000
Anschaffungskosten neu	600.000

1994 3. Anteilsbesteuerung im dritten Jahr nach Einbringung (keine Rückbeziehung) gem. § 17 EStG.

Berechnung gem. § 17 Abs. 2 EStG:

Veräußerungspreis	1.500.000
Kosten aus Vereinfachungsgründen	0
Anschaffungskosten	./. 600.000
Veräußerungsgewinn nach § 17 EStG	900.000
Steuerpflichtig 60 %, wenn Veräußerung nach dem 31. 12. 2008	540.000

Würde A nur einen Teil seiner Anteile verkaufen, z. B. 50 %, würden vorliegende Zahlen nur mit 50 % angesetzt. Denn nur **„soweit"** in den Fällen einer Sacheinlage unter dem gemeinen Wert der Einbringende die erhaltenen Anteile innerhalb eines Zeitraums von sieben Jahren nach dem Einbringungszeitpunkt veräußert, ist der Gewinn aus der Einbringung gem. 22 Abs. 1 UmwStG rückwirkend im Wirtschaftsjahr der Einbringung als Gewinn des Einbringenden i. S. von § 16 EStG zu versteuern. In diesem Fall führt der anteilige Einbringungsgewinn I zu nachträglichen Anschaffungskosten nur für die veräußerten erhaltenen Anteile, er ist nicht auf alle i. R. der Sacheinlage erhaltenen Anteile zu verteilen.[1]

ALTERNATIVBEISPIEL: ▶ Wenn man im Beispiel unterstellt, A würde seine gesamten Anteile an der A-GmbH im achten Jahr für 1.500.000 verkaufen, hat das folgende Konsequenz: 1995

Veräußerungsgewinn A zum Zeitpunkt der Einbringung:
Gemäß § 20 Abs. 3 Satz 1 i. V. m. § 16 Abs. 2 Satz 1 EStG =

Veräußerungspreis		200.000
./. Veräußerungskosten		0
./. Wert des BV		./. 200.000
Veräußerungsgewinn		0

Der bei der Sacheinlage entstandene Veräußerungsgewinn des A kann mangels eines Einbringungsgewinns I nicht mehr geändert werden.
Es wird nur noch folgende Anteilsbesteuerung z. B. nach § 17 EStG durchgeführt:
Berechnung gem. § 17 Abs. 2 EStG:

Veräußerungspreis		1.500.000
Kosten aus Vereinfachungsgründen		0
Anschaffungskosten A-GmbH		
gem. § 20 Abs. 3 Satz 1 UmwStG	200.000	
gem. § 20 Abs. 3 Satz 3 UmwStG	./. 100.000	./. 100.000
Veräußerungsgewinn nach § 17 EStG		1.400.000
Steuerpflichtig 60 %		840.000

cc) Veräußerungsersatztatbestände[2]

Die Besteuerung in der Sieben-Jahres-Frist wird gem. § 22 Abs. 1 Satz 6 UmwStG entsprechend ausgelöst, wenn 1996

▶ der Einbringende die erhaltenen Anteile gem. § 22 Abs. 1 Satz 6 Nr. 1 UmwStG unmittelbar oder mittelbar unentgeltlich auf eine Kapitalgesellschaft oder eine Genossenschaft überträgt, 1997

Es handelt sich um Fälle der sog. **verdeckten Einlage**.[3] Eine Übertragung auf eine Körperschaft, die nicht Kapitalgesellschaft/Genossenschaft ist, ist unschädlich. Kein Anwendungsfall der Nr. 1 liegt vor, wenn Anteile i. S. von

---

1 Rz 22.04 UmwStErl 2011; Widmann, a. a. O., Rn 186; Stangl, a. a. O., Rn 95; Patt, a. a. O., Tz. 61; a. A. Strahl, KÖSDI 2007 S. 15442; Krohn/Greulich, DStR 2008 S. 646.
2 Zur Reduktionsbedürftigkeit der weit gefassten Veräußerungsersatztatbestände im Allgemeinen siehe Körner, DStR 2010 S. 897.
3 Stangl, a. a. O., Rn 103.

D. Das Umwandlungssteuerrecht

§ 22 Abs. 1 Satz 1 UmwStG nach Maßgabe der §§ 20 und 21 UmwStG eingebracht werden und die als Gegenleistung gewährten Anteile an der übernehmenden Gesellschaft nicht dem gemeinen Wert des eingebrachten Betriebsvermögens entsprechen.[1]

1998 ▶ der Einbringende gem. § 22 Abs. 1 Satz 6 Nr. 2 UmwStG die erhaltenen Anteile entgeltlich überträgt (z. B. durch Sacheinlage), es sei denn, er weist nach, dass die Übertragung durch einen Vorgang i. S. des § 20 Abs. 1 oder § 21 Abs. 1 UmwStG oder aufgrund vergleichbarer ausländischer Vorgänge zu Buchwerten erfolgte,

Es handelt sich um einen **klassischen Veräußerungstatbestand**. Halbsatz 1 ist überflüssig, da die entgeltliche Übertragung bereits in Satz 1 des § 22 Abs. 1 UmwStG geregelt ist.[2] Nur bei Buchwerteinbringung wird eine Ausnahme zur sonst eintretenden Nachversteuerung geschaffen. Für eine Übertragung zu Buchwerten kommt es hier auf den Ansatz der als Gegenleistung für die Einbringung erhaltenen Anteile beim Einbringenden an, wie sich aus § 21 Abs. 2 Satz 3 UmwStG ergibt.[3] Erhält der Einbringende neben den Gesellschaftsrechten auch andere Gegenleistungen, ist dies unschädlich, wenn die Grenzen der § 20 Abs. 2 Satz 4, § 21 Abs. 1 Satz 3, Abs. 2 Satz 3 Nr. 2 i. V. m. Art 2 Buchst. e der Fusionsrichtlinie nicht überschritten werden.[4] Da in Nr. 2 nur Buchwertfälle der §§ 20, 21 UmwStG angesprochen werden (wie auch in den Nr. 4 und 5), käme es in Buchwertfällen der §§ 3, 4 und 11, 12 UmwStG zu einer Nachversteuerung. Diese sich aus dem Gesetz ergebende überschießende Rechtsfolge muss im Wege einer teleologischen Reduktion des Gesetzes beseitigt werden. Die Verwaltung geht einen anderen Weg; sie versucht in Rn 22.23 UmwStErl 2011, die überschießenden Rechtsfolgen durch eine Billigkeitsregelung einzudämmen. Dies wirft verschiedene Fragen, auch verfahrensrechtlicher Art (§ 163 AO), auf, die im Erlass nur unzureichend beantwortet werden.[5] Die Billigkeitsregelung setzt nach Rn 22.23 UmwStErl 2011 „zumindest" voraus, dass

– keine steuerliche Statusverbesserung eintritt (d. h. die Besteuerung eines Einbringungsgewinns I bzw. II nicht verhindert wird),

---

1 Schmitt, a. a. O., Rn 76.
2 Grundsätzlich a. A. zum Veräußerungsbegriff Stangl/Kaeser in FGS/BDI S. 412 f. mit Nachweisen zu den verschiedenen Auffassungen.
3 Rn 22.22 UmwStErl 2011; Stangl, a. a. O., Rn 107; Schmitt, a. a. O., Rn 81.
4 Stangl und Schmitt, jeweils a. a. O.
5 Vgl. im Einzelnen Stangl/Kaeser in FGS/BDI, S. 419 ff.

XII. Einbringung in eine Kapitalgesellschaft

- sich keine stillen Reserven von den sperrfristbehafteten Anteilen auf Anteile eines Dritten verlagern,
- deutsche Besteuerungsrechte nicht ausgeschlossen oder eingeschränkt werden,
- die Antragsteller sich damit einverstanden erklären, dass auf alle unmittelbaren oder mittelbaren Anteile an einer an der Umwandlung beteiligten Gesellschaft § 22 Abs. 1 und 2 UmwStG entsprechend anzuwenden ist, wobei Anteile am Einbringenden regelmäßig nicht einzubeziehen sind **und**
- ein übereinstimmender Antrag aller Personen vorliegt, bei denen ansonsten infolge des Umwandlungsvorgangs ein Einbringungsgewinn rückwirkend zu versteuern wäre.

Zu einzelnen Fällen siehe Rn 22.23 UmwStErl 2011 und Stangl/Kaeser.[1]

▶ Gemäß § 22 Abs. 1 Satz 6 Nr. 3 UmwStG die Kapitalgesellschaft, an der die Anteile bestehen, aufgelöst und abgewickelt wird **oder** das Kapital dieser Gesellschaft herabgesetzt und an die Anteilseigner zurückgezahlt wird **oder** Beträge aus dem steuerlichen Einlagekonto i. S. des § 27 KStG ausgeschüttet oder zurückgezahlt werden,

1999

Damit wird sichergestellt, dass auch bei Anteilen an einer ausländischen Kapitalgesellschaft mit inländischer Betriebsstätte im Zeitpunkt der **Liquidation** eine systemgerechte Besteuerung erfolgt. Die Kapitalherabsetzung und Verwendung des steuerlichen Einlagekontos sind nur dann schädlich, soweit das Eigenkapital bzw. Einlagekonto aus dem Einbringungsvorgang i. S. des § 20 UmwStG stammt.[2] Ausschüttungen und Rückzahlungen sind unschädlich, soweit sie den Buchwert/die Anschaffungskosten der erhaltenen Anteile nicht überschreiten.[3] Geht man mit Neumann[4] davon aus, dass es sich bei dem Beteiligungsbuchwert um eine „Freigrenze" handelt, kommt es bei Ausschüttungen/Rückzahlungen oberhalb dieses Betrags zum Entstehen eines anteiligen Einbringungsgewinns I.

BEISPIEL:[5] Der Buchwert der erhaltenen Anteile soll 100 betragen und die Einlagenrückzahlung 120. Der gemeine Wert der Anteile im Zeitpunkt der Rückzahlung betrage 200. Es liegt ein veräußerungsgleicher Tatbestand vor, bei dem 120/200tel = 60 %

---

1 A. a. O.
2 Stangl, a. a. O., Rn 114; Schmitt, a. a. O., Rn 88, 92.
3 Rn 22.24 UmwStErl 2011; vgl. auch Stangl/Kaeser in FGS/BDI S. 445.
4 DStR 2008, S. 325.
5 Nach Neumann, a. a. O.; vgl. auch Schmitt, a. a. O., Rn 93.

des Anteils als veräußert gelten. Es wird eine Versteuerung von 60% des Einbringungsgewinns I ausgelöst.

Organschaftliche Mehrabführungen mindern gem. § 27 Abs. 6 KStG das steuerliche Einlagekonto. Ob solche Mehrabführungen unter Nr. 3 fallen, ist zweifelhaft.[1]

2000 ▶ Gemäß § 22 Abs. 1 Satz 6 Nr. 4 UmwStG der Einbringende die erhaltenen Anteile durch einen Vorgang i. S. des § 21 Abs. 1 UmwStG oder einen Vorgang i. S. des § 20 Abs. 1 UmwStG oder aufgrund vergleichbarer ausländischer Vorgänge zum Buchwert in eine Kapitalgesellschaft oder eine Genossenschaft eingebracht hat (**Folgeeinbringung I**) und diese Anteile anschließend unmittelbar oder mittelbar veräußert oder durch einen Vorgang i. S. der Nr. 1 oder 2 des § 20 Abs. 1 Satz 6 UmwStG unmittelbar oder mittelbar übertragen werden (**Folgeeinbringung II**), es sei denn, er weist nach, dass diese Anteile zu Buchwerten übertragen wurden (**Ketteneinbringung**).

§ 22 Abs. 1 Satz 4 UmwStG, wonach der Einbringungsgewinn I als nachträgliche Anschaffungskosten der erhaltenen Anteile gilt, gilt gem. § 22 Abs. 1 Satz 7 UmwStG in den Fällen des § 22 Abs. 1 Satz 6 Nr. 4 UmwStG auch hinsichtlich der Anschaffungskosten der auf einer Weitereinbringung dieser Anteile zum Buchwert beruhenden Anteile.

BEISPIEL: Einzelunternehmer E bringt sein Unternehmen zu Buchwerten in die X-GmbH ein. Die Anteile an der X-GmbH bringt E zu Buchwerten in die Y-GmbH ein. Die Y-GmbH veräußert die Anteile an der X-GmbH.

BEISPIEL DER KETTENEINBRINGUNG: Einzelunternehmer E bringt sein Unternehmen zu Buchwerten in die X-GmbH ein. Die Anteile an der X-GmbH bringt E zu Buchwerten in die Y-GmbH ein (Folgeeinbringung I). Die Y-GmbH bringt die Anteile an der X-GmbH zu Buchwerten in die Z-GmbH ein (Folgeeinbringung II). Die Ermittlung des Einbringungsgewinns I entfällt, wenn der Einbringende nachweist, dass die Weitereinbringung der Anteile durch die übernehmende Gesellschaft zu Buchwerten erfolgte. Nach dem weiten Wortlaut der Vorschrift, die auch mittelbare Veräußerungen erfasst, ist der Ersatztatbestand auch dann erfüllt, wenn die aus der Folgeeinbringung I erhaltenen Anteile anschließend durch den Einbringenden selbst oder Anteile an Obergesellschaften veräußert werden.[2] Siehe auch das Beispiel in Rnd 22.25 UmwStErl 2011

2001 ▶ Gemäß § 22 Abs. 1 Satz 6 Nr. 5 UmwStG der Einbringende die erhaltenen Anteile in eine Kapitalgesellschaft oder eine Genossenschaft durch einen

---

1 Bejahend Widmann in Widmann/Mayer, § 22 UmwStG, Rz. 64 f.; Rn 22.24 UmwStErl 2011; verneinend Stangl, a. a. O., Rn 113; Schmitt, a. a. O., Rn 94; Ettinger/Schmitz, Umstrukturierungen, Rn 437; siehe hierzu auch Osterwinter/Pellmann, BB 2008 S. 2769.
2 Kritisch hierzu Schmitt, a. a. O., Rn 98 und Stangl, a. a. O., Rn 119.

Vorgang i.S. des § 20 Abs. 1 UmwStG oder einen Vorgang i.S. des § 21 Abs. 1 UmwStG oder aufgrund vergleichbarer ausländischer Vorgänge **zu Buchwerten einbringt und** die aus dieser Einbringung erhaltenen Anteile anschließend unmittelbar oder mittelbar **veräußert** oder durch einen Vorgang i.S. der Nr. 1 oder 2 des § 22 Abs. 6 UmwStG unmittelbar oder mittelbar übertragen werden, es sei denn, er weist nach, dass die Einbringung zu Buchwerten erfolgte,

§ 22 Abs. 1 Satz 4 UmwStG, wonach der Einbringungsgewinn I als nachträgliche Anschaffungskosten der erhaltenen Anteile gilt, gilt gem. § 22 Abs. 1 Satz 7 UmwStG in den Fällen des § 22 Abs. 1 Satz 6 Nr. 5 UmwStG auch hinsichtlich der Anschaffungskosten der auf einer Weitereinbringung dieser Anteile zum Buchwert beruhenden Anteile.

BEISPIEL VERÄUßERUNG NACH WEITEREINBRINGUNG: Einzelunternehmer E bringt sein Unternehmen zu Buchwerten in die X-GmbH ein. Die Anteile an der X-GmbH bringt E zu Buchwerten in die Y-GmbH ein. E veräußert die Anteile an der Y-GmbH.

Die Ermittlung des Einbringungsgewinns I entfällt, wenn der Einbringende nachweist, dass die Weiterübertragung eine Einbringung zu Buchwerten ist.

BEISPIEL WEITERÜBERTRAGUNG ZU BUCHWERTEN: Einzelunternehmer E bringt sein Unternehmen zu Buchwerten in die X-GmbH ein. Die Anteile an der X-GmbH bringt E zu Buchwerten in die Y-GmbH ein. Die aufgrund deren Einbringung erhaltenen Anteile an der Y-GmbH bringt E zu Buchwerten in die Z-GmbH ein.

Es bestehen eine Verknüpfung und ein Zusammenspiel zwischen § 22 Abs. 1 Satz 6 Nr. 2, 4 und 5 UmwStG.

BEISPIEL: P bringt sperrfristbehaftete Anteile an der X-GmbH gegen Gewährung neuer Anteile gem. § 21 UmwStG zum Buchwert in die Y-GmbH ein. Anschließend bringt die Y-GmbH die Anteile an der X-GmbH weiter in die Z-GmbH ein.

Vor der Weitereinbringung sind die Anteile an der X-GmbH originär sperrfristbehaftet. Deren Weitereinbringung erfüllt den Ausnahmetatbestand des § 22 Abs. 1 Satz 6 Nr. 2 UmwStG. Aufgrund der Entgeltlichkeit dieses Vorgangs verlieren die Anteile an der X-GmbH durch die Weitereinbringung ihren Status der originären Sperrfristbehaftung. Nach der Weitereinbringung sind die weiter eingebrachten Anteile an der X-GmbH **quasi-sperrfristbehaftet** gem. § 22 Abs. 1 Satz 6 Nr. 4 UmwStG und die neu erhaltenen Anteile an der Y-GmbH quasi-sperrfristbehaftet gem. § 22 Abs. 1 Satz 6 Nr. 5 UmwStG. Ungeachtet der Quasi-Sperrfristbehaftung sind die Anteile an der X-GmbH zudem originär-sperrfristbehaftet gem. § 22 Abs. 2 UmwStG. Gemäß § 22 Abs. 1 Satz 6 Nr. 4 UmwStG dürfen die Anteile an der X-GmbH noch wiederholt zum Buchwert weiter übertragen werden (Ketteneinbringung), ohne dass darin ein schädlicher Vorgang zu sehen wäre. Nach der Ketteneinbringung sind alle Anteile quasi-sperrfristbehaftet. Die Verstrickung

D. Das Umwandlungssteuerrecht

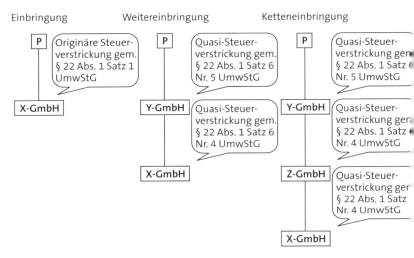

2002 ▶ Gemäß § 22 Abs. 1 Satz 6 Nr. 6 UmwStG für den Einbringenden oder die übernehmende Gesellschaft i. S. der Nr. 4 des § 22 Abs. 6 UmwStG die Voraussetzungen i. S. von § 1 Abs. 4 UmwStG nicht mehr erfüllt sind.

§ 22 Abs. 1 Satz 6 Nr. 6 UmwStG löst eine Besteuerung des Einbringungsgewinns I innerhalb der Sieben-Jahres-Frist aus, wenn die **Besteuerungsmöglichkeit** des Einbringenden oder der übernehmenden Gesellschaft innerhalb dieser Frist **eingeschränkt** wird.

Danach sind folgende Fälle bei einem Einbringenden denkbar:

- Der Einbringende ist eine natürliche Person und hat zunächst die Voraussetzungen gem. § 1 Abs. 4 Nr. 2 Buchst. a Doppelbuchst. bb i. V. m. Abs. 2 Satz 1 Nr. 2 UmwStG erfüllt und verliert innerhalb der Sperrfrist Wohnsitz oder gewöhnlichen Aufenthalt in einem Mitgliedstaat der EU oder einem Staat des EWR.

- Der Einbringende ist eine in- oder ausländische juristische Person, die nicht Personengesellschaft ist und die nach den Vorschriften eines Mitgliedstaates der EU oder des EWR gegründet wurde. Die juristische Person hat gem. § 1 Abs. 4 Nr. 2 Buchst. a Doppelbuchst. aa i. V. m. Abs. 2 Nr. 1 UmwStG entweder ihren Sitz oder ihre Geschäftsleitung **nicht mehr** in einem Mitgliedstaat der EU oder des EWR.

- Der Einbringende ist eine in- oder ausländische Personengesellschaft, die nach den Vorschriften eines Mitgliedstaates der EU oder des EWR gegründet wurde: Die Personengesellschaft hat gem. § 1 Abs. 4 Nr. 2 Buchst. a Doppelbuchst. aa i. V. m. Abs. 2 Nr. 1 UmwStG entweder ihren Sitz oder ihre Geschäftsleitung nicht mehr in einem Mitgliedstaat der EU oder des EWR, oder deren Beteiligte haben, soweit es sich um Gesellschaften handelt, entweder ihren Sitz oder ihre Geschäftsleitung nicht mehr in einem Mitgliedstaat der EU oder des EWR, soweit es sich um natürliche Personen handelt, keinen Wohnsitz oder gewöhnlichen Aufenthalt mehr in einem Mitgliedstaat der EU oder des EWR.

- Zu beachten ist allerdings, dass **§ 1 Abs. 4 UmwStG** beim Einbringenden **unabhängig von der steuerlichen Ansässigkeit** durch § 1 Abs. 4 Satz 1 Nr. 2 Buchst. b UmwStG **erfüllt** sein kann.

(Einstweilen frei) 2003–2010

8. Anteilstausch gem. § 21 UmwStG[1]

a) Sachlicher Anwendungsbereich

Der Anteilstausch ist die Einbringung von Anteilen an einer Kapitalgesellschaft oder Genossenschaft (erworbene Gesellschaft) in eine andere Kapitalgesellschaft oder Genossenschaft (übernehmende Gesellschaft), wobei der Einbringende als Gegenleistung neue[2] Anteile an der übernehmenden Gesellschaft erhält. Vor SEStEG wurden diese Vorgänge in § 20 Abs. 1 Satz 2 und § 23 Abs. 4 UmwStG a. F. behandelt. Nunmehr wird der Anteilstausch in § 21 UmwStG geregelt.

Die Einbringung von Anteilen an einer Kapitalgesellschaft oder Genossenschaft fällt gem. § 21 Abs. 1 UmwStG immer[3] in den Anwendungsbereich des § 21 UmwStG, ungeachtet dessen, ob es sich um mehrheitsvermittelnde Anteile, um Anteile in einem Privat- bzw. Betriebsvermögen oder um Anteile an einer in- bzw. ausländischen Gesellschaft handelt. Dass die Anteile aus dem Privatvermögen stammen dürfen, ergibt sich aus § 21 Abs. 3 Satz 1 UmwStG, der auf die Anwendung des Freibetrags gem. § 17 Abs. 3 EStG verweist. Die Frage der mehrheitsvermittelnden Anteile ist nur für die Bewertung mit dem Buchwert bedeutsam.

2011

2012

---

1 Zu sinnvollen Steuerklauseln beim Anteilstausch siehe Ott, DStZ 2009 S. 90.
2 Zur Neuheit von Anteilen s. oben Rn 1750 ff.; soweit die Fusionsrichtlinie anwendbar ist, also beim grenzüberschreitenden Anteilstausch innerhalb der EU/des EWR, verstößt das Erfordernis der Gewährung „neuer" Anteile gegen die Fusionsrichtlinie und gilt deshalb wegen des Anwendungsvorrangs des EU-Rechts nicht.
3 Zur (Un-)Anwendbarkeit, wenn §§ 20 und 21 UmwStG erfüllt sind, siehe unten Rn 2025 ff.

2013 Bei den eingebrachten Anteilen kann es sich auch um einbringungsgeborene Anteile i. S. des § 21 UmwStG a. F. handeln.

2014 In den Anwendungsbereich des § 21 UmwStG fällt auch die Einbringung von nicht steuerverhafteten Anteilen des Privatvermögens.[1] Das sind Anteile, die **vor dem 1.1.2009** angeschafft worden sind und nicht unter § 17 EStG fallen.

HINWEIS:
Da eine Besteuerung bei dem Einbringenden in diesen Fällen nicht ausgelöst wird, ist bei der aufnehmenden Körperschaft der Ansatz mit dem gemeinen Wert zu empfehlen, wodurch sich ein späterer Veräußerungsgewinn mindert.

2014a Handelt es sich um Anteile im Privatvermögen, die **nach dem 31.12.2008** angeschafft wurden und nicht unter § 17 EStG fallen, greift nicht § 21 UmwStG, sondern ausschließlich § 20 Abs. 4a Sätze 1 und 2 EStG ein.[2]

2015 Die Einbringung einer 100 %igen Beteiligung an einer Kapitalgesellschaft ist keine fiktive Teilbetriebseinbringung gem. § 20 Abs. 1 UmwStG, sondern Anteilstausch gem. § 21 Abs. 1 Satz 2 UmwStG. In § 21 Abs. 3 Satz 1 a. E. UmwStG wird die Einbringung einer im Betriebsvermögen gehaltenen Beteiligung an einer Kapitalgesellschaft, die das gesamte Nennkapital der Kapitalgesellschaft umfasst, wegen Anwendung der Steuerbefreiung gem. § 16 Abs. 4 EStG ausdrücklich behandelt.

2016 § 21 UmwStG ist **nicht anwendbar auf die verdeckte Einlage** von Gesellschaftsanteilen, da der Einbringende in einem solchen Fall keine neuen Anteile erhält.

2017 Es stellt sich in **Mischfällen**, wenn Anteile an einer Gesellschaft teilweise gegen Anteile und im Übrigen verdeckt auf eine Körperschaft übertragen werden, die Frage, ob dieser Fall teils ein tauschähnlicher Vorgang und teils ein Fall der verdeckten Einlage mit zwingender Aufdeckung der stillen Reserven darstellt. Da aber § 21 UmwStG „lex specialis" ist, dürfte sich die Übertragung aller Anteile als einheitlicher Einbringungsvorgang darstellen. Auch hier fordert § 21 Abs. 1 UmwStG wie auch § 20 Abs. 1 UmwStG nur die Ausgabe von neuen Anteilen an der übernehmenden Gesellschaft. Das Erfordernis der Ausgabe neuer Anteile fordert nicht, dass der Nennbetrag der neuen Anteile gleich hoch ist mit dem Wert der eingebrachten Anteile. § 21 Abs. 1 UmwStG enthält keine Anforderung an die Beteiligungshöhe.

---
1 Rabback in R/H/vL, § 21 UmwStG, Rn 35.
2 Rn 21.02 UmwStErl 2011; vgl. hierzu Beinert, GmbHR 2012 S. 291.

XII. Einbringung in eine Kapitalgesellschaft

BEISPIEL: V hält 10 % Anteile an der A-GmbH mit ursprünglichen Anschaffungskosten 2.000 € und einem gemeinen Wert von 2.000.000 €. Seine Kinder K1 und K2 sind zu je 50 % an der B-Holding GmbH beteiligt, welche als einzigen Vermögensgegenstand 50 % der Anteile an der A-GmbH hält. V bringt die Anteile an der A-GmbH im Wert von 2.000.000 € gegen Gewährung neuer Anteile in die B-Holding GmbH ein, so dass diese nunmehr 60 % der Anteile der A-GmbH hält. Die Kapitalerhöhung erfolgt in dem Umfang, dass A mit nur 1 % an der B-Holding GmbH beteiligt ist. Die neuen Anteile haben dann einen gemeinen Wert von (60 % x 20.000.000 x 1 % =) 120.000 €. Unter Berücksichtigung der BFH-Rechtsprechung und der vorrangigen Anwendung des § 21 UmwStG kann durch Buchwertwahl die Aufdeckung stiller Reserven vermieden werden.

Der Vorgang löste für Einbringungen vor dem 14.12.2011 **keine Schenkungsteuer** aus, da nach der neueren Rechtsprechung des BFH gesellschaftsrechtliche Vorgänge (Leistungen societatis causa) nicht unentgeltlich waren.[1] Für Übertragungen nach dem 13.12.2011 unterliegt die Werterhöhung der Anteile von K1 und K2 nach § 7 Abs. 8 ErbStG i. d. Fassung des Beitreibungsrichtlinie-Umsetzungsgesetzes der Schenkungsteuer.

Es reicht aus, wenn nur ein Teil der Anteile den Nennbetrag ausfüllt und ein Überhang in die Kapitalrücklage eingestellt wird.[2] Im Übrigen hat der BFH bei einer teilweisen Einbringung in eine gewerbliche Personengesellschaft und einer teilweisen Buchung auf Kapitalkonten, die keine Vergrößerung der Gesellschaftsrechte beinhaltete, entschieden, dass ein solcher Fall keine Einlage begründet, sondern insgesamt als tauschähnlicher Einbringungsfall anzusehen ist.[3] Der Rechtsgedanke dieser Entscheidung gilt auch hier.

2018

Der Anteilstausch setzt zunächst die Übertragung von Anteilen von dem Einbringenden in das aufnehmende Unternehmen voraus. Ob dieser Vorgang nach den Vorgaben des UmwG im Wege einer Sonderrechtsnachfolge oder eines Formwechsels vorgenommen wird oder im Wege einer Einzelrechtsnachfolge erfolgt, wird im UmwStG nicht erwähnt. Alle Einbringungsmöglichkeiten werden in § 1 Abs. 3 UmwStG abschließend aufgezählt. Für § 21 UmwStG gilt § 1 Abs. 3 Nr. 5 UmwStG mit seinem Begriff „Austausch von Anteilen", ohne dass sich eine Konkretisierung bzw. Einschränkung der Einbringungsmöglichkeiten ableiten lässt. Daraus folgt, dass **alle Vorgänge**, somit auch die des UmwG, bei denen es zur Übertragung des zivilrechtlichen oder des wirtschaftlichen Eigentums von Anteilen an einer Kapitalgesellschaft oder Genossenschaft kommt, in den Anwendungsbereich des § 21 UmwStG fallen. Für den

2019

---

1 BFH, Urteil v. 17.10.2007 II R 63/05, BStBl II 2008 S. 381; wohl anders noch BFH, Urteil v. 17.2.2005 II R 8/04, BStBl II 2005 S. 845.
2 Siehe o. Rn 1763.
3 BFH, Urteil v. 24.1.2008 IV R 37/06, BFH/NV 2008 S. 854.

Formwechsel ergibt sich dies ausdrücklich aus § 25 UmwStG, der nicht nur eine entsprechende Anwendung des § 20 UmwStG, sondern auch des § 21 UmwStG vorgibt.

2020 Die Übertragung von Anteilen kann erfolgen durch:
- ▶ Verschmelzung, Aufspaltung und Abspaltung gem. § 3 Abs. 2 und § 123 Abs. 1 und 2 UmwG von Personenhandels- oder Partnerschaftsgesellschaften auf eine Kapitalgesellschaft oder Genossenschaft;
- ▶ Ausgliederung nach § 123 Abs. 3 UmwG von einem Ausgangsrechtsträger gem. § 124 Abs. 1 UmwG i. V. m. § 3 Abs. 1 UmwG (wie Einzelkaufleute, Kapitalgesellschaften, Genossenschaften, eingetragene Vereine, wirtschaftliche Vereine, Stiftungen, genossenschaftliche Prüfungsverbände, Versicherungsvereine auf Gegenseitigkeit, Personenhandelsgesellschaften und Partnerschaftsgesellschaften) auf eine Kapitalgesellschaft oder Genossenschaft;
- ▶ Formwechsel i. S. des § 190 Abs. 1 UmwG einer Personenhandels- oder Partnerschaftsgesellschaft in eine Kapitalgesellschaft oder Genossenschaft;
- ▶ Übertragung von Anteilen im Privat- oder Betriebsvermögen auf eine Kapitalgesellschaft oder Genossenschaft durch Einzelrechtsnachfolge oder durch Verschaffung des wirtschaftlichen Eigentums.

b) Anwendungskonkurrenzen und Anwendungskonflikte gegenüber § 20 UmwStG

2021 Insbesondere bei der Auf- und Abspaltung sowie bei der Ausgliederung ist zivilrechtlich auch die Übertragung einzelner Wirtschaftsgüter, so auch die isolierte Übertragung von Geschäftsanteilen, möglich. Infolgedessen können Auf- und Abspaltungen, die Anteile zum Gegenstand haben, den Anwendungsbereich des § 21 UmwStG auslösen.

BEISPIEL: ▶ Die O-OHG spaltet, was zivilrechtlich möglich ist, eine 10-Prozent-Beteiligung an der X-GmbH auf die Y-GmbH ab. Die neuen Anteile an der Y-GmbH werden den Gesellschaftern der O-OHG gewährt. Mangels Übertragung eines Betriebs, Teilbetriebs oder Mitunternehmeranteils sind die Voraussetzungen des § 20 UmwStG nicht erfüllt. Dagegen sind die Voraussetzungen des § 21 UmwStG erfüllt, da Anteile an einer Kapitalgesellschaft auf eine andere Kapitalgesellschaft übertragen werden und mittelbar über die Personengesellschaft den Gesellschaftern der O-OHG neue Anteile an der übernehmenden Gesellschaft gewährt werden. Sollten die Buchwertvoraussetzungen erfüllt sein, darf sogar ein niedrigerer Wert als der gemeine Wert angesetzt werden.

2022 Die Einbringung einer 100 %igen Beteiligung an einer Kapitalgesellschaft, die sich im Betriebsvermögen eines Einbringenden befindet, löst keine Teilbetriebseinbringung gem. § 20 Abs. 1 UmwStG aus, sondern ist ein Anteilstausch gem. § 21 Abs. 1 Satz 2 UmwStG. Dieser Fall wird sogar in § 21 Abs. 3 Satz 1 Halbsatz 2 UmwStG ausdrücklich genannt. § 21 UmwStG ist daher „lex specialis".

Vermögensverwaltende Personengesellschaften, zu deren Vermögen auch Anteile an einer Kapitalgesellschaft oder Genossenschaft gehören, besitzen kein Vermögen gem. § 20 UmwStG, da sie keinen Betrieb oder Teilbetrieb innehaben. Werden sie verschmolzen oder formwechselnd umgewandelt auf eine Körperschaft, liegt ein Anteilstausch gem. § 21 UmwStG vor.

2023

Unstreitig ist, dass Anteile an Kapitalgesellschaften/Genossenschaften auch dann isoliert übertragen werden können und dieser Vorgang auch dann nur unter § 21 UmwStG fällt, wenn die Beteiligung eine/die wesentliche Betriebsgrundlage einer Sachgesamtheit i. S. des § 20 UmwStG ist.

2024

Es kann aber auch zu Überschneidungen zwischen § 20 und § 21 UmwStG kommen, und zwar in den Fällen, in denen für den gleichen Sachverhalt sowohl die Voraussetzungen der einen als auch die Voraussetzungen der anderen Vorschrift erfüllt sind.

2025

BEISPIEL: An der X-GmbH & Co. KG sind die Gesellschafter A und B als Kommanditisten und als Gesellschafter an der Komplementär-GmbH zu je 50 % beteiligt. A und B bringen ihre Mitunternehmeranteile einschließlich ihrer Anteile an der Komplementär-GmbH gegen Gewährung neuer Anteile in die Y-GmbH ein.

Die Anteile an der Komplementär-GmbH sind steuerlich den Mitunternehmeranteilen zuzurechnen. Anteile an einer Komplementär-GmbH bilden zudem im Regelfall eine **wesentliche Betriebsgrundlage**.[1] In einem solchen Fall (also wenn die Beteiligung wesentliche Betriebsgrundlage eines Betriebs, Teilbetriebs oder Mitunternehmeranteils ist) müssen die Anteile i. R. des § 20 UmwStG als Bestandteil des Mitunternehmeranteils miteingebracht werden. Es handelt sich dann um einen einheitlichen Einbringungsvorgang nach § 20 Abs. 1 UmwStG.[2]

Unterschiedlich wird die Frage beantwortet, ob aufgrund der Sonderstellung des § 21 UmwStG als „lex specialis" § 20 und § 21 UmwStG nebeneinander zur Anwendung gelangen, wenn i. R. eines einheitlichen Einbringungsvorgangs eine Sachgesamtheit nach § 20 Abs. 1 UmwStG und die Beteiligung an einer Kapitalgesellschaft/Genossenschaft, die nicht zu den wesentlichen Betriebsgrundlagen der Sachgesamtheit gehört, übertragen wird:[3]

2026

---

1 Siehe o. Rn 1721.
2 Patt, a. a. O., Tz. 10 f.; Rabback, a. a. O., Rn 9; Schmitt, a. a. O., Rn 8.
3 Zu den verschiedenen Auffassungen vgl. auch Hageböke/Kröner/Kaeser in FGS/BDI S. 364 f., die der zweitgenannten Lösung folgen.

D. Das Umwandlungssteuerrecht

2027 Es wird die Auffassung vertreten, in diesem Fall sei ausschließlich § 20 UmwStG auf den Einbringungsvorgang anzuwenden. Danach kommt § 21 UmwStG nur dann zur Anwendung, wenn die Anteile an einer Kapitalgesellschaft/Genossenschaft in einem isolierten Vorgang übertragen werden, der nicht in einem zeitlichen und sachlichen Zusammenhang mit der Einbringung eines Unternehmens(-teils) steht.[1]

2028 Nach einer anderen Meinung strahlt § 21 UmwStG eine gewisse Magnetwirkung aus, da er eine „lex specialis" darstelle. Diese Magnetwirkung führe immer dann zu einer vorrangigen Anwendung des § 21 UmwStG, wenn sich die Zugehörigkeit der Gesellschaftsanteile zu der Sachgesamtheit nur aus der bilanziellen Behandlung oder den zivilrechtlichen Eigentumsverhältnissen ableiten lasse, darüber hinaus aber keine besonderen wirtschaftlichen oder rechtlichen Gründe für eine Zugehörigkeit sprechen würden.[2]

2029 Unseres Erachtens ist die **erste Auffassung zutreffend**. Ein einheitlicher Vorgang sollte einer einheitlichen steuerlichen Behandlung unterworfen und nicht gedanklich in zwei Vorgänge mit unterschiedlichen Rechtsfolgen aufgespalten werden.

2030 Die unterschiedlichen Ansichten haben Vor- und Nachteile. Die vorrangige Anwendung des § 21 UmwStG ist insbesondere in den Fällen nachteilig, in denen die übernehmende Gesellschaft nicht unmittelbar die Mehrheit der Stimmrechte an der erworbenen Gesellschaft hat, da dann kein Wahlrecht zu einem niedrigeren Wert als dem gemeinen Wert bestehen würde. Demgegenüber kann die vorrangige Anwendung des § 21 UmwStG insbesondere in den Fällen der Einbringung durch in Drittstaaten ansässige Rechtsträger von Vorteil sein.

2031 Die **Fusionsrichtlinie** behandelt die Sachverhalte „Fusion", „Spaltung", „Einbringung von Unternehmensteilen" und „Anteilstausch" als echte Sachverhaltsalternativen ohne Überschneidungsbereiche. Danach ist eine Umwandlung im Wege der Verschmelzung nach dem UmwG immer als Fusion gem. der Fusionsrichtlinie zu beurteilen, auch wenn zu dem Vermögen der übertragenden Gesellschaft Anteile an einer Kapitalgesellschaft gehören. Daher wird man sich als Steuerpflichtiger im Fall der Verschmelzung einer hybriden Personengesellschaft (z. B. GmbH & Co. KG) auf eine Kapitalgesellschaft auf die Steuerneutralitätsvorgabe der Fusionsrichtlinie für Fusionen berufen können,

---

[1] Patt, a.a.O., § 20 UmwStG, Tz. 31 und 33, § 21 UmwStG, Tz. 10; Rabback, a.a.O., Rn 20; ebenso Rn 21.01 Satz 2 UmwStErl 2011.

[2] Mutscher in Frotscher/Maas, § 21 UmwStG, Rn 64; Schmitt, a.a.O., Rn 9 und § 20 UmwStG, Rn 23; Widmann in Widmann/Mayer, § 21 UmwStG, Rz. 6.

sofern aufgrund der vorrangigen Anwendung des § 21 UmwStG gegenüber § 20 UmwStG die Steuerneutralität der Verschmelzung z. B. daran scheitern sollte, dass die übernehmende Gesellschaft nicht die Mehrheit der Stimmrechte an der erworbenen Gesellschaft hat. Ein Teilkonflikt der mangelnden EU-Konformität wird umgangen, wenn man der Meinung folgt, § 20 UmwStG gelte immer bei einem zeitlichen und sachlichen Zusammenhang mit der Einbringung einer Sachgesamtheit.

BEISPIEL:[1] Eine hybride EU-Personengesellschaft (z. B. portugiesische KG) mit in Deutschland ansässigen Gesellschaftern wird auf eine EU-Kapitalgesellschaft verschmolzen. Zum Betriebsvermögen der hybriden EU-Personengesellschaft gehören ausschließlich Anteile an der Z-GmbH. Nach der Verschmelzung besitzt die übernehmende EU-Kapitalgesellschaft nicht die Mehrheit der Stimmrechte an der Z-GmbH.

Aus deutscher Sicht wird durch die Verschmelzung der gesamte Betrieb der Personengesellschaft, der aber lediglich aus den Anteilen an der Z-GmbH besteht, in die übernehmende EU-Kapitalgesellschaft eingebracht. Daher sind grds. sowohl die besonderen Anwendungsvoraussetzungen des § 20 UmwStG als auch die des § 21 UmwStG erfüllt. Da die Anteile an der Z-GmbH in keinem tatsächlich-funktionalen Zusammenhang zu einem übrigen Betrieb stehen, ist nach der Auffassung, die die Magnetwirkung des § 21 UmwStG vertritt, für die Einbringung der Anteile an der Z-GmbH ausschließlich § 21 UmwStG anzuwenden.

Da die übernehmende Kapitalgesellschaft nach der Einbringung nicht die Mehrheit der Stimmrechte an der erworbenen Z-GmbH hat, scheitert die Steuerneutralität der Verschmelzung aus deutscher Sicht ungeachtet der weiteren Voraussetzungen bereits daran, dass die Voraussetzung eines qualifizierten Anteilstauschs i. S. des § 21 Abs. 1 Satz 2 UmwStG nicht vorliegt.

Ungeachtet der Frage der tatsächlichen Zugehörigkeit der Anteile an der Z-GmbH zu der portugiesischen Betriebsstätte unterliegen die aus deutscher Sicht aufzudeckenden stillen Reserven bereits aufgrund des mit Portugal abkommenrechtlich vereinbarten Aktivitätsvorbehalts in Deutschland der Besteuerung.

Die vorrangige Anwendung des § 20 UmwStG führt zwar nicht zur Steuerneutralität, jedoch ist gem. § 20 Abs. 8 UmwStG die Anrechnung der fiktiven ausländischen Steuer möglich. Diese fiktive Anrechnung gem. § 20 Abs. 8 UmwStG scheidet bei Vorrangigkeit des § 21 UmwStG aus, da diese Meinung auch dann keinen Raum für eine subsidiäre Anwendung des § 20 UmwStG lässt, wenn die Buchwertvoraussetzungen des § 21 UmwStG nicht erfüllt sind.

Nach der Fusionsrichtlinie[2] handelt es sich hier begrifflich weder um die Einbringung von Unternehmensteilen noch um einen Anteilstausch, da weder der „einbringenden Gesellschaft" noch „dem Gesellschafter der anderen Gesellschaft", also der erworbenen Z-GmbH, neue Anteile gewährt wurden, was

2032

---

1 Nach Mutscher in Frotscher/Maas, § 21 UmwStG, Rn 71.
2 Richtlinie 2009/133/EG des Rates v. 19.10.2009 (kodifizierte Fassung), Abl EU L 310 v. 25.11.2009, S. 34.

gem. Art. 2 Buchst. d und e der Fusionsrichtlinie Voraussetzung wäre. Nach der Fusionsrichtlinie handelt es sich um eine Fusion, für die Deutschland aufgrund der Öffnungsklausel gem. Art. 11 Abs. 1 der Fusionsrichtlinie ein Besteuerungsrecht zusteht, jedoch gem. Art. 11 Abs. 2 der Fusionsrichtlinie nur unter Anrechnung der fiktiven ausländischen Steuer. Da Art. 2 Buchst. a der Fusionsrichtlinie „lediglich" verlangt, dass i. R. der Fusion das gesamte Aktiv- und Passivvermögen, nicht aber unbedingt ein Betrieb wie bei der Einbringung von Unternehmensteilen gem. Art. 2 Buchst. d der Fusionsrichtlinie übertragen wird, sollten die Anwendungsvoraussetzungen der Fusionsrichtlinie im vorliegenden Fall unstreitig erfüllt sein. Damit verstößt die Vorrangigkeit des § 21 UmwStG im vorliegenden Fall gegen die Vorgaben der Fusionsrichtlinie, so dass eine Berufung auf die Fusionsrichtlinie zumindest eine Anrechnung der fiktiven ausländischen Steuer zur Folge hätte.

Die Ausgestaltung des § 20 Abs. 8 UmwStG wird aber wiederum in einem Konflikt mit dem EU-Recht gesehen. Diese Vorschrift baut auf der Fusionsrichtlinie zwar auf, es ergibt sich aber eine Einschränkung aus der Fusionsrichtlinie hinsichtlich des persönlichen Anwendungsbereichs insofern, als es sich bei der übernehmenden Gesellschaft nicht um eine „bloße" EWR-Gesellschaft handeln darf und auch die hybride EU-Personengesellschaft zwingend eine Gesellschaft eines EU-Mitgliedstaats i. S. des Art. 3 der Fusionsrichtlinie sein muss. Der sich aus der Beachtung der Fusionsrichtlinie ergebende Ausschluss der „bloßen" EWR-Personengesellschaft verstößt gegen die Grundfreiheiten des EWR-Abkommens. Somit liegt ein Verstoß gegen den Vorrang des EU-Primärrechts gegenüber dem EU-Sekundärrecht vor.[1]

c) Subjektiver Anwendungsbereich

aa) Einbringender Ausgangsrechtsträger

2033 Die Vorschrift bestimmt nicht, wer Einbringender sein kann. Die Frage beantwortet vielmehr § 1 Abs. 4 UmwStG.

2034 Einbringende Personen können sowohl natürliche als auch juristische Personen sein. In welchem Staat die einbringende Person ansässig und ob sie in Deutschland unbeschränkt oder beschränkt steuerpflichtig ist, spielt für die Auslösung der Neutralitätsvoraussetzungen keine Rolle. **Bei Personengesellschaften gelten die Gesellschafter als Einbringende.** Davon geht in dieser ein-

---

[1] EuGH, Urteil v. 23. 2. 2006 Rs. C-471/04 (Keller Holding), EuGHE 2006, I-2107, BStBl II 2008 S. 834; BFH, Urteil v. 9. 8. 2006 I R 95/05, BStBl II 2007 S. 279; Lüdicke/Hummel, IStR 2006 S. 694; Benecke/Schnitger, IStR 2006 S. 769.

fachen Aussage die Gesetzesbegründung zu § 21 UmwStG aus.[1] Diese Ansicht wird vom Gesetzgeber nicht konsequent eingehalten. Im Rahmen der Einbringung nach § 20 UmwStG kann auch eine Personengesellschaft Einbringender sein.[2] In den Fällen, in denen der Ausgangsrechtsträger eine Personengesellschaft ist, besteht Streit, ob bzw. in welchen Unterfällen diese Personengesellschaft selbst oder etwa deren Gesellschafter Einbringende(r) gem. § 21 UmwStG ist/sind.[3] Es sollte danach unterschieden werden, ob die Anteile sich im Gesamthandsvermögen oder im Sonderbetriebsvermögen befinden und ob die Personengesellschaft danach vollbeendet ist oder nicht.[4]

bb) Übernehmende Gesellschaft

Nur eine Kapitalgesellschaft oder Genossenschaft kann gem. § 21 Abs. 1 Satz 1 UmwStG Übernehmerin sein. Der in § 21 Abs. 1 Satz 1 UmwStG verwandte Begriff „übernehmende Gesellschaft" ist identisch mit dem in § 1 Abs. 4 Nr. 1 UmwStG verwendeten Begriff „übernehmender Rechtsträger". 2035

Nach § 1 Abs. 4 Satz 1 Nr. 1 i. V. m. § 1 Abs. 2 Satz 1 Nr. 1 UmwStG muss die Kapitalgesellschaft/Genossenschaft 2036

- nach den Rechtsvorschriften eines Mitgliedstaats der EU oder des EWR gegründet worden sein[5] und

- ihren Sitz und Ort der Geschäftsleitung innerhalb des Hoheitsgebiets eines dieser Staaten haben (= **doppelte Ansässigkeit**).

Die Einstufung ausländischer Gesellschaften als Kapitalgesellschaft oder Genossenschaft wird anhand eines Typenvergleichs vorgenommen.[6] 2037

Eine Europäische Aktiengesellschaft (SE) und eine Europäische Genossenschaft (SCE) gelten nach § 1 Abs. 2 Satz 2 UmwStG als nach den Rechtsvorschriften des Staates gegründete Gesellschaften, in dessen Hoheitsgebiet sich der Sitz der Gesellschaft befindet. 2038

cc) Gesellschaft, deren Anteile eingebracht werden (erworbene Gesellschaft)

§ 21 Abs. 1 Satz 1 UmwStG spricht von „erworbene Gesellschaft". Das sind die Kapitalgesellschaften oder Genossenschaften, deren Anteile im Wege des An- 2039

---

1 BT-Drs. 16/2710 S. 45.
2 BT-Drs. 16/2710 S. 42.
3 Siehe hierzu o. unter Rn 1799.
4 Oben Rn 1799.
5 Hiergegen bestehen Bedenken aufgrund des Diskriminierungsverbots in Art. 24 OECD-MA und den damit vergleichbaren Regelungen in deutschen DBA, vgl. Hageböke/Kröner/Kaeser in FGS/BDI S. 369.
6 Hierzu o. Rn 630.

D. Das Umwandlungssteuerrecht

teilstauschs in die übernehmende Gesellschaft eingebracht werden. Die Gesellschaftsform entspricht den Vorgaben der Fusionsrichtlinie. Eine erworbene Gesellschaft kann auch eine Kapitalgesellschaft oder Genossenschaft aus einem Drittstaat sein.[1]

d) Zeitpunkt des Anteilstauschs

2040 Während § 20 UmwStG in Gestalt des Abs. 6 eine Regelung zur Rückbeziehung des Einbringungsvorgangs enthält, fehlt eine solche Regelung in § 21 UmwStG. Daher gelten die allgemeinen Grundsätze, eine **Rückbeziehung** ist **nicht möglich**. Sie ergibt sich auch nicht aus § 2 UmwStG, der im Bereich der §§ 20 und 21 UmwStG nicht anwendbar ist.[2] Zeitpunkt des Anteilstauschs ist grds. die zivilrechtliche Übertragung der Anteile an der erworbenen Gesellschaft auf die übernehmende Körperschaft. Im Steuerrecht reicht auch die Übertragung des wirtschaftlichen Eigentums gem. § 39 Abs. 2 Nr. 1 AO aus. Dann ist der **maßgebliche Zeitpunkt** die **Verschaffung des wirtschaftlichen Eigentums**.[3]

2041 Eine Ausnahme bildet dagegen der fiktive Anteilstausch i. R. eines Formwechsels gem. § 25 UmwG. Erfolgt z. B. der Anteilstausch in Gestalt des Formwechsels einer vermögensverwaltenden Personengesellschaft, die nur Anteile hält, in eine GmbH, gilt nach § 25 Satz 2 UmwStG § 9 Satz 2 und 3 UmwStG entsprechend. Danach darf die Übertragung bis höchstens acht Monate vor der Anmeldung des Formwechsels zur Eintragung in ein öffentliches Register liegen.

Wann die Gegenleistung übergeht, ist unbeachtlich.

e) Regelmäßiger Wertansatz bei Anteilstausch

2042 § 21 Abs. 1 UmwStG regelt bei einem Anteilstausch den Grundbewertungsmaßstab. Werden danach Anteile an einer Kapitalgesellschaft oder einer Genossenschaft (erworbene Gesellschaft) in eine Kapitalgesellschaft oder Genossenschaft (übernehmende Gesellschaft) gegen Gewährung neuer Anteile an der übernehmenden Gesellschaft eingebracht (Anteilstausch), hat die übernehmende Gesellschaft die eingebrachten Anteile mit dem **gemeinen Wert** anzusetzen.

---

1 Rabback, a. a. O., Rn 33.
2 Rabback, a. a. O., Rn 53; Schmitt, a. a. O., Rn 35; Rn 21.17 UmwStErl 2011; a. A. Stengel, DB 2008 S. 2329.
3 Zum Übergang des wirtschaftlichen Eigentums i. R. des § 17 EStG durch Doppeloption s. BFH, Urteil v. 11. 7. 2006 VIII R 32/04, BFH/NV 2007 S. 141.

XII. Einbringung in eine Kapitalgesellschaft

BEISPIEL:

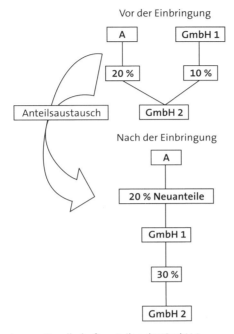

A ist Einbringender von Gesellschaftsanteilen der GmbH 2
GmbH 1 ist die Gesellschaft, in die eingebracht wird = übernehmende Gesellschaft.
GmbH 2 ist die Gesellschaft, deren Anteile eingebracht werden = erworbene Gesellschaft.

Die **Ermittlung des gemeinen Werts** ergibt sich aus § 11 BewG. Danach ist bei börsennotierten Anteilen der Börsenkurs im Zeitpunkt der Einbringung (ggf. erhöht um einen „Paketzuschlag" nach Abs. 3) maßgeblich (§ 11 Abs. 1 BewG). Für andere Anteile ergibt sich der gemeine Wert vorrangig aus Verkäufen, die weniger als ein Jahr zurückliegen, andernfalls wird der Wert im Ertragswertverfahren ermittelt (§ 11 Abs. 2 Satz 2 BewG 2009). Dabei kann sich die Übernehmerin gem. § 11 Abs. 2 Satz 4 BewG 2009 des in §§ 199–203 BewG 2009 geregelten vereinfachten Ertragswertverfahrens oder eines anderen anerkannten Verfahrens (z. B. IdW Standard 1) bedienen.[1]

2043

---

[1] Rn 21.08 UmwStErl 2011 unter Hinweis auf das BMF-Schreiben v. 22.9.2011, BStBl I 2011, S. 859, wonach die §§ 11, 95 bis 109 und 199 ff. BewG auch für ertragsteuerliche Zwecke entsprechend gelten.

f) Wahl eines niedrigeren Werts

2044 Abweichend von § 21 Abs. 1 Satz 1 UmwStG können gem. § 21 Abs. 1 Satz 2 UmwStG die eingebrachten Anteile auf Antrag mit dem Buchwert (bei Anteilen im Privatvermögen mit den ursprünglichen und nachträglichen Anschaffungskosten im Zeitpunkt der Einbringung) oder einem höheren Wert, höchstens jedoch mit dem gemeinen Wert, angesetzt werden, wenn die übernehmende Gesellschaft nach der Einbringung aufgrund ihrer Beteiligung einschließlich der eingebrachten Anteile nachweisbar **unmittelbar** die **Mehrheit der Stimmrechte** an der erworbenen Gesellschaft hat (qualifizierter Anteilstausch). Danach wird vom Gesetz **unterschieden** zwischen einem **qualifizierten und einem nicht qualifizierten Anteilstausch**.

aa) Unmittelbare Mehrheit der Stimmrechte

(1) Allgemeines

2045 Die Klassifizierung als qualifizierter Anteilstausch erfordert eine unmittelbare Mehrheit der Stimmrechte an der erworbenen Gesellschaft.

2046 **BEISPIEL** nicht qualifizierter Anteilstausch (Beteiligung und Stimmrechte sind identisch):

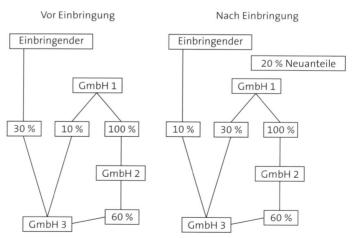

GmbH 3 ist die Gesellschaft, deren Anteile in die GmbH 1 eingebracht werden. In Bezug auf die GmbH 1 liegt kein qualifizierter Anteilstausch vor, da diese nur mittelbar über GmbH 2 ihre Mehrheit geltend machen kann. Die übernehmende GmbH 1 hat die eingebrachten Anteile gem. § 21 Abs. 1 Satz 1

UmwStG mit dem gemeinen Wert anzusetzen. Ein Wahlrecht zu einem niedrigeren Wert besteht nicht.

BEISPIEL qualifizierter Anteilstausch (Beteiligung und Stimmrechte sind identisch): 2047

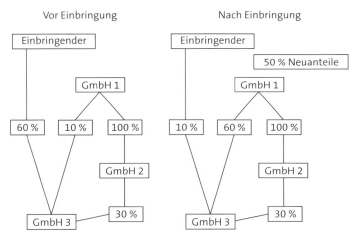

Hier hat die übernehmende GmbH 1 nach der Einbringung aufgrund ihrer Beteiligung von 60 % einschließlich der eingebrachten Anteile von 50 % nachweisbar unmittelbar die Mehrheit der Stimmrechte an der erworbenen Gesellschaft. In diesem Fall des qualifizierten Anteilstauschs darf die GmbH gem. § 21 Abs. 1 Satz 2 UmwStG den Ansatz der eingebrachten Anteile mit dem Buchwert oder einem Zwischenwert beantragen. Der qualifizierte Anteilstausch enthält sowohl den Fall, in dem eine Mehrheitsbeteiligung wie im vorstehenden Beispiel erst durch den Einbringungsvorgang entsteht, als auch den Fall, in dem eine zum Umwandlungsstichtag bereits bestehende Mehrheitsbeteiligung weiter aufgestockt wird.[1]

BEISPIEL: Die A-AG erwirbt von B 20 % der Anteile an der C-GmbH, an der die A-AG 2048
bereits 51 % hält.

Im Rahmen eines qualifizierten Anteilstauschs können **mehrere Personen** Anteile einbringen, die nicht einzeln, sondern nur insgesamt die Voraussetzungen des § 21 Abs. 1 Satz 2 UmwStG erfüllen. Allerdings müssen die Einbringun- 2049

---

[1] Rn 21.09 UmwStErl 2011; Patt, a. a. O., Tz. 32; Rabback, a. a. O., Rn 68.

gen auf einem einheitlichen Gründungs- oder Kapitalerhöhungsvorgang beruhen.[1]

BEISPIEL: ▶ Die A-AG hält bereits 30 % der Anteile an der B-GmbH. Im Rahmen eines einheitlichen Kapitalerhöhungsvorgangs bringen die Gesellschafter C und D jeweils weitere 15 % der Anteile an der B-GmbH in die A-AG ein.

2050 Damit wird der Streit vermieden, welcher der beiden Gesellschafter den qualifizierten Anteilstausch auslöst. Das Ergebnis ist Ausfluss des Rechtsgedankens der Rechtsform- und Gestaltungsneutralität.[2] Nach ganz überwiegender Auffassung soll die übernehmende Gesellschaft dabei ihr **Wahlrecht unterschiedlich ausüben** können.[3] Dies ist u. E. zumindest in einem Fall wie in obigem Beispiel **unzutreffend**, dass erst die verschiedenen Einbringungen zur Mehrheitsbeteiligung führen. Wenn der Übernehmerin das Wahlrecht überhaupt erst durch die Zusammenrechnung mehrerer Einbringungen eröffnet wird, kann sie das Wahlrecht auch nur einheitlich ausüben.[4]

2051 Überträgt eine Person in einem einheitlichen Vorgang mehrere Beteiligungen an derselben Gesellschaft, ist von **einer** Einbringung auszugehen und kann die Übernehmerin ihr Wahlrecht nur einheitlich ausüben.[5]

2052 Da das Gesetz ausdrücklich auf die Mehrheit der Stimmrechte abstellt, kommt es auf die **Höhe der Kapitalbeteiligung** nicht an. Stimmrechtsregelungen in GmbH-Satzungen oder Stimmrechtsbeschränkungen für Aktienpakete nach § 134 AktG sind deshalb zu beachten. Schuldrechtliche Vereinbarungen, wie Stimmbindungsverträge oder Vetoverträge, sind hingegen unbeachtlich.[6]

2053 Die Übernehmerin muss gem. § 21 Abs. 1 Satz 2 UmwStG an der erworbenen Gesellschaft **nachweisbar** die Stimmenmehrheit haben. Damit wird zum Ausdruck gebracht, dass der Einbringende die Beweislast für die Tatbestandsmäßigkeit der Steuervergünstigung des § 21 UmwStG hat. Ihm obliegt der Nachweis, dass die übernehmende Gesellschaft **im Zeitpunkt unmittelbar nach der Einbringung** eine unmittelbare Mehrheit der Stimmrechte hält; ein späterer Verlust der Mehrheit ist für die Beurteilung des Einbringungsvorgangs unbeachtlich. Dies wird vor allem praktische Bedeutung in den Fällen haben, in denen es um die Einbringung ausländischer Beteiligungen und somit

---

1 Rn 21.09 UmwStErl 2011; Rabback, a. a. O.; weiter Schmitt, a. a. O., Rn 43, wonach ein zeitlicher Zusammenhang ausreichen soll.
2 Siehe o. Rn 530.
3 Rabback, a. a. O., Rn 68; Schmitt, a. a. O., Rn 43; Patt, a. a. O., Tz. 48.
4 Der UmwStErl 2011 enthält hierzu keine Aussage.
5 Allgemeine Meinung, vgl. nur Schmitt, a. a. O.
6 Schmitt, a. a. O., Rn 53.

XII. Einbringung in eine Kapitalgesellschaft

um die Bestimmung der Stimmenmehrheit nach dem Recht eines ausländischen Staates geht.

(2) Kein Grundsatz der Maßgeblichkeit

Der Ansatz eines niedrigeren Werts als des gemeinen Werts in der Steuerbilanz der übernehmenden Gesellschaft ist auch dann zulässig, wenn in der Handelsbilanz der Übernehmerin andere Werte angesetzt werden. Ein Maßgeblichkeitsgrundsatz ist nicht zu beachten. Das Ansatzwahlrecht des § 21 Abs. 1 Satz 2 UmwStG ist ein eigenes steuerliches Bewertungswahlrecht. 2054

Die Bewertungsregelungen für den Ansatz der Beteiligung an der erworbenen Gesellschaft gem. § 21 Abs. 1 Satz 2 UmwStG sind für den deutschen Fiskus nur relevant, wenn diese Beteiligung bei der übernehmenden Kapitalgesellschaft der deutschen Besteuerung unterliegt. Das deutsche Besteuerungsrecht ist in folgenden Konstellationen gegeben. 2055

BEISPIEL 1: Die übernehmende Gesellschaft ist eine unbeschränkt steuerpflichtige Kapitalgesellschaft oder Genossenschaft, und die Anteile an der erworbenen Gesellschaft gehören nicht zu einer ausländischen Betriebsstätte in einem DBA-Staat mit Freistellungsmethode.

BEISPIEL 2: Die übernehmende Körperschaft ist eine ausländische beschränkt steuerpflichtige Kapitalgesellschaft oder Genossenschaft, und die Anteile an der erworbenen Gesellschaft gehören zum Betriebsvermögen einer inländischen Betriebsstätte.

(3) Wahlrechtsausübender Antragsberechtigter

§ 21 Abs. 1 Satz 2 UmwStG verweist am Ende auf § 20 Abs. 2 Satz 3 UmwStG. Das Wahlrecht zu einem niedrigeren Wert kann nur durch Antrag ausgeübt werden. Antragsberechtigt ist die übernehmende Gesellschaft, die spätestens mit der erstmaligen Abgabe der Steuerbilanz ihr Wahlrecht ausüben muss.[1] 2056

(4) Andere Gegenleistungen als Gesellschaftsanteile

Erhält der Einbringende neben den Gesellschaftsanteilen auch andere Wirtschaftsgüter, deren gemeiner Wert den Buchwert der eingebrachten Anteile übersteigt, hat die übernehmende Gesellschaft die eingebrachten Anteile gem. § 21 Abs. 1 Satz 3 UmwStG mindestens mit dem gemeinen Wert der anderen Wirtschaftsgüter anzusetzen. 2057

---

1 Einzelheiten zur Wahlrechtsausübung siehe o. Rn 1848 ff.

D. Das Umwandlungssteuerrecht

BEISPIEL: A bringt aus seinem Vermögen (gleichgültig, ob Betriebs- oder Privatvermögen) eine Beteiligung in Höhe von 52 % an der X-GmbH in die Y-GmbH ein. Buchwert bzw. Ursprungsanschaffungskosten der Beteiligung betragen 30.000 €, der gemeine Wert der Beteiligung beträgt 300.000 €. Die Y-GmbH war an der X-GmbH bisher nicht beteiligt. Als Gegenleistung erhält A von der Y-GmbH neue Anteile von 20.000 € und eine Barzahlung von 100.000 €.

Durch die Einbringung erhält die Y-GmbH unmittelbar die Mehrheit der Stimmrechte an der X-GmbH. Somit handelt es sich um einen qualifizierten Anteilstausch nach § 21 Abs. 1 Satz 2 UmwStG. Grundsätzlich könnte die Y-GmbH auf Antrag die Buchwerte bzw. Ursprungsanschaffungskosten fortführen, da jedoch neben den neuen Anteilen auch andere Wirtschaftsgüter in Gestalt einer Barzahlung von 100.000 € auf A übertragen werden, muss der Ansatz der übernommenen Anteile bei der Y-GmbH mindestens mit 100.000 € erfolgen. Danach ergibt sich bei A eine Gewinnrealisierung in Höhe von 80.000 €.

(5) Einschränkung des Wahlrechts

2058 Wird durch die Einbringung erstmals ein deutsches Besteuerungsrecht an den erworbenen Anteilen begründet, sind die Anteile zwingend mit dem gemeinen Wert anzusetzen. Die zu § 20 UmwStG zu Recht vertretene Auffassung[1] gilt auch i. R. des § 21 UmwStG.[2]

(6) Auswirkungen der Wahlrechtsausübung bei der übernehmenden Gesellschaft

2059 Nach § 23 Abs. 1 Satz 1 UmwStG tritt die übernehmende Gesellschaft im Fall einer Einbringung zu einem unter dem gemeinen Wert liegenden Wert hinsichtlich des eingebrachten Betriebsvermögens in die steuerliche Rechtsstellung des übertragenden Rechtsträgers ein. Aufgrund eines Redaktionsversehens im SEStEG wurde im Klammerzusatz nur die gesetzliche Grundlage für die Sacheinlage, nicht jedoch für den Anteilstausch unter dem gemeinen Wert angegeben. Dies wurde zur Klarstellung, dass auch die Fälle des Anteilstausches betroffen sind, durch das JStG 2009 nachgeholt. Setzt die übernehmende Gesellschaft das eingebrachte Betriebsvermögen nach § 21 Abs. 1 Satz 2 UmwStG mit einem unter dem gemeinen Wert liegenden Wert an, gelten § 4 Abs. 2 Satz 3 und § 12 Abs. 3 Halbsatz 1 UmwStG entsprechend. Damit gilt die sog. „**Fußstapfentheorie**" nunmehr auch entsprechend **für den Anteilstausch**. Wegen der Einzelheiten wird auf die Ausführungen hinsichtlich einer Einbringung gem. § 20 UmwStG zum Eintritt der übernehmenden Gesellschaft in die

---

1 Siehe o. Rn 1844.
2 Schmitt, a. a. O., Rn 69.

Rechtsstellung des übertragenden Unternehmens verwiesen, da diese beim Anteilstausch entsprechend gelten.[1]

bb) Keine unmittelbare Mehrheit der Stimmrechte

In diesem Fall ist nach § 21 Abs. 1 Satz 1 UmwStG zwingend der gemeine Wert anzusetzen.　　2059a

g) Rechtsfolgen des Anteilstauschs für die erworbene Gesellschaft

Für die erworbene Gesellschaft ist gleichgültig, mit welchem Wert die Beteiligung bei der Übernehmerin angesetzt wird.　　2060

Für sie kann die Einbringung zu einem quotalen oder vollständigen Wegfall nicht ausgeglichener Verluste bei der KSt (§ 8c KStG), von Gewerbeverlustvorträgen bei der GewSt (§ 10a Satz 10 GewStG) und eines Zinsvortrags/EBITDA-Vortrags nach § 4h Abs. 1 EStG bei der KSt und GewSt (§ 4h Abs. 5 Satz 3 EStG) führen.　　2061

h) Rechtsfolgen eines Anteilstauschs nach § 21 UmwStG für den Einbringenden

aa) Grundsätzliche Veräußerungs- und Anschaffungspreisbestimmung

Grundsätzlich gilt der **Grundsatz der Wertverknüpfung**. Der Wert, mit dem die übernehmende Gesellschaft die eingebrachten Anteile ansetzt,[2] gilt gem. § 21 Abs. 2 Satz 1 UmwStG für den Einbringenden als Veräußerungspreis der eingebrachten Anteile und als Anschaffungskosten der erhaltenen Anteile. Dies gilt zunächst für alle Fälle, mithin sowohl für den einfachen Anteilstausch als auch für den qualifizierten Anteilstausch mit und ohne Antrag der übernehmenden Gesellschaft.　　2062

bb) Ausnahmen

(1) Zwingender Ansatz des gemeinen Werts als Veräußerungs- und Anschaffungspreis

Ohne Rücksicht darauf, ob und wie die übernehmende Gesellschaft die erhaltenen Anteile ansetzt bzw. ansetzen muss, bestimmt § 21 Abs. 2 Satz 2 UmwStG, dass abweichend von § 21 Abs. 2 Satz 1 UmwStG für den Einbringen-　　2063

1　Siehe o. Rn 1867 ff.
2　Zu Einzelheiten siehe o. Rn 1927 ff.

den der gemeine Wert der eingebrachten Anteile als Veräußerungspreis und als Anschaffungskosten der erhaltenen Anteile gilt, wenn

▶ für die **eingebrachten** Anteile nach der Einbringung das Recht der Bundesrepublik Deutschland hinsichtlich der Besteuerung des Gewinns aus der Veräußerung dieser Anteile ausgeschlossen oder beschränkt ist oder

▶ das Recht der Bundesrepublik Deutschland hinsichtlich der Besteuerung des Gewinns aus der Veräußerung der **erhaltenen** Anteile ausgeschlossen oder beschränkt ist.

2064 Der Ausschluss und die Beschränkung des deutschen Besteuerungsrechts knüpfen damit an die Besteuerung von zwei Anteilskategorien an:

▶ Besteuerung des Gewinns aus der Veräußerung der eingebrachten Anteile

▶ Besteuerung des Gewinns aus der Veräußerung der erhaltenen Anteile

2065 Ausschluss oder Beschränkung des Besteuerungsrechts setzen voraus, dass vor der Einbringung ein Besteuerungsrecht bestand und dieses durch die Einbringung ausgeschlossen oder beschränkt wird. Spätere Ausschlüsse bzw. Beschränkungen werden durch § 12 KStG, § 4 Abs. 1 Satz 3 EStG geregelt.

2066 Eine Beschränkung des Besteuerungsrechts liegt bereits vor, wenn die Bundesrepublik Deutschland vor der Einbringung das volle Besteuerungsrecht bei einer Veräußerung der eingebrachten Anteile hatte, nach der Einbringung bei Veräußerung der erhaltenen Anteile zwar das Besteuerungsrecht bei der Bundesrepublik Deutschland liegt, jedoch ausländische Steuern auf die deutsche Steuer angerechnet werden müssen.[1]

2067 Der Ausschluss bzw. die Beschränkung müssen auf einer **Verlagerung steuerlicher Anknüpfungspunkte ins Ausland** beruhen. Die Beschränkung des Besteuerungsrechts durch § 8b Abs. 2 KStG, wenn eine natürliche Person Anteile an einer Kapitalgesellschaft in eine andere Kapitalgesellschaft einbringt, fällt nicht hierunter. Gleiches gilt bei der Einbringung in eine steuerbefreite Gesellschaft.[2]

2068 Ist der gemeine Wert höher als der Buchwert oder die Anschaffungskosten der Anteile, kommt es zu einer Gewinnrealisierung auf Ebene des Einbringenden. § 21 Abs. 2 Satz 2 hebt somit den Grundsatz der Wertverknüpfung im Falle der Beschränkung des deutschen Besteuerungsrechts auf.

---

1 Zu Einzelheiten siehe o. Rn 1842.
2 Patt, a. a. O., Tz. 60; Schmitt, a. a. O., Rn 89.

(2) Auswirkungen des Grundsatzes der Wertverknüpfung und die dazu bestehende Ausnahme

Betrachtet man § 21 Abs. 2 Sätze 1 und 2 UmwStG in einer Zusammenschau, gilt der Grundsatz der Wertverknüpfung gem. § 21 Abs. 2 Satz 1 UmwStG in folgenden Fällen: 2069

▶ in allen Fällen des einfachen Anteilstauschs, da in diesem Fall immer der gemeine Wert sowohl bei der Übernehmerin als auch beim Einbringenden anzusetzen ist; dies gilt sowohl für Fälle mit als auch für Fälle ohne Auslandsbezug;

▶ in Fällen des qualifizierten Anteilstauschs mit allen Beteiligten im Inland;[1] hier hat die Übernehmerin nach § 21 Abs. 1 Satz 2 UmwStG ein Wertansatzwahlrecht, an das der Einbringende gebunden ist; obwohl dieser Fall rein formal unter § 23 Abs. 2 Satz 3 Nr. 1 UmwStG fällt, greift die Vorschrift nicht ein, da sie nur eine Rückausnahme zu den Fällen des Satzes 2 und dieser nur in Fällen mit Auslandsbezug einschlägig ist.

Keine zwingende Wertverknüpfung liegt hingegen vor beim 2070

▶ qualifizierten Anteilstausch mit Auslandsbezug, sofern das deutsche Besteuerungsrecht weder an den erhaltenen noch an den eingebrachten Anteilen ausgeschlossen oder beschränkt wird, z. B. wenn die eingebrachten Anteile an einer inländischen GmbH zu einer inländischen Betriebsstätte einer im Ausland ansässigen übernehmenden Gesellschaft gehören; hier können die übernehmende Gesellschaft und der Einbringende ihr nach § 21 Abs. 1 Satz 2 bzw. Abs. 2 Satz 3 UmwStG bestehendes Wahlrecht unterschiedlich ausüben.

So wie bei den Sacheinlagen gem. § 20 UmwStG besteht in den Fällen, die unter § 21 Abs. 2 Satz 1 UmwStG fallen, eine **Wertverknüpfung zwischen** dem **Ansatz des Sacheinlagegegenstands bei der Übernehmerin und den steuerlichen Anschaffungskosten der erworbenen neuen Anteile** an der Übernehmerin. Eine eigene Überprüfung der Werte der übertragenen Anteile auf der Ebene des Einbringenden wird bei einer Wertverknüpfung nicht vorgenommen.[2] 2071

Die unter § 21 Abs. 2 Satz 2 UmwStG entfallenden Sachverhalte enthalten Ausnahmen von diesem Grundsatz der Wertverknüpfung. Die Absage an den Grundsatz der Wertverknüpfung war aus EU-rechtlicher Sicht erforderlich geworden. Der deutsche Gesetzgeber reagierte im Vorfeld auf sich abzeichnende 2072

---

1 Rabback, a. a. O., Rn 96.
2 BFH, Urteil v 19. 12. 2007 I R 111/05, BFH/NV 2008 S. 686, zur Rechtslage vor SEStEG.

D. Das Umwandlungssteuerrecht

Tendenzen in der höchstrichterlichen Rechtsprechung. Zunächst legte der BFH[1] dem EuGH ein Vorabentscheidungsersuchen vor mit folgenden Fragen:

1. Steht Art. 8 Abs. 1 und 2 der Richtlinie 90/434/EWG des Rates vom 23. 7. 1990 (AblEG Nr. L 225, 1) der Steuerregelung eines Mitgliedstaates entgegen, nach welcher bei Einbringung der Anteile an einer EU-Kapitalgesellschaft in eine andere EU-Kapitalgesellschaft dem Einbringenden nur dann die Fortführung der Buchwerte der eingebrachten Anteile ermöglicht wird, wenn die übernehmende Kapitalgesellschaft die eingebrachten Anteile ihrerseits mit den Buchwerten angesetzt hat (sog. doppelte Buchwertverknüpfung)?

2. Falls dies zu verneinen sein sollte: Widerspricht die vorstehende Regelungslage (vor SEStEG) Art. 43 und 56 EG, obwohl die sog. doppelte Buchwertverknüpfung auch bei der Einbringung der Anteile an einer Kapitalgesellschaft in eine unbeschränkt steuerpflichtige Kapitalgesellschaft verlangt wird?

2073 Dazu entschied der EuGH am 11. 12. 2008:[2]

Art. 8 Abs. 1 und 2 der Richtlinie 90/434/EWG des Rates vom 23. 7. 1990 über das gemeinsame Steuersystem für Fusionen, Spaltungen, die Einbringung von Unternehmensteilen und den Austausch von Anteilen, die Gesellschaften verschiedener Mitgliedstaaten betreffen, steht einer Regelung eines Mitgliedstaats entgegen, nach der ein Austausch von Anteilen dazu führt, dass bei den Gesellschaftern der erworbenen Gesellschaft der Einbringungsgewinn in Höhe des Unterschiedsbetrags zwischen den ursprünglichen Anschaffungskosten der eingebrachten Anteile und ihrem Verkehrswert besteuert wird, sofern die erwerbende Gesellschaft nicht den historischen Buchwert der eingebrachten Anteile in ihrer eigenen Steuerbilanz ansetzt.

2074 Damit steht man vor der Frage, ob der Grundsatz der Wertverknüpfung immer dann durchbrochen werden muss, wenn ein grenzüberschreitender Anteilstausch vorliegt. Wird der Grundsatz durchbrochen, führt das zu der Folge, dass der Einbringende auf seiner Ebene grds. den gemeinen Wert ansetzen muss, obwohl die aufnehmende Körperschaft einen niedrigeren Wert als den gemeinen Wert für die eingebrachten Anteile ansetzen darf.

2075 § 21 Abs. 2 Satz 2 UmwStG basiert auf dem besonderen Schutzinteresse des deutschen Fiskus, die Besteuerungssituation bei einer Anteilsveräußerung

---
1 Beschluss v. 7. 3. 2007 I R 25/05, BStBl II 2007 S. 679.
2 EuGH, Urteil v. 11. 12. 2008 Rs. C-285/07 (A.T.), BFH/NV 2009 S. 337.

nach der Einbringung so zu erhalten, wie sie vor der Einbringung bestanden hat.

(3) Rückausnahme vom zwingenden Ansatz des gemeinen Werts

Das Schutzinteresse am Erhalt der Besteuerung besteht nur, wenn das Besteuerungsrecht tangiert wird. Zudem darf der Grundsatz des Ansatzes des gemeinen Werts beim grenzüberschreitenden Anteilstausch nicht gegen höherrangiges EU-Recht verstoßen. Insbesondere darf kein Verstoß gegen die Niederlassungsfreiheit, Kapitalverkehrsfreiheit und gegen die Vorgaben des Sekundärrechts, wie der Fusionsrichtlinie, ausgelöst werden. Daher hat der Gesetzgeber dem Einbringenden gem. § 21 Abs. 2 Satz 3 UmwStG ein eigenes Bewertungswahlrecht eingeräumt, unabhängig von dem Wertansatz der eingebrachten Beteiligung bei der übernehmenden Gesellschaft. 2076

Das **Bewertungswahlrecht** des Einbringenden gilt **nur für einen qualifizierten Anteilstausch** und setzt voraus, dass 2077

▶ entweder gem. § 21 Abs. 2 Satz 3 Nr. 1 UmwStG das Recht der Bundesrepublik Deutschland hinsichtlich der Besteuerung des Gewinns aus der Veräußerung der erhaltenen Anteile im Vergleich zum deutschen Besteuerungsrecht an den eingebrachten Anteilen vor der Einbringung weder ausgeschlossen noch beschränkt ist **oder**

▶ der Gewinn aus dem Anteilstausch gem. § 21 Abs. 2 Satz 3 Nr. 2 UmwStG aufgrund Art. 8 der Fusionsrichtlinie nicht besteuert werden darf **und**

▶ der Einbringende einen Antrag stellt.

Es handelt sich um eine **unechte Rückausnahme**. Bei einer echten Rückausnahme würde wieder die Rechtsfolge des § 21 Abs. 2 Satz 1 UmwStG mit dem Grundsatz der Wertverknüpfung gelten. Die Wertverknüpfung wird aber gerade nicht wieder hergestellt, wenn die Voraussetzungen des § 21 Abs. 2 Satz 3 UmwStG erfüllt sind. 2078

(a) Kein Ausschluss/keine Beschränkung des deutschen Besteuerungsrechts an den erhaltenen Anteilen

Nach § 21 Abs. 2 Satz 3 Nr. 1 UmwStG steht dem Einbringenden beim **qualifizierten Anteilstausch mit Auslandsbezug** ein Wahlrecht zu, wenn das Recht der Bundesrepublik Deutschland hinsichtlich der Besteuerung aus der Veräußerung der **erhaltenen** Anteile nicht ausgeschlossen oder beschränkt ist. Verglichen werden muss das inländische Besteuerungsrecht an den einge- 2079 brachten Anteilen vor der Einbringung mit dem Besteuerungsrecht an den erhaltenen Anteilen unmittelbar nach Einbringung.

2080 Das Wahlrecht kann der Einbringende unabhängig vom Wertansatz der eingebrachten Anteile bei der übernehmenden Gesellschaft ausüben.

2081 Die Vorschrift greift ein bei Einbringung der Anteile

▶ durch einen im Inland unbeschränkt steuerpflichtigen Anteilseigner; in diesem Fall bleibt das Besteuerungsrecht im Regelfall beim Ansässigkeitsstaat des Anteilseigners (Ausnahmen sind z. B. die DBA mit der tschechischen Republik, der slowakischen Republik und Zypern; auch sind die Ausnahmen für sog. Immobiliengesellschaften zu beachten, s. DBA Österreich und USA);[1]

▶ durch einen im Inland beschränkt steuerpflichtigen Anteilseigner in eine ausländische übernehmende Gesellschaft für den Fall, dass die Beteiligung nach der Einbringung funktional einer inländischen Betriebsstätte zugeordnet werden kann.

(b) Anteilstausch und Art. 8 Fusionsrichtlinie

2082 Das Wahlrecht gilt auch dann, wenn der Gewinn aus dem Anteilstausch aufgrund des Art. 8 der Fusionsrichtlinie nicht besteuert werden darf (§ 21 Abs. 2 Satz 3 Nr. 2 UmwStG).

2083 Nach Art. 8 Abs. 1 Fusionsrichtlinie darf die Zuteilung von Anteilen am Gesellschaftskapital der übernehmenden oder erwerbenden Gesellschaft an einen Gesellschafter der einbringenden oder erworbenen Gesellschaft gegen Anteile an deren Gesellschaftskapital aufgrund des Austauschs von Anteilen für sich allein keine Besteuerung des Veräußerungsgewinns dieses Gesellschafters auslösen. Weiter verlangt Art. 8 Abs. 4 Fusionsrichtlinie, dass der Gesellschafter den erworbenen Anteilen keinen höheren steuerlichen Wert beimisst, als den in Tausch gegebenen Anteilen unmittelbar vor dem Austausch der Anteile beigemessen war. In Art. 8 Abs. 8 Fusionsrichtlinie wird das Wahlrecht nach nationalem Recht berücksichtigt. Darf danach ein Gesellschafter nach dem Recht seines Wohnsitzstaats oder Sitzstaats eine von Art. 8 Abs. 4 abweichende steuerliche Behandlung wählen, so findet das Verbot einer Besteuerung einer Anteilsveräußerung nach Art. 8 Abs. 1 keine Anwendung auf die Anteile, für die der Gesellschafter von diesem Recht Gebrauch macht. Art. 8 Fusionsrichtlinie ist im Sachzusammenhang mit Art. 3 Fusionsrichtlinie zu sehen. Danach müs-

---

[1] Vgl. das Beispiel 1 in Rn 21.15 UmwStErl 2011.

sen an dem Anteilstausch EU-Gesellschaften mit Ausnahme transparenter Gesellschaften aus mindestens zwei Mitgliedstaaten beteiligt sein. Nach Art. 3 Buchst. b der Fusionsrichtlinie gilt jede Gesellschaft als Gesellschaft eines EU-Mitgliedstaats, wenn sie nach dem Steuerrecht eines Mitgliedstaats als in diesem Mitgliedstaat und nicht aufgrund eines DBA mit einem dritten Staat als außerhalb der Gemeinschaft ansässig angesehen wird. Gemäß Art. 1 Buchst. a Fusionsrichtlinie müssen an dem Vorgang Gesellschaften aus zwei oder mehr Mitgliedstaaten beteiligt sein. Die erworbene und die übernehmende Gesellschaft müssen in mindestens zwei unterschiedlichen Mitgliedstaaten ansässig sein, da auch nach der Fusionsrichtlinie an die Person des Einbringenden keine persönlichen Anwendungsvoraussetzungen geknüpft werden.

BEISPIEL (NACH BEISPIEL 2 IN RN 21.15 UMWSTERL 2011): Die in Deutschland ansässige B-GmbH ist alleinige Anteilseignerin der inländischen A-GmbH. Sie bringt ihre Anteile in die tschechische X-s.r.o. ein und erhält dafür Anteile an der s.r.o.

Lösung:

Nach dem DBA Tschechien steht das Besteuerungsrecht hinsichtlich des Gewinns aus der Veräußerung der erhaltenen Anteile an der X-s.r.o. sowohl Deutschland als auch Tschechien zu. Auf Antrag der B-GmbH können, da der Fall unter die Fusionsrichtlinie fällt, nach § 21 Abs. 2 Satz 3 Nr. 2 Halbsatz 1 UmwStG die erhaltenen Anteile gleichwohl mit dem Buchwert oder einem Zwischenwert angesetzt werden. Bei Veräußerung der Anteile ist der Gewinn nach Halbsatz 2 der vorgenannten Vorschrift auch in Deutschland steuerpflichtig.

Der UmwStErl 2011 äußert sich nicht dazu, wie der Veräußerungsgewinn berechnet und ob und in welchem Umfang die in Tschechien auf die Veräußerung anfallende Steuer auf die inländische Steuerschuld angerechnet werden kann. Nach zutreffender Auffassung von Benz/Rosenberg[1] muss das inländische Besteuerungsrecht auf den inländischen Wertzuwachs begrenzt werden, d. h. als Veräußerungsgewinn i. S. des § 21 Abs. 2 Satz 3 Nr. 2 Halbsatz 2 UmwStG darf nur der Unterschiedsbetrag zwischen dem gemeinen Wert zum Zeitpunkt des Anteilstauschs und dem Buchwert/Anschaffungskosten angesetzt werden.

In den Fällen einer **baren Zuzahlung** neben der Gegenleistung in Gestalt von Anteilen darf gem. Art. 2 Buchst. e Fusionsrichtlinie diese Zuzahlung 10 % des Nennwerts oder – bei Fehlen eines Nennwerts – des rechnerischen Werts der im Zuge des Austauschs ausgegebenen Anteile nicht überschreiten.

2084

Die Fusionsrichtlinie hat folgende Fälle nicht erfasst:

2085

▶ Einbringung von Anteilen an Gesellschaften, die in Drittstatten ansässig sind;

---

1 DB, Beilage Nr. 1 zu Heft 2/2012, S. 38, 46; a. A. Patt in D/P/M, § 21 UmwStG, Tz. 60.

D. Das Umwandlungssteuerrecht

▶ Einbringung von Anteilen an einer in einem EU-Mitgliedstaat ansässigen Gesellschaft in eine in dem gleichen Mitgliedstaat ansässige Gesellschaft;

▶ Gewährung auch anderer Wirtschaftsgüter, deren gemeiner Wert 10 % des Nennwerts der erhaltenen Anteile übersteigt;

▶ Einbringung von Anteilen an einer Kapitalgesellschaft oder Genossenschaft eines „bloßen" EWR-Mitgliedstaats;

▶ Einbringung in eine Kapitalgesellschaft oder Genossenschaft eines „bloßen" EWR-Mitgliedstaats.

2086 Aufgrund der jüngeren EuGH-[1] und BFH-Rechtsprechung[2] wird man die Nichtberücksichtigung der „bloßen" übernehmenden oder erworbenen EWR-Körperschaften als Verstoß gegen die in das EWR-Abkommen eingeflossenen Grundfreiheiten des EU-Vertrags werten müssen.[3]

2087 Sind die Voraussetzungen der Fusionsrichtlinie erfüllt und hat der Einbringende einen Antrag auf Ansatz des Buch- oder eines Zwischenwerts als Veräußerungspreis bzw. Anschaffungskosten gestellt, ist der Gewinn gem. § 21 Abs. 2 Satz 3 Nr. 2 Halbsatz 2 UmwStG aus einer späteren Veräußerung der erhaltenen Anteile ungeachtet der Bestimmungen eines DBA so zu besteuern, wie die Veräußerung der eingebrachten Anteile vor der Einbringung zu besteuern gewesen wäre. Die Regelung beinhaltet einen durch Art. 8 Abs. 6 Fusionsrichtlinie legitimierten **„treaty override"**, wonach die Anwendung des Art 1 Fusionsrichtlinie die Mitgliedstaaten nicht hindert, den Gewinn aus einer späteren Veräußerung der erworbenen Anteile in gleicher Weise zu besteuern wie den Gewinn aus einer Veräußerung der vor dem Erwerb vorhandenen Anteile.

2088 **BEISPIEL 1:** ▶ Ein inländischer Anteilseigner bringt 50 % Anteile an einer US-amerikanischen Kapitalgesellschaft (keine Gesellschaft, deren Vermögen ganz oder überwiegend aus Grundbesitz besteht) in eine tschechische S.R.O. gegen neue Gesellschaftsrechte an der tschechischen Kapitalgesellschaft ein.

---

1 EuGH, Urteil v. 23. 2. 2006 Rs. C-471/04 (Keller Holding), EuGHE 2006, I-2107.
2 BFH, Urteil v. 9. 8. 2006 I R 95/05, BStBl II 2007 S. 279.
3 Siehe a. Lüdicke/Hummel, IStR 2006 S. 694; Benecke/Schnitger, IStR 2006 S. 769; Mutscher in Frotscher/Maas, § 21 UmwStG, Rn 188.

XII. Einbringung in eine Kapitalgesellschaft

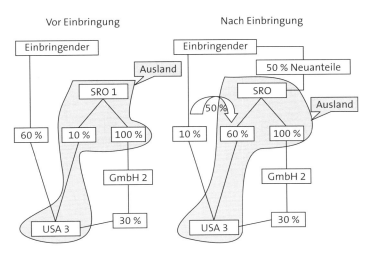

§ 21 UmwStG ist auch auf die Einbringung von Beteiligungen aus Drittstaaten anwendbar. Die Vorgängerregelung § 23 Abs. 4 UmwStG a. F. war enger formuliert.[1] Sie bezog sich auf Einbringungen von Anteilen an einer EU-Kapitalgesellschaft in eine andere EU-Kapitalgesellschaft. Der Anteilstausch ist qualifiziert. Ein Wahlrecht stünde der SRO zu, das aber hier obsolet ist, da sich dieses nach tschechischem Steuerrecht richtet.

Nach § 21 Abs. 2 Satz 2 UmwStG ist das Besteuerungsrecht der Bundesrepublik Deutschland beschränkt worden. Die übertragenen 50 % Anteile der USA-Kapitalgesellschaft unterlagen im Inland dem uneingeschränkten Besteuerungsrecht ohne Anrechnungsverpflichtung. Nach dem Anteilstausch verbleibt im Inland für die erworbenen Anteile nur ein Besteuerungsrecht mit Anrechnung der tschechischen Steuer gem. Art. 13 Abs. 3 und Art. 23 Abs. 1 Buchst. b Nr. 3 DBA Tschechien. Somit besteht nach der Einbringung ein unbeschränktes inländisches Besteuerungsrecht für die eingebrachte Beteiligung von 50 % an der USA Kapitalgesellschaft nicht mehr. Es gilt gem. § 21 Abs. 2 Satz 2 UmwStG der gemeine Wert als Anschaffungskosten der neuen Anteile an der tschechischen SRO und gleichzeitig als Veräußerungspreis der hingegebenen Anteile an der USA-Kapitalgesellschaft, wenn nicht die Fusionsrichtlinie mit der Folge zur Anwendung kommt, dass der Gewinn aus dem Anteilstausch nicht besteuert werden darf. In diesem Falle wäre weiterhin auf Antrag der Buch- oder Zwischenwertansatz möglich. Ein Antrag unter Berufung auf § 21 Abs. 2 Satz 3 Nr. 2 UmwStG ist nicht möglich, weil der Anteilstausch nicht unter Art. 8 Abs. 1 EG-Fusionsrichtlinie fällt. Die US-Gesellschaft ist in einem Drittstaat ansässig und fällt gem. Art. 3 Fusionsrichtlinie aus dem Anwendungsbereich der Fusionsrichtlinie heraus.

---

1 Rödder/Schumacher, DStR 2007 S. 369.

D. Das Umwandlungssteuerrecht

2089 **BEISPIEL 2:** Eine unbeschränkt steuerpflichtige natürliche Person bringt i.R. eines Anteilstauschs 50% Anteile einer österreichischen GmbH in eine tschechische SRO gegen Gewährung von neuen Anteilen ein.

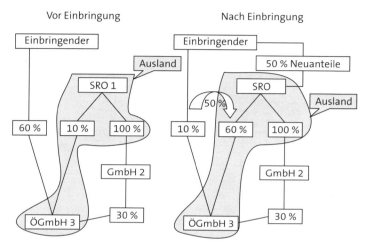

Hinsichtlich der Besteuerung des Gewinns aus der Veräußerung der eingebrachten österreichischen Anteile im Umfang von 50% stand der Bundesrepublik Deutschland nach dem DBA Österreich vor dem Anteilstausch das uneingeschränkte Besteuerungsrecht zu. Dieses wird durch den Anteilstausch ausgeschlossen. Hinsichtlich des Gewinns aus der Veräußerung der durch den Anteilstausch erhaltenen Anteile ist das Besteuerungsrecht der Bundesrepublik Deutschland eingeschränkt, da nach Art. 23 Abs. 1 Buchst. b Nr. 3 i.V. m. Art. 13 Abs. 3 DBA Tschechien eine Anrechnungsverpflichtung besteht.

Grundsätzlich wäre deshalb nach § 21 Abs. 2 Satz 2 UmwStG der gemeine Wert der eingebrachten Anteile als Veräußerungspreis und als Anschaffungskosten der erhaltenen Anteile anzusetzen. Da in diesem Fall die Fusionsrichtlinie gem. § 21 Abs. 2 Satz 3 Nr. 2 UmwStG zur Anwendung kommt, ist auf Antrag der Buchwert (oder Zwischenwert) anzusetzen. Bei Veräußerung der erhaltenen Anteile erfolgt jedoch unter Anwendung von § 21 Abs. 2 Satz 3 Nr. 2 Halbsatz 2 UmwStG unter Berücksichtigung von Art. 8 Abs. 6 Fusionsrichtlinie die volle Besteuerung des Veräußerungsgewinns ohne Anrechnung der tschechischen Steuer (= treaty override).[1]

2090 Halbsatz 3 des § 21 Abs. 2 Satz 3 Nr. 2 UmwStG erklärt **§ 15 Abs. 1a Satz 2 EStG für entsprechend anwendbar.** Dadurch wird auch in den Fällen der verdeckten Einlage der erhaltenen Anteile in eine Kapitalgesellschaft, der Liquidation der

---

1 Siehe auch BT-Drs. 16/3369 S. 27.

übernehmenden Gesellschaft sowie der Kapitalherabsetzung und der Einlagenrückgewähr die Besteuerung sichergestellt.[1]

(4) Antrag des Einbringenden

Der **Antrag** auf Bewertung der erhaltenen Anteile unterhalb des gemeinen Werts steht **nur dem Einbringenden** zu. Er ist bei dem für die Besteuerung des Einbringenden zuständigen Finanzamt zu stellen. Das ist das örtlich zuständige deutsche Finanzamt, das für die Steuern vom Einkommen aus der Veräußerung der eingebrachten Anteile zuständig gewesen wäre.   2091

Der Antrag kann formlos, auch konkludent,[2] gestellt werden. Es muss aber deutlich werden, dass der Einbringende einen vom gemeinen Wert abweichenden Wertansatz gewählt hat. Bei Anteilen im Betriebsvermögen ergibt sich der Wertansatz im Regelfall aus der mit der Steuererklärung eingereichten Steuerbilanz. Bei Anteilen im Privatvermögen ist von einem Antrag auf Fortführung der Anschaffungskosten auszugehen, wenn der Steuerpflichtige keinen Gewinn nach §§ 17, 20 Abs. 2 EStG erklärt. Aus Sicht einer ordnungsgemäßen Beratung sollte immer ein ausdrücklicher Antrag gestellt werden. Zur zwingenden Fortführung der Anschaffungskosten in Fällen des § 20 Abs. 4a EStG s. oben Rn 1299.   2092

Der Antrag ist spätestens bis zur erstmaligen Abgabe der Steuererklärung zu stellen. **Unklar ist, welche Steuererklärung damit gemeint ist.** Waren die eingebrachten Anteile Privatvermögen, kann nur die Steuererklärung für das Kalenderjahr gemeint sein, in das der Einbringungszeitpunkt fällt. Gehörten die eingebrachten Anteile zum Betriebsvermögen und hat der Einbringende ein vom Kalenderjahr abweichendes Wirtschaftsjahr, kommt es u.E. auf die Steuererklärung für das Kalenderjahr an, in dem nach § 4a Abs. 2 Nr. 2 EStG der Gewinn zu versteuern ist, und nicht auf die Steuererklärung für das Kalenderjahr, in das der Einbringungszeitpunkt fällt.   2093

BEISPIEL: Der Gewerbetreibende A, dessen Wirtschaftsjahr vom 1.10. bis 30.9. läuft, hält in seinem Betriebsvermögen alle Anteile an der belgischen X-S.A. Diese Anteile tauscht er unter den Voraussetzungen des § 21 UmwStG zum 10.12.2011 in Anteile

---

[1] Rabback, a.a.O., Rn 116.
[2] Rabback, a.a.O., Rn 119; Schmitt, a.a.O., Rn 104; a.A. Widmann in Widmann/Mayer, § 21 UmwStG, Rn 212.

an der deutschen Z-GmbH. Der Antrag auf Buchwertfortführung ist in der Steuererklärung für das Kalenderjahr 2012 (und nicht 2011) zu stellen.

2094 Hinsichtlich der Frage, ob nach wirksamer Wahlrechtsausübung eine **Änderung des ausgeübten Wahlrechts** möglich ist, wird unterschieden zwischen Anteilen im Privatvermögen und Anteilen im Betriebsvermögen:

► Bei Anteilen im Privatvermögen soll bis zur Bestandskraft der Steuerfestsetzung eine Änderung möglich sein.[1] Da der Wertansatz nach § 21 Abs. 2 Satz 3 UmwStG im Gegensatz zum Bewertungswahlrecht gem. § 20 Abs. 2 Satz 2 UmwStG sich nicht auf die steuerlichen Verhältnisse Dritter auswirke, sei eine Änderung gerechtfertigt. Eine engere Auffassung lässt nur die Rücknahme eines Antrags, aber keine Änderung zu.[2]

► Befinden sich die erhaltenen Anteile dagegen in einem Betriebsvermögen, soll eine Änderung des ausgeübten Wahlrechts nur noch i. R. der Änderungsmöglichkeiten nach § 4 Abs. 2 EStG für die Steuerbilanz des Jahres des Anteilstauschs möglich sein.[3]

2095 U. E. ist die Auffassung von Schmitt[4] zutreffend, dass **ein einmal wirksam gestellter Antrag weder zurückgenommen noch geändert** werden kann, auch nicht mit Zustimmung des Finanzamtes. Das Antragsrecht ist ein formaler Willensakt mit dem Inhalt, einen niedrigeren Wert als den gemeinen Wert anzusetzen. Jede Änderung zu einem anderen Wert ist ein neuer Antrag und konkludent die Rücknahme des Ursprungsantrags. Der Gesetzeswortlaut ist eindeutig, wonach der Antrag bis zur erstmaligen Abgabe der Steuererklärung bei dem für die Besteuerung des Einbringenden zuständigen Finanzamts zu stellen ist. Das ist der Schlusszeitpunkt. Änderungsmöglichkeiten hätte der Gesetzgeber berücksichtigen können. Daher wird es für eine Änderung entgegen dem Wortlaut keine Möglichkeit geben. Dazu bedürfte es einer eindeutigen verfahrensrechtlichen Regelung.

cc) Minderung der Buchwerte und der Anschaffungskosten

2096 Gemäß § 21 Abs. 2 Satz 6 UmwStG gilt § 20 Abs. 3 Satz 3 UmwStG entsprechend.[5] Danach gilt: Soweit neben den Gesellschaftsanteilen für die eingebrachten Anteile auch andere Wirtschaftsgüter gewährt werden, ist deren gemeiner Wert bei der Bemessung der Anschaffungskosten der Anteile der Ge-

---

[1] Patt, a. a. O., Tz. 64; Rabback, a. a. O., Rn 121.
[2] Neumann, GmbH-StB 2007 S. 378.
[3] Patt, a. a. O.; Rabback, a. a. O.
[4] A. a. O., Rn 104.
[5] Zu Einzelheiten siehe o. Rn 1937.

sellschaftsanteile von dem Wert nach § 21 Abs. 2 Satz 1 UmwStG[1] bzw. von dem niedrigeren Wert des § 21 Abs. 2 Satz 3 UmwStG abzuziehen. Daraus folgt, dass das Wahlrecht des Einbringenden auf Bewertung unterhalb des gemeinen Werts beschränkt ist, wenn neben den neuen Anteilen auch Zusatzleistungen erbracht werden. Ausgeschlossen ist ein Absinken der Anschaffungskosten der neuen Anteile unter 0 €.

Liegen die Gegenleistungen mit ihrem Wert über den Buchwerten bzw. Anschaffungskosten der eingebrachten Anteile, führt das insoweit zu einer Gewinnrealisierung beim Einbringenden.

dd) Einbringung von einbringungsgeborenen Anteilen

Gemäß § 21 Abs. 2 Satz 6 UmwStG gilt zudem § 20 Abs. 3 Satz 4 UmwStG entsprechend. In den Fällen des Anteilstauschs treten die erhaltenen Anteile steuerlich an die Stelle der eingebrachten Anteile, wenn der Anteilstausch nicht zum gemeinen Wert erfolgt ist. Das hat zur Folge, dass im Falle eines Anteilstauschs unter dem gemeinen Wert mit einbringungsgeborenen Anteilen i. S. von § 21 Abs. 1 UmwStG a. F. auch die erhaltenen Anteile infiziert werden und somit selbst als einbringungsgeborene Anteile i. S. UmwStG a. F. gelten.[2]

2097

Werden einbringungsgeborene und nicht einbringungsgeborene Anteile eingebracht, ist für die Frage, in welchem Umfang die erhaltenen neuen Anteile als einbringungsgeboren gelten, auf das Verhältnis der gemeinen Werte abzustellen. Im so errechneten Umfang gilt jeder erhaltene neue Anteil in einem rechnerischen Bruchteil als einbringungsgeboren. Jeder neue Anteil muss gedanklich aufgeteilt werden in einen nicht einbringungsgeborenen und einen einbringungsgeborenen Teil. Der Einbringende kann selber nicht bestimmen, welche Neuanteile an die Stelle der eingebrachten einbringungsgeborenen Anteile treten.[3]

2098

Der Anteilstausch zum gemeinen Wert ist eine Veräußerung. Die neuen Anteile an der übernehmenden Körperschaft enthalten keine stillen Reserven mehr, die bisher den einbringungsgeborenen Anteilen zuzuordnen waren. Folglich bleibt für eine Fiktion der Anwendung des § 21 UmwStG a. F. für die aus dem Anteilstausch erworbenen Anteile dann kein Raum mehr.

2099

---

1 So zu Recht Patt, a. a. O., Tz. 55, da sich Satz 6 auf den gesamten Abs. 2 und nicht nur auf Satz 3 bezieht; unklar insoweit Rabback, a. a. O., Rn 126.
2 Zu Einzelheiten siehe o. Rn 1938.
3 Zur Steuerverhaftung nach Quote siehe BFH, Urteil v. 28. 11. 2007 I R 34/07, BStBl II 2008 S. 533.

i) Kosten des Anteilstauschs

2100 Kosten des Anteilstauschs sind Aufwendungen, die im Zusammenhang mit der Durchführung des Anteilstauschs stehen. Die Frage nach der Zurechnung der Kosten beim Einbringenden oder der übernehmenden Gesellschaft richtet sich grds. nach dem **objektiven Veranlassungsprinzip** und belässt somit den Beteiligten **kein Zuordnungswahlrecht**.[1]

2101 Die Aufwendungen der Gesellschaftsgründung können der übernehmenden Körperschaft nur zugewiesen werden, soweit die Kostenübernahme im Gesellschaftsvertrag festgelegt wurde. Nur bei Kosten, die nicht eindeutig der Sphäre des Einbringenden oder der übernehmenden Körperschaft zugeordnet werden können, ist die vertragliche Verteilung der Kosten durch zivilrechtliche Absprachen möglich.[2]

2102 Die der übernehmenden Körperschaft zuzurechnenden und von ihr getragenen Einbringungskosten sind nur dann sofort abzugsfähige Betriebsausgaben, wenn es sich nicht um objektbezogene Kosten handelt. Objektbezogene Kosten erhöhen die Anschaffungskosten des Wirtschaftsguts, auf das sie sich beziehen, und können ggf. nur im Wege der Abschreibung steuerlich berücksichtigt werden. Sie erhöhen den Wertansatz der eingebrachten Anteile bei der übernehmenden Körperschaft, haben aber auf die Ermittlung des Veräußerungs-/Einbringungsgewinns des Einbringenden keinen Einfluss. Zu den objektbezogenen Kosten gehört **nicht** die **Grunderwerbsteuer** aus der Anteilsvereinigung gem. § 1 Abs. 3 GrEStG.[3]

2103 Kosten, die der Einbringende trägt, sind Einbringungskosten und gehören nach den allgemeinen Regelungen zu den Anteilsveräußerungskosten. Sie vermindern den Einbringungsgewinn des Einbringenden. Sie können beim Einbringenden nur insoweit berücksichtigt werden, als sie nach dem objektiven Veranlassungsprinzip dem Einbringenden zugeordnet werden können.[4] Einbringungskosten führen ohne Rücksicht auf den Bewertungsansatz für die Sacheinlage zum Abzug vom Einbringungsgewinn. Bei Anteilen im Betriebsvermögen gehören die Einbringungskosten zum Veräußerungsvorgang und sind von dem laufenden Ergebnis des Wirtschaftsjahrs des Einbringenden zu trennen. Sie durchbrechen auch das Zu- und Abflussprinzip gem. § 11 EStG. Da-

---

[1] BFH, Urteil v. 15.10.1997 I R 22/96, BStBl II 1998 S. 168 und Urteil v. 22.4.1998 I R 83/96, BStBl II 1998 S. 698; weitere Einzelheiten siehe o. Rn 1181 und 1234.
[2] Vgl. Merkert in Bordewin/Brandt, § 20 UmwStG Rn 105 u. 106 zu dieser Problematik bei Einbringungen von Sachgesamtheiten.
[3] BFH, Urteil v. 20.4.2011 I R 2/10, BStBl II 2011 S. 761.
[4] Mühle, DStZ 2006 S. 63.

nach sind Einbringungskosten bei der Berechnung des Einbringungsgewinns auch dann zu berücksichtigen, wenn sie in späteren oder früheren Veranlagungszeiträumen anfallen/angefallen sind.[1] Das ergibt sich aus den allgemeinen Vorschriften der § 16 Abs. 2, § 17 Abs. 2, § 23 Abs. 3 EStG und ab VZ 2009 § 20 Abs. 2 Nr. 1 i. V. m. Abs. 4 Satz 1 EStG i. d. F. des URefG.[2] Zudem kann aus der in § 22 Abs. 1 Satz 3 UmwStG und Abs. 2 Satz 3 UmwStG erfolgten gesetzlichen Definition des nachträglichen Einbringungsgewinns die Durchbrechung des Zu- und Abflussprinzips und die Zuordnung der Kosten zu dem jeweiligen Veranlagungszeitraum der Veräußerung abgeleitet werden.

j) Einbringungsgewinn bei Anteilstausch

aa) Modifizierung der allgemeinen Anteilsgewinnbesteuerung

Für den Einbringenden ist der **Anteilstausch** gem. § 21 Abs. 1 UmwStG eine entgeltliche Übertragung der eingebrachten Beteiligung gegen Erhalt von neuen Anteilen und somit ein **Veräußerungsvorgang**. Es gelten daher grds. für den Veräußerungsgewinn hinsichtlich Einkommen-, Körperschaft- und Gewerbesteuer die Vorschriften über die Ermittlung eines Veräußerungsgewinns gem. § 16 Abs. 2, § 17 Abs. 2, § 23 Abs. 3 Satz 1 EStG und für einbringungsgeborene Anteile § 21 Abs. 1 Satz 1 UmwStG a. F. Seit 1. 1. 2009 gilt das Abgeltungsteuersystem.[3] Daher kann auch § 20 Abs. 4 EStG bei Veräußerungstatbeständen des § 20 Abs. 2 Nr. 1 EStG ausgelöst werden.

2104

Werden dem Einbringenden neben den neuen Anteilen zusätzlich andere Wirtschaftsgüter gewährt, so erhöhen diese den Veräußerungspreis und damit den Einbringungsgewinn zunächst nicht. Andere Wirtschaftsgüter haben nur mittelbar Einfluss auf den Veräußerungspreis, wenn der gemeine Wert der Zusatzleistung gem. § 21 Abs. 1 Satz 3 UmwStG den Buchwert der eingebrachten Anteile übersteigt und die übernehmende Gesellschaft die eingebrachten Anteile mindestens mit dem gemeinen Wert der anderen Wirtschaftsgüter anzusetzen hat.

2105

bb) Einbringungsverlust

Für den Einbringenden kann sich auch ein negativer Einbringungsgewinn ergeben. Ein solcher Einbringungsverlust ist denkbar, wenn die Einbringungskosten

2106

---

1 Grundlegend zu Veräußerungskosten gem. § 16 Abs. 2 EStG BFH, Urteil v. 6. 10. 1993 I R 97/92, BStBl II 1994 S. 287.
2 BGBl I 2007 S. 1912.
3 Eingeführt durch das URefG v. 14. 8. 2007, BGBl I 2007 S. 1912.

höher sind als der Veräußerungspreis i. S. des § 21 Abs. 2 UmwStG oder der gemeine Wert der eingebrachten Anteile niedriger ist als der Buchwert/die Anschaffungskosten.

2107 Der Einbringungsverlust ist ein voll ausgleichsfähiger, rück- und vortragsfähiger Verlust.[1]

cc) Freibeträge

2108 § 21 Abs. 3 Satz 1 UmwStG lehnt sich an die Gewährung von Freibeträgen nach den allgemeinen Regelungen an.

2109 § 17 Abs. 3 EStG ist nur anzuwenden, wenn

▶ der Einbringende eine natürliche Person ist und

▶ die übernehmende Gesellschaft oder in den Fällen des § 23 Abs. 2 Satz 2 UmwStG der Einbringende die eingebrachten Anteile mit dem gemeinen Wert ansetzt.

2110 Ist der Ausgangsrechtsträger eine vermögensverwaltende Personengesellschaft, gilt diese Regelung gleichermaßen. Die Gesellschafter der Personengesellschaft sind als Einbringende anzusehen, soweit an der Personengesellschaft natürliche Personen beteiligt sind und diese natürlichen Personen gem. § 39 Abs. 2 Nr. 2 AO mit dem ihnen zuzurechnenden Bruchteil i. S. des § 17 EStG beteiligt sind.[2]

2111 § 16 Abs. 4 EStG ist nur anzuwenden, wenn

▶ der Einbringende eine natürliche Person ist,

▶ unbeschränkt steuerpflichtig ist (vgl. § 50 Abs. 1 Satz 3 EStG),

▶ die übernehmende Gesellschaft oder in den Fällen des § 21 Abs. 2 Satz 2 UmwStG der Einbringende die eingebrachten Anteile mit dem gemeinen Wert ansetzt,

▶ die eingebrachten Anteile beim Einbringenden zum Betriebsvermögen gehört haben,

▶ die eingebrachten Anteile das gesamte Nennkapital der Kapitalgesellschaft umfassen und

▶ der Einbringende einen entsprechenden Antrag stellt.

---

1 Siehe o. Rn 1900.
2 Vgl. BFH, Urteil v. 4. 7. 2007 VIII R 68/05, BStBl II 2007 S. 937.

XII. Einbringung in eine Kapitalgesellschaft

Wird eine im Betriebsvermögen gehaltene Beteiligung von < 100% eingebracht, wird trotz Ansatzes eines gemeinen Werts § 16 Abs. 4 EStG insoweit nicht angewandt. 2112

dd) Ausschluss eines Sondertarifs

Gemäß § 21 Abs. 3 Satz 2 UmwStG findet § 34 Abs. 1 EStG keine Anwendung. In den Fällen des § 20 UmwStG ist gem. § 20 Abs. 4 Satz 2 UmwStG § 34 Abs. 1 und 3 EStG nur anzuwenden, soweit der Veräußerungsgewinn nicht nach § 3 Nr. 40 Satz 1 i. V. m. § 3c Abs. 2 EStG teilweise steuerbefreit ist. § 21 Abs. 3 Satz 2 UmwStG hat aber zur Folge, dass § 34 Abs. 1 EStG auch dann nicht zur Anwendung kommt, wenn ein Veräußerungsgewinn i. S. des § 16 EStG, der anteilig auf Anteile an einer Kapitalgesellschaft entfällt, nicht nach § 3 Nr. 40 Buchst. b EStG teilweise steuerbefreit ist, was bei einbringungsgeborenen Anteilen innerhalb der Sieben-Jahres-Frist noch der Fall sein kann. Das wird i. R. des § 21 UmwStG nunmehr unwiderleglich vermutet, um eine doppelte Steuerbegünstigung auszuschließen. 2113

§ 34 Abs. 3 EStG kann auf keinen Fall in Anspruch genommen werden. Eine Anwendbarkeit des § 34 Abs. 1 EStG ist Grundvoraussetzung, da § 34 Abs. 3 EStG auf Antrag als Alternative zu § 34 Abs. 1 EStG gewährt wird. 2114

ee) Ermittlung des Einbringungsgewinns

Der Einbringungsgewinn wird nach dem allen Veräußerungstatbeständen unterliegenden Schema ermittelt:[1] 2115

Veräußerungspreis mit differenziertem Wertansatz: 2116

▶ Wert (gemeiner Wert/Zwischenwert/Buchwert), mit dem die übernehmende Gesellschaft die eingebrachte Beteiligung ansetzt gem. § 21 Abs. 2 Satz 1 UmwStG = Grundsatz der Wertverknüpfung oder

▶ grenzüberschreitender Anteilstausch mit Grundsatz zwingender gemeiner Wertansatz gem. § 21 Abs. 2 Satz 2 UmwStG oder

▶ grenzüberschreitender Anteilstausch abweichend gem. § 21 Abs. 2 Satz 3 UmwStG auf Antrag Zwischenwert oder Buchwert

./. Veräußerungs-/Einbringungskosten, die der Einbringende zu tragen hat

./. Buchwert oder Anschaffungskosten der eingebrachten Anteile

---

1 Siehe o. Rn 1945.

./. Freibetrag nach § 17 Abs. 3 EStG oder auf Antrag § 16 Abs. 4 EStG bei 100 % Anteile im BV

= Einbringungsgewinn oder Einbringungsverlust

ff) Besteuerung des Einbringungsgewinns

2117 Der Einbringungsgewinn unterliegt bei natürlichen Personen dem Teileinkünfteverfahren, ggf. der Abgeltungsteuer, und bei Körperschaften der KSt unter Anwendung des § 8b KStG. § 6b EStG ist anwendbar, soweit der Einbringungsgewinn auf begünstigte Wirtschaftsgüter i. S. dieser Vorschrift entfällt (§ 6b Abs. 10 EStG).

Der Einbringungsgewinn unterliegt bei natürlichen Personen, wenn die eingebrachten Anteile zum Betriebsvermögen gehörten, und bei Körperschaften der GewSt.

k) Rechtsfolgen einer Verfügung über die i. R. eines Anteilstauschs eingebrachten Anteile

aa) Voraussetzungen einer rückwirkenden Besteuerungsänderung

2118 § 22 Abs. 2 UmwStG regelt die Besteuerungssituation des Einbringenden, wenn nach einer Einbringung von Anteilen über diese zu einem späteren Zeitpunkt verfügt wird.

2119 Von der Vorschrift wird folgender Sachverhalt erfasst:

▶ Anteile an Kapitalgesellschaften und Genossenschaften wurden

▶ i. R. eines Anteilstauschs nach § 21 Abs. 1 UmwStG oder i. R. einer Sacheinlage nach § 20 Abs. 1 UmwStG

▶ zu einem unter dem gemeinen Wert liegenden Betrag in eine Kapitalgesellschaft oder Genossenschaft eingebracht.

▶ Der Einbringende ist keine durch § 8b Abs. 2 KStG begünstigte Person (bei der Gewinne aus der Veräußerung von Anteilen nicht besteuert werden).

▶ Die übernehmende Gesellschaft veräußert die eingebrachten Anteile innerhalb von sieben Jahren nach der Einbringung und

▶ der Einbringende hat die erhaltenen Anteile nicht vorher veräußert.

bb) Sinn der rückwirkenden Besteuerungsänderung

2120 § 22 Abs. 2 UmwStG soll die Besteuerung der stillen Reserven sicherstellen und Steuerausfälle vermeiden. Die Vorschrift will missbräuchliche Gestaltungen

XII. Einbringung in eine Kapitalgesellschaft

zurückdrängen, die die Möglichkeit eröffnen, durch eine vorgeschaltete Einbringung von bisher dem Halbeinkünfte-/Teileinkünfteverfahren unterliegenden Anteilen unter dem gemeinen Wert in eine Körperschaft die Anteile dem Freistellungssystem des § 8b Abs. 2 KStG zuzuführen und das Freistellungssystem dann durch eine kurzfristige Weiterveräußerung durch die aufnehmende Körperschaft auszulösen.

BEISPIEL:

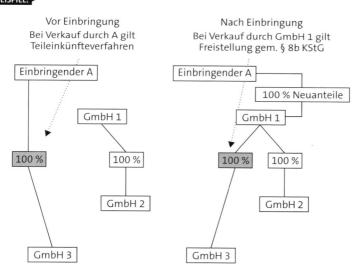

cc) Der Einbringungsgewinn II

Werden im vorstehenden Beispiel die Anteile an der GmbH 3 unter dem gemeinen Wert in die GmbH 1 eingebracht und die Anteile innerhalb von sieben Jahren durch die übernehmende GmbH 1 unmittelbar oder mittelbar veräußert, ist der Gewinn rückwirkend im Wirtschaftsjahr der Einbringung als Gewinn (= **Einbringungsgewinn II**) des Einbringenden A aus der Veräußerung von Anteilen zu versteuern.[1] Es werden die Rechtsfolgen des § 22 Abs. 2 Satz 1 UmwStG ausgelöst. Gemäß § 22 Abs. 2 Satz 2 UmwStG gilt § 22 Abs. 1 Satz 2 UmwStG entsprechend, wonach die Veräußerung der erhaltenen Anteile als rückwirkendes Ereignis i. S. von § 175 Abs. 1 Satz 1 Nr. 2 AO gilt.

2121

---

[1] Zu Einzelheiten siehe auch Rn 22.12 ff. UmwStErl 2011.

D. Das Umwandlungssteuerrecht

2122 Einbringungsgewinn II ist gem. § 22 Abs. 2 Satz 3 der Betrag, um den der gemeine Wert der eingebrachten Anteile im Einbringungszeitpunkt nach Abzug der Kosten für den Vermögensübergang den Wert, mit dem der Einbringende die erhaltenen Anteile angesetzt hat,[1] übersteigt, vermindert um jeweils $1/7$ für jedes seit dem Einbringungszeitpunkt abgelaufene Zeitjahr.

BEISPIEL: Im letzten Beispiel hatte A 100 % Anteile an der GmbH 3 gem. 21 UmwStG qualifiziert eingebracht in die GmbH 1 und dafür neue Anteile an der GmbH 1 erhalten. Die Anschaffungskosten an der GmbH 3 sollen ursprünglich 300.000 € betragen haben, und der gemeine Wert dieser Anteile betrug zum Einbringungszeitpunkt 1.000.000 €. Aus Vereinfachungsgründen entstehen keine Kosten, Freibeträge werden nicht geltend gemacht, und weitere Gegenleistungen werden nicht gewährt. Die GmbH 1 verkauft nach der Einbringung die erworbenen Anteile.

Zum Einbringungszeitpunkt wählt die GmbH 1 die Buchwert-/Anschaffungskostenverknüpfung, was gem. § 21 Abs. 2 Satz 1 UmwStG für den Einbringenden bindend ist. Dies führt zu folgender Berechnung:

1.	Anschaffungskosten der GmbH 1 gem. 21 Abs. 1 Satz 2 UmwStG für eingebrachte Anteile	300.000
2.	Bei der Sacheinlage entstehender Veräußerungsgewinn für A gem. § 21 Abs. 2 Satz 1 i. V. m. § 17 Abs. 2 Satz 1 EStG	
	Veräußerungspreis	300.000
	./. Veräußerungskosten	0
	./. Anschaffungskosten der Anteile GmbH 3	300.000
	Veräußerungsgewinn	0
3.	Berechnung der Anschaffungskosten der Anteile an der GmbH 1 bei A gem. § 21 Abs. 2 Satz 1 UmwStG	300.000

Sollten die erworbenen Anteile (an der GmbH 3) innerhalb von sieben Jahren durch die GmbH 1 veräußert werden, ist bei A ein Einbringungsgewinn II zu versteuern; dieser wird im Beispielsfall folgendermaßen entwickelt und innerhalb der sieben Jahre abgeschmolzen:

4. Einbringungsgewinn II gem. § 22 Abs. 2 Satz 3 UmwStG:

gemeiner Wert der eingebrachten Anteile im Einbringungszeitpunkt	1.000.000
./. Abzug der Kosten für den Vermögensübergang	0
./. Wert, mit dem der Einbringende die erhaltenen Anteile (an der GmbH 1) angesetzt hat	./. 300.000
Einbringungsgewinn II zum Einbringungszeitpunkt und im 1. Jahr	700.000

---

[1] Zum Sonderfall von vor dem 1.4.1999 erworbenen Anteilen i. S. des § 17 EStG siehe unten Rn 2123a.

Abschmelzung $^1/_7$ im 2. Jahr = ./. 100.000	600.000
Abschmelzung $^1/_7$ im 3. Jahr = ./. 100.000	500.000
Abschmelzung $^1/_7$ im 4. Jahr = ./. 100.000	400.000
Abschmelzung $^1/_7$ im 5. Jahr = ./. 100.000	300.000
Abschmelzung $^1/_7$ im 6. Jahr = ./. 100.000	200.000
Abschmelzung $^1/_7$ im 7. Jahr = ./. 100.000	100.000

Im achten Jahr nach der Einbringung wird ein Einbringungsgewinn II nicht mehr angesetzt. Eine Veräußerung der eingebrachten Anteile durch die übernehmende Gesellschaft ist dann für den Einbringenden steuerlich ohne Bedeutung.

Der **Einbringungsgewinn II** gilt gem. § 22 Abs. 2 Satz 4 UmwStG als **nachträgliche Anschaffungskosten der erhaltenen Anteile.**

Die Vorschrift erfasst nicht nur die unmittelbare, sondern auch die mittelbare Veräußerung. Eine mittelbare Veräußerung liegt vor, wenn die Anteile zum Betriebsvermögen einer Mitunternehmerschaft gehören und ein Mitunternehmeranteil in die übernehmende Gesellschaft eingebracht wird. Dann stellt die Veräußerung der Anteile durch die Personengesellschaft mittelbar eine Veräußerung durch die übernehmende Gesellschaft dar und führt zu einem Einbringungsgewinn II.[1]

2123

Das BVerfG hat mit Beschluss vom 7. 7. 2010 2 BvR 748/05, 753/05 und 1738/05[2] entschieden, dass Wertsteigerungen in 17-er Anteilen nicht erfasst werden dürfen, soweit sie bis zum 31. 3. 1999 entstanden sind und entweder – bei einer Veräußerung bis zu diesem Zeitpunkt – nach der zuvor geltenden Rechtslage steuerfrei realisiert worden sind oder hätten steuerfrei realisiert werden können. Zur Berechnung der danach „steuerfreien" Veräußerungsgewinnanteile hat das BMF mit Schreiben vom 20. 12. 2010[3] Stellung genommen.

2123a

Die Entscheidung ist auch bei Einbringungen nach § 22 Abs. 1 Satz 5 i. V. m. Abs. 2 UmwStG zu beachten (Einbringungsgewinn II aufgrund der späteren Veräußerung der i. R. einer Betriebseinbringung miteingebrachten Anteile durch die aufnehmende Kapitalgesellschaft).[4] Das bedeutet, dass der Einbringungsgewinn II zu kürzen ist um den Unterschiedsbetrag zwischen dem erzielten Gewinn und dem Gewinn, der sich ergibt, wenn die Einlage abweichend von § 6 Abs. 1 Nr. 5 Satz 1 Buchst. b EStG mit dem die Anschaffungskosten

---

1 BR-Drs. 545/08 S. 60.
2 BStBl II 2011, S 86.
3 BStBl I 2011, S. 16.
4 BMF, Schreiben v. 21. 12. 2011, BStBl I 2012, 42.

D. Das Umwandlungssteuerrecht

übersteigenden Teilwert der veräußerten Anteile zum 31.3.1999 bewertet worden wäre.

BEISPIEL (nach BMF vom 21.12.2011, dort auch weitere Fallgestaltungen):
A hielt seit 1990 eine 10%-ige Beteiligung an der A-GmbH (AK 100.000 €) im Privatvermögen. Diese legte er am 1.10.2005 mit den AK in das Betriebsvermögen seines Einzelunternehmens ein. Am 15.7.2008 brachte er den Betrieb zusammen mit der Beteiligung in die B-GmbH gegen Gewährung von Gesellschaftsrechten ein; die B-GmbH führte die Buchwerte fort. Der gemeine Wert der Anteile betrug zum Einbringungszeitpunkt 1.000.000 €. Am 2.8.2010 veräußert die B-GmbH die Anteile an der A-GmbH für 1.200.000 €. Der Wert der Beteiligung belief sich am 31.3.1999 auf 500.000 €.

Lösung:

Im Zeitpunkt der Einbringung bestanden stillen Reserven in Höhe von 900.000 €. Diese dürfen nur besteuert werden, soweit sie nach dem 31.3.1999 entstanden sind. Es dürfen vom Grundsatz her deshalb nur 500.000 € besteuert werden.

Ermittlung des Einbringungsgewinns II:

Gemeiner Wert der eingebrachten Anteile im Einbringungszeitpunkt	1.000.000 €
./. Wert, mit dem der Einbringende die erhaltenen Anteile angesetzt hat	100.000 €
Zwischensumme	900.000 €
Abschmelzungsbetrag nach 2 Jahren	200.000 €
Einbringungsgewinn II (vorläufig)	700.000 €
./. Differenz des Werts der Anteile, mit dem der Einbringende die Anteile hätte ansetzen müssen (500.000 € ./. 100.000 €)	400.000 €
Nach dem Teileinkünfteverfahren zu versteuernder Einbringungsgewinn II	300.000 €

U.E. ist nicht bereits der Abschmelzungsbetrag dadurch zu korrigieren, dass anstatt des tatsächlich angesetzten Werts direkt der fiktive Wert angesetzt wird. Vertritt man diese Auffassung, käme es zu folgendem Einbringungsgewinn II:

Gemeiner Wert der eingebrachten Anteile im Einbringungszeipunkt	1.000.000 €
./. Wert, mit dem der Einbringende die erhaltenen Anteile hätte ansetzen müssen	500.000 €
Zwischensumme	500.000 €
Abschmelzungsbetrag nach 2 Jahren	142.857 €
Nach dem Teileinkünfteverfahren zu versteuernder Einbringungsgewinn II	357.143 €

dd) Sachverhalte, die keine rückwirkende Besteuerungsänderung auslösen

In den Fällen, in denen es zu keinem Steuerausfall kommt bzw. kommen kann, ist § 22 Abs. 2 Satz 1 UmwStG nicht anzuwenden.

2124

Werden bereits bei der Einbringung durch Ansatz des gemeinen Werts alle stillen Reserven aufgedeckt, wird auch ein Verkauf innerhalb der siebenjährigen Sperrfrist den § 22 Abs. 2 Satz 1 UmwStG nicht auslösen.

2125

Gemäß § 22 Abs. 2 Satz 5 Halbsatz 1 UmwStG kommt es trotz Veräußerung der sperrfristbehafteten Anteile insoweit nicht zur rückwirkenden Besteuerung eines Einbringungsgewinns II, als der Einbringende die erhaltenen Anteile zwischenzeitlich bereits veräußert hat. In diesem Fall wird die Besteuerung der ursprünglichen Anteile i. R. des Verkaufs der Neuanteile, die an deren Stelle getreten sind, ausgelöst. Die Gefahr einer missbräuchlichen Steuergestaltung durch Auslösung einer Statusverbesserung der Steuerfreiheit gem. § 8b KStG ist dann obsolet.

2126

Gleichermaßen tritt gem. § 22 Abs. 2 Satz 5 Halbsatz 2 UmwStG trotz Veräußerung der sperrfristbehafteten Anteile auch dann keine rückwirkende Besteuerung des Einbringungsgewinns II ein, wenn es zwischenzeitlich gem. § 6 AStG (Wegzug des Gesellschafters) zur Aufdeckung und Besteuerung der in den erhaltenen Anteilen ruhenden stillen Reserven gekommen ist, soweit die Steuer nicht gestundet wurde.

2127

Die Veräußerung der erhaltenen Neuanteile in der Sperrfrist und damit die Vermeidung einer rückwirkenden Besteuerung eines Einbringungsgewinns II kann sich als wirtschaftlich günstig erweisen, wenn der gemeine Wert der Neuanteile unter dem Wert der übertragenen Anteile liegt.

2128

Werden alle Anteile an der übernehmenden Kapitalgesellschaft innerhalb der Sperrfrist veräußert, entfällt die Nachversteuerung. Problematisch können Mischsachverhalte werden, wenn der Einbringende schon Anteile an der übernehmenden Gesellschaft hielt. Lassen sich die Beteiligungen nicht trennen, wird man **quotal von Alt- und Neuanteilsveräußerung** ausgehen müssen, selbst wenn der Umfang der veräußerten Anteile dem der erhaltenen Anteile entspricht. Insofern werden alle Anteile infiziert. Ein Einbringungsgewinn II lässt sich nicht komplett während der Sperrfrist ausschließen. Nur wenn man durch eine nachvollziehbare Trennung der Neu- und Altanteile nachweisen kann, dass zuerst und nur die erhaltenen Anteile veräußert wurden, wäre eine solche Infizierung vermeidbar.[1]

2129

---

1 Mutscher in Frotscher/Maas, UmwStG, § 22 UmwStG, Rn 265.

2130 Soweit beim Einbringenden der Gewinn aus der Veräußerung dieser Anteile im Einbringungszeitpunkt nach § 8b Abs. 2 KStG steuerfrei gewesen wäre, kann es keinen missbräuchlichen Wechsel zwischen dem Teileinkünfteverfahren und der Freistellung nach § 8b Abs. 2 KStG geben. Auch dann ist für § 22 Abs. 2 Satz 1 kein Raum. Dies gilt u. E. auch für den Fall, dass eine Organgesellschaft Anteile an einer Kapitalgesellschaft in eine andere Kapitalgesellschaft einbringt,[1] obwohl § 8b Abs. 2 KStG nach § 15 Satz 1 Nr. 2 Satz 1 KStG für die Organgesellschaft nicht anzuwenden ist. Eine Sperrfrist entsteht nur dann, wenn der Organträger selbst nicht von § 8b Abs. 2 KStG Gebrauch machen könnte, wenn er also eine natürliche Person (unmittelbar oder mittelbar über eine Organträger-Personengesellschaft) ist.

2131 Die Rechtsfolge des § 22 Abs. 2 Satz 1 UmwStG wird unabhängig davon ausgelöst, ob die übernehmende Gesellschaft eine inländische oder ausländische Gesellschaft ist und ob der Gewinn aus der Veräußerung der erhaltenen Anteile im Inland besteuert wird oder einer Besteuerung gem. § 8b Abs. 2 KStG unterliegt.

2132 Bis Ende des Veranlagungszeitraums 2008 war umstritten, ob Kapitalgesellschaften, die zwar grds. zu den durch § 8b Abs. 2 KStG begünstigten Personen gehören, aber im Fall einer Anteilsveräußerung gem. § 8b Abs. 7 oder 8 KStG nicht unter den sachlichen Anwendungsbereich des § 8b Abs. 2 KStG fallen, zu den durch § 8b Abs. 2 KStG begünstigten Personen gehören.[2] Die Gegenmeinung war der Ansicht, dass § 22 Abs. 2 Satz 1 UmwStG nach seinem Wortlaut nur auf die personelle, nicht aber auf die sachliche Begünstigung abstellt, so dass Einbringungen durch Körperschaften generell nicht unter den Anwendungsbereich des § 22 Abs. 2 Satz 1 UmwStG fielen. Der Wortlaut § 22 Abs. 2 Satz 1 UmwStG a. F., wonach der Einbringende keine durch § 8b Abs. 2 KStG begünstigte Person sein durfte, galt als überschießend und problematisch.[3]

2133 Den Streit hat der Gesetzgeber durch das JStG 2009 gelöst durch die Formulierung „… soweit beim Einbringenden der Gewinn aus der Veräußerung dieser Anteile im Einbringungszeitpunkt nicht nach § 8b Abs. 2 KStG steuerfrei gewesen wäre".[4]

Mit der Änderung wird klargestellt, dass, soweit bei der einbringenden Person auf die eingebrachten Anteile § 8b Abs. 2 KStG im Zeitpunkt der Einbringung

---
1 Nicht angesprochen in Rn 22.12 UmwStErl 2011; wie hier Stangl/Kaeser in FGS/BDI S. 404.
2 So z. B. Patt in D/P/M, § 22 UmwStG, Tz. 73.
3 Dazu im Detail Stangl, in R/H/vL, § 22 UmwStG, Rn 140, 141.
4 JStG v. 19. 12. 2008, BGBl I 2008 S. 2794.

keine Anwendung findet, eine Besteuerung des Einbringungsgewinns II stattfindet, wenn die eingebrachten Anteile von der übernehmenden Gesellschaft innerhalb der siebenjährigen Sperrfrist veräußert werden.[1] Damit grenzt § 22 Abs. 2 Satz 1 UmwStG nur noch die eingebrachten Anteile aus seinem Anwendungsbereich aus, die bereits vor der Einbringung gem. § 8b Abs. 2 KStG steuerbegünstigt hätten veräußert werden können.

ee) Einbringender Personenkreis gem. § 22 Abs. 2 Satz 1 UmwStG

Zu den Einbringenden, die nicht durch § 8b Abs. 2 KStG begünstigt sind und von § 22 Abs. 2 Satz 1 erfasst werden können, gehören 2134

▶ natürliche Personen;

▶ Personengesellschaften, soweit natürliche Personen unmittelbar oder mittelbar als Mitunternehmer beteiligt sind;

▶ Kapitalgesellschaften, die Organgesellschaft einer gewerblich tätigen natürlichen Person oder einer Personengesellschaft mit natürlichen Personen als Gesellschafter sind, bei denen § 8b Abs. 2 KStG ausgeschlossen ist;

▶ Körperschaften, wie Kreditinstitute oder Versicherungsunternehmen, bei denen unter den Voraussetzungen des § 8b Abs. 7 oder 8 KStG die Steuerbefreiung des § 8b Abs. 2 KStG nicht anzuwenden ist.

Sollten 100 % Anteile aus einem Betriebsvermögen, die dem Teileinkünfteverfahren unterliegen, in eine Körperschaft eingebracht worden sein und werden diese innerhalb der Sperrfrist veräußert, dann ist auf den Einbringungsgewinn II als nachgeholter Veräußerungsgewinn gem. § 22 Abs. 2 Satz 1 a. E. weder § 16 Abs. 4 noch § 34 EStG anzuwenden. Der besondere Steuersatz käme nur bei einbringungsgeborenen Anteilen in Betracht.[2] 2135

ff) Übernehmende Gesellschaft

Die übernehmende Gesellschaft muss im Einbringungszeitpunkt nach § 1 Abs. 4 Satz 1 Nr. 1 i. V. m. § 1 Abs. 1 Nr. 1 UmwStG eine EU- bzw. EWR-Gesellschaft sein. Mangels weiterer Einschränkungen in § 22 Abs. 2 Satz 1 UmwStG kann es zu einer rückwirkenden Besteuerung des Einbringungsgewinns II auch kommen, wenn die Veräußerung der eingebrachten Anteile durch die übernehmende Gesellschaft nicht der deutschen Besteuerung unterliegt oder die 2136

---

1 BT-Drs. 16/1108 S. 41.
2 Zu weiteren Einzelheiten siehe o. Rn 2097 ff.

übernehmende Gesellschaft etwa aufgrund § 8b Abs. 7 oder 8 KStG nicht steuerbegünstigt veräußern kann.

gg) Veräußerungsersatztatbestände nach Anteilstausch

2137 Wenn die übernehmende Gesellschaft die sperrfristbehafteten Anteile durch einen Ersatztatbestand entsprechend § 22 Abs. 1 Satz 6 Nr. 1 bis 5 UmwStG weiter überträgt oder die übernehmende Gesellschaft die Voraussetzungen nach § 1 Abs. 4 UmwStG nicht mehr erfüllt, kommt es gem. § 22 Abs. 2 Satz 6 UmwStG auch zu einer rückwirkenden Besteuerung des Einbringungsgewinns II.

2138 Im Wesentlichen sind die Ersatztatbestände von § 22 Abs. 2 Satz 6 UmwStG und § 22 Abs. 1 Satz 6 UmwstG identisch.[1] Es besteht aber insoweit ein Unterschied, als § 22 Abs. 1 UmwStG an den Einbringenden und die erhaltenen Anteile und § 22 Abs. 2 UmwStG an die übernehmende Gesellschaft und die eingebrachten Anteile anknüpft.

(1) Unentgeltliche Übertragung auf eine Körperschaft

2139 Werden die sperrfristbehafteten Anteile durch die übernehmende Gesellschaft unmittelbar oder über eine Personengesellschaft mittelbar unentgeltlich auf eine andere Kapitalgesellschaft oder eine Genossenschaft übertragen, kommt es zur rückwirkenden Besteuerung des Einbringungsgewinns II. Der Fall der verdeckten Einlage in eine Kapitalgesellschaft steht wie bei § 17 Abs. 1 Satz 2 EStG der Veräußerung gleich und ist gegenüber sonstigen unentgeltlichen Vorgängen ein Sonderfall. § 22 Abs. 1 Satz 6 Nr. 1 UmwStG ist deshalb auch als lex specialis gegenüber § 22 Abs. 6 UmwStG anzusehen und kommt immer vorrangig zur Anwendung, sofern die sperrfristbehafteten Anteile unentgeltlich auf eine Kapitalgesellschaft oder Genossenschaft übertragen werden.

(2) Weitereinbringung

2140 Werden die sperrfristbehafteten Anteile durch die übernehmende Kapitalgesellschaft weiter eingebracht in eine Kapitalgesellschaft oder Genossenschaft i. R. der §§ 20, 21 UmwStG oder vergleichbarer ausländischer Vorgänge, handelt es sich um ein klassisches Veräußerungsgeschäft, welches eigentlich die Nachversteuerung auslöst. Insofern kann von einem Veräußerungsersatztatbestand nicht gesprochen werden. Dennoch hat der Gesetzgeber diesen Vor-

---

1 Daher vgl. o. Rn 1996 ff.

gang unter § 22 Abs. 1 Satz 6 Nr. 2 UmwStG erfasst und eine Ausnahme zur Nachversteuerung geschaffen. Wird die Weiterübertragung nachweislich zu Buchwerten vorgenommen, erfolgt keine Nachversteuerung. In diesem Fall entsteht bei der übernehmenden und nachträglich einbringenden Körperschaft kein Übertragungsgewinn. Die Nachversteuerung wird immer dann ausgelöst, wenn die übernehmende Körperschaft einen Übertragungsgewinn infolge der Weitereinbringung auslöst. Das ist bei Zwischenwertansätzen und dem Ansatz des gemeinen Werts mit Gewinnrealisierung der Fall. Wird der Nachversteuerungstatbestand ausgelöst, führt das zu einer **vollen** Einbringungsbesteuerung.[1]

Es muss ein tatsächlicher Übertragungsgewinn entstehen. Daher kann bei einem grenzüberschreitenden steuerneutralen Anteilstausch der Buchwert, den die neue übernehmende Gesellschaft ansetzt, dem gemeinen Wert entsprechen, während die übernehmende Gesellschaft und nunmehr einbringende Gesellschaft gem. § 21 Abs. 2 Satz 3 UmwStG auf Antrag als Veräußerungspreis der eingebrachten Anteile und als Anschaffungskosten der erhaltenen Anteile den bisherigen Buchwert bzw. die bisherigen Anschaffungskosten ansetzen kann.

2141

Bringt die übernehmende Gesellschaft die sperrfristbehafteten Anteile später zu ihrem eigenen Buchwert, welcher dem gemeinen Wert entspricht, weiter in eine andere Kapitalgesellschaft ein, so liegt mangels tatsächlichem Übertragungsgewinn ebenfalls eine unschädliche Weitereinbringung i. S. des § 22 Abs. 1 Satz 6 Nr. 2 i. V. m. Abs. 2 Satz 6 UmwStG zum Buchwert vor.[2]

2142

BEISPIEL: ► Die deutsche X-GmbH bringt ihre mehrheitsvermittelnden Anteile an der deutschen Y-GmbH gegen Gewährung neuer Anteile durch Anteilstausch gem. § 21 UmwStG in die österreichische A-GmbH ein.

Vor der Einbringung bestand keine Beschränkung des deutschen Besteuerungsrechts an den Anteilen an der Y-GmbH. Nach der Einbringung ist gem. Art. 13 Abs. 5 DBA Österreich das Besteuerungsrecht an den eingebrachten Anteilen an der Y-GmbH ausgeschlossen. Nach dem Grundsatz des § 21 Abs. 2 Satz 2 UmwStG gilt unabhängig vom Wertansatz bei der übernehmenden A-GmbH der gemeine Wert der eingebrachten Anteile als Veräußerungspreis und als Anschaffungskosten.

Gemäß Art. 13 Abs. 5 DBA Österreich ist das deutsche Besteuerungsrecht an den erhaltenen Anteilen an der österreichischen A-GmbH als Ersatz für die Anteile an der Y-GmbH nicht beschränkt, da nur Deutschland einen etwaigen Veräußerungsgewinn besteuern darf. Daher gewährt § 21 Abs. 2 Satz 3 Nr. 1 UmwStG als Ausnahme von

---

1 Pung, GmbHR 2012, S. 158, 162.
2 Stangl, a. a. O., § 22 UmwStG, Rn 166.

dem Grundsatz gem. § 21 Abs. 2 Satz 2 UmwStG dem Einbringenden ein originäres Bewertungswahlrecht.

Da das Bewertungswahlrecht der einbringenden X-GmbH nicht eingeschränkt ist, kann sie beantragen, dass die Buchwerte der eingebrachten Anteile als Veräußerungspreis der eingebrachten Anteile und als Anschaffungskosten der erhaltenen Anteile gelten. Damit entsteht kein Einbringungsgewinn.

Nachdem die österreichische A-GmbH die eingebrachten Anteile mit dem gemeinen Wert angesetzt hat und diese später zu diesem Wert durch einen Vorgang i. S. des § 21 UmwStG weiter in eine andere Kapitalgesellschaft einbringt, handelt es sich um eine unschädliche Weitereinbringung i. S. des § 22 Abs. 1 Satz 6 Nr. 2 i.V. m. Abs. 2 Satz 6 UmwStG.

(3) Liquidation, Kapitalherabsetzung, Verwendung des Einlagekontos

2143 Zu einer rückwirkenden Besteuerung des Einbringungsgewinns II kommt es gem. § 22 Abs. 1 Satz 6 Nr. 2 i.V. m. Abs. 2 Satz 6 UmwStG auch, wenn die Gesellschaft, an der die sperrfristbehafteten Anteile bestehen, liquidiert, ihr Kapital herabgesetzt oder Beträge aus ihrem steuerlichen Einlagekonto i. S. von § 27 KStG verwendet werden.

2144 Ungeklärt ist, ob jede Minderung des steuerlichen Einlagekontos eine Ausschüttung oder Rückzahlung von Beträgen des steuerlichen Einlagekontos darstellt. So wird die Auffassung vertreten, dass die Minderung des steuerlichen Einlagekontos aufgrund von handelsrechtlichen Mehrabführungen i. R. einer Organschaft weder eine Ausschüttung noch eine Rückzahlung darstellt und somit nicht den Tatbestand des § 22 Abs. 1 Satz 6 Nr. 3 Halbsatz 3 UmwStG erfüllt.[1]

(4) Weitereinbringungen und Ketteneinbringungen

2145 Der Gesetzgeber hat mit § 22 Abs. 1 Satz 6 Nr. 4 und 5 i.V. m. Abs. 2 Satz 6 UmwStG im Fall der Weitereinbringung mit Buchwertfortführung einen Ausnahmetatbestand geschaffen. Um sicherzustellen, dass weder die weiter eingebrachten Anteile noch die aus der Weitereinbringung neu erhaltenen Anteile nach der Weitereinbringung veräußert werden können, ohne dass es zu einer rückwirkenden Besteuerung des Einbringungsgewinns II kommt, verweist § 22 Abs. 2 Satz 6 UmwStG auf § 22 Abs. 1 Nr. 4 und 5 UmwStG. Deshalb werden die bislang sperrfristbehafteten Anteile einer neuen Quasi-Sperrfristbehaftung unterworfen, da sie mit der entgeltlichen Übertragung, auch wenn

---

[1] Stangl, a. a. O., § 22 UmwStG, Rn 113; vgl. o. Rn 1474.

diese zu Buchwerten erfolgt, ihren Status als sperrfristbehaftet verlieren.[1]

(Einstweilen frei) 2146–2155

9. Veräußerungen durch juristische Personen des öffentlichen Rechts und durch steuerbefreite Körperschaften

a) Besondere Gewinnbesteuerungsvorschrift

§ 22 Abs. 4 Nr. 1 UmwStG kommt zur Anwendung, wenn sperrfristbehaftete Anteile durch eine juristische Person des öffentlichen Rechts veräußert werden. § 22 Abs. 4 Nr. 2 UmwStG erfasst die Veräußerung von sperrfristbehafteten Anteilen durch eine steuerbefreite Körperschaft. 2156

Die Besteuerung des Veräußerungsgewinns richtet sich nach den allgemeinen Grundsätzen. Sie wird von § 22 UmwStG nicht geregelt. § 22 Abs. 1 Satz 4 UmwStG nimmt nur mittelbar auf die Höhe des Veräußerungsgewinns Einfluss. Insoweit ist § 22 Abs. 4 UmwStG eine Ausnahme, indem er die Steuerfolgen der Veräußerung durch eine juristische Person des öffentlichen Rechts oder eine steuerbefreite Körperschaft regelt. 2157

b) Begrenzter Anwendungsumfang und Fiktion

§ 22 Abs. 4 UmwStG wird nach seinem Wortlaut nur zur Anwendung kommen, wenn sperrfristbehaftete Anteile veräußert werden, die aufgrund der Einbringung eines Betriebs gewerblicher Art oder der Einbringung eines Geschäftsbetriebs in eine GmbH gem. § 20 UmwStG entstanden sind und dabei ein Veräußerungsgewinn oder -verlust entsteht. Die Vorschrift kommt nur zum Tragen, wenn ein Einbringungsgewinn I gem. § 22 Abs. 1 UmwStG ausgelöst wird. 2158

Ist Veräußerer der sperrfristbehafteten Anteile eine juristische Person des öffentlichen Rechts, so gilt der Veräußerungsgewinn als in einem Betrieb gewerblicher Art dieser Körperschaft entstanden. Ist die Veräußerin persönlich von der KSt befreit, so gilt der Veräußerungsgewinn als in einem wirtschaftlichen Geschäftsbetrieb der Körperschaft entstanden. In beiden Fällen gilt der Veräußerungsgewinn damit als steuerpflichtig. Die Regelung führt dazu, dass sowohl die stillen Reserven, die im Einbringungszeitpunkt vorhanden waren, als auch diejenigen, die während des Haltens der Beteiligung innerhalb der Sperrfrist hinzugekommen sind, besteuert werden. Die Fiktion ist erforderlich, da durch die Einbringung bei einer späteren Anteilsveräußerung weder der ur- 2159

---

1 Siehe o. Beispiele zu Rn 1989 ff.

D. Das Umwandlungssteuerrecht

sprüngliche Betrieb gewerblicher Art noch der wirtschaftliche Geschäftsbetrieb beim Veräußerer besteht.

2160 Die Fiktion der Anteilsveräußerung im steuerpflichtigen Betrieb gewerblicher Art oder im wirtschaftlichen Geschäftsbetrieb zieht die Rechtsfolge nach sich, dass in dem Zeitpunkt der Veräußerung ein Veräußerungsgewinn unter Beachtung nachträglicher Anschaffungskosten gem. § 22 Abs. 1 Satz 4 UmwStG zu ermitteln ist, der als positives Ergebnis körperschaftsteuerpflichtig ist. Das löst § 8b Abs. 3 KStG aus, der zu nicht abziehbaren Betriebsausgaben in Höhe von 5 % des Veräußerungsgewinns führt. Ist das Ergebnis negativ, darf das Einkommen gem. § 8b Abs. 3 Satz 3 KStG nicht gemindert werden.[1]

2161 Gehören die veräußerten Anteile auch ohne die Fiktion des § 22 Abs. 4 UmwStG zu einem Betrieb gewerblicher Art bzw. zu einem wirtschaftlichen Geschäftsbetrieb, unterliegt der Veräußerungsgewinn ausnahmsweise der Gewerbesteuer.[2]

2162 Ein Gewinn aus der Anteilsveräußerung führt bei Berücksichtigung nachträglicher Anschaffungskosten in Höhe des Einbringungsgewinns I bei der veräußernden Körperschaft im Veranlagungszeitraum der entgeltlichen Übertragung der Anteile zu Einkünften aus Kapitalvermögen gem. § 20 Abs. 1 Nr. 10 Buchst b Satz 1 EStG. Das hat die weitere Konsequenz, dass die Einkünfte gem. § 43 Abs. 1 Satz 1 Nr. 7c EStG grds. der **Kapitalertragsteuer** mit Abgeltungswirkung gem. § 2 Abs. 2 KStG i. V. m. § 50 Abs. 2 EStG unterworfen werden. Inwieweit ausnahmsweise von einem **Kapitalertragsteuerabzug** Abstand genommen wird, richtet sich nach den Vorgaben des § 44a Abs. 4 bzw. Abs. 7 EStG. So wird **bei Körperschaften, die ausschließlich und unmittelbar kirchlichen Zwecken dienen**, vom Kapitalertragsteuerabzug **Abstand genommen**.[3]

2163 Keine Anwendung findet § 22 Abs. 4 UmwStG, wenn infolge eines Anteilstauschs gem. § 21 UmwStG ein Einbringungsgewinn II ausgelöst wird. In diesem Fall ist eine Fiktionswirkung nicht erforderlich. Werden die erhaltenen sperrfristbehafteten Anteile zum Buchwert gem. § 21 UmwStG in eine Kapitalgesellschaft weiter eingebracht, liegt zwar eine entgeltliche Übertragung und mithin eine Veräußerung der Anteile vor, es entsteht aber kein Veräußerungsgewinn. § 22 Abs. 4 UmwStG kann dann keine Wirkung entfalten.

2164–2175 *(Einstweilen frei)*

---

1 Stangl in R/H/vL, § 22 UmwStG, Rn 198; Orth, DB 2007 S. 419.
2 Patt in D/P/M, § 22 UmwStG, Tz. 95.
3 Siehe dazu Stangl in R/H/vL, § 22 UmwStG, Rn 199.

10. Unentgeltliche Rechtsnachfolge

In den Fällen der unentgeltlichen Rechtsnachfolge[1] gilt gem. § 22 Abs. 6 UmwStG der Rechtsnachfolger des Einbringenden als Einbringender i. S. der Abs. 1 bis 5 des § 22 UmwStG und der Rechtsnachfolger der übernehmenden Gesellschaft als übernehmende Gesellschaft i. S. des § 22 Abs. 2 UmwStG. Die Vorschrift bedeutet nicht, dass der Rechtsnachfolger den Einbringungsgewinn zu versteuern hätte. Diesen hat in Fällen der unentgeltlichen Einzelrechtsnachfolge der Rechtsvorgänger (der die Einbringung tatsächlich vorgenommen hat) zu versteuern, in Fällen der Gesamtrechtsnachfolge zwar der Gesamtrechtsnachfolger, aber nach den Verhältnissen des Gesamtrechtsvorgängers.

2176

Die Vorschrift regelt

2177

▶ die unentgeltliche Übertragung der erhaltenen Anteile durch den Einbringenden und

▶ die unentgeltliche Übertragung von eingebrachten Anteilen durch die übernehmende Gesellschaft.

Eine unentgeltliche Übertragung ist gegeben, wenn das wirtschaftliche Eigentum an den sperrfristbehafteten Anteilen auf einen anderen Rechtsträger übertragen wird, ohne dass dem Übertragenden oder einem Dritten dafür eine Gegenleistung gewährt wird. Das gilt sowohl für die Übertragung im Wege der Einzel- als auch im Wege der Gesamtrechtsnachfolge.

2178

§ 22 Abs. 6 UmwStG greift **nicht bei** einer unentgeltlichen Übertragung auf eine Kapitalgesellschaft oder Genossenschaft. In diesen Fällen handelt es sich um eine **verdeckte Einlage**. Die verdeckte Einlage fällt unter die Spezialvorschrift des § 22 Abs. 1 Satz 6 Nr. 1 UmwStG.

2179

Eine unentgeltliche Rechtsnachfolge kann vorliegen in Sonderfällen der Umwandlung. Wenn eine Gesellschaft, die erhaltene Anteile besitzt, in eine andere Gesellschaft umgewandelt wird, ohne dass i. R. der Umwandlung eine Gegenleistung – auch nicht in Form von Gesellschaftsrechten – der umwandelnden Gesellschaft oder deren Gesellschaftern gewährt wird, handelt es sich um einen reinen unentgeltlichen Vorgang.

2180

BEISPIEL: ▶ Die T-GmbH hält sperrfristbehaftete Anteile und wird auf ihre 100 %ige Mutterpersonengesellschaft M-OHG verschmolzen, an der ausschließlich natürliche Personen beteiligt sind.

Die T-GmbH geht ohne Abwicklung unter, und ihr Vermögen wird einschließlich der sperrfristbehafteten Anteile im Wege der Gesamtrechtsnachfolge auf die M-OHG

---

1 Siehe hierzu Rn 22.41 UmwStErl 2011 mit Beispiel.

übertragen. Eine Gegenleistung wird weder in Form von Gesellschaftsrechten noch in sonstiger Form gewährt.

Die übernehmende M-OHG ist unentgeltliche Rechtsnachfolgerin der T-GmbH hinsichtlich der sperrfristbehafteten Anteile.

2181 In den Fällen einer **teilentgeltlichen Übertragung** ist die Übertragung wie auch sonst in eine entgeltliche und in eine unentgeltliche Übertragung aufzuteilen (Trennungstheorie). Soweit die Übertragung unentgeltlich erfolgt, kommt entweder § 22 Abs. 1 Satz 6 Nr. 1 UmwStG oder § 22 Abs. 6 UmwStG zur Anwendung.

2182 Die Sieben-Jahres-Frist läuft mit der unentgeltlichen Übertragung ohne Unterbrechung beim Rechtsnachfolger weiter.

11. Mitverstrickung von Anteilen[1]

2183 Die Mitverstrickung von Anteilen regelt § 22 Abs. 7 UmwStG. Werden danach in den Fällen einer Sacheinlage gem. § 20 Abs. 1 UmwStG oder eines Anteilstauschs gem. § 21 Abs. 1 UmwStG unter dem gemeinen Wert stille Reserven aufgrund einer Gesellschaftsgründung oder Kapitalerhöhung von den erhaltenen oder eingebrachten Anteilen oder von auf diesen Anteilen beruhenden Anteilen auf andere Anteile verlagert, gelten diese Anteile insoweit auch als erhaltene oder eingebrachte Anteile oder als auf diesen Anteilen beruhende Anteile i. S. des § 22 Abs. 1 oder 2 UmwStG. Die Mitverstrickung von weiteren Anteilen hatte der BFH schon zu einbringungsgeborenen Anteilen entschieden.[2] Diese Grundsätze wurden von § 22 Abs. 7 UmwStG übernommen.[3] Er kommt zur Anwendung, wenn stille Reserven von den sperrfristbehafteten Anteilen oder von auf diesen Anteilen beruhenden Anteilen (quasi-sperrfristbehaftete Anteile) auf andere Anteile verlagert werden.

2184 Das Überspringen kann erfolgen aufgrund einer

▶ Gesellschaftsgründung oder

▶ Kapitalerhöhung.

2185 Nur in diesen Fällen erfolgt eine Mitverstrickung. Die mitverstrickten Anteile werden als derivative Anteile bezeichnet und sind zu trennen von den originär verstrickten Anteilen. Sie werden unterschieden von den Anteilen, die bei den

---

[1] Zu Einzelheiten s. Schmitt/Schloßmacher, DStR 2009 S. 828; Knief/Birnbaum, DB 2010, S. 2527 und Rn 22.43 ff. UmwStErl 2011.
[2] BFH, Urteil v. 8. 4. 1992 I R 128/88, BStBl II 1992 S. 761; ebenso Urteil v. 28. 11. 2007 I R 34/07, BStBl II 2008 S. 533.
[3] BT-Drs. 16/3369 S. 13.

an einer Einbringung beteiligten Personen auch schon vor dem Sacheinlagevorgang vorhanden waren.

Eine Verlagerung von stillen Reserven aufgrund einer verdeckten Einlage in eine Kapitalgesellschaft löst nach dem Wortlaut keine Mitverstrickung von anderen Anteilen gem. § 22 Abs. 7 UmwStG aus.

2186

> **BEISPIEL:** A und B sind zu je 50 % an der C-GmbH beteiligt. Die Anteile des A sind nach § 22 Abs. 1 UmwStG sperrfristbehaftet. Jede Beteiligung hat einen gemeinen Wert von 1.000.000 € und Anschaffungskosten von 500.000 €. In jeder Beteiligung ruhen somit stille Reserven von 500.000 €.
>
> A leistet eine Bareinlage von 1.800.000 € zugunsten der Kapitalrücklage. Aufgrund dieser verdeckten Einlage beträgt der gemeine Wert beider Beteiligungen jeweils 1.900.000 €. Die Anschaffungskosten des A erhöhen sich von 500.000 auf 2.300.000 €. Die Anschaffungskosten des B werden nicht erhöht. Durch die verdeckte Einlage werden stille Reserven in Höhe von 900.000 € von den sperrfristbehafteten Anteilen des A auf die Anteile des B verlagert. Dies zeigt folgende Berechnung für den Fall, dass A und B anschließend ihre Anteile veräußern: Für A entsteht ein Veräußerungsverlust von (1.900.000 − 2.300.000 =) 400.000 € und für B ein Veräußerungsgewinn in Höhe von (1.900.000 − 500.000 =) 1.400.000 €. Ohne die verdeckte Einlage wäre für A und B jeweils ein Veräußerungsgewinn von 500.000 € entstanden. Nach dem Wortlaut des § 22 Abs. 7 UmwStG gelten die Anteile des B nicht als mitverstrickt, da die Verlagerung der stillen Reserven weder aufgrund einer Gesellschaftsgründung noch aufgrund einer Kapitalerhöhung erfolgt.

Vor Einfügung des § 7 Abs. 8 ErbStG durch das Beitreibungsrichtlinie-Umsetzungsgesetz[1] lag nach der Rechtsprechung des BFH,[2] der sich die Finanzverwaltung angeschlossen hatte,[3] bei einer verdeckten Einlage keine Schenkung an den oder die Mitgesellschafter vor. Da § 7 Abs. 8 Satz 1 ErbStG die Werterhöhung der Anteile der Mitgesellschafter nunmehr als Schenkung fingiert, stellt sich u. E. die **Lösung jetzt anders** dar: Vorgeschaltet wird eine Geldschenkung in Höhe von 900.000 € an B, und danach kann man von einer Einlage sowohl des A als auch des B ausgehen.

2187

Im Rahmen einer Gesellschaftsgründung kann es zu einer Verlagerung stiller Reserven kommen, wenn ein Betrieb, Teilbetrieb oder Mitunternehmeranteil nach § 20 Abs. 1 UmwStG oder Anteile an Kapitalgesellschaften im Wege des Anteilstauschs gem. § 21 UmwStG eingebracht werden und daneben oder kurz vorher eine Bareinlage erfolgt und die Anteile nicht wertgleich den Ein-

2188

---

1 Mit Wirkung für Übertragungen nach dem 13.12.2011.
2 BFH, Urteil v. 17.10.2007 II R 63/05, BStBl II 2008, 381.
3 Ländereinheitlicher Erlass v. 20.10.2010, BStBl I 2010, S. 1207.

bringungssachverhalten zugewiesen werden, sondern überwiegend auf die Bareinlage entfallen.

2189 Im Rahmen einer Kapitalerhöhung kommt es zur Verlagerung stiller Reserven, wenn diese ohne ein angemessenes Aufgeld gegen Gewährung neuer Anteile vorgenommen wird. Ein weiterer Fall ist die Kapitalerhöhung aus Gesellschaftsmitteln und anlässlich dieser Kapitalerhöhung werden neue Anteile ausgegeben. Wenn der Empfänger ein Dritter ist, der bisher keine sperrfristbehafteten Anteile innehatte, sind aber aufgrund § 22 Abs. 7 UmwStG seine Anteile mitverstrickt.

BEISPIEL 1 (nach Rn 22.43 UmwStErl 2011):
Das Stammkapital der X-GmbH soll in 09 von 50.000 € auf 100.000 € erhöht werden. Der gemeine Wert der GmbH vor Kapitalerhöhung beläuft sich auf 400.000 €. Den neu gebildeten Geschäftsanteil von nominell 50.000 € übernimmt S gegen Bareinlage von 100.000 €. Die Altanteile von ebenfalls nominell 50.000 € werden von V, dem Vater des S, gehalten, der sie in 08 gegen Sacheinlage seines Einzelunternehmens (gemeiner Wert 400.000 €) zum Buchwert erworben hatte. Die Anschaffungskosten des V nach § 20 Abs. 3 UmwStG betragen 40.000 €.

Lösung:
Durch die Einlage steigt der gemeine Wert der GmbH auf 500.000 €. Davon entfallen 50 % = 250.000 € auf den jungen Geschäftsanteil des S, der jedoch nur 100.000 € für seinen Anteil aufgewendet hat. Die Wertverschiebung ist darauf zurückzuführen, dass von den Anteilen des V 150.000 € stille Reseven unentgeltlich auf den Geschäftsanteil des S übergegangen sind. Dementsprechend ist der Anteil des S zu 60 % (150.000/250.000) gem. § 22 Abs. 1 UmwStG steuerverstrickt. Da ein (teilweise) unentgeltlicher Vorgang vorliegt, sind S anteilig die Anschaffungskosten seines Rechtsvorgängers V zuzurechnen i. H. von 15.000 € (40.000 x 150.000 / 400.000), so dass sich die bei V zu berücksichtigenden Anschaffungskosten entsprechend auf 25.000 € mindern.

Veräußern V und S ihre Anteile für jeweils 250.000 €, löst dies bei V in 08 eine rückwirkende Einbringungsgewinnbesteuerung nach § 22 Abs. 1 UmwStG i. H. von 400.000 € ./. 40.000 € = 360.000 € aus. In Höhe des versteuerten Einbringungsgewinns erhöhen sich nachträglich die Anschaffungskosten der Anteile von S und V: Bei V von 25.000 € um 360.000 € x 250.000 €/400.000 € = 225.000 € auf 250.000 €. Bei S von 115.000 € um 360.000 € x 150.000 €/400.000 € = 135.000 € auf 250.000 €. Damit ergibt sich bei S und V in 09 ein Veräußerungsgewinn aus den Anteilen nach § 17 EStG von jeweils 0 €.

BEISPIEL 2[1]: An der B-AG bestehen 50.000 Anteile im Nennwert von je 1 €. Die B-AG wurde von der A-GmbH als funktionslose Vorratsgesellschaft erworben. Außer dem Grundkapital verfügt sie über kein Vermögen. Nunmehr bringt die A-GmbH ihre 100 %-ige Beteiligung an der C-KG (Verkehrswert 10 Mio €) zu Buchwerten in die

---
1 Siehe Knief/Birnbaum, DB 2010, S. 2527, 2529.

B-AG ein. Sie erhält dafür 100 neue Anteile an der B-AG. Der restliche Buchwert der C-KG wird in die Kapitalrücklage eingestellt. Die C-KG ist zu 100% an der D-GmbH beteiligt (Verkehrswert 5 Mio €).

Lösung:

Da die Kapitalerhöhung nicht gegen ein angemessenes Aufgeld erfolgt, springen stille Reserven von den neuen auf die alten Anteile über. Das eingebrachte Vermögen macht fast den gesamten Wert der B-AG aus. Die Neuanteile repräsentieren aber nur 100/50.100 = 0,2% des Grundkapitals der B-AG. Die A-GmbH könnte eigentlich 99,8% an der B-AG veräußern, ohne eine Sperrfrist zu verletzen. Dies verhindert § 22 Abs. 7 UmwStG, indem auch die Altanteile „insoweit" als mitverstrickt gelten. Damit unterfallen auch die Altanteile der Sperrfrist.

Streitig ist, ob die A-GmbH Anteile an der B-AG steuerbegünstigt veräußern kann. Die 100 Neuanteile bestehen aus zwei Kontingenten: 50 Anteile entfallen auf die miteingebrachte Beteiligung an der D-GmbH (Kontingent A). Diese Anteile sind nicht sperrfristbehaftet (§ 22 Abs. 2 Satz 1 UmwStG), da die Veräußerung durch die C-KG nach § 8b Abs. 2 KStG steuerfrei gewesen wäre. Die übrigen 50 Anteile entfallen auf das restliche Betriebsvermögen der C-KG und sind sperrfristbehaftet; ihre Veräußerung innerhalb der Siebenjahresfrist würde anteilig den Einbringungsgewinn I auslösen (Kontingent B).

Kann die A-GmbH von den Altanteilen 50% (= 25.000 Anteile) ohne Sperrfrist veräußern?

Z. B. Patt[1] vertritt die Auffassung, dass jeder Teil der mitverstrickten Beteiligung einen Bruchteil der von den originär sperrfristbehafteten Anteilen übergesprungenen stillen Reserven enthält. Danach repräsentiert jeder einzelne Anteil (auch die Altanteile) zu 50% das eingebrachte restliche nicht begünstigte Betriebsvermögen und ist insoweit sperrfristbehaftet. Demgegenüber weisen Knief/Birnbaum[2] zu Recht darauf hin, dass diese Auslegung sowohl dem „insoweit" in Abs. 7 als auch dem Sinn und Zweck der Vorschrift widerspricht. Deshalb kann die A-GmbH 50% der Anteile an der B-AG steuerbegünstigt bzw. ohne Sperrfristbehaftung veräußern.

Werden solche mitbehafteten Anteile weiterveräußert, wird innerhalb der für die originären Anteile laufenden Sieben-Jahres-Frist der Einbringungsgewinn I oder II ausgelöst. **Die Rechtsfolgen hat aber der ursprünglich Einbringende und nicht der aktuelle Inhaber der sperrfristinfizierten Anteile zu tragen.** Danach kann das Verhalten einer Person in die steuerlichen Belange einer anderen Person eingreifen. In vertraglichen Vereinbarungen zwischen den Beteiligten sollten diese Konsequenzen bedacht werden.

2190

Werden Veräußerungs- oder Veräußerungsersatztatbestände ausgelöst, die zur Nachversteuerung der stillen Reserven führen, ist § 22 Abs. 7 UmwStG nicht anwendbar. Er kommt nur bei Verlagerung von stillen Reserven zum

2191

---

1 In D/P/M, § 22 UmwStG, Tz. 52.
2 A. a. O.

Zug. Deshalb berühren z. B. folgende Sachverhalte den Anwendungsbereich von § 22 Abs. 7 UmwStG nicht:

▶ Ein Halter von sperrfristbehafteten Anteilen verzichtet auf sein Bezugsrecht i. R. einer Kapitalerhöhung gegen Entgelt. Darin liegt ein Veräußerungstatbestand.[1]

▶ Kapitalerhöhung gegen Einlage und zusätzliches Aufgeld.

2192 Das Verhältnis der übergegangenen stillen Reserven zu dem Verkehrswert der anderen Anteile nach der Verlagerung ergibt die Quote, mit der die anderen Anteile als mitverstrickt gelten. Bei der Berechnung der verlagerten stillen Reserven ist mindernd zu berücksichtigen, dass auch ein Teil der Anschaffungskosten der sperrfristbehafteten Anteile auf die anderen Anteile übergeht.[2] Wird rückwirkend der Einbringungsgewinn besteuert, entfallen die nachträglichen Anschaffungskosten der erhaltenen bzw. eingebrachten Anteile anteilig auch auf die mitverstrickten Anteile.[3]

2193–2200 *(Einstweilen frei)*

12. Rückwirkende Einbringungsgewinne infolge fehlenden Nachweises

a) Die Regelung nach dem Gesetz

2201 Um die Besteuerung des Einbringungsgewinns in den Fällen eines schädlichen Ereignisses sicherzustellen, ist der Einbringende nach § 22 Abs. 3 Satz 1 UmwStG verpflichtet, in den dem Einbringungszeitpunkt folgenden sieben Jahren jährlich **spätestens bis zum 31. 5.** den Nachweis darüber zu erbringen, wem mit Ablauf des Tages, der dem maßgebenden Einbringungszeitpunkt entspricht,

▶ in den Fällen des § 22 Abs. 1 UmwStG (= Einbringung gem. § 20 UmwStG) die erhaltenen Anteile und die auf diesen Anteilen beruhenden Anteile und

▶ in den Fällen des § 22 Abs. 2 UmwStG (= Anteilstausch gem. § 21 UmwStG) die eingebrachten Anteile und die auf diesen Anteilen beruhenden Anteile

zuzurechnen sind.

---

1 BFH, Urteil v. 27. 10. 2005 IX R 15/05, BStBl II 2006 S. 171.
2 Patt in D/P/M, § 22 UmwStG, Tz. 11.
3 Stangl in R/H/vL, § 22 UmwStG, Rn 218.

Die jährliche Nachweispflicht bis zum 31.5., dient zur Überprüfung, ob innerhalb der siebenjährigen Frist des § 22 Abs. 1 oder 2 UmwStG eine schädliche Anteilsveräußerung oder ein gleichgestellter Vorgang eingetreten ist.

2202

Die Einbringung oder der Anteilstausch muss immer zu einem niedrigeren Wert als dem gemeinen Wert erfolgt sein. § 22 Abs. 3 UmwStG setzt sperrfristbehaftete oder quasisperrfristbehaftete[1] Anteile voraus. Ansonsten besteht kein Nachweisinteresse.

2203

Erbringt der Einbringende den Nachweis nicht, gelten die sperrfristbehafteten und quasibehafteten Anteile gem. § 22 Abs. 3 Satz 2 UmwStG an dem Tag, der dem Einbringungszeitpunkt folgt oder der in den Folgejahren diesem Kalendertag entspricht, als veräußert. Aufgrund dieser Fiktion werden dann die Rechtsfolgen einer Veräußerung innerhalb der Sperrfrist ausgelöst.

2204

BEISPIEL NACH BMF:[2] A hat seinen Betrieb zum 1.3.2011 (Einbringungszeitpunkt) zu Buchwerten gegen Gewährung von Anteilen in die X-GmbH eingebracht (§ 20 Abs. 2 UmwStG). Den Nachweis, wem die Anteile an der X-GmbH zum 1.3.2012 zuzurechnen sind, hat er zum 31.5.2012 erbracht. Ein Nachweis, wem die Anteile an der X-GmbH zum 1.3.2013 zuzurechnen sind, wurde bis zum 31.5.2013 nicht vorgelegt.

Nach § 22 Abs. 3 Satz 1 UmwStG hat A erstmals bis zum 31.5.2012 nachzuweisen, wem die Anteile an der X-GmbH zum 1.3.2012 zuzurechnen sind. Dieser Nachweis wurde erbracht (Überwachungszeitraum vom 2.3.2011 bis zum 1.3.2011). Da A jedoch den bis zum 31.5.2013 vorzulegenden Nachweis, wem die Anteile an der X-GmbH zum 1.3.2013 zuzurechnen sind (Überwachungszeitraum vom 2.3.2012 bis 1.3.2013), nicht erbracht hat, gelten die Anteile nach § 22 Abs. 3 Satz 2 UmwStG als am 2.3.2012 veräußert. Als Folge hiervon ist zum einen eine rückwirkende Besteuerung des Einbringungsgewinns zum 1.3.2011 (Einbringungszeitpunkt) und zum anderen eine Besteuerung des Gewinns aus der – fiktiven – Veräußerung der Anteile zum 2.3.2012 durchzuführen.

b) Die Ergänzungen durch die Verwaltung

aa) Zuständiges Finanzamt für den Nachweis

Der Wortlaut des § 22 Abs. 3 UmwStG enthält keine Aussage, bei welchem Finanzamt der Nachweis zu führen ist. Da die schädlichen Besteuerungsfolgen (rückwirkende Einbringungsgewinnbesteuerung nach § 22 Abs. 1 oder 2 UmwStG) sowohl in den Fällen der Sacheinlage als auch in den Fällen des Anteilstauschs beim Einbringenden eintreten, hat der Einbringende deshalb in

2205

---

1 = die auf den sperrfristbehafteten Anteilen beruhenden Anteile.
2 Rn 22.28 UmwStErl 2011.

D. Das Umwandlungssteuerrecht

beiden Fällen den **Nachweis** (§ 22 Abs. 3 Satz 1 UmwStG) **bei dem für ihn zuständigen Finanzamt**[1] zu erbringen. Scheidet der Einbringende nach der Einbringung aus der unbeschränkten Steuerpflicht aus, ist der Nachweis bei dem Finanzamt i. S. von § 6 Abs. 7 Satz 1 AStG zu erbringen. War der Einbringende vor der Einbringung im Inland beschränkt steuerpflichtig, hat er den Nachweis bei dem für den Veranlagungszeitraum der Einbringung zuständigen Finanzamt zu erbringen.

bb) Die Nachweisform

2206 In den Fällen der Sacheinlage hat der Einbringende eine schriftliche Erklärung darüber abzugeben, wem seit der Einbringung die erhaltenen Anteile als wirtschaftlichem Eigentümer zuzurechnen sind[2]. Sind die Anteile zum maßgebenden Zeitpunkt dem Einbringenden zuzurechnen, hat er darüber hinaus eine Bestätigung der übernehmenden Gesellschaft über seine Gesellschafterstellung vorzulegen. In allen anderen Fällen hat er nachzuweisen, an wen und auf welche Weise die Anteile übertragen worden sind.

2207 In den Fällen des Anteilstauschs ist eine entsprechende Bestätigung der übernehmenden Gesellschaft über das wirtschaftliche Eigentum an den eingebrachten Anteilen und zur Gesellschafterstellung ausreichend; die Gesellschafterstellung kann auch durch Vorlage der Steuerbilanz der übernehmenden Gesellschaft nachgewiesen werden.

2208 Der Nachweis der Gesellschafterstellung kann auch anderweitig, z. B. durch Vorlage eines Auszugs aus dem Aktienregister (§ 67 AktG), einer Gesellschafterliste (§ 40 GmbHG) oder einer Mitgliederliste (§ 15 Abs. 2 GenG), zum jeweiligen Stichtag erbracht werden.

cc) Nachweisfrist und erstmaliger Nachweis

2209 Der Nachweis ist nach dem Gesetz jährlich spätestens bis zum 31. 5. zu erbringen. Die **Nachweisfrist** kann nach Verwaltungsauffassung **nicht verlängert** werden. Ergänzend haben die obersten Finanzbehörden die Rechtsfrage erörtert, zu welchem Zeitpunkt der Nachweis nach § 22 Abs. 3 UmwStG erstmalig

---

1 Rn 22.29 UmwStErl 2011; zum zuständigen FA in Fällen der gesonderten (und einheitlichen) Feststellung sowie in Fällen der unentgeltlichen Rechtsnachfolge s. OFD Frankfurt/M., Vfg. v. 22. 7. 2014, DB 2014 S. 2318.

2 Rn 22.30 UmwStErl 2011; siehe die bundeseinheitlichen Vordrucke (Mitteilung, Überwachungsbögen, Kurzanleitung), mitgeteilt z. B. von OFD Niedersachsen, Vfg. V. 15. 4. 2010).

zu erbringen ist, wenn die Einbringung nach dem 31.5. eines Jahres stattfindet.[1] Danach unterteilt sich die Sperrfrist in einzelne Überwachungszeiträume, nach deren jeweiligem Ablauf der Nachweis darüber zu erbringen ist, wem die sperrfristbehafteten Anteile zuzurechnen sind.

BEISPIEL 1: ▶ A bringt seinen Betrieb zu Buchwerten am 1.3.2011 in die X-GmbH gem. § 20 Abs. 2 UmwStG gegen Gewährung von Anteilen ein.
Nach Ablauf des „ersten" Überwachungszeitraums vom 2.3.2011 bis zum 1.3.2012 hat A erstmals bis zum 31.5.2012 nachzuweisen, wem die Anteile an der X-GmbH zum 1.3.2012 zuzurechnen sind.

BEISPIEL 2: ▶ B bringt seinen Betrieb zu Buchwerten am 1.7.2011 in die Y-GmbH gem. § 20 Abs. 2 UmwStG gegen Gewährung von Anteilen ein.
Den Nachweis über die Zurechnung der Anteile am 1.7.2012 (Überwachungszeitraum 2.7.2011 bis 1.7.2012) kann B aus tatsächlichen Gründen nicht bis zum 31.5.2012 führen. Der Nachweis ist daher bis spätestens 31.5.2013 zu erbringen.[2]

Der Nachweis kann frühestens dann verlangt werden, wenn feststeht, dass eine Einbringung unterhalb des gemeinen Werts erfolgt, d. h. die übernehmende Gesellschaft ihr Wahlrecht entsprechend ausgeübt **hat**. Damit kann es u. E. nicht zu einer Einschränkung des Antragswahlrechts in zeitlicher Hinsicht (§ 20 Abs. 2 Satz 3 UmwStG) durch die in § 22 Abs. 3 UmwStG geregelte Nachweisfrist kommen.[3]

2209a

BEISPIEL: ▶ A bringt sein Einzelunternehmen im August 2011 rückwirkend zum 1.1.2011 (steuerlicher Einbringungszeitpunkt) gegen Gewährung von Gesellschaftsrechten in die A-GmbH ein, die die Buchwerte fortführt. Wirtschaftsjahr der GmbH ist das Kalenderjahr.

Lösung:
Die GmbH muss ihr Wahlrecht in der steuerlichen Schlussbilanz zum 31.12.2011 ausüben. Dies gilt u. E. unabhängig davon, ob es sich um eine bestehende oder neu gegründete GmbH handelt.[4] Reicht die GmbH die steuerliche Schlussbilanz beim FA bis zum 31.5.2012 ein, muss A den Nachweis, wem am 1.1.2012 die Anteile zuzurechnen sind, bis zum 31.5.2012 führen. Reicht die GmbH die steuerliche Schlussbilanz erst nach dem 31.5.2012 (z. B. im August 2012) ein (was der Praxis entspricht), muss A den Nachweis erst zum 31.5.2013 führen. Die Nachweispflicht kann erst entstehen, wenn die GmbH ihr Wahlrecht zur Buchwertfortführung ausgeübt **hat**. Bis zum 31.5.2013 muss A den Nachweis für die Stichtage 1.1.2012 und 1.1.2013 führen! Fraglich kann nur sein, was passiert, wenn die GmbH unter Überschreitung der (ggf. verlängerten) Abgabefrist die steuerliche Schlussbilanz auf den

---

1 S. OFD Chemnitz, Vfg. v. 25.1.2008 S 1878c – 5/2 – St 21.
2 Rn 22.31 UmwStErl 2011.
3 Zu Einzelheiten siehe Schell, DStR 2010, S. 2222.
4 Siehe oben Rn. 1850.

D. Das Umwandlungssteuerrecht

31.12.2011 z.B. erst nach dem 31.5.2013 abgibt. U.E. kann die Nachweisfrist nicht unendlich (z.B. wenn die GmbH überhaupt keine steuerliche Schlussbilanz zum 31.12.2011 abgibt) ausgedehnt werden. Der Nachweis ist deshalb spätestens bis zum 31.5. des Jahres zu führen, in dem die Abgabefrist endet, wenn dieser Zeitpunkt vor dem 1.6. liegt, ansonsten bis zum 31.5. des Folgejahrs.

2210 Das Finanzamt des Einbringenden, in den Beispielen ist es das Wohnsitzfinanzamt des früheren Einzelunternehmers A bzw. B, muss überwachen, dass der Nachweis erbracht wird. Hierzu hat die Finanzverwaltung intern bundeseinheitliche Überwachungsbögen erarbeitet.

dd) Folgen der Versäumnis der Nachweisfrist

2211 Erbringt der Einbringende den Nachweis nicht, gelten die Anteile als veräußert, mit der Folge, dass beim Einbringenden auf den Einbringungszeitpunkt eine rückwirkende Einbringungsgewinnbesteuerung durchzuführen ist. Darüber hinaus ist auf den Zeitpunkt i.S. von § 22 Abs. 3 Satz 2 UmwStG eine Besteuerung des Veräußerungsgewinns für die Anteile durchzuführen.[1] Ist Einbringende eine Personengesellschaft,[2] bedeutet dies konsequenterweise auch eine fiktive Veräußerung des Mitunternehmeranteils. Im Falle der Fristversäumnis ist deshalb der Einbringende aufzufordern, Angaben zum gemeinen Wert des eingebrachten Betriebsvermögens oder der eingebrachten Anteile zum Einbringungszeitpunkt und den Einbringungskosten zu machen. Dasselbe gilt für die als veräußert geltenden Anteile zum Zeitpunkt der Veräußerungsfiktion und die entsprechenden Veräußerungskosten. Macht er keine verwertbaren Angaben, sind der gemeine Wert des eingebrachten Betriebsvermögens oder der eingebrachten Anteile und der als veräußert geltenden Anteile sowie die jeweiligen Kosten zu schätzen (§ 162 AO).

ee) Verspäteter Nachweis

2212 Erbringt der Einbringende den Nachweis erst nach Ablauf der Frist, können die Angaben noch berücksichtigt werden, wenn eine Änderung der betroffenen Bescheide verfahrensrechtlich möglich ist. Dies bedeutet, dass im Falle eines Rechtsbehelfsverfahrens der Nachweis längstens noch bis zum Schluss der mündlichen Verhandlung eines Klageverfahrens erbracht werden kann. Vor dem BFH kann der Nachweis nicht mehr geführt werden, da es sich um einen neuen Tatsachenvortrag handeln würde. Die in § 22 Abs. 3 UmwStG enthalte-

---

1 So u. E. zu Recht Rn 22.32 UmwStErl 2011; a. A. die h.L., vgl. Widmann in Widmann/Mayer, § 22 UmwStG, Rn 373; Patt in D/P/M, § 22 UmwStG, Tz. 93; Stangl/Kaeser in FGS/BDI S. 466.
2 Zu deren Nachweispflicht siehe Rn 2213.

ne **Nachweisfrist** ist folglich, was sich aus dem Wortlaut nicht so ohne weiteres ableiten lässt, **keine Ausschlussfrist**.[1]

ff) Nachweisverpflichteter

Nach dem Gesetzeswortlaut ist **der Einbringende** nach § 22 Abs. 3 Satz 1 UmwStG verpflichtet, jährlich bis zum 31. 5. nachzuweisen, wem die Anteile an dem Tag, der dem maßgebenden Einbringungszeitpunkt entspricht, zuzurechnen sind. Dies gilt auch für die auf einer Weitereinbringung der erhaltenen oder eingebrachten Anteile beruhenden Anteile. Ist eine Personengesellschaft Einbringende, betrifft die Nachweispflicht auch die Frage, wem ihre Mitunternehmeranteile zuzurechnen sind.[2] Den Nachweis hat u. E. die Personengesellschaft bei dem für die gesonderte und einheitliche Gewinnfeststellung zuständigen Finanzamt zu führen; ausreichend dürfte eine Bestätigung der Mitunternehmerschaft über den Bestand der Mitunternehmer sein.

2213

Über den Gesetzeswortlaut hinaus ist im Falle der unentgeltlichen Rechtsnachfolge (§ 22 Abs. 6 UmwStG) der Nachweis vom Rechtsnachfolger und im Falle der Mitverstrickung von Anteilen (§ 22 Abs. 7 UmwStG) neben dem Einbringenden auch vom Anteilseigner der mitverstrickten Anteile zu erbringen.[3]

2214

Die Quasi-Verstrickungen und Mitverstrickungen weiterer Anteile können zu fremdbestimmten Steuerwirkungen beim Einbringenden führen.[4]

2215

Der gut beratene und informierte Einbringende wird darauf achten, dass im Einbringungsvertrag diese besonderen steuerlichen Situationen geregelt werden. Vorsorglich sollten sich Regelungen wiederfinden,

2216

▶ die eine Weiterveräußerung innerhalb der Sperrfrist von der Zustimmung des Einbringenden abhängig machen[5] und

▶ die dem Einbringenden ein Informationsrecht gegenüber der aufnehmenden Gesellschaft über den Verbleib der eingebrachten Anteile einräumen, um so seine Nachweispflicht gem. § 22 Abs. 3 UmwStG erfüllen zu können,[6] und

---

1 So auch BT-Drs. 16/2710 S. 49; Rn 22.33 UmwStErl 2011; Stangl, a. a. O., Rn 185; a. A. Patt, a. a. O., Tz. 91 „Ausschlussfrist".
2 Rn 22.28 Satz 1 UmwStErl 2011; zu den vom Erlass nicht angesprochenen Zweifelsfragen s. Stangl/Kaeser in FGS/BDI, S. 461 f.
3 Rn 22.28 UmwStErl 2011.
4 Ley, FR 2007 S. 109, 118.
5 Forst/Radmer, EStB 2007 S. 61, 64 und 112, 113.
6 Benecke/Schnitger, IStR 2006 S. 765, 777.

▶ die Entschädigungszahlungen für Steuernachteile beim Einbringenden durch die übernehmende Gesellschaft oder sonst verantwortliche Personen in den fremdbestimmten Fällen vorsehen.[1]

13. Bescheinigung über einen nachträglichen Einbringungsgewinn

2217 Das für den Einbringenden zuständige Finanzamt bescheinigt gem. § 22 Abs. 5 UmwStG der übernehmenden Gesellschaft auf deren Antrag die Höhe des zu versteuernden Einbringungsgewinns, die darauf entfallende festgesetzte Steuer und den darauf entrichteten Betrag; nachträgliche Minderungen des versteuerten Einbringungsgewinns sowie die darauf entfallende festgesetzte Steuer und der darauf entrichtete Betrag sind dem für die übernehmende Gesellschaft zuständigen Finanzamt von Amts wegen mitzuteilen.

2218 Das in § 22 Abs. 5 UmwStG geregelte Bescheinigungsverfahren schafft die Voraussetzung für eine Buchwertaufstockung bei der übernehmenden Gesellschaft gem. § 23 Abs 2 UmwStG.[2] Gemäß § 23 Abs. 2 Satz 2 ist die Vorlage der Bescheinigung **Tatbestandsvoraussetzung** für eine Erhöhung der Werte des übernommenen Vermögens infolge eines nachträglichen Einbringungsgewinns.

2219 Durch die Bescheinigung soll abgesichert werden, dass die übernehmende Gesellschaft erst dann steuermindernde Folgen aus der Buchwertaufstockung ziehen kann, wenn und soweit der Einbringende die Steuer auf den Einbringungsgewinn entrichtet hat.

2220 Gegenstand der Bescheinigung ist die Höhe des zu versteuernden Einbringungsgewinns, die darauf entfallende festgesetzte Steuer und der darauf entrichtete Betrag. Sie kann enthalten sowohl einen Einbringungsgewinn I gem. § 22 Abs. 1 UmwStG als auch einen Einbringungsgewinn II gem. § 22 Abs. 2 UmwStG ungeachtet der Tatsache, ob der rückwirkende Einbringungsgewinn und die darauf entfallende Steuer durch eine Veräußerung, gleichgestellte Ereignisse oder durch eine fiktive Veräußerung wegen Nichterfüllung des Nachweises i. S. des § 22 Abs. 3 UmwStG ausgelöst worden ist.

2221 Die **darauf entfallende Steuer** ist die nachträglich zusätzlich erhobene Steuer auf den Einbringungsgewinn I oder II. Es handelt sich um Einkommen- bzw. Körperschaftsteuer. Das für den Einbringenden zuständige Finanzamt ist nur

---

[1] Ritzer/Rogall/Stangl, WPg 2006 S. 1210, 1217 und 1219.
[2] Siehe dazu nachfolgend unter Rn 2241 ff.

für diese beiden Steuerarten zuständig, daher gilt das **Bescheinigungsverfahren nicht für die Gewerbesteuer**, für ihre Festsetzung und Erhebung ist das Finanzamt nicht zuständig.

Die Bescheinigung ist auszustellen durch das für den Einbringenden zuständige Finanzamt. Dieses Finanzamt ist für die Ermittlung des Einbringungsgewinns, die Steuerfestsetzung und -entrichtung zuständig. Problematisiert wird die Rechtslage z. B. in den Fällen der unentgeltlichen Rechtsnachfolge. Nach dem Wortlaut des § 22 Abs. 6 UmwStG gilt der Rechtsnachfolger als Einbringender auch i. S. des § 22 Abs. 5 UmwStG. Folgt man dem Wortlaut, dann ist das für die Ausstellung der Bescheinigung zuständige Finanzamt nicht identisch mit dem für die Ermittlung und Besteuerung des Einbringungsgewinns zuständigen Finanzamt. Es wird die Auffassung vertreten, das für den Einbringenden zuständige Finanzamt habe auch dann die Bescheinigung zu fertigen, wenn im Fall des § 22 Abs. 1 UmwStG die erhaltenen Anteile unentgeltlich auf einen Rechtsnachfolger übergegangen sind und der Rechtsnachfolger die schädlichen Sachverhalte i. S. des § 22 Abs. 1 UmwStG realisiert habe.[1] Der nachträgliche Einbringungsgewinn sei nämlich durch das für den Einbringenden zuständige Finanzamt nach den steuerlichen Verhältnissen des Einbringenden festzusetzen. Nur dieses Finanzamt und nicht das Wohnsitzfinanzamt des Rechtsnachfolgers könne die erforderlichen Angaben in der Bescheinigung aufgrund eigener Erkenntnisse über die steuerlichen Angelegenheiten erteilen. Wenn man dem Gesetzeswortlaut folge, dass der Antrag auf Bescheinigungserteilung an das Finanzamt des Rechtsnachfolgers zu richten sei, würde ein Finanzamt die Bescheinigung erstellen, das die entsprechenden Informationen nicht hat.

Im Fall der **Einbringung durch eine Personengesellschaft** ist der nachträgliche Einbringungsgewinn ist i. R. der einheitlichen und gesonderten Gewinnfeststellung zu erfassen. Die entsprechenden Gewinnanteile werden gem. § 19 AO den Wohnsitzfinanzämtern, sofern natürliche Personen Mitunternehmer sind, bzw. Geschäftsleitungsfinanzämtern gem. § 20 AO, sofern Körperschaften Mitunternehmer sind, mitgeteilt. Diese wären dann für die Ausstellung der Bescheinigung gem. § 22 Abs. 5 UmwStG zuständig.

Nach dem Gesetzeswortlaut hat die **übernehmende Gesellschaft einen Antrag** zu stellen. Der Antrag kann formfrei erfolgen, da hierzu das Gesetz keine weiteren Aussagen enthält. Ob der Antrag an das zuständige Finanzamt zu erfolgen hat, wird von § 22 Abs. 5 UmwStG nicht ausdrücklich geregelt. Die Rege-

2222

2223

2224

---
[1] Patt, a. a. O., Tz. 102.

lung enthält nur die Aussage, dass das für den Einbringenden zuständige Finanzamt die Bescheinigung der übernehmenden Gesellschaft auszustellen hat. Für die übernehmende Gesellschaft ist es grds. irrelevant, an welches Finanzamt der Antrag zu richten ist, wenn sie aufgrund eines einmal gestellten Antrags eine Bescheinigung erhält. Um einen Antragsteller nicht in eine komplizierte Zuständigkeitsprüfung zu drängen, könnte es angebracht sein, von Seiten der Finanzverwaltung zu regeln, dass der Antrag evtl. mit Weitergabeverpflichtung sowohl beim zuständigen Finanzamt der übernehmenden Gesellschaft als auch bei dem zuständigen Finanzamt eines Einbringenden oder eines Rechtsnachfolgers des Einbringenden gestellt werden kann. Die weiteren Zuständigkeitsfragen könnten dann verwaltungsintern geklärt werden.[1]

2225 Antragsberechtigt ist gem. § 22 Abs. 5 UmwStG nur die übernehmende Gesellschaft oder i. V. m. § 22 Abs. 6 UmwStG deren Rechtsnachfolgerin. Die persönliche Antragsberechtigung wird an dieser Stelle verknüpft mit dem Recht zur Wertaufstockung nach § 23 Abs. 2 UmwStG. Die Verwaltung lässt aus Vereinfachungsgründen eine Antragstellung durch den Einbringenden zu.[2]

2226 Wenn der Einbringungsgewinn nachträglich gemindert wird, erfolgt gem. § 22 Abs. 5 Halbsatz 2 UmwStG von Amts wegen eine Mitteilung des für die Bescheinigung zuständigen Finanzamts an das für die übernehmende Gesellschaft zuständige Finanzamt. Damit wird z. B. der Fall erfasst, dass der Einbringende seinen Nachweis gem. § 22 Abs. 3 UmwStG nicht fristgerecht erbringt, damit zunächst eine rückwirkende Besteuerung des Einbringungsgewinns auslöst, diese dann aber bei späterer Erbringung des Nachweises wieder rückgängig gemacht wird.[3]

2227–2240 *(Einstweilen frei)*

14. Rechtsfolgen der Auslösung eines Einbringungsgewinns I oder II bei der übernehmenden Gesellschaft

2241 Löst der Einbringende aufgrund der Veräußerung der erhaltenen Anteile einen Einbringungsgewinn I nach § 22 Abs. 1 UmwStG oder die übernehmende Gesellschaft aufgrund einer Veräußerung der eingebrachten Anteile nach § 22 Abs. 2 UmwStG einen Einbringungsgewinn II aus, kann der vom Einbringenden versteuerte Einbringungsgewinn sich bei der übernehmenden Gesellschaft gem. § 23 Abs. 2 UmwStG nachträglich auf die Höhe der Anschaffungskosten

---

1 Rn 22.39 UmwStErl 2011 enthält hierzu keine eindeutige Aussage.
2 Rn 22.39 UmwStErl 2011.
3 Siehe o. Rn 2212.

der übernommenen Wirtschaftsgüter bzw. der eingebrachten Anteile auswirken sowie weitere Folgen haben. Das Gesetz nennt den versteuerten Einbringungsgewinn in diesen Fällen **„Erhöhungsbetrag"**.

a) Voraussetzungen des Entstehens eines Erhöhungsbetrags im Fall eines Einbringungsgewinns I

Gemäß § 23 Abs. 2 Satz 1 UmwStG kann in den Fällen des § 22 Abs. 1 UmwStG die übernehmende Gesellschaft auf Antrag den versteuerten Einbringungsgewinn **im Wirtschaftsjahr der Veräußerung der Anteile oder eines gleichgestellten Ereignisses** nach § 22 Abs. 1 Satz 1 und Satz 6 Nr. 1 bis 6 UmwStG als Erhöhungsbetrag ansetzen, soweit der Einbringende die auf den Einbringungsgewinn entfallende Steuer entrichtet hat und dies durch Vorlage einer Bescheinigung des zuständigen Finanzamts i. S. von § 22 Abs. 5 UmwStG nachgewiesen wurde.

2242

Damit müssen zum Ansatz des Erhöhungsbetrags folgende Voraussetzungen erfüllt sein:

2243

▶ Das Entstehen eines Erhöhungsbetrags kann nur innerhalb der **siebenjährigen Sperrfrist** erfolgen und

▶ setzt einen **Wertansatz unter dem gemeinen Wert** voraus.

▶ Der Einbringende muss aufgrund einer **schädlichen Veräußerung oder eines gleichgestellten Ereignisses** rückwirkend einen Einbringungsgewinn I auslösen. Damit kommt die Vorschrift nicht zur Anwendung, wenn zusammen mit einer Sachgesamtheit auch Anteile an einer Kapitalgesellschaft/Genossenschaft eingebracht werden, da in Bezug auf die Anteile nach § 22 Abs. 1 Satz 5 UmwStG Abs. 2 zur Anwendung kommt.[1] Als gleichgestelltes Ereignis ist auch anzusehen, wenn der Einbringende oder sein Rechtsnachfolger den Nachweis gem. § 22 Abs. 3 UmwStG nicht erbringt, da in diesem Fall die Anteile als veräußert gelten.[2] Wird beispielsweise i. R. einer Betriebsprüfung festgestellt, dass die angesetzten Werte zu niedrig sind, erfolgt eine Werterhöhung der erworbenen Wirtschaftsgüter aus anderen Gründen. Es liegt kein Fall des § 23 Abs. 2 UmwStG vor. Eine Aufstockung ist dann bei der übernehmenden Körperschaft nach allgemeinen Grundsätzen durchzuführen.

▶ Die übernehmende Gesellschaft muss einen **Antrag** stellen. Eine Antragsform sieht das Gesetz nicht vor. Er kann auch konkludent gestellt werden.

---

1 Ritzer in R/H/vL, § 23 UmwStG, Rn 64.
2 Patt, a.a.O., § 23 UmwStG, Tz. 113; Schmitt, a.a.O., § 23 UmwStG, Rn 37.

So wird die Auffassung vertreten, dass der Antrag durch Einreichung entsprechender Bilanzen erfolgen könne.[1] Im Gegensatz zum i. d. R. korrespondierenden Antrag gem. § 22 Abs. 5 UmwStG ist der Antrag bei dem für die übernehmende Gesellschaft zuständigen Finanzamt zu stellen. Der Antrag ist nicht an eine Frist gebunden. Er kann noch lange Zeit nach dem schädlichen Ereignis gestellt werden, und zwar bis zur materiellen Bestandskraft des Steuerbescheids, welcher das Wirtschaftsjahr betrifft, in welchem der Erhöhungsbetrag zu erfassen ist. Ein einmal wirksam gestellter Antrag kann u. E. weder zurückgenommen noch angefochten werden.[2] Aufgrund des Antragsrechts wird der übernehmenden Gesellschaft ein Wahlrecht, die Werte der übernommenen Wirtschaftsgüter aufzustocken oder es bei den ursprünglichen Werten zu belassen, gewährt. Dadurch werden zum einen Probleme abgefangen, die entstehen können, wenn die Wertansätze der übernommenen Wirtschaftsgüter durch fremdbestimmtes Handeln verändert werden dürften. Zum anderen kann die übernehmende Gesellschaft von der Wertaufstockung immer dann Gebrauch machen, wenn es für sie vorteilhaft ist. Steuerlich kann die Wertaufstockung nicht nachteilig sein, da der Ansatz des Erhöhungsbetrags gem. § 23 Abs. 2 Satz 1 a. E. UmwStG ohne Auswirkung auf den Gewinn bleibt. Es gibt allerdings eine Reihe von außersteuerlichen Gründen, die den Vorteil der Wertaufstockung unrentabel machen kann. So können die Kosten der Bewertung der Wirtschaftsgüter, der Bestandsaufnahme der noch vorhandenen Wirtschaftsgüter aus der Einbringung, der Ermittlung eines Geschäftswerts, der Bilanzänderung den steuerlichen Vorteil überwiegen. Vor allem kann eine solche Situation sich ergeben, wenn gegen Ende der Sieben-Jahres-Frist sich nur ein geringer nachträglicher Einbringungsgewinn ergibt.

▶ Der Einbringende muss die auf den Einbringungsgewinn I entfallende **Steuer entrichtet** haben. Die übernehmende Gesellschaft kann eine Werterhöhung in ihrer Steuerbilanz nur dann geltend machen, wenn und soweit der Einbringende die auf den Einbringungsgewinn I entfallende Einkommen- oder Körperschaftsteuer (die Gewerbesteuer ist unbeachtlich)[3] entrichtet hat. Wird der volle Steuerbetrag, der auf den Einbringungsgewinn entfällt, entrichtet, umfasst der Aufstockungsbetrag den vollen Umfang des Veräußerungsgewinns. Wird die Steuer nur zum Teil getilgt, entfällt der Auf-

---

[1] Ritzer, a. a. O., Rn 72.
[2] Siehe o. Rn 1850.
[3] Patt, a. a. O., Tz. 114; Schmitt, a. a. O., Rn 39; a. A. Widmann in Widmann/Mayer, § 22 UmwStG, Rz. 415.

stockungsbetrag nicht. Er wird lediglich in der Höhe begrenzt.[1] Die übernehmende Gesellschaft darf den Erhöhungsbetrag in dem Verhältnis ansetzen, das dem Verhältnis der im fraglichen Veranlagungszeitraum insgesamt geschuldeten ESt/KSt zur auf den Einbringungsgewinn I entfallenden ESt/KSt ergibt. Steuerliche Nebenleistungen nach § 3 Abs. 3 AO gehören nicht zur Steuer. Die Steuer ist entrichtet, wenn diese gezahlt wurde oder durch Aufrechnung erloschen ist, aber auch, wenn keine Steuer anfällt, weil der Einbringungsgewinn mit Verlusten oder Verlustvorträgen saldiert wurde oder der Einbringende persönlich steuerbefreit ist.[2] Ist das Einbringungsjahr ein Verlustjahr und mindert der Einbringungsgewinn I den Verlust, soll eine Steuerentrichtung erst vorliegen, wenn der Verlustfeststellungsbescheid geändert worden ist.[3] Ist der Steueranspruch hinsichtlich des Einbringungsgewinns aufgrund von Festsetzungsverjährung erloschen (vgl. § 47 AO), entsteht kein Erhöhungsbetrag und kommt es zu keiner Aufstockung.[4]

▶ Die Steuerentrichtung muss durch Vorlage einer **Bescheinigung** i. S. des § 22 Abs. 5 UmwStG nachgewiesen werden. Diese Form des Nachweises ist zwingend und kann durch keine andere Form ersetzt werden. Nur das, was das für den Einbringenden zuständige Finanzamt der übernehmenden Gesellschaft auf deren Antrag bescheinigt hat, ist maßgeblich für den Aufstockungsbetrag. Bescheinigt wird die Höhe des zu versteuernden Einbringungsgewinns, die darauf entfallende festgesetzte Steuer und der darauf entrichtete Betrag. Die übernehmende Gesellschaft bedarf seitens des Einbringenden Informationen über Umstände, die zu einer nachträglichen Einbringungsgewinnbesteuerung geführt haben, und über das zuständige Finanzamt. Um wirtschaftliche Nachteile abzufangen, ist anzuraten, die Informationspflichten und die Möglichkeiten eines steuerlichen Nachteilsausgleichs zum Gegenstand der Einbringungsvereinbarungen zu machen. Wird ein zunächst rückwirkend festgesetzter Einbringungsgewinn I nochmals nachträglich erhöht und leistet der Einbringende die darauf entfallende Steuer oder hat der Einbringende die Steuer auf den Einbringungsgewinn nur zum Teil gezahlt und tilgt er den noch ausstehenden Betrag zu einem späteren Zeitpunkt, ist die Vorlage einer weiteren Bescheinigung gem. § 22 Abs. 5 UmwStG unabdingbare Voraussetzung für eine nachzuho-

---

1 Rn 23.12 UmwStErl 2011.
2 Ritzer, a. a. O., Rn 84; Widmann, a. a. O., § 23 UmwStG, Rn 604.
3 Rn 23.12 UmwStErl 2011; Patt, a. a. O., Tz. 116.
4 Ritzer, a. a. O., Rn 86; Patt, a. a. O., Tz. 117.

lende weitere Wertaufstockung gem. § 23 Abs. 2 Satz 1 UmwStG. Es folgt keine Mitteilung von Amts wegen in den Fällen der Wertaufstockung. Die Bescheinigung ist nach Auffassung der Verwaltung ein **Grundlagenbescheid** i. S. der § 171 Abs. 10, § 175 Abs. 1 Satz 1 Nr. 1 AO.[1] Einwendungen gegen den Inhalt der Bescheinigung müssen deshalb durch Anfechtungsklage der übernehmenden Gesellschaft gegen das Finanzamt des Einbringenden auf Ausstellung einer zutreffenden Bescheinigung geltend gemacht werden.

b) **Voraussetzungen des Entstehens eines Erhöhungsbetrags im Fall eines Einbringungsgewinns II**

2244 Es gelten die vorstehenden Ausführungen zu den Voraussetzungen entsprechend (§ 23 Abs. 2 Satz 3 Halbsatz 1 UmwStG).

2245 Wegen der entsprechenden Anwendung des § 22 Abs. 1 Satz 7 UmwStG gem. § 23 Abs. 1 Satz 3 Halbsatz 2 UmwStG gilt die Möglichkeit der Aufstockung auch in den Fällen der Weitereinbringung und Kettenbringungen der eingebrachten Anteile zum Buchwert im Hinblick auf die auf der Weitereinbringung beruhenden Anteile. Der Erhöhungsbetrag kommt der übernehmenden Gesellschaft oder im Fall der Weitereinbringung der erhaltenen Anteile zum Buchwert in eine andere Kapitalgesellschaft oder Genossenschaft der neuen Übernehmerin zugute.

c) **Rechtsfolgen eines Erhöhungsbetrags aufgrund eines Einbringungsgewinns I**

2246 Sind die vorstehend unter Rn 2243 genannten Voraussetzungen alle erfüllt, ergeben sich für die übernehmende Gesellschaft folgende Konsequenzen:

1. Der Erhöhungsbetrag kann, wie sich aus § 23 Abs. 3 Satz 2 UmwStG ergibt, **zu Beginn des Wirtschaftsjahrs** angesetzt werden, in dem die schädliche Veräußerung erfolgt ist bzw. ein gleichgestellter Ersatztatbestand erfüllt wird.[2]

2. Der Erhöhungsbetrag führt zu einer Aufstockung der Wertansätze der noch im Betriebsvermögen der übernehmenden Gesellschaft vorhandenen i. R.

---

1 Rn 23.10 UmwStErl 2011; Schmitt, a. a. O., Rn 42.
2 Patt, a. a. O., Tz. 140; Ritzer, a. a. O., Rn 77; Schmitt, a. a. O., Rn 43; a. A. Widmann, § 23 UmwStG, Rz. 632: zum Zeitpunkt der Anteilsveräußerung bzw. sobald ein Ersatztatbestand eingetreten ist.

der Einbringung übernommenen Wirtschaftsgüter. Er führt bei abnutzbaren Wirtschaftsgütern zu einer Erhöhung der AfA.

Der Erhöhungsbetrag ist **bilanzrechtlich** wie folgt zu behandeln:

Die Wertaufstockung erfolgt in der **Steuerbilanz** der Übernehmerin, auf die Handelsbilanz hat sie keine Auswirkung. 2247

Hat die Übernehmerin einen Mitunternehmeranteil übernommen, erfolgt die Aufstockung in einer positiven **Ergänzungsbilanz**. 2248

Die **Aufstockung** kann nur bezogen auf alle Wirtschaftsgüter **gleichmäßig** erfolgen und nicht auf ausgesuchte einzelne Wirtschaftsgüter beschränkt werden. Die Aufstockung umfasst den versteuerten Einbringungsgewinn in voller Höhe. Sie kann nicht nur zu einem Teil i.R. des versteuerten Einbringungsgewinns vorgenommen werden. Das Gesetz enthält gerade nicht die sonst bekannte Formulierung „insoweit". 2249

Die Verteilung des Aufstockungsbetrags richtet sich nach dem **Verhältnis der im einzelnen Wirtschaftsgut ruhenden stillen Reserven zum Gesamtbetrag aller stillen Reserven im Einbringungszeitpunkt**.[1] Die Aufstockung erfasst dabei auch einen Geschäfts- oder Firmenwert.[2] Soweit stille Reserven in steuerfreien Rücklagen enthalten sind, kommt es zu einer anteiligen Kürzung des Rücklagenbetrags. Der anteilige Erhöhungsbetrag wird dem Buchwert des Wirtschaftsguts zugeschrieben. Zu einer Aufstockung kommt es allerdings nur bei den Wirtschaftsgütern, die i.R. der Sacheinlage mit dem Buchwert oder einem Zwischenwert angesetzt worden sind. 2250

BEISPIEL: ▶ A hat am 30.4.10 mit Rückwirkung auf den 31.12.09 seinen Betrieb bestehend aus Wirtschaftsgut I (Buchwert 5.000 €, gemeiner Wert 47.000 €, stille Reserven 42.000 €, Restnutzungsdauer acht Jahre) und Wirtschaftsgut II (Buchwert 5.000 €, gemeiner Wert 23.000 €, stille Reserven 18.000 €, Restnutzungsdauer fünf Jahre) zu Buchwerten in die neugegründete X-GmbH mit Kalenderwirtschaftsjahr eingebracht. Der Geschäfts- und Firmenwert wurde mit 10.000 € bewertet. Der Betrieb hatte zum steuerlichen Einbringungszeitpunkt somit einen gemeinen Wert von 80.000 €. A verkauft die GmbH-Anteile am 31.3.13 für 120.000 €. Den Einbringungsgewinn I von (80.000 − 10.000 = 70.000 €) − ($^3/_7$ x 70.000 =) 30.000 =) 40.000 € hat A versteuert. Der X-GmbH wird auf deren Antrag vom zuständigen Finanzamt des A eine entsprechende Bescheinigung ausgestellt. Die X-GmbH stellt bei ihrem zuständigen Finanzamt den Antrag, die Werte in der Steuerbilanz zu erhöhen. Die Wirtschaftsgüter gehören im Jahr 13 noch zum Betriebsvermögen der X-GmbH.

---

[1] Ritzer, a.a.O., Rn 88; unklar Schmitt, a.a.O.
[2] Siehe Rn 854; Schmitt, a.a.O., Rn 47.

D. Das Umwandlungssteuerrecht

Lösung:
Zum 31.12.09 übernahm die X-GmbH stille Reserven in Höhe von (WG I 42.000 + WG II 23.000 + FW 10.000 =) 70.000 €. Ihr steht nunmehr im Wirtschaftsjahr 13 ein Aufstockungsbetrag in Höhe des Einbringungsgewinns I von 40.000 € zu. Dieser wird folgendermaßen verteilt:

Wirtschaftsgut I	40.000 x 42.000/70.000 = 24.000 €
Wirtschaftsgut II	40.000 x 18.000/70.000 = 10.300 €
Firmenwert	5.700 €
Aufstockungsvolumen	40.000 €

Durch diese Aufdeckung ergibt sich beginnend mit dem Wirtschaftsjahr 13 folgende jährliche Mehrabschreibung:

Wirtschaftsgut I	24.000 € / (8 J – 3 J =) Restnutzung 5 J = 4.800 €
Wirtschaftsgut II	10.300 € / (5 J – 3 J =) Restnutzung 2 J = 5.150 €
Firmenwert	5.700 / 15 J = 380 €
Jährliches Mehr-AfA-Volumen	10.330 €

2251 In obigem Beispiel wurde unterstellt, dass die übernommenen Wirtschaftsgüter zu Beginn des Wirtschaftsjahrs,[1] in das das schädliche Ereignis fällt, noch im Betriebsvermögen der übernehmenden Gesellschaft vorhanden sind. Unterstellt, das Wirtschaftsgut I sei in 11 ausgeschieden, ist wie folgt zu differenzieren:

▶ Ist das Wirtschaftsgut zum **Buchwert oder einem Zwischenwert** ausgeschieden, bleibt der auf dieses Wirtschaftsgut entfallende Aufstockungsbetrag steuerlich ohne Auswirkung, er fällt ersatzlos weg; er kann nicht auf die anderen Wirtschaftsgüter übertragen werden. Etwas anderes gilt nur, wenn das Wirtschaftsgut i.R. einer weiteren Umwandlung nach §§ 20, 24 UmwStG zum Buch- oder Zwischenwert auf einen anderen Rechtsträger übertragen wird und dieser in die Rechtsstellung der übernehmenden Gesellschaft aus der ersten Umwandlung eintritt. Der neue Rechtsträger „erbt" dann die Möglichkeit zum Ansatz des Erhöhungsbetrags.[2]

▶ Wurde das Wirtschaftsgut zum **gemeinen Wert**, also unter Aufdeckung aller stillen Reserven, übertragen, wird der Aufstockungsbetrag sofort erfolgswirksam abgeschrieben.[3] Technisch geschieht dies dadurch, dass der

---
1 Auf diesen Zeitpunkt zu Recht abstellend Schmitt, a.a.O., Rn 50; Ritzer, a.a.O., Rn 125; Patt, a.a.O., Tz. 140; a.A. Rn 23.09 UmwStErl 2011, der auf den Zeitpunkt des schädlichen Ereignisses abstellt; ebenso Widmann in Widmann/Mayer, § 23 UmwStG, Rn 632.
2 Schmitt, a.a.O., Rn 54; Ritzer, a.a.O., Rn 122a; a.A. Rn 23.09 am Ende UmwStErl 2011; Patt, a.a.O., Tz. 129, 133; Widmann, a.a.O., Rn 618 f.
3 Rn 23.09 UmwStErl 2011; Schmitt, a.a.O., Rn 51; Ritzer, a.a.O., Rn 133; Patt, a.a.O., Tz. 128.

Erhöhungsbetrag in einem ersten Schritt ohne Auswirkung auf den Gewinn angesetzt wird und in einem zweiten Schritt dessen erfolgswirksame Abschreibung erfolgt.[1] Damit ist auch hier das steuerliche Einlagekonto nach § 27 KStG zu erhöhen. Die Abschreibung erfolgt zu Lasten des ausschüttbaren Gewinns. Soweit das Steuerrecht bei der Bewertung eines Vorgangs auf den Teilwert abstellt (z. B. § 6 Abs. 6 Satz 2 EStG), muss dieser Vorgang einer Übertragung zum gemeinen Wert auch dann gleichgestellt werden, wenn der Teilwert unter dem gemeinen Wert liegen sollte.[2]

Gemäß § 23 Abs. 2 Satz 1 Halbsatz 2 UmwStG bleibt der Ansatz des **Erhöhungsbetrags** ohne Auswirkung auf den Gewinn. Er stellt eine **steuerfreie Betriebsvermögensmehrung** dar und erhöht das steuerliche Einlagekonto der übernehmenden Gesellschaft, soweit der Zugang den dem Anteilseigner im Zuge der Einbringung gewährten Teil des Nennkapitals übersteigt.[3] Dagegen werden Gewinnauswirkungen in der Folgezeit durch das erhöhte AfA-Volumen nicht ausgeschlossen. Da die Aufstockung gem. § 23 Abs. 3 Satz 2 UmwStG zu Beginn des Wirtschaftsjahrs, in das das schädliche Ereignis fällt, vorgenommen wird, ist zum Ende dieses Wirtschaftsjahrs bereits aufwandswirksam die erhöhte Abschreibung zu berücksichtigen.

2252

Dass der Erhöhungsbetrag ohne Auswirkung auf den Gewinn bleibt, ist die Aussage einer steuerrechtlichen Norm. Soweit die Aktiverhöhung auf den Jahresüberschuss gebucht wurde, muss dieser entsprechend außerbilanziell korrigiert werden. Insofern enthält § 4 Abs. 1 Satz 1 EStG die Vorgabe, dass Einlagen vom bilanziellen Ergebnis abzuziehen sind. Die Zuschreibung erfolgt aus steuerlichen Gründen in der Steuerbilanz. Dem steht keine handelsrechtlich vergleichbare Rechtslage gegenüber. Folglich fallen Handels- und Steuerbilanz auseinander. Infolgedessen wird die Bildung von Korrektur- bzw. Ausgleichsposten zur Angleichung von Steuer- und Handelsbilanz empfohlen.[4]

2253

d) Rechtsfolgen eines Erhöhungsbetrags aufgrund eines Einbringungsgewinns II

Wurden die veräußerten Anteile aufgrund einer Einbringung von Anteilen nach § 20 Abs. 1 UmwStG erworben, erhöhen sich gem. § 23 Abs. 2 Satz 3 UmwStG die Anschaffungskosten der eingebrachten Anteile in Höhe des ver-

2254

---

1 Ritzer, a. a. O., Rn 114.
2 Schmitt, a. a. O., Rn 53; a. A. Ritzer, a. a. O., Rn 131.
3 Allgemeine Meinung, vgl. Ritzer, a. a. O., Rn 113; Schmitt, a. a. O., Rn 46 m. w. N.
4 Ley, FR 2007 S. 109, 116.

steuerten Einbringungsgewinns, soweit der Einbringende die auf den nachträglichen Einbringungsgewinn II gem. § 22 Abs. 2 UmwStG entfallende Steuer entrichtet hat. Das hat zur Folge, dass ein späterer Veräußerungsgewinn eine entsprechende Minderung erfährt.

2255–2260 (Einstweilen frei)

15. Zusammenfassendes Beispiel zu § 20 UmwStG

2261 Sachverhalt:

Einzelunternehmer E beschließt im November 01, mit dem kapitalstarken Privatmann F eine GmbH zu gründen, an der beide zu gleichen Anteilen beteiligt sind, und die Eröffnungsbilanz auf den 1.1.02 zu erstellen. Das Stammkapital beträgt 400.000, die Stammeinlage je 200.000. Der die Stammeinlage übersteigende Betrag wird den Gesellschaftern als Darlehen gutgeschrieben und banküblich verzinst.

F stellt Grund und Boden mit einem Verkehrswert von 60.000, ein Gebäude mit einem Verkehrswert von 340.000 und Barmittel in Höhe von 120.000 zur Verfügung.

E bringt seinen Betrieb ein.

Die Schlussbilanz zum 31.12.01 ergibt folgende Buchwerte:

Buchwerte Einzelfirma 31.12.01

Grund und Boden	60.000	Kapital	300.000
Gebäude	190.000	Verbindlichkeiten	124.000
übrige Anlagen	70.000		
Umlaufvermögen	50.000		
Forderungen	20.000		
Bankguthaben	30.000		
Kasse	4.000		
	424.000		424.000

XII. Einbringung in eine Kapitalgesellschaft

Der Ansatz der gemeinen Werte ergibt folgende Bilanz: 2262

Gemeine Werte Einzelfirma 31. 12. 01

Grund und Boden	100.000	Kapital	520.000
Gebäude	300.000	Verbindlichkeiten	124.000
übrige Anlagen	90.000		
Umlaufvermögen	60.000		
Forderungen	20.000		
Bankguthaben	30.000		
Kasse	4.000		
Firmenwert	40.000		
	644.000		644.000

Die Parteien einigen sich darauf, dass die anfallenden Gründungskosten und Gründungssteuern von der GmbH getragen werden sollen und die GmbH in ihrer Eröffnungsbilanz die Buchwerte des E fortführt, was diese auch tut. 2263

Die Kosten belaufen sich auf insgesamt 30.120. Diese teilen sich wie folgt auf:

Unterstellte Grunderwerbsteuer bezogen auf die von E eingebrachten Grundstücke: 2264

Grund und Boden	2.000
Gebäude	6.000
	8.000

Unterstellte Grunderwerbsteuer bezogen auf das von F eingebrachte Grundstück: 2265

Grund und Boden	2.280
Gebäude	6.840
	9.120
Sonstige Kosten	13.000
	30.120

2266 Bei Buchwertansatz ergibt sich für die GmbH zum 1.1.02 folgende Eröffnungsbilanz:

Eröffnungsbilanz 1.1.02

Grund und Boden:			Stammkapital		400.000
E: BW	60.000				
GrESt	2.000				
	62.000		Gesellschafterdarlehen		420.000
F: VW	60.000				
GrüK. +					
St	2.280				
	62.280				
		124.280			
			Verbindlichkeiten		124.000
Gebäude:					
E: BW	190.000				
GrESt	6.000				
	196.000				
F: VW	340.000				
GrüK.+					
St	6.840				
	346.840				
		542.840			
übrige Anlagen		70.000			
Umlaufvermögen		50.000	Gründungskosten und -steuern		17.120
Forderungen		20.000			
Bankguthaben:					
E:	30.000				
F:	120.000				
		150.000			
Kasse		4.000			
		961.120			961.120

XII. Einbringung in eine Kapitalgesellschaft

Bei gleichmäßiger Verteilung des Stammkapitals und der Gesellschafterdarlehen sind dem E bezogen auf den Buchwertansatz 110.000 zu viel und dem F bezogen auf den gemeinen Wert seiner eingebrachten Wirtschaftsgüter 110.000 zu wenig zugewiesen. Um die „richtigen" Werte auszuweisen, empfiehlt es sich, in der Handelsbilanz die gemeinen Werte anzusetzen und die Abweichung in der Steuerbilanz durch einen aktiven Ausgleichsposten (den sog. **„Luftposten"**) darzustellen.

2267

Handelsbilanz

Grund und Boden	164.280	Stammkapital	400.000
Gebäude	652.840	Gesellschafter-	
übrige Anlagen	90.000	darlehen	640.000
Umlaufvermögen	60.000	Verbindlichkeiten	124.000
Forderungen	20.000	Gründungskosten und	
		-steuern	17.120
Bankguthaben	150.000		
Kasse	4.000		
Firmenwert	40.000		
	1.181.120		1.181.120

Vorläufige Steuerbilanz

Grund und Boden	124.280	Stammkapital	400.000
Gebäude	542.840	Gesellschafter-	640.000
übrige Anlagen	70.000	darlehen	
Umlaufvermögen	50.000	Verbindlichkeiten	124.000
Forderungen	20.000	Gründungskosten und	
		-steuern	17.120
Bankguthaben	150.000		
Kasse	4.000		
Ausgleichsposten			
(Luftposten)	220.000		
	1.181.120		1.181.120

Da die GmbH dem E neben Gesellschaftsrechten eine weitere Gegenleistung in Gestalt des Gesellschafterdarlehens gewährt, müssen die Buchwerte zumin-

2268

dest auf den gemeinen Wert der Gegenleistung aufgestockt werden (§ 20 Abs. 2 Satz 4 UmwStG). Die gesamten stillen Reserven betragen 220.000 und der Aufstockungsbetrag (320.000 Wert der Gegenleistung − 300.000 Buchwerte =) 20.000, die Buchwerte der Wirtschaftsgüter, in denen stille Reserven vorhanden sind, müssen also jeweils um $^{22}/_{220} = ^{1}/_{11}$ der stillen Reserven aufgedeckt werden. Dabei ist ein **originärer Firmenwert mit aufzudecken**.

Grund und Boden	40.000 x $^{1}/_{11}$ = 3.636,36
Gebäude	110.000 x $^{1}/_{11}$ = 10.000,00
übrige Anlagen	20.000 x $^{1}/_{11}$ = 1.818,18
Umlaufvermögen (GWG)	10.000 x $^{1}/_{11}$ = 909,09
Firmenwert	40.000 x $^{1}/_{11}$ = 3.636,37
Summe	220.000 x $^{1}/_{11}$ = 20.000,00

2269 Das führt zu folgender korrigierten, endgültigen Eröffnungs-Steuerbilanz der GmbH:

Steuerbilanz korrigiert

Firmenwert	3.636,37		
Grund und Boden	127.916,36	Stammkapital	400.000
Gebäude	552.840,00	Gesellschafterdarl.	640.000
übrige Anlagen	71.818,18	Verbindlichkeiten	124.000
Umlaufvermögen	50.909,09	Gründungskosten und	
Forderungen	20.000,00	-steuern	17.120
Bankguthaben	150.000,00		
Kasse	4.000,00		
Ausgleichsposten (= Luftposten)	200.000,00		
	1.181.120,00		1.181.120,00

2270 Der **Veräußerungsgewinn** des E ermittelt sich wie folgt:

Wertansatz der Wirtschaftsgüter bei der GmbH	320.000
./. Buchwert in der Schlussbilanz des E	300.000
Veräußerungsgewinn	20.000

Die **Anschaffungskosten** des E hinsichtlich der **GmbH-Anteile** ermitteln sich wie folgt:

Wertansatz der Wirtschaftsgüter bei der GmbH	320.000
./. gemeiner Wert der anderen Gegenleistung (Gesellschafterdarlehen)	320.000
Anschaffungskosten	0

(Einstweilen frei) 2271–2290

XIII. Einbringung in eine Personengesellschaft

1. § 24 UmwStG im Lichte des SEStEG

§ 24 UmwStG behandelt die Einbringung eines Betriebs, Teilbetriebs oder Mitunternehmeranteils in eine Personengesellschaft und ist die Parallelvorschrift[1] zu § 20 UmwStG. Durch das SEStEG wurde in Gestalt des § 1 Abs. 4 Satz 2 UmwStG klargestellt, dass sowohl für die Person des Einbringenden als auch für die Form der aufnehmenden Personengesellschaft keine persönliche Qualifikationsanforderung gestellt wird.[2] Als Person des Einbringenden kommen in Betracht alle natürlichen Personen, Personengesellschaften, Kapitalgesellschaften, Vereinigungen, Vermögensmassen gem. § 1 Abs. 1 KStG und juristische Personen des öffentlichen Rechts, die im Inland, in der EU oder in einem Drittstaat ansässig sind.[3] Dadurch hat der Gesetzgeber die Regelung für grenzüberschreitende Einbringungen, soweit ein Betrieb, Teilbetrieb oder Mitunternehmeranteil nach § 24 UmwStG in eine Personengesellschaft eingebracht wird, sehr weit geöffnet. Für diese Fälle ist die Voraussetzung des Bezugs zur EU bzw. zum EWR durch § 1 Abs. 4 Satz 2 UmwStG völlig fallen gelassen worden. **Es bleibt daher insoweit bei der bisher schon nach § 24 UmwStG a. F. geltenden Rechtslage, wonach steuerneutrale Einbringungen in eine inländische Personengesellschaft durch im Ausland ansässige Personen ebenso möglich sind wie Einbringungen durch im Inland ansässige Gesellschafter in ausländische Personengesellschaften.** Die Regelung gilt auch für eine Einbringung in eine ausländische Personengesellschaft, die nach deutscher Ansicht als transparent zu besteuern ist, auch wenn sie nach dem Recht ihres Ansässigkeitsstaates als Körperschaft besteuert wird.

2291

---

1 Mutscher in Frotscher/Maas, § 24 UmwStG, Rn 1.
2 Siehe o. Rn 655.
3 Schmitt, a.a.O., § 20 UmwStG, Rn 104; anders noch zum alten Recht FG Düsseldorf, Urteil v. 12. 5. 2005 18 K 5588/03 F, EFG 2006 S. 1438.

D. Das Umwandlungssteuerrecht

BEISPIEL: ► Eine KG rumänischen Rechts wird nach dem rumänischen Recht der Körperschaftsteuer unterworfen.

2292 Im Übrigen lehnt sich die Neuregelung stark an § 24 UmwStG a. F. an.

2293 Grenzüberschreitende Einbringungen in Personengesellschaften sind daher ohne räumliche Begrenzung möglich. Allerdings darf dadurch das deutsche Besteuerungsrecht nicht ausgeschlossen oder beschränkt werden.

2294 Besteht ein Treuhandverhältnis, ist Mitunternehmer der Treugeber, nicht der Gesellschafter, so dass der Treugeber Einbringender sein kann.[1]

2295 Die Möglichkeiten der Einbringung hat durch § 1 Abs. 3 UmwStG eine sachliche und persönliche Konkretisierung erfahren. Danach umfassen Einbringungsfälle folgende Möglichkeiten.[2]

► **Gesamtrechts- oder Sonderrechtsnachfolge**

- Nur von Personenhandelsgesellschaften oder Partnerschaftsgesellschaften in Personenhandelsgesellschaften oder Partnerschaftsgesellschaften gem. § 1 Abs. 3 Nr. 1 UmwStG im Wege der

- Verschmelzung, Aufspaltung und Abspaltung oder vergleichbare ausländische Vorgänge durch Aufnahme oder Neugründung

- nur von Kapitalgesellschaften, Personenhandelsgesellschaften oder Partnerschaftsgesellschaften in Personenhandelsgesellschaften oder Partnerschaftsgesellschaften gem. § 1 Abs. 3 Nr. 2 UmwStG im Wege der

- Ausgliederung oder vergleichbare ausländische Vorgänge durch Aufnahme oder Neugründung

- nur von eingetragenen Kaufleuten in Personenhandelsgesellschaften oder Partnerschaftsgesellschaften gem. § 1 Abs. 1 Nr. 2 im Wege der

- Ausgliederung[3] oder vergleichbare ausländische Vorgänge durch Aufnahme

► **Einzelrechtsnachfolge**

- Einbringung von Betriebsvermögen durch alle Steuerrechtssubjekte in jede Personengesellschaft

---

1 Widmann in Widmann/Mayer, § 24 UmwStG, Rz. 101.1.
2 Vgl. auch Rn 24.01 i. V. m. 01.47 UmwStErl 2011.
3 Gemäß § 152 UmwG, § 1 Abs. 3 Nr. 1 UmwStG kann ein eingetragener Kaufmann nur in eine bestehende Personengesellschaft = durch Aufnahme ausgliedern; s. o. Rn 326.

Auch die **erweiterte Anwachsung** fällt nach richtiger Ansicht unter § 24 UmwStG.[1] 2296

Durch das SEStEG wurde die Bewertung angepasst, es wird grds. der gemeine Wert ausgesetzt. Auf Antrag ist aber auch hier weiterhin der Ansatz eines Buchwertes oder eines Zwischenwertes möglich, wenn das inländische Besteuerungsrecht nicht eingeschränkt wird. 2297

Pensionsrückstellungen sind entsprechend den Regelungen in den §§ 3, 11 und 20 UmwStG nunmehr beim Ansatz des gemeinen Wertes ebenfalls mit dem Wert nach § 6a EStG anzusetzen. 2298

Der früher auf einbringungsgeborene Anteile bezogene Umgehungstatbestand in § 8b Abs. 4 KStG a. F. wurde unter Berücksichtigung und Anpassung an die neue nachgelagerte Besteuerung bei Einbringung in eine Kapitalgesellschaft unter dem gemeinen Wert in § 24 Abs. 5 UmwStG neu geregelt. 2299

(Einstweilen frei) 2300–2305

2. Erforderlicher Regelungsbereich des § 24 UmwStG

BEISPIEL: E möchte seine Einzelfirma in eine KG umwandeln. Der Privatmann F soll sich mit einem gleichen Anteil an der KG beteiligen. 2306
1. Welche ertragsteuerrechtlichen Probleme entstehen im Verhältnis E und KG?
2. Welche Problemlösungen bietet § 24 Abs. 1 und 2 UmwStG an?

Die Antworten ergeben sich aus der folgenden Grafik.

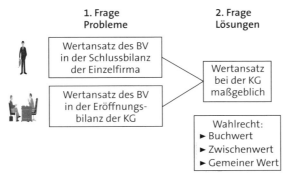

In diesem Beispiel handelt es sich in Bezug auf das Einzelunternehmen um den Vorgang einer Betriebsveräußerung i. S. von § 16 Abs. 1 EStG. Das wird aus 2307

---

1 Rn 24.01 i.V. m. 01.47 Buchst. aa 5. Gliederungsstrich; Schmitt, a.a.O., Rn 56 gegen Patt, a.a.O., Tz. 14.

der Vorstellung abgeleitet, dass eine Einbringung eines Betriebs, Teilbetriebs oder Mitunternehmeranteils in eine Personengesellschaft eine Veräußerung i. S. eines tauschähnlichen Vorgangs darstellt.[1] Wirtschaftlich betrachtet handelt es sich um einen Veräußerungs- und Anschaffungsvorgang, der wertmäßig bestimmte Anteile an den Wirtschaftsgütern des Gesellschaftsvermögens der Personengesellschaft zum Gegenstand hat.[2] Der Betrieb des Einzelkaufmanns wird auf die KG übertragen, und die Gegenleistung besteht aus der Gewährung einer Beteiligung als Gesellschafter = Mitunternehmer. Da der Einzelkaufmann seine unternehmerische Tätigkeit in der bisherigen Form beendet, muss er i. R. von § 16 EStG grds. eine Schlussbilanz erstellen, in der alle stillen Reserven zu erfassen wären. Daher bildet die Frage nach dem **Wertansatz in der Schlussbilanz das erste Problemfeld.**

2308   Die Wirtschaftsgüter des Einzelunternehmens werden auf die nachfolgende Personengesellschaft übertragen und müssen dort in der Bilanz angesetzt werden. Daher ist der **zweite Problembereich die Frage nach dem Übernahmewert bei der übernehmenden Personengesellschaft.**

2309   Im Austausch erhält der Einzelunternehmer Mitunternehmeranteile an der Personengesellschaft. Im Gegensatz zur GmbH oder AG ist die Personengesellschaft in Deutschland transparent. Sie ist weder Subjekt der Einkommensteuer noch der Körperschaftsteuer. Daher bildet ein Mitunternehmeranteil anders als GmbH-Anteile kein eigenes Wirtschaftsgut. § 24 UmwStG benötigt daher keine Regelung zu den Anschaffungskosten des Mitunternehmeranteils.

2310   Auch hier besteht wie bei der Einbringung in eine Kapitalgesellschaft die Besonderheit darin, dass die Gegenleistung in der Gewährung von Anteilen besteht und in den Fällen einer Einbringung ein Geldzufluss, aus dem eine Steuerzahlung aufgebracht werden könnte, fehlt. Um aus Gründen der Rechtsformneutralität[3] Umstrukturierungen von Unternehmen nicht zu behindern, gewährt § 24 Abs. 2 UmwStG wie § 20 Abs. 2 UmwStG ein Wahlrecht, wonach stille Reserven ruhen gelassen, teilweise oder voll aufgedeckt werden dürfen. Im Gegensatz zu den Fällen des zweiten bis fünften Teils des UmwStG steht das Wahlrecht nicht dem Übertragenden, sondern dem übernehmenden Unternehmen, der Personengesellschaft, zu. Bei der Frage des Bilanzansatzwertes ist der übernehmenden Personengesellschaft die Entscheidungskompetenz gem. den Vorgaben des § 24 Abs. 2 UmwStG zugewiesen, den gemeinen Wert

---

1 Vgl. BFH, Urteil v. 29. 10. 1987 IV R 93/85, BStBl II 1988 S. 374; Urteil v. 19. 10. 1998 VIII R 69/95, BStBl II 2000 S. 230.
2 BFH, Urteil v. 25. 4. 2006 VIII R 52/04, BStBl II 2006 S. 847.
3 Siehe o. Rn 530.

oder auf Antrag die Buchwerte oder Zwischenwerte anzusetzen. Das SEStEG hat gegenüber § 24 Abs. 2 UmwStG a. F. den gemeinen Wert als Regelbewertungsmaßstab bestimmt. Für Pensionsrückstellungen gilt die Bewertung nach den Vorgaben des § 6a EStG. Ein niedrigerer Wert wird gem. § 24 Abs. 2 Satz 2 UmwStG auf Antrag nur gewährt, soweit das Recht der Bundesrepublik Deutschland hinsichtlich der Besteuerung des eingebrachten Betriebsvermögens nicht ausgeschlossen oder beschränkt wird.

Der Wert, mit dem das eingebrachte Betriebsvermögen in der Bilanz der Personengesellschaft einschließlich der Ergänzungsbilanzen für ihre Gesellschafter angesetzt wird, gilt für den Einbringenden gem. § 24 Abs. 3 Satz 1 UmwStG als Veräußerungspreis. 2311

(Einstweilen frei) 2312–2320

3. Entscheidungsablauf bei einer Einbringung in eine Personengesellschaft in Gestalt einer OHG

Sachverhalt: [1] 2321

Der Einzelunternehmer E beschließt im November 01, mit dem kapitalstarken Privatmann F eine OHG zu gründen, an der beide zu gleichen Anteilen beteiligt sind, und die Eröffnungsbilanz auf den 1. 1. 02 zu erstellen.

F stellt Grund und Boden mit einem Verkehrswert von 60.000, ein Gebäude mit einem Verkehrswert von 340.000 und Barmittel in Höhe von 120.000 zur Verfügung.

E bringt seinen Betrieb ein.

Die Schlussbilanz zum 31. 12. 01 ergibt folgende Buchwerte:

Buchwerte Einzelfirma 31. 12. 01

Grund und Boden	60.000	Kapital	300.000
Gebäude	190.000	Verbindlichkeiten	124.000
übrige Anlagen	70.000		
Umlaufvermögen	50.000		
Forderungen	20.000		
Bankguthaben	30.000		
Kasse	4.000		
	424.000		424.000

---

[1] Zu Musterverträgen und Formularen siehe Ettinger/Schmitz, Umstrukturierungen, Rn 1121 ff.

Der Ansatz der gemeinen Werte ergibt folgende Bilanz:

Gemeiner Wert Einzelfirma 31.12.01

Grund und Boden	100.000	Kapital	520.000
Gebäude	300.000	Verbindlichkeiten	124.000
übrige Anlagen	90.000		
Umlaufvermögen	60.000		
Forderungen	20.000		
Bankguthaben	30.000		
Kasse	4.000		
Firmenwert	40.000		
	644.000		644.000

Die Parteien einigen sich zudem darauf, dass die anfallenden Gründungskosten und Gründungssteuern von der Gesamthandsgemeinschaft getragen werden sollen.

a) Interessenlage des Einbringenden

2322 Zunächst wird E überlegen, ob er in der OHG auf den Ansatz von gemeinen Werten, Zwischen- oder Buchwert hinwirkt.

Dazu muss man die Vor- und Nachteile der verschiedenen Wertansätze kennen, um eine sachgerechte Ausübung des Wahlrechts vornehmen zu können. In einem ersten Schritt wird sich E allgemein und abstrakt über die Vor- und Nachteile Klarheit verschaffen müssen. Die unterschiedlichen steuerrechtlichen Wirkungen stellen sich folgendermaßen dar:

aa) Vor- und Nachteile für den Einbringenden bei Buchwertansatz in der OHG-Bilanz

Vorteile	Nachteile
− Einzelfirma: „Kein V.-Gewinn" − Bedeutung: „Stundungseffekt"	− Beteiligung von E und F an der OHG: „Schwierig"

Vorteile	Nachteile
– Freibetrag erst bei späterer MU-Anteilveräußerung: „Gemäß § 16 Abs. 4 EStG" (aber nur einmal im Leben = Antrag) nur für Personenunternehmen	– Alle stillen Reserven werden: „Verdoppelt"
– Steuersatz bei späterer MU-Anteilveräußerung: „Ermäßigt gem. § 34 EStG"	– deshalb ist der Veräußerungsgewinn bei späterem MU-Anteilsverkauf: „Durch kumulierte stille Alt- und Neureserven hoch"

Exkurs: Nachteil für die OHG: „Geringe AfA" (§ 24 Abs. 4 und analog § 3 Abs. 1 UmwStG)

Wenn die OHG den **Buchwert** ansetzt, entsteht bei der Einzelfirma kein Veräußerungsgewinn. Der Einbringende erreicht dadurch nur einen Stundungseffekt. Bei einer späteren Übertragung oder Aufgabe des Mitunternehmeranteils muss dann die Versteuerung der stillen Reserven nachgeholt werden. Infolge einer Kumulation von Alt- und Neuanteilen wird ein evtl. späterer Veräußerungsgewinn entsprechend höher ausfallen. Dafür wird aber ggf. auf Antrag der Freibetrag gem. § 16 Abs. 4 EStG und der besondere Steuersatz nach § 34 Abs. 1 EStG bzw. auf Antrag gem. § 34 Abs. 3 EStG gewährt. Real bringt E wertmäßig 520.000 in die OHG ein. Dadurch entsteht i. R. der steuerlichen Bilanz für die Darstellung der realen gesellschaftsrechtlichen Beteiligungsverhältnisse ein Problem, da nur niedrigere Buchwerte ausgewiesen werden. Dieses Problem wird durch Wertkorrekturen mit Hilfe steuerlicher Ergänzungsbilanzen gelöst.

2324

bb) Vor- und Nachteile für den Einbringenden bei Zwischenwertansatz in der OHG-Bilanz

Vorteile	Nachteile
– GewSt für Einbringungsgewinn: „Nein, da Veräußerungsgewinn bei einem Personenunternehmen"	– Beteiligung von E und F an der OHG bleibt weiterhin: „Schwirig"
– Freibetrag nur bei späterer MU-Anteilveräußerung: „Ja, gem. § 16 Abs. 4 EStG"	– Freibetrag für Einbringungsgewinn: „Nein" (§ 24 Abs. 3 Satz 2 UmwStG)

D. Das Umwandlungssteuerrecht

Vorteile	Nachteile
– Steuersatz bei späterer MU-Anteilsveräußerung: „Ermäßigt gem. § 34 EStG"	– Steuersatz für Einbringungsgewinn: „Nicht Ermäßigt" (§ 24 Abs. 3 Satz 2 UmwStG)
– Zwischenwertansatz: „Wirtschaftlich sinnvoll bei Verlusten"	– Nicht aufgedeckte stille Reserven werden: „Teilweise verdoppelt, evtl. orig. FW"

Exkurs: Nachteil für die OHG: „Vermindertes AfA-Volumen" (§ 24 Abs. 4 und analog § 23 Abs. 3 UmwStG)

2326 Setzt die OHG auf Antrag einen **Zwischenwert** an, entsteht bei der Einzelfirma ein Einbringungs-/Veräußerungsgewinn, der gem. § 7 Satz 2 GewStG, soweit er unmittelbar auf natürliche Personen entfällt, nicht der Gewerbesteuer unterliegt. Da nicht alle stillen Reserven aufgedeckt werden, fehlt die Außerordentlichkeit, die § 34 EStG voraussetzt. Daher wird gem. § 24 Abs. 3 Satz 2 UmwStG weder ein Freibetrag gem. § 16 Abs. 4 EStG noch der besondere Steuersatz gem. § 34 EStG gewährt. Diese können erst bei entsprechendem Vorliegen der Voraussetzungen bei einer Gewinnrealisierung i. R. einer späteren Mitunternehmeranteilsveräußerung geltend gemacht werden. Die zum Teil aufgedeckten stillen Reserven werden grds. auf alle Wirtschaftsgüter gleichmäßig verteilt. Bei der Aufstockung im Zwischenwertbereich muss ein bestehender selbst geschaffener Geschäftswert sofort mit aufgedeckt werden.[1]

2327 Aufgrund der niedrigeren Werte werden die real eingebrachten Werte des E von 520.000 steuerbilanziell nicht dargestellt. Daher sind weiterhin Wertkorrekturen mit Hilfe steuerlicher Ergänzungsbilanzen erforderlich.

2328 Die **Wahl eines Zwischenwerts** wird **sinnvoll** sein, wenn **Verlustpotenzial beim Einbringenden** genutzt werden kann und die übernehmende Personengesellschaft entsprechendes größeres AfA-Volumen nutzen kann.

---

[1] Siehe o. Rn 854.

cc) **Vor- und Nachteile für den Einbringenden bei Ansatz des gemeinen Werts in der OHG-Bilanz**

Vorteile	Nachteile
– Beteiligung von E und F an der OHG ist: „Gleichmäßig möglich"	– Einbringungsgewinn in der Einzelfirma umfasst: „Firmenwert" (§ 24 Abs. 4 UmwStG)
– Freibetrag für Einbringungsgewinn: „Ja, nach § 16 Abs. 4 EStG" (§ 24 Abs. 3 Satz 2 UmwStG)	
– Steuersatz für Einbringungsgewinn: „Ermäßigt" nur „teilweise" (§ 24 Abs. 3 Satz 3 UmwStG)	Soweit lfd. Gewinn keine Ermäßigung
– GewSt für Einbringungsgewinn: „Teilweise nein, soweit Veräußerungsgewinn bei einem Personenunternehmen" (s. § 24 Abs. 3 Satz 3 UmwStG)	GewSt, soweit lfd. Gewinn
– Freibetrag bei späterer MU-Anteilsveräußerung: „Nur wenn kein Freibetrag bei Einbringung"	
– Steuersatz bei späterer MU-Anteilsveräußerung: „Der besondere gem. § 34 Abs. 1 EStG; nach § 34 Abs. 3 EStG 56 % nur, wenn nicht vorher beantragt."	

2329

Exkurs: Vorteil für die OHG: „Hohe AfA" (§ 24 Abs. 4 und analog § 23 Abs. 4 UmwStG)

Bei **Ansatz des gemeinen Werts** ist eine Wertkorrektur mit Hilfe von steuerlichen Ergänzungsbilanzen nicht erforderlich. Der gemeine Wert führt zur Aufdeckung aller stillen Reserven einschließlich eines originären Firmenwerts. Der Einbringende kann bei Erfüllung der entsprechenden Voraussetzungen auf Antrag den Freibetrag gem. § 16 Abs. 4 EStG oder den 56 %igen Steuersatz gem. § 34 Abs. 3 EStG beantragen, mit der Folge, dass diese Begünstigungen bei späteren Veräußerungs- und Aufgabegewinnen ihm nicht mehr zustehen. Soweit der Einbringende selbst an der Personengesellschaft beteiligt ist, ist der Einbringungsgewinn infolge des Verweises auf § 16 Abs. 2 Satz 3 EStG in § 24

2330

Abs. 3 Satz 3 UmwStG nicht begünstigt und unterliegt insoweit auch der Gewerbesteuer. Ob man den Freibetrag oder den 56 %igen Steuersatz beantragt, wird davon abhängen, ob nicht deren Anwendung bei einer späteren Veräußerung des Mitunternehmeranteils günstiger ist. Da der Freibetrag gem. § 16 Abs. 4 EStG bei einem Gewinnvolumen in Höhe von 136.000 € sukzessiv abgebaut wird, ist auch zu überlegen, den Freibetrag evtl. bei der Einbringung und den 56 %igen Steuersatz bei der späteren Mitunternehmeranteilsveräußerung geltend zu machen.

dd) Konkrete Hochrechnung der individuellen Steuerbelastung des Einbringenden bei Ansatz des gemeinen Werts

2331 Vor einer endgültigen Entscheidung über die Bewertung des auf die OHG zu übertragenden Betriebsvermögens möchte E in einem zweiten Schritt genau wissen, wie viel ESt er zu zahlen hätte, wenn die OHG den Ansatz der gemeinen Werte wählen würde und keinen Antrag auf Ansatz eines niedrigeren Werts gem. § 24 Abs. 2 Satz 2 stellen würde.

2332 Sein persönlicher durchschnittlicher ESt-Satz soll 40 % betragen, und sein zu versteuerndes Einkommen soll um den ausgelösten zu versteuernden Einbringungsgewinn steigen. Er ermittelt gem. § 24 Abs. 3 Satz 1 UmwStG, wie viel ESt die Sacheinlage bei Wahl des gemeinen Werts auslösen würde.

Berechnung des Einbringungsgewinns und der ESt:

1. *§ 24 Abs. 3 UmwStG i.V. m. § 16 Abs. 2 EStG:*

Veräußerungspreis = Wertansatz bei OHG		520.000
./. Veräußerungskosten		0
./. Buchwert des Betriebs		300.000
= Veräußerungsgewinn		220.000
Da E zu 50 % an der OHG beteiligt ist, gilt § 24 Abs. 3 Satz 3 UmwStG i.V. m. § 16 Abs. 2 Satz 3 EStG. Danach ist nur die Hälfte begünstigt		110.000

2. *§ 24 Abs. 3 UmwStG i.V. m. § 16 Abs. 4 EStG; wenn 55 Jahre etc., dann Wahlrecht:*

Freibetrag			45.000
Obergrenze		136.000	
Veräußerungsgewinn		110.000	./. 0

Verbleibender Freibetrag	45.000
Steuerbarer Veräußerungsgewinn	110.000
Abzgl. beantragter Freibetrag	./. 45.000
steuerpflichtiger Veräußerungsgewinn	65.000

3. § 24 Abs. 3 UmwStG i. V. m. § 34 Abs. 3 EStG auf Antrag:

Steuerpflichtiger Veräußerungsgewinn	65.000
Steuerberechnung	
56 % v. 40 % = 22,4 % x 65.000 =	14.560 ESt

Wenn der Einbringende diese steuerliche Belastung nicht aus besonderen Gründen auf sich nehmen will, wird er auf Buchwertansatz drängen. Wenn der Einbringende, wie hier, eine starke Stellung in der OHG erhält, werden alle Beteiligten sich nach dem Wunsch des Einbringenden richten.

Würde E auf den Ansatz des gemeinen Werts bestehen und die vorstehende Besteuerung mit ihren Begünstigungen auslösen, hätte er für die Zukunft den Freibetrag gem. § 16 Abs. 4 EStG und den ermäßigten Steuersatz nach § 34 Abs. 3 EStG verloren.

b) Interessenlage der Übernehmerin

Die übernehmende OHG hat Interesse, gemeine Werte anzusetzen, wenn sie hohes AfA-Volumen erhält. Dazu ist erforderlich, dass die gemeinen Werte im Wesentlichen auf (möglichst kurzfristig) abschreibungsfähige Wirtschaftsgüter entfallen.

Daraus ergibt sich im vorliegenden Sachverhalt Folgendes:

	Stille Reserven	
	keine oder lange AfA	kurze AfA
Grund und Boden	40.000	
Gebäude	110.000	
übrige Anlagen		20.000
Umlaufvermögen		[10.000] = Wareneinsatz
Firmenwert	40.000	
Summe	190.000	30.000

Wegen des geringen oder zu langen AfA-Volumens wird dieser Fall auch aus der Sicht der OHG eher für den Ansatz von Buchwerten sprechen.

D. Das Umwandlungssteuerrecht

2337 Das **Bewertungswahlrecht übt die aufnehmende Personengesellschaft** abschließend durch ihre Vertretungsberechtigten **aus**. Wenn steuerlich ein Wertansatz unter dem gemeinen Wert erfolgen soll, muss der dafür erforderliche Antrag spätestens bis zur erstmaligen Abgabe der steuerlichen Schlussbilanz bei dem für die Besteuerung der übernehmenden Gesellschaft zuständigen Finanzamt gestellt werden. Dazu verweist § 24 Abs. 2 Satz 3 UmwStG auf § 20 Abs. 2 Satz 3 UmwStG. Der Antrag ist unwiderruflich, eine rückwirkende Änderung der Ausübung dieses Wahlrechts ist steuerrechtlich nicht zulässig.[1] Um unerwünschte und überraschende steuerliche Konsequenzen zu vermeiden, sollte der Einbringende seinen Einfluss auf die Erstellung und Abgabe der steuerlichen Bilanzen und Gewinnfeststellungserklärungen gesellschaftsrechtlich sicherstellen.

c) Bewertung der Einlagen des Mitgesellschafters

2338 F bringt Einzelwirtschaftsgüter gem. § 4 Abs. 1 Satz 7 EStG ein. Die OHG kann bezüglich dieser Wirtschaftsgüter nur den Teilwert gem. § 6 Abs. 1 Nr. 5 EStG ansetzen.

d) Eröffnungsbilanz der OHG

2339 Die Beteiligten werden sich in diesem Beispiel auf Buchwertansatz bei der OHG einigen. Nur werden nicht die Buchwerte der eingebrachten Einzelfirma einfach abgeschrieben. Berücksichtigt werden die Gründungskosten und Gründungssteuern.

Die Kosten der Gründung für die OHG sollen insgesamt 30.120 betragen.

Diese teilen sich wie folgt auf:

Gründungskosten und Gründungssteuern

Grunderwerbsteuer E:	Grund und Boden	2.000	
	Gebäude	6.000	
			8.000
Grunderwerbsteuer und andere Kosten F:	Grund und Boden	2.280	
	Gebäude	6.840	
			9.120
sonstiges			13.000
			30.120

---

[1] BFH, Urteil v. 25. 4. 2006 VIII R 52/04, BStBl II 2006 S. 847.

XIII. Einbringung in eine Personengesellschaft

Die vorstehenden Beträge sollen dem **Ergebnis unter Beachtung der anteiligen Freistellung gem. § 5 GrEStG** entsprechen.

Bei Buchwertansatz ergibt sich für die OHG zum 1.1.02 folgende Eröffnungsbilanz: 2340

Eröffnungsbilanz 1.1.02

Grund und Boden:				Kapital E	410.000
E: BW	60.000			Kapital F	410.000
GrESt	2.000				
	62.000				
F: VW	60.000				
GrüK. +					
St	2.280				
	62.280				
		124.280			
				Verbindlichkeiten	124.000
Gebäude:					
E: BW	190.000				
GrESt	6.000				
	196.000				
F: VW	340.000				
GrüK. +					
St	6.840				
	346.840				
		542.840			
übrige Anlagen		70.000			
Umlaufvermögen		50.000		Gründungskosten und -steuern	17.120
Forderungen		20.000			
Bankguthaben:					
E:	30.000				
F:	120.000				
		150.000			
Kasse		4.000			
		961.120			961.120

aa) Problem Gründungskosten

2341 Gründungskosten und -steuern sind i.d.R. sofort abziehbare Betriebsausgaben. Nur objektbezogene Gründungskosten, wie z. B. die Grunderwerbsteuer, müssen bei den dazugehörigen Wirtschaftsgütern aktiviert werden.[1] Daraus ergibt sich die Konsequenz, dass die zu aktivierenden Gründungskosten nur bei den abschreibbaren Wirtschaftsgütern im Wege der AfA in den folgenden Perioden Aufwand werden. Für die Gründungskosten und -steuern wird eine Rückstellung gebildet. Dadurch entsteht ein Aufwand, soweit nicht auf der Aktivseite eine Gegenbuchung erfolgt. Aufwand der OHG kann nicht in der Anfangsbilanz entstehen, da diese den Beginn der Existenz einer OHG widerspiegelt. Aufwand kann sich nur in den Ergebnissen einer Schlussbilanz manifestieren. Würde man eine Rückstellung für Gründungskosten in Höhe von 30.120 in der Anfangsbilanz ansetzen, wäre ein in der ersten Periode aufzulösender aktiver Ausgleichsposten in Höhe der nicht aktivierten Differenz von 13.000 zu bilden. Diesen Schritt versagt aber § 248 Abs. 1 Nr. 1 HGB, wonach Aufwendungen für Gründungen nicht aktiviert werden dürfen.

2342 Die nicht aktivierten Gründungskosten sind nach Erstellung der Eröffnungsbilanz in der ersten Buchung dem Gründungskostenrückstellungskonto zuzuweisen (Buchungssatz: Aufwandkonto an Gründungskosten und -steuern 13.000).

bb) Problem gleichmäßige Beteiligung

(1) Wahlrechtsausübung und Wertkorrekturen durch Ergänzungsbilanzen

2343 Da E und F gleichberechtigt an der OHG je zur Hälfte beteiligt sein wollen, sind gleiche Einlagen in der Werthöhe erforderlich. Bei der Einbringung eines Betriebs oder einer sonstigen betrieblichen Sachgesamtheit in eine Personengesellschaft werden vielfach die Buchwerte des eingebrachten Betriebsvermögens in der Bilanz der Personengesellschaft aufgestockt, um die Kapitalkonten der Gesellschafter im richtigen Verhältnis zueinander auszuweisen. Es kommt auch vor, dass ein Gesellschafter als Gesellschaftseinlage einen höheren Beitrag leisten muss, als ihm in der Bilanz der Personengesellschaft als Kapitalkonto gutgeschrieben wird.

Es ergibt sich für den vorliegenden Sachverhalt folgende Situation:

Beteiligung E:

Beteiligung Kapital: 410.000

---

[1] Rn 24.03 i.V. m 23.01 UmwStErl 2011.

XIII. Einbringung in eine Personengesellschaft

Kapital Schlussbilanz Einzelfirma	./. 300.000
	110.000
Beteiligung F:	
Beteiligung Kapital:	410.000
Teilwert eingebrachter Einzelwirtschaftsgüter	./. 520.000
	./. 110.000

E hat 110.000 gegenüber den angesetzten Buchwerten als Mehrwert zugewiesen bekommen. Entsprechend ist F gegenüber den realen Werten seiner eingebrachten Wirtschaftsgüter mit einem Minderwert versehen. Daher stellt sich die Situation in der Weise dar, als ob F dem E die Hälfte der stillen Reserven abgekauft hätte. Folglich müsste E sich steuerlich so behandeln lassen, als ob er die Hälfte der stillen Reserven aufgedeckt hätte. Ein Ergebnis, das die Beteiligten gerade vermeiden wollten.

Die gesellschaftsrechtliche Zielsetzung der gleichmäßigen Behandlung aller Gesellschafter und das steuerrechtliche Ziel der gewinnneutralen Einbringung eines Gewerbebetriebs in eine Kapitalgesellschaft kollidieren miteinander. Diese Situation widerspricht auch dem Grundsatz der Rechtsformneutralität des Steuerrechts. Der Gesetzgeber löst diesen Konflikt mit Wertkorrekturen durch steuerliche **Ergänzungsbilanzen**, durch die die sofortige Versteuerung eines Veräußerungsgewinns für den Einbringenden vermieden werden kann. Dazu können **zwei Möglichkeiten** gewählt werden, nach denen im Ergebnis die Buchwerte des eingebrachten Betriebs der Einzelfirma fortgeführt werden.[1]

Lösungsweg 1

Eröffnungsgesamthandsbilanz mit Buchwertansatz 1. 1. 02

Grund und Boden	124.280	Kapital E	410.000
Gebäude	542.840		
übrige Anlagen	70.000	Kapital F	410.000
Umlaufvermögen	50.000	Verbindlichkeiten	124.000
Forderungen	20.000	Gründungskosten und	
Bankguthaben	150.000	-steuern	17.120
Kasse	4.000		
	961.120		961.120

---

[1] Vgl. dazu die Beispiele zu Ergänzungsbilanzen in Rn 24.14 UmwStErl 2011.

Positive steuerliche Ergänzungsbilanz F 1.1.02

Mehrwerte			
Grund und Boden	20.000	Mehrkapital	110.000
Gebäude	55.000		
übrige Anlagen	10.000		
Umlaufvermögen	5.000		
Firmenwert	20.000		
	110.000		110.000

Negative steuerliche Ergänzungsbilanz E 1.1.02

		Minderwerte	
Minderkapital	110.000	Grund und Boden	20.000
		Gebäude	55.000
		übrige Anlagen	10.000
		Umlaufvermögen	5.000
		Firmenwert	20.000
	110.000		110.000

Kontrolle:

Beteiligung E:

Beteiligung Kapital	410.000
Minderkapital Ergänzungsbilanz	./. 110.000
Kapital Schlussbilanz Einzelfirma	./. 300.000
	0

Beteiligung F:

Beteiligung Kapital	410.000
Kapital Ergänzungsbilanz	+ 110.000
Teilwert eingebrachter Einzelwirtschaftsgüter	./. 520.000
	0

Lösungsweg 2
Eröffnungsgesamthandsbilanz mit Teilwertansatz 1.1.02

Grund und Boden	164.280	Kapital E	520.000
Gebäude	652.840	Kapital F	520.000
übrige Anlagen	90.000		
Umlaufvermögen	60.000	Verbindlichkeiten	124.000
Forderungen	20.000	Gründungskosten und	
Bankguthaben	150.000	-steuern	17.120
Kasse	4.000		
Firmenwert	40.000		
	1.181.120		1.181.120

Negative steuerliche Ergänzungsbilanz E 1.1.02

		Minderwerte	
Minderkapital	220.000	Grund und Boden	40.000
		Gebäude	110.000
		übrige Anlagen	20.000
		Umlaufvermögen	10.000
		Firmenwert	40.000
	220.000		220.000

Kontrolle:

Beteiligung E:
Beteiligung Kapital	520.000
Minderkapital Ergänzungsbilanz	./. 220.000
Kapital Schlussbilanz Einzelfirma	./. 300.000
	0

Beteiligung F:
Beteiligung Kapital	520.000
Teilwert eingebrachter Einzelwirtschaftsgüter	./. 520.000
	0

D. Das Umwandlungssteuerrecht

2348 Im Lösungsweg 2 hat F seine gesellschaftsrechtliche Beteiligung und sein ihm zustehendes AfA-Volumen in der Gesamthandsbilanz dargestellt. Daher ist nur eine Wertkorrektur hinsichtlich E erforderlich, dessen eingebrachtes Betriebsvermögen nur zu Buchwerten angesetzt werden soll. Ob in der Praxis Weg 1 oder Weg 2 eingeschlagen wird, ist davon abhängig, wie viele Mitglieder eine Personengesellschaft hat. Je größer die Mitgliederzahl, sind bei Weg 1 umso mehr Ergänzungsbilanzen erforderlich. Durch Weg 2 kann der buchungstechnische und finanzielle Verwaltungsaufwand reduziert werden. Weg 2 erlaubt eine einfachere Darstellung der realen Werte des Gesamthandsvermögens und kann bei Refinanzierungen genutzt werden.

2349 Danach ist der Ansatz eines gemeinen oder eines niedrigeren Werts ein konsolidierter Wert. Der Wertansatz ergibt sich aus der steuerlichen Bilanz der Personengesellschaft, der sog. steuerlichen Gesamthandsbilanz einschließlich der Wertkorrekturen durch die steuerlichen Ergänzungsbilanzen für die Gesellschafter. Die Sachgesamtheiten, die steuerlich in das Betriebsvermögen einer Personengesellschaft übergehen, können auch im Sonderbetriebsvermögen verbleiben. Es handelt sich dann um Wirtschaftsgüter, die zwar nicht zivilrechtlich in das Gesamthandsvermögen der Personengesellschaft übergehen, die aber steuerlich als Sonderbetriebsvermögen in Sonderbilanzen bezogen auf einen oder mehrere Gesellschafter dargestellt werden. Steuerliche Gesamthandsbilanz, steuerliche Sonderbilanzen und wertkorrigierenden Ergänzungsbilanzen bilden eine **steuerliche Gesamtbilanz**, aus der sich der konsolidierte Wertansatz ableitet.[1] Im Rahmen der Sonderbilanzen ist aber bei Buchwertansatz nur die Fortsetzung der Buchwerte möglich. Eine Wertkorrektur durch Ergänzungsbilanzen bezieht sich nur auf Ansätze in der Gesamthandsbilanz.

2350 Die hier vorgestellte Technik kann entsprechend bei Zwischenwertansätzen genutzt werden, oder wenn mehrere Mitunternehmer betriebliche Sachgesamtheiten einbringen. Jede Einbringung pro Mitunternehmer darf unterschiedlich bewertet werden.

2351 Steuerliche Ergänzungsbilanzen sind überhaupt zur Korrektur erforderlich, wenn z. B. gesellschaftsrechtlich einzelne Gesellschafter Werte in die Gesamthand einbringen, die sie steuerlich nicht ausweisen dürfen oder wollen. Ergänzungsbilanzen, die es nur steuerrechtlich, niemals gesellschaftsrechtlich gibt, sind in folgenden Fällen erforderlich:

---

[1] Zum Wesen der Ergänzungsbilanzen und Steuerbilanzen der Personengesellschaft siehe BFH, Urteil v. 25. 4. 2006 VIII R 52/04, BStBl II 2006 S. 847.

XIII. Einbringung in eine Personengesellschaft

▶ Einbringung eines Unternehmens in eine Personengesellschaft,
▶ Gesellschafterbeitritt,
▶ Gesellschafterwechsel.[1]

Sofern die Personengesellschaft den Gewinn durch Einnahmeüberschussrechnung gem. § 4 Abs. 3 EStG ermittelt, ist eine Ergänzungsüberschussrechnung mit Ergänzungsanlagenverzeichnissen erforderlich, in die bei vorgehender Bilanzierungspflicht gem. § 16 Abs. 2 Satz 2 EStG übergeleitet werden muss.[2]

2352

(2) Künftige Behandlung der Ergänzungsbilanzen

Die negativen und positiven steuerlichen **Ergänzungsbilanzen** werden von Wirtschaftsjahr zu Wirtschaftsjahr **fortentwickelt** und führen zu laufenden Aufwendungen oder Erträgen bei den betroffenen Mitunternehmern in Gestalt von Mehr- oder Minderabschreibungen bzw. höheren oder geringeren Buchwertverrechnungen beim Abgang der Wirtschaftsgüter, für die eine Auf- oder Abstockung erfolgt ist. Die fortlaufenden Ergebnisse beeinflussen auch den Gewerbeertrag gem. § 7 GewStG.[3] Die Fortentwicklung erfolgt **korrespondierend zur Gesellschaftsbilanz**,[4] was u. E. bedeutet, dass der Mitunternehmer an die in der Gesellschaftsbilanz vorgenommene AfA-Methode und betriebsgewöhnliche Nutzungsdauer gebunden ist; er hat kein eigenes Wahlrecht, es erfolgt auch keine neue Bestimmung der Restnutzungsdauer.[5] Dies ergibt sich zusätzlich daraus, dass die Ergänzungsbilanz steuerliche Wertkorrekturen (und nicht Wirtschaftsgüter) zur Gesamthandsbilanz enthält.[6] Eine eigene Entscheidungsbefugnis des eintretenden Mitunternehmers kann sich deshalb allenfalls auf solche Wirtschaftsgüter beziehen, die in der Gesamthandsbilanz nicht bilanziert werden können (originäre immaterielle Wirtschaftsgüter des Anlagevermögens).

2353

---

1 Der BFH sieht den Gesellschafterbeitritt als Fall des § 24 UmwStG, da abweichend vom Zivilrecht das Steuerrecht davon ausgehe, dass die Altmitunternehmer ihre Mitunternehmeranteile in eine „neue" Mitunternehmerschaft mit dem beigetretenen Gesellschafter einbringen, vgl. Urteil v. 25. 4. 2006 VIII R 52/04, BStBl II 2006 S. 847.
2 BFH, Urteil v. 24. 6. 2009 VIII R 13/07, BStBl II 2009 S. 993; Ley, KÖSDI 2001 S. 12982; Reiß in Kirchhof, § 16 EStG, Rn 316.
3 BFH, Urteil v. 28. 9. 1995 IV R 57/94, BStBl II 1996 S. 68 und Urteil v. 25. 4. 2006 VIII R 52/04, BStBl II 2006 S. 847.
4 BFH, Urteil v. 25. 4. 2006 VIII R 52/04, a. a. O.; Schmitt, a. a. O., Rn 220, 222; vgl auch BFH, Beschluss v. 24. 8. 2010 VIII B 28/10, BFH/NV 2010 S. 2272, wonach die Gewinnermittlung im Gesellschaftsbereich und den Sonderbereichen der Gesellschafter zwingend nach derselben Methode (§ 4 Abs. 1 oder § 4 Abs. 3 EStG) erfolgen muss.
5 Niedersächsisches FG, Urteil v. 20. 10. 2009 8 K 323/05, EFG 2010 S. 558, BFH-Az.: IV R 1/11.
6 BFH, Urteil v. 25. 4. 2006 VIII R 52/04, a. a. O.

D. Das Umwandlungssteuerrecht

2354 Fortführung des Sachverhalts:

Im Jahr 02 werden Grund und Boden sowie die aufstehenden Gebäude für den Teilwert/gemeinen Wert von 817.120 veräußert. Der Firmenwert wird über 15 Jahre abgeschrieben, das Anlagevermögen unterliegt einer linearen AfA von 10 %, und das Umlaufvermögen hat sich halbiert. Die Gründungskosten in Höhe von 13.000 werden berücksichtigt.

Wie wirkt sich das in der steuerlichen Gewinnermittlung aus?

2355 **Lösungsweg 1**

Buchungen bzgl. gesamthänderischer Steuerbilanz:

Bank	817.120	an GruBo	124.280
		Gebäude	542.840
		sonstige Erträge	150.000
Aufwand	13.000	an Gründungskosten	13.000
	7.000	an Anlage AfA	7.000
	25.000	an Umlauf (WE)	25.000

Fazit:

Es ergibt sich ein Jahresüberschuss lt. Gesamthands-G.u.V.

	Aufwand	Ertrag
	13.000	150.000
	7.000	
	25.000	
JÜ =	105.000	
	150.000	150.000

Gesamthänderische Schlussbilanz 31.12.02

Grund und Boden	0	Kapital E	410.000
		Kapital F	410.000
			820.000
		Jahresüberschuss	105.000
		Verbindlichkeiten	124.000
Gebäude	0	Gründungskosten und	
übrige Anlagen	63.000	-steuern	30.120
Umlaufvermögen	25.000		
Forderungen	20.000		
Bank	967.120		
Kasse	4.000		
	1.079.120		1.079.120

Buchungen bzgl. steuerlicher positiver Ergänzungsbilanz F:

Aufwand	20.000 an		Grund und Boden	20.000
	55.000 an		Gebäude	55.000
	1.000 an		Anlage AfA	1.000
	2.500 an		Umlauf (WE)	2.500
FW 20.000 : 15 =	1.334 an		FW AfA	1.334

Fazit: Es ergibt sich ein Jahresfehlbetrag lt. positiver Ergänzungs-G.u.V. F

Aufwand	Ertrag
20.000	
55.000	
1.000	
2.500	
1.334	JF = 79.834
79.834	79.834

Buchungen bzgl. steuerlicher negativer Ergänzungsbilanz E:

Grund und Boden	20.000 an	Ertrag	20.000
Gebäude	55.000 an	Ertrag	55.000

Anlage	1.000 an	AfA-Ertrag	1.000
Umlauf	2.500 an	(WE)-Ertrag	2.500
FW 20.000 : 15 =	1.334 an	AfA-Ertrag	1.334

Fazit: Es ergibt sich ein Jahresüberschuss lt. negativer Ergänzungs-G.u.V. E

Aufwand		Ertrag
		20.000
		55.000
		1.000
		2.500
JÜ =	79.834	1.334
	79.834	79.834

Negative Ergänzungsschlussbilanz für E zum 31.12.02

Minderkapital	110.000	Grund und Boden	0
		Gebäude	0
		übrige Anlagen	9.000
		Umlaufvermögen	2.500
		Firmenwert	18.666
		Jahresüberschuss	
		(AfA und Abgang)	79.834
	110.000		110.000

Nach der Ergebnisverteilung ergibt sich für die steuerliche Bemessungsgrundlage Folgendes:

E:

$1/2$ von 105.000 Gesamthandsüberschuss:	52.500
Überschuss negative Ergänzungsbilanz	79.834
zu versteuern:	132.334

F:

$1/2$ von 105.000 Gesamthandsgewinn:	52.500
Fehlbetrag positive Ergänzungsbilanz	./. 79.834
zu versteuern:	./. 27.334

Lösungsweg 2

Buchungen bzgl. gesamthänderischer Steuerbilanz:

Bank	817.120 an	GruBo	164.280
		Gebäude	652.840
Aufwand	13.000 an	Gründungskosten	13.000
	9.000 an	Anlage AfA	9.000
	30.000 an	Umlauf(WE)	30.000
	2.666 an	FW (40.000 : 15 J)	2.666

Fazit:

Es ergibt sich ein Jahresfehlbetrag lt. Gesamthand-G.u.V.

Aufwand	Ertrag
13.000	
9.000	
30.000	
2.667	JF = 54.667
54.667	54.667

Gesamthänderische Schlussbilanz 31.12.02

Grund und Boden	0	Kapital E	520.000
Gebäude	0	Kapital F	520.000
			1.040.000
		Jahresfehlbetrag	./. 54.667
übrige Anlagen	81.000	Verbindlichkeiten	124.000
		Gründungskosten und	
Umlaufvermögen	30.000	-steuern	30.120
Forderungen	20.000		
Bank	967.100		
Kasse	4.000		
Firmenwert	37.333		
	1.139.453		1.139.453

D. Das Umwandlungssteuerrecht

Buchungen bzgl. steuerlicher negativer Ergänzungsbilanz E:

Grund und Boden	40.000 an	Ertrag	40.000
Gebäude	110.000 an	Ertrag	110.000
Anlage	2.000 an	AfA-Ertrag	2.000
Umlauf	5.000 an	(WE)-Ertrag	5.000
FW 40.000 : 15 =	2.667 an	AfA-Ertrag	2.667

Fazit: Es ergibt sich ein Jahresüberschuss lt. negativer Ergänzungs-G.u.V. E

	Aufwand	Ertrag
		40.000
		110.000
		2.000
		5.000
JÜ =	159.667	2.667
	159.667	159.667

Negative Ergänzungsschlussbilanz für E zum 31. 12. 02

Minderkapital	220.000	Grund und Boden	0
		Gebäude	0
		übrige Anlagen	18.000
		Umlaufvermögen	5.000
		Firmenwert	37.333
		Jahresüberschuss (AfA und Abgang)	159.667
	220.000		220.000

Nach der Ergebnisverteilung ergibt sich für die steuerliche Bemessungsgrundlage nach Lösung 2 Folgendes:

E:

$1/2$ von 54.667 Gesamthandsfehlbetrag:	./. 27.333
Überschuss negative Ergänzungsbilanz	159.667
zu versteuern:	132.334

F:

½ von 54.667 Gesamthandsfehlbetrag (gerundet):	./. 27.334
zu versteuern:	./. 27.334

Die Fortführung des Sachverhalts zeigt, dass bei beiden Lösungswegen das steuerliche Ergebnis identisch bleibt. Die Frage, welcher Lösungsweg eingeschlagen werden soll, ist losgelöst von der steuerlichen Seite nur aus außersteuerlichen Gründen zu beantworten. 2357

(Einstweilen frei) 2358–2365

4. Voraussetzungen des § 24 UmwStG

Nachdem zuvor die bilanzmäßige Abwicklung eines praktischen Falls dargestellt wurde, sollen im Folgenden kurz die Voraussetzungen, unter denen § 24 UmwStG zur Anwendung kommt, dargestellt werden. Dabei kann in vielen Punkten auf die Ausführungen zu § 20 UmwStG verwiesen werden.[1] 2366

a) Einbringungsgegenstand und Einbringungstatbestand

§ 24 UmwStG kann mit seinen Rechtsfolgen nur ausgelöst werden, wenn eine betriebliche **Sachgesamtheit** in Gestalt eines Betriebs, Teilbetriebs[2] und Mitunternehmeranteils übertragen wird. Auch ein **verpachteter Betrieb** ist ein tauglicher Einbringungsgegenstand.[3] 2367

Es müssen sämtliche wesentlichen Betriebsgrundlagen[4] des Betriebs, Teilbetriebs oder Mitunternehmeranteils eingebracht werden, d.h. zumindest das wirtschaftliche Eigentum übertragen werden, bei Mitunternehmerschaften einschließlich wesentlicher Betriebsgrundlagen, die sich im Sonderbetriebsvermögen des Einbringenden befinden. 2368

Im Gegensatz zu § 20 UmwStG sieht die Verwaltung die 100 %ige Beteiligung an einer Körperschaft i. R. des § 24 UmwStG als Teilbetrieb an.[5] Die anders lau- 2369

---

1 Vgl. auch die Verweise in Rn 24.03 UmwStErl 2011.
2 Auch die Ausführungen zum „Teilbetrieb im Aufbau" gelten nach der Verweisung in Rn 24.03 UmwStErl 2011; unzutreffend deshalb Volb, S. 131.
3 BFH, Beschluss v. 1.4.2010 IV B 84/09, BFH/NV 2010, S. 1450 m.w.N.
4 Wegen des Begriffs s.o. Rn 1667; zum Dentallabor als wesentlicher Betriebsgrundlage einer Zahnarztpraxis s. BFH, Urteil v. 16.12.2004 IV R 3/03, BFH/NV 2005 S. 879.
5 Rn 24.02 UmwStErl 2011.

D. Das Umwandlungssteuerrecht

tende Entscheidung des BFH[1] hat sie mit einem Nichtanwendungserlass belegt.[2]

2370 Die **Zurückbehaltung wesentlicher Betriebsgrundlagen** ist dann **unschädlich, wenn** der Einbringende diese der Personengesellschaft zur Nutzung überlässt oder sie aus anderen Gründen **Sonderbetriebsvermögen** dieser Mitunternehmerschaft werden. Werden solche Wirtschaftsgüter Sonderbetriebsvermögen der aufnehmenden Personengesellschaft, gelten sie nach § 24 UmwStG als miteingebracht. Diese zum alten Umwandlungssteuerrecht einhellig vertretene Auffassung[3] gilt trotz geäußerter Bedenken[4] auch im neuen Recht weiter.[5] Insoweit hat die Rechtsformwahl steuerliche Auswirkung.

> **BEISPIEL:** A ist Gesellschafter einer OHG und vermietet an diese das Geschäftsgrundstück. Wenn er seinen Mitunternehmeranteil in eine GmbH einbringen will, muss er das Eigentum an dem Geschäftsgrundstück auf die GmbH übertragen, wenn er zu Buchwerten gem. § 20 UmwStG seinen Mitunternehmeranteil einbringen möchte. Dagegen kann er Eigentümer des Grundstücks bleiben, wenn er seinen Mitunternehmeranteil in eine GmbH & Co KG einbringt und das Grundstück der KG zur Nutzung überlässt.
>
> Es sollte allerdings nicht nur in das Sonderbetriebsvermögen eingebracht werden. Andernfalls könnte das Bedenken bestehen, dass keine Einbringung gegen Gewährung einer Mitunternehmerstellung vorliegt.[6]

2371 Eine beabsichtigte steuerneutrale Übertragung nach § 24 UmwStG kann dann scheitern, wenn das Eigentum an (zumindest) einem wesentlichen Wirtschaftsgut nicht übertragen wird, dieses von einer anderen Personengesellschaft der übernehmenden Personengesellschaft zur Nutzung überlassen wird und die hinter beiden Personengesellschaften stehenden Personen beide Personengesellschaften so beherrschen, dass die Voraussetzungen einer personellen Verflechtung i. S. einer Betriebsaufspaltung erfüllt sind. Diese dann sog. **mitunternehmerische Betriebsaufspaltung** geht der Entstehung von Sonder-

---

1 BFH, Urteil v. 17. 7. 2008 I R 77/06, BStBl II 2009 S. 464.
2 BMF-Schreiben v. 20. 5. 2009, BStBl I 2009 S. 671.
3 BFH Urteil v. 21. 6. 1994 VIII R 5/92, BStBl II 1994 S. 856; Tz. 24.06 UmwStErl 98.
4 Patt in D/P/M, § 24 UmwStG Tz. 15.
5 Rn 24.05 UmwStErl 2011; FinMin Schleswig-Holstein, Erlass v. 17. 3. 2008; Schmitt in S/H/S, § 24 UmwStG, Rn 34 m. w. N.
6 Rn 24.05 UmwStErl 2011 spricht davon, dass das eingebrachte Betriebsvermögen „teilweise" (!) SonderBV wird; die Anwendung des § 24 UmwStG bei ausschließlicher Einbringung in das Sonderbetriebsvermögen ablehnend Rogall/Gerner, FGS/BDI, S. 502. Dann liegt ein Fall des § 6 Abs. 5 Satz 2 EStG vor; s. hierzu weiter unten.

betriebsvermögen bei der nutzenden Betriebsgesellschaft vor.[1] Die Grundsätze der mitunternehmerischen Betriebsaufspaltung gelten allerdings nur im gewerblichen Bereich und nicht bei luf und freiberuflichen Einkünften.[2]

Man läuft Gefahr, dass die Finanzverwaltung vorbereitende Auslagerungen von Wirtschaftsgütern, die eine wesentliche Betriebsgrundlage darstellen, vor einer Einbringung als Umgehungstatbestand wertet und die Möglichkeiten der steuerneutralen Übertragung nach § 24 UmwStG versagt.[3]

2372

> **BEISPIEL:** A ist Gesellschafter einer OHG und überträgt das in seinem Eigentum stehende Geschäftsgrundstück gem. § 6 Abs. 5 Satz 3 Nr. 2 EStG zu Buchwerten auf eine gewerblich geprägte GmbH & Co KG, deren Alleingesellschafter er ist. Danach bringt er seinen OHG-Anteil in die Z-KG ein.

Die Anwendbarkeit der zur Tarifermäßigung nach §§ 16, 34 EStG entwickelten Gesamtplanbetrachtung[4] in diesen Fällen wird allerdings sehr kritisch gesehen.[5] Sie kommt u. E. zumindest dann nicht zur Anwendung, wenn die Z-KG den Mitunternehmeranteil (genauer die damit verbundenen Wirtschaftsgüter) mit den Buchwerten oder mit Zwischenwerten ansetzt, da § 34 EStG dann nicht eingreift. Zur Ablehnung der Gesamtplanrechtsprechung und des § 42 AO durch den BFH siehe auch oben Rn 1668a.

2373

Mitunternehmeranteile i. S. des § 24 UmwStG sind auch Teile (Quoten) von Anteilen an Mitunternehmerschaften. Es gelten die gleichen Grundsätze wie bei der Einbringung in eine Kapitalgesellschaft gem. § 20 UmwStG.[6] Hier ist § 24 UmwStG im Rechtsgrundbereich nicht mehr deckungsgleich mit § 16 EStG, der gem. Abs. 1 Nr. 2 nur noch bei der Übertragung eines **gesamten** Mitunternehmeranteils ausgelöst wird. Bei Ansatz des gemeinen Werts werden allerdings gem. § 24 Abs. 3 Satz 2 EStG bei Einbringung eines Teils eines Mitunternehmeranteils die Steuervergünstigungen, der Freibetrag gem. § 16 Abs. 4 EStG und der besondere Steuersatz gem. § 34 EStG, versagt, so dass die Rechtsfolgen zu § 16 EStG wieder übereinstimmen.

2374

---

1 BFH, Urteil v. 24. 11. 1998 VIII R 61/97, BStBl II 1999 S. 483; BMF-Schreiben v. 28. 4. 1998, BStBl I 1998 S. 583; diese Auffassung könnte sich ändern durch das BFH-Urteil vom 22. 9. 2011 IV R 33/08, wonach die geänderte betriebsvermögensmäßige Zuordnung eines Wirtschaftsguts während des Bestehens einer mitunternehmerischen Betriebsaufspaltung weder eine Entnahme noch eine Einlage darstellt, sondern die Sonderbetriebsvermögenseigenschaft nur ruht. In dieser Richtung, wenn auch mit anderer Begründung, Kai GmbHR 2012 S. 165, 171.
2 BFH, Urteil v. 10. 11. 2005 IV R 29/04, BStBl II 2006 S. 173.
3 Rn 24.03 i.V.m 20.07 UmwStErl 2011.
4 BFH, Urteil v. 6. 9. 2000 IV R 18/99, BStBl II 2001 S. 229.
5 Zu Recht ablehnend BFH, Urteil v. 9. 11. 2011 – X R 60/09, BStBl II 2012 S. 638.
6 Siehe o. Rn 1739.

2375 Die **Leistungen** müssen **in das Gesamthandsvermögen** der Personengesellschaft erfolgen. § 24 UmwStG gilt nur, soweit die Einbringung **auf eigene Rechnung** des Einbringenden erfolgt. Dies ist unstrittig.

Nach Auffassung des FG Köln soll es sogar ausreichen, wenn die Einbringung in irgendein der deutschen Besteuerung unterliegendes Betriebsvermögen erfolgt; es sei nicht erforderlich, dass es in die Personengesellschaft eingebracht werde, in die der Einbringende eintritt.[1] Entscheidend für die Buchwertverknüpfung sei, dass das bisherige unternehmerische Engagement nicht beendet werde und die Gegenleistung nicht in das Privatvermögen fließe.

2375a Soweit Zahlungen in das **Privatvermögen** des Einbringenden erfolgen, führt dies nicht zur Anwendung des § 24 UmwStG, sondern unterliegt als Veräußerungsvorgang der normalen Besteuerung.[2] Eine Zuzahlung in das Privatvermögen ist auch anzunehmen, wenn der eintretende Gesellschafter private Verbindlichkeiten des Einbringenden übernimmt oder auf eine private Forderung gegenüber dem Einbringenden verzichtet, wozu auch der Verzicht auf einen Pflichtteilsanspruch gehört.[3] Eine Zuzahlung in das Privatvermögen liegt ferner vor, wenn die Zahlung des eintretenden Gesellschafters zwar in das Gesamthandsvermögen gelangt, die Gegenbuchung aber auf einem Konto erfolgt, das eine Verbindlichkeit der Gesellschaft gegenüber dem Einbringenden ausweist (Buchung z. B. Kasse/Bank an Fremdkapitalkonto des Einbringenden), da dadurch das Vermögen der Mitunternehmerschaft nicht erhöht wird.[4] Auch liegt eine Zuzahlung in das Privatvermögen des Einbringenden in Höhe seiner Beteiligung vor, wenn die Zahlung des Eintretenden in die gesamthänderisch gebundene Rücklage gebucht wird; in dieser Höhe hat der Eintretende wirtschaftlich dem Einbringenden die stillen Reserven abgekauft.

Umstritten ist, wie der Gesamtvorgang zu zerlegen ist:

▶ Die **Finanzverwaltung** geht im alten UmwStErlass 1998 (Tz. 24.09) und im UmwSt-Erlass 2011 (Rn 24.10) davon aus, dass im 1. Schritt in Höhe der Zuzahlung eine Veräußerung der ideellen Anteile der Wirtschaftsgüter des bisherigen Einzelunternehmers erfolgt und im 2. Schritt das teilveräußerte

---

1 Urteil v. 22. 6. 2011 4 K 2859/07, EFG 2012 S. 90, BFH-Az.: IV R 33/11.
2 Niedersächsisches FG, Urteil v. 14. 3. 2007 2 K 574/03, DStRE 2007 S. 1248, bestätigt durch BFH, Urteil v. 24. 6. 2009 VIII R 13/07, BStBl II 2009 S. 993; nach BFH stehen Abschreibungen auf die mit der Zuzahlung erworbenen Anteile an den einzelnen Wirtschaftsgütern der Personengesellschaft **allein** dem Zahlenden zu.
3 BFH, Urteil v. 16. 12. 2004 III R 38/00, BStBl II 2005 S. 554.
4 FG Köln, Urteil v. 16. 6. 2011 10 K 3761/08, EFG 2011 S. 1782, rkr. nach Rücknahme der Revision IV R 32/11, für den vergleichbaren Fall der „Veräußerung" eines Teilmitunternehmeranteils.

XIII. Einbringung in eine Personengesellschaft

Einzelunternehmen teilweise für Rechnung des bisherigen Einzelunternehmers und teilweise für Rechnung des Neugesellschafters eingebracht wird.[1] Sie beruft sich hierbei auf den Beschluss des Großen Senats GrS 2/98 vom 18.10.1999 (BStBl II 2000 S. 123). Der laufende, gewerbesteuerpflichtige Gewinn entsteht damit noch im **Einzelunternehmen**.

▶ Der 8. BFH-Senat (Urteil v. 24.6.2009 VIII R 13/07, BStBl II 2009 S. 993) und der 4. BFH-Senat (Urteil v. 21.9.2000 IV R 54/99, BStBl II 2001 S. 178) gehen davon aus, dass im 1. Schritt der bisherige Einzelunternehmer den gesamten Betrieb einbringt und im 2. Schritt der Erwerber einen Mitunternehmeranteil erwirbt. Die Personengesellschaft hat das Wahlrecht nach § 24 UmwStG:

a) Setzt sie **Buchwerte** an, entsteht im Einzelunternehmen kein Gewinn (kein Einbringungsgewinn). Der laufende Gewinn entsteht dann zwangsläufig in der **Personengesellschaft** und ist dort festzustellen und gewerbesteuerpflichtig. Dies führt über die Anrechnung nach § 35 EStG zu einer Einkommensteuerentlastung auch des anderen (eintretenden) Gesellschafters. Der BFH hat bisher allerdings noch nicht die verfahrensrechtlichen Konsequenzen seiner Entscheidung erkannt und berücksichtigt.

Die Reihenfolge des 8. und 4. BFH-Senats dürfte der Entscheidung des 10. BFH-Senats[2] widersprechen.

Der Gewinn kann nicht durch eine negative Ergänzungsbilanz neutralisiert werden, da durch diese nur ein Einbringungsgewinn neutralisiert werden darf.

BEISPIEL: Schlussbilanz des Einzelunternehmens A

Diverse Aktiva	150	Kapitalkonto A	150
(gW 250)			

B zahlt A 125 in dessen Privatvermögen.

Eröffnungsbilanz OHG

Diverse Aktiva	150	Kapitalkonto A	75
		Kapitalkonto B	75

Für B ist eine positive Ergänzungsbilanz mit 50 Mehrwerte Aktiva und 50 Mehrkapital zu erstellen.

---

1 Dieser Reihenfolge zustimmend Rogall/Gerner in FGS/BDI, S. 507.
2 Urteile v. 12.10.2005 X R 35/04, BFH/NV 2006 S. 621 und v. 18.9.2013 – X R 42/10, BFH/NV 2013 S. 2006.

b) Setzt die Personengesellschaft **gemeine Werte** an, entsteht der Gewinn noch im Einzelunternehmen. Dieser ist zur Hälfte laufender Gewinn und gewerbesteuerpflichtig (§ 24 Abs. 3 Satz 3 UmwStG i.V. m. § 16 Abs. 2 Satz 3 EStG; vgl. BFH, Urteil v. 15. 6. 2004 VIII R 7/01, BStBl II 2004 S. 754 und Beschluss v. 29. 11. 2007 VIII B 213/06, BFH/NV 2008 S. 373).

In welcher Höhe der Freibetrag nach § 16 Abs. 4 EStG zu gewähren ist, ist streitig: Darf der begünstigte Einbringungsgewinn die Freibetragsgrenze nicht überschreiten (so R 16.13 Satz 9 EStR) oder ist der gesamte Gewinn maßgeblich (so Schmidt/Wacker, § 16 Rz. 578)?

Die Veräußerung des Mitunternehmeranteils führt nicht zu einem Gewinn.

Eröffnungsbilanz OHG

Diverse Aktiva	250	Kapitalkonto A	125
		Kapitalkonto B	125

Es ist für keinen eine Ergänzungsbilanz zu erstellen.

Da in den Fällen mit Zuzahlung in das Privatvermögen immer ein Gewinn entsteht, bietet sich das sog. **Gewinnvorabmodell** an (d. h. eine von der Beteiligung abweichende Gewinnverteilung für eine gewisse Zeit).[1] Der Gewinnvorab darf nicht betragsmäßig begrenzt werden, da dies den Veräußerungsgewinn berechenbar macht!

Das **Verpachtungsmodell** ist demgegenüber problematisch, da nach Auffassung von Brandt[2] die Verpachtung des Mandantenstamms stets (unabhängig von einer Betriebsaufspaltung) zu gewerblichen Einkünften führt (ausdrücklich offen gelassen vom BFH im Beschluss v. 8. 4. 2011 VIII B 116/10, BFH/NV 2011 S. 1135).

Siehe hierzu auch BFH-Urteil v. 28. 6. 2006 XI R 31/05, BStBl II 2007 S. 378:

Gewerbliche Einkünfte im Sonderbereich des Gesellschafters einer freiberuflich tätigen Personengesellschaft führen **nicht** zu einer Abfärbung gem. § 15 Abs. 3 Nr. 1 EStG auf die Einkünfte der Gesellschaft im Gesamthandsbereich.

2375b Im Gegensatz zu § 20 Abs. 2 Satz 4 UmwStG werden bei einer Einbringung zum gemeinen Wert die Begünstigungen des § 24 Abs. 3 Satz 2 UmwStG i.V. m. § 16 Abs. 4, § 34 Abs. 1 EStG auch dann gewährt, wenn eine sonstige **Nebenleistung**, z. B. Zuzahlung in das Privatvermögen des Einbringenden, erfolgt.[3]

2375c Eine zum steuerlichen Betriebsvermögen gehörende **100%ige Beteiligung an einer Kapitalgesellschaft** galt bisher als Teilbetrieb i. S. d. § 24 Abs. 1 UmwStG.[4] Dem hat die Rechtsprechung widersprochen.[5] Nach ihrer Auffassung ist die

---

1 Der erhöhte Gewinnanteil des aufnehmenden Gesellschafters ist laufender Gewinn, s. FG Düsseldorf, Urteil v. 11. 10. 2012 – 11 K 4736/07 F, EFG 2013 S. 287, BFH-Az.: VIII R 47/12.
2 In Herrmann/Heuer/Raupach, § 18 EStG, Anm. 22 „Verpachtung des Mandantenstamms" (Stand Juni 2010).
3 BFH, Urteil v. 21. 9. 2000 IV R 54/99, BStBl II 2001 S. 178; Rn 24.12 UmwStErl 2011.
4 UmwStErl. 1998 Tz. 24.03.
5 BFH Urt. v. 17. 7. 2008 I R 77/06, BStBl II 2009 S. 464.

das gesamte Nennkapital umfassende Beteiligung an einer Kapitalgesellschaft kein Teilbetrieb i. S. v. § 24 Abs. 1 UmwStG. Die Fiktion des § 16 Abs. 1 Satz 1 Nr. 1 EStG sei nicht entsprechend anwendbar. Für eine Analogie fehlt es in § 24 UmwStG an einer planwidrigen Regelungslücke. Zweck der Teilbetriebsfiktion des § 16 Abs. 1 Satz 1 Nr. 1 Satz 2 EStG sei es, auch die Gewinne aus der Veräußerung von Alleinbeteiligungen an Kapitalgesellschaften der Tarifbegünstigung nach § 16 Abs. 4, § 34 EStG zu unterstellen. Demgegenüber regele § 24 UmwStG die Möglichkeit der steuerneutralen Ausgliederung selbständiger Unternehmensbereiche auf Tochter-Personengesellschaften. Angesichts dieser verschiedenen Regelungsmaterien bestehe kein Anhalt dafür, dass der Normzweck des § 24 UmwStG über dessen Wortlaut hinaus ebenfalls die Anwendung der Teilbetriebsfiktion erfordere und der Gesetzgeber dies bei Schaffung der Vorschrift übersehen habe. Dagegen spreche insbesondere, dass in § 15 Abs. 1 Satz 3 UmwStG für die Fälle der Aufspaltung, Abspaltung und Teilübertragung eine § 16 Abs. 1 Satz 1 Nr. 1 Satz 2 EStG entsprechende Teilbetriebsfiktion ausdrücklich in das Gesetz aufgenommen worden ist. Somit könne angenommen werden, dass der Gesetzgeber, wenn er die Geltung der Teilbetriebsfiktion im Anwendungsbereich des § 24 UmwStG gewollt hätte, auch dort eine ausdrückliche Regelung getroffen hätte.

Die Finanzverwaltung hat darauf mit einem Nichtanwendungserlass reagiert.[1] Danach ist im Vorgriff auf eine gesetzliche Regelung zur Wiederherstellung der bisherigen Verwaltungsauffassung der Rechtsauffassung des BFH nicht zu folgen.

Sehr fraglich ist, ob § 24 UmwStG auch im Fall der „Ausbringung" einer Sachgesamtheit gegen Minderung von Gesellschaftsrechten eingreift. Verneint man dies,[2] ist eine Ausgliederung eines Teilbetriebs (anders als die Ausgliederung einzelner Wirtschaftsgüter) auf einen Mitunternehmer gegen Minderung seiner Gesellschaftsrechte nicht erfolgsneutral möglich. § 6 Abs. 3, Abs. 5 Satz 3 Nr. 2, § 16 Abs. 3 Satz 2 EStG sind u. E. nicht einschlägig. Brandenberg[3] bejaht allerdings eine Buchwertfortführung nach § 6 Abs. 5 Satz 3 Nr. 2 EStG. Dies würde allerdings auch bedeuten, dass die Übernahme von Schulden ein Entgelt darstellen würde. Aus dem BMF-Schreiben zu § 6 Abs. 5 EStG[4] kann für die Auffassung Brandenbergs nichts hergeleitet werden; dieses wider-

2375d

---

1 BMF, Schreiben v. 20. 5. 2009, BStBl I 2009 S. 671 zu 2; mittlerweile aufgenommen in Rn 24.02 UmwStErl 2011.
2 Wie z. B. Rasche in R/H/vL, § 24 UmwStG, Rz. 11; a. A. Rogall/Gerner in FGS/BDI, S. 497 f.
3 Arbeitsunterlage für den Steuerberatertag 2011, S. 41.
4 Vom 8. 12. 2011, BStBl I 2011 S. 1279; siehe hierzu weiter unten.

spricht vielmehr dieser Auffassung. Das Schreiben hält in Rn 6 Satz 2 § 6 Abs. 5 EStG zwar auch auf Sachgesamtheiten für anwendbar, allerdings nur in den Überführungsfällen des Satzes 1 und 2. In Rn 12 wird nur auf Rn 6 Satz 1, und gerade nicht auf Satz 2, verwiesen.[1] U.E. sollte bei der „Ausbringung" § 24 UmwStG reziprok angewandt werden. Die Übertragung einer Sachgesamtheit darf nicht schlechter behandelt werden als die von Einzelwirtschaftsgütern. Der Sachverhalt „Ausbringung von Sachgesamtheiten" liegt näher bei § 24 UmwStG als bei § 6 Abs. 5 Satz 3 EStG. Die Anwendung des § 24 UmwStG hat den Vorteil, dass die Übernahme von Schulden kein Entgelt darstellt.

b) Übernehmende Personengesellschaft

2376 Die Gesellschaft, in die eingebracht wird, muss eine Mitunternehmerschaft sein, also eine Personengesellschaft mit betrieblichen Einkünften aus Gewerbebetrieb (auch bei gewerblich geprägten Gesellschaften), selbständiger Arbeit oder Land- und Forstwirtschaft. Es gilt der allgemeine Mitunternehmerschaftsbegriff. Es kann sich um eine OHG, KG, GbR, Partnerschaftsgesellschaft, Partenreederei, mit eigener betrieblicher Gewinnerzielungsabsicht tätige EWIV, Arbeitsgemeinschaft oder ausländische Personengesellschaft handeln.

2377 Die Mitunternehmerschaft kann erst durch die Einbringung begründet werden, es ist nicht erforderlich, dass die Mitunternehmerschaft bereits vor der Einbringung besteht.[2]

> **BEISPIEL:** ▶ Durch Einbringung einer betrieblichen Sachgesamtheit in eine vermögensverwaltende Personengesellschaft bzw. durch Aufnahme eines Gesellschafters in ein bisheriges Einzelunternehmen entsteht eine Mitunternehmerschaft.

2378 Mitunternehmerische Innengesellschaften, z.B. **atypisch stille Gesellschaften**, können aufnehmende Gesellschaften sein.[3] Der stille Gesellschafter muss nur im Innenverhältnis eine dem Kommanditisten angenäherte Stellung erlangen, damit er die Stellung eines Mitunternehmers mit Initiative und Risiko erlangt.

2379 Schließlich kann eine **mitunternehmerische Unterbeteiligungsgesellschaft** aufnehmende Gesellschaft gem. § 24 UmwStG sein.

---

1 A.A. Kai, GmbHR 2012 S. 165, 167 zur Bedeutung der Verweisung.
2 Hessisches FG, Urteil v. 7.12.2011 13 K 367/07.
3 Hessisches FG, a.a.O.

XIII. Einbringung in eine Personengesellschaft

BEISPIEL 1: ▶ Ein hauptbeteiligter Mitunternehmer bringt seine Hauptbeteiligung in eine Unterbeteiligungsmitunternehmerschaft ein.

BEISPIEL 2: ▶ Eine betriebliche Sachgesamtheit wird gegen Gewährung oder Erhöhung einer mitunternehmerischen Unterbeteiligung eingebracht.

c) Mitunternehmerstellung als Gegenleistung

Nach § 24 Abs. 1 UmwStG muss der Einbringende Mitunternehmer der Gesellschaft werden. Nur dann besteht für die aufnehmende Personengesellschaft ein Wahlrecht. Mitunternehmer ist, wer aufgrund eines zivilrechtlichen Gesellschaftsverhältnisses oder eines damit vergleichbaren Gemeinschaftsverhältnisses zusammen mit anderen Personen Mitunternehmerinitiative entfaltet und ein Mitunternehmerrisiko trägt.[1] Der Gegenwert für die Einbringung muss auf dem Kapitalkonto[2] des Einbringenden verbucht werden, mit der Konsequenz, dass der Einbringende Mitunternehmer wird, indem ihm Gesellschaftsrechte gewährt werden oder, wenn der Einbringende bereits Mitunternehmer war,[3] ihm zusätzliche Gesellschaftsrechte durch Aufstockung seiner Mitunternehmerrechte gewährt werden.[4]   2380

Eine **Gutschrift auf einem Darlehenskonto** reicht nicht aus.[5]   2381

Wird eine Sachgesamtheit nur verdeckt in eine Personengesellschaft eingebracht, erfolgt keine **Übertragung** gegen Erwerb oder Erweiterung einer Mitunternehmerstellung. Es handelt sich dann um keinen Fall des § 24 UmwStG. Zur Anwendung kommt § 6 Abs. 3 Satz 1 EStG (Buchwertfortführung). Eine Übertragung im Wege der verdeckten Einlage ist dann anzunehmen, wenn die Übertragung des Wirtschaftsguts auf einem neben dem Kapitalkonto bestehenden **gesamthänderisch gebundenen Kapitalrücklagenkonto** gutgeschrie-   2381a

---

1 BFH v. 25. 6. 1984 GrS 4/82, BStBl II 1984 S. 751; Urteil v. 28. 10. 1999 VIII R 66-70/97, BStBl II 2000 S. 183.

2 Zur Abgrenzung der Konten eines Gesellschafters siehe BFH, Urteile v. 16. 10. 2008 IV R 98/06, BStBl II 2009 S. 272, v. 26. 6. 2007 IV R 29/06, BStBl II 2008 S. 103 und v. 15. 5. 2008 IV R 46/05, BStBl II 2008 S. 812 (Kapitalkonto bejaht, wenn das Konto im Fall der Liquidation der Gesellschaft oder des Ausscheidens des Gesellschafters mit einem etwa bestehenden negativen Kapitalkonto zu verrechnen ist). Die Einordnung des variablen Kapitalkontos II ist umstritten: Während die Finanzverwaltung ein Kapitalkonto annimmt, hat der BFH im Urteil vom 24. 1. 2008 IV R 37/06 (BFH/NV 2008 S. 854) die Einordnung offen gelassen. Wendt (FR 2008 S. 815 f.) spricht sich für Kapitalkonto aus, Wacker (HFR 2008 S. 692) dagegen. Die Entscheidung des I. Senats vom 17. 7. 2008 I R 77/06 (BStBl II 2009 S. 464) könnte gegen die Einordnung als Beteiligungskonto sprechen.

3 Auch dieser Fall fällt unter § 24 UmwStG, vgl. nur Schmitt, a. a. O., Rn 132; Rasche in R/H/vL, Rn 61.

4 BFH, Beschluss v. 20. 9. 2007 IV R 70/05, BStBl II 2008 S. 265.

5 Randnr. 24.07 UmwStErl 2011; Rasche, a. a. O., Rn 62; Schmitt, a. a. O., Rn 131 f.

ben wird oder – was handelsrechtlich zulässig sein kann – als Ertrag gebucht wird.[1] In beiden Fällen erhöht dies zwar das Eigenkapital der Gesellschaft. Dem Einbringenden werden aber hierdurch keine **zusätzlichen** Gesellschaftsrechte gewährt. Bei der Buchung auf einem gesamthänderisch gebundenen Kapitalrücklagenkonto erlangt der übertragende Gesellschafter nämlich anders als bei der Buchung auf einem Kapitalkonto keine individuelle Rechtsposition, die ausschließlich ihn bereichert. Bei der Buchung auf einem gesamthänderisch gebundenen Rücklagenkonto wird vielmehr der Auseinandersetzungsanspruch aller Gesellschafter entsprechend ihrer Beteiligung dem Grunde nach gleichmäßig erhöht. Der Mehrwert fließt also – ähnlich wie bei einer Buchung auf einem Ertragskonto – in das gesamthänderisch gebundene Vermögen der Personengesellschaft und kommt dem übertragenden Gesellschafter ebenso wie allen anderen Mitgesellschaftern nur als reflexartige Wertsteigerung seiner Beteiligung zugute. Mangels Gegenleistung an den übertragenden Gesellschafter liegt deshalb ein unentgeltlicher Vorgang i. S. einer verdeckten Einlage vor.[2]

2382 Die Rechtslage hat sich geändert bei dem **Mischfall**, dass der Wert des eingebrachten Vermögens zum Teil die Mitunternehmerstellung des Einbringenden verbessert und zum Teil in eine gesamthänderisch gebundene Kapitalrücklage eingestellt wird. Bisher hat die Finanzverwaltung eine verdeckte Einlage angenommen, **soweit** dem Einbringenden keine Gesellschaftsrechte und auch keine sonstigen Gegenleistungen (einschließlich Begründung einer Darlehensforderung bei Buchung auf einem Darlehenskonto) gewährt werden.[3] Diese Auffassung wird von der höchstrichterlichen Rechtsprechung nicht vertreten.[4] Die im Urteilsfall erfolgte Anteilsübertragung galt auch insoweit als Veräußerung, als ihr Einbringungswert nach dem Inhalt des Gesellschafterbeschlusses der übernehmenden Personengesellschaft und der auf diesem basierenden Einbringungsvereinbarung nicht auf die Kommanditeinlage angerechnet, sondern einem zu bildenden gesamthänderisch gebundenen Rücklagenkonto zugewiesen wurde. Der I. Senat des BFH beruft sich auf seine Rechtsprechung zur Einbringung in Kapitalgesellschaften. Zur Sacheinlage in eine GmbH hatte er entschieden, dass eine Überpari-Emission, bei der der Einbringungswert der Sacheinlage den Nominalbetrag der hierfür übernommenen Stammeinlage übersteigt und in Höhe der als Aufgeld anzusehenden Differenz in eine Kapital-

---

[1] BMF, Schreiben v. 11. 7. 2011, BStBl I 2011 S. 713, Tz. II 2 Buchst. b.
[2] BMF, a. a. O.
[3] BMF-Schreiben v. 26. 11. 2004, BStBl I 2004 S. 1190, Tz. 2a.
[4] BFH, Urteil v. 17. 7. 2008 I R 77/06, BStBl II 2009 S. 464.

rücklage nach § 272 Abs. 2 Nr. 1 HGB einzustellen ist, ertragsteuerlich in vollem Umfang als Veräußerung und nicht teilweise als verdeckte Einlage anzusehen ist.[1] Entsprechendes gilt für die den Nominalbetrag des übernommenen (oder erhöhten) Personengesellschaftsanteils wertmäßig übersteigende Sacheinlage in eine KG, bei der der Differenzbetrag in eine Kapitalrücklage eingestellt wird.[2] Ein Personengesellschafter ist nach der mit der Gesellschaft getroffenen Einlagevereinbarung zur vollständigen Einbringung des ungeteilten Sachwerts zu Eigentum der Gesellschaft verpflichtet, und der auf die Betragsdifferenz entfallende Wertanteil des eingebrachten Wirtschaftsguts ist deshalb Bestandteil der vom einbringenden Gesellschafter im Austausch gegen die Verschaffung (bzw. Erhöhung) der Beteiligungsrechte geschuldeten Leistung und somit auch Gegenstand des tauschähnlichen Einbringungsgeschäfts. Ein Aufgeld bei einer Sacheinbringung unterscheidet sich wesentlich von einer freiwilligen Zuzahlung in das Eigenkapital, bei der es sich um eine unentgeltliche Leistung und mithin um eine Einlage handelt. Ob der Differenzbetrag bei der empfangenden Gesellschaft auf einem gesamthänderisch gebundenen Rücklagenkonto oder auf einem Kapitalkonto des einbringenden Kommanditisten verbucht wird, ist deshalb für den insgesamt entgeltlichen Charakter der Einbringung nicht entscheidend.

Die Verwaltung hat entschieden, dass die Rechtsauffassung des BFH, wonach ein vollentgeltlicher Vorgang anzunehmen ist, wenn die Sacheinlage zum Teil auf einem Kapitalkonto und zum Teil auf einem gesamthänderisch gebundenen Rücklagenkonto gebucht wird, in allen offenen Fällen und künftigen Fällen anzuwenden ist.[3] Sofern die Rechtsauffassung des BFH für den Steuerpflichtigen zu einer Verschärfung gegenüber der bisher geltenden Auffassung der Finanzverwaltung führt, kann auf Antrag die bisherige Verwaltungsauffassung[4] übergangsweise für Übertragungsfälle bis zum 30. 6. 2009 weiterhin angewendet werden. 2383

Die **Gewährung anderer Gegenleistungen** neben der Einräumung oder Verstärkung der Mitunternehmerstellung **(sog. Mischentgelt)** soll zu einer Aufdeckung der stillen Reserven führen, soweit das übertragene Vermögen nicht 2384

---

1 BFH, Urteil v. 24. 4. 2007 I R 35/05, BStBl II 2008 S. 253.
2 So schon BFH, Urteil v. 24. 1. 2008 IV R 37/06, BFH/NV 2008 S. 854.
3 BMF-Schreiben v. 20. 5. 2009, BStBl I 2009 S. 671 zu 1; nunmehr Rn 24.07 UmwStErl 2011.
4 BMF-Schreiben v. 26. 11. 2004, BStBl I 2004 S. 1190, Tz. 2b.

D. Das Umwandlungssteuerrecht

durch die Einräumung der Mitunternehmerstellung vergütet wird.[1] Maßgeblich sei das Verhältnis der jeweiligen Teilleistungen.[2] Eine analoge Anwendung des § 20 Abs. 2 Satz 4 UmwStG sehe § 24 UmwStG nicht vor.[3] Soweit der Einbringende z. B. eine Darlehensforderung gegen die übernehmende Personengesellschaft erwirbt, liegen Zuzahlungen in das Privatvermögen des Einbringenden vor, die insoweit zur Aufdeckung der stillen Reserven zwingen. Der dadurch entstehende Gewinn kann **nicht** durch eine negative Ergänzungsbilanz neutralisiert werden.[4] Demgegenüber hat der BFH[5] im Gegensatz zur Vorinstanz (FG Düsseldorf) unter Anwendung der Einheitstheorie zu Recht entschieden, dass die zusätzliche Gewährung anderer Gegenleistungen (z. B. Darlehensforderung) dann nicht zu einer Aufdeckung anteiliger stiller Reserven führt, wenn die Summe aus Nennbetrag der Mitunternehmerstellung (also Verbuchung auf Kapitalkonto) und dem gemeinen Wert der sonstigen Gegenleistung den Buchwert des eingebrachten Betriebsvermögens nicht übersteigt.

BEISPIEL: ▶ E bringt seinen Betrieb (Buchwert 100, gemeiner Wert 250) in eine typische GmbH & Co. KG ein, deren einziger Kommanditist er ist.

Alt. 1: Die KG verbucht 100 auf Kapitalkonto = § 24 UmwStG.

Alt. 2: Die KG verbucht 50 auf Kapitalkonto und 50 auf gesamthänderisch gebundenem Rücklagenkonto = § 24 UmwStG.

Alt. 3: Die KG verbucht 100 auf Kapitalkonto und 150 auf Darlehen = 15/25 Veräußerung = laufender Gewinn (150 ./. 60 = 90) und 10/25 § 24 UmwStG.

Alt. 4: Die KG verbucht 10 auf Kapitalkonto und 240 auf Darlehen = 24/25 laufender Gewinn (240 ./. 96 = 144) und 1/25 § 24 UmwStG

Alt. 5: Die KG verbucht 100 auf Kapitalkonto und 50 auf Darlehen = 10/25 § 24 UmwStG und 5/25 laufender Gewinn (50 ./. 20 = 30) und 10/25 fraglich = verdeckte Einlage? = § 6 Abs. 5 Satz 3 Nr. 1 EStG? (u. E. wegen Übertragung einer Sachgesamtheit nicht einschlägig) = Buchwert? Oder Betriebsaufgabe nach § 16 Abs. 3 Satz 1 EStG mit anteiliger Aufdeckung der stillen Reserven (wohl richtig). Nach Kai (GmbHR 2012, S. 165, 173) ist das zu 5/25 ein laufender Gewinn und zu 20/25 ein Fall des § 24 UmwStG.

---

1 Rn 24.07 Abs. 2 UmwStErl 2011.
2 FG Düsseldorf, Urteil v. 24.11.2010 15 K 931/09 F, EFG 2011 S. 491 mit zustimmender Anmerkung Wüllenkemper, BFH-Az.: X R 42/10; UmwStErl 2011, a.a.O; ebenso FG Münster, Urteil v. 25.10.2012 – 3 K 4089/10 F, EFG 2013 S. 338, BFH-Az.: IV R 47/12.
3 Patt, a.a.O., Tz. 60; Rasche, a.a.O., Rn 62; Schmitt, a.a.O., Rn 139 mit Rechtsprechungsnachweisen.
4 BFH, Beschluss v. 18.10.1999 GrS 2/98, BStBl II 2000 S. 123; Schmitt, a.a.O., Rn 140; Wacker in Schmidt, § 16 EStG, Rn 565, jeweils m.w.N.
5 Urteil v. 18.9.2013 – X R 42/10, BFH/NV 2013, 2006; die Finanzverwaltung wendet das Urteil derzeit (noch) nicht an.

d) Bilanzierung

Nach Auffassung der Verwaltung[1] und der h. L.[2] setzt das Wahlrecht des § 24 UmwStG zwingend voraus, dass der Einbringende eine Schlussbilanz und die übernehmende Personengesellschaft eine Eröffnungsbilanz erstellen.

2385

Die BFH-Rechtsprechung ist nicht eindeutig. Der 4. Senat[3], der 11. Senat[4] und der 3. Senat[5] verneinen zumindest bei Buchwerteinbringung eine Bilanzierungspflicht. In anderen Urteilen geht der BFH,[6] ohne dies zu problematisieren, von der Bilanzierung aus, da diese vorgenommen worden war.

Das bedeutet nach Verwaltungsauffassung für Steuerpflichtige, die bisher ihren Gewinn nach § 4 Abs. 3 EStG ermittelt haben, die Ermittlung eines Übergangsgewinns. Zu den Folgen im Einzelnen siehe unten Rn 2419.

U. E. ist ein Wechsel zur Bilanzierung bei Buchwerteinbringung nicht erforderlich, da die Besteuerung der stillen Reserven gesichert ist.

(Einstweilen frei) 2386–2390

5. Zeitpunkt der Sacheinlage

a) Fall der Einzelrechtsnachfolge

Zum Zeitpunkt der Einbringung eines Betriebs in eine Personengesellschaft im Falle einer Einzelrechtsnachfolge findet sich in § 24 UmwStG keine Regelung. Da es sich bei der Einbringung eines Betriebs in eine Personengesellschaft um einen tauschähnlichen Vorgang gegen Gewährung von Gesellschaftsrechten handelt, gelten die Grundsätze zu § 16 EStG. Maßgeblich ist der Zeitpunkt des Übergangs des wirtschaftlichen Eigentums an den wesentlichen Betriebsgrundlagen. Die Vertragsparteien werden diesen Zeitpunkt als den des Übergangs von Gefahr, Nutzungen und Lasten im Einbringungsvertrag festlegen.

2391

---

1 Rn 24.03 Abs. 2 UmwStErl 2011; OFD Hannover, Vfg. V. 25. 1. 2007, DStR 2007 S. 1037; OFD Karlsruhe, Vfg. V. 8. 10. 2007, DStR 2007 S. 2326, diese Vfg. auch mit Fehlerquellen und einer Checkliste zu § 24 UmwStG.
2 Rasche in R/H/vL, § 24 UmwStG, Rz. 74; Patt in D/P/M, § 24 UmwStG, Tz. 121f.
3 Urteil v. 13. 9. 2001 IV R 13/01, BStBl II 2002 S. 287.
4 Urteil v. 14. 11. 2007 XI R 32/06, BFH/NV 2008 S. 385; ebenso FG Münster, Urteil v. 23. 6. 2009 1 K 4263/06 F, EFG 2009 S. 1915, BFH-Az.: VIII R 41/09.
5 Urteil v. 11. 4. 2013 – III R 32/12, BStBl II 2014 S. 242, Rz. 39.
6 Zuletzt Urteile v. 12. 10. 2011 VIII R 12/08, BFH/NV 2012 S. 290 und v. 4. 12. 2012 – VIII R 41/09, BStBl II 2014 S. 288.

D. Das Umwandlungssteuerrecht

Sie können den Zeitpunkt nur für kurze Zeit und zum Zweck der Vereinfachung zurückbeziehen.[1]

b) Fall der Gesamtrechtsnachfolge

2392 Die Möglichkeit einer Rückbeziehung des Einbringungszeitpunkts um höchstens acht Monate wird in § 24 Abs. 4 Halbsatz 2 UmwStG in Fällen der „Einbringung in eine Personengesellschaft im Wege der Gesamtrechtsnachfolge" entsprechend § 20 Abs. 5 und 6 UmwStG zugelassen.[2] Die Fälle der Einbringung im Wege der Gesamtrechtsnachfolge sind die Verschmelzung sowie die Aufspaltung, die Abspaltung und die Ausgliederung nach den Vorschriften des UmwG. Diese Regelung gilt u. E. auch für den Fall der erweiterten Anwachsung.[3]

2393 Wird bei der Einbringung im Wege der Gesamtrechtsnachfolge der Übertragungszeitpunkt nach § 24 Abs. 4 UmwStG bestimmt, so nimmt eine damit verbundene Einbringung im Wege der Einzelrechtsnachfolge an dieser Rückbeziehung teil. Dies gilt beispielsweise, wenn Sonderbetriebsvermögen im Wege der Einzelrechtsnachfolge in das Gesamthandsvermögen der übernehmenden Personengesellschaft zusätzlich eingebracht wird.[4]

c) Bedeutung des Einbringungsstichtags

2394 Der Einbringungsstichtag markiert den Zeitpunkt, an dem die Übertragung i. S. des § 24 Abs. 1 UmwStG steuerlich wirksam wird und die Rechtsfolgen für den Einbringenden und die aufnehmende Personengesellschaft eintreten. Sie hat daher grds. Bedeutung für die von § 24 UmwStG geregelten Sacheinlagevorgänge.

2395 Auf den Zeitpunkt der Sacheinlage:

▶ ist das Bewertungswahlrecht nach § 24 Abs. 2 UmwStG zu beziehen,

▶ entsteht der Einbringungsgewinn (= VZ der Versteuerung),

▶ entsteht ein Einbringungsfolgegewinn bei der aufnehmenden Personengesellschaft,

---

1 Nach Wacker in Schmidt, § 16 EStG, Rz. 215 i. V. m. 443, höchstens bis zu drei Monate; nach OFD Karlsruhe, Vfg. v. 8. 10. 2007, DStR 2007 S. 2326, Tz. 2 nur sechs bis acht Wochen; Rn 24.06 UmwStErl 2011 schließt eine Rückbeziehung wohl generell aus.
2 Wegen der Einzelheiten hierzu siehe o. Rn 562, 784, 1648 und 1919.
3 A. A. Rn 24.06 UmwStErl 2011.
4 Rn 24.06 UmwStErl 2011.

▶ wird der Einbringende Mitunternehmer der aufnehmenden Personengesellschaft (wichtig für die Gewinnfeststellung),
▶ hat eine durch die Einbringung gegründete Personengesellschaft eine Eröffnungsbilanz zu erstellen und
▶ wird für steuerliche Zwecke existent.

(Einstweilen frei) 2396–2400

6. Rechtsfolgen einer Einbringung

a) Rechtsfolgen für die übernehmende Personengesellschaft

Nach § 24 Abs. 2 Satz 1 UmwStG hat die Personengesellschaft das eingebrachte Betriebsvermögen grds. in ihrer Bilanz einschließlich der Ergänzungsbilanzen für ihre Gesellschafter mit dem **gemeinen Wert** anzusetzen; für die Bewertung von Pensionsrückstellungen gilt § 6a EStG. Damit werden die in der Person des Einbringenden entstandenen stillen Lasten bei der Ermittlung des Einbringungsgewinns noch nicht steuermindernd berücksichtigt. Um diese stillen Lasten in dem Mitunternehmeranteil abzubilden, empfiehlt sich eine positive Ergänzungsbilanz in Höhe der stillen Lasten für den Einbringenden. Aus der Vorschrift ergibt sich, dass die **Übernehmerin** jedenfalls bei Ansatz der gemeinen Werte **für den Einbringungsvorgang zur Gewinnermittlung durch Bestandsvergleich** übergehen muss, auch wenn sie vorher und nachher den Gewinn nach § 4 Abs. 3 EStG ermittelt.[1]   2401

Nach Satz 2 der Vorschrift kann das übernommene Betriebsvermögen auf Antrag auch mit dem Buchwert oder mit Zwischenwerten angesetzt werden.[2] Dies gilt nur, soweit das Recht der Bundesrepublik Deutschland hinsichtlich der Besteuerung des eingebrachten Betriebsvermögens nicht ausgeschlossen oder beschränkt wird. Das Wahlrecht ist, genauso wie bei § 20 UmwStG, ausgeschlossen, wenn durch den Einbringungsvorgang erstmalig das deutsche Besteuerungsrecht an dem eingebrachten Wirtschaftsgut begründet wird; dann ist zwingend der gemeine Wert anzusetzen.[3]   2402

Das Wahlrecht ist nur eröffnet, soweit das inländische Besteuerungsrecht hinsichtlich der eingebrachten Wirtschaftsgüter bei den Gesellschaftern der Übernehmerin nicht ausgeschlossen oder beschränkt wird. Verlust/Beschränkung   2403

---

1 OFD Hannover, Vfg. v. 25.1.2007, DStR 2007 S. 1037 unter Hinweis auf BFH-Rechtsprechung; siehe oben Rn 2385.
2 Siehe hierzu oben Rn 2310.
3 Siehe o. Rn 1844.

D. Das Umwandlungssteuerrecht

des Besteuerungsrechts sind damit **gesellschafterbezogen und wirtschaftsgutbezogen** zu prüfen.[1] Die gesellschafterbezogene Betrachtungsweise kann dazu führen, dass in Bezug auf dasselbe Wirtschaftsgut für den einen Gesellschafter der gemeine Wert anzusetzen ist, während für den anderen Gesellschafter der Buchwert fortgeführt werden kann. Die Aufteilung ist nach dem Beteiligungsverhältnis der Gesellschafter an der Personengesellschaft vorzunehmen.

2404 Ausschluss/Beschränkung beziehen sich auch hier nur auf die ESt/KSt, nicht auf die GewSt.

2405 Obwohl der Wortlaut des § 24 Abs. 2 Satz 2 UmwStG anders als in § 3 Abs. 2 Satz 1 Nr. 2, § 11 Abs. 2 Satz 1 Nr. 2, § 20 Abs. 2 Satz 2 Nr. 3 UmwStG nicht auf den Ausschluss/die Beschränkung des Besteuerungsrechts hinsichtlich des Gewinns aus einer Veräußerung des eingebrachten Wirtschaftsguts abstellt, schließt die (bloße) Beschränkung/der Ausschluss des Besteuerungsrechts von **Erträgen aus der Nutzung des Wirtschaftsguts** das Wahlrecht nicht aus.[2]

2406 Das **Wahlrecht** steht ausdrücklich nur der **Personengesellschaft** zu.[3]

2407 Hinsichtlich des Antrags gilt nach § 24 Abs. 2 Satz 3 § 20 Abs. 2 Satz 3 UmwStG entsprechend.[4] Ein einmal wirksam gestellter Antrag kann nicht geändert werden.[5] Das Wahlrecht kann bis zu dem Zeitpunkt ausgeübt werden, an dem die Personengesellschaft die Steuererklärung nebst Steuerbilanz einreicht, in der das eingebrachte Betriebsvermögen erstmalig anzusetzen **ist**; auf die Bestandskraft des Feststellungsbescheids kommt es nicht an.[6] Im Gegensatz zur steuerlichen Schlussbilanz nach § 3 Abs. 1 UmwStG, bei der es sich um eine eigenständige, von der normalen Steuerbilanz nach §§ 4 Abs. 1, 5 Abs. 1 EStG zu unterscheidende Bilanz handelt, ist die in § 24 Abs. 2 Satz 3 i. V. m. § 20 Abs. 2 Satz 3 UmwStG genannte steuerliche Schlussbilanz die normale Steuerbilanz nach §§ 4, 5 EStG.[7]

---

1 Schmitt, a. a. O., Rn 209; Rasche, a. a. O., Rn 83.
2 Schmitt, a. a. O., Rn 210.
3 BFH, Beschluss v. 9. 12. 2010 VIII B 151/09, BFH/NV 2011 S. 437;
4 Siehe hierzu oben Rn 1914 ff.
5 BFH, Urteil vom 25. 4. 2006 VIII R 52/04, BStBl II 2006 S. 847 und Beschlüsse v. 9. 12. 2010 VIII B 151/09, BFH/NV 2011 S. 437 und v. 15. 10. 2009 IV B 123/08, BFH/NV 2010 S. 625.
6 BFH, Beschluss v. 15. 10. 2009 IV B 123/08, BFH/NV 2010 S. 625.
7 Die Frage nur aufwerfend, aber nicht beantwortend Rogall/Gerner in FGS/BDI, S. 500 f.

XIII. Einbringung in eine Personengesellschaft

Bei einer **Rückbeziehung** der Einbringung nach § 24 Abs. 4 Halbsatz 2 UmwStG[1] kann u. E. das Wahlrecht nicht ausgeschlossen sein, wenn die Personengesellschaft bereits vorher die normale Jahres-Schlussbilanz eingereicht hat.[2] In dieser war das eingebrachte Betriebsvermögen noch nicht anzusetzen.

Hat die Personengesellschaft zwar eine Eröffnungsbilanz erstellt (erstellen müssen), geht nach der Einbringung aber zulässigerweise zur Gewinnermittlung nach § 4 Abs. 3 EStG über, gibt es zum 31. 12. keine Schlussbilanz. Kann das Wahlrecht damit zeitlich unbegrenzt ausgeübt werden? Die Verwaltung[3] vertritt die Auffassung, dass der Antrag spätestens bis zur erstmaligen Abgabe der entsprechend R 4.5 (6) EStR zu erstellenden Bilanz (das ist die Schlussbilanz des Einbringenden!) bei dem für die Besteuerung der übernehmenden Personengesellschaft zuständigen Finanzamt gestellt werden muss. Bei der Einbringung im Schnittpunkt der Kalenderjahre wirft das die Frage auf, auf welchen Zeitpunkt der Einbringende die Schlussbilanz zu erstellen hat.

BEISPIEL: A bringt durch Vertrag vom 10. 12. 2011 seine Steuerberaterkanzlei mit Wirkung vom 1. 1. 2012 in die mit B neugegründete Sozietät ein.

Lösung:

Bei einer Veräußerung „mit Wirkung vom 1. 1. 2012" ist grundsätzlich von einer Veräußerung im VZ 2012 auszugehen.[4] Gleiches dürfte bei einer Veräußerung „zum 1. 1. 2012" gelten. Die Beteiligten sollten eindeutig klarstellen, in welchen VZ sie den Vorgang einbeziehen wollen.

Nach R 4.5 (6) EStG muss der Veräußerer „im Augenblick der Veräußerung" zur Bilanzierung übergehen. Fällt dieser Augenblick in den VZ 2012, kann dies nur bedeuten, dass A im VZ 2012 zur Bilanzierung übergehen muss mit der Folge, dass der Übergangsgewinn in diesem VZ entsteht und es auf die Abgabe der Bilanz für 2012 an-

---

1 Siehe hierzu Rn 2392.
2 Ebenso Hötzel/Kaeser in FGS/BDI, S. 347 zu der vergleichbaren Fragestellung bei § 20 Abs. 2 Satz 3 UmwStG; vgl. auch zur selben Problematik in Bezug auf die Nachweisfrist oben Rn 2209a.
3 Rn 24.03 Abs. 2 UmwStErl 2011; a. A. Kai, GmbHR 2012 S. 165, 171, der Rn 24.03 UmwStErl 2011 dahingehend auslegt, dass die Verwaltung auf die Eröffnungsbilanz der Personengesellschaft abstellt. Dies ist offensichtlich falsch, da in der Vorschrift, auf die verwiesen wird, von dem Erwerber (Übernehmer) überhaupt nicht die Rede ist. Auch sind entgegen Kai der Einbringungsstichtag und der Übertragungsstichtag nicht unterschiedlich, sondern identisch, s. hierzu oben Rn 1648. Etwas anderes wäre es zu überlegen, ob die Eröffnungsbilanz der Personengesellschaft beim anschließenden „Rück"wechsel zur Einnahmen-Überschuss-Rechnung nicht gleichzeitig die Schlussbilanz ist. Dann müsste der Antrag bis zur Abgabe der Eröffnungsbilanz = Schlussbilanz gestellt werden. Dabei ist zu beachten, dass in Neugründungsfällen die Eröffnungsbilanz häufig bereits mit der Anzeige nach § 138 AO eingereicht wird. Ist die Eröffnungsbilanz gleichzeitig die Schlussbilanz i. S. des § 24 Abs. 2 Satz 3 i. V. mit § 20 Abs. 2 Satz 3 UmwStG, müsste das Wahlrecht bis zu diesem Zeitpunkt ausgeübt werden.
4 BFH, Urteil v. 22. 9. 1992 VIII R 7/90, BStBl II 1993 S. 228; weitere Nachweise bei Schmidt/Wacker, § 16 EStG, Rz. 215.

D. Das Umwandlungssteuerrecht

kommt, die nicht vor dem 2.1.2013 erfolgen wird. **Die Personengesellschaft muss darauf achten, dass sie den Antrag auf Ausübung des Wahlrechts vor Abgabe der Schlussbilanz des A stellt.**

Der BFH[1] vertritt im Fall der Einbringung (anders als im Fall der Veräußerung) allerdings die Auffassung, dass die Schlussbilanz zum 31.12. des Vorjahrs aufzustellen ist und der Übergangsgewinn noch in das alte Jahr (im Beispielsfall 2011) fällt. Dies würde bedeuten, dass die Personengesellschaft den Antrag bis zur Abgabe der Steuererklärung nebst Schlussbilanz für 2011 des A stellen müsste!

Um diese Fälle zu umgehen, empfiehlt sich, die Einbringung „zum"/„mit Wirkung vom" 2.1.2012 vorzunehmen, wenn der Übergangsgewinn sicher in 2012 anfallen und das Wahlrecht bis zu einem in 2013 liegenden Zeitpunkt ausgeübt werden soll.

U. E. sollte das unstreitig der Personengesellschaft zustehende Wahlrecht nicht von dem Verhalten eines Dritten abhängig gemacht werden. **Deshalb sollte auf die erstmalige Abgabe der Einnahmeüberschussrechnung durch die Gesellschaft abgestellt werden.** Dies entspricht mehr dem Gesetz als das Abstellen auf das Verhalten eines Dritten.

2407a Nach § 24 Abs. 4 UmwStG gilt § 23 Abs. 1 (Eintritt in die steuerliche Rechtsstellung bei Buch- oder Zwischenwertansatz), Abs. 3 (Besonderheiten der AfA bei Zwischenwertansatz), Abs. 4 (Ansatz mit dem gemeinen Wert) und Abs. 6 (Übernahmefolgegewinn bei Konfusion) UmwStG entsprechend. Deshalb kann wegen der Einzelheiten auf die Ausführungen oben unter Rn 1866 ff. verwiesen werden. So wird auch die Sechs-Jahres-Frist des § 6b EStG durch eine Buchwerteinbringung nicht unterbrochen[2] und kann die Personengesellschaft bezogen auf eine Rücklage nach § 7g Abs. 3 EStG a. F. in die Rechtsstellung des Einbringenden eintreten, vorausgesetzt, dieser hatte die Rücklage in zulässiger Weise gebildet.[3]

2407b § 24 Abs. 4 UmwStG verweist **nicht** auf § 23 Abs. 5 UmwStG. Das bedeutet, dass **Gewerbeverlustvorträge** des Einbringenden nicht (zumindest nicht in voller Höhe) verloren gehen. Existieren bei dem eingebrachten Betriebsvermögen

---

1 Urteil v. 13.9.2001 IV R 13/01, BStBl II 2002 S. 287 unter II 2 a).
2 BFH, Urteil v. 9.9.2010 IV R 22/07, BFH/NV 2011 S. 31; zur „Verklammerung von Rumpfwirtschaftsjahren" bei der Berechnung der Reinvestitionsfrist s. bundeseinheitliche Auffassung der Verwaltung gemäß OFD Frankfurt/M., Vfg. v. 9.8.2010, DB 2010 S. 1910 unter Hinweis auf das BFH-Urteil v. 23.4.2009 IV R 9/06, BStBl II 2010 S. 664, das auch in Umwandlungsfällen mit Buchwertfortführung angewendet werden soll.
3 FG Münster, Urteil v. 26.5.2011 3 K 1416/08 E, G, EZ, EFG 2011 S. 1695, BFH-Az.: X R 31/11.

gewerbesteuerliche Verlustvorträge i. S. des § 10a GewStG, kann die Personengesellschaft diese Verlustvorträge insoweit abziehen, als **Unternehmer- und Unternehmensidentität** besteht. Die Unternehmensidentität setzt bei Einbringung eines Teilbetriebs voraus, dass der Gewerbeverlustvortrag in diesem Teilbetrieb angefallen ist.[1] Die Unternehmeridentität ist gegeben, soweit der einbringende Mitunternehmer der Personengesellschaft wird.[2] Bei einer **doppelstöckigen Personengesellschaft** gilt der „Durchgriff" des § 15 Abs. 1 Satz 1 Nr. 2 Satz 2 EStG nicht für den Verlustvortrag.[3] Dieser bleibt nur erhalten, soweit er im Sonderbetriebsvermögensbereich angefallen ist.

> **BEISPIEL:** ▸ A als Mitunternehmer der Personengesellschaft 1 bringt seinen Mitunternehmer-Anteil in die Personengesellschaft 2 gegen Gewährung von Gesellschaftsrechten ein. Der Gewerbeverlustvortrag in der Personengesellschaft 1 geht verloren, soweit er auf A entfiel und nicht im Sonderbetriebsvermögensbereich entstanden ist.

Entsprechend gelten auch § 20 Abs. 9, § 24 Abs. 6 UmwStG. Daher gilt auch bei Einbringung in eine Personengesellschaft mit Wirkung ab 1.1.2008, dass ein **Zinsvortrag/EBITDA-Vortrag** nach § 4h Abs. 1 EStG des eingebrachten Betriebs nicht auf die übernehmende Gesellschaft übergeht.[4]

2408

§ 24 Abs. 5 UmwStG enthält eine Regelung zur **Sicherung des Einbringungsgewinns II für den Fall der Veräußerung miteingebrachter Anteile an Kapitalgesellschaften**.[5]

2409

Aufgrund der Neukonzeption des Einbringungsteils durch das SEStEG und der damit verbundenen Aufgabe des Systems der einbringungsgeborenen Anteile wurde § 8b Abs. 4 KStG a. F. aufgehoben. Bisher von § 8b Abs. 4 KStG a. F. erfasste Fälle, wie z. B. Anteilsübertragungen unter dem gemeinen Wert von natürlichen Personen auf Kapitalgesellschaften durch Einbringung in eine Mitunternehmerschaft nach § 24 UmwStG, an der Kapitalgesellschaften beteiligt sind oder sich nach der Einbringung beteiligen, werden nunmehr in § 24 Abs. 5 UmwStG geregelt. Insoweit kommt es zu einer entsprechenden Anwendung der Regelungen in § 22 UmwStG und zu einer nachträglichen Besteuerung des Einbringungsgewinns II, als im Zeitpunkt der Veräußerung oder des gleich-

2410

---

1 Vgl. BFH, Urteil v. 7. 8. 2008 – IV R 86/05, BStBl II 2012 S. 145.
2 R 10a.3 Abs. 3 Satz 9 Nr. 5 GewStR; dies soll aber nicht bei einer Kapitalgesellschaft als einbringender Gesellschaft gelten, FinMin NRW, Erlass v. 27. 1. 2012, dagegen Patt in D/P/M, § 24 UmwStG, Tz. 212.
3 BFH, Urteile v. 6. 9. 2000 IV R 69/99, BStBl II 2001 S. 731 und v. 3. 2. 2010 IV R 59/07, BFH/NV 2010 S. 1492, Rz. 11.
4 Zu Einzelheiten s. o. Rn 1902.
5 Zu Einzelheiten siehe auch Rn 24.18 ff. UmwStErl 2011.

D. Das Umwandlungssteuerrecht

gestellten Ereignisses stille Reserven aus den eingebrachten Anteilen auf von § 8b Abs. 2 KStG begünstigte Mitunternehmer entfallen.[1]

BEISPIEL: ▶ Die natürliche Person A bringt aus ihrem Betriebsvermögen eine 100%-ige Beteiligung an der Y-GmbH nach § 24 UmwStG zum Buchwert in die AB-OHG (Gesellschafter zu je 50% sind A und die B-GmbH) ein. Danach wird bei der OHG eine Realteilung durchgeführt, bei der die 100%ige Beteiligung an der Y-GmbH auf die B-GmbH übertragen wird.

Die Einbringung der Beteiligung zum Buchwert in die OHG ist zumindest nach Verwaltungsauffassung nach § 24 Abs. 2 UmwStG möglich. Die Realteilung stellt ein schädliches Ereignis i. S. von § 22 Abs. 2 i. V. m. Abs. 1 Satz 6 Nr. 1 UmwStG dar, was in Höhe der Beteiligung der B-GmbH an der OHG im Zeitpunkt der Realteilung (50%) zu einer nachträglichen Besteuerung des Einbringungsgewinns führt. Die Siebtelregelung ist anzuwenden.

b) Rechtsfolgen beim Einbringenden

2411 Aus der Sicht des Einbringenden liegt ein **tauschähnlicher Veräußerungsvorgang** vor.[2]

2412 Nach § 24 Abs. 3 Satz 1 UmwStG gilt der Wert, mit dem die Personengesellschaft das eingebrachte Betriebsvermögen in ihrer Bilanz einschließlich der Ergänzungsbilanzen ansetzt, als Veräußerungspreis i. S. des § 16 EStG (**Wertverknüpfung**). Ob und ggf. in welcher Höhe ein Veräußerungs-/Einbringungsgewinn entsteht, ist nach der allgemeinen Formel zu ermitteln:[3]

▶ Veräußerungspreis

Veräußerungseinnahmen = Wertansatz durch Übernehmerin (ohne aktivierte Nebenkosten, z. B. GrESt)

+ gemeiner Wert der entnommenen nicht wesentlichen WG

+ ggf. Gewinn aus der Auflösung steuerfreier Rücklagen

▶ ./. Einbringungskosten (Aufwendungen, die im Zusammenhang mit der Einbringung stehen und den Einbringenden belasten)

▶ ./. Buchwert der eingebrachten bzw. entnommenen WG (bei Mitunternehmeranteilen unter Berücksichtigung etwaiger Ergänzungsbilanzen und Sonderbilanzen)

▶ = Veräußerungsgewinn (= Einbringungsgewinn)

▶ ./. ggf. Freibetrag gem. § 16 Abs. 4 EStG

---

1 Einzelheiten zum Einbringungsgewinn II s. o. Rn 2120 ff.; siehe auch Schmitt, a. a. O., Rn 270 ff.
2 BFH, Beschluss v. 20. 9. 2007 IV R 70/05, BStBl II 2008 S. 265; Schmitt, a. a. O., Rn 1 m. w. N.
3 Siehe o. Rn 1945.

XIII. Einbringung in eine Personengesellschaft

▶ = steuerpflichtiger Veräußerungsgewinn = steuerpflichtiger Einbringungsgewinn

Unseres Erachtens gehört der Entnahmegewinn, der i. R. einer Einbringung entsteht, soweit nicht wesentliche Betriebsgrundlagen zurückbehalten und ins Privatvermögen überführt werden, zum Einbringungsgewinn.[1] Es gibt keinen Grund, dass die zur Ermittlung des Veräußerungsgewinns gem. § 16 EStG vertretene Auffassung[2] nicht auch i. R. des § 24 UmwStG (einem Sonderfall des § 16 EStG) gilt.

2413

Voraussetzung für die Anwendung des § 16 Abs. 4 EStG (**Freibetrag**) ist neben den dort enthaltenen, dass

2414

▶ die Übernehmerin das Betriebsvermögen mit dem gemeinen Wert ansetzt und

▶ es sich nicht um die Einbringung von Teilen eines Mitunternehmeranteils handelt.

Liegen die vorgenannten Voraussetzungen vor, ist neben dem Freibetrag der ermäßigte Steuersatz nach § 34 Abs. 1 und 3 EStG anzuwenden, soweit der Veräußerungsgewinn nicht unter das Teileinkünfteverfahren (Einbringung von Anteilen an Kapitalgesellschaften) fällt.

2415

Soweit der Einbringende an der Personengesellschaft beteiligt ist, gilt § 16 Abs. 2 Satz 3 EStG entsprechend (§ 24 Abs. 3 Satz 3 UmwStG). Das bedeutet, dass der Einbringungsgewinn insoweit laufender, gewerbesteuerpflichtiger Gewinn ist.

2416

Ein nicht verbrauchter **Zinsvortrag/EBITDA-Vortrag** des Einbringenden geht bei Übertragung eines Betriebs (nicht eines Teilbetriebs) unter (§ 4h Abs. 5 Satz 1 EStG).

2417

Ein **Problem** ergibt sich für Einbringende, die zuvor ihren Gewinn nach § 4 Abs. 3 EStG (**Einnahmeüberschussrechnung**) ermittelt haben. Nach ganz überwiegender Auffassung müssen sie, soll der Vorgang unter § 24 UmwStG mit der Möglichkeit der Buchwertverknüpfung und damit Vermeidung eines Veräußerungsgewinns fallen, zwingend zur Gewinnermittlung durch Bestandsvergleich übergehen.[3] Damit kann es im Jahr der Einbringung zu **drei Gewinnen** kommen: dem laufenden Gewinn aus der normalen Geschäftstätigkeit bis zur Einbringung, einem Übergangsgewinn aus dem Übergang von der Einnah-

2418

---

1 Siehe o. Rn 1946.
2 BFH, Urteil v. 29. 10. 1987 IV R 93/85, BStBl II 1988 S. 374; Wacker in Schmidt, § 16 EStG, Rn 122.
3 Vgl. oben Rn 2385.

meüberschussrechnung zur Gewinnermittlung durch Bestandsvergleich und einem Gewinnanteil aus der Mitunternehmerschaft. Der Übergangsgewinn kann dabei nicht, wie sonst möglich, aus Billigkeitsgründen auf bis zu drei Jahre verteilt werden.[1]

2419 Der **Zwang zum Wechsel der Gewinnermittlungsmethode** gilt aber nur für die Wirtschaftsgüter, die in die Personengesellschaft eingebracht oder Privatvermögen werden. Zurückbehaltene Forderungen, die z. B. beim Einbringenden Restbetriebsvermögen bleiben, werden nicht in den Bestandsvergleich einbezogen, so dass er sie, wenn er den Gewinn nach § 4 Abs. 3 EStG ermittelt hat, erst bei Zufluss versteuern muss.[2] Mit diesem Urteil hat der BFH insbesondere Freiberuflern den Weg aufgezeigt, wie diese ihre bisherige Einzelpraxis durch Aufnahme eines Gesellschafters in eine Sozietät umwandeln können, ohne die in der Einzelpraxis erwirtschafteten Honorare sofort versteuern zu müssen. Diese Honorare werden auch nicht Sonderbetriebsvermögen der Sozietät, so dass sie nicht in deren Gewinnfeststellung erscheinen.

2420 Bringt der Steuerpflichtige die Forderungen mit in die Personengesellschaft ein, muss er sie in seiner Schlussbilanz erfassen; es entsteht ein Übergangsgewinn. Dieser ist ein **laufender Gewinn**. Aus dem BFH-Urteil vom 12. 10. 2011 VIII R 12/10[3] ergibt sich entgegen den missverständlichen Ausführungen und dem falsch dargestellten Sachverhalt[4] nichts Anderes.[5]

2421 Hinzuweisen ist auf ein Problem, das sich stellt, wenn es im Rahmen von Umwandlungsfällen, an der Freiberufler bisher mit Einkünften gem. § 18 EStG beteiligt sind, gleichzeitig zur Begründung einer **Betriebsaufspaltung** kommt. Die

---

1 BFH, Urteil v. 13. 9. 2001 IV R 13/01, BStBl II 2002 S. 287.
2 BFH, Urteile v. 14. 11. 2007 XI R 32/06, BFH/NV 2008 S. 385 und v. 4. 12. 2012 – VIII R 41/09, BStBl II 2014 S. 288 in Bestätigung FG Münster, Urteil v. 23. 6. 2009 1 K 4263/06 F, EFG 2009 S. 1915.
3 BFH/NV 2012 S. 290.
4 In Rz. 4 des Sachverhalts behauptet der BFH, dass der Einbringende die Honorarforderungen bei der Veräußerungsgewinnermittlung **nicht** erfasst hat. Dies ist falsch. Aus dem Sachverhalt im erstinstanzlichen Urteil (FG Düsseldorf, Urteil v. 14. 3. 2008 2 K 2106/06 E, EFG 2008 S. 1336) ergibt sich eindeutig, dass der Einbringende die Honorarforderungen bei der Ermittlung des Veräußerungsgewinns abgezogen hat. Damit hatte er sie im Endeffekt nicht versteuert. Nur diese fehlerhafte Nichtversteuerung hat die BP rückgängig gemacht, indem sie den Veräußerungsgewinn **ohne** die Honorarforderungen ermittelt hat. Würden die Honorarforderungen zum Veräußerungsgewinn gehören, hätte die BP 1. den Abzug rückgängig machen, 2. um den als laufenden Gewinn erfassten Übergangsgewinn um die darin enthaltenen Honorarforderungen mindern und 3. den Veräußerungsgewinn um diese erhöhen müssen. Sie hätte die Honorarforderungen also zweimal zum vom Einbringenden ermittelten Veräußerungsgewinn hinzurechnen müssen, was sie aber zu Recht nicht getan hat.
5 Unzutreffend deshalb die Ausführungen von Korn in KÖSDI 2012 S. 17766 zu dem BFH-Urteil.

bisherige freiberufliche Tätigkeit wird in eine **gewerbliche umqualifiziert** mit der Folge GewSt. Das Besitzunternehmen ist in jedem Fall, unabhängig von §§ 140, 141 AO, **buchführungspflichtig**, weil die Betriebsaufspaltung eine korrespondierende Bilanzierung von Forderungen und Schulden voraussetzt.[1] Dies könnte bei einer **Freiberufler-Sozietät**, die ihren Gewinn bisher nach § 4 Abs. 3 EStG ermittelt hat, bei Begründung einer Betriebsaufspaltung mit einer GmbH bedeuten, dass der **Übergangsgewinn** der **Gewerbesteuer** unterliegt![2] Dies kann nicht richtig sein, da der Übergangsgewinn sich bisher nicht gewinnmäßig ausgewirkte Geschäftsvorfälle aus der freiberuflichen Tätigkeit erfasst.

(Einstweilen frei) 2422–2424

XIV. Weitere mit der Einbringung zusammenhängende Problemfelder

Nachfolgend werden weitere mit Einbringungen zusammenhängende Problemfelder (z. B. § 6 Abs. 3 und 5 EStG) unter kurzen Hinweisen zu den oben im Einzelnen behandelten Fragen dargestellt.

2425

1. Unentgeltliche Aufnahme

a) Auffassung der Finanzverwaltung[3]

Es handelt sich nur um einen Fall des § 6 Abs. 3 Satz 1 Halbsatz 2 EStG, so dass Buchwertfortführung zwingend ist. Kein Fall des § 24 UmwStG.

2426

U. E. richtig.

Für diese Lösung spricht auch die zivilrechtliche Sicht. Nach BGH[4] überträgt der bisherige Einzelunternehmer das, was der Eintretende erhält, nämlich den halben Gesellschaftsanteil.

---

1 Vgl. BFH, Urteil v. 7.10.1997 VIII R 63/95, BFH/NV 1998 S. 1202; Schmidt/Wacker, § 15 EStG, Rz. 869; sehr streitig.
2 So zumindest der BFH mit Urteil v. 1.7.1981 I R 134/78, BStBl II 1981 S. 780 zu dem vergleichbaren Sachverhalt des Wandels von LuF zu Gewerbebetrieb.
3 Rn 24.01 UmwSt-Erlass 2011.
4 Urteil v. 2.7.1990 II ZR 243/89, DB 1990 S. 1656.

D. Das Umwandlungssteuerrecht

b) Auffassung des X. BFH-Senats[1]

2427   1. Schritt:

Der Betriebsinhaber überträgt die Wirtschaftsgüter noch im Einzelunternehmen anteilig auf den Aufzunehmenden.

2. Schritt:

Der Betriebsinhaber bringt die Wirtschaftsgüter anteilig ein
- für eigene Rechnung = § 24 UmwStG (Wahlrecht),
- für Rechnung des Anderen (§ 6 Abs. 3 Satz 1 Halbsatz 2 EStG, Buchwertfortführung).

BEISPIEL: Die Schlussbilanz des Vaters V sieht wie folgt aus:

Schlussbilanz V

Diverse Aktiva	400	Kapitalkonto V	300
(gemeiner Wert 600)		Verbindlichkeiten	100

Sohn S wird unentgeltlich aufgenommen und zur Hälfte beteiligt.

Eröffnungsbilanz OHG

Diverse Aktiva	400	Kapitalkonto V	150
		Kapitalkonto S	150
		Verbindlichkeiten	100

Nach der Finanzverwaltung ist vorstehende Bilanzierung zwingend, nach dem BFH hat die OHG ein Wahlrecht, die Aktiva mit 400 bis 500 anzusetzen. Setzt die OHG die Aktiva z. B. mit 500 an, kann der Veräußerungsgewinn des V in Höhe von 100 durch eine negative Ergänzungsbilanz neutralisiert werden.

2428   **Achtung**: Das Wahlrecht müsste aktiv ausgeübt werden, um den Ansatz gemeiner Werte zu verhindern.

2. Ergänzende Hinweise zu § 6 Abs. 3 EStG

Das BMF hat mit Schreiben vom 3.3.2005[2] zu Zweifelsfragen im Zusammenhang

- mit der unentgeltlichen Übertragung eines Mitunternehmeranteils und
- eines Teils eines Mitunternehmeranteils bei vorhandenem Sonderbetriebsvermögen sowie

---

[1] Urteile v. 12.10.2005 X R 35/04, BFH/NV 2006 S. 621 und v. 18.9.2013 – X R 42/10, BFH/NV 2013 S. 2006.
[2] BStBl I 2005 S. 458, geändert durch Schreiben vom 7.12.2006.

XIV. Weitere mit der Einbringung zusammenhängende Problemfelder

▶ der unentgeltlichen Aufnahme in ein Einzelunternehmen

Stellung bezogen.

a) **Darstellung des persönlichen Anwendungsbereichs durch das BMF-Schreiben**

In Tz. 1 wird der persönliche Anwendungsbereich der Tatbestände des § 6 Abs. 3 EStG dargestellt. 2429

Übertragender und Aufnehmender können natürliche Personen, Mitunternehmerschaften und Kapitalgesellschaften sein bei Übertragungen von Betrieben, Teilbetrieben und ganzen Mitunternehmeranteilen gemäß § 6 Abs. 3 Satz 1 Halbsatz 1.

In den Fällen der Übertragung von Teilen eines Mitunternehmeranteils sowie der unentgeltlichen Aufnahme in ein Einzelunternehmen nach § 6 Abs. 3 Satz 1 Halbsatz 2 und Satz 2 EStG ist die Übertragung nur auf natürliche Personen zulässig.

Bleibt man bei der Tz. 1 stehen, sind alle Einkommen- und Körperschaftsteuersubjekte einbezogen. Anstelle „Kapitalgesellschaften" hätte man unter genauerer Berücksichtigung des § 1 KStG „Körperschaften" formulieren können. Erst bei weiterem Lesen der Tz. 2 entdeckt man, dass der Anwendungsbereich im Umfeld der Körperschaften äußerst eng gefasst ist.

Bei unentgeltlichen Übertragungen von einer oder auf eine Kapitalgesellschaft gehen die Regelungen zur verdeckten Gewinnausschüttung i. S. d. § 8 Abs. 3 KStG oder der verdeckten Einlage vor.[1] Handelt es sich bei der unentgeltlichen Übertragung eines Mitunternehmeranteils oder eines Teils eines Mitunternehmeranteils um eine verdeckte Einlage (z. B. bei der Übertragung auf eine GmbH, an der der Übertragende beteiligt ist), greifen die Regelungen über die Betriebsaufgabe ein.[2] Der IV. Senat des BFH hat die Frage nach der Vorrangigkeit der Vorschriften zur verdeckten Einlage zu § 7 Abs. 1 EStDV a. F. ausdrücklich offen gelassen. Lediglich der VIII. Senat des BFH hat die Auffassung der Vorrangigkeit vertreten. 2430

Die Finanzverwaltung hat zwei Fälle als Betriebsaufgabe gewertet: Die Aufgabe des gesamten Mitunternehmeranteils im Falle der verdeckten Einlage und die verdeckte Einlage eines Teils eines Mitunternehmeranteils.

---

1 BFH-Urteil v. 18. 12. 1990 VIII R 17/85, BStBl II 1990 S. 512 zum ehemaligen § 7 Abs. 1 EStDV.
2 BFH-Urteil v. 24. 8. 2000 IV R 51/98, BFH/NV 2000 S. 1554.

D. Das Umwandlungssteuerrecht

2431 In Fällen der verdeckten Einlage eines Teils eines Mitunternehmeranteils ist § 16 Abs. 1 Satz 2 EStG zu beachten. Das bedeutet, dass der Gewinn als laufender Gewinn gewertet wird. Das Ergebnis ist korrekt, der Hinweis auf § 16 Abs. 1 Satz 2 EStG ist aber missverständlich. Bei der Einbringung eines Teils eines Mitunternehmeranteils liegt kein Fall des § 16 Abs. 3 EStG vor. Zum einen verlangt der Tatbestand der Betriebsaufgabe die Zerschlagung eines wirtschaftlichen Organismus und zum anderen die Einstellung der betrieblichen Tätigkeit des Rechtsvorgängers in zeitlicher und örtlicher Hinsicht. Durch Zurückbehaltung eines Teils des Mitunternehmeranteils werden nur Einzelwirtschaftsgüter übertragen. Beim abgebenden Vermögen liegt eine Entnahme vor, die einen Gewinn gem. §§ 13, 15 oder 18 EStG auslöst. § 6 Abs. 3 EStG ist nicht einschlägig, da es sich um einen Sachverhalt des § 6 Abs. 3 Satz 1 Halbsatz 2 EStG handelt. Danach muss die Übertragung auf eine natürliche Person erfolgen.

Bei der Übertragung eines gesamten Mitunternehmeranteils schließt der Wortlaut des § 6 Abs. 3 EStG die Buchwertfortführung im Rahmen einer verdeckten Einlage nicht aus. Die Finanzverwaltung stellt in Tz. 2 am Ende mit zwei Beispielen klar, in welchen Fällen § 6 Abs. 3 EStG aus ihrer Sicht eine Buchwertfortführung erlaubt und in welchen nicht.

BEISPIEL 1: A überträgt seinen Mitunternehmeranteil unentgeltlich auf eine steuerbefreite Körperschaft (z. B. Stiftung), zu der keine gesellschaftsrechtlichen Verbindungen bestehen.

Der übertragende A realisiert keinen Gewinn, da die Wirtschaftsgüter mit den Buchwerten anzusetzen sind (§ 6 Abs. 3 Satz 1 EStG). Bei der übernehmenden Körperschaft kommt es unter Anwendung des § 8 Abs. 1 KStG, § 6 Abs. 3 Satz 3 EStG zu einer Buchwertfortführung.

BEISPIEL 2: A überträgt seinen Mitunternehmeranteil im Rahmen einer verdeckten Einlage unentgeltlich auf die A-GmbH, deren Gesellschafter er ist.

Der Übertragungsvorgang führt zur Aufdeckung der stillen Reserven (ggf. nach §§ 16, 34 EStG begünstigt). Die Anschaffungskosten der GmbH-Beteiligung erhöhen sich bei A um den Wert des Mitunternehmeranteils.

2432 Die Finanzverwaltung hat hier für die Praxis ein Streitpotential angelegt. Sie wendet § 6 Abs. 3 Satz 1 Halbsatz 1 EStG an bei Übertragungen auf steuerbefreite Körperschaften, an denen keine Gesellschaftsrechte bestehen. Das ist eine Einschränkung auf den bloßen Stiftungsbereich. Hier bestehen keine Gesellschaftsrechte und damit gibt es auch keine verdeckte Einlage. Es bleibt die Frage offen, ob die Buchwertfortführung auch dann gilt, wenn eine komplette Wirtschaftseinheit auf eine steuerbefreite gemeinnützige GmbH oder einen steuerbefreiten Verein übertragen wird. Das Gesetz hat vom Wortlaut weder

XIV. Weitere mit der Einbringung zusammenhängende Problemfelder

eine Einschränkung hinsichtlich Kapitalgesellschaften noch Körperschaften mit und ohne Gesellschaftsrechten vorgesehen.

b) Grundsachverhalte des § 6 Abs. 3 Satz 1 Halbsatz 2 EStG

BEISPIEL 1 Rechtsanwalt R ist 60 Jahre alt. Sein Sohn hat das 2. juristische Staatsexamen bestanden. Er nimmt seinen Sohn S als Partner mit 50 % Beteiligung in seine Kanzlei unentgeltlich auf.

2432a

BEISPIEL 2 Die Brüder R und W bilden zu je ½ die „R und Partner" Rechts- und Steuerberatung GBR. S, der Sohn des R, bekommt nach bestandenen Berufsexamina von R und W soviel unentgeltliche Teilanteile übertragen, dass er zu 1/3 an der Sozietät beteiligt ist.

In beiden Fällen führt S anteilig die alten stillen Reserven fort.

c) Verhältnis § 6 Abs. 3 Satz 1 zu Satz 2 EStG und Sperrfrist

Man muss unterscheiden die Sachverhalte gem. § 6 Abs. 3 Satz 1 EStG von dem Sonderfall des § 6 Abs. 3 Satz 2 EStG. Sachverhalte des § 6 Abs. 3 Satz 2 EStG lösen, um Missbräuche zu verhindern, eine fünfjährige Veräußerungssperre aus.

2433

BEISPIEL 3 G 1 überträgt unentgeltlich einen Teil des Mitunternehmeranteils auf seinen Sohn. Sowohl der Gesellschaftsanteil als auch das Sonderbetriebsvermögen werden quotal gleich übertragen.

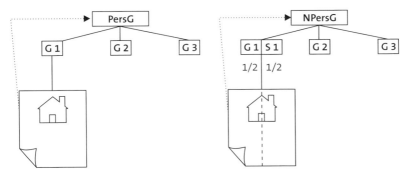

In diesem Fall ist keine Sperrfrist ausgelöst.

D. Das Umwandlungssteuerrecht

BEISPIEL 4 G 1 überträgt unentgeltlich einen Teil des Gesellschaftsanteils auf seinen Sohn. Das Sonderbetriebsvermögen überträgt er nicht.

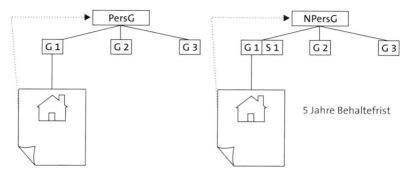

5 Jahre Behaltefrist

2434 Bei S 1 ist ein eigener Mitunternehmeranteil entstanden. Damit unentgeltliche Zwischenübertragungsakte nicht ausgenutzt werden, um wesentliches SBV bei geplanter entgeltliches Übertragung von Mitunternehmeranteilen zu entflechten, hat der Gesetzgeber S 1 mit einer fünfjährigen Weiterveräußerungssperre belegt. Bei Verstoß hat G 1 die stillen Reserven zu versteuern.

Ein weiteres Problem liegt darin, dass G 1 nicht in vollem Umfang als Gesellschafter ausscheiden darf. Er muss mindestens einen Minianteil behalten, damit SBV erhalten bleibt. Bei Vollausscheiden wäre der Mitunternehmeranteil aufgegeben. Das ist ein Sachverhalt, der unter § 16 Abs. 3 EStG fällt. Die Folge wäre die Aufdeckung aller stillen Reserven bei G 1.

2435 Bei der unentgeltlichen Übertragung des gesamten Mitunternehmeranteils gilt:

▶ Die Übertragung des gesamten Mitunternehmeranteils ohne das vorhandene (funktional wesentliche) SBV führt zu einer (begünstigten) Aufgabe des Mitunternehmeranteils, da sowohl die stillen Reserven im Mitunternehmeranteil als auch im SBV aufgelöst werden[1].

▶ Wird im Zusammenhang mit der unentgeltlichen Übertragung des gesamten Mitunternehmeranteils das SBV zum Buchwert einem anderen Betriebsvermögen zugeführt, entsteht nach Auffassung der Verwaltung[2] hinsichtlich des unentgeltlich übertragenen Mitunternehmeranteils ein nicht begünstigter Aufgabegewinn.[3] Für die Rechtslage ab VZ 2001 hat der BFH

---

1 Vgl. die Rechtsprechungsnachweise bei Schmidt/Wacker, § 16 EStG Rz. 435.
2 Tz. des BMF-Schreibens; ebenso BMF, Schreiben vom 8. 11. 2011, BStBl I 2011 S. 1279, Tz. 17.
3 Ebenso BFH, Urteil v. 6. 5. 2010 – IV R 52/08, BStBl II 2011 S. 261 für die Rechtslage vor 2001!

entschieden, dass zwingend die Buchwerte fortzuführen sind, wenn gleichzeitig die Voraussetzungen des § 6 Abs. 3 und Abs. 5 EStG vorliegen.[1]

Bei der unentgeltlichen Übertragung von Teilen eines Mitunternehmeranteils kann ab dem VZ 2001 nach § 6 Abs. 3 Satz 2 EStG auf eine natürliche Person etwaiges SBV beim Übertragenden zurückbehalten werden. Für die Qualifizierung des SBV gilt die sog. funktionale Betrachtung. Voraussetzung ist, dass 2436

▶ die zurückbehaltenen Wirtschaftsgüter weiterhin (Sonder-)Betriebsvermögen derselben Mitunternehmerschaft bleiben und

▶ der Rechtsnachfolger hinsichtlich des übernommenen Mitunternehmeranteils eine Behaltefrist von mindestens fünf Jahren (wie bei § 13a ErbStG) einhält, in der er den übernommenen Mitunternehmeranteil weder veräußert noch aufgibt.

BEISPIEL: ▶ Mitunternehmer M ist zu 60 % an einer Personengesellschaft beteiligt und überlässt der Gesellschaft ein in seinem Alleineigentum stehendes Grundstück (SBV). M überträgt die Hälfte seines Mitunternehmeranteils auf seine Tochter T. Das Grundstück wird nicht - auch nicht anteilig - auf T übertragen.
Nach § 6 Abs. 3 Satz 2 EStG ist die Übertragung des anteiligen Mitunternehmeranteils zu Buchwerten möglich, da das Grundstück weiterhin SBV derselben Mitunternehmerschaft ist. T muss allerdings hinsichtlich des Mitunternehmeranteils die fünfjährige Behaltefrist beachten.

BEISPIEL: ▶ V ist an einer KG zu 50 % beteiligt, welcher er zwei Grundstücke (= SBV) zur Nutzung überlassen hat. V überträgt im Wege der vorweggenommenen Erbfolge die Hälfte seines KG-Anteils (= 25 %-Anteil) sowie eines der beiden Grundstücke unentgeltlich.

Im vorliegenden Fall liegt eine disquotale Übertragung des Mitunternehmeranteils vor, da bei einer quotenentsprechenden Übertragung jeweils auch die Hälfte an jedem der zum SBV gehörenden Grundstücke hätte übertragen werden müssen. Dennoch brauchen keine stillen Reserven aufgedeckt werden, soweit das eine Grundstück vollständig zurückbehalten wird (unterquotale Übertragung). Soweit das andere Grundstück überquotal übertragen wird, soll es nach Verwaltungsauffassung gem. § 6 Abs. 5 Satz 3 Nr. 3 EStG zur Buchwertfortführung kommen (**Aufspaltungslösung**).

Dabei ist allerdings zu beachten, dass bei § 6 Abs. 5 Satz 3 EStG die Übernahme von Verbindlichkeiten ein Entgelt darstellt und insoweit zur Aufdeckung der stillen Reserven führt.

---

[1] Urteil v. 2. 8. 2012 – IV R 41/11, DStR 2012 S. 2118.

D. Das Umwandlungssteuerrecht

Fraglich ist, wie die Verbindlichkeiten zuzuordnen sind:

▶ Hängen die Verbindlichkeiten unmittelbar mit dem überquotal übertragenen Wirtschaftsgut zusammen (z. B. fremdfinanziertes Grundstück), wird sowohl vertreten, dass die Verbindlichkeiten ausschließlich dem überquotal übertragenen Wirtschaftsgut zuzuordnen seien, als auch, dass eine quotale Zuordnung erfolgt. Für letztere Lösung könnte das BFH-Urteil vom 12. 4. 2000 XI R 35/99 (BStBl II 2001 S. 26 = vertikale Spaltung des Mitunternehmeranteils) sprechen.

▶ Besteht kein Finanzierungszusammenhang (z. B. allgemeine Finanzierungsschuld aus dem Erwerb des Mitunternehmeranteils), spricht vieles dafür, dass die Verbindlichkeit zunächst dem quotal übertragenen Sonderbetriebs- und Gesamthandsvermögen zugeordnet wird und nur ein überschießender Teil dem überquotal übertragenen Sonder-BV (Vorrang des Abs. 3 vor Abs. 5, vgl. BMF-Schreiben vom 8. 12. 2011).

Gegen die Verwaltungsauffassung hat nunmehr der BFH (Urteil vom 2. 8. 2012 IV R 41/11, Rz. 29 f., 32) entschieden:

1. § 6 Abs. 3 EStG geht § 6 Abs. 5 EStG vor. Die disquotale Übertragung (gleich ob unter- oder überquotal) unterliegt nur Abs. 3.

2. Eine Aufdeckung der stillen Reserven scheidet auch dann aus, wenn ein funktional wesentliches Wirtschaftsgut des SBV in engem zeitlichem Zusammenhang vor oder spätestens zugleich mit der Übertragung des Mitunternehmeranteils in ein anderes Betriebsvermögen (mit Rechtsträgerwechsel) übertragen worden ist und wenn dabei die Voraussetzungen des Buchwerttransfers nach § 6 Abs. 5 EStG vorliegen. Es darf allerdings nicht zu einer **Zerschlagung der Sachgesamtheit** (gilt bei Betrieben und Teilbetrieben) kommen (Rz. 39); dann ist von einer Betriebsaufgabe auszugehen.

(**Zusatz**: Das Urteil gilt, soweit § 6 Abs. 5 EStG zur Anwendung kommt. Werden zusammen mit der Übertragung des SBV Verbindlichkeiten übertragen, ist der Vorgang in Höhe der übernommenen Verbindlichkeiten entgeltlich. Übersteigen diese nicht den Buchwert, fällt nach BFH kein Gewinn an.)[1]

---

[1] Vgl. BFH, Urteile vom 21. 6. 2012 IV R 1/08, BFH/NV 2012 S. 1536 und vom 19. 9. 2012 IV R 11/12 – Ablehnung der strengen Trennungstheorie in Fällen des § 6 Abs. 5 Satz 3 EStG; s. hierzu auch Wendt, DB 2013 S. 834, wonach der BFH auch die Trennungstheorie anwendet, allerdings das Rechtsgeschäft trennt und nicht das Wirtschaftsgut; a. A. „reine" Trennungstheorie FG Baden-Württemberg, Urteil vom 23. 5. 2012 14 K 2982/10, BFH-Az.: X R 28/12: hierzu Beschluss vom 19. 3. 2014, womit das BMF zum Beitritt aufgefordert wird.

3. Bei § 6 Abs. 3 EStG gilt eine **wertmäßige Betrachtungsweise** und nicht eine wirtschaftsgutbezogene! Das bedeutet: Es ist der Gesamtwert des SBV (Verkehrswert, nicht Buchwert; BFH insoweit allerdings nicht eindeutig) zu ermitteln. Liegt der Wert des mitübertragenen SBV unter dem anteiligen Gesamtwert, greift die Behaltefrist ein.

4. Übertragungen zwischen dem Sonderbetriebsvermögen und dem Gesamthandsvermögen derselben Mitunternehmerschaft stellen keine Entnahme dar, da das Wirtschaftsgut das Betriebsvermögen der Mitunternehmerschaft nicht verlässt (BFH IV R 11/12, Rz. 14).

5. § 6 Abs. 3 und Abs. 5 EStG stehen gleichberechtigt nebeneinander. Es gibt keine Gesamtplanrechtsprechung im Zusammenhang mit der Anwendung der beiden Vorschriften (ebenso betreffend Gesamtplan BFH-Urteil vom 9. 11. 2011 X R 60/09).

Für obiges Beispiel bedeutet dies nach BFH:

Liegt der Verkehrswert des übertragenen Grundstücks unter dem des zurückbehaltenen oder ist er gleich hoch, kommt die Behaltefrist zur Anwendung. Liegt er darüber, gibt es keine Behaltefrist und gilt nur Abs. 3!

Das BMF hält mit Schreiben vom 12. 9. 2013 an seiner bisherigen Auffassung fest und will die Revisionsverfahren I R 80/12 (Gesamtplanrechtsprechung) und X R 28/12 (Gewinnrealisation bei teilentgeltlichen und mischentgeltlichen Übertragungen von Einzelwirtschaftsgütern) abwarten.

d) Verstoß gegen die fünfjährige Behaltefrist nach § 6 Abs. 3 Satz 2 EStG

Ein Verstoß gegen die Behaltefrist liegt vor, sofern der Rechtsnachfolger den übernommenen Mitunternehmeranteil innerhalb von fünf Jahren veräußert oder aufgibt. Für den Fristablauf soll es jeweils auf den rechtswirksamen Abschluss der Verträge ankommen. Bei Verstoß gegen die Behaltefrist müssen rückwirkend auf den ursprünglichen Übertragungsstichtag beim Übertragenden die Teilwerte des übertragenen Vermögens angesetzt werden. Es entsteht ein laufender Gewinn i. S. von § 16 Abs. 3 i. V. m. Abs. 1 Satz 2 EStG. Es liegt ein rückwirkendes Ereignis i. S. des § 175 Abs. 1 Satz 1 Nr. 2 AO vor, was zu einer Berichtigung der Veranlagung des Jahres der Aufnahme einer natürlichen Person in ein Einzelunternehmen bzw. der unentgeltlichen Übertragung eines Teils eines Mitunternehmeranteils führt.

2437

Zu beachten ist, dass nach Verwaltungsauffassung innerhalb der Behaltefrist auch die Veräußerung von Teilen des Gesellschaftsanteils oder des übernommenen funktional wesentlichen SBV schädlich sein soll.[1]

Da die Steuerpflicht durch Ansatz des Teilwerts die Veranlagung des Übertragenden betrifft, muss in der Praxis vertraglich dafür gesorgt werden, dass die hieraus resultierende Steuer durch den Verursacher der Besteuerung zu tragen ist. Beim Verursacher der Steuerpflicht ist sowohl der laufende Gewinn als auch der Veräußerungs- oder Aufgabegewinn zu korrigieren.

2438 Als Veräußerung soll nach Verwaltungsauffassung auch die Einbringung des übernommenen Mitunternehmeranteils in eine Kapital- oder Personengesellschaft nach § 20 bzw. § 24 UmwStG – unabhängig vom gewählten Wertansatz – sowie die Übertragung von Einzelwirtschaftsgütern des übernommenen Vermögens auf einen Dritten unter den Voraussetzungen des § 6 Abs. 5 Satz 3 EStG (tauschähnlicher Vorgang) innerhalb der Behaltefrist gelten.

Zu beachten ist, dass auch die Aufnahme eines neuen Gesellschafters in eine Personengesellschaft steuerlich als Einbringung in eine neue erweiterte Personengesellschaft angesehen wird.

Sofern die vorgenannten Einbringungen zu Buchwerten erfolgen, dürfte jedoch kein Grund ersichtlich sein, von einem schädlichen Verhalten des Übernehmers auszugehen, sofern die erhaltenen Anteile innerhalb der Fünfjahresfrist nicht veräußert oder aufgegeben werden (ähnlich auch § 13a Abs. 5 ErbStG). Bei einer Einbringung in eine Personengesellschaft, an der nur natürliche Personen ohne Ausgleichsleistung beteiligt werden, dürfte ebenfalls eine schädliche Veräußerung nicht vorliegen. Auch die Übertragung nach § 6 Abs. 5 Satz 3 EStG dürfte jedenfalls nur bei Gewährung von Gesellschaftsrechten schädlich sein, nicht jedoch bei unentgeltlicher Übertragung.

Darüber hinaus liegt nach dem Gesetzeswortlaut kein Verstoß gegen die Sperrfrist vor, wenn

► das zurückbehaltene SBV innerhalb von fünf Jahren veräußert oder entnommen wird, oder

► der übernommene Mitunternehmeranteil insgesamt unentgeltlich nach § 6 Abs. 3 Satz 1 EStG übertragen wird (der Zweiterwerber tritt jedoch in die Sperrfrist ein).

2439 Besondere Probleme können sich ergeben, wenn der Übernehmer bereits vor der Teilanteilsübertragung Mitunternehmer derselben Mitunternehmerschaft

---

1 Zustimmend Kulosa in Schmidt, EStG, § 6 Rz. 664.

war. Veräußert nämlich der Übernehmer innerhalb der Behaltefrist lediglich Teile seines Mitunternehmeranteils, wird die Behaltefrist nur dann verletzt, wenn der veräußerte Mitunternehmeranteil aus der Buchwertübertragung nach § 6 Abs. 3 EStG herrührte. Die Veräußerung soll nach Verwaltungsauffassung erst dann schädlich sein, wenn der Anteil der Beteiligung nach der Veräußerung eines Teil-Mitunternehmeranteils geringer ist als der Anteil der übernommenen Beteiligung. Demgegenüber sind die Wirtschaftsgüter des auf den Übernehmer zum Buchwert übertragenen SBV einzeln zu betrachten. Daraus folgt, dass es zum Ansatz des Teilwerts kommt, wenn auch nur eines dieser Wirtschaftsgüter innerhalb der fünfjährigen Behaltefrist veräußert oder entnommen wird.

BEISPIEL: ▶ V und S sind zu jeweils 50 % an einer KG beteiligt. V überträgt die Hälfte seines Anteils (nominal 25 %) auf S. V behält aber das zu seinem SBV gehörende Grundstück zurück. Innerhalb von fünf Jahren veräußert S

a) nominal 40 % seiner KG-Anteile

b) nominal 60 % seiner KG-Anteile

an den neu eintretenden Gesellschafter N.

Die ursprüngliche Übertragung des Mitunternehmeranteils von V auf S erfolgte nach § 6 Abs. 3 Satz 2 EStG zwingend zum Buchwert. Der Zurückbehalt des Grundstücks war unschädlich. Die Veräußerung eines Teils seines Mitunternehmeranteils durch S führt zu folgenden Konsequenzen:

In der Fallvariante a) bleibt es beim Buchwertansatz, denn S ist auch nach der Veräußerung noch immer mit nominal 35 % an der KG beteiligt. Es kann davon ausgegangen werden, dass S lediglich Teile seines ursprünglichen Mitunternehmeranteils an N veräußert hat.

In der Fallvariante b) hat S zumindest auch einen Teil des von V erhaltenen Mitunternehmeranteils mitveräußert. Daher fällt die Möglichkeit der Buchwertübertragung rückwirkend weg. Bezogen auf den ursprünglichen Übertragungsstichtag müssen nunmehr insgesamt die Teilwerte angesetzt werden. V hat sämtliche stillen Reserven im übertragenen KG-Anteil aufzudecken und als laufenden Gewinn zu versteuern.

e) Überquotale Übertragung von Sonderbetriebsvermögen

Bei der unentgeltlichen Übertragung eines Teils eines Mitunternehmeranteils scheitert die Buchwertfortführung nicht mehr daran, dass etwaiges SBV zurückbehalten wird. Nach § 6 Abs. 3 Satz 2 EStG ist aber in diesen Fällen die fünfjährige Sperrfrist zu beachten. Ungeklärt ist derzeit noch, ob auch bei einer überquotalen Übertragung des SBV die Buchwerte angesetzt werden können.

2440

Nach Verwaltungsauffassung[1] soll eine überquotale Übertragung in eine quotenentsprechende Übertragung eines Mitunternehmeranteils nach § 6 Abs. 3 Satz 1 EStG und eine Übertragung des überquotalen Teils gem. § 6 Abs. 5 Satz 3 Nr. 3 EStG aufgeteilt werden. Die Folge ist aber, dass die stillen Reserven insoweit aufgedeckte werden müssen, als hinsichtlich des überquotal übertragenen SBV auch Verbindlichkeiten übernommen werden. A. A. nunmehr die drei BFH-Urteile vom 21. 6. 2012 – IV R 1/08[2], vom 19. 9. 2012 – IV R 11/12[3] und vom 2. 8. 2012 – IV R 41/11[4].

BEISPIEL: V ist zu 50 % Kommanditist einer KG. Im Jahre 2012 überträgt V seiner Tochter T unentgeltlich die Hälfte seines Anteils i. H. von nominal 25 % sowie das gesamte Grundstück im SBV. Das Grundstück, das in der Sonderbilanz mit einem Buchwert von 200.000 € steht, hat einen Teilwert von 400.000 €. T übernimmt die noch auf dem Grundstück lastenden Verbindlichkeiten i. H. von 150.000 €.

Bei der Übertragung erfolgt eine Aufspaltung. Soweit quotenentsprechend übertragen wird (hier: zu 50 %) greift die Buchwertfortführung nach § 6 Abs. 3 Satz 1 EStG. Dies gilt auch für die insoweit übernommenen Verbindlichkeiten (Einheitstheorie).

Für den überquotal übertragenen Anteil am SBV kommt eine Buchwertübertragung gem. § 6 Abs. 5 Satz 3 Nr. 3 EStG nur insoweit in Betracht, als T das Grundstück unentgeltlich erhält. Nach der bei Einzelwirtschaftsgütern anzuwendenden Trennungstheorie ist dies nicht der Fall, soweit T Verbindlichkeiten übernimmt. Dieser Vorgang ist in einen unentgeltlichen sowie einen entgeltlichen Teil aufzuteilen. Auf die Übertragung des hälftigen Grundstücksanteils (Teilwert: 200.000 €, Buchwert: 100.000 €) entfallen Verbindlichkeiten i. H. von 75.000 €. Danach ist das überquotal übertragene SBV zu 37,5 % (75.000 €/200.000 €) entgeltlich übertragen, was zur Aufdeckung von stillen Reserven i. H. von 37.500 € (37,5 % aus 100.000 € = 37,5 % des anteiligen Teilwerts des überquotal übertragenen Vermögens abzgl. dessen anteiligen Buchwerts) führt. Im Übrigen wurde auch der überquotale Grundstücksanteil unentgeltlich nach § 6 Abs. 5 Satz 3 EStG mit der Folge des zwingenden Ansatzes des anteiligen Buchwerts übertragen. T stockt in ihrer Sonderbilanz den Buchwert des Grundstücks um 37.500 € auf 237.500 € auf. V hat korrespondierend einen laufenden Gewinn i. H. von 37.500 € zu versteuern.

---

1 Zustimmend Kulosa in Schmidt, EStG, § 6 Rz. 664 unter (3).
2 BFH/NV 2012 S. 1536.
3 BFH/NV 2012 S. 1880.
4 DStR 2012 S. 2118.

XIV. Weitere mit der Einbringung zusammenhängende Problemfelder

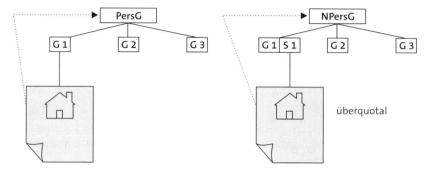

überquotal

Nach den vg BFH-Urteilen scheidet eine Aufdeckung der stillen Reserven aus.

Fraglich ist, ob die Gesamtplanrechtsprechung bei der rechtzeitigen Ausgliederung von SBV zur Vorbereitung einer unentgeltlichen Übertragung im Zusammenhang mit einer vorweggenommenen Erbfolge zu beachten ist.

2441

BEISPIEL: V ist alleiniger Kommanditist bei der V-GmbH & Co. KG, der er ein Grundstück zur Nutzung überlassen hat. V beabsichtigt, seinen Kommanditanteil nebst der 100 %igen Beteiligung an der Komplementär-GmbH unentgeltlich auf seinen Sohn S zu übertragen. Das zum SBV gehörende Grundstück soll allerdings zurückbehalten und weiterhin der KG überlassen werden. Eine Aufdeckung stiller Reserven ist nicht gewünscht.

V will zunächst das im SBV befindliche Grundstück zu Buchwerten nach § 6 Abs. 5 Satz 3 Nr. 2 EStG in eine gewerblich geprägte Personengesellschaft einbringen. Im Anschluss daran sollen der Kommanditanteil sowie die Anteile an der Komplementär-GmbH zu Buchwerten nach § 6 Abs. 3 EStG übertragen werden.

Es stellt sich die Frage, ob die vorgelagerte Ausgliederung des Grundstücks wegen eines schädlichen Gesamtplans der Anwendung des § 6 Abs. 3 EStG entgegensteht.

Obwohl die Finanzverwaltung gem. Tz. 7 BMF v. 3. 3. 2005 die Anwendung der Gesamtplanrechtsprechung bejaht, ist dies beim vorstehend skizzierten Fall zu verneinen, da dem Sinn und Zweck der Buchwertfortführung nach § 6 Abs. 3 EStG die vorgelagerte Ausgliederung des Grundstücks nicht entgegensteht (vgl. Strahl, KÖSDI 2003, S. 13924). Vielmehr wird dem Sinn und Zweck, eine Buchwertfortführung herbeizuführen, sogar entsprochen.

Im Gegensatz zur Ausgliederung vor der Veräußerung des Mitunternehmeranteils oder des Betriebs werden nicht zwei unterschiedliche Steuerrechtsfolgen angestrebt. Vielmehr weist der erste Teilschritt (Ausgliederung) dieselbe Rechtsfolge auf wie die Übertragung des Mitunternehmeranteils im zweiten

Schritt. Es dürfte nur schwer nachvollziehbar sein, dass ein Vorgang, der zwingend eine Buchwertfortführung nach § 6 Abs. 3 EStG vorsieht, nur deshalb nicht zu Buchwerten erfolgen darf, weil diesem Vorgang eine Ausgliederung vorgeschaltet ist, die ebenfalls zwingend nach § 6 Abs. 5 Satz 3 Nr. 1 oder Nr. 2 EStG zu erfolgen hat. Darüber hinaus besteht eine Sanktion dergestalt, dass die Veräußerung oder Entnahme des ausgegliederten Grundstücks innerhalb von fünf Jahren nach der Übertragung zum rückwirkenden Ansatz des Teilwertes führt.

Dennoch ist aus Gründen der Gestaltungssicherheit eine zeitliche Trennung zwischen Ausgliederung des Grundstücks und Übertragung des Mitunternehmeranteils empfehlenswert.

3. Entgeltliche Aufnahme

a) In ein Einzelunternehmen

aa) Zuzahlung in das Betriebsvermögen der Personengesellschaft

2441a Volles Wahlrecht

Bei Übertragung eines Sachwerts durch Eintretenden

► aus Privatvermögen siehe BMF-Schreiben v. 11. 7. 2011, BStBl I 2011, S. 713 (siehe dazu unter Rn 2447)

► aus Betriebsvermögen siehe BMF-Schreiben v. 8. 12. 2011, BStBl I 2011 (siehe dazu unter Rn 2456a).

bb) Zuzahlung in das Privatvermögen des Einbringenden

2442 Die **Leistungen** müssen **in das Gesamthandsvermögen** der Personengesellschaft erfolgen. Soweit Zahlungen in das Privatvermögen des Einbringenden erfolgen, führt dies nicht zur Anwendung des § 24 UmwStG, sondern unterliegt als Veräußerungsvorgang der normalen Besteuerung.[1] § 24 UmwStG gilt nur, soweit die Einbringung **auf eigene Rechnung** des Einbringenden erfolgt. Dies ist unstreitig.

---

1 Niedersächsisches FG, Urteil v. 14. 3. 2007 2 K 574/03, EFG 2007 S. 1298; BFH, Urteil v. 24. 6. 2009 VIII R 13/07, BFH/NV 2009 S. 1879: Die AfA steht allein dem Zuzahlenden zu.

XIV. Weitere mit der Einbringung zusammenhängende Problemfelder

b) In eine Personengesellschaft

aa) Geldzahlung oder Sachleistung des Eintretenden in das Betriebsvermögen der Personengesellschaft

2442a

BEISPIEL:

Bilanz A/B OHG

Diverse Aktiva	400	Kapitalkonto A	200
(gemeiner Wert 600)		Kapitalkonto B	200

C tritt ein und soll zu 1/3 beteiligt werden.

Eröffnungsbilanz A/B/C OHG

Diverse Aktiva	600	Kapitalkonto A	300
Bank	300	Kapitalkonto B	300
		Kapitalkonto C	300

Der Einbringungsgewinn von A und B kann jeweils durch eine negative Ergänzungsbilanz mit Minderkapital und Minderwerte Aktiva von 100 neutralisiert werden.

bb) Einbringung eines Einzelunternehmens durch C

Nach UmwSt-Erlass 2011 (Rn 24.12) und FG Düsseldorf[1] entsteht der Gewinn bei Ansatz gemeiner Werte durch die OHG noch im Einzelunternehmen des C.

2442b

Das setzt für mich voraus, dass von diesen die Auffassung vertreten wird, dass im 1. Schritt C jeweils 1/3 der Wirtschaftsgüter an A und B im Tauschwege veräußert und alle drei dann diese im 2. Schritt in die (steuerlich) neue Personengesellschaft einbringen.

cc) Zuzahlung in das Privatvermögen der Altgesellschafter

(1) Die Finanzverwaltung geht von folgenden Schritten aus[2] (anders als Aufnahme in Einzelunternehmen):

2443

1. Schritt: Es entsteht eine neue Personengesellschaft, bestehend aus A, B und C.

2. Schritt: Die Altgesellschafter bringen ihre Mitunternehmeranteile an der alten Personengesellschaft ein.

---

1 Urteil vom 14.3.2008 2 K 2106/06, EFG 2008 S. 910, bestätigt durch BFH, Urteil v. 12.10.2011 VIII R 12/08, BFH/NV 2012 S. 290.
2 Vgl. UmwSt-Erlass 2011 Rn 01.47.

D. Das Umwandlungssteuerrecht

Der Erlass äußert sich nicht dazu, wie dieser Fall technisch gelöst werden soll.

(2) Die Literatur[1] löst den Fall teilweise anders:

1. Schritt: Altgesellschafter veräußern entweder ideelle Eigentumsanteile an den Wirtschaftsgütern der alten Personengesellschaft oder ein anteiliges Kapitalkonto = Teilmitunternehmeranteil.
2. Schritt: Altgesellschafter bringen die ihnen verbliebenen Eigentumsanteile für eigene Rechnung sowie die veräußerten Wirtschaftsgüter für Rechnung des zuzahlenden Gesellschafters in das Betriebsvermögen der neuen Gesellschaft ein.

Die Veräußerung kann nicht durch eine negative Ergänzungsbilanz neutralisiert werden.

Die Einbringung eröffnet das Wahlrecht nach § 24 UmwStG nur, soweit die Altgesellschafter ihre Anteile für eigene Rechnung einbringen.

BEISPIEL (NACH ZIMMERMANN U. A., A. A. O.):

Schlussbilanz A/B OHG

Anlagevermögen	60.000	Kapitalkonto A	50.000
Umlaufvermögen	40.000	Kapitalkonto B	50.000

Im Anlagevermögen sind stille Reserven von 80.000 enthalten. Der Firmenwert beträgt 120.000. C wird in die Gesellschaft aufgenommen und zahlt jeweils 50.000 in das Privatvermögen von A und B.

c) Einbringung zum Buchwert

2444 A und B bringen ihre Mitunternehmeranteile jeweils zu 2/3 für eigene Rechnung und je zu 1/3 für Rechnung des C in die „neue" erweiterte OHG ein.

Der Veräußerungsgewinn von A und ermittelt sich wie folgt:

Veräußerungspreis	50.000
./. anteiliger Buchwert Kapitalkonto (1/3)	16.667
Veräußerungsgewinn je	33.333

---

[1] Vgl. Zimmermann/Hottmann/Kiebele/Schaeberle/Völkel, Die Personengesellschaft im Steuerrecht, D.1.3, Rz. 10.

Eröffnungsbilanz A/B/C OHG

Anlagevermögen	140.000	Kapitalkonto A	100.000
Firmenwert	120.000	Kapitalkonto B	100.000
Umlaufvermögen	40.000	Kapitalkonto C	100.000

In den Ergänzungsbilanzen für A und B werden jeweils ausgewiesen: Minderkapital 66.667 und Minderwerte Anlagevermögen 26.667 und Firmenwert 40.000.

d) Einbringung zu gemeinen Werten

Die Eröffnungsbilanz entspricht der zuvor dargestellten.

Die Altgesellschafter bringen zuerst ihre gesamten Mitunternehmeranteile in die „neue" Personengesellschaft ein.

Bei A und B entsteht jeweils ein Veräußerungsgewinn von 100.000. Da sie an der „neuen" Gesellschaft nur noch zu 1/3 beteiligt sind, veräußern sie 2/3 an sich selber, so dass i. H. von 66.667 ein laufender, gewerbesteuerpflichtiger Gewinn vorliegt.

Durch die Veräußerung an C entsteht kein Gewinn, da der Buchwert dem gemeinen Wert entspricht.

Conclusio:

U. E. sollte die Frage: „Geht der Einbringung eine Veräußerung voraus oder folgt sie ihr nach?" in allen Fällen gleich entschieden werden, soweit das Gesetz nicht zwingend eine Abweichung vorsieht.

4. Einlage von Wirtschaftsgütern des Privatvermögens als Veräußerung

Siehe hierzu das BMF-Schreiben v. 11. 7. 2011, BStBl I 2011 S. 713

Fall:

Brause überträgt ein Grundstück, das er im Jahr 2008 für 100 T€ im Privatvermögen erworben hat, am 10. 10. 2011 auf die Brause und Mosler OHG. Der Teilwert des Grundstücks beträgt in diesem Zeitpunkt 140 T€.

D. Das Umwandlungssteuerrecht

Lösungshinweise:

Es stellt sich die Frage, ob die Übertragung aus Sicht des Brause eine Veräußerung und aus Sicht der Gesellschaft eine Anschaffung darstellt.

Der BFH[1] nimmt bei einer Einbringung gegen Gewährung von Gesellschaftsrechten eine Veräußerung und Anschaffung an. Die Finanzverwaltung hat sich dem angeschlossen.[2] Sie differenziert zwischen

▶ tauschähnlichen Vorgängen und

▶ verdeckten Einlagen i. S. d. § 6 Abs. 1 Nr. 5 EStG, die keine Steuerfolgen auslösen.

Entscheidend für die Abgrenzung ist, auf welchem Gesellschafterkonto der Personengesellschaft die Gegenbuchung erfolgt:[3]

Kapitalkonto I = Eigenkapital = Gewährung von Gesellschaftsrechten = tauschähnlicher Vorgang (Gesellschaftsrechte können sein: Gewinnverteilung, Auseinandersetzungsansprüche, Entnahmerechte; bloße Gewährung von Stimmrechten soll keine Gewährung von Gesellschaftsrechten sein)

Kapitalkonto II (mit Verlustverbuchung) = Eigenkapital = Gewährung von Gesellschaftsrechten = tauschähnlicher Vorgang

Kapitalkonto II (ohne Verlustverbuchung) = Fremdkapital = Forderung = entgeltlicher Vorgang

gesamthänderisch gebundenes Rücklagenkonto = Eigenkapital = keine Gegenleistung = Einlage (dies wird vom **BFH** mit Urteil v. 17. 7. 2008 I R 77/06, BStBl II 2009, S. 464 entgegen BMF auch als vollentgeltliches **Veräußerungsgeschäft** angesehen, wenn die Buchung teils auf einem Kapitalkonto und teils auf einem Rücklagenkonto erfolgt; vgl. auch BFH, Urteil v. 24. 1. 2008 IV R 37/06, BStBl II 2011, 617; die Finanzverwaltung folgt dem nunmehr, BMF, a. a. O., Tz. II.2.a). Die **ausschließliche** Gutschrift auf einem gesamthänderisch gebundenen Rücklagenkonto hat keinen Entgeltcharakter (BMF, a. a. O., Tz. II.2.b).

BEISPIEL: ▶ A ist zu 100 % als Kommanditist der A GmbH & Co. KG beteiligt. Er überträgt ein unbebautes Grundstück, welches er vor neun Jahren angeschafft hat (Anschaffungskosten 100.000 €) auf die KG. Der Teilwert / gemeine Wert des Grundstücks zum Zeitpunkt der Übertragung beträgt 250.000 €.

---

1 Urteil v. 19. 10. 1998 VIII R 69/95, BStBl II 2000 S. 230.
2 BMF, Schreiben v. 29. 3. 2000, BStBl I 2000 S. 462.
3 BMF, Schreiben v. 11. 7. 2011, a. a. O.

XIV. Weitere mit der Einbringung zusammenhängende Problemfelder

Die KG bucht:

Grundstück 250.000 € an Kapitalkonto I Ges. A 50.000 €
und Kapitalrücklage 200.000 €

Lösung:

Nach dem Urteil vom 17. 7. 2008 (I R 77/06) ist der Vorgang **insgesamt als entgeltliche Übertragung** anzusehen. A erzielt im Zeitpunkt der Übertragung des Grundstücks **einen nach § 23 EStG steuerpflichtigen Veräußerungsgewinn** i. H. von 150.000 €.

Dieser Sichtweise hat sich die Finanzverwaltung mit Schreiben vom 20. 5. 2009 und nun auch vom 11. 7. 2011 angeschlossen. In allen offenen Fällen ist demnach bei der Buchung des Gegenwerts einer Sacheinlage zum Teil auf einem Kapitalkonto des Gesellschafters und zum Teil auf einem gesamthänderisch gebundenen Rücklagenkonto der Vorgang **insgesamt** als **vollentgeltlich** anzusehen.

Es erfolgt somit keine Aufteilung in einen tauschähnlichen Vorgang und eine verdeckte Einlage.

In dem BMF-Schreiben wird ausdrücklich klargestellt, dass eine **handelsrechtliche Verbuchung als Ertrag als unentgeltliche Übertragung einzuordnen** ist. In Höhe des handelsrechtlichen Ertrags liegt steuerlich eine Einlage vor, die außerbilanziell zu korrigieren ist.

2448

Bei der **Einbringung in eine „Ein-Personen-GmbH & Co. KG"** und Buchung auf dem gesamthänderisch gebundenen Rücklagenkonto will die Finanzverwaltung prüfen, ob § 42 AO vorliegt, da der Gesellschafter es selbst in der Hand habe, diese Buchung später wieder rückgängig zu machen. Hier ist insbesondere unklar, innerhalb welchen Zeitraums eine Missbrauchsgefahr angenommen werden soll.

2449

BEISPIEL: A ist zu 100 % als Kommanditist der A GmbH & Co. KG beteiligt. Er überträgt ein unbebautes Grundstück, welches er vor neun Jahren angeschafft hat (Anschaffungskosten 100.000 €) auf die KG. Der Teilwert/gemeine Wert des Grundstücks zum Zeitpunkt der Übertragung beträgt 250.000 €.

Die KG bucht:

Grundstück 250.000 an Kapitalrücklage 250.000 €.

Nach Ablauf der Zehnjahresfrist des § 23 EStG bucht die KG wie folgt um:

Kapitalrücklage 250.000 € an Kapitalkonto II Ges. A 250.000 €

Lösung:

Der Vorgang wäre aufgrund der vollständigen Buchung auf dem Kapitalrücklagekonto als vollentgeltliche Einlage anzusehen. Demnach liegt eine nach § 6 Abs. 1 Nr. 5 EStG zu bewertende Einlage – und keine Veräußerung i. S. des § 23 EStG – vor.

Unmittelbar nach Ablauf der Zehnjahresfrist des § 23 EStG nimmt die KG eine Umbuchung auf ein Kapitalkonto des A vor. Dies hätte bei sofortiger Verbuchung im Zeitpunkt der Übertragung zu einer Anwendung des § 23 EStG und somit zu einem steuerpflichtigen Veräußerungsgewinn des A geführt. Demnach ist hier ein Missbrauch von Gestaltungsmöglichkeiten i. S. des § 42 AO zu prüfen. A muss den Veräußerungsgewinn i. H. von 150.000 € im Zeitpunkt der Übertragung des Grundstücks auf die A KG nach § 23 EStG versteuern.

BEISPIEL: Brause hat am 2. 1. 2005 ein unbebautes Grundstück für 100.000 € angeschafft. Im Jahr 2011 legt er es in sein Einzelunternehmen zum Teilwert von 150.000 € ein. Am 10. 1. 2012 veräußert Brause das Grundstück für 180.000 €.

Lösung:

§ 23 Abs. 1 Satz 5 Nr. 1 EStG

Danach gilt als Veräußerung auch die Einlage (aber nur von Grundstücken und grundstücksgleichen Rechten), wenn die Veräußerung aus dem Betriebsvermögen innerhalb von zehn Jahren nach der Anschaffung erfolgt.

Brause muss im Beispielsfall einen Gewinn von 30.000 € bei seinen Einkünften aus Gewerbebetrieb und einen Gewinn von 50.000 € (§ 23 Abs. 3 Satz 2 EStG) aus einem privaten Veräußerungsgeschäft versteuern.

Der private Veräußerungsgewinn ist in dem Kalenderjahr anzusetzen, in dem der Veräußerungspreis zufließt, § 23 Abs. 3 Satz 6 EStG.

Bei Ratenzahlung ist der Veräußerungsgewinn erst zu berücksichtigen, wenn die Summe der gezahlten Teilbeträge die ggf. um die Abschreibungen geminderten AK oder HK übersteigen.

Niedersächsisches FG, Urteil v. 26. 10. 2010 12 K 266/09, EFG 2011, S. 636, **bestätigt** durch BFH-Urteil v. 23. 8. 2011 IX R 66/10, BFH/NV 2012, S. 94:

Wird das Grundstück nach dem Erwerb zunächst im Privatvermögen gehalten, dann in ein Betriebsvermögen eingelegt, anschließend wieder entnommen und aus dem Privatvermögen heraus veräußert, sind auch die stillen Reserven zwischen ursprünglicher Anschaffung und Einlage steuerpflichtig. Die Wertschwankungen während der Zugehörigkeit zum Betriebsvermögen sind zu eliminieren.

BEISPIEL: Anschaffung 2006: AK 100.000 €; Einlage 1. 1. 2009, Einlagewert 150.000 €; Entnahme 31. 12. 2010, angesetzter Entnahmewert 180.000 €; Veräußerung 10. 5. 2011, Kaufpreis 190.000 €.

Steuerpflichtig entweder 10.000 € (wenn Entnahme als zweite fiktive Anschaffung die erste verdrängt) oder 60.000 € (so Nds. FG/BFH).

2450 Bei **teilentgeltlichen Übertragungsvorgängen** (es wird ausdrücklich ein den gemeinen Wert unterschreitender Wertansatz vereinbart) wendet das BMF die **Trennungsmethode** an. Hinsichtlich des entgeltlich übertragenen Teils ist das Wirtschaftsgut mit dem Veräußerungspreis, hinsichtlich des unentgeltlich übertragenen Teils mit dem anteiligen Teilwert anzusetzen. Der „Teilwertbetrag" ist in der Bilanz der Gesellschaft als Ertrag zu behandeln und außerbilanziell zu neutralisieren.

XIV. Weitere mit der Einbringung zusammenhängende Problemfelder

BEISPIEL: Vater (V) und Sohn (S) sind zu je 50 % an der V&S-OHG beteiligt. Im Jahr 2011 überträgt V ein Grundstück in das Gesamthandsvermögen der OHG. Dieses Grundstück hatte V im Jahr 2004 für 30.000 € angeschafft, der Teilwert / gemeine Wert zum Zeitpunkt der Übertragung auf die OHG beträgt 600.000 €. Im Zuge der Einbringung wird ausdrücklich ein Einbringungswert von 30.000 € vereinbart, dieser wird V auch auf dem Kapitalkonto I (Gewährung weiterer Gesellschaftsrechte) gutgeschrieben; das Grundstück wird in der Bilanz der OHG entsprechend mit 30.000 € aktiviert. Weitere Buchungen erfolgen nicht.

Lösung:

Da der die Gutschrift auf dem Kapitalkonto I übersteigende Wert des Grundstücks (570 T €) auch nicht außerhalb des Kapitalkontos verbucht wird, liegt kein vollentgeltlicher Vorgang vor.

Vielmehr ist hier von einem teilentgeltlichen Vorgang auszugehen, da das Grundstück nach dem ausdrücklichen Willen der Beteiligten unter Wert eingebracht werden sollte. Ausweislich des BMF-Schreibens vom 29. 3. 2000[1] ist eine solche Übertragung in einen tauschähnlichen Vorgang und eine Einlage aufzuteilen, wenn der Wert des übertragenen Wirtschaftsguts höher ist als die im Gegenzug eingeräumten Gesellschaftsrechte. Aufteilungsmaßstab ist das Verhältnis des Werts der gewährten Gesellschaftsrechte zum gemeinen Wert des übertragenen Wirtschaftsguts[2].

Für den Beispielsfall bedeutet dies, dass ein teilentgeltlicher Vorgang anzunehmen ist. Das Grundstück wird zu 5 % (30.000/600.000) entgeltlich und zu 95 % (570.000/600.000) unentgeltlich übertragen. In der Bilanz der OHG kommt es im Ergebnis dennoch zu einer Aktivierung des Grundstücks mit dem Teilwert i. H. von 600.000 €:

▶ Aufgrund des entgeltlichen Teils i. H. v. 30.000 €

▶ hinsichtlich des unentgeltlich übertragenen Teils finden die allgemeinen Grundsätze i. S. d. § 4 Abs. 1 Satz 7 EStG i. V. m. § 6 Abs. 1 Nr. 5 Satz 1 EStG Anwendung, so dass das Grundstück mit dem anteiligen Teilwert i. H. von 570.000 € (95 % von 600.000 €) anzusetzen ist.

Der den Wert der auf dem Kapitalkonto I verbuchten Gesellschaftsrechte übersteigende Betrag von 570.000 € ist innerhalb der Bilanz der OHG als Ertrag zu behandeln. Dieser ist jedoch durch eine entsprechende außerbilanzielle Korrektur zu neutralisieren. V erzielt einen Veräußerungsgewinn i. S. des § 23 EStG i. H. v. 28.500 €.

Achtung!: Eine Buchung des übersteigenden Betrages z. B. auf dem gesamthänderisch gebundenen Rücklagenkonto kommt nicht in Betracht, da diese

---

[1] BStBl I 2000 S. 462
[2] Vgl. BFH-Urteil v. 17. 7. 1980 IV R 15/76, BStBl II 1981 S. 11.

nach der Rechtsprechung des BFH den Vorgang insgesamt zu einem vollentgeltlichen Geschäft umqualifizierte.

> **HINWEIS:**
> In der Literatur[1] wird zurzeit zunehmend diskutiert, ob bei der Übertragung eines steuerverstrickten Wirtschaftsguts des Privatvermögens auf eine Personengesellschaft gegen Gewährung von Gesellschaftsrechten in analoger Anwendung des § 6 Abs. 5 EStG nicht auch die Möglichkeit der Buchwertverknüpfung bestehen müsste. Die Ungleichbehandlung von Einbringungen aus dem Betrieb- und dem Privatvermögen sei steuersystematisch nicht nachvollziehbar, systemwidrig und verfassungsrechtlich bedenklich[2].

Das BMF Schreiben zu § 6 Abs. 5 EStG nimmt in Tz. 13 zu dieser Problematik wie folgt Stellung:

„§ 6 Abs. 5 Satz 3 EStG regelt nicht die Übertragungen von Wirtschaftsgütern aus dem Privatvermögen in das Gesamthandsvermögen und umgekehrt (vgl. BMF-Schreiben v. 29. 3. 2000 – BStBl I S. 462). Für die Übertragung von Wirtschaftsgütern des Privatvermögens des Mitunternehmers in das Gesamthandsvermögen der Mitunternehmerschaft gelten die Grundsätze des BMF-Schreibens v. 11. 7. 2011 (BStBl I S. 713").

Die Verwaltung bleibt demnach bei ihrer ablehnenden Haltung.

5. AfA nach Einlage

Fall:

2451 Brause hat 1997 für 1,5 Mio. € ein bebautes Grundstück in Dresden erworben. Hiervon entfiel 1 Mio. € auf das Gebäude. Das vermietete Grundstück hält er im Privatvermögen. Bis zum 31. 12. 2008 hat er Sonderabschreibungen i. H. von 700.000,00 € vorgenommen. Im Jahre 2009 legt er das Grundstück zum Teilwert von 2,5 Mio. €, wovon 1,7 Mio. € auf das Gebäude entfallen, in sein Betriebsvermögen ein.

Lösungshinweise:

2451a Das Gebäude ist mit dem Teilwert einzulegen, § 6 Abs. 1 Nr. 5 Satz 1 EStG.

2452 Nach § 7 Abs. 1 Satz 5 EStG mindern sich bei Wirtschaftsgütern, die nach einer steuerpflichtigen Verwendung im Privatvermögen in ein Betriebsvermögen eingelegt werden, die Anschaffungs- oder Herstellungskosten um die Abschreibungen, die bis zum Zeitpunkt der Einlage vorgenommen worden sind.

---

[1] Ley, Brandenberg, Ubg 2010, S. 767, 770; Wacker in Schmidt, EStG, § 15, Rz. 664.
[2] Ley a. a. O.

Diese Vorschrift gilt nur für die **Ermittlung der AfA-Bemessungsgrundlage**, auf den Einlagewert hat sie keinen Einfluss. Dies ergibt sich zum einen aus ihrer systematischen Stellung, zum anderen aber auch aus dem (hier ausnahmsweise) klaren Willen des Gesetzgebers.

Konsequenz der Regelung ist, dass nach Ablauf des Abschreibungszeitraums noch ein (erheblicher) **Restbuchwert** vorhanden ist. Dieser ist bei **Veräußerung** des Wirtschaftsguts **erfolgswirksam** = gewinnmindernd aufzulösen. Damit hat der Gesetzgeber sein mit der Regelung verfolgtes Ziel, Aufwendungen des Steuerpflichtigen nur einmal steuermindernd zu berücksichtigen, nicht erreicht.

Der BFH[1] hat die Streitfrage nunmehr eindeutig entschieden:[2] 2453

Bemessungsgrundlage für AfA nach Einlage ist die Differenz zwischen dem Einlagewert und den vor der Einlage bei den Überschusseinkunftsarten bereits in Anspruch genommenen planmäßigen und außerplanmäßigen Absetzungen.

Der Bundestag hat am 28.10.2010 das JStG 2010 beschlossen und in § 7 Abs. 1 Satz 5 EStG den Begriff „Anschaffungs- oder Herstellungskosten" durch den Begriff „Einlagewert" ersetzt, was verfehlt ist.

Das BMF hat mit Schreiben vom 27.10.2010[3] zu den einzelnen Fallgestaltungen Stellung genommen: 2454

Fallgruppe 1: Einlagewert ist höher oder gleich den historischen AK/HK.

AfA-Bemessungsgrundlage ist der Einlagewert vermindert um die bereits in Anspruch genommenen Abschreibungen. Bei einer Veräußerung nach Ablauf des Abschreibungszeitraums ist der Restbuchwert gewinnmindernd zu berücksichtigen.

Fallgruppe 2: Einlagewert ist niedriger als die historischen AK/HK, aber nicht geringer als die fortgeführten AK/HK.

AfA-Bemessungsgrundlage sind die fortgeführten AK/HK. Bei einer Veräußerung ist der Restbuchwert gewinnmindernd zu berücksichtigen.

Fallgruppe 3: Einlagewert ist niedriger als die fortgeführten AK/HK.

AfA-Bemessungsgrundlage ist der ungemilderte Einlagewert.

---

1 Urteil v. 18.8.2009 X R 40/06, BStBl II 2010 S. 961; ebenso Urteil v. 28.10.2009 VIII R 46/07, BStBl II 2010 S. 964.
2 Siehe hierzu auch Levedag, DStR 2010 S. 249.
3 BStBl I 2010 S. 1204.

D. Das Umwandlungssteuerrecht

Fallgruppe 4: Einlage innerhalb von drei Jahren nach Erwerb

Der Einlagewert eines Wirtschaftsguts nach § 6 Abs. 1 Nr. 5 Satz 1 Halbsatz 2 Buchst. a) i.V. m. Satz 2 EStG gilt gleichzeitig auch als AfA-Bemessungsgrundlage.

2455 Nach FG Köln[1] ist § 7 Abs. 1 Satz 5 EStG einschränkend dahin auszulegen, dass die Verwendung zur Erzielung von Überschusseinkünften durch **denselben** Stpfl. erfolgen muss, der das Wirtschaftsgut anschließend in sein Betriebsvermögen einlegt. Allerdings gelte die Vorschrift auch für den unentgeltlichen Gesamt- oder **Einzelrechts**nachfolger.

2456 Nicht entschieden ist bisher vom BFH, ob § 7 Abs. 1 Satz 5 EStG bei der Übertragung in das Gesamthands-Betriebsvermögen einer Personengesellschaft eingreift. Er hat nur entschieden, dass die Vorschrift nicht eingreift, wenn nicht nur eine Buchung gegen gesamthänderisch gebundene Rücklage erfolgt. U. E. greift die Vorschrift ein, wenn eine Einlage vorliegt (d. h. ausschließliche Buchung gegen gesamthänderisch gebundene Rücklage).

6. Übertragung von Wirtschaftsgütern zwischen Personengesellschaft und Gesellschafter

Fall:

2456a Brause überträgt ein Wirtschaftsgut (Buchwert 10.000 €, Teilwert 35.000 €) aus seinem Einzelunternehmen auf die Brause und Mosler OHG.

Welche Alternativen stellen sich?

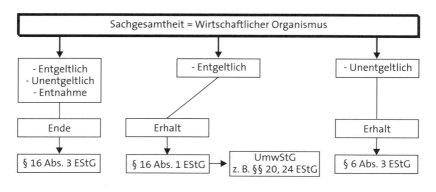

---

1 Urteil v. 24. 6. 2009 4 K 102/06, EFG 2009, S. 2012, bestätigt durch BFH, Urteil v. 17. 3. 2010 X R 34/09, BFH/NV 2010, S. 1625.

XIV. Weitere mit der Einbringung zusammenhängende Problemfelder

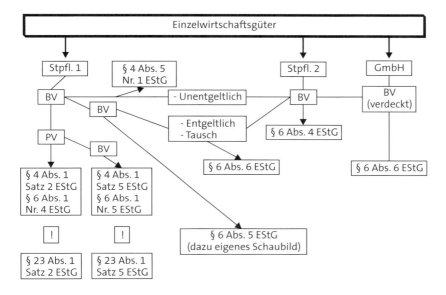

Struktur des § 6 Abs. 5 EStG

Legende: BW   BW (TW § 6 Abs. 5 Satz 4 - 5 (6) EStG)

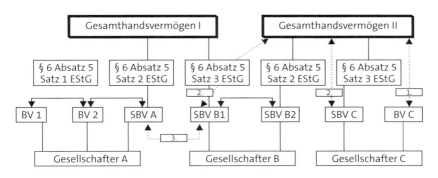

Die verschiedenen Termini, die das Verbringen von Wirtschaftsgütern beschreiben, lassen sich in eine Struktur bringen. Wir können dazu § 6 Abs. 5 EStG zu Hilfe nehmen und durch eine Verknüpfung mit den bisher kennen gelernten Übertragungsvorschriften folgendes Muster herausstellen. 2457

D. Das Umwandlungssteuerrecht

Kein Rechtsträgerwechsel	Rechtsträgerwechsel

▶ Überführen
z. B. BV1 in BV2
– Einlage
   PV in BV
– Entnahme
   BV in PV
	▶ Übertragen (Eigentumswechsel)
	– unentgeltliche Übertragung
	  • Verdeckte Einlage
	    z. B. WG in GmbH ohne
	    Gesellschaftsrecht
	– Entgeltliche Übertragung
	  • Veräußerung
	  • Tausch
	  • Einbringung

2458 Bei Übertragungsakten stellt sich in der Praxis die Frage, ob sie steuerneutral erfolgen können. Das ist nur möglich, sofern es eine gesetzliche Regelung gibt (strenger „numerus clausus") und dem deutschen Fiskus die stillen Reserven verhaftet bleiben (keine „Entstrickung").

§ 6 Abs. 5 EStG enthält für bestimmte Überführungs-/Übertragungungsakte Bewertungsregeln. Siehe hierzu BMF-Schreiben v. 8. 12. 2011.[1]

2459 § 6 Abs. 5 Sätze 1 und 2 EStG befassen sich mit der Überführung von Wirtschaftsgütern des Betriebsvermögens in ein anderes (Sonder-)Betriebsvermögen desselben Steuerpflichtigen. Überführender kann jede unbeschränkt oder beschränkt steuerpflichtige natürliche Person sein. Für Körperschaften und Personengesellschaften kommt hier nur Satz 2 in Betracht.

2460 Ein Buchwertansatz kommt nur in Betracht, sofern die Besteuerung der stillen Reserven sichergestellt ist. Das legt die Verwaltung in Rdnr. 7 dahin aus, dass dies auch für die **zukünftig entstehenden stillen Reserven** gilt. Nach Gragert/Wißborn[2] bedeutet das, dass jede spätere Überführung/Übertragung des Wirtschaftsguts aus einer inländischen in eine ausländische Betriebsstätte zum rückwirkenden Teilwertansatz auf den Überführungs- oder Übertragungszeitpunkt führt. Diese Auffassung ist **falsch**, sie ergibt sich nicht aus dem Gesetz und widerspricht der BFH-Rechtsprechung[3]. Gegen sie spricht insbesondere, dass es in § 6 Abs. 5 EStG für diese Fallgestaltung keine Sperrfrist gibt, so dass Vorgänge zwanzig Jahre später eine rückwirkende Besteuerung auslösen würden mit allen Folgen auch z. B. im Hinblick auf die AfA. Es kommt nur auf den Überführungs- bzw. Übertragungszeitpunkt an: In diesem muss die Besteue-

---
1 BStBl I 2011 S. 1279.
2 NWB 2012 S. 972, 974.
3 Urteil v. 17. 7. 2008 I R 77/06, BStBl II 2009 S. 464: kein deutsches Besteuerungsrecht auf künftige Wertsteigerungen bei Freistellungsmethode.

rung der stillen Reserven sichergestellt sein. Spätere Veränderungen sind nur bei dem Betriebsvermögen zu erfassen, in dem sich das Wirtschaftsgut dann befindet.

Bei der Überführung eines einzelnen Wirtschaftsguts nach § 6 Abs. 5 Sätze 1 und 2 EStG handelt es sich um eine Entnahme i. S. d. § 4 Abs. 1 Satz 2 EStG aus dem abgebenden Betriebsvermögen und um eine Einlage i. S. d. § 4 Abs. 1 Satz 8 EStG bei dem aufnehmenden Betriebsvermögen,[1] deren Bewertungen abweichend von § 6 Abs. 1 Satz 1 Nr. 4 und 5 EStG in § 6 Abs. 5 EStG geregelt sind. (Rn 1).

2461

In den Anwendungsbereich der Vorschrift fallen alle Arten von Wirtschaftsgütern, auch selbst geschaffene nicht bilanzierungsfähige immaterielle Wirtschaftsgüter des Anlagevermögens und in Sammelposten erfasste Wirtschaftsgüter.

Das Betriebs- oder Sonderbetriebsvermögen kann auch erst durch die Überführung entstehen und muss nicht derselben Einkunftsart zuzuordnen sein (Rn 5).

2462

> **BEISPIEL:** ▶ A und B sind zu jeweils 50 % an der AB-OHG beteiligt. Die AB-OHG betreibt eine Metzgerei. Im Sonderbetriebsvermögen des A befindet sich ein Verkaufswagen, mit dem die AB-OHG ihre Waren auf Wochenmärkten verkauft. Diesen Wagen vermietet A an die AB-OHG für ein monatliches Entgelt. Die AB-OHG stellt den Verkauf auf den Wochenmärkten ein. A will nun diesen Wagen i. R. eines im eigenen Namen neu gegründeten Einzelunternehmens zum Fischverkauf einsetzen.
>
> Lösung:
>
> Der Verkaufswagen ist nunmehr dem Betriebsvermögen des neu gegründeten Einzelunternehmens des A zuzurechnen. Die Überführung aus dem Sonderbetriebsvermögen des A bei der AB-OHG in das Betriebsvermögen des Einzelunternehmens muss nach § 6 Abs. 5 Satz 2 EStG zum Buchwert erfolgen.

Nach Auffassung der Finanzverwaltung greift § 6 Abs. 5 Satz 1 und 2 EStG auch bei der Überführung von **Sachgesamtheiten** ein (Rn 6 Satz 2). Damit kommt es z. B. bei der Überführung des Betriebs in das Sonderbetriebsvermögen bei einer Mitunternehmerschaft nicht zur Aufdeckung der stillen Reserven, auch wenn der Steuerpflichtige keine weitere Stärkung seiner Mitunternehmerstellung erhält. Auch wenn im Betrieb Schulden vorhanden sind, führt dies u. E. nicht (anteilig) zur Aufdeckung stiller Reserven, weil die Schulden nicht von einem Dritten übernommen werden; Entgelt kann nur eine Schuldübernahme sein.

2463

---

1 Vgl. BMF, Schreiben v. 17. 11. 2005, BStBl I 2005 S. 1019, Rn 10.

2464 Nach dem eindeutigen Verweis in Rn 12 (nur auf Rn 6 Satz 1) gilt § 6 Abs. 5 Satz 3 EStG, der die Übertragung von einzelnen Wirtschaftsgütern regelt, nicht bei der Übertragung von Sachgesamtheiten, was u. E. richtig ist.[1]

BEISPIEL: ▶ A überträgt sein gesamtes Einzelunternehmen (Buchwert 100 T€, gemeiner Wert 600 T€, Verbindlichkeiten 150 T€) auf die A GmbH & Co. KG, deren alleiniger Kommanditist er ist. Die KG verbucht den Vorgang ausschließlich gegen die gesamthänderisch gebundene Kapitalrücklage.

Lösung:
Die Voraussetzungen des § 24 UmwStG liegen nicht vor (keine Gewährung von Gesellschaftsrechten). § 6 Abs. 5 Satz 3 EStG ist nicht einschlägig, da eine Sachgesamtheit übertragen wird. Zur Anwendung kommt § 6 Abs. 3 EStG. Dort gilt nach einhelliger Auffassung die Einheitstheorie, so dass in Höhe der übernommenen Verbindlichkeiten keine schädliche Gegenleistung (15/60 = 25 %) vorliegt; damit sind nicht 112.500 € stille Reserven (25 % von 450.000 €) aufzudecken.

Umsatzsteuer in Überführungsfällen

2465 Da das Wirtschaftsgut aus einem Betriebsvermögen kommen muss, wird der Überführende regelmäßig auch Unternehmer sein. Er ist dies allerdings nicht aufgrund seiner Mitunternehmerstellung[2].

Überführungen nach Satz 1 stellen einen nichtsteuerbaren Innenumsatz dar. Es kann allerdings zu einer Vorsteuerkorrektur nach § 15a UStG kommen, wenn das Wirtschaftsgut jetzt anders eingesetzt wird.

Wird das Wirtschaftsgut nach der Überführung in ein (anderes) Sonderbetriebsvermögen unentgeltlich überlassen, liegt zumindest bei dauerhafter unentgeltlicher Überlassung eine unentgeltliche Wertabgabe gemäß § 3 Abs. 1b Nr. 1 UStG vor, die mit dem Einkaufspreis (§ 10 Abs. 4 Nr. 1 UStG) zu versteuern ist. Bei bloß vorübergehender Unentgeltlichkeit liegt eine Nutzungsentnahme vor, die mit den „bei Ausführung entstandenen Ausgaben" zu bewerten ist[3]. Demgegenüber liegt bei entgeltlicher Überlassung keine Entnahme vor, eine zwingende Vorsteuerberichtigung nach § 15a UStG scheidet deshalb aus[4].

Bei Grundstücken greift die USt-Befreiung nach § 4 Nr. 9 Buchst. a UStG.

---

1 A.A. Kai, GmbHR 2012 S. 165, 167; Gragert/Wißborn, NWB 2012 S. 972, 974 mit gekünstelter Begründung.
2 EuGH, Urteil v. 27. 9. 2001, Rs. C-16/00, Cibo Participations, DStR 2001 S. 1795, Randnr. 19.
3 § 10 Abs. 4 Nr. 2 UStG, s. hierzu Förster, DStR 2012 S. 381, 382 f.
4 BFH, Urteil v. 18. 1. 2012 XI R 13/10, BFH/NV 2012, 1012.

Fall:

Brause überträgt aus seinem Einzelunternehmen ein WG (Buchwert 100.000 €, Teilwert 1.000.000 €) auf die Brause und Mosler OHG gegen die Gewährung von Gesellschaftsrechten.

Wie wird der Vorgang verbucht?

Lösungshinweis:

Im bisherigen Einzelunternehmen:

Kapitalkonto an Grundstücke　　　　　　　　　　　　　　　　100.000 €

In der OHG:

a) Hauptbilanz

Grundstück an Kapitalkonto Brause　　　　　　　　　　　　　1 Mio. €

b) Negative Ergänzungsbilanz Brause

Minderkapital an Minderwert Grundstück　　　　　　　　　　900.000 €

Fall:

Brause verkauft ein WG (Buchwert 1.000 €, gemeiner Wert 3.000 €) für 7.000 € an die Brause und Mosler OHG.

Rechtsfolgen?

Lösungshinweis:

a) Einkommensteuer

Die OHG bucht:

WG 3.000 €

PE 4.000 €

an Kasse/Bank 7.000 €

Im Einzelunternehmen bucht Brause:

Kasse/Bank 7.000 €

an Buchwertabgang 1.000 €

an Gewinn 2.000 €

an Kapitalkonto 4.000 €

b) Umsatzsteuer

Hinweis auf § 10 Abs. 5 Nr. 1 Alt. 2 UStG (Mindestbemessungsgrundlage)

2468 Zur Rechnung siehe § 14 Abs. 1 Satz 2 UStG

Fall:

Brause verkauft ein WG (Buchwert 1.000 €, gemeiner Wert 3.000 €) für 2.100 € an die Brause und Mosler OHG.

Rechtsfolgen?

Lösungshinweis:

Die Übertragung eines Wirtschaftsguts erfolgt unentgeltlich, **soweit** keine Gegenleistung erbracht wird. Gegenleistung kann auch die Übernahme von Verbindlichkeiten sein.

Fraglich ist, ob die Trennungs- oder die Einheitstheorie zur Anwendung kommt. Bei Anwendung der Trennungstheorie (so die Auffassung des BMF) ist der Vorgang im Verhältnis des Entgelts zum Teilwert in eine voll entgeltliche Veräußerung (anteilige Gewinnrealisierung) und eine voll unentgeltliche Übertragung (anteilige Buchwertfortführung) aufzuteilen.

Im Streitfall veräußert Brause zu 7/10 entgeltlich und überträgt zu 3/10 unentgeltlich. Der Gewinn in seinem Einzelunternehmen beträgt nach Verwaltungsauffassung 1.400 (2.100 – 700).

Der **BFH**[1] geht wohl einen **dritten Weg**, bezeichnet als Trennungstheorie mit einseitiger Zuordnung des Buchwerts[2]:

Der Buchwert wird insgesamt dem entgeltlichen Teil zugeordnet, so dass eine Gewinnrealisierung nur eintritt, wenn und soweit der Kaufpreis den gesamten Buchwert übersteigt[3].

Nach BFH entsteht ein Gewinn in Höhe von 1.100.

2469 Nach § 6 Abs. 5 Satz 3 Nr. 1 bis 3 EStG müssen einzelne Wirtschaftsgüter mit dem Buchwert angesetzt werden, wenn diese

- ▶ aus dem Betriebsvermögen des Mitunternehmers in das Gesamthandsvermögen einer Mitunternehmerschaft und umgekehrt gegen Gewährung oder Minderung von Gesellschaftsrechten oder unentgeltlich (Nr. 1),

- ▶ aus dem Sonderbetriebsvermögen eines Mitunternehmers in das Gesamthandsvermögen *derselben* Mitunternehmerschaft und umgekehrt gegen

---

1 Urteil v. 6. 9. 2000 IV R 18/99, BStBl II 2001 S. 229.
2 Niehus/Wilke, FR 2005, S. 1012, 1014.
3 Wendt, FR 2002, S. 53, 62.

- Gewährung oder Minderung von Gesellschaftsrechten oder unentgeltlich (Nr. 2),
- aus dem Sonderbetriebsvermögen eines Mitunternehmers in das Gesamthandsvermögen bei *einer anderen* Mitunternehmerschaft, an der er beteiligt ist, und umgekehrt gegen Gewährung von Gesellschaftsrechten oder unentgeltlich (Nr. 2),
- unentgeltlich aus einem Sonderbetriebsvermögen des Mitunternehmers in das Sonderbetriebsvermögen eines anderen Mitunternehmers bei derselben Mitunternehmerschaft (Nr. 3),

übertragen werden und die Besteuerung der stillen Reserven sichergestellt ist. Dabei ist es unerheblich, ob es sich bei dem zu übertragenden Wirtschaftsgut um ein Wirtschaftsgut des Anlage- oder Umlaufvermögens handelt. § 6 Abs. 5 Satz 3 EStG gilt auch, wenn es sich bei dem zu übertragenden Wirtschaftsgut um eine wesentliche Betriebsgrundlage des abgebenden Betriebsvermögen handelt (Rn 10).

Für den Zeitpunkt der Übertragung ist aus steuerlicher Sicht immer die Zurechnung des wirtschaftlichen Eigentums (§ 39 Abs. 2 Nr. 1 Satz 1 AO) maßgeblich (Rn 11). 2470

Die Regelungen, dass ein Betrieb entstehen kann, dass mehrere Wirtschaftsgüter zeitgleich überführt werden dürfen, dass die Besteuerung künftiger stiller Reserven sichergestellt sein muss, gelten bei der Übertragung von einzelnen Wirtschaftsgütern nach § 6 Abs. 5 Satz 3 Nr. 1 bis 3 EStG entsprechend (Rn 12). 2471

§ 6 Abs. 5 Satz 3 EStG regelt nicht die Übertragungen von Wirtschaftsgütern aus dem Privatvermögen in das Gesamthandsvermögen und umgekehrt. Für die Übertragung von Wirtschaftsgütern des Privatvermögens des Mitunternehmers in das Gesamthandsvermögen der Mitunternehmerschaft gelten die Grundsätze des BMF-Schreibens v. 11. 7. 2011[1] (Rn 13). 2472

Zur USt gilt:

Die **Gewährung von Gesellschaftsrechten** stellt nach Auffassung des EuGH **keine umsatzsteuerbare Tätigkeit** dar[2]. Die im Zusammenhang mit der Aufnahme von Gesellschaftern anfallende Umsatzsteuer (z. B. für Beratungsleis- 2473

---

[1] BStBl I 2011, S. 713, siehe hierzu oben unter 3.
[2] Urteil v. 26. 6. 2003, Rs. C-442/01 (KapHag Renditefonds), DStRE 2003 S. 936.

tungen) kann als Vorsteuer abgezogen werden, soweit die Gesellschaft steuerpflichtige Ausgangsleistungen tätigt.[1]

Die Veräußerung von Gesellschaftsrechten ist hingegen steuerfrei nach § 4 Nr. 8 Buchst. f UStG.

2474 Die Übertragung von Wirtschaftsgütern gegen Gewährung von Gesellschaftsrechten stellt aus Sicht des Übertragenden einen steuerbaren und im Regelfall auch steuerpflichtigen (Ausnahme: Grundstück) Tausch dar[2]. Als Bemessungsgrundlage ist nicht der gemeine Wert der Gesellschaftsrechte anzusetzen, sondern der Wert, den der Gesellschafter aufwendet, um die Rechte zu erhalten. Dies sollen die Anschaffungs- oder Herstellungskosten des eingebrachten Gegenstands zzgl. etwaiger Nebenkosten sein.[3] M.E. muss auf den gemeinen Wert des eingebrachten Gegenstands abgestellt werden, da der Übertragende diesen aufwendet, um die Gesellschaftsrechte zu erhalten.

2475 Bei der Minderung von Gesellschaftsrechten soll aus Sicht der Personengesellschaft ein steuerbarer Tausch und aus Sicht des Gesellschafters ein nichtsteuerbarer Vorgang (umgekehrter Fall der Sacheinlage gegen Gewährung von Gesellschaftsrechten) vorliegen. Das Problem ist, dass die Gesellschaftsrechte nicht an die Gesellschaft gehen (wie bei eigenen Anteilen an einer Kapitalgesellschaft), sondern den verbleibenden Gesellschaftern anwachsen.

2476 Bei der Übertragung einzelner Wirtschaftsgüter wird nur ausnahmsweise[4] eine Geschäftsveräußerung im Ganzen nach § 1 Abs. 1a UStG vorliegen.

a) Übertragung nach § 6 Abs 5 Satz 3 Nr. 1 EStG

2477 § 6 Ab. 5 Satz 3 Nr. 1 EStG regelt ausschließlich die Übertragung einzelner Wirtschaftsgüter aus dem Betriebsvermögen eines Mitunternehmers in das Gesamthandsvermögen einer Mitunternehmerschaft, an der der Übertragende beteiligt ist, oder umgekehrt, sofern die Besteuerung der stillen Reserven sichergestellt ist. Für die Übertragung eines Wirtschaftsguts nach § 6 Abs. 5 Satz 3 Nr. 1 EStG aus dem Gesamthandsvermögen einer Mitunternehmerschaft in das Betriebsvermögen des Mitunternehmers und umgekehrt ist die Buchwertfortführung nicht auf den ideellen Anteil des Mitunternehmers am Wirtschaftsgut des Gesamthandsvermögens begrenzt; § 6 Abs. 5 Satz 5 ist zu

---

1 Siehe hierzu auch BMF-Schreiben vom 4. 10. 2006, BStBl I 2006 S. 614.
2 Vgl. BFH, Urteil vom 18. 12. 2008 V R 73/07, BStBl II 2009 S. 612.
3 EuGH, Urteil vom 3. 7. 2001, Rs. C-380/99, Bertelsmann, DStRE 2001, 936, Randnrn. 22 ff.; BFH, Urteil v. 16. 4. 2008 XI R 56/06, BStBl II 2008 S. 907; Abschn. 10.5 Abs. 1 Sätze 5, 6 UStAE.
4 Zu Grundstücken siehe BFH, Urteil v. 24. 9. 2009 V R 6/08, BStBl II 2010 S. 315.

beachten, wonach der Teilwert anzusetzen ist, soweit in den Fällen des Satzes 3 der Anteil einer Körperschaft, Personenvereinigung oder Vermögensmasse an dem Wirtschaftsgut unmittelbar oder mittelbar begründet wird oder dieser sich erhöht (Rn 17).

BEISPIEL Vater V und Sohn S betreiben eine land- und forstwirtschaftliche GbR. Zum 30.6.10 scheidet V in der Form aus der GbR aus, dass er nur die wesentlichen Betriebsgrundlagen (Grund- und Boden, Hofstelle), die sich in seinem Sonderbetriebsvermögen befinden, behält. Das gesamte Gesamthandsvermögen erhält hingegen S, der das land- und forstwirtschaftliche Unternehmen als Einzelunternehmen fortführt. V verpachtet die wesentlichen Betriebsgrundlagen (Grund- und Boden, Hofstelle) an S.

Lösung:

Es handelt sich nicht um einen Fall der steuerneutralen Realteilung i.S.v. § 16 Abs. 3 Satz 2 EStG, weil S das nämliche Unternehmen in unveränderter Weise fortführt und es somit begrifflich an der erforderlichen Betriebsaufgabe fehlt. Es liegt auch kein Fall des § 6 Abs. 3 EStG vor, da V seinen gesamten Anteil am Gesamthandsvermögen auf S übertragen hat. Das zurückbehaltene Sonderbetriebsvermögen gehört infolge der Auflösung der Mitunternehmerschaft nicht mehr zum Betriebsvermögen derselben Mitunternehmerschaft (unterquotale Übertragung von Sonderbetriebsvermögen). Bei der Übertragung der Wirtschaftsgüter des Gesamthandsvermögens von der land- und forstwirtschaftlichen GbR in das Betriebsvermögen des Einzelunternehmens hat S jedoch nach § 6 Abs. 5 Satz 3 Nr. 1 EStG zwingend die Buchwerte der Wirtschaftsgüter fortzuführen, wenn er im Rahmen der Übertragung keine Verbindlichkeiten übernommen hat.

b) Übertragung nach § 6 Abs 5 Satz 3 Nr. 2 EStG

§ 6 Abs. 5 Satz 3 Nr. 2 EStG regelt ausschließlich die Übertragung zwischen dem Sonderbetriebsvermögen eines Mitunternehmers in das Gesamthandsvermögen derselben oder einer anderen Mitunternehmerschaft, an der der Übertragende beteiligt ist oder umgekehrt, sofern die Besteuerung der stillen Reserven sichergestellt ist.

2478

Die unmittelbare Übertragung von einzelnen Wirtschaftsgütern zwischen den Gesamthandsvermögen von **Schwesterpersonengesellschaften** stellt hingegen keinen Anwendungsfall des § 6 Abs. 5 Satz 3 Nr. 2 EStG dar und ist somit nicht zu Buchwerten möglich; dies gilt auch, wenn es sich um beteiligungsidentische Schwesterpersonengesellschaften handelt. Die Finanzverwaltung stellt

2479

sich hier eindeutig auf die Seite des I. Senats des BFH.[1] Ob die Finanzverwaltung diese Rechtsauffassung halten kann, ist allerdings zweifelhaft[2]. Die Buchwertfortführung kann in diesen Fällen auch nach Auffassung der Verwaltung nicht nach § 6 Abs. 5 Satz 1 EStG erfolgen, da es sich um einen Übertragungsvorgang mit Rechtsträgerwechsel handelt und nicht um einen Überführungsvorgang (Rn 18). Auch das ist aus der Sicht des IV. Senats des BFH äußerst zweifelhaft.

2480 Bei einer **Kettenübertragung** eines Wirtschaftsguts zwischen zwei Mitunternehmerschaften, bei der das zu übertragende Wirtschaftsgut in einem zeitlichen und sachlichen Zusammenhang zunächst vom Gesamthandsvermögen der Mitunternehmerschaft in das Sonderbetriebsvermögen derselben Mitunternehmerschaft und anschließend ins Gesamthandsvermögen der anderen (Schwester-) Mitunternehmerschaft übertragen wird, ist zu prüfen, ob der Buchwertfortführung die Gesamtplanrechtsprechung oder andere missbräuchliche Gestaltungen i. S. d. § 42 AO entgegen stehen. (Rn 19)

Durch die **Rückkehr zur gesellschafterbezogenen Betrachtungsweise** bei Anwendung des § 6b EStG für Veräußerungen nach dem 31. 12. 2001 können nach § 6b EStG begünstigte Wirtschaftsgüter von einer Mitunternehmerschaft verkauft und (gleichzeitig) der Gewinn bei der erwerbenden Mitunternehmerschaft über §§ 6b, 6c EStG i. R. der Anschaffung der Wirtschaftsgüter übertragen werden, soweit diese Wirtschaftsgüter dem Mitunternehmer der anschaffenden Gesellschaft zuzurechnen sind und soweit der begünstigte Gewinn anteilig auf diesen Mitunternehmer entfällt (R 6b.2 Abs. 7 EStR 2008). Eine vollständige Gewinnübertragung nach §§ 6b, 6c EStG ist möglich, wenn dieselben Mitunternehmer an beiden Mitunternehmerschaften in demselben Beteiligungsverhältnis beteiligt sind (Rn 20).

c) Übertragung nach § 6 Abs. 5 Satz 3 Nr. 3 EStG

2481 § 6 Abs. 5 Satz 3 Nr. 3 EStG regelt ausschließlich die Übertragung zwischen den jeweiligen Sonderbetriebsvermögen verschiedener Mitunternehmer derselben Mitunternehmerschaft, sofern die Besteuerung der stillen Reserven sichergestellt ist. (Rn 21)

> **BEISPIEL:** Vater V und Sohn S betreiben eine land- und forstwirtschaftliche GbR. Zum 30. 6. 10 scheidet V aus der GbR aus. Im Rahmen der Aufgabe der land- und forstwirt-

---

1 BFH-Urteil v. 25. 11. 2009 I R 72/08, BStBl II 2010 S. 471.
2 Ernstliche Zweifel bejahend der IV. BFH-Senat in seinem Aussetzungsbeschluss vom 15. 4. 2010 IV B 105/09, BStBl II 2010 S. 971.

schaftlichen GbR erhält S zusätzlich zu den gesamten Wirtschaftsgütern des Gesamthandsvermögens auch die im Sonderbetriebsvermögen des V stehende Hofstelle. Den Grund und Boden überträgt V nicht auf S.

Lösung Finanzverwaltung:

Die Übertragung der Hofstelle vom V auf S kann nicht zum Buchwert nach § 6 Abs. 5 Satz 3 Nr. 3 EStG erfolgen, da durch das Ausscheiden des V und die sich dadurch ergebende Anwachsung des Anteils auf S zu einem Einzelunternehmen die GbR beendet und somit eine Übertragung zwischen zwei Sonderbetriebsvermögen (des V und des S) begrifflich nicht mehr möglich ist. Die in der Hofstelle enthaltenen stillen Reserven sind daher aufzudecken. Soweit die Wirtschaftsgüter des Gesamthandsvermögens in das Einzelunternehmen des S übertragen werden, gilt aber Buchwertfortführung.

ALTERNATIVBEISPIEL: Vor seinem Ausscheiden überträgt V die Hofstelle aus seinem Sonderbetriebsvermögen in das Sonderbetriebsvermögen des S. Zum 30.6.10 scheidet V dann aus der GbR aus und S erhält die gesamten Wirtschaftsgüter des Gesamthandsvermögens. Den Grund und Boden überträgt V nicht auf S.

Lösung:

Die Übertragung der Hofstelle vom V auf S erfolgt zum Buchwert nach § 6 Abs. 5 Satz 3 Nr. 3 EStG vom Sonderbetriebsvermögen des V in das Sonderbetriebsvermögen des S. Durch das Ausscheiden des V zum 30.6.10 wird die GbR beendet. Soweit die Wirtschaftsgüter des Gesamthandsvermögens in das Einzelunternehmen des S übertragen werden, gilt Buchwertfortführung.

Fall:[1]

An der Brause und Mosler OHG sind die Gesellschafter Brause und Mosler zu je 50 % beteiligt. Die Gesellschaft besitzt Vermögen mit Buchwerten von 700 T€ und Teilwerten von 900 T€. Die stillen Reserven entfallen ausschließlich auf das Grundstück.

Bilanz BM OHG vor Grundstücksübertragung (in Klammern Teilwert)

Aktiva					Passiva	
Grundstück	200	(400)	Kapitalkonto Brause	350	(450)
Geld	500	(500)	Kapitalkonto Mosler	350	(450)
Summe	700	(900)		700	(900)

Das Grundstück soll erfolgsneutral gegen Minderung von Gesellschaftsrechten in das Sonderbetriebsvermögen des Brause übertragen werden.

---

1 Nach Neu/Stamm, DStR 2005, S. 141.

Unstreitig ist, dass Brause das Grundstück in seiner Sonderbilanz mit dem Buchwert von 200 T€ ansetzt. Fraglich ist jedoch, wie die Übertragung in der Gesamthandsbilanz zu bilanzieren ist.

Minderte man das Kapitalkonto des Brause um den Buchwert von 200 T€, sähe die Bilanz der OHG wie folgt aus:

Bilanz BM OHG nach Grundstücksübertragung (in Klammern Teilwert)

Aktiva			Passiva		
			Kapitalkonto Brause	150	(150)
Geld	500	(500)	Kapitalkonto Mosler	350	(350)
Summe	500	(500)		500	(500)

Diese Vorgehensweise dürfte nicht den Vorstellungen der Gesellschafter entsprechen, wie der Vergleich der Vermögenspositionen der Gesellschafter vor und nach der Übertragung zeigt:

Vor der Übertragung beträgt der Teilwert des Gesellschaftsanteil des

Brause 450 = 50 %,

Mosler 450 = 50 %.

Nach der Übertragung

Brause 150 + 400 = 61 %,

Mosler 350 = 39 %.

Mit der Grundstücksübertragung hat eine Vermögensverschiebung zu Lasten des Mosler und zugunsten des Brause stattgefunden. Ist eine Schenkung von Mosler an Brause nicht gewollt, ist dieses Ergebnis nicht erwünscht. In diesem Fall ist wie folgt vorzugehen:

Maßnahme	Gesamt	Brause	Mosler
1. Aufstockung der Kapitalkonten auf TW	700 + 200 = 900	450	450
2. Minderung aufgestocktes Kapitalkonto Brause um Teilwert Grundstück	900 ./. 400 = 500	450 ./. 400 = 50	450

3. Ermittlung Quoten nach Übertragung	100 %	50 : 500 = 10 %	450 : 500 = 90 %
4. Buchung Entnahme zu BW (= neues bilanzielles Eigenkapital)	700 ./. 200 = 500		
5. Ermittlung der neuen Kapitalkonten nach neuen Quoten	500	10 % von 500 = 50	90 % von 500 = 450

Die Bilanz der OHG hat nun folgendes Aussehen:

Bilanz BM OHG nach Grundstücksübertragung (in Klammern Teilwert)

Aktiva					Passiva
			Kapitalkonto Brause	50	(50)
Geld	500	(500)	Kapitalkonto Mosler	450	(450)
Summe	500	(500)		500	(500)

Die Vertragsparteien müssen beachten, dass mit dem **Überspringen stiller Reserven** auch eine **latente Steuerlast** übergeht. Dies ist bei der Ermittlung der Teilwerte wertmindernd zu berücksichtigen.

2483

Streitig ist derzeit, ob eine Übertragung von Wirtschaftsgütern zum Buchwert auch zwischen **Schwesterpersonengesellschaften** möglich ist.[1] Der I. Senat sieht keine Möglichkeit, § 6 Abs. 5 Satz 3 EStG auf Schwesterpersonengesellschaften anzuwenden (auch nicht analog), hält die Ungleichbehandlung allerdings für verfassungswidrig und hat die Frage mit Beschluss vom 10. 4. 2013 I R 80/12 deshalb dem BVerfG vorgelegt.[2]

---

1 Verneinend BFH, Urteil vom 25. 11. 2009 I R 72/08, BStBl II 2010 S. 471; dem folgend FG Berlin-Brandenburg, Urteil vom 20. 3. 2012 11 K 11149/07, EFG 2012 S. 1235; ernstliche Zweifel an diesem Urteil äußernd und eine Buchwertübertragung zulassend BFH, Beschluss vom 15. 4. 2010 IV B 105/09, BFH/NV 2010 S. 1345; ebenso Buchwertfortführung zulassend Niedersächsisches FG, Urteil vom 31. 5. 2012 1 K 271/10, EFG 2012 S. 2106, BFH-Az.: IV R 28/12. Die Finanzverwaltung folgt dem I. Senat.
2 BVerfG - 2 BvL 8/13.

Zusammenfassendes Beispiel zu § 6 Abs. 5 Satz 3:

An der A-GmbH & Co. KG sind Vater (V) und Sohn (S) zu je 50 % als Kommanditisten beteiligt. V hat an die KG ein Grundstück verpachtet, Buchwert 900.000, Verkehrswert 1,8 Mio. Die auf dem Grundstück lastenden Schulden betragen 600.000. V überträgt das Grundstück auf S, der auch die Schulden übernimmt.

Lösungshinweise:[1]

Lösung nach BMF-Schreiben vom 8.12.2011 (wenn dort auch nicht ausdrücklich erwähnt):

a) V: V überträgt zu 1/3 entgeltlich und zu 2/3 unentgeltlich. Er erzielt einen Gewinn von 300.000 (600.000 ./. 1/3 Buchwert).

Buchungssatz:

Verbindlichkeiten	600.000	an	Grundstück	600.000
Privatentnahme	600.000	an	Grundstück	300.000
und PE-Erlöse	300.000			

b) S: S erwirbt zu 1/3 entgeltlich und zu 2/3 unentgeltlich. Er hat in seiner Sonderbilanz das Grundstück mit 1,2 Mio (600.000 AK und 2/3 Buchwertfortführung) anzusetzen.

Buchungssatz:

Grundstück	1,2 Mio	an	Verbindlichkeiten	600.000
			Kapitalkonto	600.000

Lösung nach BFH-Urteilen IV R 1/08, 11/12 und 41/11:

a) V: V überträgt zu 1/3 entgeltlich und zu 2/3 unentgeltlich. Er erzielt keinen Gewinn, da der Buchwert in voller Höhe dem entgeltlichen Teil zugeordnet wird. In Bezug auf den unentgeltlichen Teil liegt keine Entnahme vor, die mit dem Teilwert bewertet werden müsste, da das Wirtschaftsgut nicht das Betriebsvermögen der Mitunternehmerschaft verlässt.

Wie bucht V: Aufwand oder Kapitalkonto?

b) S: S setzt den Buchwert von 900.000 an (vom BFH nicht entschieden; m. E. aber zwingend, da es ansonsten zur Aufstockung des Buchwerts und damit neuem AfA-Volumen käme, ohne dass V einen Veräußerungsgewinn zu versteuern hätte).

---

1 Zu Einzelheiten s. Levedag, GmbHR 2013 S. 673

Wie bucht S: Kapitalkonto oder Erlöse?

c) Hinsichtlich der Buchung gilt u. E. Folgendes:

1. Beide müssen korrespondierend buchen.

2. Beide buchen erfolgsneutral, da der Gesetzgeber diese Übertragungen erfolgsneutral gestalten wollte. Also bucht

V:

Verbindlichkeiten 600.000

Kapitalkonto   300.000   an   Grundstück   900.000

S:

Grundstück   900.000   an   Verbindlichkeiten   600.000

Kapitalkonto   300.000

Alternative: Die Schulden betragen 1,2 Mio.

Lösung nach BMF:

a) V: V erzielt einen Veräußerungsgewinn von 600.000.

Buchungssatz:

Verbindlichkeiten   1,2 Mio   an   Grundstück   600.000 und Erlöse 600.000

Privatentnahme   300.000   an   Grundstück   300.000

b) S: S hat das Grundstück mit 1,5 Mio anzusetzen (1,2 Mio AK + 300.000 Buchwertfortführung).

Buchungssatz:

Grundstück   1,5 Mio   an   Verbindlichkeiten   1,2 Mio
                          und Kapitalkonto   300.000

Lösung nach BFH:

a) V: Dieser erzielt einen Veräußerungsgewinn von 300.000.

Buchungssatz:

Verbindlichkeiten   1,2 Mio   an   Grundstück   900.000 und Erlöse 300.000

b) S: S aktiviert 1,2 Mio.

Buchungssatz.

Grundstück   1,2 Mio   an   Verbindlichkeiten   1, 2 Mio

d) Sperrfrist des § 6 Abs. 5 Satz 4 EStG und rückwirkender Ansatz des Teilwerts

2484 Der zwingende Buchwertansatz bei der Übertragung von Wirtschaftsgütern nach § 6 Abs. 5 Satz 3 Nr. 1 bis 3 EStG ist beim Übernehmer zur Vermeidung von missbräuchlichen Gestaltungen mit einer sog. **Sperrfrist** verknüpft (§ 6 Abs. 5 Satz 4 EStG). Der Übernehmer darf innerhalb von drei Jahren das übertragene Wirtschaftsgut weder aus dem Betriebsvermögen entnehmen noch veräußern; ansonsten wird rückwirkend auf das Ereignis der Übertragung der Teilwert für das Wirtschaftsgut angesetzt. Die Sperrfrist endet drei Jahre nach Abgabe der Steuererklärung des Übertragenden für den Veranlagungs-/Feststellungszeitraum der Übertragung. Wurde keine Steuer-/Feststellungserklärung abgegeben, endet die Sperrfrist mit Ablauf des sechsten Jahres, das auf den Veranlagungs-/Feststellungszeitraum der Übertragung folgt. (Rn 22)

2485 Keine Verletzung der Sperrfrist (§ 6 Abs. 5 Satz 4 EStG) liegt vor, wenn die einer Buchwertübertragung nach § 6 Abs. 5 Satz 3 EStG nachfolgende Übertragung ebenfalls wieder unter § 6 Abs. 5 Satz 3 EStG fällt und damit auch zwingend zum Buchwert vorzunehmen ist oder wenn das Wirtschaftsgut aufgrund höherer Gewalt (Zerstörung, Untergang, etc.) aus dem Betriebsvermögen ausgeschieden ist. Die Sperrfrist wird durch jede nachfolgende Übertragung nach § 6 Abs. 5 Satz 3 EStG neu ausgelöst. Im Fall einer Veräußerung oder Entnahme innerhalb der Sperrfrist ist der Teilwert rückwirkend auf den Zeitpunkt der letzten Übertragung anzusetzen. Eine „fiktive" Entnahme i. S. v. § 4 Abs. 1 Satz 3 EStG oder eine „fiktive" Veräußerung i. S. v. § 12 Abs. 1 KStG innerhalb der Sperrfrist ist kein schädliches Ereignis i. S. v. § 6 Abs. 5 Satz 4 EStG, so dass nicht rückwirkend der Teilwert anzusetzen ist; vielmehr ist die Entnahme nach § 6 Abs. 1 Nr. 4 Satz 1 Halbsatz 2 EStG mit dem gemeinen Wert des Wirtschaftsguts zu bewerten. (Rn 23)

2486 Bei der Übertragung selbst geschaffener nicht bilanzierungsfähiger immaterieller Wirtschaftsgüter des Anlagevermögens (§ 5 Abs. 2 EStG) und von im Sammelposten erfassten Wirtschaftsgütern (§ 6 Abs. 2a EStG) muss für die Sicherstellung der Besteuerung der stillen Reserven und für die Überwachung der Sperrfrist in § 6 Abs. 5 Satz 4 EStG der Steuerpflichtige eine solche Übertragung derartiger Wirtschaftsgüter in geeigneter Weise dokumentieren. (Rn 24)

2487 Der mit der Sperrfrist des § 6 Abs. 5 Satz 4 EStG verbundene rückwirkende Ansatz des Teilwerts für das veräußerte Wirtschaftsgut wird ausschließlich einheitlich angewendet, d. h. bei einer vorherigen Übertragung auf eine Gesamthand wird der rückwirkende Ansatz des Teilwerts in voller Höhe vorgenommen und nicht nur für den Anteil des Wirtschaftsguts, der auf neue Mitunternehmer der Gesamthand übergegangen ist. (Rn 25)

> **BEISPIEL:** A und B sind zu jeweils 50 % an der landwirtschaftlichen AB-GbR beteiligt. Neben der AB-GbR betreibt A noch ein landwirtschaftliches Einzelunternehmen. A überträgt aus seinem Einzelunternehmen eine Maschine in das Gesamthandsvermögen der AB-GbR. Die Maschine wird nach einem halben Jahr von der AB-GbR an einen fremden Dritten veräußert.
>
> **Lösung:**
> Die Übertragung der Maschine aus dem Einzelunternehmen des A in das Gesamthandsvermögen der AB-GbR erfolgt zunächst nach § 6 Abs. 5 Satz 3 Nr. 1 EStG zum Buchwert. Bei einer Veräußerung innerhalb der dreijährigen Sperrfrist (§ 6 Abs. 5 Satz 4 EStG) muss rückwirkend auf den Tag der Übertragung der Teilwert der Maschine angesetzt werden. Der Entnahmegewinn fällt beim Einzelunternehmen des A an. Der Teilwert ist in voller Höhe rückwirkend anzusetzen und nicht lediglich für den hälftigen Anteil an der Maschine, der durch die Übertragung auch dem B zuzurechnen ist.

Ein rückwirkender Ansatz des Teilwerts erfolgt nicht, wenn die bis zur Übertragung entstandenen stillen Reserven durch Erstellen einer negativen Ergänzungsbilanz dem übertragenden Mitunternehmer zugeordnet werden. Etwas anderes gilt dann, wenn durch die Übertragung keine Änderung des Anteils des übertragenden Gesellschafters an dem übertragenen Wirtschaftsgut eingetreten ist, dieses aber einem anderen Rechtsträger zuzuordnen ist.

2488

> **BEISPIEL 6 DES BMF-SCHREIBENS:** An einer GmbH & Co. KG ist A als Kommanditist zu 100 % und die Komplementär-GmbH mit 0 % beteiligt. A überträgt aus seinem Einzelunternehmen ein unbebautes Grundstück (Buchwert 100.000, Teilwert 500.000) in das Gesamthandsvermögen der KG gegen Gewährung von Gesellschaftsrechten. Die KG setzt das Grundstück in ihrer Gesamthandsbilanz mit dem Teilwert an und erstellt für A eine negative Ergänzungsbilanz. Ein Jahr später veräußert die KG das Grundstück an einen fremden Dritten.
>
> **Lösung:**
> Auf den Tag der Übertragung ist der Teilwert anzusetzen. Sofern A § 6b EStG anwenden will, ist für die Sechs-Jahres-Frist auf den Übertragungszeitpunkt (und nicht auf den Veräußerungszeitpunkt) abzustellen. Zu beachten ist eine ggf. höhere (rückwirkende) AfA-Bemessungsgrundlage für das übertragene Wirtschaftsgut.

Entgegen der Verwaltung ist das FG des Saarlandes[1] der Ansicht, dass der Teilwert auch ohne Erstellung einer Ergänzungsbilanz **nicht** anzusetzen ist, wenn durch die 100 %-ige Beteiligung des Einbringenden am Vermögen und am Gewinn der übernehmenden Personengesellschaft die Zuordnung der beim Einbringenden zuvor entstandenen stillen Reserven sichergestellt ist. Der BFH hat

---

1 Urteil vom 19.4.2012 1 K 1318/10, EFG 2012 S. 1535, BFH-Az.: I R 44/12.

mit Urteil vom 31.7.2013 I R 44/12 diese Auffassung bestätigt; eine negative Ergänzungsbilanz braucht nicht erstellt zu werden, Satz 4 findet nach seinem Sinn und Zweck keine Anwendung auf Ein-Personen-Gesellschaften.

Nach FG Düsseldorf[1] kann die Versteuerung durch Aufstellung einer negativen Ergänzungsbilanz für den einbringenden Gesellschafter vermieden werden.

Allerdings ist fraglich, ob § 6 Abs. 5 Satz 3 EStG, an den Satz 4 anknüpft, einschlägig ist, wenn der Mitunternehmer ein Wirtschaftsgut aus dem SonderBV in das Gesamthandseigentum überträgt, da nach BFH[2] in diesen Fällen gar keine Entnahme vorliegt. Im vorstehenden Fall könnte man dann an einen Durchgangserwerb durch das SonderBV des A denken, da die Zuwendung nicht aus privaten Gründen erfolgt, sondern durch die Gesellschafterstellung des A veranlasst ist.

> Bei Übertragungen nach § 6 Abs. 5 Satz 3 Nr. 1 EStG ist Satz 5 zu beachten. Ist an der übernehmenden Mitunternehmerschaft eine Körperschaft beteiligt, ist der Teilwert anzusetzen, soweit der vermögensmäßige Anteil der Körperschaft an dem Wirtschaftsgut unmittelbar oder mittelbar begründet wird oder sich erhöht (eine Verringerung ist unschädlich). Dies kann nicht durch Erstellen einer Ergänzungsbilanz vermieden werden.

2489 Der Erlass bietet leider keine Hilfestellung in Bezug auf die Frage, wie eine die Sperrfrist verhindernde Ergänzungsbilanz zu erstellen ist. In der Praxis ist diese Frage in einer zentralen Frage unklar: **Ist in die Ergänzungsbilanz nur das eingebrachte Wirtschaftsgut mit den stillen Reserven einzubeziehen oder sind auch die bereits in der Gesellschaft vorhandenen Wirtschaftsgüter zu berücksichtigen?**

BEISPIEL (NACH LEY, DAI, BILANZ UND STEUERN 2011, S. 264): An der X GmbH & Co. KG sind die Komplementär-GmbH mit 0 %, A mit 20 % und B mit 80 % beteiligt. Die Handelsbilanz der Gesellschaft weist folgende Buchwerte aus (in Klammern Teilwerte):

Handelsbilanz

WG I	1.000 T€ (1.500)	EK A	200 T€ (300)
		EK B	800 T€ (1.200)
	1.000 T€ (1.500)		1.000 T€ (1.500)

A will aus seinem Betrieb ein Einzelwirtschaftsgut mit Buchwert 400 T€ und Verkehrswert 900 T€ (WG II) gegen Gutschrift auf dem KK I in die KG einbringen.

---

1 Urteil vom 6.7.2012 3 K 2579/11 F, EFG 2012 S. 1914, im Ergebnis bestätigt durch BFH, Urteil v. 26.6.2014 – IV R 31/12, der unter Bezugnahme auf das Urteil v. 31.7.2013 – IV R 44/12 nicht einmal eine negative Ergänzungsbilanz verlangt..
2 Urteil vom 19.9.2012 IV R 11/12.

Lösung:

In der Handelsbilanz kann das WG II mit dem Buchwert oder dem Verkehrswert angesetzt werden. Die Kapitalkonten der Gesellschafter sind durch Kapitalanteilangleichung an die Beteiligungsquoten anzupassen:

Handelsbilanz (Buchwertansatz)

WG I	1.000 T€	EK A	700 T€
WG II	400 T€	EK B	700 T€
	1.400 T€		1.400 T€

Handelsbilanz (Verkehrswertansatz)

WG I	1.000 T€	EK A	950 T€ (300)
WG II	900 T€	EK B	950 T€ (1.200)
	1.900 T€		1.900 T€

Aufgrund des steuerlich zwingenden Buchwertansatzes würde sich folgende Steuerbilanz ergeben:

Steuerbilanz

WG I	1.000 T€	EK A	600 T€
WG II	400 T€	EK B	800 T€
	1.400 T€		1.400 T€

Wie sieht die Ergänzungsbilanz aus?

Die Beantwortung dieser Frage hängt davon ab, ob eine quotenverschiebende Einbringung nach § 6 Abs. 5 EStG für den Einbringenden einen Anwendungsfall des § 6 Abs. 5 Satz 3 EStG darstellt und gleichzeitig für die Alt-Gesellschafter ein Anwendungsfall des § 24 UmwStG vorliegt:

▶ Ist § 24 UmwStG auf die Alt-Gesellschafter nicht anwendbar[1], können in der Ergänzungsbilanz nur die nach § 6 Abs. 5 Satz 3 EStG eingebrachten Wirtschaftsgüter mit ihren Mehr- und Minderwerten abgebildet werden, da nur für diese nach Satz 4 eine Ergänzungsbilanz gebildet werden darf. Das Kapitalkonto darf für A nur 600 und für B muss es 800 betragen. Je nach Vorgehensweise in der Handelsbilanz müssen die Ergänzungsbilanzen gebildet werden.

▶ Ist allerdings auf die Alt-Gesellschafter § 24 UmwStG anwendbar[2], sind in die Ergänzungsbilanzen sowohl die bisherigen Wirtschaftsgüter der Gesell-

---

1 So Korn/Strahl in Korn, EStG, § 6 Rz. 502.10; Patt in H/H/R, § 16 Anm. S. 249; Reiß in Kirchhof, EStG, § 15 Rn 330, § 16 Rn 29.
2 BFH, Urteil v. 25. 4. 2006 VIII R 52/04, BStBl II 2006 S. 847; Schmidt/Wacker, § 16 Rz. 567; Kempermann, FR 2006 S. 882; Groh, DB 2003 S. 1403.

schaft als auch das eingebrachte Wirtschaftsgut einzubeziehen. Bei Ansatz des eingebrachten WG II zum Verkehrswert in der Gesamthandsbilanz ergeben sich folgende Ergänzungsbilanzen:

Negative EB des A

Minderkapital	350 T€	WG II	500 T€
WG I	150 T€		
	500 T€		500 T€

Negative EB des B

Minderkapital	150 T€	WG I	150 T€
	150 T€		150 T€

2491 Ob die **dreijährige Sperrfrist eingehalten** worden ist, kann regelmäßig nur das Finanzamt des Übernehmers erkennen. Stellt dieses fest, dass das übertragene Wirtschaftsgut innerhalb der Sperrfrist vom Übernehmer entnommen oder veräußert wurde, muss es dieses Ereignis dem Finanzamt des Übertragenden mitteilen. Dieses Finanzamt muss dann prüfen, ob rückwirkend der Teilwert anzusetzen und deshalb die Steuerfestsetzung nach § 175 Abs. 1 Satz 1 Nr. 2 i.V. m. Abs. 2 Satz 1 AO zu ändern ist. Die entsprechenden Änderungen beim Übernehmer hat das für die Besteuerung zuständige Finanzamt ebenfalls nach § 175 Abs. 1 Satz 1 Nr. 2 AO vorzunehmen, z. B. eine höhere Abschreibungsbemessungsgrundlage für das übertragene Wirtschaftsgut. (Rn 27)

> **BEISPIEL:** Im April 06 übertragen die Mitunternehmer A und B jeweils ein Wirtschaftsgut (keine wesentliche Betriebsgrundlage), das sie bis dahin in ihrem jeweiligen Einzelunternehmen genutzt haben, in das Gesamthandsvermögen der AB-OHG. A gibt seine Einkommensteuererklärung für 06 im Mai 07 und B seine Einkommensteuererklärung 06 im Dezember 07 ab. Im September 10 veräußert die AB-OHG die auf sie im April 06 übertragenen Wirtschaftsgüter.
>
> **Lösung:**
>
> Für das von A übertragene Wirtschaftsgut ist bei der Veräußerung durch die AB-OHG die Sperrfrist bereits abgelaufen; es verbleibt beim Buchwertansatz zum Übertragungsstichtag. Für das von B übertragene Wirtschaftsgut ist dagegen rückwirkend der Teilwert anzusetzen.

e) Begründung oder Erhöhung eines Anteils einer Körperschaft, Personenvereinigung oder Vermögensmasse an einem Wirtschaftsgut i. S. d. § 6 Abs. 5 Satz 5 EStG

Bei einer Übertragung eines Wirtschaftsguts nach § 6 Abs. 5 Satz 3 Nr. 1 EStG aus dem Betriebsvermögen des Mitunternehmers in das Gesamthandsvermögen einer Mitunternehmerschaft, an der vermögensmäßig auch eine Körperschaft, Personenvereinigung oder Vermögensmasse beteiligt ist, ist der Teilwert anzusetzen, soweit der vermögensmäßige Anteil einer Körperschaft, Personenvereinigung oder Vermögensmasse an dem Wirtschaftsgut unmittelbar oder mittelbar begründet wird oder sich erhöht (§ 6 Abs. 5 Satz 5 EStG). Auch die Erstellung einer Ergänzungsbilanz ändert an den Rechtsfolgen des § 6 Abs. 5 Satz 5 EStG nichts. (Rn 28)

BEISPIEL: A und die B-GmbH sind zu jeweils 50 % vermögensmäßig an der AB-OHG beteiligt. In seinem Einzelunternehmen hat A einen PKW mit einem Buchwert von 1.000 €. Der Teilwert des PKW beträgt 10.000 €. A überträgt den PKW unentgeltlich in das Gesamthandsvermögen der AB-OHG. A ist nicht Gesellschafter der B-GmbH und auch keine nahe stehende Person.

Lösung:

Grundsätzlich ist bei einer Übertragung von Wirtschaftsgütern nach § 6 Abs. 5 Satz 3 Nr. 1 EStG aus einem Betriebsvermögen eines Mitunternehmers in das Gesamthandsvermögen einer Mitunternehmerschaft die Buchwertverknüpfung vorgeschrieben. Durch die Beteiligung der B-GmbH an der AB-OHG gehen 50 % der stillen Reserven des PKW auf die B-GmbH über. Aus diesem Grund muss nach § 6 Abs. 5 Satz 5 EStG der hälftige Teilwert i. H. v. 5.000 € angesetzt werden, da ein Anteil der B-GmbH am übertragenen PKW von 50 % begründet wird. Die AB-OHG muss den PKW mit 5.500 € (5.000 € zzgl. 50 % des Buchwerts i. H. v. 500 €) im Gesamthandsvermögen bilanzieren. Im Einzelunternehmen des A entsteht ein anteiliger Gewinn aus der Übertragung des PKW i. H. v. 4.500 € (5.000 € abzgl. 50 % des Buchwerts = 500 €).

Ist eine Körperschaft, Personenvereinigung oder Vermögensmasse zu 100 % vermögensmäßig am Gesamthandsvermögen einer Mitunternehmerschaft beteiligt, ist die Übertragung eines Wirtschaftsguts aus dem Betriebsvermögen dieser Körperschaft, Personenvereinigung oder Vermögensmasse in das Gesamthandsvermögen der Mitunternehmerschaft oder umgekehrt zwingend nach § 6 Abs. 5 Satz 3 Nr. 1 EStG zum Buchwert vorzunehmen, da ihr vermögensmäßiger Anteil an dem Wirtschaftsgut weder begründet wird noch sich erhöht. Gleiches gilt, wenn eine Körperschaft, Personenvereinigung oder Vermögensmasse nicht am Vermögen der Mitunternehmerschaft beteiligt ist, auf die das Wirtschaftsgut übertragen wird. In beiden Fällen findet § 6 Abs. 5 Satz 5 EStG keine Anwendung. (Rn 29)

D. Das Umwandlungssteuerrecht

> **BEISPIEL:** A ist als Kommanditist vermögensmäßig alleine an der B-GmbH & Co. KG beteiligt. Die B-GmbH ist als Komplementärin vermögensmäßig nicht an der B-GmbH & Co. KG beteiligt. In seinem Einzelunternehmen hat A einen PKW mit einem Buchwert von 1.000 €. Der Teilwert des PKW beträgt 10.000 €. A überträgt den PKW unentgeltlich in das Gesamthandsvermögen der KG.
>
> Lösung:
>
> Grundsätzlich ist bei einer Übertragung von Wirtschaftsgütern nach § 6 Abs. 5 Satz 3 Nr. 1 EStG aus einem Betriebsvermögen eines Mitunternehmers in das Gesamthandsvermögen einer Mitunternehmerschaft die Buchwertverknüpfung vorgeschrieben. Da die B-GmbH an der B-GmbH & Co. KG vermögensmäßig nicht beteiligt ist, gehen hier - anders als in Beispiel zuvor - auch keine stillen Reserven des PKW auf die B-GmbH über, denn wirtschaftlich gesehen ist der PKW sowohl vor als auch nach der Übertragung allein dem A zuzurechnen. Aus diesem Grund müssen bei der Übertragung des PKW keine stillen Reserven nach § 6 Abs. 5 Satz 5 EStG aufgedeckt werden.

2494 § 6 Abs. 5 Satz 5 EStG findet auch dann keine Anwendung, wenn sowohl eine natürliche Person als auch eine Körperschaft, Personenvereinigung oder Vermögensmasse vermögensmäßig am Gesamthandsvermögen einer Mitunternehmerschaft beteiligt sind und sich durch die Übertragung der ideelle Anteil der Körperschaft, Personenvereinigung oder Vermögensmasse am Wirtschaftsgut verringert. (Rn 30)

> **BEISPIEL:** A und die B-GmbH sind im Verhältnis 2:1 an der AB-OHG beteiligt. Zum Gesamthandsvermögen der OHG gehört ein PKW (Buchwert 1.000 €, Teilwert 10.000 €). Gegen Minderung von Gesellschaftsrechten überträgt die OHG den PKW in das Einzelunternehmen des A.
>
> Lösung:
>
> Bei der Übertragung des PKW aus dem Gesamthandsvermögen der OHG in das Betriebsvermögen des A ist nach § 6 Abs. 5 Satz 3 Nr. 1 EStG die Buchwertverknüpfung vorgeschrieben, sofern die Besteuerung der stillen Reserven bei A sichergestellt ist. § 6 Abs. 5 Satz 5 EStG ist nicht einschlägig, da der Anteil der B-GmbH am PKW nicht begründet oder erhöht wird, sondern sich verringert.

2495 Ist eine Körperschaft, Personenvereinigung oder Vermögensmasse zu weniger als 100 % vermögensmäßig am Gesamthandsvermögen einer Mitunternehmerschaft beteiligt, ist die Übertragung eines Wirtschaftsguts aus dem Betriebsvermögen einer anderen an der Mitunternehmerschaft beteiligten Körperschaft, Personenvereinigung oder Vermögensmasse in das Gesamthandsvermögen der Mitunternehmerschaft oder umgekehrt zwingend nach § 6 Abs. 5 Satz 3 Nr. 1 EStG zum Buchwert vorzunehmen, allerdings beschränkt auf den der übertragenden Kapitalgesellschaft, Personenvereinigung oder Vermögensmasse nach der Übertragung mittelbar zuzurechnenden Anteil am Wirtschaftsgut. (Rn 31)

Zur USt gilt:

BEISPIEL: Die A-GmbH ist Komplementärin und die B-GmbH ist Kommanditistin der X-GmbH & Co. KG. Die A-GmbH ist am Vermögen der KG zu 90 % und die B-GmbH zu 10 % beteiligt. Nun überträgt die A-GmbH einen PKW aus ihrem Betriebsvermögen in das Gesamthandsvermögen der KG

Lösung:
Der PKW kann nur i. H. v. 90 % zum Buchwert nach § 6 Abs. 5 Satz 3 Nr. 1 EStG in das Gesamthandsvermögen der KG übertragen werden, da der übertragenden A-GmbH der PKW nur insoweit weiterhin mittelbar zugerechnet wird. Hinsichtlich des 10 %igen Anteils am PKW, der auf die B-GmbH entfällt, sind die stillen Reserven aufzudecken, da insoweit ein 10 %iger Anteil an dem PKW für die B-GmbH neu begründet wird (§ 6 Abs. 5 Satz 5 EStG).

Ist der Gesellschafter der Körperschaft gleichzeitig Mitunternehmer der Mitunternehmerschaft und wird ein Wirtschaftsgut von der Körperschaft in das Gesamthandsvermögen der Mitunternehmerschaft übertragen, können die Regelungen zur verdeckten Gewinnausschüttung Anwendung finden. (Rn 32) — 2496

Sperrfrist bei Umwandlungsvorgängen (§ 6 Abs. 5 Satz 4 und 6 EStG)

Eine Veräußerung innerhalb der Sperrfrist ist auch eine Einbringung eines Betriebs, Teilbetriebs oder Mitunternehmeranteils nach §§ 20, 24 UmwStG sowie der Formwechsel nach § 25 UmwStG unabhängig davon, ob die Buchwerte, gemeinen Werte oder Zwischenwerte angesetzt werden, wenn zu dem eingebrachten Betriebsvermögen ein Wirtschaftsgut gehört, für das noch die Sperrfrist nach § 6 Abs. 5 Satz 4 EStG läuft.[1] (Rn 33). — 2497

Die zwingende Buchwertverknüpfung bei der Übertragung von Wirtschaftsgütern wird innerhalb einer Sperrfrist von sieben Jahren nach § 6 Abs. 5 Satz 6 EStG rückwirkend versagt, wenn innerhalb dieser Frist ein Anteil an einer Körperschaft, Personenvereinigung oder Vermögensmasse an dem übertragenen Wirtschaftsgut unmittelbar oder mittelbar begründet wird oder sich erhöht. Diese Regelung gilt insbesondere in Umwandlungsfällen (z. B. in den Fällen der §§ 20, 25 UmwStG) oder auch - vorbehaltlich der Besonderheiten in Fällen einer GmbH & Co. KG gem. Rdnr. 29 - bei Anwachsung des Vermögens auf eine Körperschaft, Personenvereinigung oder Vermögensmasse. (Rn 34). — 2498

Für die Überwachung der siebenjährigen Sperrfrist gelten entsprechend die Ausführungen zur Überwachung der dreijährigen Sperrfrist. (Rn 35). — 2499

---

1 Vgl. auch BMF, Schreiben v. 28. 2. 2006 BStBl I 2006, S. 228, Tz. VIII.

f) Verhältnis von § 6 Abs. 5 EStG zu anderen Vorschriften

2500 Die Buchwertverknüpfung des § 6 Abs. 5 EStG steht bei Überführungen oder Übertragungen von Wirtschaftsgütern nach Verwaltungsauffassung in Konkurrenz zu anderen steuerrechtlichen Vorschriften:

aa) Fortführung des Unternehmens (§ 6 Abs. 3 EStG)

2501 Scheidet ein Mitunternehmer aus der Mitunternehmerschaft aus und überträgt er zu Lebzeiten oder durch Tod seinen gesamten Mitunternehmeranteil auf eine oder mehrere natürliche Personen unentgeltlich, so sind nach § 6 Abs. 3 EStG die Buchwerte fortzuführen.[1] Eine Konkurrenz zwischen § 6 Abs. 3 und 5 EStG kann es u. E. allerdings nicht geben, da beide Vorschriften unterschiedliche, sich nicht überschneidende Tatbestände regeln.

bb) Realteilung

2502 Eine Realteilung einer Mitunternehmerschaft nach § 16 Abs. 3 Satz 2 EStG liegt vor, wenn die bisherige Mitunternehmerschaft beendet wird und zumindest ein Mitunternehmer den ihm zugeteilten Teilbetrieb, Mitunternehmeranteil oder die ihm zugeteilten Einzelwirtschaftsgüter als Betriebsvermögen fortführt. Insoweit sind die Buchwerte fortzuführen.[2] Scheidet ein Mitunternehmer aus einer bestehenden Mitunternehmerschaft aus und wird diese von den verbleibenden Mitunternehmern unverändert fortgeführt, liegt kein Fall der Realteilung vor.[3] Die Realteilung hat Vorrang vor der Regelung des § 6 Abs. 5 EStG. Demzufolge können unschädlich zusammen mit Einzelwirtschaftsgütern auch Verbindlichkeiten übertragen werden. (Rn 37)

cc) Veräußerung

2503 Bei einer teilentgeltlichen oder vollentgeltlichen Veräußerung des Wirtschaftsguts kommt es zur anteiligen oder zur vollumfänglichen Aufdeckung der stillen Reserven des Wirtschaftsguts, insoweit findet § 6 Abs. 5 EStG keine Anwendung (sog. „Trennungstheorie" - vgl. Rn 15). (Rn 37)

---

1 Vgl. hierzu oben unter Rn 2428 ff.
2 Vgl. dazu nachfolgend unter XV, Rn 2506 ff.
3 BFH, Urteil v. 10. 3. 1998, BStBl II 1999 S. 269.

dd) Tausch

Der Anwendungsbereich des § 6 Abs. 5 Satz 3 EStG geht den allgemeinen Regelungen zur Gewinnrealisierung bei Tauschvorgängen nach § 6 Abs. 6 EStG vor. 2504

Das Schreiben vom 8.12.2011 ist in allen noch offenen Fällen anzuwenden. Das BMF-Schreiben vom 7.6.2001 (BStBl I 2001 S. 367) wird mit der Veröffentlichung dieses Schreibens aufgehoben (Rn 40). 2505

XV. Realteilung einer Personengesellschaft

1. Einleitung

Die Realteilung von Gesellschaften, auch „Spaltung" genannt, ist durch das UmwBerG erstmals gesetzlich für alle Handelsunternehmen geregelt worden. Für die Realteilung von Personengesellschaften gilt **zivilrechtlich** Folgendes: 2506

Die Durchführung der Realteilung erfordert i.d.R. die Einzelübertragung aller Vermögensgegenstände aus dem Gesellschaftsvermögen der Personengesellschaft in das Eigentum der Gesellschafter. Die Vorschriften des UmwG über die Spaltung von Rechtsträgern, die einen Übergang des Vermögens auf die Gesellschafter im Wege der partiellen Gesamtrechtsnachfolge ermöglichen, sind auf die Realteilung von Personengesellschaften grds. nur anzuwenden, soweit die real zu teilende Personengesellschaft eine Personenhandelsgesellschaft/Partnerschaftsgesellschaft ist und an dieser als Gesellschafter Kapitalgesellschaften oder Personenhandelsgesellschaften/Partnerschaftsgesellschaften beteiligt sind. Sie greifen hingegen nicht ein, wenn die real zu teilende Gesellschaft eine GbR ist oder an einer real zu teilenden Personenhandelsgesellschaft/Partnerschaftsgesellschaft natürliche Personen als übernehmende Rechtsträger beteiligt sind.

Rechtstechnisch erfolgt die Realteilung

▶ durch Einzelrechtsübertragung, so dass die bestehenden schuldrechtlichen Beziehungen nicht auf die Vermögensübernehmer übergehen oder

▶ durch Spaltung des Rechtsträgers in den Formen der Aufspaltung und Abspaltung gem. § 123 Abs. 1 und 2 UmwG mit partieller Gesamtrechtsnachfolge, so dass auch die schuldrechtlichen Beziehungen, z.B. bestehende Mietverträge, unverändert übergehen. Gemäß § 3 Abs. 1 Nr. 1 UmwG können auch Partnerschaftsgesellschaften durch Spaltung realgeteilt werden.

2507 Es besteht bis heute keine terminologische Klarheit, was **steuerlich** unter einer Realteilung exakt zu verstehen ist.[1] Eine Realteilung einer Personengesellschaft kann/könnte in folgenden Fällen angenommen werden:

▶ Jeder Gesellschafter einer zwei- oder mehrgliedrigen Personengesellschaft übernimmt bei der Auflösung und Beendigung der Personengesellschaft einen Teil des Geschäftsvermögens, der einen Teilbetrieb darstellt, und eröffnet mit diesem einen eigenen Betrieb oder führt einen bereits bestehenden Betrieb fort.

▶ Auch die Übertragung von Vermögen auf Nachfolgegesellschaften, an denen ausschließlich bisherige Mitunternehmer beteiligt sind, könnte ausreichen.[2] Nicht erforderlich ist, dass es sich dabei um einen gewerblichen Betrieb handelt. Die Realteilungsgrundsätze gelten auch bei freiberuflichen oder land- und forstwirtschaftlichen Betrieben.[3]

▶ Ein oder mehrere Gesellschafter scheiden(t) aus einer mehrgliedrigen, unter den verbliebenen Gesellschaftern fortbestehenden Personengesellschaft aus und erhält/erhalten als Abfindung einen Teil des Gesellschaftsvermögens, der einen Teilbetrieb darstellt, und führen damit einen eigenen Betrieb fort. Dies entspricht einer Sachwertabfindung ins Betriebsvermögen, da die fortbestehende Personengesellschaft ihren bisherigen Betrieb fortführt. Auch in diesem Fall sollen Realteilungsgrundsätze anzuwenden sein.[4] Nach dem BMF, RTE, Tz. II, liegt **kein** Fall der Realteilung vor. Gegebenenfalls kommt die Buchwertverknüpfung nach § 6 Abs. 3 oder 5 EStG zum Zuge. Entscheidender Unterschied ist, dass die **Übernahme von Schulden der Gesellschaft** bei § 6 Abs. 5 Satz 3 EStG zur Gewinnrealisierung führt.

▶ Die Gesellschafter einer Personengesellschaft gründen eine zweite beteiligungs- und gesellschafteridentische Personengesellschaft und übertragen

---

1 Vgl. Rogall, DStR 2005 S. 992, 994 f.; s. hierzu jetzt BMF-Schreiben v. 28. 2. 2006 – Realteilungs-Erlass – RTE –, BStBl I 2006 S. 228.
2 OFD Berlin v. 3. 3. 2003, StuB 2003 S. 609; anders wohl jetzt BMF, RTE, Tz. IV 1; s. hierzu aber auch BFH, Urteil v. 4. 5. 2004 XI R 7/03, BStBl II 2004 S. 893: Bringt der Gesellschafter einer realgeteilten Personengesellschaft die ihm bei der Realteilung zugewiesenen Wirtschaftsgüter anschließend in eine mit einem Dritten errichtete Personengesellschaft ein, kann diese die eingebrachten Wirtschaftsgüter auch dann mit dem Teilwert ansetzen, wenn für sie bei der Ermittlung des Realteilungsgewinns Buchwerte angesetzt wurden. Ob sich hieran durch das UmwG 1995 oder die nunmehrige gesetzliche Regelung in § 16 Abs. 3 EStG etwas ändert, bleibt offen.
3 BFH, Urteil v. 14. 6. 1988 VIII R 387/83, BStBl II 1989 S. 187; streitig.
4 Wacker in Schmidt, § 16 EStG, Anm. 530 ff.

auf diese Teile des Gesellschaftsvermögens. Nach BMF, RTE, Tz. IV 1 **kein** Fall der Realteilung.[1]

▶ Eine Realteilung liegt nicht vor, wenn sich die Gesellschafter zweier personenidentischer Gesellschaften, die jeweils einen Betrieb unterhalten, dergestalt auseinandersetzen, dass jeder der Gesellschafter einen Betrieb als Einzelunternehmen fortführt.[2]

Eine Realteilung kommt vor in den Formen 2508

▶ ohne Wertausgleich aus dem Eigenvermögen der Gesellschafter

▶ mit Wertausgleich („Spitzenausgleich") aus dem Eigenvermögen der Gesellschafter.

Da zu den Wirtschaftsgütern einer Realteilung neben liquiden Mitteln auch Schulden gehören, ergibt sich hieraus ein entsprechender **Gestaltungsspielraum**, um die Steuerfolgen einer Ausgleichszahlung zu vermeiden. Dabei ist es unerheblich, ob die Schulden in wirtschaftlichem Zusammenhang mit dem vom Mitunternehmer übernommenen Wirtschaftsgut stehen oder ob sie dem rechnerischen Anteil des Mitunternehmers am Vermögen der Mitunternehmerschaft entsprechen oder dazu inkongruent sind. Die Übernahme von Schulden und die Zuordnung von liquiden Mitteln stellen grds. keine Ausgleichszahlung dar. Etwas anderes dürfte jedoch dann gelten, wenn ein Mitunternehmer (nahezu) ausschließlich liquide Mittel erhält. Kritisch dürfte es ebenfalls sein, wenn vor der Realteilung die liquiden Mittel durch Kreditaufnahme oder Einlage aus Eigenvermögen der Gesellschafter in der erforderlichen Höhe aufgestockt werden. 2509

Die Realteilung führt zu einer Beendigung der Mitunternehmerstellung in einer Ausgangsgesellschaft. In der Regel können folgende Typen dieser Beendigung unterschieden werden:

▶ Ohne Fortsetzung der unternehmerischen Tätigkeit durch den Ausscheidenden

— Ausscheiden gegen Entgelt und Eintritt eines Rechtsnachfolgers

— Ausscheiden gegen Entgelt und Fortsetzung der Restgesellschaft durch die verbleibenden Gesellschafter

---

[1] Ebenso FG Düsseldorf, Urteil v. 9. 2. 2012 3 K 1348/10 F: Die Übertragung in das Gesamthandsbetriebsvermögen einer Mitunternehmerschaft, an der einer oder die Realteiler beteiligt sind, fällt nicht unter § 16 Abs. 3 Satz 2 EStG.
[2] BFH, Urteil v. 20. 2. 2003 III R 34/01, BStBl II 2003 S. 700.

▶ Mit Fortsetzung der unternehmerischen Tätigkeit durch den Ausscheidenden
  – Trennung einer zweigliedrigen Gesellschaft
  – Trennung einer mehrgliedrigen Gesellschaft

Graphisch lässt sich die Realteilung wie folgt darstellen:

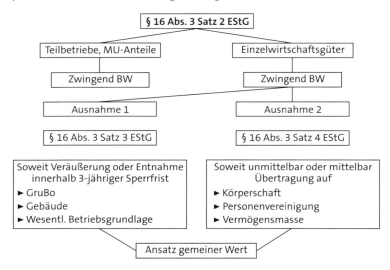

Im Folgenden wird nur der in § 16 Abs. 3 Satz 2 bis 4 EStG geregelte Fall der Realteilung (Auflösung der Personengesellschaft und Fortführung in Einzelbetrieben der bisherigen Mitunternehmer) erörtert.

2. Realteilung und Fortsetzung der unternehmerischen Tätigkeit

a) Ausgangslage

2510 **BEISPIEL 1:** ▶ A und B trennen sich nach einem Streit.

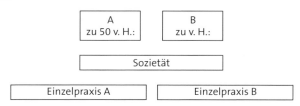

Fraglich ist, ob die Mitunternehmerschaft, wenn sie ihren Gewinn durch Einnahme-Überschuss-Rechnung nach § 4 Abs. 3 EStG ermittelt, im Zeitpunkt der Realteilung zum Bestandsvergleich übergehen und einen Übergangsgewinn ermitteln muss.[1]

BEISPIEL 2: A und B streiten sich mit C und trennen sich unter Mitnahme des jedem zustehenden Vermögens (nach BMF, RTE, **keine** Realteilung)

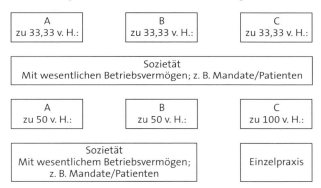

b) Realteilung mit Teilbetrieben

Fall: 2511

Brause und Mosler setzen sich auseinander, indem Brause den Teilbetrieb I und Mosler den Teilbetrieb II fortführt. Beide Betriebe sind real wertgleich. Nur ihre Buchwerte sind unterschiedlich.

Soweit die Realteilung auf die Übertragung von Teilbetrieben (hierzu gehört auch die 100 %ige Beteiligung an einer Kapitalgesellschaft, vgl. RTE, Tz. III.) oder Mitunternehmeranteilen gerichtet ist, sind nach § 16 Abs. 3 Satz 2 EStG grds. die Buchwerte fortzuführen.

---

[1] Verneint vom FG Rheinland-Pfalz, Urteil vom 2.5.2012 1 K 1146/10, EFG 2012 S. 1619, zumindest für den Fall der Buchwertfortführung und ohne Spitzenausgleich, bestätigt durch BFH, Urteil vom 11.4.2013 III R 32/12; verneint vom FG Hamburg, Urteil vom 18.4.2012 3 K 89/11, EFG 2012 S. 1744, BFH-Az.: III H R 49/13 zumindest für den Fall der Realteilung ohne Spitzenausgleich.

D. Das Umwandlungssteuerrecht

Lösung nach der Kapitalkontenanpassungsmethode:

Vor Realteilung:

Aktiva			Passiva		
Teilbetrieb I	80	(100)	Kapital Brause	50	(100)
Teilbetrieb II	20	(100)	Kapital Mosler	50	(100)
	100	(200)		100	(200)

Nach Realteilung:

Aktiva			Passiva		
Teilbetrieb I	80	(100)	Kapital Brause	80	(100)

↑

| | | 30 Höheres AfA-Volumen | |

|

Aktiva			Passiva		
Teilbetrieb II	20	(100)	Kapital Mosler	20	(100)

2512 Durch SEStEG wurde ein neuer § 16 Abs. 5 EStG eingefügt. Danach gilt eine **Sperrfrist von sieben Jahren**, wenn bei einer Realteilung, bei der Teilbetriebe auf einzelne Mitunternehmer übertragen werden, Anteile an einer Körperschaft unmittelbar oder mittelbar von einem nicht nach § 8b Abs. 2 KStG (die Vorschrift betrifft im Wesentlichen Kapitalgesellschaften) auf einen von § 8b Abs. 2 KStG begünstigten Mitunternehmer übertragen werden. Dabei gilt aufgrund des Verweises auf § 22 Abs. 2 Satz 3 UmwStG die sog. **Siebtelregelung**.

2513 Mit Wacker[1] ist von einer **personenbezogenen Betrachtung** auszugehen (d. h. an der Mitunternehmerschaft müssen auch natürliche Personen beteiligt sein); ferner ist nur der Teil der stillen Reserven anzusetzen, der der Beteiligungsquote natürlicher Personen als Mitunternehmer der Realteilungspersonengesellschaft entspricht.

2514 **BEISPIEL:**[2] An der X- und Y-OHG sind die natürliche Person X und die Y-GmbH zu jeweils 50 % beteiligt. Im Rahmen der Realteilung der OHG zum 1. 1. 2010 wird jeweils ein Teilbetrieb auf X und die Y-GmbH zu Buchwerten übertragen. Zu dem auf die Y-GmbH übergehenden Teilbetrieb gehört auch ein Anteil an der Z-GmbH (Buchwert

---
1 In Schmidt, EStG, § 16 Rn 556.
2 Nach Förster, DB 2007 S. 72, 78.

100.000 €, gemeiner Wert 240.000 €). Die Y-GmbH veräußert den Anteil am 10.3.2012 für 300.000 €.

Lösung:
Die Veräußerung des Z-Anteils innerhalb von sieben Jahren löst eine rückwirkende Besteuerung zum Realteilungszeitpunkt 1.1.2010 aus.

Gemeiner Wert Z-Anteil	240.000
- Buchwert	100.000
Unterschiedsbetrag (stille Reserven)	140.000
- $^2/_7$ von 140.000	40.000
Rückwirkend in 2010 zu versteuernder Realteilungsgewinn	100.000

Der Realteilungsgewinn ist zu je 50 % auf X und Y-GmbH zu verteilen. Bei X ist er zu 60 % einkommensteuerpflichtig, GewSt fällt nicht an. Soweit er auf die Y-GmbH entfällt, ist er nach § 8b Abs. 2 KStG steuerfrei; allerdings sind 5 % als nichtabzugsfähige Betriebsausgaben dem Gewinn hinzuzurechnen und unterliegen der KSt und der GewSt.

2515

Unklar ist, mit welchem Wert die Y-GmbH den Z-Anteil nach der rückwirkenden Erfassung des Realteilungsgewinns anzusetzen hat. Wendet man die Einbringungsvorschriften an, ist nur der nach Anwendung der Siebtelregelung angesetzte Realteilungsgewinn als nachträgliche Anschaffungskosten anzusetzen. Die Y-GmbH würde dann am 10.3.2012 einen Veräußerungsgewinn von 100.000 € (300.000 − (100.000 + 100.000)) erzielen, von dem 5.000 € außerbilanziell hinzuzurechnen wären.

2516

Nach dem Gesetzeswortlaut ist der Z-Anteil von der Y-GmbH jedoch mit dem gemeinen Wert im Realteilungszeitpunkt anzusetzen, so dass der Veräußerungsgewinn nur 60.000 € betrüge, mit einer außerbilanziellen Hinzurechnung von 3.000 €.

c) Realteilung mit Einzelwirtschaftsgütern ab 1.1.2001

Vorstehender Fall in folgender Abwandlung:

2517

Vor Realteilung:

Aktiva					Passiva		
Mandate	80	(100)		Kapital Brause	50	(100)	
Sonstige WG	20	(100)		Kapital Mosler	50	(100)	
	100	(200)			100	(200)	

Nach Realteilung:

Aktiva				Passiva	
Mandate	40	(50)	Kapital Brause	50	(100)
Sonstige WG	10	(50)			

Aktiva				Passiva	
Mandate	40	(50)	Kapital Mosler	50	(100)
Sonstige WG	10	(50)			

2518 Dabei ist zu beachten, dass nach dem BMF-Schreiben vom 1.4.2009 an die Bundesrechtsanwaltskammer und die Bundessteuerberaterkammer § 5 Abs. 2 EStG zu beachten ist, d.h. selbst geschaffene immaterielle Wirtschaftsgüter des Anlagevermögens dürfen nicht angesetzt (bilanziert) werden.

2519 Allerdings haben Brause und Mosler ein Problem, wenn sie **entgeltlich** in ihre jetzigen Einzelunternehmen einen Partner aufnehmen wollen. Sie müssen nachfolgende **Behaltefrist** beachten.

§ 16 Abs. 3 Satz 3 EStG lautet:

▶ „Dagegen ist für den jeweiligen Übertragungsvorgang rückwirkend der gemeine Wert anzusetzen, soweit bei einer Realteilung, bei der einzelne Wirtschaftsgüter übertragen worden sind, zum Buchwert übertragener Grund und Boden, übertragene Gebäude oder andere übertragene wesentliche Betriebsgrundlagen innerhalb einer Sperrfrist nach der Übertragung veräußert oder entnommen werden";

▶ „diese Sperrfrist endet drei Jahre nach Abgabe der Steuererklärung der Mitunternehmerschaft für den Veranlagungszeitraum der Realteilung."

2520 Eine Verletzung der Sperrfrist liegt nach BMF, RTE, Tz. VIII auch bei der Entnahme oder Veräußerung von Grund und Boden und Gebäuden des Anlagevermögens, die keine wesentlichen Betriebsgrundlagen darstellen, vor. Hingegen ist die Entnahme von Grund und Boden bzw. Gebäuden im Umlaufvermögen unschädlich.

2521 Eine Verletzung der Behaltefrist liegt ferner vor, wenn die realgeteilten Wirtschaftsgüter zusammen mit dem Nachfolgeunternehmen in eine Personengesellschaft eingelegt werden. § 24 UmwStG ist ein veräußerungsähnlicher Vorgang. Das BFH-Urteil v. 4.5.2004 XI R 7/03, BStBl II 2004 S. 893 ist noch zur alten Rechtslage ergangen und für VZ ab 2001 nicht mehr anwendbar.

XV. Realteilung einer Personengesellschaft

Die stillen Reserven werden in der letzten einheitlichen und gesonderten Gewinnfeststellung der geteilten Personengesellschaft aufgedeckt. Die Steuer wird bei beiden ehemaligen Gesellschaftern eingefordert, ohne Rücksicht darauf, wer gegen die Behaltefrist verstoßen hat. — 2522

Bei **unentgeltlicher Aufnahme** gilt u. E. § 6 Abs. 3 EStG. — 2523

Ein **Verstoß** gegen die Sperrfrist führt zu einer rückwirkenden Aufdeckung der in den veräußerten oder entnommenen Wirtschaftsgütern enthaltenen stillen Reserven. **Eine Aufdeckung der übrigen stillen Reserven erfolgt nicht** (BMF, RTE, Tz. IX). — 2524

Die Behaltefrist ist in jedem Einzelfall unterschiedlich. Sie beginnt mit Abgabe der letzten einheitlichen und gesonderten Gewinnfeststellungen. Es ist denkbar, dass die Frist einen wesentlich größeren Zeitraum als drei Jahre einnimmt. — 2525

> **BEISPIEL:** A und B Steuerberatersozietät hat in ihrem Betriebsvermögen ein Grundstück. Am 31.12.2011 trennt man sich und führt ab 1.1.2012 Einzelkanzleien. Der laufende Gewinn des Jahres 2011 beträgt 250.000 €. A übernimmt u. a. das Grundstück, Buchwert zum 31.12.2011 100.000 €, gemeiner Wert 180.000 €. Am 20.12.2014 verkauft A das Grundstück für 210.000 €.
>
> A hat die Sperrfrist verletzt. Deshalb wird rückwirkend zum 31.12.2011 der Gewinn um 80.000 € (180.000 ./. 100.000) erhöht. Dieser wird nach dem allgemeinen Gewinnverteilungsschlüssel auf A und B verteilt (Schmidt/Wacker, § 16 EStG, Rz. 554). Da die Realteilung eine Betriebsaufgabe ist, rechnet die nachträgliche Aufdeckung der stillen Reserven nicht zum Gewerbeertrag! (BMF, RTE, Tz. IX.; allerdings ist ab EZ 2002 § 7 Satz 2 GewStG zu beachten).

A hat das Grundstück ab 2012 mit dem neuen Wert von 180.000 € zu erfassen, was bei einem bebauten Grundstück zu einer Neuberechnung der AfA für 2012 bis 2014 führt. Er erzielt 2014 aus der Veräußerung nur noch einen Gewinn von 30.000 €.

Damit versteuert B einen Gewinn, den er gar nicht erzielt hat. Dies muss bei der Realteilungsabrede beachtet werden. Es ist streitig, ob eine hiernach geschuldete nachträgliche Ausgleichszahlung zu Gewinn führt und auf den Übertragungszeitpunkt zurückwirkt (so Schmidt/Wacker, a. a. O.).

Nach BMF (RTE, Tz. IX.) ist eine schriftliche Realteilungsabrede über die Zurechnung des Veräußerungs-/Entnahmegewinns allein dem veräußernden/entnehmenden Realteiler anzuerkennen.

Bei der Realteilung mit einzelnen Wirtschaftsgütern sind allerdings nicht die Buchwerte fortzuführen, sondern die gemeinen Werte anzusetzen, soweit die Wirtschaftsgüter unmittelbar oder mittelbar auf eine Körperschaft, Personen- — 2526 vereinigung oder Vermögensmasse (vgl. § 1 KStG) übertragen werden (§ 16 Abs. 3 Satz 4 EStG). Damit will der Gesetzgeber ähnlich wie in § 16 Abs. 5 EStG[1] Umgehungsgestaltungen vermeiden.

d) Realteilung mit Spitzenausgleich

2527 Brause und Mosler sind zu je 50 % an der Brause & Mosler OHG beteiligt. Die Bilanz der OHG zum 31.12.01 sieht wie folgt aus (in Klammern die Teilwerte):

Teilbetrieb I	300	(800)	Kapital Brause	250	(600)
Teilbetrieb II	200	(400)	Kapital Mosler	250	(600)
	500	(1200)		500	(1200)

Brause übernimmt den Teilbetrieb 1, Mosler Teilbetrieb 2. Brause zahlt an Mosler 200.

Lösung nach BFH-Urteil v. 1.12.1992 VIII R 57/90, BStBl II 1994 S. 607:

▶ Gesellschaftsschlussbilanz Buchwertansatz, daher keine Änderung
▶ Gesellschaftereröffnungsbilanz

Einzelfirma Brause	
BW Teilbetrieb I 300	
Aufstockung = AK + 200	Kapital 500

Einzelfirma Mosler		
BW Teilbetrieb II	200	Kapital 400
Ausgleichsz.	200	

Mosler erzielt einen nicht begünstigten, laufenden Gewinn von 200 mangels Aufdeckung aller stillen Reserven.

Lösung nach BMF, RTE, Tz. VI:

Die Ausgleichszahlung führt nur zu einer teilweisen Gewinnrealisierung. Brause hat den Teilbetrieb I im Verhältnis seines rechnerischen Anteils am Gesamtvermögen (600) zum Verkehrswert des übernommenen Vermögens (800), d.h. zu $^3/_4$ unentgeltlich und zu $^1/_4$ entgeltlich mit AK von 200 erworben. Er muss die Aktivwerte um 125 (200 Abfindung abzgl. anteiligem Buchwert von 75) aufstocken. Demgemäß hat Mosler $^1/_4$ Anteil am Teilbetrieb 1 entgeltlich ver-

---

[1] Siehe o. Rn 1965 und 2493.

äußert und einen laufenden Gewinn von 125 (200 ./. 75 = $^1/_4$ von 300) erzielt. Den Teilbetrieb 2 hat Mosler voll unentgeltlich erworben.

Zur **Vermeidung eines Wertausgleichs** kommt **eine disquotale Zuweisung neutraler Wirtschaftsgüter** (Geld, Verbindlichkeiten) in Betracht.

e) Realteilung und Gewerbeverlustvortrag nach § 10a GewStG
Fall:[1]

2528

Brause war zur Hälfte an einer OHG beteiligt, die Gesellschaft betrieb ein Tiefbauunternehmen mit den „Betriebszweigen" Kanalbau, Straßenbau und Pflasterbau. Nach der Auflösung der Gesellschaft zum 31.12.2011 übernahm Brause den Teilbereich Kanalbau und führte diesen ab 1.1.2012 als Einzelunternehmen fort.

Brause begehrt, mit dem Gewerbeertrag 2012 den im Jahre 2011 entstandenen Verlust aus seiner Beteiligung an der OHG zu verrechnen.

Lösungshinweise:

Der Gewerbeertrag wird gem. § 10a Satz 1 GewStG um die Fehlbeträge gekürzt, die sich bei der Ermittlung des maßgebenden Gewerbeertrags für die vorangegangenen Erhebungszeiträume nach den Vorschriften der §§ 7–10 GewStG ergeben haben, soweit die Fehlbeträge nicht bei der Ermittlung des Gewerbeertrags für die vorangegangenen Erhebungszeiträume berücksichtigt worden sind.

Aus § 10a Satz 8 i.V.m. § 2 Abs. 5 GewStG, wonach im Falle des Übergangs eines Gewerbebetriebes im Ganzen der den Betrieb fortführende Unternehmer nicht die vor dem Übergang entstandenen Verluste verrechnen darf, leitet der BFH in ständiger Rechtsprechung das Erfordernis ab, dass der Steuerpflichtige, der den Verlust erlitten hat, und derjenige, bei dem der Verlust nach § 10a GewStG abziehbar ist, identisch sein müssen (**Unternehmeridentität**).

2529

Der Verlustvortrag setzt außerdem voraus, dass der Gewerbeverlust in demselben Unternehmen entstanden sein muss wie der spätere Gewerbeertrag (**Unternehmensidentität**). Dies folgt aus dem Objektsteuercharakter der Gewerbesteuer: diese erfasst nicht den auf ein bestimmtes Steuersubjekt bezogenen Gewinn, sondern den Ertrag, den der von dem jeweiligen Rechtsträger losgelöste Gewerbebetrieb an sich abwirft.

2530

---

1 Nach BFH, Urteil v. 5.9.1990 X R 20/89, BStBl II 1991 S. 25; siehe auch BFH, Urteil v. 17.1.2006 VIII R 96/04, BFH/NV 2006 S. 885.

Unternehmensidentität bedeutet nicht nur Gleichartigkeit der gewerblichen Betätigung, sondern vor allem auch Identität der hierzu eingesetzten sachlichen Mittel. Aus diesem Grund ist ein Verlustvortrag grds. ausgeschlossen, wenn der bisherige betriebliche Organismus nicht mehr besteht. Folglich sind Verluste einer OHG nicht bei den aus der Liquidation der Gesellschaft im Wege der Realteilung hervorgegangenen Einzelunternehmen abziehbar.

Eine teilweise Verlustverrechnung bei teilweiser Unternehmensgleichheit ist nach dem BFH-Urteil v. 5.9.1990 allenfalls dann in Betracht zu ziehen, wenn sich eine Wirtschaftseinheit als Bezugsgröße feststellen lässt, die sowohl für den Erhebungszeitraum der Verlustrechnung als auch für den der Verlustentstehung wenigstens zum Teil dieselbe ist. Diese Voraussetzung kann nur dann erfüllt sein, wenn die Realteilung Teilbetriebe betrifft[1]. Weitere Voraussetzung ist dann, dass das Rechenwerk (Buchführung, Kostenrechnung) im Jahr der Verlustentstehung ohne weiteres erkennen lässt, welche Organisationseinheit welches Ergebnis erwirtschaftet hat. Denn nur dieser tatsächliche Anteil des Teilbetriebs, für den Verlustverrechnung geltend gemacht wird, am Betriebsergebnis ist verrechenbar.

Ergänzend hat der BFH im Urteil VIII R 96/04, a.a.O.,[2] ausgeführt:

Der vortragsfähige Gewerbeverlust ist bei Gesellschafterwechsel in einer Personengesellschaft mitunternehmerbezogen zu ermitteln. Hierfür sind die Gewerbeerträge des Anrechnungsjahrs und die Fehlbeträge des Verlustentstehungsjahrs nach dem Gewinnverteilungsschlüssel und unter Berücksichtigung von Sonderbetriebseinnahmen und -ausgaben den Mitunternehmern zuzuordnen.

Das Merkmal der Unternehmeridentität erfordert nicht auch Beteiligungsidentität.

Der Gesetzgeber hat demgegenüber die frühere Verwaltungsauffassung, dass es für die Verteilung des sich insgesamt für die Mitunternehmerschaft ergebenden Fehlbetrags auf die Mitunternehmer auf den **allgemeinen Gewinnverteilungsschlüssel** ankommt, im Gesetz festgeschrieben (§ 10a Satz 4 und 5 GewStG). Die Regelung gilt nach § 36 Abs. 9 Satz 1 GewStG auch für Erhe-

---

1 Vgl. hierzu auch BFH, Urteil v. 7.8.2008 IV R 86/05, BStBl II 2012 S. 145.
2 Ebenso BFH, Beschluss v. 19.4.2007 IV R 4/06, BStBl II 2008 S. 140.

bungszeiträume vor 2007. Der BFH hält die Rückwirkung für verfassungswidrig.[1]

f) Umsatzsteuer

Wird eine Personengesellschaft in der Weise aufgelöst, dass die Gegenstände des Unternehmensvermögens auf die Gesellschafter verteilt werden, so erbringt die Gesellschaft, deren Unternehmereigenschaft bis zur Beendigung der Liquidation fortbesteht, steuerbare Umsätze an die Gesellschafter.

2531

Der Fall der Auflösung einer Gesellschaft ist auch dann gegeben, wenn im Zuge der Auseinandersetzung das Unternehmen in zwei gesondert geführte Betriebe aufgespalten wird oder wenn bei einer zweigliedrigen Gesellschaft jeder Gesellschafter mit den im Zuge der Verteilung des Unternehmensvermögens übernommenen Gegenständen ein eigenes Unternehmen weiterbetreibt.

Seit dem 1.1.1994 ist § 1 Abs. 1a UStG anzuwenden. Danach liegt bei einer Realteilung von Teilbetrieben kein umsatzsteuerbarer Vorgang vor. Voraussetzung ist allerdings, dass der frühere Gesellschafter den Teilbetrieb entweder in ein bereits bestehendes Unternehmen übernimmt oder mit dem Teilbetrieb durch die nachhaltige Tätigkeit von Umsätzen Unternehmer wird. Er darf den übernommenen Teilbetrieb nicht sofort weiterveräußern oder einstellen.[2]

Soweit Einzelwirtschaftsgüter übertragen werden, liegen steuerbare Leistungen vor. Bemessungsgrundlage der Umsatzsteuer ist der Wert der Gegenleistung. Bei der Realteilung besteht der Wert in dem Verzicht auf die Auszahlung des Auseinandersetzungsguthabens in Geld (Tauschvorgang). Maßgebend ist der gemeine Wert der eingetauschten Gesellschaftsrechte zzgl. etwaiger sonstiger Gegenleistungen.[3]

Wenn ertragsteuerlich der Buchwert angesetzt wird, ist dies umsatzsteuerlich nicht maßgebend. Die Rechnung muss über den „richtigen" umsatzsteuerlichen Betrag lauten. Es empfiehlt sich, den Vorsteueranspruch an die Gesellschaft abzutreten, so dass diese eine Verrechnung vornehmen kann.

---

1 BFH, Vorlagebeschluss v. 19.4.2007 IV R 4/06, BStBl II 2008 S. 140, BVerfG-Az.: 1 BvR 5/07. Der Vorlagebeschluss wurde mit Beschluss v. 30.10.2008, BFH/NV 2009, S. 214, aufgehoben, nachdem das Finanzamt die Revision zurückgenommen hatte.
2 EuGH, Urteil v. 27.11.2003 Rs. C-497/01 (Zita Modes Sarl), HFR 2004 S. 402; BFH, Urteil v. 23.8.2007 V R 14/05, BFH/NV 2008 S. 316; zu Einzelheiten siehe Abschn. 1.5 UStAE.
3 Stahl in Kösdi 2006 S. 14949.

Bei **Grundstücken** ist zu überlegen, zur Umsatzsteuerpflicht zu optieren, um eine Vorsteuerkorrektur nach § 15a UStG zu vermeiden.

Streitig ist, ob die Übernahme von Mandaten zur umsatzsteuerlichen Bemessungsgrundlage gehört. Dies verneint Stahl (a. a. O.), da es sich nicht um verkehrsfähige Wirtschaftsgüter handele. Demgegenüber bejaht das FG des Saarlandes[1] die Umsatzsteuerpflicht der Übernahme des Mandantenstamms.

Der XI. Senat hat in einem Gerichtsbescheid die Umsatzsteuerpflicht bejaht (sonst könnte er nicht den Vorsteuerabzug bejahen) und beim V. Senat mit Beschluss vom 14. 11. 2012 XI R 26/10 angefragt, ob dieser einer Abweichung von seiner Rechtsprechung zustimme, nach der ein Gesellschafter nicht zum Vorsteuerabzug berechtigt ist, wenn er den Gegenstand der Gesellschaft unentgeltlich zur Nutzung überlasse. Der V. Senat hat mit Beschluss vom 6. 12. 2012 V ER-S 2/12[2] der Abweichung nicht zugestimmt. Dabei ist er u. E. ebenso wie der XI. Senat stillschweigend davon ausgegangen, dass die Übernahme von Mandaten im Rahmen einer Realteilung überhaupt einen umsatzsteuerpflichtigen Vorgang darstellt. Der V. Senat verneint allerdings die Unternehmereigenschaft des Realteilers, wenn dieser den Mandantenstamm einer neuen Personengesellschaft unentgeltlich zur Nutzung überlässt. Dem stehe das EuGH-Urteil vom 1. 3. 2012, Rs. C-280/10, Polski Trawertyn, nicht entgegen, da dort der vom Gesellschafter umsatzsteuerpflichtig erworbene Gegenstand auf die Gesellschaft übertragen wurde. Eine Nutzungsüberlassung sei einer Lieferung nicht gleichzustellen. Der XI. Senat hat mit Beschluss vom 20. 2. 2013[3] den Streitfall dem EuGH vorgelegt. Der EuGH hat mit Urteil vom 13. 3. 2014, Rs. C-204/13, Malburg, den Vorsteuerabzug versagt.

Unklar ist auch nach dem vorgenannten Urteil des EuGH, wem die für den Vorsteuerabzug jeweils fehlenden Teile der Tatbestandsverwirklichung zuzurechnen sind: Dem Gesellschafter[4] oder der Gesellschaft[5].

g) Grunderwerbsteuer

2532   Werden i. R. der Realteilung einer Personengesellschaft Grundstücke übertragen, unterliegt dieser Vorgang der Grunderwerbsteuer, da ein Rechtsträgerwechsel vorliegt.

---

1 Urteil vom 16. 6. 2010 1 K 2111/06, BFH-Az.: XI R 26/10; dahingehend wohl auch BFH, Beschluss vom 5. 6. 2013 XI B 116/12.
2 BFH/NV 2013 S. 418.
3 BStBl II 2013 S. 464.
4 Hierfür Wäger, UR 2012 S. 911, 913.
5 So Sterzinger, DStR 2013 S. 1309, 1312)

Zu beachten ist die Befreiungsvorschrift des § 6 Abs. 1 und 2 GrEStG. Die Befreiung gilt insoweit nicht, als ein Gesamthänder innerhalb von fünf Jahren vor dem Erwerbsvorgang seinen Anteil an der Gesamthand durch Rechtsgeschäft unter Lebenden erworben hat.

Hinzutreten kann eine Befreiung nach § 3 Nr. 4 (soweit an der Personengesellschaft Ehegatten beteiligt waren) oder Nr. 6 (Verwandtschaft in gerader Linie und gleichgestellte Verhältnisse) GrEStG.[1]

h) Verfahrensrecht

Mit der Realteilung ist die Personengesellschaft vollbeendet.   2532a

Rechtsbehelfsbefugt i. S. der § 352 AO, § 48 FGO gegen Gewinnfeststellungsbescheide sind deshalb nur (noch) die ehemaligen Gesellschafter und nicht mehr die Personengesellschaft.   2532b

Wird ohne Auslegungsmöglichkeit von der oder für die vollbeendete Personengesellschaft Einspruch eingelegt oder Klage erhoben, ist dieser Rechtsbehelf unzulässig.[2]   2532c

Die Personengesellschaft gilt aber steuerrechtlich so lange als fortbestehend (mit der Weiterwirkung ihrer Prozessstandschaft für Gewinnfeststellungsbescheide), als nicht alle Beziehungen zum Finanzamt beendet sind. Sind z. B. noch Betriebssteuerbescheide im Rechtsbehelfsverfahren, gilt nach neuer BFH-Rechtsprechung die Personengesellschaft auch noch hinsichtlich von Rechtsbehelfen gegen Gewinnfeststellungsbescheide als fortbestehend.[3]   2532d

i) Abgrenzung der Realteilung zu § 16 Abs. 1 und Abs. 3 Satz 1, § 6 Abs. 3 und 5 EStG

Nach Auffassung der Finanzverwaltung ist von der Realteilung die Veräußerung oder die Aufgabe eines Mitunternehmeranteils bei Fortbestehen der Mitunternehmerschaft zu unterscheiden. Scheidet ein Mitunternehmer aus einer mehrgliedrigen Mitunternehmerschaft aus und wird diese im Übrigen von den verbleibenden Mitunternehmern fortgeführt, liegt kein Fall der Realteilung vor. Es handelt sich in diesen Fällen um den Verkauf oder die Aufgabe eines Mitunternehmeranteils nach § 16 Abs. 1 Satz 1 Nr. 2 oder § 16 Abs. 3 Satz 1   2532e

---

1 Vgl. grundlegend BFH-Urteil v. 25. 2. 1969 II R 142/63, BStBl II 1969 S. 400.
2 BFH, Beschluss v. 5. 4. 2005 VIII B 185/04, BFH/NV 2005 S. 1492; hier auch zur Umdeutung einer Rechtsbehelfsschrift.
3 BFH, Beschluss v. 12. 4. 2007 IV B 69/05, BFH/NV 2007 S. 1923.

EStG. Gegebenenfalls ist eine Buchwertfortführung nach § 6 Abs. 3 oder 5 EStG unter den dort genannten Voraussetzungen vorzunehmen. Dies gilt auch dann, wenn es sich um eine personenidentische Schwestergesellschaft handelt. Nach Verwaltungsmeinung ist eine Übertragung einzelner Wirtschaftsgüter in das Gesamthandsvermögen einer anderen Mitunternehmerschaft, an der der Realteiler ebenfalls beteiligt ist, zu Buchwerten nicht möglich.[1] Dagegen kann in das Sonderbetriebsvermögen bei einer anderen Mitunternehmerschaft zu Buchwerten übertragen werden.

2532f   Diese Ansicht ist äußerst umstritten. Eine Rechtsgrundlage hierfür ist nicht ersichtlich, zumal eine Analogie zu § 6 Abs. 5 Satz 3 EStG ausscheidet.[2] Diese Vorschrift regelt nur die unentgeltliche Übertragung und keine entgeltliche Übertragung bis auf die Übertragung unter Gewährung oder Minderung von Gesellschaftsrechten. Die Anwendung der Realteilungsgrundsätze wird vor allem dann befürwortet, wenn bei der Übertragung auf eine beteiligungsidentische Schwestergesellschaft die stillen Reserven vor und nach der Übertragung denselben Personen zustehen.[3] Dies entspricht auch der jahrzehntelangen BFH-Rechtsprechung.[4] Zudem wird darauf hingewiesen, dass es wenig plausibel sei, den Realteilern den Umweg über ein eigenes Sonderbetriebsvermögen gem. § 6 Abs. 5 Satz 3 Nr. 2 EStG mit anschließender zeitversetzter Einbringung in eine Schwestergesellschaft aufzuzwingen.[5] Die Einschränkung im BMF-Schreiben v. 28. 2. 2006 ist umso unverständlicher, als eine Übertragung zu Buchwerten auf eine Schwestergesellschaft auch in der Weise erreicht werden kann, dass die Personengesellschafter eine personen- und beteiligungsidentische Schwestergesellschaft errichten und dieser neu errichteten Gesellschaft Grundstücke der Altgesellschaft entgeltlich – unter Bildung einer Rücklage gem. § 6b EStG – veräußern. Da das Veräußerungsgeschäft zugleich die Reinvestition darstellt, kann die Rücklage nach § 6b EStG auf die Reinvestition im Gesamthandsvermögen einer Personengesellschaft übertragen werden.[6]

2532g   Hält man sich konsequent an die Fortsetzung der unternehmerischen Tätigkeit bei den Realteilern und den Gesichtspunkt der Sicherstellung der stillen Reserven, ist die Verwaltungsmeinung nicht haltbar.

---

1 BMF-Schreiben v. 28. 2. 2006, BStBl I 2006 S. 228, IV. 1.
2 Spiegelberger, Die Realteilung in der Beratungspraxis, NWB Nr. 19 v. 8. 5. 2006 S. 1585.
3 Wendt in H/H/R, Jahresband 2002, § 6 EStG, Anm. 01 bis 30.
4 BFH, Urteil v. 6. 9. 2000 IV R 18/99, BStBl II 2001 S. 229, 231.
5 Wacker in Schmidt, § 16 EStG, Rn 546.
6 Glanegger in Schmidt, § 6b EStG, Rn 4 m. w. N.; Spiegelberger, Die Realteilung in der Beratungspraxis, NWB Nr. 19 v. 8. 5. 2006 S. 1585.

E. Grunderwerbsteuer bei Umwandlungen

Literatur:

Adolf, Grunderwerbsteuer bei Organschaftsfällen – Zusammenfassung und Anmerkungen zum gleich lautenden Ländererlass vom 21.3.2007, GmbHR 2007 S. 1309; *Adolf/Kleinert*, Anmerkung zu BFH, Urt. v. 20.7.2005 – II R 30/04, GmbHR 2005 S. 1579; *Arnold*, Modifiziertes RETT-Blocker-Modell zur vollständigen Übertragung von Kapitalgesellschaftsanteilen unter Befreiung nach § 6a GrEStG, BB 2013 S. 3031; *Beckmann*, Grunderwerbsteuer bei Umstrukturierungen, GmbHR 1999 S. 217; *Behrendt/Wischott*, Grunderwerbsteuerliche Bemessungsgrundlage in den Fällen des § 147 BewG bei Umwandlungen i. S. des UmwG, DStR 2009 S. 1512; *Behrens*, Grunderwerbsteuer bei Unternehmensakquisitionen und Umwandlungen, StbJb 2005/2006 S. 317; *Behrens*, Anmerkungen zum koordinierten Ländererlass zu § 1 Abs. 2a GrEStG v. 25.2.2010, DStR 2010 S. 777; *Behrens*, Die grunderwerbsteuerliche Konzernklausel für übertragende Umwandlungen in § 6a GrEStG, AG 2010 S. 119; *Behrens*, Strittige Fragen bei § 6a GrEStG – Anmerkungen zum gleich lautenden Ländererlass v. 1.12.2010, Ubg 2010 S. 845; *Behrens*, § 6a GrEStG – Anmerkungen zu den gleichlautenden Ländererlassen vom 19.6.2012, DStR 2012 S. 2149; *Behrens*, Neue RETT-Blocker-Vermeidungsvorschrift in § 1 Abs. 3a GrEStG durch AmtshilfeRLUmsG, DStR 2013 S. 1405; *Behrens*, Schlussfolgerungen aus den gleich lautenden Länder-Erlassen zu § 1 Abs. 3a und § 6a GrEStG n. F. vom 9.10.2013, DStR 2013 S. 2726; *Behrens*, Anmerkungen zum gleich lautenden Länder-Erlass zu § 1 Abs. 2a GrEStG vom 18.2.2014, DStR 2014 S. 1526; *Behrens/Meyer-Wirges*, Anmerkungen zum koordinierten Ländererlass v. 21.3.2007 zur grunderwerbsteuerlichen Organschaft, DStR 2007 S. 1290; *Behrens/Schmitt*, Formwechsel und § 6 Abs. 4 Satz 1 GrEStG, UVR 2004 S. 270; *Behrens/Schmitt*, Grunderwerbsteuer durch quotenwahrenden Formwechsel, UVR 2008 S. 16 und 53; *Behrens/Schmitt*, Grunderwerbsteuer bei mittelbarer Anteilsübertragung, BB 2009 S. 426; *Behrens/Morgenweck*, Anmerkungen zum Erlass-Entwurf betreffend § 1 Abs. 3a GrEStG, BB 2013 S. 2839; *Brinkmann/Tschesche*, Grunderwerbsteuer bei Anteilsvereinigung in der Hand der grunderwerbsteuerlichen Organschaft – BFH widerspricht OFD Münster, BB 2005 S. 2783; *Dettmeier/Geibel*, Die neue Grunderwerbsteuerbefreiung für Umstrukturierungen innerhalb eines Konzerns, NWB 2010 S. 582; *Franz/Golücke*, (Doppelter) Anfall von Grunderwerbsteuer in Umwandlungsfällen bei Veräußerung von Grundstücken vor Eintragung der Umwandlung im Handelsregister, DStR 2003 S. 1153; *Fuhrmann*, Gesellschafterwechsel und Grunderwerbsteuer, Kösdi 2014 S. 18768 *Götz*, Grunderwerbsteuerliche und organschaftliche Fragen bei Umwandlungen im Konzern, GmbHR 2001 S. 277; *Gottwald*, Grunderwerbsteuerliche Fragen bei der Einbringung von Anteilen an einer Personengesellschaft in eine Personengesellschaft nach § 24 UmwStG, INF 2005 S. 865; *Günkel/Lieber*, Grunderwerbsteuerliche Organschaft, in Herzig (Hrsg.), Organschaft, Stuttgart 2003 S. 353; *Haag*, Auslegungsfragen von § 6a GrEStG Teil I: Sachverhalte mit Auslandsbezug, BB 2011 S. 1047; *Haag*, Auslegungsfragen von § 6a GrEStG Teil II: Beteiligung von Personenunternehmen, BB 2011 S. 1119; *Heine*, Herrschende und abhängige Personen sowie Unternehmen und die Organschaft im Grunderwerbsteuerrecht, GmbHR 2003 S. 453; *ders.*, Die Organschaft im Grunderwerbsteuerrecht, UVR 2001 S. 349; *ders.*, Die Organschaft im Umsatzsteuerrecht und bei der Grunderwerbsteuer – Ein Vergleich, UVR 2004 S. 191; *ders.*, Die Steuerbefreiung des § 6 Abs. 3 GrEStG beim fingierten Grundstückserwerb durch Personengesellschaften nach § 1 Abs. 2a GrEStG, INF 2005 S. 63; *ders.*, Anwendung des § 1 Abs. 3 GrEStG in Verbindung mit Abs. 4 auf Organschaftsfälle, UVR 2007 S. 245 u. 278; *Heine*, Neue Anwendungserlasse zu § 1 Abs. 3a GrEStG, Stbg 2014 S. 215; *Jacobsen*, Die grunderwerbsteuerliche Gestaltung von Umstrukturierungen mit GmbH-Anteilen, GmbHR 2009 S. 690; *Jacobsen*, Die grunderwerbsteuerliche Gestaltung von Umstrukturierungen mit Grundstücken, UVR 2009 S. 145; *Joisten/Liekenbrock*, Die neue Anti-RETT-Blockerregelung nach § 1 Abs. 3a GrEStG, Ubg 2013 S. 469; *Jüptner*, Zweigliedrige Personengesellschaft, Formwechsel und Grunderwerbsteuer, UVR 2009 S. 62; *Klass/Möller*, Umwandlungsprivileg für Konzerne bei der Grunderwerbsteuer – koordinierte Ländererlasse v. 1. 12. 2010 BB 2011 S. 407; *Kroschewski*, Zur Steuerbarkeit der unmittelbaren Anteilsvereinigung bei beherrschten Gesellschaften gem. § 1 Abs. 3 GrEStG, BB 2001, S. 1121; *Lieber*, Anwendung des § 1 Abs. 3 i.V. mit Abs. 4 GrEStG auf Organschaftsfälle – Anmerkungen zu den gleich lautenden Erlassen der obersten Finanzbehörden der Länder v. 21. 3. 2007, DB Beilage Nr. 4/2007; *Lieber/Morgenweck*, Die grunderwerbsteuerliche Organschaft unter Berücksichtigung der aktuellen BFH-Rechtsprechung, UVR 2006, S. 125; *Lieber/Wagner*, GrESt bei Umwandlungen, DB 2012 S. 1772; *Mack*, Grunderwerbsteuerpflicht beim quotenwahrenden Formwechsel, UVR 2009 S. 254; *Mensching/Tyarks*, Grunderwerbsteuerliche Einführung einer Konzernklausel durch das Wachstumsbeschleunigungsgesetz, BB 2010 S. 87; *Mitsch*, Die grunderwerbsteuerliche Organschaft – Beratungskonsequenzen aus der Verfügung der OFD Münster v. 7. 12. 2000 insbesondere für Konzernsachverhalte, DB 2001 S. 2165; *Neitz/Lange*, Grunderwerbsteuer bei Umwandlungen – Neue Impulse durch das Wachstumsbeschleunigungsgesetz, Ubg 2010 S. 17; *Neitz-Hackstein/Lange*, Anwendung der grunderwerbsteuerlichen Konzernklausel, GmbHR 2011 S. 122; *Neitz-Hackstein/Lange*, Neues zur

Anwendung des § 6a GrEStG – Der gleichlautende Ländererlass vom 19.6.2012, GmbHR 2012 S. 998; *Rödder/Schönfeld*, Zweifelsfragen im Zusammenhang mit der Vor- und Nachbehaltensfrist der grunderwerbsteuerlichen Konzernklausel in § 6a Satz 4 GrEStG n. F., DStR 2010 S. 415; *Rothenöder*, Der Anteilsbegriff des § 1 Abs. 3 GrEStG, DStZ 2010 S. 334; *Salzmann/Loose*, Grunderwerbsteuerneutrale Umstrukturierung im Konzern, DStR 2004 S. 1941; *Schaflitzl/Götz*, Erlass zur Anwendung der Konzernklausel i. S. von § 6a GrEStG – geklärte und offene Fragen, DB 2011, S. 374; *Schaflitzl/Schrade*, Die geplante Anti-„RETT-Blocker"-Regelung im Grunderwerbsteuerrecht, BB 2013 S. 343; *Schanko*, Die aktuelle Verwaltungsauffassung zum § 1 Abs. 2a GrEStG, UVR 2010 S. 148; *Schanko*, Zur Anwendung des § 6a GrEStG, Ubg 2011 S. 73; *Schanko*, UVR 2011 S. 49; *Schober/Kuhnke*, Die „Anti-RETT-Blocker"-Regelung des § 1 Abs. 3a GrEStG, NWB 2013 S. 2225; *Sedemund/Fischenich*, Die neuen Mantelkaufregelungen und Grunderwerbsteuer als verfassungs- und europarechtliche bedenkliche Bremse von internationalen Umstrukturierungen, BB 2008 S. 535; *Stangl/Aichberger*, Keine Erleichterungen konzerninterner Umstrukturierungen durch den Erlass zu § 1 Abs. 2a GrEStG vom 18.2.2014, DB 2014 S. 1509; *Strunk*, Grunderwerbsteuerliche Fragen bei der Einbringung von Anteilen an einer Personengesellschaft in eine Personengesellschaft nach § 24 UmwStG, INF 2005 S. 545; *Teiche*, Entstehung von Grunderwerbsteuer nach § 1 Abs. 2a und 3 GrEStG bei Umstrukturierungen innerhalb eines Konzerns, UVR 2003 S. 258 und 300; *Verweyen*, Grunderwerbsteuer bei konzerninternen Umstrukturierungen, 2005, S. 150; *H.-U. Viskorf*, Grunderwerbsteuer in Umwandlungsfällen, StBJb 1998/1999, S. 97; *St.Viskorf/Haag*, Bericht zum 4. Münchner Unternehmenssteuerforum: „Grunderwerbsteuer als Umstrukturierungshindernis für Unternehmen – Erleichterung durch den neuen § 6a GrEStG?", Beihefter zu DStR 12/2011 S. 3; *Wagner/Lieber*, Änderungen bei der GrESt: Vermeidung von RETT-Blockern und Erweiterung von 6a GrEStG, DB 2013 S. 1387; *Weilbach*, Grunderwerbsteuerfreiheit bei Konzernumstrukturierungen, UVR 2001, S. 389; *Wienands*, Grunderwerbsteuer und konzerninterne Restrukturierungen, DB 1997 S. 1362; *Wischott/Schönweiß*, Grunderwerbsteuerpflicht bei Wechsel des Organträgers, DStR 2006 S. 172; *Wischott/Schönweiß*, Wachstumsbeschleunigungsgesetz – Einführung einer Grunderwerbsteuerbefreiung für Umwandlungsvorgänge, DStR 2009 S. 2638; *Wischott/Adrian/Schönweiß*, Anmerkungen zum Anwendungserlass zu § 6a GrEStG v. 1.12.2010 DStR 2011, S. 497; *Wischott/Keller/Graessner*, Erweiterung der grunderwerbsteuerlichen Konzernklausel, IWB 2013 S. 3460; *Wischott/Keller/Graessner/Bakeberg*, Auswirkungen des § 1 Abs. 3a GrEStG n. F. auf die Transaktionspraxis, DB 2013 S. 2235.

I. Allgemeiner Teil

1. Anknüpfungspunkt: Wechsel des Rechtsträgers

2533 Die Grunderwerbsteuer wird im Grundsatz auf Vorgänge des Rechtsverkehrs erhoben und ist insofern eine **Rechtsverkehrssteuer**.[1] Der Grunderwerbsteuer unterliegen in erster Linie Rechtsvorgänge, die auf den Übergang des Eigentums an einem inländischen Grundstück gerichtet sind, insbesondere Kaufverträge und andere Rechtsgeschäfte, die den Anspruch auf Übereignung begründen (vgl. § 1 Abs. 1 Nr. 1 GrEStG) sowie der Übergang des Eigentums unmittelbar kraft Gesetzes oder durch behördlichen Ausspruch (§ 1 Abs. 1 Nr. 3 GrEStG). Maßgebend ist der Transfer des Grundbesitzes von einem Rechtsträger auf einen anderen Rechtsträger, d. h. eine natürliche oder juristische Person oder ein „besonderer Rechtsträger" von Gesamthandsvermögen (z. B. OHG, KG, Partnerschaftsgesellschaft oder GbR). Lediglich i. R. der speziellen Befreiungsvorschriften in §§ 5 – 7 GrEStG werden die im Gesamthandsvermögen gehaltenen Grundstücke den gesamthänderisch beteiligten Personengesellschaftern zugerechnet (soweit es sich bei den Gesellschaftern nicht ihrerseits um Personengesellschaften handelt). Der oder die Rechtsträger können im Inland oder im Ausland ansässig sein. Die drei weiteren bei Umstrukturierungen praktisch relevanten Grunderwerbsteuertatbestände sind die wesentliche Änderung des Gesellschafterbestands einer grundbesitzenden Personengesellschaft innerhalb von fünf Jahren (§ 1 Abs. 2a GrEStG) sowie die Anteilsvereinigung (§ 1 Abs. 3 Nr. 1 und 2 GrEStG), die Übertragung von zu mindestens 95 % bereits vereinigter Gesellschaftsanteile auf einen neuen Rechtsträger (§ 1 Abs. 3 Nr. 3 und 4 GrEStG) und das Innehaben einer wirtschaftlichen Beteiligung von mindestens 95 % an einer grundbesitzenden Gesellschaft (§ 1 Abs. 3a GrEStG). Grunderwerbsteuer auslösendes Element ist somit grundsätzlich ein Rechtsträgerwechsel an einem inländischen Grundstück oder an Anteilen an einer grundbesitzenden Personen- bzw. Kapitalgesellschaft.

2. Inländisches Grundstück

2534 Gegenstand der Besteuerung sind nach § 1 GrEStG Rechtsvorgänge, die sich auf inländische Grundstücke beziehen und nicht auf Grundbesitz im bewertungsrechtlichen Sinne (vgl. § 19 Abs. 1 Nr. 1 BewG). Dementsprechend regelt § 2 Abs. 1 Satz 1 GrEStG, dass Grundstücke, die der Grunderwerbsteuer unter-

---

1 Vgl. BFH, Urteil v. 9. 4. 2008 – II R 32/06, BFH/NV 2008 S. 1526 m. w. N.

fallen, solche i. S. des bürgerlichen Rechts sind. Grundstück im Rechtssinn ist ein abgegrenzter, katastermäßig vermessener und bezeichneter Teil der Erdoberfläche (auch Gewässer), der im Regelfall im Grundbuch als Grundstück geführt wird (§ 3 Abs. 1 Satz 1 GBO); letzteres gilt dann nicht, wenn es sich um Grundstücke (z. B. des Bundes, der Länder, der Gemeinden und Kirchen) handelt, die nur auf Antrag des Eigentümers oder eines Berechtigten ein Grundbuchblatt erhalten oder wenn das Grundbuchamt wegen der geringen wirtschaftlichen Bedeutung unter den Voraussetzungen des § 3 Abs. 3 GBO von der Führung eines Grundbuchblattes absieht. Aufstehende Gebäude und Bauwerke sind nach § 94 Abs. 1 BGB im Regelfall wesentliche Bestandteile des Grundstücks; dies gilt nur dann nicht, wenn es sich bei dem Gebäude um einen Scheinbestandteil i. S. des § 95 Abs. 1 Satz 2 BGB handelt oder die Sonderregelung nach Art. 231 § 5 Abs. 1 EGBGB für im Beitrittsgebiet gelegene Gebäude, Baulichkeiten, Anlagen, Anpflanzungen oder Einrichtungen eingreift.

Kraft ausdrücklicher gesetzlicher Regelung in § 2 Abs. 2 GrEStG stehen **Erbbaurechte sowie Gebäude auf fremdem Boden und dinglich gesicherte Sondernutzungsrechte** i. S. des § 15 des Wohnungseigentümergesetzes und des § 1010 BGB den Grundstücken gleich. Dies gilt nicht für andere Rechte, die den Vorschriften des bürgerlichen Rechts über Grundstücke unterliegen wie z. B. Nießbrauch, Wohnungs- und Teileigentum, Mineralgewinnungsrecht (Bergbauberechtigung), Rechte nach Landesrecht (Bergwerkseigentum gem. Art. 67 EGBGB; Gewerbeberechtigungen gem. Art. 68, 74 EGBGB). 2535

Nicht der Grunderwerbsteuer unterliegen **Betriebsvorrichtungen** (§ 2 Abs. 1 Satz 2 Nr. 1 GrEStG). Dies sind Maschinen und sonstige Vorrichtungen aller Art, die zu einer Betriebsanlage gehören. Erfasst werden grundsätzlich alle Vorrichtungen, mit denen ein Gewerbe unmittelbar betrieben wird.[1] Sie können zivilrechtlich auch wesentliche Bestandteile des Grundstücks bzw. des Gebäudes sein (z. B. Lastenaufzug, Rolltor). Steuerlich werden sie im Bewertungs- und im Grunderwerbsteuerrecht[2] vom Grundstück bzw. Gebäude getrennt und als sonderrechtsfähige Gegenstände betrachtet.[3] 2536

---

1 Vgl. BFH, Urteil v. 11. 12. 1991 – II R 14/89, BStBl II 1992 S. 278.
2 Vgl. § 68 Abs. 2 Satz 1 Nr. 2 BewG.
3 Zur Abgrenzung vom Grundvermögen vgl. gleichlautender Ländererlass v. 15. 3. 2006, BStBl I 2006 S. 314.

3. Bemessungsgrundlage

2537 Die grunderwerbsteuerliche Bemessungsgrundlage für Umwandlungen nach dem UmwG, Einbringungen und anderen Erwerbsvorgängen auf gesellschaftsvertraglicher Grundlage wurde i. R. des JStG 1997[1] neu geregelt. Nach § 8 Abs. 2 Nr. 2 GrEStG bemisst sich die Grunderwerbsteuer bei diesen Vorgängen, die nach dem 31. 12. 1996 verwirklicht werden (vgl. § 23 Abs. 4 GrEStG), nach den **Grundbesitzwerten i. S. des § 138 Abs. 2 und 3 BewG.**[2] Von Einbringungen und anderen Erwerbsvorgängen auf gesellschaftsvertraglicher Grundlage sind Grundstücksveräußerungen von dem Gesellschafter an die Gesellschaft und vice versa gegen Zahlung einer Gegenleistung zu unterscheiden. In diesen Fällen bemisst sich die Steuer nach dem Wert der Gegenleistung (§ 8 Abs. 1 GrEStG).

4. Steuersatz

2538 Der Steuersatz beträgt seit dem 1. 1. 1997 3,5 % (§ 11 Abs. 1 GrEStG), bis zum 31. 12. 1996 betrug er 2 %. Nach Art. 105 Abs. 2a Satz 2 GG[3] haben die Länder die Befugnis zur Bestimmung des Steuersatzes. **Ländereigene Regelungen** sind jeweils auf solche steuerbaren Rechtsvorgänge beschränkt, die sich auf Grundstücke beziehen, die im Gebiet des jeweiligen Landes belegen sind. Von dieser Befugnis haben folgende Länder Gebrauch gemacht:

- ▶ Baden-Württemberg: Gesetz v. 26. 10. 2011 (GVBl 2011 S. 493) – Steuersatz 5 % mit Wirkung ab 5. 11. 2011
- ▶ Berlin: Gesetz v. 30. 12. 2006 (GVBl 2006 S. 1172) – Steuersatz 4,5 % mit Wirkung ab 1. 1. 2007, 5 % mit Wirkung ab 1. 4. 2012 (Gesetz v. 14. 3. 2012, GVBl 2012 S. 90), 6 % mit Wirkung ab 1. 1. 2014 (Gesetz v. 23. 11. 2013, GVBl 2013 S. 583)
- ▶ Brandenburg: Gesetz v. 29. 11. 2010 (GVBl 2010 I Nr. 40 Satz 1) – Steuersatz 5 % mit Wirkung ab 1. 1. 2011
- ▶ Bremen: Gesetz v. 16. 11. 2010 (GVBl 2010 S. 574) – Steuersatz 4,5 % mit Wirkung ab 1. 1. 2011, 5 % mit Wirkung ab 1. 1. 2014 (Gesetz v. 19. 11. 2013, GVBl 2013 S. 559)

---

[1] BGBl I 1997 S. 419.
[2] Dies gilt nach Art. 14 Nr. 4 und Nr. 11 Buchst. c des StEntlG 1999/2000/2002 v. 24. 3. 1999 (BGBl I 1999 S. 402) auch für Umwandlungen auf Grund von anderen Bundesgesetzen oder Landesgesetzen, die nach dem 31. 3. 1999 verwirklicht werden (vgl. § 23 Abs. 6 Satz 1 GrEStG).
[3] Eingefügt durch Art. 1 Nr. 18 des Gesetzes zur Änderung des GG v. 28. 8. 2006, BGBl I 2006 S. 2034, Föderalismusreform 2006.

- Hamburg: Gesetz v. 6.12.2008 (GVBl 2008 S. 433) – Steuersatz 4,5 % mit Wirkung ab 1.1.2009
- Hessen: Seit 1.1.2013 5 %, mit Wirkung ab 1.8.2014 6 %
- Mecklenburg-Vorpommern: Gesetz v. 22.6.2012 (GVBl 2012 S. 208) – Steuersatz 5 % mit Wirkung ab 30.6.2012
- Niedersachsen: Gesetz v. 17.12.2010 (GVBl 2010 S. 631) – Steuersatz 4,5 % mit Wirkung ab 1.1.2011, mit Wirkung ab 1.1.2014 5 % (Gesetz v. 16.12.2013, GVBl 2013 S. 310)
- Nordrhein-Westfalen: Gesetz v. 25.7.2011 (GVBl 2011 S. 389) – Steuersatz 5 % mit Wirkung ab 1.10.2011
- Rheinland-Pfalz: Gesetz v. 31.1.2012 (GVBl 2012 S. 41) – Steuersatz 5 % mit Wirkung ab 1.3.2012
- Saarland: Gesetz v. 8.12.2010 (Amtsblatt Saarl 2010 S. 1522) – Steuersatz 4 % mit Wirkung ab 1.1.2011, seit 1.1.2013 5,5 % (Gesetz v. 12.12.2012, Amtsblatt I S. 520); Erhöhung auf 6,5 % zum 1.1.2015 geplant
- Sachsen-Anhalt: Gesetz v. 17.2.2010 (GVBl 2010 S. 69) – Steuersatz 4,5 % mit Wirkung ab 1.3.2010, 5 % mit Wirkung ab 1.3.2012 (Gesetz v. 17.2.2012, GVBl 2012 S. 52).
- Schleswig-Holstein: Gesetz v. 17.12.2010 (GVBl 2010 S. 789) – Steuersatz 5 % mit Wirkung ab 1.1.2012, seit 1.1.2014 6,5 % (Gesetz v. 13.12.2013, GVBl 2013 S. 494)
- Thüringen: Gesetz v. 6.4.2011 (GVBl 2011 S. 6) – Steuersatz 5 % mit Wirkung ab 7.4.2011

II. Formwechselnde Umwandlung

1. Direkte Auswirkungen für den Grundbesitz des formwechselnden Rechtsträgers

a) Gesellschaftsebene

Der Formwechsel nach §§ 1 Abs. 1 Nr. 4, 190 ff. UmwG führt nicht zu einem Rechtsträgerwechsel. Nach § 202 Abs. 1 Nr. 1 UmwG hat die Registereintragung der neuen Rechtsform die Wirkung, dass der formwechselnde Rechtsträger in der im Umwandlungsbeschluss bestimmten Rechtsform weiter besteht. Kennzeichnend für die formwechselnde Umwandlung ist, dass an ihr nur ein Rechtsträger beteiligt ist. Es kommt somit nicht zu einer Gesamtrechtsnachfolge eines Rechtsträgers in das Vermögen eines anderen Rechtsträgers; es be-

2539

darf keiner Übertragung der einzelnen Vermögensgegenstände.[1] Denn die formwechselnde Umwandlung wird durch das Prinzip der wirtschaftlichen Identität (Kontinuität des Vermögens) bestimmt. Dieser Grundsatz wird auch nicht dadurch berührt, dass bei der Umwandlung einer Kapitalgesellschaft in eine GmbH & Co. KG ein nicht am Vermögen der KG beteiligter Gesellschafter als Komplementär hinzukommt.[2] Somit unterliegt weder der **homogene Formwechsel** (Kapital- in Kapitalgesellschaft sowie Personen- in Personengesellschaft) noch der **heterogene Formwechsel** (z. B. GmbH & Co. KG in GmbH) der Grunderwerbsteuer.[3] Dies gilt sowohl für den Grundbesitz, der dem formwechselnden Rechtsträger zuzurechnen ist, als auch für die Beteiligung des formwechselnden Rechtsträgers an Kapital- und Personengesellschaften, in deren Eigentum sich Grundbesitz befindet. Da aufgrund des Formwechsels keine Anteile bewegt werden, liegen die Voraussetzungen des § 1 Abs. 3 GrEStG bzw. des § 1 Abs. 2a GrEStG nicht vor.

b) Gesellschafterebene

2540   Dass ein Formwechsel auf Gesellschaftsebene ohne Rechtsträgerwechsel stattfindet, schließt es nicht aus, dass nach Maßgabe des § 1 Abs. 3 GrEStG eine **Anteilsvereinigung auf Gesellschafterebene** erfolgt. Einen solchen Fall hatte das FG Münster mit Urteil vom 16. 2. 2006[4] entschieden. Es ging um den Formwechsel einer zweigliedrigen Personengesellschaft (OHG) mit Grundstücken im Gesellschaftsvermögen in eine Kapitalgesellschaft (GmbH). Einer der Gesellschafter war am Vermögen der OHG nicht beteiligt. Dieser Gesellschafter sollte aufschiebend bedingt auf die Eintragung der formwechselnden Umwandlung der OHG in das Handelsregister ausscheiden. Nach Auffassung des FG war es infolge des Ausscheidens zu einer Vereinigung der Anteile an der Gesellschaft in der Hand des verbliebenen Gesellschafters gekommen. Dahinter steht die Überlegung, dass die Gesamthandgemeinschaft beendet wurde und für die Anteilsvereinigung von Anteilen an einer Kapitalgesellschaft andere (strengere) Zurechnungskriterien gelten.

---

1   Die Eintragung des neuen Rechtsträgers erfordert auch keine Grundbuchberichtigung nach § 22 GBO, nur eine Richtigstellung der Bezeichnung des Berechtigten.
2   Vgl. Hofmann, § 1 GrEStG Rn 11.
3   Vgl. BFH, Urteile v. 4. 12. 1996 II B 116/96, BStBl II 1997 S. 661; v. 7. 9. 2007 II B 5/07, BFH/NV 2007 S. 2351; FinMin. Baden-Württemberg, Gleichlautender Ländererlass v. 19. 12. 1997, DStR 1998 S. 82.
4   FG Münster, Urteil v. 16. 2. 2006 8 K 1785/03 GrE, EFG 2006 S. 1034; das Revisionsverfahren wurde mit einer formalen Begründung beendet, vgl. BFH, Urteil v. 9. 4. 2008 II R 31/06, BFH/NV 2008 S. 1435.

Der Entscheidung ist im Ergebnis nicht zu folgen. Denn im zugrundeliegenden Sachverhalt kam es gerade nicht zu einem Transfer von Anteilen von einem Gesellschafter des formwechselnden Rechtsträgers auf einen anderen Gesellschafter.[1] Infolge der fortgeführten vermögensmäßigen Beteiligung fehlt es an einer Anteilsübertragung. Wird somit der **Formwechsel quotenwahrend** durchgeführt, kann der Tatbestand des § 1 Abs. 3 Nr. 1 oder Nr. 2 GrEStG nicht erfüllt werden. Etwas anderes gilt für den **quotenverschiebenden Formwechsel**. Werden infolge der Quotenverschiebung erstmals 95 % der Anteile an der Kapitalgesellschaft in der Hand eines vermögensmäßig an der Personengesellschaft vor dem Formwechsel zu weniger als 95 % beteiligten Gesamthänders vereinigt, kann ein nach § 1 Abs. 3 Nr. 2 GrEStG steuerbarer Rechtsvorgang vorliegen.[2]

2541

2. Mögliche Konsequenzen für die Anwendung der Vergünstigungen aus §§ 5, 6 und 6a GrEStG

a) Wegfall der Vergünstigung nach § 5 GrEStG

Da Gesamthandsgemeinschaften grunderwerbsteuerlich selbständige Rechtsträger sind, unterliegen auch Erwerbsvorgänge zwischen der Gesamthandsgemeinschaft und ihren Beteiligten der Grunderwerbsteuer. Da jedoch der Gesamthänder sachenrechtlich am Gesamthandsvermögen beteiligt ist, wenn auch in gesamthänderischer Verbundenheit mit den anderen Beteiligten, befreien die §§ 5 und 6 GrEStG den Grundstückswechsel zwischen Gesamthand und Gesamthänder von der Grunderwerbsteuer insoweit wie die wertmäßige Beteiligung des veräußernden oder erwerbenden Gesamthänders an der Gesamthand reicht.

2542

Nach § 5 Abs. 1 GrEStG wird beim Übergang eines Grundstücks von mehreren Miteigentümern auf eine Gesamthand die Steuer insoweit nicht erhoben, soweit der Anteil des einzelnen am Vermögen der Gesamthand Beteiligten seinem Bruchteil am Grundstück entspricht. § 5 Abs. 2 GrEStG befreit den Übergang des Grundstücks von einem Alleineigentümer auf eine Gesamthand im Ausmaß seiner Beteiligung am gesamthänderisch gebundenen Vermögen. Um Missbräuchen der Vergünstigung vorzubeugen, regelt § 5 Abs. 3 GrEStG, dass § 5 Abs. 1 und 2 GrEStG insoweit nicht anzuwenden sind, als sich der Anteil des Veräußerers am Vermögen der Gesamthand innerhalb von fünf Jahren nach dem Übergang des Grundstücks auf die Gesamthand vermindert. Der

2543

---

[1] In diesem Sinne auch Hofmann, § 1 GrEStG Rn 172; Mack, UVR 2009 S. 254.
[2] Vgl. Behrens/Schmitt, UVR 2008 S. 53 (56); Pahlke in Widmann/Mayer, Anhang 12 Rn 13.4.

Formwechsel der erwerbenden Gesamthand in eine Kapitalgesellschaft bewirkt, dass die bisherige gesamthänderische Mitberechtigung des Gesellschafters am Gesellschaftsvermögen des formwechselnden Rechtsträgers untergeht. Die Gesellschafter an dem neuen Rechtsträger Kapitalgesellschaft sind nicht mehr am Vermögen der Gesellschaft, sondern nur an dieser selbst beteiligt. Erfolgt der Formwechsel innerhalb der Fünfjahresfrist nach Erwerb / Einbringung eines Grundstücks vom Gesellschafter durch / in die Personengesellschaft, findet § 5 Abs. 3 GrEStG Anwendung; das führt zum **Wegfall der Steuerbefreiung nach § 5 Abs. 2 GrEStG.**[1]

2544 Wird der **einbringende oder veräußernde Gesellschafter selbst durch Formwechsel** umgewandelt, führt dies grundsätzlich nicht zur Anwendung von § 5 Abs. 3 GrEStG. Dies ist jedenfalls für die homogene formwechselnde Umwandlung unstreitig. Für den heterogenen Formwechsel einer Kapitalgesellschaft in eine Personengesellschaft ist festzustellen, dass sich allein durch den Formwechsel nichts an der wertmäßigen Beteiligung des Gesellschafters (Ober-Personengesellschaft) an der Unter-Personengesellschaft ändert. Erst wenn sich die Beteiligungsverhältnisse der Gesellschafter an der Ober-Personengesellschaft innerhalb von fünf Jahren nach der Einbringung bzw. Veräußerung ändern, kommt es zum (anteiligen) Wegfall der Steuerbefreiung nach § 5 Abs. 1 bzw. 2 GrEStG.[2] Hofmann[3] und Viskorf[4] vertreten allerdings die Auffassung, dass bereits der Formwechsel zur Versagung der Steuervergünstigung führt, weil nicht die aus dem Formwechsel hervorgegangene Gesellschaft mit Gesamthandsvermögen als Beteiligte an einer Gesamthand i. S. des § 5 GrEStG angesehen wird, sondern die an deren Vermögen Beteiligten, d. h. die Gesellschafter der Ober-Personengesellschaft.

b) Wegfall der Vergünstigung nach § 6 GrEStG

2545 Für **Grundstücksübertragungen zwischen zwei Gesamthandsgemeinschaften** greift die Steuervergünstigung nach § 6 Abs. 3 Satz 1 i. V. m. Abs. 1 GrEStG. Die Steuer wird in dem Ausmaß nicht erhoben, in dem die prozentuale Berechtigung der Beteiligten am gesamthänderisch gebundenen Vermögen in beiden

---

1 Vgl. BFH, Urteil v. 4. 5. 2011 II B 151/10, BFH/NV 2011, S. 1395; Hofmann, § 5 GrEStG Rn 32; Pahlke, § 5 GrEStG Rn 107; Viskorf in Boruttau, § 5 GrEStG Rn 97.

2 So van Lishaut in Rödder/Herlinghaus/van Lishaut, UmwStG, Anh. 9 Rn 28; Kroschewski, GmbHR 2003 S. 757 (759); OFD Münster, Vfg. v. 28. 4. 2005 S 4514-7-St 24-35; Koordinierter Ländererlass v. 14. 2. 2002, DStR 2002 S. 360.

3 Hofmann, § 5 GrEStG Rn 28; jetzt auch Pahlke, § 5 GrEStG Rn 110; OFD Münster, Vfg. v. 31. 8. 2012, Tz. 1.2.1, 1.2.2. für Formwechsel mit Eintragung nach dem 31. 8. 2012.

4 Viskorf in Boruttau, § 5 GrEStG Rn 95.

II. Formwechselnde Umwandlung

Gesamthandsgemeinschaften deckungsgleich ist. Die Höhe der Beteiligung einer Gesamthand an der erwerbenden oder veräußernden Gesamthand ist nicht relevant. Dieser Grundsatz gilt auch für doppel- und mehrstöckige Gesamthandsgemeinschaften. Bei diesen wird bis zu den an der obersten Gesamthand beteiligten natürlichen und/oder juristischen Personen hindurchgeschaut.

Die Steuerbefreiung entfällt jedoch rückwirkend insoweit, als sich der Anteil des Gesamthänders innerhalb von fünf Jahren nach der Übertragung des Grundstücks von der einen auf die andere Gesamthand vermindert (§ 6 Abs. 3 Satz 2 GrEStG). Entsprechend der Rechtslage zu § 5 Abs. 3 GrEStG führt der **Formwechsel der erwerbenden Gesamthand in eine Kapitalgesellschaft** innerhalb von fünf Jahren nach dem Grundstückstransfer zum Wegfall der gesamthänderischen Mitberechtigung der Gesellschafter, so dass die Steuervergünstigung nachträglich versagt wird.[1]

2546

Außerdem kann der Formwechsel Auswirkungen auf die **Vorbehaltensfrist des § 6 Abs. 4 GrEStG** haben. Die Vergünstigungen nach § 6 Abs. 1 bis 3 GrEStG gelten insoweit nicht, als ein Gesamthänder innerhalb von fünf Jahren vor dem Erwerbsvorgang seinen Anteil an der Gesamthand durch Rechtsgeschäft unter Lebenden erworben hat. Auch der Erwerb einer Beteiligung an einer Personengesellschaft im Zuge des Formwechsels einer Kapitalgesellschaft erfolgt „durch Rechtsgeschäft" (Umwandlungsbeschluss als rechtsgeschäftliches Handeln).[2] Ist somit die übertragende Personengesellschaft innerhalb der Frist (maßgebend ist die Eintragung der Umwandlung in das Handelsregister) als Folge eines Formwechsels einer GmbH oder AG zu einer Gesamthand geworden, dann findet die Steuerbefreiung nach § 6 Abs. 3 i.V. m. Abs. 1 GrEStG für eine Grundstücksübertragung auf eine gesellschafteridentische weitere Personengesellschaft keine Anwendung. Eine Anrechnung der Zeit der Beteiligung des Gesellschafters (jetzigen Gesamthänders) an der Kapitalgesellschaft auf die Fünfjahresfrist kommt nicht in Betracht.[3]

2547

---

1 Vgl. Viskorf in Boruttau, § 6 GrEStG Rn 56, Pahlke, § 6 GrEStG Rn 88 ff.; BFH, Urteil v. 18. 12. 2002 II R 13/01, BStBl II 2003 S. 358 zur Rechtslage vor dem 31. 12. 2001, in der die Vergünstigung nach den Grundsätzen des vorgefassten Plans versagt wurde.
2 Vgl. BFH, Urteile v. 4. 4. 2001 II R 57/98, BStBl II 2001 S. 587; v. 19. 3. 2003 II B 96/02, BFH/NV 2003 S. 1090.
3 Vgl. BFH, Urteil v. 19. 3. 2003 II B 96/02, BFH/NV 2003 S. 1090; Hofmann, § 6 GrEStG Rn 22.

c) Formwechsel und § 6a GrEStG

2548 Der Formwechsel gehört nicht zu den nach § 6a GrEStG begünstigten Rechtsvorgängen, weil er nicht mit einem Rechtsträgerwechsel verbunden ist. Wie oben dargelegt, kann der Formwechsel zum nachträglichen Wegfall der Vergünstigung für einen Grundstücksübertragungs- bzw. -einbringungsvorgang im Rahmen der Nachbehaltensfristen des § 5 Abs. 3 bzw. § 6 Abs. 3 Satz 2 GrEStG führen oder zum Ausschluss der Vergünstigung bei Anwendung der Sperrfrist gem. § 6 Abs. 4 GrEStG. Derartige Einbringungs- bzw. Übertragungsvorgänge unterliegen jedoch der Besteuerung nach § 1 Abs. 1 Nr. 1 GrEStG und gehören damit nicht zum Kreis der nach § 6a Satz 1 GrEStG begünstigten Steuertatbestände.[1]

III. Verschmelzung und Spaltung einer Körperschaft auf eine Personengesellschaft oder andere Körperschaft

1. Unmittelbarer Grundstücksübergang

2549 Bei der Umwandlung durch Verschmelzung wird entweder das gesamte Vermögen eines oder mehrerer Rechtsträger als Ganzes auf einen bestehenden Rechtsträger (Verschmelzung durch Aufnahme) oder zweier oder mehrerer Rechtsträger als Ganzes auf einen von ihnen dadurch gegründeten Rechtsträger (Verschmelzung durch Neugründung) im Wege der Gesamtrechtsnachfolge unter Auflösung ohne Abwicklung übertragen. Der Vermögensübergang tritt mit Eintragung in das Handelsregister des übernehmenden Rechtsträgers unmittelbar kraft Gesetzes ein (§ 20 Abs. 1 Nr. 1 UmwG). Die übertragenden Rechtsträger erlöschen mit der Eintragung der Verschmelzung. Die Eintragung als Eigentümer im Grundbuch erfolgt im Wege der Grundbuchberichtigung (§ 894 BGB; § 22 GBO).

2550 Weitere **Fälle der übertragenden Umwandlung** sind die Aufspaltung, die Abspaltung und die Ausgliederung (§ 123 UmwG). Die Aufspaltung ist dadurch gekennzeichnet, dass der übertragende Rechtsträger Teile seines Vermögens, in die er sein Vermögen insgesamt gespalten hat, jeweils als Gesamtheit gleichzeitig auf andere oder von ihm dadurch gegründete Rechtsträger (übernehmende Rechtsträger) überträgt und damit ohne Abwicklung aufgelöst wird. Mit der Eintragung der Spaltung in das Register des übertragenden

---

1 Krit. Neitz/Lange, Ubg 2010 S. 17 (19 f.); Wischott/Schönweiß, DStR 2009 S. 2638 (2641).

Rechtsträgers geht sein Vermögen entsprechend der im Spaltungs- und Übernahmevertrag vorgesehenen Aufteilung jeweils als Gesamtheit auf die übernehmenden Rechtsträger über (§ 131 Abs. 1 Nr. 1 Satz 1 UmwG). Bei der Abspaltung bleibt der übertragende Rechtsträger bestehen. Er spaltet lediglich einen Teil oder Teile seines Vermögens zur Aufnahme jeweils als Gesamtheit auf einen oder mehrere bestehende oder dadurch von ihm gegründete neue Rechtsträger ab. Auch bei der Ausgliederung eines oder mehrerer Teile aus dem Vermögen des übertragenden Rechtsträgers können die Teile jeweils als Gesamtheit auf einen bestehenden oder neugegründeten Rechtsträger übertragen werden, jedoch gegen Gewährung von Anteilen an dem übernehmenden oder an den neugegründeten Rechtsträgern an den übertragenden Rechtsträger (statt wie bei der Spaltung gegen Gewährung von Anteilen der übernehmenden Rechtsträger an die Anteilseigner des übertragenden Rechtsträgers).

Der Übergang des Eigentums an Grundstücken infolge der Verschmelzung sowie der Auf- oder Abspaltung bzw. Ausgliederung unterliegt der **Grunderwerbsteuer nach § 1 Abs. 1 Nr. 3 Satz 1 GrEStG**. Die nach § 2 UmwStG mögliche Rückwirkung der Umwandlung auf einen steuerlichen Übertragungsstichtag ist für die Grunderwerbsteuerentstehung unbeachtlich. Auch der Abschluss des Umwandlungsvertrags sowie eine vertraglich vereinbarte Rückwirkung haben keinen Einfluss auf den Zeitpunkt der Verwirklichung des Erwerbsvorgangs. 2551

Da es auf die jeweiligen Rechtsträgerwechsel ankommt, kann die Verschmelzung durch Neugründung zu einer höheren Grunderwerbsteuerbelastung führen als die Verschmelzung durch Aufnahme. Entsprechendes gilt für die Spaltung. Da bei der Aufspaltung der bisherige Rechtsträger untergeht, unterliegen sämtliche Grundstücksübertragungen der Grunderwerbsteuer. Bei der Abspaltung sind nur diejenigen Grundstücke betroffen, die auf den neuen Rechtsträger übergehen. 2552

Erfasst werden alle Grundstücke, für die der übertragende Rechtsträger im Grundbuch eingetragen ist.[1] Entscheidend ist das zivilrechtliche Eigentum. Das bedeutet einerseits, dass Grundstücke, über welche der Übertragende bereits einen Kaufvertrag abgeschlossen hat, somit einen Anspruch auf Grundstücksübertragung hat, für die aber noch keine sachenrechtliche Übertragung des Eigentums erfolgt ist, nicht in den Anwendungsbereich von § 1 Abs. 1 Nr. 3 2553

---

1 Vgl. BFH, Urteil v. 16. 2. 1994 II R 125/90, BStBl II 1994 S. 866 und v. 20. 12. 2000 II B 53/00, BFH/NV 2001 S. 817.

GrEStG fallen.[1] Der spiegelbildliche Fall, nämlich dass der übertragende Rechtsträger bereits ein Grundstück verkauft hat, die Eigentumsumschreibung jedoch noch nicht stattgefunden hat, unterliegt der Besteuerung nach § 1 Abs. 1 Nr. 3 GrEStG. Die Rechtsprechung und die Finanzverwaltung haben sich bemüht, Abhilfe für dieses wirtschaftlich nicht zu rechtfertigende Ergebnis zu schaffen. So hat der BFH den Grundbesitzwert nach § 8 Abs. 2 GrEStG i.V. m. § 138 BewG mit 0 € angesetzt;[2] die Finanzverwaltung lässt eine Nichtfestsetzung bzw. Nichterhebung der Grunderwerbsteuer wegen sachlicher Unbilligkeit zu.[3]

2554 Bei der Verschmelzung einer Kapital- auf eine 100 %ige Tochter-Personengesellschaft kommt die Steuerbefreiung nach § 5 Abs. 2 GrEStG deshalb nicht in Betracht, weil der übertragende Rechtsträger erlischt und damit die fünfjährige Nachbehaltensfrist des § 5 Abs. 3 GrEStG nicht erfüllt werden kann. Es werden zwar die Anteilseigner der Kapitalgesellschaft Anteilsinhaber der Personengesellschaft, damit wird aber gerade nicht die gesamthänderische Berechtigung der übertragenden Kapitalgesellschaft fortgeführt.

2555 Wird eine 100%ige Tochter-Kapitalgesellschaft auf ihre Muttergesellschaft verschmolzen, kann die **Anrechnungsvorschrift des § 1 Abs. 6 GrEStG** zur Anwendung kommen, wenn die Anteile an der Kapitalgesellschaft zunächst erworben wurden und der Vorgang eine Besteuerung nach § 1 Abs. 3 GrEStG ausgelöst hat. Die Voraussetzungen der Identität des Erwerbers sowie der Anwendung unterschiedlicher Absätze des § 1 GrEStG liegen vor (vgl. § 1 Abs. 6 Satz 1 GrEStG). Unter der weiteren Voraussetzung, dass auch der besteuerte Grundbesitz identisch ist, wird die Steuer für die Verschmelzung dann nur insoweit erhoben, als die Bemessungsgrundlage die bei der Anteilsvereinigung zugrundegelegte Bemessungsgrundlage übersteigt (§ 1 Abs. 6 Satz 2 GrEStG).

2556 **Steuerschuldner** bei einer Verschmelzung, einer Auf- und Abspaltung sowie einer Ausgliederung sind grundsätzlich der bisherige Eigentümer und der Erwerber als Gesamtschuldner (§ 13 Nr. 2 GrEStG). Nur wenn bei der Verschmelzung durch Aufnahme oder bei der Aufspaltung der übertragende Rechtsträger untergeht, verbleibt es bei dem Erwerber als Steuerschuldner.

2557 Nach der durch das JStG 1997 eingeführten Regelung in § 8 Abs. 2 Nr. 2 1. Alt. GrEStG bemisst sich die Steuer in allen Umwandlungsfällen nach dem UmwG

---

1 Vgl. BFH, Urteil v. 7. 9. 2005 II B 55/04, BFH/NV 2006 S. 123.
2 Vgl. BFH, Urteil v. 16. 2. 1994 II R 125/90, BStBl II 1994 S. 866 zu § 8 GrEStG a. F.
3 Vgl. FinMin. Baden-Württemberg, Erlass v. 16. 9. 2003, StEK § 1 GrEStG Nr. 165, DB 2003 S. 2095; OFD Hannover, Vfg. v. 19. 3. 2008; Hofmann, § 8 GrEStG Rn 40; Fischer in Boruttau, § 1 GrEStG Rn 514.

nach den **Werten i. S. des § 138 Abs. 2 bis 4 BewG**. Da die sog. Grundbesitzwerte im Regelfall nicht unwesentlich unterhalb der Verkehrswerte der Immobilien liegen, hat der BFH die Frage der Verfassungsmäßigkeit der unterschiedlichen Bemessungsgrundlagen (Gegenleistung nach § 8 Abs. 1, § 9 GrEStG und pauschal ermittelter Grundbesitzwert) bei der Grunderwerbsteuer dem BVerfG zur Entscheidung nach Art. 100 Abs. 1 GG vorgelegt.[1] Im Vorfeld waren bereits Beitrittsaufforderungen des BFH an das BMF ergangen.[2] Im Hinblick auf die Verfassungsmäßigkeit der Grundbesitzwerte i. S. des § 138 BewG werden Grunderwerbsteuerbescheide sowie die Feststellung der Grundbesitzwerte und die Feststellung der Besteuerungsgrundlagen nach § 17 Abs. 2 und 3 GrEStG derzeit vorläufig erlassen (§ 165 Abs. 1 Satz 2 AO).[3]

Für bebaute Grundstücke wird der Grundbesitzwert im Grundsatz entweder typisierend im **Ertragswertverfahren** nach § 146 BewG oder im **Steuerbilanzwertverfahren** nach § 147 BewG ermittelt. Nach § 146 Abs. 1, 2 und 4 BewG beträgt der Wert eines bebauten Grundstücks das 12,5-fache der im Besteuerungszeitpunkt vereinbarten Jahresmiete vermindert um die Wertminderung wegen Alters des Gebäudes (maximal 25 %). Mit dem Vervielfältiger abgegolten sind die Instandhaltungskosten, das Mietausfallwagnis, die Verwaltungskosten und die Schönheitsreparaturen des Vermieters. Für nicht vermietete Grundstücke (insb. selbstgenutzte Gewerbe- und Produktionsimmobilien) ist der Grundbesitzwert mit einem Wert für den Grund und Boden (§ 147 Abs. 2 Satz 1 BewG) und das Gebäude zu ermitteln. Der Wert des Grund und Bodens bestimmt sich nach § 145 BewG, wobei an Stelle des in § 145 Abs. 3 BewG vorgesehenen Abschlags von 20 % ein solcher von 30 % tritt, d. h. Fläche multipliziert mit 70 % des Bodenrichtwerts. Der Wert des Gebäudes bestimmt sich nach § 147 Abs. 2 Satz 2 BewG nach den ertragsteuerlichen Bewertungsvorschriften im Besteuerungszeitpunkt. Dies sind bei bilanzierenden Steuerpflichtigen regelmäßig die Steuerbilanzwerte, bei Personengesellschaften einschließlich etwaiger Ergänzungsbilanzen. Anstelle der Aufstellung von Zwischenbilanzen besteht die Möglichkeit, den Steuerbilanzwert im Besteuerungszeitpunkt aus dem letzten Bilanzansatz der Gebäude vor dem Besteuerungszeitpunkt durch Kürzung um die anteiligen Abschreibungen bis zum Besteuerungszeitpunkt abzuleiten, wenn in diesem Zeitraum keine Veränderun-

2558

---

1 BFH, Urteil v. 2. 3. 2011 II R 23/10, BStBl II 2011 S. 932; vgl. auch Viskorf in Boruttau, § 8 GrEStG Rn 15 ff.
2 BFH, Urteil v. 27. 5. 2009 II R 64/08, BFH/NV 2009 S. 1540 und v. 29. 7. 2009 II R 8/08, BFH/NV 2010 S. 60.
3 Vgl. Gleichlautender Ländererlass v. 1. 4. 2010, BStBl I 2010 S. 266.

gen an dem Gebäude stattgefunden haben.[1] Liegt keine Steuerbilanz vor, ist der Wert aus der Handelsbilanz zu übernehmen. Die Finanzverwaltung stellt hierbei allein auf die Wertansätze in der Bilanz des übertragenden Rechtsträgers ab; die Bilanzierung beim übernehmenden Rechtsträger soll unbeachtlich sein.[2] Wird die Verschmelzung, Auf- oder Abspaltung ertragsteuerlich zu Buchwerten durchgeführt, so sind diese auch für die Bewertung nach § 147 BewG und damit für die Bemessung der Grunderwerbsteuer maßgeblich; entsprechendes gilt bei ertragsteuerlichem Ansatz der gemeinen Werte bzw. bei Zwischenwertansatz.

2559 Abweichend von § 138 Abs. 1 Satz 1 BewG ist der Grundbesitzwert nach den tatsächlichen Verhältnissen im Zeitpunkt der Fertigstellung des Gebäudes zu bestimmen, wenn sich der Umwandlungsvorgang auf ein noch zu errichtendes Gebäude erstreckt (§ 8 Abs. 2 Satz 2 GrEStG). Die Regelung knüpft an die Rechtsprechung zu den Grundsätzen des einheitlichen Vertragswerks an.[3] Der übernehmende Rechtsträger übernimmt auch die vertraglichen Beziehungen, die der übertragende Rechtsträger eingegangen ist. Gehört hierzu auch die Errichtung eines Gebäudes auf dem Grundstück des übertragenden Rechtsträgers, ist ein Fall des § 8 Abs. 2 Satz 2 GrEStG denkbar.[4]

2. Anwachsung

2560 Ist der übertragende Rechtsträger neben dem übernehmenden Rechtsträger der alleinige weitere Gesellschafter einer grundbesitzenden Personengesellschaft, wächst das Vermögen der Personengesellschaft infolge der übertragenden Umwandlung auf den übernehmenden Rechtsträger an. Der durch die Anwachsung ausgelöste Transfer des Grundbesitzes der Personengesellschaft auf den übernehmenden Rechtsträger unterliegt der Grunderwerbsteuer nach **§ 1 Abs. 1 Nr. 3 Satz 1 GrEStG**. Es kommt nicht zur Anteilsvereinigung nach § 1 Abs. 3 GrEStG, weil die Personengesellschaft untergeht.

2561 Bei Anwendung von **§ 6 Abs. 2 GrEStG** wird die Grunderwerbsteuer in Höhe des Anteils nicht erhoben, zu dem der übernehmende Rechtsträger an dem Vermögen der Personengesellschaft beteiligt war. Hierbei ist allerdings die **Vorbehaltensfrist des § 6 Abs. 4 Satz 1 GrEStG** zu beachten, d. h. der übernehmende Rechtsträger darf seinen Anteil an der Personengesellschaft nicht in-

---

1 Vgl. R 179 Abs. 3 Satz 5 ErbStR.
2 Vgl. FinMin Schleswig-Holstein, Erlass v. 7. 7. 2008, DStR 2008 S. 1737; krit. Behrendt/Wischott, DStR 2009 S. 1512 ff.
3 Vgl. dazu Sack in Boruttau, § 9 GrEStG Rn 150 ff.
4 Vgl. Hofmann, § 8 GrEStG Rn 49; Pahlke in Widmann/Mayer, Anhang 12 Rn 73.

nerhalb von fünf Jahren vor dem Anwachsungsvorgang durch Rechtsgeschäft unter Lebenden erworben haben. Nach § 6 Abs. 4 Satz 2 GrEStG kommt es auch insoweit nicht zu einer Steuerbefreiung, als eine vom Beteiligungsverhältnis abweichende Auseinandersetzungsquote innerhalb der letzten fünf Jahre vor der Auflösung der Gesamthand vereinbart worden ist. Zur Einschränkung der Fünfjahresfrist siehe Rn 2610.

Bemessungsgrundlage für den Übergang des Eigentums an Grundbesitz der Personengesellschaft im Zuge der Anwachsung ist nach § 8 Abs. 2 Satz 1 Nr. 2 3. Alt. GrEStG der Grundbesitzwert i. S. des § 138 Abs. 2 bis 4 BewG; es handelt sich um einen **Vorgang auf „gesellschaftsvertraglicher Grundlage".** 2562

Da die Anwachsung einen Verschmelzungseffekt hat, kann die Anrechnungsvorschrift des § 1 Abs. 6 Satz 2 GrEStG zur Anwendung kommen, wenn zunächst eine Anteilsvereinigung i. S. des § 1 Abs. 3 GrEStG in der Hand des übernehmenden Gesellschafters verwirklicht worden ist. 2563

> **BEISPIEL:** Die A-GmbH ist zu 6% und die B-GmbH zu 94% an der grundbesitzenden C-KG beteiligt. Die B-GmbH erwirbt die A-GmbH. Dadurch tritt Anteilsvereinigung hinsichtlich der Anteile an der C-KG in der Hand der B-GmbH ein. Wird anschließend die A-GmbH auf die B-GmbH verschmolzen, wächst das Vermögen der C-KG der B-GmbH an. Auf die für die Anwachsung entstehende Grunderwerbsteuer wird die nach § 1 Abs. 3 GrEStG erhobene Grunderwerbsteuer angerechnet.

3. Fiktive Grundstückserwerbe

a) § 1 Abs. 2a GrEStG (Wechsel im Gesellschafterbestand einer Personengesellschaft)

Neben dem direkten Eigentumstransfer von Grundbesitz vom übertragenden Rechtsträger auf den übernehmenden Rechtsträger kann die übertragende Umwandlung zu einer steuerrelevanten Änderung im Gesellschafterbestand einer Personengesellschaft nach § 1 Abs. 2a GrEStG führen, wenn der übertragende Rechtsträger unmittelbar oder mittelbar an einer grundbesitzenden Personengesellschaft beteiligt ist. 2564

§ 1 Abs. 2a GrEStG beruht auf der Fiktion, dass mit dem Auswechseln der Gesellschafter hinsichtlich der zum Vermögen der Personengesellschaft gehörenden Grundstücke ein Rechtsträgerwechsel auf eine neue Gesellschaft stattfindet. Es wird unterstellt, dass die Gesellschaftsgrundstücke infolge des Gesell- 2565 schafterwechsels von der bisherigen auf eine neue Personengesellschaft übertragen werden.[1]

2566 Der Tatbestand des § 1 Abs. 2a GrEStG setzt in der seit dem 1.1.2000 geltenden Fassung voraus, dass sich der Gesellschafterbestand einer grundbesitzenden Personengesellschaft innerhalb von fünf Jahren **unmittelbar oder mittelbar** dergestalt ändert, dass mindestens 95 % der Anteile am Gesellschaftsvermögen (Anteil am Vermögen der Gesamthand) auf neue Gesellschafter übergehen. Ein mittelbarer **Anteilsübergang** liegt vor, wenn sich die Beteiligungsverhältnisse bei einer als Gesellschafterin beteiligten Personen- oder Kapitalgesellschaft verändern. Hierzu vertreten die Rechtsprechung und die Finanzverwaltung unterschiedliche Auffassungen. Der BFH hat mit Urteil vom 24.4.2013[2] entschieden, dass Grunderwerbsteuer nach § 1 Abs. 2a GrEStG nur dann durch mittelbare Gesellschafterwechsel ausgelöst werden kann, wenn sich der Bestand der Rechtsträger, die wirtschaftlich hinter einer an der grundbesitzenden Personengesellschaft beteiligten Personen- oder Kapitalgesellschaft stehen, vollständig geändert hat. Der BFH hat klargestellt, dass die mittelbare Änderung des Gesellschafterbestands nur nach wirtschaftlichen Maßstäben zu beurteilen sei und die unmittelbar bzw. mittelbar an der Personengesellschaft beteiligten Personen- und Kapitalgesellschaften gleichermaßen über alle Beteiligungsebenen als transparent zu behandeln sind. Eine Tatbestandsverwirklichung des § 1 Abs. 2a GrEStG durch einen mittelbaren Gesellschafterwechsel kann somit nur dann eintreten, wenn sich im maßgeblichen Fünfjahreszeitraum der Gesellschafterbestand im wirtschaftlichen Ergebnis, d.h. zu 100 % geändert hat. Das bedeutet, dass sich der Bestand der ultimativen Rechtsträger, die wirtschaftlich hinter den beteiligten Gesellschaften stehen (natürliche und juristische Personen, an denen keine gesellschaftsrechtlichen Beteiligungen bestehen können, z.B. Stiftungen, Gebietskörperschaften), vollständig ändern muss. Daraus folgt, dass Verlängerungen von Beteiligungsketten innerhalb einer Unternehmensgruppe im Hinblick auf § 1 Abs. 2a GrEStG regelmäßig unschädlich sind, sofern sie nicht die unmittelbare Beteiligungsebene betreffen.

2566a Nach Auffassung der Finanzverwaltung sind Veränderungen der Vermögensbeteiligung an Kapitalgesellschaften nur dann zu berücksichtigen, wenn sich die Beteiligungsverhältnisse bei der Gesellschaft, die unmittelbar oder mittel-

---

[1] Vgl. BFH, Urteile v. 8.11.2000 II R 64/98, BStBl II 2001 S. 422 und v. 27.4.2005 II R 61/03, BStBl II 2005 S. 649.
[2] II R 17/10, BStBl II 2013 S. 833; dazu Nichtanwendungserlasse der obersten Finanzbehörden der Länder v. 9.10.2013, BStBl I 2013 S. 1283.

bar an der grundbesitzenden Gesellschaft beteiligt ist, zu mindestens 95 % ändern. Bei mehrstufigen mittelbaren Beteiligungen ist die Prüfung, ob die 95 %-Grenze erreicht ist, für jede Beteiligungsebene gesondert vorzunehmen. Ist die 95 %-Grenze erreicht, dann ist die mittelbare Beteiligung in voller Höhe (nicht nur i. H. v. 95 %) zu berücksichtigen.[1] Werden somit bei einer Kapitalgesellschaft, die an einer Personengesellschaft beteiligt ist, mindestens 95 % der Gesellschaftsanteile innerhalb von fünf Jahren auf neue Gesellschafter übertragen, dann gelten die Anteile der Kapitalgesellschaft an der Personengesellschaft als zu 100 % „gewechselt". Im Gegensatz dazu ist bei mittelbaren Beteiligungen über Personengesellschaften an einer grundbesitzenden Personengesellschaft stets auf das jeweilige Beteiligungsverhältnis abzustellen und dementsprechend durchzurechnen.[2] Die mehrfache Übertragung desselben (nämlichen) Anteils innerhalb derselben Fünfjahresfrist wird nur einmal gezählt. Das gilt sowohl für mehrfache unmittelbare als auch mehrfache mittelbare Anteilsübertragungen als auch für den Fall, dass derselbe Anteil innerhalb des Fünfjahreszeitraums sowohl unmittelbar als anschließend auch mittelbar (oder umgekehrt) übertragen wird.

Inwieweit die Position der Finanzverwaltung zu einer Änderung des § 1 Abs. 2a GrEStG führen wird, ist derzeit offen. Im Rahmen eines Entwurfs eines Gesetzes zur Anpassung des nationalen Steuerrechts an den Beitritt Kroatien zur EU und zur Änderung weiterer steuerlicher Vorschriften wurde vom Bundesrat[3] folgende Änderung von § 1 Abs. 2a GrEStG vorgeschlagen: „Mittelbare Änderungen im Gesellschafterbestand beteiligter Personengesellschaften werden durch Multiplikation der Vomhundertsätze der Anteile am Gesellschaftsvermögen, vorbehaltlich der Sätze 3 und 4, anteilig berücksichtigt. Eine unmittelbar beteiligte Kapitalgesellschaft gilt in vollem Umfang als neue Gesellschafterin, wenn an ihr mindestens 95 vH der Anteile auf neue Gesellschafter übergehen. Bei mehrstufigen Beteiligungen gilt Satz 3 auf der Ebene jeder mittelbar beteiligten Kapitalgesellschaft entsprechend." Die Regelung sollte rückwirkend für alle Erwerbsvorgänge ab 2002 gelten.[4]

2566b

Tatbestandserfüllend sind alle (unmittelbaren und mittelbaren) Änderungen im Gesellschafterbestand der Personengesellschaft innerhalb eines Zeitraums

2567

---

1 Vgl. Gleichlautender Ländererlass v. 18. 2. 2014, BStBl I 2014 S. 561, Tz. 3 Abs. 3.
2 Vgl. Gleichlautender Ländererlass v. 18. 2. 2014, BStBl I 2014, S. 561, Tz. 3 Abs. 3; OFD Münster u. OFD Rheinland v. 21. 5. 2008, StEK § 1 GrEStG Nr. 185; Hofmann, § 1 GrEStG Rn 109 f.
3 Vgl. BR-Drucks. 184/1/14 v. 2. 6. 2014.
4 Krit. zur Rückwirkung einer „klarstellenden Ergänzung" Behrens, DStR 2014 S. 1526 (1530f.); Stangl/Aichberger, DB 2014 S. 1509 (1513f.).

von höchstens fünf Jahren, die zusammengerechnet oder in einem Rechtsakt[1] zum Übergang von mindestens 95 % der Anteile am Gesellschaftsvermögen auf neue Gesellschafter führen, und zwar in Bezug auf ein Grundstück im Gesellschaftsvermögen. Das bedeutet, dass das Grundstück vom ersten bis zum letzten Anteilsübergang zum Vermögen der Personengesellschaft gehören muss. Der Gesellschaft gehören alle in ihrem Eigentum stehenden Grundstücke sowie solche Grundstücke, für die die Gesellschaft auf Grund eines Verpflichtungsgeschäfts einen Anspruch auf Übereignung erworben (§ 1 Abs. 1 Nr. 1 GrEStG) oder ein Meistgebot im Zwangsversteigerungsverfahren abgegeben hat (§ 1 Abs. 1 Nr. 4 GrEStG). Umgekehrt **gehört ein Grundstück dann nicht mehr zum Vermögen der Gesellschaft**, wenn sie zwar dessen Eigentümerin ist, aber als Veräußerin an einem Verpflichtungsgeschäft über dieses beteiligt ist.[2] Außerdem gehören zum Vermögen der Gesellschaft diejenigen Grundstücke, an denen sie die Verwertungsbefugnis i. S. des § 1 Abs. 2 GrEStG innehat. Grundstücke im Eigentum der Personengesellschaft, an denen sie einem anderen die Verwertungsbefugnis i. S. des § 1 Abs. 2 GrEStG eingeräumt hat, gehören – jedenfalls nach Verwaltungsauffassung[3] – dessen ungeachtet weiterhin auch zum Gesellschaftsvermögen.

2568 Schließlich gehören zum Vermögen der Personengesellschaft auch solche **Grundstücke, die ihr nach § 1 Abs. 3 GrEStG zuzurechnen sind**, d. h. die Personengesellschaft gilt als grundbesitzend, wenn sie Anteile einer grundbesitzenden Personen- oder Kapitalgesellschaft i. S. des § 1 Abs. 3 GrEStG in ihrer Hand vereinigt.[4]

> **BEISPIEL:** An der grundbesitzenden X-KG sind seit ihrer Gründung die A-GmbH mit 6 % und die B-GmbH mit 94 % beteiligt. Die X-KG hält 100 % der Anteile an der grundbesitzenden Y-GmbH. Die A-GmbH wird zu 100 % von der C-GmbH gehalten. In 2011 wird die B-GmbH auf ihre Schwestergesellschaft S-GmbH konzernintern verschmolzen. In 2012 veräußert die C-GmbH ihren Anteil an der A-GmbH an einen nicht konzernverbundenen Dritten.
>
> Der unmittelbare Gesellschafterwechsel von 94 % der KG-Anteile in 2011 sowie der Übergang von 100 % der A-GmbH-Anteile auf einen neuen Gesellschafter in 2012, der dazu führt, dass die 6 % an der KG, die von der A-GmbH gehalten werden, mittelbar übergegangen sind, erfüllt den Tatbestand des § 1 Abs. 2a GrEStG. Dies gilt so-

---

1 Vgl. BFH, Urteil v. 17. 3. 2006 II B 157/05, BFH/NV 2006 S. 1341
2 Vgl. BFH, Urteile v. 16. 3. 1966 II 64/61, BStBl III 1966 S. 378 und v. 9. 4. 2008 II R 39/06, BFH/NV 2008 S. 1529.
3 Vgl. Gleichlautender Ländererlass v. 18. 2. 2014, BStBl I 2014, S. 651, Tz. 1.2; Fischer in Boruttau, § 1 GrEStG Rn 993.
4 Vgl. Gleichlautender Ländererlass v. 18. 2. 2014, BStBl I 2014, S. 651, Tz. 1.2; Pahlke, § 1 GrEStG Rn 278; Fischer in Boruttau, § 1 GrEStG Rn 882.

wohl in Bezug auf den Grundbesitz der X-KG als auch in Bezug auf den Grundbesitz der Y-GmbH.

```
       I                          II 2011                     III 2012
    C-GmbH                        C-GmbH              Dritter      C-GmbH
   /   |   \                      /     \               |             |
100% 100% 100%                 100%     100%          100%          100%
 |    |    |                    |        |             |             |
A-GmbH B-GmbH S-GmbH          A-GmbH  S-GmbH        A-GmbH        S-GmbH
  \     |     /                 \       /             \             /
  6%   94%                      6%    94%             6%          94%
    \  |  /                       \   /                 \         /
     X-KG                         X-KG                    X-KG
      |                            |                       |
    100%                         100%                    100%
      |                            |                       |
    Y-GmbH                       Y-GmbH                  Y-GmbH
```

Für die Gesellschafterstellung i. S. des § 1 Abs. 2a GrEStG kommt es auf die bürgerlich-rechtliche und handelsrechtliche Beteiligung am Gesellschaftsvermögen an. **Anteilsübertragungen zwischen sog. Altgesellschaftern** bleiben bei der Ermittlung der 95 % Grenze im Rahmen des § 1 Abs. 2a GrEStG unberücksichtigt. Unter den Begriff der „Altgesellschafter" fallen die unmittelbaren Gründungsgesellschafter, diejenigen Gesellschafter, die vor Beginn des Fünfjahreszeitraums unmittelbar oder mittelbar an der grundstücksbesitzenden Gesellschaft beteiligt waren und grundsätzlich auch diejenigen Gesellschafter, die im Zeitpunkt des Erwerbs des jeweiligen Grundstücks unmittelbar oder mittelbar an der Gesellschaft beteiligt waren, sowie die Gesellschafter, deren Beitritt oder deren Einrücken in die Gesellschafterstellung (z. B. durch Abtretung) schon einmal den Tatbestand des § 1 Abs. 2a GrEStG (mit)ausgelöst hat.[1]

2569

> **BEISPIEL:** An der grundbesitzenden X-KG sind seit dem 1. 1. 2006 die A-GmbH als Komplementärin ohne Vermögensbeteiligung sowie die B-GmbH mit 95 % und die C-GmbH mit 5 % beteiligt. Im Januar 2012 wird die B-GmbH auf die A-GmbH verschmolzen.
>
> Der Vorgang ist nicht steuerbar nach § 1 Abs. 2a GrEStG, obwohl hier 95 % der Anteile an der X-KG en bloc übertragen wurden. Denn die A-GmbH und die B-GmbH sind sog. „Altgesellschafter". Für die Qualifikation als Altgesellschafter kommt es nicht darauf an, dass dieser wertmäßig am Gesellschaftsvermögen beteiligt ist.

Für Personengesellschaften als unmittelbare Gesellschafter der grundbesitzenden Personengesellschaft stellt die Finanzverwaltung auf die dahinter stehen-

2570

---

1 Vgl. Gleichlautender Ländererlass v. 18. 2. 2014, BStBl I 2014, S. 651, Tz. 2.1.

E. Grunderwerbsteuer bei Umwandlungen

den natürlichen oder juristischen Personen ab; gleiches gilt für mehrstöckige Personengesellschaften, d. h. Personengesellschaften werden hinsichtlich der **Altgesellschafterstellung** als vollkommen transparent behandelt. Bei Kapitalgesellschaften als Gesellschafter differenziert die Verwaltung wie folgt: Nur die unmittelbar an der grundbesitzenden Personengesellschaft beteiligten Kapitalgesellschaften können Altgesellschafter sein; die Anteilseigner dieser Kapitalgesellschaften sind keine mittelbaren Gesellschafter der Personengesellschaft und können daher auch nicht als Altgesellschafter qualifiziert werden.[1] Keine Altgesellschafter sind zudem solche, die nach zeitweiligem Ausscheiden wieder eintreten.[2] Die Altgesellschaftereigenschaft soll erhalten bleiben in den Fällen der formwechselnden Umwandlung eines Altgesellschafters sowie einer Verkürzung der Beteiligungskette.

> **BEISPIEL:** An der X-KG ist mit 100 % die E-GmbH, an dieser wiederum mit 100 % die T-GmbH und an dieser wiederum mit 100 % die M-AG beteiligt. Die T-GmbH wird auf die M-AG verschmolzen.
>
> Die up-stream Verschmelzung führt nicht zu einer Steuerbarkeit nach § 1 Abs. 2a GrEStG, weil die Beteiligungskette lediglich verkürzt wurde. Die Position der E-GmbH als unmittelbare Altgesellschafterin wurde nicht berührt.
>
> **Abwandlung:** Ausgangssachverhalt wie oben. Die E-GmbH wird auf die T-GmbH verschmolzen.
>
> In diesen Fall wird die Altgesellschafterin E-GmbH durch die Neugesellschafterin T-GmbH ersetzt. Die Verkürzung der Beteiligungskette ändert hieran nichts, da diese Ausnahme nur eine schon bestehende Altgesellschafterstellung nicht in Frage stellt. Da aber nach Auffassung der Finanzverwaltung die T-GmbH keine Altgesellschafterin sein kann, wird der Tatbestand des § 1 Abs. 2a GrEStG verwirklicht. Unter bestimmten Voraussetzungen kann die Steuerbefreiung nach § 6a GrEStG in Anspruch genommen werden. Siehe dazu Rn 2623 ff.

2571 Bemessungsgrundlage für den fiktiven rechtsgeschäftlichen Grundstückserwerb ist nach § 8 Abs. 2 Satz 1 Nr. 3 GrEStG der **Grundbesitzwert nach § 138 Abs. 2 bis 4 BewG**. Die Bemessungsgrundlage ist der volle Grundbesitzwert, auch bei einer Übertragung von weniger als 100 % der Anteile; eine Aufteilung auf die Anteile der eintretenden Gesellschafter und der Altgesellschafter findet nicht statt.

2572 **Steuerschuldner** ist gem. § 13 Nr. 6 GrEStG die Personengesellschaft. Die Pflicht zur Anzeige des Erwerbsvorgangs nach § 1 Abs. 2a GrEStG trifft die zur

---

1 Vgl. Gleichlautender Ländererlass v. 18. 2. 2014, BStBl I 2010, S. 651, Tz. 2.1 a. E.; krit. Behrens, DStR 2010 S. 777 (778 f.); DStR 2014 S. 1526 (1527f.); Fischer in Boruttau, § 1 GrEStG Rz. 838, der sich für eine teleologische Reduktion des Steuertatbestands entsprechend der Rechtslage zu § 1 Abs. 3 GrEStG ausspricht.

2 Vgl. BFH, Urteil v. 16. 5. 2013 II R 3/11, BStBl II 2013 S. 963.

Geschäftsführung befugten Personen. Örtlich zuständig für die gesonderte Feststellung des Grundbesitzwertes ist gem. § 17 Abs. 3 Satz 1 Nr. 2 GrEStG das FA, in dessen Bezirk sich die Geschäftsleitung der Gesellschaft befindet. Diese Zuständigkeit ändert sich auch nicht dadurch, dass der Steuertatbestand des § 1 Abs. 2a GrEStG im Rahmen einer Umwandlung verwirklicht wurde und für den direkten Übergang von Grundstücken im Rahmen einer Umwandlung nach § 17 Abs. 3 Satz 1 Nr. 1 GrEStG das FA örtlich zuständig ist, in dessen Bezirk sich die Geschäftsleitung des übernehmenden Rechtsträgers befindet.[1] Es kann somit bei Umwandlungsvorgängen zu einem Auseinanderfallen der Zuständigkeiten von Finanzämtern für die verwirklichten Grunderwerbsteuertatbestände kommen. Im Einvernehmen mit dem FA kann jedoch eine Zuständigkeitsvereinbarung gem. § 27 AO getroffen werden.

b) § 1 Abs. 3 GrEStG (Anteilsvereinigung und Anteilsübertragung)

Die übertragende Umwandlung kann auch zu einer Anteilsvereinigung i. S. des § 1 Abs. 3 GrEStG beitragen bzw. zu einer Anteilsübertragung führen, wenn der übertragende Rechtsträger unmittelbar oder mittelbar an einer grundbesitzenden Personen- oder Kapitalgesellschaft beteiligt ist. 2573

§ 1 Abs. 3 GrEStG dient im Grundsatz ebenso wie § 1 Abs. 2a GrEStG der Verhinderung von Steuerumgehungen. Der Anfall von Grunderwerbsteuer soll nicht dadurch vermieden werden können, dass statt eines Grundstücks (weitgehend) alle Anteile an einer grundbesitzenden Gesellschaft übertragen werden. Dem Tatbestand des § 1 Abs. 3 GrEStG liegt die Vorstellung zugrunde, dass derjenige, dem mindestens 95 % der Anteile einer grundbesitzenden Gesellschaft gehören, über eine „Verwertungsmöglichkeit" hinsichtlich der Gesellschaftsgrundstücke verfügt.[2] § 1 Abs. 3 GrEStG behandelt den Inhaber von 95 % der Anteile so, als gehörten ihm die im Eigentum der Gesellschaft stehenden Grundstücke.[3] Gegenstand der Besteuerung ist aber nicht der Erwerb der Anteile als solcher (dieser ist nur rechtstechnischer Anknüpfungspunkt), sondern die durch den Erwerb begründete eigenständige – spezifisch grunderwerbsteuerrechtliche – Zuordnung der der Gesellschaft gehörenden Grund- 2574

---

1 Vgl. Gleichlautende Ländererlasse zur Durchführung der gesonderten Feststellung nach § 17 GrEStG v. 18. 7. 2007, BStBl I 2007 S. 549, Tz. 5.
2 Vgl. Fischer in Boruttau, § 1 GrEStG Rn 909.
3 Vgl. BFH, Urteil v. 2. 4. 2008 II R 53/06, BFH/NV 2008 S. 1268.

stücke.¹ Der Grundstückserwerb wird also fingiert, wenn ein bestimmtes Anteilsquantum gesellschaftsrechtlich zugeordnet wird.

2575 Der Steuertatbestand des § 1 Abs. 3 GrEStG erfasst folgende Vorgänge:
- ▶ die auf eine unmittelbare oder mittelbare Vereinigung von mindestens 95 % der Anteile der grundbesitzenden Gesellschaft in einer Hand abzielende schuldrechtliche Verpflichtung bzw. die entsprechende dingliche Übertragung („**Anteilsvereinigung**"; § 1 Abs. 3 Nr. 1 u. 2 GrEStG);
- ▶ die auf eine unmittelbare oder mittelbare Übertragung von mindestens 95 % der Anteile der grundbesitzenden Gesellschaft abzielende schuldrechtliche Verpflichtung bzw. die entsprechende dingliche Übertragung („**Anteilsübertragung**"; § 1 Abs. 3 Nr. 3 u. 4 GrESt). Eine Anteilsübertragung liegt somit vor, wenn in einem Akt („uno actu") unmittelbar oder mittelbar bereits vereinigte Anteile (mindestens 95 %) an einer grundbesitzenden Gesellschaft übertragen werden.

Bei der Anteilsvereinigung bzw. dem Übergang von mindestens 95 % der Anteile infolge einer übertragenden Umwandlung liegt ein Anteilserwerb kraft Gesetzes vor, der im Grundsatz der Besteuerung nach § 1 Abs. 3 Nr. 2 bzw. Nr. 4 GrEStG unterliegt.

2576 Die oben beschriebene fiktive Zuordnung von Grundstücken im Vermögen einer Gesellschaft kann demnach nicht nur durch die unmittelbare Anteilsvereinigung bei einem Gesellschafter oder Anteilsübertragung auf einen Gesellschafter erfolgen, sondern auch durch die mittelbare oder die teils unmittelbare und teils mittelbare Vereinigung von mindestens 95 % der Anteile an der grundbesitzenden Gesellschaft über eine oder mehrere zwischengeschaltete Gesellschaften. Die Anteile an der grundbesitzenden Gesellschaft sind dann der über Zwischengesellschaften beteiligten Person wie eigene Anteile zuzurechnen. Nach allgemeiner Auffassung sind ab dem 1.1.2000 (nach Herabsetzen der Beherrschungsbeteiligung von 100 % auf 95 % durch das StEntlG 1999/2000/2002) nur solche zwischengeschalteten Gesellschaften mit einzubeziehen, an denen der Gesellschafter zu mindestens 95 % (ggf. auch wieder mittelbar) beteiligt ist.² Für Beteiligungsketten ist es daher erforderlich, das auf jeder Stufe die höhere Gesellschaft mindestens 95 % der Untergesellschaft hält. Eigene Anteile im Vermögen einer Gesellschaft sind keine Anteile i. S. des

---

1 Vgl. BFH, Urteile v. 20.10.1993 II R 116/90, BStBl II 1994 S.121; v. 26.7.1995 II R 68/92, BStBl II 1994 S. 736 und v. 9.4.2008 II R 39/06, BFH/NV 2008 S.1529.

2 Vgl. FinMin Baden-Württemberg, koordinierter Ländererlass v. 14.2.2000, DStR 2000 S.430; BFH v. 25.8.2010 II R 65/08, BFH/NV 2011 S. 379; Fischer in Boruttau, § 1 GrEStG Rn 962 ff.; Hofmann, § 1 GrEStG Rn 155; Pahlke, § 1 GrEStG Rn 333.

§ 1 Abs. 3 GrEStG.¹ Die prozentuale Beteiligung des einzelnen Gesellschafters ist auf das um die Eigenanteile der GmbH verminderte Stammkapital bzw. auf das um die in Eigenbesitz stehenden Aktien verminderte Grundkapital umzurechnen. Nach Auffassung des BFH werden wechselseitige Beteiligungen, bei denen Anteile der Kapitalgesellschaft von einer Tochtergesellschaft gehalten werden, an der die Kapitalgesellschaft ihrerseits beteiligt ist, im Ergebnis wie eigene Anteile behandelt.²

Die Anteilsvereinigung bzw. Anteilsübertragung bezieht sich auf die Grundstücke, die zum Vermögen der Gesellschaft gehören. Abgesehen von den im Eigentum der Gesellschaft stehenden Grundstücken gehören zu ihrem Vermögen auch Grundstücke, für die sie aufgrund eines Verpflichtungsgeschäfts einen Anspruch auf Übereignung erworben (§ 1 Abs. 1 Nr. 1 GrEStG), ein Meistgebot im Zwangsversteigerungsverfahren abgegeben (§ 1 Abs. 1 Nr. 4 GrEStG) oder an denen sie sich die Verwertungsbefugnis i. S. des § 1 Abs. 2 GrEStG verschafft hat. Der Gesellschaft „gehört" auch das Grundstück einer anderen Gesellschaft, wenn sie deren Anteile zu mindestens 95 % (oder mittels einer Beteiligungskette von jeweils 95 % auf jeder Stufe) hält, oder wenn sie als Erwerberin ein Verpflichtungsgeschäft über Anteile i. S. des § 1 Abs. 3 Nr. 1 oder 3 GrEStG abgeschlossen hat.³ Umgekehrt gehören Grundstücke oder vereinigte Anteile an grundbesitzenden Gesellschaften dann nicht mehr zum Gesellschaftsvermögen, wenn sie vor der den Tatbestand des § 1 Abs. 3 GrEStG erfüllenden Transaktion „verkauft" wurden.

2577

Gesellschaften i. S. von § 1 Abs. 3 GrEStG sind sowohl Kapital- als auch Personengesellschaften. Für die **Anteilsvereinigung bezüglich der Anteile an einer grundbesitzenden Personengesellschaft** gelten allerdings Besonderheiten. § 1 Abs. 3 GrEStG setzt den Fortbestand der vereinigten Anteile voraus. Erwirbt eine Person den letzten „Anteil" an einer Personengesellschaft, so erlischt diese. Die Anteile gehen unter und führen regelmäßig zur Steuerpflicht nach § 1 Abs. 1 Nr. 3 GrEStG. Folglich ist eine Anteilsvereinigung nach § 1 Abs. 3 GrEStG bei Personengesellschaften nur in Form einer mittelbaren oder in Form einer teils mittelbaren und teils unmittelbaren Anteilsvereinigung möglich. Darüber hinaus kommt es für die Bestimmung von Anteilen an einer Personengesellschaft im Rahmen von § 1 Abs. 3 GrEStG (anders als für die Anwendung von

2578

---

1 Vgl. Hofmann, § 1 GrEStG Rn 144; Fischer in Boruttau, § 1 GrEStG Rn 944.
2 BFH, Urteil v. 18.9.2013 II R 21/12, BFH/NV 2014 S. 450; früher streitig, siehe hierzu Wischott/Schönweiß/Fröhlich, DStR 2008 S. 833 (838 f.); Clemens/Lieber, DStR 2005 S. 1761; Behrens, Ubg 2008 S. 316; Pahlke, § 1 GrEStG Rn 327.
3 Vgl. BFH, Urteile v. 19.12.2007 II R 65/06, BStBl II 2008 S. 489 und v. 9.4.2008 II R 35/06, BFH/NV 2008 S. 1529.

§ 1 Abs. 2a GrEStG) nicht auf die vermögensmäßige Beteiligung am Vermögen der Gesamthand, sondern ausschließlich auf die (sachenrechtliche) Mitberechtigung an der Gesamthand an. Diese dingliche Beteiligung ist einer Quantifizierung nicht zugänglich.[1] Die bestehende gesamthänderische Mitberechtigung eines weiteren Gesellschafters hindert die grunderwerbsteuerliche Zurechnung zum Mehrheitsgesellschafter. Auch ein Komplementär einer GmbH & Co. KG, der keinen wertmäßigen Anteil am Vermögen der KG hat, hält einen Anteil an der Gesellschaft.[2] Somit scheidet eine unmittelbare Vereinigung von mindestens 95 % der Anteile einer Personengesellschaft aus. Lediglich eine teils unmittelbare, teils mittelbare Anteilsvereinigung ist möglich, sofern die Anteile an dem anderen Gesellschafter (z. B. vermögensmäßig nicht beteiligter Komplementär) zu mindestens 95 % von dem anderen Gesellschafter (z. B. vermögensmäßig zu 100 % beteiligter Kommanditist) gehalten werden, oder ein Treuhandverhältnis bezüglich der Anteile des anderen Gesellschafters besteht. Das gilt auch für eine Einheits-KG, bei der die grundbesitzende Personengesellschaft die Anteile an der Komplementär-GmbH selbst hält.[3]

2579 Keine Anteilsvereinigung bewirkt die sog. **Verkürzung einer Beteiligungskette**, d. h. eine Verstärkung der Position eines Rechtsträgers durch eine bestehende mittelbare oder teils mittelbare, teils unmittelbare Anteilsvereinigung zu einer unmittelbaren Anteilsvereinigung bzw. eine bestehende mittelbare Anteilsvereinigung zu eine kürzeren mittelbaren Anteilsvereinigung.[4] Das gilt nicht nur hinsichtlich derjenigen Grundstücke, die der Gesellschaft bereits zuzurechnen waren, in dem die erstmalige Anteilsvereinigung eintrat, sondern auch für später hinzu erworbene Grundstücke.[5]

---

1 Vgl. BFH, Urteil v. 8.8.2001 II R 66/98, BStBl II 2002 S. 156; Fischer in Boruttau, § 1 GrEStG Rn 942, 978 f.; Hofmann, § 1 GrEStG Rn 141 f.; Gleichlautender Ländererlass v. 18.2.2014, BStBl I 2014 S. 561, Beispiel 5.2 am Ende; Gleichlautender Ländererlass v. 21.3.2007, BStBl I 2007 S. 422, Tz. 7.
2 Vgl. BFH, Urteil v. 8.8.2001 II R 66/98, BStBl II 2002 S. 156.
3 BFH, Urteil v. 12.3.2014 II R 51/12.
4 Vgl. BFH, Urteile v. 20.10.1993 II R 116/90, BStBl II 1994 S. 121; v. 12.1.1994 II R 130/91, BStBl II 1994 S. 408 und v. 15.1.2003 II R 50/00, BStBl II 2003 S. 320.
5 Vgl. Gleichlautender Ländererlass v. 2.12.1999, BStBl I 1999, S. 991, Tz. 3; Fischer in Boruttau, § 1 GrEStG Rn 983.

BEISPIEL: ▶ Die M-GmbH ist zu jeweils 100 % an der T1-GmbH und der T2-GmbH beteiligt. Die T1-GmbH hält 94 % und die T2-GmbH 6 % an der grundbesitzenden E-GmbH. Die T1 GmbH wird auf die M-GmbH verschmolzen.

Die up-stream Verschmelzung führt nicht zu einer Steuerbarkeit nach § 1 Abs. 3 Nr. 2 GrEStG – keine Anteilsvereinigung in der Hand der M-GmbH, weil die Beteiligungskette lediglich verkürzt wurde.

Eine **Verlängerung der Beteiligungskette**, z. B. durch Einbringung/Weitereinbringung von Anteilen an einer grundbesitzenden Kapitalgesellschaft, führt im Grundsatz immer (sofern nicht von § 6a GrEStG Gebrauch gemacht werden kann) zu einer Anteilsvereinigung bzw. Anteilsübertragung, wenn durch den Übertragungsvorgang mindestens 95 % in der Hand eines neuen Rechtsträgers vereinigt werden. Gleiches gilt für die Übertragung/Einbringung von Anteilen an einer grundbesitzenden Gesellschaft auf eine Schwestergesellschaft.

Über die mittelbare Anteilsvereinigung hinaus wird der Grunderwerbsteuertatbestand des § 1 Abs. 3 Nr. 1 bzw. Nr. 2 GrEStG auch erfüllt, wenn sich die Anteile entweder in der Hand von **herrschenden und abhängigen Unternehmen** oder in der Hand von **abhängigen Unternehmen allein** (zu mindestens 95 %) vereinigen. Das herrschende und das abhängige Unternehmen müssen Teil eines grunderwerbsteuerlichen Organkreises sein, d. h. das abhängige Unternehmen (juristische Person) muss nach dem Gesamtbild der Verhältnisse finanziell, wirtschaftlich und organisatorisch in das herrschende Unternehmen eingegliedert sein (§ 1 Abs. 4 Nr. 2 Buchst. b GrEStG). Das Grunderwerbsteuerrecht lehnt sich damit an die Definition der umsatzsteuerlichen Organschaft in § 2 Abs. 2 Nr. 2 Satz 1 UStG an. Dementsprechend wird für die Kriterien, die die Tatbestandsmerkmale der finanziellen, wirtschaftlichen und organisatorischen Eingliederung bestimmen, auf die Rechtsprechung zum Umsatzsteuerrecht zurückgegriffen.[1] Die grunderwerbsteuerliche Organschaft ist nicht auf das Inland beschränkt. Herrschendes und/oder abhängiges Unternehmen können auch im Ausland ansässig sein. Entscheidend ist allein, dass der Gesellschaft, deren Anteile im Organkreis vereinigt werden, inländische Grundstücke gehören.[2]

2580

Ziel der Erweiterung des Tatbestands der Anteilsvereinigung auf mehrere Konzerngesellschaften ist die Vermeidung von Steuerumgehungen durch Aufsplittung eines Erwerbs von grundstückshaltenden Gesellschaften auf verschiedene Konzernunternehmen. Der Tatbestand der Anteilsvereinigung in der Hand

2581

---

1 Vgl. Gleichlautender Ländererlass v. 21. 3. 2007, BStBl I 2007, S. 422, Tz. 1; Hofmann, § 1 GrEStG Rn 176.
2 Vgl. BFH, Urteil v. 21. 9. 2005 II R 33/04, BFH/NV 2006 S. 609.

von herrschenden und abhängigen Unternehmen ist subsidiär gegenüber dem Tatbestand der mittelbaren Anteilsvereinigung (Var. 1 des § 1 Abs. 3 Nr. 1 und Nr. 2 GrEStG). Keine Anteilsvereinigung im Organkreis liegt vor, wenn bereits eine unmittelbare oder mittelbare Anteilsvereinigung in der Hand eines Organkreismitglieds verwirklicht wurde.[1] Für den Fall der Verschmelzung des Organträgers und Begründung einer neuen Organschaft mit der aufnehmenden Gesellschaft hat der BFH eine Anteilsvereinigung bezüglich der zu 100 % von der Organgesellschaft gehaltenen grundbesitzenden Enkelgesellschaft in der Hand des Organkreises abgelehnt.

2582 Erfolgt im Rahmen eines Umwandlungsvorgangs (Spaltung, Verschmelzung) ein Wechsel des Organträgers, ist die Vereinigung von Anteilen einer grundbesitzenden Gesellschaft in der Hand eines neuen Organkreises möglich.

BEISPIEL: ▶ Die M-GmbH ist zu 75 % an der T-GmbH beteiligt, die finanziell, wirtschaftlich und organisatorisch in die M-GmbH eingegliedert ist. Die T-GmbH ist zu 70 % an der grundbesitzenden E-GmbH beteiligt. Die M-GmbH hält 30 % der Anteile an der E-GmbH. Die M-GmbH wird auf die X-GmbH verschmolzen. Das Organschaftsverhältnis wird fortgeführt.

Durch den Übergang der Beteiligungen an der T-GmbH und der E-GmbH mit der Eintragung der Verschmelzung in das Handelsregister tritt eine Anteilsvereinigung im fortgeführten Organkreis, bestehend aus dem herrschenden Unternehmen X-GmbH und dem abhängigen Unternehmen T-GmbH, ein.

Nach Auffassung der Finanzverwaltung erfüllt auch die Verschmelzung des Organträgers auf eine Organgesellschaft unter Fortführung des Organschaftsverhältnisses die Voraussetzungen des § 1 Abs. 3 Nr. 2 i. V. m. Abs. 4 Nr. 2 Buchst. b GrEStG.[2]

2583 Die zum Organkreis gehörenden Rechtsträger werden **nicht als eine grunderwerbsteuerliche Einheit** verstanden, die das Vorliegen weiterer Grunderwerbsteuertatbestände bei Bewegungen innerhalb dieser Einheit ausschließt. Neben Grundstücksübertragungen zwischen den Unternehmen eines Organkreises (§ 1 Abs. 1 und 2 GrEStG) unterliegen auch Anteilsübertragungen den allgemeinen Regeln. Werden erstmals Anteile an einer grundbesitzenden Gesellschaft zu mindestens 95 % bei einer Person des Organkreises vereinigt, wird der Tatbestand des § 1 Abs. 3 Nr. 2 erfüllt. Dies gilt unabhängig davon, dass die Anteile der grundbesitzenden Gesellschaft bereits vor der Anteilsübertragung in der Hand des Organschaftsverbunds vereinigt waren. Die zivil-

---

1 Vgl. BFH, Urteil v. 20. 7. 2005 II R 30/04, BStBl II 2005 S. 839; Gleichlautender Ländererlass v. 21. 3. 2007, BStBl I 2007, S. 422, Tz. 4.1.1 und 4.1.2.
2 Vgl. Gleichlautender Ländererlass v. 21. 3. 2007, BStBl I 2007, S. 422, Tz. 4.2.

rechtliche Selbständigkeit der Organkreismitglieder lässt eine eigenständige grunderwerbsteuerliche Zuordnung i. S. des § 1 Abs. 3 GrEStG bei jeder dieser Gesellschaften zu.

> **BEISPIEL:** Die M-GmbH ist zu 80 % an der grundbesitzenden T1-GmbH und zu 100 % an der T2-GmbH beteiligt. Zwischen der M-GmbH und der T1-GmbH besteht ein grunderwerbsteuerliches Organschaftsverhältnis. Die M-GmbH ist zu 50 % an der E-GmbH beteiligt. Die restlichen 50 % der Anteile an der grundbesitzenden E-GmbH hält die T1-GmbH. Die T1-GmbH wird auf die T2-GmbH verschmolzen.
>
> In diesem Fall ist zunächst der Tatbestand der Anteilsvereinigung im Organkreis (§ 1 Abs. 3 Nr. 1 Var. 2 GrEStG) und anschließend durch die Verschmelzung der Tatbestand der teils unmittelbaren, teils mittelbaren Anteilsvereinigung bezüglich der Anteile der E-GmbH in der Hand der M-GmbH verwirklicht (§ 1 Abs. 3 Nr. 2 GrEStG).

Bemessungsgrundlage für den fiktiven rechtsgeschäftlichen Grundstückserwerb ist nach § 8 Abs. 2 Satz 1 Nr. 3 GrEStG der **Grundbesitzwert nach § 138 Abs. 2 bis 4 BewG**. Ein noch zu errichtendes Gebäude kann bei der Ermittlung des Grundbesitzwertes zu berücksichtigen sein (§ 8 Abs. 2 Satz 2 GrEStG). 2584

Steuerschuldner ist bei der Anteilsvereinigung nach § 1 Abs. 3 Nr. 2 GrEStG der übernehmende Rechtsträger (§ 13 Nr. 5 Buchst. a GrEStG). Bei der Anteilsübertragung gem. § 1 Abs. 3 Nr. 4 GrEStG richtet sich die Steuerschuldnerschaft nach § 13 Nr. 1 GrEStG, d. h. Steuerschuldner sind grundsätzlich die als Vertragsteile Beteiligten, der bisherige Anteilsinhaber und der Erwerber der Anteile.[1] Bei einer Anteilsvereinigung bzw. Anteilsübertragung im Organkreis sind gem. § 13 Nr. 5 Buchst. b GrEStG Steuerschuldner alle Mitglieder des Organkreises, die die Anteile an der grundbesitzenden Gesellschaft halten.[2] Es kommt somit nicht darauf an, welches Organkreisunternehmen am Erwerbsvorgang beteiligt ist. Auch der Organträger ist nur dann Steuerschuldner, wenn er selbst Anteile an der grundbesitzenden Gesellschaft hält und damit zur Anteilsvereinigung im Organkreis beiträgt. 2585

Örtlich zuständig für die **gesonderte Feststellung des Grundbesitzwertes** ist gem. § 17 Abs. 3 Satz 1 Nr. 2 GrEStG das FA, in dessen Bezirk sich die Geschäftsleitung der grundbesitzenden Gesellschaft befindet, deren Anteile vereinigt werden. Diese Zuständigkeit ändert sich auch nicht dadurch, dass der Steuertatbestand des § 1 Abs. 3 GrEStG im Rahmen einer Umwandlung verwirklicht wurde und für den direkten Übergang von Grundstücken im Rahmen einer Umwandlung nach § 17 Abs. 3 Satz 1 Nr. 1 GrEStG das FA örtlich zuständig ist, 2586

---

1 Vgl. BFH, Urteile v. 31. 3. 2004 II R 54/01, BStBl II 2004 S. 658 und v. 6. 7. 2004 II R 9/04, BStBl II 2005 S. 780; Pahlke, § 13 GrEStG Rn 14.
2 Vgl. Gleichlautender Ländererlass v. 21. 3. 2007, BStBl I 2007, S. 422, Tz. 8.1.

in dessen Bezirk sich die Geschäftsleitung des übernehmenden Rechtsträgers befindet.[1] Es kann somit bei Umwandlungsvorgängen zu einem Auseinanderfallen der Zuständigkeiten von Finanzämtern für die verwirklichten Grunderwerbsteuertatbestände kommen. Im Einvernehmen mit dem FA kann jedoch eine Zuständigkeitsvereinbarung gem. § 27 AO getroffen werden. In Konzern- und Organschaftsfällen mit mehrstufigen mittelbaren Anteilsvereinigungen ist es nach Auffassung der Finanzverwaltung zweckdienlich, die gesonderte Feststellung auf der Grundlage einer Zuständigkeitsvereinbarung (§ 27 AO) durch das FA durchführen zu lassen, in dessen Bezirk sich die oberste Konzernebene oder die Organmutter befindet.[2] Ist diese im Ausland ansässig und verfügt der Konzern bzw. der Organkreis im Inland über einen mehrstufigen Aufbau, soll im Einvernehmen mit dem Steuerpflichtigen die gesonderte Feststellung durch das FA durchgeführt werden, in dessen Bezirk sich die oberste inländische Entscheidungsebene befindet.

c) § 1 Abs. 3a GrEStG (wirtschaftliche Anteilsvereinigung und Anteilsübertragung)

2586a Mit dem AmtshilfeRLUmsG[3] wurde mit Wirkung ab dem 7. 6. 2013 das **Innehaben einer wirtschaftlichen Beteiligung** an einer grundbesitzenden Gesellschaft als eigenständiger Tatbestand eingeführt. § 1 Abs. 3a GrEStG lautet wie folgt:

"Soweit eine Besteuerung nach Abs. 2a und Abs. 3 nicht in Betracht kommt, gilt als Rechtsvorgang im Sinne des Abs. 3 auch ein solcher, aufgrund dessen ein Rechtsträger unmittelbar oder mittelbar oder teils unmittelbar, teils mittelbar eine wirtschaftliche Beteiligung von mindestens 95 % an einer Gesellschaft, zu deren Vermögen ein inländisches Grundstück gehört, innehat. Die wirtschaftliche Beteiligung ergibt sich aus der Summe der unmittelbaren und mittelbaren Beteiligungen am Kapital oder am Vermögen der Gesellschaft. Für die Ermittlung sind die Vomhundertsätze am Kapital oder Vermögen der Gesellschaften zu multiplizieren."

Grunderwerbsteuer wird somit auch ausgelöst, wenn ein Rechtsträger aufgrund eines Rechtsvorgangs eine wirtschaftliche Beteiligung von mindestens 95 % am Kapital oder Vermögen einer grundbesitzenden Gesellschaft innehat. Die Neuregelung zielt auf die Bekämpfung von sogenannten Real Estate Trans-

---

1 Vgl. Gleichlautende Ländererlasse zur Durchführung der gesonderten Feststellung nach § 17 GrEStG v. 18. 7. 2007, BStBl I 2007, S. 549, Tz. 5.
2 Vgl. Gleichlautender Ländererlass zur Durchführung der gesonderten Feststellung nach § 17 GrEStG v. 18. 7. 2007, BStBl I 2007, S. 549, Tz. 6.
3 Vom 26. 6. 2013, BGBl I 2013 S. 1809.

fer Tax-Blocker-Strukturen (RETT-Blocker) ab. Mit solchen **RETT-Blocker-Strukturen** konnte unter Nutzung von Personengesellschaften, an denen ein fremder Dritter nicht oder nur geringfügig wirtschaftlich beteiligt wurde, die grunderwerbsteuerliche Zurechnung bei dem Erwerb von Immobiliengesellschaften vermieden werden.

Es handelt sich auch bei § 1 Abs. 3a GrEStG um einen „Fiktionstatbestand", d. h. es wird der gedachte Grundstückserwerb bei einer durchgerechnet wirtschaftlichen Beteiligung an der grundbesitzenden Gesellschaft von mindestens 95 % besteuert, nicht der Anteilserwerbs bzw. die Anteilsvereinigung als solche. Wie bei § 1 Abs. 3 GrEStG ist der Gegenstand der Besteuerung die geänderte grunderwerbsteuerliche eigenständige Zuordnung der einzelnen inländischen Grundstücke. 2586b

Die Regelung ist erstmals auf Erwerbsvorgänge anzuwenden, die nach dem 6. 6. 2013 verwirklicht werden (§ 23 Abs. 11 GrEStG). Nur die erstmalige wirtschaftliche Anteilsvereinigung von 95 % löst Grunderwerbsteuer aus. Bei bereits bestehender wirtschaftlicher Vereinigung am 6. 6. 2013 führt das Inkrafttreten der Regelung nicht zu einer Grunderwerbsteuerrealisierung. § 1 Abs. 3a GrEStG ist gegenüber § 1 Abs. 2a und § 1 Abs. 3 GrEStG nachrangig. Entscheidend ist die abstrakte Steuerbarkeit des Rechtsvorgangs, es kommt also nicht darauf an, ob der Vorgang nach § 1 Abs. 2a oder § 1 Abs. 3 GrEStG ganz oder teilweise steuerbegünstigt ist.[1] 2586c

Gesellschaften i. S. von § 1 Abs. 3a GrEStG sind sowohl Kapital- als auch Personengesellschaften. Die erforderliche „wirtschaftliche Beteiligung" wird als **Beteiligung am Grund- bzw. Stammkapital** (bei Kapitalgesellschaften) oder **Beteiligung am Vermögen der Gesamthand** (bei Personengesellschaften) verstanden. Das bedeutet, dass schuldrechtliche Vereinbarungen wie insbesondere Darlehen, Genussrechte sowie atypisch oder typisch stillen Beteiligungen keine Rolle spielen.[2] Auch der unterschiedlichen Ausgestaltung der Anteile (Anteilsklassen wie z. B. Vorzugsaktien, Preferred Shares bei ausländischen Gesellschaften, unterschiedliche Dividendenbezugsrechte) sollte insofern keine Bedeutung zukommen.[3] 2586d

Anders als bei § 1 Abs. 3 GrEStG kommt es für das Innehaben einer mittelbaren wirtschaftlichen Beteiligung nicht auf die Zurechnung über zwischen- 2586e

---

1 Vgl. Gleichlautender Ländererlass v. 9. 10. 2013, BStBl I 2013 S. 1324, Tz. 3.
2 Vgl. Hofmann, § 1 GrEStG Rn 189; Behrens, DStR 2013 S. 2726 f.
3 In diesem Sinne auch Pahlke, § 1 GrEStG Rn 428; Wischott/Keller/Graessner/Bakeberg, DB 2013 S. 2235; Joisten/Liekenbrock, Ubg 2013 S. 469 (473).

geschaltete Gesellschaften mit Beteiligung von jeweils mindestens 95 % an, sondern allein auf die durchgerechnete mittelbare Beteiligung am Kapital oder Vermögen der grundbesitzenden Gesellschaft. Damit ist die sachenrechtliche Betrachtungsweise ausgeschlossen (s. dazu Rn 2578). Eine mittelbare wirtschaftliche Vereinigung im Organkreis kommt nicht in Betracht, weil § 1 Abs. 3a GrEStG auf nur einen Rechtsträger abstellt. Außerdem setzt das Innehaben einer wirtschaftlichen Beteiligung dingliche Rechtsvorgänge voraus, d. h. der Tatbestand wird es mit dem dinglichen Beteiligungserwerb erfüllt.[1] Insofern bezieht sich die Fiktion auf § 1 Abs. 3 Nr. 2 und Nr. 4 GrEStG. Zur Frage, wann Grundstücke zum Vermögen der Gesellschaft gehören s. Rn 2577.

2586f Im Grundsatz gelten für die wirtschaftliche Anteilsvereinigung die gleichen teleologischen Einschränkungen wie für die rechtliche Anteilsvereinigung nach § 1 Abs. 3 GrEStG. Insbesondere führt die **Verkürzung eine Beteiligungskette** hinsichtlich einer bestehenden mittelbaren wirtschaftlichen Anteilsvereinigung zu einer unmittelbaren oder zu einer kürzeren mittelbaren Anteilsvereinigung nicht zur Tatbestandserfüllung und damit zu Grunderwerbsteuer. Die Aufstockung einer bereits bestehenden wirtschaftlichen Anteilsvereinigung i. H. von 95 % führt ebenfalls nicht zu einer Verwirklichung von § 1 Abs. 3a GrEStG. Das gilt auch für Grundstücke, die erst nach dem Überschreiten der 95 % Grenze hinzuerworben werden.[2]

2586g Nach § 1 Abs. 3a Satz 1 gilt ein Rechtsvorgang als solcher i. S. des Abs. 3, wenn aufgrund dessen ein Rechtsträger eine wirtschaftliche Beteiligung i. H. von mindestens 95 % an einer grundbesitzenden Gesellschaft innehat. Das bedeutet, dass bei einer wirtschaftlichen Anteilsvereinigung eine rechtliche Anteilsvereinigung i. S. des § 1 Abs. 3 GrEStG fingiert wird. Aus dieser Bezugnahme auf § 1 Abs. 3 GrEStG wird geschlossen, dass eine **Aufeinanderfolge der Tatbestände der rechtlichen und wirtschaftlichen Anteilsvereinigung** nicht möglich ist.[3] Die Finanzverwaltung vertritt hierzu eine andere Auffassung. Wenn einem Erwerbsvorgang nach § 1 Abs. 3 GrEStG eine Rechtsvorgang nachfolgt, aufgrund dessen ein Rechtsträger erstmals eine wirtschaftliche Beteiligung in Höhe von mindestens 95 % innehat, so soll dieser Vorgang der Besteuerung nach § 1 Abs. 3a GrEStG auch dann unterliegen, wenn dem Erwerber der Grundbesitz bereits aufgrund des vorangegangenen Erwerbs grunderwerb-

---

1 So auch Hofmann, § 1 GrEStG Rn 191; Pahlke, § 1 GrEStG Rn 407; unklar Gleichlautender Ländererlass v. 9. 10. 2013, BStBl I 2013 S. 1324, Tz. 1.
2 Vgl. Gleichlautender Ländererlass v. 9. 10. 2013, BStBl I 2013 S. 1324, Tz. 2.
3 Vgl. Behrens, DStR 2013 S. 2726 (2728); Wagner/Lieber, DB 2013 S. 2295.

steuerlich zuzurechnen ist. Nur eine Anrechnung nach § 1 Abs. 6 GrEStG soll möglich sein.[1] Diese erfordert jedoch Grundstücks- und Erwerberidentität.

> **BEISPIEL:** A erwarb im Jahr 01 95 % der Anteile an der M-GmbH. Im Jahr 02 erwarb die M-GmbH 95 % der Anteile an der grundbesitzenden T-GmbH. Im Jahr 03 erwirbt A 95 % der Anteile an der grundbesitzenden T-GmbH von der M-GmbH. Zum Vermögen der T-GmbH gehört durchgehend derselbe Grundbesitz.
>
> Nach Auffassung der Finanzverwaltung[2] liegt im Jahr 02 eine steuerbare Anteilsvereinigung i. S. des § 1 Abs. 3 Nr. 3 GrEStG bei der M-GmbH vor. Im Jahr 03 ist der Tatbestand des § 1 Abs. 3 GrEStG nicht verwirklicht, weil lediglich eine Verstärkung der bereits bestehenden mittelbaren Beteiligung von 95 % zu einer unmittelbaren Beteiligung von 95 % erfolgt. Die Verstärkung führt erstmals zu einer wirtschaftlichen Beteiligung des A in Höhe von 95 % an der grundbesitzenden T-GmbH. § 1 Abs. 3a GrEStG ist verwirklicht. Mangels Erwerberidentität ist § 1 Abs. 6 GrEStG nicht anwendbar.

Steuerschuldner ist bei der wirtschaftlichen Beteiligung von mindestens 95 % an einer grundbesitzenden Gesellschaft der Rechtsträger, der die wirtschaftliche Beteiligung innehat (§ 13 Nr. 7 GrEStG). Das muss nicht zwingend derjenige Rechtsträger sein, dessen Erwerb von Anteilen zur Tatbestandsauslösung geführt hat (insbesondere zwischengeschaltete Rechtsträger). Bemessungsgrundlage sind die Grundbesitzwerte nach § 138 Abs. 2 bis 4 BewG (§ 8 Abs. 2 Satz 1 Nr. 3 GrEStG). Zur örtlichen Zuständigkeit für die gesonderte Feststellung des Grundbesitzwertes s. Rn 2586.

2586h

IV. Einbringung von Vermögen in eine Kapitalgesellschaft

1. Einbringung im Wege der Gesamt- oder Sonderrechtsnachfolge

Wie oben unter Rn 1641 ff. dargelegt, kann die Einbringung nach § 20 UmwStG sowohl im Wege der Einzelrechtsnachfolge als auch im Wege der Gesamtrechtsnachfolge bzw. Teilgesamtrechtsnachfolge durchgeführt werden. Für die Verschmelzung einer grundbesitzenden Personenhandelsgesellschaft auf eine bereits bestehende oder neugegründete Kapitalgesellschaft, für die Aufspaltung/Abspaltung von Vermögensteilen (mit Grundbesitz) einer Personenhandelsgesellschaft auf eine bereits bestehende oder neugegründete

2587

---

1 Vgl. Gleichlautender Ländererlass v. 9. 10. 2013, BStBl I 2013 S. 1324, Tz. 1 und Beispiel 12.
2 Vgl. Gleichlautender Ländererlass v. 9. 10. 2013, BStBl I 2013 S. 1324, Beispiel 13; für teleologische Reduktion Pahlke, § 1 GrEStG Rn 447.

Kapitalgesellschaft und für die Ausgliederung von Vermögensteilen (mit Grundbesitz) eines Einzelkaufmanns, einer Personenhandelsgesellschaft, einer Kapitalgesellschaft oder Genossenschaft (§ 124 Abs. 1 Alt. 2 UmwG) auf bereits bestehende oder neugegründete Kapitalgesellschaft gelten die oben beschriebenen Rechtsfolgen, d. h. insbesondere Grunderwerbsteuerbarkeit nach § 1 Abs. 1 Nr. 3 Satz 1 GrEStG für Rechtsträgerwechsel hinsichtlich des Grundbesitzes sowie mögliche Auswirkungen für eingebrachte Personen- und Kapitalgesellschaftsbeteiligungen des übertragenden Rechtsträgers unter Anwendung von § 1 Abs. 2a bzw. § 1 Abs. 3 und § 1 Abs. 3a GrEStG.

2588 Die Steuer entsteht mit dem Übergang des zivilrechtlichen Eigentums. Maßgebend ist die Eintragung der Verschmelzung in das Register des Sitzes des übernehmenden Rechtsträgers (§ 20 Abs. 1 Nr. 1 UmwG) bzw. bei Verschmelzung durch Neugründung die Eintragung des neuen Rechtsträgers in das Handelsregister (§ 36 Abs. 1 UmwG). Bei der Auf- und Abspaltung ist die Eintragung in das Register des Sitzes des übertragenden Rechtsträgers maßgebend (§§ 130, 131 Abs. 1 Nr. 1 UmwG). Dies gilt im Prinzip auch für die Ausgliederung.[1] Eine Rückbeziehung der grunderwerbsteuerlichen Wirkungen wie für die Ertragsteuer nach § 20 Abs. 5 Satz 1 UmwStG ist nicht möglich.

2589 Die Einbringung eines Grundstücks ist nach Maßgabe von § 3 Nr. 1 GrEStG steuerfrei, sofern der Grundbesitzwert des eingebrachten Grundstücks den Betrag von 2.500 € nicht übersteigt.

2590 Bemessungsgrundlage bei der Einbringung ist gem. § 8 Abs. 2 Satz 1 Nr. 2 oder Nr. 3 GrEStG der Grundbesitzwert nach § 138 Abs. 2 bis 4 BewG.

2591 Die Einbringung kann auch dadurch bewirkt werden, dass bei einer GmbH & Co. KG die Komplementär-GmbH alle Kommanditanteile gegen Gewährung von Gesellschaftsrechten an der GmbH erwirbt (sog. **erweiterte Anwachsung**). Infolge des Erlöschens der Personengesellschaft und der Anwachsung des Gesellschaftsvermögens auf den verbleibenden Gesellschafter wird der Tatbestand des § 1 Abs. 1 Nr. 3 Satz 1 GrEStG verwirklicht. Da die Gegenleistung in der Gewährung neuer Gesellschaftsrechte (Kapitalerhöhung) besteht, liegt eine Einbringung i. S. des § 8 Abs. 2 Satz 1 Nr. 2 GrEStG vor.[2]

---

1 Vgl. FinMin. Baden-Württemberg, Erlass v. 19. 12. 1997, DStR 1998 S. 82.
2 Vgl. BFH, Urteil v. 13. 9. 2006 II R 37/07, BStBl II 2007 S. 59.

2. Einbringung im Wege der Einzelrechtsnachfolge

Eine Einbringung i. S. von § 20 UmwStG kann auch durch Einzelrechtsnachfolge (Neugründung oder Kapitalerhöhung gegen Sacheinlage gem. § 5 Abs. 4 GmbHG bzw. Sachübernahme gem. § 27 AktG) erfolgen. Der Einbringungsvertrag führt dann, wenn die Verpflichtung zur Übereignung eines zu dem eingebrachten Vermögen des Betriebs oder Teilbetriebs gehörenden Grundstücks begründet wird, zu einem nach **§ 1 Abs. 1 Nr. 1 GrEStG steuerbaren Erwerbsvorgang**. Wird ein Mitunternehmeranteil mit Grundbesitz eingebracht, kann sich ein steuerbarer Erwerbsvorgang i. S. von **§ 1 Abs. 2a oder Abs. 3 GrEStG** ergeben; bei einer Einbringung von Anteilen an einer grundbesitzenden Kapitalgesellschaft (Anteilstausch gem. § 21 UmwStG) kann es zu einer **Anteilsvereinigung i. S. von § 1 Abs. 3 Nr. 1 GrEStG bzw. Anteilsübertragung i. S. von § 1 Abs. 3 Nr. 3 GrEStG** kommen, wenn das erforderliche Quantum von mindestens 95 % in der Hand des aufnehmenden Unternehmens erreicht wird.

2592

Bemessungsgrundlage ist auch in diesen Fällen der Grundbesitzwert nach Maßgabe von § 138 Abs. 2 bis 4 BewG (§ 8 Abs. 2 Satz 1 Nr. 2 oder Nr. 3 GrEStG). Erstreckt sind der Erwerbsvorgang auf ein noch zu errichtendes Gebäude, ist gem. § 8 Abs. 2 Satz 2 GrEStG der Wert des Grundstücks nach den tatsächlichen Verhältnissen im Zeitpunkt der Fertigstellung des Gebäudes maßgebend, z. B. wenn sich der Einbringende gegenüber der aufnehmenden Kapitalgesellschaft verpflichtet, auf dem eingebrachten Grundstück ein Gebäude zu errichten.

2593

Ein solcher Einbringungsvorgang konnte zunächst nicht von der Steuervergünstigung nach § 6a GrEStG profitieren. Dementsprechend konnte es bei einer Einbringung im Konzern zweckmäßig sein, anstelle der Einzelrechtsübertragung eine Einbringung im Wege der Abspaltung oder Ausgliederung zu wählen. Nach der Neufassung von § 6a Satz 1 GrEStG durch das AmtshilfeRLUmsG sind seit dem 7.6.2013 auch Einbringungen begünstigt (s. hierzu Rn 2633).

2594

V. Einbringung von Vermögen in eine Personengesellschaft

1. Einbringung im Wege der Gesamt- oder Sonderrechtsnachfolge

Auch die Einbringung nach § 24 UmwStG kann sowohl im Wege der Einzelrechtsnachfolge als auch im Wege der Gesamtrechtsnachfolge bzw. Sonder-

2595

rechtsnachfolge durchgeführt werden. Für die Verschmelzung einer grundbesitzenden Personenhandelsgesellschaft auf eine bereits bestehende oder neugegründete Personengesellschaft, für die Aufspaltung / Abspaltung von Vermögensteilen (mit Grundbesitz) einer Personenhandelsgesellschaft auf eine bereits bestehende oder neugegründete Personengesellschaft und für die Ausgliederung von Vermögensteilen (mit Grundbesitz) eines Einzelkaufmanns, einer Personenhandelsgesellschaft, einer Kapitalgesellschaft oder Genossenschaft (§ 124 Abs. 1 Alt. 2 UmwG) auf eine bereits bestehende oder neugegründete Personengesellschaft gelten die oben beschriebenen Rechtsfolgen, d. h. insbesondere Grunderwerbsteuerbarkeit nach **§ 1 Abs. 1 Nr. 3 Satz 1 GrEStG** für Rechtsträgerwechsel hinsichtlich des Grundbesitzes sowie mögliche Auswirkungen für eingebrachte Personen- und Kapitalgesellschaftsbeteiligungen des übertragenden Rechtsträgers unter Anwendung von **§ 1 Abs. 2a bzw. § 1 Abs. 3 und § 1 Abs. 3a GrEStG.**

2596   Die Steuer entsteht mit dem Übergang des zivilrechtlichen Eigentums. Maßgebend ist die Eintragung der Verschmelzung in das Register des Sitzes der übernehmenden Personengesellschaft (§ 20 Abs. 1 Nr. 1 UmwG) bzw. bei Verschmelzung durch Neugründung die Eintragung der neuen Personengesellschaft in das Handelsregister (§ 36 Abs. 1 UmwG). Bei der Auf- und Abspaltung ist die Eintragung in das Register des Sitzes des übertragenden Rechtsträgers maßgebend (§§ 130, 131 Abs. 1 Nr. 1 UmwG). Dies gilt im Prinzip auch für die Ausgliederung.[1] Die für die Einbringung im Wege der Gesamtrechts- oder Sonderrechtsfolge ertragsteuerlich mögliche Rückbeziehung des Einbringungszeitpunkts nach § 24 Abs. 4 i. V. m. § 20 Abs. 5 UmwStG ist für die Grunderwerbsteuer nicht relevant.

2597   Die Einbringung eines Grundstücks ist nach Maßgabe von § 3 Nr. 1 GrEStG steuerfrei, sofern der Grundbesitzwert des eingebrachten Grundstücks den Betrag von 2.500 € nicht übersteigt.

2598   Bemessungsgrundlage bei der Einbringung ist gem. § 8 Abs. 2 Satz 1 Nr. 2 oder Nr. 3 GrEStG der Grundbesitzwert nach § 138 Abs. 2 bis 4 BewG.

2. Einbringung im Wege der Einzelrechtsnachfolge

a) Mögliche Steuertatbestände

2599   Mögliche Fälle der Einbringung von Grundbesitz in eine Personengesellschaft im Wege der Einzelrechtsnachfolge sind insbesondere folgende Gestaltungen:

---

[1] Vgl. FinMin. Baden-Württemberg, Erlass v. 19.12.1997, DStR 1998 S. 82.

► Gründung einer Personengesellschaft durch Aufnahme eines Gesellschafters in ein bestehendes Einzelunternehmen gegen Einlage eines Grundstücks bzw. Einlage von Betriebsvermögen, zu dem ein Grundstück gehört;
► Eintritt eines weiteren Gesellschafters in eine bestehende Personengesellschaft, wenn die Einlage des eintretenden Gesellschafters in einem Grundstück besteht;
► Gründung einer Personengesellschaft durch Zusammenlegung mehrerer Betriebe bzw. Einzelunternehmen, zu denen Grundstücke gehören;
► Aufnahme eines Gesellschafters in ein Einzelunternehmen, zu dem ein Grundstück gehört, welches auf die neu gegründete Personengesellschaft übertragen wird;
► Einbringung eines Einzelunternehmens, Betriebs, Teilbetriebs oder Mitunternehmeranteils, zu dem ein Grundstück gehört, in eine bereits bestehende Personengesellschaft.

Grundsätzlich erfolgen diese Vorgänge auf der Grundlage eines Einbringungsvertrags und unterliegen gem. **§ 1 Abs. 1 Nr. 1 GrEStG** der Grunderwerbsteuer.

Die Einbringung kann jedoch auch durch **Anwachsung des Gesellschaftsvermögens** einer grundbesitzenden Personengesellschaft auf die übernehmende Personengesellschaft erfolgen, z. B. wenn alle Gesellschafter der grundbesitzenden Personengesellschaft ihre Mitunternehmeranteile in eine neue Personengesellschaft einbringen. Dieser Vorgang ist steuerbar nach § 1 Abs. 1 Nr. 3 Satz 1 GrEStG. Die Steuer entsteht im Zeitpunkt des Eigentumsübergangs. 2600

Bei der Einbringung in eine bestehende Personengesellschaft kann es infolge der Einbringung zu einer nach **§ 1 Abs. 2a GrEStG** steuerbaren Änderung des Gesellschafterbestands kommen. Dies gilt sowohl für die aufnehmende Personengesellschaft als auch für die Einbringung von Anteilen an einer grundbesitzenden Personengesellschaft bezüglich des Gesellschafterbestands dieser Personengesellschaft. Schließlich kann durch die Einbringung von Anteilen an einer grundbesitzenden Kapitalgesellschaft eine **Anteilsvereinigung i. S. von § 1 Abs. 3 Nr. 1 GrEStG** bzw. Anteilsübertragung i. S. von § 1 Abs. 3 Nr. 3 GrEStG verwirklicht werden, wenn das erforderliche Quantum von mindestens 95 % in der Hand der aufnehmenden Personengesellschaft vereinigt wird. 2601

b) Steuerbefreiungen

Neben der Steuerbefreiung nach **§ 3 Nr. 1 GrEStG** sind im Bereich der Grundstücksübertragung auf Personengesellschaften vor allem die **persönlichen Be-** 2602 freiungen für Ehegatten (§ 3 Nr. 4 GrEStG) und Abkömmlinge (§ 3 Nr. 6 GrEStG) sowie die Steuerbefreiung für Grundstücksschenkungen nach **§ 3 Nr. 2 GrEStG** von Bedeutung. So ist z. B. die Einbringung eines Grundstücks in eine Personengesellschaft, an der Personen beteiligt sind, die nach § 3 Nr. 4 GrEStG oder § 3 Nr. 6 GrEStG von dem Einbringenden steuerfrei erwerben können, von der Grunderwerbsteuer in dem jeweiligen Umfang der Beteiligung dieser Personen von der Grunderwerbsteuer ausgenommen.[1] Über die personenbezogene Befreiungsvorschrift wird das Tatbestandsmerkmal „Gesamthänder" in § 5 Abs. 1 bzw. 2 GrEStG gewissermaßen ersetzt. Wird ein Grundstück in eine Personengesellschaft eingebracht und vom Einbringenden ein Teil des Kapitalanteils unentgeltlich auf einen Mitgesellschafter übertragen, führt die Anteilsschenkung gem. § 7 Abs. 1 Nr. 1 ErbStG nicht zu einer Anwendung der Missbrauchsvorschrift des § 5 Abs. 3 GrEStG, weil der Erwerbsvorgang bei einer unmittelbaren Grundstücksschenkung nach § 3 Nr. 2 GrEStG steuerbefreit wäre.[2]

2603 Auch bei der Verwirklichung des Tatbestandes von § 1 Abs. 2a GrEStG finden die personenbezogenen Befreiungsvorschriften des § 3 Nr. 2, Nr. 4 und Nr. 6 GrEStG Anwendung.[3]

c) Steuervergünstigung nach § 5 GrEStG

2604 Bei der Einbringung eines Grundstücks in eine Personengesellschaft wird die Grunderwerbsteuer gem. § 5 Abs. 1 und 2 GrEStG insoweit nicht erhoben, als der einbringende Allein- oder Miteigentümer eines Grundstücks am Vermögen der übernehmenden Personengesellschaft beteiligt ist. Ohne Bedeutung für die Anwendbarkeit des § 5 GrEStG ist, ob das Grundstück auf eine schon bestehende Gesamthandsgemeinschaft übergeht oder ob der Grundstücksübergang sich anlässlich der Gründung einer Personengesellschaft bzw. anlässlich des Eintritts des Einbringenden in die Personengesellschaft vollzieht oder das Grundstück im Wege der Ausgliederung auf eine Personengesellschaft übergeht.[4] Die Steuer wird in dem Ausmaß nicht erhoben, in dem entweder die Beteiligungsquote als Bruchteilseigentümer und die Berechtigung am Gesamthandsvermögen am Grundstück deckungsgleich ist (§ 5 Abs. 1 GrEStG) oder der Einbringende am Vermögen der Gesamthand beteiligt ist (§ 5 Abs. 2 GrEStG). Das Gesetz stellt allein auf die zivilrechtliche Beteiligung am Ver-

---

1 Vgl. BFH, Urteile v. 18.9.1974 II R 90/68, BStBl II 1975 S. 360 und v. 11.6.2008 II R 58/06, BStBl II 2008 S. 879.
2 Vgl. BFH, Urteile v. 7.10.2009 II R 58/08, BFH/NV 2010 S. 114.
3 Vgl. Gleichlautender Ländererlass v. 18.2.2014, BStBl I 2014 S. 561, Tz. 7 f.
4 Vgl. Hofmann, § 5 GrEStG Rn 3.

mögen (dingliche Mitberechtigung) ab und nicht auf eine etwa davon abweichende Auseinandersetzungsquote oder auf die Beteiligung am Gewinn und Verlust der Gesamthand. Die Beteiligung am Vermögen der erwerbenden Gesamthand muss auf den Zeitpunkt festgestellt werden, in dem der steuerpflichtige Tatbestand verwirklicht wird, d. h. die Steuer nach § 38 AO entsteht. Der wirksame Abschluss des Einbringungsvertrags ist auch dann maßgeblich, wenn er aufschiebend bedingt ist oder einer nicht seine Wirksamkeit berührenden Genehmigung bedarf, die Grunderwerbsteuer nach § 14 GrEStG also erst später entsteht.[1]

Bringt ein Gesellschafter bereits vereinigte Anteile an einer grundbesitzenden Kapitalgesellschaft (mindestens 95 %ige Beteiligung) in eine ihm zu 100 % unmittelbar gehörende Personengesellschaft ein, wird der Tatbestand des § 1 Abs. 3 Nr. 3 GrEStG verwirklicht. Aufgrund der Zurechnungsfiktion in § 1 Abs. 3 Nr. 3 u. 4 GrEStG ist es jedoch gerechtfertigt, die Übertragung aller Anteile einer grundbesitzenden Kapitalgesellschaft auf eine Gesamthand wie die Einbringung des Grundstücks selbst zu behandeln und dementsprechend die Steuervergünstigung nach § 5 Abs. 2 GrEStG zu gewähren.[2] Das gilt allerdings nur für den Fall der bereits vereinigten Anteile; wenn die Anteile auf Ebene der Gesamthand erstmals (unmittelbar oder mittelbar) vereinigt werden, wird der Tatbestand des § 1 Abs. 3 Nr. 1 oder Nr. 2 GrEStG erfüllt. Der Erwerb einzelner Anteile einer grundbesitzenden Kapitalgesellschaft, die jeweils weniger als 95 % ihres gezeichneten Kapitals ausmachen und die von verschiedenen Anteilsveräußerern übertragen werden, werden dem Erwerb von Miteigentumsanteilen an den Grundstücken der Kapitalgesellschaft nicht gleichgestellt. Besteuert wird die Anteilsvereinigung und damit der fingierte Übergang des Grundstücks von der Kapitalgesellschaft auf die zwischengeschaltete Personengesellschaft, nicht aber die Übertragung des jeweils unter 95 %igen Kapitalanteils.[3] Die gleiche Differenzierung sollte für § 1 Abs. 3a GrEStG gelten, d. h. die Einbringung einer wirtschaftlichen Beteiligung von mindestens 95 % an einer Gesellschaft mit Immobilienvermögen in eine Personengesellschaft ist insoweit steuerfrei als der Einbringende an der Personengesellschaft beteiligt ist.[4]

2605

---

1 Vgl. BFH, Urteile v. 30. 7. 1980 II R 19/77, BStBl II 1980 S. 667 und v. 10. 2. 1982 II R 152/80, BStBl II 1982 S. 481.
2 Vgl. BFH, Urteil v. 2. 4. 2008 II R 51/06, BFH/NV 2008 S. 1268.
3 Vgl. Viskorf in Boruttau, § 5 GrEStG Rn 57; Pahlke, § 5 GrEStG Rn 13.
4 Vgl. Gleichlautender Ländererlass v. 9. 10. 2013, BStBl I 2013 S. 1324, Beispiel 10 und 14 zur Anwendung von § 6 GrEStG.

2606 Im Zusammenhang mit der Inanspruchnahme der Steuervergünstigung für die Einbringung von Grundbesitz in eine Personengesellschaft ist die **Nachbehaltensfrist des § 5 Abs. 3 GrEStG** zu beachten. Die Steuerbefreiung wird rückwirkend versagt, soweit sich der Anteil des Einbringenden am Vermögen der Gesamthand innerhalb von fünf Jahren nach der Einbringung vermindert. Die Vorschrift zielt zwar auf die Vermeidung von Missbräuchen der Steuervergünstigung ab, setzt jedoch keine Absicht der Steuervermeidung voraus. Eine Verminderung des Anteils am Gesamthandsvermögen kann auf verschiedenen Wegen erfolgen, z. B. durch Übertragung von Teilen des Gesellschaftsanteils, durch Ausscheiden des Einbringenden, durch Umwandlung des einbringenden Rechtsträgers im Wege der Verschmelzung oder Aufspaltung mit der Folge des Erlöschens.[1] Zum Formwechsel der Personengesellschaft und des einbringenden Rechtsträgers siehe Rn 2543 f.

2607 Im Hinblick auf ihren Charakter als Missbrauchsvermeidungsvorschrift ist § 5 Abs. 3 GrEStG insofern teleologisch zu reduzieren, als dass Fälle nicht erfasst werden, in denen die **Missbrauchsgestaltung objektiv ausgeschlossen** werden kann.[2] So wird die Vergünstigung nicht rückwirkend versagt, wenn das begünstigt eingebrachte Grundstück vor der Verminderung des Anteils des Einbringenden am Vermögen der Gesamthand dieser nicht mehr grunderwerbsteuerlich zugerechnet werden kann, weil sie es bereits an einen Dritten veräußert hat und die Veräußerung den Tatbestand des § 1 Abs. 1 Nr. 1 GrEStG erfüllt. Vermindert sich der Anteil des Einbringenden am Vermögen der Gesamthand durch einen Vorgang, der einen der Tatbestände von § 1 Abs. 2a, § 1 Abs. 3 oder § 1 Abs. 1 Nr. 3 GrEStG erfüllt, oder wäre die der Anteilsübertragung entsprechende (anteilige) Grundstücksübertragung nach § 3 GrEStG grunderwerbsteuerfrei, besteht ebenfalls keine objektive Steuerumgehungsmöglichkeit und dementsprechend kein Bedürfnis für die Anwendung von § 5 Abs. 3 GrEStG. Ein Missbrauch und damit die Anwendbarkeit des § 5 Abs. 3 GrEStG ist immer dann ausgeschlossen, wenn der Vorgang, der formal die Voraussetzungen des § 5 Abs. 3 GrEStG erfüllt, einen steuerbaren Vorgang darstellt. Eine Möglichkeit der Steuervermeidung scheidet somit auch aus, wenn der Vorgang, durch den der einbringende Gesamthänder seinen Anteil am Gesamthandsvermögen verliert, selbst der Grunderwerbsteuer unterliegt, z. B. wenn die Personengesellschaft auf eine Kapitalgesellschaft verschmolzen wird und der Einbringende dadurch die dingliche Mitberechtigung am Gesamthandsvermögen verliert. Da der damit verbundene Rechtsträgerwechsel nach

---

1 Vgl. Pahlke, § 5 GrEStG Rn 64 ff., 116; Hofmann, § 5 GrEStG Rn 28.
2 Vgl. BFH, Urteil v. 7. 10. 2009 II R 58/07, DStR 2009 S. 2534.

§ 1 Abs. 1 Nr. 3 Satz 1 GrEStG der Grunderwerbsteuer unterliegt, kommt es nicht zum rückwirkenden Wegfall der Befreiung.

d) Steuervergünstigung nach § 6 GrEStG

Bei der Verschmelzung von Personengesellschaften bzw. Abspaltung und Ausgliederung von Grundbesitz einer Personengesellschaft auf eine andere Personengesellschaft oder der Einbringung von einem zum Gesamthandsvermögen einer Personengesellschaft gehörenden Grundstück in das Gesamthandsvermögen der übernehmenden Personengesellschaft, ist der Rechtsträgerwechsel insoweit nach § 6 Abs. 3 i. V. m. Abs. 1 GrEStG steuerbefreit, als die prozentuale Berechtigung des Gesamthänders an beiden Personengesellschaften deckungsgleich ist. Sind an der übertragenden und der übernehmenden Personengesellschaft jeweils dieselben Personen im gleichen Verhältnis beteiligt, ist der Grundstückstransfer insgesamt steuerfrei.

2608

Die Steuerbefreiung wird jedoch nicht ohne Einschränkungen gewährt. Es sind die **vorgelagerte Sperrfrist des § 6 Abs. 4 GrEStG und die nachgelagerte Fünfjahresfrist des § 6 Abs. 3 Satz 2 GrEStG** zu beachten. Der einzelne Gesamthänder darf seine Beteiligung an der das Grundstück übertragenden Gesamthand nicht innerhalb der letzten fünf Jahre durch Rechtsgeschäft unter Lebenden erworben haben. Und der jeweilige Gesamthänder darf seine vermögensmäßige Beteiligung an der erwerbenden Gesamthand nicht innerhalb von fünf Jahren nach dem Übergang des Grundstücks von der einen auf die andere Gesamthand vermindern. Wird die Beteiligung innerhalb von fünf Jahren vermindert, ist die Vergünstigung insoweit rückwirkend zu versagen. Da eine Personengesellschaft nicht selbst Gesamthänder an einer anderen Personengesellschaft sein kann, sind **Grundstücksübertragungen zwischen mehrstöckigen Personengesellschaften** nur insoweit nach § 6 Abs. 3 GrEStG begünstigt, als an der Ober-Personengesellschaft und (durchgerechnet durch die Ober-Personengesellschaft) an der Unter-Personengesellschaft dieselben natürlichen oder juristischen Personen jeweils in gleicher Höhe beteiligt sind. Insofern ist neben der nachgelagerten Fünfjahresfrist auch die vorgelagerte Fünfjahresfrist zu beachten. Beide Fristen beziehen sich auf die Gesellschafter der Ober-Personengesellschaft

2609

> **BEISPIEL:** Die A, B und C sind zu gleichen Teilen an der M-KG und der grundbesitzenden T-KG beteiligt. A und B sind Gründungsgesellschafter, C hat seinen Anteil an der T-KG in 2010 erworben. Die jeweilige Komplementär-GmbH ist vermögensmäßig nicht beteiligt. In 2012 bringen A, B und C ihre Beteiligungen an der T-KG in die

E. Grunderwerbsteuer bei Umwandlungen

M-KG ein. Die Komplementär-GmbH tritt aus und das Vermögen der T-KG wächst der M-KG an.

Die Anwachsung ist grunderwerbsteuerbar nach § 1 Abs. 1 Nr. 3 GrEStG. Die Grunderwerbsteuer wird in Höhe der Anteile von A und B (2/3) nicht erhoben (§ 6 Abs. 3 GrEStG). Da C seine Gesamthandsbeteiligung an der T-KG innerhalb von fünf Jahren vor dem dinglichen Wirksamwerden der Anwachsung durch Rechtsgeschäft unter Lebenden erworben hat, greift die Sperrfrist des § 6 Abs. 4 GrEStG ein; d. h. in Höhe des Anteils von C (1/3) wird Grunderwerbsteuer erhoben. A und B müssen ihre Beteiligung an der M-KG über einen Zeitraum von fünf Jahren nach der Anwachsung halten, um die Befreiung nicht wieder zu verlieren (§ 6 Abs. 3 Satz 2 GrEStG).

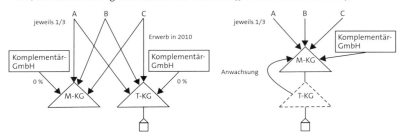

2610 Die Sperrfristen des § 6 GrEStG verfolgen die gleiche Zielrichtung wie § 5 Abs. 3 GrEStG, nämlich die Verhinderung von Missbräuchen. Dementsprechend entfällt die Vergünstigung nach § 6 Abs. 3 Satz 1 GrEStG dann nicht, wenn die Aufgabe der gesamthänderischen Mitberechtigung oder Verringerung der Gesellschafterstellung durch einen steuerbaren Rechtsvorgang erfolgt (z. B. Veräußerung und Umwandlungsvorgänge mit Rechtsträgerwechsel) oder die rechtsgeschäftliche Zuordnung des Grundstücks der Gesamthand auf den Empfänger keine Grunderwerbsteuer auslösen würde, weil in diesen Fällen die **objektive Möglichkeit einer Steuerumgehung fehlt.** So führen z. B. der Erwerb von Todes wegen bzw. die Anteilsschenkung innerhalb von fünf Jahren nicht zum Wegfall der Vergünstigung, weil der entsprechende Erwerbsvorgang bei einer unmittelbaren Grundstücksübertragung steuerbefreit wäre. Kommt es im Zuge eines Gesellschafterwechsels zum Verlust der gesamthänderischen Mitberechtigung und wird dadurch der Tatbestand des § 1 Abs. 2a GrEStG verwirklicht, fehlt es ebenfalls an einer objektiven Steuerumgehungsmöglichkeit. Gleiches gilt für die vorgelagerte Fünfjahresfrist des § 6 Abs. 4 GrEStG. Trotz Nicht-Einhaltung der Frist wird die Steuervergünstigung gewährt, wenn die Personengesellschaft erst nach dem Erwerb der Gesellschafterstellung des übertragenden Gesamthänders das Grundstück erworben hat. Die Sperrfrist ist somit immer dann ohne Bedeutung, wenn die Beteiligungsverhältnisse an der übertragenden Gesamthand seit dem Zeitpunkt, in dem sie das Grundstück erworben hat, unverändert geblieben sind.[1] Außerdem ist § 6 Abs. 4 GrEStG auch dann unbeachtlich, wenn der maßgebende Gesamthänder seine Beteiligung an der Personengesellschaft innerhalb der letzten fünf Jahre durch ein Rechtsgeschäft erworben hat, das den Tatbestand des § 1 Abs. 2a oder Abs. 3 bzw. Abs. 3a GrEStG ausgelöst hat.[2] Ferner hindert § 6 Abs. 4 GrEStG die Nichterhebung von Grunderwerbsteuer dann nicht, wenn der vorherige Erwerb des Grundstücks durch die Gesamthand zwar der Grunderwerbsteuer unterlegen hat, aber von ihr befreit war.[3]

Bemessungsgrundlage für die Einbringung sowie die Tatbestände des § 1 Abs. 2a und Abs. 3 GrEStG ist der **Grundbesitzwert nach Maßgabe von § 138 Abs. 2 bis 4 BewG** (§ 8 Abs. 2 Satz 1 Nr. 2 bzw. Nr. 3 GrEStG). Erstreckt sind der Erwerbsvorgang auf ein noch zu errichtendes Gebäude, ist gem. § 8 Abs. 2 Satz 2 GrEStG der Wert des Grundstücks nach den tatsächlichen Verhältnissen im Zeitpunkt der Fertigstellung des Gebäudes maßgebend, z. B. wenn sich der Einbringende gegenüber der aufnehmenden Personengesellschaft verpflichtet, auf dem eingebrachten Grundstück ein Gebäude zu errichten. 2611

Für nach dem 31.12.1999 verwirklichte Erwerbsvorgänge besteht nach § 19 Abs. 2 Nr. 4 GrEStG eine **Anzeigepflicht der Beteiligten** über Änderungen im Gesellschafterbestand einer Gesamthand bei Gewährung der Steuervergünstigungen aus § 5 Abs. 1 und 2 GrEStG (§ 23 Abs. 6 Satz 2 GrEStG). Gleiches gilt für nach dem 31.12.2001 verwirklichte Erwerbsvorgänge bei Änderungen im Gesellschafterbestand im Hinblick auf die Gewährung von Steuervergünstigungen nach § 6 Abs. 3 i. V. m. Abs. 1 GrEStG (§ 23 Abs. 7 Satz 1 GrEStG). Die Änderung gilt verfahrensrechtlich als ein rückwirkendes Ereignis, welches zur Änderung der ursprünglichen Grunderwerbsteuerfestsetzung führt (§ 175 Abs. 2 Satz 1 i. V. m. Abs. 1 Satz 1 Nr. 2 GrEStG). 2612

VI. Realteilung einer Personengesellschaft

1. Mögliche Steuertatbestände

Die Realteilung einer Personengesellschaft oder Partnerschaftsgesellschaft kann durch Einzelrechtsübertragung oder durch Spaltung gem. § 123 Abs. 1 und 2 UmwG mit partieller Gesamtrechtsnachfolge erfolgen (vgl. Rn 2482). 2613

---

[1] Vgl. BFH, Urteil v. 16.7.1997 II R 27/95, BStBl II 1997 S. 663.
[2] Vgl. Hofmann, § 6 GrEStG Rn 29 a. E.; Viskorf in Boruttau, § 6 GrEStG Rn 93.
[3] Vgl. BFH, Urteil v. 28.1.1981 II R 146/75, BStBl II 1981 S. 484.

Wenn im Zuge einer Abspaltung oder Aufspaltung ein Grundstück oder Teilflächen eines Grundstücks auf den übernehmenden Rechtsträger übergehen, liegt ein nach **§ 1 Abs. 1 Nr. 3 Satz 1 GrEStG steuerbarer Erwerbsvorgang** vor.

2614 Werden im Zuge der Realteilung im Wege der Einzelrechtsübertragung Grundstücke – ggf. nach flächenmäßiger Aufteilung – auf einzelne Gesellschafter der Personengesellschaft übertragen, liegt regelmäßig ein nach **§ 1 Abs. 1 Nr. 1 GrEStG steuerbarer Erwerbsvorgang** vor (Auseinandersetzungsvertrag).

2615 Im Fall der Abspaltung oder Aufspaltung entsteht die Grunderwerbsteuer mit der Eintragung in das Register des übertragenden Rechtsträgers (§§ 130, 131 Abs. 1 Nr. 1 UmwG). Bei der Einzelrechtsübertragung entsteht die Grunderwerbsteuer mit der Begründung einer rechtswirksamen Verpflichtung zur Übereignung des Grundstücks.

2616 Ferner kann es im Zusammenhang mit einer Realteilung zur Verwirklichung von **§ 1 Abs. 2a oder Abs. 3 bzw. Abs. 3a GrEStG** sowie § 1 Abs. 1 Nr. 3 GrEStG (z. B. Anwachsung) kommen, wenn zum Vermögen der aufgelösten Personengesellschaft Beteiligungen an anderen grundbesitzenden Personengesellschaften oder Anteile an grundbesitzenden Kapitalgesellschaften gehören.

2. Steuerbefreiungen und -vergünstigungen

2617 Für den Grundstückstransfer von der Personengesellschaft auf den Gesellschafter kann neben der Steuerbefreiung nach § 3 Nr. 1 GrEStG (Grundbesitzwert ≤ 2.500 €) die Befreiung für Schenkungen unter Lebenden gem. § 3 Nr. 2 GrEStG sowie die personenbezogenen Befreiungen des § 3 Nr. 4 und Nr. 6 GrEStG in Betracht kommen. Da die Anwendbarkeit dieser Vorschriften durch § 6 GrEStG vermittelt wird, ist die Sperrfrist des § 6 Abs. 4 GrEStG zu beachten.

2618 Gemäß **§ 6 Abs. 2 GrEStG** wird, wenn ein Grundstück von einer Gesamthand in das Alleineigentum einer an der Gesamthand beteiligten Person übergeht, die Grunderwerbsteuer in Höhe des Anteils nicht erhoben, zu dem der Erwerber am Vermögen der Gesamthand beteiligt ist. Geht ein Grundstück bei der Auflösung der Gesamthand in das Alleineigentum eines Gesamthänders über, so ist die Auseinandersetzungsquote maßgebend, wenn die Beteiligten für den Fall der Auflösung der Gesamthand eine vom Beteiligungsverhältnis abweichende Auseinandersetzungsquote vereinbart haben (§ 6 Abs. 2 Satz 2 i. V. m. Abs. 1 Satz 2 GrEStG). Entsprechendes gilt gem. § 6 Abs. 1 GrEStG, wenn ein Grundstück von einer Gesamthand in das Miteigentum mehrerer an der Gesamthand beteiligter Personen übergeht. Geht ein Grundstück im Zuge der Realteilung in das Miteigentum eines Gesellschafters und seiner Ehefrau über, ist die Übertragung auf den Gesellschafter gem. § 6 Abs. 1 GrEStG und die Übertragung auf die Ehefrau nach § 6 Abs. 1 i.V. m. § 3 Nr. 4 GrEStG begünstigt – sofern die vorgelagerte Fünfjahresfrist des § 6 Abs. 4 GrEStG eingehalten wurde.[1]

Erfolgt im Zuge der Realteilung eine flächenweise Teilung eines Grundstücks oder die Aufteilung eines Grundstücks in Wohnungs- und Teileigentum, kann die **Steuerbefreiung nach § 7 Abs. 2 GrEStG** in Betracht kommen. Danach wird die Grunderwerbsteuer insoweit nicht erhoben, als der Wert des Teilgrundstücks dem Anteil des ausscheidenden Gesellschafters am Gesamthandsvermögen entspricht. Wird ein Grundstück bei der Auflösung der Gesamthand flächenweise geteilt, so ist gem. § 7 Abs. 2 Satz 2 GrEStG die Auseinandersetzungsquote maßgebend, wenn die Beteiligten für den Fall der Auflösung der Gesamthand eine vom Beteiligungsergebnis abweichende Auseinandersetzungsquote vereinbart haben. Diese Vergünstigung gilt insoweit nicht, als der Gesamthänder bzw. im Fall der Erbfolge sein Rechtsvorgänger seinen Anteil an der Gesamthand innerhalb von fünf Jahren vor der Umwandlung durch Rechtsgeschäft unter Lebenden erworben hat bzw. als die vom Beteiligungsverhältnis abweichende Auseinandersetzungsquote innerhalb der letzten fünf Jahre vor der Auflösung der Gesamthand vereinbart worden ist (§ 7 Abs. 3 Satz 1 u. 2 GrEStG).

2619

Die Vergünstigungsregelung ist begrenzt auf die **flächenweise Teilung eines Grundstücks bzw. mehrerer Grundstücke, die zu einer wirtschaftlichen Einheit gehören** (vgl. § 2 Abs. 3 GrEStG). Die flächenweise Teilung kann auch durch Begründung von Wohnungs- bzw. Sondereigentum erfolgen.[2] Für die reine Verteilung von Grundstücken der Gesellschaft, die nicht zu einer wirtschaftlichen Einheit gehören, auf den oder die ausscheidenden Gesellschafter, ist § 7 Abs. 2 GrEStG nicht anwendbar. In diesem Fall ist grundsätzlich § 6 Abs. 2 GrEStG einschlägig.

2620

3. Bemessungsgrundlage

Bei dem Übergang eines Grundstücks im Zusammenhang mit der Auflösung der Personengesellschaft bemisst sich die Grunderwerbsteuer gem. § 8 Abs. 2 Satz 1 Nr. 2 GrEStG auf der Grundlage des **Grundbesitzwertes i. S. des § 138 Abs. 2 bis 4 BewG**. Es handelt sich um einen „Erwerbsvorgang auf gesell-

2621

---

[1] Vgl. BFH, Urteil v. 11. 6. 2008 II R 58/06, BStBl II 2008 S. 879.
[2] Vgl. BFH, Urteil v. 16. 2. 1994 II R 96/90, BFH/NV 1995 S. 156.

schaftsvertraglicher Grundlage", weil sich infolge des Erwerbsvorgangs die Gesellschafterstellung des beteiligten Gesellschafters ändert.[1]

4. Steuerschuldner

2622 Steuerschuldner sind bei einem Grundstücksübergang im Wege der Einzelrechtsübertragung die an dem Erwerbsvorgang beteiligten Personen (§ 13 Nr. 1 GrEStG) und bei einer Spaltung der bisherige Eigentümer und der Erwerber als Gesamtschuldner (§ 13 Nr. 2 GrEStG). Führt die Aufspaltung zum Erlöschen der Personengesellschaft, ist allein der Erwerber Steuerschuldner i. S. des § 13 Nr. 2 GrEStG.[2]

VII. Anwendbarkeit der Konzernklausel in § 6a GrEStG auf übertragende Umwandlungen und Einbringungen

1. Begrenzter Anwendungsbereich

2623 Durch Art. 14 III WachstumsBeschlG vom 22. 12. 2009[3] ist § 6a GrEStG in das Grunderwerbsteuergesetz eingefügt worden. Die Regelung ist am 1. 1. 2010 in Kraft getreten. Damit sollte der Forderung der Wirtschaft nach einer **Begünstigung für konzerninterne Umstrukturierungen** nachgekommen werden. Außer nach den Regelungen der §§ 5, 6 und § 7 Abs. 2 GrEStG, der Anrechnungsvorschrift des § 1 Abs. 6 GrEStG sowie der teleologischen Reduktion von § 1 Abs. 2a und Abs. 3 GrEStG für bestimmte Verkürzungen von Beteiligungsketten waren konzerninterne Rechtsträgerwechsel im Prinzip nicht privilegiert.[4] Dementsprechend scheitern Umstrukturierungen im Konzern, die sich im Regelfall ertragsteuerneutral realisieren lassen, häufig an der Grunderwerbsteuerbelastung; diese ist durch die länderspezifische Anhebung der Grunderwerbsteuersätze noch weiter gestiegen. Nach Auffassung des Gesetzgebers soll die Neuregelung „die Bedingungen für Umstrukturierungen von Unternehmen krisenfest, planungssicherer und mittelstandsfreundlicher" ausgestalten.[5] In der Praxis ist der Anwendungsbereich der Verschonungsregelung allerdings sehr eingeschränkt. Dies ist vor allem den relativ langen Vor- und Nachbehaltens-

---

1 Vgl. BFH, Urteil v. 26. 2. 2003 II B 54/02, BStBl II 2003 S. 483; Hofmann, § 8 GrEStG Rn 43; Pahlke, § 8 GrEStG Rn 64.
2 Vgl. BFH, Urteil v. 15. 10. 1997 I R 22/96, BStBl II 1998 S. 168.
3 BGBl I 2009, S. 3950.
4 Vgl. BFH, Urteil v. 15. 1. 2003 II R 50/00, BStBl II 2003 S. 320.
5 BT-Drucks. 17/147, S. 10.

fristen sowie der Bestimmung des herrschenden Unternehmens im Konzernverbund geschuldet.

Die Vorschrift des § 6a GrEStG begünstigte zunächst nur umwandlungsbedingte Erwerbsvorgänge zwischen Rechtsträgern, die einem durch die Vorschrift näher definierten Verbund angehören. Es wurden nur solche Grunderwerbsteuertatbestände nicht besteuert, die durch Gesamtrechtsnachfolge verwirklicht werden. Umwandlungsvorgänge auf der Grundlage von Einzelrechtsübertragungen waren nicht privilegiert. Durch die Neufassung von § 6a Satz 1 GrEStG durch das AmtshilfeRLUmsG[1] wird die Begünstigung für Erwerbsvorgänge, die nach dem 6.6.2013 verwirklicht werden, auch auf „Einbringungen" sowie „andere Erwerbsvorgänge auf gesellschaftsvertraglicher Grundlage" erstreckt. Die entsprechende Ergänzung der Sätze 2 bis 4 des § 6a GrEStG wurde erst durch das „Kroatiengesetz"[2] nachgeholt. Die Nichterhebung der Grunderwerbsteuer wird durch Behaltensfristen flankiert, d.h. die am Umwandlungsvorgang beteiligten Rechtsträger müssen im Grundsatz mindestens fünf Jahre vor und fünf Jahre nach dem Übertragungsvorgang einem Verbund angehören, in dem die Beteiligungsverhältnisse über den gesamten Zeitraum i.H. von 95 % bestehen.

2624

Die Vergünstigung des § 6a GrEStG setzt voraus, dass

2625

- ein Rechtsvorgang nach § 1 Abs. 1 Nr. 3, Abs. 2, 2a, 3 oder 3a GrEStG
- auf Grund einer Umwandlung i.S. des § 1 Abs. 1 Nr. 1 bis 3 UmwG (Verschmelzung, Spaltung, Vermögensübertragung i.S. von § 174 f. UmwG), einer Einbringung oder eines Vorgangs auf gesellschaftsvertraglicher Grundlage verwirklicht wird (§ 6a Satz 1 u. 2 GrEStG)
- und an dem Umwandlungsvorgang, der Einbringung bzw. des anderen Rechtsvorgangs ausschließlich ein herrschendes und ein oder mehrere von diesem abhängige Gesellschaften oder mehrere von einem herrschenden Unternehmen abhängige Gesellschaften beteiligt sind (§ 6a Satz 3 u. 4 GrEStG). Mit der Änderung von § 6a Satz 4 GrEStG durch das OGAW-IV-UmsG[3] wurde klargestellt, dass neben Kapitalgesellschaften auch Personengesellschaften als „abhängige Gesellschaften" gelten.

Als Rechtsfolge wird bestimmt, dass die Grunderwerbsteuer nicht erhoben wird. Dadurch bleibt der durch den Umwandlungsvorgang ausgelöste Rechtsträgerwechsel grunderwerbsteuerbar. Das bedeutet, dass die Verminderung

2626

---

1 Vom 22.6.2013, BGBl I 2013 S. 1809.
2 StÄnd-Anp-Kroatien Gesetz.
3 Vom 22.6.2011, BGBl I 2011 S. 1126.

gesamthänderischer Beteiligungen innerhalb der Fünfjahresfristen i. S. von §§ 5 Abs. 3, 6 Abs. 3 Satz 2 GrEStG aufgrund von Umwandlungsvorgängen und anderen Rechtsvorgängen, die nach § 6a GrEStG begünstigt sind, nicht zu einer rückwirkenden Festsetzung der Grunderwerbsteuer auf die Übertragung des Grundstücks auf die Gesamthand bzw. den Gesamthänder führen.

2. Herrschendes Unternehmen und abhängige Gesellschaft

2627 Das herrschende Unternehmen muss mindestens fünf Jahre vor dem Rechtsvorgang an der abhängigen Gesellschaft unmittelbar oder mittelbar oder teils unmittelbar, teils mittelbar zu mindestens 95 % ununterbrochen beteiligt gewesen sein (Vorbehaltensfrist gem. § 6a Satz 4 GrEStG). Das gilt in der gleichen Form und dem gleichen Maße für die Beteiligung über mindestens fünf Jahre nach dem Rechtsvorgang (Nachbehaltensfrist). Maßgebend für die Berechnung der Fünfjahresfrist ist bei Umwandlungsvorgängen die Eintragung der Umwandlung im Handelsregister[1] bzw. bei ausländischen Umwandlungen das Wirksamwerden nach dem jeweiligen ausländischen Recht.

2628 Bei mehrstufigen Beteiligungen muss die mittelbare Beteiligung des herrschenden Unternehmens am Kapital oder Gesellschaftsvermögen einer abhängigen Gesellschaft auf jeder Stufe das erforderliche Quantum von 95 % erreichen – entsprechend den Zurechnungskriterien für eine mittelbare Anteilsvereinigung nach § 1 Abs. 3 GrEStG; es kommt somit nicht auf die durchgerechnete rechnerische Quote der Beteiligung an der an der Umwandlung beteiligten Gesellschaft an.[2] Das sollte nicht nur für Zwischengesellschaften in der Rechtsform einer Kapitalgesellschaft, sondern ebenso für die mittelbare Beteiligung über Personengesellschaften gelten.[3] Auch spielen die Grundsätze der Anteilsvereinigung im Organkreis und damit die Abhängigkeitsdefinition in § 1 Abs. 4 Nr. 2 Buchst. b GrEStG bei der Anwendung von § 6a GrEStG keine Rolle.[4]

2629 Nach Auffassung der Finanzverwaltung ist der **Konzernbegriff des § 6a Satz 3 und 4 GrEStG** so zu verstehen, dass es immer nur ein einziges herrschendes Unternehmen gibt. Das soll das Unternehmen sein, welches an der Spitze eines Verbundes von Gesellschaften steht, bei denen die Beteiligung auf jeder

---

1 Vgl. Gleichlautender Ländererlass v. 19. 6. 2012, BStBl I 2012 S. 662, Tz. 2.3.
2 Vgl. Gleichlautender Ländererlass v. 19. 6. 2012, BStBl I 2012 S. 662, Tz. 2.4.
3 Vgl. Viskorf in Boruttau, § 6a GrEStG Rn 67, unter Hinweis auf die abweichende Auffassung der Finanzverwaltung in dem gleichlautenden Ländererlass zu § 1 Abs. 2a GrEStG v. 25. 2. 2010, BStBl I 2010 S. 245, Tz. 3.
4 Vgl. Gleichlautender Ländererlass v. 19. 6. 2012, BStBl I 2012 S. 662, Tz. 2.2 u. 2.4.

VII. Anwendbarkeit der Konzernklausel auf übertragende Umwandlungen

Stufe i. H. v. mindestens 95 % am Gesellschaftskapital beträgt.[1] Bei mehrstufigen Beteiligungsverhältnissen ist das herrschende Unternehmen somit dasjenige, welches an der Spitze des gesamten Verbundes steht, und nicht auch eine andere (abhängige) Gesellschaft in der Beteiligungskette, die ihrerseits an dem übertragenden und dem übernehmenden Rechtsträger (unmittelbar oder mittelbar) zu mindestens 95 % beteiligt ist.[2] Es gibt somit – jedenfalls nach Ansicht der Verwaltung – keine revolvierende Betrachtung, nach der eine abhängige Gesellschaft auch herrschendes Unternehmen sein kann; es gibt keine Mehrzahl von herrschenden Unternehmen im Konzern. Das führt dazu, dass die gesamte Konzernstruktur, auch soweit Gesellschaften nicht am Umwandlungsvorgang beteiligt sind, über mindestens fünf Jahre nach der Umwandlung aufrecht erhalten bleiben muss, um die Steuerbefreiung nicht wieder zu verlieren.

BEISPIEL: Die M-GmbH ist zu 100 % an der T-GmbH beteiligt. Die T-GmbH hält jeweils 100 % der Anteile an der E1-GmbH und der E2-GmbH. Die E1-GmbH wiederum hält jeweils 100 % an der U1-GmbH und an der U2-GmbH. Die grundbesitzende U1-GmbH wird auf die U2-GmbH verschmolzen.

Da nur die M-GmbH als herrschendes Unternehmen gesehen wird und alle anderen Gesellschaften als abhängig, muss die Beteiligungsstruktur oberhalb der U2-GmbH über den fünfjährigen Nachbehaltenszeitraum zu jeweils mindestens 95 % auf jeder Beteiligungsstufe aufrechterhalten werden. Außerdem musste diese Beteiligungsstruktur im Grundsatz auch fünf Jahre vor der Verschmelzung bestanden haben.

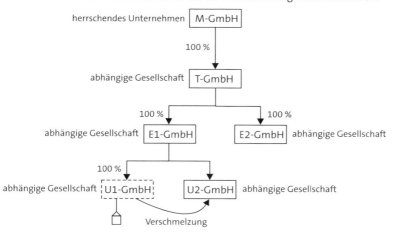

---

1 Vgl. Gleichlautender Ländererlass v. 19. 6. 2012, BStBl I 2012 S. 662, Tz. 1 u. 2.2; Pahlke, § 6a GrEStG Rn 37; Schanko, UVR 2011 S. 49 (51).
2 Vgl. Gleichlautender Ländererlass v. 22. 6. 2011, BStBl I 2011 S. 673.

Die Sichtweise der Finanzverwaltung ist nicht zwingend und führt in der Praxis zu einer deutlichen Reduzierung der Anwendungsfälle von § 6a GrEStG.[1] Einer abhängigen Gesellschaft nachgelagerte Gesellschaften sollen in Bezug auf den zu prüfenden Umwandlungsvorgang, an dem ein oder zwei an ihnen (mittelbar) beteiligte Rechtsträger beteiligt sind, nicht zum Verbund gehören.

2630 Das herrschende Unternehmen kann eine natürliche oder juristische Person oder eine Personengesellschaft sein. Zudem muss es **Unternehmer i. S. des UStG** sein. Damit sind natürliche Personen, die die Beteiligung im Privatvermögen halten,[2] sowie juristische Personen des öffentlichen Rechts mit Beteiligungen im hoheitlichen Bereich (nicht in einem Betrieb gewerblicher Art) ausgeschlossen. Nach der Rechtsprechung stellt das bloße Erwerben, Halten und Veräußern von gesellschaftsrechtlichen Beteiligungen keine unternehmerische Tätigkeit dar.[3] Insofern ist die Führungs- oder Funktionsholding, die gegenüber ihren Tochtergesellschaften entgeltliche Dienstleistungen erbringt, unternehmerisch tätig, nicht aber eine sog. Finanzholding. Bei einer Funktionsholding muss die am Umwandlungsvorgang beteiligte abhängige Gesellschaft zum unternehmerischen Bereich gehören.[4] Ist die Konzernspitze eine reine **Finanzholding**, wird für die Bestimmung des herrschenden Unternehmens auf die unmittelbar darunter liegende Konzernebene abgestellt.[5] Nach Auffassung der Finanzverwaltung erfolgt die Bestimmung des herrschenden Unternehmens in mehreren Schritten. Zunächst ist von unten nach oben der oberste Rechtsträger zu finden, der ausgehend von den am Umwandlungsvorgang beteiligten Gesellschaften die Mindestbeteiligungshöhe an diesen erfüllt. Sodann ist beginnend mit diesem Rechtsträger von oben nach unten zu prüfen, welcher Rechtsträger als oberster die Unternehmereigenschaft erfüllt. Erfüllt dieser Rechtsträger die Vorbehaltensfrist (Unternehmereigenschaft und Mindestbeteiligungshöhe hinsichtlich der am Umwandlungsvorgang beteiligten Gesellschaften), ist dieser das herrschende Unternehmen; ansonsten ist die Prüfung nach unten fortzusetzen, bis das herrschende Unternehmen gefunden ist. Für die Eignung als herrschendes Unternehmen muss somit nicht nur die

---

1 Krit. Viskorf in Boruttau, § 6a GrEStG Rn 60; Behrens, AG 2010 S. 120; Neitz/Lange, Ubg 2010 S. 17 (21); Neitz-Hackstein/Lange, GmbHR 2011 S. 122 (123).
2 Vgl. auch FG Münster, Urt. v. 15. 11. 2013, 8 K 1507/11 GrE, EFG 2014 S. 306; FG Hamburg, Urt. v. 26. 11. 2013, 3 K 149/12, rkr., EFG 2014 S. 570.
3 Vgl. EuGH C-142/99, EuGHE 2000 I S. 9567; EuGH C-77/01, EuGHE 2004 I S. 4295.
4 Vgl. EuGH C-60/90, EuGHE 1991 I S. 3111; BMF v. 26. 1. 2007, BStBl I 2007 S. 211; zweifend Behrens, DStR 2012 S. 2149 (2152).
5 Vgl. OFD Frankfurt, Vfg. v. 19. 7. 2011, DStR 2011 S. 2254; gleich lautender Ländererlass v. 19. 6. 2012, BStBl I 2012 S. 662, Tz. 2.2.

VII. Anwendbarkeit der Konzernklausel auf übertragende Umwandlungen

Mindestbeteiligungsquote von 95 %, sondern auch die Unternehmereigenschaft in der gesamten Vor- und Nachbehaltensfrist vorliegen.

BEISPIEL: Die M-GmbH ist zu 100 % an der T-GmbH, diese wiederum zu 100 % an der der E-GmbH und diese wiederum zu 100 % an der grundbesitzenden UE-GmbH beteiligt. In 2009 wurde die M-GmbH, die zuvor als reine Finanzholding fungierte, unternehmerisch tätig. In 2012 wird die E-GmbH auf die T-GmbH verschmolzen.

Nach Verwaltungsauffassung ist nicht die M-GmbH, sondern die T-GmbH hier als das herrschende Unternehmen anzusehen. Denn die M-GmbH hat die Unternehmereigenschaft erst in der fünfjährigen Vorbehaltensfrist erworben. Somit ist für die nächst tiefere Ebene zu prüfen, ob die Voraussetzungen erfüllt sind. Veränderungen innerhalb der Nachbehaltensfrist im Hinblick auf die Beteiligung der M-GmbH an der T-GmbH und ein möglicher Verlust der Unternehmereigenschaft bei der M-GmbH sind deshalb irrelevant. Allerdings muss die T-GmbH weiterhin zu mindestens 95 % an der E-GmbH beteiligt bleiben und innerhalb der Nachbehaltensfrist Unternehmer bleiben. Zum Nachweis der Unternehmereigenschaft sollte eine entsprechende Umsatzsteuer-Registrierung und Veranlagung zur Umsatzsteuer ausreichend sein.[1]

Zunächst nicht eindeutig geregelt waren auch Fälle, in denen die Konzernspitze durch eine umsatzsteuerliche Organschaft mit einen außerhalb des grunderwerbsteuerlichen Verbunds stehenden Unternehmen verbunden ist und dementsprechend nicht selbst umsatzsteuerlicher Unternehmer ist (vgl. § 2 Abs. 2 Nr. 2 UStG). 2631

BEISPIEL: Die M-GmbH ist zu 90 % an der T-GmbH beteiligt, diese wiederum hält 100 % der Anteile an der grundbesitzenden E-GmbH. Die E-GmbH wird auf die T-GmbH verschmolzen. Zwischen der M-GmbH und der T-GmbH besteht eine umsatzsteuerliche Organschaft.

Obwohl die T-GmbH grundsätzlich eine unternehmerische Tätigkeit ausübt, ist sie aufgrund des umsatzsteuerlichen Organschaftsverhältnisses nicht Unternehmer i. S. des UStG. Allerdings sollte dieser Umstand nach dem Sinn und Zweck von § 6a GrEStG keine Rolle spielen, so dass die Verschmelzung unter der Voraussetzung, dass die fünfjährige Vorbehaltensfrist eingehalten wurde, sachlich von der Grunderwerbsteuer befreit ist.[2]

Abhängige Gesellschaften können sowohl Kapital- als auch Personengesellschaften sein. Bei Personengesellschaften ist die vermögensmäßige Beteiligung für die 95 %-Grenze maßgebend. In bestimmten Konstellationen, bei denen im Zusammenhang mit der Akquisition einer grundbesitzenden Kapitalgesellschaft eine GmbH & Co. KG zum Erwerb von 5,1 % der Anteile einge- 2632

---

[1] So auch Behrens, DStR 2012 S. 2149 (2152): jedenfalls für innerhalb der EU ansässige Rechtsträger.
[2] So jetzt auch gleich lautender Ländererlass v. 19. 6. 2012, BStBl I 2012 S. 662, Tz. 2.2.

setzt wurde, kann diese nach Ablauf von fünf Jahren durch Verschmelzung mit der Akquisitionsgesellschaft zusammengeführt werden.

BEISPIEL: Die A-GmbH hat in 2006 94,9 % der Anteile an der grundbesitzenden T-GmbH erworben. Die restlichen 5,1 % der T-GmbH-Anteile wurden von der X-KG erworben. Kommanditisten der X-KG sind die A-GmbH zu 99 % und die nicht konzernverbundene D-GmbH zu 1 %.

Die X-KG ist abhängige Gesellschaft des herrschenden Unternehmens A-GmbH, da die vermögensmäßige Beteiligung seit mehr als fünf Jahren besteht. Wird die X-KG in 2012 auf die A-GmbH verschmolzen, kommt es zur Anteilsvereinigung der T-GmbH in der Hand der A-GmbH nach § 1 Abs. 3 Nr. 2 GrEStG. Diese ist jedoch nach § 6a GrEStG begünstigt.

3. Begünstigte Erwerbsvorgänge

2633 Neben der Verschmelzung, Spaltungsvorgängen und Vermögensübertragung i. S. des § 1 Abs. 1 Nr. 1 bis 3 UmwG sind auch Umwandlungen i. S. des § 1 Abs. 2 UmwG begünstigt, wenn sie durch ein anderes Bundesgesetz oder ein Landesgesetz ausdrücklich vorgesehen sind. Der Formwechsel ist nicht begünstigt, weil er grundsätzlich nicht mit einem Rechtsträgerwechsel verbunden ist. Sofern der Formwechsel zum Wegfall der Vergünstigungen für einen Einbringungsvorgang nach § 5 Abs. 3 oder § 6 Abs. 3 Satz 2 GrEStG führt, knüpft die Steuerpflicht nicht an den Formwechsel als solchen an, sondern an Einbringungs- bzw. Übertragungsvorgänge, die nach § 1 Abs. 1 Nr. 1 GrEStG steuerbar sind. **Umstrukturierungen mit Einzelrechtsübertragung** wie Einbringungs- und Entnahmevorgänge, Gesellschafterwechsel waren zunächst ebenfalls nicht begünstigt. Erst durch die Neufassung von § 6a Satz 1 GrEStG durch das AmtshilfeRLUmsG erfolgte mit Wirkung für nach dem 6. 6. 2013 verwirklichte Erwerbsvorgänge (§ 23 Abs. 11 GrEStG) eine Erweiterung der Steuervergünstigung auf Einbringungen und andere Erwerbsvorgänge auf gesellschaftsvertraglicher Grundlage. Es muss sich um Vorgänge handeln, bei denen sich die Stellung des Gesellschafters (durch Erhöhung oder Verminderung seiner Gesellschafterrechte) verändert. In Betracht kommen insbesondere Vorgänge wie Anwachsung, Liquidation und Kapitalerhöhung. Einbringungen gegen Gewährung von Gesellschafterrechten sind aber nur insofern für die Begünstigung relevant, als sie zu Grunderwerbsteuertatbeständen nach § 1 Abs. 2, 2a, 3, 3a GrEStG führen. Praktische Bedeutung hat die Einbringung insbesondere bei konzerninternen Verlängerungen von Beteiligungsketten bezüglich grundbesitzender Gesellschaften. Die Einbringung von Grundstücken erfüllt regelmäßig den Tatbestand des § 1 Abs. 1 Nr. 1 GrEStG, der jedoch nicht begünstigt ist. Um in den Anwendungsbereich von § 6a GrEStG zu gelangen, muss demnach statt der zivilrechtlich einfachen Einzelrechtsübertragung eine Abspaltung oder Ausgliederung von Grundbesitz zur Aufnahme durchgeführt werden. Als Gestaltungsvariante könnte sich auch die Einbringung eines Grundstücks nur dem Werte nach und zur Nutzung („quoad sortem"), d. h. nur Übertragung des wirtschaftlichen, nicht des rechtlichen Eigentums an dem Grundstück anbieten. Dadurch wird der Tatbestand des § 1 Abs. 2 GrEStG erfüllt, der nach § 6a Satz 1 GrEStG begünstigt ist.[1]

Nach § 6a Satz 2 GrEStG werden den Umwandlungen nach UmwG, Einbringungen sowie anderen Erwerbsvorgängen auf gesellschaftsvertraglicher Grundlage **entsprechende Rechtsvorgänge aufgrund des Rechts eines EU- oder EWR-Mitgliedstaats** gleichgestellt.[2] Somit werden insbesondere auch grenzüberschreitende Verschmelzungen von Kapitalgesellschaften nach §§ 122a ff. UmwG begünstigt. Dabei handelt es sich um Verschmelzungen, bei denen mindestens eine der beteiligten Gesellschaften dem Recht eines anderen Mitgliedstaats der EU oder eines anderen Vertragsstaats des EWR unterliegt. Die Begründung einer SE durch Verschmelzung gem. Art. 17 Abs. 1, Abs. 2a VO (EG) 2157/2001 ist ebenfalls begünstigt. Die Umwandlung nach einer anderen Rechtsordnung entspricht nach Auffassung der Finanzverwaltung[3] einer Verschmelzung nach deutschem Recht, wenn im Wege der Gesamtrechtsnachfolge Anteile an die Anteilsinhaber des oder der übertragenden Rechtsträger gewährt werden. Eine entsprechende Aufspaltung oder Abspaltung liegt vor, wenn im Wege der partiellen Gesamtrechtsnachfolge Anteile der übernehmenden Rechtsträger an die Anteilsinhaber des übertragenden Rechtsträgers gewährt werden. Eine entsprechende Ausgliederung wird angenommen, wenn im Wege der partiellen Gesamtrechtsnachfolge Teile des Vermögens eines Rechtsträgers als Gesamtheit auf übernehmende Rechtsträger übertragen und Anteile an dem übernehmenden Rechtsträger gewährt werden. Das Erfordernis der Gewährung von Anteilen ist insofern nicht konsistent, als die Kapitalerhöhung des übernehmenden Rechtsträgers nach dem UmwG nicht zwingend ist (vgl. § 54 Abs. 1 Satz 3, § 68 Abs. 1 Satz 3, § 125 UmwG). Im Schrifttum wird auf den Rechtsübergang kraft eines Hoheitsaktes, nämlich die Eintragung der im Umwandlungsvertrag vereinbarten Rechtsänderungen im Handelsregister als das maßgebliche Vergleichbarkeitskriterium (und den damit verbundenen liquidationslosen Untergang des übertragenden Rechtsträgers bei

2634

---

[1] Vgl. Hofmann, § 6a GrEStG Rn 31.
[2] Eine Anwendbarkeit für ausländische Umwandlungen in DBA-Drittstaaten wird postuliert; vgl. Lüdicke/Schnitger, DStR 2011 S. 1005 ff.
[3] Vgl. Gleichlautender Ländererlass v. 19. 6. 2012, BStBl I 2012 S. 662, Tz. 3.2.

der Verschmelzung, Aufspaltung) abgestellt[1] bzw. auf die Grundsätze zur Auslegung von § 1 UmwStG zurückgegriffen (s. dazu Rn 631 ff.).[2]

4. Begünstigungsfähige Grunderwerbsteuertatbestände

2635   Die Begünstigung erfasst die nach § 1 Abs. 1 Nr. 3, Abs. 2a, 3 und 3a GrEStG aufgrund einer Umwandlung bzw. Einbringung verwirklichten steuerbaren Erwerbsvorgänge sowie die aufgrund einer Umwandlung bzw. Einbringung übergehende Verwertungsbefugnis i. S. des § 1 Abs. 2 GrEStG. Zwischen dem Umwandlungsvorgang bzw. anderen Rechtsvorgang und der Verwirklichung des Grunderwerbsteuertatbestands muss deshalb ein Kausalzusammenhang bestehen.

2636   Der Tatbestand des § 1 Abs. 1 Nr. 3 GrEStG wird insbesondere durch die übertragende Umwandlung, aber auch durch die Anwachsung einer Personengesellschaft auf ihren verbleibenden Gesellschafter (§ 738 BGB) erfüllt, wenn infolge einer Umwandlung der vorletzte Gesellschafter aus der grundbesitzenden Personengesellschaft ausscheidet.

> **BEISPIEL:** Die M-AG ist seit mehr als fünf Jahren zu jeweils 100 % an der grundbesitzenden T1-GmbH und der grundbesitzenden T2-GmbH beteiligt. Die T1-GmbH hält 6 % und die T2-GmbH hält 94 % der Anteile an der grundstückshaltenden E-KG. In 2012 wird die T1-GmbH auf die T2-GmbH verschmolzen.
>
> Die Verschmelzung führt sowohl bezüglich des Grundbesitzes der T1-GmbH als auch bezüglich des Grundbesitzes der E-KG zu steuerbaren Erwerbsvorgängen nach § 1 Abs. 1 Nr. 3 GrEStG. Für beide Vorgänge kann die T2-GmbH die Steuervergünstigung nach § 6a GrEStG in Anspruch nehmen. Unerheblich hierfür ist der Zeitraum, über den die Beteiligung an der E-KG durch die T1- und die T2-GmbH gehalten wurde. Es kommt nur auf die Haltedauer bezüglich der am Umwandlungsvorgang beteiligten Unternehmen an.
>
> Die Begünstigung nach § 6 Abs. 2 GrEStG für die Übertragung von der Gesamthand auf den Gesamthänder steht neben der Befreiung nach § 6a GrEStG. Sie kann aber z. B. daran scheitern, dass die T2-GmbH den Anteil an der E-KG innerhalb der Vorbehaltensfrist des § 6 Abs. 4 GrEStG erworben hat.

2637   Im Zuge einer Umwandlung kann es auch zu einem Wechsel im Personenbestand einer Gesamthand kommen, der nach § 1 Abs. 2a GrEStG steuerbar ist. Für die Anwendung von § 6a GrEStG ist nicht erforderlich, dass es sich bei der Personengesellschaft, bei der umwandlungsbedingt das grunderwerbsteuerlich erforderliche Quantum von 95% erreicht wird, um eine abhängige Ge-

---

[1] Vgl. Viskorf in Boruttau, § 6a GrEStG Rn 23.
[2] Vgl. Haag, BB 2011 S. 1047 ff.; Dettmeier/Geibel, NWB 2010 S. 582 (586); Pahlke in Widmann/Mayer, Anhang 12 Rn 61.10.

sellschaft i. S. des § 6a Satz 4 GrEStG handelt. Nach Auffassung der Finanzverwaltung soll die Begünstigung aber nur quotal in dem Umfang greifen, in dem der Teilakt, der in den **Fällen einer mehraktigen Tatbestandsverwirklichung,** zum Überschreiten der unter 95 %-Grenze beigetragen hat. Nur in Höhe der durch den Teilakt erlangten vermögensmäßigen Beteiligung am Gesamthandsvermögen der Personengesellschaft, der zur Tatbestandsverwirklichung geführt oder beigetragen hat, soll die Vergünstigung nach § 6a GrEStG gewährt werden.[1]

> **BEISPIEL:** Die M-AG ist seit mehr als fünf Jahren zu jeweils 100 % an der T1-GmbH und der T2-GmbH beteiligt. Die T1-GmbH hält 5 % und die T2-GmbH hält 94% der Anteile an der grundstückshaltenden E-OHG. Die restlichen 1 % werden außerhalb des Konzerns gehalten. T2-GmbH hat die Anteile an der E-OHG in 2010 erworben. In 2012 wird die T1-GmbH auf die T2-GmbH verschmolzen.
>
> Da innerhalb von fünf Jahren 99 % der Anteile an der E-OHG auf Neugesellschafter übertragen wurden, wurde der Tatbestand des § 1 Abs. 2a GrEStG ausgelöst. Nach Auffassung der Finanzverwaltung ist der Vorgang nur teilweise steuerbefreit, und zwar nur insoweit als der übertragende Rechtsträger, die T1-GmbH an der Personengesellschaft beteiligt war, d. h. in Höhe von 5 %.

Die Sichtweise der Verwaltung widerspricht der Struktur des § 1 Abs. 2a GrEStG und führt zu willkürlichen Ergebnissen. Ist bei einem sukzessiven Gesellschafterwechsel i. S. des § 1 Abs. 2a GrEStG nicht der letzte Teilakt auf einen Umwandlungsvorgang i. S. des § 6a GrEStG zurückzuführen, sondern ein früherer Teilakt, der zur Tatbestandserfüllung beigetragen hat, aber nicht tatbestandsauslösend war, soll die Begünstigung nach § 6a GrEStG nur für diesen Teilakt relevant sein.[2] Sinnvoll wäre eine Eliminierung der durch einen Umwandlungsvorgang i. S. des § 6a GrEStG ausgelösten Gesellschafterwechsel aus der für die Zusammenrechnung des notwendigen Quantums maßgeblichen Teilakte. Wird durch eine Umwandlung das erforderliche Quantum von 95 % erreicht, wird die nach § 1 Abs. 2a GrEStG ausgelöste Steuer nicht erhoben.[3]

Die Vergünstigung des § 6a GrEStG erfasst auch eine durch einen Umwandlungsvorgang verwirklichte steuerbare Anteilsvereinigung oder Übertragung bereits vereinigter Anteile i. H. von mindestens 95 % an einer grundbesitzenden Gesellschaft. Dabei werden die nach § 1 Abs. 3 GrEStG fingierten Erwerbstatbestände in vollem Umfang und nicht nur hinsichtlich des Teilaktes einer

2638

---

1 Vgl. Gleichlautender Ländererlass v. 19. 6. 2012, BStBl I 2012 S. 662, Tz. 3.
2 Vgl. Gleichlautender Ländererlass v. 19. 6. 2012, BStBl I 2012 S. 662, Tz. 3; Hofmann, § 6a GrEStG Rn 8; anders noch Schanko, Ubg 2011 S. 73 (77).
3 Vgl. Viskorf in Boruttau, § 6a GrEStG Rn 31.

Anteilsvereinigung befreit, der letztlich zur Tatbestandsverwirklichung geführt hat. Diese Sichtweise gilt auch für Erwerbsvorgänge i. S. des § 1 Abs. 3a GrEStG.[1]

2639 Schließlich fällt auch der Erwerb einer Verwertungsbefugnis an einem Grundstück i. S. des § 1 Abs. 2 GrEStG in den Anwendungsbereich von § 6a GrEStG. Denkbare Fallgestaltungen sind z. B. der Übergang von Rechten aus einem Immobilienleasingvertrag oder aus einem Treuhandvertrag im Zuge einer übertragenden Umwandlung vom übertragenden Rechtsträger (Leasingnehmer, Treugeber) auf den übernehmenden Rechtsträger.

5. Vor- und Nachbehaltensfristen

a) Vorbehaltensfrist

2640 Die Mindestbeteiligung von 95 % an der oder den abhängigen Gesellschaft(en) muss bereits fünf Jahre vor der Umwandlung bzw. dem Erwerbsvorgang auf gesellschaftsvertraglicher Grundlage ununterbrochen bestanden haben. Der Stichtag für die Berechnung der Fünfjahresfrist ist bei Umwandlungsvorgängen die Eintragung der Umwandlung im Handelsregister. Das gilt im Grundsatz auch für neu gegründete Gesellschaften im Konzernverbund. Die Finanzverwaltung macht hiervon eine Ausnahme für Gesellschaften, die durch einen Umwandlungsvorgang im Verbund entstanden sind,[2] z. B. die Ausgliederung eines Betriebs oder Teilbetriebs in eine 100 %ige Tochtergesellschaft zur Neugründung, Verschmelzung zur Neugründung. Die „verbundgeborene" Gesellschaft muss aus einer oder mehreren Gesellschaften entstanden sein, die spätestens im Zeitpunkt des zu beurteilenden Erwerbsvorgangs abhängige Gesellschaft ist bzw. abhängige Gesellschaften sind. In diesen Fällen wird auf die Einhaltung der fünfjährigen Vorbesitzzeit verzichtet, weil eine Steuerumgehung objektiv ausgeschlossen ist. Die Behaltenszeiten im Verbund werden zusammengerechnet, d. h. eine etwaige Vorbesitzzeit des herrschenden Unternehmens an einem an der Gründung beteiligten Rechtsträger wird bei der Prüfung der Vorbehaltensfrist berücksichtigt.[3] Leider begrenzt die Finanzverwaltung die Neugründungsfälle auf Vorgänge nach dem UmwG, d. h. andere Bar- und Sachgründungen werden nicht begünstigt. Außerdem ist die Begrenzung auf solche Umwandlungsvorgänge, bei denen die „verbundgeborene" Gesellschaft aus einer abhängigen Gesellschaft bzw. mehreren abhängi-

---

1 Vgl. Gleichlautender Ländererlass v. 9. 10. 2013, BStBl I 2013 S. 1324, Tz. 1 u. 7.
2 Vgl. Gleichlautender Ländererlass v. 19. 6. 2012, BStBl I 2012 S. 662, Tz. 4.
3 Vgl. Schaflitzl/Götz, DB 2011 S. 374 (379).

gen Gesellschaften entstanden ist, nicht sachgerecht.[1] Das FG Düsseldorf[2] hat für den Fall einer Ausgliederung zur Neugründung auf die Einhaltung der Vorbehaltensfrist verzichtet. § 6a Satz 4 GrEStG sei einschränkend auszulegen, weil ein Missbrauch bei dem ausschließlich konzerninternen Vorgang objektiv ausgeschlossen sei. Insofern wurde eine Parallele zur Missbrauchsregelung in § 6 Abs. 4 Satz 1 GrEStG gezogen.

Unschädlich sind der Formwechsel von am Umwandlungs-/Erwerbsvorgang beteiligten Gesellschaften, wenn die kapitalmäßige Beteiligung von mindestens 95 % bestehen bleibt, sowie eine (vollständige oder teilweise) Verkürzung oder Verlängerung der Beteiligungskette, sofern die erforderliche Mindestbeteiligung von 95 % unmittelbar oder mittelbar erhalten bleibt. 2641

Die Frist ist ausschließlich **beteiligungsbezogen** ausgestaltet. Unbeachtlich ist die Zugehörigkeit des Grundbesitzes zum Gesellschaftsvermögen des übertragenden Rechtsträgers. Die für die Bemessung der Grunderwerbsteuer relevanten Grundstücke können kurz vor der Umwandlung / Einbringung angeschafft und schon kurze Zeit nach der Umwandlung / Einbringung wieder veräußert werden. 2642

b) Nachbehaltensfrist

Die Mindestbeteiligung von 95 % an der bzw. den abhängigen Gesellschaft(en) muss fünf Jahre nach dem Umwandlungsvorgang bzw. Erwerbsvorgang auf gesellschaftsvertraglicher Grundlage fortbestehen. Maßgebend für die Fristberechnung ist die Eintragung in das Handelsregister bzw. bei ausländischen Umwandlungen die den Vermögensübergang bewirkende Eintragung in die nach den Rechtsvorschriften des jeweiligen Staates zuständigen Register. 2643

Erlischt die übertragende Gesellschaft im Zuge der Umwandlung (z. B. sidestream-merger von Schwestergesellschaften), so muss nur die Mindestbeteiligung an der übernehmenden abhängigen Gesellschaft fünf Jahre bestehen bleiben. Umwandlungsvorgänge, durch der den „Verbund" beendet wird, sollen nach Auffassung der Finanzverwaltung nicht begünstigt sein. Das soll auch dann gelten, wenn die oberste abhängige Gesellschaft auf das herrschende Unternehmen verschmolzen wird (up-stream-merger).[3] Diese Sicht- 2644

---

1 So auch Hofmann, § 6a GrEStG Rn 16; FG Nürnberg, Beschl. v. 27. 6. 2013, 4 V 1742/12, rkr., EFG 2013 S. 1517.
2 Urteil v. 7. 5. 2014, 7 K 281/14 GE, EFG 2014 S. 1424; Revision anhängig unter II R 36/14.
3 Vgl. Gleichlautender Ländererlass v. 19. 6. 2012, BStBl I 2012 S. 662, Tz. 5; Pahlke, § 6a GrEStG Rn 39; krit. Wischott/Schönweiß/Graessner, NWB 2013 S. 780 ff.

weise schränkt den Anwendungsbereich von § 6a GrEStG deutlich ein. Im Zusammenspiel mit dem Erfordernis, dass das herrschende Unternehmen während der gesamten Vorbehaltens- und Nachbehaltensfrist (also über einen Zeitraum von zehn Jahren) die Unternehmereigenschaft haben muss, kann die Inanspruchnahme der Vergünstigung auch in klassischen Konzernkonstellationen mit mehreren reinen Finanzholdings über den zu verschmelzenden Gesellschaften praktisch ausgeschlossen sein.

2645 Anders als im Rahmen der Anwendung der Missbrauchsverhinderungsnormen der §§ 5 Abs. 3, 6 Abs. 3 Satz 2 und Abs. 4 GrEStG kommt es für die Nachbehaltensfrist nicht darauf an, ob der Vorgang, der innerhalb von fünf Jahren das Abhängigkeitsverhältnis beendet, selbst einen grunderwerbsteuerbaren Tatbestand auslöst (z. B. Anteilsübertragung nach § 1 Abs. 3 Nr. 3 GrEStG bei Veräußerung der abhängigen grundbesitzenden Gesellschaft an einen konzernfremden Dritten oder Verschmelzung der abhängigen Gesellschaft).[1]

BEISPIEL: Der M-AG ist seit 2005 zu 100 % an den grundbesitzenden T1-GmbH und T2-GmbH beteiligt. Die E-GmbH ist eine 100 %ige Tochtergesellschaft der T1-GmbH. Die T2-GmbH wird in 2011 unter Inanspruchnahme von § 6a GrEStG auf die T1-GmbH verschmolzen. In 2012 wird a) die T1-GmbH konzernextern veräußert mit der Folge einer Steuerpflicht nach § 1 Abs. 3 Nr. 3 GrEStG, b) die T1-GmbH auf die E-GmbH verschmolzen.

Nach ursprünglicher Auffassung der Finanzverwaltung wird die Nachbehaltensfrist in beiden Fallvarianten – Veräußerung sowie down-stream-merger im Konzern – verletzt, so dass die Vergünstigung nach § 6a GrEStG wieder entfällt. Für die Kettenverschmelzung ergibt sich nunmehr ein anderes Ergebnis. In den gleich lautenden Ländererlassen vom 19.6.2012[2] wird eine Zusammenrechnung der Behaltenszeiten im Verbund gestattet, d. h. die Nachbehaltensfrist im Hinblick auf die erste Verschmelzung wäre gewahrt, wenn die Frist von der M-AG im Hinblick auf die Beteiligung an E-GmbH fortgeführt wird.

---

1 Krit. Rödder/Schönfeld, DStR 2010 S. 415 (417 f.); Neitz-Hackstein/Lange, GmbHR 2011 S. 122 (123); Behrens, AG 2010 S. 119 (121).
2 BStBl I 2012 S. 662, Tz. 5 für den Fall einer Kettenumwandlung mit anderen abhängigen Gesellschaften im Verbund.

VII. Anwendbarkeit der Konzernklausel auf übertragende Umwandlungen

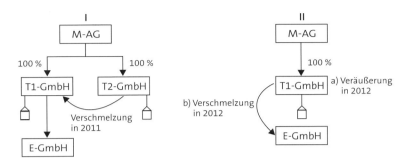

Unerheblich ist auch, ob der Grundbesitz oder die Beteiligung an der grundbesitzenden Gesellschaft bei Erwerbsvorgängen i. S. des § 1 Abs. 2a, Abs. 3 oder Abs. 3a GrEStG, auf die sich die Befreiung nach § 6a GrEStG bezogen hat, in dem Fünfjahreszeitraum noch vorhanden ist.

Ein Verstoß gegen die Nachbehaltensfrist führt zum Wegfall der Vergünstigung nach § 6a GrEStG, d. h. der ursprünglich steuerbefreite Vorgang wird rückwirkend besteuert. Verfahrensrechtlich fällt die Nichteinhaltung der Frist in den Anwendungsbereich von § 175 Abs. 1 Satz 1 Nr. 2 AO. Nach § 19 Abs. 2 Nr. 4 Buchst. a GrEStG ist der Steuerschuldner verpflichtet, die schädliche Änderung des Beherrschungsverhältnisses i. S. des § 6a Satz 4 GrEStG anzuzeigen. Nach Verwaltungsauffassung sind auch die Beendigung des Verbundes sowie der Wegfall der umsatzsteuerlichen Unternehmereigenschaft bei dem herrschenden Unternehmen anzuzeigen.[1] Die Verwirklichung des grunderwerbsteuerlichen Tatbestandes nach § 1 Abs. 1 Nr. 3, Abs. 2, Abs. 2a, Abs. 3 oder Abs. 3a GrEStG durch die übertragende Umwandlung bzw. Einbringung ist gem. §§ 18 Abs. 3, 19 Abs. 3 GrEStG trotz Nicht-Erhebung der Grunderwerbsteuer nach § 6a GrEStG anzuzeigen.

2646

---

[1] Vgl. Gleichlautender Ländererlass v. 19. 6. 2012, BStBl I 2012 S. 662, Tz. 6.1.

STICHWORTVERZEICHNIS

Die Ziffern verweisen auf die Randnummern.

A

Abfindung 190, 255, 302, 306, 560, 707, 708, 712, 1172, 1241, 1322

Abfindungsangebote 190, 255, 302, 708, 871

Abgabe Steuerbilanz 1850

Abgeltungsteuer 1020, 1119, 1298, 1318

Abgeltungswirkung 976

Abgeltungszahlung 887

Abgrenzung Einbringungsgewinn vom laufenden Gewinn 1949

Abgrenzung Gesellschafterkapitalkonto und Gesellschafterdarlehenskonten 870

Abhängige Gesellschaft 2627

Abhängiges Unternehmen 2580

Abkommen zur Vermeidung der Doppelbesteuerung 1804 ff.

Ablauf des Verschmelzungsverfahrens 176

Ablauf einer Spaltung 343 ff.

Abschlussstichtag 276

Abschmelzung Einbringungsgewinn 1985 ff., 2122

Abschreibungspotenzial 922

Absolutes Veräußerungsverbot § 1365 BGB 1683

Abspaltung 133, 321, 325, 355, 1351, 1353, 1354, 1355, 1357, 1363, 1368, 1369, 1370, 1383, 1384, 1386

Abspaltung von Kapitalgesellschaften auf PHG oder Partnerschaftsgesellschaften 827

Abspaltungsstrategie 1484

Abwärtsabspaltung 1353a

Abwärtsverschmelzung 164, 166

Abziehbarkeit Übernahmeverlust 1041

Abzinsung Körperschaftsteuerguthaben 911

Abzuziehender Wert der Anteile 1002

Achtmonatsfrist 282, 678

Änderung des § 10 UmwStG durch das JStG 2008 886

Änderung des § 10 UmwStG durch das SEStEG 876

Änderung des Konfusionsgewinns durch SEStEG 760 ff.

Änderung des Wahlrechts 860

Änderung eines Antrags für niedrigeren Wert 859

Änderung von Steuerbescheiden 776

AfA nach Einlage 2451

AG 188, 198, 205

Agio 1762

Agiogewinn 1216

Agioverlust 1220

Aktivitätsklausel 873

Altersversorgungsaufwendungen 873

Altgesellschafter 2569

Altgläubiger 367

Amtshilfe 1156

Anforderungen an die Vergleichbarkeitsprüfung bei grenzüberschreitender Umwandlung 582

Anhang 287

Anmeldung 262

Annahmefrist des Übernahmeangebots nach Eintragung 712

Anrechnung (GrESt) 2555

Anrechnungsmethode 873
Anrechnungssystem 874
Ansässigkeit 583
Ansatz mit dem gemeinen Wert 1296, 1883
Anschaffungsbarwert und Pensionsrückstellung 777
Anschaffungsfiktion der Anteile 1003
Anschaffungskosten 366
Anschaffungskostenerhöhung 1989 ff.
Anschaffungskostenminderung 2096
Anschaffungskostenprinzip 285
Anschaffungsnebenkosten 292
Anteilsbesteuerung für alle Anteilseigner nach SEStEG 999
Anteilsbesteuerung mit Steuerverhaftung vor SEStEG 998
Anteilsbesteuerung ohne Steuerverhaftung vor SEStEG 998
Anteilseigner scheiden aus im Rückwirkungszeitraum 728, 734 ff.
Anteilseigner werden Gesellschafter des übernehmenden Rechtsträgers 731, 734 ff., 737
Anteilsgewährungspflicht 324
Anteilstausch 148, 1473, 2011 ff.
Anteilstausch und Fusionsrichtlinie 2082 ff.
Anteilsveräußerung schädlich 1460 ff.
Anteilsvereinigung 2573
Anteilsübertragung 2573
Antrag niedrigere Werte 852, 1848
Antragsberechtigung 1914, 2056
Antragsform 1852, 1916
Antragsfrist 1916
Antragszeitpunkt für niedrigeren Wert 858, 1850
Anwachsung 81, 1886
Anwachsungsmodell 82, 1759
Anwendungskonflikte § 21 UmwStG gegenüber § 20 UmwStG 2021 ff.

Anwendungskonkurrenzen § 21 UmwStG gegenüber § 20 UmwStG 2021 ff.
Anwendungszeitpunkt des UmwStG nach SEStEG 611
Anzusetzender Einlagewert 1005
Anzusetzender Übernahmewert 1001
Atypische stille Beteiligungen 1748
Aufbau UmwG 131 ff., 137
Aufbau UmwStG 551 ff., 560, 563
Aufdeckung aller stillen Reserven 1677
Aufdeckung stiller Reserven in Verlustfällen 922
Aufgelöste Rechtsträger 152
Auflösung ohne Abwicklung 147
Auflösung steuerfreier Rücklagen 1947
Aufnahme 146
Aufnahme eines Partners 2426 ff.
Aufnahme, entgeltliche 2441a
Aufnahme, unentgeltliche 2427
Aufsichtsratvergütung 742
Aufspaltung 133, 321, 324, 354, 1351
Aufspaltung von Kapitalgesellschaften auf PHG oder Partnerschaftsgesellschaften 827
Aufstockung bei Zwischenwertansatz 1879
Aufstockung der Buchwerte 1836
Aufstockungsbetrag 945
Aufteilung der Anteilswerte 1492
Aufteilungsmodus für einen Zwischenwert 854
Aufwärtsverschmelzung 164, 165
Ausgleichsposten 1856, 2267
Ausgliederung 133, 322, 326
Auskunft 219, 359
Ausländische Steueranrechnung 1908 ff.
Auslandsverschmelzung 586, 1315
Auslandsverschmelzung mit Inlandsbezug 590
Ausnahme zum Prinzip der Individualbesteuerung 529

Ausnahmen von der rückwirkenden Besteuerung bei Anteilstausch 2124 ff.

Ausnahmen zum Grundsatz der Wertverknüpfung 2063 ff.

Ausscheiden gegen Barabfindung 712

Ausscheiden mit Fortsetzung der unternehmerischen Tätigkeit 2486, 2488 ff.

Ausscheiden ohne Fortsetzung der unternehmerischen Tätigkeit 2486

Ausscheiden von Anteilseigner 728, 737

Ausscheidungsumfang von Gesellschaftern 731 ff., 734 ff., 740

Ausschluss von Rechtspositionen 1253

Ausschüttungsfiktion 995

Ausschüttungsverbindlichkeiten nach dem Übertragungsstichtag begründet 727 ff.

Ausschüttungsverbindlichkeiten vor dem Übertragungsstichtag begründet und abgeflossen 716 ff.

Ausschüttungsverbindlichkeiten vor dem Übertragungsstichtag begründet und in der Interimszeit abgeflossen 719 ff.

Außerbilanzielle Korrektur 957

Auswirkung der Wahlrechtsausübung bei der übernehmenden Gesellschaft 2059

Auswirkungen der steuerlichen Rückwirkung bei Gesellschaften und Gesellschaftern 698 ff.

B

Barabfindung 190, 255, 302, 306, 560, 707 f., 712, 1172, 1241, 1322

Barwert 777, 1065

Bedeutung § 10 UmwStG bis zum 12.12.2006 875

Bedeutung von § 8c KStG 1264 ff.

Begrenzung der Rückwirkung nach Umstrukturierungsarten 782 ff.

Begriff Gesellschafterstamm 1464

Begriff Umwandlungssteuerrecht 526 ff.

Begriff wesentliche Betriebsgrundlage 1667 ff.

Behaltefrist 1967

Bekanntmachung des Formwechsels 384

Bekanntmachung des Verschmelzungsvertrags 220

Berücksichtigung Übernahmeverlust teilweise 974

Bescheinigung der Steuerentrichtung 2243

Bescheinigung über einen nachträglichen Einbringungsgewinn 2217 ff.

Beschränkt steuerpflichtiger Anteilseigner 975

Beschränkung des deutschen Besteuerungsrechts 1303

Besserungsschein 1256

Bestandsschutz 268

Bestandsverringerung des Einlagenkontos 1543

Besteuerung des Übernahmefolgegewinns 755

Besteuerung Einbringungs-(Veräußerungs-)gewinn 1945 ff., 2117

Besteuerungskonflikt bei grenzüberschreitenden Umwandlungen und Rückwirkung 787 ff.

Besteuerungsrecht der BRD 1802 ff., 1845

Besteuerungssystematik 585, 601

Beteiligung an einer Kapitalgesellschaft 1413 ff.

Beteiligung einer GmbH 184 ff.

Beteiligung von Körperschaften 184 ff.

Beteiligungsändernde Spaltung 328 f.

Beteiligungskorrekturgewinn 746, 936, 1179

Beteiligungskorrekturverlust 1210

Beteiligungswahrende Spaltung 328 f.

Betriebliche Verbindlichkeiten 1767

Betriebsaufgabe 773

Betriebsgewöhnliche Nutzungsdauer 944

Betriebsgrundstück 1662

Betriebsrat 262

Betriebsübergang 764
Betriebsveräußerung 1669
Betriebsvermögen ohne Betrieb 1837
Bewertung von Pensionsrückstellungen 850
Bewertungswahlrecht 286
Bilanzänderung 860, 1723
Bilanzberichtigung 1723, 1859 f.
Bilanzerläuterung 1860
Bilanzielle Behandlung der Spaltung nach Handelsrecht 383 ff.
Bilanzierung beim übernehmenden Rechtsträger 283 ff., 361 ff.
Bilanzierung beim übertragenden Rechtsträger 267 ff., 383 ff.
Bilanzierung einer Verschmelzung nach Handelsrecht 276 ff.
Bilanzstichtag 278 f., 685, 894, 932, 1065
Bildung des Übernahmeergebnisses 945 ff.
Buchwertansatz 1291, 1299, 1870 ff.
Buchwertdefinition 663
Buchwertfortführung 302
Buchwertminderung 2095
Buchwertübertragung 1303
Buchwertverknüpfung 285, 1929
Bundesanleihen 911, 1065

D

DBA 1804 ff.
Definitionsteil 663
Doppelbesteuerung 959
Doppelstöckigkeit 1749
Doppelte Ansässigkeit 583
Doppelte Besteuerung 790
Doppelte Buchwertverknüpfung 1129
Down-stream-merger 164, 166, 1320, 1561, 2644

E

EBITDA-Vortrag 921, 1270, 1475, 1480 ff., 1902
Eigene Anteile 223, 856
Eigentumsübertragung 1680
Einberufung der Hauptversammlung 228
Einbringende Steuerausländer 1803
Einbringender 1792 f.
Einbringender Ausgangsrechtsträger bei Anteilstausch 2033 f.
Einbringung 1236, 1272 f., 1631 ff.
Einbringung eines Betriebs 1669
Einbringung eines Mitunternehmeranteils 1862
Einbringung in eine Kapitalgesellschaft 1631 ff.
Einbringung in eine Personengesellschaft 2291 ff.
Einbringung von einbringungsgeborenen Anteilen 2097 ff.
Einbringung von Sachgesamtheiten und Rückwirkung 784
Einbringungsfolgegewinn 1906
Einbringungsgeborene Anteile 612 ff., 995, 1014 f., 1298, 1318, 1938 ff., 1974
Einbringungsgegenstand 2367 ff.
Einbringungsgewinn bei Anteilstausch 2104 ff.
Einbringungsgewinn I 1969
Einbringungsgewinn II 2121 ff., 2409
Einbringungsgewinn und Gewerbesteuer 1962
Einbringungsmodell 2460
Einbringungsstichtag 2394
Einbringungsverlust 1956, 2106
Einbringungsvorgänge des § 20 UmwStG 1641
Einbringungszeitpunkt 1911 ff., 1919
Einheitliche Betrachtung der Anteile 961
Einheitlicher Antrag für alle Wirtschaftsgüter 857

Einheitlicher Buchwert 961
Einheitstheorie 1767
Einlagefiktion für Anteile im Betriebsvermögen des Gesellschafters 1008 f.
Einlagefiktion steuerverhafteter Anteile 1006
Einlagenkonto 856, 1521, 1541, 1577 f., 1763
Einlagewert 1005
Einlage und AfA 2451
Einlage und Veräußerung 2447
Eintragung der Spaltung 352
Eintragung und Bekanntmachung 264 ff.
Eintritt in ein Einzelunternehmen 2426 ff.
Eintritt in Rechtspositionen 939
Einzelrechtsnachfolge 51, 1645, 1884, 1885 ff., 2295, 2391
EK 02 886
Entgeltliche Aufnahme 2441a
Entgeltlicher Erwerb 1439
Entnahmegewinn 1946
Entscheidungsablauf bei einer Einbringung 2321 ff.
Entwicklungsgeschichte UmwG 422
Erbfolge 1767
Erfüllung einer Ausschüttungsverbindlichkeit 716 ff.
Ergänzungsbilanz 855, 935, 2343 ff., 2353
Ergebnisübernahme 931
Erhöhungsbetrag 2241 ff.
Erhöhungsbetrag im Fall eines Einbringungsgewinns I 2242 f.
Erhöhungsbetrag im Fall eines Einbringungsgewinns II 2244 f.
Ermittlungsschema Anschaffungskosten 1944
Ermittlungsschema Einbringungs-(Veräußerungs-)gewinn 1945 ff., 2115 f.
Ermittlungsschema offene Rücklagen 1031
Ermittlungsschema Übernahmegewinn/-verlust 969
Erstmalige Verstrickung 1844

Erstmaliger Nachweis 2209
Erträge aus Nutzung des Wirtschaftsguts 2405
Erweitertes Anwachsungs- oder Übertragungsmodell 1886, 2296
Erwerbsvorgang teilentgeltlich 1168
Erwerbsvorgang unentgeltlich 1168
Erworbene Gesellschaft 2039
EU-/EWR Kapitalgesellschaft 1018
Europarecht 421 ff.
Europarechtliche Vorgaben des UmwStG 531
EWIV 157

F

Feindliche Übernahme 221
Fiktionsregelung zum Anteilswertansatz 1002
Fiktionswirkung bei Gesellschaftern 705 ff.
Fiktionszeitpunkt 680
Fiktive Anrechnung ausländischer Steuer 1908
Finanzdienstleistungsinstitute 973
Firmenwert 848, 1822
Folgeeinbringung I und II 2000
Formwechsel 126, 133, 1661, 1893, 2539
Formwechsel einer Personengesellschaft in eine Kapitalgesellschaft 1893
Formwechsel SE in AG 471
Formwechsel SE in andere Gesellschaftsformen des Mitgliedstaats 472
Formwechsel von Kapitalgesellschaften in PHG, Partnerschaftsgesellschaften oder GbR 826
Formwechselnde Umwandlung 381 ff.
Fortführung der Buchwerte 289
Freibetrag 1958, 2108, 2414
Freistellungsmethode 956
Fünfjahreszeitraum 766, 1457
Funktionale Beteiligungszugehörigkeit 976
Funktionale Betrachtung 764, 1405, 1668

VERZEICHNIS Stichwort

Fusionsrichtlinie 531, 555, 611, 663, 873, 1231, 1259, 1262, 1310 ff., 1355, 1396, 1789, 2031

G

GbR 382

Gegenleistung 869 ff., 1750 ff., 1765 f., 2057, 2384

Gegenleistung und Mitunternehmerstellung 2380 ff.

Geltungsbereich des Umwandlungsgesetzes 421 ff.

Gemeiner Wertansatz 1296, 1822, 2063, 2401

Gemeiner Wertansatz als Grundsatz 847, 2042

Gemeinnützige GmbH 1148

Genossenschaften 149, 382

Genossenschaftliche Prüfungsverbände 149

Genussrechte 178, 1164, 1165, 1765

Genussscheine 1164

Gesamtanschaffungskosten 301

Gesamthänderisch gebundene Kapitalrücklage 2382

Gesamtplan 1435, 1474, 2373

Gesamtrechtsnachfolge 147, 1892, 2295, 2392

Geschäftswert 296

Gesellschaft, deren Anteile eingebracht werden 2039

Gesellschafterbezogene Wahlrechtsausübung 863

Gesellschafterdarlehenskonten 870

Gesellschafterkapitalkonto 870

Gesellschafterstamm 1464 ff.

Gesellschaftsbezogene Wahlrechtsausübung 857

Gesellschaftsrecht und Rückwirkungsfiktion 676 ff.

Gesetzliche Fiktion einer Veräußerungsvorbereitung 1449

Gesetzliche Missbrauchsregelungen 1425

Gesonderte Feststellung des Grundbesitzwertes 2572, 2586

Gestaltungsmissbrauch s. a. Missbrauchsverhütung 1474

Gewerbesteuer 5, 358, 527, 692, 699, 755, 907, 926, 980, 993, 1020, 1042, 1175, 1183, 1224, 1228, 1229, 1231, 1475, 1479, 1962 ff.

Gewerbesteuer und Sperrfrist 1050

Gewerbesteuer und Übernahmeverlust 980

Gewerbesteuerbemessungsgrundlage 1052

Gewerbesteuerliche Behandlung des Übernahmeergebnisses 993

Gewerbesteuerlicher Verlustvortrag 358

Gewillkürtes Sonderbetriebsvermögen 1725 ff.

Gewinn infolge Übertragung auf Rechtsträger ohne Betriebsvermögen 746

Gewinnarten bei einer Umwandlung 744 ff.

Gewinnermittlung bei eigenen Anteilen 1101-1107

Gliederung des UmwStG nach SEStEG 560 ff.

GmbH 188, 196, 204

Grenzüberschreitende Spaltung 493

Grenzüberschreitende Umstrukturierung 451 ff.

Grenzüberschreitende Umstrukturierung von Kapitalgesellschaften 451

Grenzüberschreitende Umstrukturierung von Personengesellschaften 453

Grenzüberschreitende Umwandlungen 581 ff., 787 ff.

Grenzüberschreitende Vermögensübertragung 493

Grenzüberschreitender Formwechsel 494

Gründung einer Holding SE 456

Gründung einer Tochter SE 468

Gründungsaufwand 188

Gründungsbericht 198 f.

Gründungskosten 2341

Gründungsprüfung 198

Gründungsstaat 1788
Gründungstheorie 425
Gründungsvarianten einer SE 462
Grundbesitzwert 2557
Grunderwerbsteuer 292, 1930, 2523 ff., 2533 ff.
Grunderwerb – steuerliche Organschaft 2580
Grundlagen der steuerrechtlichen Rückwirkung 671 ff.
Grundlagen des gesellschaftsrechtlichen Rückbezugs 671 ff.
Grundsatz der nachträglichen Besteuerung 1976
Grundsatz der Wertverknüpfung 1197 ff., 1929 ff., 2062 ff.

H

Halbeinkünfteverfahren 875, 1117 f.
Herabsetzung des Nennkapitals 1541
Herausverschmelzung 589, 787 f., 868
Herrschendes Unternehmen 2580, 2627
Hineinverschmelzung 587, 788
Hinzurechnung des steuerlichen Einlagenkontos 1556
Höhe der Kapitalbeteiligung 2052
Höheres Gewinnbezugsrecht für Einbringenden 2451
Holding SE 467
Hybride EU-Personengesellschaft 2031

I

Immaterielle Wirtschaftsgüter 910, 1145, 1173, 1174, 1385, 1419
Inländisches Besteuerungsrecht an Beteiligungen 1007
Inlandsverschmelzung mit Auslandsbezug 588
Interessenlage der Übernehmerin 2335
Interessenlage des Einbringenden 2322 ff.
Interimszeit 698 ff., 713, 719, 1791, 1838

Intransparente Gesellschaft 1800

J

Jahresabschlussbilanz 280
JStG 2008 886 ff.
Juristische Person des öffentlichen Rechts 2156 ff.

K

Kapitalanpassung 1521
Kapitalerhöhung 186, 214, 1447, 1756
Kapitalerhöhung während der Interimszeit 713
Kapitalerträge gem. § 7 UmwStG 969
Kapitalertragsteuer 724, 996
Kapitalgesellschaften 149, 382
Kapitalherabsetzung 358, 713, 1028, 1030, 1310, 1353, 1371, 2143
Kapitalherabsetzung während der Interimszeit 713 ff.
Kapitalherabsetzungsfiktion 1030
Kapitalkontenanpassung 2492
Kapitalkonto 2381
Kapitalrücklage 1572, 1577, 1578, 1581, 1763, 1837, 1983, 2018, 2186, 2382
Kapitalrücklagenkonto 2381
Kapitalveränderungen bei Umwandlungen 1521 ff.
Keine Beschränkung des deutschen Besteuerungsrechts 1303
Keine Gegenleistung 871
Ketteneinbringung 2000, 2145
Kettenübertragung 2480
KGaA 630
Klage gegen Verschmelzungsbeschluss 256 f.
Klassifizierung des Sonderbetriebsvermögens 1714 ff.
Körperschaften 554

Körperschaftsteuerauszahlungsanspruch 1061 ff.
Körperschaftsteuererhöhungsbetrag 874 ff.
Körperschaftsteuerguthaben 874 ff.
Konfusiongewinn 746, 749
Konzernklausel (§ 6a GrEStG) 2623
Konzernverschmelzung 490
Kosten des Anteilstauschs 2100 ff.
Kosten für den Vermögensübergang 969, 1016
Kostenzuordnung 1294
Kreditinstitute 973

L

Ladung bei einer GmbH 218
Ladung von Gesellschaftern einer Partnerschaftsgesellschaft 217
Ladung von Gesellschaftern einer Personenhandelsgesellschaft 217
Ladung zu den Gesellschafterversammlungen 216
Letztmalige Ermittlung Körperschaftsteuerguthaben 878
Liquidation 4, 56, 151, 152, 477, 532, 745, 773, 824, 875, 877, 888, 905, 1019, 1028, 1030, 1048, 1165, 1214, 1353, 1358, 1370 f., 2143
Liquidationsmodelle 51
Luftposten 1856, 2267

M

Marktzins 1064
Maßgeblichkeit der Handelsbilanz 1855 ff., 2054
Mehrheit der Stimmrechte 2044
Mindestvertragsinhalt 178
Mischumwandlung 630
Missbrauchsverhütung 1425 f., 1429, 1435, 1451
Missglückte Abspaltung 1363

Missglückte Aufspaltung 1357 f.
Mitunternehmeranteil 561, 616, 650, 655, 706, 711, 765, 1363, 1407 ff., 1422, 1429, 1434, 1436, 1708 ff.
Mitunternehmerinitiative 1746
Mitunternehmerrisiko 1747
Mitunternehmerstellung als Gegenleistung 2380 ff.
Mitverstrickung von Anteilen 2183 ff.
MoMiG 1761
Moratorium 875
Motive der Spaltung 331

N

Nachbehaltensfrist 2606, 2609, 2643
Nachfolgeunternehmen 124
Nachteile Anwachsung 397
Nachteile Buchwertansatz 2323
Nachteile Einzelrechtsnachfolge 396
Nachteile gemeiner Wertansatz 2329
Nachteile Gesamtrechtsnachfolge 398
Nachteile Zwischenwertansatz 2325
Nachträgliche Versteuerung 1976
Nachversteuerung 1965 f.
Nachversteuerung infolge fehlenden Nachweises 2201 ff.
Nachweis der Stimmenmehrheit 2053
Nachweisform 2206
Nachweisfrist 2209
Nachweisverpflichteter 2213
Natürliche Personen 150, 552
Nebenleistung 1762
Negative Einkünfte im Rückwirkungszeitraum 797
Negative Ergänzungsbilanzen 935
Negative steuerliche Ergänzungsbilanz 2346 f.
Negativer Vermögenssaldo 357
Negatives Kapitalkonto 1767 f., 1833 f.

Nennkapital 222, 965, 1030, 1521, 1541
Nennkapitalanpassung bei Abspaltung 1574 ff.
Nennkapitalherabsetzung 1030
Neubestimmung der Restnutzungsdauer 944
Neue Anteile 1662, 1750, 1762
Neue Gesellschaftsanteile und Ungleichbehandlung 1752
Neugründung 146
Neutrale Wirtschaftsgüter 868, 1420 ff.
Neutrales Vermögen 955
Nicht natürliche Personen 552
Nicht qualifizierter Anteilstausch 2044 ff.
Niederschriften 262
Niedrigere Werte nur auf Antrag 852
Notarielle Beurkundung 251 ff.
Notwendiges Sonderbetriebsvermögen I 1715 ff.
Notwendiges Sonderbetriebsvermögen II 1720 f.

O

Objektbezogene Kosten 1875
Offene Reserven 1019
Offene Rücklagen 955, 964, 1017
Offene Sacheinlage 1004
Offenlegung des Verschmelzungsberichts 489
Organisatorische Selbständigkeit 1404
Organschaftliche Mehrabführung 1999
Ort der Geschäftsleitung 1788

P

Partnerschaftsgesellschaften 149, 183, 195, 382
Passiver Korrekturposten 729
Passives Sonderbetriebsvermögen 1732
Patente 1145
Pensionsrückstellungen 777 ff., 1823

Persönliche Kostenzuordnung 1294
Persönlicher Anwendungsbereich der Rückwirkung 697
Persönlicher Anwendungsbereich des 2.-5. Teils des UmwStG 634 ff.
Persönlicher Anwendungsbereich des 6.-8. Teils des UmwStG 654 ff.
Personengesellschaften 556
Personenhandelsgesellschaften 149, 194, 203, 382
Personenvereinigungen 554
Phänomen der Unternehmensumstrukturierung 1
Phasenverschobene Wertaufholung 932
Positive steuerliche Ergänzungsbilanz 2346
Positiver Saldo 356
Prinzip der Individualbesteuerung 529
Private Verbindlichkeiten 1765
Prüferbestellung 206
Prüfungsbefehl 205
Prüfungsbericht 209 ff., 262

Q

Qualifikation des übernehmenden Rechtsträgers bei Einbringung in eine KapG oder Gen 636-658
Qualifikation des übertragenden Rechtsträgers bei Einbringung in eine KapG oder Gen 659-662
Qualifizierter Anteilstausch 2044 ff.
Quantitative Betrachtung 764, 1400, 1405
Quasi-sperrfristverstrickte Anteile 2001
Quotale Einbringung eines Teilmitunternehmeranteils 1741
Quotenidentische Übertragung 1412

R

Ratierliche Auszahlung des Körperschaftsteuerguthabens 953

VERZEICHNIS Stichwort

Realteilung 322, 1059, 1444, 2481 ff., 2506 ff.
Realteilung (GrEStG) 2613 ff.
Realteilung mit Einzelwirtschaftsgütern 2517
Realteilung mit Spitzenausgleich 2527
Realteilung mit Teilbetrieben 2511
Realteilung ohne Spitzenausgleich 2511, 2517
Realteilung und Abgrenzung zu anderen Veräußerungs- und Übertragungsvorgängen 2532e
Realteilung und Gewerbeverlust 2528
Realteilung und Grunderwerbsteuer 2532
Realteilung und Verfahrensrecht 2532a
Rechtnachfolge im Rechtssystem 41
Rechtsbeziehungen zwischen übertragender Körperschaft und einem Gesellschafter der übernehmenden Personengesellschaft 756 ff.
Rechtsfolgen der Auflösung eines Einbringungsgewinns I und II bei der übernehmenden Gesellschaft 2241 ff.
Rechtsfolgen der Eintragung 268
Rechtsfolgen der Rückwirkung 687 ff.
Rechtsfolgen des Anteilstauschs für die erworbene Gesellschaft 2060 f.
Rechtsfolgen eines Erhöhungsbetrags aufgrund eines Einbringungsgewinns I 2246
Rechtsformabhängige Mindestinhalte 181
Rechtsformneutralität 530, 1070
Rechtslage nach SEStEG bis Ende 2008 908, 1112, 1118
Rechtslage nach Teileinkünfteverfahren und Abgeltungssteuersystem 1119
Rechtslage nach Unternehmensteuerreformgesetz 2008 1478
Rechtslage vor SEStEG 902, 1116
Rechtslage vor Unternehmensteuerreformgesetz 2008 1476
Rechtsnachfolger 124, 1186, 1216, 1251
Rechtsträger einer Verschmelzung 149
Rechtsträger eines Formwechsels 382

Rechtsträgerwechsel 1643
Rechtsvorgänger 124
Rechtswirkung der Verschmelzung 158
Regelmäßiger Wertansatz 1822
Regelmäßiger Wertansatz bei Anteilstausch 2042
Registereintragung 1060, 1172, 1234, 1255, 1278
Reinvestitionsrücklage 1954
REIT 1149, 1828
Restnutzungsdauer 944
Rückausnahmen vom zwingenden Ansatz des gemeinen Werts 2076 ff.
Rückbeziehung 1913
Rücklage gem. § 6b EStG 1959
Rücklagenauflösung 1947
Rückwirkende Einbringungsgewinne infolge fehlenden Nachweises 2201 ff.
Rückwirkendes Ereignis 960, 1988
Rückwirkung und Besteuerungskonflikt bei grenzüberschreitenden Umwandlungen 787 ff.
Rückwirkung und Rechtsform des übernehmenden Rechtsträgers 698 ff.
Rückwirkungsfiktion 673, 676 ff., 1919 ff.
Rückwirkungssperre 1927
Rückzahlungsmodalitäten Körperschaftsteuerguthaben 909

S

Sacheinlagen 188, 199, 307, 363, 1645, 1756, 1762, 1872
Sachgesamtheit 2367
Sachgründung 1756
Sachgründungsbericht 197
Sachkapitalerhöhung 1645, 1751
Sachliche Kostenzuordnung 1235
Sachlicher Anwendungsbereich des 2.-5. Teils des UmwStG 628-633

Sachlicher Anwendungsbereich des 6.-8. Teils des UmwStG 646-653

Sachübernahmen 188

Sanierungsverschmelzungen 152

Schadensersatzansprüche 268

Schädliche Anteilsveräußerung 1460 ff.

Schädliche Leistungen 1166

Schlüsselfunktion des § 1 UmwStG 626

Schuldposten „Ausschüttungsverbindlichkeit" 720

Schlussbilanz 278, 1837

Schwestergesellschaften 164

Schwesterpersonengesellschaften, Übertragung zwischen 2479

Seitwärtsabspaltung 1353a

Seitwärtsverschmelzung 207, 295

Selbständige Lebensfähigkeit 1404

SE-Statut 461 ff.

SEStEG 535, 876 ff.

Sicherstellung stiller Reserven 1826

Side-stream-merger 164, 167

Singularsukzession 102

Sitzstaat 1788

Sitztheorie 424

Sitzverlegung einer SE 477 ff.

Sofortige Beschwerde 207

Sofortversteuerung 753, 1155 f.

Sonderausweis 1030 ff., 1521

Sonderbetriebsvermögen 1009, 1012, 1302, 1411, 1647, 1709 ff.

Sonderbetriebsvermögen I und II 1714 ff.

Sonderbilanzen 1711, 1823

Sonderrechtsnachfolge 81, 2295

Sondervorteile 188

Sonstige Leistungen 1764

Soweit Anteilseigner Gesellschafter des übernehmenden Rechtsträgers werden 731 ff.

Soweit Anteilseigner im Rückwirkungszeitraum ausscheiden 728 ff.

Spaltung 1, 20, 41, 104, 125, 133, 321

Spaltungshindernde Wirtschaftsgüter 1417

Spaltungsvertrag 346 ff.

Sperrbetrag 963, 1298

Sperrfrist 612, 1965, 1976, 1980

Sperrfrist bei § 6 Abs. 3 EStG 2433, 2437

Sperrfrist bei § 6 Abs. 5 EStG 2484, 2497

Sperrfristverstrickte Anteile 2001

Spitzenausgleich 1169

Spitzenausgleich bei Realteilung 2527

Spruchverfahren 258 ff.

Statuarischer Sitz 1788

Steuerbefreite Körperschaft 2156 ff.

Steuerbilanzwertverfahren Steuerbefreiung (GrESt) 2602, 2617

Steuerfreie Betriebsvermögensmehrung 2252

Steuerfreie Rücklagen 853, 1947

Steuerliche Schlussbilanz 836 ff.

Steuerliche Wertverknüpfung 931

Steuerlicher Übertragungsstichtag 674 f., 1911 ff.

Steuerneutrale Abspaltung 1387

Steuerneutrale Übertragung 2371

Steuerneutralität bei fiktiven Teilbetrieben 1424 ff.

Steuersatz (GrESt) 2538

Stichtag 226 ff., 263, 278, 282, 355, 671 ff., 1382

Stille Beteiligung 1765

Stille Gesellschaft 151

Stimmenmehrheit 385

Strafvorschriften 135

Struktur des § 13 UmwStG 1291

Stundung 1156

Systemänderung offene Rücklagen 953

Systemwechsel Anrechnung zu Halbeinkünften 875

T

Tauschähnlicher Veräußerungsvorgang 2411
Technik der Kapitalveränderung 1521
Teilbetrieb 377, 1368, 1371, 1386 ff., 1394, 1395 ff., 1421, 1423, 1429, 1484, 1685
Teilbetrieb nach Europarecht 1701 ff.
Teilbetriebsfiktionen 1407 ff.
Teilbetriebsmerkmale 1687
Teileinkünfteverfahren 1442
Teilentgeltliche Übertragung 1445
Teilentgeltlicher Erwerbsvorgang 1168
Teilmitunternehmeranteil 1739 ff.
Teilübertragung 377
Teilwertabschreibungen 937
Tochter-SE 469
Transparente Gesellschaft 1800
Treaty override 873
Trennung Personenunternehmen und Körperschaften 551
Trennung von Gesellschafterstämmen 1463, 1466
Trennungstheorie 1445, 1979
Treuhandverhältnis und Umwandlung 828
Triftige Gründe 774
Typenvergleich 555

U

Übergang des wirtschaftlichen Eigentums 1912
Übergangsvorschriften 136
Übergegangener Betrieb 764
Übernahme von Verbindlichkeiten 871
Übernahmeangebot 712
Übernahmebilanz 1837
Übernahmeergebnis 949 ff., 1226
Übernahmeergebnis und Gesellschafterbezogenheit 967, 1044
Übernahmeergebnis und Gewerbesteuer 1042
Übernahmeergebnisaufspaltung 1022
Übernahmefolgegewinn 746, 749, 755, 1222
Übernahmegewinn 1196
Übernahmegewinn bzw. -verlust 746, 1016
Übernahmegewinn nach SEStEG 994
Übernahmestichtag 675
Übernahmeverlust 970 ff.
Übernahmeverlustabzug 970 ff.
Übernahmefolgeverlust 755
Übernehmende Gesellschaft bei Anteilstausch 2035 ff.
Übernehmende Personengesellschaft 2376 ff.
Überpari-Emission 1762
Überquotale Einbringung eines Teilmitunternehmeranteils 1743
Übersicht Abspaltungsmöglichkeiten 403
Übersicht Aufspaltungsmöglichkeiten 402
Übersicht Ausgliederungsmöglichkeiten 404
Übersicht formwechselnde Umwandlungsmöglichkeiten 405
Übersicht Fusionsmöglichkeiten 401
Übertragung wesentlicher Betriebsgrundlagen 1699
Übertragungsergebnis 836 ff.
Übertragungsgewinn 851, 1185
Übertragungsgewinn bei Buchwertansatz nach SEStEG 915
Übertragungsgewinn bei Buchwertansatz vor SEStEG 914
Übertragungsgewinn bei einer Verschmelzung GmbH auf OHG 901 ff.
Übertragungsgewinn bzw. -verlust 746, 748
Übertragungsgewinn gesellschaftsbezogen 955
Übertragungsgewinn mit Auflösung stiller Reserven nach SEStEG und JStG 2008 908

Übertragungsgewinn mit Auflösung stiller Reserven vor SEStEG 902 ff.

Übertragungsmodell 1759

Übertragungsverlust 1185

Übertragung zwischen Personengesellschaft und Gesellschafter 2456a ff.

Übertragung zwischen Schwesterpersonengesellschaften 2479

Umfang des Mitunternehmeranteils 1708

Umsatzsteuer 2520

Umsetzung der Verschmelzungsrichtlinie 486 ff.

Umtauschverhältnis 211

Umwandlung ohne Vermögensübertragung 123, 133

Umwandlung einer bestehenden AG in eine SE 470

Umwandlung einer bestehenden SE ohne Vermögensübertragung 471 ff.

Umwandlung Körperschaft auf Personengesellschaft oder natürliche Person 821

Umwandlung mit Vermögensübertragung 123, 133

Umwandlung ohne Anteilsgewährung 1758

Umwandlungsarten 121

Umwandlungsbericht 262

Umwandlungsmodell 1049

Umwandlungsrecht in der Gesamtstruktur des Zivilrechts 20

Umwandlungssteuerrecht 526 ff.

Umwandlungsstichtag 674

Umwandlungsvertrag 262

Umwandlungsvorgänge mit Auslandsberührung 586

Unechte Rückausnahme 2078

Unentgeltliche Aufnahme 2427 ff.

Unentgeltliche Rechtsnachfolge 2176 ff.

Unentgeltliche Übertragung 772, 2139

Unentgeltlicher Erwerb 1439

Unentgeltlicher Erwerbsvorgang 1168

Unmittelbare Stimmrechtsmehrheit 2045

Unschädliche Leistungen 1161

Unschädliche Verfügung über einen Teilbetrieb, Mitunternehmeranteil 765

Unterbeteiligung 159

Untergang Verlustvortrag 1475 ff.

Untergang Zinsvortrag 1475 ff.

Unternehmensformänderungen 391

Unterquotale Einbringung eines Teilmitunternehmeranteils 1742

Unterrichtung 217

Unterschiedliche Besteuerungssystematik 558

Unterstützungskasse 942

Up-stream-merger 164 f., 1559, 1758

Ursprungsunternehmer 124

V

vEK 02 886

Veräußerung 772, 2411

Veräußerung der Anteile an der übertragenden Körperschaft im Rückwirkungszeitraum 711 ff.,

Veräußerung ohne triftigen Grund 774

Veräußerungsersatztatbestände 1996 ff., 2137 ff.

Veräußerungsverbot 1683

Veräußerungsvorbereitung 1441

Verbindlichkeiten 1765

Verbleibende Verlustvorträge 921, 941

Verdeckte Einlage 772, 1004, 1437

Vereinbarkeit Mutter-Tochter-Richtlinie 1019

Vereine 149, 382

Verfügung über die erworbenen Anteile nach Einbringung 1968 ff., 2118

Verfügung und Ehegatte 1683

Vergleichbarkeit grenzüberschreitender Umwandlungen mit nationalem Recht 581 ff.

Vergünstigungen (GrESt) 2604, 2608, 2623

Verhältnis des europäischen Teilbetriebsbegriff zu deutschem Teilbtriebsbegriff 1705 f.

Verkürzung der Beteiligungskette 1265, 2570, 2579

Verlängerung des Abschreibungszeitraums 946

Verlängerug der Beteiligungskette 2579

Verlagerung steuerlicher Anknüpfungspunkte ins Ausland 2067

Verlust des Besteuerungsrechts 1839 ff.

Verlustabzugsobergrenze 1041

Verluste bei Einbringung 1897 ff., 1956

Verlustnutzung 791

Verlustübernahme 1253, 1897

Verlustübertragung 921 f., 1900

Verlustvortrag 398

Vermögensmassen 554

Vermögensübergang in einen steuerbefreiten Bereich 1277

Vermögensübertragende Umwandlung einer bestehenden SE 475 f.

Vermögensübertragung 124, 376 ff.

Verpachtungsmodell 2462

Verrechenbare Verluste 921, 941, 1955

Versäumnis der Nachweisfrist 2211

Verschmelzung von Kapitalgesellschaft auf Partnerschaftsgesellschaft 825

Verschmelzung 125, 133, 146

Verschmelzung AG zur SE 464

Verschmelzung auf eine Organgesellschaft 1150

Verschmelzung auf eine persönlich steuerbefreite Gesellschaft 1148

Verschmelzung auf eine Personenhandelsgesellschaft 182

Verschmelzung durch Aufnahme 161, 184, 934

Verschmelzung durch Neugründung 162, 188, 933

Verschmelzung e.V. auf PHG oder Partnerschaftsgesellschaft 825

Verschmelzung Genossenschaft auf PHG oder Partnerschaftsgesellschaft 825

Verschmelzung von Kapitalgesellschaft auf eine natürliche Person 825

Verschmelzung von Kapitalgesellschaft auf PHG 825

Verschmelzung wirtschaftliche Vereine auf PHG oder Partnerschaftsgesellschaften 825

Verschmelzungsarten 169

Verschmelzungsbericht 189 ff., 489

Verschmelzungsbeschluss 241 ff.

Verschmelzungsgewinn 287, 304

Verschmelzungskosten 1181, 1232

Verschmelzungsplan 489

Verschmelzungsprüfer 200, 206, 210

Verschmelzungsprüfung 201

Verschmelzungsrichtlinie 451

Verschmelzungsrichtung 1269

Verschmelzungsstichtag 277

Verschmelzungsverfahren 1208

Verschmelzungsverlust 287, 297, 305

Verschmelzungsvertrag 176 ff., 204 f.

Versicherungsvereine auf Gegenseitigkeit 149, 382

Verspäteter Nachweis 2212

Verstoß gegen den vereinbarten Wertansatz 1858

Verteilung der Gesamtanschaffungskosten 301

Verwendung des Einlagenkontos 2143

Verzichtserklärung 202 f.

Verzinslichkeit des Körperschaftsteuervergütungspruchs 879

Vinkulierung 325

Vollübertragung 377

Vollzug einer Umwandlung 261 ff.

Von der Rückwirkung betroffene Steuerarten 692 ff.
Vorabausschüttungen 726
Voraussetzungen für Wahlrecht zu einem niedrigeren Wert 852, 863, 1825 ff.
Vorbehaltensfrist 2547, 2609, 2640
Vorbereitung der Gesellschafterversammlungen 216
Vorbereitung der Hauptversammlung 220 ff.
Vorbesitzzeit 1470
Vorgesellschaft 154, 1787
Vorgründungsgesellschaft 154, 1787
Vorhandene Gesellschaftsanteile 187
Vorsteuerabzug 1275
Vorteile Anwachsung 397
Vorteile Buchwertansatz 2323
Vorteile Einzelrechtsnachfolge 396
Vorteile gemeiner Wertansatz 2329
Vorteile Gesamtrechtsnachfolge 398
Vorteile Zwischenwertansatz 2325
Vorweggenommene Erbfolge 1767

W

Wahl eines niedrigeren Werts 2044
Wahlrecht 285 f., 289
Wahlrecht der übertragenden Körperschaft nach SEStEG 844 ff.
Wahlrecht der übertragenden Körperschaft vor SEStEG 840 ff.
Wahlrecht in der steuerlichen Schlussbilanz 836 ff.
Wahlrecht in der Übernahmebilanz 285 f.
Wahlrecht und subjektive Steuerbefreiung 865
Wahlrecht zur Buchwertfortführung 289, 601
Wahlrechtsausübender 1849, 2056
Wahlrechtsausübung 1848
Wahlrechtsausübung bei Einbringung eines Mitunternehmeranteils 1862 ff.

Wahlrechtsausübung und Gegenleistung 869, 2057
Wahlrechtsausübung und Wertkorrekturen durch Ergänzungsbilanzen 2343
Wahlrechtsbeschränkung bei Verlust des Besteuerungsrechts 1839
Wahlrechtseinschränkung und DBA 866
Wahlrechtsgrundsatz „Wort vor Zahl" 861
Wahlrechtssperre 1827 ff.
Wahlrechtssperre bei Einbringung in steuerbefreite Gesellschaft 1827
Wahlrechtssperre bei erstmaliger Verstrickung 1844, 2058
Wahlrechtssperre bei übersteigenden Passivposten 1831
Wahlrechtssperre nicht bei fehlendem Besteuerungsrecht für erhaltene Anteile 1845
Wahlrechtsvoraussetzungen für niedrigere Werte 852, 2044
Wechsel im Gesellschafterbestand einer Personengesellschaft 2564
Wege aus einer SE 471 ff.
Wege in die SE 462
Weiße Einkünfte 790
Weitereinbringung von Anteilen 2000 ff., 2140 ff.
Wert der Anteile 1002, 1016
Wertansatz 1822, 2042
Wertaufholung 289
Wertaufholungsgebot 940, 960
Wertkorrekturen durch Ergänzungsbilanzen 2343 ff.
Wertübernahme 931, 1000
Wertübernahmekorrektur zum anzusetzenden Wert 1001
Wertverknüpfung 2412
Wertverknüpfung Übernahmebilanz an Übertragungsbilanz 1197 ff., 1929 ff.
Wertverknüpfungsdurchbrechung 1934 ff.

Wesentliche Betriebsgrundlage 1416, 1667, 1733, 2025
Wesentliche Betriebsgrundlage des Mitunternehmeranteils 1733 ff.
Wirkung der Spaltung 352
Wirtschaftliche Vereine 150
Wirtschaftliches Eigentum 1912
Wirtschaftsgüter nicht übergehend 1176 ff.

Z

Zeitpunkt der Gewinnentstehung 754
Zeitpunkt der Sacheinlage 2391 ff.
Zeitpunkt des Anteilstauschs 2040
Zeitraumprobleme 671 ff.
Ziele des SEStEG 535
Ziele des UmwG 101
Zinsvortrag 793, 921 f., 941, 1270, 1902 ff., 2408, 2417
Zuführung durch Dritte 1438
Zugehörigkeit einer Beteiligung 976
Zuordnung von Wirtschaftsgütern 1416 ff.
Zusätzliche Gegenleistung 1766
Zusatz bei Verschmelzung durch Neugründung 180
Zuschläge für neutrales Vermögen 969
Zuständiges Finanzamt für den Nachweis 2205
Zuzahlung 296, 302, 306, 1167 ff., 1173, 1323
Zuzahlung ins Privatvermögen des Einbringenden 2442 ff.
Zwangsgelder 136
Zweck des UmwStG 529
Zwingende Zuordnung des notwendigen Sonderbetriebsvermögens 1722 ff.
Zwischenwert 298, 308, 359, 767, 846, 854, 1368, 1371, 1386, 1876 ff.